Patent- und Designrecht

dtv

Schnellübersicht

Patent- und Designrecht

Textausgabe zum deutschen, europäischen und internationalen Patent-, Gebrauchsmuster- und Designrecht mit einer Einführung sowie einem Literaturverzeichnis und einem ausführlichen Stichwortverzeichnis

von Prof. Dr. Andreas Heinemann

15. Auflage
Stand: 1. Mai 2020

dtv

Redaktioneller Hinweis:
Paragraphenüberschriften in eckigen Klammern sind nichtamtlich.
Sie sind ebenso wie alle übrigen nichtamtlichen Bestandteile urheber- und wettbewerbsrechtlich geschützt.
Die Angaben zum Stand der Sammlung auf dem Titelblatt beziehen sich auf das Ausgabedatum der maßgeblichen Gesetz-, Verordnungs- und Amtsblätter.
Für Hinweise, Anregungen und Kritik ist der Verlag stets dankbar.
Richten Sie diese bitte an den Verlag C. H. Beck, Lektorat Amtliche Texte, Postfach 40 03 40, 80703 München. – E-Mail: amtliche.texte@beck.de

www.dtv.de

www.beck.de

Sonderausgabe
dtv Verlagsgesellschaft mbH & Co. KG,
Tumblingerstraße 21, 80337 München

Gesamtherstellung: Druckerei C. H. Beck, Nördlingen
(Adresse der Druckerei: Wilhelmstraße 9, 80801 München)
Umschlagtypographie auf der Grundlage
der Gestaltung von Celestino Piatti

CO_2 neutral
chbeck.de/nachhaltig

ISBN 978-3-423-53049-1 (dtv)
ISBN 978-3-406-76027-3 (C. H. Beck)

9 783406 760273

Inhaltsverzeichnis

Texte der Gesetze, Verordnungen und internationalen Vereinbarungen

A. Deutsches Recht

I. Patent- und Erfinderrecht

II. Gebrauchsmuster- und Halbleiterschutzrecht

C. Internationales Recht

Literatur

1. Lehrbücher, Kommentare und Textausgaben

Bartenbach, Patentlizenz- und Know-how-Vertrag, 7. Aufl. 2013. – *Bartenbach/Volz,* Arbeitnehmererfindungsgesetz, 6. Aufl. 2019. – *Bartenbach/Volz,* Arbeitnehmererfindungen, 6. Aufl. 2014. –*Beier/Kraft/Schricker/Wadle* (Hrsg.), Gewerblicher Rechtsschutz und Urheberrecht in Deutschland, 2 Bde 1991. – *Beier/Haertel/Schricker* (Hrsg.), Europäisches Patentübereinkommen. Münchner Gemeinschaftskommentar, 1984ff., Lieferungen 1–28. – *Benkard*, Europäisches Patentübereinkommen, 3. Aufl. 2019. – *Benkard,* Patentgesetz, 11. Aufl. 2015. – *Boemke/Kursawe* (Hrsg.), Gesetz über Arbeitnehmererfindungen, 2015. – *Bühring,* Gebrauchsmustergesetz, 8. Aufl. 2011. – *Büscher/Dittmer/Schiwy* (Hrsg.), Gewerblicher Rechtsschutz, Urheberrecht, Medienrecht – Kommentar, 3. Aufl. 2015. – *Busse/Keukenschrijver* (Hrsg.), Patentgesetz, 8. Auf. 2016. – *Cepl/Voß* (Hrsg.), Prozesskommentar zum Gewerblichen Rechtsschutz, 2. Aufl. 2018. – *Chrocziel,* Einführung in den Gewerblichen Rechtsschutz und das Urheberrecht, 3. Aufl. 2019. – *Deutsches Patent- und Markenamt,* Taschenbuch des gewerblichen Rechtsschutzes, Textausgabe in vier Ordnern. – *Dybdahl-Müller,* Europäisches Patentrecht, 3. Aufl. 2008. – *Eichmann/Jestaedt/Fink/Meiser,* DesignG, GGV, 6. Aufl. 2019. – *Eichmann/Kur,* Designrecht, 2. Aufl. 2016. – *Eisenmann/Jautz,* Grundriss Gewerblicher Rechtsschutz und Urheberrecht, 10. Aufl. 2015. – *Engels,* Patent-, Marken- und Urheberrecht, 10. Aufl. 2018. – *Ensthaler,* Gewerblicher Rechtsschutz und Urheberrecht, 3. Aufl. 2009. – *Fitzner/Lutz/Bodewig* (Hrsg.), Patentrechtskommentar, 4. Aufl. 2012. –*Götting,* Gewerblicher Rechtsschutz, 10. Aufl. 2014. – *Götting*, Gewerblicher Rechtsschutz und Urheberrecht – Prüfe Dein Wissen, 3. Aufl. 2015. – *Götting/Meyer/Vormbrock*, Gewerblicher Rechtsschutz und Wettbewerbsrecht, 2011. – *Groß,* Der Lizenzvertrag, 11. Auflage 2015. – *Gruber/von Zumbusch/Haberl/Oldekop,* Europäisches und internationales Patentrecht, 7. Aufl. 2012. – *Günther/Beyerlein*, Designgesetz, 3. Aufl. 2015. – *Haedicke*, Patentrecht, 4. Aufl. 2018. – *Haedicke/Timmann* (Hrsg.), Handbuch des Patentrechts, 2. Aufl. 2020. – *Haedicke/Timmann* (Hrsg.), Patent Law, 2014. – *Hassemer*, Patentrecht, 2. Aufl. 2015. – *Henn/Pahlow*, Patentvertragsrecht, 6. Aufl. 2017. – *Jestaedt*, Patentrecht – Ein fallbezogenes Lehrbuch, 2. Aufl. 2008. – *Kelbel,* Der Schutz typographischer Schriftzeichen, 1985. – *Keukenschrijver*, Sortenschutz, 2. Aufl. 2017. – *Kraßer/Ann,* Patentrecht, 7. Aufl. 2016. – *Kühnen*, Handbuch der Patentverletzung, 12. Aufl. 2020. – *Leßmann/Würtenberger*, Deutsches und Europäisches Sortenschutzrecht, Handbuch, 2. Aufl. 2009. – *Lettl*, Gewerblicher Rechtsschutz, 2019. – *Loth*, Gebrauchsmustergesetz, 2. Aufl. 2017. – *Mes,* Patentgesetz, Gebrauchsmustergesetz, 5. Aufl. 2020. – *Metzger/Zech* (Hrsg.), Sortenschutzrecht, 2016. – *Nirk*, Geschmacksmusterrecht, Urheberrecht, Designlaw, 2010. – *Nirk/Ullmann/Metzger,* Patentrecht mit Gebrauchsmuster- und Sortenschutzrecht, 4. Aufl. 2018. – *Obergfell/Hauck* (Hrsg.), Lizenzvertragsrecht, 2016. – *Osterrieth*, Patentrecht, 5. Aufl. 2015. – *Pagenberg/Beier,* Lizenzverträge, 6. Aufl. 2008. – *Pfaff/Osterrieth,* Lizenzverträge – Formularkommentar, 4. Aufl. 2018. – *Rehmann*, Designrecht, 2. Aufl. 2014. – *Reich*, Materielles Europäisches Patentrecht, 2009. – *Reimer/Schade/Schippel,* Gesetz über Arbeitnehmererfindungen, 8. Aufl. 2007. – *Ruhl/Tolkmitt*, Gemeinschaftsgeschmacksmuster, 3. Aufl. 2019.

– *Schulte,* Patentgesetz mit EPÜ, 10. Aufl. 2017. – *Schwab*, Arbeitnehmererfindungsrecht, 4. Aufl. 2018. – *Singer/Stauder/Luginbühl,* Europäisches Patentübereinkommen, 8. Aufl. 2019 (3. Aufl. auf Englisch „The European Patent Convention", 2003). – *Sosnitza,* Fälle zum Gewerblichen Rechtsschutz und zum Urheberrecht, 4. Aufl. 2018. –*Ulmer-Eilfort/Schmoll*, Technologietransfer, 2. Aufl. 2016. – *Weiss/Ungler,* Die europäische Patentanmeldung und der PCT in Frage und Antwort, 9. Aufl. 2017. – *Winzer*, Der Lizenzvertrag, 2014. – *Würtenberger/Ekvad/van der Kooij/Kiewiet*, European Union Plant Variety Protection, 2016.

2. Zeitschriften und Entscheidungssammlungen

Amtsblatt des Europäischen Patentamts (ABl. EPA). – Blatt für Patent-, Muster- und Zeichenwesen (BLPMZ). – Entscheidungen des Bundespatentgerichts (BPatGerE). – Entscheidungen der Beschwerdekammern des Europäischen Patentamts. – European Intellectual Property Review (EIPR). – Gewerblicher Rechtsschutz und Urheberrecht, Inlandsteil (GRUR). – GRUR International (GRUR Int.). – Mitteilungen der deutschen Patentanwälte (Mitt. bzw. MdP). – International Review of Intellectual Property and Competition Law (IIC). – sic! Zeitschrift für Immaterialgüter-, Informations- und Wettbewerbsrecht (Schweiz). – Zeitschrift für Geistiges Eigentum (ZGE)/Intellectual Property Journal (IPJ).

Einführung

A. Das Patent- und Designrecht als Teil des gewerblichen Rechtsschutzes

Die in dieser Textausgabe zusammengefassten Vorschriften auf den Gebieten des Patent- und Erfinderrechts, des Gebrauchsmusterrechts, des Designrechts und des Sortenschutz- und Halbleiterschutzrechts gehören zu dem Sondergebiet des Privatrechts, das man zusammenfassend als „Gewerblicher Rechtsschutz" bezeichnet. Zum gewerblichen Rechtsschutz gehört als eine zweite Gruppe das Marken- und sonstige Kennzeichenrecht sowie das Recht des unlauteren Wettbewerbs, dessen gesetzliche Grundlagen zusammen mit dem Kartellrecht in einer anderen dtv-Textausgabe zusammengefasst sind.

I. Begriff und historische Grundlagen des gewerblichen Rechtsschutzes

Der **Begriff** des gewerblichen Rechtsschutzes ist gegen Ende des 19. Jahrhunderts entstanden. Er umfasst diejenigen Sondergebiete des Privatrechts, die der Förderung und dem Schutz des geistig-gewerblichen Schaffens dienen. Gegenstand des Schutzes sind die Ergebnisse dieses Schaffens, nämlich die technischen Erfindungen, die Muster und Modelle („Designschutz"), die neuen Pflanzenzüchtungen, die Topographien von Halbleitern. Theoretisch knüpft der Schutz an die schöpferische Leistung des Erfinders, des Entwerfers oder des Züchters an, entwickelt sich aber immer mehr zu einem Innovations- und Investitionsschutz, der die in Forschung und Entwicklung tätigen Unternehmen für ihre innovativen Leistungen belohnen und zu neuen anspornen soll.

1. Der gewerbliche Rechtsschutz oder – im internationalen Sprachgebrauch – der Schutz des gewerblichen Eigentums (propriété industrielle, industrial property) ist **historisch** eine Folgeerscheinung der industriellen Revolution. Abgesehen von gewissen Früherscheinungen im spätmittelalterlichen Privilegienwesen und der Zeit des Merkantilismus, in der die Landesherren Erfinder- und Gewerbeprivilegien zur Förderung des heimischen Gewerbewesens erteilten, ist seine Entstehung eng verbunden mit der Entwicklung von Naturwissenschaft und Technik und der Einführung der Gewerbefreiheit im ausgehenden 18. und 19. Jahrhundert. Um die nunmehr auf breiter Front möglich gewordene industrielle Entwicklung zu fördern und Missbräuchen der Gewerbefreiheit vorzubeugen, entstand in allen Ländern das Bedürfnis nach einem gesetzlichen Schutz von technischen Erfindungen, Mustern und Modellen, von Name, Firma und Marke des Kaufmanns und nach einem Schutz der Unternehmen gegen unlautere Geschäftspraktiken ihrer Konkurrenten. Während diese Entwicklung, vor allem auf dem Gebiete des Patentwesens, in England, USA und Frankreich bereits gegen Ende des 18. Jahrhunderts begann, konnte sich der Gedanke des Patent- und Musterschutzes in Deutschland erst im letzten Drittel des 19. Jahrhunderts durchsetzen. Um diese Zeit entstanden die ersten Gesetze über Markenschutz (1874), Musterschutz (1876), Patentschutz (1877), Gebrauchsmusterschutz (1891) und das erste noch unvollkommene Gesetz gegen unlauteren Wettbewerb (1896).

2. Erst um diese Zeit begann auch die deutsche **Rechtslehre** (Klostermann, Otto von Gierke, Joseph Kohler, Osterrieth) sich mit der neuen Materie zu befassen, um sie – zusammen mit dem sich gleichzeitig entwickelnden Schwestergebiet des Urheberrechts – dogmatisch in das System des deutschen Privatrechts einzuordnen und seine tragenden Grundsätze zu klären. Den größten, noch heute spürbaren Einfluss übte Joseph Kohler aus, dessen Lehre vom Immaterialgüterrecht, eine Fortentwicklung der französischen Theorie vom geistigen Eigentum, sich gegenüber der persönlichkeitsrechtlichen Anschauung Gierkes durchsetzte und über Deutschland hinaus fruchtbar wurde.

3. Die Entwicklung des gewerblichen Rechtsschutzes vollzog sich zunächst im **nationalen Rahmen** durch Erlass von Sondergesetzen, die an den Interessen der eigenen Wirtschaft ausgerichtet sind und Schutz nur für das eigene Hoheitsgebiet gewähren (Territorialitätsprinzip). Gleichwohl ist die Entwicklung in Deutschland keine isolierte, sondern wird entscheidend durch Grundsätze des ausländischen und internationalen Rechts beeinflusst. Für die Gesetzgebung, vor allem auf dem Gebiet des Patentwesens, liefern England, die USA und Frankreich die Vorbilder, in Lehre und Rechtsprechung dominierte zunächst das französische Recht, dessen Begriffe und Rechtsvorstellungen dem neuen Rechtsgebiet und seinen Teilgebieten Namen, Struktur und Zusammenhalt geben.

4. Der französische Einfluss prägt auch die Anfänge der **internationalen Rechtsentwicklung,** die sich auf dem Gebiete des gewerblichen Rechtsschutzes schon sehr frühzeitig vollzieht, in Kontinentaleuropa nahezu gleichzeitig und zum Teil sogar früher als die Schaffung der ersten nationalen Schutzgesetze. Vorbereitet durch Kongresse in Wien (1873) und Paris (1878) wurde bereits 1883 die Pariser Verbandsübereinkunft zum Schutz des gewerblichen Eigentums (PVÜ) geschaffen, die den Angehörigen der heute 177 Verbandsländer einen wirksamen internationalen Schutz ihrer Erfindungspatente, Muster, Marken, Handelsnamen, Ursprungsbezeichnungen und Herkunftsangaben und gegen unlauteren Wettbewerb gewährleistet. Sie beruht auf dem Grundsatz der Inländerbehandlung und gewährt darüber hinaus einen bestimmten Mindestschutz des gewerblichen Eigentums, der auf späteren Revisionskonferenzen weiter ausgebaut wurde.

5. Dieses internationale Vertragswerk, das durch eine große Zahl weiterer Übereinkommen ergänzt wird und von dem ein starker Zug zur Rechtsangleichung ausgegangen ist, hat dem gewerblichen Rechtsschutz von vornherein die ihn kennzeichnende **auslands- und internationalrechtliche Orientierung** gegeben, die dem internationalen Charakter der Immaterialgüter entspricht. Im gewerblichen Rechtsschutz wie im Urheberrecht ist die Kenntnis des ausländischen und internationalen Rechts unentbehrlich, die Rechtsvergleichung seit jeher heimisch und die Rechtsvereinheitlichung ein in allen Ländern angestrebtes Ziel.

6. Auf dieser historischen Grundlage, begünstigt durch die zusammenfassende Regelung in demselben internationalen Vertragswerk, der Pariser Verbandsübereinkunft, sind die Einzelmaterien des gewerblichen Rechtsschutzes, das Patent- und Gebrauchsmusterrecht, das Designrecht, das Marken- und Wettbewerbsrecht im Lauf der Zeit zu einem **einheitlichen Fachgebiet** zusammengewachsen, das in Praxis, Wissenschaft und Lehre gemeinsam gepflegt wird, und zwar in der Regel zusammen mit seiner Schwesterdisziplin, dem Urheber- und Verlagsrecht. Die auf diesem Gebiet, dem Schutz des geistigen Eigentums, Tätigen sind in der seit 1892 bestehenden Deutschen Vereinigung für

gewerblichen Rechtsschutz und Urheberrecht (GRUR) und in der Internationalen Vereinigung für gewerblichen Rechtsschutz (AIPPI) zusammengeschlossen. Zuständig für die Verwaltung und Weiterentwicklung der internationalen Übereinkünfte auf dem Gebiet des gewerblichen Rechtsschutzes und Urheberrechts ist die Weltorganisation für geistiges Eigentum (WIPO) in Genf, der heute 193 Staaten angehören.

7. Der **örtliche Schwerpunkt** des gewerblichen Rechtsschutzes in Deutschland hat sich nach dem Krieg von Berlin nach München verlagert, wo das Deutsche Patent- und Markenamt (DPMA, bis 1998: „Deutsches Patentamt"), das Bundespatentgericht und – seit 1977 – auch das Europäische Patentamt (EPA) ihren Sitz haben. Auch die Forschung hat im Max-Planck-Institut für Innovation und Wettbewerb hier einen Schwerpunkt. In Jena existiert eine Dienststelle des DPMA mit Zuständigkeit für die Prüfung eines Teils der Markenanmeldungen, die Verwaltung aller in Kraft befindlicher Marken, sowie die Bearbeitung sämtlicher Anmeldungen zur Eintragung von Designs und typographischen Schriftzeichen sowie deren Verwaltung. Zum DPMA gehört auch das Informations- und Dienstleistungszentrum Berlin.

8. Das **Bundespatentgericht,** das über Beschwerden gegen Entscheidungen des Patentamts und über Nichtigkeitsklagen gegen Patente entscheidet, ist mit 25 Senaten eines der größten deutschen Gerichte. Der **Bundesgerichtshof** befasst sich in zwei seiner Zivilsenate (I. und X.) fast ausschließlich mit Fragen des gewerblichen Rechtsschutzes und Urheberrechts.

9. Seit dem **Beitritt der Deutschen Demokratischen Republik (DDR)** zur Bundesrepublik Deutschland **am 3. Oktober 1990** gelten die Rechtsvorschriften der Bundesrepublik auf dem Gebiet des gewerblichen Rechtsschutzes nach Maßgabe des Einigungsvertrages auch auf dem Gebiet der ehemaligen DDR. Vor dem 3. Oktober 1990 beim Ostberliner Amt für Erfindungs- und Patentwesen der DDR eingereichte Schutzrechtsanmeldungen und von ihm erteilte Schutzrechte werden für ihr bisheriges Schutzrechtsgebiet aufrechterhalten und unterliegen grundsätzlich den früher in der DDR geltenden Rechtsvorschriften. Die Erstreckung des Schutzes der am 1. Mai 1992 in der Bundesrepublik und in der DDR bestehenden Alt-Schutzrechte und von anhängigen Anmeldungen auf das jeweils andere Gebiet regelt das Gesetz über die Erstreckung von gewerblichen Schutzrechten (Erstreckungsgesetz) vom 23. April 1992. DDR-Wirtschaftspatente gelten als Patente, für die eine Lizenzbereitschaftserklärung nach § 23 Abs. 1 PatG abgegeben worden ist. Sie können in Patente mit ausschließlicher Schutzwirkung umgewandelt und ebenso wie Ausschließungspatente der ehemaligen DDR nachträglich geprüft werden. In Fällen der Kollision zwischen erstreckten Patenten, Gebrauchsmustern und Geschmacksmustern gilt der Grundsatz der Koexistenz, dessen Folgen durch eine Billigkeitsregelung abgeschwächt sind. Personen, die erstreckte Schutzrechte vor dem 1. Juli 1990 im bisher schutzrechtsfreien Gebiet benutzt haben, wird ein Weiterbenutzungsrecht für das gesamte Bundesgebiet eingeräumt, das gleichfalls durch eine Billigkeitsregelung ergänzt wird (vgl. § 28 ErstrG).

10. Ein Ereignis von besonderer Tragweite für den weltweiten Schutz des geistigen Eigentums war der Abschluss des **Übereinkommens über handelsbezogene Aspekte der Rechte des geistigen Eigentums** vom 15.4.1994 (unter Nr. 63). Das TRIPS-Abkommen verpflichtet die Vertragsstaaten in umfassender Weise zur Gewährung eines verstärkten Schutzes für alle gewerblichen Schutzrechte und Urheberrechte und zu einer effektiven Durchsetzung dieser Rechte. Für Deutschland waren nur wenige Änderungen der Gesetzgebung er-

forderlich, da das geltende Recht dem Schutzniveau des TRIPS-Abkommens im Wesentlichen bereits entsprach. Das Abkommen beruht auf den Grundsätzen der Inländerbehandlung und der Meistbegünstigung und sieht ein Streitbeilegungsverfahren und gegebenenfalls auch wirtschaftliche Sanktionen vor. Besondere Bedeutung hat das Abkommen für den Schutz in Entwicklungsländern und anderen Ländern mit wenig entwickelter Gesetzgebung. Anfang 2017 trat eine Revision des TRIPS-Übereinkommens in Kraft (neuer Art. 31bis TRIPs-Übereinkommen, die erste Änderung eines WTO-Übereinkommens überhaupt), welche die Arzneimittelversorgung von Ländern mit Problemen im Bereich der öffentlichen Gesundheit erleichtern soll. Für diejenigen WTO-Mitglieder, welche diese Änderung noch nicht akzeptiert haben, gilt eine inhaltsgleiche Ausnahmegenehmigung (*waiver*) weiter, welche unter erleichterten Voraussetzungen die Zwangslizenzierung von Patenten ermöglicht.

II. Wirtschaftliche Bedeutung des Patent- und Designschutzes

Die **wirtschaftliche Bedeutung** des Patent- und Designschutzes liegt auf der Hand. Zumal in einem so hochindustrialisierten, rohstoffarmen und auf den Export von Industriegütern angewiesenen Land wie Deutschland hängt das Wirtschaftswachstum maßgeblich vom technischen Fortschritt und einem gutfunktionierenden, am Grundsatz des freien und lauteren Wettbewerbs orientierten Wirtschaftsverhalten ab. Dabei spielen technische Erfindungen, das technisch-kaufmännische Wissen (know how) die ansprechende Gestaltung industrieller Erzeugnisse, neue Pflanzenzüchtungen, die Kennzeichnung von Markenartikeln, die Werbung, moderne Absatz- und Vertriebsmethoden und andere wettbewerbsrelevante Faktoren eine wesentliche Rolle. Sie zu fördern und rechtlich zu ordnen ist Aufgabe des gewerblichen Rechtsschutzes. Dabei ist die Förderung des technischen und wirtschaftlichen Fortschritts eine besondere Aufgabe des Patent- und Gebrauchsmusterschutzes.

III. Stellung im Rechtssystem

1. Der gewerbliche Rechtsschutz ist Bestandteil der **verfassungsmäßigen Ordnung des Wirtschaftslebens.** In diesem Rahmen gewährleistet das Grundgesetz (Art. 1, 2, 12, 14) die freie gewerbliche Betätigung und sichert die persönlichkeits- und vermögensrechtlichen Interessen der Inhaber gewerblicher Schutzrechte gegen staatliche Eingriffe. Als eigentumsähnliche Vermögensrechte („geistiges Eigentum") unterliegen diese Rechte der Eigentumsgarantie des Art. 14 GG. Die ausschließliche Gesetzgebungskompetenz für den gewerblichen Rechtsschutz hat der Bund (Art. 73 Nr. 9 GG), zuständiges Ressort ist das Bundesjustizministerium.

2. Der gewerbliche Rechtsschutz ist Teil des **Privatrechts.** Zwar bedarf es zur Entstehung von Patent-, Gebrauchsmuster- und Designrechten der Mitwirkung einer Verwaltungsbehörde, des Deutschen Patent- und Markenamts. Auch diese durch staatlichen Hoheitsakt begründeten Schutzrechte sind jedoch ebenso wie Ausstattungs-, Namens- und Firmenrechte subjektive Privatrechte, deren Schutz mit Mitteln des Privatrechts durch die ordentlichen Gerichte gewährleistet wird. Ganz im Vordergrund steht die Zivilklage auf Unterlassung und Schadensersatz; straf- und verwaltungsrechtliche Sanktionen spielen nur in Ausnahmefällen, z. B. zur Bekämpfung der Produktpiraterie, eine Rolle.

3. Der gewerbliche Rechtsschutz ist ein Nebengebiet des **bürgerlichen Rechts.** Als absolute Rechte sind die gewerblichen Schutzrechte, das Namens- und Firmenrecht sowie das von der Rechtsprechung entwickelte Recht am Unternehmen sonstige Rechte im Sinne des § 823 Abs. 1 BGB; ihre Verletzung ist ebenso wie die Verletzung wettbewerblicher Verhaltensnormen des UWG eine unerlaubte Handlung. Die wirtschaftliche Verwertung gewerblicher Schutzrechte durch Übertragung und Lizenzierung richtet sich nach den Regeln des Vertragsrechts; eine enge Beziehung zwischen Wettbewerbsrecht und bürgerlichem Recht hat sich seit einiger Zeit im Bereich des Verbraucherschutzes entwickelt. Zum **Handelsrecht** besteht vor allem im Bereich des Firmenschutzes traditionell eine nahe Verwandtschaft; einen Schnittpunkt mit dem **Arbeitsrecht** bildet das Recht der Arbeitnehmererfindungen.

4. Nicht zum gewerblichen Rechtsschutz gehört das **Kartellrecht,** das im GWB und im Vertrag über die Arbeitsweise der Europäischen Union (Art. 101 ff. AEUV) geregelte Recht der Wettbewerbsbeschränkungen, obwohl beide Gebiete in einem engen, nicht immer spannungsfreien Verhältnis zueinander stehen. Gemeinsam ist ihnen das Ziel, die wirtschaftliche Entwicklung durch Schutz des Wettbewerbs zu fördern. Unterschiedlich ist aber der Schutzzweck im Einzelnen: Der gewerbliche Rechtsschutz schützt die wettbewerbliche **Leistung** und die **Lauterkeit** des Wettbewerbs, das Kartellrecht sichert die **Freiheit** des Wettbewerbs, indem es Wettbewerbsbeschränkungen und Missbräuchen wirtschaftlicher Macht entgegentritt.

B. Grundzüge des Patentrechts

I. Zweck und Gegenstand des Patentrechts

Gegenstand des Patentrechts ist der Schutz technischer Erfindungen. Zur Förderung des technischen, wirtschaftlichen und sozialen Fortschritts gewährt der Staat dem Anmelder einer neuen, auf einer erfinderischen Tätigkeit beruhenden und gewerblich anwendbaren Erfindung durch Erteilung eines Patents für eine bestimmte Zeit das ausschließliche Recht, die Erfindung wirtschaftlich auszuwerten. In allen marktwirtschaftlich orientierten Ländern hat sich der Patentschutz als ein unentbehrliches Instrument zur Förderung des Innovationsprozesses und damit als ein wichtiger Faktor des wirtschaftlichen Wachstums erwiesen. Durch die Erteilung eines Patents wird nicht nur das geistige Eigentum des Erfinders anerkannt und seine innovative Tätigkeit belohnt; Patentschutz wird heute vor allem als Anreiz für Forschung, Entwicklung und Anwendung neuer Techniken gewährt und um die frühzeitige Offenbarung und Verbreitung des technischen Wissens zu fördern.

II. Rechtsgrundlagen

1. Maßgebliche Rechtsquelle des **deutschen Patentrechts** ist das Patentgesetz 1981. Es geht auf das Patentgesetz von 1877 zurück und ist nach Änderungen von 1891, 1936 und 1967 zuletzt Ende der 70er Jahre einer grundlegenden Reform unterzogen worden. Diese Reform war bedingt durch die Schaffung und das Inkrafttreten des europäischen Patentsystems, das ab 1978 neben das nationale Recht getreten ist und zu einer weitgehenden Harmonisierung des materiellen Patentrechts in Europa geführt hat. Durch das am 1.1.1978 in Kraft

getretene Gesetz über internationale Patentübereinkommen (Nr. 12) ist das deutsche Patentgesetz an das Straßburger Patentvereinheitlichungsübereinkommen von 1963, den Patentzusammenarbeitsvertrag (PCT) von 1979 und – vor allem – an das 1973 in München unterzeichnete Übereinkommen über die Erteilung europäischer Patente (Europäisches Patentübereinkommen, EPÜ) angepasst worden. Eine Neufassung des Patentgesetzes ist seit dem 1. Januar 1981 in Kraft. Wichtige Verbesserungen der Durchsetzung von Patenten gegenüber Patentverletzern brachte das Gesetz zur Stärkung des Schutzes des geistigen Eigentums und zur Bekämpfung der Produktpiraterie vom 7. März 1990 (BGBl. I S. 161). Das Gesetz vom 21.1.2005 (BGBl. I S. 146) setzte die EG-Richtlinie zum Schutz biotechnologischer Erfindungen um (s. u.).

2. Die wichtigste Rechtsquelle des **europäischen Patentrechts** ist das Europäische Patentübereinkommen vom 5. Oktober 1973, in Kraft seit dem 7. Oktober 1977 (Nr. 50) und die dazu erlassene Ausführungsordnung (Nr. 51), zu denen noch eine Reihe von Protokolle hinzutreten, insbesondere das Protokoll über die gerichtliche Zuständigkeit und die Anerkennung von Entscheidungen über den Anspruch auf Erteilung des europäischen Patents (BGBl. 1976 II S. 982) und das Protokoll über die Auslegung des Art. 69 EPÜ (BGBl. 1976 II S. 100). Aktuell hat das EPÜ 38 Vertragsstaaten, für die ein europäisches Patent erteilt werden kann. Außerdem erfolgt eine Erstreckung europäischer Patente auf zwei Nichtmitglieder der Europäischen Patentorganisation (EPO) in Mittel- und Osteuropa.

3. Das EPÜ verschafft dem Anmelder lediglich ein Bündel nationaler Patente, vereinheitlicht also im Wesentlichen die Patenterteilung, nicht aber die Patentwirkungen. Einen Schritt weiter gehen die Pläne für die Einführung eines einheitlichen EU-Patents. Ursprünglich sollte durch autonomen, völkerrechtlichen Vertrag ein **Gemeinschaftspatent** geschaffen werden (nämlich durch ein Gemeinschaftspatentübereinkommen, GPÜ, auch „Luxemburger Übereinkommen", Fassungen von 1975 und 1989). Das GPÜ wurde jedoch nicht von allen Staaten ratifiziert, u. a. wegen Schwierigkeiten in der Sprachenfrage. Um den Unwägbarkeiten aus dem Weg zu gehen, die mit dem Erfordernis nationaler Ratifikationsverfahren zusammenhängen, suchte die Europäische Kommission sodann eine „gemeinschaftsinterne" Lösung und legte am 1.8.2000 einen **Verordnungsvorschlag über das Gemeinschaftspatent** vor (KOM [2000] 412 endgültig). Dieser fand – wiederum auch aufgrund von Divergenzen in der Sprachenfrage – nicht die für die „Abrundungskompetenz" (heute Art. 352 AEUV) erforderliche Einstimmigkeit im Rat.

Der Vertrag von Lissabon hat in Art. 118 AEUV eine spezielle Rechtsgrundlage für die Schaffung einheitlicher europäischer Rechtstitel auf dem Gebiet des geistigen Eigentums gebracht. Auf dieser Grundlage haben das Europäisches Parlament und der Rat im Dezember 2012 zwei Verordnungen zur Schaffung des so lange angestrebten Einheitspatents verabschiedet (Nr. 55 und 55a). In Zukunft soll es möglich werden, beim Europäischen Patentamt (das keine EU-Institution ist) ein **Europäisches Patent mit einheitlicher Wirkung** zu beantragen. Dieses Schutzrecht kann nur gemeinsam für alle teilnehmenden EU-Mitgliedstaaten übertragen oder für nichtig erklärt werden. Eine separate Validierung in den Mitgliedstaaten entfällt, Übersetzungserfordernisse werden abgebaut: Die Anmeldung des EU-Patents erfolgt in englischer, französischer oder deutscher Sprache, wobei während eines Übergangszeitraums (von maximal zwölf Jahren) in eine weitere dieser Sprachen zu übersetzen ist. Dies senkt die Erteilungskosten. Weitere Ersparnisse resultieren daraus, dass für das EU-Patent nur eine Jahresgebühr fällig ist, während nach dem herkömmlichen System Jahresgebühren in jedem benannten EPÜ-Vertragsstaat zu entrichten sind. Da Italien und Spanien mit der Sprachenregelung nicht einverstanden waren, wurde das EU-Patent mithilfe des Verfahrens der Verstärkten Zusammenarbeit (Art. 326ff. AEUV) ins Leben gerufen und wird – nach zwischenzeitlich erfolgter Zustimmung Italiens zur Verstärkten Zusammenarbeit – zunächst nicht für Spanien und Kroatien gelten.

Die beiden Verordnungen sind in Kraft getreten, „gelten" aber erst ab dem Tag des Inkrafttretens des Übereinkommens über ein Einheitliches Patentgericht (Nr. 56). Hierbei handelt es sich um den dritten Text des europäischen Patentpakets. Das Einheitliche Patentgericht (mit Sitz in Paris, Abteilungen in London und München sowie Lokalkammern auf Antrag von Vertragsmitgliedstaaten) wird aus einem Gericht erster Instanz und einem Berufungsgericht bestehen und kann Vorabentscheidungsersuchen an den Europäischen Gerichtshof in Luxemburg richten. Das Einheitliche Patentgericht wird sowohl für Nichtigkeits- als auch für Verletzungsverfahren zuständig sein. Die Rechtsunsicherheit aufgrund dezentraler Gerichtsverfahren soll hierdurch überwunden werden. Das Übereinkommen über ein Einheitliches Patentgericht wird in Kraft treten, sobald 13 Vertragsstaaten (darunter zwingend die drei größten Patentländer Frankreich, Großbritannien und Deutschland) es ratifiziert haben werden. Das Bundesverfassungsgericht hat allerdings am 13. 2. 2020 auf eine Verfassungsbeschwerde hin das Zustimmungsgesetz zu diesem Übereinkommen für nichtig erklärt. Es bewirke aufgrund der Übertragung von Hoheitsrechten (nämlich von Rechtsprechungsaufgaben auf ein supranationales Gericht) in der Sache eine Verfassungsänderung; die hierfür erforderliche Zwei-Drittel-Mehrheit lag aber nicht vor. Damit kann das System derzeit nicht in Kraft treten. Außerdem sind die Folgen des Brexit zu klären.

4. Für den internationalen Patentschutz von außerordentlicher praktischer Bedeutung ist der **Patentzusammenarbeitsvertrag** vom 19.6.1970 (Nr. 65), üblicherweise als PCT-Vertrag bezeichnet. Er ermöglicht es dem Anmelder, durch eine einzige internationale Anmeldung bei einem PCT-Anmeldeamt ohne Übersetzung und Zahlung nationaler Gebühren in allen benannten Vertragsstaaten die Wirkung einer nationalen Anmeldung herbeizuführen und innerhalb von 16 Monaten eine Recherche zum Stand der Technik zu erhalten. Der Anmelder kann auch eine vorläufige Prüfung seiner Anmeldung auf Patentfähigkeit beantragen. Dem Vertrag gehören 152 Länder an.

III. Grundzüge

1. Patentschutz **entsteht** durch einen staatlichen Hoheitsakt, die Erteilung des Patents. Sie erfolgt nach vorschriftsmäßiger Anmeldung der Erfindung und Prüfung der formellen und materiellen Erteilungsvoraussetzungen durch die zuständige Verwaltungsbehörde, das Deutsche Patent- und Markenamt oder – bei Anmeldung eines europäischen Patents – durch das Europäische Patentamt.

2. Das **Recht auf das Patent** steht dem Erfinder oder seinem Rechtsnachfolger zu (§ 6 PatG = Art. 60 EPÜ). Es fließt aus dem mit der Schaffung einer Erfindung entstehenden **Erfinderrecht,** das den Erfinder gegen widerrechtliche Entnahme und widerrechtliche Anmeldung seines Erfindungsgedankens durch Dritte schützt und ihm das Recht auf Erfindernennung gewährleistet. Das Erfinderprinzip wird nur im Fall von unabhängig voneinander gemachten

Erfindungen, sog. Doppelerfindungen, durchbrochen. Hier gebührt das Patent dem ersten Anmelder (§ 6 S. 3 PatG = Art. 60 Abs. 2 EPÜ).

3. Das Erfinderprinzip gilt auch für **Arbeitnehmererfindungen,** die schätzungsweise über 80% aller Erfindungen ausmachen. Die Rechtsbeziehungen zwischen Arbeitnehmererfinder und Arbeitgeber sind in umfassender Weise im Gesetz über Arbeitnehmererfindungen von 1957 geregelt (Nr. 15). Es findet Anwendung auf alle Erfindungen von Arbeitnehmern, deren Arbeitsverhältnis dem Recht der Bundesrepublik untersteht, gleichgültig, ob für die Erfindung ein deutsches Patent oder Gebrauchsmuster oder ein europäisches Patent nachgesucht wird.

Das Gesetz unterscheidet zwischen freien Erfindungen und Diensterfindungen (§ 4). Diensterfindungen sind Erfindungen von Arbeitnehmern, die während der Dauer des Arbeitsverhältnisses gemacht werden und entweder aus der dem Arbeitnehmer im Betrieb obliegenden Tätigkeit entstanden sind (Obliegenheits- oder Auftragserfindungen) oder die maßgeblich auf Erfahrungen oder Arbeiten des Betriebs beruhen (Erfahrungserfindungen). Alle sonstigen Erfindungen von Arbeitnehmern sind freie Erfindungen, die der Arbeitnehmer seinem Arbeitgeber zwar mitteilen und zur nichtausschließlichen Benutzung anbieten muss (§§ 18, 19), die er aber im Übrigen selbständig zum Patent anmelden und verwerten kann. Das Gesetz bezieht sich nur auf patent- und gebrauchsmusterfähige Erfindungen sowie auf technische Verbesserungsvorschläge, soweit sie dem Arbeitgeber eine ähnliche Vorzugsstellung gewähren wie ein gewerbliches Schutzrecht (Monopolprinzip). Diensterfindungen müssen dem Arbeitgeber gemeldet werden. Dieser kann sie entweder unbeschränkt oder beschränkt in Anspruch nehmen. Mit der Inanspruchnahme, einer einseitigen Erklärung des Arbeitgebers, geht das Recht auf das Patent auf den Arbeitgeber über; dem Erfinder erwächst aber gleichzeitig ein Anspruch auf angemessene Vergütung, im Falle einer beschränkten Inanspruchnahme nur im Falle der Benutzung durch den Arbeitgeber (§ 9 Abs. 1, 10 Abs. 1). Für die Bemessung der angemessenen Vergütung sind insbesondere die wirtschaftliche Verwertbarkeit der Diensterfindung, die Aufgaben und die Stellung des Arbeitnehmers im Betrieb sowie der Anteil des Betriebes am Zustandekommen der Diensterfindung zu berücksichtigen (§ 9 Abs. 2).

Für die Berechnung im Einzelnen hat der Bundesarbeitsminister Richtlinien für die Vergütung von Arbeitnehmererfindungen erlassen (Nr. 16). Sie geben genaue Anhaltspunkte sowohl für die Berechnung des Erfindungswerts wie für die Berechnung des Anteils, der dem Arbeitnehmer daran zusteht. Dieser Anteil ist umso größer, je weniger der Betrieb an dem Zustandekommen der Erfindung beteiligt war und je weniger man von dem Arbeitnehmer erfinderische Bemühungen erwarten konnte.

In allen Streitfällen zwischen Arbeitgeber und Arbeitnehmer kann die Schiedsstelle für Arbeitnehmererfindungen beim Deutschen Patent- und Markenamt angerufen werden, um eine gütliche Einigung herbeizuführen. Die Einigungsvorschläge der Schiedsstelle werden ganz überwiegend von beiden Parteien angenommen. Jede Partei kann seine Rechte aber auch durch Klage vor dem Zivilgericht geltend machen, wenn es mit dem Schiedsvorschlag nicht einverstanden ist.

4. Zum Erwerb eines Patents ist zunächst eine **formgerechte Patentanmeldung** erforderlich, in welcher der Erfinder die Erfindung deutlich beschreiben und in den Patentansprüchen den Gegenstand seines Schutzbegehrens angeben muss. Über Inhalt und Form der Patentanmeldung enthalten die Patent-

verordnung (Nr. 11) für deutsche Anmeldungen, die Ausführungsordnung zum Europäischen Patentübereinkommen (Nr. 51) sowie der PCT-Vertrag (Nr. 65) und seine Ausführungsordnung (Nr. 66) ausführliche Regelungen. Sie sind weitgehend aneinander angeglichen, was eine erhebliche Erleichterung für die Unternehmen bedeutet, die sowohl national wie europäisch anmelden wollen oder die zunächst eine PCT-Anmeldung einreichen und dann den europäischen Weg gehen (Euro-PCT-Anmeldungen).

Die Patentanmeldung muss folgendes enthalten: a) einen Antrag auf Erteilung eines Patents, b) eine Beschreibung der Erfindung, c) einen oder mehrere Patentansprüche, d) gegebenenfalls Zeichnungen, auf die sich die Beschreibung oder die Patentansprüche bezieht und e) eine Zusammenfassung. Bei europäischen und internationalen Anmeldungen ist ferner noch die Angabe des Benennungs- oder Bestimmungsstaats erforderlich.

Der **Erteilungsantrag** ist ein notwendiger Bestandteil jeder Patentanmeldung und enthält die wichtigsten Angaben über den Erfinder, seinen Vertreter, eine Kurzbezeichnung der Erfindung und insbesondere die Benennung der Vertragsstaaten.

Die **Beschreibung** der Erfindung ist der wesentliche Bestandteil der Offenbarung. Die Erfindung ist so deutlich und vollständig zu offenbaren, dass ein Fachmann sie ausführen kann. Offenbart ist nicht nur der Inhalt der eigentlichen Beschreibung, sondern der gesamte Inhalt der ursprünglich eingereichten Fassung von Beschreibung, Ansprüchen und Zeichnungen. Unter Hinweis auf den bisherigen Stand der Technik ist die Erfindung in der Beschreibung so darzustellen, dass Aufgabe und Lösung verständlich werden. Vorteilhafte Wirkungen der Erfindung sind anzugeben, Zeichnungen sind kurz zu beschreiben, und wenigstens ein Ausführungsbeispiel ist im Einzelnen anzugeben.

Die **Patentansprüche** müssen den Gegenstand angeben, für den Schutz begehrt wird, sie müssen deutlich, knapp gefasst und von der Beschreibung gestützt sein. Beansprucht werden kann alles, aber nur das, was in der Anmeldung offenbart worden ist. Üblich ist ein zweiteiliger Patentanspruch mit Oberbegriff und kennzeichnendem Teil, aber auch einteilig gefasste Patentansprüche sind zulässig, wenn das Wesen der Erfindung dadurch besser gekennzeichnet werden kann. Das EPÜ verwendet nicht die in Deutschland übliche Unterscheidung zwischen Haupt-, Neben- und Unteransprüchen, sondern zwischen unabhängigen und abhängigen Ansprüchen. Die zutreffende – nicht zu weite, nicht zu enge – Formulierung der Patentansprüche ist für den Schutz der Erfindung von besonderer Bedeutung, weil der Schutzbereich des Patents durch den Inhalt der Patentansprüche bestimmt wird.

Zeichnungen sind immer, aber auch nur dann, erforderlich, wenn die Beschreibung oder ein Anspruch darauf Bezug nimmt. Sie sagen dem Techniker oft mehr als die wörtliche Beschreibung der Erfindung.

Die **Zusammenfassung** (abstract) gilt ausschließlich der technischen Information, sie kann nicht für andere Zwecke, insbesondere nicht für die Bestimmung des Inhalts der europäischen Patentanmeldung und den Schutzumfang herangezogen werden.

5. Neben dem Vorliegen einer formgerechten Anmeldung setzt die Patenterteilung das Vorliegen einer **patentfähigen Erfindung** voraus. Nicht patentfähig sind Entdeckungen, wissenschaftliche Theorien und mathematische Methoden, ästhetische Formschöpfungen, nichttechnische Anweisungen an den menschlichen Geist sowie Programme für Datenverarbeitungsanlagen (§ 1 Abs. 3 PatG = Art. 52 Abs. 2 EPÜ), soweit sich die Anmeldung auf diese Ge-

genstände „als solche“ erstreckt. Vom Patentschutz ausgeschlossen sind chirurgische, therapeutische und diagnostische Verfahren am menschlichen und tierischen Körper (§ 5 Abs. 2 PatG = Art. 52 Abs. 4 EPÜ) sowie ordnungs- und sittenwidrige Erfindungen (§ 2 Abs. 1 PatG = Art. 53 lit. a) EPÜ). Ausgeschlossen ist auch die Patenterteilung für Pflanzensorten und Tierrassen sowie biologische Verfahren zur Züchtung von Pflanzen und Tieren (§ 2a Abs. 1 PatG = Art. 53 lit. b) EPÜ). Dieses Patentierungsverbot gilt nicht für mikrobiologische Verfahren und für mit Hilfe solcher Verfahren gewonnene Erzeugnisse (z.B. Antibiotika, § 2a Abs. 2 S. 1 Nr. 2 PatG).

Früher war nicht gesetzlich geregelt, in welchem Umfang Patentschutz für biotechnologische Erfindungen („Gentechnik“) ausgeschlossen ist. Das hat sich durch Gesetz vom 21.1.2005 (BGBl. I S. 146) geändert, welches (mit knapp fünfjähriger Verspätung) die EG-Richtlinie über den rechtlichen Schutz biotechnologischer Erfindungen vom 6.7.1998 (RiLi 98/44/EG, ABl. L 213/13, unten Nr. 54) umgesetzt hat. Pflanzensorten und Tierrassen sind weiterhin nicht patentierbar. Dies gilt aber nicht für pflanzen- oder tierbezogene Erfindungen, wenn die Ausführung der Erfindung technisch nicht auf eine bestimmte Pflanzensorte oder Tierrasse beschränkt ist („transgene“ Erfindungen, § 2a Abs. 2 S. 1 Nr. 1 PatG). Außerdem bestehen Patentierungsausschlüsse auf dem Gebiet der Humangenetik, z.B. für die Klonierung, die Veränderung der genetischen Keimbahnidentität oder im Interesse des Embryonenschutzes (§ 2 Abs. 2 PatG). Der menschliche Körper sowie die bloße Entdeckung einer Gensequenz sind nicht patentierbar. Anders verhält es sich bei isolierten Bestandteilen des menschlichen Körpers einschließlich von Gensequenzen. Sie sind schutzfähig, wenn die gewerbliche Anwendbarkeit der Sequenz unter Angabe der von ihr erfüllten Funktion konkret beschrieben wird. Bei natürlichen menschlichen Gensequenzen ist die Verwendung in den Patentanspruch aufzunehmen (§ 1a PatG). Insoweit wurde aus ethischen Gründen der Grundsatz des absoluten Stoffschutzes eingeschränkt.

Ein anderer Bereich, in dem sich die Entwicklung im Fluss befindet, ist die Frage des Patentschutzes für Computerprogramme und Geschäftsmethoden. Während hier im US-amerikanischen Recht Patentschutz vergleichsweise leicht zu erlangen ist, gehen deutsches und europäisches Recht einen Mittelweg. Da Programme für Datenverarbeitungsanlagen „als solche“ nicht schutzfähig sind, ist Software dem Patentschutz nur zugänglich, wenn technische Merkmale prägender Bestandteil der Anmeldung sind. Die nicht technischen Sachverhalte eines Computerprogramms, wie z.B. der Quellcode sind dagegen dem Urheberrecht zuzuordnen. Die Europäische Kommission legte am 20.2.2002 einen Richtlinienvorschlag über die „Patentierbarkeit computerimplementierter Erfindungen“ vor (KOM [2002] 92 endgültig). Die Voraussetzungen der nationalen Patentgesetze für Softwareschutz in den EU-Mitgliedstaaten sollten harmonisiert und die Patentierungsvoraussetzungen transparenter gemacht werden. Es war geplant, am Kriterium des „technischen Beitrags“ festzuhalten. Der Fragenkreis ist hochumstritten: Während Teile der europäischen Wirtschaft Rechtssicherheit und Investitionsschutz geltend machen, befürchten andere (z.B. die *open source*-Bewegung) ein Fortschreiten der Monopolisierung im Software-Bereich. Das Europäische Parlament lehnte den Richtlinienvorschlag am 6.7.2005 ab. Es wird deshalb in diesem Bereich vorerst bei rein nationalen Entwicklungen bleiben.

6. Für Erfindungen werden Patente erteilt, wenn sie **neu** sind, auf einer **erfinderischen Tätigkeit** beruhen und **gewerblich anwendbar** sind (§ 1

Abs. 1 PatG = Art. 52 Abs. 1 EPÜ). Diese drei grundlegenden Patentierungsvoraussetzungen – Neuheit, erfinderische Tätigkeit (Erfindungshöhe) und gewerbliche Anwendbarkeit – werden in den §§ 3, 4 und 5 PatG (= Art. 54–56 EPÜ) definiert. Erfindungen sind neu, wenn sie nicht zum Stand der Technik gehören. Dieser umfasst alle Kenntnisse, die vor dem maßgeblichen Prioritätstag durch schriftliche oder mündliche Beschreibung, durch Benutzung oder in sonstiger Weise der Öffentlichkeit zugänglich gemacht worden sind (absoluter Neuheitsbegriff). Als Stand der Technik gilt auch der Inhalt älterer, noch nicht veröffentlichter Patentanmeldungen, der freilich nur bei der Neuheitsprüfung, nicht bei derjenigen auf erfinderische Tätigkeit berücksichtigt werden darf.

Eine Erfindung hat ausreichende Erfindungshöhe (beruht auf einer erfinderischen Tätigkeit), wenn sie sich für den Durchschnittsfachmann nicht in naheliegender Weise aus dem Stand der Technik ergibt. An diesem Kriterium scheitern weitaus mehr Erfindungen als an dem Erfordernis der Neuheit. Das weitere Erfordernis der gewerblichen Anwendbarkeit ist dagegen in aller Regel erfüllt, da es nur wenige Gegenstände gibt, die nicht auf irgendeinem gewerblichen Gebiet einschließlich der Landwirtschaft hergestellt oder benutzt werden können.

7. Sowohl die formellen wie die materiellen Patentierungsvoraussetzungen unterliegen der **Prüfung** durch das **Deutsche Patent- und Markenamt.** Nach dem ab 1.1.1968 in der Bundesrepublik eingeführten Erteilungsverfahren werden alle Patentanmeldungen 18 Monate nach dem Prioritätstag zur Unterrichtung der Öffentlichkeit offengelegt. Mit der **Offenlegung** ist ein vorläufiger Schutz der Patentanmeldung verbunden, der freilich auf die Zahlung einer angemessenen Entschädigung beschränkt ist (§ 33 PatG). Die sachliche Prüfung auf Patentfähigkeit erfolgt seit 1968 nur auf besonderen, gebührenpflichtigen **Prüfungsantrag,** der innerhalb von sieben Jahren ab Anmeldung gestellt werden kann. Dieses sog. Verfahren der aufgeschobenen Prüfung hat zu einer merklichen Entlastung des Patentamts geführt, da die aufwendige Prüfung für Erfindungen, die sich im Laufe der ersten sieben Jahre nach Anmeldung als technologisch oder wirtschaftlich nicht mehr interessant herausstellen, nicht vorgenommen zu werden braucht. Je nach dem Ergebnis der amtlichen Prüfung, die auf einer vom Sachprüfer vorgenommenen Recherche beruht, wird die Anmeldung entweder zurückgewiesen oder die Erteilung des Patents beschlossen.

Innerhalb von neun Monaten (bis zum 31.3.2014: drei Monaten) nach der Veröffentlichung der Patenterteilung können Dritte **Einspruch** gegen das Patent erheben. Bleibt der Einspruch erfolglos, wird das Patent aufrechterhalten, hat er Erfolg, wird es – ganz oder teilweise – widerrufen. Gegen alle Beschlüsse des Patentamts findet die **Beschwerde** an das Bundespatentgericht statt, das darüber grundsätzlich in letzter Instanz entscheidet, jedoch die **Rechtsbeschwerde** an den Bundesgerichtshof zulassen kann, wenn eine Rechtsfrage von grundsätzlicher Bedeutung zu entscheiden ist oder die Fortbildung des Rechts oder die Sicherung einer einheitlichen Rechtsprechung eine Entscheidung des BGH erfordert (§ 100 PatG). Ohne Zulassung kann Rechtsbeschwerde nur bei schweren Verfahrensfehlern eingelegt werden (§ 100 Abs. 3 PatG). Eine Beschwerde gegen die Nichtzulassung der Rechtsbeschwerde ist nicht vorgesehen.

Ist kein Einspruchsverfahren anhängig und die Einspruchsfrist abgelaufen (§ 81 Abs. 2 PatG), ist die **Nichtigkeitsklage** vor einem Nichtigkeitssenat des Bundespatentgerichts statthaft, §§ 22, 81 PatG. Solange das Gericht die Nichtigkeit nicht herbeigeführt hat, gilt das Patent als wirksam, auch wenn Patentierungsvoraussetzungen fehlen (Tatbestandswirkung des Patents).

8. Das **europäische Patenterteilungsverfahren** ist ähnlich gestaltet, sieht jedoch nach Anmeldung beim Europäischen Patentamt und Formalprüfung vor der Offenlegung nach 18 Monaten eine obligatorische Recherche nach dem relevanten Stand der Technik vor, die von der Generaldirektion Recherche des Europäischen Patentamts in Den Haag durchgeführt wird. Der Prüfungsantrag muss bis zum Ablauf von 6 Monaten nach Veröffentlichung des Recherchenberichts gestellt werden, also im Normalfall 24 Monate nach dem Prioritätstag. Aufgrund dieser Besonderheit ist das europäische Patenterteilungsverfahren – anders als das deutsche – kein Verfahren der (bis zu 7 Jahren) aufgeschobenen Prüfung. Es endet entweder mit der Zurückweisung der Anmeldung oder der Erteilung eines europäischen Patents für die in der Anmeldung benannten Vertragsstaaten des Europäischen Patentübereinkommens. Gegen das europäische Patent kann innerhalb von neun Monaten nach der Veröffentlichung der Patenterteilung Einspruch erhoben werden, der entweder mit der Aufrechterhaltung oder dem Widerruf des europäischen Patents endet. Alle in erster Instanz erlassenen Entscheidungen des EPA sind mit der Beschwerde anfechtbar, über die eine der technischen Beschwerdekammern oder die juristische Beschwerdekammer des EPA entscheidet. Zur Sicherung einer einheitlichen Rechtsanwendung oder in Fällen von grundsätzlicher Bedeutung kann die Große Beschwerdekammer des EPA angerufen werden. Nach seiner Erteilung zerfällt das europäische Patent in ein sog. „Bündel" einzelstaatlicher Patente, die in den benannten Vertragsstaaten grundsätzlich nach dem fortgeltenden nationalen Patentrecht zu beurteilen sind. Sie haben jedoch eine einheitliche Schutzdauer von 20 Jahren nach Anmeldung (Art. 63 Abs. 1 EPÜ) und einen einheitlichen Schutzumfang (Art. 69 EPÜ) und können grundsätzlich nur bei Vorliegen europäischer Nichtigkeitsgründe für nichtig erklärt werden (Art. 138 EPÜ), haben also insofern „europäischen Zuschnitt". Eine möglichst einheitliche Auslegung der europäischen Bündelpatente und der daneben möglichen nationalen Patente der Vertragsstaaten soll durch die weitgehend erfolgte Übernahme des Art. 69 EPÜ und des dazu verabschiedeten sog. „Auslegungsprotokolls" gewährleistet werden.

9. Das deutsche ebenso wie das für die Bundesrepublik erteilte europäische Patent gewährt seinem Inhaber das **ausschließliche Recht,** die patentierte Erfindung wirtschaftlich auszuwerten. Er kann jedem Dritten verbieten, das patentierte Erzeugnis herzustellen, anzubieten, in Verkehr zu bringen oder zu gebrauchen oder zu den genannten Zwecken einzuführen oder zu besitzen (§ 9 Nr. 1 PatG). Bei Verfahrenspatenten sind dem Patentinhaber die Anwendung und das Anbieten des Verfahrens vorbehalten (§ 9 Nr. 2 PatG); auch erstreckt sich der Verfahrensschutz auf die unmittelbar nach dem patentierten Verfahren hergestellten Erzeugnisse (§ 9 Nr. 3 PatG). Neben der unmittelbaren ist auch die mittelbare Benutzung der patentierten Erfindung durch das Angebot und die Lieferung von zur Benutzung der Erfindung geeigneten Mitteln dem Patentinhaber vorbehalten (§ 10 PatG). Die Patentdauer beträgt 20 Jahre ab Anmeldung, wobei der volle Patentschutz mit Unterlassungs- und Schadensersatzansprüchen erst nach Erteilung des Patents einsetzt. Der Patentschutz kann sowohl für europäische wie für deutsche Patente durch Beantragung ergänzender Schutzzertifikate in Fällen verlängert werden, in denen der Gegenstand des Patents ein Erzeugnis oder ein Verfahren zur Herstellung oder Anwendung des Erzeugnisses ist, das vor seinem Inverkehrbringen einem behördlichen Geneh-

migungsverfahren unterworfen war. Ergänzende Schutzzertifikate sind erhältlich für Arzneimittel (VO 469/2009, ABl. L 152/1) und Pflanzenschutzmittel (VO 1610/96, ABl. 1996, L 198/30).

Örtlich erstreckt sich der Schutz deutscher Patente nach der Vereinigung der DDR mit der Bundesrepublik Deutschland auf das gesamte Gebiet des vereinigten Deutschland. Der Schutz europäischer Patente erstreckt sich auf das Gebiet derjenigen Vertragsstaaten, für die sie erteilt werden. Der sachliche Schutzbereich (Schutzumfang) des Patents wird im Verletzungsprozess durch Auslegung ermittelt. Er wird durch den Inhalt der Patentansprüche bestimmt. Die Beschreibung und die Zeichnungen sind jedoch zur Auslegung der Patentansprüche heranzuziehen (§ 14 PatG = Art. 69 EPÜ). In den Schutzbereich fallen auch äquivalente Ausführungsformen. Eine Richtlinie für die Auslegung gibt das sog. „Auslegungsprotokoll" zu Art. 69 EPÜ (vgl. unten Nr. 50 bei Art. 69).

10. Für alle **Patentstreitsachen,** insbesondere Verletzungsklagen, sind besondere Patentstreitkammern an bestimmten Landgerichten ausschließlich zuständig. Sie entscheiden über die Verletzungsfrage und die Rechtsfolgen (§§ 139ff. PatG). Für die Nichtigerklärung zu Unrecht erteilter Patente ist das mit technischen und rechtskundigen Richtern besetzte **Bundespatentgericht** in München ausschließlich zuständig. Gegen seine Entscheidung, die erga omnes wirkt, ist Rechtsmittel an den X. Zivilsenat des Bundesgerichtshofs zulässig, der im Patentverletzungsverfahren als Revisionsgericht, im Nichtigkeitsverfahren als Berufungsgericht und im Rechtsbeschwerdeverfahren als Rechtsbeschwerdeinstanz letztinstanzlich entscheidet.

C. Grundzüge des Gebrauchsmusterrechts

I. Begriff und Gegenstand des Gebrauchsmusterschutzes

Ebenso wie das Patentrecht dient das Gebrauchsmusterrecht dem Schutz technischer Erfindungen. Nach dem historischen Konzept des Gebrauchsmusters, das aus dem letzten Drittel des 19. Jahrhunderts stammt, mussten sich gebrauchsmusterfähige Erfindungen auf Arbeitsgerätschaften oder Gebrauchsgegenstände beziehen, woraus Rechtsprechung und Lehre das Erfordernis der sog. „Raumform" entwickelten. Unkörperliche Sachen wie chemische Verbindungen waren damit ebenso wie unbewegliche Sachen oder Arbeits- oder Herstellungsverfahren für lange Zeit dem Gebrauchsmusterschutz nicht zugänglich. Das Gebrauchsmuster ist im Jahr 1891 geschaffen worden, um dem Bedürfnis nach einem kurzfristigen, einfacheren und billigeren Schutz für kleinere technische Erfindungen zu entsprechen, das Patentamt von der Prüfung solcher Erfindungen zu entlasten und damit eine Lücke des Rechtsschutzes zu schließen zwischen dem Schutz von Geschmacksmustern, der sich lediglich auf die äußere, ästhetische Formgebung von Erzeugnissen, nicht aber auf deren technischen Funktion bezieht, und dem langfristigen, teueren und nicht leicht erhältlichen Patentschutz für wichtigere Erfindungen. Ungeachtet des Begriffs „Gebrauchs**muster**" ist das Gebrauchsmuster seinem Wesen nach ein „kleines Patent". Der im rechtswissenschaftlichen Schrifttum erhobenen Forderung (Beier, GRUR 1986, 1ff.), auf das überholte Erfordernis der Raumform zu verzichten und den Gebrauchsmusterschutz allen technischen Erfindungen zu öffnen, hat der Gesetzgeber durch Gesetz vom 7. März 1990 (BGBl. I S. 161) entsprochen, allerdings mit Ausnahme der Verfahrenserfindungen, die weiterhin vom Gebrauchsmusterschutz ausgeschlossen sind.

II. Rechtsgrundlagen

Gesetzliche Grundlage ist das Gebrauchsmustergesetz vom 1. Juni 1890 in der Fassung der Bekanntmachung vom 28. August 1986 mit den wichtigen Änderungen, die das Gesetz vom 7. März 1990 (vgl. oben) gebracht hat (Nr. 20). Eine Reform des Gebrauchsmusterschutzes war notwendig geworden, um die zahlreichen Verweisungen des Gebrauchsmustergesetzes auf das Patentgesetz mit der Neufassung des Patentgesetzes 1981 in Einklang zu bringen. Abgesehen von dieser mehr technischen Anpassung wurden jedoch eine Reihe grundlegender Änderungen und Verbesserungen vorgenommen. Die Höchstdauer des Schutzes ist von ursprünglich 6 auf 8 und jetzt auf 10 Jahre ausgedehnt worden. Der Schutzgegenstand wurde auf alle patentfähigen Erfindungen mit Ausnahme der Verfahrenserfindungen erweitert, eine Gebrauchsmusterrecherche eingeführt und das Eintragungsverfahren verbessert. Mit Arbeiten zur Harmonisierung oder Einführung des Schutzes von Gebrauchsmustern und zur Schaffung eines „Gemeinschaftsgebrauchsmusters" in der EU ist im Jahr 1992 begonnen worden. Auf dieser Grundlage legte die Europäische Kommission 1997 einen Vorschlag für eine Harmonisierungs-Richtlinie vor, der 1999 geändert wurde. Außerdem unternahm die Europäische Kommission eine Sondierung über die Auswirkungen eines Gemeinschaftsgebrauchsmusters auf den Binnenmarkt. Die Bemühungen wurden nicht fortgesetzt. Dies hat auch damit zu tun, dass nicht alle Mitgliedstaaten der EU einen Gebrauchsmusterschutz kennen.

III. Grundzüge

1. Das Gebrauchsmuster ist ein **ungeprüftes Schutzrecht.** Es wird durch Anmeldung und Eintragung in das Gebrauchsmusterregister des Deutschen Patentamts erworben. Dieses prüft neben den formellen Schutzvoraussetzungen nur noch, ob die angemeldete Erfindung nach § 2 GebrMG wegen Verstoßes gegen die öffentliche Ordnung oder die guten Sitten, als Pflanzensorte oder Tierart oder als Verfahrenserfindung vom Gebrauchsmusterschutz ausgeschlossen ist. Abgesehen von diesen Ausnahmen sind sämtliche patentfähigen Erfindungen auch dem Gebrauchsmusterschutz zugänglich. Die materiellen Schutzvoraussetzungen, nämlich Neuheit, das Vorliegen eines erfinderischen Schrittes und gewerbliche Anwendbarkeit werden im Eintragungsverfahren vom Patentamt nicht geprüft. Das Gebrauchsmusterrecht entsteht vielmehr ohne eine solche Prüfung mit der Eintragung in das Gebrauchsmusterregister beim Deutschen Patent- und Markenamt.

2. Um Gebrauchsmusterschutz zu erlangen, ist eine ordnungsgemäße **Anmeldung** erforderlich, die einen oder mehrere Schutzansprüche, eine Beschreibung und gegebenenfalls eine Zeichnung enthalten muss. Anstelle der früher üblichen Gebrauchsmusterhilfsanmeldung kann der Anmelder zusammen mit der Gebrauchsmusteranmeldung die für eine frühere deutsche oder europäische Patentanmeldung maßgebliche Priorität in Anspruch nehmen. Wird die frühere oder gleichzeitig eingereichte Patentanmeldung zurückgenommen oder, z.B. wegen fehlender Erfindungshöhe, zurückgewiesen, so bleibt dem Anmelder die Priorität der früheren Patentanmeldung für die Gebrauchsmusteranmeldung oder das eingetragene Gebrauchsmuster erhalten (§ 5 GebrMG). Der Gebrauchsmusteranmelder kann ferner innerhalb einer Frist

von 12 Monaten nach einer ersten Patent- oder Gebrauchsmusteranmeldung für eine verbesserte Anmeldung desselben Gegenstandes zum Gebrauchsmuster die sog. „innere Priorität" der früheren Anmeldung in Anspruch nehmen (§ 6 GebrMG), eine Vergünstigung, die auch dem Patentanmelder eingeräumt wurde (§ 40 PatG), um den deutschen Anmelder mit den ausländischen Anmeldern technischer Schutzrechte gleichzustellen, die für ihre Nachanmeldung in der Bundesrepublik Deutschland die Priorität einer vorausgegangenen ausländischen Erstanmeldung nach Art. 4 der Pariser Verbandsübereinkunft in Anspruch nehmen können.

3. Das eingetragene Gebrauchsmuster gewährt seinem Inhaber die gleichen **ausschließlichen Rechte** wie ein erteiltes Patent. Er kann jedem Dritten die unmittelbare oder mittelbare Benutzung des geschützten Gegenstandes verbieten, und zwar unmittelbar nach der Eintragung, die wegen Fehlens einer Vorprüfung der materiellen Schutzvoraussetzungen durch das Patentamt verhältnismäßig schnell nach der Anmeldung erfolgt. Die schnelle Verfügbarkeit von Unterlassungs- und Schadensersatzansprüchen ist neben den geringeren Kosten einer der großen Vorteile des Gebrauchsmusterschutzes gegenüber dem Patentschutz, der solche für die Bekämpfung von Nachahmern unentbehrlichen Ansprüche erst nach der Patenterteilung gewährt und erheblich teurer ist.

4. Der Gebrauchsmusterschutz ist gegenüber Dritten jedoch nur wirksam, wenn die **materiellen Schutzvoraussetzungen** vorliegen. Es muss sich um eine nicht vom Gebrauchsmusterschutz ausgeschlossene Erfindung handeln, die neu ist, auf einem erfinderischen Schritt beruht und gewerblich anwendbar ist. Für den Gebrauchsmusterschutz gilt noch der im früheren Patent- und Gebrauchsmusterrecht angewandte relative Neuheitsbegriff, der neben der Beschreibung nur die offenkundige Vorbenutzung im Geltungsbereich des Gesetzes als neuheitsschädlichen Tatbestand erfasste und zudem eine Neuheitsschonfrist für eigene Vorveröffentlichungen und Vorbenutzungen des Anmelders vorsieht (§ 3 GebrMG). Mit dem Erfordernis eines „erfinderischen Schritts" soll ein gegenüber dem Patenterfordernis der „erfinderischen Tätigkeit" geringeres Maß an Erfindungshöhe gekennzeichnet werden, um es dem Erfinder zu ermöglichen, auch für solche Erfindungen einen Schutz zu erhalten, die das Wissen und Können eines Durchschnittsfachmanns nur um ein geringes überschreiten und nicht das für den Patentschutz erforderliche Maß an erfinderischer Leistung aufweisen.

Das Vorliegen dieser Schutzvoraussetzungen wird im Verletzungsprozess von den ordentlichen Gerichten oder im Gebrauchsmusterlöschungsverfahren vom Patentamt geprüft. Wirtschaftlich spielt der Gebrauchsmusterschutz eine wichtige Rolle, er wird für 3 Jahre, mit Verlängerungsmöglichkeit bis zu 10 Jahren, gewährt.

D. Grundzüge des Designrechts

I. Gegenstand des Designschutzes

1. Im Designrecht geht es nicht um technische, sondern um ästhetische Schöpfungen, um die ansprechende Gestaltung von Handwerks- und Industrieerzeugnissen, also um den Bereich der industriellen Formgebung. Seit dem 1. Januar 2014 heißt das einschlägige Gesetz nicht mehr „Geschmacksmustergesetz", sondern „Designgesetz" (Nr. 40). Der althergebrachte Begriff des Ge-

schmacksmusters, der an die „geschmackvolle" Form anknüpfte, wurde also durch den international üblichen Begriff des „Design" ersetzt, der sich auch im deutschen Sprachraum durchgesetzt hat. Der traditionelle Begriff des „Geschmacksmusters" wird aber nach wie vor im EU-Recht verwendet, das nicht nur über eine Richtlinie über den rechtlichen Schutz von Mustern und Modellen verfügt, sondern auch ein einheitliches „Gemeinschaftsgeschmacksmuster" geschaffen hat (Nr. 58). Unverändert ist auch das Völkervertragsrecht: Die PVÜ und das Haager Musterabkommen (Nr. 76) verwenden den Begriff der gewerblichen „Muster" (zweidimensionale Gestaltungen, z.B. die Oberfläche eines Textilstoffs) und „Modelle" (dreidimensionale Gestaltungen, z.B. die Form einer Eieruhr). Die Begriffe Design, Geschmacksmuster, Muster und Modelle sind synonym. Entscheidend ist, dass Gestaltungen auf den Formen- und/oder Farbensinn des Betrachters wirken. Ihre Neuheit und Originalität liegt nicht, jedenfalls nicht ausschließlich auf technischem, sondern auf ästhetischem Gebiet.

2. Dieser Schutzgegenstand des Designrechts zeigt die enge Verwandtschaft zum **Urheberrecht,** das seit 1907 auch die Erzeugnisse des Kunsthandwerks und Kunstgewerbes als Werke der angewandten Kunst in seinen Schutz einbezieht und auch auf Designs anwendbar ist, wenn diese eine besondere „Gestaltungshöhe" aufweisen. Trotz dieser in der Lehre zu Recht betonten Wesensverwandtschaft zum Urheberrecht und anderen Gemeinsamkeiten des herkömmlichen Designschutzes mit dem Urheberrecht bildet das Designrecht aus historischen Gründen und wegen seiner gewerblichen Zweckbestimmung einen Teil des gewerblichen Rechtsschutzes. Auch ging die neuere Reformdiskussion eher in Richtung auf einen patentrechtlich als urheberrechtlich orientierten Designschutz. Vorschläge, die das Max-Planck-Institut für ausländisches und internationales Patent-, Urheber- und Wettbewerbsrecht im Jahre 1990 für ein europäisches Musterrecht vorlegte (GRUR Int. 1990, 559ff.), beruhten demgegenüber auf einem spezifisch musterrechtlichen Ansatz (design approach), der pragmatisch auf die sehr unterschiedlichen Schutzbedürfnisse der musterschaffenden Industrie einging. Die Europäische Kommission griff diesen Vorschlag auf und legte in einem 1991 veröffentlichten Grünbuch über den Rechtsschutz gewerblicher Muster und Modelle Vorentwürfe für eine Verordnung und eine Harmonisierungsrichtlinie vor. Eine Kontroverse über den Designschutz von Ersatzteilen verzögerte die Gesetzgebungsarbeiten. Die Ausklammerung der Ersatzteilfrage ermöglichte die Verabschiedung der Richtlinie 98/71/EG über die Harmonisierung der nationalen Musterrechte (Nr. 57). Von der Harmonisierung des nationalen Rechts durch eine Richtlinie ist die Schaffung eines einheitlichen europäischen Geschmacksmusters zu unterscheiden, die durch die VO 6/2002 über das Gemeinschaftsgeschmacksmuster erfolgte (Nr. 58). Bei der Schaffung eines solchen Gemeinschaftsmusters sind Unterschiede zwischen einzelnen Mitgliedstaaten naturgemäß nicht möglich: Das Gemeinschaftsmuster muss notwendigerweise für die gesamte EU (und den gesamten EWR) dieselbe Wirkung haben. Da die Meinungsunterschiede in der Ersatzteilfrage fortbestehen, wurde Design-Schutz für „Bauelemente komplexer Produkte" zu Reparaturzwecken im Rahmen einer Übergangsbestimmung (zunächst) ausgeschlossen (Art. 110 Abs. 1 der VO). Die Kommission schlug am 14.9.2004 vor, den Geschmacksmusterschutz für Ersatzteile europaweit abzuschaffen (KOM [2004] 582). Dies soll durch eine „Reparaturklausel" geschehen, aufgrund derer sichtbare Autoersatzteile für Reparaturzwecke und zur Wiederherstellung des ursprünglichen Erscheinungsbildes auch von unabhän-

gigen Ersatzteilherstellern angeboten werden dürften. Der Geschmacksmusterschutz für Ersatzteile in Bezug auf Neuwagen würde hierdurch nicht angetastet. Der Vorschlag der Kommission ist bisher nicht weiterverfolgt worden.

II. Rechtsquellen

1. Gesetzliche Grundlage war für lange Zeit das **Gesetz betreffend das Urheberrecht an Mustern und Modellen vom 11.1.1876,** für das sich – zur Unterscheidung vom späteren Gebrauchsmustergesetz – der Name „Geschmacksmustergesetz" einbürgerte. Der internationale Schutz wird durch die Pariser Verbandsübereinkunft und das **Haager Musterabkommen** von 1925 in der Fassung der Genfer Akte von 1999 gewährleistet, das für bei der WIPO international eingetragene Muster und Modelle einen Schutz in den Vertragsstaaten des Haager Musterabkommens vorsieht. Die Genfer Akte zur Revision des Haager Abkommens hat die internationale Registrierung weiter erleichtert: Es kann in Zukunft Schutz für das Territorium internationaler Organisationen beantragt werden, die – wie die EU – dem Haager Abkommen beigetreten sind. Außerdem wurde die Möglichkeit geschaffen, Anmeldungen nach dem Haager Abkommen auch über das DPMA einzureichen.

2. Eine der Hauptschwächen des alten Geschmacksmusterschutzes war das Fehlen einer zentralen Hinterlegungsstelle für die Anmeldung, Eintragung und Veröffentlichung von Geschmacksmustern. Anmelder konnten ihre Geschmacksmuster bei jedem Amtsgericht hinterlegen, mit der Folge, dass Dritte praktisch keine Möglichkeit hatten, sich über das Bestehen von Geschmacksmusterrechten zu informieren. Diese Situation wurde durch Gesetz vom 18. Dezember 1986 zur Änderung des Geschmacksmustergesetzes mit Wirkung vom 1. Juli 1988 geändert. Die Reform führte die zentrale Anmeldung und Hinterlegung von Geschmacksmusteranmeldungen beim Deutschen Patentamt ein. Eine grundlegende Reform erfolgte durch das **Geschmacksmusterreformgesetz** vom 12. März 2004, in Kraft getreten am 1. Juni 2004. Das deutsche Recht wurde an die EU-Geschmacksmuster-Richtlinie angepasst, was eine umfassende Neugestaltung bis hin zu den materiellen Schutzvoraussetzungen erforderlich machte. Die Schutzvoraussetzungen wurden abgesenkt, indem auf das Erfordernis einer gewissen Gestaltungshöhe verzichtet wurde. Die maximale Schutzdauer wurde von 20 auf 25 Jahre verlängert.

3. Das Gesetz zur Modernisierung des Geschmacksmustergesetzes vom 10. Oktober 2013 hat die Umbenennung in „Designgesetz" gebracht. Außerdem wurde ein zentrales Nichtigkeitsverfahren eingeführt: Seit 2014 besteht die Möglichkeit, eine Designabteilung des DPMA anzurufen, um die Nichtigkeit eines eingetragenen Designs festzustellen. Daneben besteht der herkömmliche Weg fort, die Nichtigkeit im Verletzungsverfahren vor dem Zivilgericht geltend zu machen. Hierzu ist eine Widerklage auf Feststellung oder Erklärung der Nichtigkeit zu erheben.

4. Das Deutsche Patent- und Markenamt unterhält in seiner für Geschmacksmustersachen zuständigen Dienststelle Jena ein zentrales Register für eingetragene Designs und veröffentlicht eine fotografische oder grafische Darstellung des angemeldeten Designs in einem besonderen Designblatt.

III. Grundzüge

1. **Gegenstand** des Designschutzes sind sowohl zweidimensionale (Muster) wie dreidimensionale (Modelle) Gestaltungen von gewerblichen Erzeugnissen,

die geeignet sind, auf den Formen und/oder Farbensinn des Betrachters zu wirken. Das Recht auf das eingetragene Design steht dem Entwerfer oder seinem Rechtsnachfolger zu (§ 7). Eine Ausnahme besteht für von Arbeitnehmern geschaffene Designs, welche in Abwesenheit einer anderweitigen Vereinbarung dem Arbeitgeber zustehen (§ 7 Abs. 2). Der Designschutz **entsteht** mit der Eintragung in das Register (§ 27). Das Recht am eingetragenen Design kann auf andere übertragen werden oder übergehen (§ 29). Das eingetragene Design gewährt dem Rechtsinhaber ein Ausschließlichkeitsrecht (§ 38), daneben stehen dem Entwerfer persönlichkeitsrechtliche Befugnisse zu (§ 10).

2. Nach einer Formalprüfung wird die Designanmeldung vom Patentamt im Designregister eingetragen und zusammen mit einer Abbildung der Darstellung durch Veröffentlichung im Designblatt bekannt gemacht (§§ 16–20). Der Anmelder kann mehrere Designs in einer Sammelanmeldung zusammenfassen (§ 12) und beantragen, dass die Bekanntmachung einer Abbildung der Darstellung des Designs um bis zu 30 Monate nach dem Tage der Anmeldung aufgeschoben wird. In diesem Fall wird nur die Eintragung der Anmeldung im Designregister veröffentlicht. Die Schutzdauer beträgt 5 Jahre und kann auf Antrag und gegen Zahlung zusätzlicher Gebühren auf 10, 15, 20 oder 25 Jahre verlängert werden.

3. **Schutzvoraussetzungen** sind die **Neuheit** und **Eigenart** des hinterlegten Designs (§ 2). Gem. § 2 Abs. 2 gilt ein Design als **neu,** wenn vor dem Anmeldetag kein identisches Design offenbart worden ist. Eine Offenbarung liegt gem. § 5 vor, wenn das Design der Öffentlichkeit zugänglich gemacht wurde. Dabei gilt ein relativ-objektiver Neuheitsbegriff: Wenn die in der Gemeinschaft tätigen Fachkreise des betreffenden Sektors das Design vor dem Anmeldetag nicht kennen konnten, liegt keine Offenbarung vor. Außerdem gilt gem. § 6 eine zwölfmonatige Neuheitsschonfrist. **Eigenart** liegt gem. § 2 Abs. 3 dann vor, wenn sich der Gesamteindruck des Designs vom Gesamteindruck anderer Designs unterscheidet. Abzustellen ist hierbei auf den informierten Benutzer. Der Grad der Gestaltungsfreiheit ist zu berücksichtigen, besondere Anforderungen an die Gestaltungshöhe werden seit 2004 aber nicht mehr gestellt. Designschutz für Ersatzteile ist im deutschen Recht weiter möglich, soweit die entsprechenden Teile nach außen sichtbar sind, s. § 4 (relevant zB für Kfz-Kotflügel oder –Motorhauben). Dieser Regelung ist allerdings die Versicherung der Automobilhersteller vorausgegangen, das Designrecht nicht dazu zu benutzen, den Wettbewerb durch unabhängige Ersatzteilproduzenten zu beeinträchtigen. – Die Nichtigkeit eines eingetragenen Designs wegen Fehlens von Schutzvoraussetzungen kann durch jedermann im Nichtigkeitsverfahren vor dem DPMA geltend gemacht werden (§§ 33 ff., Popularklage). Außerdem kann der Beklagte im Verletzungsprozess Widerklage auf Feststellung oder Erklärung der Nichtigkeit erheben. Gem. § 39 besteht zugunsten des Rechtsinhabers die Vermutung, dass die Schutzvoraussetzungen erfüllt sind.

4. Seit 2004 schützt das Designrecht nicht nur gegen (bewusste oder unbewusste) Nachbildungen, sondern entfaltet **absolute Sperrwirkung**, zB auch gegen selbständige Parallelentwicklungen (vgl. § 33 Abs. 2 Nr. 2). Hierin kommt besonders deutlich die Emanzipation des Designrechts vom Urheberrecht zum Ausdruck.

E. Schutz von Pflanzenzüchtungen und von elektronischen Halbleitererzeugnissen

Zum Schutz von Patenten, Gebrauchsmustern und Geschmacksmustern sind in neuerer Zeit noch zwei neue Formen gewerblicher Schutzrechte hinzugetreten, der Sortenschutz für Pflanzenzüchtungen und der Schutz von sog. Halbleitern.

I. Pflanzenzüchtungen

Der Schutz neuer Pflanzenzüchtungen erfolgt auf zwei Ebenen. Neben den nationalen Sortenschutz ist seit 1994 das gemeinschaftliche Sortenschutzrecht getreten, das ein einheitliches Schutzrecht für das Gesamtgebiet der EU gewährt.

1. Das **Sortenschutzgesetz,** das bisher in seiner Fassung vom 11. Dezember 1985 galt, ist an den gemeinschaftlichen Sortenschutz durch Gesetz zur Änderung des Sortenschutzgesetzes vom 17. Juli 1997 angepasst worden und gilt nunmehr in einer konsolidierten Fassung vom 17. Juli 1997 (Nr. 30). Ebenso wie seine Vorgänger folgt das neue Sortenschutzgesetz wie auch der gemeinschaftliche Sortenschutz in den Grundsätzen dem Internationalen Übereinkommen zum Schutz von Pflanzenzüchtungen vom 2. Dezember 1961 ("UPOV"), das zuletzt am 19. März 1991 revidiert worden ist (Nr. 70). Als Pflanzensorte wird im Gesetz eine pflanzliche Gesamtheit innerhalb eines einzigen botanischen Taxons der untersten bekannten Rangstufe bezeichnet, die durch die sich aus einem bestimmten Genotyp oder einer bestimmten Kombination von Genotypen ergebende Ausprägung der Merkmale bestimmt werden kann; zumindest durch die Ausprägung eines der erwähnten Merkmale von jeder anderen pflanzlichen Gesamtheit unterschieden werden kann und, in Anbetracht ihrer Eignung, unverändert vermehrt zu werden, als Einheit angesehen werden kann. Der Schutz einer Pflanzensorte wird gewährt, wenn sie unterscheidbar, homogen, beständig und neu ist und durch eine eintragbare Sortenbezeichnung identifiziert wird. Diese Voraussetzungen werden vom Bundessortenamt in Hannover geprüft, die beiden Erstgenannten aufgrund einer in der Regel mehrjährigen Anbauprüfung. Die bisher geltende Beschränkung des Sortenschutzes auf solche Sorten, die ihrer Art nach in einem Artenverzeichnis aufgeführt sind, ist ebenso wie die für nicht ihrer Art nach im Artenverzeichnis aufgeführten Sorten bestehende Patentierungsmöglichkeit ab März 1992 entfallen.

Die Schutzdauer beträgt 25, in bestimmten Fällen 30 Jahre vom Tag der Erteilung an. Der Schutz erstreckt sich nach § 10 auf die Erzeugung, Aufbereitung und das Inverkehrbringen, die Ein- oder Ausfuhr sowie die Aufbewahrung für einen dieser Zwecke von Vermehrungsmaterial. Eingeschränkt ist dieser Schutz in zweierlei Hinsicht: zunächst durch den sogenannten „Landwirtevorbehalt", der es den Landwirten ermöglicht, ohne Erlaubnis des Sortenschutzinhabers einen Teil der Ernte als Vermehrungsmaterial einzubehalten und im nächsten Jahr als Saatgut auf seinen Feldern zu verwenden. Die Voraussetzungen hierfür sind in § 10a Abs. 2 definiert. Doch muss der Landwirt, der von dieser Möglichkeit Gebrauch macht, dem Sortenschutzinhaber ein angemessenes Entgelt zahlen. Die zweite Einschränkung ist der sogenannte „Züchtervorbehalt". Diese Vorschrift erlaubt es dem Pflanzenzüchter, Vermehrungsmaterial einer geschützten Sorte ohne Zustimmung des Sortenschutzinhabers für die Züchtung neuer Pflanzensorten zu verwenden. Allerdings dürfen so gezüchtete neue Sorten, falls es sich um sogenannte im Wesentlichen abgeleitete Sorten handelt, nicht frei verwertet werden. Eine wichtige Neuerung gegenüber dem früheren Recht ist die von den Obst- und Zierpflanzenzüchtern geforderte Erstreckung des Schutzes auf die Einfuhr und das Inverkehrbringen von ohne Zustimmung hergestellten Pflanzen und Pflanzenteilen, z.B. Schnittblumen, (§ 10 Abs. 1 Nr. 2).

2. Rechtsgrundlage für den **gemeinschaftlichen Sortenschutz** ist die Verordnung (EG) Nr. 2100/94 über den gemeinschaftlichen Sortenschutz vom 27. Juli 1994, die durch Durchführungsvorschriften ergänzt wurde (Nr. 35). Nach Art. 1 der VO ist der gemeinschaftliche Sortenschutz nach dieser Verordnung die einzige und ausschließliche Form des gemeinschaftlichen gewerblichen Rechtsschutzes für Pflanzensorten. Dieser Schutz hat einheitliche Wirkung im Gebiet der Europäischen Union und kann für dieses Gebiet nur einheitlich erteilt, übertragen und beendet werden. Die Verordnung lässt jedoch das Recht der Mitgliedstaaten unberührt, nationale Schutzrechte für Sorten zu erteilen. Allerdings können Sorten, die Gegenstand eines gemeinschaftlichen Sortenschutzes sind, nicht Gegenstand eines nationalen Sortenschutzes oder eines Patents für die betroffene Sorte sein (Art. 92 Abs. 1 VO). Dieses sogenannte Verbot des Doppelschutzes wird durch Art. 92 Abs. 2 dadurch ergänzt, dass derjenige, dem vor der Erteilung des gemeinschaftlichen Sortenschutzes für dieselbe Sorte ein sonstiges Schutzrecht erteilt worden ist, die Ansprüche aus einem solchen Schutzrecht solange nicht geltend machen kann, wie der gemeinschaftliche Sortenschutz daran besteht.

Durch die Verordnung wird ein gemeinschaftliches Sortenamt errichtet, das seinen Sitz in Angers/Frankreich hat. Die Schutzvoraussetzungen, nämlich Unterscheidbarkeit, Homogenität, Beständigkeit und Neuheit, sowie die Festsetzung einer Sortenbezeichnung sind die gleichen wie nach nationalem Sortenschutz, sind aber in der Verordnung (und dem angepassten neuen Sortenschutzgesetz) teilweise abweichend definiert. Die Verordnung enthält erstmals auch eine Definition der Sorte (Art. 5 Abs. 2), die das deutsche Sortenschutzgesetz übernommen hat.

II. Elektronische Halbleiter

1. Das Gesetz über den Schutz der Topographien von mikroelektronischen Halbleitererzeugnissen vom 22. Oktober 1987 (Halbleiterschutzgesetz) führt einen besonderen Schutz für Halbleitererzeugnisse ein (Mikrochips). Er folgt dem Modell des U.S. Semiconductor Chip Protection Act, 1984, und einer damit weitgehend übereinstimmenden Richtlinie der EU. Gegenstand des Schutzes sind die dreidimensionalen Strukturen von mikroelektronischen Halbleitererzeugnissen (Topographien) ebenso wie selbständig verwertbare Teile und Darstellungen zur Herstellung von Topographien, vorausgesetzt, dass sie Eigenart aufweisen, d.h. wenn sie als Ergebnis geistiger Arbeit nicht nur durch bloße Nachbildung einer anderen Topographie hergestellt und nicht alltäglich sind (§ 1). Das Recht auf den Schutz steht dem Entwerfer der Topographie zu; wurde diese im Rahmen eines Arbeitsverhältnis oder im Auftrag eines anderen geschaffen, so steht das Recht dem Arbeitgeber oder Auftraggeber zu, soweit nicht vertraglich anderes bestimmt ist (§ 2).

2. Der Inhaber des Schutzrechts ist gegen Nachbildung sowie dagegen geschützt, dass andere ohne seine Zustimmung die Topographie oder das diese enthaltende Halbleitererzeugnis anbieten, in Verkehr bringen, verbreiten oder

zu diesen Zwecken einführen (§ 6 Abs. 1). Der Schutz erstreckt sich nicht auf Handlungen im privaten Gebrauch zu nichtgeschäftlichen Zwecken und insbesondere nicht auf die Nachbildung der Topographie zum Zwecke der Analyse, der Bewertung oder der Ausbildung sowie die geschäftliche Verwertung einer auf diese Weise entwickelten Topographie (sog. reverse engineering). Der Schutz beginnt am Tag der ersten öffentlichen geschäftlichen Verwertung oder der ersten Anmeldung beim Patentamt und endet mit Ablauf des zehnten Kalenderjahrs nach dem Jahr des Schutzbeginns.

Voraussetzung für die Geltendmachung des Schutzes ist die **Anmeldung** beim Patentamt. Die Anmeldung muss Unterlagen zur Identifizierung oder Veranschaulichung der Topographie und Angaben über den Verwendungszweck enthalten. Das Eintragungsverfahren im Patentamt, das ein besonderes Halbleiterschutzregister unterhält, folgt weitgehend dem Eintragungsverfahren für Gebrauchsmuster.

10. Patentgesetz

In der Fassung der Bekanntmachung vom 16. Dezember 1980[1]
(BGBl. 1981 I S. 1)

FNA 420-1

zuletzt geänd. durch Art. 4 G über die Erweiterung der Medienöffentlichkeit in Gerichtsverfahren v. 8.10.2017 (BGBl. I S. 3546)

Inhaltsübersicht

Erster Abschnitt. Das Patent

§ 1 [Voraussetzungen der Erteilung] (1) Patente werden für Erfindungen auf allen Gebieten der Technik erteilt, sofern sie neu sind, auf einer erfinderischen Tätigkeit beruhen und gewerblich anwendbar sind.

(2) [1] Patente werden für Erfindungen im Sinne von Absatz 1 auch dann erteilt, wenn sie ein Erzeugnis, das aus biologischem Material besteht oder dieses enthält, oder wenn sie ein Verfahren, mit dem biologisches Material hergestellt oder bearbeitet wird oder bei dem es verwendet wird, zum Gegenstand haben. [2] Biologisches Material, das mit Hilfe eines technischen Verfahrens aus seiner natürlichen Umgebung isoliert oder hergestellt wird, kann auch dann Gegenstand einer Erfindung sein, wenn es in der Natur schon vorhanden war.

(3) Als Erfindungen im Sinne des Absatzes 1 werden insbesondere nicht angesehen:

1. Entdeckungen sowie wissenschaftliche Theorien und mathematische Methoden;
2. ästhetische Formschöpfungen;

---

[1] Neubekanntmachung des PatentG v. 26.7.1979 (BGBl. I S. 1269) in der ab 1.1.1981 geltenden Fassung.

3. Pläne, Regeln und Verfahren für gedankliche Tätigkeiten, für Spiele oder für geschäftliche Tätigkeiten sowie Programme für Datenverarbeitungsanlagen;
4. die Wiedergabe von Informationen.

(4) Absatz 3 steht der Patentfähigkeit nur insoweit entgegen, als für die genannten Gegenstände oder Tätigkeiten als solche Schutz begehrt wird.

§ 1a [Menschliche Gene] (1) Der menschliche Körper in den einzelnen Phasen seiner Entstehung und Entwicklung, einschließlich der Keimzellen, sowie die bloße Entdeckung eines seiner Bestandteile, einschließlich der Sequenz oder Teilsequenz eines Gens, können keine patentierbaren Erfindungen sein.

(2) Ein isolierter Bestandteil des menschlichen Körpers oder ein auf andere Weise durch ein technisches Verfahren gewonnener Bestandteil, einschließlich der Sequenz oder Teilsequenz eines Gens, kann eine patentierbare Erfindung sein, selbst wenn der Aufbau dieses Bestandteils mit dem Aufbau eines natürlichen Bestandteils identisch ist.

(3) Die gewerbliche Anwendbarkeit einer Sequenz oder Teilsequenz eines Gens muss in der Anmeldung konkret unter Angabe der von der Sequenz oder Teilsequenz erfüllten Funktion beschrieben werden.

(4) Ist Gegenstand der Erfindung eine Sequenz oder Teilsequenz eines Gens, deren Aufbau mit dem Aufbau einer natürlichen Sequenz oder Teilsequenz eines menschlichen Gens übereinstimmt, so ist deren Verwendung, für die die gewerbliche Anwendbarkeit nach Absatz 3 konkret beschrieben ist, in den Patentanspruch aufzunehmen.

§ 2 [Keine Erteilung] (1) Für Erfindungen, deren gewerbliche Verwertung gegen die öffentliche Ordnung oder die guten Sitten verstoßen würde, werden keine Patente erteilt; ein solcher Verstoß kann nicht allein aus der Tatsache hergeleitet werden, dass die Verwertung durch Gesetz oder Verwaltungsvorschrift verboten ist.

(2) [1] Insbesondere werden Patente nicht erteilt für

1. Verfahren zum Klonen von menschlichen Lebewesen;
2. Verfahren zur Veränderung der genetischen Identität der Keimbahn des menschlichen Lebewesens;
3. die Verwendung von menschlichen Embryonen zu industriellen oder kommerziellen Zwecken;
4. Verfahren zur Veränderung der genetischen Identität von Tieren, die geeignet sind, Leiden dieser Tiere ohne wesentlichen medizinischen Nutzen für den Menschen oder das Tier zu verursachen, sowie die mit Hilfe solcher Verfahren erzeugten Tiere.

[2] Bei der Anwendung der Nummern 1 bis 3 sind die entsprechenden Vorschriften des Embryonenschutzgesetzes maßgeblich.

§ 2a [Pflanzen und Tiere] (1) Patente werden nicht erteilt für
1. Pflanzensorten und Tierrassen sowie im Wesentlichen biologische Verfahren zur Züchtung von Pflanzen und Tieren und die ausschließlich durch solche Verfahren gewonnenen Pflanzen und Tiere;
2. Verfahren zur chirurgischen oder therapeutischen Behandlung des menschlichen oder tierischen Körpers und Diagnostizierverfahren, die am menschlichen oder tierischen Körper vorgenommen werden. Dies gilt nicht für Erzeugnisse, insbesondere Stoffe oder Stoffgemische, zur Anwendung in einem der vorstehend genannten Verfahren.

(2) [1] Patente können erteilt werden für Erfindungen,
1. deren Gegenstand Pflanzen oder Tiere sind, wenn die Ausführung der Erfindung technisch nicht auf eine bestimmte Pflanzensorte oder Tierrasse beschränkt ist;
2. die ein mikrobiologisches oder ein sonstiges technisches Verfahren oder ein durch ein solches Verfahren gewonnenes Erzeugnis zum Gegenstand haben, sofern es sich dabei nicht um eine Pflanzensorte oder Tierrasse handelt.

[2] § 1a Abs. 3 gilt entsprechend.

(3) Im Sinne dieses Gesetzes bedeuten:
1. „biologisches Material" ein Material, das genetische Informationen enthält und sich selbst reproduzieren oder in einem biologischen System reproduziert werden kann;
2. „mikrobiologisches Verfahren" ein Verfahren, bei dem mikrobiologisches Material verwendet, ein Eingriff in mikrobiologisches Material durchgeführt oder mikrobiologisches Material hervorgebracht wird;
3. „im Wesentlichen biologisches Verfahren" ein Verfahren zur Züchtung von Pflanzen oder Tieren, das vollständig auf natürlichen Phänomenen wie Kreuzung oder Selektion beruht;
4. „Pflanzensorte" eine Sorte im Sinne der Definition der Verordnung (EG) Nr. 2100/94[1)] des Rates vom 27. Juli 1994 über den gemeinschaftlichen Sortenschutz (ABl. EG Nr. L 227 S. 1) in der jeweils geltenden Fassung.

§ 3 [Begriff der Neuheit] (1) [1] Eine Erfindung gilt als neu, wenn sie nicht zum Stand der Technik gehört. [2] Der Stand der Technik umfaßt alle Kenntnisse, die vor dem für den Zeitrang der Anmeldung maßgeblichen Tag durch schriftliche oder mündliche Beschreibung, durch Benutzung oder in sonstiger Weise der Öffentlichkeit zugänglich gemacht worden sind.

(2) [1] Als Stand der Technik gilt auch der Inhalt folgender Patentanmeldungen mit älterem Zeitrang, die erst an oder nach dem für den Zeitrang der jüngeren Anmeldung maßgeblichen Tag der Öffentlichkeit zugänglich gemacht worden sind:
1. der nationalen Anmeldungen in der beim Deutschen Patentamt ursprünglich eingereichten Fassung;
2. der europäischen Anmeldungen in der bei der zuständigen Behörde ursprünglich eingereichten Fassung, wenn mit der Anmeldung für die Bundesrepublik Deutschland Schutz begehrt wird und die Benennungsgebühr für die Bundes-

[1)] Nr. 35.

republik Deutschland nach Artikel 79 Abs. 2 des Europäischen Patentübereinkommens[1)] gezahlt ist und, wenn es sich um eine Euro-PCT-Anmeldung (Artikel 153 Abs. 2 des Europäischen Patentübereinkommens[1)]) handelt, die in Artikel 153 Abs. 5 des Europäischen Patentübereinkommens[1)] genannten Voraussetzungen erfüllt sind;

3. der internationalen Anmeldungen nach dem Patentzusammenarbeitsvertrag in der beim Anmeldeamt ursprünglich eingereichten Fassung, wenn für die Anmeldung das Deutsche Patentamt Bestimmungsamt ist.

[2] Beruht der ältere Zeitrang einer Anmeldung auf der Inanspruchnahme der Priorität einer Voranmeldung, so ist Satz 1 nur insoweit anzuwenden, als die danach maßgebliche Fassung nicht über die Fassung der Voranmeldung hinausgeht. [3] Patentanmeldungen nach Satz 1 Nr. 1, für die eine Anordnung nach § 50 Abs. 1 oder Abs. 4 erlassen worden ist, gelten vom Ablauf des achtzehnten Monats nach ihrer Einreichung an als der Öffentlichkeit zugänglich gemacht.

(3) Gehören Stoffe oder Stoffgemische zum Stand der Technik, so wird ihre Patentfähigkeit durch die Absätze 1 und 2 nicht ausgeschlossen, sofern sie zur Anwendung in einem der in § 2a Abs. 1 Nr. 2 genannten Verfahren bestimmt sind und ihre Anwendung zu einem dieser Verfahren nicht zum Stand der Technik gehört.

(4) Ebenso wenig wird die Patentfähigkeit der in Absatz 3 genannten Stoffe oder Stoffgemische zur spezifischen Anwendung in einem der in § 2a Abs. 1 Nr. 2 genannten Verfahren durch die Absätze 1 und 2 ausgeschlossen, wenn diese Anwendung nicht zum Stand der Technik gehört.

(5) [1] Für die Anwendung der Absätze 1 und 2 bleibt eine Offenbarung der Erfindung außer Betracht, wenn sie nicht früher als sechs Monate vor Einreichung der Anmeldung erfolgt ist und unmittelbar oder mittelbar zurückgeht

1. auf einen offensichtlichen Mißbrauch zum Nachteil des Anmelders oder seines Rechtsvorgängers oder
2. auf die Tatsache, daß der Anmelder oder sein Rechtsvorgänger die Erfindung auf amtlichen oder amtlich anerkannten Ausstellungen im Sinne des am 22. November 1928 in Paris unterzeichneten Abkommens über internationale Ausstellungen zur Schau gestellt hat.

[2] Satz 1 Nr. 2 ist nur anzuwenden, wenn der Anmelder bei Einreichung der Anmeldung angibt, daß die Erfindung tatsächlich zur Schau gestellt worden ist und er innerhalb von vier Monaten nach der Einreichung hierüber eine Bescheinigung einreicht. [3] Die in Satz 1 Nr. 2 bezeichneten Ausstellungen werden vom Bundesminister der Justiz und für Verbraucherschutz im Bundesanzeiger bekanntgemacht.

§ 4 [Erfindung auf Grund erfinderischer Tätigkeit] [1] Eine Erfindung gilt als auf einer erfinderischen Tätigkeit beruhend, wenn sie sich für den Fachmann nicht in naheliegender Weise aus dem Stand der Technik ergibt. [2] Gehören zum Stand der Technik auch Unterlagen im Sinne des § 3 Abs. 2, so werden diese bei der Beurteilung der erfinderischen Tätigkeit nicht in Betracht gezogen.

[1)] Nr. **50**.

§ 5 [Gewerblich anwendbare Erfindung] Eine Erfindung gilt als gewerblich anwendbar, wenn ihr Gegenstand auf irgendeinem gewerblichen Gebiet einschließlich der Landwirtschaft hergestellt oder benutzt werden kann.

§ 6 [Recht des Erfinders] [1]Das Recht auf das Patent hat der Erfinder[1)] oder sein Rechtsnachfolger. [2]Haben mehrere gemeinsam eine Erfindung gemacht, so steht ihnen das Recht auf das Patent gemeinschaftlich zu. [3]Haben mehrere die Erfindung unabhängig voneinander gemacht, so steht das Recht dem zu, der die Erfindung zuerst beim Patentamt angemeldet hat.

§ 7 [Recht des Anmelders; älteres Recht] (1) Damit die sachliche Prüfung der Patentanmeldung durch die Feststellung des Erfinders nicht verzögert wird, gilt im Verfahren vor dem Patentamt der Anmelder als berechtigt, die Erteilung des Patents zu verlangen.

(2) Wird ein Patent auf Grund eines auf widerrechtliche Entnahme (§ 21 Abs. 1 Nr. 3) gestützten Einspruchs widerrufen oder führt der Einspruch zum Verzicht auf das Patent, so kann der Einsprechende innerhalb eines Monats nach der amtlichen Mitteilung hierüber die Erfindung selbst anmelden und die Priorität des früheren Patents in Anspruch nehmen.

§ 8 [Patentvindikation] [1]Der Berechtigte, dessen Erfindung von einem Nichtberechtigten angemeldet ist, oder der durch widerrechtliche Entnahme Verletzte kann vom Patentsucher verlangen, daß ihm der Anspruch auf Erteilung des Patents abgetreten wird. [2]Hat die Anmeldung bereits zum Patent geführt, so kann er vom Patentinhaber die Übertragung des Patents verlangen. [3]Der Anspruch kann vorbehaltlich der Sätze 4 und 5 nur innerhalb einer Frist von zwei Jahren nach der Veröffentlichung der Erteilung des Patents (§ 58 Abs. 1) durch Klage geltend gemacht werden. [4]Hat der Verletzte Einspruch wegen widerrechtlicher Entnahme (§ 21 Abs. 1 Nr. 3) erhoben, so kann er die Klage noch innerhalb eines Jahres nach rechtskräftigem Abschluß des Einspruchsverfahrens erheben. [5]Die Sätze 3 und 4 sind nicht anzuwenden, wenn der Patentinhaber beim Erwerb des Patents nicht in gutem Glauben war.

§ 9 [Wirkung des Patents] [1]Das Patent hat die Wirkung, dass allein der Patentinhaber befugt ist, die patentierte Erfindung im Rahmen des geltenden Rechts zu benutzen. [2]Jedem Dritten ist es verboten, ohne seine Zustimmung

1. ein Erzeugnis, das Gegenstand des Patents ist, herzustellen, anzubieten, in Verkehr zu bringen oder zu gebrauchen oder zu den genannten Zwecken entweder einzuführen oder zu besitzen;
2. ein Verfahren, das Gegenstand des Patents ist, anzuwenden oder, wenn der Dritte weiß oder es auf Grund der Umstände offensichtlich ist, daß die Anwendung des Verfahrens ohne Zustimmung des Patentinhabers verboten ist, zur Anwendung im Geltungsbereich dieses Gesetzes anzubieten;
3. das durch ein Verfahren, das Gegenstand des Patents ist, unmittelbar hergestellte Erzeugnis anzubieten, in Verkehr zu bringen oder zu gebrauchen oder zu den genannten Zwecken entweder einzuführen oder zu besitzen.

§ 9a [Biologisches Material] (1) Betrifft das Patent biologisches Material, das auf Grund einer Erfindung mit bestimmten Eigenschaften ausgestattet ist, so

---

[1)] Siehe dazu G über Arbeitnehmererfindungen (Nr. **15**).

erstrecken sich die Wirkungen von § 9 auf jedes biologische Material, das aus diesem biologischen Material durch generative oder vegetative Vermehrung in gleicher oder abweichender Form gewonnen wird und mit denselben Eigenschaften ausgestattet ist.

(2) Betrifft das Patent ein Verfahren, das es ermöglicht, biologisches Material zu gewinnen, das auf Grund einer Erfindung mit bestimmten Eigenschaften ausgestattet ist, so erstrecken sich die Wirkungen von § 9 auf das mit diesem Verfahren unmittelbar gewonnene biologische Material und jedes andere mit denselben Eigenschaften ausgestattete biologische Material, das durch generative oder vegetative Vermehrung in gleicher oder abweichender Form aus dem unmittelbar gewonnenen Material gewonnen wird.

(3) [1] Betrifft das Patent ein Erzeugnis, das auf Grund einer Erfindung aus einer genetischen Information besteht oder sie enthält, so erstrecken sich die Wirkungen von § 9 auf jedes Material, in das dieses Erzeugnis Eingang findet und in dem die genetische Information enthalten ist und ihre Funktion erfüllt. [2] § 1a Abs. 1 bleibt unberührt.

§ 9b [Vermehrung des biologischen Materials] [1] Bringt der Patentinhaber oder mit seiner Zustimmung ein Dritter biologisches Material, das auf Grund der Erfindung mit bestimmten Eigenschaften ausgestattet ist, im Hoheitsgebiet eines Mitgliedstaates der Europäischen Union oder in einem Vertragsstaat des Abkommens über den Europäischen Wirtschaftsraum in Verkehr und wird aus diesem biologischen Material durch generative oder vegetative Vermehrung weiteres biologisches Material gewonnen, so treten die Wirkungen von § 9 nicht ein, wenn die Vermehrung des biologischen Materials der Zweck war, zu dem es in den Verkehr gebracht wurde. [2] Dies gilt nicht, wenn das auf diese Weise gewonnene Material anschließend für eine weitere generative oder vegetative Vermehrung verwendet wird.

§ 9c [Verwendung zu landwirtschaftlichen Zwecken] (1) [1] Wird pflanzliches Vermehrungsmaterial durch den Patentinhaber oder mit dessen Zustimmung durch einen Dritten an einen Landwirt zum Zweck des landwirtschaftlichen Anbaus in Verkehr gebracht, so darf dieser entgegen den §§ 9, 9a und 9b Satz 2 sein Erntegut für die generative oder vegetative Vermehrung durch ihn selbst im eigenen Betrieb verwenden. [2] Für Bedingungen und Ausmaß dieser Befugnis gelten Artikel 14 der Verordnung (EG) Nr. 2100/94[1)] in seiner jeweils geltenden Fassung sowie die auf dessen Grundlage erlassenen Durchführungsbestimmungen entsprechend. [3] Soweit sich daraus Ansprüche des Patentinhabers ergeben, sind diese entsprechend den auf Grund Artikel 14 Abs. 3 der Verordnung (EG) Nr. 2100/94[1)] erlassenen Durchführungsbestimmungen geltend zu machen.

(2) [1] Werden landwirtschaftliche Nutztiere oder tierisches Vermehrungsmaterial durch den Patentinhaber oder mit dessen Zustimmung durch einen Dritten an einen Landwirt in Verkehr gebracht, so darf der Landwirt die landwirtschaftlichen Nutztiere oder das tierische Vermehrungsmaterial entgegen den §§ 9, 9a und 9b Satz 2 zu landwirtschaftlichen Zwecken verwenden. [2] Diese Befugnis erstreckt sich auch auf die Überlassung der landwirtschaftlichen Nutztiere oder anderen tierischen Vermehrungsmaterials zur Fortführung seiner landwirtschaftlichen Tä-

---

[1)] Nr. **35**.

tigkeit, jedoch nicht auf den Verkauf mit dem Ziel oder im Rahmen einer Vermehrung zu Erwerbszwecken.

(3) [1] § 9a Abs. 1 bis 3 gilt nicht für biologisches Material, das im Bereich der Landwirtschaft zufällig oder technisch nicht vermeidbar gewonnen wurde. [2] Daher kann ein Landwirt im Regelfall nicht in Anspruch genommen werden, wenn er nicht diesem Patentschutz unterliegendes Saat- oder Pflanzgut angebaut hat.

§ 10 [Verbotene Verwendung von Mitteln zur Benutzung der Erfindung] (1) Das Patent hat ferner die Wirkung, daß es jedem Dritten verboten ist, ohne Zustimmung des Patentinhabers im Geltungsbereich dieses Gesetzes anderen als zur Benutzung der patentierten Erfindung berechtigten Personen Mittel, die sich auf ein wesentliches Element der Erfindung beziehen, zur Benutzung der Erfindung im Geltungsbereich dieses Gesetzes anzubieten oder zu liefern, wenn der Dritte weiß oder es auf Grund der Umstände offensichtlich ist, daß diese Mittel dazu geeignet und bestimmt sind, für die Benutzung der Erfindung verwendet zu werden.

(2) Absatz 1 ist nicht anzuwenden, wenn es sich bei den Mitteln um allgemein im Handel erhältliche Erzeugnisse handelt, es sei denn, daß der Dritte den Belieferten bewußt veranlaßt, in einer nach § 9 Satz 2 verbotenen Weise zu handeln.

(3) Personen, die die in § 11 Nr. 1 bis 3 genannten Handlungen vornehmen, gelten im Sinne des Absatzes 1 nicht als Personen, die zur Benutzung der Erfindung berechtigt sind.

§ 11 [Erlaubte Handlungen] Die Wirkung des Patents erstreckt sich nicht auf

1. Handlungen, die im privaten Bereich zu nicht gewerblichen Zwecken vorgenommen werden;
2. Handlungen zu Versuchszwecken, die sich auf den Gegenstand der patentierten Erfindung beziehen;

2a. die Nutzung biologischen Materials zum Zweck der Züchtung, Entdeckung und Entwicklung einer neuen Pflanzensorte;

2b. Studien und Versuche und die sich daraus ergebenden praktischen Anforderungen, die für die Erlangung einer arzneimittelrechtlichen Genehmigung für das Inverkehrbringen in der Europäischen Union oder einer arzneimittelrechtlichen Zulassung in den Mitgliedstaaten der Europäischen Union oder in Drittstaaten erforderlich sind;

3. die unmittelbare Einzelzubereitung von Arzneimitteln in Apotheken auf Grund ärztlicher Verordnung sowie auf Handlungen, welche die auf diese Weise zubereiteten Arzneimittel betreffen;
4. den an Bord von Schiffen eines anderen Mitgliedstaates der Pariser Verbandsübereinkunft zum Schutz des gewerblichen Eigentums stattfindenden Gebrauch des Gegenstands der patentierten Erfindung im Schiffskörper, in den Maschinen, im Takelwerk, an den Geräten und sonstigem Zubehör, wenn die Schiffe vorübergehend oder zufällig in die Gewässer gelangen, auf die sich der Geltungsbereich dieses Gesetzes erstreckt, vorausgesetzt, daß dieser Gegenstand dort ausschließlich für die Bedürfnisse des Schiffes verwendet wird;
5. den Gebrauch des Gegenstandes der patentierten Erfindung in der Bauausführung oder für den Betrieb der Luft- oder Landfahrzeuge eines anderen Mitgliedstaates der Pariser Verbandsübereinkunft zum Schutz des gewerb-

lichen Eigentums oder des Zubehörs solcher Fahrzeuge, wenn diese vorübergehend oder zufällig in den Geltungsbereich dieses Gesetzes gelangen;

6. die in Artikel 27 des Abkommens vom 7. Dezember 1944 über die internationale Zivilluftfahrt (BGBl. 1956 II S. 411) vorgesehenen Handlungen, wenn diese Handlungen ein Luftfahrzeug eines anderen Staates betreffen, auf den dieser Artikel anzuwenden ist.

§ 12 [Beschränkung der Wirkung gegenüber Benutzer] (1) [1] Die Wirkung des Patents tritt gegen den nicht ein, der zur Zeit der Anmeldung bereits im Inland die Erfindung in Benutzung genommen oder die dazu erforderlichen Veranstaltungen getroffen hatte. [2] Dieser ist befugt, die Erfindung für die Bedürfnisse seines eigenen Betriebs in eigenen oder fremden Werkstätten auszunutzen. [3] Die Befugnis kann nur zusammen mit dem Betrieb vererbt oder veräußert werden. [4] Hat der Anmelder oder sein Rechtsvorgänger die Erfindung vor der Anmeldung anderen mitgeteilt und sich dabei seine Rechte für den Fall der Patenterteilung vorbehalten, so kann sich der, welcher die Erfindung infolge der Mitteilung erfahren hat, nicht auf Maßnahmen nach Satz 1 berufen, die er innerhalb von sechs Monaten nach der Mitteilung getroffen hat.

(2) [1] Steht dem Patentinhaber ein Prioritätsrecht zu, so ist an Stelle der in Absatz 1 bezeichneten Anmeldung die frühere Anmeldung maßgebend. [2] Dies gilt jedoch nicht für Angehörige eines ausländischen Staates, der hierin keine Gegenseitigkeit verbürgt, soweit sie die Priorität einer ausländischen Anmeldung in Anspruch nehmen.

§ 13 [Beschränkung der Wirkung für öffentliche Wohlfahrt und Staatssicherheit] (1) [1] Die Wirkung des Patents tritt insoweit nicht ein, als die Bundesregierung anordnet, daß die Erfindung im Interesse der öffentlichen Wohlfahrt benutzt werden soll. [2] Sie erstreckt sich ferner nicht auf eine Benutzung der Erfindung, die im Interesse der Sicherheit des Bundes von der zuständigen obersten Bundesbehörde oder in deren Auftrag von einer nachgeordneten Stelle angeordnet wird.

(2) Für die Anfechtung einer Anordnung nach Absatz 1 ist das Bundesverwaltungsgericht zuständig, wenn sie von der Bundesregierung oder der zuständigen obersten Bundesbehörde getroffen ist.

(3) [1] Der Patentinhaber hat in den Fällen des Absatzes 1 gegen den Bund Anspruch auf angemessene Vergütung. [2] Wegen deren Höhe steht im Streitfall der Rechtsweg vor den ordentlichen Gerichten offen. [3] Eine Anordnung der Bundesregierung nach Absatz 1 Satz 1 ist dem im Register (§ 30 Abs. 1) als Patentinhaber Eingetragenen vor Benutzung der Erfindung mitzuteilen. [4] Erlangt die oberste Bundesbehörde, von der eine Anordnung oder ein Auftrag nach Absatz 1 Satz 2 ausgeht, Kenntnis von der Entstehung eines Vergütungsanspruchs nach Satz 1, so hat sie dem als Patentinhaber Eingetragenen davon Mitteilung zu machen.

§ 14 [Schutzbereich] [1] Der Schutzbereich des Patents und der Patentanmeldung wird durch die Patentansprüche bestimmt. [2] Die Beschreibung und die Zeichnungen sind jedoch zur Auslegung[1)] der Patentansprüche heranzuziehen.

[1)] Siehe Protokoll über die Auslegung des Artikels 69 des Europäischen Patentübereinkommens (Nr. **50a**).

§ 15 [Übertragbarkeit des Rechts; Lizenzen] (1) [1] Das Recht auf das Patent, der Anspruch auf Erteilung des Patents und das Recht aus dem Patent gehen auf die Erben über. [2] Sie können beschränkt oder unbeschränkt auf andere übertragen werden.

(2) [1] Die Rechte nach Absatz 1 können ganz oder teilweise Gegenstand von ausschließlichen oder nicht ausschließlichen Lizenzen für den Geltungsbereich dieses Gesetzes oder einen Teil desselben sein. [2] Soweit ein Lizenznehmer gegen eine Beschränkung seiner Lizenz nach Satz 1 verstößt, kann das Recht aus dem Patent gegen ihn geltend gemacht werden.

(3) Ein Rechtsübergang oder die Erteilung einer Lizenz berührt nicht Lizenzen, die Dritten vorher erteilt worden sind.

§ 16 [Schutzdauer] Das Patent dauert zwanzig Jahre, die mit dem Tag beginnen, der auf die Anmeldung der Erfindung folgt.

§ 16a[1)] [Ergänzende Schutzzertifikate] (1) [1] Für das Patent kann nach Maßgabe von Verordnungen der Europäischen Gemeinschaften über die Schaffung von ergänzenden Schutzzertifikaten, auf die im Bundesgesetzblatt hinzuweisen ist, ein ergänzender Schutz beantragt werden, der sich an den Ablauf des Patents nach § 16 unmittelbar anschließt. [2] Für den ergänzenden Schutz sind Jahresgebühren zu zahlen.

(2) Soweit das Recht der Europäischen Gemeinschaften nichts anderes bestimmt, gelten die Vorschriften dieses Gesetzes über die Berechtigung des Anmelders (§§ 6 bis 8), über die Wirkungen des Patents und die Ausnahmen davon (§§ 9 bis 12), über die Benutzungsanordnung und die Zwangslizenz (§§ 13, 24), über den Schutzbereich (§ 14), über Lizenzen und deren Eintragung (§§ 15, 30), über das Erlöschen des Patents (§ 20), über die Nichtigkeit (§ 22), über die Lizenzbereitschaft (§ 23), über den Inlandsvertreter (§ 25), über das Patentgericht und das Verfahren vor dem Patentgericht (§§ 65 bis 99), über das Verfahren vor dem Bundesgerichtshof (§§ 100 bis 122a), über die Wiedereinsetzung (§ 123), über die Wahrheitspflicht (§ 124), über das elektronische Dokument (§ 125a), über die Amtssprache, die Zustellungen und die Rechtshilfe (§§ 126 bis 128), über die Rechtsverletzungen (§§ 139 bis 141a, 142a und 142b), über die Klagenkonzentration und über die Patentberühmung (§§ 145 und 146) für den ergänzenden Schutz entsprechend.

(3) Lizenzen und Erklärungen nach § 23, die für ein Patent wirksam sind, gelten auch für den ergänzenden Schutz.

§ 17 [Gebühren] Für jede Anmeldung und jedes Patent ist für das dritte und jedes folgende Jahr, gerechnet vom Anmeldetag an, eine Jahresgebühr zu entrichten.

§§ 18, 19 *(aufgehoben)*

§ 20 [Erlöschen des Patents] (1) Das Patent erlischt, wenn

1. der Patentinhaber darauf durch schriftliche Erklärung an das Patentamt verzichtet oder

---

1) VO (EG) 1610/96 v. 23.7.1996 (ABl. L 198 S. 30), zuletzt geänd. durch Akte v. 9.12.2011 (ABl. 2012 L 112 S. 21).

2. die Jahresgebühr oder der Unterschiedsbetrag nicht rechtzeitig (§ 7 Abs. 1, § 13 Abs. 3 oder § 14 Abs. 2 und 5 des Patentkostengesetzes[1)], § 23 Abs. 7 Satz 4 dieses Gesetzes) gezahlt wird.

(2) Über die Rechtzeitigkeit der Zahlung entscheidet nur das Patentamt; die §§ 73 und 100 bleiben unberührt.

§ 21 [Widerruf des Patents] (1) Das Patent wird widerrufen (§ 61), wenn sich ergibt, daß

1. der Gegenstand des Patents nach den §§ 1 bis 5 nicht patentfähig ist,
2. das Patent die Erfindung nicht so deutlich und vollständig offenbart, daß ein Fachmann sie ausführen kann,
3. der wesentliche Inhalt des Patents den Beschreibungen, Zeichnungen, Modellen, Gerätschaften oder Einrichtungen eines anderen oder einem von diesem angewendeten Verfahren ohne dessen Einwilligung entnommen worden ist (widerrechtliche Entnahme),
4. der Gegenstand des Patents über den Inhalt der Anmeldung in der Fassung hinausgeht, in der sie bei der für die Einreichung der Anmeldung zuständigen Behörde ursprünglich eingereicht worden ist; das gleiche gilt, wenn das Patent auf einer Teilanmeldung oder einer nach § 7 Abs. 2 eingereichten neuen Anmeldung beruht und der Gegenstand des Patents über den Inhalt der früheren Anmeldung in der Fassung hinausgeht, in der sie bei der für die Einreichung der früheren Anmeldung zuständigen Behörde ursprünglich eingereicht worden ist.

(2) [1] Betreffen die Widerrufsgründe nur einen Teil des Patents, so wird es mit einer entsprechenden Beschränkung aufrechterhalten. [2] Die Beschränkung kann in Form einer Änderung der Patentansprüche, der Beschreibung oder der Zeichnungen vorgenommen werden.

(3) [1] Mit dem Widerruf gelten die Wirkungen des Patents und der Anmeldung als von Anfang an nicht eingetreten. [2] Bei beschränkter Aufrechterhaltung ist diese Bestimmung entsprechend anzuwenden.

§ 22 [Nichtigerklärung] (1) Das Patent wird auf Antrag (§ 81) für nichtig erklärt, wenn sich ergibt, daß einer der in § 21 Abs. 1 aufgezählten Gründe vorliegt oder der Schutzbereich des Patents erweitert worden ist.

(2) § 21 Abs. 2 und 3 ist entsprechend anzuwenden.

§ 23 [Lizenzbereitschaft] (1) [1] Erklärt sich der Patentanmelder oder der im Register (§ 30 Abs. 1) als Patentinhaber Eingetragene dem Patentamt gegenüber schriftlich bereit, jedermann die Benutzung der Erfindung gegen angemessene Vergütung zu gestatten, so ermäßigen sich die für das Patent nach Eingang der Erklärung fällig werdenden Jahresgebühren auf die Hälfte. [2] Die Erklärung ist im Register einzutragen und im Patentblatt zu veröffentlichen.

(2) Die Erklärung ist unzulässig, solange im Register ein Vermerk über die Einräumung einer ausschließlichen Lizenz (§ 30 Abs. 4) eingetragen ist oder ein Antrag auf Eintragung eines solchen Vermerks dem Patentamt vorliegt.

(3) [1] Wer nach Eintragung der Erklärung die Erfindung benutzen will, hat seine Absicht dem Patentinhaber anzuzeigen. [2] Die Anzeige gilt als bewirkt, wenn sie

---

[1)] Nr. 13.

durch Aufgabe eines eingeschriebenen Briefes an den im Register als Patentinhaber Eingetragenen oder seinen eingetragenen Vertreter oder Zustellungsbevollmächtigten (§ 25) abgesandt worden ist. [3] In der Anzeige ist anzugeben, wie die Erfindung benutzt werden soll. [4] Nach der Anzeige ist der Anzeigende zur Benutzung in der von ihm angegebenen Weise berechtigt. [5] Er ist verpflichtet, dem Patentinhaber nach Ablauf jedes Kalendervierteljahres Auskunft über die erfolgte Benutzung zu geben und die Vergütung dafür zu entrichten. [6] Kommt er dieser Verpflichtung nicht in gehöriger Zeit nach, so kann der als Patentinhaber Eingetragene ihm hierzu eine angemessene Nachfrist setzen und nach fruchtlosem Ablauf die Weiterbenutzung der Erfindung untersagen.

(4) [1] Die Vergütung wird auf schriftlichen Antrag eines Beteiligten durch die Patentabteilung festgesetzt. [2] Für das Verfahren sind die §§ 46, 47 und 62 entsprechend anzuwenden. [3] Der Antrag kann gegen mehrere Beteiligte gerichtet werden. [4] Das Patentamt kann bei der Festsetzung der Vergütung anordnen, dass die Kosten des Festsetzungsverfahrens ganz oder teilweise vom Antragsgegner zu erstatten sind.

(5) [1] Nach Ablauf eines Jahres seit der letzten Festsetzung kann jeder davon Betroffene ihre Änderung beantragen, wenn inzwischen Umstände eingetreten oder bekanntgeworden sind, welche die festgesetzte Vergütung offenbar unangemessen erscheinen lassen. [2] Im übrigen gilt Absatz 4 entsprechend.

(6) Wird die Erklärung für eine Anmeldung abgegeben, so sind die Bestimmungen der Absätze 1 bis 5 entsprechend anzuwenden.

(7) [1] Die Erklärung kann jederzeit gegenüber dem Patentamt schriftlich zurückgenommen werden, solange dem Patentinhaber noch nicht die Absicht angezeigt worden ist, die Erfindung zu benutzen. [2] Die Zurücknahme wird mit ihrer Einreichung wirksam. [3] Der Betrag, um den sich die Jahresgebühren ermäßigt haben, ist innerhalb eines Monats nach der Zurücknahme der Erklärung zu entrichten. [4] Wird der Unterschiedsbetrag nicht innerhalb der Frist des Satzes 3 gezahlt, so kann er mit dem Verspätungszuschlag noch bis zum Ablauf einer Frist von weiteren vier Monaten gezahlt werden.

§ 24 [Zwangslizenz; Patentrücknahme] (1) Die nicht ausschließliche Befugnis zur gewerblichen Benutzung einer Erfindung wird durch das Patentgericht im Einzelfall nach Maßgabe der nachfolgenden Vorschriften erteilt (Zwangslizenz), sofern

1. der Lizenzsucher sich innerhalb eines angemessenen Zeitraumes erfolglos bemüht hat, vom Patentinhaber die Zustimmung zu erhalten, die Erfindung zu angemessenen geschäftsüblichen Bedingungen zu benutzen, und
2. das öffentliche Interesse die Erteilung einer Zwangslizenz gebietet.

(2) [1] Kann der Lizenzsucher eine ihm durch Patent mit jüngerem Zeitrang geschützte Erfindung nicht verwerten, ohne das Patent mit älterem Zeitrang zu verletzen, so hat er gegenüber dem Inhaber des Patents mit dem älteren Zeitrang Anspruch auf Einräumung einer Zwangslizenz, sofern

1. die Voraussetzung des Absatzes 1 Nr. 1 erfüllt ist und
2. seine eigene Erfindung im Vergleich mit derjenigen des Patents mit dem älteren Zeitrang einen wichtigen technischen Fortschritt von erheblicher wirtschaftlicher Bedeutung aufweist.

[2] Der Patentinhaber kann verlangen, dass ihm der Lizenzsucher eine Gegenlizenz zu angemessenen Bedingungen für die Benutzung der patentierten Erfindung mit dem jüngeren Zeitrang einräumt.

(3) Absatz 2 gilt entsprechend, wenn ein Pflanzenzüchter ein Sortenschutzrecht nicht erhalten oder verwerten kann, ohne ein früheres Patent zu verletzen.

(4) Für eine patentierte Erfindung auf dem Gebiet der Halbleitertechnologie darf eine Zwangslizenz im Rahmen des Absatzes 1 nur erteilt werden, wenn dies zur Behebung einer in einem Gerichts- oder Verwaltungsverfahren festgestellten wettbewerbswidrigen Praxis des Patentinhabers erforderlich ist.

(5) [1] Übt der Patentinhaber die patentierte Erfindung nicht oder nicht überwiegend im Inland aus, so können Zwangslizenzen im Rahmen des Absatzes 1 erteilt werden, um eine ausreichende Versorgung des Inlandsmarktes mit dem patentierten Erzeugnis sicherzustellen. [2] Die Einfuhr steht insoweit der Ausübung des Patents im Inland gleich.

(6) [1] Die Erteilung einer Zwangslizenz an einem Patent ist erst nach dessen Erteilung zulässig. [2] Sie kann eingeschränkt erteilt und von Bedingungen abhängig gemacht werden. [3] Umfang und Dauer der Benutzung sind auf den Zweck zu begrenzen, für den sie gestattet worden ist. [4] Der Patentinhaber hat gegen den Inhaber der Zwangslizenz Anspruch auf eine Vergütung, die nach den Umständen des Falles angemessen ist und den wirtschaftlichen Wert der Zwangslizenz in Betracht zieht. [5] Tritt bei den künftig fällig werdenden wiederkehrenden Vergütungsleistungen eine wesentliche Veränderung derjenigen Verhältnisse ein, die für die Bestimmung der Höhe der Vergütung maßgebend waren, so ist jeder Beteiligte berechtigt, eine entsprechende Anpassung zu verlangen. [6] Sind die Umstände, die der Erteilung der Zwangslizenz zugrunde lagen, entfallen und ist ihr Wiedereintritt unwahrscheinlich, so kann der Patentinhaber die Rücknahme der Zwangslizenz verlangen.

(7) [1] Die Zwangslizenz an einem Patent kann nur zusammen mit dem Betrieb übertragen werden, der mit der Auswertung der Erfindung befaßt ist. [2] Die Zwangslizenz an einer Erfindung, die Gegenstand eines Patents mit älterem Zeitrang ist, kann nur zusammen mit dem Patent mit jüngerem Zeitrang übertragen werden.

§ 25 [Inlandsvertreter] (1) Wer im Inland weder Wohnsitz, Sitz noch Niederlassung hat, kann an einem in diesem Gesetz geregelten Verfahren vor dem Patentamt oder dem Patentgericht nur teilnehmen und die Rechte aus einem Patent nur geltend machen, wenn er einen Rechtsanwalt oder Patentanwalt als Vertreter bestellt hat, der zur Vertretung im Verfahren vor dem Patentamt, dem Patentgericht und in bürgerlichen Rechtsstreitigkeiten, die das Patent betreffen, sowie zur Stellung von Strafanträgen befugt und bevollmächtigt ist.

(2) Der Ort, an dem ein nach Absatz 1 bestellter Vertreter seinen Geschäftsraum hat, gilt im Sinne des § 23 der Zivilprozessordnung als der Ort, an dem sich der Vermögensgegenstand befindet; fehlt ein solcher Geschäftsraum, so ist der Ort maßgebend, an dem der Vertreter im Inland seinen Wohnsitz, und in Ermangelung eines solchen der Ort, an dem das Patentamt seinen Sitz hat.

(3) Die rechtsgeschäftliche Beendigung der Bestellung eines Vertreters nach Absatz 1 wird erst wirksam, wenn sowohl diese Beendigung als auch die Bestellung eines anderen Vertreters gegenüber dem Patentamt oder dem Patentgericht angezeigt wird.

Zweiter Abschnitt. Patentamt

§ 26 [Besetzung] (1) [1]Das Deutsche Patent- und Markenamt ist eine selbständige Bundesoberbehörde im Geschäftsbereich des Bundesministeriums der Justiz und für Verbraucherschutz. [2]Es hat seinen Sitz in München.

(2) [1]Das Patentamt besteht aus einem Präsidenten und weiteren Mitgliedern. [2]Sie müssen die Befähigung zum Richteramt nach dem Deutschen Richtergesetz besitzen (rechtskundige Mitglieder) oder in einem Zweig der Technik sachverständig sein (technische Mitglieder). [3]Die Mitglieder werden auf Lebenszeit berufen.

(3) [1]Als technisches Mitglied soll in der Regel nur angestellt werden, wer im Inland an einer Universität, einer technischen oder landwirtschaftlichen Hochschule oder einer Bergakademie in einem technischen oder naturwissenschaftlichen Fach eine staatliche oder akademische Abschlußprüfung bestanden hat, danach mindestens fünf Jahre im Bereich der Naturwissenschaften oder Technik beruflich tätig war und im Besitz der erforderlichen Rechtskenntnisse ist. [2]Abschlußprüfungen in einem anderen Mitgliedstaat der Europäischen Union oder in einem anderen Vertragsstaat des Abkommens über den Europäischen Wirtschaftsraum stehen der inländischen Abschlußprüfung nach Maßgabe des Rechts der Europäischen Gemeinschaften gleich.

(4) [1]Wenn ein voraussichtlich zeitlich begrenztes Bedürfnis besteht, kann der Präsident des Patentamts Personen, welche die für die Mitglieder geforderte Vorbildung haben (Absatz 2 und 3), mit den Verrichtungen eines Mitglieds des Patentamts beauftragen (Hilfsmitglieder). [2]Der Auftrag kann auf eine bestimmte Zeit oder für die Dauer des Bedürfnisses erteilt werden und ist so lange nicht widerruflich. [3]Im übrigen gelten die Vorschriften über Mitglieder auch für die Hilfsmitglieder.

§ 27 [Prüfungsstellen; Patentabteilungen] (1) Im Patentamt werden gebildet

1. Prüfungsstellen für die Bearbeitung der Patentanmeldungen und für die Erteilung von Auskünften zum Stand der Technik (§ 29 Abs. 3);
2. Patentabteilungen für alle Angelegenheiten, die die erteilten Patente betreffen, für die Festsetzung der Vergütung (§ 23 Abs. 4 und 6) und für die Bewilligung der Verfahrenskostenhilfe im Verfahren vor dem Patentamt. Innerhalb ihres Geschäftskreises obliegt jeder Patentabteilung auch die Abgabe von Gutachten (§ 29 Abs. 1 und 2).

(2) Die Obliegenheiten der Prüfungsstelle nimmt ein technisches Mitglied der Patentabteilung (Prüfer) wahr.

(3) [1]Die Patentabteilung ist bei Mitwirkung von mindestens drei Mitgliedern beschlußfähig, unter denen sich, soweit die Abteilung im Einspruchsverfahren tätig wird, zwei technische Mitglieder befinden müssen. [2]Bietet die Sache besondere rechtliche Schwierigkeiten und gehört keiner der Mitwirkenden zu den rechtskundigen Mitgliedern, so soll bei der Beschlußfassung ein der Patentabteilung angehörendes rechtskundiges Mitglied hinzutreten. [3]Ein Beschluß, durch den ein Antrag auf Zuziehung eines rechtskundigen Mitglieds abgelehnt wird, ist selbständig nicht anfechtbar.

(4) Der Vorsitzende der Patentabteilung kann alle Angelegenheiten der Patentabteilung mit Ausnahme der Beschlußfassung über die Aufrechterhaltung, den Widerruf oder die Beschränkung des Patents sowie über die Festsetzung der Vergütung (§ 23 Abs. 4) allein bearbeiten oder diese Aufgaben einem technischen Mitglied der Abteilung übertragen; dies gilt nicht für eine Anhörung.

(5) [1] Das Bundesministerium der Justiz und für Verbraucherschutz wird ermächtigt, durch Rechtsverordnung Beamte des gehobenen und des mittleren Dienstes sowie vergleichbare Angestellte mit der Wahrnehmung von Geschäften zu betrauen, die den Prüfungsstellen oder Patentabteilungen obliegen und die ihrer Art nach keine besonderen technischen oder rechtlichen Schwierigkeiten bieten; ausgeschlossen davon sind jedoch die Erteilung des Patents und die Zurückweisung der Anmeldung aus Gründen, denen der Anmelder widersprochen hat. [2] Das Bundesministerium der Justiz und für Verbraucherschutz kann diese Ermächtigung durch Rechtsverordnung auf das Deutsche Patent- und Markenamt übertragen.

(6) [1] Für die Ausschließung und Ablehnung der Prüfer und der übrigen Mitglieder der Patentabteilungen gelten die §§ 41 bis 44, 45 Abs. 2 Satz 2, §§ 47 bis 49 der Zivilprozeßordnung über Ausschließung und Ablehnung der Gerichtspersonen sinngemäß. [2] Das gleiche gilt für die Beamten des gehobenen und des mittleren Dienstes und Angestellten, soweit sie nach Absatz 5 mit der Wahrnehmung einzelner den Prüfungsstellen oder Patentabteilungen obliegender Geschäfte betraut worden sind. [3] Über das Ablehnungsgesuch entscheidet, soweit es einer Entscheidung bedarf, die Patentabteilung.

(7) Zu den Beratungen in den Patentabteilungen können Sachverständige, die nicht Mitglieder sind, zugezogen werden; sie dürfen an den Abstimmungen nicht teilnehmen.

§ 28 [Rechtsverordnungen] Das Bundesministerium der Justiz und für Verbraucherschutz regelt durch Rechtsverordnung[1)], die nicht der Zustimmung des Bundesrates bedarf, die Einrichtung und den Geschäftsgang des Patentamts sowie die Form des Verfahrens in Patentangelegenheiten, soweit nicht durch Gesetz Bestimmungen darüber getroffen sind.

§ 29 [Gutachten; Auskünfte zum Stand der Technik] (1) Das Patentamt ist verpflichtet, auf Ersuchen der Gerichte oder der Staatsanwaltschaften über Fragen, die Patente betreffen, Gutachten abzugeben, wenn in dem Verfahren voneinander abweichende Gutachten mehrerer Sachverständiger vorliegen.

(2) Im übrigen ist das Patentamt nicht befugt, ohne Genehmigung des Bundesministers der Justiz und für Verbraucherschutz außerhalb seines gesetzlichen Geschäftskreises Beschlüsse zu fassen oder Gutachten abzugeben.

(3) [1] Das Bundesministerium der Justiz und für Verbraucherschutz wird ermächtigt, zur Nutzbarmachung der Dokumentation des Patentamts für die Öffentlichkeit durch Rechtsverordnung ohne Zustimmung des Bundesrates zu bestimmen, dass das Patentamt ohne Gewähr für Vollständigkeit Auskünfte zum Stand der Technik erteilt. [2] Dabei kann es insbesondere die Voraussetzungen, die Art und den Umfang der Auskunftserteilung sowie die Gebiete der Technik bestimmen, für die eine Auskunft erteilt werden kann. [3] Das Bundesministerium

[1)] Siehe VO über das Deutsche Patent- und Markenamt v. 1.4.2004 (BGBl. I S. 514), zuletzt geänd. durch VO v. 10.12.2018 (BGBl. I S. 2444).

der Justiz und für Verbraucherschutz kann diese Ermächtigung durch Rechtsverordnung ohne Zustimmung des Bundesrates auf das Deutsche Patent- und Markenamt übertragen.

§ 29a [Schutzgegenstände] (1) Das Deutsche Patent- und Markenamt darf Werke oder andere nach dem Urheberrechtsgesetz geschützte Schutzgegenstände für seine Beschäftigten vervielfältigen und öffentlich zugänglich machen, soweit dies dazu dient, den darin dokumentierten Stand der Technik in Verfahren vor dem Patentamt berücksichtigen zu können.

(2) § 60g Absatz 1 und § 95b des Urheberrechtsgesetzes sind entsprechend anzuwenden.

(3) [1] Für die Nutzung nach Absatz 1 ist eine angemessene Vergütung zu zahlen, soweit der jeweilige Rechtsinhaber das Werk oder den sonstigen Schutzgegenstand der Öffentlichkeit nur gegen Entgelt anbietet. [2] § 60h Absatz 3 bis 5 des Urheberrechtsgesetzes ist entsprechend anzuwenden.

§ 30 [Patentrolle] (1) [1] Das Patentamt führt ein Register, das die Bezeichnung der Patentanmeldungen, in deren Akten jedermann Einsicht gewährt wird, und der erteilten Patente und ergänzender Schutzzertifikate (§ 16a) sowie Namen und Wohnort der Anmelder oder Patentinhaber und ihrer etwa nach § 25 bestellten Vertreter oder Zustellungsbevollmächtigten angibt, wobei die Eintragung eines Vertreters oder Zustellungsbevollmächtigten genügt. [2] Auch sind darin Anfang, Ablauf, Erlöschen, Anordnung der Beschränkung, Widerruf, Erklärung der Nichtigkeit der Patente und ergänzender Schutzzertifikate (§ 16a) sowie die Erhebung eines Einspruchs und einer Nichtigkeitsklage zu vermerken.

(2) Der Präsident des Patentamts kann bestimmen, daß weitere Angaben in das Register eingetragen werden.

(3) [1] Das Patentamt vermerkt im Register eine Änderung in der Person, im Namen oder im Wohnort des Anmelders oder Patentinhabers und seines Vertreters sowie Zustellungsbevollmächtigten, wenn sie ihm nachgewiesen wird. [2] Solange die Änderung nicht eingetragen ist, bleibt der frühere Anmelder, Patentinhaber, Vertreter oder Zustellungsbevollmächtigte nach Maßgabe dieses Gesetzes berechtigt und verpflichtet.

(4) [1] Das Patentamt trägt auf Antrag des Patentinhabers oder des Lizenznehmers die Erteilung einer ausschließlichen Lizenz in das Register ein, wenn ihm die Zustimmung des anderen Teils nachgewiesen wird. [2] Der Antrag nach Satz 1 ist unzulässig, solange eine Lizenzbereitschaft (§ 23 Abs. 1) erklärt ist. [3] Die Eintragung wird auf Antrag des Patentinhabers oder des Lizenznehmers gelöscht. [4] Der Löschungsantrag des Patentinhabers bedarf des Nachweises der Zustimmung des bei der Eintragung benannten Lizenznehmers oder seines Rechtsnachfolgers.

§ 31 [Akteneinsicht] (1) [1] Das Patentamt gewährt jedermann auf Antrag Einsicht in die Akten sowie in die zu den Akten gehörenden Modelle und Probestücke, wenn und soweit ein berechtigtes Interesse glaubhaft gemacht wird. [2] Jedoch steht die Einsicht in das Register und die Akten von Patenten einschließlich der Akten von Beschränkungs- oder Widerrufsverfahren (§ 64) jedermann frei.

(2) [1] In die Akten von Patentanmeldungen steht die Einsicht jedermann frei,

1. wenn der Anmelder sich gegenüber dem Patentamt mit der Akteneinsicht einverstanden erklärt und den Erfinder benannt hat oder

2. wenn seit dem Anmeldetag (§ 35) oder, sofern für die Anmeldung ein früherer Zeitpunkt als maßgebend in Anspruch genommen wird, seit diesem Zeitpunkt achtzehn Monate verstrichen sind

und ein Hinweis nach § 32 Abs. 5 veröffentlicht worden ist. [2] Bei Anmeldungen, die nicht oder teilweise nicht in deutscher Sprache abgefasst sind, gilt § 35a Absatz 4.

(3) Soweit die Einsicht in die Akten jedermann freisteht, steht die Einsicht auch in die zu den Akten gehörenden Modelle und Probestücke jedermann frei.

(3a) Soweit die Einsicht in die Akten jedermann freisteht, kann die Einsichtnahme bei elektronischer Führung der Akten auch über das Internet gewährt werden.

(3b) Die Akteneinsicht nach den Absätzen 1 bis 3a ist ausgeschlossen, soweit eine Rechtsvorschrift entgegensteht oder soweit das schutzwürdige Interesse der betroffenen Person im Sinne des Artikels 4 Nummer 1 der Verordnung (EU) 2016/679 des Europäischen Parlaments und des Rates vom 27. April 2016 zum Schutz natürlicher Personen bei der Verarbeitung personenbezogener Daten, zum freien Datenverkehr und zur Aufhebung der Richtlinie 95/46/EG (Datenschutz-Grundverordnung) (ABl. L 119 vom 4.5.2016, S. 1; L 314 vom 22.11.2016, S. 72) in der jeweils geltenden Fassung offensichtlich überwiegt.

(4) In die Benennung des Erfinders (§ 37 Abs. 1) wird, wenn der vom Anmelder angegebene Erfinder es beantragt, Einsicht nur nach Absatz 1 Satz 1 gewährt; § 63 Abs. 1 Satz 4 und 5 ist entsprechend anzuwenden.

(5) [1] In die Akten von Patentanmeldungen und Patenten, für die gemäß § 50 jede Veröffentlichung unterbleibt, kann das Patentamt nur nach Anhörung der zuständigen obersten Bundesbehörde Einsicht gewähren, wenn und soweit ein besonderes schutzwürdiges Interesse des Antragstellers die Gewährung der Einsicht geboten erscheinen läßt und hierdurch die Gefahr eines schweren Nachteils für die äußere Sicherheit der Bundesrepublik Deutschland nicht zu erwarten ist. [2] Wird in einem Verfahren eine Patentanmeldung oder ein Patent nach § 3 Abs. 2 Satz 3 als Stand der Technik entgegengehalten, so ist auf den diese Entgegenhaltung betreffenden Teil der Akten Satz 1 entsprechend anzuwenden.

§ 31a Datenschutz. [1] Soweit personenbezogene Daten im Register oder in öffentlich zugänglichen elektronischen Informationsdiensten des Deutschen Patent- und Markenamtes enthalten sind, bestehen nicht

1. das Recht auf Auskunft gemäß Artikel 15 Absatz 1 Buchstabe c der Verordnung (EU) 2016/679,
2. die Mitteilungspflicht gemäß Artikel 19 Satz 2 der Verordnung (EU) 2016/679 und
3. das Recht auf Widerspruch gemäß Artikel 21 Absatz 1 der Verordnung (EU) 2016/679.

[2] Das Recht auf Erhalt einer Kopie nach Artikel 15 Absatz 3 der Verordnung (EU) 2016/679 wird dadurch erfüllt, dass die betroffene Person Einsicht in das Register oder in öffentlich zugängliche elektronische Informationsdienste des Deutschen Patent- und Markenamtes nehmen kann.

§ 32 [Offenlegungsschrift; Patentschrift; Patentblatt] (1) [1] Das Patentamt veröffentlicht

1. die Offenlegungsschriften,

2. die Patentschriften und
3. das Patentblatt.

[2]Die Veröffentlichung kann in elektronischer Form erfolgen. [3]Zur weiteren Verarbeitung oder Nutzung zu Zwecken der Patentinformation kann das Patentamt Angaben aus den in Satz 1 genannten Dokumenten an Dritte in elektronischer Form übermitteln. [4]Die Übermittlung erfolgt nicht, soweit die Einsicht ausgeschlossen ist (§ 31 Absatz 3b).

(2) [1]Die Offenlegungsschrift enthält die nach § 31 Abs. 2 jedermann zur Einsicht freistehenden Unterlagen der Anmeldung und die Zusammenfassung (§ 36) in der ursprünglich eingereichten oder vom Patentamt zur Veröffentlichung zugelassenen geänderten Form. [2]Die Offenlegungsschrift wird nicht veröffentlicht, wenn die Patentschrift bereits veröffentlicht worden ist.

(3) [1]Die Patentschrift enthält die Patentansprüche, die Beschreibung und die Zeichnungen, auf Grund deren das Patent erteilt worden ist. [2]Außerdem ist in der Patentschrift der Stand der Technik anzugeben, den das Patentamt für die Beurteilung der Patentfähigkeit der angemeldeten Erfindung in Betracht gezogen hat (§ 43 Absatz 1). [3]Ist die Zusammenfassung (§ 36) noch nicht veröffentlicht worden, so ist sie in die Patentschrift aufzunehmen.

(4) Die Offenlegungs- oder Patentschrift wird unter den Voraussetzungen des § 31 Abs. 2 auch dann veröffentlicht, wenn die Anmeldung zurückgenommen oder zurückgewiesen wird oder als zurückgenommen gilt oder das Patent erlischt, nachdem die technischen Vorbereitungen für die Veröffentlichung abgeschlossen waren.

(5) Das Patentblatt enthält regelmäßig erscheinende Übersichten über die Eintragungen im Register, soweit sie nicht nur den regelmäßigen Ablauf der Patente oder die Eintragung und Löschung ausschließlicher Lizenzen betreffen, und Hinweise auf die Möglichkeit der Einsicht in die Akten von Patentanmeldungen.

§ 33 [Entschädigung für angemeldete Erfindungen] (1) Von der Veröffentlichung des Hinweises gemäß § 32 Abs. 5 an kann der Anmelder von demjenigen, der den Gegenstand der Anmeldung benutzt hat, obwohl er wußte oder wissen mußte, daß die von ihm benutzte Erfindung Gegenstand der Anmeldung war, eine nach den Umständen angemessene Entschädigung verlangen; weitergehende Ansprüche sind ausgeschlossen.

(2) Der Anspruch besteht nicht, wenn der Gegenstand der Anmeldung offensichtlich nicht patentfähig ist.

(3) [1]Auf die Verjährung finden die Vorschriften des Abschnitts 5 des Buches 1 des Bürgerlichen Gesetzbuchs entsprechende Anwendung mit der Maßgabe, dass die Verjährung frühestens ein Jahr nach Erteilung des Patents eintritt. [2]Hat der Verpflichtete durch die Verletzung auf Kosten des Berechtigten etwas erlangt, findet § 852 des Bürgerlichen Gesetzbuchs entsprechende Anwendung.

Dritter Abschnitt. Verfahren vor dem Patentamt

§ 34 [Patentanmeldung] (1) Eine Erfindung ist zur Erteilung eines Patents beim Patentamt anzumelden.

(2) [1]Die Anmeldung kann auch über ein Patentinformationszentrum eingereicht werden, wenn diese Stelle durch Bekanntmachung[1)] des Bundesministeriums der Justiz und für Verbraucherschutz im Bundesgesetzblatt dazu bestimmt ist, Patentanmeldungen entgegenzunehmen. [2]Eine Anmeldung, die ein Staatsgeheimnis (§ 93 Strafgesetzbuch) enthalten kann, darf bei einem Patentinformationszentrum nicht eingereicht werden.

(3) Die Anmeldung muß enthalten:

1. den Namen des Anmelders;
2. einen Antrag auf Erteilung des Patents, in dem die Erfindung kurz und genau bezeichnet ist;
3. einen oder mehrere Patentansprüche, in denen angegeben ist, was als patentfähig unter Schutz gestellt werden soll;
4. eine Beschreibung der Erfindung;
5. die Zeichnungen, auf die sich die Patentansprüche oder die Beschreibung beziehen.

(4) Die Erfindung ist in der Anmeldung so deutlich und vollständig zu offenbaren, daß ein Fachmann sie ausführen kann.

(5) Die Anmeldung darf nur eine einzige Erfindung enthalten oder eine Gruppe von Erfindungen, die untereinander in der Weise verbunden sind, daß sie eine einzige allgemeine erfinderische Idee verwirklichen.

(6) [1]Das Bundesministerium der Justiz und für Verbraucherschutz wird ermächtigt, durch Rechtsverordnung Bestimmungen über die Form und die sonstigen Erfordernisse der Anmeldung zu erlassen. [2]Es kann diese Ermächtigung durch Rechtsverordnung auf das Deutsche Patent- und Markenamt übertragen.

(7) Auf Verlangen des Patentamts hat der Anmelder den Stand der Technik nach seinem besten Wissen vollständig und wahrheitsgemäß anzugeben und in die Beschreibung (Absatz 3) aufzunehmen.

(8) [1]Das Bundesministerium der Justiz und für Verbraucherschutz wird ermächtigt, durch Rechtsverordnung Bestimmungen über die Hinterlegung von biologischem Material, den Zugang hierzu einschließlich des zum Zugang berechtigten Personenkreises und die erneute Hinterlegung von biologischem Material zu erlassen, sofern die Erfindung die Verwendung biologischen Materials beinhaltet oder sie solches Material betrifft, das der Öffentlichkeit nicht zugänglich ist und das in der Anmeldung nicht so beschrieben werden kann, daß ein Fachmann die Erfindung danach ausführen kann (Absatz 4). [2]Es kann diese Ermächtigung durch Rechtsverordnung auf das Deutsche Patent- und Markenamt übertragen.

§ 34a [Angaben bei biologischem Material] (1) [1]Hat eine Erfindung biologisches Material pflanzlichen oder tierischen Ursprungs zum Gegenstand oder wird dabei derartiges Material verwendet, so soll die Anmeldung Angaben zum geographischen Herkunftsort dieses Materials umfassen, soweit dieser bekannt ist. [2]Die Prüfung der Anmeldungen und die Gültigkeit der Rechte auf Grund der erteilten Patente bleiben hiervon unberührt.

[1)] Siehe Bek. der zur Entgegennahme von Patent-, Gebrauchsmuster-, Marken- und Geschmacksmusteranmeldungen befugten Patentinformationszentren idF der Bek. v. 5.10.2004 (BGBl. I S. 2599), zuletzt geänd. durch Bek. v. 23.10.2018 (BGBl. I S. 1843).

(2) Enthält die Anmeldung Angaben zum geographischen Herkunftsort nach Absatz 1 Satz 1, teilt das Patentamt diese Anmeldung dem Bundesamt für Naturschutz als zuständige Behörde im Sinne von § 6 Absatz 1 des Gesetzes zur Umsetzung der Verpflichtungen nach dem Nagoya-Protokoll und zur Durchführung der Verordnung (EU) Nr. 511/2014 vom 25. November 2015 (BGBl. I S. 2092) nach Veröffentlichung des Hinweises gemäß § 32 Absatz 5 mit.

§ 35 [Übersetzungen; Zeichnungen] (1) Der Anmeldetag der Patentanmeldung ist der Tag, an dem die Unterlagen nach § 34 Abs. 3 Nr. 1 und 2 und, soweit sie jedenfalls Angaben enthalten, die dem Anschein nach als Beschreibung anzusehen sind, nach § 34 Abs. 3 Nr. 4

1. beim Patentamt
2. oder, wenn diese Stelle durch Bekanntmachung[1)] des Bundesministeriums der Justiz und für Verbraucherschutz im Bundesgesetzblatt dazu bestimmt ist, bei einem Patentinformationszentrum

eingegangen sind.

(2) [1] Wenn die Anmeldung eine Bezugnahme auf Zeichnungen enthält und der Anmeldung keine Zeichnungen beigefügt sind oder wenn mindestens ein Teil einer Zeichnung fehlt, so fordert das Patentamt den Anmelder auf, innerhalb einer Frist von einem Monat nach Zustellung der Aufforderung entweder die Zeichnungen nachzureichen oder zu erklären, dass die Bezugnahme als nicht erfolgt gelten soll. [2] Reicht der Anmelder auf diese Aufforderung die fehlenden Zeichnungen oder die fehlenden Teile nach, so wird der Tag des Eingangs der Zeichnungen oder der fehlenden Teile beim Patentamt Anmeldetag; anderenfalls gilt die Bezugnahme auf die Zeichnungen als nicht erfolgt.

(3) Absatz 2 gilt entsprechend für fehlende Teile der Beschreibung.

§ 35a [Übersetzung der Anmeldung; Frist] (1) [1] Ist die Anmeldung nicht oder teilweise nicht in deutscher Sprache abgefasst, so hat der Anmelder eine deutsche Übersetzung innerhalb einer Frist von drei Monaten nach Einreichung der Anmeldung nachzureichen. [2] Wird die deutsche Übersetzung nicht innerhalb der Frist eingereicht, so gilt die Anmeldung als zurückgenommen.

(2) [1] Ist die Anmeldung ganz oder teilweise in englischer oder französischer Sprache abgefasst, verlängert sich die Frist nach Absatz 1 Satz 1 auf zwölf Monate. [2] Wird anstelle des Anmeldetages für die Anmeldung ein früherer Zeitpunkt als maßgebend in Anspruch genommen, endet die Frist nach Satz 1 jedoch spätestens mit Ablauf von 15 Monaten nach diesem Zeitpunkt.

(3) Ist für die Anmeldung ein Antrag nach § 43 Absatz 1 oder § 44 Absatz 1 gestellt worden, so kann die Prüfungsstelle den Anmelder auffordern, eine deutsche Übersetzung der Anmeldungsunterlagen vor Ablauf der in Absatz 2 genannten Frist einzureichen.

(4) [1] Erklärt sich der Anmelder vor Ablauf der Frist nach den Absätzen 1 und 2 gegenüber dem Patentamt mit der Akteneinsicht in seine Anmeldung nach § 31 Absatz 2 Satz 1 Nummer 1 einverstanden, hat er eine deutsche Übersetzung der Anmeldungsunterlagen einzureichen. [2] Das Einverständnis gilt erst mit Eingang der Übersetzung beim Patentamt als erteilt.

[1)] Siehe Bek. der zur Entgegennahme von Patent-, Gebrauchsmuster-, Marken- und Geschmacksmusteranmeldungen befugten Patentinformationszentren idF der Bek. v. 5.10.2004 (BGBl. I S. 2599), zuletzt geänd. durch Bek. v. 23.10.2018 (BGBl. I S. 1843).

§ 36 [Anmeldungsunterlagen] (1) Der Anmeldung ist eine Zusammenfassung beizufügen, die noch bis zum Ablauf von fünfzehn Monaten nach dem Anmeldetag oder, sofern für die Anmeldung ein früherer Zeitpunkt als maßgebend in Anspruch genommen wird, bis zum Ablauf von fünfzehn Monaten nach diesem Zeitpunkt nachgereicht werden kann.

(2) [1]Die Zusammenfassung dient ausschließlich der technischen Unterrichtung. [2]Sie muß enthalten:

1. die Bezeichnung der Erfindung;
2. eine Kurzfassung der in der Anmeldung enthaltenen Offenbarung, die das technische Gebiet der Erfindung angeben und so gefaßt sein soll, daß sie ein klares Verständnis des technischen Problems, seiner Lösung und der hauptsächlichen Verwendungsmöglichkeit der Erfindung erlaubt;
3. eine in der Kurzfassung erwähnte Zeichnung; sind mehrere Zeichnungen erwähnt, so ist die Zeichnung beizufügen, die die Erfindung nach Auffassung des Anmelders am deutlichsten kennzeichnet.

§ 37 [Benennung des Erfinders] (1) [1]Der Anmelder hat innerhalb von fünfzehn Monaten nach dem Anmeldetag oder, sofern für die Anmeldung ein früherer Zeitpunkt als maßgebend in Anspruch genommen wird, innerhalb von fünfzehn Monaten nach diesem Zeitpunkt den oder die Erfinder zu benennen und zu versichern, daß weitere Personen seines Wissens an der Erfindung nicht beteiligt sind. [2]Ist der Anmelder nicht oder nicht allein der Erfinder, so hat er auch anzugeben, wie das Recht auf das Patent an ihn gelangt ist. [3]Die Richtigkeit der Angaben wird vom Patentamt nicht geprüft.

(2) [1]Macht der Anmelder glaubhaft, daß er durch außergewöhnliche Umstände verhindert ist, die in Absatz 1 vorgeschriebenen Erklärungen rechtzeitig abzugeben, so hat ihm das Patentamt eine angemessene Fristverlängerung zu gewähren. [2]Die Frist kann nicht über den Erlaß des Beschlusses über die Erteilung des Patents hinaus verlängert werden.

§ 38 [Änderung der Anmeldung] [1]Bis zum Beschluß über die Erteilung des Patents sind Änderungen der in der Anmeldung enthaltenen Angaben, die den Gegenstand der Anmeldung nicht erweitern, zulässig, bis zum Eingang des Prüfungsantrags (§ 44) jedoch nur, soweit es sich um die Berichtigung offensichtlicher Unrichtigkeiten, um die Beseitigung der von der Prüfungsstelle bezeichneten Mängel oder um Änderungen des Patentanspruchs handelt. [2]Aus Änderungen, die den Gegenstand der Anmeldung erweitern, können Rechte nicht hergeleitet werden.

§ 39 [Teilung der Anmeldung] (1) [1]Der Anmelder kann die Anmeldung jederzeit teilen. [2]Die Teilung ist schriftlich zu erklären. [3]Wird die Teilung nach Stellung des Prüfungsantrags (§ 44) erklärt, so gilt der abgetrennte Teil als Anmeldung, für die ein Prüfungsantrag gestellt worden ist. [4]Für jede Teilanmeldung bleiben der Zeitpunkt der ursprünglichen Anmeldung und eine dafür in Anspruch genommene Priorität erhalten.

(2) [1]Für die abgetrennte Anmeldung sind für die Zeit bis zur Teilung die gleichen Gebühren zu entrichten, die für die ursprüngliche Anmeldung zu entrichten waren. [2]Dies gilt nicht für die Gebühr nach dem Patentkostengesetz[1)]

[1)] Nr. **13**.

für die Recherche nach § 43, wenn die Teilung vor der Stellung des Prüfungsantrags (§ 44) erklärt worden ist, es sei denn, daß auch für die abgetrennte Anmeldung ein Antrag nach § 43 gestellt wird.

(3) Werden für die abgetrennte Anmeldung die nach den §§ 34, 35, 35a und 36 erforderlichen Anmeldungsunterlagen nicht innerhalb von drei Monaten nach Eingang der Teilungserklärung eingereicht oder werden die Gebühren für die abgetrennte Anmeldung nicht innerhalb dieser Frist entrichtet, so gilt die Teilungserklärung als nicht abgegeben.

§ 40 [Prioritätsrecht des Anmelders] (1) Dem Anmelder steht innerhalb einer Frist von zwölf Monaten nach dem Anmeldetag einer beim Patentamt eingereichten früheren Patent- oder Gebrauchsmusteranmeldung für die Anmeldung derselben Erfindung zum Patent ein Prioritätsrecht zu, es sei denn, daß für die frühere Anmeldung schon eine inländische oder ausländische Priorität in Anspruch genommen worden ist.

(2) Für die Anmeldung kann die Priorität mehrerer beim Patentamt eingereichter Patent- oder Gebrauchsmusteranmeldungen in Anspruch genommen werden.

(3) Die Priorität kann nur für solche Merkmale der Anmeldung in Anspruch genommen werden, die in der Gesamtheit der Anmeldungsunterlagen der früheren Anmeldung deutlich offenbart sind.

(4) Die Priorität kann nur innerhalb von zwei Monaten nach dem Anmeldetag der späteren Anmeldung in Anspruch genommen werden; die Prioritätserklärung gilt erst als abgegeben, wenn das Aktenzeichen der früheren Anmeldung angegeben worden ist.

(5) [1] Ist die frühere Anmeldung noch beim Patentamt anhängig, so gilt sie mit der Abgabe der Prioritätserklärung nach Absatz 4 als zurückgenommen. [2] Dies gilt nicht, wenn die frühere Anmeldung ein Gebrauchsmuster betrifft.

(6) Wird die Einsicht in die Akte einer späteren Anmeldung beantragt (§ 31), die die Priorität einer früheren Patent- und Gebrauchsmusteranmeldung in Anspruch nimmt, so nimmt das Patentamt eine Abschrift der früheren Patent- oder Gebrauchsmusteranmeldung zu den Akten der späteren Anmeldung.

§ 41 [Prioritätserklärung] (1) [1] Wer nach einem Staatsvertrag die Priorität einer früheren ausländischen Anmeldung derselben Erfindung in Anspruch nimmt, hat vor Ablauf des 16. Monats nach dem Prioritätstag Zeit, Land und Aktenzeichen der früheren Anmeldung anzugeben und eine Abschrift der früheren Anmeldung einzureichen, soweit dies nicht bereits geschehen ist. [2] Innerhalb der Frist können die Angaben geändert werden. [3] Werden die Angaben nicht rechtzeitig gemacht, so wird der Prioritätsanspruch für die Anmeldung verwirkt.

(2) Ist die frühere ausländische Anmeldung in einem Staat eingereicht worden, mit dem kein Staatsvertrag über die Anerkennung der Priorität besteht, so kann der Anmelder ein dem Prioritätsrecht nach der Pariser Verbandsübereinkunft entsprechendes Prioritätsrecht in Anspruch nehmen, soweit nach einer Bekanntmachung des Bundesministeriums der Justiz und für Verbraucherschutz im Bundesgesetzblatt der andere Staat aufgrund einer ersten Anmeldung beim Patentamt ein Prioritätsrecht gewährt, das nach Voraussetzungen und Inhalt dem Prioritätsrecht nach der Pariser Verbandsübereinkunft vergleichbar ist; Absatz 1 ist anzuwenden.

§ 42 [Mängel der Anmeldung] (1) [1]Genügt die Anmeldung den Anforderungen der §§ 34, 36, 37 und 38 offensichtlich nicht, so fordert die Prüfungsstelle den Anmelder auf, die Mängel innerhalb einer bestimmten Frist zu beseitigen. [2]Entspricht die Anmeldung nicht den Bestimmungen über die Form und über die sonstigen Erfordernisse der Anmeldung (§ 34 Abs. 6), so kann die Prüfungsstelle bis zum Beginn des Prüfungsverfahrens (§ 44) von der Beanstandung dieser Mängel absehen.

(2) Ist offensichtlich, daß der Gegenstand der Anmeldung

1. seinem Wesen nach keine Erfindung ist,
2. nicht gewerblich anwendbar ist oder
3. nach § 2 von der Patenterteilung ausgeschlossen ist,

so benachrichtigt die Prüfungsstelle den Anmelder hiervon unter Angabe der Gründe und fordert ihn auf, sich innerhalb einer bestimmten Frist zu äußern.

(3) [1]Die Prüfungsstelle weist die Anmeldung zurück, wenn die nach Absatz 1 gerügten Mängel nicht beseitigt werden oder wenn die Anmeldung aufrechterhalten wird, obgleich eine patentfähige Erfindung offensichtlich nicht vorliegt (Absatz 2 Nr. 1 bis 3). [2]Soll die Zurückweisung auf Umstände gegründet werden, die dem Patentsucher noch nicht mitgeteilt waren, so ist ihm vorher Gelegenheit zu geben, sich dazu innerhalb einer bestimmten Frist zu äußern.

§ 43 [Antrag auf Recherche] (1) [1]Das Patentamt ermittelt auf Antrag den Stand der Technik, der für die Beurteilung der Patentfähigkeit der angemeldeten Erfindung in Betracht zu ziehen ist, und beurteilt vorläufig die Schutzfähigkeit der angemeldeten Erfindung nach den §§ 1 bis 5 und ob die Anmeldung den Anforderungen des § 34 Absatz 3 bis 5 genügt (Recherche). [2]Soweit die Ermittlung des Standes der Technik einer zwischenstaatlichen Einrichtung vollständig oder für bestimmte Sachgebiete der Technik ganz oder teilweise übertragen worden ist (Absatz 8 Nummer 1), kann beantragt werden, die Ermittlungen in der Weise durchführen zu lassen, dass der Anmelder das Ermittlungsergebnis auch für eine europäische Anmeldung verwenden kann.

(2) [1]Der Antrag kann nur von dem Patentanmelder gestellt werden. [2]Er ist schriftlich einzureichen. [3]§ 25 ist entsprechend anzuwenden.

(3) [1]Der Eingang des Antrags wird im Patentblatt veröffentlicht, jedoch nicht vor der Veröffentlichung des Hinweises gemäß § 32 Absatz 5. [2]Jedermann ist berechtigt, dem Patentamt Hinweise zum Stand der Technik zu geben, die der Erteilung eines Patents entgegenstehen könnten.

(4) [1]Der Antrag gilt als nicht gestellt, wenn bereits ein Antrag nach § 44 gestellt worden ist. [2]In diesem Fall teilt das Patentamt dem Patentanmelder mit, zu welchem Zeitpunkt der Antrag nach § 44 eingegangen ist. [3]Die für die Recherche nach § 43 gezahlte Gebühr nach dem Patentkostengesetz wird zurückgezahlt.

(5) [1]Ist ein Antrag nach Absatz 1 eingegangen, so gelten spätere Anträge als nicht gestellt. [2]Absatz 4 Satz 2 und 3 ist entsprechend anzuwenden.

(6) Stellt das Patentamt nach einem Antrag auf Recherche fest, dass die Anmeldung die Anforderung des § 34 Absatz 5 nicht erfüllt, so führt es die Recherche für den Teil der Anmeldung durch, der sich auf die in den Patentansprüchen als erste beschriebene Erfindung oder Gruppe von Erfindungen bezieht, die untereinander in der Weise verbunden sind, dass sie eine einzige allgemeine erfinderische Idee verwirklichen.

(7) [1] Das Patentamt teilt dem Anmelder das Ergebnis der Recherche nach Absatz 1 unter Berücksichtigung des Absatzes 6 ohne Gewähr für Vollständigkeit mit (Recherchebericht). [2] Es veröffentlicht im Patentblatt, dass diese Mitteilung ergangen ist. [3] Gegen den Recherchebericht ist ein Rechtsbehelf nicht gegeben. [4] Ist der Stand der Technik von einer zwischenstaatlichen Einrichtung ermittelt worden und hat der Anmelder einen Antrag im Sinne von Absatz 1 Satz 2 gestellt, so wird dies in der Mitteilung angegeben.

(8) Das Bundesministerium der Justiz und für Verbraucherschutz wird ermächtigt, zur beschleunigten Erledigung der Patenterteilungsverfahren durch Rechtsverordnung zu bestimmen, dass

1. die Ermittlung des in Absatz 1 bezeichneten Standes der Technik einer anderen Stelle des Patentamts als der Prüfungsstelle (§ 27 Absatz 1), einer anderen staatlichen oder einer zwischenstaatlichen Einrichtung vollständig oder für bestimmte Sachgebiete der Technik oder für bestimmte Sprachen übertragen wird, soweit diese Einrichtung für die Ermittlung des in Betracht zu ziehenden Standes der Technik geeignet erscheint;
2. das Patentamt ausländischen oder zwischenstaatlichen Behörden Auskünfte aus Akten von Patentanmeldungen zur gegenseitigen Unterrichtung über das Ergebnis von Prüfungsverfahren und von Ermittlungen zum Stand der Technik erteilt, soweit es sich um Anmeldungen von Erfindungen handelt, für die auch bei diesen ausländischen oder zwischenstaatlichen Behörden die Erteilung eines Patents beantragt worden ist;
3. die Prüfung der Patentanmeldungen nach § 42 sowie die Kontrolle der Gebühren und Fristen ganz oder teilweise anderen Stellen des Patentamts als den Prüfungsstellen oder Patentabteilungen (§ 27 Absatz 1) übertragen werden.

§ 44 [Prüfungsantrag] (1) Das Patentamt prüft auf Antrag, ob die Anmeldung den Anforderungen der §§ 34, 37 und 38 genügt und ob der Gegenstand der Anmeldung nach den §§ 1 bis 5 patentfähig ist.

(2) [1] Der Antrag kann von dem Anmelder und jedem Dritten, der jedoch hierdurch nicht an dem Prüfungsverfahren beteiligt wird, bis zum Ablauf von sieben Jahren nach Einreichung der Anmeldung gestellt werden. [2] Die Zahlungsfrist für die Prüfungsgebühr nach dem Patentkostengesetz beträgt drei Monate ab Fälligkeit (§ 3 Absatz 1 des Patentkostengesetzes[1]). [3] Diese Frist endet spätestens mit Ablauf von sieben Jahren nach Einreichung der Anmeldung.

(3) [1] Ist bereits ein Antrag nach § 43 gestellt worden, so beginnt das Prüfungsverfahren erst nach Erledigung des Antrags nach § 43. [2] Hat ein Dritter den Antrag nach Absatz 1 gestellt, so wird der Eingang des Antrags dem Anmelder mitgeteilt. [3] Im Übrigen ist § 43 Absatz 2 Satz 2 und 3, Absatz 3 und 5 entsprechend anzuwenden.

(4) [1] Erweist sich ein von einem Dritten gestellter Antrag nach der Mitteilung an den Anmelder (Absatz 3 Satz 2) als unwirksam, so teilt das Patentamt dies außer dem Dritten auch dem Anmelder mit. [2] Im Fall der Unwirksamkeit des von einem Dritten gestellten Antrags kann der Anmelder noch bis zum Ablauf von drei Monaten nach der Zustellung der Mitteilung, sofern diese Frist später als die in Absatz 2 bezeichnete Frist abläuft, selbst einen Antrag stellen. [3] Stellt er den Antrag

[1] Nr. **13**.

nicht, wird im Patentblatt unter Hinweis auf die Veröffentlichung des von dem Dritten gestellten Antrags veröffentlicht, dass dieser Antrag unwirksam ist.

(5) [1] Das Prüfungsverfahren wird auch dann fortgesetzt, wenn der Antrag auf Prüfung zurückgenommen wird. [2] Im Fall des Absatzes 4 Satz 2 wird das Verfahren in dem Zustand fortgesetzt, in dem es sich im Zeitpunkt des vom Anmelder gestellten Antrags auf Prüfung befindet.

§ 45 [Beseitigung von Mängeln] (1) [1] Genügt die Anmeldung den Anforderungen der §§ 34, 37 und 38 nicht oder sind die Anforderungen des § 36 offensichtlich nicht erfüllt, so fordert die Prüfungsstelle den Anmelder auf, die Mängel innerhalb einer bestimmten Frist zu beseitigen. [2] Satz 1 gilt nicht für Mängel, die sich auf die Zusammenfassung beziehen, wenn die Zusammenfassung bereits veröffentlicht worden ist.

(2) Kommt die Prüfungsstelle zu dem Ergebnis, daß eine nach den §§ 1 bis 5 patentfähige Erfindung nicht vorliegt, so benachrichtigt sie den Patentsucher hiervon unter Angabe der Gründe und fordert ihn auf, sich innerhalb einer bestimmten Frist zu äußern.

§ 46 [Anhörungen und Vernehmungen] (1) [1] Die Prüfungsstelle kann jederzeit die Beteiligten laden und anhören, Zeugen, Sachverständige und Beteiligte eidlich oder uneidlich vernehmen sowie andere zur Aufklärung der Sache erforderliche Ermittlungen anstellen. [2] Bis zum Beschluß über die Erteilung ist der Anmelder auf Antrag zu hören. [3] Der Antrag ist schriftlich einzureichen. [4] Wird der Antrag nicht in der vorgeschriebenen Form eingereicht, so weist sie den Antrag zurück. [5] Der Beschluß, durch den der Antrag zurückgewiesen wird, ist selbständig nicht anfechtbar.

(2) [1] Über die Anhörungen und Vernehmungen ist eine Niederschrift zu fertigen, die den wesentlichen Gang der Verhandlung wiedergeben und die rechtserheblichen Erklärungen der Beteiligten enthalten soll. [2] Die §§ 160a, 162 und 163 der Zivilprozeßordnung sind entsprechend anzuwenden. [3] Die Beteiligten erhalten eine Abschrift der Niederschrift.

§ 47 [Form der Beschlüsse der Prüfungsstelle] (1) [1] Die Beschlüsse der Prüfungsstelle sind zu begründen und den Beteiligten von Amts wegen in Abschrift zuzustellen; eine Beglaubigung der Abschrift ist nicht erforderlich. [2] Ausfertigungen werden nur auf Antrag eines Beteiligten und nur in Papierform erteilt. [3] Am Ende einer Anhörung können die Beschlüsse auch verkündet werden; die Sätze 1 und 2 bleiben unberührt. [4] Einer Begründung bedarf es nicht, wenn am Verfahren nur der Anmelder beteiligt ist und seinem Antrag stattgegeben wird.

(2) [1] Mit Zustellung des Beschlusses sind die Beteiligten über die Beschwerde, die gegen den Beschluss gegeben ist, über die Stelle, bei der die Beschwerde einzulegen ist, über die Beschwerdefrist und über die Beschwerdegebühr zu belehren. [2] Die Frist für die Beschwerde (§ 73 Abs. 2) beginnt nur zu laufen, wenn die Beteiligten nach Satz 1 belehrt worden sind. [3] Ist die Belehrung unterblieben oder unrichtig erteilt, so ist die Einlegung der Beschwerde nur innerhalb eines Jahres seit Zustellung des Beschlusses zulässig, außer wenn eine schriftliche Belehrung dahin erfolgt ist, daß eine Beschwerde nicht gegeben sei; § 123 ist entsprechend anzuwenden.

§ 48 [Zurückweisung der Anmeldung] [1]Die Prüfungsstelle weist die Anmeldung zurück, wenn die nach § 45 Abs. 1 gerügten Mängel nicht beseitigt werden oder wenn die Prüfung ergibt, daß eine nach den §§ 1 bis 5 patentfähige Erfindung nicht vorliegt. [2]§ 42 Abs. 3 Satz 2 ist anzuwenden.

§ 49 [Beschluß der Erteilung des Patents] (1) Genügt die Anmeldung den Anforderungen der §§ 34, 37 und 38, sind nach § 45 Abs. 1 gerügte Mängel der Zusammenfassung beseitigt und ist der Gegenstand der Anmeldung nach den §§ 1 bis 5 patentfähig, so beschließt die Prüfungsstelle die Erteilung des Patents.

(2) Der Erteilungsbeschluß wird auf Antrag des Anmelders bis zum Ablauf einer Frist von fünfzehn Monaten ausgesetzt, die mit dem Tag der Einreichung der Anmeldung beim Patentamt oder, falls für die Anmeldung ein früherer Zeitpunkt als maßgebend in Anspruch genommen wird, mit diesem Zeitpunkt beginnt.

§ 49a [Erteilung des ergänzenden Schutzzertifikats, Anmeldungszurückweisung, Gebühr] (1) Beantragt der als Patentinhaber Eingetragene einen ergänzenden Schutz, so prüft die Patentabteilung, ob die Anmeldung der entsprechenden Verordnung der Europäischen Gemeinschaften sowie dem Absatz 5 und dem § 16a entspricht.

(2) [1]Genügt die Anmeldung diesen Voraussetzungen, so erteilt die Patentabteilung das ergänzende Schutzzertifikat für die Dauer seiner Laufzeit. [2]Andernfalls fordert sie den Anmelder auf, etwaige Mängel innerhalb einer von ihr festzusetzenden, mindestens zwei Monate betragenden Frist zu beheben. [3]Werden die Mängel nicht behoben, so weist sie die Anmeldung durch Beschluß zurück.

(3) Soweit eine Verordnung der Europäischen Gemeinschaften die Verlängerung der Laufzeit eines ergänzenden Schutzzertifikats vorsieht, gelten die Absätze 1 und 2 entsprechend.

(4) Die Patentabteilung entscheidet durch Beschluss über die in Verordnungen der Europäischen Gemeinschaften vorgesehenen Anträge,

1. die Laufzeit eines ergänzenden Schutzzertifikats zu berichtigen, wenn der in der Zertifikatsanmeldung enthaltene Zeitpunkt der ersten Genehmigung für das Inverkehrbringen unrichtig ist;
2. die Verlängerung der Laufzeit eines ergänzenden Schutzzertifikats zu widerrufen.

(5) [1]§ 34 Abs. 6 ist anwendbar. [2]Die §§ 46 und 47 sind auf das Verfahren vor der Patentabteilung anzuwenden.

§ 50[1)] [Geheimpatente] (1) [1]Wird ein Patent für eine Erfindung nachgesucht, die ein Staatsgeheimnis (§ 93 des Strafgesetzbuches) ist, so ordnet die Prüfungsstelle von Amts wegen an, daß jede Veröffentlichung unterbleibt. [2]Die zuständige oberste Bundesbehörde ist vor der Anordnung zu hören. [3]Sie kann den Erlaß einer Anordnung beantragen.

(2) [1]Die Prüfungsstelle hebt von Amts wegen oder auf Antrag der zuständigen obersten Bundesbehörde, des Anmelders oder des Patentinhabers eine Anordnung nach Absatz 1 auf, wenn deren Voraussetzungen entfallen sind. [2]Die Prüfungs-

1) Siehe Übereinkommen über die wechselseitige Geheimbehandlung v. 21.9.1960 (BGBl. 1964 II S. 773).

stelle prüft in jährlichen Abständen, ob die Voraussetzungen der Anordnung nach Absatz 1 fortbestehen. [3] Vor der Aufhebung einer Anordnung nach Absatz 1 ist die zuständige oberste Bundesbehörde zu hören.

(3) Die Prüfungsstelle gibt den Beteiligten Nachricht, wenn gegen einen Beschluß der Prüfungsstelle, durch den ein Antrag auf Erlaß einer Anordnung nach Absatz 1 zurückgewiesen oder eine Anordnung nach Absatz 1 aufgehoben worden ist, innerhalb der Beschwerdefrist (§ 73 Abs. 2) keine Beschwerde eingegangen ist.

(4) Die Absätze 1 bis 3 sind auf eine Erfindung entsprechend anzuwenden, die von einem fremden Staat aus Verteidigungsgründen geheimgehalten und der Bundesregierung mit deren Zustimmung unter der Auflage anvertraut wird, die Geheimhaltung zu wahren.

§ 51 [Akteneinsicht] Das Patentamt hat der zuständigen obersten Bundesbehörde zur Prüfung der Frage, ob jede Veröffentlichung gemäß § 50 Abs. 1 zu unterbleiben hat oder ob eine gemäß § 50 Abs. 1 ergangene Anordnung aufzuheben ist, Einsicht in die Akten zu gewähren.

§ 52 [Anmeldung außerhalb der Bundesrepublik] (1) [1] Eine Patentanmeldung, die ein Staatsgeheimnis (§ 93 des Strafgesetzbuches) enthält, darf außerhalb des Geltungsbereichs dieses Gesetzes nur eingereicht werden, wenn die zuständige oberste Bundesbehörde hierzu die schriftliche Genehmigung erteilt. [2] Die Genehmigung kann unter Auflagen erteilt werden.

(2) Mit Freiheitsstrafe bis zu fünf Jahren oder mit Geldstrafe wird bestraft, wer

1. entgegen Absatz 1 Satz 1 eine Patentanmeldung einreicht oder
2. einer Auflage nach Absatz 1 Satz 2 zuwiderhandelt.

§ 53 [Keine Anordnung über Geheimhaltung] (1) Wird dem Anmelder innerhalb von vier Monaten seit der Anmeldung der Erfindung beim Patentamt keine Anordnung nach § 50 Abs. 1 zugestellt, so können der Anmelder und jeder andere, der von der Erfindung Kenntnis hat, sofern sie im Zweifel darüber sind, ob die Geheimhaltung der Erfindung erforderlich ist (§ 93 des Strafgesetzbuches), davon ausgehen, daß die Erfindung nicht der Geheimhaltung bedarf.

(2) Kann die Prüfung, ob jede Veröffentlichung gemäß § 50 Abs. 1 zu unterbleiben hat, nicht innerhalb der in Absatz 1 genannten Frist abgeschlossen werden, so kann das Patentamt diese Frist durch eine Mitteilung, die dem Anmelder innerhalb der in Absatz 1 genannten Frist zuzustellen ist, um höchstens zwei Monate verlängern.

§ 54 [Erteilung eines Geheimpatents] [1] Ist auf eine Anmeldung, für die eine Anordnung nach § 50 Abs. 1 ergangen ist, ein Patent erteilt worden, so ist das Patent in ein besonderes Register einzutragen. [2] Auf die Einsicht in das besondere Register ist § 31 Abs. 5 Satz 1 entsprechend anzuwenden.

§ 55 [Entschädigung für Unterlassung der Verwertung] (1) [1] Ein Anmelder, Patentinhaber oder sein Rechtsnachfolger, der die Verwertung einer nach den §§ 1 bis 5 patentfähigen Erfindung für friedliche Zwecke mit Rücksicht auf eine Anordnung nach § 50 Abs. 1 unterläßt, hat wegen des ihm hierdurch entstehenden Vermögensschadens einen Anspruch auf Entschädigung gegen den Bund, wenn und soweit ihm nicht zugemutet werden kann, den Schaden selbst zu tragen. [2]Bei Beurteilung der Zumutbarkeit sind insbesondere die wirtschaftliche Lage des Geschädigten, die Höhe seiner für die Erfindung oder für den Erwerb der Rechte an der Erfindung gemachten Aufwendungen, der bei Entstehung der Aufwendungen für ihn erkennbare Grad der Wahrscheinlichkeit einer Geheimhaltungsbedürftigkeit der Erfindung sowie der Nutzen zu berücksichtigen, der dem Geschädigten aus einer sonstigen Verwertung der Erfindung zufließt. [3]Der Anspruch kann erst nach der Erteilung des Patents geltend gemacht werden. [4]Die Entschädigung kann nur jeweils nachträglich und für Zeitabschnitte, die nicht kürzer als ein Jahr sind, verlangt werden.

(2) [1]Der Anspruch ist bei der zuständigen obersten Bundesbehörde geltend zu machen. [2]Der Rechtsweg vor den ordentlichen Gerichten steht offen.

(3) Eine Entschädigung gemäß Absatz 1 wird nur gewährt, wenn die erste Anmeldung der Erfindung beim Patentamt eingereicht und die Erfindung nicht schon vor dem Erlaß einer Anordnung nach § 50 Abs. 1 von einem fremden Staat aus Verteidigungsgründen geheimgehalten worden ist.

§ 56 [Bestimmung der zuständigen obersten Bundesbehörde] Die Bundesregierung wird ermächtigt, die zuständige oberste Bundesbehörde im Sinne des § 31 Abs. 5 und der §§ 50 bis 55 und 74 Abs. 2 durch Rechtsverordnung[1)] zu bestimmen.

§ 57 *(aufgehoben)*

§ 58 [Veröffentlichung der Patenterteilung] (1) [1]Die Erteilung des Patents wird im Patentblatt veröffentlicht. [2]Gleichzeitig wird die Patentschrift veröffentlicht. [3]Mit der Veröffentlichung im Patentblatt treten die gesetzlichen Wirkungen des Patents ein.

(2) Wird die Anmeldung nach der Veröffentlichung des Hinweises auf die Möglichkeit der Einsicht in die Akten (§ 32 Abs. 5) zurückgenommen oder zurückgewiesen oder gilt sie als zurückgenommen, so gilt die Wirkung nach § 33 Abs. 1 als nicht eingetreten.

(3) Wird bis zum Ablauf der in § 44 Abs. 2 bezeichneten Frist ein Antrag auf Prüfung nicht gestellt oder wird eine für die Anmeldung zu entrichtende Jahresgebühr nicht rechtzeitig entrichtet (§ 7 Abs. 1 des Patentkostengesetzes[2)]), so gilt die Anmeldung als zurückgenommen.

§ 59 [Einspruch] (1) [1]Innerhalb von neun Monaten nach der Veröffentlichung der Erteilung kann jeder, im Falle der widerrechtlichen Entnahme nur der Verletzte, gegen das Patent Einspruch erheben. [2]Der Einspruch ist schriftlich zu erklären und zu begründen. [3]Er kann nur auf die Behauptung gestützt werden, daß einer der in § 21 genannten Widerrufsgründe vorliege. [4]Die Tatsachen, die den Einspruch rechtfertigen, sind im einzelnen anzugeben. [5]Die Angaben müssen, soweit sie nicht schon in der Einspruchsschrift enthalten sind, bis zum Ablauf der Einspruchsfrist schriftlich nachgereicht werden.

(2) [1]Ist gegen ein Patent Einspruch erhoben worden, so kann jeder Dritte, der nachweist, daß gegen ihn Klage wegen Verletzung des Patents erhoben worden

---

1) Siehe VO zur Ausführung des § 56 des Patentgesetzes und des § 9 des Gebrauchsmustergesetzes (PatG/GebrMGAV) v. 24.5.1961 (BGBl. I S. 595), zuletzt geänd. durch G v. 16.7.1998 (BGBl. I S. 1827).

2) Nr. 13.

ist, nach Ablauf der Einspruchsfrist dem Einspruchsverfahren als Einsprechender beitreten, wenn er den Beitritt innerhalb von drei Monaten nach dem Tag erklärt, an dem die Verletzungsklage erhoben worden ist. [2]Das gleiche gilt für jeden Dritten, der nachweist, daß er nach einer Aufforderung des Patentinhabers, eine angebliche Patentverletzung zu unterlassen, gegen diesen Klage auf Feststellung erhoben hat, daß er das Patent nicht verletze. [3]Der Beitritt ist schriftlich zu erklären und bis zum Ablauf der in Satz 1 genannten Frist zu begründen. [4]Absatz 1 Satz 3 bis 5 ist entsprechend anzuwenden.

(3) [1]Eine Anhörung findet im Einspruchsverfahren statt, wenn ein Beteiligter dies beantragt oder die Patentabteilung dies für sachdienlich erachtet. [2]Mit der Ladung soll die Patentabteilung auf die Punkte hinweisen, die sie für die zu treffende Entscheidung als erörterungsbedürftig ansieht. [3]Die Anhörung einschließlich der Verkündung der Entscheidung ist öffentlich. [4]§ 169 Absatz 1 Satz 2 sowie die §§ 171b bis 175 des Gerichtsverfassungsgesetzes sind entsprechend anzuwenden mit der Maßgabe, dass die Öffentlichkeit von der Anhörung auf Antrag eines Beteiligten auch dann ausgeschlossen werden kann, wenn sie eine Gefährdung schutzwürdiger Interessen des Antragstellers besorgen lässt.

(4) Der Vorsitzende der Patentabteilung sorgt für die Aufrechterhaltung der Ordnung in der Anhörung und übt insoweit das Hausrecht aus.

(5) Im Übrigen sind § 43 Absatz 3 Satz 2 und die §§ 46 und 47 im Einspruchsverfahren entsprechend anzuwenden.

§ 60 *(aufgehoben)*

§ 61 [Aufrechterhaltung oder Widerruf des Patents] (1) [1]Die Patentabteilung entscheidet durch Beschluß, ob und in welchem Umfang das Patent aufrechterhalten oder widerrufen wird. [2]Das Verfahren wird von Amts wegen ohne den Einsprechenden fortgesetzt, wenn der Einspruch zurückgenommen wird.

(2) [1]Abweichend von Absatz 1 entscheidet der Beschwerdesenat des Bundespatentgerichts,

1. wenn ein Beteiligter dies beantragt und kein anderer Beteiligter innerhalb von zwei Monaten nach Zustellung des Antrags widerspricht, oder
2. auf Antrag nur eines Beteiligten, wenn mindestens 15 Monate seit Ablauf der Einspruchsfrist, im Fall des Antrags eines Beigetretenen seit Erklärung des Beitritts, vergangen sind.

[2]Dies gilt nicht, wenn die Patentabteilung eine Ladung zur Anhörung oder die Entscheidung über den Einspruch innerhalb von drei Monaten nach Zugang des Antrags auf patentgerichtliche Entscheidung zugestellt hat. [3]Im Übrigen sind die §§ 59 bis 62, 69 bis 71 und 86 bis 99 entsprechend anzuwenden.

(3) Wird das Patent widerrufen oder nur beschränkt aufrechterhalten, so wird dies im Patentblatt veröffentlicht.

(4) [1]Wird das Patent beschränkt aufrechterhalten, so ist die Patentschrift entsprechend zu ändern. [2]Die Änderung der Patentschrift ist zu veröffentlichen.

§ 62 [Kosten des Einspruchsverfahrens] (1) [1]In dem Beschluß nach § 61 Abs. 1 kann die Patentabteilung nach billigem Ermessen bestimmen, inwieweit einem Beteiligten die durch eine Anhörung oder eine Beweisaufnahme verursachten Kosten zur Last fallen. [2]Die Bestimmung kann auch getroffen werden, wenn ganz oder teilweise der Einspruch zurückgenommen oder auf das Patent verzichtet wird. [3]Die Patentabteilung kann anordnen, dass die Einspruchsgebühr nach dem Patentkostengesetz[1)] ganz oder teilweise zurückgezahlt wird, wenn es der Billigkeit entspricht.

(2) [1]Zu den Kosten gehören außer den Auslagen des Patentamts auch die den Beteiligten erwachsenen Kosten, soweit sie zur zweckentsprechenden Wahrung der Ansprüche und Rechte notwendig waren. [2]Der Betrag der zu erstattenden Kosten wird auf Antrag durch das Patentamt festgesetzt. [3]Die Vorschriften der Zivilprozessordnung über das Kostenfestsetzungsverfahren (§§ 103 bis 107) und die Zwangsvollstreckung aus Kostenfestsetzungsbeschlüssen (§§ 724 bis 802) sind entsprechend anzuwenden. [4]An die Stelle der Erinnerung tritt die Beschwerde gegen den Kostenfestsetzungsbeschluß; § 73 ist mit der Maßgabe anzuwenden, daß die Beschwerde innerhalb von zwei Wochen einzulegen ist. [5]Die vollstreckbare Ausfertigung wird vom Urkundsbeamten der Geschäftsstelle des Patentgerichts erteilt.

§ 63 [Nennung des Erfinders] (1) [1]Auf der Offenlegungsschrift (§ 32 Abs. 2), auf der Patentschrift (§ 32 Abs. 3) sowie in der Veröffentlichung der Erteilung des Patents (§ 58 Abs. 1) ist der Erfinder zu nennen, sofern er bereits benannt worden ist. [2]Die Nennung ist im Register (§ 30 Abs. 1) zu vermerken. [3]Sie unterbleibt, wenn der vom Anmelder angegebene Erfinder es beantragt. [4]Der Antrag kann jederzeit widerrufen werden; im Falle des Widerrufs wird die Nennung nachträglich vorgenommen. [5]Ein Verzicht des Erfinders auf Nennung ist ohne rechtliche Wirksamkeit.

(2) [1]Ist die Person des Erfinders unrichtig oder im Falle des Absatzes 1 Satz 3 überhaupt nicht angegeben, so sind der Patentsucher oder Patentinhaber sowie der zu Unrecht Benannte dem Erfinder verpflichtet, dem Patentamt gegenüber die Zustimmung dazu zu erklären, daß die in Absatz 1 Satz 1 und 2 vorgesehene Nennung berichtigt oder nachgeholt wird. [2]Die Zustimmung ist unwiderruflich. [3]Durch die Erhebung einer Klage auf Erklärung der Zustimmung wird das Verfahren zur Erteilung des Patents nicht aufgehalten.

(3) Auf amtlichen Druckschriften, die bereits veröffentlicht sind, wird die nachträgliche Nennung des Erfinders (Absatz 1 Satz 4, Absatz 2) oder die Berichtigung (Absatz 2) nicht vorgenommen.

(4) [1]Das Bundesministerium der Justiz und für Verbraucherschutz wird ermächtigt, durch Rechtsverordnung[2)] Bestimmungen zur Ausführung der vorstehenden Vorschriften zu erlassen. [2]Es kann diese Ermächtigung durch Rechtsverordnung auf das Deutsche Patent- und Markenamt übertragen.

§ 64 [Beschränkung des Patents] (1) Das Patent kann auf Antrag des Patentinhabers widerrufen oder durch Änderung der Patentansprüche mit rückwirkender Kraft beschränkt werden.

(2) Der Antrag ist schriftlich einzureichen und zu begründen.

(3) [1]Über den Antrag entscheidet die Patentabteilung. [2]§ 44 Abs. 1 und die §§ 45 bis 48 sind entsprechend anzuwenden. [3]Wird das Patent widerrufen, so wird dies im Patentblatt veröffentlicht. [4]Wird das Patent beschränkt, ist in dem

---

[1)] Nr. **13**.

[2)] Siehe VO über das Deutsche Patent- und Markenamt v. 1.4.2004 (BGBl. I S. 514), zuletzt geänd. durch VO v. 10.12.2018 (BGBl. I S. 2444).

Beschluss, durch den dem Antrag stattgegeben wird, die Patentschrift der Beschränkung anzupassen; die Änderung der Patentschrift ist zu veröffentlichen.

Vierter Abschnitt. Patentgericht

§ 65 [Errichtung; Zuständigkeit; Besetzung] (1) [1] Für die Entscheidungen über Beschwerden gegen Beschlüsse der Prüfungsstellen oder Patentabteilungen des Patentamts sowie über Klagen auf Erklärung der Nichtigkeit von Patenten und in Zwangslizenzverfahren (§§ 81, 85 und 85a) wird das Patentgericht als selbständiges und unabhängiges Bundesgericht errichtet. [2] Es hat seinen Sitz am Sitz des Patentamts. [3] Es führt die Bezeichnung „Bundespatentgericht".

(2) [1] Das Patentgericht besteht aus einem Präsidenten, den Vorsitzenden Richtern und weiteren Richtern. [2] Sie müssen die Befähigung zum Richteramt nach dem Deutschen Richtergesetz besitzen (rechtskundige Mitglieder) oder in einem Zweig der Technik sachverständig sein (technische Mitglieder). [3] Für die technischen Mitglieder gilt § 26 Abs. 3 entsprechend mit der Maßgabe, daß sie eine staatliche oder akademische Abschlußprüfung bestanden haben müssen.

(3) Die Richter werden vom Bundespräsidenten auf Lebenszeit ernannt, soweit nicht in § 71 Abweichendes bestimmt ist.

(4) Der Präsident des Patentgerichts übt die Dienstaufsicht über die Richter, Beamte, Angestellten und Arbeiter aus.

§ 66 [Beschwerdesenate; Nichtigkeitssenate] (1) Im Patentgericht werden gebildet

1. Senate für die Entscheidung über Beschwerden (Beschwerdesenate);
2. Senate für die Entscheidung über Klagen auf Erklärung der Nichtigkeit von Patenten und in Zwangslizenzverfahren (Nichtigkeitssenate).

(2) Die Zahl der Senate bestimmt der Bundesminister der Justiz und für Verbraucherschutz.

§ 67 [Besetzung der Senate] (1) Der Beschwerdesenat entscheidet in der Besetzung mit

1. einem rechtskundigen Mitglied als Vorsitzendem und zwei technischen Mitgliedern in den Fällen des § 23 Abs. 4 und des § 50 Abs. 1 und 2;
2. einem technischen Mitglied als Vorsitzendem, zwei weiteren technischen Mitgliedern sowie einem rechtskundigen Mitglied in den Fällen,
   a) in denen die Anmeldung zurückgewiesen wurde,
   b) in denen der Einspruch als unzulässig verworfen wurde,
   c) des § 61 Abs. 1 Satz 1 und des § 64 Abs. 1,
   d) des § 61 Abs. 2 sowie
   e) der §§ 130, 131 und 133;
3. einem rechtskundigen Mitglied als Vorsitzendem, einem weiteren rechtskundigen Mitglied und einem technischen Mitglied in den Fällen des § 31 Abs. 5;
4. drei rechtskundigen Mitgliedern in allen übrigen Fällen.

(2) Der Nichtigkeitssenat entscheidet in den Fällen der §§ 84 und 85 Abs. 3 in der Besetzung mit einem rechtskundigen Mitglied als Vorsitzendem, einem weiteren rechtskundigen Mitglied und drei technischen Mitgliedern, im übrigen in

der Besetzung mit drei Richtern, unter denen sich ein rechtskundiges Mitglied befinden muß.

§ 68 [Geschäftsverteilung; Präsidium; Vertreter des Präsidenten] Für das Patentgericht gelten die Vorschriften des Zweiten Titels des Gerichtsverfassungsgesetzes[1)] nach folgender Maßgabe entsprechend:

1. In den Fällen, in denen auf Grund des Wahlergebnisses ein rechtskundiger Richter dem Präsidium nicht angehören würde, gilt der rechtskundige Richter als gewählt, der von den rechtskundigen Mitgliedern die höchste Stimmenzahl erreicht hat.
2. Über die Wahlanfechtung (§ 21b Abs. 6 des Gerichtsverfassungsgesetzes) entscheidet ein Senat des Patentgerichts in der Besetzung mit drei rechtskundigen Richtern.
3. Den ständigen Vertreter des Präsidenten ernennt der Bundesminister der Justiz und für Verbraucherschutz.

§ 69 [Öffentlichkeit der Verhandlungen; Sitzungspolizei] (1) [1]Die Verhandlung vor den Beschwerdesenaten ist öffentlich, sofern ein Hinweis auf die Möglichkeit der Akteneinsicht nach § 32 Abs. 5 oder die Patentschrift nach § 58 Abs. 1 veröffentlicht worden ist. [2]Die §§ 171b bis 175 des Gerichtsverfassungsgesetzes sind entsprechend anzuwenden mit der Maßgabe, daß

1. die Öffentlichkeit für die Verhandlung auf Antrag eines Beteiligten auch dann ausgeschlossen werden kann, wenn sie eine Gefährdung schutzwürdiger Interessen des Antragstellers besorgen läßt,
2. die Öffentlichkeit für die Verkündung der Beschlüsse bis zur Veröffentlichung eines Hinweises auf die Möglichkeit der Akteneinsicht nach § 32 Abs. 5 oder bis zur Veröffentlichung der Patentschrift nach § 58 Abs. 1 ausgeschlossen ist.

(2) [1]Die Verhandlung vor den Nichtigkeitssenaten einschließlich der Verkündung der Entscheidungen ist öffentlich. [2]Absatz 1 Satz 2 Nr. 1 gilt entsprechend.

(3) [1]Die Aufrechterhaltung der Ordnung in den Sitzungen der Senate obliegt dem Vorsitzenden. [2]Die §§ 177 bis 180, 182 und 183 des Gerichtsverfassungsgesetzes über die Sitzungspolizei gelten entsprechend.

§ 70 [Beratung und Abstimmung] (1) [1]Für die Beschlußfassung in den Senaten bedarf es der Beratung und Abstimmung. [2]Hierbei darf nur die gesetzlich bestimmte Anzahl der Mitglieder der Senate mitwirken. [3]Bei der Beratung und Abstimmung dürfen außer den zur Entscheidung berufenen Mitgliedern der Senate nur die beim Patentgericht zur Ausbildung beschäftigten Personen zugegen sein, soweit der Vorsitzende deren Anwesenheit gestattet.

(2) Die Senate entscheiden nach Stimmenmehrheit; bei Stimmengleichheit gibt die Stimme des Vorsitzenden den Ausschlag.

(3) [1]Die Mitglieder der Senate stimmen nach dem Dienstalter, bei gleichem Dienstalter nach dem Lebensalter; der Jüngere stimmt vor dem Älteren. [2]Wenn ein Berichterstatter ernannt ist, so stimmt er zuerst. [3]Zuletzt stimmt der Vorsitzende.

[1)] Siehe §§ 21a bis 21i GVG idF der Bek. v. 9.5.1975 (BGBl. I S. 1077), zuletzt geänd. durch G v. 12.12.2019 (BGBl. I S. 2633).

§ 71 [Richter kraft Auftrags] (1) [1] Beim Patentgericht können Richter kraft Auftrags verwendet werden. [2] § 65 Abs. 2 Satz 3 ist anzuwenden.

(2) Richter kraft Auftrags und abgeordnete Richter können nicht den Vorsitz führen.

§ 72 [Geschäftsstelle] [1] Beim Patentgericht wird eine Geschäftsstelle eingerichtet, die mit der erforderlichen Anzahl von Urkundsbeamten besetzt wird. [2] Die Einrichtung der Geschäftsstelle bestimmt der Bundesminister der Justiz und für Verbraucherschutz.[1)]

Fünfter Abschnitt. Verfahren vor dem Patentgericht

1. Beschwerdeverfahren

§ 73 [Zulässigkeit; Form; Frist; Gebühren] (1) Gegen die Beschlüsse der Prüfungsstellen und Patentabteilungen findet die Beschwerde statt.

(2) [1] Die Beschwerde ist innerhalb eines Monats nach Zustellung schriftlich beim Patentamt einzulegen. [2] Der Beschwerde und allen Schriftsätzen sollen Abschriften für die übrigen Beteiligten beigefügt werden. [3] Die Beschwerde und alle Schriftsätze, die Sachanträge oder die Erklärung der Zurücknahme der Beschwerde oder eines Antrags enthalten, sind den übrigen Beteiligten von Amts wegen zuzustellen; andere Schriftsätze sind ihnen formlos mitzuteilen, sofern nicht die Zustellung angeordnet wird.

(3) [1] Erachtet die Stelle, deren Beschluß angefochten wird, die Beschwerde für begründet, so hat sie ihr abzuhelfen. [2] Sie kann anordnen, daß die Beschwerdegebühr nach dem Patentkostengesetz[2)] zurückgezahlt wird. [3] Wird der Beschwerde nicht abgeholfen, so ist sie vor Ablauf von einem Monat ohne sachliche Stellungnahme dem Patentgericht vorzulegen.

(4) Steht dem Beschwerdeführer ein anderer an dem Verfahren Beteiligter gegenüber, so gilt die Vorschrift des Absatzes 3 Satz 1 nicht.

§ 74 [Beschwerdeberechtigte] (1) Die Beschwerde steht den am Verfahren vor dem Patentamt Beteiligten zu.

(2) In den Fällen des § 31 Abs. 5 und des § 50 Abs. 1 und 2 steht die Beschwerde auch der zuständigen obersten Bundesbehörde zu.

§ 75 [Aufschiebende Wirkung] (1) Die Beschwerde hat aufschiebende Wirkung.

(2) Die Beschwerde hat jedoch keine aufschiebende Wirkung, wenn sie sich gegen einen Beschluß der Prüfungsstelle richtet, durch den eine Anordnung nach § 50 Abs. 1 erlassen worden ist.

§ 76 [Befugnisse des Präsidenten des Patentamts] [1] Der Präsident des Patentamts kann, wenn er dies zur Wahrung des öffentlichen Interesses als angemessen erachtet, im Beschwerdeverfahren dem Patentgericht gegenüber schriftliche Erklärungen abgeben, den Terminen beiwohnen und in ihnen Ausführungen

---

[1)] Siehe AnO über die Einrichtung der Geschäftsstelle bei dem Bundespatentgericht v. 10.12.1980 (BAnz. Nr. 239 S. 3).

[2)] Nr. **13**.

machen. [2]Schriftliche Erklärungen des Präsidenten des Patentamts sind den Beteiligten von dem Patentgericht mitzuteilen.

§ 77 [Beitritt des Präsidenten des Patentamts] [1]Das Patentgericht kann, wenn es dies wegen einer Rechtsfrage von grundsätzlicher Bedeutung als angemessen erachtet, dem Präsidenten des Patentamts anheimgeben, dem Beschwerdeverfahren beizutreten. [2]Mit dem Eingang der Beitrittserklärung erlangt der Präsident des Patentamts die Stellung eines Beteiligten.

§ 78 [Mündliche Verhandlung] Eine mündliche Verhandlung findet statt, wenn

1. einer der Beteiligten sie beantragt,
2. vor dem Patentgericht Beweis erhoben wird (§ 88 Abs. 1) oder
3. das Patentgericht sie für sachdienlich erachtet.

§ 79 [Beschwerdeentscheidung] (1) Über die Beschwerde wird durch Beschluß entschieden.

(2) [1]Ist die Beschwerde nicht statthaft oder nicht in der gesetzlichen Form und Frist eingelegt, so wird sie als unzulässig verworfen. [2]Der Beschluß kann ohne mündliche Verhandlung ergehen.

(3) Das Patentgericht kann die angefochtene Entscheidung aufheben, ohne in der Sache selbst zu entscheiden, wenn

1. das Patentamt noch nicht in der Sache selbst entschieden hat,
2. das Verfahren vor dem Patentamt an einem wesentlichen Mangel leidet,
3. neue Tatsachen oder Beweismittel bekannt werden, die für die Entscheidung wesentlich sind.

Das Patentamt hat die rechtliche Beurteilung, die der Aufhebung zugrunde liegt, auch seiner Entscheidung zugrunde zu legen.

§ 80 [Kostenentscheidung] (1) [1]Sind an dem Verfahren mehrere Personen beteiligt, so kann das Patentgericht bestimmen, daß die Kosten des Verfahrens einem Beteiligten ganz oder teilweise zur Last fallen, wenn dies der Billigkeit entspricht. [2]Es kann insbesondere auch bestimmen, daß die den Beteiligten erwachsenen Kosten, soweit sie zur zweckentsprechenden Wahrung der Ansprüche und Rechte notwendig waren, von einem Beteiligten ganz oder teilweise zu erstatten sind.

(2) Dem Präsidenten des Patentamts können Kosten nur auferlegt werden, wenn er nach seinem Beitritt in dem Verfahren Anträge gestellt hat.

(3) Das Patentgericht kann anordnen, daß die Beschwerdegebühr nach dem Patentkostengesetz[1)] zurückgezahlt wird.

(4) Die Absätze 1 bis 3 sind auch anzuwenden, wenn ganz oder teilweise die Beschwerde, die Anmeldung oder der Einspruch zurückgenommen oder auf das Patent verzichtet wird.

(5) Im Übrigen sind die Vorschriften der Zivilprozessordnung über das Kostenfestsetzungsverfahren (§§ 103 bis 107) und die Zwangsvollstreckung aus Kostenfestsetzungsbeschlüssen (§§ 724 bis 802) entsprechend anzuwenden.

[1)] Nr. 13.

2. Nichtigkeits- und Zwangslizenzverfahren

§ 81 [Klage] (1) [1]Das Verfahren wegen Erklärung der Nichtigkeit des Patents oder des ergänzenden Schutzzertifikats oder wegen Erteilung oder Rücknahme der Zwangslizenz oder wegen der Anpassung der durch Urteil festgesetzten Vergütung für eine Zwangslizenz wird durch Klage eingeleitet. [2]Die Klage ist gegen den im Register als Patentinhaber Eingetragenen oder gegen den Inhaber der Zwangslizenz zu richten. [3]Die Klage gegen das ergänzende Schutzzertifikat kann mit der Klage gegen das zugrundeliegende Patent verbunden werden und auch darauf gestützt werden, daß ein Nichtigkeitsgrund (§ 22) gegen das zugrundeliegende Patent vorliegt.

(2) [1]Klage auf Erklärung der Nichtigkeit des Patents kann nicht erhoben werden, solange ein Einspruch noch erhoben werden kann oder ein Einspruchsverfahren anhängig ist. [2]Klage auf Erklärung der Nichtigkeit des ergänzenden Schutzzertifikats kann nicht erhoben werden, soweit Anträge nach § 49a Abs. 4 gestellt werden können oder Verfahren zur Entscheidung über diese Anträge anhängig sind.

(3) Im Falle der widerrechtlichen Entnahme ist nur der Verletzte zur Erhebung der Klage berechtigt.

(4) [1]Die Klage ist beim Patentgericht schriftlich zu erheben. [2]Der Klage und allen Schriftsätzen sollen Abschriften für die Gegenpartei beigefügt werden. [3]Die Klage und alle Schriftsätze sind der Gegenpartei von Amts wegen zuzustellen.

(5) [1]Die Klage muß den Kläger, den Beklagten und den Streitgegenstand bezeichnen und soll einen bestimmten Antrag enthalten. [2]Die zur Begründung dienenden Tatsachen und Beweismittel sind anzugeben. [3]Entspricht die Klage diesen Anforderungen nicht in vollem Umfang, so hat der Vorsitzende den Kläger zu der erforderlichen Ergänzung innerhalb einer bestimmten Frist aufzufordern.

(6) [1]Kläger, die ihren gewöhnlichen Aufenthalt nicht in einem Mitgliedstaat der Europäischen Union oder einem Vertragsstaat des Abkommens über den Europäischen Wirtschaftsraum haben, leisten auf Verlangen des Beklagten wegen der Kosten des Verfahrens Sicherheit; § 110 Abs. 2 Nr. 1 bis 3 der Zivilprozeßordnung gilt entsprechend. [2]Das Patentgericht setzt die Höhe der Sicherheit nach billigem Ermessen fest und bestimmt eine Frist, innerhalb welcher sie zu leisten ist. [3]Wird die Frist versäumt, so gilt die Klage als zurückgenommen.

§ 82 [Zustellung der Klage; Erklärungsfrist] (1) Das Patentgericht stellt dem Beklagten die Klage zu und fordert ihn auf, sich darüber innerhalb eines Monats zu erklären.

(2) Erklärt sich der Beklagte nicht rechtzeitig, so kann ohne mündliche Verhandlung sofort nach der Klage entschieden und dabei jede vom Kläger behauptete Tatsache für erwiesen angenommen werden.

(3) [1]Widerspricht der Beklagte rechtzeitig, so teilt das Patentgericht den Widerspruch dem Kläger mit und bestimmt Termin zur mündlichen Verhandlung. [2]Mit Zustimmung der Parteien kann von einer mündlichen Verhandlung abgesehen werden. [3]Absatz 2 bleibt unberührt.

§ 83 [Widerspruch] (1) [1]In dem Verfahren wegen Erklärung der Nichtigkeit des Patents oder des ergänzenden Schutzzertifikats weist das Patentgericht die Parteien so früh wie möglich auf Gesichtspunkte hin, die für die Entscheidung voraussichtlich von besonderer Bedeutung sein werden oder der Konzentration der Verhandlung auf die für die Entscheidung wesentlichen Fragen dienlich sind. [2]Eines solchen Hinweises bedarf es nicht, wenn die zu erörternden Gesichtspunkte nach dem Vorbringen der Parteien offensichtlich erscheinen. [3]§ 139 der Zivilprozessordnung ist ergänzend anzuwenden.

(2) [1]Das Patentgericht kann den Parteien eine Frist setzen, binnen welcher sie zu dem Hinweis nach Absatz 1 durch sachdienliche Anträge oder Ergänzungen ihres Vorbringens und auch im Übrigen abschließend Stellung nehmen können. [2]Die Frist kann verlängert werden, wenn die betroffene Partei hierfür erhebliche Gründe darlegt. [3]Diese sind glaubhaft zu machen.

(3) Die Befugnisse nach den Absätzen 1 und 2 können auch von dem Vorsitzenden oder einem von ihm zu bestimmenden Mitglied des Senats wahrgenommen werden.

(4) [1]Das Patentgericht kann Angriffs- und Verteidigungsmittel einer Partei oder eine Klageänderung oder eine Verteidigung des Beklagten mit einer geänderten Fassung des Patents, die erst nach Ablauf einer hierfür nach Absatz 2 gesetzten Frist vorgebracht werden, zurückweisen und ohne weitere Ermittlungen entscheiden, wenn

1. die Berücksichtigung des neuen Vortrags eine Vertagung des bereits anberaumten Termins zur mündlichen Verhandlung erforderlich machen würde und
2. die betroffene Partei die Verspätung nicht genügend entschuldigt und
3. die betroffene Partei über die Folgen einer Fristversäumung belehrt worden ist.

[2]Der Entschuldigungsgrund ist glaubhaft zu machen.

§ 84 [Urteil; Kostenentscheidung] (1) [1]Über die Klage wird durch Urteil entschieden. [2]Über die Zulässigkeit der Klage kann durch Zwischenurteil vorab entschieden werden.

(2) [1]In dem Urteil ist auch über die Kosten des Verfahrens zu entscheiden. [2]Die Vorschriften der Zivilprozeßordnung über die Prozeßkosten sind entsprechend anzuwenden, soweit nicht die Billigkeit eine andere Entscheidung erfordert; die Vorschriften der Zivilprozeßordnung über das Kostenfestsetzungsverfahren und die Zwangsvollstreckung aus Kostenfestsetzungsbeschlüssen sind entsprechend anzuwenden. [3]§ 99 Abs. 2 bleibt unberührt.

§ 85 [Verfahren wegen Erteilung der Zwangslizenz] (1) In dem Verfahren wegen Erteilung der Zwangslizenz kann dem Kläger auf seinen Antrag die Benutzung der Erfindung durch einstweilige Verfügung gestattet werden, wenn er glaubhaft macht, daß die Voraussetzungen des § 24 Abs. 1 bis 6 vorliegen und daß die alsbaldige Erteilung der Erlaubnis im öffentlichen Interesse dringend geboten ist.

(2) Der Erlaß der einstweiligen Verfügung kann davon abhängig gemacht werden, daß der Antragsteller wegen der dem Antragsgegner drohenden Nachteile Sicherheit leistet.

(3) [1]Das Patentgericht entscheidet auf Grund mündlicher Verhandlung. [2]Die Bestimmungen des § 82 Abs. 3 Satz 2 und des § 84 gelten entsprechend.

(4) Mit der Zurücknahme oder der Zurückweisung der Klage auf Erteilung der Zwangslizenz (§§ 81 und 85a) endet die Wirkung der einstweiligen Verfügung; ihre Kostenentscheidung kann geändert werden, wenn eine Partei innerhalb eines Monats nach der Zurücknahme oder nach Eintritt der Rechtskraft der Zurückweisung die Änderung beantragt.

(5) Erweist sich die Anordnung der einstweiligen Verfügung als von Anfang an ungerechtfertigt, so ist der Antragsteller verpflichtet, dem Antragsgegner den Schaden zu ersetzen, der ihm aus der Durchführung der einstweiligen Verfügung entstanden ist.

(6) [1] Das Urteil, durch das die Zwangslizenz zugesprochen wird, kann auf Antrag gegen oder ohne Sicherheitsleistung für vorläufig vollstreckbar erklärt werden, wenn dies im öffentlichen Interesse liegt. [2] Wird das Urteil aufgehoben oder geändert, so ist der Antragsteller zum Ersatz des Schadens verpflichtet, der dem Antragsgegner durch die Vollstreckung entstanden ist.

§ 85a [Verfahren nach Verordnung (EG) Nr. 816/2006] (1) Die Verfahren nach Artikel 5 Buchstabe c, Artikel 6, 10 Abs. 8 und Artikel 16 Abs. 1 und 4 der Verordnung (EG) Nr. 816/2006 des Europäischen Parlaments und des Rates vom 17. Mai 2006 über Zwangslizenzen für Patente an der Herstellung von pharmazeutischen Erzeugnissen für die Ausfuhr in Länder mit Problemen im Bereich der öffentlichen Gesundheit (ABl. EU Nr. L 157 S. 1) werden durch Klage nach § 81 Abs. 1 Satz 1 eingeleitet.

(2) Die §§ 81 bis 85 sind entsprechend anzuwenden, soweit die Verfahren nicht durch die Verordnung (EG) Nr. 816/2006 bestimmt sind.

3. Gemeinsame Verfahrensvorschriften

§ 86 [Ausschließung und Ablehnung von Gerichtspersonen] (1) Für die Ausschließung und Ablehnung der Gerichtspersonen gelten die §§ 41 bis 44, 47 bis 49 der Zivilprozeßordnung entsprechend.

(2) Von der Ausübung des Amtes als Richter ist auch ausgeschlossen

1. im Beschwerdeverfahren, wer bei dem vorausgegangenen Verfahren vor dem Patentamt mitgewirkt hat;
2. im Verfahren über die Erklärung der Nichtigkeit des Patents, wer bei dem Verfahren vor dem Patentamt oder dem Patentgericht über die Erteilung des Patents oder den Einspruch mitgewirkt hat.

(3) [1] Über die Ablehnung eines Richters entscheidet der Senat, dem der Abgelehnte angehört. [2] Wird der Senat durch das Ausscheiden des abgelehnten Mitglieds beschlußunfähig, so entscheidet ein Beschwerdesenat des Patentgerichts in der Besetzung mit drei rechtskundigen Mitgliedern.

(4) Über die Ablehnung eines Urkundsbeamten entscheidet der Senat, in dessen Geschäftsbereich die Sache fällt.

§ 87 [Untersuchungsgrundsatz; Vorbereitung der Verhandlung]

(1) [1] Das Patentgericht erforscht den Sachverhalt von Amts wegen. [2] Es ist an das Vorbringen und die Beweisanträge der Beteiligten nicht gebunden.

(2) [1] Der Vorsitzende oder ein von ihm zu bestimmendes Mitglied hat schon vor der mündlichen Verhandlung oder, wenn eine solche nicht stattfindet, vor der Entscheidung des Patentgerichts alle Anordnungen zu treffen, die notwendig sind, um die Sache möglichst in einer mündlichen Verhandlung oder in einer Sitzung zu erledigen. [2] Im übrigen gilt § 273 Abs. 2, 3 Satz 1 und Abs. 4 Satz 1 der Zivilprozeßordnung entsprechend.

§ 88 [Beweiserhebung] (1) [1]Das Patentgericht erhebt Beweis in der mündlichen Verhandlung. [2]Es kann insbesondere Augenschein einnehmen, Zeugen, Sachverständige und Beteiligte vernehmen und Urkunden heranziehen.

(2) Das Patentgericht kann in geeigneten Fällen schon vor der mündlichen Verhandlung durch eines seiner Mitglieder als beauftragten Richter Beweis erheben lassen oder unter Bezeichnung der einzelnen Beweisfragen ein anderes Gericht um die Beweisaufnahme ersuchen.

(3) [1]Die Beteiligten werden von allen Beweisterminen benachrichtigt und können der Beweisaufnahme beiwohnen. [2]Sie können an Zeugen und Sachverständige sachdienliche Fragen richten. [3]Wird eine Frage beanstandet, so entscheidet das Patentgericht.

§ 89 [Ladungen] (1) [1]Sobald der Termin zur mündlichen Verhandlung bestimmt ist, sind die Beteiligten mit einer Ladungsfrist von mindestens zwei Wochen zu laden. [2]In dringenden Fällen kann der Vorsitzende die Frist abkürzen.

(2) Bei der Ladung ist darauf hinzuweisen, daß beim Ausbleiben eines Beteiligten auch ohne ihn verhandelt und entschieden werden kann.

§ 90 [Gang der Verhandlung] (1) Der Vorsitzende eröffnet und leitet die mündliche Verhandlung.

(2) Nach Aufruf der Sache trägt der Vorsitzende oder der Berichterstatter den wesentlichen Inhalt der Akten vor.

(3) Hierauf erhalten die Beteiligten das Wort, um ihre Anträge zu stellen und zu begründen.

§ 91 [Richterliche Fragepflicht] (1) Der Vorsitzende hat die Sache mit den Beteiligten tatsächlich und rechtlich zu erörtern.

(2) [1]Der Vorsitzende hat jedem Mitglied des Senats auf Verlangen zu gestatten, Fragen zu stellen. [2]Wird eine Frage beanstandet, so entscheidet der Senat.

(3) [1]Nach Erörterung der Sache erklärt der Vorsitzende die mündliche Verhandlung für geschlossen. [2]Der Senat kann die Wiedereröffnung beschließen.

§ 92 [Verhandlungsniederschrift] (1) [1]Zur mündlichen Verhandlung und zu jeder Beweisaufnahme wird ein Urkundsbeamter der Geschäftsstelle als Schriftführer zugezogen. [2]Wird auf Anordnung des Vorsitzenden von der Zuziehung des Schriftführers abgesehen, dann besorgt ein Richter die Niederschrift.

(2) [1]Über die mündliche Verhandlung und jede Beweisaufnahme ist eine Niederschrift aufzunehmen. [2]Die §§ 160 bis 165 der Zivilprozeßordnung sind entsprechend anzuwenden.

§ 93 [Freie Beweiswürdigung; erkennende Richter] (1) [1]Das Patentgericht entscheidet nach seiner freien, aus dem Gesamtergebnis des Verfahrens gewonnenen Überzeugung. [2]In der Entscheidung sind die Gründe anzugeben, die für die richterliche Überzeugung leitend gewesen sind.

(2) Die Entscheidung darf nur auf Tatsachen und Beweisergebnisse gestützt werden, zu denen die Beteiligten sich äußern konnten.

(3) Ist eine mündliche Verhandlung vorhergegangen, so kann ein Richter, der bei der letzten mündlichen Verhandlung nicht zugegen war, bei der Beschlußfassung nur mitwirken, wenn die Beteiligten zustimmen.

§ 94 [Verkündung; Zustellung; Begründung] (1) [1]Die Endentscheidungen des Patentgerichts werden, wenn eine mündliche Verhandlung stattgefunden hat, in dem Termin, in dem die mündliche Verhandlung geschlossen wird, oder in einem sofort anzuberaumenden Termin verkündet. [2]Dieser soll nur dann über drei Wochen hinaus angesetzt werden, wenn wichtige Gründe, insbesondere der Umfang oder die Schwierigkeit der Sache, dies erfordern. [3]Die Endentscheidungen sind den Beteiligten von Amts wegen zuzustellen. [4]Statt der Verkündung ist die Zustellung der Endentscheidung zulässig. [5]Entscheidet das Patentgericht ohne mündliche Verhandlung, so wird die Verkündung durch Zustellung an die Beteiligten ersetzt.

(2) Die Entscheidungen des Patentgerichts, durch die ein Antrag zurückgewiesen oder über ein Rechtsmittel entschieden wird, sind zu begründen.

§ 95 [Berichtigung der Entscheidung] (1) Schreibfehler, Rechenfehler und ähnliche offenbare Unrichtigkeiten in der Entscheidung sind jederzeit vom Patentgericht zu berichtigen.

(2) [1]Über die Berichtigung kann ohne vorgängige mündliche Verhandlung entschieden werden. [2]Der Berichtigungsbeschluß wird auf der Entscheidung und den Ausfertigungen vermerkt.

§ 96 [Antrag auf Berichtigung] (1) Enthält der Tatbestand der Entscheidung andere Unrichtigkeiten oder Unklarheiten, so kann die Berichtigung innerhalb von zwei Wochen nach Zustellung der Entscheidung beantragt werden.

(2) [1]Das Patentgericht entscheidet ohne Beweisaufnahme durch Beschluß. [2]Hierbei wirken nur die Richter mit, die bei der Entscheidung, deren Berichtigung beantragt ist, mitgewirkt haben. [3]Der Berichtigungsbeschluß wird auf der Entscheidung und den Ausfertigungen vermerkt.

§ 97 [Vertretung] (1) [1]Die Beteiligten können vor dem Patentgericht den Rechtsstreit selbst führen. [2]§ 25 bleibt unberührt.

(2) [1]Die Beteiligten können sich durch einen Rechtsanwalt oder Patentanwalt als Bevollmächtigten vertreten lassen. [2]Darüber hinaus sind als Bevollmächtigte vor dem Patentgericht vertretungsbefugt nur

1. Beschäftigte des Beteiligten oder eines mit ihm verbundenen Unternehmens (§ 15 des Aktiengesetzes); Behörden und juristische Personen des öffentlichen Rechts einschließlich der von ihnen zur Erfüllung ihrer öffentlichen Aufgaben gebildeten Zusammenschlüsse können sich auch durch Beschäftigte anderer Behörden oder juristischer Personen des öffentlichen Rechts einschließlich der von ihnen zur Erfüllung ihrer öffentlichen Aufgaben gebildeten Zusammenschlüsse vertreten lassen,
2. volljährige Familienangehörige (§ 15 der Abgabenordnung, § 11 des Lebenspartnerschaftsgesetzes), Personen mit Befähigung zum Richteramt und Streitgenossen, wenn die Vertretung nicht im Zusammenhang mit einer entgeltlichen Tätigkeit steht.

[3]Bevollmächtigte, die keine natürlichen Personen sind, handeln durch ihre Organe und mit der Prozessvertretung beauftragten Vertreter.

(3) [1]Das Gericht weist Bevollmächtigte, die nicht nach Maßgabe des Absatzes 2 vertretungsbefugt sind, durch unanfechtbaren Beschluss zurück. [2]Prozesshandlungen eines nicht vertretungsbefugten Bevollmächtigten und Zustellungen

oder Mitteilungen an diesen Bevollmächtigten sind bis zu seiner Zurückweisung wirksam. [3]Das Gericht kann den in Absatz 2 Satz 2 bezeichneten Bevollmächtigten durch unanfechtbaren Beschluss die weitere Vertretung untersagen, wenn sie nicht in der Lage sind, das Sach- und Streitverhältnis sachgerecht darzustellen.

(4) Richter dürfen nicht als Bevollmächtigte vor dem Gericht auftreten, dem sie angehören.

(5) [1]Die Vollmacht ist schriftlich zu den Gerichtsakten einzureichen. [2]Sie kann nachgereicht werden; hierfür kann das Patentgericht eine Frist bestimmen.

(6) [1]Der Mangel der Vollmacht kann in jeder Lage des Verfahrens geltend gemacht werden. [2]Das Patentgericht hat den Mangel der Vollmacht von Amts wegen zu berücksichtigen, wenn nicht als Bevollmächtigter ein Rechtsanwalt oder ein Patentanwalt auftritt.

§ 98 *(aufgehoben)*

§ 99 [Entsprechende Anwendung des GVG und der ZPO] (1) Soweit dieses Gesetz keine Bestimmungen über das Verfahren vor dem Patentgericht enthält, sind das Gerichtsverfassungsgesetz und die Zivilprozeßordnung entsprechend anzuwenden, wenn die Besonderheiten des Verfahrens vor dem Patentgericht dies nicht ausschließen.

(2) Eine Anfechtung der Entscheidungen des Patentgerichts findet nur statt, soweit dieses Gesetz sie zuläßt.

(3) [1]Für die Gewährung der Akteneinsicht an dritte Personen ist § 31 entsprechend anzuwenden. [2]Über den Antrag entscheidet das Patentgericht. [3]Die Einsicht in die Akten von Verfahren wegen Erklärung der Nichtigkeit des Patents wird nicht gewährt, wenn und soweit der Patentinhaber ein entgegenstehendes schutzwürdiges Interesse dartut.

(4) § 227 Abs. 3 Satz 1 der Zivilprozeßordnung ist nicht anzuwenden.

Sechster Abschnitt. Verfahren vor dem Bundesgerichtshof

1. Rechtsbeschwerdeverfahren

§ 100 [Zulassung der Rechtsbeschwerde] (1) Gegen die Beschlüsse der Beschwerdesenate des Patentgerichts, durch die über eine Beschwerde nach § 73 oder über die Aufrechterhaltung oder den Widerruf eines Patents nach § 61 Abs. 2 entschieden wird, findet die Rechtsbeschwerde an den Bundesgerichtshof statt, wenn der Beschwerdesenat die Rechtsbeschwerde in dem Beschluß zugelassen hat.

(2) Die Rechtsbeschwerde ist zuzulassen, wenn

1. eine Rechtsfrage von grundsätzlicher Bedeutung zu entscheiden ist oder
2. die Fortbildung des Rechts oder die Sicherung einer einheitlichen Rechtsprechung eine Entscheidung des Bundesgerichtshofs erfordert.

(3) Einer Zulassung zur Einlegung der Rechtsbeschwerde gegen Beschlüsse der Beschwerdesenate des Patentgerichts bedarf es nicht, wenn einer der folgenden Mängel des Verfahrens vorliegt und gerügt wird:

1. wenn das beschließende Gericht nicht vorschriftsmäßig besetzt war,

2. wenn bei dem Beschluß ein Richter mitgewirkt hat, der von der Ausübung des Richteramtes kraft Gesetzes ausgeschlossen oder wegen Besorgnis der Befangenheit mit Erfolg abgelehnt war,
3. wenn einem Beteiligten das rechtliche Gehör versagt war,
4. wenn ein Beteiligter im Verfahren nicht nach Vorschrift des Gesetzes vertreten war, sofern er nicht der Führung des Verfahrens ausdrücklich oder stillschweigend zugestimmt hat,
5. wenn der Beschluß auf Grund einer mündlichen Verhandlung ergangen ist, bei der die Vorschriften über die Öffentlichkeit des Verfahrens verletzt worden sind, oder
6. wenn der Beschluß nicht mit Gründen versehen ist.

§ 101 [Beschwerdeberechtigt; Beschwerdegründe] (1) Die Rechtsbeschwerde steht den am Beschwerdeverfahren Beteiligten zu.

(2) [1] Die Rechtsbeschwerde kann nur darauf gestützt werden, dass der Beschluss auf einer Verletzung des Rechts beruht. [2] Die §§ 546 und 547 der Zivilprozessordnung gelten entsprechend.

§ 102 [Frist; Form; Gebühren; Begründung] (1) Die Rechtsbeschwerde ist innerhalb eines Monats nach Zustellung des Beschlusses beim Bundesgerichtshof schriftlich einzulegen.

(2) In dem Rechtsbeschwerdeverfahren vor dem Bundesgerichtshof gelten die Bestimmungen des § 144 über die Streitwertfestsetzung entsprechend.

(3) [1] Die Rechtsbeschwerde ist zu begründen. [2] Die Frist für die Begründung beträgt einen Monat; sie beginnt mit der Einlegung der Rechtsbeschwerde und kann auf Antrag von dem Vorsitzenden verlängert werden.

(4) Die Begründung der Rechtsbeschwerde muß enthalten
1. die Erklärung, inwieweit der Beschluß angefochten und seine Abänderung oder Aufhebung beantragt wird;
2. die Bezeichnung der verletzten Rechtsnorm;
3. insoweit die Rechtsbeschwerde darauf gestützt wird, daß das Gesetz in bezug auf das Verfahren verletzt sei, die Bezeichnung der Tatsachen, die den Mangel ergeben.

(5) [1] Vor dem Bundesgerichtshof müssen sich die Beteiligten durch einen beim Bundesgerichtshof zugelassenen Rechtsanwalt als Bevollmächtigten vertreten lassen. [2] Auf Antrag eines Beteiligten ist seinem Patentanwalt das Wort zu gestatten. [3] § 143 Abs. 3 gilt entsprechend.

§ 103 [Aufschiebende Wirkung] [1] Die Rechtsbeschwerde hat aufschiebende Wirkung. [2] § 75 Abs. 2 gilt entsprechend.

§ 104 [Prüfung der Zulässigkeit] [1] Der Bundesgerichtshof hat von Amts wegen zu prüfen, ob die Rechtsbeschwerde an sich statthaft und ob sie in der gesetzlichen Form und Frist eingelegt und begründet ist. [2] Mangelt es an einem dieser Erfordernisse, so ist die Rechtsbeschwerde als unzulässig zu verwerfen.

§ 105 [Mehrere Beteiligte] (1) [1] Sind an dem Verfahren über die Rechtsbeschwerde mehrere Personen beteiligt, so sind die Beschwerdeschrift und die Beschwerdebegründung den anderen Beteiligten mit der Aufforderung zuzustellen, etwaige Erklärungen innerhalb einer bestimmten Frist nach Zustellung beim Bundesgerichtshof schriftlich einzureichen. [2] Mit der Zustellung der Beschwerdeschrift ist der Zeitpunkt mitzuteilen, in dem die Rechtsbeschwerde eingelegt ist. [3] Die erforderliche Zahl von beglaubigten Abschriften soll der Beschwerdeführer mit der Beschwerdeschrift oder der Beschwerdebegründung einreichen.

(2) Ist der Präsident des Patentamts nicht am Verfahren über die Rechtsbeschwerde beteiligt, so ist § 76 entsprechend anzuwenden.

§ 106 [Anzuwendende Vorschriften] (1) [1] Im Verfahren über die Rechtsbeschwerde gelten die Vorschriften der Zivilprozeßordnung über Ausschließung und Ablehnung der Gerichtspersonen, über Prozeßbevollmächtigte und Beistände, über Zustellungen von Amts wegen, über Ladungen, Termine und Fristen und über Wiedereinsetzung in den vorigen Stand entsprechend. [2] Im Falle der Wiedereinsetzung in den vorigen Stand gilt § 123 Abs. 5 bis 7 entsprechend.

(2) Für die Öffentlichkeit des Verfahrens gilt § 69 Abs. 1 entsprechend.

§ 107 [Entscheidung durch Beschluß] (1) Die Entscheidung über die Rechtsbeschwerde ergeht durch Beschluß; sie kann ohne mündliche Verhandlung getroffen werden.

(2) Der Bundesgerichtshof ist bei seiner Entscheidung an die in dem angefochtenen Beschluß getroffenen tatsächlichen Feststellungen gebunden, außer wenn in bezug auf diese Feststellungen zulässige und begründete Rechtsbeschwerdegründe vorgebracht sind.

(3) Die Entscheidung ist zu begründen und den Beteiligten von Amts wegen zuzustellen.

§ 108 [Zurückverweisung an das Patentgericht] (1) Im Falle der Aufhebung des angefochtenen Beschlusses ist die Sache zur anderweiten Verhandlung und Entscheidung an das Patentgericht zurückzuverweisen.

(2) Das Patentgericht hat die rechtliche Beurteilung, die der Aufhebung zugrunde gelegt ist, auch seiner Entscheidung zugrunde zu legen.

§ 109 [Kostenentscheidung] (1) [1] Sind an dem Verfahren über die Rechtsbeschwerde mehrere Personen beteiligt, so kann der Bundesgerichtshof bestimmen, daß die Kosten, die zur zweckentsprechenden Erledigung der Angelegenheit notwendig waren, von einem Beteiligten ganz oder teilweise zu erstatten sind, wenn dies der Billigkeit entspricht. [2] Wird die Rechtsbeschwerde zurückgewiesen oder als unzulässig verworfen, so sind die durch die Rechtsbeschwerde veranlaßten Kosten dem Beschwerdeführer aufzuerlegen. [3] Hat ein Beteiligter durch grobes Verschulden Kosten veranlaßt, so sind ihm diese aufzuerlegen.

(2) Dem Präsidenten des Patentamts können Kosten nur auferlegt werden, wenn er die Rechtsbeschwerde eingelegt oder in dem Verfahren Anträge gestellt hat.

(3) Im übrigen gelten die Vorschriften der Zivilprozeßordnung über das Kostenfestsetzungsverfahren und die Zwangsvollstreckung aus Kostenfestsetzungsbeschlüssen entsprechend.

2. Berufungsverfahren

§ 110 [Statthaftigkeit der Berufung] (1) Gegen die Urteile der Nichtigkeitssenate des Patentgerichts (§ 84) findet die Berufung an den Bundesgerichtshof statt.

(2) Die Berufung wird durch Einreichung der Berufungsschrift beim Bundesgerichtshof eingelegt.

(3) [1] Die Berufungsfrist beträgt einen Monat. [2] Sie beginnt mit der Zustellung des in vollständiger Form abgefaßten Urteils, spätestens aber mit dem Ablauf von fünf Monaten nach der Verkündung.

(4) Die Berufungsschrift muß enthalten:

1. die Bezeichnung des Urteils, gegen das die Berufung gerichtet wird;
2. die Erklärung, daß gegen dieses Urteil Berufung eingelegt werde.

(5) Die allgemeinen Vorschriften der Zivilprozessordnung über die vorbereitenden Schriftsätze sind auch auf die Berufungsschrift anzuwenden.

(6) Mit der Berufungsschrift soll eine Ausfertigung oder beglaubigte Abschrift des angefochtenen Urteils vorgelegt werden.

(7) Beschlüsse der Nichtigkeitssenate sind nur zusammen mit ihren Urteilen (§ 84) anfechtbar; § 71 Abs. 3 der Zivilprozeßordnung ist nicht anzuwenden.

(8) Die §§ 515, 516 und 521 Abs. 1 und 2 Satz 1 der Zivilprozessordnung gelten entsprechend.

§ 111 [Verletzung des Bundesrechts] (1) Die Berufung kann nur darauf gestützt werden, dass die Entscheidung des Patentgerichts auf der Verletzung des Bundesrechts beruht oder nach § 117 zugrunde zu legende Tatsachen eine andere Entscheidung rechtfertigen.

(2) Das Recht ist verletzt, wenn eine Rechtsnorm nicht oder nicht richtig angewendet worden ist.

(3) Eine Entscheidung ist stets als auf einer Verletzung des Rechts beruhend anzusehen,

1. wenn das Patentgericht nicht vorschriftsmäßig besetzt war;
2. wenn bei der Entscheidung ein Richter mitgewirkt hat, der von der Ausübung des Richteramts kraft Gesetzes ausgeschlossen war, sofern nicht dieses Hindernis mittels eines Ablehnungsgesuchs ohne Erfolg geltend gemacht ist;
3. wenn bei der Entscheidung ein Richter mitgewirkt hat, obgleich er wegen Besorgnis der Befangenheit abgelehnt und das Ablehnungsgesuch für begründet erklärt war;
4. wenn eine Partei in dem Verfahren nicht nach Vorschrift der Gesetze vertreten war, sofern sie nicht die Prozessführung ausdrücklich oder stillschweigend genehmigt hat;
5. wenn die Entscheidung auf Grund einer mündlichen Verhandlung ergangen ist, bei der die Vorschriften über die Öffentlichkeit des Verfahrens verletzt sind;
6. wenn die Entscheidung entgegen den Bestimmungen des Gesetzes nicht mit Gründen versehen ist.

§ 112 [Berufungsbegründung] (1) Der Berufungskläger muss die Berufung begründen.

(2) [1]Die Berufungsbegründung ist, sofern sie nicht bereits in der Berufungsschrift enthalten ist, in einem Schriftsatz beim Bundesgerichtshof einzureichen. [2]Die Frist für die Berufungsbegründung beträgt drei Monate. [3]Sie beginnt mit der Zustellung des in vollständiger Form abgefassten Urteils, spätestens aber mit Ablauf von fünf Monaten nach der Verkündung. [4]Die Frist kann auf Antrag von dem Vorsitzenden verlängert werden, wenn der Gegner einwilligt. [5]Ohne Einwilligung kann die Frist um bis zu einen Monat verlängert werden, wenn nach freier Überzeugung des Vorsitzenden der Rechtsstreit durch die Verlängerung nicht verzögert wird oder wenn der Berufungskläger erhebliche Gründe darlegt. [6]Kann dem Berufungskläger innerhalb dieser Frist Einsicht in die Prozessakten nicht für einen angemessenen Zeitraum gewährt werden, kann der Vorsitzende auf Antrag die Frist um bis zu zwei Monate nach Übersendung der Prozessakten verlängern.

(3) Die Berufungsbegründung muss enthalten:

1. die Erklärung, inwieweit das Urteil angefochten und dessen Aufhebung beantragt wird (Berufungsanträge);
2. die Angabe der Berufungsgründe, und zwar:
   a) die Bezeichnung der Umstände, aus denen sich die Rechtsverletzung ergibt;
   b) soweit die Berufung darauf gestützt wird, dass das Gesetz in Bezug auf das Verfahren verletzt sei, die Bezeichnung der Tatsachen, die den Mangel ergeben;
   c) die Bezeichnung neuer Angriffs- und Verteidigungsmittel sowie der Tatsachen, aufgrund deren die neuen Angriffs- und Verteidigungsmittel nach § 117 zuzulassen sind.

(4) § 110 Abs. 5 ist auf die Berufungsbegründung entsprechend anzuwenden.

§ 113 [Vertretung] [1]Vor dem Bundesgerichtshof müssen sich die Parteien durch einen Rechtsanwalt oder einen Patentanwalt als Bevollmächtigten vertreten lassen. [2]Dem Bevollmächtigten ist es gestattet, mit einem technischen Beistand zu erscheinen.

§ 114 [Zulässigkeitsprüfung; Zurückweisungsbeschluss] [1]Der Bundesgerichtshof prüft von Amts wegen, ob die Berufung an sich statthaft und ob sie in der gesetzlichen Form und Frist eingelegt und begründet ist. [2]Mangelt es an einem dieser Erfordernisse, so ist die Berufung als unzulässig zu verwerfen.

(2) Die Entscheidung kann durch Beschluss ergehen.

(3) Wird die Berufung nicht durch Beschluss als unzulässig verworfen, so ist Termin zur mündlichen Verhandlung zu bestimmen und den Parteien bekannt zu machen.

(4) [1]§ 525 der Zivilprozessordnung gilt entsprechend. [2]Die §§ 348 bis 350 der Zivilprozessordnung sind nicht anzuwenden.

§ 115 [Anschließung des Berufungsbeklagten] [1]Der Berufungsbeklagte kann sich der Berufung anschließen. [2]Die Anschließung ist auch statthaft, wenn der Berufungsbeklagte auf die Berufung verzichtet hat oder die Berufungsfrist verstrichen ist.

(2) [1]Die Anschließung erfolgt durch Einreichung der Berufungsanschlussschrift bei dem Bundesgerichtshof und ist bis zum Ablauf von zwei Monaten nach der Zustellung der Berufungsbegründung zu erklären. [2]Ist dem Berufungsbeklag-

ten eine Frist zur Berufungserwiderung gesetzt, ist die Anschließung bis zum Ablauf dieser Frist zulässig.

(3) [1]Die Anschlussberufung muss in der Anschlussschrift begründet werden. [2]§ 110 Abs. 4, 5 und 8 sowie § 112 Abs. 3 gelten entsprechend.

(4) Die Anschließung verliert ihre Wirkung, wenn die Berufung zurückgenommen oder verworfen wird.

§ 116 [Prüfungsumfang] (1) Der Prüfung des Bundesgerichtshofs unterliegen nur die von den Parteien gestellten Anträge.

(2) Eine Klageänderung und in dem Verfahren wegen Erklärung der Nichtigkeit des Patents oder des ergänzenden Schutzzertifikats eine Verteidigung mit einer geänderten Fassung des Patents sind nur zulässig, wenn

1. der Gegner einwilligt oder der Bundesgerichtshof die Antragsänderung für sachdienlich hält und
2. die geänderten Anträge auf Tatsachen gestützt werden können, die der Bundesgerichtshof seiner Verhandlung und Entscheidung über die Berufung nach § 117 zugrunde zu legen hat.

§ 117 [Anwendung der ZPO] [1]Auf den Prüfungsumfang des Berufungsgerichts, die verspätet vorgebrachten, die zurückgewiesenen und die neuen Angriffs- und Verteidigungsmittel sind die §§ 529, 530 und 531 der Zivilprozessordnung entsprechend anzuwenden. [2]Dabei tritt an die Stelle des § 520 der Zivilprozessordnung der § 112.

§ 118 [Mündliche Verhandlung; Ladungsfrist] (1) [1]Das Urteil des Bundesgerichtshofs ergeht auf Grund mündlicher Verhandlung. [2]§ 69 Abs. 2 gilt entsprechend.

(2) Die Ladungsfrist beträgt mindestens zwei Wochen.

(3) Von der mündlichen Verhandlung kann abgesehen werden, wenn

1. die Parteien zustimmen oder
2. nur über die Kosten entschieden werden soll.

(4) [1]Erscheint eine Partei im Termin nicht, so kann ohne sie verhandelt und durch streitiges Urteil entschieden werden. [2]Erscheint keine der Parteien, ergeht das Urteil auf Grund der Akten.

§ 119 [Zurückweisung der Berufung] (1) Ergibt die Begründung des angefochtenen Urteils zwar eine Rechtsverletzung, stellt die Entscheidung selbst aber aus anderen Gründen sich als richtig dar, so ist die Berufung zurückzuweisen.

(2) [1]Insoweit die Berufung für begründet erachtet wird, ist das angefochtene Urteil aufzuheben. [2]Wird das Urteil wegen eines Mangels des Verfahrens aufgehoben, so ist zugleich das Verfahren insoweit aufzuheben, als es durch den Mangel betroffen wird.

(3) [1]Im Falle der Aufhebung des Urteils ist die Sache zur neuen Verhandlung und Entscheidung an das Patentgericht zurückzuverweisen. [2]Die Zurückverweisung kann an einen anderen Nichtigkeitssenat erfolgen.

(4) Das Patentgericht hat die rechtliche Beurteilung, die der Aufhebung zugrunde gelegt ist, auch seiner Entscheidung zugrunde zu legen.

(5) [1] Der Bundesgerichtshof kann in der Sache selbst entscheiden, wenn dies sachdienlich ist. [2] Er hat selbst zu entscheiden, wenn die Sache zur Endentscheidung reif ist.

§ 120 [Begründung der Entscheidung] [1] Die Entscheidung braucht nicht begründet zu werden, soweit der Bundesgerichtshof Rügen von Verfahrensmängeln nicht für durchgreifend erachtet. [2] Dies gilt nicht für Rügen nach § 111 Abs. 3.

§ 121 [Streitwert; Kosten des Verfahrens] (1) In dem Verfahren vor dem Bundesgerichtshof gelten die Bestimmungen des § 144 über die Streitwertfestsetzung entsprechend.

(2) [1] In dem Urteil ist auch über die Kosten des Verfahrens zu entscheiden. [2] Die Vorschriften der Zivilprozeßordnung über die Prozeßkosten (§§ 91 bis 101) sind entsprechend anzuwenden, soweit nicht die Billigkeit eine andere Entscheidung erfordert; die Vorschriften der Zivilprozeßordnung über das Kostenfestsetzungsverfahren (§§ 103 bis 107) und die Zwangsvollstreckung aus Kostenfestsetzungsbeschlüssen (§§ 724 bis 802) sind entsprechend anzuwenden.

3. Beschwerdeverfahren

§ 122 [Beschwerdeverfahren] (1) [1] Gegen die Urteile der Nichtigkeitssenate des Patentgerichts über den Erlaß einstweiliger Verfügungen im Verfahren wegen Erteilung einer Zwangslizenz (§§ 85 und 85a) findet die Beschwerde an den Bundesgerichtshof statt. [2] § 110 Abs. 7 gilt entsprechend.

(2) Die Beschwerde ist innerhalb eines Monats schriftlich beim Bundesgerichtshof einzulegen.

(3) Die Beschwerdefrist beginnt mit der Zustellung des in vollständiger Form abgefaßten Urteils, spätestens aber mit dem Ablauf von fünf Monaten nach der Verkündung.

(4) Für das Verfahren vor dem Bundesgerichtshof gelten § 74 Abs. 1, §§ 84, 110 bis 121 entsprechend.

4. Gemeinsame Verfahrensvorschriften

§ 122a [Verletzung des Anspruchs auf rechtliches Gehör] [1] Auf die Rüge der durch die Entscheidung beschwerten Partei ist das Verfahren fortzuführen, wenn das Gericht den Anspruch dieser Partei auf rechtliches Gehör in entscheidungserheblicher Weise verletzt hat. [2] Gegen eine der Endentscheidung vorausgehende Entscheidung findet die Rüge nicht statt. [3] § 321a Abs. 2 bis 5 der Zivilprozessordnung ist entsprechend anzuwenden.

Siebenter Abschnitt. Gemeinsame Vorschriften

§ 123 [Wiedereinsetzung in den vorigen Stand] (1) [1] Wer ohne Verschulden verhindert war, dem Patentamt oder dem Patentgericht gegenüber eine Frist einzuhalten, deren Versäumung nach gesetzlicher Vorschrift einen Rechtsnachteil zur Folge hat, ist auf Antrag wieder in den vorigen Stand einzusetzen. [2] Dies gilt nicht für die Frist

1. zur Erhebung des Einspruchs (§ 59 Abs. 1) und zur Zahlung der Einspruchsgebühr (§ 6 Abs. 1 Satz 1 des Patentkostengesetzes[1]),
2. für den Einsprechenden zur Einlegung der Beschwerde gegen die Aufrechterhaltung des Patents (§ 73 Abs. 2) und zur Zahlung der Beschwerdegebühr (§ 6 Abs. 1 Satz 1 des Patentkostengesetzes[1]) und
3. zur Einreichung von Anmeldungen, für die eine Priorität nach § 7 Abs. 2 und § 40 in Anspruch genommen werden kann.

(2) [1] Die Wiedereinsetzung muß innerhalb von zwei Monaten nach Wegfall des Hindernisses schriftlich beantragt werden. [2] Der Antrag muß die Angabe der die Wiedereinsetzung begründenden Tatsachen enthalten; diese sind bei der Antragstellung oder im Verfahren über den Antrag glaubhaft zu machen. [3] Innerhalb der Antragsfrist ist die versäumte Handlung nachzuholen; ist dies geschehen, so kann Wiedereinsetzung auch ohne Antrag gewährt werden. [4] Ein Jahr nach Ablauf der versäumten Frist kann die Wiedereinsetzung nicht mehr beantragt und die versäumte Handlung nicht mehr nachgeholt werden.

(3) Über den Antrag beschließt die Stelle, die über die nachgeholte Handlung zu beschließen hat.

(4) Die Wiedereinsetzung ist unanfechtbar.

(5) [1] Wer im Inland in gutem Glauben den Gegenstand eines Patents, das infolge der Wiedereinsetzung wieder in Kraft tritt, in der Zeit zwischen dem Erlöschen und dem Wiederinkrafttreten des Patents in Benutzung genommen oder in dieser Zeit die dazu erforderlichen Veranstaltungen getroffen hat, ist befugt, den Gegenstand des Patents für die Bedürfnisse seines eigenen Betriebs in eigenen oder fremden Werkstätten weiterzubenutzen. [2] Diese Befugnis kann nur zusammen mit dem Betrieb vererbt oder veräußert werden.

(6) Absatz 5 ist entsprechend anzuwenden, wenn die Wirkung nach § 33 Abs. 1 infolge der Wiedereinsetzung wieder in Kraft tritt.

(7) Ein Recht nach Absatz 5 steht auch demjenigen zu, der im Inland in gutem Glauben den Gegenstand einer Anmeldung, die infolge der Wiedereinsetzung die Priorität einer früheren ausländischen Anmeldung in Anspruch nimmt (§ 41), in der Zeit zwischen dem Ablauf der Frist von zwölf Monaten und dem Wiederinkrafttreten des Prioritätsrechts in Benutzung genommen oder in dieser Zeit die dazu erforderlichen Veranstaltungen getroffen hat.

§ 123a [Weiterbehandlung der Anmeldung] (1) Ist nach Versäumung einer vom Patentamt bestimmten Frist die Patentanmeldung zurückgewiesen worden, so wird der Beschluss wirkungslos, ohne dass es seiner ausdrücklichen Aufhebung bedarf, wenn der Anmelder die Weiterbehandlung der Anmeldung beantragt und die versäumte Handlung nachholt.

(2) [1] Der Antrag ist innerhalb einer Frist von einem Monat nach Zustellung der Entscheidung über die Zurückweisung der Patentanmeldung einzureichen. [2] Die versäumte Handlung ist innerhalb dieser Frist nachzuholen.

(3) Gegen die Versäumung der Frist nach Absatz 2 und der Frist zur Zahlung der Weiterbehandlungsgebühr nach § 6 Abs. 1 Satz 1 des Patentkostengesetzes[1] ist eine Wiedereinsetzung nicht gegeben.

---

[1] Nr. **13**.

(4) Über den Antrag beschließt die Stelle, die über die nachgeholte Handlung zu beschließen hat.

§ 124 [Wahrheitspflicht] Im Verfahren vor dem Patentamt, dem Patentgericht und dem Bundesgerichtshof haben die Beteiligten ihre Erklärungen über tatsächliche Umstände vollständig und der Wahrheit gemäß abzugeben.

§ 125 [Anforderung von Unterlagen] (1) Wird der Einspruch oder die Klage auf Erklärung der Nichtigkeit des Patents auf die Behauptung gestützt, daß der Gegenstand des Patents nach § 3 nicht patentfähig sei, so kann das Patentamt oder das Patentgericht verlangen, daß Urschriften, Ablichtungen oder beglaubigte Abschriften der im Einspruch oder in der Klage erwähnten Druckschriften, die im Patentamt und im Patentgericht nicht vorhanden sind, in je einem Stück für das Patentamt oder das Patentgericht und für die am Verfahren Beteiligten eingereicht werden.

(2) Von Druckschriften in fremder Sprache sind auf Verlangen des Patentamts oder des Patentgerichts einfache oder beglaubigte Übersetzungen beizubringen.

§ 125a [Elektronische Signatur] (1) Soweit in Verfahren vor dem Patentamt für Anmeldungen, Anträge oder sonstige Handlungen die Schriftform vorgesehen ist, gelten die Regelungen des § 130a Absatz 1, 2 Satz 1, Absatz 5 und 6 der Zivilprozessordnung entsprechend.

(2) [1] Die Prozessakten des Patentgerichts und des Bundesgerichtshofs können elektronisch geführt werden. [2] Die Vorschriften der Zivilprozessordnung über elektronische Dokumente, die elektronische Akte und die elektronische Verfahrensführung im Übrigen gelten entsprechend, soweit sich aus diesem Gesetz nichts anderes ergibt.

(3) Das Bundesministerium der Justiz und für Verbraucherschutz bestimmt durch Rechtsverordnung ohne Zustimmung des Bundesrates

1. den Zeitpunkt, von dem an elektronische Dokumente bei dem Patentamt und den Gerichten eingereicht werden können, die für die Bearbeitung der Dokumente geeignete Form, ob eine elektronische Signatur zu verwenden ist und wie diese Signatur beschaffen ist;
2. den Zeitpunkt, von dem an die Prozessakten nach Absatz 2 elektronisch geführt werden können, sowie die hierfür geltenden organisatorisch-technischen Rahmenbedingungen für die Bildung, Führung und Aufbewahrung der elektronischen Prozessakten.

§ 126 [Amtssprache] [1] Die Sprache vor dem Patentamt und dem Patentgericht ist deutsch, sofern nichts anderes bestimmt ist.

§ 127 [Anwendung des Verwaltungszustellungsgesetzes] (1) Für Zustellungen im Verfahren vor dem Patentamt gelten die Vorschriften des Verwaltungszustellungsgesetzes mit folgenden Maßgaben:

1. Wird die Annahme der Zustellung durch eingeschriebenen Brief ohne gesetzlichen Grund verweigert, so gilt die Zustellung gleichwohl als bewirkt.
2. An Empfänger, die sich im Ausland aufhalten und die entgegen dem Erfordernis des § 25 keinen Inlandsvertreter bestellt haben, kann mit eingeschriebenem Brief durch Aufgabe zur Post zugestellt werden. Gleiches gilt für Empfänger,

die selbst Inlandsvertreter im Sinne des § 25 Abs. 2 sind. § 184 Abs. 2 Satz 1 und 4 der Zivilprozessordnung gilt entsprechend.

3. Für Zustellungen an Erlaubnisscheininhaber (§ 177 der Patentanwaltsordnung) ist § 5 Abs. 4 des Verwaltungszustellungsgesetzes entsprechend anzuwenden.
4. An Empfänger, denen beim Patentamt ein Abholfach eingerichtet worden ist, kann auch dadurch zugestellt werden, daß das Schriftstück im Abholfach des Empfängers niedergelegt wird. Über die Niederlegung ist eine Mitteilung zu den Akten zu geben. Auf dem Schriftstück ist zu vermerken, wann es niedergelegt worden ist. Die Zustellung gilt als am dritten Tag nach der Niederlegung im Abholfach bewirkt.
5. Für die Zustellung von elektronischen Dokumenten ist ein Übermittlungsweg zu verwenden, bei dem die Authentizität und Integrität der Daten gewährleistet ist und der bei Nutzung allgemein zugänglicher Netze die Vertraulichkeit der zu übermittelnden Daten durch ein Verschlüsselungsverfahren sicherstellt. Das Bundesministerium der Justiz und für Verbraucherschutz erlässt durch Rechtsverordnung, die nicht der Zustimmung des Bundesrates bedarf, nähere Bestimmungen über die nach Satz 1 geeigneten Übermittlungswege sowie die Form und den Nachweis der elektronischen Zustellung.

(2) Für Zustellungen im Verfahren vor dem Bundespatentgericht gelten die Vorschriften der Zivilprozessordnung.

§ 128 [Rechtshilfe] (1) Die Gerichte sind verpflichtet, dem Patentamt und dem Patentgericht Rechtshilfe zu leisten.

(2) [1] Im Verfahren vor dem Patentamt setzt das Patentgericht Ordnungs- oder Zwangsmittel gegen Zeugen oder Sachverständige, die nicht erscheinen oder ihre Aussage oder deren Beeidigung verweigern, auf Ersuchen des Patentamts fest. [2] Ebenso ist die Vorführung eines nicht erschienenen Zeugen anzuordnen.

(3) [1] Über das Ersuchen nach Absatz 2 entscheidet ein Beschwerdesenat des Patentgerichts in der Besetzung mit drei rechtskundigen Mitgliedern. [2] Die Entscheidung ergeht durch Beschluß.

§ 128a [Anwendung des Justizvergütungs- und entschädigungsgesetzes] Zeugen erhalten eine Entschädigung und Sachverständige eine Vergütung nach dem Justizvergütungs- und -entschädigungsgesetz.

§ 128b [Anwendung des Gerichtsverfassungsgesetzes] Die Vorschriften des Siebzehnten Titels des Gerichtsverfassungsgesetzes sind auf Verfahren vor dem Patentgericht und dem Bundesgerichtshof entsprechend anzuwenden.

Achter Abschnitt. Verfahrenskostenhilfe

§ 129 [Verfahrenskostenhilfe] Im Verfahren vor dem Patentamt, dem Patentgericht und dem Bundesgerichtshof erhält ein Beteiligter Verfahrenskostenhilfe nach Maßgabe der Vorschriften der §§ 130 bis 138.

§ 130 [Patenterteilungsverfahren] (1) [1] Im Verfahren zur Erteilung des Patents erhält der Anmelder auf Antrag unter entsprechender Anwendung der §§ 114 bis 116 der Zivilprozeßordnung Verfahrenskostenhilfe, wenn hinreichende Aussicht auf Erteilung des Patents besteht. [2] Auf Antrag des Anmelders oder des Patentinhabers kann Verfahrenskostenhilfe auch für die Jahresgebühren gemäß § 17 gewährt werden. [3] Die Zahlungen sind an die Bundeskasse zu leisten.

(2) [1] Die Bewilligung der Verfahrenskostenhilfe bewirkt, daß bei den Gebühren, die Gegenstand der Verfahrenskostenhilfe sind, die für den Fall der Nichtzahlung vorgesehenen Rechtsfolgen nicht eintreten. [2] Im übrigen ist § 122 Abs. 1 der Zivilprozeßordnung entsprechend anzuwenden.

(3) Beantragen mehrere gemeinsam das Patent, so erhalten sie die Verfahrenskostenhilfe nur, wenn alle Anmelder die Voraussetzungen des Absatzes 1 erfüllen.

(4) Ist der Anmelder oder Patentinhaber nicht der Erfinder oder dessen Gesamtrechtsnachfolger, so erhält er die Verfahrenskostenhilfe nur, wenn auch der Erfinder die Voraussetzungen des Absatzes 1 erfüllt.

(5) [1] Auf Antrag können so viele Jahresgebühren in die Verfahrenskostenhilfe einbezogen werden, wie erforderlich ist, um die einer Bewilligung der Verfahrenskostenhilfe nach § 115 Abs. 3 der Zivilprozessordnung entgegenstehende Beschränkung auszuschließen. [2] Die gezahlten Raten sind erst dann auf die Jahresgebühren zu verrechnen, wenn die Kosten des Patenterteilungsverfahrens einschließlich etwa entstandener Kosten für einen beigeordneten Vertreter durch die Ratenzahlungen gedeckt sind. [3] Soweit die Jahresgebühren durch die gezahlten Raten als entrichtet angesehen werden können, ist § 5 Abs. 2 des Patentkostengesetzes[1)] entsprechend anzuwenden.

(6) Die Absätze 1 bis 3 sind im Fall des § 44 auf den antragstellenden Dritten entsprechend anzuwenden, wenn dieser ein eigenes schutzwürdiges Interesse glaubhaft macht.

§ 131 [Patentbeschränkungsverfahren] Im Verfahren zur Beschränkung oder zum Widerruf des Patents (§ 64) sind die Bestimmungen des § 130 Abs. 1, 2 und 5 entsprechend anzuwenden.

§ 132 [Einspruchsverfahren] (1) [1] Im Einspruchsverfahren (§§ 59 bis 62) erhält der Patentinhaber auf Antrag unter entsprechender Anwendung der §§ 114 bis 116 der Zivilprozeßordnung und des § 130 Abs. 1 Satz 2 und Abs. 2, 4 und 5 Verfahrenskostenhilfe. [2] Hierbei ist nicht zu prüfen, ob die Rechtsverteidigung hinreichende Aussicht auf Erfolg bietet.

(2) Absatz 1 Satz 1 ist auf den Einsprechenden und den gemäß § 59 Abs. 2 beitretenden Dritten sowie auf die Beteiligten im Verfahren wegen Erklärung der Nichtigkeit des Patents oder in Zwangslizenzverfahren (§§ 81, 85 und 85a) entsprechend anzuwenden, wenn der Antragsteller ein eigenes schutzwürdiges Interesse glaubhaft macht.

§ 133 [Beiordnung eines Patentanwalts oder Rechtsanwalts] [1] Einem Beteiligten, dem die Verfahrenskostenhilfe nach den Vorschriften der §§ 130 bis 132 bewilligt worden ist, wird auf Antrag ein zur Übernahme der Vertretung bereiter Patentanwalt oder Rechtsanwalt seiner Wahl oder auf ausdrückliches Verlangen ein Erlaubnisscheininhaber beigeordnet, wenn die Vertretung zur sachdienlichen Erledigung des Verfahrens erforderlich erscheint oder ein Beteiligter mit entgegengesetzten Interessen durch einen Patentanwalt, einen Rechtsanwalt oder einen Erlaubnisscheininhaber vertreten ist. [2] § 121 Abs. 4 und 5 der Zivilprozessordnung ist entsprechend anzuwenden.

---

1) Nr. 13.

§ 134 [Hemmung von Gebührenfristen] Wird das Gesuch um Bewilligung der Verfahrenskostenhilfe nach den §§ 130 bis 132 vor Ablauf einer für die Zahlung einer Gebühr vorgeschriebenen Frist eingereicht, so wird der Lauf dieser Frist bis zum Ablauf von einem Monat nach Zustellung des auf das Gesuch ergehenden Beschlusses gehemmt.

§ 135 [Gesuch um Bewilligung der Verfahrenskostenhilfe] (1) [1]Das Gesuch um Bewilligung der Verfahrenskostenhilfe ist schriftlich beim Patentamt, beim Patentgericht oder beim Bundesgerichtshof einzureichen. [2]§ 125a gilt entsprechend. [3]In Verfahren nach den §§ 110 und 122 kann das Gesuch auch vor der Geschäftsstelle des Bundesgerichtshofs zu Protokoll erklärt werden.

(2) Über das Gesuch beschließt die Stelle, die für das Verfahren zuständig ist, für welches die Verfahrenskostenhilfe nachgesucht wird.

(3) [1]Die nach den §§ 130 bis 133 ergehenden Beschlüsse sind unanfechtbar, soweit es sich nicht um einen Beschluß der Patentabteilung handelt, durch den die Patentabteilung die Verfahrenskostenhilfe oder die Beiordnung eines Vertreters nach § 133 verweigert; die Rechtsbeschwerde ist ausgeschlossen. [2]§ 127 Abs. 3 der Zivilprozeßordnung ist auf das Verfahren vor dem Patentgericht entsprechend anzuwenden.

§ 136 [Anwendung von Vorschriften der ZPO] [1]Die Vorschriften des § 117 Abs. 2 bis 4, des § 118 Abs. 2 und 3, der §§ 119 und 120 Absatz 1 und 3, des § 120a Absatz 1, 2 und 4 sowie der §§ 124 und 127 Abs. 1 und 2 der Zivilprozeßordnung sind entsprechend anzuwenden, § 127 Abs. 2 der Zivilprozessordnung mit der Maßgabe, dass die Beschwerde unabhängig von dem Verfahrenswert stattfindet. [2]Im Einspruchsverfahren sowie in den Verfahren wegen Erklärung der Nichtigkeit des Patents oder in Zwangslizenzverfahren (§§ 81, 85 und 85a) gilt dies auch für § 117 Abs. 1 Satz 2, § 118 Abs. 1, § 122 Abs. 2 sowie die §§ 123, 125 und 126 der Zivilprozeßordnung.

§ 137 [Aufhebung der Verfahrenskostenhilfe] [1]Die Verfahrenskostenhilfe kann aufgehoben werden, wenn die angemeldete oder durch ein Patent geschützte Erfindung, hinsichtlich deren Verfahrenskostenhilfe gewährt worden ist, durch Veräußerung, Benutzung, Lizenzvergabe oder auf sonstige Weise wirtschaftlich verwertet wird und die hieraus fließenden Einkünfte die für die Bewilligung der Verfahrenskostenhilfe maßgeblichen Verhältnisse so verändern, daß dem betroffenen Beteiligten die Zahlung der Verfahrenskosten zugemutet werden kann; dies gilt auch nach Ablauf der Frist des § 124 Absatz 1 Nr. 3 der Zivilprozeßordnung. [2]Der Beteiligte, dem Verfahrenskostenhilfe gewährt worden ist, hat jede wirtschaftliche Verwertung dieser Erfindung derjenigen Stelle anzuzeigen, die über die Bewilligung entschieden hat.

§ 138 [Rechtsbeschwerdeverfahren] (1) Im Verfahren über die Rechtsbeschwerde (§ 100) ist einem Beteiligten auf Antrag unter entsprechender Anwendung der §§ 114 bis 116 der Zivilprozeßordnung Verfahrenskostenhilfe zu bewilligen.

(2) [1]Das Gesuch um die Bewilligung von Verfahrenskostenhilfe ist schriftlich beim Bundesgerichtshof einzureichen; es kann auch vor der Geschäftsstelle zu Protokoll erklärt werden. [2]Über das Gesuch beschließt der Bundesgerichtshof.

(3) Im übrigen sind die Bestimmungen des § 130 Abs. 2, 3, 5 und 6 sowie der §§ 133, 134, 136 und 137 entsprechend anzuwenden mit der Maßgabe, daß

einem Beteiligten, dem Verfahrenskostenhilfe bewilligt worden ist, nur ein beim Bundesgerichtshof zugelassener Rechtsanwalt beigeordnet werden kann.

Neunter Abschnitt. Rechtsverletzungen

§ 139 [Unterlassungs- und Schadensersatzanspruch] (1) [1] Wer entgegen den §§ 9 bis 13 eine patentierte Erfindung benutzt, kann von dem Verletzten bei Wiederholungsgefahr auf Unterlassung in Anspruch genommen werden. [2] Der Anspruch besteht auch dann, wenn eine Zuwiderhandlung erstmalig droht.

(2) [1] Wer die Handlung vorsätzlich oder fahrlässig vornimmt, ist dem Verletzten zum Ersatz des daraus entstehenden Schadens verpflichtet. [2] Bei der Bemessung des Schadensersatzes kann auch der Gewinn, den der Verletzer durch die Verletzung des Rechts erzielt hat, berücksichtigt werden. [3] Der Schadensersatzanspruch kann auch auf der Grundlage des Betrages berechnet werden, den der Verletzer als angemessene Vergütung hätte entrichten müssen, wenn er die Erlaubnis zur Benutzung der Erfindung eingeholt hätte.

(3) [1] Ist Gegenstand des Patents ein Verfahren zur Herstellung eines neuen Erzeugnisses, so gilt bis zum Beweis des Gegenteils das gleiche Erzeugnis, das von einem anderen hergestellt worden ist, als nach dem patentierten Verfahren hergestellt. [2] Bei der Erhebung des Beweises des Gegenteils sind die berechtigten Interessen des Beklagten an der Wahrung seiner Herstellungs- und Betriebsgeheimnisse zu berücksichtigen.

§ 140 [Verletzung des einstweiligen Schutzes] [1] Werden vor der Erteilung des Patents Rechte aus einer Anmeldung, in deren Akten die Einsicht jedermann freisteht (§ 31 Abs. 1 Satz 2 Halbsatz 2 und Abs. 2), gerichtlich geltend gemacht und kommt es für die Entscheidung des Rechtsstreits darauf an, daß ein Anspruch nach § 33 Abs. 1 besteht, so kann das Gericht anordnen, daß die Verhandlung bis zur Entscheidung über die Erteilung des Patents auszusetzen ist. [2] Ist ein Antrag auf Prüfung gemäß § 44 nicht gestellt worden, so hat das Gericht der Partei, die Rechte aus der Anmeldung geltend macht, auf Antrag des Gegners eine Frist zur Stellung des Antrags auf Prüfung zu setzen. [3] Wird der Antrag auf Prüfung nicht innerhalb der Frist gestellt, so können in dem Rechtsstreit Rechte aus der Anmeldung nicht geltend gemacht werden.

§ 140a [Vernichtungs- und Rückrufansprüche] (1) [1] Wer entgegen den §§ 9 bis 13 eine patentierte Erfindung benutzt, kann von dem Verletzten auf Vernichtung der im Besitz oder Eigentum des Verletzers befindlichen Erzeugnisse, die Gegenstand des Patents sind, in Anspruch genommen werden. [2] Satz 1 ist auch anzuwenden, wenn es sich um Erzeugnisse handelt, die durch ein Verfahren, das Gegenstand des Patents ist, unmittelbar hergestellt worden sind.

(2) Absatz 1 ist entsprechend auf die im Eigentum des Verletzers stehenden Materialien und Geräte anzuwenden, die vorwiegend zur Herstellung dieser Erzeugnisse gedient haben.

(3) [1] Wer entgegen den §§ 9 bis 13 eine patentierte Erfindung benutzt, kann von dem Verletzten auf Rückruf der Erzeugnisse, die Gegenstand des Patents sind, oder auf deren endgültiges Entfernen aus den Vertriebswegen in Anspruch genommen werden. [2] Satz 1 ist auch anzuwenden, wenn es sich um Erzeugnisse handelt, die durch ein Verfahren, das Gegenstand des Patents ist, unmittelbar hergestellt worden sind.

(4) [1]Die Ansprüche nach den Absätzen 1 bis 3 sind ausgeschlossen, wenn die Inanspruchnahme im Einzelfall unverhältnismäßig ist. [2]Bei der Prüfung der Verhältnismäßigkeit sind auch die berechtigten Interessen Dritter zu berücksichtigen.

§ 140b [Auskunftsanspruch] (1) Wer entgegen den §§ 9 bis 13 eine patentierte Erfindung benutzt, kann von dem Verletzten auf unverzügliche Auskunft über die Herkunft und den Vertriebsweg der benutzten Erzeugnisse in Anspruch genommen werden.

(2) [1]In Fällen offensichtlicher Rechtsverletzung oder in Fällen, in denen der Verletzte gegen den Verletzer Klage erhoben hat, besteht der Anspruch unbeschadet von Absatz 1 auch gegen eine Person, die in gewerblichem Ausmaß

1. rechtsverletzende Erzeugnisse in ihrem Besitz hatte,
2. rechtsverletzende Dienstleistungen in Anspruch nahm,
3. für rechtsverletzende Tätigkeiten genutzte Dienstleistungen erbrachte oder
4. nach den Angaben einer in Nummer 1, 2 oder Nummer 3 genannten Person an der Herstellung, Erzeugung oder am Vertrieb solcher Erzeugnisse oder an der Erbringung solcher Dienstleistungen beteiligt war,

es sei denn, die Person wäre nach den §§ 383 bis 385 der Zivilprozessordnung im Prozess gegen den Verletzer zur Zeugnisverweigerung berechtigt. [2]Im Fall der gerichtlichen Geltendmachung des Anspruchs nach Satz 1 kann das Gericht den gegen den Verletzer anhängigen Rechtsstreit auf Antrag bis zur Erledigung des wegen des Auskunftsanspruchs geführten Rechtsstreits aussetzen. [3]Der zur Auskunft Verpflichtete kann von dem Verletzten den Ersatz der für die Auskunftserteilung erforderlichen Aufwendungen verlangen.

(3) Der zur Auskunft Verpflichtete hat Angaben zu machen über

1. Namen und Anschrift der Hersteller, Lieferanten und anderer Vorbesitzer der Erzeugnisse oder der Nutzer der Dienstleistungen sowie der gewerblichen Abnehmer und Verkaufsstellen, für die sie bestimmt waren, und
2. die Menge der hergestellten, ausgelieferten, erhaltenen oder bestellten Erzeugnisse sowie über die Preise, die für die betreffenden Erzeugnisse oder Dienstleistungen bezahlt wurden.

(4) Die Ansprüche nach den Absätzen 1 und 2 sind ausgeschlossen, wenn die Inanspruchnahme im Einzelfall unverhältnismäßig ist.

(5) Erteilt der zur Auskunft Verpflichtete die Auskunft vorsätzlich oder grob fahrlässig falsch oder unvollständig, so ist er dem Verletzten zum Ersatz des daraus entstehenden Schadens verpflichtet.

(6) Wer eine wahre Auskunft erteilt hat, ohne dazu nach Absatz 1 oder Absatz 2 verpflichtet gewesen zu sein, haftet Dritten gegenüber nur, wenn er wusste, dass er zur Auskunftserteilung nicht verpflichtet war.

(7) In Fällen offensichtlicher Rechtsverletzung kann die Verpflichtung zur Erteilung der Auskunft im Wege der einstweiligen Verfügung nach den §§ 935 bis 945 der Zivilprozessordnung angeordnet werden.

(8) Die Erkenntnisse dürfen in einem Strafverfahren oder in einem Verfahren nach dem Gesetz über Ordnungswidrigkeiten wegen einer vor der Erteilung der Auskunft begangenen Tat gegen den Verpflichteten oder gegen einen in § 52 Abs. 1 der Strafprozessordnung bezeichneten Angehörigen nur mit Zustimmung des Verpflichteten verwertet werden.

(9) [1]Kann die Auskunft nur unter Verwendung von Verkehrsdaten (§ 3 Nr. 30 des Telekommunikationsgesetzes) erteilt werden, ist für ihre Erteilung eine vorherige richterliche Anordnung über die Zulässigkeit der Verwendung der Verkehrsdaten erforderlich, die von dem Verletzten zu beantragen ist. [2]Für den Erlass dieser Anordnung ist das Landgericht, in dessen Bezirk der zur Auskunft Verpflichtete seinen Wohnsitz, seinen Sitz oder eine Niederlassung hat, ohne Rücksicht auf den Streitwert ausschließlich zuständig. [3]Die Entscheidung trifft die Zivilkammer. [4]Für das Verfahren gelten die Vorschriften des Gesetzes über das Verfahren in Familiensachen und in den Angelegenheiten der freiwilligen Gerichtsbarkeit entsprechend. [5]Die Kosten der richterlichen Anordnung trägt der Verletzte. [6]Gegen die Entscheidung des Landgerichts ist die Beschwerde statthaft. [7]Die Beschwerde ist binnen einer Frist von zwei Wochen einzulegen. [8]Die Vorschriften zum Schutz personenbezogener Daten bleiben im Übrigen unberührt.

(10) Durch Absatz 2 in Verbindung mit Absatz 9 wird das Grundrecht des Fernmeldegeheimnisses (Artikel 10 des Grundgesetzes) eingeschränkt.

§ 140c [Vorlage und Besichtigungsansprüche] (1) [1]Wer mit hinreichender Wahrscheinlichkeit entgegen den §§ 9 bis 13 eine patentierte Erfindung benutzt, kann von dem Rechtsinhaber oder einem anderen Berechtigten auf Vorlage einer Urkunde oder Besichtigung einer Sache, die sich in seiner Verfügungsgewalt befindet, oder eines Verfahrens, das Gegenstand des Patents ist, in Anspruch genommen werden, wenn dies zur Begründung von dessen Ansprüchen erforderlich ist. [2]Besteht die hinreichende Wahrscheinlichkeit einer in gewerblichem Ausmaß begangenen Rechtsverletzung, erstreckt sich der Anspruch auch auf die Vorlage von Bank-, Finanz- oder Handelsunterlagen. [3]Soweit der vermeintliche Verletzer geltend macht, dass es sich um vertrauliche Informationen handelt, trifft das Gericht die erforderlichen Maßnahmen, um den im Einzelfall gebotenen Schutz zu gewährleisten.

(2) Der Anspruch nach Absatz 1 ist ausgeschlossen, wenn die Inanspruchnahme im Einzelfall unverhältnismäßig ist.

(3) [1]Die Verpflichtung zur Vorlage einer Urkunde oder zur Duldung der Besichtigung einer Sache kann im Wege der einstweiligen Verfügung nach den §§ 935 bis 945 der Zivilprozessordnung angeordnet werden. [2]Das Gericht trifft die erforderlichen Maßnahmen, um den Schutz vertraulicher Informationen zu gewährleisten. [3]Dies gilt insbesondere in den Fällen, in denen die einstweilige Verfügung ohne vorherige Anhörung des Gegners erlassen wird.

(4) § 811 des Bürgerlichen Gesetzbuchs sowie § 140b Abs. 8 gelten entsprechend.

(5) Wenn keine Verletzung vorlag oder drohte, kann der vermeintliche Verletzer von demjenigen, der die Vorlage oder Besichtigung nach Absatz 1 begehrt hat, den Ersatz des ihm durch das Begehren entstandenen Schadens verlangen.

§ 140d [Sicherung von Schadenersatzansprüchen] (1) [1]Der Verletzte kann den Verletzer bei einer in gewerblichem Ausmaß begangenen Rechtsverletzung in den Fällen des § 139 Abs. 2 auch auf Vorlage von Bank-, Finanz- oder Handelsunterlagen oder einen geeigneten Zugang zu den entsprechenden Unterlagen in Anspruch nehmen, die sich in der Verfügungsgewalt des Verletzers befinden und die für die Durchsetzung des Schadensersatzanspruchs erforderlich sind, wenn ohne die Vorlage die Erfüllung des Schadensersatzanspruchs fraglich ist. [2] Soweit der Verletzer geltend macht, dass es sich um vertrauliche Informationen handelt, trifft das Gericht die erforderlichen Maßnahmen, um den im Einzelfall gebotenen Schutz zu gewährleisten.

(2) Der Anspruch nach Absatz 1 ist ausgeschlossen, wenn die Inanspruchnahme im Einzelfall unverhältnismäßig ist.

(3) [1] Die Verpflichtung zur Vorlage der in Absatz 1 bezeichneten Urkunden kann im Wege der einstweiligen Verfügung nach den §§ 935 bis 945 der Zivilprozessordnung angeordnet werden, wenn der Schadensersatzanspruch offensichtlich besteht. [2] Das Gericht trifft die erforderlichen Maßnahmen, um den Schutz vertraulicher Informationen zu gewährleisten. [3] Dies gilt insbesondere in den Fällen, in denen die einstweilige Verfügung ohne vorherige Anhörung des Gegners erlassen wird.

(4) § 811 des Bürgerlichen Gesetzbuchs sowie § 140b Abs. 8 gelten entsprechend.

§ 140e [Urteilsbekanntmachung] [1] Ist eine Klage auf Grund dieses Gesetzes erhoben worden, so kann der obsiegenden Partei im Urteil die Befugnis zugesprochen werden, das Urteil auf Kosten der unterliegenden Partei öffentlich bekannt zu machen, wenn sie ein berechtigtes Interesse darlegt. [2] Art und Umfang der Bekanntmachung werden im Urteil bestimmt. [3] Die Befugnis erlischt, wenn von ihr nicht innerhalb von drei Monaten nach Eintritt der Rechtskraft des Urteils Gebrauch gemacht wird. [4] Der Ausspruch nach Satz 1 ist nicht vorläufig vollstreckbar.

§ 141 [Verjährung] [1] Auf die Verjährung der Ansprüche wegen Verletzung des Patentrechts finden die Vorschriften des Abschnitts 5 des Buches 1 des Bürgerlichen Gesetzbuchs entsprechende Anwendung. [2] Hat der Verpflichtete durch die Verletzung auf Kosten des Berechtigten etwas erlangt, findet § 852 des Bürgerlichen Gesetzbuchs entsprechende Anwendung.

§ 141a [Ansprüche aus anderen gesetzlichen Vorschriften] Ansprüche aus anderen gesetzlichen Vorschriften bleiben unberührt.

§ 142 [Strafvorschriften] (1) [1] Mit Freiheitsstrafe bis zu drei Jahren oder mit Geldstrafe wird bestraft, wer ohne die erforderliche Zustimmung des Patentinhabers oder des Inhabers eines ergänzenden Schutzzertifikats (§§ 16a, 49a)

1. ein Erzeugnis, das Gegenstand des Patents oder des ergänzenden Schutzzertifikats ist (§ 9 Satz 2 Nr. 1), herstellt oder anbietet, in Verkehr bringt, gebraucht oder zu einem der genannten Zwecke entweder einführt oder besitzt oder
2. ein Verfahren, das Gegenstand des Patents oder des ergänzenden Schutzzertifikats ist (§ 9 Satz 2 Nr. 2), anwendet oder zur Anwendung im Geltungsbereich dieses Gesetzes anbietet.

[2] Satz 1 Nr. 1 ist auch anzuwenden, wenn es sich um ein Erzeugnis handelt, das durch ein Verfahren, das Gegenstand des Patents oder des ergänzenden Schutzzertifikats ist, unmittelbar hergestellt worden ist (§ 9 Satz 2 Nr. 3).

(2) Handelt der Täter gewerbsmäßig, so ist die Strafe Freiheitsstrafe bis zu fünf Jahren oder Geldstrafe.

(3) Der Versuch ist strafbar.

(4) In den Fällen des Absatzes 1 wird die Tat nur auf Antrag verfolgt, es sei denn, daß die Strafverfolgungsbehörde wegen des besonderen öffentlichen Interesses an der Strafverfolgung ein Einschreiten von Amts wegen für geboten hält.

(5) [1] Gegenstände, auf die sich die Straftat bezieht, können eingezogen werden. [2] § 74a des Strafgesetzbuches ist anzuwenden. [3] Soweit den in § 140a bezeichneten Ansprüchen im Verfahren nach den Vorschriften der Strafprozeßordnung über die Entschädigung des Verletzten (§§ 403 bis 406c) stattgegeben wird, sind die Vorschriften über die Einziehung nicht anzuwenden.

(6) [1] Wird auf Strafe erkannt, so ist, wenn der Verletzte es beantragt und ein berechtigtes Interesse daran dartut, anzuordnen, daß die Verurteilung auf Verlangen öffentlich bekanntgemacht wird. [2] Die Art der Bekanntmachung ist im Urteil zu bestimmen.

§ 142a [Beschlagnahme] (1) [1] Ein Erzeugnis, das ein nach diesem Gesetz geschütztes Patent verletzt, unterliegt auf Antrag und gegen Sicherheitsleistung des Rechtsinhabers bei seiner Einfuhr oder Ausfuhr der Beschlagnahme durch die Zollbehörde, soweit die Rechtsverletzung offensichtlich ist und soweit nicht die Verordnung (EU) Nr. 608/2013 des Europäischen Parlaments und des Rates vom 12. Juni 2013 zur Durchsetzung der Rechte geistigen Eigentums durch die Zollbehörden und zur Aufhebung der Verordnung (EG) Nr. 1383/2003 des Rates (ABl. L 181 vom 29.6.2013, S. 15), in ihrer jeweils geltenden Fassung anzuwenden ist. [2] Dies gilt für den Verkehr mit anderen Mitgliedstaaten der Europäischen Union sowie mit den anderen Vertragsstaaten des Abkommens über den Europäischen Wirtschaftsraum nur, soweit Kontrollen durch die Zollbehörden stattfinden.

(2) [1] Ordnet die Zollbehörde die Beschlagnahme an, so unterrichtet sie unverzüglich den Verfügungsberechtigten sowie den Antragsteller. [2] Dem Antragsteller sind Herkunft, Menge und Lagerort des Erzeugnisses sowie Name und Anschrift des Verfügungsberechtigten mitzuteilen; das Brief- und Postgeheimnis (Artikel 10 des Grundgesetzes) wird insoweit eingeschränkt. [3] Dem Antragsteller wird Gelegenheit gegeben, das Erzeugnis zu besichtigen, soweit hierdurch nicht in Geschäfts- oder Betriebsgeheimnisse eingegriffen wird.

(3) Wird der Beschlagnahme nicht spätestens nach Ablauf von zwei Wochen nach Zustellung der Mitteilung nach Absatz 2 Satz 1 widersprochen, so ordnet die Zollbehörde die Einziehung des beschlagnahmten Erzeugnisses an.

(4) [1] Widerspricht der Verfügungsberechtigte der Beschlagnahme, so unterrichtet die Zollbehörde hiervon unverzüglich den Antragsteller. [2] Dieser hat gegenüber der Zollbehörde unverzüglich zu erklären, ob er den Antrag nach Absatz 1 in bezug auf das beschlagnahmte Erzeugnis aufrechterhält.

1. Nimmt der Antragsteller den Antrag zurück, hebt die Zollbehörde die Beschlagnahme unverzüglich auf.
2. Hält der Antragsteller den Antrag aufrecht und legt er eine vollziehbare gerichtliche Entscheidung vor, die die Verwahrung des beschlagnahmten Erzeugnisses oder eine Verfügungsbeschränkung anordnet, trifft die Zollbehörde die erforderlichen Maßnahmen.

[3] Liegen die Fälle der Nummern 1 oder 2 nicht vor, hebt die Zollbehörde die Beschlagnahme nach Ablauf von zwei Wochen nach Zustellung der Mitteilung an den Antragsteller nach Satz 1 auf; weist der Antragsteller nach, daß die gericht-

liche Entscheidung nach Nummer 2 beantragt, ihm aber noch nicht zugegangen ist, wird die Beschlagnahme für längstens zwei weitere Wochen aufrechterhalten.

(5) Erweist sich die Beschlagnahme als von Anfang an ungerechtfertigt und hat der Antragsteller den Antrag nach Absatz 1 in bezug auf das beschlagnahmte Erzeugnis aufrechterhalten oder sich nicht unverzüglich erklärt (Absatz 4 Satz 2), so ist er verpflichtet, den dem Verfügungsberechtigten durch die Beschlagnahme entstandenen Schaden zu ersetzen.

(6) [1]Der Antrag nach Absatz 1 ist bei der Generalzolldirektion zu stellen und hat Wirkung für ein Jahr, sofern keine kürzere Geltungsdauer beantragt wird; er kann wiederholt werden. [2]Für die mit dem Antrag verbundenen Amtshandlungen werden vom Antragsteller Kosten nach Maßgabe des § 178 der Abgabenordnung erhoben.

(7) [1]Die Beschlagnahme und die Einziehung können mit den Rechtsmitteln angefochten werden, die im Bußgeldverfahren nach dem Gesetz über Ordnungswidrigkeiten gegen die Beschlagnahme und Einziehung zulässig sind. [2]Im Rechtsmittelverfahren ist der Antragsteller zu hören. [3]Gegen die Entscheidung des Amtsgerichts ist die sofortige Beschwerde zulässig; über sie entscheidet das Oberlandesgericht.

§ 142b [Verfahren nach der Verordnung (EU) Nr. 608/2013] Für das Verfahren nach der Verordnung (EU) Nr. 608/2013 gilt § 142a Absatz 5 und 6 entsprechend, soweit die Verordnung keine Bestimmungen enthält, die dem entgegenstehen.

Zehnter Abschnitt. Verfahren in Patentstreitsachen

§ 143 [Gerichte für Patentstreitsachen] (1) Für alle Klagen, durch die ein Anspruch aus einem der in diesem Gesetz geregelten Rechtsverhältnisse geltend gemacht wird (Patentstreitsachen), sind die Zivilkammern der Landgerichte ohne Rücksicht auf den Streitwert ausschließlich zuständig.

(2) [1]Die Landesregierungen werden ermächtigt, durch Rechtsverordnung die Patentstreitsachen für die Bezirke mehrerer Landgerichte einem von ihnen zuzuweisen. [2]Die Landesregierungen können diese Ermächtigungen auf die Landesjustizverwaltungen übertragen. [3]Die Länder können außerdem durch Vereinbarung den Gerichten eines Landes obliegende Aufgaben insgesamt oder teilweise dem zuständigen Gericht eines anderen Landes übertragen.

(3) Von den Kosten, die durch die Mitwirkung eines Patentanwalts in dem Rechtsstreit entstehen, sind die Gebühren nach § 13 des Rechtsanwaltsvergütungsgesetzes und außerdem die notwendigen Auslagen des Patentanwalts[1)] zu erstatten.

[1)] Vgl. hierzu die Patentanwaltsordnung v. 7.9.1966 (BGBl. I S. 557), zuletzt geänd. durch G v. 12.12. 2019 (BGBl. I S. 2602).

Beachte außerdem das Gesetz über die Beiordnung von Patentanwälten bei Prozeßkostenhilfe v. 5.2. 1938 (RGBl. I S. 116) idF der Bek. v. 7.9.1966 (BGBl. I S. 557, 585), zuletzt geänd. durch G v. 10.10. 2013 (BGBl. I S. 3799):

(Fortsetzung der Anm. nächste Seite)

§ 144 [Herabsetzung des Streitwerts] (1) [1] Macht in einer Patentstreitsache eine Partei glaubhaft, daß die Belastung mit den Prozeßkosten nach dem vollen Streitwert ihre wirtschaftliche Lage erheblich gefährden würde, so kann das Gericht auf ihren Antrag anordnen, daß die Verpflichtung dieser Partei zur Zahlung von Gerichtskosten sich nach einem ihrer Wirtschaftslage angepaßten Teil des Streitwerts bemißt. [2] Die Anordnung hat zur Folge, daß die begünstigte Partei die Gebühren ihres Rechtsanwalts ebenfalls nur nach diesem Teil des Streitwerts zu entrichten hat. [3] Soweit ihr Kosten des Rechtsstreits auferlegt werden oder soweit sie diese übernimmt, hat sie die von dem Gegner entrichteten Gerichtsgebühren und die Gebühren seines Rechtsanwalts nur nach dem Teil des Streitwerts zu erstatten. [4] Soweit die außergerichtlichen Kosten dem Gegner auferlegt oder von ihm übernommen werden, kann der Rechtsanwalt der begünstigten Partei seine Gebühren von dem Gegner nach dem für diesen geltenden Streitwert beitreiben.

(2) [1] Der Antrag nach Absatz 1 kann vor der Geschäftsstelle des Gerichts zur Niederschrift erklärt werden. [2] Er ist vor der Verhandlung zur Hauptsache anzubringen. [3] Danach ist er nur zulässig, wenn der angenommene oder festgesetzte Streitwert später durch das Gericht heraufgesetzt wird. [4] Vor der Entscheidung über den Antrag ist der Gegner zu hören.

§ 145 [Weitere Klage wegen eines anderen Patents] Wer eine Klage nach § 139 erhoben hat, kann gegen den Beklagten wegen derselben oder einer gleichartigen Handlung auf Grund eines anderen Patents nur dann eine weitere Klage erheben, wenn er ohne sein Verschulden nicht in der Lage war, auch dieses Patent in dem früheren Rechtsstreit geltend zu machen.

(Fortsetzung der Anm. von voriger Seite)

„**§ 1** (1) Wird in einem Rechtsstreit, in dem ein Anspruch aus einem der im Patentgesetz, im Gebrauchsmustergesetz, im Halbleiterschutzgesetz, im Markengesetz, im Gesetz über Arbeitnehmererfindungen, im Designgesetz oder im Sortenschutzgesetz geregelten Rechtsverhältnisse geltend gemacht wird, einer Partei Prozeßkostenhilfe bewilligt, so kann ihr auf Antrag zu ihrer Beratung und zur Unterstützung des Rechtsanwalts ein Patentanwalt beigeordnet werden, wenn und soweit es zur sachgemäßen Rechtsverfolgung oder Rechtsverteidigung erforderlich erscheint.

(2) Das gleiche gilt für sonstige Rechtsstreitigkeiten, soweit für die Entscheidung eine Frage von Bedeutung ist, die ein Patent, ein Gebrauchsmuster, den Schutz einer Topographie, eine Marke oder ein sonstiges nach dem Markengesetz geschütztes Kennzeichen, ein eingetragenes Design, eine nicht geschützte Erfindung oder eine sonstige die Technik bereichernde Leistung, einen Sortenschutz oder eine nicht geschützte, den Pflanzenbau bereichernde Leistung auf dem Gebiet der Pflanzenzüchtung betrifft, oder soweit für die Entscheidung eine mit einer solchen Frage unmittelbar zusammenhängende Rechtsfrage von Bedeutung ist.

(3) Die Vorschriften des § 117 Abs. 1, des § 119 Abs. 1 Satz 1, des § 121 Abs. 2 und 3, des § 122 Abs. 1 Nr. 1 Buchstabe b und Nr. 3 und der §§ 124, 126 und 127 der Zivilprozeßordnung gelten entsprechend.

§ 2 Auf die Erstattung der Gebühren und Auslagen des beigeordneten Patentanwalts sind die Vorschriften des Rechtsanwaltsvergütungsgesetzes, die für die Vergütung bei Prozesskostenhilfe gelten, sinngemäß mit folgenden Maßgaben anzuwenden:

1. Der Patentanwalt erhält eine Gebühr mit einem Gebührensatz von 1,0 und, wenn er eine mündliche Verhandlung oder einen Beweistermin wahrgenommen hat, eine Gebühr mit einem Gebührensatz von 2,0 nach § 49 des Rechtsanwaltsvergütungsgesetzes.
2. Reisekosten für die Wahrnehmung einer mündlichen Verhandlung oder eines Beweistermins werden nur ersetzt, wenn das Prozessgericht vor dem Termin die Teilnahme des Patentanwalts für geboten erklärt hat."

Elfter Abschnitt. Patentberühmung

§ 146 [Patentberühmung] Wer Gegenstände oder ihre Verpackung mit einer Bezeichnung versieht, die geeignet ist, den Eindruck zu erwecken, daß die Gegenstände durch ein Patent oder eine Patentanmeldung nach diesem Gesetz geschützt seien, oder wer in öffentlichen Anzeigen, auf Aushängeschildern, auf Empfehlungskarten oder in ähnlichen Kundgebungen eine Bezeichnung solcher Art verwendet, ist verpflichtet, jedem, der ein berechtigtes Interesse an der Kenntnis der Rechtslage hat, auf Verlangen Auskunft darüber zu geben, auf welches Patent oder auf welche Patentanmeldung sich die Verwendung der Bezeichnung stützt.

Zwölfter Abschnitt. Übergangsvorschriften

§ 147 [Übergangsvorschriften] (1) Artikel 229 § 6 des Einführungsgesetzes zum Bürgerlichen Gesetzbuche findet mit der Maßgabe entsprechende Anwendung, dass § 33 Abs. 3 und § 141 in der bis zum 1. Januar 2002 geltenden Fassung den Vorschriften des Bürgerlichen Gesetzbuchs über die Verjährung in der bis zum 1. Januar 2002 geltenden Fassung gleichgestellt ist.

(2) Für Verfahren wegen Erklärung der Nichtigkeit des Patents oder des ergänzenden Schutzzertifikats oder wegen Erteilung oder Rücknahme der Zwangslizenz oder wegen der Anpassung der durch Urteil festgesetzten Vergütung für eine Zwangslizenz, die vor dem 1. Oktober 2009 durch Klage beim Bundespatentgericht eingeleitet wurden, sind die Vorschriften dieses Gesetzes in der bis zum 30. September 2009 geltenden Fassung weiter anzuwenden.

(3) Für Verfahren, in denen ein Antrag auf ein Zusatzpatent gestellt worden ist oder nach § 16 Absatz 1 Satz 2 dieses Gesetzes in der vor dem 1. April 2014 geltenden Fassung noch gestellt werden kann oder ein Zusatzpatent in Kraft ist, sind § 16 Absatz 1 Satz 2, Absatz 2, § 17 Absatz 2, § 23 Absatz 1, § 42 Absatz 2 Satz 1 Nummer 4, Satz 2 und Absatz 3 Satz 1 sowie § 43 Absatz 2 Satz 4 dieses Gesetzes in ihrer bis zum 1. April 2014 geltenden Fassung weiter anzuwenden.

(4) Für Anträge auf Verlängerung der Frist zur Benennung des Erfinders sind § 37 Absatz 2 Satz 2 bis 4 und § 20 Absatz 1 Nummer 2 dieses Gesetzes in der vor dem 1. April 2014 geltenden Fassung weiter anzuwenden, wenn die Anträge vor dem 1. April 2014 beim Deutschen Patent- und Markenamt eingegangen sind und das Patent bereits erteilt worden ist.

(5) Für Anträge auf Anhörung nach § 46 Absatz 1, die vor dem 1. April 2014 beim Deutschen Patent- und Markenamt eingegangen sind, ist § 46 dieses Gesetzes in der bis dahin geltenden Fassung weiter anzuwenden.

11. Verordnung zum Verfahren in Patentsachen vor dem Deutschen Patent- und Markenamt (Patentverordnung – PatV)

Vom 1. September 2003
(BGBl. I S. 1702)

FNA 420-1-13

zuletzt geänd. durch Art. 1 VO zur Änd. der PatentVO und anderer Verordnungen des gewerblichen Rechtsschutzes v. 12.12.2018 (BGBl. I S. 2446)

Auf Grund des § 34 Abs. 6 und des § 63 Abs. 4 des Patentgesetzes[1)] in der Fassung der Bekanntmachung vom 16. Dezember 1980 (BGBl. 1981 I S. 1), von denen § 34 Abs. 6 zuletzt durch Artikel 7 Nr. 16 Buchstabe b und § 63 Abs. 4 durch Artikel 7 Nr. 27 Buchstabe b des Gesetzes vom 13. Dezember 2001 (BGBl. I S. 3656) geändert worden sind, jeweils in Verbindung mit § 20 der Verordnung über das Deutsche Patent- und Markenamt vom 5. September 1968 (BGBl. I S. 997), der durch Artikel 24 Nr. 2 des Gesetzes vom 13. Dezember 2001 (BGBl. I S. 3656) neu gefasst worden ist, verordnet das Deutsche Patent- und Markenamt:

Abschnitt 1. Allgemeines

§ 1 Anwendungsbereich. Für die im Patentgesetz[1)] geregelten Verfahren vor dem Deutschen Patent- und Markenamt gelten ergänzend zu den Bestimmungen des Patentgesetzes[1)] und der DPMA-Verordnung die Bestimmungen dieser Verordnung.

§ 2 DIN-Normen, Einheiten im Messwesen, Symbole und Zeichen.

(1) DIN-Normen, auf die in dieser Verordnung verwiesen wird, sind im Beuth-Verlag GmbH, Berlin und Köln, erschienen und beim Deutschen Patent- und Markenamt in München archivmäßig gesichert niedergelegt.

(2) [1]Einheiten im Messwesen sind in Übereinstimmung mit dem Gesetz über die Einheiten im Messwesen und die Zeitbestimmung und der hierzu erlassenen Ausführungsverordnung in den jeweils geltenden Fassungen anzugeben. [2]Bei chemischen Formeln sind die auf dem Fachgebiet national oder international anerkannten Zeichen und Symbole zu verwenden.

Abschnitt 2. Patentanmeldungen; Patentverfahren

§ 3 Form der Einreichung. [1]Die Anmeldung (§ 34 des Patentgesetzes[1)]) und die Zusammenfassung (§ 36 des Patentgesetzes[1)]) sind beim Deutschen Patent- und Markenamt schriftlich oder elektronisch einzureichen. [2]Für die elektronische Einreichung ist die Verordnung über den elektronischen Rechtsverkehr beim Deutschen Patent- und Markenamt maßgebend.

§ 4 Anmeldung zur Erteilung eines Patents. (1) Für die schriftliche Anmeldung zur Erteilung eines Patents ist für die nachfolgend genannten Angaben

[1)] Nr. **10**.

das vom Deutschen Patent- und Markenamt herausgegebene Formblatt zu verwenden, sofern diese Verordnung nichts anderes bestimmt.

(2) Die Anmeldung muss enthalten:

1. folgende Angaben zum Anmelder:
   a) wenn der Anmelder eine natürliche Person ist: Vornamen und Namen oder, falls die Eintragung unter der Firma des Anmelders erfolgen soll, die Firma, wie sie im Handelsregister eingetragen ist, sowie die Anschrift des Wohn- oder Firmensitzes mit Angabe von Straße, Hausnummer, Postleitzahl und Ort,
   b) wenn der Anmelder eine juristische Person oder eine Personengesellschaft ist:
      aa) Name oder Firma, Rechtsform sowie Anschrift mit Angabe von Straße, Hausnummer, Postleitzahl und Ort des Sitzes; die Bezeichnung der Rechtsform kann auf übliche Weise abgekürzt werden; wenn die juristische Person oder Personengesellschaft in einem Register eingetragen ist, müssen die Angaben dem Registereintrag entsprechen;
      bb) bei einer Gesellschaft bürgerlichen Rechts zusätzlich Name und Anschrift mit Angabe von Straße, Hausnummer, Postleitzahl und Ort mindestens eines vertretungsberechtigten Gesellschafters;
2. eine kurze und genaue Bezeichnung der Erfindung;
3. die Erklärung, dass für die Erfindung die Erteilung eines Patents beantragt wird;
4. gegebenenfalls die Angabe eines Vertreters;
5. die Unterschrift aller Anmelder oder deren Vertreter.

(3) [1] Wenn der Anmelder seinen Wohnsitz oder Sitz im Ausland hat, so ist bei der Angabe der Anschrift nach Absatz 2 Nummer 1 außer dem Ort auch der Staat anzugeben. [2] Weitere Angaben zum Bezirk, zur Provinz oder zum Bundesstaat, in dem der Anmelder seinen Wohnsitz oder Sitz hat oder dessen Rechtsordnung er unterliegt, sind freiwillig.

(4) Hat das Deutsche Patent- und Markenamt dem Anmelder eine Kennnummer zugeteilt, so soll diese in der Anmeldung genannt werden. In der Anmeldung können zusätzlich eine von der Anschrift des Anmelders abweichende Postanschrift, eine Postfachanschrift sowie Telefonnummern, Telefaxnummern und E-Mail-Adressen angegeben werden.

(5) Wird die Anmeldung von mehreren Personen oder Personengesellschaften eingereicht, so gelten Absatz 2 Nummer 1 und die Absätze 3 und 4 für alle anmeldenden Personen oder Personengesellschaften.

(6) [1] Ist ein Vertreter bestellt, so gelten hinsichtlich der Angaben zum Vertreter Absatz 2 Nummer 1 und die Absätze 3 und 4 Satz 2 entsprechend. [2] Hat das Deutsche Patent- und Markenamt dem Vertreter eine Kennnummer oder die Nummer einer allgemeinen Vollmacht zugeteilt, so soll diese zusätzlich angegeben werden.

(7) [1] Unterzeichnen Angestellte für ihren anmeldenden Arbeitgeber, so ist auf Anforderung der Nachweis der Zeichnungsbefugnis vorzulegen. [2] Auf beim Deutschen Patent- und Markenamt für die Unterzeichner hinterlegte Angestelltenvollmachten ist unter Angabe der hierfür mitgeteilten Kennnummer hinzuweisen.

(8) Die Angaben zum geographischen Herkunftsort biologischen Materials nach § 34a Absatz 1 Satz 1 des Patentgesetzes[1)] sind auf einem gesonderten Blatt anzugeben.

§ 5 Anmeldungsunterlagen. (1) [1] Die Anmeldungsunterlagen und die Zusammenfassung dürfen im Text keine bildlichen Darstellungen enthalten. [2] Ausgenommen sind chemische und mathematische Formeln sowie Tabellen. [3] Phantasiebezeichnungen, Marken oder andere Bezeichnungen, die zur eindeutigen Angabe der Beschaffenheit eines Gegenstands nicht geeignet sind, dürfen nicht verwendet werden. [4] Kann eine Angabe ausnahmsweise nur durch Verwendung einer Marke eindeutig bezeichnet werden, so ist die Bezeichnung als Marke kenntlich zu machen.

(2) Technische Begriffe und Bezeichnungen sowie Bezugszeichen sind in der gesamten Anmeldung einheitlich zu verwenden, sofern nicht die Verwendung verschiedener Ausdrücke sachdienlich ist.

§ 6 Formerfordernisse der Anmeldung. (1) Die Anmeldungsunterlagen sind in einer Form einzureichen, die eine elektronische Erfassung gestattet.

(2) [1] Die Patentansprüche, die Beschreibung, die Zeichnungen sowie der Text und die Zeichnung der Zusammenfassung sind auf gesonderten Blättern einzureichen. [2] Die Blätter müssen das Format 21 × 29,7 Zentimeter (DIN A4) haben und im Hochformat verwendet werden. [3] Für die Zeichnungen können die Blätter auch im Querformat verwendet werden, wenn dies sachdienlich ist; in diesem Fall ist der Kopf der Abbildungen auf der linken Seite des Blattes im Hochformat anzuordnen. [4] Entsprechendes gilt für die Darstellung chemischer und mathematischer Formeln sowie für Tabellen. [5] Alle Blätter müssen frei von Knicken und Rissen und dürfen nicht gefaltet oder gefalzt sein. [6] Sie müssen aus nicht durchscheinendem, biegsamem, festem, glattem, mattem und widerstandsfähigem Papier sein.

(3) [1] Die Blätter dürfen nur einseitig beschriftet oder mit Zeichnungen versehen sein. [2] Sie müssen so miteinander verbunden sein, dass sie leicht voneinander getrennt und wieder zusammengefügt werden können. [3] Die Patentansprüche, die Beschreibung, die Zeichnungen sowie der Text und die Zeichnung der Zusammenfassung sind jeweils auf einem gesonderten Blatt anzugeben. [4] Die Blätter der Beschreibung sind in arabischen Ziffern mit einer fortlaufenden Nummerierung zu versehen. [5] Die Blattnummern sind unterhalb des oberen Rands in der Mitte anzubringen. [6] Zeilen- und Absatzzähler oder ähnliche Nummerierungen sollen nicht verwendet werden.

(4) [1] Als Mindestränder sind auf den Blättern der Patentansprüche, der Beschreibung und der Zusammenfassung folgende Flächen unbeschriftet zu lassen:

Oberer Rand:	2 Zentimeter
Linker Seitenrand:	2,5 Zentimeter
Rechter Seitenrand:	2 Zentimeter
Unterer Rand:	2 Zentimeter.

[2] Die Mindestränder können den Namen, die Firma oder die sonstige Bezeichnung des Anmelders und das Aktenzeichen der Anmeldung enthalten.

[1)] Nr. **10**.

(5) [1]Die Patentansprüche, die Beschreibung und die Zusammenfassung müssen einspaltig mit Maschine geschrieben oder gedruckt sein. [2]Blocksatz soll nicht verwendet werden. [3]Die Buchstaben der verwendeten Schrift müssen deutlich voneinander getrennt sein und dürfen sich nicht berühren. [4]Graphische Symbole und Schriftzeichen, chemische oder mathematische Formeln können handgeschrieben oder gezeichnet sein, wenn dies notwendig ist. [5]Der Zeilenabstand muss 1½-zeilig sein. [6]Die Texte müssen mit Schriftzeichen, deren Großbuchstaben eine Mindesthöhe von 0,21 Zentimeter (Schriftgrad mindestens 10 Punkt) besitzen, und mit dunkler, unauslöschlicher Farbe geschrieben sein. [7]Das Schriftbild muss scharfe Konturen aufweisen und kontrastreich sein. [8]Jedes Blatt muss weitgehend frei von Radierstellen, Änderungen, Überschreibungen und Zwischenbeschriftungen sein. [9]Von diesem Erfordernis kann abgesehen werden, wenn es sachdienlich ist. [10]Der Text soll keine Unterstreichungen, Kursivschreibungen, Fettdruck oder Sperrungen beinhalten.

(6) Die Anmeldungsunterlagen sollen deutlich erkennen lassen, zu welcher Anmeldung sie gehören.

§ 7 Benennung des Erfinders. (1) Der Anmelder muss bei schriftlicher Benennung des Erfinders das vom Deutschen Patent- und Markenamt herausgegebene Formblatt verwenden.

(2) Die Benennung muss enthalten:

1. die Vornamen, den Namen und die Anschrift mit Angabe von Straße, Hausnummer, Postleitzahl und Ort des Erfinders; § 4 Absatz 3 gilt entsprechend;
2. die Versicherung des Anmelders, dass weitere Personen seines Wissens an der Erfindung nicht beteiligt sind (§ 37 Abs. 1 des Patentgesetzes[1]);
3. falls der Anmelder nicht oder nicht allein der Erfinder ist, die Erklärung darüber, wie das Recht auf das Patent an ihn gelangt ist (§ 37 Abs. 1 Satz 2 des Patentgesetzes[1]);
4. die Bezeichnung der Erfindung und soweit bereits bekannt das amtliche Aktenzeichen;
5. die Unterschrift des Anmelders oder seines Vertreters; ist das Patent von mehreren Personen beantragt, so hat jede von ihnen oder ihr Vertreter die Benennung zu unterzeichnen.

§ 8 Nichtnennung des Erfinders; Änderungen der Erfindernennung.

(1) [1]Der Antrag des Erfinders, ihn nicht als Erfinder zu nennen, der Widerruf dieses Antrags (§ 63 Abs. 1 Satz 3 und 4 des Patentgesetzes[1]) sowie Anträge auf Berichtigung oder Nachholung der Nennung (§ 63 Abs. 2 des Patentgesetzes[1]) sind schriftlich einzureichen. [2]Die Schriftstücke müssen vom Erfinder unterzeichnet sein und die Bezeichnung der Erfindung sowie das amtliche Aktenzeichen enthalten.

(2) Die Zustimmung des Anmelders oder Patentinhabers sowie des zu Unrecht Benannten zur Berichtigung oder Nachholung der Nennung (§ 63 Abs. 2 des Patentgesetzes) hat schriftlich zu erfolgen.

§ 9 Patentansprüche. (1) [1]In den Patentansprüchen kann das, was als patentfähig unter Schutz gestellt werden soll (§ 34 Abs. 3 Nr. 3 des Patentgesetzes[1]),

[1]) Nr. **10**.

einteilig oder nach Oberbegriff und kennzeichnendem Teil geteilt (zweiteilig) gefasst sein. [2]In beiden Fällen kann die Fassung nach Merkmalen gegliedert sein.

(2) [1]Wird die zweiteilige Anspruchsfassung gewählt, sind in den Oberbegriff die durch den Stand der Technik bekannten Merkmale der Erfindung aufzunehmen; in den kennzeichnenden Teil sind die Merkmale der Erfindung aufzunehmen, für die in Verbindung mit den Merkmalen des Oberbegriffs Schutz begehrt wird. [2]Der kennzeichnende Teil ist mit den Worten „dadurch gekennzeichnet, dass" oder „gekennzeichnet durch" oder einer sinngemäßen Wendung einzuleiten.

(3) [1]Werden Patentansprüche nach Merkmalen oder Merkmalsgruppen gegliedert, so ist die Gliederung dadurch äußerlich hervorzuheben, dass jedes Merkmal oder jede Merkmalsgruppe mit einer neuen Zeile beginnt. [2]Den Merkmalen oder Merkmalsgruppen sind deutlich vom Text abzusetzende Gliederungszeichen voranzustellen.

(4) Im ersten Patentanspruch (Hauptanspruch) sind die wesentlichen Merkmale der Erfindung anzugeben.

(5) [1]Eine Anmeldung kann mehrere unabhängige Patentansprüche (Nebenansprüche) enthalten, soweit der Grundsatz der Einheitlichkeit gewahrt ist (§ 34 Abs. 5 des Patentgesetzes[1)]). [2]Absatz 4 ist entsprechend anzuwenden. [3]Nebenansprüche können eine Bezugnahme auf mindestens einen der vorangehenden Patentansprüche enthalten.

(6) [1]Zu jedem Haupt- bzw. Nebenanspruch können ein oder mehrere Patentansprüche (Unteransprüche) aufgestellt werden, die sich auf besondere Ausführungsarten der Erfindung beziehen. [2]Unteransprüche müssen eine Bezugnahme auf mindestens einen der vorangehenden Patentansprüche enthalten. [3]Sie sind so weit wie möglich und auf die zweckmäßigste Weise zusammenzufassen.

(7) Werden mehrere Patentansprüche aufgestellt, so sind sie fortlaufend mit arabischen Ziffern zu nummerieren.

(8) Die Patentansprüche dürfen, wenn dies nicht unbedingt erforderlich ist, im Hinblick auf die technischen Merkmale der Erfindung keine Bezugnahmen auf die Beschreibung oder die Zeichnungen enthalten, z.B. „wie beschrieben in Teil …der Beschreibung" oder „ wie in Abbildung … der Zeichnung dargestellt".

(9) Enthält die Anmeldung Zeichnungen, so sollen die in den Patentansprüchen angegebenen Merkmale mit ihren Bezugszeichen versehen sein.

§ 10 Beschreibung. (1) Am Anfang der Beschreibung nach § 34 Abs. 3 Nr. 4 des Patentgesetzes[1)] ist als Titel die in der Anmeldung nach § 4 Absatz 2 Nummer 2 angegebene Bezeichnung der Erfindung anzugeben.

(2) Ferner sind anzugeben:

1. das technische Gebiet, zu dem die Erfindung gehört, soweit es sich nicht aus den Ansprüchen oder den Angaben zum Stand der Technik ergibt;

[1)] Nr. **10**.

2. der dem Anmelder bekannte Stand der Technik, der für das Verständnis der Erfindung und deren Schutzfähigkeit in Betracht kommen kann, unter Angabe der dem Anmelder bekannten Fundstellen;
3. das der Erfindung zugrunde liegende Problem, sofern es sich nicht aus der angegebenen Lösung oder den zu Nummer 6 gemachten Angaben ergibt, insbesondere dann, wenn es zum Verständnis der Erfindung oder für ihre nähere inhaltliche Bestimmung unentbehrlich ist;
4. die Erfindung, für die in den Patentansprüchen Schutz begehrt wird;
5. in welcher Weise der Gegenstand der Erfindung gewerblich anwendbar ist, wenn es sich aus der Beschreibung oder der Art der Erfindung nicht offensichtlich ergibt;
6. gegebenenfalls vorteilhafte Wirkungen der Erfindung unter Bezugnahme auf den bisherigen Stand der Technik;
7. wenigstens ein Weg zum Ausführen der beanspruchten Erfindung im Einzelnen, gegebenenfalls erläutert durch Beispiele und anhand der Zeichnungen unter Verwendung der entsprechenden Bezugszeichen.

(3) [1] In die Beschreibung sind keine Angaben aufzunehmen, die zum Erläutern der Erfindung offensichtlich nicht notwendig sind. [2] Wiederholungen von Ansprüchen oder Anspruchsteilen können durch Bezugnahme auf diese ersetzt werden.

§ 11 Beschreibung von Nukleotid- und Aminosäuresequenzen.

(1) [1] Sind in der Patentanmeldung Strukturformeln in Form von Nukleotid- oder Aminosäuresequenzen angegeben und damit konkret offenbart, so ist ein entsprechendes Sequenzprotokoll getrennt von Beschreibung und Ansprüchen als Anlage zur Anmeldung einzureichen. [2] Das Sequenzprotokoll hat den in der Anlage 1 enthaltenen Standards für die Einreichung von Sequenzprotokollen zu entsprechen.

(2) [1] Wird die Patentanmeldung in schriftlicher Form eingereicht, ist zusätzlich ein Datenträger einzureichen, der das Sequenzprotokoll in maschinenlesbarer Form enthält. [2] Der Datenträger ist als Datenträger für ein Sequenzprotokoll deutlich zu kennzeichnen und hat den in Absatz 1 genannten Standards zu entsprechen. [3] Dem Datenträger ist eine Erklärung beizufügen, dass die auf dem Datenträger gespeicherten Informationen mit dem schriftlichen Sequenzprotokoll übereinstimmen.

(3) [1] Wird das auf dem Datenträger bei der Anmeldung eingereichte Sequenzprotokoll nachträglich berichtigt, so hat der Anmelder eine Erklärung beizufügen, dass das berichtigte Sequenzprotokoll nicht über den Inhalt der Anmeldung in der ursprünglich eingereichten Fassung hinausgeht. [2] Für die Berichtigung gelten die Absätze 1 und 2 entsprechend.

(4) Handelt es sich um eine Anmeldung, die aus einer internationalen Patentanmeldung nach dem Patentzusammenarbeitsvertrag hervorgegangen und für die das Deutsche Patent- und Markenamt Bestimmungsamt oder ausgewähltes Amt ist (Artikel III § 4 Abs. 1, § 6 Abs. 1 des Gesetzes über internationale Patentübereinkommen vom 21. Juni 1976, BGBl. 1976 II S. 649), so finden die Bestimmungen der Ausführungsordnung zum Patentzusammenarbeitsvertrag unmittelbar Anwendung, soweit diese den Standard für die Einreichung von Sequenzprotokollen regelt.

§ 12 Zeichnungen. Eingereichte Zeichnungen müssen den in der Anlage 2 enthaltenen Standards entsprechen.

§ 13 Zusammenfassung. (1) Die Zusammenfassung nach § 36 des Patentgesetzes[1)] soll aus nicht mehr als 1 500 Zeichen bestehen.

(2) In der Zusammenfassung kann auch die chemische Formel angegeben werden, die die Erfindung am deutlichsten kennzeichnet.

(3) § 9 Abs. 8 ist sinngemäß anzuwenden.

§ 14 Fremdsprachige Dokumente. (1) Deutsche Übersetzungen von fremdsprachigen Dokumenten müssen von einem Rechtsanwalt oder Patentanwalt beglaubigt oder von einem öffentlich bestellten Übersetzer angefertigt sein.

(2) [1] Deutsche Übersetzungen von fremdsprachigen Prioritätsbelegen und Abschriften früherer Anmeldungen (§ 41 Absatz 1 des Patentgesetzes[1)]) sind nur auf Anforderung des Deutschen Patent- und Markenamtes nachzureichen. [2] Das Deutsche Patent- und Markenamt setzt für die Nachreichung eine angemessene Frist.

(3) [1] Deutsche Übersetzungen von sonstigen Dokumenten, die

1. nicht zu den Unterlagen der Anmeldung zählen und
2. in englischer, französischer, italienischer oder spanischer Sprache eingereicht wurden,

sind nur auf Anforderung des Deutschen Patent- und Markenamts nachzureichen. [2] Das Deutsche Patent- und Markenamt setzt für die Nachreichung eine angemessene Frist.

(4) Werden sonstige Dokumente, die nicht zu den Unterlagen der Anmeldung zählen, in anderen Sprachen eingereicht als in Absatz 3 Satz 1 Nummer 2 aufgeführt, so sind Übersetzungen in die deutsche Sprache innerhalb eines Monats nach Eingang der Dokumente nachzureichen.

(5) [1] Wird die Übersetzung im Sinne der Absätze 2 bis 4 nach Ablauf der Frist eingereicht, so gilt das fremdsprachige Dokument als zum Zeitpunkt des Eingangs der Übersetzung eingegangen. [2] Wird keine Übersetzung eingereicht, so gilt das fremdsprachige Dokument als nicht eingegangen.

Abschnitt 3. Sonstige Formerfordernisse

§ 15 Nachgereichte Anmeldungsunterlagen; Änderung von Anmeldungsunterlagen. (1) [1] Auf allen nach Mitteilung des amtlichen Aktenzeichens eingereichten Schriftstücken ist dieses vollständig anzubringen. [2] Werden die Anmeldungsunterlagen im Laufe des Verfahrens geändert, so hat der Anmelder eine Reinschrift der Anmeldungsunterlagen einzureichen, die die Änderungen berücksichtigt. [3] § 6 Abs. 1 und § 11 Abs. 2 gelten entsprechend.

(2) Werden weitere Exemplare von Anmeldungsunterlagen vom Anmelder nachgereicht, so ist eine Erklärung beizufügen, dass die nachgereichten Unterlagen mit den ursprünglich eingereichten Unterlagen übereinstimmen.

(3) [1] Der Anmelder hat, sofern die Änderungen nicht vom Deutschen Patent- und Markenamt vorgeschlagen worden sind, im Einzelnen anzugeben, an

---

1) Nr. **10**.

welcher Stelle die in den neuen Unterlagen beschriebenen Erfindungsmerkmale in den ursprünglichen Unterlagen offenbart sind. [2]Die vorgenommenen Änderungen sind zusätzlich entweder auf einem Doppel der geänderten Unterlagen, durch gesonderte Erläuterungen oder in der Reinschrift zu kennzeichnen. [3]Wird die Kennzeichnung in der Reinschrift vorgenommen, sind die Änderungen fett hervorzuheben.

(4) Der Anmelder hat, sofern die Änderungen vom Deutschen Patent- und Markenamt vorgeschlagen und vom Anmelder ohne weitere Änderungen angenommen worden sind, der Reinschrift nach Absatz 1 Satz 2 eine Erklärung beizufügen, dass die Reinschrift keine über die vom Deutschen Patent- und Markenamt vorgeschlagenen Änderungen hinausgehenden Änderungen enthält.

§ 16 Modelle und Proben. (1) [1]Modelle und Proben sind nur auf Anforderung des Deutschen Patent- und Markenamts einzureichen. [2]Sie sind mit einer dauerhaften Beschriftung zu versehen, aus der Inhalt und Zugehörigkeit zu der entsprechenden Anmeldung hervorgehen. [3]Dabei ist gegebenenfalls der Bezug zum Patentanspruch und der Beschreibung genau anzugeben.

(2) [1]Modelle und Proben, die leicht beschädigt werden können, sind unter Hinweis hierauf in festen Hüllen einzureichen. [2]Kleine Gegenstände sind auf steifem Papier zu befestigen.

(3) [1]Proben chemischer Stoffe sind in widerstandsfähigen, zuverlässig geschlossenen Behältern einzureichen. [2]Sofern sie giftig, ätzend oder leicht entzündlich sind oder in sonstiger Weise gefährliche Eigenschaften aufweisen, sind sie mit einem entsprechenden Hinweis zu versehen.

(4) [1]Ausfärbungen, Gerbproben und andere flächige Proben müssen auf steifem Papier im Format 21 × 29,7 Zentimeter (DIN A4) dauerhaft befestigt sein. [2]Sie sind durch eine genaue Beschreibung des angewandten Herstellungs- oder Verwendungsverfahrens zu erläutern.

§ 17 Öffentliche Beglaubigung von Unterschriften. Auf Anforderung des Deutschen Patent- und Markenamts sind die in § 7 Abs. 2 Nr. 5 und in § 8 genannten Unterschriften öffentlich beglaubigen zu lassen (§ 129 des Bürgerlichen Gesetzbuchs).

§ 18 *(aufgehoben)*

Abschnitt 4. Ergänzende Schutzzertifikate

§ 19 Form der Einreichung. (1) [1]Der Antrag auf Erteilung eines ergänzenden Schutzzertifikats und der Antrag auf Verlängerung der Laufzeit eines ergänzenden Schutzzertifikats (§ 49a des Patentgesetzes[1]) sind auf den vom Deutschen Patent- und Markenamt herausgegebenen Formblättern einzureichen. [2]§ 4 Absatz 2 Nummer 1, 4 und 5, Absatz 3, 5 und 6 sowie § 14 Absatz 1, 3 bis 5 sind entsprechend anzuwenden.

(2) Dem Antrag auf Erteilung eines ergänzenden Schutzzertifikats sind Angaben zur Erläuterung des durch das Grundpatent vermittelten Schutzes beizufügen.

---

[1] Nr. **10**.

§ 20 Ergänzende Schutzzertifikate für Arzneimittel. Der Antrag auf Erteilung eines ergänzenden Schutzzertifikats für Arzneimittel und der Antrag auf Verlängerung der Laufzeit eines ergänzenden Schutzzertifikats für Arzneimittel müssen jeweils die Angaben und Unterlagen enthalten, die in Artikel 8 der Verordnung (EG) Nr. 469/2009 des Europäischen Parlaments und des Rates vom 6. Mai 2009 über das ergänzende Schutzzertifikat für Arzneimittel (ABl. L 152 vom 16.6.2009, S. 1) bezeichnet sind.

§ 21 Ergänzende Schutzzertifikate für Pflanzenschutzmittel. Der Antrag auf Erteilung eines ergänzenden Schutzzertifikats für Pflanzenschutzmittel muss die Angaben und Unterlagen enthalten, die in Artikel 8 der Verordnung (EG) Nr. 1610/96 des Europäischen Parlaments und des Rates vom 23. Juli 1996 über die Schaffung eines ergänzenden Schutzzertifikats für Pflanzenschutzmittel (ABl. L 198 vom 8.8.1996, S. 30) bezeichnet sind.

Abschnitt 5. Übergangs- und Schlussbestimmungen

§ 22 Übergangsregelung. Für Patentanmeldungen, Erfinderbenennungen und Anträge auf Erteilung eines ergänzenden Schutzzertifikats, die vor Inkrafttreten von Änderungen dieser Verordnung eingereicht worden sind, sind die bisherigen Vorschriften in ihrer bis dahin geltenden Fassung anzuwenden.

§ 23 Inkrafttreten; Außerkrafttreten. [1] Diese Verordnung tritt am 15. Oktober 2003 in Kraft. [2] Gleichzeitig treten

1. die Patentanmeldeverordnung vom 29. Mai 1981 (BGBl. I S. 521), zuletzt geändert durch die Verordnung vom 1. Januar 2002 (BGBl. I S. 32), und
2. die Erfinderbenennungsverordnung vom 29. Mai 1981 (BGBl. I S. 525)

außer Kraft.

Anlage 1
(zu § 11 Abs. 1 Satz 2)

(hier nicht wiedergegeben)

Anlage 2
(zu § 12)

(hier nicht wiedergegeben)

11a. Verordnung über die Hinterlegung von biologischem Material in Patent- und Gebrauchsmusterverfahren (Biomaterial-Hinterlegungsverordnung – BioMatHintV)

Vom 24. Januar 2005
(BGBl.I S. 151)

FNA 424-1-10

geänd. durch Art. 14 Abs. 1 G zur Änd. des DesignG und weiterer Vorschriften des gewerblichen Rechtsschutzes v. 4.4.2016 (BGBl. I S. 558)

Auf Grund des § 34 Abs. 8 des Patentgesetzes[1] in der Fassung der Bekanntmachung vom 16. Dezember 1980 (BGBl. 1981 I S. 1), der zuletzt durch Artikel 7 Nr. 16 Buchstabe b und c des Gesetzes vom 13. Dezember 2001 (BGBl. I S. 3656) geändert worden ist, und des § 4 Abs. 7 des Gebrauchsmustergesetzes[2] in der Fassung der Bekanntmachung vom 28. August 1986 (BGBl. I S. 1455), der zuletzt durch Artikel 8 Nr. 1 Buchstabe a, c und d des Gesetzes vom 13. Dezember 2001 (BGBl. I S. 3656) geändert worden ist, jeweils in Verbindung mit § 1 Abs. 2 der DPMA-Verordnung vom 1. April 2004 (BGBl. I S. 514), verordnet das Deutsche Patent- und Markenamt:

§ 1 Notwendigkeit der Hinterlegung; biologisches Material. (1) Betrifft eine Erfindung biologisches Material, das der Öffentlichkeit nicht zugänglich ist und in der Patent- oder Gebrauchsmusteranmeldung nicht so beschrieben werden kann, dass ein Fachmann diese Erfindung danach ausführen kann, oder beinhaltet die Erfindung die Verwendung eines solchen Materials, so gilt die Beschreibung für die Anwendung des Patent- oder Gebrauchsmusterrechts nur dann als ausreichend, wenn

1. das biologische Material spätestens am Tag der Anmeldung oder, wenn eine Priorität in Anspruch genommen worden ist, am Prioritätstag bei einer anerkannten Hinterlegungsstelle hinterlegt worden ist,
2. die Anmeldung die einschlägigen Informationen enthält, die dem Anmelder bezüglich der Merkmale des hinterlegten biologischen Materials bekannt sind, und
3. in der Anmeldung die Hinterlegungsstelle und das Aktenzeichen der Hinterlegung angegeben sind.

(2) Biologisches Material im Sinne dieser Verordnung ist ein Material, das genetische Informationen enthält und sich selbst reproduzieren oder in einem biologischen System reproduziert werden kann.

(3) Ist das biologische Material bereits von einem Dritten hinterlegt worden, so bedarf es keiner weiteren Hinterlegung, sofern durch die erste Hinterlegung die Ausführbarkeit der weiteren Erfindung für den in § 7 festgelegten Zeitraum sichergestellt ist.

---

[1] Nr. **10**.
[2] Nr. **20**.

§ 2 Anerkannte Hinterlegungsstellen. Anerkannt sind die internationalen Hinterlegungsstellen, die diesen Status nach Artikel 7 des Budapester Vertrags vom 28. April 1977 über die internationale Anerkennung der Hinterlegung von Mikroorganismen für die Zwecke von Patentverfahren (BGBl. 1980 II S. 1104) in seiner jeweils geltenden Fassung erworben haben, und solche wissenschaftlich anerkannten Einrichtungen, welche die Gewähr für eine ordnungsgemäße Aufbewahrung und Herausgabe von Proben nach Maßgabe dieser Verordnung bieten und rechtlich, wirtschaftlich und organisatorisch vom Anmelder und vom Hinterleger unabhängig sind.

§ 3 Nachreichen des Aktenzeichens der Hinterlegung. (1) Ist bereits aufgrund der Anmeldeunterlagen eine eindeutige Zuordnung der Anmeldung zu dem hinterlegten biologischen Material möglich, so kann das Aktenzeichen der Hinterlegung nachgereicht werden

1. bei Gebrauchsmusteranmeldungen innerhalb eines Monats nach dem Tag der Einreichung;
2. bei Patentanmeldungen innerhalb einer Frist von 16 Monaten nach dem Tag der Anmeldung oder, wenn eine Priorität in Anspruch genommen worden ist, nach dem Prioritätstag. Die Frist gilt als eingehalten, wenn das Aktenzeichen bis zum Abschluss der technischen Vorbereitungen für die Veröffentlichung des Offenlegungshinweises nach § 32 Abs. 5 des Patentgesetzes[1] mitgeteilt worden ist.

(2) Die Frist zur Nachreichung endet jedoch spätestens einen Monat nach der Mitteilung an den Anmelder, dass ein Recht auf Akteneinsicht nach § 31 Abs. 1 Satz 1 des Patentgesetzes[1] besteht, oder im Fall der vorzeitigen Offenlegung spätestens mit der Abgabe der Erklärung des Anmelders nach § 31 Absatz 2 Satz 1 Nummer 1 des Patentgesetzes[1].

§ 4 Freigabeerklärung. (1) [1]Der Anmelder hat das hinterlegte biologische Material der Hinterlegungsstelle ab dem Tag der Anmeldung zur Herausgabe von Proben nach § 5 für die in § 7 festgelegte Aufbewahrungsdauer durch Abgabe einer unwiderruflichen Erklärung vorbehaltlos zur Verfügung zu stellen. [2]Im Fall einer Dritthinterlegung muss der Anmelder durch Vorlage von Urkunden nachweisen, dass das hinterlegte biologische Material vom Hinterleger nach Satz 1 zur Verfügung gestellt worden ist.

(2) Der Anmelder hat sich gegenüber der Hinterlegungsstelle unwiderruflich zu verpflichten, eine nach § 9 erforderlich werdende erneute Hinterlegung vorzunehmen oder durch einen Dritten vornehmen zu lassen.

§ 5 Zugang zu biologischem Material. (1) Das hinterlegte biologische Material wird durch Herausgabe einer Probe auf Antrag zugänglich gemacht

1. bis zur Veröffentlichung des Offenlegungshinweises nach § 32 Abs. 5 des Patentgesetzes[1] oder bis zur Eintragung des Gebrauchsmusters nur
   a) für den Hinterleger,
   b) für das Deutsche Patent- und Markenamt auf Anforderung oder
   c) für den Anmelder oder einen sonstigen Dritten, wenn dieser aufgrund einer Entscheidung des Deutschen Patent- und Markenamts nach § 31

---

[1] Nr. **10**.

Abs. 1 Satz 1 des Patentgesetzes[1] oder § 8 Abs. 5 Satz 2 des Gebrauchsmustergesetzes[2] oder aufgrund der Entscheidung eines Gerichts zum Erhalt einer Probe berechtigt ist oder der Hinterleger in die Abgabe der Probe schriftlich eingewilligt hat;
2. von der Veröffentlichung des Offenlegungshinweises nach § 32 Abs. 5 des Patentgesetzes[1] bis zur Erteilung des Patents für jedermann; auf Antrag des Hinterlegers wird der Zugang zu dem hinterlegten biologischen Material nur durch Herausgabe einer Probe an einen vom Antragsteller benannten unabhängigen Sachverständigen hergestellt;
3. nach der Erteilung des Patents oder eines ergänzenden Schutzzertifikats oder nach Eintragung des Gebrauchsmusters ungeachtet eines späteren Widerrufs oder einer Nichtigerklärung des Patents oder des ergänzenden Schutzzertifikats oder einer späteren Löschung des Gebrauchsmusters für jedermann.

(2) Bei Zurückweisung oder Zurücknahme der Anmeldung wird der in Absatz 1 Nr. 1 Buchstabe c und Nr. 2 geregelte Zugang zu dem hinterlegten biologischen Material auf Antrag des Hinterlegers für die Dauer von 20 Jahren ab dem Tag der Anmeldung nur durch Herausgabe einer Probe an einen vom Antragsteller benannten unabhängigen Sachverständigen hergestellt.

(3) Als Sachverständiger nach Absatz 1 Nr. 2 und Absatz 2 kann benannt werden
1. jede natürliche Person, auf die sich der Antragsteller und der Hinterleger geeinigt haben;
2. jede natürliche Person, die vom Präsidenten des Deutschen Patent- und Markenamts als Sachverständiger anerkannt ist.

(4) Die Anträge des Hinterlegers nach Absatz 1 Nr. 2 und Absatz 2 sind beim Deutschen Patent- und Markenamt zu stellen und können nur bis zu dem Zeitpunkt eingereicht werden, zu dem die technischen Vorbereitungen für die Veröffentlichung des Offenlegungshinweises nach § 32 Abs. 5 des Patentgesetzes[1] oder für die Eintragung des Gebrauchsmusters als abgeschlossen gelten.

(5) [1] Der Antrag auf Zugang zu biologischem Material ist unter Verwendung des hierfür herausgegebenen Formblatts beim Deutschen Patent- und Markenamt zu stellen. [2] Das Deutsche Patent- und Markenamt bestätigt auf dem Formblatt, dass eine Patentanmeldung oder eine Gebrauchsmusteranmeldung eingereicht worden ist, die auf die Hinterlegung des biologischen Materials Bezug nimmt, und dass der Antragsteller oder der von ihm benannte Sachverständige Anspruch auf Herausgabe einer Probe dieses Materials hat. [3] Der Antrag ist auch nach Erteilung des Patents oder des ergänzenden Schutzzertifikats oder nach Eintragung des Gebrauchsmusters beim Deutschen Patent- und Markenamt einzureichen.

(6) Das Deutsche Patent- und Markenamt übermittelt der Hinterlegungsstelle und dem Anmelder oder Schutzrechtsinhaber und im Fall der Dritthinterlegung auch dem Hinterleger eine Kopie des Antrags mit der in Absatz 5 Satz 2 vorgesehenen Bestätigung.

§ 6 Verpflichtungserklärung. (1) Eine Probe wird nur dann herausgegeben, wenn der Antragsteller sich gegenüber dem Anmelder und im Fall der Dritt-

---

[1] Nr. **10**.
[2] Nr. **20**.

hinterlegung auch gegenüber dem Hinterleger verpflichtet, für die Dauer der Wirkung sämtlicher Schutzrechte, die auf das hinterlegte biologische Material Bezug nehmen,

1. Dritten keine Probe des hinterlegten biologischen Materials oder eines daraus abgeleiteten Materials zugänglich zu machen und
2. keine Probe des hinterlegten biologischen Materials oder eines daraus abgeleiteten Materials zu anderen als zu Versuchszwecken zu verwenden, es sei denn, der Anmelder oder Inhaber des Schutzrechts, im Fall der Dritthinterlegung zusätzlich der Hinterleger, verzichten ausdrücklich auf eine derartige Verpflichtung. Die Verpflichtung, das biologische Material nur zu Versuchszwecken zu verwenden, ist hinfällig, soweit der Antragsteller dieses Material aufgrund einer Zwangslizenz oder einer staatlichen Benutzungsanordnung verwendet.

(2) [1] Wird die Probe an einen unabhängigen Sachverständigen herausgegeben, so hat dieser die Verpflichtungserklärung nach Absatz 1 abzugeben. [2] Gegenüber dem Sachverständigen ist der Antragsteller als Dritter im Sinne des Absatzes 1 Nr. 1 anzusehen.

§ 7 Aufbewahrungsdauer. Das hinterlegte biologische Material ist fünf Jahre ab dem Eingang des letzten Antrags auf Abgabe einer Probe aufzubewahren, mindestens jedoch fünf Jahre über die gesetzlich bestimmte maximale Schutzdauer aller Schutzrechte, die auf das hinterlegte biologische Material Bezug nehmen, hinaus.

§ 8 Hinterlegung nach Maßgabe des Budapester Vertrags. Im Fall einer Hinterlegung nach dem Budapester Vertrag richten sich die Freigabeerklärung, die Herausgabe von Proben, die Verpflichtungserklärung und die Aufbewahrungsdauer ausschließlich nach den Regeln des Budapester Vertrags und der zu diesem ergangenen Ausführungsordnung (BGBl. 1980 II S. 1104, 1122) in ihrer jeweils geltenden Fassung.

§ 9 Erneute Hinterlegung. (1) Ist das nach dieser Verordnung hinterlegte biologische Material bei der anerkannten Hinterlegungsstelle nicht mehr zugänglich, so ist eine erneute Hinterlegung unter denselben Bedingungen wie denen des Budapester Vertrags zulässig und auf Anforderung der Hinterlegungsstelle vorzunehmen.

(2) Das biologische Material ist innerhalb einer Frist von drei Monaten nach der Anforderung der Hinterlegungsstelle nach Absatz 1 erneut zu hinterlegen.

(3) Jeder erneuten Hinterlegung ist eine vom Hinterleger unterzeichnete Erklärung beizufügen, in der bestätigt wird, dass das erneut hinterlegte biologische Material das Gleiche wie das ursprünglich hinterlegte Material ist.

§ 10 Zusammenarbeit mit dem Deutschen Patent- und Markenamt. Das Deutsche Patent- und Markenamt gibt den Hinterlegungsstellen alle Informationen, die zur Erfüllung ihrer Aufgaben erforderlich sind.

§ 11 Übergangsregelung. Diese Verordnung findet keine Anwendung auf Patent- oder Gebrauchsmusteranmeldungen, die vor ihrem Inkrafttreten eingereicht worden sind.

§ 12 Inkrafttreten. Diese Verordnung tritt am 28. Februar 2005 in Kraft.

12. Gesetz zu dem Übereinkommen vom 27. November 1963 zur Vereinheitlichung gewisser Begriffe des materiellen Rechts der Erfindungspatente, dem Vertrag vom 19. Juni 1970 über die internationale Zusammenarbeit auf dem Gebiet des Patentwesens und dem Übereinkommen vom 5. Oktober 1973 über die Erteilung europäischer Patente (Gesetz über internationale Patentübereinkommen)

Vom 21. Juni 1976
(BGBl. II S. 649)

FNA 188-17

zuletzt geänd. durch Art. 3 G zur Änd. des BundesversorgungsG und anderer Vorschriften v. 17.7. 2017 (BGBl. I S. 2541)

– Auszug –

Art. I Zustimmung zu den Übereikommen

[1] Den folgenden Übereinkommen wird zugestimmt:

1. dem in Straßburg am 27. November 1963 von der Bundesrepublik Deutschland unterzeichneten Übereinkommen zur Vereinheitlichung gewisser Begriffe des materiellen Rechts der Erfindungspatente (Straßburger Patentübereinkommen);
2. dem in Washington am 19. Juni 1970 von der Bundesrepublik Deutschland unterzeichneten Vertrag über die internationale Zusammenarbeit auf dem Gebiet des Patentwesens (Patentzusammenarbeitsvertrag)[1)];
3. dem in München am 5. Oktober 1973 von der Bundesrepublik Deutschland unterzeichneten Übereinkommen über die Erteilung europäischer Patente (Europäisches Patentübereinkommen)[2)].

[2] Die Übereinkommen werden nachstehend veröffentlicht.

Art. II Europäisches Patentrecht

§ 1 Entschädigungsanspruch aus europäischen Patentanmeldungen.

(1) [1] Der Anmelder einer veröffentlichten europäischen Patentanmeldung, mit der für die Bundesrepublik Deutschland Schutz begehrt wird, kann von demjenigen, der den Gegenstand der Anmeldung benutzt hat, obwohl er wußte oder wissen mußte, daß die von ihm benutzte Erfindung Gegenstand der europäischen Patentanmeldung war, eine den Umständen nach angemessene Entschädigung verlangen. [2] § 141 des Patentgesetzes[3)] ist entsprechend anzuwenden. [3] Weitergehende Ansprüche nach Artikel 67 Abs. 1 des Europäischen Patentübereinkommens[2)] sind ausgeschlossen.

---

1) Nr. **65**.
2) Nr. **50**.
3) Nr. **10**.

(2) Ist die europäische Patentanmeldung nicht in deutscher Sprache veröffentlicht worden, so steht dem Anmelder eine Entschädigung nach Absatz 1 Satz 1 erst von dem Tag an zu, an dem eine von ihm eingereichte deutsche Übersetzung der Patentansprüche vom Deutschen Patent- und Markenamt veröffentlicht worden ist oder der Anmelder eine solche Übersetzung dem Benutzer der Erfindung übermittelt hat.

(3) [1] Die vorstehenden Absätze gelten entsprechend im Falle einer nach Artikel 21 des Patentzusammenarbeitsvertrags[1)] veröffentlichten internationalen Patentanmeldung, für die das Europäische Patentamt als Bestimmungsamt tätig geworden ist. [2] Artikel 153 Abs. 4 des Europäischen Patentübereinkommens bleibt unberührt.

§ 2 Veröffentlichung von Übersetzungen der Patentansprüche europäischer Patentanmeldungen. (1) Das Deutsche Patent- und Markenamt veröffentlicht auf Antrag des Anmelders die nach § 1 Abs. 2 eingereichte Übersetzung.

(2) [1] Das Bundesministerium der Justiz und für Verbraucherschutz wird ermächtigt, durch Rechtsverordnung ohne Zustimmung des Bundesrates Bestimmungen über die sonstigen Erfordernisse für die Veröffentlichung zu erlassen. [2] Es kannEr kann diese Ermächtigung durch Rechtsverordnung ohne Zustimmung des Bundesrates auf das Deutsche Patent- und Markenamt übertragen.

§ 3 Übermittlung von Informationen. [1] Das Deutsche Patent- und Markenamt kann aus den bei ihm geführten Verfahren dem Europäischen Patentamt die für die Erfüllung von dessen Aufgaben in Verfahren nach dem Vierten und dem Zehnten Teil des Europäischen Patentübereinkommens[2)] erforderlichen Informationen einschließlich personenbezogener Daten elektronisch oder in anderer Form übermitteln. [2] Die Übermittlung ist ausgeschlossen, soweit eine Rechtsvorschrift entgegensteht oder soweit das schutzwürdige Interesse der betroffenen Person im Sinne des Artikels 4 Nummer 1 der Verordnung (EU) 2016/679 des Europäischen Parlaments und des Rates vom 27. April 2016 zum Schutz natürlicher Personen bei der Verarbeitung personenbezogener Daten, zum freien Datenverkehr und zur Aufhebung der Richtlinie 95/46/EG (Datenschutz-Grundverordnung) (ABl. L 119 vom 4.5.2016, S. 1; L 314 vom 22.11.2016, S. 72) in der jeweils geltenden Fassung offensichtlich überwiegt.

§ 4 Einreichung europäischer Patentanmeldungen beim Deutschen Patent- und Markenamt. (1) [1] Europäische Patentanmeldungen können auch beim Deutschen Patent- und Markenamt oder gemäß § 34 Abs. 2 des Patentgesetzes[3)] über ein Patentinformationszentrum eingereicht werden. [2] Die nach dem Europäischen Patentübereinkommen[2)] zu zahlenden Gebühren sind unmittelbar an das Europäische Patentamt zu entrichten.

(2) Europäische Anmeldungen, die ein Staatsgeheimnis (§ 93 des Strafgesetzbuches) enthalten können, sind beim Deutschen Patent- und Markenamt nach Maßgabe folgender Vorschriften einzureichen:

[1)] Nr. **65**.
[2)] Nr. **50**.
[3)] Nr. **10**.

1. In einer Anlage zur Anmeldung ist darauf hinzuweisen, daß die angemeldete Erfindung nach Auffassung des Anmelders ein Staatsgeheimnis enthalten kann.
2. Genügt die Anmeldung den Anforderungen der Nummer 1 nicht, so wird die Entgegennahme durch Beschluß abgelehnt. Auf das Verfahren sind die Vorschriften des Patentgesetzes entsprechend anzuwenden. Die Entgegennahme der Anmeldung kann nicht mit der Begründung abgelehnt werden, daß die Anmeldung kein Staatsgeheimnis enthalte.
3. Das Deutsche Patent- und Markenamt prüft die nach Maßgabe der Nummer 1 eingereichten Anmeldungen unverzüglich darauf, ob mit ihnen Patentschutz für eine Erfindung nachgesucht wird, die ein Staatsgeheimnis (§ 93 des Strafgesetzbuches) ist. Für das Verfahren gelten die Vorschriften des Patentgesetzes entsprechend; § 53 des Patentgesetzes ist anzuwenden.
4. Ergibt die Prüfung nach Nummer 3, daß die Erfindung ein Staatsgeheimnis ist, so ordnet das Deutsche Patent- und Markenamt von Amts wegen an, daß die Anmeldung nicht weitergeleitet wird und jede Bekanntmachung unterbleibt. Mit der Rechtskraft der Anordnung gilt die europäische Patentanmeldung auch als eine von Anfang an beim Deutschen Patent- und Markenamt eingereichte nationale Patentanmeldung, für die eine Anordnung nach § 50 Abs. 1 des Patentgesetzes ergangen ist. § 9 Abs. 2 ist entsprechend anzuwenden.

(3) Enthält die Anmeldung kein Staatsgeheimnis, so leitet das Deutsche Patent- und Markenamt die Patentanmeldung an das Europäische Patentamt weiter und unterrichtet den Anmelder hiervon.

§ 5 Anspruch gegen den nichtberechtigten Patentanmelder. (1) [1]Der nach Artikel 60 Abs. 1 des Europäischen Patentübereinkommens[1)] Berechtigte, dessen Erfindung von einem Nichtberechtigten angemeldet ist, kann vom Patentsucher verlangen, daß ihm der Anspruch auf Erteilung des europäischen Patents abgetreten wird. [2]Hat die Patentanmeldung bereits zum europäischen Patent geführt, so kann er vom Patentinhaber die Übertragung des Patents verlangen.

(2) Der Anspruch nach Absatz 1 Satz 2 kann innerhalb einer Ausschlußfrist von zwei Jahren nach dem Tag gerichtlich geltend gemacht werden, an dem im Europäischen Patentblatt auf die Erteilung des europäischen Patents hingewiesen worden ist, später nur dann, wenn der Patentinhaber bei der Erteilung oder dem Erwerb des Patents Kenntnis davon hatte, daß er kein Recht auf das europäische Patent hatte.

§ 6 Nichtigkeit. (1) [1]Das mit Wirkung für die Bundesrepublik Deutschland erteilte europäische Patent wird auf Antrag für nichtig erklärt, wenn sich ergibt, daß

1. der Gegenstand des europäischen Patents nach den Artikeln 52 bis 57 des Europäischen Patentübereinkommens[1)] nicht patentfähig ist,
2. das europäische Patent die Erfindung nicht so deutlich und vollständig offenbart, daß ein Fachmann sie ausführen kann,

---

[1)] Nr. **50**.

3. der Gegenstand des europäischen Patents über den Inhalt der europäischen Patentanmeldung in ihrer bei der für die Einreichung der Anmeldung zuständigen Behörde ursprünglich eingereichten Fassung oder, wenn das Patent auf einer europäischen Teilanmeldung oder einer nach Artikel 61 des Europäischen Patentübereinkommens eingereichten neuen europäischen Patentanmeldung beruht, über den Inhalt der früheren Anmeldung in ihrer bei der für die Einreichung der Anmeldung zuständigen Behörde ursprünglich eingereichten Fassung hinausgeht,
4. der Schutzbereich des europäischen Patents erweitert worden ist,
5. der Inhaber des europäischen Patents nicht nach Artikel 60 Abs. 1 des Europäischen Patentübereinkommens berechtigt ist.

[2] Soweit das europäische Patent für nichtig erklärt worden ist, gelten die Wirkungen des europäischen Patents und der Anmeldung als von Anfang an nicht eingetreten.

(2) Betreffen die Nichtigkeitsgründe nur einen Teil des europäischen Patents, wird das Patent durch entsprechende Änderung der Patentansprüche beschränkt und für teilweise nichtig erklärt.

(3) [1] Der Patentinhaber ist befugt, das europäische Patent in dem Verfahren wegen Erklärung der Nichtigkeit des Patents durch Änderung der Patentansprüche in beschränktem Umfang zu verteidigen. [2] Die so beschränkte Fassung ist dem Verfahren zugrunde zu legen.

(4) Im Falle des Absatzes 1 Satz 1 Nr. 5 ist nur der nach Artikel 60 Abs. 1 des Europäischen Patentübereinkommens Berechtigte befugt, den Antrag zu stellen.

§ 6a Ergänzende Schutzzertifikate. Das Deutsche Patent- und Markenamt erteilt ergänzende Schutzzertifikate nach § 49a des Patentgesetzes[1] auch für das mit Wirkung für die Bundesrepublik Deutschland erteilte europäische Patent.

§ 7 Jahresgebühren. (1) [1] Für das mit Wirkung für die Bundesrepublik Deutschland erteilte europäische Patent sind Jahresgebühren nach § 17 des Patentgesetzes[1] zu entrichten. [2] Sie werden jedoch erst für die Jahre geschuldet, die dem Jahr folgen, in dem der Hinweis auf die Erteilung des europäischen Patents im Europäischen Patentblatt bekanntgemacht worden ist.

(2) Hebt die Große Beschwerdekammer des Europäischen Patentamts nach Artikel 112a des Europäischen Patentübereinkommens[2] die Entscheidung einer Beschwerdekammer auf, mit der ein europäisches Patent widerrufen wurde, werden Jahresgebühren für den Zeitraum zwischen Widerruf des Patents und Aufhebung dieser Entscheidung erst mit dem Tag der Zustellung der Entscheidung der Großen Beschwerdekammer fällig.

§ 8 Verbot des Doppelschutzes. (1) Soweit der Gegenstand eines im Verfahren nach dem Patentgesetz[1] erteilten Patents eine Erfindung ist, für die demselben Erfinder oder seinem Rechtsnachfolger mit Wirkung für die Bundesrepublik Deutschland ein europäisches Patent mit derselben Priorität erteilt worden ist, hat das Patent in dem Umfang, in dem es dieselbe Erfindung wie

---

[1] Nr. **10**.
[2] Nr. **50**.

das europäische Patent schützt, von dem Zeitpunkt an keine Wirkung mehr, zu dem

1. die Frist zur Einlegung des Einspruchs gegen das europäische Patent abgelaufen ist, ohne daß Einspruch eingelegt worden ist,
2. das Einspruchsverfahren unter Aufrechterhaltung des europäischen Patents rechtskräftig abgeschlossen ist oder
3. das Patent erteilt wird, wenn dieser Zeitpunkt nach dem in den Nummern 1 oder 2 genannten Zeitpunkt liegt.

(2) Das Erlöschen, die Erklärung der Nichtigkeit, der Widerruf und die Beschränkung des europäischen Patents lassen die nach Absatz 1 eingetretene Rechtsfolge unberührt.

(3) *(aufgehoben)*

§ 9 Umwandlung. (1) Hat der Anmelder einer europäischen Patentanmeldung, mit der für die Bundesrepublik Deutschland Schutz begehrt wird, einen Umwandlungsantrag nach Artikel 135 Abs. 1 Buchstabe a des Europäischen Patentübereinkommens[1)] gestellt und hierbei angegeben, daß er für die Bundesrepublik Deutschland die Einleitung des Verfahrens zur Erteilung eines nationalen Patents wünscht, so gilt die europäische Patentanmeldung als eine mit der Stellung des Umwandlungsantrags beim Deutschen Patent- und Markenamt eingereichte nationale Patentanmeldung; Artikel 66 des Europäischen Patentübereinkommens bleibt unberührt.

(2) [1] Der Anmelder hat innerhalb einer Frist von drei Monaten nach Zustellung der Aufforderung des Deutschen Patent- und Markenamts eine deutsche Übersetzung der europäischen Patentanmeldung in der ursprünglichen Fassung dieser Anmeldung einzureichen. [2] Wird die Übersetzung nicht rechtzeitig eingereicht, so wird die Patentanmeldung zurückgewiesen.

§ 10 Zuständigkeit von Gerichten. (1) [1] Ist nach dem Protokoll über die gerichtliche Zuständigkeit und die Anerkennung von Entscheidungen über den Anspruch auf Erteilung eines europäischen Patents die Zuständigkeit der Gerichte im Geltungsbereich dieses Gesetzes begründet, so richtet sich die örtliche Zuständigkeit nach den allgemeinen Vorschriften. [2] Ist danach ein Gerichtsstand nicht gegeben, so ist das Gericht zuständig, in dessen Bezirk das Europäische Patentamt seinen Sitz hat.

(2) § 143 des Patentgesetzes[2)] gilt entsprechend.

§ 11 Zentrale Behörde für Rechtshilfeersuchen. Das Bundesministerium der Justiz und für Verbraucherschutz wird ermächtigt, durch Rechtsverordnung ohne Zustimmung des Bundesrates eine Bundesbehörde als zentrale Behörde für die Entgegennahme und Weiterleitung der vom Europäischen Patentamt ausgehenden Rechtshilfeersuchen zu bestimmen.

§ 12 Entzug des Geschäftssitzes eines zugelassenen Vertreters. [1] Zuständige Behörde für den Entzug der Berechtigung, einen Geschäftssitz nach Artikel 134 Abs. 6 Satz 1 und Abs. 8 des Europäischen Patentübereinkommens[1)] zu begründen, ist die Landesjustizverwaltung des Landes, in dem der

---

[1)] Nr. **50**.
[2)] Nr. **10**.

Geschäftssitz begründet worden ist. [2]Die Landesregierungen werden ermächtigt, die Zuständigkeit der Landesjustizverwaltung durch Rechtsverordnung auf den Präsidenten des Oberlandesgerichts, den Präsidenten des Landgerichts oder den Präsidenten des Amtsgerichts des Bezirks zu übertragen, in dem der Geschäftssitz begründet worden ist. [3]Die Landesregierungen können diese Ermächtigung durch Rechtsverordnung auf die Landesjustizverwaltung übertragen.

§ 13 Ersuchen um Erstattung technischer Gutachten. Ersuchen der Gerichte um Erstattung technischer Gutachten nach Artikel 25 des Europäischen Patentübereinkommens[1)] werden in unmittelbaren Verkehr an das Europäische Patentamt übersandt.

§ 14 Unzulässige Anmeldung beim Europäischen Patentamt. Wer eine Patentanmeldung, die ein Staatsgeheimnis (§ 93 des Strafgesetzbuches) enthält, unmittelbar beim Europäischen Patentamt einreicht, wird mit Freiheitsstrafe bis zu fünf Jahren oder mit Geldstrafe bestraft.

Art. III Verfahren nach dem Patentzusammenarbeitsvertrag[2)]

§ 1 Das Deutsche Patent- und Markenamt als Anmeldeamt. (1) [1]Das Deutsche Patentam- und Markenamt ist Anmeldeamt im Sinne des Artikels 10 des Patentzusammenarbeitsvertrags[2)]. [2]Es nimmt internationale Patentanmeldungen von Personen entgegen, die die deutsche Staatsangehörigkeit besitzen oder im Geltungsbereich dieses Gesetzes ihren Sitz oder Wohnsitz haben. [3]Es nimmt auch internationale Anmeldungen von Personen entgegen, die die Staatsangehörigkeit eines anderen Staates besitzen oder in einem anderen Staat ihren Sitz oder Wohnsitz haben, wenn die Bundesrepublik Deutschland die Entgegennahme solcher Anmeldungen mit einem anderen Staat vereinbart hat und dies durch den Präsidenten des Deutschen Patent- und Markenamts bekanntgemacht worden ist oder wenn das Deutsche Patent- und Markenamt mit Zustimmung seines Präsidenten durch die Versammlung des Verbands für die Internationale Zusammenarbeit auf dem Gebiet des Patentwesens als Anmeldeamt bestimmt worden ist.

(2) [1]Internationale Anmeldungen können in deutscher Sprache beim Deutschen Patent- und Markenamt oder gemäß § 34 Abs. 2 des Patentgesetzes[3)] über ein Patentinformationszentrum eingereicht werden. [2]Die internationale Anmeldung wird dem Internationalen Büro gemäß Artikel 12 Abs. 1 des Patentzusammenarbeitsvertrages übermittelt.

(3) Auf das Verfahren vor dem Deutschen Patent- und Markenamt als Anmeldeamt sind ergänzend zu den Bestimmungen des Patentzusammenarbeitsvertrags die Vorschriften des Patentgesetzes für das Verfahren vor dem Deutschen Patent- und Markenamt anzuwenden.

§ 2 Geheimhaltungsbedürftige internationale Anmeldungen. (1) [1]Das Deutsche Patent- und Markenamt prüft alle bei ihm als Anmeldeamt eingereichten internationalen Anmeldungen darauf, ob mit ihnen Patentschutz für

---

1) Nr. **50**.
2) Nr. **65**.
3) Nr. **10**.

eine Erfindung nachgesucht wird, die ein Staatsgeheimnis (§ 93 des Strafgesetzbuches) ist. [2] Für das Verfahren gelten die Vorschriften des Patentgesetzes[1)] entsprechend; § 53 des Patentgesetzes ist anzuwenden.

(2) [1] Ergibt die Prüfung nach Absatz 1, daß die Erfindung ein Staatsgeheimnis ist, so ordnet das Deutsche Patent- und Markenamt von Amts wegen an, daß die Anmeldung nicht weitergeleitet wird und jede Bekanntmachung unterbleibt. [2] Mit der Rechtskraft der Anordnung gilt die internationale Anmeldung als eine von Anfang an beim Deutschen Patent- und Markenamt eingereichte nationale Patentanmeldung, für die eine Anordnung nach § 50 Abs. 1 des Patentgesetzes ergangen ist. [3] Die für die internationale Anmeldung gezahlte Übermittlungsgebühr wird auf die für das Anmeldeverfahren nach § 34 des Patentgesetzes zu zahlende Gebühr nach dem Patentkostengesetz[2)] verrechnet; ein Überschuß wird zurückgezahlt.

§ 3 Internationale Recherchebehörde. Das Deutsche Patent- und Markenamt gibt bekannt, welche Behörde für die Bearbeitung der bei ihm eingereichten internationalen Anmeldungen als Internationale Recherchebehörde[3)] bestimmt ist.

§ 4 Das Deutsche Patent- und Markenamt als Bestimmungsamt.

(1) [1] Das Deutsche Patent- und Markenamt ist Bestimmungsamt, wenn in einer internationalen Anmeldung die Bundesrepublik Deutschland für ein Patent oder ein Gebrauchsmuster oder beide Schutzrechtsarten bestimmt worden ist. [2] Dies gilt nicht, wenn der Anmelder in der internationalen Anmeldung die Erteilung eines europäischen Patents beantragt hat.

(2) [1] Ist das Deutsche Patent- und Markenamt Bestimmungsamt, so hat der Anmelder innerhalb der in Artikel 22 Abs. 1 des Patentzusammenarbeitsvertrags[4)] vorgesehenen Frist die Gebühr nach dem Patentkostengesetz[2)] für das Anmeldeverfahren zu entrichten sowie, sofern die internationale Anmeldung nicht in deutscher Sprache eingereicht worden ist, eine Übersetzung der Anmeldung in deutscher Sprache einzureichen. [2] Ist das Deutsche Patent- und Markenamt auch Anmeldeamt, so gilt die Anmeldegebühr mit der Zahlung der Übermittlungsgebühr als entrichtet.

(3) [1] Zur Wahrung der in Artikel 22 Absatz 1 des Patentzusammenarbeitsvertrags[4)] vorgesehenen Frist hat der Anmelder eines Patents die Gebühr zu entrichten, die sich nach dem Patentkostengesetz für die ursprünglich eingereichte Fassung der internationalen Anmeldung ergibt. [2] Sind die Ansprüche der internationalen Anmeldung im Verfahren vor dem Internationalen Büro geändert worden und ergibt sich dadurch eine höhere Gebühr nach dem Patentkostengesetz, so wird der Unterschiedsbetrag fällig

1. mit Ablauf der in Artikel 22 Absatz 1 des Patentzusammenarbeitsvertrags bestimmten Frist oder

---

[1)] Nr. **10**.
[2)] Nr. **13**.
[3)] Siehe Bek. v. 24.4.1978 (BAnz. Nr. 103), wonach für die Bearbeitung der beim Deutschen Patentamt eingereichten internationalen Anmeldungen das Europäische Patentamt als die zuständige Recherchenbehörde bestimmt wurde.
[4)] Nr. **65**.

2. mit Einreichung eines Antrags auf vorzeitige Bearbeitung nach Artikel 23 Absatz 2 des Patentzusammenarbeitsvertrags.

[3] Wird der Unterschiedsbetrag nicht innerhalb von drei Monaten ab Fälligkeit gezahlt, so wird die Änderung der Ansprüche nicht berücksichtigt.

(4) [1] Wird für die internationale Anmeldung die Priorität einer beim Deutschen Patent- und Markenamt eingereichten früheren Patent- oder Gebrauchsmusteranmeldung beansprucht, so gilt diese abweichend von § 40 Abs. 5 des Patentgesetzes[1)] oder § 6 Abs. 1 des Gebrauchsmustergesetzes[2)] zu dem Zeitpunkt als zurückgenommen, zu dem die Voraussetzungen des Absatzes 2 erfüllt und die in Artikel 22 oder 39 Abs. 1 des Patentzusammenarbeitsvertrags vorgesehenen Fristen abgelaufen sind. [2] Wird für die internationale Anmeldung nach Satz 1 ein Antrag auf vorzeitige Bearbeitung oder Prüfung nach Artikel 23 Abs. 2 oder Artikel 40 Abs. 2 des Patentzusammenarbeitsvertrags gestellt, gilt die frühere Patent- oder Gebrauchsmusteranmeldung zu dem Zeitpunkt als zurückgenommen, zu dem die Voraussetzungen des Absatzes 2 erfüllt sind und der Antrag auf vorzeitige Prüfung oder Bearbeitung beim Deutschen Patent- und Markenamt eingegangen ist.

§ 5 Weiterbehandlung als nationale Anmeldung. (1) [1] Übersendet das Internationale Büro dem Deutschen Patent- und Markenamt als Bestimmungsamt eine internationale Anmeldung, der das zuständige Anmeldeamt die Zuerkennung eines internationalen Anmeldedatums abgelehnt hat oder die dieses Amt für zurückgenommen erklärt hat, so prüft das Deutsche Patent- und Markenamt, ob die Beanstandungen des Anmeldeamts zutreffend sind, sobald der Anmelder die Gebühr nach dem Patentkostengesetz[3)] für das Anmeldeverfahren nach § 34 des Patentgesetzes[1)] gezahlt und, sofern die internationale Anmeldung nicht in deutscher Sprache eingereicht worden ist, eine Übersetzung der internationalen Anmeldung in deutscher Sprache eingereicht hat. [2] Das Deutsche Patent- und Markenamt entscheidet durch Beschluß, ob die Beanstandungen des Anmeldeamts gerechtfertigt sind. [3] Für das Verfahren gelten die Vorschriften des Patentgesetzes entsprechend.

(2) Absatz 1 ist entsprechend auf die Fälle anzuwenden, in denen das Anmeldeamt die Bestimmung der Bundesrepublik Deutschland für zurückgenommen erklärt oder in denen das Internationale Büro die Anmeldung als zurückgenommen behandelt hat.

§ 6 Das Deutsche Patent- und Markenamt als ausgewähltes Amt.

(1) Hat der Anmelder zu einer internationalen Anmeldung, für die das Deutsche Patent- und Markenamt Bestimmungsamt ist, beauftragt, daß eine internationale vorläufige Prüfung der Anmeldung nach Kapitel II des Patentzusammenarbeitsvertrags[4)] durchgeführt wird, und hat er die Bundesrepublik Deutschland als Vertragsstaat angegeben, in dem er die Ergebnisse der internationalen vorläufigen Prüfung verwenden will („ausgewählter Staat"), so ist das Deutsche Patent- und Markenamt ausgewähltes Amt.

[1)] Nr. **10**.
[2)] Nr. **20**.
[3)] Nr. **13**.
[4)] Nr. **65**.

(2) Ist die Auswahl der Bundesrepublik Deutschland vor Ablauf des 19. Monats seit dem Prioritätsdatum erfolgt, so ist § 4 Abs. 2 mit der Maßgabe anzuwenden, daß an die Stelle der dort genannten Frist die in Artikel 39 Abs. 1 des Patentzusammenarbeitsvertrags vorgesehene Frist tritt.

§ 7 Internationaler Recherchenbericht. [1] Liegt für die internationale Anmeldung ein internationaler Recherchenbericht vor, so ermäßigt sich die nach § 44 Abs. 3 des Patentgesetzes[1)] zu zahlende Gebühr für die Prüfung der Anmeldung in gleicher Weise, wie wenn beim Deutschen Patent- und Markenamt ein Antrag nach § 43 Abs. 1 des Patentgesetzes gestellt worden wäre. [2] Eine Ermäßigung nach Satz 1 tritt nicht ein, wenn der internationale Recherchenbericht für Teile der Anmeldung nicht erstellt worden ist.

§ 8 Veröffentlichung der internationalen Anmeldung. (1) [1] Die Veröffentlichung einer internationalen Anmeldung nach Artikel 21 des Patentzusammenarbeitsvertrags[2)], für die das Deutsche Patent- und Markenamt Bestimmungsamt ist, hat die gleiche Wirkung wie die Veröffentlichung eines Hinweises nach § 32 Abs. 5 des Patentgesetzes[1)] für eine beim Deutschen Patent- und Markenamt eingereichte Patentanmeldung (§ 33 des Patentgesetzes). [2] Ein Hinweis auf die Veröffentlichung wird im Patentblatt bekanntgemacht.

(2) [1] Ist die internationale Anmeldung vom Internationalen Büro nicht in deutscher Sprache veröffentlicht worden, so veröffentlicht das Deutsche Patent- und Markenamt die ihm zugeleitete Übersetzung der internationalen Anmeldung von Amts wegen. [2] In diesem Falle treten die Wirkungen nach Absatz 1 erst vom Zeitpunkt der Veröffentlichung der deutschen Übersetzung an ein.

(3) Die nach Artikel 21 des Patentzusammenarbeitsvertrags veröffentlichte internationale Anmeldung gilt erst dann als Stand der Technik nach § 3 Abs. 2 des Patentgesetzes, wenn die in § 4 Abs. 2 genannten Voraussetzungen erfüllt sind.

---

1) Nr. **10**.
2) Nr. **65**.

13. Gesetz über die Kosten des Deutschen Patent- und Markenamts und des Bundespatentgerichts (Patentkostengesetz – PatKostG)[1)]

Vom 13. Dezember 2001
(BGBl. I S. 3656)

FNA 424-4-9

zuletzt geänd. durch Art. 3 MarkenrechtsmodernisierungsG v. 11.12.2018 (BGBl. I S. 2357)

§ 1 Geltungsbereich, Verordnungsermächtigungen. (1) [1] Die Gebühren des Deutschen Patent- und Markenamts und des Bundespatentgerichts werden, soweit gesetzlich nichts anderes bestimmt ist, nach diesem Gesetz erhoben. [2] Für Auslagen in Verfahren vor dem Bundespatentgericht ist das Gerichtskostengesetz anzuwenden.

(2) [1] Das Bundesministerium der Justiz und für Verbraucherschutz wird ermächtigt, durch Rechtsverordnung, die nicht der Zustimmung des Bundesrates bedarf, zu bestimmen,

1. dass in Verfahren vor dem Deutschen Patent- und Markenamt neben den nach diesem Gesetz erhobenen Gebühren auch Auslagen sowie Verwaltungskosten (Gebühren und Auslagen für Bescheinigungen, Beglaubigungen, Akteneinsicht und Auskünfte und sonstige Amtshandlungen) erhoben werden und
2. welche Zahlungswege für die an das Deutsche Patent- und Markenamt und das Bundespatentgericht zu zahlenden Kosten (Gebühren und Auslagen) gelten und Bestimmungen über den Zahlungstag zu treffen.[2)]

§ 2 Höhe der Gebühren. (1) Gebühren werden nach dem Gebührenverzeichnis der Anlage zu diesem Gesetz erhoben.

(2) [1] Für Klagen und einstweilige Verfügungen vor dem Bundespatentgericht richten sich die Gebühren nach dem Streitwert. [2] Die Höhe der Gebühr bestimmt sich nach § 34 des Gerichtskostengesetzes. [3] Der Mindestbetrag einer Gebühr beträgt 121 Euro. [4] Für die Festsetzung des Streitwerts gelten die Vorschriften des Gerichtskostengesetzes entsprechend. [5] Die Regelungen über die Streitwertherabsetzung (§ 144 des Patentgesetzes[3)] und § 26 des Gebrauchsmustergesetzes[4)]) sind entsprechend anzuwenden.

§ 3 Fälligkeit der Gebühren. (1) [1] Die Gebühren werden mit der Einreichung einer Anmeldung, eines Antrags oder durch die Vornahme einer sonstigen Handlung oder mit der Abgabe der entsprechenden Erklärung zu Protokoll fällig, soweit gesetzlich nichts anderes bestimmt ist. [2] Eine sonstige Handlung im Sinn dieses Gesetzes ist insbesondere

---

[1)] Verkündet als Art. 1 G v. 13.12.2001 (BGBl. I S. 3656); Inkrafttreten gem. Art. 30 Abs. 1 dieses G am 1.1.2002; Vorschriften, die zum Erlass von Rechtsverordnungen ermächtigen, traten gem. Art. 30 Abs. 2 Nr. 5 dieses G bereits am 20.12.2001 in Kraft.

[2)] Siehe die VO über die Zahlung der Kosten des Deutschen Patent- und Markenamtes und des Bundespatentgerichts (Patentkostenzahlungsverordnung – PatKostZV) (Nr. **13a**).

[3)] Nr. **10**.

[4)] Nr. **20**.

1. die Einlegung von Rechtsbehelfen und Rechtsmitteln;
2. der Antrag auf gerichtliche Entscheidung nach § 61 Abs. 2 des Patentgesetzes[1]);
3. die Erklärung eines Beitritts zum Einspruchsverfahren;
4. die Einreichung einer Klage;
5. die Änderung einer Anmeldung oder eines Antrags, wenn sich dadurch eine höhere Gebühr für das Verfahren oder die Entscheidung ergibt.

[3] Die Gebühr für die erfolglose Rüge wegen Verletzung des Anspruchs auf rechtliches Gehör wird mit der Bekanntgabe der Entscheidung fällig. [4] Ein hilfsweise gestellter Antrag wird zur Bemessung der Gebührenhöhe dem Hauptantrag hinzugerechnet, soweit eine Entscheidung über ihn ergeht; soweit Haupt- und Hilfsantrag denselben Gegenstand betreffen, wird die Höhe der Gebühr nur nach dem Antrag bemessen, der zur höheren Gebühr führt. [5] Legt der Erinnerungsführer gemäß § 64 Abs. 6 Satz 2 des Markengesetzes Beschwerde ein, hat er eine Beschwerdegebühr nicht zu entrichten.

(2) [1] Die Jahresgebühren für Patente, Schutzzertifikate und Patentanmeldungen und die Aufrechterhaltungsgebühren für Gebrauchsmuster und eingetragene Designs sind jeweils für die folgende Schutzfrist am letzten Tag des Monats fällig, der durch seine Benennung dem Monat entspricht, in den der Anmeldetag fällt. [2] Wird ein Gebrauchsmuster oder ein Design erst nach Beendigung der ersten oder einer folgenden Schutzfrist eingetragen, so ist die Aufrechterhaltungsgebühr am letzten Tag des Monats fällig, in dem die Eintragung in das Register erfolgt ist.

(3) [1] Die Verlängerungsgebühren für Marken sind jeweils für die folgende Schutzfrist sechs Monate vor dem Ablauf der Schutzdauer gemäß § 47 Absatz 1 des Markengesetzes fällig. [2] Wird eine Marke erst nach Beendigung der ersten oder einer folgenden Schutzfrist eingetragen, so ist die Verlängerungsgebühr am letzten Tag des Monats fällig, in dem die Eintragung in das Register erfolgt ist.

§ 4 Kostenschuldner. (1) [1] Zur Zahlung der Kosten ist verpflichtet,

1. wer die Amtshandlung veranlasst oder zu wessen Gunsten sie vorgenommen wird;
2. wem durch Entscheidung des Deutschen Patent- und Markenamts oder des Bundespatentgerichts die Kosten auferlegt sind;
3. wer die Kosten durch eine gegenüber dem Deutschen Patent- und Markenamt oder dem Bundespatentgericht abgegebene oder dem Deutschen Patent- und Markenamt oder dem Bundespatentgericht mitgeteilte Erklärung übernommen hat;
4. wer für die Kostenschuld eines anderen kraft Gesetzes haftet.

(2) Mehrere Kostenschuldner haften als Gesamtschuldner.

(3) [1] Soweit ein Kostenschuldner auf Grund von Absatz 1 Nr. 2 und 3 haftet, soll die Haftung eines anderen Kostenschuldners nur geltend gemacht werden, wenn eine Zwangsvollstreckung in das bewegliche Vermögen des ersteren erfolglos geblieben ist oder aussichtslos erscheint. [2] Soweit einem Kostenschuldner, der auf Grund von Absatz 1 Nr. 2 haftet, Verfahrenskostenhilfe bewilligt

---

[1]) Nr. **10**.

ist, soll die Haftung eines anderen Kostenschuldners nicht geltend gemacht werden. [3]Bereits gezahlte Beträge sind zu erstatten.

§ 5 Vorauszahlung, Vorschuss. (1) [1]In Verfahren vor dem Deutschen Patent- und Markenamt soll die Bearbeitung erst nach Zahlung der Gebühr für das Verfahren erfolgen; das gilt auch, wenn Anträge geändert werden. [2]Satz 1 gilt nicht für die Anträge auf Weiterleitung einer Anmeldung an das Amt der Europäischen Union für geistiges Eigentum nach § 62 des Designgesetzes[1)] und die Anträge auf Weiterleitung internationaler Anmeldungen an das Internationale Büro der Weltorganisation für geistiges Eigentum nach § 68 des Designgesetzes[1)]. [3]In Verfahren vor dem Bundespatentgericht soll die Klage erst nach Zahlung der Gebühr für das Verfahren zugestellt werden; im Fall eines Beitritts zum Einspruch im Beschwerdeverfahren oder eines Beitritts zum Einspruch im Fall der gerichtlichen Entscheidung nach § 61 Abs. 2 des Patentgesetzes[2)] soll vor Zahlung der Gebühr keine gerichtliche Handlung vorgenommen werden.

(2) [1]Die Jahresgebühren für Patente, Schutzzertifikate und Patentanmeldungen und die Aufrechterhaltungsgebühren für Gebrauchsmuster und eingetragene Designs dürfen frühestens ein Jahr vor Eintritt der Fälligkeit vorausgezahlt werden, soweit nichts anderes bestimmt ist. [2]Die Verlängerungsgebühren für Marken dürfen frühestens sechs Monate vor Eintritt der Fälligkeit vorausgezahlt werden.

§ 6 Zahlungsfristen, Folgen der Nichtzahlung. (1) [1]Ist für die Stellung eines Antrags oder die Vornahme einer sonstigen Handlung durch Gesetz eine Frist bestimmt, so ist innerhalb dieser Frist auch die Gebühr zu zahlen. [2]Alle übrigen Gebühren sind innerhalb von drei Monaten ab Fälligkeit (§ 3 Abs. 1) zu zahlen, soweit gesetzlich nichts anderes bestimmt ist.

(2) Wird eine Gebühr nach Absatz 1 nicht, nicht vollständig oder nicht rechtzeitig gezahlt, so gilt die Anmeldung oder der Antrag als zurückgenommen, oder die Handlung als nicht vorgenommen, soweit gesetzlich nichts anderes bestimmt ist.

(3) Absatz 2 ist auf Weiterleitungsgebühren (Nummern 335 100, 344 100 und 345 100) nicht anwendbar.

(4) Zahlt der Erinnerungsführer die Gebühr für das Erinnerungsverfahren nicht, nicht rechtzeitig oder nicht vollständig, so gilt auch die von ihm nach § 64 Abs. 6 Satz 2 des Markengesetzes eingelegte Beschwerde als zurückgenommen.

§ 7 Zahlungsfristen für Jahres-, Aufrechterhaltungs- und Schutzrechtsverlängerungsgebühren, Verspätungszuschlag. (1) [1]Die Jahresgebühren für Patente, Schutzzertifikate und Patentanmeldungen und die Aufrechterhaltungsgebühren für Gebrauchsmuster und eingetragene Designs sind bis zum Ablauf des zweiten Monats nach Fälligkeit zu zahlen. [2]Wird die Gebühr innerhalb dieser Frist nicht gezahlt, so kann sie mit dem Verspätungszuschlag noch bis zum Ablauf des sechsten Monats nach Fälligkeit gezahlt werden.

---

1) Nr. **40**.
2) Nr. **10**.

(2) Für eingetragene Designs ist bei Aufschiebung der Bildbekanntmachung die Erstreckungsgebühr innerhalb der Aufschiebungsfrist (§ 21 Absatz 1 Satz 1 des Designgesetzes[1]) zu zahlen.

(3) [1] Die Verlängerungsgebühren für Marken sind innerhalb eines Zeitraums von sechs Monaten nach Fälligkeit zu zahlen. [2] Wird die Gebühr nicht innerhalb dieser Frist gezahlt, so kann die Gebühr mit dem Verspätungszuschlag noch innerhalb einer Nachfrist von sechs Monaten nach Ablauf der Schutzdauer gemäß § 47 Absatz 1 des Markengesetzes gezahlt werden.

§ 8 Kostenansatz. (1) Die Kosten werden angesetzt:
1. beim Deutschen Patent- und Markenamt
   a) bei Einreichung einer Anmeldung,
   b) bei Einreichung eines Antrags,
   c) im Fall eines Beitritts zum Einspruchsverfahren,
   d) bei Einreichung eines Antrags auf gerichtliche Entscheidung nach § 61 Abs. 2 des Patentgesetzes[2] sowie
   e) bei Einlegung eines Rechtsbehelfs oder Rechtsmittels,
2. beim Bundespatentgericht
   a) bei Einreichung einer Klage,
   b) bei Einreichung eines Antrags auf Erlass einer einstweiligen Verfügung,
   c) im Fall eines Beitritts zum Einspruch im Beschwerdeverfahren oder im Verfahren nach § 61 Abs. 2 des Patentgesetzes sowie
   d) bei einer erfolglosen Rüge wegen Verletzung des Anspruchs auf rechtliches Gehör,

auch wenn sie bei einem ersuchten Gericht oder einer ersuchten Behörde entstanden sind.

(2) Die Stelle, die die Kosten angesetzt hat, trifft auch die Entscheidungen nach den §§ 9 und 10.

§ 9 Unrichtige Sachbehandlung. Kosten, die bei richtiger Behandlung der Sache nicht entstanden wären, werden nicht erhoben.

§ 10 Rückzahlung von Kosten, Wegfall der Gebühr. (1) [1] Vorausgezahlte Gebühren, die nicht mehr fällig werden können, und nicht verbrauchte Auslagenvorschüsse werden erstattet. [2] Die Rückerstattung von Teilbeträgen der Jahresgebühr Nummer 312 205 bis 312 207 des Gebührenverzeichnisses ist ausgeschlossen.

(2) Gilt eine Anmeldung oder ein Antrag als zurückgenommen (§ 6 Abs. 2) oder auf Grund anderer gesetzlicher Bestimmungen als zurückgenommen oder erlischt ein Schutzrecht, weil die Gebühr nicht oder nicht vollständig gezahlt wurde, so entfällt die Gebühr, wenn die beantragte Amtshandlung nicht vorgenommen wurde.

§ 11 Erinnerung, Beschwerde. (1) [1] Über Erinnerungen des Kostenschuldners gegen den Kostenansatz oder gegen Maßnahmen nach § 5 Abs. 1 entscheidet die Stelle, die die Kosten angesetzt hat. [2] Sie kann ihre Entscheidung

---

[1] Nr. **40**.
[2] Nr. **10**.

von Amts wegen ändern. [3]Die Erinnerung ist schriftlich oder zu Protokoll der Geschäftsstelle bei der Stelle einzulegen, die die Kosten angesetzt hat.

(2) [1]Gegen die Entscheidung des Deutschen Patent- und Markenamts über die Erinnerung kann der Kostenschuldner Beschwerde einlegen. [2]Die Beschwerde ist nicht an eine Frist gebunden und ist schriftlich oder zu Protokoll der Geschäftsstelle beim Deutschen Patent- und Markenamt einzulegen. [3]Erachtet das Deutsche Patent- und Markenamt die Beschwerde für begründet, so hat es ihr abzuhelfen. [4]Wird der Beschwerde nicht abgeholfen, so ist sie dem Bundespatentgericht vorzulegen.

(3) Eine Beschwerde gegen die Entscheidungen des Bundespatentgerichts über den Kostenansatz findet nicht statt.

§ 12 Verjährung, Verzinsung. Für die Verjährung und Verzinsung der Kostenforderungen und der Ansprüche auf Erstattung von Kosten gilt § 5 des Gerichtskostengesetzes entsprechend.

§ 13 Anwendung der bisherigen Gebührensätze. (1) Auch nach dem Inkrafttreten eines geänderten Gebührensatzes sind die vor diesem Zeitpunkt geltenden Gebührensätze weiter anzuwenden,

1. wenn die Fälligkeit der Gebühr vor dem Inkrafttreten des geänderten Gebührensatzes liegt oder
2. wenn für die Zahlung einer Gebühr durch Gesetz eine Zahlungsfrist festgelegt ist und das für den Beginn der Frist maßgebliche Ereignis vor dem Inkrafttreten des geänderten Gebührensatzes liegt oder
3. wenn die Zahlung einer nach dem Inkrafttreten des geänderten Gebührensatzes fälligen Gebühr auf Grund bestehender Vorauszahlungsregelungen vor Inkrafttreten des geänderten Gebührensatzes erfolgt ist.

(2) Bei Prüfungsanträgen nach § 44 des Patentgesetzes[1)] und Rechercheanträgen nach § 43 des Patentgesetzes, § 11 des Erstreckungsgesetzes und § 7 des Gebrauchsmustergesetzes[2)] sind die bisherigen Gebührensätze nur weiter anzuwenden, wenn der Antrag und die Gebührenzahlung vor Inkrafttreten eines geänderten Gebührensatzes eingegangen sind.

(3) Bei Widersprüchen nach § 42 des Markengesetzes findet Absatz 1 Nummer 2 und 3 keine Anwendung.

(4) [1]Wird eine innerhalb von drei Monaten nach dem Inkrafttreten eines geänderten Gebührensatzes fällig werdende Gebühr nach den bisherigen Gebührensätzen rechtzeitig gezahlt, so kann der Unterschiedsbetrag bis zum Ablauf einer vom Deutschen Patent- und Markenamt oder Bundespatentgericht zu setzenden Frist nachgezahlt werden. [2]Wird der Unterschiedsbetrag innerhalb der gesetzten Frist nachgezahlt, so gilt die Gebühr als rechtzeitig gezahlt. [3]Ein Verspätungszuschlag wird in diesen Fällen nicht erhoben.

(5) Verfahrenshandlungen, die eine Anmeldung oder einen Antrag ändern, wirken sich nicht auf die Höhe der Gebühr aus, wenn die Gebühr zur Zeit des verfahrenseinleitenden Antrages nicht nach dessen Umfang bemessen wurde.

[1)] Nr. **10**.
[2)] Nr. **20**.

§ 14 Übergangsvorschrift aus Anlass des Inkrafttretens dieses Gesetzes. (1) [1] Die bisherigen Gebührensätze der Anlage zu § 1 (Gebührenverzeichnis) des Patentgebührengesetzes vom 18. August 1976 in der durch Artikel 10 des Gesetzes vom 22. Dezember 1999 (BGBl. I S. 2534) geänderten Fassung, sind auch nach dem 1. Januar 2002 weiter anzuwenden,

1. wenn die Fälligkeit der Gebühr vor dem 1. Januar 2002 liegt oder
2. wenn für die Zahlung einer Gebühr durch Gesetz eine Zahlungsfrist festgelegt ist und das für den Beginn der Frist maßgebliche Ereignis vor dem 1. Januar 2002 liegt oder
3. wenn die Zahlung einer nach dem 1. Januar 2002 fälligen Gebühr auf Grund bestehender Vorauszahlungsregelungen vor dem 1. Januar 2002 erfolgt ist.

[2] Ist in den Fällen des Satzes 1 Nr. 1 nach den bisher geltenden Vorschriften für den Beginn der Zahlungsfrist die Zustellung einer Gebührenbenachrichtigung erforderlich und ist diese vor dem 1. Januar 2002 nicht erfolgt, so kann die Gebühr noch bis zum 31. März 2002 gezahlt werden.

(2) In den Fällen, in denen am 1. Januar 2002 nach den bisher geltenden Vorschriften lediglich die Jahres-, Aufrechterhaltungs- und Schutzrechtsverlängerungsgebühren, aber noch nicht die Verspätungszuschläge fällig sind, richtet sich die Höhe und die Fälligkeit des Verspätungszuschlages nach § 7 Abs. 1 mit der Maßgabe, dass die Gebühren mit dem Verspätungszuschlag noch bis zum 30. Juni 2002 gezahlt werden können.

(3) Die bisher geltenden Gebührensätze sind für eingetragene Designs und typographische Schriftzeichen, die vor dem 1. Januar 2002 angemeldet worden sind, nur dann weiter anzuwenden, wenn zwar die jeweilige Schutzdauer oder Frist nach § 8b Abs. 2 Satz 1 des Geschmacksmustergesetzes[1)] vor dem 1. Januar 2002 abgelaufen ist, jedoch noch nicht die Frist zur Zahlung der Verlängerungs- oder Erstreckungsgebühr mit Verspätungszuschlag, mit der Maßgabe, dass die Gebühren mit dem Verspätungszuschlag noch bis zum 30. Juni 2002 gezahlt werden können.

(4) Bei Prüfungsanträgen nach § 44 des Patentgesetzes[2)] und Rechercheanträgen nach § 43 des Patentgesetzes, § 11 des Erstreckungsgesetzes und § 7 des Gebrauchsmustergesetzes[3)] sind die bisherigen Gebührensätze nur weiter anzuwenden, wenn der Antrag und die Gebührenzahlung vor dem 1. Januar 2002 eingegangen sind.

(5) [1] Wird eine innerhalb von drei Monaten nach dem 1. Januar 2002 fällig werdende Gebühr nach den bisherigen Gebührensätzen rechtzeitig gezahlt, so kann der Unterschiedsbetrag bis zum Ablauf einer vom Deutschen Patent- und Markenamt oder Bundespatentgericht zu setzenden Frist nachgezahlt werden. [2] Wird der Unterschiedsbetrag innerhalb der gesetzten Frist nachgezahlt, so gilt die Gebühr als rechtzeitig gezahlt. [3] Ein Verspätungszuschlag wird in diesen Fällen nicht erhoben.

§ 15 *(aufgehoben)*

---

1) Nr. **40**.
2) Nr. **10**.
3) Nr. **20**.

Anlage
(zu § 2 Abs. 1)

Gebührenverzeichnis

Nr.	Gebührentatbestand	Gebühr in Euro
A. Gebühren des Deutschen Patent- und Markenamts		
(1) Sind für eine elektronische Anmeldung geringere Gebühren bestimmt als für eine Anmeldung in Papierform, werden die geringeren Gebühren nur erhoben, wenn die elektronische Anmeldung nach der jeweiligen Verordnung des Deutschen Patent- und Markenamts zulässig ist.		
(2) Die Gebühren Nummer 313 600, 323 100, 331 600, 331 610, 333 000, 333 300, 333 350, 333 400, 333 450, 346 100 und 362 100 werden für jeden Antragsteller gesondert erhoben.		
I. Patentsachen		
1. Erteilungsverfahren		
	Anmeldeverfahren Nationale Anmeldung (§ 34 PatG)	
	– bei elektronischer Anmeldung	
311 000	– die bis zu zehn Patentansprüche enthält	40
311 050	– die mehr als zehn Patentansprüche enthält: Die Gebühr 311 000 erhöht sich für jeden weiteren Anspruch um jeweils	20
311 100	bei Anmeldung in Papierform: Die Gebühren 311 000 und 311 050 erhöhen sich jeweils auf das 1,5fache.	
	Internationale Anmeldung (Artikel III § 4 Abs. 2 Satz 1 IntPatÜbkG)	
311 150	– die bis zu zehn Patentansprüche enthält	60
311 160	– die mehr als zehn Patentansprüche enthält: Die Gebühr 311 150 erhöht sich für jeden weiteren Anspruch um jeweils	30
311 200	Recherche (§ 43 PatG)	300
	Prüfungsverfahren (§ 44 PatG)	
311 300	– wenn ein Antrag nach § 43 PatG[1] bereits gestellt worden ist	150
311 400	– wenn ein Antrag nach § 43 PatG[1] nicht gestellt worden ist	350
311 500	Anmeldeverfahren für ein ergänzendes Schutzzertifikat (§ 49a PatG[1])	300
	Verlängerung der Laufzeit eines ergänzenden Schutzzertifikats (§ 49a Abs. 3 PatG)	
311 600	– wenn der Antrag zusammen mit dem Antrag auf Erteilung des ergänzenden Schutzzertifikats gestellt wird	100
311 610	– wenn der Antrag nach dem Antrag auf Erteilung des ergänzenden Schutzzertifikats gestellt wird	200
2. Aufrechterhaltung eines Patents oder einer Anmeldung		
	Jahresgebühren gemäß § 17 Abs. 1 PatG[1]	

[1] Nr. **10**.

Nr.	Gebührentatbestand	Gebühr in Euro
312 030	für das 3. Patentjahr	70
312 031	– bei Lizenzbereitschaftserklärung (§ 23 Abs. 1 PatG[1])	35
312 032	– Verspätungszuschlag (§ 7 Abs. 1 Satz 2)	50
312 040	für das 4. Patentjahr	70
312 041	– bei Lizenzbereitschaftserklärung (§ 23 Abs. 1 PatG[1])	35
312 042	– Verspätungszuschlag (§ 7 Abs. 1 Satz 2)	50
312 050	für das 5. Patentjahr	90
312 051	– bei Lizenzbereitschaftserklärung (§ 23 Abs. 1 PatG[1])	45
312 052	– Verspätungszuschlag (§ 7 Abs. 1 Satz 2)	50
312 060	für das 6. Patentjahr	130
312 061	– bei Lizenzbereitschaftserklärung (§ 23 Abs. 1 PatG[1])	65
312 062	– Verspätungszuschlag (§ 7 Abs. 1 Satz 2)	50
312 070	für das 7. Patentjahr	180
312 071	– bei Lizenzbereitschaftserklärung (§ 23 Abs. 1 PatG[1])	90
312 072	– Verspätungszuschlag (§ 7 Abs. 1 Satz 2)	50
312 080	für das 8. Patentjahr	240
312 081	– bei Lizenzbereitschaftserklärung (§ 23 Abs. 1 PatG[1])	120
312 082	– Verspätungszuschlag (§ 7 Abs. 1 Satz 2)	50
312 090	für das 9. Patentjahr	290
312 091	– bei Lizenzbereitschaftserklärung (§ 23 Abs. 1 PatG[1])	145
312 092	– Verspätungszuschlag (§ 7 Abs. 1 Satz 2)	50
312 100	für das 10. Patentjahr	350
312 101	– bei Lizenzbereitschaftserklärung (§ 23 Abs. 1 PatG[1])	175
312 102	– Verspätungszuschlag (§ 7 Abs. 1 Satz 2)	50
312 110	für das 11. Patentjahr	470
312 111	– bei Lizenzbereitschaftserklärung (§ 23 Abs. 1 PatG[1])	235
312 112	– Verspätungszuschlag (§ 7 Abs. 1 Satz 2)	50
312 120	für das 12. Patentjahr	620
312 121	– bei Lizenzbereitschaftserklärung (§ 23 Abs. 1 PatG[1])	310
312 122	– Verspätungszuschlag (§ 7 Abs. 1 Satz 2)	50
312 130	für das 13. Patentjahr	760
312 131	– bei Lizenzbereitschaftserklärung (§ 23 Abs. 1 PatG[1])	380

[1] Nr. **10**.

Nr.	Gebührentatbestand	Gebühr in Euro
312 132	– Verspätungszuschlag (§ 7 Abs. 1 Satz 2)	50
312 140	für das 14. Patentjahr	910
312 141	– bei Lizenzbereitschaftserklärung (§ 23 Abs. 1 PatG[1])	455
312 142	– Verspätungszuschlag (§ 7 Abs. 1 Satz 2)	50
312 150	für das 15. Patentjahr	1 060
312 151	– bei Lizenzbereitschaftserklärung (§ 23 Abs. 1 PatG[1])	530
312 152	– Verspätungszuschlag (§ 7 Abs. 1 Satz 2)	50
312 160	für das 16. Patentjahr	1 230
312 161	– bei Lizenzbereitschaftserklärung (§ 23 Abs. 1 PatG[1])	615
312 162	– Verspätungszuschlag (§ 7 Abs. 1 Satz 2)	50
312 170	für das 17. Patentjahr	1 410
312 171	– bei Lizenzbereitschaftserklärung (§ 23 Abs. 1 PatG[1])	705
312 172	– Verspätungszuschlag (§ 7 Abs. 1 Satz 2)	50
312 180	für das 18. Patentjahr	1 590
312 181	– bei Lizenzbereitschaftserklärung (§ 23 Abs. 1 PatG[1])	795
312 182	– Verspätungszuschlag (§ 7 Abs. 1 Satz 2)	50
312 190	für das 19. Patentjahr	1 760
312 191	– bei Lizenzbereitschaftserklärung (§ 23 Abs. 1 PatG[1])	880
312 192	– Verspätungszuschlag (§ 7 Abs. 1 Satz 2)	50
312 200	für das 20. Patentjahr	1 940
312 201	– bei Lizenzbereitschaftserklärung (§ 23 Abs. 1 PatG[1])	970
312 202	– Verspätungszuschlag (§ 7 Abs. 1 Satz 2)	50
	Zahlung der 3. bis 5. Jahresgebühr bei Fälligkeit der 3. Jahresgebühr:	
312 205	Die Gebühren 312 030 bis 312 050 ermäßigen sich auf	200
312 206	– bei Lizenzbereitschaftserklärung (§ 23 Abs. 1 PatG[1])	100
312 207	– Verspätungszuschlag (§ 7 Abs. 1 Satz 2)	50
	Jahresgebühren gemäß § 16a PatG[1]	
312 210	für das 1. Jahr des ergänzenden Schutzes	2 650
312 211	– bei Lizenzbereitschaftserklärung (§ 23 Abs. 1 PatG[1])	1 325
312 212	– Verspätungszuschlag (§ 7 Abs. 1 Satz 2)	50
312 220	für das 2. Jahr des ergänzenden Schutzes	2 940

[1] Nr. **10**.

Nr.	Gebührentatbestand	Gebühr in Euro
312 221	– bei Lizenzbereitschaftserklärung (§ 23 Abs. 1 PatG[1])	1 470
312 222	– Verspätungszuschlag (§ 7 Abs. 1 Satz 2)	50
312 230	für das 3. Jahr des ergänzenden Schutzes	3 290
312 231	– bei Lizenzbereitschaftserklärung (§ 23 Abs. 1 PatG[1])	1 645
312 232	– Verspätungszuschlag (§ 7 Abs. 1 Satz 2)	50
312 240	für das 4. Jahr des ergänzenden Schutzes	3 650
312 241	– bei Lizenzbereitschaftserklärung (§ 23 Abs. 1 PatG[1])	1 825
312 242	– Verspätungszuschlag (§ 7 Abs. 1 Satz 2)	50
312 250	für das 5. Jahr des ergänzenden Schutzes	4 120
312 251	– bei Lizenzbereitschaftserklärung (§ 23 Abs. 1 PatG[1])	2 060
312 252	– Verspätungszuschlag (§ 7 Abs. 1 Satz 2)	50
312 260	für das 6. Jahr des ergänzenden Schutzes	4 520
312 261	– bei Lizenzbereitschaftserklärung (§ 23 Abs. 1 PatG[1])	2 260
312 262	– Verspätungszuschlag (§ 7 Abs. 1 Satz 2)	50
3. Sonstige Anträge		
	Erfindervergütung	
313 000	Weiterbehandlungsgebühr (§ 123a PatG[1])	100
313 200	– Festsetzungsverfahren (§ 23 Abs. 4 PatG[1])	60
313 300	– Verfahren bei Änderung der Festsetzung (§ 23 Abs. 5 PatG[1])	120
	Recht zur ausschließlichen Benutzung der Erfindung	
313 400	– Eintragung der Einräumung (§ 30 Abs. 4 Satz 1 PatG[1])	25
313 500	– Löschung dieser Eintragung (§ 30 Abs. 4 Satz 3 PatG[1])	25
313 600	Einspruchsverfahren (§ 59 Abs. 1 und Abs. 2 PatG[1])	200
313 700	Beschränkungs- oder Widerrufsverfahren (§ 64 PatG[1])	120
	Veröffentlichung von Übersetzungen oder berichtigten Übersetzungen	
313 800	– der Patentansprüche europäischer Patentanmeldungen (Artikel II § 2 Abs. 1 IntPatÜbkG[2])	60
313 810	– der Patentansprüche europäischer Patentanmeldungen, in denen die Vertragsstaaten der Vereinbarung über Gemeinschaftspatente benannt sind	60

[1] Nr. **10**.
[2] Nr. **12**.

Nr.	Gebührentatbestand	Gebühr in Euro
	(Artikel 4 Abs. 2 Satz 2 des Zweiten Gesetzes über das Gemeinschaftspatent)	
313 900	Übermittlung der internationalen Anmeldung (Artikel III § 1 Abs. 2 IntPatÜbkG[1])	90
4. Anträge im Zusammenhang mit der Erstreckung gewerblicher Schutzrechte		
314 100	Veröffentlichung von Übersetzungen oder berichtigten Übersetzungen von erstreckten Patenten (§ 8 Abs. 1 und 3 ErstrG)	150
314 200	Recherche für ein erstrecktes Patent (§ 11 ErstrG)	250
5. Anträge im Zusammenhang mit ergänzenden Schutzzertifikaten		
315 100	Antrag auf Berichtigung der Laufzeit	150
315 200	Antrag auf Widerruf der Verlängerung der Laufzeit	200
II. Gebrauchsmustersachen		
1. Eintragungsverfahren		
	Anmeldeverfahren Nationale Anmeldung (§ 4 GebrMG[2])	
321 000	– bei elektronischer Anmeldung	30
321 100	– bei Anmeldung in Papierform	40
321 150	Internationale Anmeldung (Artikel III § 4 Abs. 2 Satz 1 IntPatÜbkG)	40
321 200	Recherche (§ 7 GebrMG[2])	250
2. Aufrechterhaltung eines Gebrauchsmusters		
	Aufrechterhaltungsgebühren gemäß § 23 Abs. 2 GebrMG[2]	
322 100	für das 4. bis 6. Schutzjahr	210
322 101	– Verspätungszuschlag (§ 7 Abs. 1 Satz 2)	50
322 200	für das 7. und 8. Schutzjahr	350
322 201	– Verspätungszuschlag (§ 7 Abs. 1 Satz 2)	50
322 300	für das 9. und 10. Schutzjahr	530
322 301	– Verspätungszuschlag (§ 7 Abs. 1 Satz 2)	50
3. Sonstige Anträge		
323 000	Weiterbehandlungsgebühr (§ 21 Abs. 1 GebrMG[2] i.V.m. § 123a PatG[3])	100
323 100	Löschungsverfahren (§ 16 GebrMG[2])	300
III. Marken; geografische Angaben und Ursprungsbezeichnungen		
1. Eintragungsverfahren		
	Anmeldeverfahren einschließlich der Klassengebühr bis zu drei Klassen – für eine Marke (§ 32 MarkenG)	
331 000	– bei elektronischer Anmeldung	290

[1] Nr. **12**.
[2] Nr. **20**.
[3] Nr. **10**.

Nr.	Gebührentatbestand	Gebühr in Euro
331 100	– bei Anmeldung in Papierform	300
331 200	– für eine Kollektiv- oder Gewährleistungsmarke (§§ 97 und 106a MarkenG)	900
	Klassengebühr ab der vierten Klasse pro Klasse	
331 300	– für eine Marke (§ 32 MarkenG)	100
331 400	– für eine Kollektiv- oder Gewährleistungsmarke (§§ 97 und 106a MarkenG)	150
331 500	Beschleunigte Prüfung der Anmeldung (§ 38 MarkenG)	200
	Widerspruchsverfahren (§ 42 MarkenG)	
331 600	– Grundbetrag für ein Widerspruchszeichen	250
331 610	– für jedes weitere Widerspruchszeichen	50
331 700	Verfahren bei Teilung einer Anmeldung (§ 40 MarkenG)	300
331 800	Verfahren bei Teilübertragung einer Anmeldung (§ 27 Abs. 4, § 31 MarkenG)	300
2. Verlängerung der Schutzdauer		
	Verlängerungsgebühr einschließlich der Klassengebühr bis zu drei Klassen	
332 100	– für eine Marke (§ 47 Abs. 2 und 3 MarkenG)	750
332 101	– Verspätungszuschlag (§ 7 Abs. 3 Satz 2)	50
332 200	– für eine Kollektiv- oder Gewährleistungsmarke (§§ 97 und 106a MarkenG)	1 800
332 201	– Verspätungszuschlag (§ 7 Abs. 3 Satz 2)	50
	Klassengebühr bei Verlängerung für jede Klasse ab der vierten Klasse	
332 300	– für eine Marke, Kollektiv- oder Gewährleistungsmarke (§ 47 Abs. 2 und 3, §§ 97, 106a MarkenG)	260
332 301	– Verspätungszuschlag (§ 7 Abs. 3 Satz 2)	50
3. Sonstige Anträge		
333 000	Erinnerungsverfahren (§ 64 MarkenG)	150
333 050	Weiterbehandlungsgebühr (§ 91a MarkenG)	100
333 100	Verfahren bei Teilung einer Eintragung (§ 46 MarkenG)	300
333 200	Verfahren bei Teilübertragung einer Eintragung (§§ 46 und 27 Abs. 4 MarkenG)	300
	Verfalls- und Nichtigkeitsverfahren (§ 53 MarkenG)	
333 300	– Nichtigkeit wegen absoluter Schutzhindernisse (§ 50 MarkenG) und älterer Rechte (§ 51 MarkenG)	400
333 350	– wird der Antrag nach § 51 MarkenG auf mehr als ein älteres Recht gestützt, erhöht sich die Gebühr nach Nummer 333 300 für jedes weitere geltend gemachte Recht um jeweils	100

Nr.	Gebührentatbestand	Gebühr in Euro
333 400	– Verfall (§ 49 MarkenG)	100
333 450	– Weiterverfolgung des Verfallsantrags nach Widerspruch des Markeninhabers	300
	Recht zur Benutzung der Marke	
333 500	– Eintragung einer Lizenz (§ 30 Abs. 6 Satz 1 MarkenG)	50
333 600	– Änderung einer Lizenz (§ 30 Abs. 6 Satz 2 MarkenG)	50
333 700	– Löschung einer Lizenz (§ 30 Abs. 6 Satz 3 MarkenG)	50
4. International registrierte Marken		
334 100	Nationale Gebühr für die internationale Registrierung nach Artikel 3 des Madrider Markenabkommens (§ 108 MarkenG) oder nach dem Protokoll zum Madrider Markenabkommen und dem Protokoll zum Madrider Markenabkommen (§§ 108 und 120 MarkenG)	180
334 300	Nationale Gebühr für die nachträgliche Schutzerstreckung nach Artikel 3ter Abs. 2 des Madrider Markenabkommens (§ 111 MarkenG) oder nach Artikel 3ter Abs. 2 des Protokolls zum Madrider Markenabkommen (§ 123 Abs. 1 MarkenG) sowie nach dem Madrider Markenabkommen und dem Protokoll zum Madrider Markenabkommen (§ 123 Abs. 2 MarkenG)	120
	Umwandlungsverfahren einschließlich der Klassengebühr bis zu drei Klassen (§ 125 Abs. 1 MarkenG)	
334 500	– für eine Marke (§ 32 MarkenG)	300
334 600	– für eine Kollektiv- oder Gewährleistungsmarke (§§ 97 und 106a MarkenG)	900
	Klassengebühr bei Umwandlung für jede Klasse ab der vierten Klasse	
334 700	– für eine Marke (§ 32 MarkenG)	100
334 800	– für eine Kollektiv- oder Gewährleistungsmarke (§§ 97 und 106a MarkenG)	150
5. Unionsmarken		
	Umwandlungsverfahren (§ 125d Abs. 1 MarkenG)	
335 200	– für eine Marke (§ 32 MarkenG)	300
335 300	– für eine Kollektiv- oder Gewährleistungsmarke (§§ 97 und 106a MarkenG)	900
	Klassengebühr bei Umwandlung ab der zweiten Klasse pro Klasse	
335 400	– für eine Marke (§ 32 MarkenG)	100
335 500	– für eine Kollektiv- oder Gewährleistungsmarke (§§ 97 und 106a MarkenG)	150

Nr.	Gebührentatbestand	Gebühr in Euro
6. Geografische Angaben und Ursprungsbezeichnungen		
336 100	Eintragungsverfahren (§ 130 MarkenG)	900
336 150	Nationales Einspruchsverfahren (§ 130 Abs. 4 MarkenG)	120
336 200	Zwischenstaatliches Einspruchsverfahren (§ 131 MarkenG)	120
336 250	Antrag auf Änderung der Spezifikation (§ 132 Abs. 1 MarkenG)	200
336 300	Löschungsverfahren (§ 132 Abs. 2 MarkenG)	120
IV. Designsachen		
1. Anmeldeverfahren		
Ein Satz typografischer Schriftzeichen gilt als ein Design.		
	Anmeldeverfahren – für ein Design (§ 11 DesignG)	
341 000	– bei elektronischer Anmeldung	60
341 100	– bei Anmeldung in Papierform	70
	– für jedes Design einer Sammelanmeldung (§ 12 Absatz 1 DesignG)	
341 200	– bei elektronischer Anmeldung für 2 bis 10 Designs für jedes weitere Design	 60 6
341 300	– bei Anmeldung in Papierform für 2 bis 10 Designs für jedes weitere Design	 70 7
341 400	– für ein Design bei Aufschiebung der Bildbekanntmachung (§ 21 DesignG)	30
341 500	– für jedes Design einer Sammelanmeldung bei Aufschiebung der Bildbekanntmachung (§§ 12, 21 DesignG) – für 2 bis 10 Designs – für jedes weitere Design	 30 3
Erstreckung des Schutzes auf die Schutzdauer des § 27 Absatz 2 DesignG bei Aufschiebung der Bildbekanntmachung gemäß § 21 Absatz 2 DesignG		
	Erstreckungsgebühr	
341 600	– für ein Design	40
341 700	– für jedes einzutragende Design einer Sammelanmeldung – für 2 bis 10 Designs – für jedes weitere Design	 40 4
2. Aufrechterhaltung der Schutzdauer		
	Aufrechterhaltungsgebühren gemäß § 28 Absatz 1 DesignG für das 6. bis 10. Schutzjahr	
342 100	– für jedes eingetragene Design, auch in einer Sammelanmeldung	90

Nr.	Gebührentatbestand	Gebühr in Euro
342 101	– Verspätungszuschlag für jedes eingetragene Design, auch in einer Sammelanmeldung (§ 7 Absatz 1 Satz 2 DesignG)	50
	für das 11. bis 15. Schutzjahr	
342 200	– für jedes eingetragene Design, auch in einer Sammelanmeldung	120
342 201	– Verspätungszuschlag für jedes eingetragene Design, auch in einer Sammelanmeldung (§ 7 Absatz 1 Satz 2 DesignG)	50
	für das 16. bis 20. Schutzjahr	
342 300	– für jedes eingetragene Design, auch in einer Sammelanmeldung	150
342 301	– Verspätungszuschlag für jedes eingetragene Design, auch in einer Sammelanmeldung (§ 7 Absatz 1 Satz 2 DesignG)	50
	für das 21. bis 25. Schutzjahr	
342 400	– für jedes eingetragene Design, auch in einer Sammelanmeldung	180
342 401	– Verspätungszuschlag für jedes eingetragene Design, auch in einer Sammelanmeldung (§ 7 Absatz 1 Satz 2 DesignG)	50
3. Aufrechterhaltung von eingetragenen Designs, die gemäß § 7 Absatz 6 GeschmMG in der bis zum Ablauf des 31. Mai 2004 geltenden Fassung im Original hinterlegt worden sind		
343 100	Aufrechterhaltungsgebühren für das 6. bis 10. Schutzjahr	330
343 101	– Verspätungszuschlag für jedes eingetragene Design, auch in einer Sammelanmeldung (§ 7 Absatz 1 Satz 2 DesignG)	50
343 200	Aufrechterhaltungsgebühren für das 11. bis 15. Schutzjahr	360
343 201	– Verspätungszuschlag für jedes eingetragene Design, auch in einer Sammelanmeldung (§ 7 Absatz 1 Satz 2 DesignG)	50
343 300	Aufrechterhaltungsgebühren für das 16. bis 20. Schutzjahr	390
343 301	– Verspätungszuschlag für jedes eingetragene Design, auch in einer Sammelanmeldung (§ 7 Absatz 1 Satz 2 DesignG)	50
343 400	Aufrechterhaltungsgebühren für das 21. bis 25. Schutzjahr	420
343 401	– Verspätungszuschlag für jedes eingetragene Design, auch in einer Sammelanmeldung (§ 7 Absatz 1 Satz 2 DesignG)	50
4. Gemeinschaftsgeschmacksmuster		

Nr.	Gebührentatbestand	Gebühr in Euro
344 100	Weiterleitung einer Gemeinschaftsgeschmacksmusteranmeldung (§ 62 DesignG) für jede Anmeldung .... Eine Sammelanmeldung gilt als eine Anmeldung.	25
5. Designs nach dem Haager Abkommen		
345 100	Weiterleitung einer Designanmeldung nach dem Haager Abkommen (§ 68 DesignG) für jede Anmeldung .... Eine Sammelanmeldung gilt als eine Anmeldung.	25
6. Sonstige Anträge		
346 000	Weiterbehandlungsgebühr (§ 17 DesignG)	100
346 100	Nichtigkeitsverfahren (§ 34a DesignG) für jedes eingetragene Design	300
V. Topografieschutzsachen[1]		
1. Anmeldeverfahren		
	Anmeldeverfahren (§ 3 HalblSchG[2])	
361 000	– bei elektronischer Anmeldung	290
361 100	– bei Anmeldung in Papierform........	300
2. Sonstige Anträge		
362 000	Weiterbehandlungsgebühr (§ 11 Abs. 1 HalblSchG[2] i.V.m. § 123a PatG[3])	100
362 100	Löschungsverfahren (§ 8 HalblSchG[2])	300

Nr.	Gebührentatbestand	Gebührenbetrag/Gebührensatz nach § 2 Abs. 2 i.V.m. § 2 Abs. 1
B. Gebühren des Bundespatentgerichts (1) Die Gebühren Nummer 400 000 bis 401 300 werden für jeden Antragsteller gesondert erhoben. (2) Die Gebühr Nummer 400 000 ist zusätzlich zur Gebühr für das Einspruchsverfahren vor dem Deutschen Patent- und Markenamt (Nummer 313 600) zu zahlen.		
400 000	Antrag auf gerichtliche Entscheidung nach § 61 Abs. 2 PatG[3]	300 EUR
I. Beschwerdeverfahren		
	Beschwerdeverfahren	
401 100	1. gemäß § 73 Abs. 1 PatG[3] gegen die Entscheidung der Patentabteilung über den Einspruch,	500 EUR

[1] Bei der Neufassung von Abschnitt IV durch G v. 10.10.2013 (BGBl. I S. 3799, 3809) wurde der ursprüngliche Abschnitt VI als Abschnitt V angefügt.
[2] Nr. **25**.
[3] Nr. **10**.

Nr.	Gebührentatbestand	Gebührenbetrag/Gebührensatz nach § 2 Abs. 2 i.V.m. § 2 Abs. 1
	2. gemäß § 18 Abs. 1 GebrMG[4] gegen die Entscheidung der Gebrauchsmusterabteilung über den Löschungsantrag, 3. gemäß § 66 MarkenG in Verfalls- und Nichtigkeitsverfahren, 4. gemäß § 4 Abs. 4 Satz 3 HalblSchG[5] i.V.m. § 18 Abs. 1 GebrMG[4] gegen die Entscheidung der Topografieabteilung, 5. gemäß § 34 Abs. 1 SortSchG gegen die Entscheidung des Widerspruchsausschusses in den Fällen des § 18 Abs. 2 Nr. 1, 2, 5 und 6 SortSchG, 6. gemäß § 23 Abs. 4 Satz 1 DesignG gegen die Entscheidung der Designabteilung über den Antrag auf Feststellung oder Erklärung der Nichtigkeit	
401 200	gegen einem Kostenfestsetzungsbeschluss	50 EUR
401 300	in anderen Fällen .... Beschwerden in Verfahrenskostenhilfesachen, Beschwerden nach § 11 Abs. 2 PatKostG und nach § 11 Abs. 2 DPMAVwKostV sind gebührenfrei.	200 EUR

II. Klageverfahren

1. Klageverfahren gemäß § 81 PatG[1], § 85a in Verbindung mit § 81 PatG und § 20 GebrMG[4] in Verbindung mit § 81 PatG[1]

402 100	Verfahren im Allgemeinen	4,5
402 110	Beendigung des gesamten Verfahrens durch a) Zurücknahme der Klage – vor dem Schluss der mündlichen Verhandlung, – im Falle des § 83 Abs. 2 Satz 2 PatG[1] i.V.m. § 81 PatG[1], in dem eine mündliche Verhandlung nicht stattfindet, vor Ablauf des Tages, an dem die Ladung zum Termin zur Verkündung des Urteils zugestellt oder das schriftliche Urteil der Geschäftsstelle übergeben wird, – im Falle des § 82 Abs. 2 PatG[1] i.V.m. § 81 PatG[1] vor Ablauf des Tages, an dem das Urteil der Geschäftsstelle übergeben wird, b) Anerkenntnis- und Verzichtsurteil, c) Abschluss eines Vergleichs vor Gericht,	

[4] Nr. **20**.
[5] Nr. **25**.
[1] Nr. **10**.

Nr.	Gebührentatbestand	Gebührenbetrag/Gebührensatz nach § 2 Abs. 2 i.V.m. § 2 Abs. 1
	wenn nicht bereits ein Urteil vorausgegangen ist: Die Gebühr 402 100 ermäßigt sich auf:	1,5
	Erledigungserklärungen stehen der Zurücknahme nicht gleich. Die Ermäßigung tritt auch ein, wenn mehrere Ermäßigungstatbestände erfüllt sind.	
2. Sonstige Klageverfahren		
402 200	Verfahren im Allgemeinen	4,5
402 210	Beendigung des gesamten Verfahrens durch a) Zurücknahme der Klage vor dem Schluss der mündlichen Verhandlung, b) Anerkenntnis- und Verzichtsurteil, c) Abschluss eines Vergleichs vor Gericht, wenn nicht bereits ein Urteil vorausgegangen ist: Die Gebühr 402 200 ermäßigt sich auf:	1,5
	Erledigungserklärungen stehen der Zurücknahme nicht gleich. Die Ermäßigung tritt auch ein, wenn mehrere Ermäßigungstatbestände erfüllt sind.	
3. Erlass einer einstweiligen Verfügung wegen Erteilung einer Zwangslizenz (§ 85 PatG[1]), § 85a in Verbindung mit § 85 PatG und § 20 GebrMG[2]) in Verbindung mit § 81 PatG[1]))		
402 300	Verfahren über den Antrag	1,5
402 310	In dem Verfahren findet eine mündliche Verhandlung statt: die Gebühr 402 300 erhöht sich auf	4,5
402 320	Beendigung des gesamten Verfahrens durch a) Zurücknahme des Antrags vor dem Schluss der mündlichen Verhandlung, b) Anerkenntnis- und Verzichtsurteil, c) Abschluss eines Vergleichs vor Gericht, wenn nicht bereits ein Urteil vorausgegangen ist: Die Gebühr 402 310 ermäßigt sich auf:	1,5
	Erledigungserklärungen stehen der Zurücknahme nicht gleich. Die Ermäßigung tritt auch ein, wenn mehrere Ermäßigungstatbestände erfüllt sind.	
III. Rüge wegen Verletzung des Anspruchs auf rechtliches Gehör		
403 100	Verfahren über die Rüge wegen Verletzung des Anspruchs auf rechtliches Gehör nach § 321a ZPO i.V.m. § 99 Abs. 1 PatG[1]), § 82 Abs. 1 MarkenG Die Rüge wird in vollem Umfang verworfen oder zurückgewiesen	50 EUR

[1]) Nr. **10**.
[2]) Nr. **20**.

13a. Verordnung über die Zahlung der Kosten des Deutschen Patent- und Markenamts und des Bundespatentgerichts (Patentkostenzahlungsverordnung – PatKostZV)

Vom 15. Oktober 2003
(BGBl.I S. 2083)

FNA 424-4-9-2

geänd. durch Art. 4 VO über den elektronischen Rechtsverkehr beim Deutschen Patent- und Markenamt und zur Änd. weiterer VO für das Deutsche Patent- und Markenamt v. 1.11.2013 (BGBl. I S. 3906)

Auf Grund des § 1 Abs. 2 Nr. 2 des Patentkostengesetzes[1] vom 13. Dezember 2001 (BGBl. I S. 3656) verordnet das Bundesministerium der Justiz:

§ 1 Zahlungswege. (1) Kosten des Deutschen Patent- und Markenamts und des Bundespatentgerichts können gezahlt werden

1. durch Bareinzahlung bei den Geldstellen des Deutschen Patent- und Markenamts;
2. durch Überweisung auf ein Konto der zuständigen Bundeskasse für das Deutsche Patent- und Markenamt;
3. durch Bareinzahlung bei einem inländischen oder ausländischen Geldinstitut auf ein Konto der zuständigen Bundeskasse für das Deutsche Patent- und Markenamt;
4. durch Erteilung eines gültigen SEPA-Basislastschriftmandats mit Angaben zum Verwendungszweck.

(2) Bei Zahlungen an das Deutsche Patent- und Markenamt sollen für eine Erklärung nach Absatz 1 Nummer 4 die über die Internetseite www.dpma.de bereitgestellten Formulare verwendet werden.

(3) Das Deutsche Patent- und Markenamt macht im Blatt für Patent-, Muster- und Zeichenwesen bekannt, unter welchen Bedingungen Sammelzahlungen auf ein Konto bei der zuständigen Bundeskasse für das Deutsche Patent- und Markenamt zulässig und welche Angaben bei der Zahlung erforderlich sind.

§ 2 Zahlungstag. Als Zahlungstag gilt

1. bei Bareinzahlung der Tag der Einzahlung;
2. bei Überweisungen der Tag, an dem der Betrag dem Konto der zuständigen Bundeskasse für das Deutsche Patent- und Markenamt gutgeschrieben wird;
3. bei Bareinzahlung auf das Konto der zuständigen Bundeskasse für das Deutsche Patent- und Markenamt der Tag der Einzahlung;
4. bei Erteilung eines SEPA-Basislastschriftmandats mit Angaben zum Verwendungszweck, der die Kosten umfasst, der Tag des Eingangs beim Deutschen Patent- und Markenamt oder beim Bundespatentgericht, bei zukünftig fällig werdenden Kosten der Tag der Fälligkeit, sofern die Einziehung zu Gunsten

---

[1] Nr. **13**.

der zuständigen Bundeskasse für das Deutsche Patent- und Markenamt erfolgt. Wird das SEPA-Basislastschriftmandat durch Telefax übermittelt, ist dessen Original innerhalb einer Frist von einem Monat nach Eingang des Telefax nachzureichen. Andernfalls gilt als Zahlungstag der Tag des Eingangs des Originals.

§ 3 Übergangsregelung. [1] Abbuchungsaufträge, die nach § 1 Nr. 4 der Patentkostenzahlungsverordnung vom 20. Dezember 2001 (BGBl. I S. 3853) für künftig fällig werdende Gebühren erteilt worden sind, werden am 1. Januar 2004 gegenstandslos. [2] Für Einziehungsaufträge, die nach § 1 Nr. 5 der in Satz 1 genannten Verordnung für künftig fällig werdende Gebühren erteilt worden sind, gilt § 2 Nr. 4 entsprechend.

§ 4 Inkrafttreten, Außerkrafttreten. [1] Diese Verordnung tritt am 1. Januar 2004 in Kraft. [2] Gleichzeitig tritt die Patentkostenzahlungsverordnung vom 20. Dezember 2001 (BGBl. I S. 3853) außer Kraft.

15. Gesetz über Arbeitnehmererfindungen

Vom 25. Juli 1957
(BGBl. I S. 756)

BGBl. III/FNA 422-1

zuletzt geänd. durch Art. 7 G zur Vereinfachung und Modernisierung des Patentrechts v. 31.7.2009 (BGBl. I S. 2521)

Inhaltsübersicht

Erster Abschnitt. Anwendungsbereich und Begriffsbestimmungen

§ 1[1)] Anwendungsbereich Diesem Gesetz unterliegen die Erfindungen und technischen Verbesserungsvorschläge von Arbeitnehmern im privaten und im öffentlichen Dienst, von Beamten und Soldaten.

§ 2 Erfindungen. Erfindungen im Sinne dieses Gesetzes sind nur Erfindungen, die patent- oder gebrauchsmusterfähig sind.

§ 3 Technische Verbesserungsvorschläge. Technische Verbesserungsvorschläge im Sinne dieses Gesetzes sind Vorschläge für sonstige technische Neuerungen, die nicht patent- oder gebrauchsmusterfähig sind.

§ 4 Diensterfindungen und freie Erfindungen. (1) Erfindungen von Arbeitnehmern im Sinne dieses Gesetzes können gebundene oder freie Erfindungen sein.

(2) Gebundene Erfindungen (Diensterfindungen) sind während der Dauer des Arbeitsverhältnisses gemachte Erfindungen, die entweder

1. aus der dem Arbeitnehmer im Betrieb oder in der öffentlichen Verwaltung obliegenden Tätigkeit entstanden sind oder
2. maßgeblich auf Erfahrungen oder Arbeiten des Betriebes oder der öffentlichen Verwaltung beruhen.

(3) [1] Sonstige Erfindungen von Arbeitnehmern sind freie Erfindungen. [2] Sie unterliegen jedoch den Beschränkungen der §§ 18 und 19.

(4) Die Absätze 1 bis 3 gelten entsprechend für Erfindungen von Beamten und Soldaten.

[1)] Hinsichtlich eines urheberrechtlich geschützten Werkes, dessen Urheber das Werk in Erfüllung seiner Verpflichtung aus einem Arbeits- oder Dienstverhältnis geschaffen hat, vgl. § 43 Urheberrechtsgesetz.

Zweiter Abschnitt. Erfindungen und technische Verbesserungsvorschläge von Arbeitnehmern im privaten Dienst

1. Diensterfindungen

§ 5 Meldepflicht. (1) [1] Der Arbeitnehmer, der eine Diensterfindung gemacht hat, ist verpflichtet, sie unverzüglich dem Arbeitgeber gesondert in Textform zu melden und hierbei kenntlich zu machen, daß es sich um die Meldung einer Erfindung handelt. [2] Sind mehrere Arbeitnehmer an dem Zustandekommen der Erfindung beteiligt, so können sie die Meldung gemeinsam abgeben. [3] Der Arbeitgeber hat den Zeitpunkt des Eingangs der Meldung dem Arbeitnehmer unverzüglich in Textform zu bestätigen.

(2) [1] In der Meldung hat der Arbeitnehmer die technische Aufgabe, ihre Lösung und das Zustandekommen der Diensterfindung zu beschreiben. [2] Vorhandene Aufzeichnungen sollen beigefügt werden, soweit sie zum Verständnis der Erfindung erforderlich sind. [3] Die Meldung soll dem Arbeitnehmer dienstlich erteilte Weisungen oder Richtlinien, die benutzten Erfahrungen oder Arbeiten des Betriebes, die Mitarbeiter sowie Art und Umfang ihrer Mitarbeit angeben und soll hervorheben, was der meldende Arbeitnehmer als seinen eigenen Anteil ansieht.

(3) [1] Eine Meldung, die den Anforderungen des Absatzes 2 nicht entspricht, gilt als ordnungsgemäß, wenn der Arbeitgeber nicht innerhalb von zwei Monaten erklärt, daß und in welcher Hinsicht die Meldung einer Ergänzung bedarf. [2] Er hat den Arbeitnehmer, soweit erforderlich, bei der Ergänzung der Meldung zu unterstützen.

§ 6 Inanspruchnahme. (1) Der Arbeitgeber kann eine Diensterfindung durch Erklärung gegenüber dem Arbeitnehmer in Anspruch nehmen.

(2) Die Inanspruchnahme gilt als erklärt, wenn der Arbeitgeber die Diensterfindung nicht bis zum Ablauf von vier Monaten nach Eingang der ordnungsgemäßen Meldung (§ 5 Abs. 2 Satz 1 und 3) gegenüber dem Arbeitnehmer durch Erklärung in Textform freigibt.

§ 7 Wirkung der Inanspruchnahme. (1) Mit der Inanspruchnahme gehen alle vermögenswerten Rechte an der Diensterfindung auf den Arbeitgeber über.

(2) Verfügungen, die der Arbeitnehmer über eine Diensterfindung vor der Inanspruchnahme getroffen hat, sind dem Arbeitgeber gegenüber unwirksam, soweit seine Rechte beeinträchtigt werden.

§ 8 Frei gewordene Diensterfindungen. [1] Eine Diensterfindung wird frei, wenn der Arbeitgeber sie durch Erklärung in Textform freigibt. [2] Über eine frei gewordene Diensterfindung kann der Arbeitnehmer ohne die Beschränkungen der §§ 18 und 19 verfügen.

§ 9 Vergütung bei Inanspruchnahme. (1) Der Arbeitnehmer hat gegen den Arbeitgeber einen Anspruch auf angemessene Vergütung, sobald der Arbeitgeber die Diensterfindung in Anspruch genommen hat.

(2) Für die Bemessung der Vergütung sind insbesondere die wirtschaftliche Verwertbarkeit der Diensterfindung, die Aufgaben und die Stellung des Arbeit-

nehmers im Betrieb sowie der Anteil des Betriebes an dem Zustandekommen der Diensterfindung maßgebend.

§ 10 *(aufgehoben)*

§ 11 Vergütungsrichtlinien[1]. Der Bundesminister für Arbeit erläßt nach Anhörung der Spitzenorganisationen der Arbeitgeber und der Arbeitnehmer (§ 12 des Tarifvertragsgesetzes) Richtlinien über die Bemessung der Vergütung.

§ 12 Feststellung oder Festsetzung der Vergütung. (1) Die Art und Höhe der Vergütung soll in angemessener Frist nach Inanspruchnahme der Diensterfindung durch Vereinbarung zwischen dem Arbeitgeber und dem Arbeitnehmer festgestellt werden.

(2) [1] Wenn mehrere Arbeitnehmer an der Diensterfindung beteiligt sind, ist die Vergütung für jeden gesondert festzustellen. [2] Die Gesamthöhe der Vergütung und die Anteile der einzelnen Erfinder an der Diensterfindung hat der Arbeitgeber den Beteiligten bekanntzugeben.

(3) [1] Kommt eine Vereinbarung über die Vergütung in angemessener Frist nach Inanspruchnahme der Diensterfindung nicht zustande, so hat der Arbeitgeber die Vergütung durch eine begründete Erklärung in Textform an den Arbeitnehmer festzusetzen und entsprechend der Festsetzung zu zahlen. [2] Die Vergütung ist spätestens bis zum Ablauf von drei Monaten nach Erteilung des Schutzrechts festzusetzen.

(4) [1] Der Arbeitnehmer kann der Festsetzung innerhalb von zwei Monaten durch Erklärung in Textform widersprechen, wenn er mit der Festsetzung nicht einverstanden ist. [2] Widerspricht er nicht, so wird die Festsetzung für beide Teile verbindlich.

(5) [1] Sind mehrere Arbeitnehmer an der Diensterfindung beteiligt, so wird die Festsetzung für alle Beteiligten nicht verbindlich, wenn einer von ihnen der Festsetzung mit der Begründung widerspricht, daß sein Anteil an der Diensterfindung unrichtig festgesetzt sei. [2] Der Arbeitgeber ist in diesem Falle berechtigt, die Vergütung für alle Beteiligten neu festzusetzen.

(6) [1] Arbeitgeber und Arbeitnehmer können voneinander die Einwilligung in eine andere Regelung der Vergütung verlangen, wenn sich Umstände wesentlich ändern, die für die Feststellung oder Festsetzung der Vergütung maßgebend waren. [2] Rückzahlung einer bereits geleisteten Vergütung kann nicht verlangt werden. [3] Die Absätze 1 bis 5 sind nicht anzuwenden.

§ 13 Schutzrechtsanmeldung im Inland. (1) [1] Der Arbeitgeber ist verpflichtet und allein berechtigt, eine gemeldete Diensterfindung im Inland zur Erteilung eines Schutzrechts anzumelden. [2] Eine patentfähige Diensterfindung hat er zur Erteilung eines Patents anzumelden, sofern nicht bei verständiger Würdigung der Verwertbarkeit der Erfindung der Gebrauchsmusterschutz zweckdienlicher erscheint. [3] Die Anmeldung hat unverzüglich zu geschehen.

(2) Die Verpflichtung des Arbeitgebers zur Anmeldung entfällt,

1. wenn die Diensterfindung frei geworden ist (§ 8);
2. wenn der Arbeitnehmer der Nichtanmeldung zustimmt;

---

[1] Siehe dazu die Richtlinien für die Vergütung von Arbeitnehmererfindungen im öffentlichen Dienst v. 1.12.1960 (BAnz. Nr. 237 S. 2).

3. wenn die Voraussetzungen des § 17 vorliegen.

(3) Genügt der Arbeitgeber nach Inanspruchnahme der Diensterfindung seiner Anmeldepflicht nicht und bewirkt er die Anmeldung auch nicht innerhalb einer ihm vom Arbeitnehmer gesetzten angemessenen Nachfrist, so kann der Arbeitnehmer die Anmeldung der Diensterfindung für den Arbeitgeber auf dessen Namen und Kosten bewirken.

(4) [1] Ist die Diensterfindung frei geworden, so ist nur der Arbeitnehmer berechtigt, sie zur Erteilung eines Schutzrechts anzumelden. [2] Hatte der Arbeitgeber die Diensterfindung bereits zur Erteilung eines Schutzrechts angemeldet, so gehen die Rechte aus der Anmeldung auf den Arbeitnehmer über.

§ 14 Schutzrechtsanmeldung im Ausland. (1) Nach Inanspruchnahme der Diensterfindung ist der Arbeitgeber berechtigt, diese auch im Ausland zur Erteilung von Schutzrechten anzumelden.

(2) [1] Für ausländische Staaten, in denen der Arbeitgeber Schutzrechte nicht erwerben will, hat er dem Arbeitnehmer die Diensterfindung freizugeben und ihm auf Verlangen den Erwerb von Auslandsschutzrechten zu ermöglichen. [2] Die Freigabe soll so rechtzeitig vorgenommen werden, daß der Arbeitnehmer die Prioritätsfristen der zwischenstaatlichen Verträge auf dem Gebiet des gewerblichen Rechtsschutzes ausnutzen kann.

(3) Der Arbeitgeber kann sich gleichzeitig mit der Freigabe nach Absatz 2 ein nicht ausschließliches Recht zur Benutzung der Diensterfindung in den betreffenden ausländischen Staaten gegen angemessene Vergütung vorbehalten und verlangen, daß der Arbeitnehmer bei der Verwertung der freigegebenen Erfindung in den betreffenden ausländischen Staaten die Verpflichtungen des Arbeitgebers aus den im Zeitpunkt der Freigabe bestehenden Verträgen über die Diensterfindung gegen angemessene Vergütung berücksichtigt.

§ 15 Gegenseitige Rechte und Pflichten beim Erwerb von Schutzrechten. (1) [1] Der Arbeitgeber hat dem Arbeitnehmer zugleich mit der Anmeldung der Diensterfindung zur Erteilung eines Schutzrechts Abschriften der Anmeldeunterlagen zu geben. [2] Er hat ihn von dem Fortgang des Verfahrens zu unterrichten und ihm auf Verlangen Einsicht in den Schriftwechsel zu gewähren.

(2) Der Arbeitnehmer hat den Arbeitgeber auf Verlangen beim Erwerb von Schutzrechten zu unterstützen und die erforderlichen Erklärungen abzugeben.

§ 16 Aufgabe der Schutzrechtsanmeldung oder des Schutzrechts.

(1) Wenn der Arbeitgeber vor Erfüllung des Anspruchs des Arbeitnehmers auf angemessene Vergütung die Anmeldung der Diensterfindung zur Erteilung eines Schutzrechts nicht weiterverfolgen oder das auf die Diensterfindung erteilte Schutzrecht nicht aufrechterhalten will, hat er dies dem Arbeitnehmer mitzuteilen und ihm auf dessen Verlangen und Kosten das Recht zu übertragen sowie die zur Wahrung des Rechts erforderlichen Unterlagen auszuhändigen.

(2) Der Arbeitgeber ist berechtigt, das Recht aufzugeben, sofern der Arbeitnehmer nicht innerhalb von drei Monaten nach Zugang der Mitteilung die Übertragung des Rechts verlangt.

(3) Gleichzeitig mit der Mitteilung nach Absatz 1 kann sich der Arbeitgeber ein nichtausschließliches Recht zur Benutzung der Diensterfindung gegen angemessene Vergütung vorbehalten.

§ 17 Betriebsgeheimnisse. (1) Wenn berechtigte Belange des Betriebes es erfordern, eine gemeldete Diensterfindung nicht bekanntwerden zu lassen, kann der Arbeitgeber von der Erwirkung eines Schutzrechts absehen, sofern er die Schutzfähigkeit der Diensterfindung gegenüber dem Arbeitnehmer anerkennt.

(2) Erkennt der Arbeitgeber die Schutzfähigkeit der Diensterfindung nicht an, so kann er von der Erwirkung eines Schutzrechts absehen, wenn er zur Herbeiführung einer Einigung über die Schutzfähigkeit der Diensterfindung die Schiedsstelle (§ 29) anruft.

(3) Bei der Bemessung der Vergütung für eine Erfindung nach Absatz 1 sind auch die wirtschaftlichen Nachteile zu berücksichtigen, die sich für den Arbeitnehmer daraus ergeben, daß auf die Diensterfindung kein Schutzrecht erteilt worden ist.

2. Freie Erfindungen

§ 18 Mitteilungspflicht. (1) [1] Der Arbeitnehmer, der während der Dauer des Arbeitsverhältnisses eine freie Erfindung gemacht hat, hat dies dem Arbeitgeber unverzüglich durch Erklärung in Textform mitzuteilen. [2] Dabei muß über die Erfindung und, wenn dies erforderlich ist, auch über ihre Entstehung soviel mitgeteilt werden, daß der Arbeitgeber beurteilen kann, ob die Erfindung frei ist.

(2) Bestreitet der Arbeitgeber nicht innerhalb von drei Monaten nach Zugang der Mitteilung durch Erklärung in Textform an den Arbeitnehmer, daß die ihm mitgeteilte Erfindung frei sei, so kann die Erfindung nicht mehr als Diensterfindung in Anspruch genommen werden (§ 6).

(3) Eine Verpflichtung zur Mitteilung freier Erfindungen besteht nicht, wenn die Erfindung offensichtlich im Arbeitsbereich des Betriebes des Arbeitgebers nicht verwendbar ist.

§ 19 Anbietungspflicht. (1) [1] Bevor der Arbeitnehmer eine freie Erfindung während der Dauer des Arbeitsverhältnisses anderweitig verwertet, hat er zunächst dem Arbeitgeber mindestens ein nichtausschließliches Recht zur Benutzung der Erfindung zu angemessenen Bedingungen anzubieten, wenn die Erfindung im Zeitpunkt des Angebots in den vorhandenen oder vorbereiteten Arbeitsbereich des Betriebes des Arbeitgebers fällt. [2] Das Angebot kann gleichzeitig mit der Mitteilung nach § 18 abgegeben werden.

(2) Nimmt der Arbeitgeber das Angebot innerhalb von drei Monaten nicht an, so erlischt das Vorrecht.

(3) Erklärt sich der Arbeitgeber innerhalb der Frist des Absatzes 2 zum Erwerb des ihm angebotenen Rechts bereit, macht er jedoch geltend, daß die Bedingungen des Angebots nicht angemessen seien, so setzt das Gericht auf Antrag des Arbeitgebers oder des Arbeitnehmers die Bedingungen fest.

(4) Der Arbeitgeber oder der Arbeitnehmer kann eine andere Festsetzung der Bedingungen beantragen, wenn sich Umstände wesentlich ändern, die für die vereinbarten oder festgesetzten Bedingungen maßgebend waren.

3. Technische Verbesserungsvorschläge

§ 20 (1) [1] Für technische Verbesserungsvorschläge, die dem Arbeitgeber eine ähnliche Vorzugsstellung gewähren wie ein gewerbliches Schutzrecht, hat der Arbeitnehmer gegen den Arbeitgeber einen Anspruch auf angemessene Vergütung, sobald dieser sie verwertet. [2] Die Bestimmungen der §§ 9 und 12 sind sinngemäß anzuwenden.

(2) Im übrigen bleibt die Behandlung technischer Verbesserungsvorschläge der Regelung durch Tarifvertrag oder Betriebsvereinbarung überlassen.

4. Gemeinsame Bestimmungen

§ 21 *(aufgehoben)*

§ 22 Unabdingbarkeit. [1] Die Vorschriften dieses Gesetzes können zuungunsten des Arbeitnehmers nicht abgedungen werden. [2] Zulässig sind jedoch Vereinbarungen über Diensterfindungen nach ihrer Meldung, über freie Erfindungen und technische Verbesserungsvorschläge (§ 20 Abs. 1) nach ihrer Mitteilung.

§ 23 Unbilligkeit. (1) [1] Vereinbarungen über Diensterfindungen, freie Erfindungen oder technische Verbesserungsvorschläge (§ 20 Abs. 1), die nach diesem Gesetz zulässig sind, sind unwirksam, soweit sie in erheblichem Maße unbillig sind. [2] Das gleiche gilt für die Festsetzung der Vergütung (§ 12 Abs. 4).

(2) Auf die Unbilligkeit einer Vereinbarung oder einer Festsetzung der Vergütung können sich Arbeitgeber und Arbeitnehmer nur berufen, wenn sie die Unbilligkeit spätestens bis zum Ablauf von sechs Monaten nach Beendigung des Arbeitsverhältnisses durch Erklärung in Textform gegenüber dem anderen Teil geltend machen.

§ 24 Geheimhaltungspflicht. (1) Der Arbeitgeber hat die ihm gemeldete oder mitgeteilte Erfindung eines Arbeitnehmers so lange geheimzuhalten, als dessen berechtigte Belange dies erfordern.

(2) Der Arbeitnehmer hat eine Diensterfindung so lange geheimzuhalten, als sie nicht frei geworden ist (§ 8).

(3) Sonstige Personen, die auf Grund dieses Gesetzes von einer Erfindung Kenntnis erlangt haben, dürfen ihre Kenntnis weder auswerten noch bekanntgeben.

§ 25 Verpflichtungen aus dem Arbeitsverhältnis. Sonstige Verpflichtungen, die sich für den Arbeitgeber und den Arbeitnehmer aus dem Arbeitsverhältnis ergeben, werden durch die Vorschriften dieses Gesetzes nicht berührt, soweit sich nicht daraus, daß die Erfindung frei geworden ist (§ 8), etwas anderes ergibt.

§ 26 Auflösung des Arbeitsverhältnisses. Die Rechte und Pflichten aus diesem Gesetz werden durch die Auflösung des Arbeitsverhältnisses nicht berührt.

§ 27 Insolvenzverfahren. Wird nach Inanspruchnahme der Diensterfindung das Insolvenzverfahren über das Vermögen des Arbeitgebers eröffnet, so gilt folgendes:

1. Veräußert der Insolvenzverwalter die Diensterfindung mit dem Geschäftsbetrieb, so tritt der Erwerber für die Zeit von der Eröffnung des Insolvenzverfahrens an in die Vergütungspflicht des Arbeitgebers ein.
2. Verwertet der Insolvenzverwalter die Diensterfindung im Unternehmen des Schuldners, so hat er dem Arbeitnehmer eine angemessene Vergütung für die Verwertung aus der Insolvenzmasse zu zahlen.
3. In allen anderen Fällen hat der Insolvenzverwalter dem Arbeitnehmer die Diensterfindung sowie darauf bezogene Schutzrechtspositionen spätestens nach Ablauf eines Jahres nach Eröffnung des Insolvenzverfahrens anzubieten; im Übrigen gilt § 16 entsprechend. Nimmt der Arbeitnehmer das Angebot innerhalb von zwei Monaten nach dessen Zugang nicht an, kann der Insolvenzverwalter die Erfindung ohne Geschäftsbetrieb veräußern oder das Recht aufgeben. Im Fall der Veräußerung kann der Insolvenzverwalter mit dem Erwerber vereinbaren, dass sich dieser verpflichtet, dem Arbeitnehmer die Vergütung nach § 9 zu zahlen. Wird eine solche Vereinbarung nicht getroffen, hat der Insolvenzverwalter dem Arbeitnehmer die Vergütung aus dem Veräußerungserlös zu zahlen.
4. Im Übrigen kann der Arbeitnehmer seine Vergütungsansprüche nach den §§ 9 bis 12 nur als Insolvenzgläubiger geltend machen.

5. Schiedsverfahren

§ 28 Gütliche Einigung. [1] In allen Streitfällen zwischen Arbeitgeber und Arbeitnehmer auf Grund dieses Gesetzes kann jederzeit die Schiedsstelle angerufen werden. [2] Die Schiedsstelle hat zu versuchen, eine gütliche Einigung herbeizuführen.

§ 29 Errichtung der Schiedsstelle. (1) Die Schiedsstelle wird beim Patentamt errichtet.

(2) Die Schiedsstelle kann außerhalb ihres Sitzes zusammentreten.

§ 30 Besetzung der Schiedsstelle. (1) Die Schiedsstelle besteht aus einem Vorsitzenden oder seinem Vertreter und zwei Beisitzern.

(2) [1] Der Vorsitzende und sein Vertreter sollen die Befähigung zum Richteramt nach dem Deutschen Richtergesetz besitzen. [2] Sie werden vom Bundesminister der Justiz für die Dauer von vier Jahren berufen. [3] Eine Wiederberufung ist zulässig.

(3) [1] Die Beisitzer sollen auf dem Gebiet der Technik, auf das sich die Erfindung oder der technische Verbesserungsvorschlag bezieht, besondere Erfahrung besitzen. [2] Sie werden vom Präsidenten des Patentamts aus den Mitgliedern oder Hilfsmitgliedern des Patentamts für den einzelnen Streitfall berufen.

(4) [1] Auf Antrag eines Beteiligten ist die Besetzung der Schiedsstelle um je einen Beisitzer aus Kreisen der Arbeitgeber und der Arbeitnehmer zu erweitern. [2] Diese Beisitzer werden vom Präsidenten des Patentamts aus Vorschlagslisten ausgewählt und für den einzelnen Streitfall bestellt. [3] Zur Einreichung von Vorschlagslisten sind berechtigt die in § 11 genannten Spitzenorganisationen, ferner die Gewerkschaften und die selbständigen Vereinigungen von Arbeitnehmern mit sozial- oder berufspolitischer Zwecksetzung, die keiner dieser Spitzenorganisationen angeschlossen sind, wenn ihnen eine erhebliche

Zahl von Arbeitnehmern angehört, von denen nach der ihnen im Betrieb obliegenden Tätigkeit erfinderische Leistungen erwartet werden.

(5) Der Präsident des Patentamts soll den Beisitzer nach Absatz 4 aus der Vorschlagsliste derjenigen Organisationen auswählen, welcher der Beteiligte angehört, wenn der Beteiligte seine Zugehörigkeit zu einer Organisation vor der Auswahl der Schiedsstelle mitgeteilt hat.

(6) [1] Die Dienstaufsicht über die Schiedsstelle führt der Vorsitzende, die Dienstaufsicht über den Vorsitzenden der Präsident des Patentamtes. [2] Die Mitglieder der Schiedsstelle sind an Weisungen nicht gebunden.

§ 31 Anrufung der Schiedsstelle. (1) [1] Die Anrufung der Schiedsstelle erfolgt durch schriftlichen Antrag. [2] Der Antrag soll in zwei Stücken eingereicht werden. [3] Er soll eine kurze Darstellung des Sachverhalts sowie Namen und Anschrift des anderen Beteiligten enthalten.

(2) Der Antrag wird vom Vorsitzenden der Schiedsstelle dem anderen Beteiligten mit der Aufforderung zugestellt, sich innerhalb einer bestimmten Frist zu dem Antrag schriftlich zu äußern.

§ 32 Antrag auf Erweiterung der Schiedsstelle. Der Antrag auf Erweiterung der Besetzung der Schiedsstelle ist von demjenigen, der die Schiedsstelle anruft, zugleich mit der Anrufung (§ 31 Abs. 1), von dem anderen Beteiligten innerhalb von zwei Wochen nach Zustellung des die Anrufung enthaltenden Antrags (§ 31 Abs. 2) zu stellen.

§ 33 Verfahren vor der Schiedsstelle. (1) [1] Auf das Verfahren vor der Schiedsstelle sind §§ 41 bis 48, 1042 Abs. 1 und § 1050 der Zivilprozeßordnung sinngemäß anzuwenden. [2] § 1042 Abs. 2 der Zivilprozeßordnung ist mit der Maßgabe sinngemäß anzuwenden, daß auch Patentanwälte und Erlaubnisscheininhaber (Artikel 3 des Zweiten Gesetzes zur Änderung und Überleitung von Vorschriften auf dem Gebiet des gewerblichen Rechtsschutzes vom 2. Juli 1949 – WiGBl. S. 179) sowie Verbandsvertreter im Sinne des § 11 des Arbeitsgerichtsgesetzes von der Schiedsstelle nicht zurückgewiesen werden dürfen.

(2) Im übrigen bestimmt die Schiedsstelle das Verfahren selbst.

§ 34 Einigungsvorschlag der Schiedsstelle. (1) [1] Die Schiedsstelle faßt ihre Beschlüsse mit Stimmenmehrheit. [2] § 196 Abs. 2 des Gerichtsverfassungsgesetzes ist anzuwenden.

(2) [1] Die Schiedsstelle hat den Beteiligten einen Einigungsvorschlag zu machen. [2] Der Einigungsvorschlag ist zu begründen und von sämtlichen Mitgliedern der Schiedsstelle zu unterschreiben. [3] Auf die Möglichkeit des Widerspruchs und die Folgen bei Versäumung der Widerspruchsfrist ist in dem Einigungsvorschlag hinzuweisen. [4] Der Einigungsvorschlag ist den Beteiligten zuzustellen.

(3) Der Einigungsvorschlag gilt als angenommen und eine dem Inhalt des Vorschlages entsprechende Vereinbarung als zustande gekommen, wenn nicht innerhalb eines Monats nach Zustellung des Vorschlages ein schriftlicher Widerspruch eines der Beteiligten bei der Schiedsstelle eingeht.

(4) [1] Ist einer der Beteiligten durch unabwendbaren Zufall verhindert worden, den Widerspruch rechtzeitig einzulegen, so ist er auf Antrag wieder in den

vorigen Stand einzusetzen. [2]Der Antrag muß innerhalb eines Monats nach Wegfall des Hindernisses schriftlich bei der Schiedsstelle eingereicht werden. [3]Innerhalb dieser Frist ist der Widerspruch nachzuholen. [4]Der Antrag muß die Tatsachen, auf die er gestützt wird, und die Mittel angeben, mit denen diese Tatsachen glaubhaft gemacht werden. [5]Ein Jahr nach Zustellung des Einigungsvorschlages kann die Wiedereinsetzung nicht mehr beantragt und der Widerspruch nicht mehr nachgeholt werden.

(5) [1]Über den Wiedereinsetzungsantrag entscheidet die Schiedsstelle. [2]Gegen die Entscheidung der Schiedsstelle findet die sofortige Beschwerde nach den Vorschriften der Zivilprozeßordnung an das für den Sitz des Antragstellers zuständige Landgericht statt.

§ 35 Erfolglose Beendigung des Schiedsverfahrens. (1) Das Verfahren vor der Schiedsstelle ist erfolglos beendet,

1. wenn sich der andere Beteiligte innerhalb der ihm nach § 31 Abs. 2 gesetzten Frist nicht geäußert hat;
2. wenn er es abgelehnt hat, sich auf das Verfahren vor der Schiedsstelle einzulassen;
3. wenn innerhalb der Frist des § 34 Abs. 3 ein schriftlicher Widerspruch eines der Beteiligten bei der Schiedsstelle eingegangen ist.

(2) Der Vorsitzende der Schiedsstelle teilt die erfolglose Beendigung des Schiedsverfahrens den Beteiligten mit.

§ 36 Kosten des Schiedsverfahrens. Im Verfahren vor der Schiedsstelle werden keine Gebühren oder Auslagen erhoben.

6. Gerichtliches Verfahren

§ 37 Voraussetzungen für die Erhebung der Klage. (1) Rechte oder Rechtsverhältnisse, die in diesem Gesetz geregelt sind, können im Wege der Klage erst geltend gemacht werden, nachdem ein Verfahren vor der Schiedsstelle vorausgegangen ist.

(2) Dies gilt nicht,

1. wenn mit der Klage Rechte aus einer Vereinbarung (§§ 12, 19, 22, 34) geltend gemacht werden oder die Klage darauf gestützt wird, daß die Vereinbarung nicht rechtswirksam sei;
2. wenn seit der Anrufung der Schiedsstelle sechs Monate verstrichen sind;
3. wenn der Arbeitnehmer aus dem Betrieb des Arbeitgebers ausgeschieden ist;
4. wenn die Parteien vereinbart haben, von der Anrufung der Schiedsstelle abzusehen. Diese Vereinbarung kann erst getroffen werden, nachdem der Streitfall (§ 28) eingetreten ist. Sie bedarf der Schriftform.

(3) Einer Vereinbarung nach Absatz 2 Nr. 4 steht es gleich, wenn beide Parteien zur Hauptsache mündlich verhandelt haben, ohne geltend zu machen, daß die Schiedsstelle nicht angerufen worden ist.

(4) Der vorherigen Anrufung der Schiedsstelle bedarf es ferner nicht für Anträge auf Anordnung eines Arrestes oder einer einstweiligen Verfügung.

(5) Die Klage ist nach Erlaß eines Arrestes oder einer einstweiligen Verfügung ohne die Beschränkung des Absatzes 1 zulässig, wenn der Partei nach

den §§ 926, 936 der Zivilprozeßordnung eine Frist zur Erhebung der Klage bestimmt worden ist.

§ 38 Klage auf angemessene Vergütung. Besteht Streit über die Höhe der Vergütung, so kann die Klage auch auf Zahlung eines vom Gericht zu bestimmenden angemessenen Betrages gerichtet werden.

§ 39 Zuständigkeit. (1) [1] Für alle Rechtsstreitigkeiten über Erfindungen eines Arbeitnehmers sind die für Patentstreitsachen zuständigen Gerichte (§ 143 des Patentgesetzes[1]) ohne Rücksicht auf den Streitwert ausschließlich zuständig. [2] Die Vorschriften über das Verfahren in Patentstreitsachen sind anzuwenden.

(2) Ausgenommen von der Regelung des Absatzes 1 sind Rechtsstreitigkeiten, die ausschließlich Ansprüche auf Leistung einer festgestellten oder festgesetzten Vergütung für eine Erfindung zum Gegenstand haben.

Dritter Abschnitt. Erfindungen und technische Verbesserungsvorschläge von Arbeitnehmern im öffentlichen Dienst, von Beamten und Soldaten

§ 40 Arbeitnehmer im öffentlichen Dienst. Auf Erfindungen und technische Verbesserungsvorschläge von Arbeitnehmern, die in Betrieben und Verwaltungen des Bundes, der Länder, der Gemeinden und sonstigen Körperschaften, Anstalten und Stiftungen des öffentlichen Rechts beschäftigt sind, sind die Vorschriften für Arbeitnehmer im privaten Dienst mit folgender Maßgabe anzuwenden:

1. An Stelle der Inanspruchnahme der Diensterfindung kann der Arbeitgeber eine angemessene Beteiligung an dem Ertrage der Diensterfindung in Anspruch nehmen, wenn dies vorher vereinbart worden ist. Über die Höhe der Beteiligung können im voraus bindende Abmachungen getroffen werden. Kommt eine Vereinbarung über die Höhe der Beteiligung nicht zustande, so hat der Arbeitgeber sie festzusetzen. § 12 Abs. 3 bis 6 ist entsprechend anzuwenden.
2. Die Behandlung von technischen Verbesserungsvorschlägen nach § 20 Abs. 2 kann auch durch Dienstvereinbarung geregelt werden; Vorschriften, nach denen die Einigung über die Dienstvereinbarung durch die Entscheidung einer höheren Dienststelle oder einer dritten Stelle ersetzt werden kann, finden keine Anwendung.
3. Dem Arbeitnehmer können im öffentlichen Interesse durch allgemeine Anordnung der zuständigen obersten Dienstbehörde Beschränkungen hinsichtlich der Art der Verwertung der Diensterfindung auferlegt werden.
4. Zur Einreichung von Vorschlagslisten für Arbeitgeberbeisitzer (§ 30 Abs. 4) sind auch die Bundesregierung und die Landesregierungen berechtigt.
5. Soweit öffentliche Verwaltungen eigene Schiedsstellen zur Beilegung von Streitigkeiten auf Grund dieses Gesetzes errichtet haben, finden die Vorschriften der §§ 29 bis 32 keine Anwendung.

---

[1] Nr. **10**.

§ 41 Beamte, Soldaten. Auf Erfindungen und technische Verbesserungsvorschläge von Beamten und Soldaten sind die Vorschriften für Arbeitnehmer im öffentlichen Dienst entsprechend anzuwenden.

§ 42 Besondere Bestimmungen für Erfindungen an Hochschulen.

Für Erfindungen der an einer Hochschule Beschäftigten gelten folgende besonderen Bestimmungen:

1. Der Erfinder ist berechtigt, die Diensterfindung im Rahmen seiner Lehr- und Forschungstätigkeit zu offenbaren, wenn er dies dem Dienstherrn rechtzeitig, in der Regel zwei Monate zuvor, angezeigt hat. § 24 Abs. 2 findet insoweit keine Anwendung.
2. Lehnt ein Erfinder aufgrund seiner Lehr- und Forschungsfreiheit die Offenbarung seiner Diensterfindung ab, so ist er nicht verpflichtet, die Erfindung dem Dienstherrn zu melden. Will der Erfinder seine Erfindung zu einem späteren Zeitpunkt offenbaren, so hat er dem Dienstherrn die Erfindung unverzüglich zu melden.
3. Dem Erfinder bleibt im Fall der Inanspruchnahme der Diensterfindung ein nichtausschließliches Recht zur Benutzung der Diensterfindung im Rahmen seiner Lehr- und Forschungstätigkeit.
4. Verwertet der Dienstherr die Erfindung, beträgt die Höhe der Vergütung 30 vom Hundert der durch die Verwertung erzielten Einnahmen.
5. § 40 Nr. 1 findet keine Anwendung.

Vierter Abschnitt. Übergangs- und Schlußbestimmungen

§ 43 Übergangsvorschrift. (1) [1] § 42 in der am 7. Februar 2002 (BGBl. I S. 414) geltenden Fassung dieses Gesetzes findet nur Anwendung auf Erfindungen, die nach dem 6. Februar 2002 gemacht worden sind. [2] Abweichend von Satz 1 ist in den Fällen, in denen sich Professoren, Dozenten oder wissenschaftliche Assistenten an einer wissenschaftlichen Hochschule zur Übertragung der Rechte an einer Erfindung gegenüber einem Dritten vor dem 18. Juli 2001 vertraglich verpflichtet haben, § 42 des Gesetzes über Arbeitnehmererfindungen in der bis zum 6. Februar 2002 geltenden Fassung bis zum 7. Februar 2003 weiter anzuwenden.

(2) [1] Für die vor dem 7. Februar 2002 von den an einer Hochschule Beschäftigten gemachten Erfindungen sind die Vorschriften des Gesetzes über Arbeitnehmererfindungen in der bis zum 6. Februar 2002 geltenden Fassung anzuwenden. [2] Das Recht der Professoren, Dozenten und wissenschaftlichen Assistenten an einer wissenschaftlichen Hochschule, dem Dienstherrn ihre vor dem 6. Februar 2002 gemachten Erfindungen anzubieten, bleibt unberührt.

(3) [1] Auf Erfindungen, die vor dem 1. Oktober 2009 gemeldet wurden, sind die Vorschriften dieses Gesetzes in der bis zum 30. September 2009 geltenden Fassung weiter anzuwenden. [2] Für technische Verbesserungsvorschläge gilt Satz 1 entsprechend.

§ 44 *(aufgehoben)*

§ 45 Durchführungsbestimmungen. [1] Der Bundesminister der Justiz wird ermächtigt, im Einvernehmen mit dem Bundesminister für Arbeit die für die

Erweiterung der Besetzung der Schiedsstelle (§ 30 Abs. 4 und 5) erforderlichen Durchführungsbestimmungen zu erlassen.[1] [2] Insbesondere kann er bestimmen,

1. welche persönlichen Voraussetzungen Personen erfüllen müssen, die als Beisitzer aus Kreisen der Arbeitgeber oder der Arbeitnehmer vorgeschlagen werden;
2. wie die auf Grund der Vorschlagslisten ausgewählten Beisitzer für ihre Tätigkeit zu entschädigen sind.

§ 46 Außerkrafttreten von Vorschriften. Mit dem Inkrafttreten dieses Gesetzes werden folgende Vorschriften aufgehoben, soweit sie nicht bereits außer Kraft getreten sind:

1. Die Verordnung über die Behandlung von Erfindungen von Gefolgschaftsmitgliedern vom 12. Juli 1942 (Reichsgesetzbl. I S. 466);
2. die Durchführungsverordnung zur Verordnung über die Behandlung von Erfindungen von Gefolgschaftsmitgliedern vom 20. März 1943 (Reichsgesetzbl. I S. 257).

§§ 47, 48 *(aufgehoben)*

§ 49 Inkrafttreten. Dieses Gesetz tritt am 1. Oktober 1957 in Kraft.

---

[1] Vgl. Zweite Verordnung zur Durchführung des Gesetzes über Arbeitnehmererfindungen v. 1.10. 1957 (BGBl. I S. 1680), zuletzt geänd. durch G v. 31.7.2009 (BGBl. I S. 2521).

16. Richtlinien für die Vergütung von Arbeitnehmererfindungen im privaten Dienst[1)]

Vom 20. Juli 1959

(Beilage zum BAnz. Nr. 156 S. 1)

geänd. durch Richtlinie zur Änd. der Richtlinien für die Vergütung von Arbeitnehmererfindungen im privaten Dienst v. 1.9.1983 (BAnz. Nr. 169 S. 9994)

Inhaltsverzeichnis

Nach § 11 des Gesetzes über Arbeitnehmererfindungen[2)] vom 25. Juli 1957 (Bundesgesetzbl. I S. 756) erlasse ich nach Anhörung der Spitzenorganisationen der Arbeitgeber und der Arbeitnehmer folgende Richtlinien über die Bemessung der Vergütung für Diensterfindungen von Arbeitnehmern im privaten Dienst.

[1)] Die Richtlinien sind erlassen vom Bundesminister für Arbeit und Sozialordnung. –Für den öffentlichen Dienst siehe Richtlinien vom 1. Dezember 1960 (BAnz. Nr. 237).

[2)] Nr. **15**.

Einleitung

(1) [1]Die Richtlinien sollen dazu dienen, die angemessene Vergütung zu ermitteln, die dem Arbeitnehmer für unbeschränkt oder beschränkt in Anspruch genommene Diensterfindungen (§ 9 Abs. 1 und § 10 Abs. 1 des Gesetzes[1)]) und für technische Verbesserungsvorschläge im Sinne des § 20 Abs. 1 des Gesetzes[1)] zusteht; sie sind keine verbindlichen Vorschriften, sondern geben nur Anhaltspunkte für die Vergütung. [2]Wenn im Einzelfall die bisherige betriebliche Praxis für die Arbeitnehmer günstiger war, sollen die Richtlinien nicht zum Anlaß für eine Verschlechterung genommen werden.

(2) *[1]* [1]Nach § 9 Abs. 2 des Gesetzes[1)] sind für die Bemessung der Vergütung insbesondere die wirtschaftliche Verwertbarkeit der Diensterfindung, die Aufgaben und die Stellung des Arbeitnehmers im Betrieb sowie der Anteil des Betriebs am Zustandekommen der Diensterfindung maßgebend. [2]Hiernach wird bei der Ermittlung der Vergütung in der Regel so zu verfahren sein, daß zunächst die wirtschaftliche Verwertbarkeit der Erfindung ermittelt wird. [3]Die wirtschaftliche Verwertbarkeit (im folgenden als Erfindungswert bezeichnet) wird im Ersten Teil der Richtlinien behandelt. [4]Da es sich hier jedoch nicht um eine freie Erfindung handelt, sondern um eine Erfindung, die entweder aus der dem Arbeitnehmer im Betrieb obliegenden Tätigkeit entstanden ist oder maßgeblich auf Erfahrungen oder Arbeiten des Betriebes beruht, ist ein Abzug zu machen, der den Aufgaben und der Stellung des Arbeitnehmers im Betrieb sowie dem Anteil des Betriebs am Zustandekommen der Diensterfindung entspricht. [5]Dieser Abzug wird im Zweiten Teil der Richtlinien behandelt; der Anteil am Erfindungswert, der sich für den Arbeitnehmer unter Berücksichtigung des Abzugs ergibt, wird hierbei in Form eines in Prozenten ausgedrückten Anteilsfaktors ermittelt. [6]Der Dritte Teil der Richtlinien behandelt die rechnerische Ermittlung der Vergütung sowie Fragen der Zahlungsart und Zahlungsdauer.

[2] Bei jeder Vergütungsberechnung ist darauf zu achten, daß derselbe Gesichtspunkt für eine Erhöhung oder Ermäßigung der Vergütung nicht mehrfach berücksichtigt werden darf.

[3] Die einzelnen Absätze der Richtlinien sind mit Randnummern versehen, um die Zitierung zu erleichtern.

Erster Teil. Erfindungswert

A. Patentfähige Erfindungen

I. Betrieblich benutzte Erfindungen

1. Allgemeines

(3) Bei betrieblich benutzten Erfindungen kann der Erfindungswert in der Regel (über Ausnahmen vgl. Nummer 4) nach drei verschiedenen Methoden ermittelt werden:

a) Ermittlung des Erfindungswertes nach der Lizenanalogie[2)] (Nummer 6 ff.)
Bei dieser Methode wird der Lizenzsatz, der für vergleichbare Fälle bei freien Erfindungen in der Praxis üblich ist, der Ermittlung des Erfindungswertes zugrunde gelegt. Der in Prozenten oder als bestimmter Geldbetrag je Stück

---

[1)] Nr. **15**.
[2)] Muß wohl lauten: „Lizenzanalogie“

oder Gewichtseinheit (vgl. Nummer 39) ausgedrückte Lizenzsatz wird auf eine bestimmte Bezugsgröße (Umsatz oder Erzeugung) bezogen. Dann ist der Erfindungswert die mit dem Lizenzsatz multiplizierte Bezugsgröße.

b) Ermittlung des Erfindungswertes nach dem erfaßbaren betrieblichen Nutzen (Nummer 12)
Der Erfindungswert kann ferner nach dem erfaßbaren Nutzen ermittelt werden, der dem Betrieb aus der Benutzung der Erfindung erwachsen ist.

c) Schätzung des Erfindungswertes (Nummer 13)
Schließlich kann der Erfindungswert geschätzt werden.

(4) [1] Neben der Methode der Lizenzanalogie nach Nummer 3a kommen im Einzelfall auch andere Analogiemethoden in Betracht. [2] So kann anstatt von dem analogen Lizenzsatz von der Analogie zum Kaufpreis ausgegangen werden, wenn eine Gesamtabfindung (vgl. Nummer 40) angezeigt ist und der Kaufpreis bekannt ist, der in vergleichbaren Fällen mit freien Erfindern üblicherweise vereinbart wird. [3] Für die Vergleichbarkeit und die Notwendigkeit, den Kaufpreis auf das Maß zu bringen, das für die zu beurteilende Diensterfindung richtig ist, gilt das unter Nummer 9 Gesagte entsprechend.

(5) *[1]* [1] Welche der unter Numer 3 und 4 aufgeführten Methoden anzuwenden ist, hängt von den Umständen des einzelnen Falles ab. [2] Wenn der Industriezweig mit Lizenzsätzen oder Kaufpreisen vertraut ist, die für die Übernahme eines ähnlichen Erzeugnisses oder Verfahrens üblicherweise vereinbart wird, kann von der Lizenzanalogie ausgegangen werden.

[2] [1] Die Ermittlung des Erfindungswertes nach dem erfaßbaren betrieblichen Nutzen kommt vor allem bei Erfindungen in Betracht, mit deren Hilfe Ersparnisse erzielt werden, sowie bei Verbesserungserfindungen, wenn die Verbesserung nicht derart ist, daß der mit dem verbesserten Gegenstand erzielte Umsatz als Bewertungsgrundlage dienen kann; sie kann ferner bei Erfindungen angewandt werden, die nur innerbetrieblich verwendete Erzeugnisse, Maschinen oder Vorrichtungen betreffen, und bei Erfindungen, die nur innerbetrieblich verwendete Verfahren betreffen, bei denen der Umsatz keine genügende Bewertungsgrundlage darstellt. [2] Die Methode der Ermittlung des Erfindungswertes nach dem erfaßbaren betrieblichen Nutzen hat den Nachteil, daß der Nutzen oft schwer zu ermitteln ist und die Berechnungen des Nutzens schwer überprüfbar sind. [3] In manchen Fällen wird sich allerdings der Nutzen aus einer Verbilligung des Ausgangsmaterials, aus einer Senkung der Lohn-, Energie- oder Instandsetzungskosten oder aus einer Erhöhung der Ausbeute errechnen lassen. [4] Bei der Wahl dieser Methode ist ferner zu berücksichtigen, daß sich für den Arbeitgeber auf Grund der Auskunfts- und Rechnungslegungspflichten, die ihm nach § 242 des Bürgerlichen Gesetzbuches obliegen können, eine Pflicht zu einer weitergehenden Darlegung betrieblicher Rechnungsvorgänge ergeben kann als bei der Ermittlung des Erfindungswertes nach der Lizenzanalogie. [5] Der Erfindungswert wird nur dann zu schätzen sein, wenn er mit Hilfe der Methoden unter Nummer 3a und b oder Nummer 4 nicht oder nur mit unverhältnismäßig hohen Aufwendungen ermittelt werden kann (z.B. bei Arbeitsschutzmitteln und -vorrichtungen, sofern sie nicht allgemein verwertbar sind). [6] Es kann ferner ratsam sein, eine der Berechnungsmethoden zur Überprüfung des Ergebnisses heranzuziehen, das mit Hilfe der anderen Methoden gefunden ist.

2. Ermittlung des Erfindungswertes nach der Lizenzanalogie

(6) [1] Bei dieser Methode ist zu prüfen, wieweit man einen Vergleich ziehen kann. [2] Dabei ist zu beachten, ob und wieweit in den Merkmalen, die die Höhe des Lizenzsatzes beeinflussen, Übereinstimmung besteht. [3] In Betracht zu ziehen sind insbesondere die Verbesserung oder Verschlechterung der Wirkungsweise, der Bauform, des Gewichts, des Raumbedarfs, der Genauigkeit, der Betriebssicherheit; die Verbilligung oder Verteuerung der Herstellung, vor allem der Werkstoffe und der Arbeitsstunden; die Erweiterung oder Beschränkung der Verwendbarkeit; die Frage, ob sich die Erfindung ohne weiteres in die laufende Fertigung einreihen läßt oder ob Herstellungs- und Konstruktionsänderungen notwendig sind, ob eine sofortige Verwertung möglich ist oder ob noch umfangreiche Versuche vorgenommen werden müssen; die erwartete Umsatzsteigerung, die Möglichkeit des Übergangs von Einzelanfertigung zur Serienherstellung, zusätzliche oder vereinfachte Werbungsmöglichkeiten, günstige Preisgestaltung. [4] Es ist ferner zu prüfen, welcher Schutzumfang dem Schutzrecht zukommt, das auf den Gegenstand der Erfindung erteilt ist, und ob sich der Besitz des Schutzrechts für den Betrieb technisch und wirtschaftlich auswirkt. [5] Vielfach wird auch beim Abschluß eines Lizenzvertrages mit einem kleinen Unternehmen ein höherer Lizenzsatz vereinbart als beim Abschluß mit einer gut eingeführten Großfirma, weil bei dieser im allgemeinen ein höherer Umsatz erwartet wird als bei kleineren Unternehmen. [6] Außerdem ist bei dem Vergleich zu berücksichtigen, wer in den ähnlichen Fällen, die zum Vergleich herangezogen werden, die Kosten des Schutzrechts trägt.

(7) [1] Wenn man mit dem einen freien Erfinder üblicherweise gezahlten Lizenzsatz vergleicht, so muß von derselben Bezugsgröße ausgegangen werden; als Bezugsgrößen kommen Umsatz oder Erzeugung in Betracht. [2] Ferner ist zu berücksichtigen, ob im Analogiefall der Rechnungswert des das Werk verlassenden Erzeugnisses oder der betriebsinterne Verrechnungswert von Zwischenerzeugnissen der Ermittlung des Umsatzwertes zugrunde gelegt worden ist. [3] Bei der Berechnung des Erfindungswertes mit Hilfe des Umsatzes oder der Erzeugung wird im allgemeinen von dem tatsächlich erzielten Umsatz oder der tatsächlich erzielten Erzeugung auszugehen sein. [4] Mitunter wird jedoch auch von einem vereinbarten Mindestumsatz oder aber von der Umsatzsteigerung ausgegangen werden können, die durch die Erfindung erzielt worden ist.

(8) [1] Beeinflußt eine Erfindung eine Vorrichtung, die aus verschiedenen Teilen zusammengesetzt ist, so kann der Ermittlung des Erfindungswertes entweder der Wert der ganzen Vorrichtung oder nur der wertbeeinflußte Teil zugrunde gelegt werden. [2] Es ist hierbei zu berücksichtigen, auf welcher Grundlage die Lizenz in dem betreffenden Industriezweig üblicherweise vereinbart wird, und ob üblicherweise der patentierte Teil allein oder nur in Verbindung mit der Gesamtvorrichtung bewertet wird. [3] Dies wird häufig davon abhängen, ob durch die Benutzung der Erfindung nur der Teil oder die Gesamtvorrichtung im Wert gestiegen ist.

(9) [1] Stellt sich bei dem Vergleich heraus, daß sich die Diensterfindung und die zum Vergleich herangezogenen freien Erfindungen nicht in den genannten Gesichtspunkten entsprechen, so ist der Lizenzsatz entsprechend zu erhöhen oder zu ermäßigen. [2] Es ist jedoch nicht gerechtfertigt, den Lizenzsatz mit der Begründung zu ermäßigen, es handele sich um eine Diensterfindung; dieser Gesichtspunkt wird erst bei der Ermittlung des Anteilsfaktors berücksichtigt.

(10) Anhaltspunkte für die Bestimmung des Lizenzsatzes in den einzelnen Industriezweigen können daraus entnommen werden, daß z.B. im allgemeinen

in der Elektroindustrie ein Lizenzsatz von	½–5%,
in der Maschinen- und Werkzeugindustrie ein Lizenzsatz von	⅓–10%,
in der chemischen Industrie ein Lizenzsatz von	2–5%,
auf pharmazeutischem Gebiet ein Lizenzsatz von	2–10%

vom Umsatz üblich ist.

(11) [1)2)] *[1]* [1] Für den Fall besonders hoher Umsätze kann die nachfolgende, bei Umsätzen über 3 Millionen DM einsetzende Staffel als Anhalt für eine Ermäßigung des Lizenzsatzes dienen, wobei jedoch im Einzelfall zu berücksichtigen ist, ob und in welcher Höhe in den verschiedenen Industriezweigen solche Ermäßigungen des Lizenzsatzes bei freien Erfindungen üblich sind: [2] Bei einem Gesamtumsatz

von	0–3	Millionen DM keine Ermäßigung des Lizenzsatzes,
von	3–5	Millionen DM 10%ige Ermäßigung des Lizenzsatzes für den 3 Millionen DM übersteigenden Umsatz,
von	5–10	Millionen DM 20%ige Ermäßigung des Lizenzsatzes für den 5 Millionen DM übersteigenden Umsatz,
von	10–20	Millionen DM 30%ige Ermäßigung des Lizenzsatzes für den 10 Millionen DM übersteigenden Umsatz,
von	20–30	Millionen DM 40%ige Ermäßigung des Lizenzsatzes für den 20 Millionen DM übersteigenden Umsatz,
von	30–40	Millionen DM 50%ige Ermäßigung des Lizenzsatzes für den 30 Millionen DM übersteigenden Umsatz,
von	40–50	Millionen DM 60%ige Ermäßigung des Lizenzsatzes für den 40 Millionen DM übersteigenden Umsatz,
von	50–60	Millionen DM 65%ige Ermäßigung des Lizenzsatzes für den 50 Millionen DM übersteigenden Umsatz,
von	60–80	Millionen DM 70%ige Ermäßigung des Lizenzsatzes für den 60 Millionen DM übersteigenden Umsatz,
von	80–100	Millionen DM

[1)] Amtl. Anmerkung: „Die Beschränkung der Änderung der Richtlinien auf Nummer 11 war wegen der Vordringlichkeit dieser Änderung erforderlich. Sie rechtfertigt nicht den Umkehrschluß, daß die Richtlinien im übrigen noch in jeder Hinsicht der heutigen Ansicht des Bundesministers für Arbeit und Sozialordnung über eine angemessene Vergütung entsprechen."

[2)] Die Beträge wurden amtlich noch nicht auf Euro umgestellt; 1 Euro = 1,95583 DM.

		75%ige Ermäßigung des Lizenzsatzes für den 80 Millionen DM übersteigenden Umsatz,
von	100	Millionen DM
		80%ige Ermäßigung des Lizenzsatzes für den 100 Millionen DM übersteigenden Umsatz.

[2] Beispiel: Bei einem Umsatz von 10 Millionen DM ist der Lizenzsatz wie folgt zu ermäßigen:

– Bis 3 Millionen DM keine Ermäßigung,
– für den 3 Millionen DM übersteigenden Umsatz von 2 Millionen um 10%, für den 5 Millionen DM übersteigenden Umsatz von 5 Millionen um 20%.

[3] [1]Da bei Einzelstücken mit sehr hohem Wert in aller Regel bereits der Lizenzsatz herabgesetzt wird, ist in derartigen Fällen der Lizenzsatz nicht nach der vorstehenden Staffel zu ermäßigen, wenn schon ein einziges unter Verwendung der Erfindung hergestelltes Erzeugnis oder, sofern dem Erfindungswert nur der von der Erfindung wertbeeinflußte Teil des Erzeugnisses zugrunde gelegt wird, dieser Teil einen Wert von mehr als 3 Millionen DM hat. [2]Dasselbe gilt, wenn wenige solcher Erzeugnisse oder nur wenige solcher Teile des Erzeugnisses einen Wert von mehr als 3 Millionen DM haben.

3. Ermittlung des Erfindungswertes nach dem erfaßbaren betrieblichen Nutzen

(12) *[1]* [1]Unter dem erfaßbaren betrieblichen Nutzen (vgl. zur Anwendung dieser Methode Nummer 5) ist die durch den Einsatz der Erfindung verursachte Differenz zwischen Kosten und Erträgen zu verstehen. [2]Die Ermittlung dieses Betrages ist durch Kosten- und Ertragsvergleich nach betriebswirtschaftlichen Grundsätzen vorzunehmen. [3]Hierbei sind die Grundsätze für die Preisbildung bei öffentlichen Aufträgen anzuwenden (vgl. die Verordnung PR Nr. 30/53 über die Preise bei öffentlichen Aufträgen vom 21. November 1953[1)] und die Leitsätze für die Preisermittlung auf Grund von Selbstkosten), so daß also auch kalkulatorische Zinsen und Einzelwagnisse, ein betriebsnotwendiger Gewinn und gegebenenfalls ein kalkulatorischer Unternehmerlohn zu berücksichtigen sind. [4]Der so ermittelte Betrag stellt den Erfindungswert dar.

[2] [1]Kosten, die vor der Fertigstellung der Erfindung auf die Erfindung verwandt worden sind, sind bei der Ermittlung des Erfindungswertes nicht abzusetzen. [2]Sie sind vielmehr bei der Ermittlung des Anteilsfaktors im Zweiten Teil der Richtlinien zu berücksichtigen, und zwar, soweit es sich um die Kosten für die Arbeitskraft des Erfinders selbst handelt, entsprechend der Tabelle c in Nummer 34, soweit es sich um sonstige Kosten vor der Fertigstellung der Erfindung handelt, entsprechend der Tabelle b in Nummer 32 (technische Hilfsmittel).

4. Schätzung

(13) [1]In einer Reihe von Fällen versagen die dargestellten Methoden zur Ermittlung des Erfindungswertes, weil keine ähnlichen Fälle vorliegen oder weil ein Nutzen nicht erfaßt werden kann. [2]In solchen oder ähnlichen Fällen muß der Erfindungswert geschätzt werden (vgl. zur Anwendung der Schät-

[1)] Vgl. BAnz. 1953 Nr. 244. Vgl. Texte zum öffentl. Preisrecht (Beil. zu BAnz. 1990 Nr. 130a).

zungsmethode den letzten Absatz der Nummer 5). [3]Hierbei kann von dem Preis ausgegangen werden, den der Betrieb hätte aufwenden müssen, wenn er die Erfindung von einem freien Erfinder hätte erwerben wollen.

II. Lizenz-, Kauf- und Austauschverträge

(14) *[1]* [1]Wird die Erfindung nicht betrieblich benutzt, sondern durch Vergabe von Lizenzen verwertet, so ist der Erfindungswert gleich der Nettolizenzeinnahme. [2]Um den Nettobetrag festzustellen, sind von der Bruttolizenzeinnahme die Kosten der Entwicklung nach Fertigstellung der Erfindung abzuziehen sowie die Kosten, die aufgewandt wurden, um die Erfindung betriebsreif zu machen; ferner sind die auf die Lizenzvergabe im Einzelfall entfallenden Kosten der Patent- und Lizenzverwaltung, der Schutzrechtsübertragung, sowie die mit der Lizenzvergabe zusammenhängenden Aufwendungen (z.B. Steuern, mit Ausnahme der inländischen reinen Ertragssteuern, Verhandlungskosten) abzuziehen. [3]Soweit solche Kosten entstanden sind, wird außerdem ein entsprechender Anteil an den Gemeinkosten des Arbeitgebers zu berücksichtigen sein, soweit die Gemeinkosten nicht schon in den vorgenannten Kosten enthalten sind. [4]Ferner ist bei der Ermittlung der Nettolizenzeinnahme darauf zu achten, ob im Einzelfall der Arbeitgeber als Lizenzgeber ein Risiko insofern eingeht, als er auch in der Zukunft Aufwendungen durch die Verteidigung der Schutzrechte, durch die Verfolgung von Verletzungen und aus der Einhaltung von Gewährleistungen haben kann.

[2] [1]Soweit die Einnahmen nicht auf der Lizenzvergabe, sondern auf der Übermittlung besonderer Erfahrungen (know how) beruht, sind diese Einnahmen bei der Berechnung des Erfindungswertes von der Bruttolizenzeinnahme ebenfalls abzuziehen, wenn diese Erfahrungen nicht als technische Verbesserungsvorschläge im Sinne des § 20 Abs. 1 des Gesetzes[1)] anzusehen sind. [2]Bei der Beurteilung der Frage, ob und wieweit die Einnahme auf der Übermittlung besonderer Erfahrungen beruht, ist nicht allein auf den Inhalt des Lizenzvertrages abzustellen; vielmehr ist das tatsächliche Verhältnis des Wertes der Lizenz zu dem der Übermittlung besonderer Erfahrungen zu berücksichtigen.

[3] Eine Ermäßigung nach der Staffel in Nummer 11 ist nur insoweit angemessen, als sie auch dem Lizenznehmer des Arbeitgebers eingeräumt worden ist.

(15) [1]Macht die Berechnung dieser Unkosten und Aufgaben große Schwierigkeiten, so kann es zweckmäßig sein, in Analogie zu den üblichen Arten der vertraglichen Ausgestaltung zwischen einem freien Erfinder als Lizenzgeber und dem Arbeitgeber als Lizenznehmer zu verfahren. [2]In der Praxis wird ein freier Erfinder wegen der bezeichneten Kosten und Aufgaben eines Generallizenznehmers (Lizenznehmer einer ausschließlichen unbeschränkten Lizenz) mit etwa 20 bis 50%, in besonderen Fällen auch mit mehr als 50% und in Ausnahmefällen sogar mit über 75% der Bruttolizenzeinnahme beteiligt, die durch die Verwertung einer Erfindung erzielt wird. [3]Zu berücksichtigen ist im einzelnen, ob bei der Lizenzvergabe ausschließliche unbeschränkte Lizenzen oder einfache oder beschränkte Lizenzen erteilt werden. [4]Bei der Vergabe einer ausschließlichen unbeschränkten Lizenz behält der Arbeitgeber kein eigenes Benutzungsrecht, wird im allgemeinen auch keine eigenen weiteren Erfahrungen laufend zu übermitteln haben. [5]Hier wird daher der Erfindungswert eher

---

[1)] Nr. **15**.

bei 50% und mehr anzusetzen sein. [6]Bei der Vergabe einer einfachen oder beschränkten Lizenz wird bei gleichzeitiger Benutzung der Erfindung durch den Arbeitgeber, wenn damit die laufende Übermittlung von eigenen Erfahrungen verbunden ist, der Erfindungswert eher an der unteren Grenze liegen.

(16) *[1]* [1]Wird die Erfindung verkauft, so ist der Erfindungswert ebenfalls durch Verminderung des Bruttoertrages auf den Nettoertrag zu ermitteln. [2]Im Gegensatz zur Lizenzvergabe wird hierbei jedoch in den meisten Fällen nicht damit zu rechnen sein, daß noch zukünftige Aufgaben und Belastungen des Arbeitgebers als Verkäufer zu berücksichtigen sind. [3]Bei der Ermittlung des Nettoertrages sind alle Aufwendungen für die Entwicklung der Erfindung, nachdem sie fertiggestellt worden ist, für ihre Betriebsreifmachung, die Kosten der Schutzrechtserlangung und -übertragung, die mit dem Verkauf zusammenhängenden Aufwendungen (z.B. Steuern, mit Ausnahme der inländischen reinen Ertragssteuern, Verhandlungskosten) sowie ein entsprechender Anteil an den Gemeinkosten des Arbeitgebers, soweit sie nicht schon in den vorgenannten Kosten enthalten sind, zu berücksichtigen.

[2] [1]Soweit der Kaufpreis nicht auf der Übertragung des Schutzrechts, sondern auf der Übermittlung besonderer Erfahrungen (know how) beruht, sind diese Einnahmen bei der Berechnung des Erfindungswertes ebenfalls von dem Bruttoertrag abzuziehen, wenn diese Erfahrungen nicht als technische Verbesserungsvorschläge im Sinne des § 20 Abs. 1 des Gesetzes[1)] anzusehen sind. [2]Bei der Beurteilung der Frage, ob und wieweit der Kaufpreis auf der Übermittlung besonderer Erfahrungen beruht, ist nicht allein auf den Inhalt des Kaufvertrages abzustellen; vielmehr ist das tatsächliche Verhältnis des Wertes des Schutzrechts zu dem der Übermittlung besonderer Erfahrungen zu berücksichtigen.

(17) *[1]* [1]Wird die Erfindung durch einen Austauschvertrag verwertet, so kann versucht werden, zunächst den Gesamtnutzen des Vertrages für den Arbeitgeber zu ermitteln, um sodann durch Abschätzung der Quote, die auf die in Anspruch genommene Diensterfindung entfällt, ihren Anteil am Gesamtnutzen zu ermitteln. [2]Ist dies untunlich, so wird der Erfindungswert nach Nummer 13 geschätzt werden müssen.

[2] [1]Soweit Gegenstand des Austauschvertrages nicht die Überlassung von Schutzrechten oder von Benutzungsrechten, sondern die Überlassung besonderer Erfahrungen (know how) ist, ist dies bei der Ermittlung des Gesamtnutzens des Vertrages zu berücksichtigen, soweit diese Erfahrungen nicht als technische Verbesserungsvorschläge im Sinne des § 20 Abs. 1 des Gesetzes[1)] anzusehen sind. [2]Bei der Beurteilung der Frage, ob und wieweit die Übermittlung besonderer Erfahrungen Gegenstand des Austauschvertrages sind, ist nicht allein auf den Inhalt des Vertrages abzustellen; vielmehr ist das tatsächliche Verhältnis des Wertes der Schutzrechte zu dem der Übermittlung besonderer Erfahrungen zu berücksichtigen.

III. Sperrpatente

(18) [1]Einen besonderen Fall der Verwertung einer Diensterfindung bilden die Sperrpatente. [2]Darunter versteht man im allgemeinen Patente, die nur deshalb angemeldet oder aufrechterhalten werden, um zu verhindern, daß ein Wettbewerber die Erfindung verwertet und dadurch die eigene laufende oder bevorstehende Erzeugung beeinträchtigt. [3]Bei diesen Patenten unterbleibt die

---

[1)] Nr. **15**.

Benutzung, weil entweder ein gleichartiges Patent schon im Betrieb benutzt wird oder ohne Bestehen eines Patentes eine der Erfindung entsprechende Erzeugung schon im Betrieb läuft oder das Anlaufen einer solchen Erzeugung bevorsteht. [4]Wenn schon eine Erfindung im Betrieb benutzt wird, die mit Hilfe der zweiten Erfindung umgangen werden kann und wenn die wirtschaftliche Tragweite beider Erfindungen ungefähr gleich ist, werden nach der Verwertung der ersten Erfindung Anhaltspunkte für den Erfindungswert bezüglich der zweiten gefunden werden können. [5]Die Summe der Werte beider Erfindungen kann jedoch höher sein als der Erfindungswert der ersten Erfindung. [6]Durch Schätzung kann ermittelt werden, welcher Anteil des Umsatzes, der Erzeugung oder des Nutzens bei Anwendung der zweiten Erfindung auf diese entfallen würde. [7]Selbst wenn man hierbei zu einer annähernden Gleichwertigkeit der beiden Erfindungen kommt, ist es angemessen, für die zweite Erfindung weniger als die Hälfte der Summe der Werte beider Erfindungen anzusetzen, weil es als ein besonderer Vorteil benutzter Erfindungen anzusehen ist, wenn sie sich schon in der Praxis bewährt haben und auf dem Markt eingeführt sind. [8]Eine zweite Erfindung, mit der es möglich ist, die erste zu umgehen, kann für den Schutzumfang der ersten Erfindung eine Schwäche offenbaren, die bei der Feststellung des Erfindungswertes für die erste Erfindung nicht immer berücksichtigt worden ist. [9]Deshalb kann der Anlaß für eine Neufestsetzung der Vergütung nach § 12 Abs. 6 des Gesetzes[1)] vorliegen.

IV. Schutzrechtskomplexe

(19) [1]Werden bei einem Verfahren oder Erzeugnis mehrere Erfindungen benutzt, so soll, wenn es sich hierbei um einen einheitlich zu wertenden Gesamtkomplex handelt, zunächst der Wert des Gesamtkomplexes, gegebenenfalls einschließlich nicht benutzter Sperrschutzrechte, bestimmt werden. [2]Der so bestimmte Gesamterfindungswert ist auf die einzelnen Erfindungen aufzuteilen. [3]Dabei ist zu berücksichtigen, welchen Einfluß die einzelnen Erfindungen auf die Gesamtgestaltung des mit dem Schutzrechtskomplex belasteten Gegenstandes haben.

V. Nicht verwertete Erfindungen

(20) [1]Nicht verwertete Erfindungen sind Erfindungen, die weder betrieblich benutzt noch als Sperrpatent noch außerbetrieblich durch Vergabe von Lizenzen, Verkauf oder Tausch verwertet werden. [2]Die Frage nach ihrem Wert hängt davon ab, aus welchen Gründen die Verwertung unterbleibt (vgl. Nummer 21–24).

1. Vorrats- und Ausbaupatente

(21) *[1]* [1]Vorratspatente sind Patente für Erfindungen, die im Zeitpunkt der Erteilung des Patents noch nicht verwertet werden oder noch nicht verwertbar sind, mit deren späterer Verwertung oder Verwertbarkeit aber zu rechnen ist. [2]Von ihrer Verwertung wird z.B. deshalb abgesehen, weil der Fortschritt der technischen Entwicklung abgewartet werden soll, bis die Verwertung des Patents möglich erscheint. [3]Erfindungen dieser Art werden bis zu ihrer praktischen Verwertung „auf Vorrat" gehalten. [4]Sie haben wegen der begründeten Erwartung ihrer Verwertbarkeit einen Erfindungswert. [5]Vorratspatente, die lediglich bestehende Patente verbessern, werden als Ausbaupatente bezeichnet.

---

1) Nr. **15**.

[2] [1]Der Wert der Vorrats- und Ausbaupatente wird frei geschätzt werden müssen, wobei die Art der voraussichtlichen späteren Verwertung und die Höhe des alsdann voraussichtlich zu erzielenden Nutzens Anhaltspunkte ergeben können. [2]Bei einer späteren Verwertung wird häufig der Anlaß für eine Neufestsetzung der Vergütung nach § 12 Abs. 6 des Gesetzes[1)] gegeben sein. [3]Ob verwertbare Vorratspatente, die nicht verwertet werden, zu vergüten sind, richtet sich nach Nummer 24.

2. Nicht verwertbare Erfindungen

(22) [1]Erfindungen, die nicht verwertet werden, weil sie wirtschaftlich nicht verwertbar sind und bei denen auch mit ihrer späteren Verwertbarkeit nicht zu rechnen ist, haben keinen Erfindungswert. [2]Aus der Tatsache, daß ein Schutzrecht erteilt worden ist, ergibt sich nichts Gegenteiliges; denn die Prüfung durch das Patentamt bezieht sich zwar auf Neuheit, Fortschrittlichkeit und Erfindungshöhe, nicht aber darauf, ob die Erfindung mit wirtschaftlichem Erfolg verwertet werden kann. [3]Erfindungen, die betrieblich nicht benutzt, nicht als Sperrpatent oder durch Lizenzvergabe, Verkauf oder Tausch verwertet werden können und auch als Vorratspatent keinen Wert haben, sollten dem Erfinder freigegeben werden.

3. Erfindungen, deren Verwertbarkeit noch nicht feststellbar ist

(23) *[1]* [1]Nicht immer wird sofort festzustellen sein, ob eine Erfindung wirtschaftlich verwertbar ist oder ob mit ihrer späteren Verwertbarkeit zu rechnen ist. [2]Dazu wird es vielmehr in einer Reihe von Fällen einer gewissen Zeit der Prüfung und Erprobung bedürfen. [3]Wenn und solange der Arbeitgeber die Erfindung prüft und erprobt und dabei die wirtschaftliche Verwertbarkeit noch nicht feststeht, ist die Zahlung einer Vergütung in der Regel nicht angemessen. [4]Zwar besteht die Möglichkeit, daß sich eine Verwertbarkeit ergibt. [5]Diese Möglichkeit wird aber dadurch angemessen abgegolten, daß der Arbeitgeber auf seine Kosten die Erfindung überprüft und erprobt und damit seinerseits dem Erfinder die Gelegenheit einräumt, bei günstigem Prüfungsergebnis eine Vergütung zu erhalten.

[2] [1]Die Frist, die dem Betrieb zur Feststellung der wirtschaftlichen Verwertbarkeit billigerweise gewährt werden muß, wird von Fall zu Fall verschieden sein, sollte aber drei bis fünf Jahre nach Patenterteilung nur in besonderen Ausnahmefällen überschreiten. [2]Wird die Erfindung nach Ablauf dieser Frist nicht freigegeben, so wird vielfach eine tatsächliche Vermutung dafür sprechen, daß ihr ein Wert zukommt, sei es auch nur als Vorrats- oder Ausbaupatent.

4. Erfindungen, bei denen die Verwertbarkeit nicht oder nicht voll ausgenutzt wird

(24) Wird die Erfindung ganz oder teilweise nicht verwertet, obwohl sie verwertbar ist, so sind bei der Ermittlung des Erfindungswertes die unausgenutzten Verwertungsmöglichkeiten im Rahmen der bei verständiger Würdigung bestehenden wirtschaftlichen Möglichkeiten zu berücksichtigen.

[1)] Nr. **15**.

VI. Besonderheiten

1. Beschränkte Inanspruchnahme

(25) *[1]* [1] Für die Bewertung des nichtausschließlichen Rechts zur Benutzung der Diensterfindung gilt das für die Bewertung der unbeschränkt in Anspruch genommenen Diensterfindung Gesagte entsprechend. [2] Bei der Ermittlung des Erfindungswertes ist jedoch allein auf die tatsächliche Verwertung durch den Arbeitgeber abzustellen; die unausgenutzte wirtschaftliche Verwertbarkeit (vgl. Nummer 24) ist nicht zu berücksichtigen.

[2] Wird der Erfindungswert mit Hilfe des erfaßbaren betrieblichen Nutzens ermittelt, so unterscheidet sich im übrigen die Ermittlung des Erfindungswertes bei der beschränkten Inanspruchnahme nicht von der bei der unbeschränkten Inanspruchnahme.

[3] [1] Bei der Ermittlung des Erfindungswertes nach der Lizenzanalogie ist nach Möglichkeit von den für nichtausschließliche Lizenzen mit freien Erfindern üblicherweise vereinbarten Sätzen auszugehen. [2] Sind solche Erfahrungssätze für nichtausschließliche Lizenzen nicht bekannt, so kann auch von einer Erfindung ausgegangen werden, für die eine ausschließliche Lizenz erteilt worden ist; dabei ist jedoch zu beachten, daß die in der Praxis für nichtausschließliche Lizenzen gezahlten Lizenzsätze in der Regel, keinesfalls aber in allen Fällen, etwas niedriger sind als die für ausschließliche Lizenzen gezahlten Sätze. [3] Hat der Arbeitnehmer Lizenzen vergeben, so können die in diesen Lizenzverträgen vereinbarten Lizenzsätze in geeigneten Fällen als Maßstab für den Erfindungswert herangezogen werden. [4] Hat der Arbeitnehmer kein Schutzrecht erwirkt, so wirkt diese Tatsache nicht mindernd auf die Vergütung, jedoch ist eine Vergütung nicht oder nicht mehr zu zahlen, wenn die Erfindung so weit bekannt geworden ist, daß sie infolge des Fehlens eines Schutzrechts auch von Wettbewerbern berechtigterweise benutzt wird.

2. Absatz im Ausland und ausländische Schutzrechte

(26) *[1]* [1] Wird das Ausland vom Inlandsbetrieb aus beliefert, so ist bei der Berechnung des Erfindungswertes nach dem erfaßbaren betrieblichen Nutzen der Nutzen wie im Inland zu erfassen. [2] Ebenso ist bei der Berechnung des Erfindungswertes nach der Lizenzanalogie der Umsatz oder die Erzeugung auch insoweit zu berücksichtigen, als das Ausland vom Inland aus beliefert wird. [3] Bei zusätzlicher Verwertung im Ausland (z.B. Erzeugung im Ausland, Lizenzvergaben im Ausland) erhöht sich der Erfindungswert entsprechend, sofern dort ein entsprechendes Schutzrecht besteht.

[2] [1] Auch im Ausland ist eine nicht ausgenutzte Verwertbarkeit oder eine unausgenutzte weitere Verwertbarkeit nach den gleichen Grundsätzen wie im Inland zu behandeln (vgl. Nummer 24). [2] Sofern weder der Arbeitgeber noch der Arbeitnehmer Schutzrechte im Ausland erworben haben, handelt es sich um schutzrechtsfreies Gebiet, auf dem Wettbewerber tätig werden können, so daß für eine etwaige Benutzung des Erfindungsgegenstandes in dem schutzrechtsfreien Land sowie für den Vertrieb des in dem schutzrechtsfreien Land hergestellten Erzeugnisses im allgemeinen eine Vergütung nicht verlangt werden kann.

3. Betriebsgeheime Erfindungen (§ 17)

(27) [1] Betriebsgeheime Erfindungen sind ebenso wie geschützte Erfindungen zu vergüten. [2] Dabei sind nach § 17 Abs. 4 des Gesetzes[1)] auch die wirtschaftlichen Nachteile zu berücksichtigen, die sich für den Arbeitnehmer dadurch ergeben, daß auf die Diensterfindung kein Schutzrecht erteilt worden ist. [3] Die Beeinträchtigung kann u.a. darin liegen, daß der Erfinder nicht als solcher bekannt wird oder daß die Diensterfindung nur in beschränktem Umfang ausgewertet werden kann. [4] Eine Beeinträchtigung kann auch darin liegen, daß die Diensterfindung vorzeitig bekannt und mangels Rechtsschutzes durch andere Wettbewerber ausgewertet wird.

B. Gebrauchsmusterfähige Erfindungen

(28) *[1]* [1] Bei der Ermittlung des Erfindungswertes für gebrauchsmusterfähige Diensterfindungen können grundsätzlich dieselben Methoden angewandt werden wie bei patentfähigen Diensterfindungen. [2] Wird der Erfindungswert nach dem erfaßbaren betrieblichen Nutzen ermittelt, so ist hierbei nach denselben Grundsätzen wie bei patentfähigen Diensterfindungen zu verfahren. [3] Wird dagegen von der Lizenzanalogie ausgegangen, so ist nach Möglichkeit von den für gebrauchsmusterfähigen Erfindungen in vergleichbaren Fällen üblichen Lizenzen auszugehen. [4] Sind solche Lizenzsätze für gebrauchsmusterfähige Erfindungen freier Erfindungen nicht bekannt, so kann bei der Lizenzanalogie auch von den für vergleichbare patentfähige Erfindungen üblichen Lizenzsätzen ausgegangen werden; dabei ist jedoch folgendes zu beachten: [5] In der Praxis werden vielfach die für Gebrauchsmuster an freie Erfinder üblicherweise gezahlten Lizenzen niedriger sein als die für patentfähige Erfindungen; dies beruht u.a. auf dem im allgemeinen engeren Schutzumfang sowie auf der kürzeren gesetzlichen Schutzdauer des Gebrauchsmusters. [6] Die ungeklärte Schutzfähigkeit des Gebrauchsmusters kann jedoch bei Diensterfindungen nur dann zuungunsten des Arbeitnehmers berücksichtigt werden, wenn im Einzelfall bestimmte Bedenken gegen die Schutzfähigkeit eine Herabsetzung des Analogielizenzsatzes angemessen erscheinen lassen. [7] Wird in diesem Falle das Gebrauchsmuster nicht angegriffen oder erfolgreich verteidigt, so wird im allgemeinen der Anlaß für eine Neufestsetzung der Vergütung nach § 12 Abs. 6 des Gesetzes[1)] vorliegen.

[2] Wird eine patentfähige Erfindung nach § 13 Abs. 1 Satz 2 des Gesetzes[1)] als Gebrauchsmuster angemeldet, so ist der Erfindungswert wie bei einer patentfähigen Erfindung zu bemessen, wobei jedoch die kürzere gesetzliche Schutzdauer des Gebrauchsmusters zu berücksichtigen ist.

C. Technische Verbesserungsvorschläge (§ 20 Abs. 1)

(29) [1] Nach § 20 Abs. 1 des Gesetzes[1)] hat der Arbeitnehmer für technische Verbesserungsvorschläge, die dem Arbeitgeber eine ähnliche Vorzugsstellung gewähren wie ein gewerbliches Schutzrecht, gegen den Arbeitgeber einen Anspruch auf angemessene Vergütung, sobald dieser sie verwertet. [2] Eine solche Vorzugsstellung gewähren technische Verbesserungsvorschläge, die von Dritten nicht nachgeahmt werden können (z.B. Anwendung von Geheimverfahren; Verwendung von Erzeugnissen, die nicht analysiert werden können). [3] Der technische Verbesserungsvorschlag als solcher muß die Vorzugsstellung gewäh-

---

[1)] Nr. **15**.

ren; wird er an einem Gerät verwandt, das schon eine solche Vorzugsstellung genießt, so ist der Vorschlag nur insoweit vergütungspflichtig, als er für sich betrachtet, also abgesehen von der schon bestehenden Vorzugsstellung, die Vorzugsstellung gewähren würde. [4]Bei der Ermittlung des Wertes des technischen Verbesserungsvorschlages im Sinne des § 20 Abs. 1 des Gesetzes[1)] sind dieselben Methoden anzuwenden wie bei der Ermittlung des Erfindungswertes für schutzfähige Erfindungen. [5]Dabei ist jedoch allein auf die tatsächliche Verwertung durch den Arbeitgeber abzustellen; die unausgenutzte wirtschaftliche Verwertbarkeit (Nummer 24) ist nicht zu berücksichtigen. [6]Sobald die Vorzugsstellung wegfällt, weil die technische Neuerung so weit bekannt geworden ist, daß sie auch von Wettbewerbern berechtigterweise benutzt wird, ist eine Vergütung nicht oder nicht mehr zu zahlen.

Zweiter Teil. Anteilsfaktor

(30) *[1]* [1]Von dem im Ersten Teil ermittelten Erfindungswert ist mit Rücksicht darauf, daß es sich nicht um eine freie Erfindung handelt, ein entsprechender Abzug zu machen. [2]Der Anteil, der sich für den Arbeitnehmer unter Berücksichtigung dieses Abzugs an dem Erfindungswert ergibt, wird in Form eines in Prozenten ausgedrückten Anteilsfaktor ermittelt.

[2] Der Anteilsfaktor wird bestimmt:

a) durch die Stellung der Aufgabe,
b) durch die Lösung der Aufgabe,
c) durch die Aufgaben und die Stellung des Arbeitnehmers im Betrieb.

[3] [1]Die im folgenden hinter den einzelnen Gruppen der Tabellen a), b) und c) eingefügten Wertzahlen dienen der Berechnung des Anteilsfaktors nach der Tabelle unter Nummer 37. [2]Soweit im Einzelfall eine zwischen den einzelnen Gruppen liegende Bewertung angemessen erscheint, können Zwischenwerte gebildet werden (z.B. 3,5).

a) Stellung der Aufgabe

(31) *[1]* [1]Der Anteil des Arbeitnehmers am Zustandekommen der Diensterfindung ist umso größer, je größer seine Initiative bei der Aufgabenstellung und je größer seine Beteiligung bei der Erkenntnis der betrieblichen Mängel und Bedürfnisse ist. [2]Diese Gesichtspunkte können in folgenden 6 Gruppen berücksichtigt werden:

[2] Der Arbeitnehmer ist zu der Erfindung veranlaßt worden:

1. weil der Betrieb ihm eine Aufgabe unter unmittelbarer Angabe des beschrittenen Lösungsweges gestellt hat (1);
2. weil der Betrieb ihm eine Aufgabe ohne unmittelbare Angabe des beschrittenen Lösungsweges gestellt hat (2);
3. ohne daß der Betrieb ihm eine Aufgabe gestellt hat, jedoch durch die infolge der Betriebszugehörigkeit erlangte Kenntnis von Mängeln und Bedürfnissen, wenn der Erfinder diese Mängel und Bedürfnisse nicht selbst festgestellt hat (3);

[1)] Nr. **15**.

4. ohne daß der Betrieb ihm eine Aufgabe gestellt hat, jedoch durch die infolge der Betriebszugehörigkeit erlangte Kenntnis von Mängeln und Bedürfnissen, wenn der Erfinder diese Mängel und Bedürfnisse selbst festgestellt hat (4);
5. weil er sich innerhalb seines Aufgabenbereichs eine Aufgabe gestellt hat (5);
6. weil er sich außerhalb seines Aufgabenbereichs eine Aufgabe gestellt hat (6).

[3] [1] Bei Gruppe 1 macht es keinen Unterschied, ob der Betrieb den Erfinder schon bei der Aufgabenstellung oder erst später auf den beschrittenen Lösungsweg unmittelbar hingewiesen hat, es sei denn, daß der Erfinder von sich aus den Lösungsweg bereits beschritten hatte [2] Ist bei einer Erfindung, die in Gruppe 3 oder 4 einzuordnen ist, der Erfinder vom Betrieb später auf den beschrittenen Lösungsweg hingewiesen worden, so kann es angemessen sein, die Erfindung niedriger einzuordnen, es sei denn, daß der Erfinder von sich aus den Lösungsweg bereits beschritten hatte. [3] Liegt in Gruppe 3 oder 4 die Aufgabe außerhalb des Aufgabenbereichs des Erfinders, so wird es angemessen sein die Erfindung höher einzuordnen.

[4] [1] Ferner ist zu berücksichtigen, daß auch in der Aufgabenstellung allein schon eine unmittelbare Angabe des beschrittenen Lösungsweges liegen kann, wenn die Aufgabe sehr eng gestellt ist. [2] Andererseits sind ganz allgemeine Anweisungen (z.B. auf Erfindungen bedacht zu sein) noch nicht als Stellung der Aufgabe im Sinne dieser Tabelle anzusehen.

b) Lösung der Aufgabe

(32) *[1]* Bei der Ermittlung der Wertzahlen für die Lösung der Aufgabe sind folgende Gesichtspunkte zu beachten:

1. Die Lösung wird mit Hilfe der dem Erfinder beruflich geläufigen Überlegungen gefunden;
2. sie wird auf Grund betrieblicher Arbeiten oder Kenntnisse gefunden;
3. der Betrieb unterstützt den Erfinder mit technischen Hilfsmitteln.

[2] Liegen bei einer Erfindung alle diese Merkmale vor, so erhält die Erfindung für die Lösung der Aufgabe die Wertzahl 1; liegt keines dieser Merkmale vor, so erhält sie die Wertzahl 6.

[3] [1] Sind bei einer Erfindung die angeführten drei Merkmale teilweise verwirklicht, so kommt ihr für die Lösung der Aufgabe eine zwischen 1 und 6 liegende Wertzahl zu. [2] Bei der Ermittlung der Wertzahl für die Lösung der Aufgabe sind die Verhältnisse des Einzelfalles auch im Hinblick auf die Bedeutung der angeführten drei Merkmale (z.B. das Ausmaß der Unterstützung mit technischen Hilfsmitteln) zu berücksichtigen.

[4] Beruflich geläufige Überlegungen im Sinne dieser Nummer sind solche, die aus Kenntnissen und Erfahrungen des Arbeitnehmers stammen, die er zur Erfüllung der ihm übertragenen Tätigkeiten haben muß.

[5] Betriebliche Arbeiten oder Kenntnisse im Sinne dieser Nummer sind innerbetriebliche Erkenntnisse, Arbeiten, Anregungen, Erfahrungen, Hinweise usw., die den Erfinder zur Lösung hingeführt oder sie ihm wesentlich erleichtert haben.

[6] Betriebliche Arbeiten oder Kenntnisse im Sinne dieser Nummer sind innerbetriebliche Erkenntnisse, Arbeiten, Anregungen, Erfahrungen, Hinweise usw., die den Erfinder zur Lösung hingeführt oder sie ihm wesentlich erleichtert haben.

[7] [1]Technische Hilfsmittel im Sinne dieser Nummer sind Energien, Rohstoffe und Geräte des Betriebes, deren Bereitstellung wesentlich zum Zustandekommen der Diensterfindung beigetragen hat. [2]Wie technische Hilfsmittel ist auch die Bereitstellung von Arbeitskräften zu werten. [3]Die Arbeitskraft des Erfinders selbst sowie die allgemeinen, ohnehin entstandenen Aufwendungen für Forschung, Laboreinrichtungen und Apparaturen sind nicht als technische Hilfsmittel in diesem Sinne anzusehen.

c) Aufgaben und Stellung des Arbeitnehmers im Betrieb

(33) [1]Der Anteil des Arbeitnehmers verringert sich um so mehr, je größer der ihm durch seine Stellung ermöglichte Einblick in die Erzeugung und Entwicklung des Betriebes ist und je mehr von ihm angesichts seiner Stellung und des ihm z.Z. der Erfindungsmeldung gezahlten Arbeitsentgelts erwartet werden kann, daß er an der technischen Entwicklung des Betriebes mitarbeitet. [2]Stellung im Betrieb bedeutet nicht die nominelle, sondern die tatsächliche Stellung des Arbeitnehmers, die ihm unter Berücksichtigung der ihm obliegenden Aufgaben und der ihm ermöglichten Einblicke in das Betriebsgeschehen zukommt.

(34) *[1]* Man kann folgende Gruppen von Arbeitnehmern unterscheiden, wobei die Wertzahl um so höher ist, je geringer die Leistungserwartung ist:

8. **Gruppe:** Hierzu gehören Arbeitnehmer, die im wesentlichen ohne Vorbildung für die im Betrieb ausgeübte Tätigkeit sind (z.B. ungelernte Arbeiter, Hilfsarbeiter, Angelernte, Lehrlinge) (8).

7. **Gruppe:** Zu dieser Gruppe sind die Arbeitnehmer zu rechnen, die eine handwerklich-technische Ausbildung erhalten haben (z.B. Facharbeiter, Laboranten, Monteure, einfache Zeichner), auch wenn sie schon mit kleineren Aufsichtspflichten betraut sind (z.B. Vorarbeiter, Untermeister, Schichtmeister, Kolonnenführer). Von diesen Personen wird allgemein erwartet, daß sie die ihnen übertragenen Aufgaben mit einem gewissen technischen Verständnis ausführen. Andererseits ist zu berücksichtigen, daß von dieser Berufsgruppe in der Regel die Lösung konstruktiver oder verfahrensmäßiger technischer Aufgaben nicht erwartet wird (7).

6. **Gruppe:** Hierher gehören die Personen, die als untere betriebliche Führungskräfte eingesetzt werden (z.B. Meister, Obermeister, Werkmeister) oder eine etwas gründlichere technische Ausbildung erhalten haben (z.B. Chemotechniker, Techniker). Von diesen Arbeitnehmern wird in der Regel schon erwartet, daß sie Vorschläge zur Rationalisierung innerhalb der ihnen obliegenden Tätigkeit machen und auf einfache technische Neuerungen bedacht sind (6).

5. **Gruppe:** Zu dieser Gruppe sind die Arbeitnehmer zu rechnen, die eine gehobene technische Ausbildung erhalten haben, sei es auf Universitäten oder technischen Hochschulen, sei es auf höheren technischen Lehranstalten oder in Ingenieur- oder entsprechenden Fachschulen, wenn sie in der Fertigung tätig sind. Von diesen Arbeitnehmern wird ein reges technisches Interesse sowie die Fähigkeit erwartet, gewisse konstruktive oder verfahrensmäßige Aufgaben zu lösen (5).

4. **Gruppe:** Hierher gehören die in der Fertigung leitend Tätigen (Gruppenleiter, d.h. Ingenieure und Chemiker, denen andere Ingenieure oder Chemiker unterstellt sind) und die in der Entwicklung tätigen Ingenieure und Chemiker (4).

3. **Gruppe:** Zu dieser Gruppe sind in der Fertigung der Leiter einer ganzen Fertigungsgruppe (z.B. technischer Abteilungsleiter und Werksleiter) zu zählen, in der Entwicklung die Gruppenleiter von Konstruktionsbüros und Entwicklungslaboratorien und in der Forschung die Ingenieure und Chemiker (3).

2. **Gruppe:** Hier sind die Leiter der Entwicklungsabteilungen einzuordnen sowie die Gruppenleiter in der Forschung (2).

1. **Gruppe:** Zur Spitzengruppe gehören die Leiter der gesamten Forschungsabteilung eines Unternehmens und die technischen Leiter größerer Betriebe (1)

[2] [1]Die vorstehende Tabelle kann nur Anhaltspunkte geben. [2]Die Einstufung in die einzelnen Gruppen muß jeweils im Einzelfall nach Maßgabe der tatsächlichen Verhältnisse unter Berücksichtigung der Ausführungen in Nummer 33, 35 und 36 vorgenommen werden. [3]In kleineren Betrieben sind z.B. vielfach die Leiter von Forschungsabteilungen nicht in Gruppe 1, sondern – je nach den Umständen des Einzelfalles – in die Gruppen 2, 3 oder 4 einzuordnen. [4]Auch die Abstufung nach der Tätigkeit in Fertigung, Entwicklung oder Forschung ist nicht stets berechtigt, weil z.B. in manchen Betrieben die in der Entwicklung tätigen Arbeitnehmer Erfindungen näher stehen als die in der Forschung tätigen Arbeitnehmer.

(35) [1]Wenn die Gehaltshöhe gegenüber dem Aufgabengebiet Unterschiede zeigt, kann es berechtigt sein, den Erfinder in eine höhere oder tiefere Gruppe einzustufen, weil Gehaltshöhe und Leistungserwartung miteinander in Verbindung stehen. [2]Dies ist besonders zu berücksichtigen im Verhältnis zwischen jüngeren und älteren Arbeitnehmern der gleichen Gruppe. In der Regel wächst das Gehalt eines Arbeitnehmers mit seinem Alter, wobei weitgehend der Gesichtspunkt maßgebend ist, daß die zunehmende Erfahrung auf Grund langjähriger Tätigkeit eine höhere Leistung erwarten läßt. [3]Hiernach kann also ein höher bezahlter älterer Angestellter einer bestimmten Gruppe eher in die nächstniedrigere einzustufen sein, während ein jüngerer, geringer bezahlter Angestellter der nächsthöheren Gruppe zuzurechnen ist. [4]Es ist weiter zu berücksichtigen, daß zum Teil gerade bei leitenden Angestellten nicht erwartet wird, daß sie sich mit technischen Einzelfragen befassen. [5]Besonders in größeren Firmen stehen leitende Angestellte zum Teil der technischen Entwicklung ferner als Entwicklungs- oder Betriebsingenieure. [6]In solchen Fällen ist daher gleichfalls eine Berichtigung der Gruppeneinteilung angebracht. [7]Auch die Vorbildung wird in der Regel ein Anhaltspunkt für die Einstufung des Arbeitnehmers sein. [8]Sie ist aber herauf dann ohne Einfluß, wenn der Arbeitnehmer nicht entsprechend seiner Vorbildung im Betrieb eingesetzt wird. [9]Andererseits ist auch zu berücksichtigen, daß Arbeitnehmer, die sich ohne entsprechende Vorbildung eine größere technische Erfahrung zugeeignet haben und demgemäß im Betrieb eingesetzt und bezahlt werden, in eine entsprechend niedrigere Gruppe (also mit niedrigerer Wertzahl, z.B. von Gruppe 6 in Gruppe 5) eingestuft werden müssen.

(36) [1]Von Arbeitnehmern, die kaufmännisch tätig sind und keine technische Vorbildung haben, werden im allgemeinen keine technischen Leistungen erwartet. [2]Etwas anderes kann mitunter für die sogenannten technischen Kaufleute und die höheren kaufmännischen Angestellten (kaufmännische Abtei-

lungsleiter, Verwaltungs- und kaufmännische Direktoren) gelten. [3]Wie diese Personen einzustufen sind, muß von Fall zu Fall entschieden werden.

Tabelle

(37) *[1]* Für die Berechnung des Anteilsfaktors gilt folgende Tabelle:

a + b + c	=	3	4	5	6	7	8	9	10	11	12	13	14	15	16	17	18	19	(20)
A	=	2	4	7	10	13	15	18	21	25	32	39	47	55	63	72	81	90	(10-0)

[2] In dieser Tabelle bedeuten:

a = Wertzahlen, die sich aus der Stellung der Aufgabe ergeben,
b = Wertzahlen, die sich aus der Lösung der Aufgabe ergeben,
c = Wertzahlen, die sich aus Aufgaben und Stellung im Betrieb ergeben,
A = Anteilsfaktor (Anteil des Arbeitnehmers am Erfindungswert in Prozenten).

[1] [1]Die Summe, die sich aus den Wertzahlen a, b und c ergibt, braucht keine ganze Zahl zu sein. [2]Sind als Wertzahlen Zwischenwerte (z.B. 3,5) gebildet worden, so ist als Anteilsfaktor eine Zahl zu ermitteln, die entsprechend zwischen den angegebenen Zahlen liegt. [3]Die Zahlen 20 und 100 sind in Klammern gesetzt, weil zumindest in diesem Fall eine freie Erfindung vorliegt.

Wegfall der Vergütung

(38) Ist der Anteilsfaktor sehr niedrig, so kann, wenn der Erfindungswert gleichfalls gering ist, die nach den vorstehenden Richtlinien zu ermittelnde Vergütung bis auf einen Anerkennungsbetrag sinken oder ganz wegfallen.

Dritter Teil. Die rechnerische Ermittlung der Vergütung

I. Formel

(39) *[1]* Die Berechnung der Vergütung aus Erfindungswert und Anteilsfaktor kann in folgender Formel ausgedrückt werden:

$$V = E \cdot A$$

[2] Dabei bedeuten:

V = die zu zahlende Vergütung,
E = den Erfindungswert,
A = den Anteilsfaktor in Prozenten.

[3] Die Ermittlung des Erfindungswertes nach der Lizenzanalogie kann in folgender Formel ausgedrückt werden:

$$E = B \cdot L$$

[4] Dabei bedeuten:

E = den Erfindungswert,
B = die Bezugsgröße,
L = Lizenzsatz in Prozenten.

[5] [1]In dieser Formel kann die Bezugsgröße ein Geldbetrag oder eine Stückzahl sein. [2]Ist die Bezugsgröße ein bestimmter Geldbetrag, so ist der Lizenzbetrag ein Prozentsatz (z.B. 3% von 100 000.– DM). [3]Ist die Bezugsgröße dagegen eine Stückzahl oder eine Gewichtseinheit, so ist der Lizenzsatz ein bestimmter Geldbetrag je Stück oder Gewichtseinheit (z.B. 0,10 DM je Stück oder Gewichtseinheit des umgesetzten Erzeugnisses).

[6] Insgesamt ergibt sich hiernach für die Ermittlung der Vergütung bei Anwendung der Lizenzanalogie folgende Formel:

$$V = B \cdot L \cdot A$$

[7] 1 Hierbei ist für B jeweils die entsprechende Bezugsgröße (Umsatz, Erzeugung) einzusetzen. 2 Sie kann sich auf die gesamte Laufdauer des Schutzrechts (oder die gesamte sonst nach Nummer 42 in Betracht kommende Zeit) oder auf einen bestimmten periodisch wiederkehrenden Zeitabschnitt (z.B. 1 Jahr) beziehen; entsprechend ergibt sich aus der Formel die Vergütung für die gesamte Laufdauer (V) oder den bestimmten Zeitabschnitt (bei jährlicher Ermittlung im folgenden mit Vj bezeichnet). 3 Wird z.B. die Vergütung unter Anwendung der Lizenzanalogie in Verbindung mit dem Umsatz ermittelt, so lautet die Formel für die Berechnung der Vergütung:

$$V = U \cdot L \cdot A$$

oder bei jährlicher Ermittlung

$$Vj = Uj \cdot L \cdot A$$

[8] Beispiel: Bei einem Jahresumsatz von 400 000.– DM, einem Lizenzsatz von 3% und einem Anteilsfaktor von (a + b+ c = 8 =) 15% ergibt folgende Rechnung:

$$Vj = 400\,000 \cdot \frac{3 \cdot 15}{100 \cdot 100}$$

[9] Die Vergütung für ein Jahr beträgt in diesem Fall 1800,– DM.

II. Art der Zahlung der Vergütung

(40) *[1]* 1 Die Vergütung kann in Form einer laufenden Beteiligung bemessen werden. 2 Hängt ihre Höhe von dem Umsatz, der Erzeugung oder dem erfaßbaren betrieblichen Nutzen ab, so wird die Vergütung zweckmäßig nachkalkulatorisch errechnet; in diesem Fall empfiehlt sich die jährliche Abrechnung, wobei – soweit dies angemessen erscheint – entsprechende Abschlagszahlungen zu leisten sein werden. 3 Wird die Diensterfindung durch Lizenzvergabe verwertet, so wird die Zahlung der Vergütung im allgemeinen der Zahlung der Lizenzen anzupassen sein.

[2] 1 Manchmal wird die Zahlung einer einmaligen oder mehrmaligen festen Summe (Gesamtabfindung) als angemessen anzusehen sein. 2 Dies gilt insbesondere für folgende Fälle:

a) Wenn es sich um kleinere Erfindungen handelt, für die eine jährliche Abrechnung wegen des dadurch entstehenden Aufwandes nicht angemessen erscheint,
b) wenn die Diensterfindung als Vorrats- oder Ausbaupatent verwertet wird.
c) Ist der Diensterfinder in einer Stellung, in der er auf den Einsatz seiner Erfindung oder die Entwicklung weiterer verwandter Erfindungen im Betrieb einen maßgeblichen Einfluß ausüben kann, so ist zur Vermeidung von Interessengegensätzen ebenfalls zu empfehlen, die Vergütung in Form einmaliger oder mehrmaliger fester Beträge zu zahlen.

[3] 1 In der Praxis findet sich manchmal eine Verbindung beider Zahlungsarten derart, daß der Lizenznehmer eine einmalige Zahlung leistet und der Lizenzgeber im übrigen laufend an den Erträgen der Erfindung beteiligt wird. 2 Auch eine solche Regelung kann eine angemessene Art der Vergütungsregelung darstellen.

(41) [1] Nur ein geringer Teil der Patente wird in der Praxis für die Gesamtlaufdauer von 18 Jahren aufrechterhalten. [2] Bei patentfähigen Erfindungen hat es sich bei der Gesamtabfindung häufig als berechtigt erwiesen, im allgemeinen eine durchschnittliche Laufdauer des Patents von einem Drittel der Gesamtlaufdauer, also von 6 Jahren, für die Ermittlung der einmaligen festen Vergütung zugrunde zu legen. [3] Bei einer wesentlichen Änderung der Umstände, die für die Feststellung oder Festsetzung der Vergütung maßgebend waren, können nach § 12 Abs. 6 des Gesetzes[1)] Arbeitgeber und Arbeitnehmer voneinander die Einwilligung in eine andere Regelung der Vergütung verlangen.

III. Die für die Berechnung der Vergütung maßgebende Zeit

(42) [1] Die Zeit, die für die Berechnung der Vergütung bei laufender Zahlung maßgebend ist, endet bei der unbeschränkten Inanspruchnahme in der Regel mit dem Wegfall des Schutzrechts. [2] Dasselbe gilt bei der beschränkten Inanspruchnahme, wenn ein Schutzrecht erwirkt ist. [3] Wegen der Dauer der Vergütung bei beschränkter Inanspruchnahme wird im übrigen auf Nummer 25 verwiesen. [4] In Ausnahmefällen kann der Gesichtspunkt der Angemessenheit der Vergütung auch eine Zahlung über die Laufdauer des Schutzrechts hinaus gerechtfertigt erscheinen lassen. [5] Dies gilt beispielsweise dann, wenn eine Erfindung erst in den letzten Jahren der Laufdauer eines Schutzrechts praktisch ausgewertet worden ist und die durch das Patent während seiner Laufzeit dem Patentinhaber vermittelte Vorzugstellung auf dem Markt auf Grund besonderer Umstände noch weiter andauert. [6] Solche besonderen Umstände können z.B. darin liegen, daß die Erfindung ein geschütztes Verfahren betrifft, für dessen Ausübung hohe betriebsinterne Erfahrungen notwendig sind, die nicht ohne weiteres bei Ablauf des Schutzrechts Wettbewerbern zur Verfügung stehen.

(43) [1] Ist das Schutzrecht vernichtbar, so bleibt dennoch der Arbeitgeber bis zur Nichtigkeitserklärung zur Vergütungszahlung verpflichtet, weil bis dahin der Arbeitgeber eine tatsächliche Nutzungsmöglichkeit und günstigere Geschäftsstellung hat, die er ohne die Inanspruchnahme nicht hätte. [2] Die offenbar oder wahrscheinlich gewordene Nichtigkeit ist für den Vergütungsanspruch der tatsächlichen Vernichtung dann gleichzustellen, wenn nach den Umständen das Schutzrecht seine bisherige wirtschaftliche Wirkung so weit verloren hat, daß dem Arbeitgeber die Vergütungszahlung nicht mehr zugemutet werden kann. [3] Dies ist besonders dann der Fall, wenn Wettbewerber, ohne eine Verletzungsklage befürchten zu müssen, nach dem Schutzrecht arbeiten.

[1)] Nr. 15.

20. Gebrauchsmustergesetz (GebrMG)

In der Fassung der Bekanntmachung vom 28. August 1986[1]
(BGBl. I S. 1455)

FNA 421-1

zuletzt geänd. durch Art. 10 G zur Änd. des BundesversorgungsG und anderer Vorschriften v. 17.7. 2017 (BGBl. I S. 2541)

§ 1 [Voraussetzungen des Schutzes] (1) Als Gebrauchsmuster werden Erfindungen geschützt, die neu sind, auf einem erfinderischen Schritt beruhen und gewerblich anwendbar sind.

(2) Als Gegenstand eines Gebrauchsmusters im Sinne des Absatzes 1 werden insbesondere nicht angesehen:

1. Entdeckungen sowie wissenschaftliche Theorien und mathematische Methoden;
2. ästhetische Fomschöpfungen;
3. Pläne, Regeln und Verfahren für gedankliche Tätigkeiten, für Spiele oder für geschäftliche Tätigkeiten sowie Programme für Datenverarbeitungsanlagen;
4. die Wiedergabe von Informationen,
5. biotechnologische Erfindungen (§ 1 Abs. 2 des Patentgesetzes[2]).

(3) Absatz 2 steht dem Schutz als Gebrauchsmuster nur insoweit entgegen, als für die genannten Gegenstände oder Tätigkeiten als solche Schutz begehrt wird.

§ 2 [Kein Schutz] Als Gebrauchsmuster werden nicht geschützt:

1. Erfindungen, deren Verwertung gegen die öffentliche Ordnung oder die guten Sitten verstoßen würde; ein solcher Verstoß kann nicht allein aus der Tatsache hergeleitet werden, daß die Verwertung der Erfindung durch Gesetz oder Verwaltungsvorschrift verboten ist.
2. Pflanzensorten oder Tierarten;
3. Verfahren.

§ 3 [Begriff der Neuheit] (1) [1]Der Gegenstand eines Gebrauchsmusters gilt als neu, wenn er nicht zum Stand der Technik gehört. [2]Der Stand der Technik umfaßt alle Kenntnisse, die vor dem für den Zeitrang der Anmeldung maßgeblichen Tag durch schriftliche Beschreibung oder durch eine im Geltungsbereich dieses Gesetzes erfolgte Benutzung der Öffentlichkeit zugänglich gemacht worden sind. [3]Eine innerhalb von sechs Monaten vor dem für den Zeitrang der Anmeldung maßgeblichen Tag erfolgte Beschreibung oder Benutzung bleibt außer Betracht, wenn sie auf der Ausarbeitung des Anmelders oder seines Rechtsvorgängers beruht.

---

[1] Neubekanntmachung des GebrauchsmusterG idF v. 2.1.1968 (BGBl. I S. 24). – Diese Neufassung gilt gem. Art. 7 des Gesetzes zur Änderung des Gebrauchsmustergesetzes vom 15.8.1986 (BGBl. I S. 1446) mit Wirkung ab 1.1.1987.

[2] Nr. **10**.

(2) Der Gegenstand eines Gebrauchsmusters gilt als gewerblich anwendbar, wenn er auf irgendeinem gewerblichen Gebiet einschließlich der Landwirtschaft hergestellt oder benutzt werden kann.

§ 4 [Erfordernisse der Anmeldung] (1) [1]Erfindungen, für die der Schutz als Gebrauchsmuster verlangt wird, sind beim Patentamt anzumelden. [2]Für jede Erfindung ist eine besondere Anmeldung erforderlich.

(2) [1]Die Anmeldung kann auch über ein Patentinformationszentrum eingereicht werden, wenn diese Stelle durch Bekanntmachung des Bundesministeriums der Justiz und für Verbraucherschutz im Bundesgesetzblatt dazu bestimmt ist, Gebrauchsmusteranmeldungen entgegenzunehmen. [2]Eine Anmeldung, die ein Staatsgeheimnis (§ 93 Strafgesetzbuch) enthalten kann, darf bei einem Patentinformationszentrum nicht eingereicht werden.

(3) Die Anmeldung muß enthalten:

1. den Namen des Anmelders;
2. einen Antrag auf Eintragung des Gebrauchsmusters, in dem der Gegenstand des Gebrauchsmusters kurz und genau bezeichnet ist;
3. einen oder mehrere Schutzansprüche, in denen angegeben ist, was als schutzfähig unter Schutz gestellt werden soll;
4. eine Beschreibung des Gegenstandes des Gebrauchsmusters;
5. die Zeichnungen, auf die sich die Schutzansprüche oder die Beschreibung beziehen.

(4) [1]Das Bundesministerium der Justiz und für Verbraucherschutz wird ermächtigt, durch Rechtsverordnung Bestimmungen über die Form und die sonstigen Erfordernisse der Anmeldung zu erlassen.[1)] [2]Es kann diese Ermächtigung durch Rechtsverordnung auf das Deutsche Patent- und Markenamt übertragen.

(5) [1]Bis zur Verfügung über die Eintragung des Gebrauchsmusters sind Änderungen der Anmeldung zulässig, soweit sie den Gegenstand der Anmeldung nicht erweitern. [2]Aus Änderungen, die den Gegenstand der Anmeldung erweitern, können Rechte nicht hergeleitet werden.

(6) [1]Der Anmelder kann die Anmeldung jederzeit teilen. [2]Die Teilung ist schriftlich zu erklären. [3]Für jede Teilanmeldung bleiben der Zeitpunkt der ursprünglichen Anmeldung und eine dafür in Anspruch genommene Priorität erhalten. [4]Für die abgetrennte Anmeldung sind für die Zeit bis zur Teilung die gleichen Gebühren zu entrichten, die für die ursprüngliche Anmeldung zu entrichten waren.

(7) [1]Das Bundesministerium der Justiz und für Verbraucherschutz wird ermächtigt, durch Rechtsverordnung Bestimmungen über die Hinterlegung, den Zugang einschließlich des zum Zugang berechtigten Personenkreises und die erneute Hinterlegung von biologischem Material zu erlassen, sofern die Erfindung die Verwendung biologischen Materials beinhaltet oder sie solches Material betrifft, das der Öffentlichkeit nicht zugänglich ist und das in der Anmeldung nicht so beschrieben werden kann, daß ein Fachmann die Erfindung danach ausführen kann (Absatz 3). [2]Es kann diese Ermächtigung durch Rechtsverordnung auf das Deutsche Patent- und Markenamt übertragen.

[1)] Verordnung über das Deutsche Patent- und Markenamt (DPMA-Verordnung - DPMAV) v. 1.4. 2004 (BGBl. I S. 514), zuletzt geänd. durch VO v. 10.12.2018 (BGBl. I S. 2444).

§ 4a [Weitere Erfordernisse der Anmeldung] (1) Der Anmeldetag der Gebrauchsmusteranmeldung ist der Tag, an dem die Unterlagen nach § 4 Abs. 3 Nr. 1 und 2 und, soweit sie jedenfalls Angaben enthalten, die dem Anschein nach als Beschreibung anzusehen sind, nach § 4 Abs. 3 Nr. 4

1. beim Patentamt
2. oder, wenn diese Stelle durch Bekanntmachung des Bundesministeriums der Justiz und für Verbraucherschutz im Bundesgesetzblatt dazu bestimmt ist, bei einem Patentinformationszentrum

eingegangen sind.

(2) [1] Wenn die Anmeldung eine Bezugnahme auf Zeichnungen enthält und der Anmeldung keine Zeichnungen beigefügt sind oder wenn mindestens ein Teil einer Zeichnung fehlt, so fordert das Patentamt den Anmelder auf, innerhalb einer Frist von einem Monat nach Zustellung der Aufforderung entweder die Zeichnungen nachzureichen oder zu erklären, dass die Bezugnahme als nicht erfolgt gelten soll. [2] Reicht der Anmelder auf diese Aufforderung die fehlenden Zeichnungen oder die fehlenden Teile nach, so wird der Tag des Eingangs der Zeichnungen oder der fehlenden Teile beim Patentamt Anmeldetag; anderenfalls gilt die Bezugnahme auf die Zeichnungen als nicht erfolgt.

(3) Absatz 2 gilt entsprechend für fehlende Teile der Beschreibung.

§ 4b [Frist der Übersetzung] [1] Ist die Anmeldung nicht oder teilweise nicht in deutscher Sprache abgefasst, so hat der Anmelder eine deutsche Übersetzung innerhalb einer Frist von drei Monaten nach Einreichung der Anmeldung nachzureichen. [2] Wird die deutsche Übersetzung nicht innerhalb der Frist eingereicht, so gilt die Anmeldung als zurückgenommen.

§ 5 [Für frühere Patentanmeldung beanspruchtes Prioritätsrecht]

(1) [1] Hat der Anmelder mit Wirkung für die Bundesrepublik Deutschland für dieselbe Erfindung bereits früher ein Patent nachgesucht, so kann er mit der Gebrauchsmusteranmeldung die Erklärung abgeben, daß der für die Patentanmeldung maßgebende Anmeldetag in Anspruch genommen wird. [2] Ein für die Patentanmeldung beanspruchtes Prioritätsrecht bleibt für die Gebrauchsmusteranmeldung erhalten. [3] Das Recht nach Satz 1 kann bis zum Ablauf von zwei Monaten nach dem Ende des Monats, in dem die Patentanmeldung erledigt oder ein etwaiges Einspruchsverfahren abgeschlossen ist, jedoch längstens bis zum Ablauf des zehnten Jahres nach dem Anmeldetag der Patentanmeldung, ausgeübt werden.

(2) [1] Hat der Anmelder eine Erklärung nach Absatz 1 Satz 1 abgegeben, so fordert ihn das Patentamt auf, innerhalb von zwei Monaten nach Zustellung der Aufforderung das Aktenzeichen und den Anmeldetag anzugeben und eine Abschrift der Patentanmeldung einzureichen. [2] Werden diese Angaben nicht rechtzeitig gemacht, so wird das Recht nach Absatz 1 Satz 1 verwirkt.

§ 6 [Prioritätsrecht des Anmelders] (1) [1] Dem Anmelder steht innerhalb einer Frist von zwölf Monaten nach dem Anmeldetag einer beim Patentamt eingereichten früheren Patent- oder Gebrauchsmusteranmeldung für die Anmeldung derselben Erfindung zum Gebrauchsmuster ein Prioritätsrecht zu, es sei denn, daß für die frühere Anmeldung schon eine inländische oder ausländische Priorität in Anspruch genommen worden ist. [2] § 40 Abs. 2 bis 4, Abs. 5 Satz 1, Abs. 6 des Patentgesetzes[1)] ist entsprechend anzuwenden, § 40 Abs. 5 Satz 1 mit der Maßgabe, daß eine frühere Patentanmeldung nicht als zurückgenommen gilt.

(2) Die Vorschriften des Patentgesetzes über die ausländische Priorität (§ 41) sind entsprechend anzuwenden.

§ 6a [Inanspruchnahme des Prioritätsrechts] (1) Hat der Anmelder eine Erfindung

1. auf einer amtlichen oder amtlich anerkannten internationalen Ausstellung im Sinne des am 22. November 1928 in Paris unterzeichneten Abkommens über internationale Ausstellungen oder
2. auf einer sonstigen inländischen oder ausländischen Ausstellung

zur Schau gestellt, kann er, wenn er die Erfindung innerhalb einer Frist von sechs Monaten seit der erstmaligen Zurschaustellung zum Gebrauchsmuster anmeldet, von diesem Tag an ein Prioritätsrecht in Anspruch nehmen.

(2) Die in Absatz 1 Nummer 1 bezeichneten Ausstellungen werden vom Bundesministerium der Justiz und für Verbraucherschutz im Bundesanzeiger bekanntgemacht.

(3) Die Ausstellungen nach Absatz 1 Nummer 2 werden im Einzelfall vom Bundesministerium der Justiz und für Verbraucherschutz bestimmt und im Bundesanzeiger bekanntgemacht.

(4) Wer eine Priorität nach Absatz 1 in Anspruch nimmt, hat vor Ablauf des 16. Monats nach dem Tag der erstmaligen Zurschaustellung der Erfindung diesen Tag und die Ausstellung anzugeben sowie einen Nachweis für die Zurschaustellung einzureichen.

(5) Die Ausstellungspriorität nach Absatz 1 verlängert die Prioritätsfristen nach § 6 Abs. 1 nicht.

§ 7 [Stand der Technik] (1) Das Patentamt ermittelt auf Antrag den Stand der Technik, der für die Beurteilung der Schutzfähigkeit des Gegenstandes der Gebrauchsmusteranmeldung oder des Gebrauchsmusters in Betracht zu ziehen ist (Recherche).

(2) [1] Der Antrag kann von dem Anmelder oder dem als Inhaber Eingetragenen und jedem Dritten gestellt werden. [2] Er ist schriftlich einzureichen. [3] § 28 ist entsprechend anzuwenden.

(3) [1] Der Eingang des Antrags wird im Patentblatt veröffentlicht, jedoch nicht vor der Eintragung des Gebrauchsmusters. [2] Hat ein Dritter den Antrag gestellt, so wird der Eingang des Antrags außerdem dem Anmelder oder dem als Inhaber Eingetragenen mitgeteilt. [3] Jedermann ist berechtigt, dem Patentamt Hinweise zum Stand der Technik zu geben, der für die Beurteilung der Schutzfähigkeit des Gegenstandes der Gebrauchsmusteranmeldung oder des Gebrauchsmusters in Betracht zu ziehen ist.

(4) [1] Ist ein Antrag nach Absatz 1 eingegangen, so gelten spätere Anträge als nicht gestellt. [2] § 43 Absatz 4 Satz 2 und 3 des Patentgesetzes[1)] ist entsprechend anzuwenden.

[1)] Nr. **10**.

(5) Erweist sich ein von einem Dritten gestellter Antrag nach der Mitteilung an den Anmelder oder den als Inhaber Eingetragenen als unwirksam, so teilt das Patentamt dies außer dem Dritten auch dem Anmelder oder dem als Inhaber Eingetragenen mit.

(6) Das Patentamt teilt den nach Absatz 1 ermittelten Stand der Technik dem Anmelder oder dem als Inhaber Eingetragenen und, wenn der Antrag von einem Dritten gestellt worden ist, diesem und dem Anmelder oder dem als Inhaber Eingetragenen ohne Gewähr für die Vollständigkeit mit und veröffentlicht im Patentblatt, dass diese Mitteilung ergangen ist.

§ 8 [Rolle für Gebrauchsmuster] (1) [1]Entspricht die Anmeldung den Anforderungen des §§ 4, 4a, 4b, so verfügt das Patentamt die Eintragung in das Register für Gebrauchsmuster. [2]Eine Prüfung des Gegenstandes der Anmeldung auf Neuheit, erfinderischen Schritt und gewerbliche Anwendbarkeit findet nicht statt. [3]§ 49 Abs. 2 des Patentgesetzes[1)] ist entsprechend anzuwenden.

(2) Die Eintragung muss Namen und Wohnsitz des Anmelders sowie seines etwa nach § 28 bestellten Vertreters und Zustellungsbevollmächtigten sowie die Zeit der Anmeldung angeben.

(3) [1]Die Eintragungen sind im Patentblatt in regelmäßig erscheinenden Übersichten bekanntzumachen. [2]Die Veröffentlichung kann in elektronischer Form erfolgen. [3]Zur weiteren Verarbeitung oder Nutzung zu Zwecken der Gebrauchsmusterinformation kann das Patentamt Angaben aus dem Patentblatt an Dritte in elektronischer Form übermitteln. [4]Die Übermittlung erfolgt nicht, soweit eine Einsicht nach Absatz 7 ausgeschlossen ist.

(4) [1]Das Patentamt vermerkt im Register eine Änderung in der Person des Inhabers des Gebrauchsmusters, seines Vertreters oder seines Zustellungsbevollmächtigten, wenn sie ihm nachgewiesen wird. [2]Solange die Änderung nicht eingetragen ist, bleiben der frühere Rechtsinhaber und sein früherer Vertreter oder Zustellungsbevollmächtigter nach Maßgabe dieses Gesetzes berechtigt und verpflichtet.

(5) [1]Die Einsicht in das Register sowie in die Akten eingetragener Gebrauchsmuster einschließlich der Akten von Löschungsverfahren steht jedermann frei. [2]Im übrigen gewährt das Patentamt jedermann auf Antrag Einsicht in die Akten, wenn und soweit ein berechtigtes Interesse glaubhaft gemacht wird.

(6) Soweit die Einsicht in das Register und die Akten nach Absatz 5 Satz 1 jedermann freisteht, kann die Einsichtnahme bei elektronischer Führung des Registers und der Akten auch über das Internet gewährt werden.

(7) Die Einsicht nach den Absätzen 5 und 6 ist ausgeschlossen, soweit eine Rechtsvorschrift entgegensteht oder soweit das schutzwürdige Interesse der betroffenen Person im Sinne des Artikels 4 Nummer 1 der Verordnung (EU) 2016/679 des Europäischen Parlaments und des Rates vom 27. April 2016 zum Schutz natürlicher Personen bei der Verarbeitung personenbezogener Daten, zum freien Datenverkehr und zur Aufhebung der Richtlinie 95/46/EG (Datenschutz-Grundverordnung) (ABl. L 119 vom 4.5.2016, S. 1; L 314 vom 22.11.2016, S. 72) in der jeweils geltenden Fassung offensichtlich überwiegt.

[1)] Nr. **10**.

(8) [1] Soweit personenbezogene Daten im Register oder in öffentlich zugänglichen elektronischen Informationsdiensten des Deutschen Patent- und Markenamtes enthalten sind, bestehen nicht

1. das Recht auf Auskunft gemäß Artikel 15 Absatz 1 Buchstabe c der Verordnung (EU) 2016/679,
2. die Mitteilungspflicht gemäß Artikel 19 Satz 2 der Verordnung (EU) 2016/679 und
3. das Recht auf Widerspruch gemäß Artikel 21 Absatz 1 der Verordnung (EU) 2016/679.

[2] Das Recht auf Erhalt einer Kopie nach Artikel 15 Absatz 3 der Verordnung (EU) 2016/679 wird dadurch erfüllt, dass die betroffene Person Einsicht in das Register oder in öffentlich zugängliche elektronische Informationsdienste des Deutschen Patent- und Markenamtes nehmen kann.

§ 9 [Geheime Gebrauchsmuster] (1) [1] Wird ein Gebrauchsmuster angemeldet, dessen Gegenstand ein Staatsgeheimnis (§ 93 des Strafgesetzbuches) ist, so ordnet die für die Anordnung gemäß § 50 des Patentgesetzes[1)] zuständige Prüfungsstelle von Amts wegen an, daß die Offenlegung (§ 8 Abs. 5) und die Bekanntmachung im Patentblatt (§ 8 Abs. 3) unterbleiben. [2] Die zuständige oberste Bundesbehörde[2)3)] ist vor der Anordnung zu hören. [3] Sie kann den Erlaß einer Anordnung beantragen. [4] Das Gebrauchsmuster ist in ein besonderes Register einzutragen.

(2) [1] Im übrigen sind die Vorschriften des § 31 Abs. 5, des § 50 Abs. 2 bis 4 und der §§ 51 bis 56 des Patentgesetzes entsprechend anzuwenden. [2] Die nach Absatz 1 zuständige Prüfungsstelle ist auch für die in entsprechender Anwendung von § 50 Abs. 2 des Patentgesetzes zu treffenden Entscheidungen und für die in entsprechender Anwendung von § 50 Abs. 3 und § 53 Abs. 2 des Patentgesetzes vorzunehmenden Handlungen zuständig.

§ 10 [Gebrauchsmusterstelle] (1) Für Anträge in Gebrauchsmustersachen mit Ausnahme der Löschungsanträge (§§ 15 bis 17) wird im Patentamt eine Gebrauchsmusterstelle errichtet, die von einem vom Präsidenten des Patentamts bestimmten rechtskundigen Mitglied geleitet wird.

(2) [1] Das Bundesministerium der Justiz und für Verbraucherschutz wird ermächtigt, durch Rechtsverordnung Beamte des gehobenen und des mittleren Dienstes oder vergleichbare Angestellte mit der Wahrnehmung von Geschäften zu betrauen, die den Gebrauchsmusterstellen oder Gebrauchsmusterabteilungen obliegen und die ihrer Art nach keine besonderen technischen oder rechtlichen Schwierigkeiten bieten;[4)] ausgeschlossen davon sind jedoch Zurückweisungen von Anmeldungen aus Gründen, denen der Anmelder widersprochen hat. [2] Das Bundesministerium der Justiz und für Verbraucherschutz kann diese Ermächti-

---

1) Nr. **10**.

2) Vgl. Anm. zu § 56 PatG (Nr. **10**).

3) Siehe VO v. 24.5.1961 (BGBl. I S. 595), geänd. durch G v. 16.7.1998 (BGBl. I S. 1827).

4) Verordnung über das Deutsche Patent- und Markenamt (DPMA-Verordnung - DPMAV) v. 1.4. 2004 (BGBl. I S. 514), zuletzt geänd. durch VO v. 10.12.2018 (BGBl. I S. 2444); Verordnung über die Wahrnehmung einzelner den Prüfungsstellen, der Gebrauchsmusterstelle, den Markenstellen und den Abteilungen des Patentamts obliegender Geschäfte (Wahrnehmungsverordnung – WahrnV) v. 14.12. 1994 (BGBl. I S. 3812), zuletzt geänd. durch VO v. 12.12.2018 (BGBl. I S. 2446).

gung durch Rechtsverordnung auf das Deutsche Patent- und Markenamt übertragen.

(3) [1] Über Löschungsanträge (§§ 15 bis 17) beschließt eine der im Patentamt zu bildenden Gebrauchsmusterabteilungen, die mit zwei technischen Mitgliedern und einem rechtskundigen Mitglied zu besetzen ist. [2] Die Bestimmungen des § 27 Abs. 7 des Patentgesetzes[1)] gelten entsprechend. [3] Innerhalb ihres Geschäftskreises obliegt jeder Gebrauchsmusterabteilung auch die Abgabe von Gutachten.

(4) [1] Für die Ausschließung und Ablehnung der Mitglieder der Gebrauchsmusterstelle und der Gebrauchsmusterabteilungen gelten die §§ 41 bis 44, 45 Abs. 2 Satz 2, §§ 47 bis 49 der Zivilprozeßordnung über Ausschließung und Ablehnung der Gerichtspersonen sinngemäß. [2] Das gleiche gilt für die Beamten des gehobenen und des mittleren Dienstes und Angestellten, soweit sie nach Absatz 2 mit der Wahrnehmung einzelner der Gebrauchsmusterstelle oder den Gebrauchsmusterabteilungen obliegender Geschäfte betraut worden sind. [3] § 27 Abs. 6 Satz 3 des Patentgesetzes gilt entsprechend.

§ 11 [Wirkung der Eintragung] (1) [1] Die Eintragung eines Gebrauchsmusters hat die Wirkung, daß allein der Inhaber befugt ist, den Gegenstand des Gebrauchsmusters zu benutzen. [2] Jedem Dritten ist es verboten, ohne seine Zustimmung ein Erzeugnis, das Gegenstand des Gebrauchsmusters ist, herzustellen, anzubieten, in Verkehr zu bringen oder zu gebrauchen oder zu den genannten Zwecken entweder einzuführen oder zu besitzen.

(2) [1] Die Eintragung hat ferner die Wirkung, daß es jedem Dritten verboten ist, ohne Zustimmung des Inhabers im Geltungsbereich dieses Gesetzes anderen als zur Benutzung des Gegenstandes des Gebrauchsmusters berechtigten Personen Mittel, die sich auf ein wesentliches Element des Gegenstandes des Gebrauchsmusters beziehen, zu dessen Benutzung im Geltungsbereich dieses Gesetzes anzubieten oder zu liefern, wenn der Dritte weiß oder es auf Grund der Umstände offensichtlich ist, daß diese Mittel dazu geeignet und bestimmt sind, für die Benutzung des Gegenstandes des Gebrauchsmusters verwendet zu werden. [2] Satz 1 ist nicht anzuwenden, wenn es sich bei den Mitteln um allgemein im Handel erhältliche Erzeugnisse handelt, es sei denn, daß der Dritte den Belieferten bewußt veranlaßt, in einer nach Absatz 1 Satz 2 verbotenen Weise zu handeln. [3] Personen, die die in § 12 Nr. 1 und 2 genannten Handlungen vornehmen, gelten im Sinne des Satzes 1 nicht als Personen, die zur Benutzung des Gegenstandes des Gebrauchsmusters berechtigt sind.

§ 12 [Erlaubte Handlungen] Die Wirkung des Gebrauchsmusters erstreckt sich nicht auf

1. Handlungen, die im privaten Bereich zu nichtgewerblichen Zwecken vorgenommen werden;
2. Handlungen zu Versuchszwecken, die sich auf den Gegenstand des Gebrauchsmusters beziehen;
3. Handlungen der in § 11 Nr. 4 bis 6 des Patentgesetzes[1)] bezeichneten Art.

[1)] Nr. 10.

§ 12a [Schutzbereich] [1]Der Schutzbereich des Gebrauchsmusters wird durch den Inhalt der Schutzansprüche bestimmt. [2]Die Beschreibung und die Zeichnungen sind jedoch zur Auslegung der Schutzansprüche heranzuziehen.

§ 13 [Kein Gebrauchsmusterschutz] (1) Der Gebrauchsmusterschutz wird durch die Eintragung nicht begründet, soweit gegen den als Inhaber Eingetragenen für jedermann ein Anspruch auf Löschung besteht (§ 15 Abs. 1 und 3).

(2) Wenn der wesentliche Inhalt der Eintragung den Beschreibungen, Zeichnungen, Modellen, Gerätschaften oder Einrichtungen eines anderen ohne dessen Einwilligung entnommen ist, tritt dem Verletzten gegenüber der Schutz des Gesetzes nicht ein.

(3) Die Vorschriften des Patentgesetzes[1)] über das Recht auf den Schutz (§ 6), über den Anspruch auf Erteilung des Schutzrechts (§ 7 Abs. 1), über den Anspruch auf Übertragung (§ 8), über das Vorbenutzungsrecht (§ 12) und über die staatliche Benutzungsanordnung (§ 13) sind entsprechend anzuwenden.

§ 14 [Später angemeldetes Patent] Soweit ein später angemeldetes Patent in ein nach § 11 begründetes Recht eingreift, darf das Recht aus diesem Patent ohne Erlaubnis des Inhabers des Gebrauchsmusters nicht ausgeübt werden.

§ 15 [Löschungsanspruch] (1) Jedermann hat gegen den als Inhaber Eingetragenen Anspruch auf Löschung des Gebrauchsmusters, wenn
1. der Gegenstand des Gebrauchsmusters nach den §§ 1 bis 3 nicht schutzfähig ist,
2. der Gegenstand des Gebrauchsmusters bereits auf Grund einer früheren Patent- oder Gebrauchsmusteranmeldung geschützt worden ist oder
3. der Gegenstand des Gebrauchsmusters über den Inhalt der Anmeldung in der Fassung hinausgeht, in der sie ursprünglich eingereicht worden ist.

(2) Im Falle des § 13 Abs. 2 steht nur dem Verletzten ein Anspruch auf Löschung zu.

(3) [1]Betreffen die Löschungsgründe nur einen Teil des Gebrauchsmusters, so erfolgt die Löschung nur in diesem Umfang. [2]Die Beschränkung kann in Form einer Änderung der Schutzansprüche vorgenommen werden.

§ 16 [Löschungsantrag] [1]Die Löschung des Gebrauchsmusters nach § 15 ist beim Patentamt schriftlich zu beantragen. [2]Der Antrag muß die Tatsachen angeben, auf die er gestützt wird. [3]Die Vorschriften des § 81 Abs. 6 und des § 125 des Patentgesetzes[1)] gelten entsprechend.

§ 17 [Löschungsverfahren] (1) [1]Das Patentamt teilt dem Inhaber des Gebrauchsmusters den Antrag mit und fordert ihn auf, sich dazu innerhalb eines Monats zu erklären. [2]Widerspricht er nicht rechtzeitig, so erfolgt die Löschung.

(2) [1]Andernfalls teilt das Patentamt den Widerspruch dem Antragsteller mit und trifft die zur Aufklärung der Sache erforderlichen Verfügungen. [2]Es kann die Vernehmung von Zeugen und Sachverständigen anordnen. [3]Für sie gelten die Vorschriften der Zivilprozeßordnung (§§ 373 bis 401 sowie 402 bis 414)

[1)] Nr. **10**.

entsprechend. [4]Die Beweisverhandlungen sind unter Zuziehung eines beeidigten Protokollführers aufzunehmen.

(3) [1]Über den Antrag wird auf Grund mündlicher Verhandlung beschlossen. [2]Der Beschluß ist in dem Termin, in dem die mündliche Verhandlung geschlossen wird, oder in einem sofort anzuberaumenden Termin zu verkünden. [3]Der Beschluss ist zu begründen und den Beteiligten von Amts wegen in Abschrift zuzustellen; eine Beglaubigung der Abschrift ist nicht erforderlich. [4]Ausfertigungen werden nur auf Antrag eines Beteiligten und nur in Papierform erteilt. [5]§ 47 Abs. 2 des Patentgesetzes[1)] ist entsprechend anzuwenden. [6]Statt der Verkündung ist die Zustellung des Beschlusses zulässig.

(4) [1]Das Patentamt hat zu bestimmen, zu welchem Anteil die Kosten des Verfahrens den Beteiligten zur Last fallen. [2]§ 62 Abs. 2 und § 84 Abs. 2 Satz 2 und 3 des Patentgesetzes sind entsprechend anzuwenden.

§ 18 [Beschwerde] (1) Gegen die Beschlüsse der Gebrauchsmusterstelle und der Gebrauchsmusterabteilungen findet die Beschwerde an das Patentgericht statt.

(2) [1]Im übrigen sind die Vorschriften des Patentgesetzes[1)] über das Beschwerdeverfahren entsprechend anzuwenden. [2]Betrifft die Beschwerde einen Beschluß, der in einem Löschungsverfahren ergangen ist, so ist für die Entscheidung über die Kosten des Verfahrens § 84 Abs. 2 des Patentgesetzes entsprechend anzuwenden.

(3) [1]Über Beschwerden gegen Beschlüsse der Gebrauchsmusterstelle sowie gegen Beschlüsse der Gebrauchsmusterabteilungen entscheidet ein Beschwerdesenat des Patentgerichts. [2]Über Beschwerden gegen die Zurückweisung der Anmeldung eines Gebrauchsmusters entscheidet der Senat in der Besetzung mit zwei rechtskundigen Mitgliedern und einem technischen Mitglied, über Beschwerden gegen Beschlüsse der Gebrauchsmusterabteilungen über Löschungsanträge in der Besetzung mit einem rechtskundigen Mitglied und zwei technischen Mitgliedern. [3]Für Beschwerden gegen Entscheidungen über Anträge auf Bewilligung von Verfahrenskostenhilfe ist Satz 2 entsprechend anzuwenden. [4]Der Vorsitzende muß ein rechtskundiges Mitglied sein. [5]Auf die Verteilung der Geschäfte innerhalb des Beschwerdesenats ist § 21g Abs. 1 und 2 des Gerichtsverfassungsgesetzes anzuwenden. [6]Für die Verhandlung über Beschwerden gegen die Beschlüsse der Gebrauchsmusterstelle gilt § 69 Abs. 1 des Patentgesetzes, für die Verhandlung über Beschwerden gegen die Beschlüsse der Gebrauchsmusterabteilungen § 69 Abs. 2 des Patentgesetzes entsprechend.

(4) [1]Gegen den Beschluß des Beschwerdesenats des Patentgerichts, durch den über eine Beschwerde nach Absatz 1 entschieden wird, findet die Rechtsbeschwerde an den Bundesgerichtshof statt, wenn der Beschwerdesenat in dem Beschluß die Rechtsbeschwerde zugelassen hat. [2]§ 100 Abs. 2 und 3 sowie die §§ 101 bis 109 des Patentgesetzes sind anzuwenden.

§ 19 [Wirkung auf einen Rechtsstreit] [1]Ist während des Löschungsverfahrens ein Rechtsstreit anhängig, dessen Entscheidung von dem Bestehen des Gebrauchsmusterschutzes abhängt, so kann das Gericht anordnen, daß die Verhandlung bis zur Erledigung des Löschungsverfahrens auszusetzen ist. [2]Es hat die Aussetzung anzuordnen, wenn es die Gebrauchsmustereintragung für un-

---

[1)] Nr. **10**.

wirksam hält. [3]Ist der Löschungsantrag zurückgewiesen worden, so ist das Gericht an diese Entscheidung nur dann gebunden, wenn sie zwischen denselben Parteien ergangen ist.

§ 20 [Zwangslizenz] Die Vorschriften des Patentgesetzes[1)] über die Erteilung oder Zurücknahme einer Zwangslizenz oder wegen der Anpassung der durch Urteil festgesetzten Vergütung für eine Zwangslizenz (§ 24) und über das Verfahren (§§ 81 bis 99, 110 bis 122a) gelten für eingetragene Gebrauchsmuster entsprechend.

§ 21 [Anwendung von Vorschriften des Patentgesetzes] (1) Die Vorschriften des Patentgesetzes über die Erstattung von Gutachten (§ 29 Abs. 1 und 2, über die Wiedereinsetzung in den vorigen Stand (§ 123), über die Weiterbehandlung der Anmeldung (§ 123a), über die Wahrheitspflicht im Verfahren (§ 124), über die elektronische Verfahrensführung (§ 125a), über die Amtssprache (§ 126), über Zustellungen (§ 127), über die Rechtshilfe der Gerichte (§ 128), über die Entschädigung von Zeugen und die Vergütung von Sachverständigen (§ 128a) und über den Rechtsschutz bei überlangen Gerichtsverfahren (§ 128b) sind auch für Gebrauchsmustersachen anzuwenden.

(2) Die Vorschriften des Patentgesetzes[1)] über die Bewilligung von Verfahrenskostenhilfe (§§ 129 bis 138) sind in Gebrauchsmustersachen entsprechend anzuwenden, § 135 Abs. 3 mit der Maßgabe, daß dem nach § 133 beigeordneten Vertreter ein Beschwerderecht zusteht.

§ 22 [Übertragbarkeit des Rechts] (1) [1]Das Recht auf das Gebrauchsmuster, der Anspruch auf seine Eintragung und das durch die Eintragung begründete Recht gehen auf die Erben über. [2]Sie können beschränkt oder unbeschränkt auf andere übertragen werden.

(2) [1]Die Rechte nach Absatz 1 können ganz oder teilweise Gegenstand von ausschließlichen oder nicht ausschließlichen Lizenzen für den Geltungsbereich dieses Gesetzes oder einen Teil desselben sein. [2]Soweit ein Lizenznehmer gegen eine Beschränkung seiner Lizenz nach Satz 1 verstößt, kann das durch die Eintragung begründete Recht gegen ihn geltend gemacht werden.

(3) Ein Rechtsübergang oder die Erteilung einer Lizenz berührt nicht Lizenzen, die Dritten vorher erteilt worden sind.

§ 23 [Schutzdauer] (1) Die Schutzdauer eines eingetragenen Gebrauchsmusters beginnt mit dem Anmeldetag und endet zehn Jahre nach Ablauf des Monats, in den der Anmeldetag fällt.

(2) [1]Die Aufrechterhaltung des Schutzes wird durch Zahlung einer Aufrechterhaltungsgebühr für das vierte bis sechste, siebte und achte sowie für das neunte und zehnte Jahr, gerechnet vom Anmeldetag an, bewirkt. [2]Die Aufrechterhaltung wird im Register vermerkt.

(3) Das Gebrauchsmuster erlischt, wenn

1. der als Inhaber Eingetragene durch schriftliche Erklärung an das Patentamt auf das Gebrauchsmuster verzichtet oder

---

[1)] Nr. **10**.

2. die Aufrechterhaltungsgebühr nicht rechtzeitig (§ 7 Abs. 1, § 13 Abs. 3 oder § 14 Abs. 2 und 5 des Patentkostengesetzes[1]) gezahlt wird.

§ 24 [Unterlassungs- und Schadenersatzanspruch] (1) [1]Wer entgegen den §§ 11 bis 14 ein Gebrauchsmuster benutzt, kann von dem Verletzten bei Wiederholungsgefahr auf Unterlassung in Anspruch genommen werden. [2]Der Anspruch besteht auch dann, wenn eine Zuwiderhandlung erstmalig droht.

(2) [1]Wer die Handlung vorsätzlich oder fahrlässig vornimmt, ist dem Verletzten zum Ersatz des daraus entstehenden Schadens verpflichtet. [2]Bei der Bemessung des Schadensersatzes kann auch der Gewinn, den der Verletzer durch die Verletzung des Rechts erzielt hat, berücksichtigt werden. [3]Der Schadensersatzanspruch kann auch auf der Grundlage des Betrages berechnet werden, den der Verletzer als angemessene Vergütung hätte entrichten müssen, wenn er die Erlaubnis zur Nutzung der Erfindung eingeholt hätte.

§ 24a [Vernichtung] (1) [1]Wer entgegen den §§ 11 bis 14 ein Gebrauchsmuster benutzt, kann von dem Verletzten auf Vernichtung der im Besitz oder Eigentum des Verletzers befindlichen Erzeugnisse, die Gegenstand des Gebrauchsmusters sind, in Anspruch genommen werden. [2]Satz 1 ist entsprechend auf die im Eigentum des Verletzers stehenden Materialien und Geräte anzuwenden, die vorwiegend zur Herstellung dieser Erzeugnisse gedient haben.

(2) Wer entgegen den §§ 11 bis 14 ein Gebrauchsmuster benutzt, kann von dem Verletzten auf Rückruf der Erzeugnisse, die Gegenstand des Gebrauchsmusters sind, oder auf deren endgültiges Entfernen aus den Vertriebswegen in Anspruch genommen werden.

(3) [1]Die Ansprüche nach den Absätzen 1 und 2 sind ausgeschlossen, wenn die Inanspruchnahme im Einzelfall unverhältnismäßig ist. [2]Bei der Prüfung der Verhältnismäßigkeit sind auch die berechtigten Interessen Dritter zu berücksichtigen.

§ 24b [Auskunftsanspruch] (1) Wer entgegen den §§ 11 bis 14 ein Gebrauchsmuster benutzt, kann von dem Verletzten auf unverzügliche Auskunft über die Herkunft und den Vertriebsweg der benutzten Erzeugnisse in Anspruch genommen werden.

(2) [1]In Fällen offensichtlicher Rechtsverletzung oder in Fällen, in denen der Verletzte gegen den Verletzer Klage erhoben hat, besteht der Anspruch unbeschadet von Absatz 1 auch gegen eine Person, die in gewerblichem Ausmaß

1. rechtsverletzende Erzeugnisse in ihrem Besitz hatte,
2. rechtsverletzende Dienstleistungen in Anspruch nahm,
3. für rechtsverletzende Tätigkeiten genutzte Dienstleistungen erbrachte oder
4. nach den Angaben einer in Nummer 1, 2 oder Nummer 3 genannten Person an der Herstellung, Erzeugung oder am Vertrieb solcher Erzeugnisse oder an der Erbringung solcher Dienstleistungen beteiligt war,

es sei denn, die Person wäre nach den §§ 383 bis 385 der Zivilprozessordnung im Prozess gegen den Verletzer zur Zeugnisverweigerung berechtigt. [2]Im Fall der gerichtlichen Geltendmachung des Anspruchs nach Satz 1 kann das Gericht den gegen den Verletzer anhängigen Rechtsstreit auf Antrag bis zur Erledigung

---

[1] Nr. **13**.

des wegen des Auskunftsanspruchs geführten Rechtsstreits aussetzen. [3] Der zur Auskunft Verpflichtete kann von dem Verletzten den Ersatz der für die Auskunftserteilung erforderlichen Aufwendungen verlangen.

(3) Der zur Auskunft Verpflichtete hat Angaben zu machen über

1. Namen und Anschrift der Hersteller, Lieferanten und anderer Vorbesitzer der Erzeugnisse oder der Nutzer der Dienstleistungen sowie der gewerblichen Abnehmer und Verkaufsstellen, für die sie bestimmt waren, und
2. die Menge der hergestellten, ausgelieferten, erhaltenen oder bestellten Erzeugnisse sowie über die Preise, die für die betreffenden Erzeugnisse oder Dienstleistungen bezahlt wurden.

(4) Die Ansprüche nach den Absätzen 1 und 2 sind ausgeschlossen, wenn die Inanspruchnahme im Einzelfall unverhältnismäßig ist.

(5) Erteilt der zur Auskunft Verpflichtete die Auskunft vorsätzlich oder grob fahrlässig falsch oder unvollständig, so ist er dem Verletzten zum Ersatz des daraus entstehenden Schadens verpflichtet.

(6) Wer eine wahre Auskunft erteilt hat, ohne dazu nach Absatz 1 oder Absatz 2 verpflichtet gewesen zu sein, haftet Dritten gegenüber nur, wenn er wusste, dass er zur Auskunftserteilung nicht verpflichtet war.

(7) In Fällen offensichtlicher Rechtsverletzung kann die Verpflichtung zur Erteilung der Auskunft im Wege der einstweiligen Verfügung nach den §§ 935 bis 945 der Zivilprozessordnung angeordnet werden.

(8) Die Erkenntnisse dürfen in einem Strafverfahren oder in einem Verfahren nach dem Gesetz über Ordnungswidrigkeiten wegen einer vor der Erteilung der Auskunft begangenen Tat gegen den Verpflichteten oder gegen einen in § 52 Abs. 1 der Strafprozessordnung bezeichneten Angehörigen nur mit Zustimmung des Verpflichteten verwertet werden.

(9) [1] Kann die Auskunft nur unter Verwendung von Verkehrsdaten (§ 3 Nr. 30 des Telekommunikationsgesetzes) erteilt werden, ist für ihre Erteilung eine vorherige richterliche Anordnung über die Zulässigkeit der Verwendung der Verkehrsdaten erforderlich, die von dem Verletzten zu beantragen ist. [2] Für den Erlass dieser Anordnung ist das Landgericht, in dessen Bezirk der zur Auskunft Verpflichtete seinen Wohnsitz, seinen Sitz oder eine Niederlassung hat, ohne Rücksicht auf den Streitwert ausschließlich zuständig. [3] Die Entscheidung trifft die Zivilkammer. [4] Für das Verfahren gelten die Vorschriften des Gesetzes über das Verfahren in Familiensachen und in den Angelegenheiten der freiwilligen Gerichtsbarkeit entsprechend. [5] Die Kosten der richterlichen Anordnung trägt der Verletzte. [6] Gegen die Entscheidung des Landgerichts ist die Beschwerde statthaft. [7] Die Beschwerde ist binnen einer Frist von zwei Wochen einzulegen. [8] Die Vorschriften zum Schutz personenbezogener Daten bleiben im Übrigen unberührt.

(10) Durch Absatz 2 in Verbindung mit Absatz 9 wird das Grundrecht des Fernmeldegeheimnisses (Artikel 10 des Grundgesetzes) eingeschränkt.

§ 24c [Rechtsverletzung] (1) [1] Wer mit hinreichender Wahrscheinlichkeit entgegen den §§ 11 bis 14 ein Gebrauchsmuster benutzt, kann von dem Rechtsinhaber oder einem anderen Berechtigten auf Vorlage einer Urkunde oder Besichtigung einer Sache, die sich in seiner Verfügungsgewalt befindet, in Anspruch genommen werden, wenn dies zur Begründung von dessen Ansprüchen erforderlich ist. [2] Besteht die hinreichende Wahrscheinlichkeit einer in gewerblichem Ausmaß begangenen Rechtsverletzung, erstreckt sich der Anspruch auch auf die Vorlage von Bank-, Finanz- oder Handelsunterlagen. [3] Soweit der vermeintliche Verletzer geltend macht, dass es sich um vertrauliche Informationen handelt, trifft das Gericht die erforderlichen Maßnahmen, um den im Einzelfall gebotenen Schutz zu gewährleisten.

(2) Der Anspruch nach Absatz 1 ist ausgeschlossen, wenn die Inanspruchnahme im Einzelfall unverhältnismäßig ist.

(3) [1] Die Verpflichtung zur Vorlage einer Urkunde oder zur Duldung der Besichtigung einer Sache kann im Wege der einstweiligen Verfügung nach den §§ 935 bis 945 der Zivilprozessordnung angeordnet werden. [2] Das Gericht trifft die erforderlichen Maßnahmen, um den Schutz vertraulicher Informationen zu gewährleisten. [3] Dies gilt insbesondere in den Fällen, in denen die einstweilige Verfügung ohne vorherige Anhörung des Gegners erlassen wird.

(4) § 811 des Bürgerlichen Gesetzbuchs sowie § 24b Abs. 8 gelten entsprechend.

(5) Wenn keine Verletzung vorlag oder drohte, kann der vermeintliche Verletzer von demjenigen, der die Vorlage oder Besichtigung nach Absatz 1 begehrt hat, den Ersatz des ihm durch das Begehren entstandenen Schadens verlangen.

§ 24d [Anspruch auf Vorlage von Bank-, Finanz- und Handelsunterlagen] (1) [1] Der Verletzte kann den Verletzer bei einer in gewerblichem Ausmaß begangenen Rechtsverletzung in den Fällen des § 24 Abs. 2 auch auf Vorlage von Bank-, Finanz- oder Handelsunterlagen oder einen geeigneten Zugang zu den entsprechenden Unterlagen in Anspruch nehmen, die sich in der Verfügungsgewalt des Verletzers befinden und die für die Durchsetzung des Schadensersatzanspruchs erforderlich sind, wenn ohne die Vorlage die Erfüllung des Schadensersatzanspruchs fraglich ist. [2] Soweit der Verletzer geltend macht, dass es sich um vertrauliche Informationen handelt, trifft das Gericht die erforderlichen Maßnahmen, um den im Einzelfall gebotenen Schutz zu gewährleisten.

(2) Der Anspruch nach Absatz 1 ist ausgeschlossen, wenn die Inanspruchnahme im Einzelfall unverhältnismäßig ist.

(3) [1] Die Verpflichtung zur Vorlage der in Absatz 1 bezeichneten Urkunden kann im Wege der einstweiligen Verfügung nach den §§ 935 bis 945 der Zivilprozessordnung angeordnet werden, wenn der Schadensersatzanspruch offensichtlich besteht. [2] Das Gericht trifft die erforderlichen Maßnahmen, um den Schutz vertraulicher Informationen zu gewährleisten. [3] Dies gilt insbesondere in den Fällen, in denen die einstweilige Verfügung ohne vorherige Anhörung des Gegners erlassen wird.

(4) § 811 des Bürgerlichen Gesetzbuchs sowie § 24b Abs. 8 gelten entsprechend.

§ 24e [Urteilsbekanntmachung] [1] Ist eine Klage auf Grund dieses Gesetzes erhoben worden, kann der obsiegenden Partei im Urteil die Befugnis zugesprochen werden, das Urteil auf Kosten der unterliegenden Partei öffentlich bekannt zu machen, wenn sie ein berechtigtes Interesse darlegt. [2] Art und Umfang der Bekanntmachung werden im Urteil bestimmt. [3] Die Befugnis erlischt, wenn von ihr nicht innerhalb von drei Monaten nach Eintritt der Rechtskraft des Urteils Gebrauch gemacht wird. [4] Der Ausspruch nach Satz 1 ist nicht vorläufig vollstreckbar.

§ 24f [Verjährung] [1] Auf die Verjährung der Ansprüche wegen Verletzung des Schutzrechts finden die Vorschriften des Abschnitts 5 des Buches 1 des Bürgerlichen Gesetzbuchs entsprechende Anwendung. [2] Hat der Verpflichtete durch die Verletzung auf Kosten des Berechtigten etwas erlangt, findet § 852 Abs. 2 des Bürgerlichen Gesetzbuchs entsprechende Anwendung.

§ 24g [Ansprüche] Ansprüche aus anderen gesetzlichen Vorschriften bleiben unberührt.

§ 25 [Strafvorschriften] (1) Mit Freiheitsstrafe bis zu drei Jahren oder mit Geldstrafe wird bestraft, wer ohne die erforderliche Zustimmung des Inhabers des Gebrauchsmusters

1. ein Erzeugnis, das Gegenstand des Gebrauchsmusters ist (§ 11 Abs. 1 Satz 2), herstellt, anbietet, in Verkehr bringt, gebraucht oder zu einem der genannten Zwecke entweder einführt oder besitzt oder
2. das Recht aus einem Patent entgegen § 14 ausübt.

(2) Handelt der Täter gewerbsmäßig, so ist die Strafe Freiheitsstrafe bis zu fünf Jahren oder Geldstrafe.

(3) Der Versuch ist strafbar.

(4) In den Fällen des Absatzes 1 wird die Tat nur auf Antrag verfolgt, es sei denn, daß die Strafverfolgungsbehörde wegen des besonderen öffentlichen Interesses an der Strafverfolgung ein Einschreiten von Amts wegen für geboten hält.

(5) [1] Gegenstände, auf die sich die Straftat bezieht, können eingezogen werden. [2] § 74a des Strafgesetzbuches ist anzuwenden. [3] Soweit den in § 24a bezeichneten Ansprüchen im Verfahren nach den Vorschriften der Strafprozeßordnung über die Entschädigung des Verletzten (§§ 403 bis 406c) stattgegeben wird, sind die Vorschriften über die Einziehung (§§ 74 bis 74f des Strafgesetzbuches) nicht anzuwenden.

(6) [1] Wird auf Strafe erkannt, so ist, wenn der Verletzte es beantragt und ein berechtigtes Interesse daran dartut, anzuordnen, daß die Verurteilung auf Verlangen öffentlich bekanntgemacht wird. [2] Die Art der Bekanntmachung ist im Urteil zu bestimmen.

§ 25a [Beschlagnahme] (1) [1] Ein Erzeugnis, das ein nach diesem Gesetz geschütztes Gebrauchsmuster verletzt, unterliegt auf Antrag und gegen Sicherheitsleistung des Rechtsinhabers bei seiner Einfuhr oder Ausfuhr der Beschlagnahme durch die Zollbehörde, sofern die Rechtsverletzung offensichtlich ist und soweit nicht die Verordnung (EU) Nr. 608/2013 des Europäischen Parlaments und des Rates vom 12. Juni 2013 zur Durchsetzung der Rechte geistigen Eigentums durch die Zollbehörden und zur Aufhebung der Verordnung (EG) Nr. 1383/2003 des Rates (ABl. L 181 vom 29.6.2013, S. 15) in ihrer jeweils geltenden Fassung anzuwenden ist. [2] Dies gilt für den Verkehr mit anderen Mitgliedstaaten der Europäischen Union sowie mit den anderen Vertragsstaaten des Abkommens über den Europäischen Wirtschaftsraum nur, soweit Kontrollen durch die Zollbehörden stattfinden.

(2) [1] Ordnet die Zollbehörde die Beschlagnahme an, so unterrichtet sie unverzüglich den Verfügungsberechtigten sowie den Antragsteller. [2] Dem Antragsteller sind Herkunft, Menge und Lagerort des Erzeugnisses sowie Name

und Anschrift des Verfügungsberechtigten mitzuteilen; das Brief- und Postgeheimnis (Artikel 10 des Grundgesetzes) wird insoweit eingeschränkt. [3]Dem Antragsteller wird Gelegenheit gegeben, das Erzeugnis zu besichtigen, soweit hierdurch nicht in Geschäfts- oder Betriebsgeheimnisse eingegriffen wird.

(3) Wird der Beschlagnahme nicht spätestens nach Ablauf von zwei Wochen nach Zustellung der Mitteilung nach Absatz 2 Satz 1 widersprochen, so ordnet die Zollbehörde die Einziehung des beschlagnahmten Erzeugnisses an.

(4) [1]Widerspricht der Verfügungsberechtigte der Beschlagnahme, so unterrichtet die Zollbehörde hiervon unverzüglich den Antragsteller. [2]Dieser hat gegenüber der Zollbehörde unverzüglich zu erklären, ob er den Antrag nach Absatz 1 in bezug auf das beschlagnahmte Erzeugnis aufrechterhält.

1. [3]Nimmt der Antragsteller den Antrag zurück, hebt die Zollbehörde die Beschlagnahme unverzüglich auf.
2. [4]Hält der Antragsteller den Antrag aufrecht und legt er eine vollziehbare gerichtliche Entscheidung vor, die die Verwahrung des beschlagnahmten Erzeugnisses oder eine Verfügungsbeschränkung anordnet, trifft die Zollbehörde die erforderlichen Maßnahmen.

[5]Liegen die Fälle der Nummern 1 oder 2 nicht vor, hebt die Zollbehörde die Beschlagnahme nach Ablauf von zwei Wochen nach Zustellung der Mitteilung an den Antragsteller nach Satz 1 auf; weist der Antragsteller nach, daß die gerichtliche Entscheidung nach Nummer 2 beantragt, ihm aber noch nicht zugegangen ist, wird die Beschlagnahme für längstens zwei weitere Wochen aufrechterhalten.

(5) Erweist sich die Beschlagnahme als von Anfang an ungerechtfertigt und hat der Antragsteller den Antrag nach Absatz 1 in bezug auf das beschlagnahmte Erzeugnis aufrechterhalten oder sich nicht unverzüglich erklärt (Absatz 4 Satz 2), so ist er verpflichtet, den dem Verfügungsberechtigten durch die Beschlagnahme entstandenen Schaden zu ersetzen.

(6) [1]Der Antrag nach Absatz 1 ist bei der Generalzolldirektion zu stellen und hat Wirkung für ein Jahr, sofern keine kürzere Geltungsdauer beantragt wird; er kann wiederholt werden. [2]Für die mit dem Antrag verbundenen Amtshandlungen werden vom Antragsteller Kosten nach Maßgabe des § 178 der Abgabenordnung erhoben.

(7) [1]Die Beschlagnahme und die Einziehung können mit den Rechtsmitteln angefochten werden, die im Bußgeldverfahren nach dem Gesetz über Ordnungswidrigkeiten gegen die Beschlagnahme und Einziehung zulässig sind. [2]Im Rechtsmittelverfahren ist der Antragsteller zu hören. [3]Gegen die Entscheidung des Amtsgerichts ist die sofortige Beschwerde zulässig; über sie entscheidet das Oberlandesgericht.

§ 25b [Verfahren nach der Verordnung (EU) Nr. 608/2013] Für das Verfahren nach der Verordnung (EU) Nr. 608/2013 gilt § 25a Absatz 5 und 6 entsprechend, soweit die Verordnung keine Bestimmungen enthält, die dem entgegenstehen.

§ 26 [Herabsetzung des Streitwerts] (1) [1]Macht in bürgerlichen Rechtsstreitigkeiten, in denen durch Klage ein Anspruch aus einem der in diesem Gesetz geregelten Rechtsverhältnisse geltend gemacht wird, eine Partei glaubhaft, daß die Belastung mit den Prozeßkosten nach dem vollen Streitwert ihre wirtschaftliche Lage erheblich gefährden würde, so kann das Gericht auf ihren Antrag anordnen, daß die Verpflichtung dieser Partei zur Zahlung von Gerichtskosten sich nach einem ihrer Wirtschaftslage angepaßten Teil des Streitwerts bemißt. [2]Die Anordnung hat zur Folge, daß die begünstigte Partei die Gebühren ihres Rechtsanwalts ebenfalls nur nach diesem Teil des Streitwerts zu entrichten hat. [3]Soweit ihr Kosten des Rechtsstreits auferlegt werden oder soweit sie diese übernimmt, hat sie die von dem Gegner entrichteten Gerichtsgebühren und die Gebühren seines Rechtsanwalts nur nach dem Teil des Streitwerts zu erstatten. [4]Soweit die außergerichtlichen Kosten dem Gegner auferlegt oder von ihm übernommen werden, kann der Rechtsanwalt der begünstigten Partei seine Gebühren von dem Gegner nach dem für diesen geltenden Streitwert beitreiben.

(2) [1]Der Antrag nach Absatz 1 kann vor der Geschäftsstelle des Gerichts zur Niederschrift erklärt werden. [2]Er ist vor der Verhandlung zur Hauptsache anzubringen. [3]Danach ist er nur zulässig, wenn der angenommene oder festgesetzte Streitwert später durch das Gericht heraufgesetzt wird. [4]Vor der Entscheidung über den Antrag ist der Gegner zu hören.

§ 27 [Gerichte für Gebrauchsmusterstreitsachen] (1) Für alle Klagen, durch die ein Anspruch aus einem der in diesem Gesetz geregelten Rechtsverhältnisse geltend gemacht wird (Gebrauchsmusterstreitsachen), sind die Zivilkammern der Landgerichte ohne Rücksicht auf den Streitwert ausschließlich zuständig.

(2) [1]Die Landesregierungen werden ermächtigt, durch Rechtsverordnung die Gebrauchsmusterstreitsachen für die Bezirke mehrerer Landgerichte einem von ihnen zuzuweisen, sofern dies der sachlichen Förderung der Verfahren dient. [2]Die Landesregierungen können diese Ermächtigungen auf die Landesjustizverwaltungen übertragen. [3]Die Länder können außerdem durch Vereinbarung den Gerichten eines Landes obliegende Aufgaben insgesamt oder teilweise dem zuständigen Gericht eines anderen Landes übertragen.

(3) Von den Kosten, die durch die Mitwirkung eines Patentanwalts in einer Gebrauchsmusterstreitsache entstehen, sind die Gebühren nach § 13 des Rechtsanwaltsvergütungsgesetzes und außerdem die notwendigen Auslagen des Patentanwalts[1)] zu erstatten.

§ 28 [Inlandsvertreter] (1) Wer im Inland weder Wohnsitz, Sitz noch Niederlassung hat, kann an einem in diesem Gesetz geregelten Verfahren vor dem Patentamt oder dem Patentgericht nur teilnehmen und die Rechte aus einem Gebrauchsmuster nur geltend machen, wenn er einen Rechtsanwalt oder Patentanwalt als Vertreter bestellt hat, der zur Vertretung im Verfahren vor dem Patentamt, dem Patentgericht und in bürgerlichen Rechtsstreitigkeiten, die das Gebrauchsmuster betreffen, sowie zur Stellung von Strafanträgen befugt und bevollmächtigt ist.

(2) Der Ort, an dem ein nach Absatz 1 bestellter Vertreter seinen Geschäftsraum hat, gilt im Sinne des § 23 der Zivilprozessordnung als der Ort, an dem sich der Vermögensgegenstand befindet; fehlt ein solcher Geschäftsraum, so ist der Ort maßgebend, an dem der Vertreter im Inland seinen Wohnsitz, und in Ermangelung eines solchen der Ort, an dem das Patentamt seinen Sitz hat.

[1)] Vgl. Anm. zu § 143 Abs. 3 PatG (Nr. **10**).

(3) Die rechtsgeschäftliche Beendigung der Bestellung eines Vertreters nach Absatz 1 wird erst wirksam, wenn sowohl diese Beendigung als auch die Bestellung eines anderen Vertreters gegenüber dem Patentamt oder dem Patentgericht angezeigt wird.

§ 29 [Durchführungsverordnungen] Das Bundesministerium der Justiz und für Verbraucherschutz regelt durch Rechtsverordnung, die nicht der Zustimmung des Bundesrates bedarf, die Einrichtung und den Geschäftsgang des Patentamts[1] sowie die Form des Verfahrens in Gebrauchsmusterangelegenheiten, soweit nicht durch Gesetz Bestimmungen darüber getroffen sind.

§ 30 [Gebrauchsmusterberühmung] Wer Gegenstände oder ihre Verpackung mit einer Bezeichnung versieht, die geeignet ist, den Eindruck zu erwecken, daß die Gegenstände als Gebrauchsmuster nach diesem Gesetz geschützt seien, oder wer in öffentlichen Anzeigen, auf Aushängeschildern, auf Empfehlungskarten oder in ähnlichen Kundgebungen eine Bezeichnung solcher Art verwendet, ist verpflichtet, jedem, der ein berechtigtes Interesse an der Kenntnis der Rechtslage hat, auf Verlangen Auskunft darüber zu geben, auf welches Gebrauchsmuster sich die Verwendung der Bezeichnung stützt.

§ 31 [Übergangsvorschriften] Artikel 229 § 6 des Einführungsgesetzes zum Bürgerlichen Gesetzbuche findet mit der Maßgabe entsprechende Anwendung, dass § 24c in der bis zum 1. Januar 2002 geltenden Fassung den Vorschriften des Bürgerlichen Gesetzbuchs über die Verjährung in der bis zum 1. Januar 2002 geltenden Fassung gleichgestellt ist.

---

[1] Siehe DPMA-Verordnung v. 1.4.2004 (BGBl. I S. 514), zuletzt geänd. durch VO v. 10.12.2018 (BGBl. I S. 2444).

Konkordanzliste[1] der Paragraphen des Gebrauchsmustergesetzes

in den Fassungen von 1968 und 1986

Fassung 1968	Fassung 1986	Fassung 1968	Fassung 1986
1	1	9	17
1a	2	10	18
1b	3	11	19
2	4	11a	20
2a	5	12	21
2b	6	13	22
2c	7	14	23
3	8	15	24
3a	9	16	25
4	10	17	–
5	11	17a	26
5a	12	18	–
5b	13	19	27
6	14	20	28
7	15	21	29
8	16	22	30

[1] Diese Liste ist nicht amtlich.

21. Verordnung zur Ausführung des Gebrauchsmustergesetzes (Gebrauchsmusterverordnung – GebrMV)

Vom 11. Mai 2004
(BGBl. I S. 890)

FNA 421-1-5

zuletzt geänd. durch Art. 3 VO zur Änd. der PatentVO und anderer Verordnungen des gewerblichen Rechtsschutzes v. 12.12.2018 (BGBl. I S. 2446)

Inhaltsübersicht

Auf Grund des § 4 Abs. 4 des Gebrauchsmustergesetzes[1)] in der Fassung der Bekanntmachung vom 28. August 1986 (BGBl. I S. 1455), der zuletzt durch Artikel 8 Nr. 1 Buchstabe a des Gesetzes vom 13. Dezember 2001 (BGBl. I S. 3656) geändert worden ist, in Verbindung mit Artikel 29 des Gesetzes vom 13. Dezember 2001 (BGBl. I S. 3656) sowie in Verbindung mit § 1 Abs. 2 der DPMA-Verordnung vom 1. April 2004 (BGBl. I S. 514) verordnet das Deutsche Patent- und Markenamt:

Abschnitt 1. Allgemeines

§ 1 Anwendungsbereich. (1) Für die im Gebrauchsmustergesetz[1)] geregelten Verfahren vor dem Deutschen Patent- und Markenamt (Gebrauchsmusterangelegenheiten) gelten ergänzend zu den Bestimmungen des Gebrauchsmustergesetzes[1)] und der DPMA-Verordnung die Bestimmungen dieser Verordnung.

(2) DIN-Normen, auf die in dieser Verordnung verwiesen wird, sind im Beuth-Verlag GmbH, Berlin und Köln, erschienen und beim Deutschen Patent- und Markenamt archivmäßig gesichert niedergelegt.

[1)] Nr. **20**.

Abschnitt 2. Gebrauchsmusteranmeldungen

§ 2 Form der Einreichung. [1] Erfindungen, für die der Schutz als Gebrauchsmuster verlangt wird (§ 1 Abs. 1 des Gebrauchsmustergesetzes[1)]), sind beim Deutschen Patent- und Markenamt schriftlich oder elektronisch anzumelden. [2] Für die elektronische Einreichung ist die Verordnung über den elektronischen Rechtsverkehr beim Deutschen Patent- und Markenamt maßgebend.

§ 3 Gebrauchsmusteranmeldung. (1) Für die schriftliche Gebrauchsmusteranmeldung ist für die nachfolgend genannten Angaben das vom Deutschen Patent- und Markenamt herausgegebene Formblatt zu verwenden, sofern diese Verordnung nichts anderes bestimmt.

(2) Die Anmeldung muss enthalten:

1. folgende Angaben zum Anmelder:
   a) wenn der Anmelder eine natürliche Person ist:
   Vornamen und Namen oder, falls die Eintragung unter der Firma des Anmelders erfolgen soll, die Firma, wie sie im Handelsregister eingetragen ist, sowie die Anschrift des Wohn- oder Firmensitzes mit Angabe von Straße, Hausnummer, Postleitzahl und Ort,
   b) wenn der Anmelder eine juristische Person oder eine Personengesellschaft ist:
      aa) Name oder Firma, Rechtsform sowie Anschrift mit Angabe von Straße, Hausnummer, Postleitzahl und Ort des Sitzes; die Bezeichnung der Rechtsform kann auf übliche Weise abgekürzt werden; wenn die juristische Person oder Personengesellschaft in einem Register eingetragen ist, müssen die Angaben dem Registereintrag entsprechen;
      bb) bei einer Gesellschaft bürgerlichen Rechts zusätzlich Name und Anschrift mit Angabe von Straße, Hausnummer, Postleitzahl und Ort mindestens eines vertretungsberechtigten Gesellschafters;
2. eine kurze und genaue technische Bezeichnung des Gegenstands des Gebrauchsmusters, jedoch keine Marken- oder Fantasiebezeichnung;
3. die Erklärung, dass für die Erfindung die Eintragung eines Gebrauchsmusters beantragt wird;
4. gegebenenfalls die Angabe eines Vertreters;
5. die Unterschrift aller Anmelder oder deren Vertreter;
6. falls die Anmeldung eine Teilung (§ 4 Absatz 6 des Gebrauchsmustergesetzes[1)]) oder eine Ausscheidung aus einer Gebrauchsmusteranmeldung betrifft, die Angabe des Aktenzeichens und des Anmeldetags der Stammanmeldung;
7. falls der Anmelder für dieselbe Erfindung mit Wirkung für die Bundesrepublik Deutschland bereits früher ein Patent beantragt hat und dessen Anmeldetag in Anspruch nehmen will, eine entsprechende Erklärung (§ 5 Absatz 1 des Gebrauchsmustergesetzes[1)]).

(3) [1] Wenn der Anmelder seinen Wohnsitz oder Sitz im Ausland hat, so ist bei der Angabe der Anschrift nach Absatz 2 Nummer 1 außer dem Ort auch der Staat anzugeben. [2] Weitere Angaben zum Bezirk, zur Provinz oder zum

---

1) Nr. **20**.

Bundesstaat, in dem der Anmelder seinen Wohnsitz oder Sitz hat oder dessen Rechtsordnung er unterliegt, sind freiwillig.

(4) [1] Hat das Deutsche Patent- und Markenamt dem Anmelder eine Kennnummer zugeteilt, so soll diese in der Anmeldung genannt werden. [2] In der Anmeldung können zusätzlich eine von der Anschrift des Anmelders abweichende Postanschrift, eine Postfachanschrift sowie Telefonnummern, Telefaxnummern und E-Mail-Adressen angegeben werden.

(5) Wird die Anmeldung von mehreren Personen oder Personengesellschaften eingereicht, so gelten Absatz 2 Nummer 1 und die Absätze 3 und 4 für alle anmeldenden Personen oder Personengesellschaften.

(6) [1] Ist ein Vertreter bestellt, so gelten hinsichtlich der Angaben zum Vertreter Absatz 2 Nummer 1 und die Absätze 3 und 4 Satz 2 entsprechend. [2] Hat das Deutsche Patent- und Markenamt dem Vertreter eine Kennnummer oder die Nummer einer allgemeinen Vollmacht zugeteilt, so soll diese zusätzlich angegeben werden.

(7) [1] Unterzeichnen Angestellte für ihren anmeldenden Arbeitgeber, so ist auf Anforderung der Nachweis der Zeichnungsbefugnis vorzulegen. [2] Auf beim Deutschen Patent- und Markenamt für die Unterzeichner hinterlegte Angestelltenvollmachten ist unter Angabe der hierfür mitgeteilten Kennnummer hinzuweisen.

§ 4 Anmeldungsunterlagen. (1) Die Schutzansprüche, die Beschreibung und die Zeichnungen sind auf gesonderten Blättern einzureichen.

(2) [1] Die Anmeldungsunterlagen müssen deutlich erkennen lassen, zu welcher Anmeldung sie gehören. [2] Ist das amtliche Aktenzeichen mitgeteilt worden, so ist es auf allen später eingereichten Eingaben anzugeben.

(3) Die Anmeldungsunterlagen dürfen keine Mitteilungen enthalten, die andere Anmeldungen betreffen.

(4) Die Unterlagen müssen folgende Voraussetzungen erfüllen:

1. [1] Als Blattgröße ist nur das Format 21 x 29,7 Zentimeter (DIN A4) zu verwenden. [2] Die Blätter sind im Hochformat und nur einseitig und mit 1 1/2-Zeilenabstand zu beschriften. [3] Für die Zeichnungen können die Blätter auch im Querformat verwendet werden, wenn es sachdienlich ist.
2. [1] Als Mindestränder sind auf den Blättern des Antrags, der Schutzansprüche und der Beschreibung folgende Flächen unbeschriftet zu lassen:

Oberer Rand	2 Zentimeter,
linker Seitenrand	2,5 Zentimeter,
rechter Seitenrand	2 Zentimeter,
unterer Rand	2 Zentimeter.

   [2] Die Mindestränder können den Namen, die Firma oder die sonstige Bezeichnung des Anmelders und das Aktenzeichen der Anmeldung enthalten.
3. [1] Es sind ausschließlich Schreibmaschinenschrift, Druckverfahren oder andere technische Verfahren zu verwenden. [2] Symbole, die auf der Tastatur der Maschine nicht vorhanden sind, können handschriftlich eingefügt werden.
4. Das feste, nicht durchscheinende Schreibpapier darf nicht gefaltet oder gefalzt werden und muss frei von Knicken, Rissen, Änderungen, Radierungen und dergleichen sein.

5. [1] Gleichmäßig für die gesamten Unterlagen sind schwarze, saubere, scharf konturierte Schriftzeichen und Zeichnungsstriche mit ausreichendem Kontrast zu verwenden. [2] Die Buchstaben der verwendeten Schrift müssen deutlich voneinander getrennt sein und dürfen sich nicht berühren.

§ 5 Schutzansprüche. (1) [1] In den Schutzansprüchen kann das, was als gebrauchsmusterfähig unter Schutz gestellt werden soll (§ 4 Abs. 3 Nr. 3 des Gebrauchsmustergesetzes[1)]), einteilig oder nach Oberbegriff und kennzeichnendem Teil geteilt (zweiteilig) gefasst sein. [2] In beiden Fällen kann die Fassung nach Merkmalen gegliedert sein.

(2) [1] Wird die zweiteilige Anspruchsfassung gewählt, sind in den Oberbegriff die Merkmale der Erfindung aufzunehmen, von denen die Erfindung als Stand der Technik ausgeht; in den kennzeichnenden Teil sind die Merkmale der Erfindung aufzunehmen, für die in Verbindung mit den Merkmalen des Oberbegriffs Schutz begehrt wird. [2] Der kennzeichnende Teil ist mit den Worten „dadurch gekennzeichnet, dass" oder „gekennzeichnet durch" oder einer sinngemäßen Wendung einzuleiten.

(3) [1] Werden Schutzansprüche nach Merkmalen oder Merkmalsgruppen gegliedert, so ist die Gliederung dadurch äußerlich hervorzuheben, dass jedes Merkmal oder jede Merkmalsgruppe mit einer neuen Zeile beginnt. [2] Den Merkmalen oder Merkmalsgruppen sind deutlich vom Text abgesetzte Gliederungszeichen voranzustellen.

(4) Im ersten Schutzanspruch (Hauptanspruch) sind die wesentlichen Merkmale der Erfindung anzugeben.

(5) [1] Eine Anmeldung kann mehrere unabhängige Schutzansprüche (Nebenansprüche) enthalten, soweit der Grundsatz der Einheitlichkeit gewahrt ist (§ 4 Abs. 1 Satz 2 des Gebrauchsmustergesetzes[1)]). [2] Absatz 4 ist entsprechend anzuwenden.

(6) [1] Zu jedem Haupt- bzw. Nebenanspruch können ein oder mehrere Schutzansprüche (Unteransprüche) aufgestellt werden, die sich auf besondere Ausführungsarten der Erfindung beziehen. [2] Unteransprüche müssen eine Bezugnahme auf mindestens einen der vorangehenden Schutzansprüche enthalten. [3] Sie sind so weit wie möglich und auf die zweckmäßigste Weise zusammenzufassen.

(7) Werden mehrere Schutzansprüche aufgestellt, so sind sie fortlaufend mit arabischen Ziffern zu nummerieren.

(8) Die Schutzansprüche dürfen, wenn dies nicht unbedingt erforderlich ist, im Hinblick auf die technischen Merkmale der Erfindung keine Bezugnahmen auf die Beschreibung oder die Zeichnungen enthalten, z.B. „wie beschrieben in Teil ... der Beschreibung" oder „wie in Abbildung ... der Zeichnung dargestellt".

(9) Enthält die Anmeldung Zeichnungen, so sollen die in den Schutzansprüchen angegebenen Merkmale mit ihren Bezugszeichen versehen sein.

§ 6 Beschreibung. (1) Am Anfang der Beschreibung (§ 4 Abs. 3 Nr. 4 des Gebrauchsmustergesetzes[1)]) ist als Titel die im Antrag angegebene Bezeichnung des Gegenstands des Gebrauchsmusters (§ 3 Abs. 2 Nr. 2) anzugeben.

[1)] Nr. **20**.

(2) In der Beschreibung sind ferner anzugeben:

1. das technische Gebiet, zu dem die Erfindung gehört, soweit es sich nicht aus den Schutzansprüchen oder den Angaben zum Stand der Technik ergibt;
2. der dem Anmelder bekannte Stand der Technik, der für das Verständnis der Erfindung und deren Schutzfähigkeit in Betracht kommen kann, unter Angabe der dem Anmelder bekannten Fundstellen;
3. das der Erfindung zugrunde liegende Problem, sofern es sich nicht aus der angegebenen Lösung oder den zu Nummer 6 gemachten Angaben ergibt, insbesondere dann, wenn es zum Verständnis der Erfindung oder für ihre nähere inhaltliche Bestimmung unentbehrlich ist;
4. die Erfindung, für die in den Schutzansprüchen Schutz begehrt wird;
5. in welcher Weise die Erfindung gewerblich anwendbar ist, wenn es sich aus der Beschreibung oder der Art der Erfindung nicht offensichtlich ergibt;
6. gegebenenfalls vorteilhafte Wirkungen der Erfindung unter Bezugnahme auf den in der Anmeldung genannten Stand der Technik;
7. wenigstens ein Weg zum Ausführen der beanspruchten Erfindung im Einzelnen, gegebenenfalls erläutert durch Beispiele und anhand der Zeichnungen unter Verwendung der entsprechenden Bezugszeichen.

(3) [1] In die Beschreibung sind keine Markennamen, Fantasiebezeichnungen oder solche Angaben aufzunehmen, die zum Erläutern der Erfindung offensichtlich nicht notwendig sind. [2] Wiederholungen von Schutzansprüchen oder Anspruchsteilen können durch Bezugnahme auf diese ersetzt werden.

§ 7 Zeichnungen. (1) [1] Die Zeichnungen sind auf Blättern mit folgenden Mindesträndern auszuführen:

Oberer Rand	2,5 Zentimeter,
linker Seitenrand	2,5 Zentimeter,
rechter Seitenrand	1,5 Zentimeter,
unterer Rand	1 Zentimeter.

[2] Die für die Abbildungen benutzte Fläche darf 26,2 Zentimeter × 17 Zentimeter nicht überschreiten.

(2) [1] Ein Zeichnungsblatt kann mehrere Zeichnungen (Figuren) enthalten. [2] Sie sollen ohne Platzverschwendung, aber eindeutig voneinander getrennt und möglichst in Hochformat angeordnet und mit arabischen Ziffern fortlaufend nummeriert werden. [3] Den Stand der Technik betreffende Zeichnungen, die dem Verständnis der Erfindung dienen, sind zulässig; sie müssen jedoch deutlich mit dem Vermerk „Stand der Technik“ gekennzeichnet sein.

(3) [1] Zur Darstellung der Erfindung können neben Ansichten und Schnittzeichnungen auch perspektivische Ansichten oder Explosionsdarstellungen verwendet werden. [2] Querschnitte sind durch Schraffierungen kenntlich zu machen, die die Erkennbarkeit der Bezugszeichen und Führungslinien nicht beeinträchtigen dürfen.

(4) [1] Die Linien der Zeichnungen sollen nicht freihändig, sondern mit Zeichengeräten gezogen werden. [2] Die für die Zeichnungen verwendeten Ziffern und Buchstaben müssen mindestens 0,32 Zentimeter hoch sein. [3] Für die Beschriftung der Zeichnungen sind lateinische und, soweit in der Technik üblich, andere Buchstaben zu verwenden.

(5) [1]Die Zeichnungen sollen mit Bezugszeichen versehen werden, die in der Beschreibung und/oder in den Schutzansprüchen erläutert worden sind. [2]Gleiche Teile müssen in allen Abbildungen gleiche Bezugszeichen erhalten, die mit den Bezugszeichen in der Beschreibung und den Schutzansprüchen übereinstimmen müssen.

(6) Die Zeichnungen dürfen keine Erläuterungen enthalten; ausgenommen sind kurze unentbehrliche Angaben wie „Wasser", „Dampf", „offen", „zu", „Schnitt nach A-B" sowie in elektrischen Schaltplänen und Blockschaltbildern kurze Stichworte, die für das Verständnis notwendig sind.

§ 8 Abzweigung. (1) [1]Hat der Anmelder mit Wirkung für die Bundesrepublik Deutschland für dieselbe Erfindung bereits früher ein Patent angemeldet, so kann er mit der Gebrauchsmusteranmeldung die Erklärung abgeben, dass der für die Patentanmeldung maßgebende Anmeldetag in Anspruch genommen wird. [2]Ein für die Patentanmeldung beanspruchtes Prioritätsrecht bleibt für die Gebrauchsmusteranmeldung erhalten. [3]Das Recht nach Satz 1 kann bis zum Ablauf von zwei Monaten nach dem Ende des Monats, in dem die Patentanmeldung erledigt oder ein etwaiges Einspruchsverfahren abgeschlossen ist, jedoch längstens bis zum Ablauf des zehnten Jahres nach dem Anmeldetag der Patentanmeldung ausgeübt werden (§ 5 Abs. 1 des Gebrauchsmustergesetzes[1]).

(2) Der Abschrift der fremdsprachigen Patentanmeldung (§ 5 Abs. 2 des Gebrauchsmustergesetzes[1]) ist eine deutsche Übersetzung beizufügen, es sei denn, die Anmeldungsunterlagen stellen bereits die Übersetzung der fremdsprachigen Patentanmeldung dar.

§ 9 Fremdsprachige Dokumente. (1) Deutsche Übersetzungen von fremdsprachigen Dokumenten müssen von einem Rechtsanwalt oder Patentanwalt beglaubigt oder von einem öffentlich bestellten Übersetzer angefertigt sein.

(2) [1]Deutsche Übersetzungen von fremdsprachigen Prioritätsbelegen und Abschriften früherer Anmeldungen (§ 6 Absatz 2 des Gebrauchsmustergesetzes[1] in Verbindung mit § 41 Absatz 1 des Patentgesetzes[2]) sind nur auf Anforderung des Deutschen Patent- und Markenamtes nachzureichen. [2]Das Deutsche Patent- und Markenamt setzt für die Nachreichung eine angemessene Frist.

(3) [1]Deutsche Übersetzungen von sonstigen Dokumenten, die

1. nicht zu den Unterlagen der Anmeldung zählen und
2. in englischer, französischer, italienischer oder spanischer Sprache eingereicht wurden,

sind nur auf Anforderung des Deutschen Patent- und Markenamts nachzureichen. [2]Das Deutsche Patent- und Markenamt setzt für die Nachreichung eine angemessene Frist.

(4) Werden sonstige Dokumente, die nicht zu den Unterlagen der Anmeldung zählen, in anderen Sprachen eingereicht als in Absatz 3 Satz 1 Nummer 2 aufgeführt, so sind Übersetzungen in die deutsche Sprache innerhalb eines Monats nach Eingang der Dokumente nachzureichen.

---

[1] Nr. **20**.
[2] Nr. **10**.

(5) [1] Wird die Übersetzung im Sinne der Absätze 2 bis 4 nach Ablauf der Frist eingereicht, so gilt das fremdsprachige Dokument als zum Zeitpunkt des Eingangs der Übersetzung eingegangen. [2] Wird keine Übersetzung eingereicht, so gilt das fremdsprachige Dokument als nicht eingegangen.

Abschnitt 3. Schlussvorschriften

§ 10 Übergangsregelung aus Anlass des Inkrafttretens dieser Verordnung. Für Gebrauchsmusteranmeldungen, die vor Inkrafttreten dieser Verordnung eingereicht worden sind, gelten die Vorschriften der Gebrauchsmusteranmeldeverordnung vom 12. November 1986 (BGBl. I S. 1739), zuletzt geändert durch Artikel 22 des Gesetzes vom 13. Dezember 2001 (BGBl. I S. 3656).

§ 11 Übergangsregelung für künftige Änderungen. Für Gebrauchsmusteranmeldungen, die vor Inkrafttreten von Änderungen dieser Verordnung eingereicht worden sind, gelten die Vorschriften dieser Verordnung in ihrer bis dahin geltenden Fassung.

§ 12 Inkrafttreten, Außerkrafttreten. [1] Diese Verordnung tritt am 1. Juni 2004 in Kraft. [2] Gleichzeitig treten

1. die Gebrauchsmusteranmeldeverordnung vom 12. November 1986 (BGBl. I S. 1739), zuletzt geändert durch Artikel 22 des Gesetzes vom 13. Dezember 2001 (BGBl. I S. 3656), und
2. die Vierte Verordnung zur Änderung der Gebrauchsmusteranmeldeverordnung vom 10. Juni 1996 (BGBl. I S. 846)

außer Kraft.

25. Gesetz über den Schutz der Topographien von mikroelektronischen Halbleitererzeugnissen (Halbleiterschutzgesetz – HalblSchG)

Vom 22. Oktober 1987
(BGBl. I S. 2294)

FNA 426-1

zuletzt geänd. durch Art. 12 G zur Änd. des BundesversorgungsG und anderer Vorschriften v. 17.7. 2017 (BGBl. I S. 2541)

Erster Abschnitt. Der Schutz der Topographien

§ 1 Schutzgegenstand, Eigenart. (1) [1] Dreidimensionale Strukturen von mikroelektronischen Halbleitererzeugnissen[1)] (Topographien) werden nach Maßgabe dieses Gesetzes geschützt, wenn und soweit sie Eigenart aufweisen. [2] Satz 1 ist auch auf selbständig verwertbare Teile sowie Darstellungen zur Herstellung von Topographien anzuwenden.

(2) Eine Topographie weist Eigenart auf, wenn sie als Ergebnis geistiger Arbeit nicht nur durch bloße Nachbildung einer anderen Topographie hergestellt und nicht alltäglich ist.

(3) Besteht eine Topographie aus einer Anordnung alltäglicher Teile, so wird sie insoweit geschützt, als die Anordnung in ihrer Gesamtheit Eigenart aufweist.

(4) Der Schutz nach Absatz 1 erstreckt sich nicht auf die der Topographie zugrundeliegenden Entwürfe, Verfahren, Systeme, Techniken oder auf die in einem mikroelektronischen Halbleitererzeugnis gespeicherten Informationen, sondern nur auf die Topographie als solche.

§ 2 Recht auf den Schutz. (1) [1] Das Recht auf den Schutz der Topographie steht demjenigen zu, der die Topographie geschaffen hat. [2] Haben mehrere gemeinsam eine Topographie geschaffen, steht ihnen das Recht gemeinschaftlich zu.

(2) Ist die Topographie im Rahmen eines Arbeitsverhältnisses oder im Auftrag eines anderen geschaffen worden, so steht das Recht auf den Schutz der Topographie dem Arbeitgeber oder dem Auftraggeber zu, soweit durch Vertrag nichts anderes bestimmt ist.

(3) Inhaber des Rechts auf den Schutz der Topographie nach den Absätzen 1 und 2 kann jeder Staatsangehörige eines Mitgliedstaates der Europäischen Wirtschaftsgemeinschaft sowie jede natürliche oder juristische Person sein, die ihren gewöhnlichen Aufenthalt oder eine Niederlassung in dem Gebiet eines Mitgliedstaates hat, in dem der Vertrag zur Gründung der Europäischen Wirtschaftsgemeinschaft gilt; den juristischen Personen sind Gesellschaften gleichgestellt, die nach dem auf sie anwendbaren Recht Träger von Rechten und Pflichten sein können, ohne juristische Personen zu sein.

[1)] Siehe auch die Richtlinie (87/54/EWG) v. 16.12.1986 (ABl. 1987 L 24 S. 36) des Rates v. 16.12. 1986 über den Rechtsschutz der Topographien von Halbleitererzeugnissen (ABl. 1987 Nr. L 24 S. 36).

(4) [1]Das Recht auf den Schutz der Topographie steht unbeschadet der Absätze 1 und 2 auch demjenigen zu, der die Topographie auf Grund eines ausschließlichen Rechts zur geschäftlichen Verwertung in der Europäischen Wirtschaftsgemeinschaft erstmals in einem ihrer Mitgliedstaaten nicht nur vertraulich geschäftlich verwertet und die Voraussetzungen des Absatzes 3 erfüllt. [2]Die Topographie darf zuvor von einem anderen noch nicht oder nur vertraulich geschäftlich verwertet worden sein.

(5) Die Rechte nach den Absätzen 1 bis 4 stehen auch den jeweiligen Rechtsnachfolgern zu.

(6) Anderen Personen steht ein Recht auf den Schutz der Topographie nur zu, wenn

1. sie auf Grund einer völkerrechtlichen Vereinbarung oder des Rechts der Europäischen Gemeinschaften wie Inländer zu behandeln sind oder
2. der Staat, dem sie angehören oder in dem sich ihr Sitz oder ihre Niederlassung befindet, nach einer Bekanntmachung des Bundesministers der Justiz und für Verbraucherschutz im Bundesgesetzblatt Deutschen im Sinne des Grundgesetzes und Personen mit Sitz oder Niederlassung im Geltungsbereich dieses Gesetzes einen entsprechenden Schutz gewährt.

§ 3 Anmeldung. (1) [1]Eine Topographie, für die Schutz geltend gemacht wird, ist beim Patentamt anzumelden. [2]Für jede Topographie ist eine besondere Anmeldung erforderlich.

(2) Die Anmeldung muß enthalten:

1. einen Antrag auf Eintragung des Schutzes der Topographie, in dem diese kurz und genau bezeichnet ist;
2. Unterlagen zur Identifizierung oder Veranschaulichung der Topographie oder eine Kombination davon und Angaben über den Verwendungszweck, wenn eine Anordnung nach § 4 Abs. 4 in Verbindung mit § 9 des Gebrauchsmustergesetzes[1)] in Betracht kommt;
3. das Datum des Tages der ersten nicht nur vertraulichen geschäftlichen Verwertung der Topographie, wenn dieser Tag vor der Anmeldung liegt;
4. Angaben, aus denen sich die Schutzberechtigung nach § 2 Abs. 3 bis 6 ergibt.

(3) [1]Das Bundesministerium der Justiz und für Verbraucherschutz regelt durch Rechtsverordnung, die nicht der Zustimmung des Bundesrates bedarf,

1. die Einrichtung und den Geschäftsgang des Deutschen Patent- und Markenamts[2)] sowie die Form des Verfahrens in Topografieangelegenheiten, soweit nicht durch Gesetz Bestimmungen darüber getroffen sind,
2. die Form und die sonstigen Erfordernisse der Anmeldung.

[2]Es kann diese Ermächtigung durch Rechtsverordnung, die nicht der Zustimmung des Bundesrates bedarf, ganz oder teilweise auf das Deutsche Patent- und Markenamt übertragen.

[1)] Nr. **20**.
[2)] Siehe die VO über das Deutsche Patent- und Markenamt v. 1.4.2004 (BGBl. I S. 514), zuletzt geänd. durch VO v. 10.12.2018 (BGBl. I S. 2444).

(4) [1]Sind die Erfordernisse für eine ordnungsgemäße Anmeldung nach Absatz 2 Nr. 1 bis 3 nicht erfüllt, so teilt das Patentamt dem Anmelder die Mängel mit und fordert ihn auf, diese innerhalb einer Frist von zwei Monaten nach Zustellung der Nachricht zu beheben. [2]Wird der Mangel innerhalb der Frist behoben, so gilt der Zeitpunkt des Eingangs des Schriftsatzes beim Patentamt als Zeitpunkt der Anmeldung der Topographie. [3]Das Patentamt stellt diesen Zeitpunkt fest und teilt ihn dem Anmelder mit.

(5) Werden die in Absatz 4 genannten Mängel innerhalb der Frist nach Absatz 4 nicht behoben, so gilt die Anmeldung als zurückgenommen.

§ 4 Eintragung, Bekanntmachung, Änderungen. (1) Entspricht die Anmeldung den Anforderungen des § 3, so verfügt das Patentamt die Eintragung in das Register für Topographien, ohne die Berechtigung des Anmelders zur Anmeldung, die Richtigkeit der in der Anmeldung angegebenen Tatsachen und die Eigenart der Topographie zu prüfen.

(2) Die Vorschriften des Gebrauchsmustergesetzes[1)] über die Eintragung in das Register, die Bekanntmachung im Patentblatt und Änderungen im Register sowie über die Datenübermittlung (§ 8 Absatz 2 bis 4) sind entsprechend anzuwenden.

(3) [1]Die Vorschriften des Gebrauchsmustergesetzes[1)] über die Einsicht in das Register sowie in die Akten eingetragener Gebrauchsmuster einschließlich der Akten von Löschungsverfahren (§ 8 Absatz 5 und 7) sind mit der Maßgabe anzuwenden, daß Einsicht in Unterlagen, die Betriebs- oder Geschäftsgeheimnisse enthalten und vom Anmelder als solche gekennzeichnet worden sind, nur in einem Löschungsverfahren vor dem Patentamt auf Anordnung der Topographieabteilung oder in einem Rechtsstreit über die Rechtsgültigkeit oder die Verletzung des Schutzes der Topographie auf Anordnung des Gerichts gegenüber den Personen gewährt wird, die an dem Löschungsverfahren oder an dem Rechtsstreit beteiligt sind. [2]Unterlagen, die zur Identifizierung oder Veranschaulichung der Topographie eingereicht worden sind, können nicht in ihrer Gesamtheit als Betriebs- oder Geschäftsgeheimnisse gekennzeichnet werden. [3]Außer in einem Löschungsverfahren vor dem Patentamt oder in einem Rechtsstreit über die Rechtsgültigkeit oder die Verletzung des Schutzes der Topographie wird Einsicht in Unterlagen nur durch unmittelbare Einsichtnahme gewährt.

(3a) [1]Soweit personenbezogene Daten im Register oder in öffentlich zugänglichen elektronischen Informationsdiensten des Deutschen Patent- und Markenamtes enthalten sind, bestehen nicht

1. das Recht auf Auskunft gemäß Artikel 15 Absatz 1 Buchstabe c der Verordnung (EU) 2016/679 des Europäischen Parlaments und des Rates vom 27. April 2016 zum Schutz natürlicher Personen bei der Verarbeitung personenbezogener Daten, zum freien Datenverkehr und zur Aufhebung der Richtlinie 95/46/EG (Datenschutz-Grundverordnung) (ABl. L 119 vom 4.5.2016, S. 1; L 314 vom 22.11.2016, S. 72),
2. die Mitteilungspflicht gemäß Artikel 19 Satz 2 der Verordnung (EU) 2016/679 und

---

[1)] Nr. **20**.

3. das Recht auf Widerspruch gemäß Artikel 21 Absatz 1 der Verordnung (EU) 2016/679.

[2]Das Recht auf Erhalt einer Kopie nach Artikel 15 Absatz 3 der Verordnung (EU) 2016/679 wird dadurch erfüllt, dass die betroffene Person Einsicht in das Register oder in öffentlich zugängliche elektronische Informationsdienste des Deutschen Patent- und Markenamtes nehmen kann.

(4) [1]Für Anträge in Angelegenheiten des Schutzes der Topographien (Topographieschutzsachen) mit Ausnahme der Löschungsanträge (§ 8) wird im Patentamt eine Topographiestelle gebildet, die von einem vom Präsidenten des Patentamts bestimmten rechtskundigen Mitglied geleitet wird. [2]Über Löschungsanträge (§ 8) beschließt eine im Patentamt zu bildende Topographieabteilung, die mit zwei technischen Mitgliedern und einem rechtskundigen Mitglied zu besetzen ist. [3]Im übrigen sind die Vorschriften des Gebrauchsmustergesetzes[1)] über die Gebrauchsmusterstelle und die Gebrauchsmusterabteilungen (§ 10), über die Rechtsmittel und Rechtsmittelverfahren (§ 18) und über die Geheimgebrauchsmuster (§ 9) entsprechend anzuwenden.

§ 5 Entstehung des Schutzes, Schutzdauer. (1) Der Schutz der Topographie entsteht

1. an dem Tag der ersten nicht nur vertraulichen geschäftlichen Verwertung der Topographie, wenn sie innerhalb von zwei Jahren nach dieser Verwertung beim Patentamt angemeldet wird, oder
2. an dem Tag, an dem die Topographie beim Patentamt angemeldet wird, wenn sie zuvor noch nicht oder nur vertraulich geschäftlich verwertet worden ist.

(2) Der Schutz der Topographie endet mit Ablauf des zehnten Kalenderjahres nach dem Jahr des Schutzbeginns.

(3) Der Schutz der Topographie kann nur geltend gemacht werden, wenn die Topographie beim Patentamt angemeldet worden ist.

(4) Der Schutz der Topographie kann nicht mehr in Anspruch genommen werden, wenn die Topographie nicht innerhalb von fünfzehn Jahren nach dem Tag der ersten Aufzeichnung nicht nur vertraulich geschäftlich verwertet oder beim Patentamt angemeldet wird.

§ 6 Wirkung des Schutzes. (1) [1]Der Schutz der Topographie hat die Wirkung, daß allein der Inhaber des Schutzes befugt ist, sie zu verwerten. [2]Jedem Dritten ist es verboten, ohne seine Zustimmung

1. die Topographie nachzubilden;
2. die Topographie oder das die Topographie enthaltende Halbleitererzeugnis anzubieten, in Verkehr zu bringen oder zu verbreiten oder zu den genannten Zwecken einzuführen.

(2) Die Wirkung des Schutzes der Topographie erstreckt sich nicht auf

1. Handlungen, die im privaten Bereich zu nichtgeschäftlichen Zwecken vorgenommen werden;
2. die Nachbildung der Topographie zum Zwecke der Analyse, der Bewertung oder der Ausbildung;

[1)] Nr. **20**.

3. die geschäftliche Verwertung einer Topographie, die das Ergebnis einer Analyse oder Bewertung nach Nummer 2 ist und Eigenart im Sinne von § 1 Abs. 2 aufweist.

(3) [1] Wer ein Halbleitererzeugnis erwirbt, ohne zu wissen oder wissen zu müssen, daß es eine geschützte Topographie enthält, kann es ohne Zustimmung des Inhabers des Schutzes weiterverwerten. [2] Sobald er weiß oder wissen muß, daß ein Schutz der Topographie besteht, kann der Inhaber des Schutzes für die weitere geschäftliche Verwertung des Halbleitererzeugnisses eine nach den Umständen angemessene Entschädigung verlangen.

§ 7 Beschränkung der Wirkung des Schutzes. (1) Der Schutz der Topographie wird nicht begründet, soweit gegen den als Inhaber Eingetragenen für jedermann ein Anspruch auf Löschung besteht (§ 8 Abs. 1 und 3).

(2) [1] Wenn der wesentliche Inhalt der Anmeldung der Topographie eines anderen ohne dessen Einwilligung entnommen ist, tritt dem Verletzten gegenüber der Schutz des Gesetzes nicht ein. [2] Die Vorschriften des Patentgesetzes[1)] über den Anspruch auf Übertragung (§ 8) sind entsprechend anzuwenden.

§ 8 Löschungsanspruch, Löschungsverfahren. (1) Jedermann hat gegen den als Inhaber Eingetragenen Anspruch auf Löschung der Eintragung der Topographie, wenn

1. die Topographie nach § 1 nicht schutzfähig ist,
2. der Anmelder oder der als Inhaber Eingetragene nicht nach § 2 Abs. 3 bis 6 zum Schutz berechtigt ist oder
3. die Topographie nicht innerhalb der Frist nach § 5 Abs. 1 Nr. 1 oder nach Ablauf der Frist nach § 5 Abs. 4 angemeldet worden ist.

(2) Im Falle des § 7 Abs. 2 steht nur dem Verletzten ein Anspruch auf Löschung zu.

(3) Betreffen die Löschungsgründe nur einen Teil der Topographie, so wird die Eintragung nur in diesem Umfang gelöscht.

(4) [1] Die Löschung der Eintragung der Topographie nach den Absätzen 1 bis 3 ist beim Patentamt schriftlich zu beantragen. [2] Der Antrag muß die Tatsachen angeben, auf die er gestützt wird. [3] Die Vorschriften des § 81 Abs. 6 und des § 125 des Patentgesetzes[1)] sind entsprechend anzuwenden.

(5) Die Vorschriften des Gebrauchsmustergesetzes[2)] über das Löschungsverfahren (§ 17) und über die Wirkung des Löschungsverfahrens auf eine Streitsache (§ 19) sind entsprechend anzuwenden.

§ 9 Schutzverletzung. (1) [1] Wer den Vorschriften des § 6 Abs. 1 zuwider den Schutz der Topographie verletzt, kann vom Verletzten auf Unterlassung in Anspruch genommen werden. [2] Wer die Handlung vorsätzlich oder fahrlässig vornimmt, ist dem Verletzten zum Ersatz des daraus entstandenen Schadens verpflichtet. [3] § 24 Abs. 2 Satz 2 und 3 des Gebrauchsmustergesetzes[2)] gilt entsprechend.

(2) Die §§ 24a bis 24e, 25a und 25b des Gebrauchsmustergesetzes[2)] gelten entsprechend.

---

1) Nr. **10**.
2) Nr. **20**.

(3) [1] Auf die Verjährung der Ansprüche wegen Verletzung des Schutzrechts finden die Vorschriften des Abschnitts 5 des Buches 1 des Bürgerlichen Gesetzbuchs entsprechende Anwendung. [2] Hat der Verpflichtete durch die Verletzung auf Kosten des Berechtigten etwas erlangt, findet § 852 des Bürgerlichen Gesetzbuchs entsprechende Anwendung.

(4) § 24g des Gebrauchsmustergesetzes[1)] gilt entsprechend.

§ 10 Strafvorschriften. (1) Mit Freiheitsstrafe bis zu drei Jahren oder mit Geldstrafe wird bestraft, wer

1. entgegen § 6 Abs. 1 Satz 2 Nr. 1 die Topographie nachbildet oder
2. entgegen § 6 Abs. 1 Satz 2 Nr. 2 die Topographie oder das die Topographie enthaltende Halbleitererzeugnis anbietet, in Verkehr bringt, verbreitet oder zu den genannten Zwecken einführt.

(2) Handelt der Täter gewerbsmäßig, so ist die Strafe Freiheitsstrafe bis zu fünf Jahren oder Geldstrafe.

(3) Der Versuch ist strafbar.

(4) In den Fällen des Absatzes 1 wird die Tat nur auf Antrag verfolgt, es sei denn, daß die Strafverfolgungsbehörde wegen des besonderen öffentlichen Interesses an der Strafverfolgung ein Einschreiten von Amts wegen für geboten hält.

(5) Die Vorschrift des Gebrauchsmustergesetzes[1)] über die Einziehung (§ 25 Abs. 5) ist entsprechend anzuwenden.

(6) [1] Wird auf Strafe erkannt, so ist, wenn der Verletzte es beantragt und ein berechtigtes Interesse daran dartut, anzuordnen, daß die Verurteilung auf Verlangen öffentlich bekanntgemacht wird. [2] Die Art der Bekanntmachung ist im Urteil zu bestimmen.

§ 11 Anwendung von Vorschriften des Patentgesetzes und des Gebrauchsmustergesetzes. (1) Die Vorschriften des Patentgesetzes[2)] über die Erstattung von Gutachten (§ 29 Abs. 1 und 2), über die Wiedereinsetzung in den vorigen Stand (§ 123) über die Weiterbehandlung der Anmeldung (§ 123a), über die Wahrheitspflicht im Verfahren (§ 124), über die elektronische Verfahrensführung (125a), über die Amtssprache (§ 126), über Zustellungen (§ 127), über die Rechtshilfe der Gerichte (§ 128) und über den Rechtsschutz bei überlangen Gerichtsverfahren (§ 128b) sind auch für Topographieschutzsachen anzuwenden.

(2) Die Vorschriften des Gebrauchsmustergesetzes[1)] über die Bewilligung von Verfahrenskostenhilfe (§ 21 Abs. 2), über die Übertragung und die Lizenz (§ 22), über die Streitwertherabsetzung (§ 26), über die Gebrauchsmusterstreitsachen (§ 27), über die Inlandsvertretung (§ 28), über die Ermächtigungen zum Erlaß von Rechtsverordnungen (§ 29) und über die Schutzberühmung (§ 30) sind entsprechend anzuwenden.

[1)] Nr. **20**.
[2)] Nr. **10**.

Zweiter Abschnitt. Änderung von Gesetzen auf dem Gebiet des gewerblichen Rechtsschutzes

§§ 12–16 *(hier nicht wiedergegeben)*

Dritter Abschnitt. Änderung anderer Gesetze

§§ 17–25 *(hier nicht wiedergegeben)*

Vierter Abschnitt. Übergangs- und Schlußvorschriften

§ 26 Übergangsvorschriften. (1) [1] Der Schutz der Topographie kann nicht für solche Topographien in Anspruch genommen werden, die früher als zwei Jahre vor Inkrafttreten dieses Gesetzes nicht nur vertraulich geschäftlich verwertet worden sind. [2] Rechte aus diesem Gesetz können nur für die Zeit ab Inkrafttreten dieses Gesetzes geltend gemacht werden.

(2) Artikel 229 § 6 des Einführungsgesetzes zum Bürgerlichen Gesetzbuche findet mit der Maßgabe entsprechende Anwendung, dass § 9 Abs. 1 Satz 4 in der bis zum 1. Januar 2002 geltenden Fassung den Vorschriften des Bürgerlichen Gesetzbuchs über die Verjährung in der bis zum 1. Januar 2002 geltenden Fassung gleichgestellt ist.

§ 27 Berlin-Klausel. *(gegenstandslos)*

§ 28 Inkrafttreten. Dieses Gesetz tritt am 1. November 1987 in Kraft.

30. Sortenschutzgesetz

In der Fassung der Bekanntmachung vom 19. Dezember 1997[1)]
(BGBl. I S. 3164)

FNA 7822-7

zuletzt geänd. durch Art. 6 Abs. 37 G zur Reform der strafrechtlichen Vermögensabschöpfung v. 13.4.2017 (BGBl. I S. 872)

Abschnitt 1. Voraussetzungen und Inhalt des Sortenschutzes

§ 1 Voraussetzungen des Sortenschutzes. (1) Sortenschutz wird für eine Pflanzensorte (Sorte) erteilt, wenn sie
1. unterscheidbar,
2. homogen,
3. beständig,
4. neu und
5. durch eine eintragbare Sortenbezeichnung bezeichnet

ist.

(2) Für eine Sorte, die Gegenstand eines gemeinschaftlichen Sortenschutzes ist, wird ein Sortenschutz nach diesem Gesetz nicht erteilt.

§ 2 Begriffsbestimmungen. Im Sinne dieses Gesetzes sind
1. Arten: Pflanzenarten sowie Zusammenfassungen und Unterteilungen von Pflanzenarten,

1a. Sorte: eine Gesamtheit von Pflanzen oder Pflanzenteilen, soweit aus diesen wieder vollständige Pflanzen gewonnen werden können, innerhalb eines bestimmten Taxons der untersten bekannten Rangstufe, die, unabhängig davon, ob sie den Voraussetzungen für die Erteilung eines Sortenschutzes entspricht,
   a) durch die sich aus einem bestimmten Genotyp oder einer bestimmten Kombination von Genotypen ergebende Ausprägung der Merkmale definiert,
   b) von jeder anderen Gesamtheit von Pflanzen oder Pflanzenteilen durch die Ausprägung mindestens eines dieser Merkmale unterschieden und
   c) hinsichtlich ihrer Eignung, unverändert vermehrt zu werden, als Einheit angesehen

   werden kann,

2. Vermehrungsmaterial: Pflanzen und Pflanzenteile einschließlich Samen, die für die Erzeugung von Pflanzen oder sonst zum Anbau bestimmt sind,
3. Inverkehrbringen: das Anbieten, Vorrätighalten zur Abgabe, Feilhalten und jedes Abgeben an andere,
4. Antragstag: der Tag, an dem der Sortenschutzantrag dem Bundessortenamt zugeht,

---

[1)] Neubekanntmachung des SortenschutzG v. 11.12.1985 (BGBl. I S. 2170) in der seit dem 25. Juli 1997 geltenden Fassung.

5. Vertragsstaat: Staat, der Vertragspartei des Abkommens über den Europäischen Wirtschaftsraum ist,
6. Verbandsmitglied: Staat, der oder zwischenstaatliche Organisation, die Mitglied des Internationalen Verbandes zum Schutz von Pflanzenzüchtungen ist.

§ 3 Unterscheidbarkeit. (1) [1] Eine Sorte ist unterscheidbar, wenn sie sich in der Ausprägung wenigstens eines maßgebenden Merkmals von jeder anderen am Antragstag allgemein bekannten Sorte deutlich unterscheiden läßt. [2] Das Bundessortenamt teilt auf Anfrage für jede Art die Merkmale mit, die es für die Unterscheidbarkeit der Sorten dieser Art als maßgebend ansieht; die Merkmale müssen genau erkannt und beschrieben werden können.

(2) Eine Sorte ist insbesondere dann allgemein bekannt, wenn
1. sie in ein amtliches Verzeichnis von Sorten eingetragen worden ist,
2. ihre Eintragung in ein amtliches Verzeichnis von Sorten beantragt worden ist und dem Antrag stattgegeben wird oder
3. Vermehrungsmaterial oder Erntegut der Sorte bereits zu gewerblichen Zwecken in den Verkehr gebracht worden ist.

§ 4 Homogenität. Eine Sorte ist homogen, wenn sie, abgesehen von Abweichungen auf Grund der Besonderheiten ihrer Vermehrung, in der Ausprägung der für die Unterscheidbarkeit maßgebenden Merkmale hinreichend einheitlich ist.

§ 5 Beständigkeit. Eine Sorte ist beständig, wenn sie in der Ausprägung der für die Unterscheidbarkeit maßgebenden Merkmale nach jeder Vermehrung oder, im Falle eines Vermehrungszyklus, nach jedem Vermehrungszyklus unverändert bleibt.

§ 6 Neuheit. (1) Eine Sorte gilt als neu, wenn Pflanzen oder Pflanzenteile der Sorte mit Zustimmung des Berechtigten oder seines Rechtsvorgängers vor dem Antragstag nicht oder nur innerhalb folgender Zeiträume zu gewerblichen Zwecken an andere abgegeben worden sind:
1. innerhalb der Europäischen Union ein Jahr,
2. außerhalb der Europäischen Union vier Jahre, bei Rebe (Vitis L.) und Baumarten sechs Jahre.

(2) Die Abgabe
1. an eine amtliche Stelle auf Grund gesetzlicher Regelungen,
2. an Dritte auf Grund eines zwischen ihnen und dem Berechtigten bestehenden Vertrages oder sonstigen Rechtsverhältnisses ausschließlich zum Zweck der Erzeugung, Vermehrung, Aufbereitung oder Lagerung für den Berechtigten,
3. zwischen Gesellschaften im Sinne des Artikels 54 Absatz 2 des Vertrages über die Arbeitsweise der Europäischen Union, wenn eine von ihnen vollständig der anderen gehört oder beide vollständig einer dritten Gesellschaft dieser Art gehören; dies gilt nicht für Genossenschaften,
4. an Dritte, wenn die Pflanzen oder Pflanzenteile zu Versuchszwecken oder zur Züchtung neuer Sorten gewonnen worden sind und bei der Abgabe nicht auf die Sorte Bezug genommen wird,

5. zum Zweck des Ausstellens auf einer amtlichen oder amtlich anerkannten Ausstellung im Sinne des Abkommens über Internationale Ausstellungen vom 22. November 1928 (Gesetz vom 5. Mai 1930, RGBl. 1930 II S. 727) oder auf einer von einem Vertragsstaat als gleichwertig anerkannten Ausstellung in seinem Hoheitsgebiet oder eine Abgabe, die auf solche Ausstellungen zurückgeht,

steht der Neuheit nicht entgegen.

(3) Vermehrungsmaterial einer Sorte, das fortlaufend für die Erzeugung einer anderen Sorte verwendet wird, gilt erst dann als abgegeben im Sinne des Absatzes 1, wenn Pflanzen oder Pflanzenteile der anderen Sorte abgegeben worden sind.

§ 7 Sortenbezeichnung. (1) Eine Sortenbezeichnung ist eintragbar, wenn kein Ausschließungsgrund nach Absatz 2 oder 3 vorliegt.

(2) [1] Ein Ausschließungsgrund liegt vor, wenn die Sortenbezeichnung

1. zur Kennzeichnung der Sorte, insbesondere aus sprachlichen Gründen, nicht geeignet ist,
2. keine Unterscheidungskraft hat,
3. ausschließlich aus Zahlen besteht, soweit sie nicht für eine Sorte Verwendung findet, die ausschließlich für die fortlaufende Erzeugung einer anderen Sorte bestimmt ist,
4. mit einer Sortenbezeichnung übereinstimmt oder verwechselt werden kann, unter der in einem Vertragsstaat oder von einem anderen Verbandsmitglied eine Sorte derselben oder einer verwandten Art in einem amtlichen Verzeichnis von Sorten eingetragen ist oder war oder Vermehrungsmaterial einer solchen Sorte in den Verkehr gebracht worden ist, es sei denn, daß die Sorte nicht mehr eingetragen ist und nicht mehr angebaut wird und ihre Sortenbezeichnung keine größere Bedeutung erlangt hat,
5. irreführen kann, insbesondere wenn sie geeignet ist, unrichtige Vorstellungen über die Herkunft, die Eigenschaften oder den Wert der Sorte oder über den Ursprungszüchter, Entdecker oder sonst Berechtigten hervorzurufen,
6. Ärgernis erregen kann.

[2] Das Bundessortenamt macht bekannt, welche Arten es als verwandt im Sinne der Nummer 4 ansieht.

(3) [1] Ist die Sorte bereits

1. in einem anderen Vertragsstaat oder von einem anderen Verbandsmitglied oder
2. in einem anderen Staat, der nach einer vom Bundessortenamt bekanntzumachenden Feststellung in Rechtsakten der Europäischen Gemeinschaft oder der Europäischen Union Sorten nach Regeln beurteilt, die denen der Richtlinien über die Gemeinsamen Sortenkataloge entsprechen,

in einem amtlichen Verzeichnis von Sorten eingetragen oder ist ihre Eintragung in ein solches Verzeichnis beantragt worden, so ist nur die dort eingetragene oder angegebene Sortenbezeichnung eintragbar. [2] Dies gilt nicht, wenn ein Ausschließungsgrund nach Absatz 2 entgegensteht oder der Antragsteller glaubhaft macht, daß ein Recht eines Dritten entgegensteht.

§ 8 Recht auf Sortenschutz. (1) [1]Das Recht auf Sortenschutz steht dem Ursprungszüchter oder Entdecker der Sorte oder seinem Rechtsnachfolger zu. [2]Haben mehrere die Sorte gemeinsam gezüchtet oder entdeckt, so steht ihnen das Recht gemeinschaftlich zu.

(2) Der Antragsteller gilt im Verfahren vor dem Bundessortenamt als Berechtigter, es sei denn, daß dem Bundessortenamt bekannt wird, daß ihm das Recht auf Sortenschutz nicht zusteht.

§ 9 Nichtberechtigter Antragsteller. (1) Hat ein Nichtberechtigter Sortenschutz beantragt, so kann der Berechtigte vom Antragsteller verlangen, daß dieser ihm den Anspruch auf Erteilung des Sortenschutzes überträgt.

(2) [1]Ist einem Nichtberechtigten Sortenschutz erteilt worden, so kann der Berechtigte vom Sortenschutzinhaber verlangen, daß dieser ihm den Sortenschutz überträgt. [2]Dieser Anspruch erlischt fünf Jahre nach der Bekanntmachung der Eintragung in die Sortenschutzrolle, es sei denn, daß der Sortenschutzinhaber beim Erwerb des Sortenschutzes nicht in gutem Glauben war.

§ 10 Wirkung des Sortenschutzes. (1) Vorbehaltlich der §§ 10a und 10b hat der Sortenschutz die Wirkung, daß allein der Sortenschutzinhaber berechtigt ist,

1. Vermehrungsmaterial der geschützten Sorte
   a) zu erzeugen, für Vermehrungszwecke aufzubereiten, in den Verkehr zu bringen, ein- oder auszuführen oder
   b) zu einem der unter Buchstabe a genannten Zwecke aufzubewahren,
2. Handlungen nach Nummer 1 vorzunehmen mit sonstigen Pflanzen oder Pflanzenteilen oder hieraus unmittelbar gewonnenen Erzeugnissen, wenn zu ihrer Erzeugung Vermehrungsmaterial ohne Zustimmung des Sortenschutzinhabers verwendet wurde und der Sortenschutzinhaber keine Gelegenheit hatte, sein Sortenschutzrecht hinsichtlich dieser Verwendung geltend zu machen.

(2) Die Wirkung des Sortenschutzes nach Absatz 1 erstreckt sich auch auf Sorten,

1. die von der geschützten Sorte (Ausgangssorte) im wesentlichen abgeleitet worden sind, wenn die Ausgangssorte selbst keine im wesentlichen abgeleitete Sorte ist,
2. die sich von der geschützten Sorte nicht deutlich unterscheiden lassen oder
3. deren Erzeugung die fortlaufende Verwendung der geschützten Sorte erfordert.

(3) Eine Sorte ist eine im wesentlichen abgeleitete Sorte, wenn

1. für ihre Züchtung oder Entdeckung vorwiegend die Ausgangssorte oder eine andere Sorte, die selbst von der Ausgangssorte abgeleitet ist, als Ausgangsmaterial verwendet wurde,
2. sie deutlich unterscheidbar ist und
3. sie in der Ausprägung der Merkmale, die aus dem Genotyp oder einer Kombination von Genotypen der Ausgangssorte herrühren, abgesehen von Unterschieden, die sich aus der verwendeten Ableitungsmethode ergeben, mit der Ausgangssorte im wesentlichen übereinstimmt.

§ 10a Beschränkung der Wirkung des Sortenschutzes. (1) Die Wirkung des Sortenschutzes erstreckt sich nicht auf Handlungen nach § 10 Abs. 1

1. im privaten Bereich zu nicht gewerblichen Zwecken,
2. zu Versuchszwecken, die sich auf die geschützte Sorte beziehen,
3. zur Züchtung neuer Sorten sowie in § 10 Abs. 1 genannte Handlungen mit diesen Sorten mit Ausnahme der Sorten nach § 10 Abs. 2.

(2) [1] Die Wirkung des Sortenschutzes erstreckt sich ferner nicht auf Erntegut, das ein Landwirt durch Anbau von Vermehrungsmaterial einer geschützten Sorte der in dem Verzeichnis der Anlage aufgeführten Arten mit Ausnahme von Hybriden und synthetischen Sorten im eigenen Betrieb gewonnen hat und dort als Vermehrungsmaterial verwendet (Nachbau), soweit der Landwirt seinen in den Absätzen 3 und 6 festgelegten Verpflichtungen nachkommt. [2] Zum Zwecke des Nachbaus kann das Erntegut durch den Landwirt oder ein von ihm hiermit beauftragtes Unternehmen (Aufbereiter) aufbereitet werden.

(3) [1] Ein Landwirt, der von der Möglichkeit des Nachbaus Gebrauch macht, ist dem Inhaber des Sortenschutzes zur Zahlung eines angemessenen Entgelts verpflichtet. [2] Ein Entgelt gilt als angemessen, wenn es deutlich niedriger ist als der Betrag, der im selben Gebiet für die Erzeugung von Vermehrungsmaterial derselben Sorte auf Grund eines Nutzungsrechts nach § 11 vereinbart ist.

(4) [1] Den Vereinbarungen zwischen Inhabern des Sortenschutzes und Landwirten über die Angemessenheit des Entgelts können entsprechende Vereinbarungen zwischen deren berufsständischen Vereinigungen zugrunde gelegt werden. [2] Sie dürfen den Wettbewerb auf dem Saatgutsektor nicht ausschließen.

(5) Die Zahlungsverpflichtung nach Absatz 3 gilt nicht für Kleinlandwirte im Sinne des Artikels 14 Abs. 3 dritter Anstrich der Verordnung (EG) Nr. 2100/94[1)] des Rates vom 27. Juli 1994 über den gemeinschaftlichen Sortenschutz (ABl. EG Nr. L 227 S. 1).

(6) Landwirte, die von der Möglichkeit des Nachbaus Gebrauch machen, sowie von ihnen beauftragte Aufbereiter sind gegenüber den Inhabern des Sortenschutzes zur Auskunft über den Umfang des Nachbaus verpflichtet.

(7) Das Bundesministerium für Ernährung und Landwirtschaft wird ermächtigt, durch Rechtsverordnung das Verzeichnis der in der Anlage aufgeführten Arten zu ändern, soweit dies im Interesse einer Anpassung an das Verzeichnis des gemeinschaftlichen Sortenschutzes erforderlich ist.

§ 10b Erschöpfung des Sortenschutzes. Der Sortenschutz erstreckt sich nicht auf Handlungen, die vorgenommen werden mit Pflanzen, Pflanzenteilen oder daraus unmittelbar gewonnenen Erzeugnissen (Material) der geschützten Sorte oder einer Sorte, auf die sich der Sortenschutz nach § 10 Abs. 1 Nr. 1 ebenfalls erstreckt, das vom Sortenschutzinhaber oder mit seiner Zustimmung in den Verkehr gebracht worden ist, es sei denn, daß diese Handlungen

1. eine erneute Erzeugung von Vermehrungsmaterial beinhalten, ohne daß das vorgenannte Material bei der Abgabe hierzu bestimmt war, oder
2. eine Ausfuhr von Material der Sorte, das die Vermehrung der Sorte ermöglicht, in ein Land einschließen, das Sorten der Art, der die Sorte zugehört,

---

[1)] Nr. **35**.

nicht schützt; dies gilt nicht, wenn das ausgeführte Material zum Anbau bestimmt ist.

§ 10c Ruhen des Sortenschutzes. Wird dem Inhaber eines nach diesem Gesetz erteilten Sortenschutzes für dieselbe Sorte ein gemeinschaftlicher Sortenschutz erteilt, so können für die Dauer des Bestehens des gemeinschaftlichen Sortenschutzes Rechte aus dem nach diesem Gesetz erteilten Sortenschutz nicht geltend gemacht werden.

§ 11 Rechtsnachfolge, Nutzungsrechte. (1) Das Recht auf Sortenschutz, der Anspruch auf Erteilung des Sortenschutzes und der Sortenschutz sind auf natürliche und juristische Personen oder Personenhandelsgesellschaften, die die Anforderungen nach § 15 erfüllen, übertragbar.

(2) Der Sortenschutz kann ganz oder teilweise Gegenstand ausschließlicher oder nichtausschließlicher Nutzungsrechte sein.

(3) Soweit ein Nutzungsberechtigter gegen eine Beschränkung des Nutzungsrechts nach Absatz 2 verstößt, kann der Sortenschutz gegen ihn geltend gemacht werden.

§ 12 Zwangsnutzungsrecht. (1) [1] Das Bundessortenamt kann auf Antrag, soweit es unter Berücksichtigung der wirtschaftlichen Zumutbarkeit für den Sortenschutzinhaber im öffentlichen Interesse geboten ist, ein Zwangsnutzungsrecht an dem Sortenschutz hinsichtlich der Berechtigungen nach § 10 zu angemessenen Bedingungen erteilen, wenn der Sortenschutzinhaber kein oder kein genügendes Nutzungsrecht einräumt. [2] Das Bundessortenamt setzt bei der Erteilung des Zwangsnutzungsrechtes die Bedingungen, insbesondere die Höhe der an den Sortenschutzinhaber zu zahlenden Vergütung, fest.

(2) [1] Nach Ablauf eines Jahres seit der Erteilung des Zwangsnutzungsrechtes kann jeder Beteiligte eine erneute Festsetzung der Bedingungen beantragen. [2] Der Antrag kann jeweils nach Ablauf eines Jahres wiederholt werden; er kann nur darauf gestützt werden, daß sich die für die Festsetzung maßgebenden Umstände inzwischen erheblich geändert haben.

(3) Vor der Entscheidung über die Erteilung eines Zwangsnutzungsrechtes und die Neufestsetzung soll das Bundessortenamt die betroffenen Spitzenverbände hören.

(4) Ist ein Zwangsnutzungsrecht für eine Sorte einer dem Saatgutverkehrsgesetz unterliegenden Art erteilt worden, so kann der Sortenschutzinhaber von der zuständigen Behörde Auskunft darüber verlangen,

1. wer für Vermehrungsmaterial der geschützten Sorte die Anerkennung von Saatgut beantragt hat,
2. welche Größe der Vermehrungsflächen in dem Antrag auf Anerkennung angegeben worden ist,
3. welches Gewicht oder welche Stückzahl für die Partien angegeben worden ist.

§ 12a Zwangsnutzungsrecht bei biotechnologischen Erfindungen.

(1) Kann der Inhaber eines Patents für eine biotechnologische Erfindung (§ 1 Abs. 2 des Patentgesetzes[1)]) diese nicht verwerten, ohne ein früher erteiltes Sortenschutzrecht zu verletzen, so erteilt das Bundessortenamt auf Antrag nach Maßgabe der Absätze 3 und 4 ein Zwangsnutzungsrecht an dem Sortenschutz hinsichtlich der Berechtigungen nach § 10 zu angemessenen Bedingungen.

(2) Der Sortenschutzinhaber kann verlangen, dass ihm der Patentinhaber eine gegenseitige Lizenz zu angemessenen Bedingungen einräumt.

(3) Der Patentinhaber muss nachweisen, dass

1. er sich vergeblich an den Sortenschutzinhaber gewandt hat, um ein vertragliches Nutzungsrecht zu erhalten,
2. die Erfindung einen bedeutenden technischen Fortschritt von erheblichem wirtschaftlichen Interesse gegenüber der geschützten Pflanzensorte darstellt.

(4) [1] Das Bundessortenamt setzt bei der Erteilung des Zwangsnutzungsrechts die Bedingungen, insbesondere die Höhe der an den Sortenschutzinhaber zu zahlenden Vergütung, fest. [2]

§ 13 Dauer des Sortenschutzes. Der Sortenschutz dauert bis zum Ende des fünfundzwanzigsten, bei Hopfen, Kartoffel, Rebe und Baumarten bis zum Ende des dreißigsten auf die Erteilung folgenden Kalenderjahres.

§ 14 Verwendung der Sortenbezeichnung. (1) [1] Vermehrungsmaterial einer geschützten Sorte darf, außer im privaten Bereich zu nichtgewerblichen Zwecken nur in den Verkehr gebracht werden, wenn hierbei die Sortenbezeichnung angegeben ist; bei schriftlicher Angabe muß diese leicht erkennbar und deutlich lesbar sein. [2] Dies gilt auch, wenn der Sortenschutz abgelaufen ist.

(2) [1] Aus einem Recht an einer mit der Sortenbezeichnung übereinstimmenden Bezeichnung kann die Verwendung der Sortenbezeichnung für die Sorte nicht untersagt werden. [2] Ältere Rechte Dritter bleiben unberührt.

(3) Die Sortenbezeichnung einer geschützten Sorte oder einer Sorte, für die von einem anderen Verbandsmitglied ein Züchterrecht erteilt worden ist, oder eine mit ihr verwechselbare Bezeichnung darf für eine andere Sorte derselben oder einer verwandten Art nicht verwendet werden.

§ 15 Persönlicher Anwendungsbereich. (1) Die Rechte aus diesem Gesetz stehen nur zu

1. Deutschen im Sinne des Artikels 116 Abs. 1 des Grundgesetzes sowie natürlichen und juristischen Personen und Personenhandelsgesellschaften mit Wohnsitz oder Niederlassung im Inland,
2. Angehörigen eines anderen Vertragsstaates oder Staates, der Verbandsmitglied ist, sowie natürlichen und juristischen Personen und Personenhandelsgesellschaften mit Wohnsitz oder Niederlassung in einem solchen Staat und
3. anderen natürlichen und juristischen Personen und Personenhandelsgesellschaften, soweit in dem Staat, dem sie angehören oder in dem sie ihren Wohnsitz oder eine Niederlassung haben, nach einer Bekanntmachung Bundesministerium für Ernährung und Landwirtschaft im Bundesgesetzblatt

---

[1)] Nr. **10**.

deutschen Staatsangehörigen oder Personen mit Wohnsitz oder Niederlassung im Inland ein entsprechender Schutz gewährt wird.

(2) Wer in einem Vertragsstaat weder Wohnsitz noch Niederlassung hat, kann an einem in diesem Gesetz geregelten Verfahren nur teilnehmen und Rechte aus diesem Gesetz nur geltend machen, wenn er einen Vertreter mit Wohnsitz oder Geschäftsräumen in einem Vertragsstaat (Verfahrensvertreter) bestellt hat.

Abschnitt 2. Bundessortenamt

§ 16 Stellung und Aufgaben. (1) Das Bundessortenamt ist eine selbständige Bundesoberbehörde im Geschäftsbereich Bundesministerium für Ernährung und Landwirtschaft.

(2) [1] Das Bundessortenamt ist zuständig für die Erteilung des Sortenschutzes und die hiermit zusammenhängenden Angelegenheiten. [2] Es führt die Sortenschutzrolle und prüft das Fortbestehen der geschützten Sorten nach.

§ 17 Mitglieder. (1) [1] Das Bundessortenamt besteht aus dem Präsidenten und weiteren Mitgliedern. [2] Sie müssen besondere Fachkunde auf dem Gebiet des Sortenwesens (fachkundige Mitglieder) oder die Befähigung zum Richteramt nach dem Deutschen Richtergesetz (rechtskundige Mitglieder) haben. [3] Sie werden vom Bundesministerium für Ernährung und Landwirtschaft für die Dauer ihrer Tätigkeit beim Bundessortenamt berufen.

(2) Als fachkundiges Mitglied soll in der Regel nur berufen werden, wer nach einem für die Tätigkeit beim Bundessortenamt förderlichen naturwissenschaftlichen Studiengang an einer Hochschule eine staatliche oder akademische Prüfung im Inland oder einen als gleichwertig anerkannten Studienabschluß im Ausland bestanden sowie mindestens drei Jahre auf dem entsprechenden Fachgebiet gearbeitet hat und die erforderlichen Rechtskenntnisse hat.

(3) [1] Wenn ein voraussichtlich zeitlich begrenztes Bedürfnis besteht, kann der Präsident Personen als Hilfsmitglieder mit den Verrichtungen von Mitgliedern des Bundessortenamtes beauftragen. [2] Der Auftrag kann auf eine bestimmte Zeit oder für die Dauer des Bedürfnisses erteilt werden und ist so lange nicht widerruflich. [3] Im übrigen sind die Vorschriften über Mitglieder auch auf Hilfsmitglieder anzuwenden.

§ 18 Prüfabteilungen und Widerspruchsausschüsse. (1) [1] Im Bundessortenamt werden gebildet

1. Prüfabteilungen,
2. Widerspruchsausschüsse für Sortenschutzsachen.

[2] Der Präsident setzt ihre Zahl fest und regelt die Geschäftsverteilung.

(2) Die Prüfabteilungen sind zuständig für die Entscheidung über

1. Sortenschutzanträge,
2. Einwendungen nach § 25,
3. die Änderung der Sortenbezeichnung nach § 30,
4. (weggefallen)
5. die Erteilung eines Zwangsnutzungsrechtes und für Festsetzung der Bedingungen,

6. die Rücknahme und den Widerruf der Erteilung des Sortenschutzes.

(3) Die Widerspruchsausschüsse sind zuständig für die Entscheidung über Widersprüche gegen Entscheidungen der Prüfabteilungen.

§ 19 Zusammensetzung der Prüfabteilungen. (1) Die Prüfabteilungen bestehen jeweils aus einem vom Präsidenten bestimmten fachkundigen Mitglied des Bundessortenamtes.

(2) In den Fällen des § 18 Abs. 2 Nr. 2, 5 und 6 entscheidet die Prüfabteilung in der Besetzung von drei Mitgliedern des Bundessortenamtes, die der Präsident bestimmt und von denen eines rechtskundig sein muß.

§ 20 Zusammensetzung der Widerspruchsausschüsse. (1) [1] Die Widerspruchsausschüsse bestehen jeweils aus dem Präsidenten oder einem von ihm bestimmten weiteren Mitglied des Bundessortenamtes als Vorsitzendem, zwei vom Präsidenten bestimmten weiteren Mitgliedern des Bundessortenamtes als Beisitzern und zwei ehrenamtlichen Beisitzern. [2] Von den Mitgliedern des Bundessortenamtes müssen zwei fachkundig und eines rechtskundig sein.

(2) [1] Die ehrenamtlichen Beisitzer werden vom Bundesministerium für Ernährung und Landwirtschaft für sechs Jahre berufen; Wiederberufung ist zulässig. [2] Scheidet ein ehrenamtlicher Beisitzer vorzeitig aus, so wird sein Nachfolger für den Rest der Amtszeit berufen. [3] Die ehrenamtlichen Beisitzer sollen besondere Fachkunde auf dem Gebiet des Sortenwesens haben. [4] Inhaber oder Angestellte von Zuchtbetrieben oder Angestellte von Züchterverbänden sollen nicht berufen werden. [5] Für jeden ehrenamtlichen Beisitzer wird ein Stellvertreter berufen; die Sätze 1 bis 4 gelten entsprechend.

(3) Die Widerspruchsausschüsse sind bei Anwesenheit des Vorsitzenden und eines Beisitzers, von denen einer rechtskundig sein muß, sowie eines ehrenamtlichen Beisitzers beschlußfähig.

Abschnitt 3. Verfahren vor dem Bundessortenamt

§ 21 Förmliches Verwaltungsverfahren. Auf das Verfahren vor den Prüfabteilungen und den Widerspruchsausschüssen sind die Vorschriften der §§ 63 bis 69 und 71 des Verwaltungsverfahrensgesetzes über das förmliche Verwaltungsverfahren anzuwenden.

§ 22 Sortenschutzantrag. (1) [1] Der Antragsteller hat im Sortenschutzantrag den oder die Ursprungszüchter oder Entdecker der Sorte anzugeben und zu versichern, daß seines Wissens weitere Personen an der Züchtung oder Entdeckung der Sorte nicht beteiligt sind. [2] Ist der Antragsteller nicht oder nicht allein der Ursprungszüchter oder Entdecker, so hat er anzugeben, wie die Sorte an ihn gelangt ist. [3] Das Bundessortenamt ist nicht verpflichtet, diese Angaben zu prüfen.

(2) [1] Der Antragsteller hat die Sortenbezeichnung anzugeben. [2] Für das Verfahren zur Erteilung des Sortenschutzes kann er mit Zustimmung des Bundessortenamtes eine vorläufige Bezeichnung angeben.

§ 23 Zeitrang des Sortenschutzantrags. (1) Der Zeitrang des Sortenschutzantrags bestimmt sich im Zweifel nach der Reihenfolge der Eintragungen in das Eingangsbuch des Bundessortenamtes.

(2) [1]Hat der Antragsteller für die Sorte bereits in einem anderen Verbandsstaat ein Züchterrecht beantragt, so steht ihm innerhalb eines Jahres, nachdem der erste Antrag vorschriftsmäßig eingereicht worden ist, der Zeitrang dieses Antrags als Zeitvorrang für den Sortenschutzantrag zu. [2]Der Zeitvorrang kann nur im Sortenschutzantrag geltend gemacht werden. [3]Er erlischt, wenn der Antragsteller nicht innerhalb von drei Monaten nach dem Antragstag dem Bundessortenamt Abschriften der Unterlagen des ersten Antrags vorlegt, die von der für diesen Antrag zuständigen Behörde beglaubigt sind.

(3) [1]Ist die Sortenbezeichnung für Waren, die Vermehrungsmaterial der Sorte umfassen, als Marke für den Antragsteller in der Zeichenrolle des Patentamts eingetragen oder zur Eintragung angemeldet, so steht ihm der Zeitrang der Anmeldung der Marke als Zeitvorrang für die Sortenbezeichnung zu. [2]Der Zeitvorrang erlischt, wenn der Antragsteller nicht innerhalb von drei Monaten nach Angabe der Sortenbezeichnung dem Bundessortenamt eine Bescheinigung des Patentamts über die Eintragung oder Anmeldung der Marke vorlegt. [3]Die Sätze 1 und 2 gelten entsprechend für Marken, die nach dem Madrider Abkommen vom 14. April 1891 über die internationale Registrierung von Marken in der jeweils geltenden Fassung international registriert worden sind und im Inland Schutz genießen.

§ 24 Bekanntmachung des Sortenschutzantrags. (1) Das Bundessortenamt macht den Sortenschutzantrag unter Angabe der Art, der angegebenen Sortenbezeichnung oder vorläufigen Bezeichnung, des Antragstages sowie des Namens und der Anschrift des Antragstellers, des Ursprungszüchters oder Entdeckers und eines Verfahrensvertreters bekannt.

(2) Ist der Antrag nach seiner Bekanntmachung zurückgenommen worden, gilt er nach § 27 Abs. 2 wegen Säumnis als nicht gestellt oder ist die Erteilung des Sortenschutzes abgelehnt worden, so macht das Bundessortenamt dies ebenfalls bekannt.

§ 25 Einwendungen. (1) Gegen die Erteilung des Sortenschutzes kann jeder beim Bundessortenamt schriftlich Einwendungen erheben.

(2) Die Einwendungen können nur auf die Behauptung gestützt werden,

1. die Sorte sei nicht unterscheidbar, nicht homogen, nicht beständig oder nicht neu,
2. der Antragsteller sei nicht berechtigt oder
3. die Sortenbezeichnung sei nicht eintragbar.

(3) Die Einwendungsfrist dauert bei Einwendungen

1. nach Absatz 2 Nr. 1 bis zur Erteilung des Sortenschutzes,
2. nach Absatz 2 Nr. 2 bis zum Ablauf von drei Monaten nach der Bekanntmachung des Sortenschutzantrags,
3. nach Absatz 2 Nr. 3 bis zum Ablauf von drei Monaten nach der Bekanntmachung der angegebenen Sortenbezeichnung.

(4) [1]Die Einwendungen sind zu begründen. [2]Die Tatsachen und Beweismittel zur Rechtfertigung der Behauptung nach Absatz 2 sind im einzelnen anzugeben. [3]Sind diese Angaben nicht schon in der Einwendungsschrift enthalten, so müssen sie bis zum Ablauf der Einwendungsfrist nachgereicht werden.

(5) Führt eine Einwendung nach Absatz 2 Nr. 2 zur Zurücknahme des Sortenschutzantrags oder zur Ablehnung der Erteilung des Sortenschutzes und stellt der Einwender innerhalb eines Monats nach der Zurücknahme oder nach Eintritt der Unanfechtbarkeit der Ablehnung für dieselbe Sorte einen Sortenschutzantrag, so kann er verlangen, daß hierfür als Antragstag der Tag des früheren Antrags gilt.

§ 26 Prüfung. (1) [1]Bei der Prüfung, ob die Sorte die Voraussetzungen für die Erteilung des Sortenschutzes erfüllt, baut das Bundessortenamt die Sorte an oder stellt die sonst erforderlichen Untersuchungen an. [2]Hiervon kann es absehen, soweit ihm frühere eigene Prüfungsergebnisse zur Verfügung stehen.

(2) Das Bundessortenamt kann den Anbau oder die sonst erforderlichen Untersuchungen durch andere fachlich geeignete Stellen, auch im Ausland, durchführen lassen und Ergebnisse von Anbauprüfungen oder sonstigen Untersuchungen solcher Stellen berücksichtigen.

(3) Das Bundessortenamt fordert den Antragsteller auf, ihm oder der von ihm bezeichneten Stelle innerhalb einer bestimmten Frist das erforderliche Vermehrungsmaterial und sonstige Material und die erforderlichen weiteren Unterlagen vorzulegen, die erforderlichen Auskünfte zu erteilen und deren Prüfung zu gestatten.

(4) [1]Macht der Antragsteller einen Zeitvorrang nach § 23 Abs. 2 geltend, so hat er das erforderliche Vermehrungsmaterial und sonstige Material und die erforderlichen weiteren Unterlagen innerhalb von vier Jahren nach Ablauf der Zeitvorrangfrist vorzulegen. [2]Nach der Vorlage darf er anderes Vermehrungsmaterial und anderes sonstiges Material nicht nachreichen. [3]Wird vor Ablauf der Frist von vier Jahren der erste Antrag zurückgenommen oder die Erteilung des Züchterrechts abgelehnt, so kann das Bundessortenamt den Antragsteller auffordern, das Vermehrungsmaterial und sonstige Material zur nächsten Vegetationsperiode sowie die weiteren Unterlagen innerhalb einer bestimmten Frist vorzulegen.

(5) Das Bundessortenamt kann Behörden und Stellen im Ausland Auskünfte über Prüfungsergebnisse erteilen, soweit dies zur gegenseitigen Unterrichtung erforderlich ist.

(6) [1]Das Bundessortenamt fordert den Antragsteller auf, innerhalb einer bestimmten Frist schriftlich

1. eine Sortenbezeichnung anzugeben, wenn er eine vorläufige Bezeichnung angegeben hat,
2. eine andere Sortenbezeichnung anzugeben, wenn die angegebene Sortenbezeichnung nicht eintragbar ist.

[2]Die §§ 24 und 25 gelten entsprechend.

§ 27 Säumnis. (1) Kommt der Antragsteller einer Aufforderung des Bundessortenamtes,

1. das erforderliche Vermehrungsmaterial oder sonstige Material oder erforderliche weitere Unterlagen vorzulegen,
2. eine Sortenbezeichnung anzugeben oder
3. fällige Prüfungsgebühren zu entrichten,

innerhalb der ihm gesetzten Frist nicht nach, so kann das Bundessortenamt den Sortenschutzantrag zurückweisen, wenn es bei der Fristsetzung auf diese Folge der Säumnis hingewiesen hat.

(2) Entrichtet ein Antragsteller oder Widerspruchsführer die fällige Gebühr für die Entscheidung über einen Sortenschutzantrag oder über einen Widerspruch nicht, so gilt der Antrag als nicht gestellt oder der Widerspruch als nicht erhoben, wenn die Gebühr nicht innerhalb eines Monats entrichtet wird, nachdem das Bundessortenamt die Gebührenentscheidung bekanntgegeben und dabei auf diese Folge der Säumnis hingewiesen hat.

§ 28 Sortenschutzrolle. (1) In die Sortenschutzrolle werden nach Eintritt der Unanfechtbarkeit der Erteilung des Sortenschutzes eingetragen

1. die Art und die Sortenbezeichnung,
2. die festgestellten Ausprägungen der für die Unterscheidbarkeit maßgebenden Merkmale; bei Sorten, deren Pflanzen durch Kreuzung bestimmter Erbkomponenten erzeugt werden, auch der Hinweis hierauf,
3. der Name und die Anschrift
   a) des Ursprungszüchters oder Entdeckers,
   b) des Sortenschutzinhabers,
   c) der Verfahrensvertreter,
4. der Zeitpunkt des Beginns und der Beendigung des Sortenschutzes sowie der Beendigungsgrund,
5. ein ausschließliches Nutzungsrecht einschließlich des Namens und der Anschrift seines Inhabers,
6. ein Zwangsnutzungsrecht und die festgesetzten Bedingungen.

(2) [1] Die Eintragung der festgestellten Ausprägungen der für die Unterscheidbarkeit maßgebenden Merkmale und die Eintragung der Bedingungen bei einem Zwangsnutzungsrecht können durch einen Hinweis auf Unterlagen des Bundessortenamtes ersetzt werden. [2] Die Eintragung kann hinsichtlich der Anzahl und Art der Merkmale sowie der festgestellten Ausprägungen dieser Merkmale von Amts wegen geändert werden, soweit dies erforderlich ist, um die Beschreibung der Sorte mit den Beschreibungen anderer Sorten vergleichbar zu machen.

(3) [1] Änderungen in der Person des Sortenschutzinhabers oder eines Verfahrensvertreters werden nur eingetragen, wenn sie nachgewiesen sind. [2] Der eingetragene Sortenschutzinhaber oder Verfahrensvertreter bleibt bis zur Eintragung der Änderung nach diesem Gesetz berechtigt und verpflichtet.

(4) Das Bundessortenamt macht die Eintragungen bekannt.

§ 29 Einsichtnahme. (1) Jedem steht die Einsicht frei in

1. die Sortenschutzrolle,
2. die Unterlagen
   a) nach § 28 Abs. 2 Satz 1,
   b) eines bekanntgemachten Sortenschutzantrags sowie eines erteilten Sortenschutzes,
3. den Anbau
   a) zur Prüfung einer Sorte,

b) zur Nachprüfung des Fortbestehens einer Sorte.

(2) [1] Bei Sorten, deren Pflanzen durch Kreuzung bestimmter Erbkomponenten erzeugt werden, sind die Angaben über die Erbkomponenten auf Antrag desjenigen, der den Sortenschutzantrag gestellt hat, von der Einsichtnahme auszuschließen. [2] Der Antrag kann nur bis zur Entscheidung über den Sortenschutzantrag gestellt werden.

§ 30 Änderung der Sortenbezeichnung. (1) [1] Eine bei Erteilung des Sortenschutzes eingetragene Sortenbezeichnung ist zu ändern, wenn

1. ein Ausschließungsgrund nach § 7 Abs. 2 oder 3 bei der Eintragung bestanden hat und fortbesteht,
2. ein Ausschließungsgrund nach § 7 Abs. 2 Nr. 5 oder 6 nachträglich eingetreten ist,
3. ein entgegenstehendes Recht glaubhaft gemacht wird und der Sortenschutzinhaber mit der Eintragung einer anderen Sortenbezeichnung einverstanden ist,
4. dem Sortenschutzinhaber durch rechtskräftige Entscheidung die Verwendung der Sortenbezeichnung untersagt worden ist oder
5. einem sonst nach § 14 Abs. 1 zur Verwendung der Sortenbezeichnung Verpflichteten durch rechtskräftige Entscheidung die Verwendung der Sortenbezeichnung untersagt worden ist und der Sortenschutzinhaber als Nebenintervenient am Rechtsstreit beteiligt oder ihm der Streit verkündet war, sofern er nicht durch einen der in § 68 zweiter Halbsatz der Zivilprozeßordnung genannten Umstände an der Wahrnehmung seiner Rechte gehindert war.

[2] Im Falle einer Änderung der Sortenbezeichnung nach Satz 1 Nr. 1 besteht ein Anspruch auf Ausgleich eines Vermögensnachteils nach § 48 Abs. 3 des Verwaltungsverfahrensgesetzes nicht.

(2) [1] Das Bundessortenamt fordert, wenn es das Vorliegen eines Änderungsgrundes nach Absatz 1 feststellt, den Sortenschutzinhaber auf, innerhalb einer bestimmten Frist eine andere Sortenbezeichnung anzugeben. [2] Nach fruchtlosem Ablauf der Frist kann es eine Sortenbezeichnung von Amts wegen festsetzen. [3] Auf Antrag des Sortenschutzinhabers oder eines Dritten setzt das Bundessortenamt eine Sortenbezeichnung fest, wenn der Antragsteller ein berechtigtes Interesse glaubhaft macht. [4] Für die Festsetzung der anderen Sortenbezeichnung und ihre Bekanntmachung gelten die §§ 24, 25 und 28 Abs. 1 Nr. 1 und Abs. 4 entsprechend.

§ 31 Beendigung des Sortenschutzes. (1) Der Sortenschutz erlischt, wenn der Sortenschutzinhaber hierauf gegenüber dem Bundessortenamt schriftlich verzichtet.

(2) [1] Die Erteilung des Sortenschutzes ist zurückzunehmen, wenn sich ergibt, daß die Sorte bei der Sortenschutzerteilung nicht unterscheidbar oder nicht neu war. [2] Ein Anspruch auf Ausgleich eines Vermögensnachteils nach § 48 Abs. 3 des Verwaltungsverfahrensgesetzes besteht nicht. [3] Eine Rücknahme aus anderen Gründen ist nicht zulässig.

(3) Die Erteilung des Sortenschutzes ist zu widerrufen, wenn sich ergibt, daß die Sorte nicht homogen oder nicht beständig ist.

(4) Im übrigen kann die Erteilung des Sortenschutzes nur widerrufen werden, wenn der Sortenschutzinhaber

1. einer Aufforderung nach § 30 Abs. 2 zur Angabe einer anderen Sortenbezeichnung nicht nachgekommen ist,
2. eine durch Rechtsverordnung nach § 32 Nr. 1 begründete Verpflichtung hinsichtlich der Nachprüfung des Fortbestehens der Sorte trotz Mahnung nicht erfüllt hat oder
3. fällige Jahresgebühren innerhalb einer Nachfrist nicht entrichtet hat.

§ 32[1)] Ermächtigung zum Erlaß von Verfahrensvorschriften. Das Bundesministerium für Ernährung und Landwirtschaft wird ermächtigt, durch Rechtsverordnung

1. die Einzelheiten des Verfahrens vor dem Bundessortenamt einschließlich der Auswahl der für die Unterscheidbarkeit maßgebenden Merkmale, der Festsetzung des Prüfungsumfangs und der Nachprüfung des Fortbestehens der geschützten Sorten zu regeln,
2. das Blatt für Bekanntmachungen des Bundessortenamtes zu bestimmen.

[§ 33 bis 30.9.2021:]

§ 33 Gebühren und Auslagen. (1) Das Bundessortenamt erhebt für seine individuell zurechenbaren öffentlichen Leistungen nach diesem Gesetz und für die Prüfung von Sorten auf Antrag ausländischer oder supranationaler Stellen Gebühren und Auslagen und für jedes angefangene Jahr der Dauer des Sortenschutzes (Schutzjahr) eine Jahresgebühr.

(2) [1]Das Bundesministerium für Ernährung und Landwirtschaft wird ermächtigt, im Einvernehmen mit den Bundesministerien der Finanzen und für Wirtschaft und Energie durch Rechtsverordnung die gebührenpflichtigen Tatbestände und die Gebührensätze zu bestimmen und dabei feste Sätze oder Rahmensätze vorzusehen sowie den Zeitpunkt des Entstehens und der Erhebung der Gebühren zu regeln. [2]Die Bedeutung, der wirtschaftliche Wert oder der sonstige Nutzen der individuell zurechenbaren öffentlichen Leistung, auch für das Züchtungswesen und die Allgemeinheit, sind angemessen zu berücksichtigen. [3]Die zu erstattenden Auslagen können abweichend vom Bundesgebührengesetz geregelt werden.

(3) Durch Besondere Gebührenverordnung des Bundesministeriums für Ernährung und Landwirtschaft nach § 22 Absatz 4 des Bundesgebührengesetzes kann für den Bereich der Bundesverwaltung der Zeitpunkt des Entstehens und der Erhebung der Gebühr abweichend von den Vorschriften des Bundesgebührengesetzes geregelt werden.

(4) Bei Gebühren für die Prüfung einer Sorte sowie für die ablehnende Entscheidung über einen Sortenschutzantrag wird keine Ermäßigung nach § 15 Abs. 2 des Verwaltungskostengesetzes in der bis zum 14. August 2013 geltenden Fassung gewährt.

(5) [1]Hat ein Widerspruch Erfolg, so ist die Widerspruchsgebühr zu erstatten. [2]Hat eine Beschwerde an das Patentgericht oder eine Rechtsbeschwerde Erfolg, so ist die Widerspruchsgebühr auf Antrag zu erstatten. [3]Bei teilweisem

---

[1)] Siehe die Verordnung über Verfahren vor dem Bundessortenamt idF der Bek. v. 28.9.2004 (BGBl. I S. 2552), zuletzt geänd. durch VO v. 9.10.2019 (BGBl. I S. 1441).

Erfolg ist die Widerspruchsgebühr zu einem entsprechenden Teil zu erstatten. [4]Die Erstattung kann jedoch ganz oder teilweise unterbleiben, wenn die Entscheidung auf Tatsachen beruht, die früher hätten geltend gemacht oder bewiesen werden können. [5]Für Auslagen im Widerspruchsverfahren gelten die Sätze 1 bis 4 entsprechend. [6]Ein Anspruch auf Erstattung von Kosten nach § 80 des Verwaltungsverfahrensgesetzes besteht nicht.

[§ 33 ab 1.10.2021:]

§ 33 Gebühren. *Durch Besondere Gebührenverordnung des Bundesministeriums für Ernährung und Landwirtschaft nach § 22 Absatz 4 des Bundesgebührengesetzes kann für den Bereich der Bundesverwaltung der Zeitpunkt des Entstehens und der Erhebung der Gebühr abweichend von den Vorschriften des Bundesgebührengesetzes geregelt werden.*

Abschnitt 4. Verfahren vor Gericht

§ 34 Beschwerde. (1) Gegen die Beschlüsse der Widerspruchsausschüsse findet die Beschwerde an das Patentgericht statt.

(2) Innerhalb der Beschwerdefrist ist eine Beschwerdegebühr nach dem Patentkostengesetz[1)] zu zahlen; wird sie nicht gezahlt, so gilt die Beschwerde als nicht erhoben.

(3) Die Beschwerde gegen die Festsetzung einer Sortenbezeichnung nach § 30 Abs. 2 und gegen einen Beschluß, dessen sofortige Vollziehung angeordnet worden ist, hat keine aufschiebende Wirkung.

(4) Der Präsident des Bundessortenamtes kann dem Beschwerdeverfahren beitreten.

(5) [1]Über die Beschwerde entscheidet ein Beschwerdesenat. [2]Er entscheidet in den Fällen des § 18 Abs. 2 Nr. 3 und 4 in der Besetzung mit drei rechtskundigen Mitgliedern, im übrigen in der Besetzung mit einem rechtskundigen Mitglied als Vorsitzendem, einem weiteren rechtskundigen Mitglied und zwei technischen Mitgliedern.

§ 35 Rechtsbeschwerde. (1) Gegen den Beschluß des Beschwerdesenats findet die Rechtsbeschwerde an den Bundesgerichtshof statt, wenn der Beschwerdesenat sie in dem Beschluß zugelassen hat.

(2) § 34 Abs. 3 gilt entsprechend.

§ 36 Anwendung des Patentgesetzes. Soweit in den §§ 34 und 35 nichts anderes bestimmt ist, gelten die Vorschriften des Patentgesetzes[2)] über das Beschwerdeverfahren vor dem Patentgericht und das Rechtsbeschwerdeverfahren vor dem Bundesgerichtshof sowie über die Verfahrenskostenhilfe in diesen Verfahren entsprechend.

Abschnitt 5. Rechtsverletzungen

§ 37 Anspruch auf Unterlassung, Schadensersatz und Vergütung.

(1) [1]Wer ohne Zustimmung des Sortenschutzinhabers

---

1) Nr. **13**.
2) Nr. **10**.

1. mit Material, das einem Sortenschutz unterliegt, eine der in § 10 Abs. 1 bezeichneten Handlungen vornimmt oder
2. die Sortenbezeichnung einer geschützten Sorte oder eine mit ihr verwechselbare Bezeichnung für eine andere Sorte derselben oder einer verwandten Art verwendet,

kann von dem Verletzten auf Beseitigung der Beeinträchtigung und bei Wiederholungsgefahr auf Unterlassung in Anspruch genommen werden. [2]Der Anspruch besteht auch dann, wenn eine Zuwiderhandlung erstmalig droht.

(2) [1]Wer vorsätzlich oder fahrlässig handelt, ist dem Verletzten zum Ersatz des daraus entstehenden Schadens verpflichtet. [2]Bei der Bemessung des Schadensersatzes kann auch der Gewinn, den der Verletzer durch die Verletzung des Rechts erzielt hat, berücksichtigt werden. [3]Der Schadensersatzanspruch kann auch auf der Grundlage des Betrages berechnet werden, den der Verletzer als angemessene Vergütung hätte entrichten müssen, wenn er die Erlaubnis zur Nutzung der Sorte eingeholt hätte.

(3) Der Sortenschutzinhaber kann von demjenigen, der zwischen der Bekanntmachung des Antrags und der Erteilung des Sortenschutzes mit Material, das einem Sortenschutz unterliegt, eine der in § 10 Abs. 1 bezeichneten Handlungen vorgenommen hat, eine angemessene Vergütung fordern.

§ 37a Anspruch auf Vernichtung und Rückruf. (1) [1]Der Verletzte kann den Verletzer in den Fällen des § 37 Abs. 1 auf Vernichtung des im Besitz oder Eigentum des Verletzers befindlichen Materials, das Gegenstand der Verletzungshandlung ist, in Anspruch nehmen. [2]Satz 1 ist entsprechend auf die im Eigentum des Verletzers stehenden Vorrichtungen anzuwenden, die vorwiegend zur Herstellung dieses Materials gedient haben.

(2) Der Verletzte kann den Verletzer in den Fällen des § 37 Abs. 1 auf Rückruf rechtswidrig hergestellten, verbreiteten oder zur rechtswidrigen Verbreitung bestimmten Materials oder auf dessen endgültiges Entfernen aus den Vertriebswegen in Anspruch nehmen.

(3) [1]Die Ansprüche nach den Absätzen 1 und 2 sind ausgeschlossen, wenn die Maßnahme im Einzelfall unverhältnismäßig ist. [2]Bei der Prüfung der Verhältnismäßigkeit sind auch die berechtigten Interessen Dritter zu berücksichtigen.

§ 37b Anspruch auf Auskunft. (1) [1]Der Verletzte kann den Verletzer in den Fällen des § 37 Abs. 1 auf unverzügliche Auskunft über die Herkunft und den Vertriebsweg des rechtsverletzenden Materials in Anspruch nehmen.

(2) [1]In Fällen offensichtlicher Rechtsverletzung oder in Fällen, in denen der Verletzte gegen den Verletzer Klage erhoben hat, besteht der Anspruch unbeschadet von Absatz 1 auch gegen eine Person, die in gewerblichem Ausmaß

1. rechtsverletzendes Material in ihrem Besitz hatte,
2. rechtsverletzende Dienstleistungen in Anspruch nahm,
3. für rechtsverletzende Tätigkeiten genutzte Dienstleistungen erbrachte oder
4. nach den Angaben einer in Nummer 1, 2 oder Nummer 3 genannten Person an der Herstellung, Erzeugung oder am Vertrieb solchen Materials beteiligt war,

es sei denn, die Person wäre nach den §§ 383 bis 385 der Zivilprozessordnung im Prozess gegen den Verletzer zur Zeugnisverweigerung berechtigt. [2]Im Fall der gerichtlichen Geltendmachung des Anspruchs nach Satz 1 kann das Gericht den gegen den Verletzer anhängigen Rechtsstreit auf Antrag bis zur Erledigung des wegen des Auskunftsanspruchs geführten Rechtsstreits aussetzen. [3]Der zur Auskunft Verpflichtete kann von dem Verletzten den Ersatz der für die Auskunftserteilung erforderlichen Aufwendungen verlangen.

(3) Der zur Auskunft Verpflichtete hat Angaben zu machen über

1. Namen und Anschrift der Erzeuger, Lieferanten und anderer Vorbesitzer des Materials oder Dienstleistungen sowie der gewerblichen Abnehmer und Verkaufsstellen, für die sie bestimmt waren, und
2. die Menge des hergestellten, ausgelieferten, erhaltenen oder bestellten Materials sowie über die Preise, die für das betreffende Material oder die betreffenden Dienstleistungen bezahlt wurden.

(4) Die Ansprüche nach den Absätzen 1 und 2 sind ausgeschlossen, wenn die Inanspruchnahme im Einzelfall unverhältnismäßig ist.

(5) Erteilt der zur Auskunft Verpflichtete die Auskunft vorsätzlich oder grob fahrlässig falsch oder unvollständig, so ist er dem Verletzten zum Ersatz des daraus entstehenden Schadens verpflichtet.

(6) Wer eine wahre Auskunft erteilt hat, ohne dazu nach Absatz 1 oder Absatz 2 verpflichtet gewesen zu sein, haftet Dritten gegenüber nur, wenn er wusste, dass er zur Auskunftserteilung nicht verpflichtet war.

(7) In Fällen offensichtlicher Rechtsverletzung kann die Verpflichtung zur Erteilung der Auskunft im Wege der einstweiligen Verfügung nach den §§ 935 bis 945 der Zivilprozessordnung angeordnet werden.

(8) Die Erkenntnisse dürfen in einem Strafverfahren oder in einem Verfahren nach dem Gesetz über Ordnungswidrigkeiten wegen einer vor der Erteilung der Auskunft begangenen Tat gegen den Verpflichteten oder gegen einen in § 52 Abs. 1 der Strafprozessordnung bezeichneten Angehörigen nur mit Zustimmung des Verpflichteten verwertet werden.

(9) [1]Kann die Auskunft nur unter Verwendung von Verkehrsdaten (§ 3 Nr. 30 des Telekommunikationsgesetzes) erteilt werden, ist für ihre Erteilung eine vorherige richterliche Anordnung über die Zulässigkeit der Verwendung der Verkehrsdaten erforderlich, die von dem Verletzten zu beantragen ist. [2]Für den Erlass dieser Anordnung ist das Landgericht, in dessen Bezirk der zur Auskunft Verpflichtete seinen Wohnsitz, seinen Sitz oder eine Niederlassung hat, ohne Rücksicht auf den Streitwert ausschließlich zuständig. [3]Die Entscheidung trifft die Zivilkammer. [4]Für das Verfahren gelten die Vorschriften des Gesetzes über das Verfahren in Familiensachen und in den Angelegenheiten der freiwilligen Gerichtsbarkeit entsprechend. [5]Die Kosten der richterlichen Anordnung trägt der Verletzte. [6]Gegen die Entscheidung des Landgerichts ist die Beschwerde statthaft. [7]Die Beschwerde ist binnen einer Frist von zwei Wochen einzulegen. [8](aufgehoben). [9]Die Vorschriften zum Schutz personenbezogener Daten bleiben im Übrigen unberührt.

(10) [1]Durch Absatz 2 in Verbindung mit Absatz 9 wird das Grundrecht des Fernmeldegeheimnisses (Artikel 10 des Grundgesetzes) eingeschränkt.

§ 37c Vorlage- und Besichtigungsansprüche. (1) [1]Bei hinreichender Wahrscheinlichkeit einer Rechtsverletzung im Sinn von § 37 Abs. 1 kann der Rechtsinhaber oder ein anderer Berechtigter den vermeintlichen Verletzer auf Vorlage einer Urkunde oder Besichtigung einer Sache in Anspruch nehmen, die sich in dessen Verfügungsgewalt befindet, wenn dies zur Begründung seiner Ansprüche erforderlich ist. [2] In Fällen einer in gewerblichem Ausmaß begangenen Rechtsverletzung erstreckt sich der Anspruch auch auf die Vorlage von Bank-, Finanz- oder Handelsunterlagen. [3] Soweit der vermeintliche Verletzer geltend macht, dass es sich um vertrauliche Informationen handelt, trifft das Gericht die erforderlichen Maßnahmen, um den im Einzelfall gebotenen Schutz zu gewährleisten.

(2) [1] Der Anspruch nach Absatz 1 ist ausgeschlossen, wenn die Inanspruchnahme im Einzelfall unverhältnismäßig ist.

(3) [1] Die Verpflichtung zur Vorlage einer Urkunde oder zur Duldung der Besichtigung einer Sache kann im Wege der einstweiligen Verfügung nach den §§ 935 bis 945 der Zivilprozessordnung angeordnet werden. [2] Das Gericht trifft die erforderlichen Maßnahmen, um den Schutz vertraulicher Informationen zu gewährleisten. [3] Dies gilt insbesondere in den Fällen, in denen die einstweilige Verfügung ohne vorherige Anhörung des Gegners erlassen wird.

(4) § 811 des Bürgerlichen Gesetzbuchs sowie § 37b Abs. 8 gelten entsprechend.

(5) [1] Wenn keine Verletzung vorlag oder drohte, kann der vermeintliche Verletzer von demjenigen, der die Vorlage oder Besichtigung nach Absatz 1 begehrt hat, den Ersatz des ihm durch das Begehren entstandenen Schadens verlangen.

§ 37d Sicherung von Schadensersatzansprüchen. (1) [1] Der Verletzte kann den Verletzer bei einer in gewerblichem Ausmaß begangenen Rechtsverletzung in den Fällen des § 37 Abs. 2 auch auf Vorlage von Bank-, Finanz- oder Handelsunterlagen oder einen geeigneten Zugang zu den entsprechenden Unterlagen in Anspruch nehmen, die sich in der Verfügungsgewalt des Verletzers befinden und die für die Durchsetzung des Schadensersatzanspruchs erforderlich sind, wenn ohne die Vorlage die Erfüllung des Schadensersatzanspruchs fraglich ist. [2] Soweit der Verletzer geltend macht, dass es sich um vertrauliche Informationen handelt, trifft das Gericht die erforderlichen Maßnahmen, um den im Einzelfall gebotenen Schutz zu gewährleisten.

(2) Der Anspruch nach Absatz 1 Satz 1 ist ausgeschlossen, wenn die Inanspruchnahme im Einzelfall unverhältnismäßig ist.

(3) [1] Die Verpflichtung zur Vorlage der in Absatz 1 bezeichneten Urkunden kann im Wege der einstweiligen Verfügung nach den §§ 935 bis 945 der Zivilprozessordnung angeordnet werden, wenn der Schadensersatzanspruch offensichtlich besteht. [2] Das Gericht trifft die erforderlichen Maßnahmen, um den Schutz vertraulicher Informationen zu gewährleisten. [3] Dies gilt insbesondere in den Fällen, in denen die einstweilige Verfügung ohne vorherige Anhörung des Gegners erlassen wird.

(4) § 811 des Bürgerlichen Gesetzbuchs sowie § 37b Abs. 8 gelten entsprechend.

§ 37e Urteilsbekanntmachung. [1] Ist eine Klage auf Grund dieses Gesetzes erhoben worden, kann der obsiegenden Partei im Urteil die Befugnis zugesprochen werden, das Urteil auf Kosten der unterliegenden Partei öffentlich bekannt zu machen, wenn sie ein berechtigtes Interesse darlegt. Art und Umfang der Bekanntmachung werden im Urteil bestimmt. [2] Die Befugnis erlischt, wenn von ihr nicht innerhalb von drei Monaten nach Eintritt der Rechtskraft des

Urteils Gebrauch gemacht worden ist. [3]Der Ausspruch nach Satz 1 ist nicht vorläufig vollstreckbar.

§ 37f Verjährung. [1]Auf die Verjährung der Ansprüche wegen Verletzung eines nach diesem Gesetz geschützten Rechts finden die Vorschriften des Abschnitts 5 des Buches 1 des Bürgerlichen Gesetzbuchs entsprechende Anwendung. [2]Hat der Verpflichtete durch die Verletzung auf Kosten des Berechtigten etwas erlangt, findet § 852 des Bürgerlichen Gesetzbuchs entsprechende Anwendung.

§ 37g Ansprüche aus anderen gesetzlichen Vorschriften. Ansprüche aus anderen gesetzlichen Vorschriften bleiben unberührt.

§ 38 Sortenschutzstreitsachen. (1) Für alle Klagen, durch die ein Anspruch aus einem der in diesem Gesetz geregelten Rechtsverhältnisse geltend gemacht wird (Sortenschutzstreitsachen), sind die Landgerichte ohne Rücksicht auf den Streitwert ausschließlich zuständig.

(2) [1]Die Landesregierungen werden ermächtigt, durch Rechtsverordnung die Sortenschutzstreitsachen für die Bezirke mehrerer Landgerichte einem von ihnen zuzuweisen, sofern dies der sachlichen Förderung oder schnelleren Erledigung der Verfahren dient. [2]Die Landesregierungen können diese Ermächtigung auf die Landesjustizverwaltungen übertragen. [3]Die Länder können außerdem durch Vereinbarung den Gerichten eines Landes obliegende Aufgaben insgesamt oder teilweise dem zuständigen Gericht eines anderen Landes übertragen.

(3) Von den Kosten, die durch die Mitwirkung eines Patentanwalts entstehen, sind die Gebühren nach § 13 des Rechtsanwaltsvergütungsgesetzes und die notwendigen Auslagen des Patentanwalts zu erstatten.

(4) Die Absätze 1 bis 3 gelten auch für alle Klagen, durch die ein Anspruch aus einem der in der Verordnung (EG) Nr. 2100/94[1)] des Rates vom 27. Juli 1994 über den gemeinschaftlichen Sortenschutz (ABl. EG Nr. L 227 S. 1) in ihrer jeweils geltenden Fassung geregelten Rechtsverhältnisse geltend gemacht wird.

§ 39 Strafvorschriften. (1) Mit Freiheitsstrafe bis zu drei Jahren oder mit Geldstrafe wird bestraft, wer

1. entgegen § 10 Abs. 1, auch in Verbindung mit Abs. 2, Vermehrungsmaterial einer nach diesem Gesetz geschützten Sorte, eine Pflanze, ein Pflanzenteil oder ein Erzeugnis erzeugt, für Vermehrungszwecke aufbereitet, in den Verkehr bringt, einführt, ausführt oder aufbewahrt oder
2. entgegen Artikel 13 Abs. 1 in Verbindung mit Abs. 2 Satz 1, auch in Verbindung mit Abs. 4 Satz 1 oder Abs. 5, der Verordnung (EG) Nr. 2100/94[1)] des Rates vom 27. Juli 1994 über den gemeinschaftlichen Sortenschutz (ABl. EG Nr. L 227 S. 1) Material einer nach gemeinschaftlichem Sortenschutzrecht geschützten Sorte vermehrt, zum Zwecke der Vermehrung aufbereitet, zum Verkauf anbietet, in den Verkehr bringt, einführt, ausführt oder aufbewahrt.

[1)] Nr. **35**.

(2) Handelt der Täter gewerbsmäßig, so ist die Strafe Freiheitsstrafe bis zu fünf Jahren oder Geldstrafe.

(3) Der Versuch ist strafbar.

(4) In den Fällen des Absatzes 1 wird die Tat nur auf Antrag verfolgt, es sei denn, daß die Strafverfolgungsbehörde wegen des besonderen öffentlichen Interesses an der Strafverfolgung ein Einschreiten von Amts wegen für geboten hält.

(5) [1] Gegenstände, auf die sich die Straftat bezieht, können eingezogen werden. [2] § 74a des Strafgesetzbuches ist anzuwenden. [3] Soweit den in § 37a bezeichneten Ansprüchen im Verfahren nach den Vorschriften der Strafprozeßordnung über die Entschädigung des Verletzten (§§ 403 bis 406c) stattgegeben wird, sind die Vorschriften über die Einziehung (§§ 74 bis 74f des Strafgesetzbuches) nicht anzuwenden.

(6) [1] Wird auf Strafe erkannt, so ist, wenn der Verletzte es beantragt und ein berechtigtes Interesse daran dartut, anzuordnen, daß die Verurteilung auf Verlangen öffentlich bekanntgemacht wird. [2] Die Art der Bekanntmachung ist im Urteil zu bestimmen.

§ 40 Bußgeldvorschriften. (1) Ordnungswidrig handelt, wer vorsätzlich oder fahrlässig

1. entgegen § 14 Abs. 1 Vermehrungsmaterial einer nach diesem Gesetz geschützten Sorte in den Verkehr bringt, wenn hierbei die Sortenbezeichnung nicht oder nicht in der vorgeschriebenen Weise angegeben ist,
2. entgegen § 14 Abs. 3 eine Sortenbezeichnung einer nach diesem Gesetz geschützten Sorte oder eine mit ihr verwechselbare Bezeichnung für eine andere Sorte derselben oder einer verwandten Art verwendet oder
3. entgegen Artikel 17 Abs. 1, auch in Verbindung mit Abs. 3, der Verordnung (EG) Nr. 2100/94[1)] des Rates vom 27. Juli 1994 über den gemeinschaftlichen Sortenschutz (ABl. EG Nr. L 227 S. 1) die Bezeichnung einer nach gemeinschaftlichem Sortenschutzrecht geschützten Sorte nicht, nicht richtig, nicht vollständig oder nicht in der vorgeschriebenen Weise verwendet.

(2) Die Ordnungswidrigkeit kann mit einer Geldbuße bis zu fünftausend Euro geahndet werden.

(3) [1] Gegenstände, auf die sich die Ordnungswidrigkeit bezieht, können eingezogen werden. [2] § 23 des Gesetzes über Ordnungswidrigkeiten ist anzuwenden.

(4) Verwaltungsbehörde im Sinne des § 36 Abs. 1 Nr. 1 des Gesetzes über Ordnungswidrigkeiten ist das Bundessortenamt.

§ 40a Vorschriften über Maßnahmen der Zollbehörde. (1) [1] Material, das Gegenstand der Verletzung eines im Inland oder nach der Verordnung (EG) Nr. 2100/94[1)] des Rates vom 27. Juli 1994 über den gemeinschaftlichen Sortenschutz (ABl. EG Nr. L 227 S. 1) in der jeweils geltenden Fassung erteilten Sortenschutzes ist, unterliegt, soweit nicht die Verordnung (EU) Nr. 608/2013 des Europäischen Parlaments und des Rates vom 12. Juni 2013 zur Durchsetzung der Rechte geistigen Eigentums durch die Zollbehörden und zur Aufhebung der Verordnung (EG) Nr. 1383/2003 des Rates (ABl. L 181

[1)] Nr. **35**.

vom 29.6.2013, S. 15), in ihrer jeweils geltenden Fassung anzuwenden ist, auf Antrag und gegen Sicherheitsleistung des Sortenschutzinhabers bei seiner Einfuhr oder Ausfuhr der Beschlagnahme durch die Zollbehörde, sofern die Rechtsverletzung offensichtlich ist. [2]Dies gilt für den Verkehr mit anderen Vertragsstaaten nur, soweit Kontrollen durch die Zollbehörden stattfinden.

(2) [1]Ordnet die Zollbehörde die Beschlagnahme an, so unterrichtet sie unverzüglich den Verfügungsberechtigten sowie den Antragsteller. [2]Dem Antragsteller sind Herkunft, Menge und Lagerort des Materials sowie Name und Anschrift des Verfügungsberechtigten mitzuteilen; das Brief- und Postgeheimnis (Artikel 10 des Grundgesetzes) wird insoweit eingeschränkt. [3]Dem Antragsteller wird Gelegenheit gegeben, das Material zu besichtigen, soweit hierdurch nicht in Geschäfts- oder Betriebsgeheimnisse eingegriffen wird.

(3) Wird der Beschlagnahme nicht spätestens nach Ablauf von zwei Wochen nach Zustellung der Mitteilung nach Absatz 2 Satz 1 widersprochen, so ordnet die Zollbehörde die Einziehung des beschlagnahmten Materials an.

(4) [1]Widerspricht der Verfügungsberechtigte der Beschlagnahme, so unterrichtet die Zollbehörde hiervon unverzüglich den Antragsteller. [2]Dieser hat gegenüber der Zollbehörde unverzüglich zu erklären, ob er den Antrag nach Absatz 1 in bezug auf das beschlagnahmte Material aufrechterhält.

1. Nimmt der Antragsteller den Antrag zurück, hebt die Zollbehörde die Beschlagnahme unverzüglich auf.
2. Hält der Antragsteller den Antrag aufrecht und legt er eine vollziehbare gerichtliche Entscheidung vor, die die Verwahrung des beschlagnahmten Materials oder eine Verfügungsbeschränkung anordnet, trifft die Zollbehörde die erforderlichen Maßnahmen.

[3]Liegen die Fälle der Nummer 1 oder 2 nicht vor, hebt die Zollbehörde die Beschlagnahme nach Ablauf von zwei Wochen nach Zustellung der Mitteilung an den Antragsteller nach Satz 1 auf; weist der Antragsteller nach, daß die gerichtliche Entscheidung nach Nummer 2 beantragt, ihm aber noch nicht zugegangen ist, wird die Beschlagnahme für längstens zwei weitere Wochen aufrechterhalten.

(5) Erweist sich die Beschlagnahme als von Anfang an ungerechtfertigt und hat der Antragsteller den Antrag nach Absatz 1 in bezug auf das beschlagnahmte Material aufrechterhalten oder sich nicht unverzüglich erklärt (Absatz 4 Satz 2), so ist er verpflichtet, den dem Verfügungsberechtigten durch die Beschlagnahme entstandenen Schaden zu ersetzen.

(6) [1]Der Antrag nach Absatz 1 ist bei der Generalzolldirektion zu stellen und hat Wirkung für ein Jahr, sofern keine kürzere Geltungsdauer beantragt wird; er kann wiederholt werden. [2]Für die mit dem Antrag verbundenen Amtshandlungen werden vom Antragsteller Kosten nach Maßgabe des § 178 der Abgabenordnung erhoben.

(7) [1]Die Beschlagnahme und die Einziehung können mit den Rechtsmitteln angefochten werden, die im Bußgeldverfahren nach dem Gesetz über Ordnungswidrigkeiten gegen die Beschlagnahme und Einziehung zulässig sind. [2]Im Rechtsmittelverfahren ist der Antragsteller zu hören. [3]Gegen die Entscheidung des Amtsgerichts ist die sofortige Beschwerde zulässig; über sie entscheidet das Oberlandesgericht.

§ 40b Verfahren nach der Verordnung (EU) Nr. 608/2013. Für das Verfahren nach der Verordnung (EU) Nr. 608/2013 gilt § 40a Absatz 5 und 6 entsprechend, soweit die Verordnung keine Bestimmungen enthält, die dem entgegenstehen.

Abschnitt 6. Schlußvorschriften

§ 41 Übergangsvorschriften. (1) Für Sorten, für die beim Inkrafttreten dieses Gesetzes Sortenschutz

1. nach dem Saatgutgesetz in der im Bundesgesetzblatt Teil III, Gliederungsnummer 7822–1, veröffentlichten bereinigten Fassung, zuletzt geändert durch Gesetz vom 23. Dezember 1966 (BGBl. I S. 686), in Verbindung mit § 52 Abs. 1 des Sortenschutzgesetzes vom 20. Mai 1968 (BGBl. I S. 429) in der Fassung der Bekanntmachung vom 4. Januar 1977 (BGBl. I S. 105, 286) noch besteht oder
2. nach dem Sortenschutzgesetz vom 20. Mai 1968 in der jeweils geltenden Fassung erteilt oder beantragt worden ist,

gelten die Vorschriften dieses Gesetzes mit der Maßgabe, daß im Falle der Nummer 1 die Erteilung des Sortenschutzes nach § 31 Abs. 2 nur zurückgenommen werden kann, wenn sich ergibt, daß die Voraussetzungen des § 2 Abs. 2 des Saatgutgesetzes bei Erteilung des Sortenschutzes nicht vorgelegen haben.

(2) [1] Ist für eine Sorte oder ein Verfahren zu ihrer Züchtung vor dem Zeitpunkt, in dem dieses Gesetz auf die sie betreffende Art anwendbar geworden ist, ein Patent erteilt oder angemeldet worden, so kann der Anmelder oder sein Rechtsnachfolger die Patentanmeldung oder der Inhaber des Patents das Patent aufrechterhalten oder für die Sorte die Erteilung des Sortenschutzes beantragen. [2] Beantragt er die Erteilung des Sortenschutzes, so steht ihm der Zeitrang der Patentanmeldung als Zeitvorrang für den Sortenschutzantrag zu; § 23 Abs. 2 Satz 3 gilt entsprechend. [3] Die Dauer des erteilten Sortenschutzes verkürzt sich um die Zahl der vollen Kalenderjahre zwischen der Einreichung der Patentanmeldung und dem Antragstag. [4] Ist die Erteilung des Sortenschutzes unanfechtbar geworden, so können für die Sorte Rechte aus dem Patent oder der Patentanmeldung nicht mehr geltend gemacht werden; ein anhängiges Patenterteilungsverfahren wird nicht fortgeführt.

(3) [1] Ist für eine Sorte ein gemeinschaftlicher Sortenschutz erteilt und durch Verzicht beendet worden, ohne daß die Voraussetzungen einer Nichtigerklärung oder Aufhebung vorlagen, so kann innerhalb von drei Monaten nach Wirksamwerden des Verzichts ein Antrag auf Erteilung eines Sortenschutzes nach diesem Gesetz gestellt werden. [2] Für diesen Antrag steht dem Inhaber des gemeinschaftlichen Sortenschutzes oder seinem Rechtsnachfolger der Zeitrang des Antrags auf Erteilung des gemeinschaftlichen Sortenschutzes als Zeitvorrang für den Sortenschutzantrag nach diesem Gesetz zu. [3] Der Zeitvorrang erlischt, wenn der Antragsteller nicht innerhalb der vorgenannten Frist die Unterlagen über den Antrag auf Erteilung des gemeinschaftlichen Sortenschutzes, seine Erteilung und den Verzicht auf ihn vorlegt. [4] Wird für die Sorte der Sortenschutz nach diesem Gesetz erteilt, so verkürzt sich die Dauer des erteilten Sortenschutzes um die Zahl der vollen Kalenderjahre zwischen der Erteilung

des gemeinschaftlichen Sortenschutzes und der Erteilung des Sortenschutzes nach diesem Gesetz.

(4) [1] Sorten, für die der Schutzantrag bis zu einem Jahr nach dem Zeitpunkt gestellt wird, in dem dieses Gesetz auf die sie betreffende Art anwendbar geworden ist, gelten als neu, wenn Vermehrungsmaterial oder Erntegut der Sorte mit Zustimmung des Berechtigten oder seines Rechtsvorgängers nicht früher als vier Jahre, bei Rebe und Baumarten nicht früher als sechs Jahre vor dem genannten Zeitpunkt zu gewerblichen Zwecken in den Verkehr gebracht worden sind. [2] Wird unter Anwendung des Satzes 1 Sortenschutz erteilt, so verkürzt sich seine Dauer um die Zahl der vollen Kalenderjahre zwischen dem Beginn des Inverkehrbringens und dem Antragstag.

(5) Abweichend von § 6 Abs. 1 gilt eine Sorte auch dann als neu, wenn Pflanzen oder Pflanzenteile der Sorte mit Zustimmung des Berechtigten oder seines Rechtsvorgängers vor dem Antragstag nicht oder nur innerhalb folgender Zeiträume zu gewerblichen Zwecken in den Verkehr gebracht worden sind:

1. im Inland ein Jahr,
2. im Ausland vier Jahre, bei Rebe (Vitis L.) und Baumarten sechs Jahre,

wenn der Antragstag nicht später als ein Jahr nach dem Inkrafttreten des Artikels 1 des Gesetzes vom 17. Juli 1997 (BGBl. I S. 1854) liegt.

(6) Die Vorschrift des § 10 Abs. 1 ist nicht auf im wesentlichen abgeleitete Sorten anzuwenden, für die bis zum Inkrafttreten des Artikels 1 des Gesetzes vom 17. Juli 1997 (BGBl. I S. 1854) Sortenschutz beantragt oder erteilt worden ist.

(7) Artikel 229 § 6 des Einführungsgesetzes zum Bürgerlichen Gesetzbuche findet mit der Maßgabe entsprechende Anwendung, dass § 37c in der bis zum 1. Januar 2002 geltenden Fassung den Vorschriften des Bürgerlichen Gesetzbuchs über die Verjährung in der bis zum 1. Januar 2002 geltenden Fassung gleichgestellt ist.

§ **42** (Inkrafttreten)

Anlage

Arten, von denen Vermehrungsmaterial nachgebaut werden kann:

1.	Getreide	
1.1	Avena sativa L.	Hafer
1.2	Hordeum vulgare L. sensu lato	Gerste
1.3	Secale cereale L.	Roggen
1.4	x Triticosecale Wittm.	Triticale
1.5	Triticum aestivum L. emend. Fiori et Paol.	Weichweizen
1.6	Triticum durum Desf.	Hartweizen
1.7	Triticum spelta L.	Spelz
2.	Futterpflanzen	
2.1	Lupinus luteus L.	Gelbe Lupine
2.2	Medicago sativa L.	Blaue Luzerne
2.3	Pisum sativum L. (partim)	Futtererbse

2.4	Trifolium alexandrinum L.	Alexandriner Klee
2.5	Trifolium resupinatum L.	Persischer Klee
2.6	Vicia faba L. (partim)	Ackerbohne
2.7	Vicia sativa L.	Saatwicke
3.	Öl- und Faserpflanzen	
3.1	Brassica napus L. (partim)	Raps
3.2	Brassica rapa L. var. Silvestris (Lam.) Briggs	Rübsen
3.3	Linum usitatissimum L.	Lein, außer Faserlein
4.	Kartoffel	
4.1	Solanum tuberosum L.	Kartoffel

35. Verordnung (EG) Nr. 2100/94 des Rates vom 27. Juli 1994 über den gemeinschaftlichen Sortenschutz

(ABl. L 227 S. 1)

Celex-Nr. 3 1994 R 2100

zuletzt geänd. durch Art. 1 ÄndVO (EG) 15/2008 v. 20.12.2007 (ABl. 2008 L 8 S. 2)

DER RAT DER EUROPÄISCHEN UNION –

gestützt auf den Vertrag zur Gründung der Europäischen Gemeinschaften, insbesondere auf Artikel 235,

auf Vorschlag der Kommission[1)],

nach Stellungnahme des Europäischen Parlaments[2)],

nach Stellungnahme des Wirtschafts- und Sozialausschusses[3)],

in Erwägung nachstehender Gründe:

Bei den Pflanzensorten stellen sich spezifische Probleme bei der jeweils geltenden Regelung für die gewerblichen Schutzrechte.

Die Regelungen für die gewerblichen Schutzrechte für Pflanzensorten sind auf Gemeinschaftsebene nicht harmonisiert worden; deshalb finden nach wie vor die inhaltlich verschiedenen Regelungen der Mitgliedstaaten Anwendung.

Dementsprechend ist es zweckmäßig, eine Gemeinschaftsregelung einzuführen, die zwar parallel zu den einzelstaatlichen Regelungen besteht, jedoch die Erteilung von gemeinschaftsweit geltenden gewerblichen Schutzrechten erlaubt.

Ferner ist es zweckmäßig, daß die Gemeinschaftsregelung nicht von den Behörden der Mitgliedstaaten, sondern von einem Amt der Gemeinschaft mit eigener Rechtspersönlichkeit, nämlich dem „Gemeinschaftlichen Sortenamt" umgesetzt und angewendet wird.

Es ist die Entwicklung neuer Züchtungsverfahren einschließlich solcher biotechnischer Art zu berücksichtigen. Zum Anreiz für die Züchtung oder die Entdeckung neuer Sorten muß daher eine Verbesserung des Schutzes für Pflanzenzüchter aller Art gegenüber den derzeitigen Verhältnissen vorgesehen werden, ohne jedoch dadurch den Zugang zum Schutz insgesamt oder bei bestimmten Züchtungsverfahren ungerechtfertigt zu beeinträchtigen.

Schutzgegenstand müssen Sorten aller botanischen Gattungen und Arten sein können.

Schützbare Sorten müssen international anerkannte Voraussetzungen erfüllen, d.h. unterscheidbar, homogen, beständig und neu sowie mit einer vorschriftsmäßigen Sortenbezeichnung gekennzeichnet sein.

Es ist wichtig, eine Begriffsbestimmung für die Pflanzensorte vorzusehen, um die ordnungsgemäße Wirkungsweise des Systems sicherzustellen.

Mit der Begriffsbestimmung sollen keine Definitionen geändert werden, die gegebenenfalls auf dem Gebiet des geistigen Eigentums, insbesondere des

---

1) **Amtl. Anm.:** ABl. Nr. C 244 vom 28.9.1990, S. 1, und ABl. Nr. C 113 vom 23.4.1993, S. 7.

2) **Amtl. Anm.:** ABl. Nr. C 305 vom 23.11.1992, S. 55, und ABl. Nr. C 67 vom 16.3.1992, S. 148.

3) **Amtl. Anm.:** ABl. Nr. C 60 vom 8.3.1991, S. 45.

Patents, eingeführt sind, und auch nicht Rechtsvorschriften, die die Schützbarkeit von Erzeugnissen, einschließlich Pflanzen und Pflanzenmaterial, oder von Verfahren durch ein solches anderes gewerbliches Schutzrecht regeln, beeinträchtigen oder von der Anwendung ausschließen.

Es ist jedoch in hohem Maße wünschenswert, für beide Bereiche eine gemeinsame Begriffsbestimmung verfügbar zu haben. Daher sollten geeignete Bemühungen auf internationaler Ebene um eine solche gemeinsame Begriffsbestimmung unterstützt werden.

Für die Erteilung des gemeinschaftlichen Sortenschutzes kommt es auf die Feststellung der für die Sorte maßgebenden wichtigen Merkmale an, die aber nicht notwendigerweise an ihre wirtschaftliche Bedeutung anknüpfen.

Das System muß auch klarstellen, wem das Recht auf den gemeinschaftlichen Sortenschutz zusteht. Für eine Reihe von Fällen steht es nicht einem einzelnen, sondern mehreren Personen gemeinsam zu. Auch die formelle Berechtigung zur Antragstellung muß geregelt werden.

Das System muß auch den in dieser Verordnung verwendeten Begriff „Inhaber" definieren; sofern der Begriff „Inhaber" ohne nähere Angaben in dieser Verordnung, einschließlich in Artikel 29 Absatz 5, verwendet wird, ist er im Sinne von Artikel 13 Absatz 1 zu verstehen.

Da die Wirkung des gemeinschaftlichen Sortenschutzes für das gesamte Gebiet der Gemeinschaft einheitlich sein soll, müssen die Handlungen, die der Zustimmung des Inhabers unterliegen, genau abgegrenzt werden. So wird zwar einerseits der Schutzumfang gegenüber den meisten einzelstaatlichen Systemen auf bestimmtes Material der Sorte erweitert, um Bewegungen über schutzfreie Gebiete außerhalb der Gemeinschaft zu berücksichtigen; andererseits muß die Einführung des Erschöpfungsgrundsatzes sicherstellen, daß der Schutz nicht ungerechtfertigt ausufert.

Das System bestätigt zum Zwecke des Züchtungsanreizes grundsätzlich die international geltende Regel des freien Zugangs zu geschützten Sorten, um daraus neue Sorten zu entwickeln und auszuwerten.

Für bestimmte Fälle, wenn die neue Sorte, obwohl unterscheidbar, im wesentlichen aus der Ausgangssorte gezüchtet wurde, ist allerdings eine gewisse Form der Abhängigkeit von dem Inhaber der zuletzt genannten Sorte zu schaffen.

Im übrigen muß die Ausübung des gemeinschaftlichen Sortenschutzes Beschränkungen unterliegen, die durch im öffentlichen Interesse erlassene Bestimmungen festgelegt sind.

Dazu gehört auch die Sicherung der landwirtschaftlichen Erzeugung. Zu diesem Zweck müssen die Landwirte die Genehmigung erhalten, den Ernteertrag unter bestimmten Bedingungen für die Vermehrung zu verwenden.

Es muß sichergestellt werden, daß die Voraussetzungen gemeinschaftlich festgelegt werden.

Auch Zwangsnutzungsrechte unter bestimmten Voraussetzungen sind im öffentlichen Interesse vorzusehen; hierzu kann die Notwendigkeit gehören, den Markt mit Pflanzenmaterial, das Besonderheiten aufweist, zu versorgen oder einen Anreiz zur ständigen Züchtung besserer Sorten aufrechtzuerhalten.

Die Verwendung der festgesetzten Sortenbezeichnung sollte grundsätzlich vorgeschrieben werden.

Der gemeinschaftliche Sortenschutz sollte grundsätzlich mindestens 25 Jahre, bei Rebsorten und Baumarten mindestens 30 Jahre dauern. Sonstige Beendigungsgründe des Schutzes müssen angegeben werden.

Der gemeinschaftliche Sortenschutz ist ein Vermögensgegenstand seines Inhabers. Seine Rolle im Verhältnis zu den nicht harmonisierten Rechtsvorschriften der Mitgliedstaaten, insbesondere denen des bürgerlichen Rechts, muß daher klargestellt werden. Dies gilt auch für die Regelung von Rechtsverletzungen und für die Geltendmachung von Rechten auf den gemeinschaftlichen Sortenschutz.

Es ist weiterhin sicherzustellen, daß die volle Anwendung der Grundsätze des Systems des gemeinschaftlichen Sortenschutzes durch Einwirkungen von anderen Systemen nicht beeinträchtigt wird. Zu diesem Zweck bedarf es für das Verhältnis zu anderen gewerblichen Schutzrechten gewisser Regeln, die mit bestehenden internationalen Verpflichtungen der Mitgliedstaaten in Einklang stehen.

Es ist in diesem Zusammenhang unerläßlich zu überprüfen, ob und in welchem Umfang die Bedingungen des nach anderen gewerblichen Schutzrechten wie dem Patentrecht gewährten Schutzes angepaßt oder in anderer Weise zum Zweck der Schlüssigkeit mit dem gemeinschaftlichen Sortenschutz geändert werden müssen. Soweit erforderlich, ist dies durch abgewogene Regeln in ergänzenden Rechtsvorschriften der Gemeinschaft vorzusehen.

Die Aufgaben und Befugnisse des Gemeinschaftlichen Sortenamtes, einschließlich seiner Beschwerdekammern, betreffend die Erteilung, Beendigung oder Nachprüfung des gemeinschaftlichen Sortenschutzes und die Bekanntmachung, sowie die Strukturen des Amtes und die Regeln, nach denen das Amt zu verfahren hat, das Zusammenwirken mit der Kommission und den Mitgliedstaaten, insbesondere über einen Verwaltungsrat, die Einbeziehung der Prüfungsämter in die technische Prüfung und die erforderlichen Haushaltsmaßnahmen sind so weit wie möglich nach dem Muster der für andere Systeme entwickelten Regeln auszugestalten.

Das Amt wird über den vorgenannten Verwaltungsrat, der sich aus Vertretern der Mitgliedstaaten und der Kommission zusammensetzt, unterstützt und überwacht.

Der Vertrag enthält nur in Artikel 235 Befugnisse für den Erlaß dieser Verordnung.

Diese Verordnung berücksichtigt die bestehenden internationalen Übereinkommen, wie z.B. das Internationale Übereinkommen zum Schutz von Pflanzenzüchtungen (UPOV-Übereinkommen) oder das Übereinkommen über die Erteilung Europäischer Patente (Europäisches Patentübereinkommen)[1] oder das Abkommen über handelsbezogene Aspekte der Rechte des geistigen Eigentums, einschließlich des Handels mit nachgeahmten Waren. Sie verbietet die Patentierung von Pflanzensorten daher nur in dem durch das Europäische Patentübereinkommen[1] geforderten Umfang, d.h. nur bei Pflanzensorten als solchen.

---

[1] Nr. **50**.

Diese Verordnung wird gegebenenfalls infolge künftiger Entwicklungen bei den vorgenannten Übereinkommen im Hinblick auf Änderungen überprüft werden müssen –

HAT FOLGENDE VERORDNUNG ERLASSEN:

Erster Teil. Allgemeine Bestimmungen

Art. 1 Gemeinschaftlicher Sortenschutz. Durch diese Verordnung wird ein gemeinschaftlicher Sortenschutz als einzige und ausschließliche Form des gemeinschaftlichen gewerblichen Rechtsschutzes für Pflanzensorten geschaffen.

Art. 2 Einheitliche Wirkung des gemeinschaftlichen Sortenschutzes. Der gemeinschaftliche Sortenschutz hat einheitliche Wirkung im Gebiet der Gemeinschaft und kann für dieses Gebiet nur einheitlich erteilt, übertragen und beendet werden.

Art. 3 Nationale Schutzrechte für Sorten. Vorbehaltlich des Artikels 92 Absatz 1 läßt diese Verordnung das Recht der Mitgliedstaaten unberührt, nationale Schutzrechte für Sorten zu erteilen.

Art. 4 Gemeinschaftliches Amt. Für die Durchführung dieser Verordnung wird ein Gemeinschaftliches Sortenamt errichtet, im folgenden „Amt" genannt.

Zweiter Teil. Materielles Recht

Kapitel I. Voraussetzungen für die Erteilung des gemeinschaftlichen Sortenschutzes

Art. 5 Gegenstand des gemeinschaftlichen Sortenschutzes. (1) Gegenstand des gemeinschaftlichen Sortenschutzes können Sorten aller botanischen Gattungen und Arten, unter anderem auch Hybriden zwischen Gattungen oder Arten sein.

(2) Eine „Sorte" im Sinne dieser Verordnung ist eine pflanzliche Gesamtheit innerhalb eines einzigen botanischen Taxons der untersten bekannten Rangstufe, die, unabhängig davon, ob die Bedingungen für die Erteilung des Sortenschutzes vollständig erfüllt sind,

– durch die sich aus einem bestimmten Genotyp oder einer bestimmten Kombination von Genotypen ergebende Ausprägung der Merkmale definiert,
– zumindest durch die Ausprägung eines der erwähnten Merkmale von jeder anderen pflanzlichen Gesamtheit unterschieden und
– in Anbetracht ihrer Eignung, unverändert vermehrt zu werden, als Einheit angesehen

werden kann.

(3) Eine Pflanzengruppe besteht aus ganzen Pflanzen oder Teilen von Pflanzen, soweit diese Teile wieder ganze Pflanzen erzeugen können; beide werden im folgenden „Sortenbestandteile" genannt.

(4) Die Ausprägung der Merkmale nach Absatz 2 erster Gedankenstrich kann bei Sortenbestandteilen derselben Art variabel oder invariabel sein, sofern

sich der Grad der Variation auch aus dem Genotyp oder der Kombination von Genotypen ergibt.

Art. 6 Schützbare Sorten. *[1]* Der gemeinschaftliche Sortenschutz wird für Sorten erteilt, die

a) unterscheidbar

b) homogen

c) beständig und

d) neu

sind.

[2] Zudem muß für jede Sorte gemäß Artikel 63 eine Sortenbezeichnung festgesetzt sein.

Art. 7 Unterscheidbarkeit. (1) Eine Sorte wird als unterscheidbar angesehen, wenn sie sich in der Ausprägung der aus einem Genotyp oder einer Kombination von Genotypen resultierenden Merkmale von jeder anderen Sorte, deren Bestehen an dem gemäß Artikel 51 festgelegten Antragstag allgemein bekannt ist, deutlich unterscheiden läßt.

(2) *[1]* Das Bestehen einer anderen Sorte gilt insbesondere dann als allgemein bekannt, wenn an dem gemäß Artikel 51 festgelegten Antragstag

a) für sie Sortenschutz bestand oder sie in einem amtlichen Sortenverzeichnis der Gemeinschaft oder eines Staates oder einer zwischenstaatlichen Organisation mit entsprechender Zuständigkeit eingetragen war;

b) für sie die Erteilung eines Sortenschutzes oder die Eintragung in ein amtliches Sortenverzeichnis beantragt worden war, sofern dem Antrag inzwischen stattgegeben wurde.

[2] In der Durchführungsordnung gemäß Artikel 114 können beispielhaft weitere Fälle aufgezählt werden, bei denen von allgemeiner Bekanntheit ausgegangen werden kann.

Art. 8 Homogenität. Eine Sorte gilt als homogen, wenn sie – vorbehaltlich der Variation, die aufgrund der Besonderheiten ihrer Vermehrung zu erwarten ist – in der Ausprägung derjenigen Merkmale, die in die Unterscheidbarkeitsprüfung einbezogen werden, sowie aller sonstigen, die zur Sortenbeschreibung dienen, hinreichend einheitlich ist.

Art. 9 Beständigkeit. Eine Sorte gilt als beständig, wenn die Ausprägung derjenigen Merkmale, die in die Unterscheidbarkeitsprüfung einbezogen werden, sowie aller sonstigen, die zur Sortenbeschreibung dienen, nach wiederholter Vermehrung oder im Fall eines besonderen Vermehrungszyklus am Ende eines jeden Zyklus unverändert ist.

Art. 10 Neuheit. (1) Eine Sorte gilt als neu, wenn an dem nach Artikel 51 festgelegten Antragstag Sortenbestandteile bzw. Erntegut dieser Sorte

a) innerhalb des Gebiets der Gemeinschaft seit höchstens einem Jahr,

b) außerhalb des Gebiets der Gemeinschaft seit höchstens vier Jahren oder bei Bäumen oder Reben seit höchstens sechs Jahren vom Züchter oder mit Zustimmung des Züchters im Sinne des Artikels 11 verkauft oder auf andere Weise zur Nutzung der Sorte an andere abgegeben worden waren bzw. war.

(2) *[1]* [1]Die Abgabe von Sortenbestandteilen an eine amtliche Stelle aufgrund gesetzlicher Regelungen oder an andere aufgrund eines Vertrags oder sonstigen Rechtsverhältnissen zum ausschließlichen Zweck der Erzeugung, Vermehrung, Aufbereitung oder Lagerung gilt nicht als Abgabe an andere im Sinne von Absatz 1, solange der Züchter die ausschließliche Verfügungsbefugnis über diese und andere Sortenbestandteile behält und keine weitere Abgabe erfolgt. [2]Werden die Sortenbestandteile jedoch wiederholt zur Erzeugung von Hybridsorten verwendet und findet eine Abgabe von Sortenbestandteilen oder Erntegut der Hybridsorte statt, so gilt diese Abgabe von Sortenbestandteilen als Abgabe im Sinne von Absatz 1.

[2] [1]Die Abgabe von Sortenbestandteilen durch eine Gesellschaft im Sinne von Artikel 58 Absatz 2 des Vertrags an eine andere Gesellschaft dieser Art gilt ebenfalls nicht als Abgabe an andere, wenn eine von ihnen vollständig der anderen gehört oder beide vollständig einer dritten Gesellschaft dieser Art gehören und solange nicht eine weitere Abgabe erfolgt. [2]Diese Bestimmung gilt nicht für Genossenschaften.

(3) *[1]* Die Abgabe von Sortenbestandteilen bzw. Erntegut dieser Sorte, die bzw. das aus zu den Zwecken des Artikels 15 Buchstaben b) und c) angebauten Pflanzen gewonnen und nicht zur weiteren Fortpflanzung oder Vermehrung verwendet werden bzw. wird, gilt nicht als Nutzung der Sorte, sofern nicht für die Zwecke dieser Abgabe auf die Sorte Bezug genommen wird.

[2] Ebenso bleibt die Abgabe an andere außer Betracht, falls diese unmittelbar oder mittelbar auf die Tatsache zurückgeht, daß der Züchter die Sorte auf einer amtlichen oder amtlich anerkannten Ausstellung im Sinne des Übereinkommens über internationale Ausstellungen oder auf einer Ausstellung in einem Mitgliedstaat, die von diesem Mitgliedstaat als gleichwertig anerkannt wurde, zur Schau gestellt hat.

Kapitel II. Berechtigte Personen

Art. 11 Recht auf den gemeinschaftlichen Sortenschutz. (1) Das Recht auf den gemeinschaftlichen Sortenschutz steht der Person zu, die die Sorte hervorgebracht oder entdeckt und entwickelt hat bzw. ihrem Rechtsnachfolger; diese Person und ihr Rechtsnachfolger werden im folgenden „Züchter" genannt.

(2) [1]Haben zwei oder mehrere Personen die Sorte gemeinsam hervorgebracht oder entdeckt und entwickelt, so steht ihnen oder ihren jeweiligen Rechtsnachfolgern dieses Sortenschutzrecht gemeinsam zu. [2]Diese Bestimmung gilt auch für zwei oder mehrere Personen in den Fällen, in denen eine oder mehrere von ihnen die Sorte entdeckt und die andere bzw. die anderen sie entwickelt haben.

(3) Das Sortenschutzrecht steht dem Züchter und einer oder mehreren anderen Personen ebenfalls gemeinsam zu, falls der Züchter oder die andere Person bzw. die anderen Personen schriftlich ihre Zustimmung zu einem gemeinsamen Sortenschutzrecht erklären.

(4) Ist der Züchter ein Arbeitnehmer, so bestimmt sich das Recht auf den gemeinschaftlichen Sortenschutz nach dem nationalen Recht, das für das Ar-

beitsverhältnis gilt, in dessen Rahmen die Sorte hervorgebracht oder entdeckt und entwickelt wurde.

(5) Steht das Recht auf den gemeinschaftlichen Sortenschutz nach den Absätzen 2, 3 und 4 mehreren Personen gemeinsam zu, so kann eine oder mehrere von ihnen durch schriftliche Erklärung die anderen zu seiner Geltendmachung ermächtigen.

Art. 12 [Berechtigung zur Stellung des Antrags auf gemeinschaftlichen Sortenschutz] *[1]* Berechtigt zur Stellung des Antrags auf gemeinschaftlichen Sortenschutz sind natürliche und juristische Personen sowie Einrichtungen, die nach dem auf sie anwendbaren Recht wie juristische Personen behandelt werden.

[2] Anträge können auch von mehreren Antragstellern gemeinsam gestellt werden.

Kapitel III. Wirkungen des gemeinschaftlichen Sortenschutzes

Art. 13 Rechte des Inhabers des gemeinschaftlichen Sortenschutzes und verbotene Handlungen. (1) Der gemeinschaftliche Sortenschutz hat die Wirkung, daß allein der oder die Inhaber des gemeinschaftlichen Sortenschutzes, im folgenden „Inhaber" genannt, befugt sind, die in Absatz 2 genannten Handlungen vorzunehmen.

(2) *[1]* Unbeschadet der Artikel 15 und 16 bedürfen die nachstehend aufgeführten Handlungen in bezug auf Sortenbestandteile oder Erntegut der geschützten Sorte – beides im folgenden „Material" genannt – der Zustimmung des Inhabers:

a) Erzeugung oder Fortpflanzung (Vermehrung),
b) Aufbereitung zum Zweck der Vermehrung,
c) Anbieten zum Verkauf,
d) Verkauf oder sonstiges Inverkehrbringen,
e) Ausfuhr aus der Gemeinschaft,
f) Einfuhr in die Gemeinschaft,
g) Aufbewahrung zu einem der unter den Buchstaben a) bis f) genannten Zwecke.

[2] Der Inhaber kann seine Zustimmung von Bedingungen und Einschränkungen abhängig machen.

(3) Auf Erntegut findet Absatz 2 nur Anwendung, wenn es dadurch gewonnen wurde, daß Sortenbestandteile der geschützten Sorte ohne Zustimmung verwendet wurden, und wenn der Inhaber nicht hinreichend Gelegenheit hatte, sein Recht im Zusammenhang mit den genannten Sortenbestandteilen geltend zu machen.

(4) [1] In den Durchführungsvorschriften gemäß Artikel 114 kann vorgesehen werden, daß in bestimmten Fällen Absatz 2 des vorliegenden Artikels auch für unmittelbar aus Material der geschützten Sorte gewonnene Erzeugnisse gilt. [2] Absatz 2 findet nur Anwendung, wenn solche Erzeugnisse durch die unerlaubte Verwendung von Material der geschützten Sorte gewonnen wurden und wenn der Inhaber nicht hinreichend Gelegenheit hatte, sein Recht im Zusammenhang mit dem Material geltend zu machen. [3] Soweit Absatz 2 auf

unmittelbar gewonnene Erzeugnisse Anwendung findet, gelten diese auch als „Material".

(5) Die Absätze 1 bis 4 gelten auch in bezug auf folgende Sorten:

a) Sorten, die im wesentlichen von der Sorte abgeleitet wurden, für die ein gemeinschaftlicher Sortenschutz erteilt worden ist, sofern diese Sorte selbst keine im wesentlichen abgeleitete Sorte ist,
b) Sorten, die von der geschützten Sorte nicht im Sinne des Artikels 7 unterscheidbar sind, und
c) Sorten, deren Erzeugung die fortlaufende Verwendung der geschützten Sorte erfordert.

(6) Für die Anwendung des Absatzes 5 Buchstabe a) gilt eine Sorte als im wesentlichen von einer Sorte, im folgenden „Ursprungssorte" genannt, abgeleitet, wenn

a) sie vorwiegend von der Ursprungssorte oder einer Sorte abgeleitet ist, die selbst vorwiegend von der Ursprungssorte abgeleitet ist,
b) sie von der Ursprungssorte im Sinne des Artikels 7 unterscheidbar ist und
c) sie in der Ausprägung der Merkmale, die aus dem Genotyp oder einer Kombination von Genotypen der Ursprungssorte resultiert, abgesehen von Unterschieden, die sich aus der Ableitung ergeben, im wesentlichen mit der Ursprungssorte übereinstimmt.

(7) In den Durchführungsvorschriften gemäß Artikel 114 können mögliche Handlungen zur Ableitung, die mindestens unter Absatz 6 fallen, näher bestimmt werden.

(8) Unbeschadet der Artikel 14 und 29 darf die Ausübung der Rechte aus dem gemeinschaftlichen Sortenschutz keine Bestimmungen verletzen, die aus Gründen der öffentlichen Sittlichkeit, Ordnung und Sicherheit, zum Schutz der Gesundheit und des Lebens von Menschen, Tieren oder Pflanzen, zum Schutz der Umwelt sowie zum Schutz des gewerblichen und kommerziellen Eigentums und zur Sicherung des Wettbewerbs, des Handels und der landwirtschaftlichen Erzeugung erlassen wurden.

Art. 14 Abweichung von gemeinschaftlichen Sortenschutz. (1) Unbeschadet des Artikels 13 Absatz 2 können Landwirte zur Sicherung der landwirtschaftlichen Erzeugung zu Vermehrungszwecken im Feldanbau in ihrem eigenen Betrieb das Ernteerzeugnis verwenden, das sie in ihrem eigenen Betrieb durch Anbau von Vermehrungsgut einer unter den gemeinschaftlichen Sortenschutz fallenden Sorte gewonnen haben, wobei es sich nicht um eine Hybride oder eine synthetische Sorte handeln darf.

(2) Absatz 1 gilt nur für folgende landwirtschaftliche Pflanzenarten:

a) Futterpflanzen:
Cicer arietinum L. – Kichererbse
Lupinus luteus L. – Gelbe Lupine
Medicago sativa L. – Blaue Luzerne
Pisum sativum L. (partim) – Futtererbse
Trifolium alexandrinum L. – Alexandriner Klee
Trifolium resupinatum L. – Persischer Klee
Vicia faba – Ackerbohne
Vicia sativa L. – Saatwicke

und, im Fall Portugals, für Lolium multiflorum Lam – Einjähriges und Welsches Weidelgras;

b) Getreide:
Avena sativa – Hafer
Hordeum vulgare L. – Gerste
Oryza sativa L. – Reis
Phalaris canariensis L. – Kanariengras
Secale cereale L. – Roggen
X Triticosecale Wittm. – Triticale
Triticum aestivum L. emend.
Fiori et Paol. – Weizen
Triticum durum Desf. – Hartweizen
Triticum spelta L. – Spelz;

c) Kartoffeln:
Solanum tuberosum – Kartoffel;

d) Öl- und Faserpflanzen:
Brassica napus L. (partim) – Raps
Brassica rapa L. (parti) – Rübsen
Linum usitatissimum – Leinsamen mit Ausnahme von Flachs.

(3) Die Bedingungen für die Wirksamkeit der Ausnahmeregelung gemäß Absatz 1 sowie für die Wahrung der legitimen Interessen des Pflanzenzüchters und des Landwirts werden vor dem Inkrafttreten dieser Verordnung in einer Durchführungsordnung gemäß Artikel 114 nach Maßgabe folgender Kriterien festgelegt:

– Es gibt keine quantitativen Beschränkungen auf der Ebene des Betriebs des Landwirts, soweit es für die Bedürfnisse des Betriebs erforderlich ist;
– das Ernteerzeugnis kann von dem Landwirt selbst oder mittels für ihn erbrachter Dienstleistungen für die Aussaat vorbereitet werden, und zwar unbeschadet einschränkender Bestimmungen, die die Mitgliedstaaten in bezug auf die Art und Weise, in der dieses Ernteerzeugnis für die Aussaat vorbereitet wird, festlegen können, insbesondere um sicherzustellen, daß das zur Vorbereitung übergebene Erzeugnis mit dem aus der Vorbereitung hervorgegangenen Erzeugnis identisch ist;
– Kleinlandwirte sind nicht zu Entschädigungszahlungen an den Inhaber des Sortenschutzes verpflichtet. Als Kleinlandwirte gelten
  – im Fall von in Absatz 2 genannten Pflanzenarten, für die die Verordnung (EWG) Nr. 1765/92 des Rates vom 30. Juni 1992 zur Einführung einer Stützungsregelung für Erzeuger bestimmter landwirtschaftlicher Kulturpflanzen[1] gilt, diejenigen Landwirte, die Pflanzen nicht auf einer Fläche anbauen, die größer ist als die Fläche, die für die Produktion von 92 Tonnen Getreide benötigt würde; zur Berechnung der Fläche gilt Artikel 8 Absatz 2 der vorstehend genannten Verordnung;
  – im Fall anderer als der in Absatz 2 genannten Pflanzenarten diejenigen Landwirte, die vergleichbaren angemessenen Kriterien entsprechen;

---

[1] VO außer Kraft; vgl. jetzt die Verordnung (EG) Nr. 1251/1999 zur Einführung für Erzeuger bestimmter landwirtschaftlicher Kulturpflanzen v. 26.6.1999 (ABl. L 160 S. 1), zuletzt geänd. durch Akte v. 16.4.2003 (ABl. L 236 S. 33).

– andere Landwirte sind verpflichtet, dem Inhaber des Sortenschutzes eine angemessene Entschädigung zu zahlen, die deutlich niedriger sein muß als der Betrag, der im selben Gebiet für die Erzeugung von Vermehrungsmaterial derselben Sorte in Lizenz verlangt wird; die tatsächliche Höhe dieser angemessenen Entschädigung kann im Laufe der Zeit Veränderungen unterliegen, wobei berücksichtigt wird, inwieweit von der Ausnahmeregelung gemäß Absatz 1 in bezug auf die betreffende Sorte Gebrauch gemacht wird;
– verantwortlich für die Überwachung der Einhaltung der Bestimmungen dieses Artikels oder der aufgrund dieses Artikels erlassenen Bestimmungen sind ausschließlich die Inhaber des Sortenschutzes; bei dieser Überwachung dürfen sie sich nicht von amtlichen Stellen unterstützen lassen;
– die Landwirte sowie die Erbringer vorbereitender Dienstleistungen übermitteln den Inhabern des Sortenschutzes auf Antrag relevante Informationen; auch die an der Überwachung der landwirtschaftlichen Erzeugung beteiligten amtlichen Stellen können relevante Informationen übermitteln, sofern diese Informationen im Rahmen der normalen Tätigkeit dieser Stellen gesammelt wurden und dies nicht mit Mehrarbeit oder zusätzlichen Kosten verbunden ist. Die gemeinschaftlichen und einzelstaatlichen Bestimmungen über den Schutz von Personen bei der Verarbeitung und beim freien Verkehr personenbezogener Daten werden hinsichtlich der personenbezogenen Daten von diesen Bestimmungen nicht berührt.

Art. 15 Einschränkung der Wirkung des gemeinschaftlichen Sortenschutzes. Der gemeinschaftliche Sortenschutz gilt nicht für
a) Handlungen im privaten Bereich zu nichtgewerblichen Zwecken;
b) Handlungen zu Versuchszwecken;
c) Handlungen zur Züchtung, Entdeckung und Entwicklung anderer Sorten;
d) die in Artikel 13 Absätze 2, 3 und 4 genannten Handlungen in bezug auf solche anderen Sorten, ausgenommen die Fälle, in denen Artikel 13 Absatz 5 Anwendung findet bzw. in denen die andere Sorte oder das Material dieser Sorte durch ein Eigentumsrecht geschützt ist, das keine vergleichbare Bestimmung enthält und
e) Handlungen, deren Verbot gegen Artikel 13 Absatz 8, Artikel 14 oder Artikel 29 verstoßen würde.

Art. 16 Erschöpfung des gemeinschaftlichen Sortenschutzes. Der gemeinschaftliche Sortenschutz gilt nicht für Handlungen, die ein Material der geschützten Sorte oder einer von Artikel 13 Absatz 5 erfaßten Sorte betreffen, das vom Inhaber oder mit seiner Zustimmung andernorts in der Gemeinschaft an Dritte abgegeben wurde, oder Material, das von dem genannten Material stammt, außer wenn diese Handlungen
a) eine weitere Vermehrung der betreffenden Sorte beinhalten, es sei denn, eine solche Vermehrung war beabsichtigt, als das Material abgegeben wurde, oder wenn sie
b) eine Ausfuhr von Sortenbestandteilen in ein Drittland beinhalten, in dem Sorten der Pflanzengattung oder -art, zu der die Sorte gehört, nicht geschützt werden; ausgenommen hiervon ist ausgeführtes Material, das zum Endverbrauch bestimmt ist.

Art. 17 Verwendung der Sortenbezeichnung. (1) [1]Wer im Gebiet der Gemeinschaft Sortenbestandteile einer geschützten oder von den Bestimmungen von Artikel 13 Absatz 5 abgedeckten Sorte zu gewerblichen Zwecken anbietet oder an andere abgibt, muß die Sortenbezeichnung verwenden, die nach Artikel 63 festgesetzt wurde; bei schriftlichem Hinweis muß die Sortenbezeichnung leicht erkennbar und deutlich lesbar sein. [2]Erscheint ein Warenzeichen, ein Handelsname oder eine ähnliche Angabe zusammen mit der festgesetzten Bezeichnung, so muß diese Bezeichnung als solche leicht erkennbar sein.

(2) Wer solche Handlungen in bezug auf anderes Material der Sorte vornimmt, muß entsprechend anderen gesetzlichen Bestimmungen über diese Bezeichnung Mitteilung machen; dies gilt auch, wenn eine Behörde, der Käufer oder eine andere Person mit einem berechtigten Interesse um eine solche Mitteilung ersucht.

(3) Die Absätze 1 und 2 gelten auch nach Beendigung des gemeinschaftlichen Sortenschutzes.

Art. 18 Beschränkungen in der Verwendung der Sortenbezeichnung.

(1) Der Inhaber kann gegen die freie Verwendung einer Bezeichnung in Verbindung mit der Sorte aufgrund eines ihm zustehenden Rechts an einer mit der Sortenbezeichnung übereinstimmenden Bezeichnung auch nach Beendigung des gemeinschaftlichen Sortenschutzes nicht vorgehen.

(2) Ein Dritter kann gegen die freie Verwendung einer Bezeichnung aus einem ihm zustehenden Recht an einer mit der Sortenbezeichnung übereinstimmenden Bezeichnung nur dann vorgehen, wenn das Recht gewährt worden war, bevor die Sortenbezeichnung nach Artikel 63 festgesetzt wurde.

(3) Die festgesetzte Bezeichnung einer Sorte, für die ein gemeinschaftlicher Sortenschutz oder in einem Mitgliedstaat oder in einem Verbandsstaat des Internationalen Verbands zum Schutz von Pflanzenzüchtungen ein nationales Schutzrecht besteht, oder eine mit dieser Sortenbezeichnung verwechselbare Bezeichnung darf im Gebiet der Gemeinschaft im Zusammenhang mit einer anderen Sorte derselben botanischen Art oder einer Art, die gemäß Bekanntmachung nach Artikel 63 Absatz 5 als verwandt anzusehen ist, oder für ihr Material nicht verwendet werden.

Kapitel IV. Dauer und Beendigung des gemeinschaftlichen Sortenschutzes

Art. 19 Dauer des gemeinschaftlichen Sortenschutzes. (1) Der gemeinschaftliche Sortenschutz dauert bis zum Ende des fünfundzwanzigsten, bei Sorten von Reben und Baumarten des dreißigsten, auf die Erteilung folgenden Kalenderjahres.

(2)[1)] Der Rat, der auf Vorschlag der Kommission mit qualifizierter Mehrheit beschließt, kann in bezug auf bestimmte Gattungen und Arten eine Verlängerung dieser Fristen bis zu weiteren fünf Jahren vorsehen.

(3) Der gemeinschaftliche Sortenschutz erlischt vor Ablauf der in Absatz 1 genannten Zeiträume oder gemäß Absatz 2, wenn der Inhaber hierauf durch

---

[1)] Vgl. hierzu die VO (Nr.) 2470/96 zur Verlängerung der Gültigkeitsdauer des gemeinschaftlichen Sortenschutzes für Kartoffeln v. 17.12.1996 (ABl. L 335 S. 10).

eine an das Amt gerichtete schriftliche Erklärung verzichtet, mit Wirkung von dem Tag, der dem Tag folgt, an dem die Erklärung bei dem Amt eingegangen ist.

Art. 20 Nichtigkeitserklärung des gemeinschaftlichen Sortenschutzes.

(1) Das Amt erklärt den gemeinschaftlichen Sortenschutz für nichtig, wenn festgestellt wird, daß

a) die in Artikel 7 oder 10 genannten Voraussetzungen bei der Erteilung des gemeinschaftlichen Sortenschutzes nicht erfüllt waren, oder

b) in den Fällen, in denen der gemeinschaftliche Sortenschutz im wesentlichen aufgrund von Informationen und Unterlagen erteilt wurde, die der Antragsteller vorgelegt hat, die Voraussetzungen des Artikels 8 oder 9 zum Zeitpunkt der Erteilung des Sortenschutzes nicht erfüllt waren, oder

c) das Recht einer Person gewährt wurde, die keinen Anspruch darauf hat, es sei denn, daß das Recht auf die Person übertragen wird, die den berechtigten Anspruch geltend machen kann.

(2) Wird der gemeinschaftliche Sortenschutz für nichtig erklärt, so gelten seine in dieser Verordnung vorgesehenen Wirkungen als von Beginn an nicht eingetreten.

Art. 21 Aufhebung des gemeinschaftlichen Sortenschutzes. (1) [1] Das Amt hebt den gemeinschaftlichen Sortenschutz mit Wirkung ex nunc auf, wenn festgestellt wird, daß die in Artikel 8 oder 9 genannten Voraussetzungen nicht mehr erfüllt sind. [2] Wird festgestellt, daß diese Voraussetzungen schon von einem vor der Aufhebung liegenden Zeitpunkt an nicht mehr erfüllt waren, so kann die Aufhebung mit Wirkung von diesem Zeitpunkt an erfolgen.

(2) Das Amt kann den gemeinschaftlichen Sortenschutz mit Wirkung ex nunc aufheben, wenn der Inhaber nach einer entsprechenden Aufforderung innerhalb der vom Amt gesetzten Frist

a) eine Verpflichtung nach Artikel 64 Absatz 3 nicht erfüllt hat, oder

b) im Fall des Artikels 66 keine andere vertretbare Sortenbezeichnung vorschlägt, oder

c) etwaige Gebühren, die für die Aufrechterhaltung des gemeinschaftlichen Sortenschutzes zu zahlen sind, nicht entrichtet, oder

d) als ursprünglicher Inhaber oder als Rechtsnachfolger aufgrund eines Rechtsübergangs gemäß Artikel 23 die in Artikel 12 und in Artikel 82 festgelegten Voraussetzungen nicht mehr erfüllt.

Kapitel V. Der gemeinschaftliche Sortenschutz als Vermögensgegenstand

Art. 22 Gleichstellung mit nationalem Recht. (1) Soweit in den Artikeln 23 bis 29 nichts anderes bestimmt ist, wird der gemeinschaftliche Sortenschutz als Vermögensgegenstand im ganzen und für das gesamte Gebiet der Gemeinschaft wie ein entsprechendes Schutzrecht des Mitgliedstaats behandelt, in dem

a) gemäß der Eintragung im Register für gemeinschaftliche Sortenschutzrechte der Inhaber zum jeweils maßgebenden Zeitpunkt seinen Wohnsitz oder Sitz oder eine Niederlassung hatte oder,

b) wenn die Voraussetzungen des Buchstabens a) nicht erfüllt sind, der zuerst im vorgenannten Register eingetragene Verfahrensvertreter des Inhabers am Tag seiner Eintragung seinen Wohnsitz oder Sitz oder eine Niederlassung hatte.

(2) Sind die Voraussetzungen des Absatzes 1 nicht erfüllt, so ist der nach Absatz 1 maßgebende Mitgliedstaat der Mitgliedstaat, in dem das Amt seinen Sitz hat.

(3) Sind für den Inhaber oder den Verfahrensvertreter Wohnsitze, Sitze oder Niederlassungen in mehreren Mitgliedstaaten in dem in Absatz 1 genannten Register eingetragen, so ist für die Anwendung von Absatz 1 der zuerst eingetragene Wohnsitz oder Sitz oder die ersteingetragene Niederlassung maßgebend.

(4) [1] Sind mehrere Personen als gemeinsame Inhaber in dem in Absatz 1 genannten Register eingetragen, so ist für die Anwendung von Absatz 1 Buchstabe a) derjenige Inhaber maßgebend, der in der Reihenfolge ihrer Eintragung als erster die Voraussetzungen erfüllt. [2] Liegen die Voraussetzungen des Absatzes 1 Buchstabe a) für keinen der gemeinsamen Inhaber vor, so ist Absatz 2 anzuwenden.

Art. 23 Rechtsübergang. (1) Der gemeinschaftliche Sortenschutz kann Gegenstand eines Rechtsübergangs auf einen oder mehrere Rechtsnachfolger sein.

(2) [1] Der gemeinschaftliche Sortenschutz kann rechtsgeschäftlich nur auf solche Nachfolger übertragen werden, die die in Artikel 12 und in Artikel 82 festgelegten Voraussetzungen erfüllen. [2] Die rechtsgeschäftliche Übertragung muß schriftlich erfolgen und bedarf der Unterschrift der Vertragsparteien, es sei denn, daß sie auf einem Urteil oder einer anderen gerichtlichen Entscheidung beruht. [3] Andernfalls ist sie nichtig.

(3) Vorbehaltlich des Artikels 100 berührt ein Rechtsübergang nicht die Rechte Dritter, die vor dem Zeitpunkt des Rechtsübergangs erworben wurden.

(4) [1] Ein Rechtsübergang wird gegenüber dem Amt erst wirksam und kann Dritten nur in dem Umfang, in dem er sich aus den in der Durchführungsverordnung vorgeschriebenen Unterlagen ergibt, und erst dann entgegengehalten werden, wenn er in das Register für gemeinschaftliche Sortenschutzrechte eingetragen ist. [2] Jedoch kann ein Rechtsübergang, der noch nicht eingetragen ist, Dritten entgegengehalten werden, die Rechte nach dem Zeitpunkt des Rechtsübergangs erworben haben, aber zum Zeitpunkt des Erwerbs dieser Rechte von dem Rechtsübergang Kenntnis hatten.

Art. 24 Zwangsvollstreckung. Der gemeinschaftliche Sortenschutz kann Gegenstand von Maßnahmen der Zwangsvollstreckung sowie Gegenstand einstweiliger Maßnahmen einschließlich solcher, die auf eine Sicherung gerichtet sind, im Sinne des Artikel 24 des am 16. September 1988 in Lugano unterzeichneten Übereinkommens über die gerichtliche Zuständigkeit und die Vollstreckung gerichtlicher Entscheidungen in Zivil- und Handelssachen, im folgenden „Lugano-Übereinkommen" genannt, sein.

Art. 25 Konkursverfahren oder konkursähnliche Verfahren. Bis zum Inkrafttreten gemeinsamer Vorschriften für die Mitgliedstaaten auf diesem

Gebiet wird ein gemeinschaftlicher Sortenschutz von einem Konkursverfahren oder einem konkursähnlichen Verfahren nur in dem Mitgliedstaat erfaßt, in dem nach seinen Rechtsvorschriften oder nach den geltenden einschlägigen Übereinkünften das Verfahren zuerst eröffnet wird.

Art. 26 Der Antrag auf gemeinschaftlichen Sortenschutz als Vermögensgegenstand. [1]Die Artikel 22 bis 25 gelten für Anträge auf gemeinschaftlichen Sortenschutz entsprechend. [2]Im Zusammenhang mit den Anträgen gelten die Verweise in diesen Artikeln auf das Register für gemeinschaftliche Sortenschutzrechte als Verweise auf das Register für die Anträge auf Erteilung des gemeinschaftlichen Sortenschutzes.

Art. 27 Vertragliche Nutzungsrechte. (1) [1]Der gemeinschaftliche Sortenschutz kann ganz oder teilweise Gegenstand von vertraglich eingeräumten Nutzungsrechten sein. [2]Ein Nutzungsrecht kann ausschließlich oder nicht ausschließlich sein.

(2) Gegen einen Nutzungsberechtigten, der gegen eine Beschränkung seines Nutzungsrechts nach Absatz 1 verstößt, kann der Inhaber das Recht aus dem gemeinschaftlichen Sortenschutz geltend machen.

Art. 28 Gemeinsame Inhaberschaft. Die Artikel 22 bis 27 sind im Fall der gemeinsamen Inhaberschaft an einem gemeinschaftlichen Sortenschutz auf den jeweiligen Anteil entsprechend anzuwenden, soweit diese Anteile feststehen.

Art. 29 Erteilung von Zwangslizenzen. (1) Das Amt gewährt einer oder mehreren Personen auf Antrag Zwangslizenzen, jedoch nur aus Gründen des „öffentlichen Interesses", und wenn der Verwaltungsrat gemäß Artikel 36 konsultiert wurde.

(2) [1]Auf Antrag eines Mitgliedstaats, der Kommission oder einer auf Gemeinschaftsebene arbeitenden Organisation, die von der Kommission registriert ist, kann eine Zwangslizenz entweder einer Gruppe von Personen, die bestimmte Voraussetzungen erfüllen, oder einem Einzelnen innerhalb eines oder mehrerer Mitgliedstaaten oder gemeinschaftsweit gewährt werden. [2]Die Zwangslizenz darf nur aus Gründen des öffentlichen Interesses gewährt werden, und wenn der Verwaltungsrat zugestimmt hat.

(3) [1]Das Amt legt bei Gewährung der Zwangslizenz im Rahmen der Absätze 1, 2, 5 oder 5a die Art der davon erfassten Rechte und der zugehörigen angemessenen Bedingungen sowie die besonderen Anforderungen gemäß Absatz 2 fest. [2]Die angemessenen Bedingungen müssen die Interessen aller Inhaber von Sortenschutzrechten berücksichtigen, die von der Gewährung der Zwangslizenz betroffen wären. [3]Die angemessenen Bedingungen können eine mögliche zeitliche Begrenzung oder die Zahlung einer angemessenen Lizenz als geeigneter Vergütung an den Inhaber umfassen sowie bestimmte Verpflichtungen, die zu erfüllen sind, damit die Zwangslizenz genutzt werden kann.

(4) [1]Bei Ablauf jedes Jahres nach der Gewährung der Zwangslizenz gemäß den Absätzen 1, 2, 5 oder 5a und im Rahmen der in Absatz 3 genannten möglichen zeitlichen Begrenzung kann jede der beteiligten Parteien beantragen, dass die Entscheidung über die Gewährung der Zwangslizenz aufgehoben oder geändert wird. [2]Solch ein Antrag kann nur darauf gestützt werden, dass sich die Umstände, unter denen die Entscheidung getroffen wurde, in der Zwischenzeit geändert haben.

(5) [1] Eine Zwangslizenz kann dem Inhaber auf Antrag für eine im Wesentlichen abgeleitete Sorte gewährt werden, wenn die Anforderungen des Absatzes 1 erfüllt sind. [2] Die angemessenen Bedingungen gemäß Absatz 3 umfassen die Zahlung einer angemessenen Lizenz als geeigneter Vergütung an den Inhaber der Ausgangssorte.

(5a) *[1]* Dem Inhaber eines Patents für eine biotechnologische Erfindung wird auf Antrag eine Zwangslizenz für die nicht ausschließliche Nutzung einer geschützten Pflanzensorte gemäß Artikel 12 Absatz 2 der Richtlinie 98/44/EG[1)] gegen Zahlung einer angemessenen Lizenz als geeigneter Vergütung unter der Voraussetzung erteilt, dass der Patentinhaber Folgendes nachweisen kann:

i) er hat den Inhaber des Sortenschutzrechts vergeblichum Erteilung einer vertraglichen Lizenz ersucht und

ii) die Erfindung stellt einen bedeutenden technischen Fortschrittvon erheblichem wirtschaftlichem Interesse gegenüber der geschützten Pflanzensorte dar.

[2] Wurde einem Inhaber eine Zwangslizenz gemäß Artikel 12 Absatz 1 der Richtlinie 98/44/EG[1)] für die nicht ausschließliche Nutzung einer patentierten Erfindung erteilt, damit er in der Lage ist, sein gemeinschaftliches Sortenschutzrecht zu erwerben oder zu verwerten, so wird dem Patentinhaber dieser Erfindung auf Antrag zu angemessenen Bedingungen eine nicht ausschließliche gegenseitige Zwangslizenz zur Verwertung der Sorte erteilt.

[3] Der Geltungsbereich der Lizenz oder der gegenseitigen Lizenz im Sinne dieses Absatzes ist auf die Mitgliedstaaten der Gemeinschaft, in denen ein gültiges Patent für dasselbe Sachgebiet besteht, beschränkt.

(6) Die Durchführungsvorschriften gemäß Artikel 114 können bestimmte andere Beispiele der in den Absätzen 1, 2 und 5a genannten Lizenzen des öffentlichen Interesses anführen und legen darüber hinaus genaue Angaben über die Umsetzung der Bestimmungen der Absätze 1 bis 5a fest.

(7) Die Mitgliedstaaten können keine Zwangslizenzen an einem gemeinschaftlichen Sortenschutzrecht gewähren.

Dritter Teil. Das gemeinschaftliche Sortenamt

Kapitel I. Allgemeine Bestimmungen

Art. 30 Rechtsstellung, Dienststellen. (1) [1] Das Amt ist eine Einrichtung der Gemeinschaft. [2] Es hat Rechtspersönlichkeit.

(2) [1] Es besitzt in jedem Mitgliedstaat die weitestgehende Rechts- und Geschäftsfähigkeit, die juristischen Personen nach dessen Rechtsvorschriften zuerkannt ist. [2] Es kann insbesondere bewegliches und unbewegliches Vermögen erwerben und veräußern und vor Gericht stehen.

(3) Das Amt wird von seinem Präsidenten vertreten.

(4) Mit Zustimmung des in Artikel 36 genannten Verwaltungsrats kann das Amt in den Mitgliedstaaten vorbehaltlich deren Zustimmung nationale Einrichtungen mit der Wahrnehmung bestimmter Verwaltungsaufgaben des Amtes beauftragen oder eigene Dienststellen des Amtes zu diesem Zweck einrichten.

[1)] Nr. **54**.

Art. 31 Personal. (1) Die Bestimmungen des Statuts der Beamten der Europäischen Gemeinschaften, der Beschäftigungsbedingungen für die sonstigen Bediensteten der Europäischen Gemeinschaften und der im gegenseitigen Einvernehmen der Organe der Europäischen Gemeinschaften erlassenen Regelungen zur Durchführung dieser Bestimmungen gelten für das Personal des Amtes, unbeschadet der Anwendung des Artikels 47 auf die Mitglieder der Beschwerdekammer.

(2) Das Amt übt unbeschadet von Artikel 43 die der Anstellungsbehörde im Statut und in den Beschäftigungsbedingungen für die sonstigen Bediensteten übertragenen Befugnisse gegenüber seinem Personal aus.

Art. 32 Vorrechte und Immunitäten. Das Protokoll über die Vorrechte und Befreiungen der Europäischen Gemeinschaften gilt für das Amt.

Art. 33 Haftung. (1) Die vertragliche Haftung des Amtes bestimmt sich nach dem Recht, das auf den betreffenden Vertrag anzuwenden ist.

(2) Für Entscheidungen aufgrund einer Schiedsklausel, die in einem vom Amt abgeschlossenen Vertrag enthalten ist, ist der Gerichtshof der Europäischen Gemeinschaften zuständig.

(3) Im Bereich der außervertraglichen Haftung ersetzt das Amt den durch seine Dienststellen oder Bediensteten in Ausübung ihrer Amtstätigkeit verursachten Schaden nach den allgemeinen Rechtsgrundsätzen, die den Rechtsordnungen der Mitgliedstaaten gemeinsam sind.

(4) Für Streitsachen über den Schadensersatz nach Absatz 3 ist der Gerichtshof zuständig.

(5) Die persönliche Haftung der Bediensteten gegenüber dem Amt bestimmt sich nach den Bestimmungen ihres Statuts oder der für sie geltenden Beschäftigungsbedingungen.

Art. 33a Zugang zu den Dokumenten. (1) Die Verordnung (EG) Nr. 1049/2001 des Europäischen Parlaments und des Rates vom 30. Mai 2001 über den Zugang der Öffentlichkeit zu Dokumenten des Europäischen Parlaments, des Rates und der Kommission[1)] findet Anwendung auf die Dokumente des Amtes.

(2) Der Verwaltungsrat erlässt innerhalb von sechs Monaten nach Inkrafttreten[2)] der Verordnung (EG) Nr. 1650/2003 des Rates vom 18. Juni 2003 zur Änderung der Verordnung (EG) Nr. 2100/94 über den gemeinschaftlichen Sortenschutz[3)] die praktischen Durchführungsbestimmungen für die Verordnung (EG) Nr. 1049/2001.

(3) Gegen die Entscheidungen, die das Amt gemäß Artikel 8 der Verordnung (EG) Nr. 1049/2001 trifft, kann Beschwerde beim Bürgerbeauftragten oder Klage beim Gerichtshof nach Maßgabe des Artikels 195 bzw. des Artikels 230 EG-Vertrag eingelegt werden.

[1)] **Amtl. Anm.:** ABl. L 145 vom 31.5.2001, S. 43.
[2)] In Kraft getreten am 1.10.2003.
[3)] **Amtl. Anm.:** ABl. L 245 vom 29.9.2003, S. 28.

Art. 34 Sprachen. (1) Die Bestimmungen der Verordnung Nr. 1 vom 15. April 1958 zur Regelung der Sprachenfrage für die Europäische Wirtschaftsgemeinschaft[1)] sind auf das Amt anzuwenden.

(2) Anträge an das Amt, die zu ihrer Bearbeitung erforderlichen Unterlagen und alle sonstigen Eingaben sind in einer der Amtssprachen der Europäischen Gemeinschaften einzureichen.

(3) [1]Bei Verfahren vor dem Amt im Sinne der Durchführungsordnung gemäß Artikel 114 haben die Beteiligten das Recht, alle schriftlichen und mündlichen Verfahren in jeder beliebigen Amtssprache der Europäischen Gemeinschaften zu führen, wobei die Übersetzung und bei Anhörungen die Simultanübertragung zumindest in jede andere Amtssprache der Europäischen Gemeinschaften gewährleistet wird, die von einem anderen Verfahrensbeteiligten gewählt wird. [2]Die Wahrnehmung dieser Rechte ist für die Verfahrensbeteiligten nicht mit spezifischen Gebühren verbunden.

(4) Die für die Arbeit des Amtes erforderlichen Übersetzungen werden grundsätzlich von der Übersetzungszentrale für die Einrichtungen der Union angefertigt.

Art. 35 Entscheidungen des Amtes. (1) Entscheidungen des Amtes, soweit sie nicht von der Beschwerdekammer gemäß Artikel 72 zu treffen sind, ergehen durch oder unter der Weisung des Präsidenten des Amtes.

(2) [1]Vorbehaltlich des Absatzes 1 ergehen Entscheidungen nach Artikel 20, 21, 29, 59, 61, 62, 63, 66 oder 100 Absatz 2 durch einen Ausschuß von drei Bediensteten des Amtes. [2]Die Qualifikationen der Mitglieder des Ausschusses, die Befugnisse der einzelnen Mitglieder in der Vorphase der Entscheidungen, die Abstimmungsregeln und die Rolle des Präsidenten gegenüber dem Ausschuß werden in der Durchführungsordnung nach Artikel 114 festgelegt. [3]Die Mitglieder des Ausschusses sind bei ihren Entscheidungen im übrigen an keinerlei Weisungen gebunden.

(3) Andere als die in Absatz 2 genannten Entscheidungen des Präsidenten können, wenn der Präsident sie nicht selbst trifft, von einem Bediensteten des Amtes getroffen werden, dem eine entsprechende Befugnis gemäß Artikel 42 Absatz 2 Buchstabe h) übertragen wurde.

Kapitel II. Der Verwaltungsrat

Art. 36 Errichtung und Befugnisse. (1) [1]Beim Amt wird ein Verwaltungsrat errichtet. [2]Außer den Befugnissen, die dem Verwaltungsrat in anderen Vorschriften dieser Verordnung oder in den in den Artikeln 113 und 114 genannten Vorschriften übertragen werden, besitzt er gegenüber dem Amt die nachstehend bezeichneten Befugnisse:

a) Der Verwaltungsrat spricht Empfehlungen aus zu Angelegenheiten, für die das Amt zuständig ist, oder stellt allgemeine Leitlinien in dieser Hinsicht auf.

b) Der Verwaltungsrat prüft den Tätigkeitsbericht des Präsidenten; außerdem überwacht er, ausgehend von dieser Prüfung und anderen ihm vorliegenden Informationen die Tätigkeit des Amtes.

[1)] **Amtl. Anm.:** ABl. Nr. 17 vom 6.10.1958, S. 385/58. Verordnung zuletzt geändert durch die EU-Beitrittsakte 2003 v. 16. April 2003 (ABl. Nr. L 236 vom 23. September 2003, S. 33).

c) Der Verwaltungsrat legt auf Vorschlag des Amtes entweder die Anzahl der in Artikel 35 genannten Ausschüsse, die Arbeitsaufteilung und die Dauer der jeweiligen Aufgaben der Ausschüsse fest oder stellt allgemeine Leitlinien in dieser Hinsicht auf.

d) Der Verwaltungsrat kann Vorschriften über die Arbeitsmethoden des Amtes festlegen.

e) Der Verwaltungsrat kann Prüfungsrichtlinien gemäß Artikel 56 Absatz 2 erlassen.

(2) Außerdem gilt in bezug auf den Verwaltungsrat folgendes:

– Er kann, soweit er dies für notwendig erachtet, Stellungnahmen abgeben und Auskünfte vom Amt oder von der Kommission anfordern.
– Er kann der Kommission die ihm nach Artikel 42 Absatz 2 Buchstabe g) vorgelegten Entwürfe mit oder ohne Änderungen oder eigene Entwürfe zu Änderungen dieser Verordnung, zu den in den Artikeln 113 und 114 genannten Vorschriften oder zu jeder anderen Regelung betreffend den gemeinschaftlichen Sortenschutz zuleiten.
– Er ist gemäß Artikel 113 Absatz 4 und Artikel 114 Absatz 2 zu konsultieren.
– Er nimmt seine Funktionen in bezug auf den Haushalt des Amtes gemäß den Artikeln 109, 111 und 112 wahr.

Art. 37 Zusammensetzung. (1) Der Verwaltungsrat besteht aus je einem Vertreter jedes Mitgliedstaats und einem Vertreter der Kommission sowie deren jeweiligen Stellvertretern.

(2) Die Mitglieder des Verwaltungsrats können nach Maßgabe der Geschäftsordnung des Verwaltungsrats Berater oder Sachverständige hinzuziehen.

Art. 38 Vorsitz. (1) [1] Der Verwaltungsrat wählt aus seinen Mitgliedern einen Vorsitzenden und einen stellvertretenden Vorsitzenden. [2] Der stellvertretende Vorsitzende tritt im Fall der Verhinderung des Vorsitzenden von Amts wegen an dessen Stelle.

(2) [1] Die Amtszeit des Vorsitzenden oder des stellvertretenden Vorsitzenden endet, wenn der Vorsitzende bzw. stellvertretende Vorsitzende nicht mehr dem Verwaltungsrat angehört. [2] Unbeschadet dieser Bestimmung beträgt die Amtszeit des Vorsitzenden und des stellvertretenden Vorsitzenden drei Jahre, sofern vor Ablauf dieses Zeitraums nicht ein anderer Vorsitzender oder stellvertretender Vorsitzender gewählt wurde. [3] Wiederwahl ist zulässig.

Art. 39 Tagungen. (1) Der Verwaltungsrat wird von seinem Vorsitzenden einberufen.

(2) [1] Der Präsident des Amtes nimmt an den Beratungen teil, sofern der Verwaltungsrat nicht etwas anderes beschließt. [2] Er hat kein Stimmrecht.

(3) Der Verwaltungsrat hält jährlich eine ordentliche Tagung ab; außerdem tritt er auf Veranlassung seines Vorsitzenden oder auf Antrag der Kommission oder eines Drittels der Mitgliedstaaten zusammen.

(4) Der Verwaltungsrat gibt sich eine Geschäftsordnung; er kann in Übereinstimmung mit dieser Geschäftsordnung Ausschüsse einrichten, die seiner Weisung unterstehen.

(5) Der Verwaltungsrat kann Beobachter zur Teilnahme an seinen Sitzungen einladen.

(6) Das Sekretariat des Verwaltungsrates wird vom Amt zur Verfügung gestellt.

Art. 40 Ort der Tagungen. [1]Der Verwaltungsrat tagt am Sitz der Kommission, des Amtes oder eines Prüfungsamtes. [2]Das Nähere bestimmt die Geschäftsordnung.

Art. 41 Abstimmungen. (1) Der Verwaltungsrat faßt seine Beschlüsse vorbehaltlich des Absatzes 2 mit der einfachen Mehrheit der Vertreter der Mitgliedstaaten.

(2) Eine Dreiviertelmehrheit der Vertreter der Mitgliedstaaten ist für die Beschlüsse erforderlich, zu denen der Verwaltungsrat nach Artikel 29, Artikel 36 Absatz 1 Buchstaben a), b), d) und e), Artikel 43, Artikel 47, Artikel 109 Absatz 3 und Artikel 112 befugt ist.

(3) Jeder Mitgliedstaat hat eine Stimme.

(4) Die Beschlüsse des Verwaltungsrates sind nicht verbindlich im Sinne von Artikel 189 des Vertrags.

Kapitel III. Leitung des Amtes

Art. 42 Aufgaben und Befugnisse des Präsidenten. (1) Das Amt wird vom Präsidenten geleitet.

(2) Zu diesem Zweck hat der Präsident insbesondere folgende Aufgaben und Befugnisse:

a) Er ergreift in Übereinstimmung mit den Vorschriften dieser Verordnung, mit den in Artikel 113 und 114 genannten Vorschriften oder mit den vom Verwaltungsrat gemäß Artikel 36 Absatz 1 festgelegten Vorschriften bzw. Leitlinien alle für den ordnungsgemäßen Betrieb des Amtes erforderlichen Maßnahmen, einschließlich des Erlasses interner Verwaltungsvorschriften und der Veröffentlichung von Mitteilungen.

b) Er legt der Kommission und dem Verwaltungsrat jedes Jahr einen Tätigkeitsbericht vor.

c) Er übt gegenüber den Bediensteten die in Artikel 31 Absatz 2 niedergelegten Befugnisse aus.

d) Er unterbreitet die in Artikel 36 Absatz 1 Buchstabe c) und Artikel 47 Absatz 2 genannten Vorschläge.

e) Er stellt den Voranschlag der Einnahmen und Ausgaben des Amtes gemäß Artikel 109 Absatz 1 auf und führt den Haushaltsplan des Amtes gemäß Artikel 110 aus.

f) Er erteilt die vom Verwaltungsrat gemäß Artikel 36 Absatz 2 erster Gedankenstrich angeforderten Auskünfte.

g) Er kann dem Verwaltungsrat Entwürfe für Änderungen dieser Verordnung, der in den Artikeln 113 und 114 genannten Vorschriften sowie jeder anderen Regelung betreffend den gemeinschaftlichen Sortenschutz vorlegen.

h) Vorbehaltlich der in den Artikel 113 und 114 genannten Vorschriften kann er seine Aufgaben und Befugnisse anderen Bediensteten des Amtes übertragen.

(3) [1]Der Präsident wird von einem oder mehreren Vizepräsidenten unterstützt. [2]Ist der Präsident verhindert, wird er in Übereinstimmung mit dem Verfahren, das in den vom Verwaltungsrat gemäß Artikel 36 Absatz 1 festgelegten Vorschriften oder aufgestellten Leitlinien niedergelegt ist, von dem Vizepräsidenten oder einem der Vizepräsidenten vertreten.

Art. 43 Ernennung hoher Beamter. (1) [1]Der Präsident des Amtes wird aus einer Liste von Kandidaten, die die Kommission nach Anhörung des Verwaltungsrates vorschlägt, vom Rat ernannt. [2]Der Rat ist befugt, den Präsidenten auf Vorschlag der Kommission nach Anhörung des Verwaltungsrates zu entlassen.

(2) [1]Die Amtszeit des Präsidenten beträgt höchstens fünf Jahre. [2]Wiederernennung ist zulässig.

(3) Der Vizepräsident oder die Vizepräsidenten des Amtes werden nach Anhörung des Präsidenten entsprechend dem Verfahren nach den Absätzen 1 und 2 ernannt und entlassen.

(4) Der Rat übt die Disziplinargewalt über die in den Absätzen 1 und 3 genannten Beamten aus.

Art. 44 Rechtsaufsicht. (1) Die Kommission kontrolliert die Rechtsmäßigkeit derjenigen Handlungen des Präsidenten, über die im Gemeinschaftsrecht keine Rechtsaufsicht durch ein anderes Organ vorgesehen ist, sowie der Handlungen des Verwaltungsrates, die sich auf den Haushalt des Amtes beziehen.

(2) Die Kommission verlangt die Änderung oder Aufhebung jeder Handlung nach Absatz 1, die das Recht verletzt.

(3) [1]Jede ausdrückliche oder stillschweigende Handlung nach Absatz 1 kann von jedem Mitgliedstaat, jedem Mitglied des Verwaltungsrates oder jeder dritten Person, die hiervon unmittelbar und individuell betroffen ist, zur Kontrolle ihrer Rechtmäßigkeit vor die Kommission gebracht werden. [2]Die Kommission muß innerhalb von zwei Monaten nach dem Zeitpunkt, zu dem der Beteiligte von der betreffenden Handlung Kenntnis erlangt hat, damit befaßt werden. [3]Eine Entscheidung ist von der Kommission innerhalb von zwei Monaten zu treffen und mitzuteilen.

Kapitel IV. Die Beschwerdekammern

Art. 45 Bildung und Zuständigkeiten. (1) Im Amt werden eine oder mehrere Beschwerdekammern gebildet.

(2) Die Beschwerdekammer(n) ist (sind) für Entscheidungen über Beschwerden gegen die in Artikel 67 genannten Entscheidungen zuständig.

(3) [1]Die Beschwerdekammer(n) wird (werden) bei Bedarf einberufen. [2]Die Anzahl der Beschwerdekammern und die Arbeitsaufteilung werden in der Durchführungsordnung nach Artikel 114 festgelegt.

Art. 46 Zusammensetzung der Beschwerdekammern. (1) Eine Beschwerdekammer besteht aus einem Vorsitzenden und zwei weiteren Mitgliedern.

(2) Der Vorsitzende wählt aus der gemäß Artikel 47 Absatz 2 erstellten Liste der qualifizierten Mitglieder für jeden einzelnen Fall die weiteren Mitglieder und deren jeweilige Stellvertreter aus.

(3) Die Beschwerdekammer kann zwei zusätzliche Mitglieder aus der in Absatz 2 erwähnten Liste hinzuziehen, wenn sie der Ansicht ist, daß die Beschaffenheit der Beschwerde dies erfordert.

(4) Die erforderlichen Qualifikationen der Mitglieder der Beschwerdekammern, die Befugnisse der einzelnen Mitglieder in der Vorphase der Entscheidungen sowie die Abstimmungsregeln werden in der Durchführungsordnung nach Artikel 114 festgelegt.

Art. 47 Unabhängigkeit der Mitglieder der Beschwerdekammern.

(1) [1] Die Vorsitzenden der Beschwerdekammern und ihre jeweiligen Stellvertreter werden aus einer Liste von Kandidaten für jeden Vorsitzenden und jeden Stellvertreter, die die Kommission nach Anhörung des Verwaltungsrates vorschlägt, vom Rat ernannt. [2] Ihre Amtszeit beträgt fünf Jahre. [3] Wiederernennung ist zulässig.

(2) [1] Bei den übrigen Mitgliedern der Beschwerdekammern handelt es sich um diejenigen, die gemäß Artikel 46 Absatz 2 vom Verwaltungsrat für einen Zeitraum von fünf Jahren aus der auf Vorschlag des Amtes erstellten Liste von qualifizierten Mitgliedern ausgewählt wurden. [2] Die Liste wird für einen Zeitraum von fünf Jahren erstellt. [3] Sie kann ganz oder teilweise für einen weiteren Zeitraum von fünf Jahren verlängert werden.

(3) [1] Die Mitglieder der Beschwerdekammern genießen Unabhängigkeit. [2] Bei ihren Entscheidungen sind sie an keinerlei Weisungen gebunden.

(4) [1] Die Mitglieder der Beschwerdekammern dürfen nicht den in Artikel 35 genannten Ausschüssen angehören; ferner dürfen sie keine anderen Aufgaben im Amt wahrnehmen. [2] Die Tätigkeit als Mitglied der Beschwerdekammern kann nebenberuflich ausgeübt werden.

(5) Die Mitglieder der Beschwerdekammern können während des betreffenden Zeitraums nicht ihres Amtes enthoben oder aus der Liste gestrichen werden, es sie denn aus schwerwiegenden Gründen durch entsprechenden Beschluß des Gerichtshofs der Europäischen Gemeinschaften auf Antrag der Kommission nach Anhörung des Verwaltungsrats.

Art. 48 Ausschließung und Ablehnung. (1) Die Mitglieder der Beschwerdekammern dürfen nicht an einem Beschwerdeverfahren mitwirken, an dem sie ein persönliches Interesse haben oder in dem sie vorher als Vertreter eines Verfahrensbeteiligten tätig gewesen sind oder an dessen abschließender Entscheidung in der Vorinstanz sie mitgewirkt haben.

(2) Glaubt ein Mitglied einer Beschwerdekammer aus einem der in Absatz 1 genannten Gründe oder aus einem sonstigen Grund an einem Beschwerdeverfahren nicht mitwirken zu können, so teilt es dies der Beschwerdekammer mit.

(3) [1] Die Mitglieder der Beschwerdekammern können von jedem Beteiligten am Beschwerdeverfahren aus einem der in Absatz 1 genannten Gründe oder wegen Besorgnis der Befangenheit abgelehnt werden. [2] Die Ablehnung ist nicht zulässig, wenn der Beteiligte am Beschwerdeverfahren Anträge gestellt oder Stellungnahmen abgegeben hat, obwohl er bereits den Ablehnungsgrund kannte. [3] Die Ablehnung darf nicht mit der Staatsangehörigkeit der Mitglieder begründet werden.

(4) [1] Die Beschwerdekammern entscheiden in den Fällen der Absätze 2 und 3 ohne Mitwirkung des betroffenen Mitglieds. [2] Das zurückgetretene oder abgelehnte Mitglied wird bei der Entscheidung durch seinen Stellvertreter in der Beschwerdekammer ersetzt.

Vierter Teil. Das Verfahren vor dem Amt

Kapitel I. Der Antrag

Art. 49 Einreichung des Antrags. (1) *[1]* [1] Ein Antrag auf gemeinschaftlichen Sortenschutz ist nach Wahl des Antragstellers einzureichen:

a) unmittelbar beim Amt oder
b) bei einer der eigenen Dienststellen oder nationalen Einrichtungen, die nach Artikel 30 Absatz 4 beauftragt wurden, sofern der Antragsteller das Amt unmittelbar innerhalb von zwei Wochen nach der Einreichung des Antrags darüber unterrichtet.

[2] [2] Einzelheiten über die Art und Weise, in der die unter Buchstabe b) genannte Unterrichtung zu erfolgen hat, können in der Durchführungsordnung gemäß Artikel 114 festgelegt werden. [3] Eine Unterlassung der Unterrichtung des Amtes über einen Antrag gemäß Buchstabe b) berührt nicht die Gültigkeit des Antrags, sofern dieser innerhalb eines Monats nach Einreichung bei der eigenen Dienststelle oder der nationalen Einrichtung bei dem Amt eingegangen ist.

(2) [1] Wird der Antrag bei einer der in Absatz 1 Buchstabe b) genannten nationalen Einrichtungen eingereicht, so trifft diese alle Maßnahmen, um den Antrag binnen zwei Wochen nach Einreichung an das Amt weiterzuleiten. [2] Die nationalen Einrichtungen können vom Antragsteller eine Gebühr erheben, die die Verwaltungskosten für Entgegennahme und Weiterleitung des Antrags nicht übersteigen darf.

Art. 50 Bestimmungen betreffend den Antrag. (1) Der Antrag auf gemeinschaftlichen Sortenschutz muß mindestens folgendes enthalten:

a) das Ersuchen um Erteilung des gemeinschaftlichen Sortenschutzes;
b) die Bezeichnung des botanischen Taxons;
c) Angaben zur Person des Antragstellers oder gegebenenfalls der gemeinsamen Antragsteller;
d) den Namen des Züchters und die Versicherung, daß nach bestem Wissen des Antragstellers weitere Personen an der Züchtung oder Entdeckung und Weiterentwicklung der Sorte nicht beteiligt sind; ist der Antragsteller nicht oder nicht allein der Züchter, so hat er durch Vorlage entsprechender Schriftstücke nachzuweisen, wie er den Anspruch auf den gemeinschaftlichen Sortenschutz erworben hat;
e) eine vorläufige Bezeichnung für die Sorte;
f) eine technische Beschreibung der Sorte;
g) die geographische Herkunft der Sorte;
h) Vollmachten für Verfahrensvertreter;
i) Angaben über eine frühere Vermarktung der Sorte;
j) Angaben über sonstige Anträge im Zusammenhang mit der Sorte.

(2) Die Einzelheiten der Bestimmungen gemäß Absatz 1, einschließlich der Mitteilung weiterer Angaben, können in der Durchführungsordnung gemäß Artikel 114 festgelegt werden.

(3) Der Antragsteller schlägt eine Sortenbezeichnung vor, die dem Antrag beigefügt werden kann.

Art. 51 Antragstag. Antragstag eines Antrags auf gemeinschaftlichen Sortenschutz ist der Tag, an dem ein gültiger Antrag nach Artikel 49 Absatz 1 Buchstabe a) beim Amt oder nach Artikel 49 Absatz 1 Buchstabe b) bei einer Dienststelle oder nationalen Einrichtung eingeht, sofern er die Vorschriften des Artikels 50 Absatz 1 erfüllt und die Gebühren gemäß Artikel 83 innerhalb der vom Amt bestimmten Frist entrichtet worden sind.

Art. 52 Zeitvorrang. (1) [1] Der Zeitvorrang eines Antrags bestimmt sich nach dem Tag des Eingangs des Antrags. [2] Gehen Anträge am selben Tag ein, bestimmt sich die Vorrangigkeit nach der Reihenfolge ihres Eingangs, soweit diese feststellbar ist. [3] Wenn nicht, werden sie mit derselben Vorrangigkeit behandelt.

(2) Hat der Antragsteller oder sein Rechtsvorgänger für die Sorte bereits in einem Mitgliedstaat oder in einem Verbandsstaat des Internationalen Verbands zum Schutz von Pflanzenzüchtungen ein Schutzrecht beantragt und liegt der Antragstag innerhalb von zwölf Monaten nach der Einreichung des früheren Antrages, so genießt der Antragsteller hinsichtlich des Antrags auf gemeinschaftlichen Sortenschutz das Recht auf den Zeitvorrang des früheren Antrags, falls am Antragstag der frühere Antrag noch fortbesteht.

(3) Der Zeitvorrang hat die Wirkung, daß der Tag, an dem der frühere Antrag eingereicht wurde, für die Anwendung der Artikel 7, 10 und 11 als der Tag des Antrags auf gemeinschaftlichen Sortenschutz gilt.

(4) Die Absätze 2 und 3 gelten auch für frühere Anträge, die in einem anderen Staat eingereicht wurden.

(5) [1] Der Anspruch auf einen Zeitvorrang, der vor dem Zeitvorrang gemäß Absatz 2 liegt, erlischt, wenn der Antragsteller nicht innerhalb von drei Monaten nach dem Antragstag dem Amt Abschriften des früheren Antrags vorlegt, die von der für diesen Antrag zuständigen Behörde beglaubigt sind. [2] Ist der frühere Antrag nicht in einer Amtssprache der Europäischen Gemeinschaften abgefaßt, so kann das Amt zusätzlich eine Übersetzung des früheren Antrags in eine dieser Sprache verlangen.

Kapitel II. Die Prüfung

Art. 53 Formalprüfung des Antrags. (1) Das Amt prüft, ob

a) der Antrag nach Artikel 49 wirksam eingereicht worden ist,

b) der Antrag den in Artikel 50 und den in den Durchführungsvorschriften gemäß diesem Artikel festgelegten Erfordernissen entspricht,

c) ein Anspruch auf Zeitvorrang gegebenenfalls die in Artikel 52 Absätze 2, 4 und 5 genannten Bedingungen erfüllt und

d) die nach Artikel 83 zu zahlenden Gebühren innerhalb der vom Amt bestimmten Frist gezahlt worden sind.

(2) Erfüllt der Antrag zwar die Voraussetzungen gemäß Artikel 51, entspricht er aber nicht den anderen Erfordernissen des Artikels 50, so gibt das Amt dem Antragsteller Gelegenheit, die festgestellten Mängel zu beseitigen.

(3) Erfüllt der Antrag die Voraussetzungen nach Artikel 51 nicht, so teilt das Amt dies dem Antragsteller, oder, sofern dies nicht möglich ist, in einer Bekanntmachung gemäß Artikel 89 mit.

Art. 54 Sachliche Prüfung. (1) [1] Das Amt prüft, ob die Sorte nach Artikel 5 Gegenstand des gemeinschaftlichen Sortenschutzes sein kann, ob die Sorte neu im Sinne des Artikels 10 ist, ob der Antragsteller nach Artikel 12 antragsberechtigt ist und ob die Bedingungen gemäß Artikel 82 erfüllt sind. [2] Das Amt prüft auch, ob die vorgeschlagene Sortenbezeichnung nach Artikel 63 festsetzbar ist. [3] Dabei kann es sich anderer Stellen bedienen.

(2) [1] Der Erstantragsteller gilt als derjenige, dem das Recht auf den gemeinschaftlichen Sortenschutz gemäß Artikel 11 zusteht. [2] Dies gilt nicht, falls das Amt vor einer Entscheidung über den Antrag feststellt bzw. sich aus einer abschließenden Beurteilung hinsichtlich der Geltendmachung des Rechts gemäß Artikel 98 Absatz 4 ergibt, daß dem Erstantragsteller nicht oder nicht allein das Recht auf den gemeinschaftlichen Sortenschutz zusteht. [3] Ist die Identität der alleinberechtigten oder der anderen berechtigten Personen festgestellt worden, kann die Person bzw. können die Personen das Verfahren als Antragsteller einleiten.

Art. 55 Technische Prüfung. (1) Stellt das Amt aufgrund der Prüfung nach den Artikeln 53 und 54 keine Hindernisse für die Erteilung des gemeinschaftlichen Sortenschutzes fest, so veranlaßt es die technische Prüfung hinsichtlich der Erfüllung der Voraussetzungen der Artikel 7, 8 und 9 durch das zuständige Amt oder die zuständigen Ämter in mindestens einem der Mitgliedstaaten, denen vom Verwaltungsrat die technische Prüfung von Sorten des betreffenden Taxons übertragen wurde, im folgenden „Prüfungsämter" genannt.

(2) [1] Steht ein Prüfungsamt nicht zur Verfügung, so kann das Amt mit Zustimmung des Verwaltungsrats andere geeignete Einrichtungen mit der Prüfung beauftragen oder eigene Dienststellen des Amtes für diese Zwecke einrichten. [2] Für die Anwendung der Vorschriften dieses Kapitels gelten diese Einrichtungen oder Dienststellen als Prüfungsämter. [3] Diese können von den Einrichtungen Gebrauch machen, die ihnen vom Antragsteller zur Verfügung gestellt werden.

(3) Das Amt übermittelt den Prüfungsämtern Abschriften des Antrags gemäß der Durchführungsordnung nach Artikel 114.

(4) Das Amt bestimmt durch allgemeine Regelung oder Aufforderung im Einzelfall, wann, wo und in welcher Menge und Beschaffenheit das Material für die technische Prüfung sowie Referenzmuster vorzulegen sind.

(5) [1] Beansprucht der Antragsteller einen Zeitvorrang nach Artikel 52 Absatz 2 oder 4, so legt er das erforderliche Material und die etwa erforderlichen weiteren Unterlagen innerhalb von zwei Jahren nach dem Antragstag gemäß Artikel 51 vor. [2] Wird vor Ablauf der Frist von zwei Jahren der frühere Antrag zurückgenommen oder zurückgewiesen, so kann das Amt den Antragsteller auffordern, das Material oder weitere Unterlagen innerhalb einer bestimmten Frist vorzulegen.

Art. 56 Durchführung der technischen Prüfung. (1) Soweit nicht eine andere Form der technischen Prüfung in bezug auf die Erfüllung der Voraussetzungen der Artikel 7, 8 und 9 vorgesehen ist, bauen die Prüfungsämter bei der technischen Prüfung die Sorte an oder führen die sonst erforderlichen Untersuchungen durch.

(2) Die technische Prüfung wird in Übereinstimmung mit den vom Verwaltungsrat erlassenen Prüfungsrichtlinien und den vom Amt gegebenen Weisungen durchgeführt.

(3) Bei der technischen Prüfung können sich die Prüfungsämter mit Zustimmung des Amtes anderer fachlich geeigneter Stellen bedienen und vorliegende Prüfungsergebnisse solcher Stellen berücksichtigen.

(4) Jedes Prüfungsamt beginnt die technische Prüfung, soweit das Amt nichts anderes bestimmt, spätestens zu dem Zeitpunkt, zu dem es eine technische Prüfung aufgrund eines Antrags auf ein nationales Schutzrecht begonnen hätte, der zu dem Zeitpunkt eingereicht worden wäre, an dem der vom Amt übersandte Antrag bei dem Prüfungsamt eingegangen ist.

(5) Im Falle des Artikels 55 Absatz 5 beginnt jedes Prüfungsamt, soweit das Amt nichts anderes bestimmt, die technische Prüfung spätestens zu dem Zeitpunkt, zu dem es eine Prüfung aufgrund eines Antrags auf ein nationales Schutzrecht begonnen hätte, wenn zu diesem Zeitpunkt das erforderliche Material und die etwa erforderlichen weiteren Unterlagen vorgelegt worden wären.

(6) Der Verwaltungsrat kann bestimmen, daß die technische Prüfung bei Sorten von Reben und Baumarten später beginnen kann.

Art. 57 Prüfungsbericht. (1) Auf Anforderung des Amtes oder, wenn es das Ergebnis der technischen Prüfung zur Beurteilung der Sorte für ausreichend hält, übersendet das Prüfungsamt dem Amt einen Prüfungsbericht und im Falle, daß es die in den Artikeln 7, 8 und 9 festgelegten Voraussetzungen als erfüllt erachtet, eine Beschreibung der Sorte.

(2) Das Amt teilt dem Antragsteller das Ergebnis der technischen Prüfung und die Sortenbeschreibung mit und gibt ihm Gelegenheit zur Stellungnahme.

(3) [1] Sieht das Amt den Prüfungsbericht nicht als hinreichende Entscheidungsgrundlage an, kann es von sich aus nach Anhörung des Antragstellers oder auf Antrag des Antragstellers eine ergänzende Prüfung vorsehen. [2] Zum Zweck der Bewertung der Ergebnisse wird jede ergänzende Prüfung, die durchgeführt wird, bis eine gemäß den Artikeln 61 und 62 getroffene Entscheidung Rechtskraft erlangt, als Bestandteil der in Artikel 56 Absatz 1 genannten Prüfung betrachtet.

(4) Die Ergebnisse der technischen Prüfung unterliegen der alleinigen Verfügungsbefugnis des Amtes und können von den Prüfungsämtern nur insoweit anderweitig benutzt werden, als das Amt dem zustimmt.

Art. 58 Kosten der technischen Prüfung. Das Amt zahlt den Prüfungsämtern für die technische Prüfung ein Entgelt nach Maßgabe der Durchführungsordnung nach Artikel 114.

Art. 59 Einwendungen gegen die Erteilung des Sortenschutzes.

(1) Jedermann kann beim Amt schriftlich Einwendungen gegen die Erteilung des gemeinschaftlichen Sortenschutzes erheben.

(2) [1]Die Einwender sind neben dem Antragsteller am Verfahren zur Erteilung des gemeinschaftlichen Sortenschutzes beteiligt. [2]Unbeschadet des Artikels 88 haben Einwender Zugang zu den Unterlagen sowie zu den Ergebnissen der technischen Prüfung und der Sortenbeschreibung nach Artikel 57 Absatz 2.

(3) Die Einwendungen können nur auf die Behauptung gestützt werden, daß

a) die Voraussetzungen der Artikel 7 bis 11 nicht erfüllt sind,
b) der Festsetzung einer vorgeschlagenen Sortenbezeichnung ein Hinderungsgrund nach Artikel 63 Absatz 3 oder 4 entgegensteht.

(4) Die Einwendungen können erhoben werden:

a) im Fall von Einwendungen nach Absatz 3 Buchstabe a) nach Stellung eines Antrags und vor einer Entscheidung gemäß Artikel 61 oder 62;
b) im Fall von Einwendungen nach Absatz 3 Buchstabe b) innerhalb von drei Monaten ab der Bekanntmachung des Vorschlags für die Sortenbezeichnung gemäß Artikel 89.

(5) Entscheidungen über die Einwendungen können zusammen mit den Entscheidungen gemäß den Artikeln 61, 62 oder 63 getroffen werden.

Art. 60 Zeitrang eines neuen Antrags bei Einwendungen. Führt eine Einwendung wegen Nichterfüllung der Voraussetzungen des Artikels 11 zur Zurücknahme oder Zurückweisung des Antrags auf gemeinschaftlichen Sortenschutz und reicht der Einwender innerhalb eines Monats nach der Zurücknahme oder der Unanfechtbarkeit der Zurückweisung für dieselbe Sorte einen Antrag auf gemeinschaftlichen Sortenschutz ein, so kann er verlangen, daß hierfür als Antragstag der Tag des zurückgenommenen oder zurückgewiesenen Antrags gilt.

Kapitel III. Die Entscheidung

Art. 61 Zurückweisung. (1) Das Amt weist den Antrag auf gemeinschaftlichen Sortenschutz zurück, wenn und sobald es feststellt, daß der Antragsteller:

a) Mängel im Sinne des Artikels 53, zu deren Beseitigung dem Antragsteller Gelegenheit gegeben wurde, innerhalb einer ihm gesetzten Frist nicht beseitigt hat,
b) einer Regelung oder Aufforderung nach Artikel 55 Absatz 4 oder 5 nicht innerhalb der gesetzten Frist nachgekommen ist, es sei denn, daß das Amt die Nichtvorlage genehmigt hat, oder
c) keine nach Artikel 63 festsetzbare Sortenbezeichnung vorgeschlagen hat.

(2) Das Amt weist den Antrag auf gemeinschaftlichen Sortenschutz ferner zurück, wenn

a) es feststellt, daß die von ihm nach Artikel 54 zu prüfenden Voraussetzungen nicht erfüllt sind, oder
b) es aufgrund der Prüfungsberichte nach Artikel 57 zu der Auffassung gelangt, daß die Voraussetzungen der Artikel 7, 8 und 9 nicht erfüllt sind.

Art. 62 Erteilung. [1]Ist das Amt der Auffassung, daß die Ergebnisse der Prüfung für die Entscheidung über den Antrag ausreichen, und liegen keine Hindernisse nach Artikel 59 und 61 vor, so erteilt es den gemeinschaftlichen

Sortenschutz. [2]Die Entscheidung muß eine amtliche Beschreibung der Sorte enthalten.

Art. 63 Sortenbezeichnung. (1) Bei der Erteilung des gemeinschaftlichen Sortenschutzes genehmigt das Amt für die Sorte die vom Antragsteller gemäß Artikel 50 Absatz 3 vorgeschlagene Sortenbezeichnung, wenn es sie aufgrund der nach Artikel 54 Absatz 1 Satz 2 durchgeführten Prüfung für geeignet befunden hat.

(2) Eine Sortenbezeichnung ist geeignet, wenn kein Hinderungsgrund nach den Absätzen 3 oder 4 vorliegt.

(3) Ein Hinderungsgrund für die Festsetzung einer Sortenbezeichnung liegt vor, wenn

a) ihrer Verwendung im Gebiet der Gemeinschaft das ältere Recht eines Dritten entgegensteht,

b) für ihre Verwender allgemein Schwierigkeiten bestehen, sie als Sortenbezeichnung zu erkennen oder wiederzugeben,

c) sie mit einer Sortenbezeichnung übereinstimmt oder verwechselt werden kann, unter der in einem Mitgliedstaat oder in einem Verbandsstaat des Internationalen Verbands zum Schutz von Pflanzenzüchtungen eine andere Sorte derselben oder einer verwandten Art in einem amtlichen Verzeichnis von Sorten eingetragen ist oder Material einer anderen Sorte gewerbsmäßig in den Verkehr gebracht worden ist, es sei denn, daß die andere Sorte nicht mehr fortbesteht und ihre Sortenbezeichnung keine größere Bedeutung erlangt hat,

d) sie mit anderen Bezeichnungen übereinstimmt oder verwechselt werden kann, die beim Inverkehrbringen von Waren allgemein benutzt werden oder nach anderen Rechtsvorschriften als freizuhaltende Bezeichnung gelten,

e) sie in einem der Mitgliedstaaten Ärgernis erregen kann oder gegen die öffentliche Ordnung verstößt,

f) sie geeignet ist, hinsichtlich der Merkmale, des Wertes oder der Identität der Sorte oder der Identität des Züchters oder anderer Berechtigter irrezuführen oder Verwechslungen hervorzurufen.

(4) Bei einer Sorte, die bereits

a) in einem Mitgliedstaat oder

b) in einem Verbandsstaat des Internationalen Verbands zum Schutz von Pflanzenzüchtungen oder

c) in einem anderen Staat, der nach einer Feststellung in einem gemeinschaftlichen Rechtsakt Sorten nach Regeln beurteilt, die denen der Richtlinien über die gemeinsamen Sortenkataloge entsprechen,

in einem amtlichen Verzeichnis von Sorten oder Material von ihnen eingetragen und zu gewerblichen Zwecken in den Verkehr gebracht worden ist, liegt ein Hinderungsgrund auch vor, wenn die vorgeschlagene Sortenbezeichnung abweicht von der dort eingetragenen oder verwendeten Sortenbezeichnung, es sei denn, daß dieser ein Hinderungsgrund nach Absatz 3 entgegensteht.

(5) Das Amt macht bekannt, welche Arten es als verwandt im Sinne des Absatzes 3 Buchstabe c) ansieht.

Kapitel IV. Die Aufrechterhaltung des gemeinschaftlichen Sortenschutzes

Art. 64 Technische Nachprüfung. (1) Das Amt prüft das unveränderte Fortbestehen der geschützten Sorten nach.

(2) Zu diesem Zweck wird eine technische Nachprüfung entsprechend den Bestimmungen der Artikel 55 und 56 durchgeführt.

(3) [1]Der Inhaber hat dem Amt und den Prüfungsämtern, denen die technische Nachprüfung der Sorte übertragen wurde, alle für die Beurteilung des unveränderten Fortbestehens der Sorte erforderlichen Auskünfte zu erteilen. [2]Er hat entsprechend den vom Amt getroffenen Bestimmungen Material der Sorte vorzulegen und die Nachprüfung zu gestatten, ob zur Sicherung des unveränderten Fortbestehens der Sorte die erforderlichen Maßnahmen getroffen wurden.

Art. 65 Bericht über die technische Nachprüfung. (1) Auf Anforderung des Amtes oder wenn es feststellt, daß die Sorte nicht homogen oder nicht beständig ist, übersendet das mit der technischen Nachprüfung beauftragte Prüfungsamt dem Amt einen Bericht über die getroffenen Feststellungen.

(2) Haben sich bei der technischen Nachprüfung Mängel nach Absatz 1 ergeben, so teilt das Amt dem Inhaber das Ergebnis der technischen Nachprüfung mit und gibt ihm Gelegenheit zur Stellungnahme dazu.

Art. 66 Änderung der Sortenbezeichnung. (1) Das Amt ändert eine nach Artikel 63 festgesetzte Sortenbezeichnung, wenn es feststellt, daß die Bezeichnung den Anforderungen des Artikels 63 nicht oder nicht mehr entspricht und, im Fall eines älteren entgegenstehenden Rechts eines Dritten, der Inhaber des gemeinschaftlichen Sortenschutzes mit der Änderung einverstanden ist oder ihm oder einem anderen zur Verwendung der Sortenbezeichnung Verpflichteten aus diesem Grund die Verwendung der Sortenbezeichnung durch eine rechtskräftige Entscheidung untersagt worden ist.

(2) Das Amt gibt dem Inhaber Gelegenheit, eine geänderte Sortenbezeichnung vorzuschlagen und verfährt gemäß Artikel 63.

(3) Gegen den Vorschlag für eine geänderte Sortenbezeichnung können Einwendungen entsprechend Artikel 59 Absatz 3 Buchstabe b) erhoben werden.

Kapitel V. Die Beschwerde

Art. 67 Beschwerdefähige Entscheidungen. (1) Die Entscheidungen des Amtes nach den Artikeln 20, 21, 59, 61, 62, 63 und 66 sowie Entscheidungen, die Gebühren nach Artikel 83, die Kosten nach Artikel 85, die Eintragung und Löschung von Angaben in dem in Artikel 87 genannten Register und Einsichtnahme nach Artikel 88 betreffen, sind mit der Beschwerde anfechtbar.

(2) [1]Eine Beschwerde nach Absatz 1 hat aufschiebende Wirkung. [2]Das Amt kann jedoch, wenn es dies den Umständen nach für nötig hält, anordnen, daß die angefochtene Entscheidung nicht ausgesetzt wird.

(3) [1]Entscheidungen des Amtes nach Artikel 29 und Artikel 100 Absatz 2 sind mit der Beschwerde anfechtbar, es sei denn, es wird eine unmittelbare Klage nach Artikel 74 erhoben. [2]Die Beschwerde hat keine aufschiebende Wirkung.

(4) Eine Entscheidung, die ein Verfahren gegenüber einem Beteiligten nicht abschließt, ist nur zusammen mit der Endentscheidung beschwerdefähig, sofern nicht in der Entscheidung die gesonderte Beschwerde vorgesehen ist.

Art. 68 Beschwerdeberechtigte und Verfahrensbeteiligte. [1] Jede natürliche oder juristische Person kann vorbehaltlich des Artikels 82 gegen die an sie ergangenen Entscheidungen sowie gegen diejenigen Entscheidungen Beschwerde einlegen, die, obwohl sie als eine an eine andere Person gerichtete Entscheidung ergangen sind, sie unmittelbar und individuell betreffen. [2] Die Verfahrensbeteiligten können an Beschwerdeverfahren beteiligt werden; das Amt ist stets an Beschwerdeverfahren beteiligt.

Art. 69 Frist und Form. Die Beschwerde ist innerhalb von zwei Monaten nach Zustellung der Entscheidung, soweit sie an die beschwerdeführende Person gerichtet ist, oder anderenfalls innerhalb von zwei Monaten nach Bekanntmachung der Entscheidung schriftlich beim Amt einzulegen und innerhalb von vier Monaten nach dieser Zustellung oder Bekanntmachung der Entscheidung schriftlich zu begründen.

Art. 70 Abhilfe. (1) [1] Erachtet die Stelle des Amtes, die die Entscheidung vorbereitet hat, die Beschwerde als zulässig und begründet, so hat das Amt ihr abzuhelfen. [2] Dies gilt nicht, wenn dem Beschwerdeführer ein anderer am Beschwerdeverfahren Beteiligter gegenübersteht.

(2) Wird der Entscheidung innerhalb eines Monats nach Eingang der Begründung nicht abgeholfen, so verfährt das Amt in bezug auf die Beschwerde unverzüglich wie folgt:
- es entscheidet, ob es gemäß Artikel 67 Absatz 2 zweiter Satz tätig wird und
- legt die Beschwerde der Beschwerdekammer vor.

Art. 71 Prüfung der Beschwerde. (1) Ist die Beschwerde zulässig, so prüft die Beschwerdekammer, ob die Beschwerde begründet ist.

(2) [1] Bei der Prüfung der Beschwerde fordert die Beschwerdekammer die am Beschwerdeverfahren Beteiligten so oft wie erforderlich auf, innerhalb von ihr bestimmter Fristen eine Stellungnahme zu ihren Bescheiden oder zu den Schriftsätzen der anderen am Beschwerdeverfahren Beteiligten einzureichen. [2] Die am Beschwerdeverfahren Beteiligten haben das Recht, mündliche Erklärungen abzugeben.

Art. 72 Entscheidung über die Beschwerde. [1] Die Beschwerdekammer entscheidet über die Beschwerde aufgrund der Prüfung nach Artikel 71. [2] Die Beschwerdekammer wird entweder im Rahmen der Zuständigkeit des Amtes tätig oder verweist die Angelegenheit zur weiteren Entscheidung an die zuständige Stelle des Amtes zurück. [3] Diese ist durch die rechtliche Beurteilung der Beschwerdekammer, die der Entscheidung zugrunde gelegt ist, gebunden, soweit der Sachverhalt derselbe ist.

Art. 73 Klage gegen Entscheidungen der Beschwerdekammern.

(1) Die Entscheidungen der Beschwerdekammern, durch die über eine Beschwerde entschieden wurde, sind mit der Klage beim Gerichtshof anfechtbar.

(2) Die Klage ist zulässig wegen Unzuständigkeit, Verletzung wesentlicher Formvorschriften, Verletzung des Vertrags, dieser Verordnung oder einer bei

ihrer Durchführung anzuwendenden Rechtsnorm oder wegen Ermessensmißbrauchs.

(3) Der Gerichtshof kann die angefochtene Entscheidung aufheben oder abändern.

(4) Die Klage steht den an den Verfahren vor einer Beschwerdekammer Beteiligten zu, die mit ihren Anträgen ganz oder teilweise unterlegen sind.

(5) Die Klage ist innerhalb von zwei Monaten nach Zustellung der Entscheidung der Beschwerdekammern beim Gerichtshof zu erheben.

(6) Das Amt hat die notwendigen Maßnahmen zu ergreifen, um dem Urteil des Gerichtshofs Folge zu leisten.

Art. 74 Unmittelbare Klage. (1) Die Entscheidungen des Amtes nach Artikel 29 und Artikel 100 Absatz 2 sind mit der unmittelbaren Klage beim Gerichtshof anfechtbar.

(2) Die Bestimmungen von Artikel 73 gelten entsprechend.

Kapitel VI. Sonstige Verfahrensbestimmungen

Art. 75 Begründung der Entscheidungen, rechtliches Gehör. [1] Die Entscheidungen des Amtes sind mit Gründen zu versehen. [2] Sie dürfen nur auf Gründe oder Beweise gestützt werden, zu denen die Verfahrensbeteiligten sich mündlich oder schriftlich äußern konnten.

Art. 76 Ermittlung des Sachverhalts von Amts wegen. [1] In den Verfahren vor dem Amt ermittelt das Amt den Sachverhalt von Amts wegen, soweit er nach den Artikeln 54 und 55 zu prüfen ist. [2] Tatsachen und Beweismittel, die von den Beteiligten nicht innerhalb der vom Amt gesetzten Frist vorgebracht worden sind, werden vom Amt nicht berücksichtigt.

Art. 77 Mündliche Verhandlung. (1) Das Amt ordnet von Amts wegen oder auf Antrag eines Verfahrensbeteiligten eine mündliche Verhandlung an.

(2) Die mündliche Verhandlung vor dem Amt ist unbeschadet Absatz 3 nicht öffentlich.

(3) Die mündliche Verhandlung vor der Beschwerdekammer einschließlich der Verkündung der Entscheidung ist öffentlich, sofern die Beschwerdekammer nicht in Fällen anders entscheidet, in denen insbesondere für einen am Beschwerdeverfahren Beteiligten die Öffentlichkeit des Verfahrens schwerwiegende und ungerechtfertigte Nachteile zur Folge haben könnte.

Art. 78 Beweisaufnahme. (1) In den Verfahren vor dem Amt sind insbesondere folgende Beweismittel zulässig:

a) Vernehmung der Verfahrensbeteiligten,
b) Einholung von Auskünften,
c) Vorlegung von Urkunden und sonstigen Beweisstücken,
d) Vernehmung von Zeugen,
e) Begutachtung durch Sachverständige,
f) Einnahme des Augenscheins,
g) Abgabe einer schriftlichen Erklärung unter Eid.

(2) Soweit das Amt durch Ausschuß entscheidet, kann dieser eines seiner Mitglieder mit der Durchführung der Beweisaufnahme beauftragen.

(3) Hält das Amt die mündliche Vernehmung eines Verfahrensbeteiligten, Zeugen oder Sachverständigen für erforderlich, so wird

a) der Betroffene zu einer Vernehmung vor dem Amt geladen oder

b) das zuständige Gericht oder die zuständige Behörde des Staates, in dem der Betroffene seinen Wohnsitz hat, nach Artikel 91 Absatz 2 ersucht, den Betroffenen zu vernehmen.

(4) [1] Ein vor das Amt geladener Verfahrensbeteiligter, Zeuge oder Sachverständiger kann beim Amt beantragen, daß er von einem zuständigen Gericht oder einer zuständigen Behörde in seinem Wohnsitzstaat vernommen wird. [2] Nach Erhalt eines solchen Antrags oder in dem Fall, daß keine Äußerung auf die Ladung erfolgt, kann das Amt nach Artikel 91 Absatz 2 das zuständige Gericht oder die zuständige Behörde ersuchen, den Betroffenen zu vernehmen.

(5) Hält das Amt die erneute Vernehmung eines von ihm vernommenen Verfahrensbeteiligten, Zeugen oder Sachverständigen unter Eid oder in sonstiger verbindlicher Form für zweckmäßig, so kann es das zuständige Gericht oder die zuständige Behörde im Wohnsitzstaat des Betroffenen hierum ersuchen.

(6) Ersucht das Amt das zuständige Gericht oder die zuständige Behörde um Vernehmung, so kann es das Gericht oder die Behörde ersuchen, die Vernehmung in verbindlicher Form vorzunehmen und es einem Bediensteten des Amtes zu gestatten, der Vernehmung beizuwohnen und über das Gericht oder die Behörde oder unmittelbar Fragen an die Verfahrensbeteiligten, Zeugen oder Sachverständigen zu richten.

Art. 79 Zustellung. [1] Das Amt stellt von Amts wegen alle Entscheidungen und Ladungen sowie die Bescheide und Mitteilungen zu, durch die eine Frist in Lauf gesetzt wird oder die nach anderen Vorschriften dieser Verordnung oder nach aufgrund dieser Verordnung erlassenen Vorschriften zuzustellen sind oder für die der Präsident des Amtes die Zustellung vorgeschrieben hat. [2] Die Zustellungen können durch Vermittlung der zuständigen Sortenbehörden der Mitgliedstaaten bewirkt werden.

Art. 80 Wiedereinsetzung in den vorigen Stand. (1) Der Antragsteller eines Antrags auf gemeinschaftlichen Sortenschutz, der Inhaber und jeder andere an einem Verfahren vor dem Amt Beteiligte, der trotz Beachtung aller nach den gegebenen Umständen gebotenen Sorgfalt verhindert gewesen ist, gegenüber dem Amt eine Frist einzuhalten, wird auf Antrag wieder in den vorigen Stand eingesetzt, wenn die Verhinderung nach dieser Verordnung den Verlust eines Rechts oder eines Rechtsmittels zur unmittelbaren Folge hat.

(2) [1] Der Antrag ist innerhalb von zwei Monaten nach Wegfall des Hindernisses schriftlich einzureichen. [2] Die versäumte Handlung ist innerhalb dieser Frist nachzuholen. [3] Der Antrag ist nur innerhalb eines Jahres nach Ablauf der versäumten Frist zulässig.

(3) Der Antrag ist zu begründen, wobei die zur Begründung dienenden Tatsachen glaubhaft zu machen sind.

(4) Dieser Artikel ist nicht anzuwenden auf die Fristen des Absatzes 2 sowie des Artikels 52 Absätze 2, 4 und 5.

(5) Wer in einem Mitgliedstaat in gutem Glauben Material einer Sorte, die Gegenstand eines bekanntgemachten Antrags auf Erteilung des gemeinschaftlichen Sortenschutzes oder eines erteilten gemeinschaftlichen Sortenschutzes ist, in der Zeit zwischen dem Eintritt eines Rechtsverlustes nach Absatz 1 an dem Antrag oder dem erteilten gemeinschaftlichen Sortenschutz und der Wiedereinsetzung in den vorigen Stand in Benutzung genommen oder wirkliche und ernsthafte Vorkehrungen zur Benutzung getroffen hat, darf die Benutzung in seinem Betrieb oder für die Bedürfnisse seines Betriebes unentgeltlich fortsetzen.

Art. 81 Allgemeine Grundsätze. (1) Soweit in dieser Verordnung oder in aufgrund dieser Verordnung erlassenen Vorschriften Verfahrensbestimmungen fehlen, berücksichtigt das Amt die in den Mitgliedstaaten allgemein anerkannten Grundsätze des Verfahrensrechts.

(2) Artikel 48 gilt entsprechend für Bedienstete des Amtes, soweit sie mit Entscheidungen der in Artikel 67 genannten Art befaßt sind, und für Bedienstete der Prüfungsämter, soweit sie an Maßnahmen zur Vorbereitung solcher Entscheidungen mitwirken.

Art. 82 Verfahrensvertreter. Personen, die im Gebiet der Gemeinschaft weder einen Wohnsitz noch einen Sitz oder eine Niederlassung haben, können als Beteiligte an dem Verfahren vor dem Amt nur teilnehmen, wenn sie einen Verfahrensvertreter benannt haben, der seinen Wohnsitz oder einen Sitz oder eine Niederlassung im Gebiet der Gemeinschaft hat.

Kapitel VII. Gebühren, Kostenregelung

Art. 83 Gebühren. (1) Das Amt erhebt für seine in dieser Verordnung vorgesehenen Amtshandlungen und jährlich während der Dauer eines gemeinschaftlichen Sortenschutzes Gebühren aufgrund der Gebührenordnung gemäß Artikel 113.

(2) Werden fällige Gebühren für die in Artikel 113 Absatz 2 genannten Amtshandlungen oder sonstige in der Gebührenordnung genannte Amtshandlungen, die nur auf Antrag vorzunehmen sind, nicht entrichtet, so gilt der Antrag als nicht gestellt oder die Beschwerde als nicht erhoben, wenn die für die Entrichtung der Gebühren erforderlichen Handlungen nicht innerhalb eines Monats vorgenommen werden, nachdem das Amt eine erneute Aufforderung zur Zahlung der Gebühren zugestellt und dabei auf diese Folge der Nichtentrichtung hingewiesen hat.

(3) Können bestimmte Angaben des Antragstellers auf Erteilung des gemeinschaftlichen Sortenschutzes nur durch eine technische Prüfung nachgeprüft werden, die außerhalb des festgelegten Rahmens der technischen Prüfung von Sorten des betreffenden Taxons liegt, so können Gebühren für die technische Prüfung nach Anhörung des Gebührenschuldners bis zur Höhe des tatsächlich entstehenden Aufwandes erhöht werden.

(4) [1] Hat eine Beschwerde Erfolg, so sind die für die Beschwerde erhobenen Gebühren zurückzuerstatten, bei teilweisem Erfolg zu einem entsprechenden Teil. [2] Die Rückerstattung kann jedoch ganz oder teilweise unterbleiben, wenn

der Erfolg der Beschwerde auf Tatsachen beruht, die zum Zeitpunkt der ursprünglichen Entscheidung nicht bekannt waren.

Art. 84 Beendigung von Zahlungsverpflichtungen. (1) Ansprüche des Amtes auf Zahlung von Gebühren erlöschen nach vier Jahren nach Ablauf des Kalenderjahres, in dem die Gebühr fällig geworden ist.

(2) Ansprüche gegen das Amt auf Rückerstattung von Gebühren oder von Geldbeträgen, die bei der Entrichtung einer Gebühr zuviel gezahlt worden sind, erlöschen nach vier Jahren nach Ablauf des Kalenderjahres, in dem der Anspruch entstanden ist.

(3) [1]Die in Absatz 1 vorgesehene Frist wird durch eine Aufforderung zur Zahlung der Gebühr und die Frist des Absatzes 2 durch eine schriftliche und mit Gründen versehene Geltendmachung des Anspruchs unterbrochen. [2]Diese Frist beginnt mit der Unterbrechung erneut zu laufen und endet spätestens sechs Jahre nach Ablauf des Jahres, in dem sie ursprünglich zu laufen begonnen hat, es sei denn, daß der Anspruch zwischenzeitlich gerichtlich geltend gemacht worden ist; in diesem Fall endet die Frist frühestens ein Jahr nach der Rechtskraft der Entscheidung.

Art. 85 Kostenverteilung. (1) Im Verfahren zur Rücknahme oder zum Widerruf des gemeinschaftlichen Sortenschutzes bzw. im Beschwerdeverfahren trägt der unterliegende Beteiligte die Kosten des anderen Verfahrensbeteiligten sowie die ihm aus dem Verfahren erwachsenden notwendigen Kosten, einschließlich der Reise- und Aufenthaltskosten sowie die Kosten der Bevollmächtigten, Beistände und Anwälte im Rahmen der Tabellen für die einzelnen Kosten nach Maßgabe der nach Artikel 114 festgelegten Durchführungsordnung.

(2) Erzielt jedoch jeder der Verfahrensbeteiligten Teilobsiege bzw. erscheint es aus Gründen der Billigkeit angeraten, so beschließt das Amt oder die Beschwerdekammer eine andere Verteilung der Kosten.

(3) Der Verfahrensbeteiligte, der die Verfahren durch die Rücknahme des Antrags auf Erteilung des gemeinschaftlichen Sortenschutzes, des Antrags auf Rücknahme oder Widerruf des Sortenschutzes oder der Beschwerde bzw. durch Verzicht auf den gemeinschaftlichen Sortenschutz beendet, trägt die dem anderen Verfahrensbeteiligten erwachsenden Kosten gemäß den Absätzen 1 und 2.

(4) Einigen sich die Verfahrensbeteiligten vor dem Amt oder der Beschwerdekammer auf eine Kostenverteilung, die von der in den vorstehenden Absätzen vorgesehenen abweicht, so wird dieser Vereinbarung Rechnung getragen.

(5) Das Amt oder die Beschwerdekammer legt auf Antrag die Höhe der Kosten fest, die nach Maßgabe der vorstehenden Absätze zu erstatten sind.

Art. 86 Vollstreckung der Entscheidungen, in denen Kosten festgesetzt werden. (1) Jede Endentscheidung des Amtes, in der Kosten festgesetzt werden, ist ein vollstreckbarer Titel.

(2) [1]Die Zwangsvollstreckung erfolgt nach den Vorschriften des Zivilprozeßrechts des Mitgliedstaats, in dessen Hoheitsgebiet sie stattfindet. [2]Die Vollstreckungsklausel wird nach einer Prüfung, die sich lediglich auf die Echtheit des Titels erstrecken darf, von der staatlichen Behörde erteilt, welche die

Regierung jedes Mitgliedstaats zu diesem Zweck bestimmt und dem Amt und dem Gerichtshof der Europäischen Gemeinschaften benennt.

(3) Sind diese Formvorschriften auf Antrag des die Vollstreckung betreibenden Beteiligten erfüllt, so kann dieser die Zwangsvollstreckung nach innerstaatlichem Recht betreiben, indem er die zuständige Stelle unmittelbar anruft.

(4) [1] Die Zwangsvollstreckung kann nur durch eine Entscheidung des Gerichtshofes der Europäischen Gemeinschaften ausgesetzt werden. [2] Für die Prüfung der Ordnungsmäßigkeit der Vollstreckungsmaßnahmen sind jedoch die einzelstaatlichen Rechtsprechungsorgane zuständig.

Kapitel VIII. Register

Art. 87 Einrichtung der Register. (1) Das Amt führt ein Register für die Anträge auf gemeinschaftlichen Sortenschutz, in das folgende Angaben eingetragen werden:

a) Anträge auf gemeinschaftlichen Sortenschutz unter Angabe des Taxons und der vorläufigen Bezeichnung der Sorte, des Antragstages sowie des Namens und der Anschrift des Antragstellers, des Züchters und eines etwaigen betroffenen Verfahrensvertreters;
b) Beendigung eines Verfahrens betreffend Anträge auf gemeinschaftlichen Sortenschutz mit den Angaben gemäß Buchstabe a);
c) Vorschläge für Sortenbezeichnungen;
d) Änderungen in der Person des Antragstellers oder seines Verfahrensvertreters;
e) Zwangsvollstreckungsmaßnahmen nach den Artikeln 24 und 26, sofern dies beantragt wird.

(2) Das Amt führt Register für gemeinschaftliche Sortenschutzrechte, in das nach Erteilung des gemeinschaftlichen Sortenschutzes folgende Angaben eingetragen werden:

a) die Art und die Sortenbezeichnung der Sorte;
b) die amtliche Sortenbeschreibung oder ein Hinweis auf die Unterlagen des Amtes, in denen die amtliche Sortenbeschreibung als Bestandteil des Registers enthalten ist;
c) bei Sorten, bei denen zur Erzeugung von Material fortlaufend Material bestimmter Komponenten verwendet werden muß, ein Hinweis auf die Komponenten;
d) der Name und die Anschrift des Inhabers, des Züchters und eines etwaigen betroffenen Verfahrensvertreters;
e) der Zeitpunkt des Beginns und der Beendigung des gemeinschaftlichen Sortenschutzes sowie der Beendigungsgrund;
f) ein ausschließliches vertragliches Nutzungsrecht oder ein Zwangsnutzungsrecht, einschließlich des Namens und der Anschrift des Nutzungsberechtigten, sofern dies beantragt wird;
g) Zwangsvollstreckungsmaßnahmen nach Artikel 24, sofern dies beantragt wird;
h) die Kennzeichnung der Sorten als Ursprungssorten und im wesentlichen abgeleitete Sorten einschließlich der Sortenbezeichnungen und der Namen der betroffenen Parteien, sofern dies sowohl von dem Inhaber einer Ur-

sprungssorte als auch von dem Züchter einer im wesentlichen von der Ursprungssorte abgeleiteten Sorte beantragt wird. Ein Antrag einer der beiden betroffenen Parteien ist nur dann ausreichend, wenn sie entweder eine freiwillige Bestätigung der anderen Partei gemäß Artikel 99 oder eine Endentscheidung bzw. ein Endurteil im Sinne dieser Verordnung erhalten hat, aus der bzw. aus dem hervorgeht, daß es sich bei den betreffenden Sorten um Ursprungs- bzw. um im wesentlichen abgeleitete Sorten handelt.

(3) Sonstige Angaben oder Bedingungen für die Eintragung in beide Register können in der Durchführungsordnung gemäß Artikel 114 vorgesehen werden.

(4) Die amtliche Sortenbeschreibung kann nach Anhörung des Inhabers hinsichtlich der Anzahl und der Art der Merkmale sowie der festgestellten Ausprägungen dieser Merkmale von Amts wegen den jeweils geltenden Grundsätzen für die Beschreibung von Sorten des betreffenden Taxons angepaßt werden, soweit dies erforderlich ist, um die Beschreibung der Sorte mit den Beschreibungen anderer Sorten des betreffenden Taxons vergleichbar zu machen.

Art. 88 Einsichtnahme. (1) Jedermann kann in die Register nach Artikel 87 Einsicht nehmen.

(2) Bei Vorliegen eines berechtigten Interesses kann jedermann nach Maßgabe der in der Durchführungsordnung gemäß Artikel 114 vorgesehenen Bedingungen Einsicht nehmen in

a) die Unterlagen eines Antrags auf Erteilung des gemeinschaftlichen Sortenschutzes;

b) die Unterlagen eines erteilten gemeinschaftlichen Sortenschutzes;

c) den Anbau zur technischen Prüfung einer Sorte;

d) den Anbau zur technischen Nachprüfung des Fortbestehens einer Sorte.

(3) [1]Bei Sorten, bei denen zur Erzeugung von Material fortlaufend Material bestimmter Komponenten verwendet werden muß, sind auf Antrag des Antragstellers auf Erteilung des gemeinschaftlichen Sortenschutzes alle Angaben über Komponenten einschließlich ihres Anbaus von der Einsichtnahme auszuschließen. [2]Der Antrag auf Ausschluß von Einsichtnahme kann nur bis zur Entscheidung über den Antrag auf Erteilung des gemeinschaftlichen Sortenschutzes gestellt werden.

(4) Material, das im Zusammenhang mit den Prüfungen nach Artikel 55 Absatz 4, Artikel 56 und Artikel 64 vorgelegt oder gewonnen wurde, darf von den nach dieser Verordnung zuständigen Stellen nicht an andere abgegeben werden, es sei denn, daß der Berechtigte einwilligt oder die Abgabe im Rahmen der in dieser Verordnung geregelten Zusammenarbeit bei der Prüfung aufgrund von Rechtsvorschriften erforderlich ist.

Art. 89 Regelmäßig erscheinende Veröffentlichungen. [1]Das Amt gibt mindestens alle zwei Monate eine Veröffentlichung mit den Angaben heraus, die gemäß Artikel 87 Absatz 2 Buchstaben a), d), e), f), g) und h) in das Register aufgenommen und noch nicht veröffentlicht wurden. [2]Das Amt veröffentlicht außerdem einen jährlichen Bericht mit den Angaben, die das Amt als zweckdienlich erachtet, zumindest jedoch eine Liste der geltenden gemeinschaftlichen Sortenschutzrechte, ihrer Inhaber, der Zeitpunkte der Erteilung und des Erlöschens des Sortenschutzes und der zugelassenen Sortenbezeichnungen. [3]Die Einzelheiten dieser Veröffentlichungen werden vom Verwaltungsrat bestimmt.

Art. 90 Gegenseitige Unterrichtung und Austausch von Veröffentlichungen. (1) Das Amt und die zuständige Sortenbehörden der Mitgliedstaaten übermitteln einander auf entsprechendes Ersuchen unbeschadet der für die Ermittlung von Ergebnissen der technischen Prüfung getroffenen besonderen Regelungen kostenlos für ihre eigenen Zwecke ein oder mehrere Exemplare ihrer Veröffentlichungen sowie sonstige sachdienliche Angaben über beantragte oder erteilte Schutzrechte.

(2) Die in Artikel 88 Absatz 3 genannten Angaben sind von der Unterrichtung ausgeschlossen, es sei denn, daß

a) die Unterrichtung zur Durchführung der in den Artikeln 55 und 64 genannten Prüfungen erforderlich ist oder
b) der Antragsteller auf Erteilung des gemeinschaftlichen Sortenschutzes oder der Inhaber der Unterrichtung zustimmt.

Art. 91 Amts- und Rechtshilfe. (1) [1]Das Amt, die in Artikel 55 Absatz 1 genannten Prüfungsämter und die Gerichte oder Behörden der Mitgliedstaaten unterstützen einander auf Antrag durch die Erteilung von Auskünften oder die Gewährung von Einsicht in Unterlagen betreffend die Sorte, ihre Muster und ihren Anbau, soweit nicht Vorschriften dieser Verordnung oder einzelstaatliche Vorschriften dem entgegenstehen. [2]Gewähren das Amt oder die Prüfungsämter Gerichten oder Staatsanwaltschaften Einsicht, so unterliegt diese nicht den Beschränkungen des Artikels 88; von den Prüfungsämtern gewährte Einsichtnahmen unterliegen nicht einer Entscheidung des Amtes im Sinne von Artikel 88.

(2) Die Gerichte oder andere zuständige Behörden der Mitgliedstaaten nehmen für das Amt auf dessen Ersuchen um Rechtshilfe Beweisaufnahmen oder andere damit in Zusammenhang stehende gerichtliche Handlungen innerhalb ihrer Zuständigkeit vor.

Fünfter Teil. Auswirkungen auf sonstiges Recht

Art. 92 Verbot des Doppelschutzes. (1) [1]Sorten, die Gegenstand eines gemeinschaftlichen Sortenschutzes sind, können nicht Gegenstand eines nationalen Sortenschutzes oder eines Patents für die betreffende Sorte sein. [2]Ein entgegen dem ersten Satz erteiltes Schutzrecht hat keine Wirkung.

(2) Wurde dem Inhaber vor der Erteilung des gemeinschaftlichen Sortenschutzes für dieselbe Sorte ein sonstiges Schutzrecht der in Absatz 1 genannten Art erteilt, so kann er die Rechte aus einem solchen Schutz an der Sorte so lange nicht geltend machen, wie der gemeinschaftliche Sortenschutz daran besteht.

Art. 93 Anwendung nationalen Rechts. Die Geltendmachung der Rechte aus dem gemeinschaftlichen Sortenschutz unterliegt Beschränkungen durch das Recht der Mitgliedstaaten nur insoweit, als in dieser Verordnung ausdrücklich darauf Bezug genommen worden ist.

Sechster Teil. Zivilrechtliche Ansprüche, Rechtsverletzungen, gerichtliche Zuständigkeit

Art. 94 Verletzung. (1) Wer

a) hinsichtlich einer Sorte, für die ein gemeinschaftlicher Sortenschutz erteilt wurde, eine der in Artikel 13 Absatz 2 genannten Handlungen vornimmt, ohne dazu berechtigt zu sein, oder

b) die korrekte Verwendung einer Sortenbezeichnung im Sinne von Artikel 17 Absatz 1 oder die einschlägige Information im Sinne von Artikel 17 Absatz 2 unterläßt oder

c) entgegen Artikel 18 Absatz 3 die Sortenbezeichnung einer Sorte, für die ein gemeinschaftlicher Sortenschutz erteilt wurde, oder eine mit dieser Sortenbezeichnung verwechselbare Bezeichnung verwendet,

kann vom Inhaber auf Unterlassung der Verletzung oder Zahlung einer angemessenen Vergütung oder auf beides in Anspruch genommen werden.

(2) [1] Wer vorsätzlich oder fahrlässig handelt, ist dem Inhaber darüber hinaus zum Ersatz des weiteren aus der Verletzung entstandenen Schadens verpflichtet. [2] Bei leichter Fahrlässigkeit kann sich dieser Anspruch entsprechend dem Grad der leichten Fahrlässigkeit, jedoch nicht unter die Höhe des Vorteils, der dem Verletzer aus der Verletzung erwachsen ist, vermindern.

Art. 95 Handlungen vor Erteilung des gemeinschaftlichen Sortenschutzes. Der Inhaber kann von demjenigen, der in der Zeit zwischen der Bekanntmachung des Antrags auf gemeinschaftlichen Sortenschutz und dessen Erteilung eine Handlung vorgenommen hatte, die ihm nach diesem Zeitraum aufgrund des gemeinschaftlichen Sortenschutzes verboten wäre, eine angemessene Vergütung verlangen.

Art. 96 Verjährung. Die Ansprüche nach den Artikeln 94 und 95 verjähren in drei Jahren von dem Zeitpunkt an, in dem der gemeinschaftliche Sortenschutz endgültig erteilt worden ist und der Inhaber von der Handlung und der Person des Verpflichteten Kenntnis erlangt hat, oder, falls keine solche Kenntnis erlangt wurde, in dreißig Jahren von der Vollendung der jeweiligen Handlung an.

Art. 97 Ergänzende Anwendung des nationalen Rechts bei Verletzungen. (1) Hat der nach Artikel 94 Verpflichtete durch die Verletzung auf Kosten des Inhabers oder eines Nutzungsberechtigten etwas erlangt, so wenden die nach den Artikeln 101 oder 102 zuständigen Gerichte hinsichtlich der Herausgabe ihr nationales Recht einschließlich ihres internationalen Privatrechts an.

(2) Absatz 1 gilt auch für sonstige Ansprüche, die sich aus der Vornahme oder der Unterlassung von Handlungen nach Artikel 95 in der Zeit zwischen der Bekanntmachung des Antrags auf Erteilung des gemeinschaftlichen Sortenschutzes und der Erledigung des Antrags ergeben können.

(3) Im übrigen bestimmt sich die Wirkung des gemeinschaftlichen Sortenschutzes allein nach dieser Verordnung.

Art. 98 Geltendmachung des Rechts auf den gemeinschaftlichen Sortenschutz. (1) Ist der gemeinschaftliche Sortenschutz einer Person erteilt worden, die nach Artikel 11 nicht berechtigt ist, so kann der Berechtigte unbeschadet anderer nach dem Recht der Mitgliedstaaten bestehender Ansprüche vom nichtberechtigten Inhaber verlangen, daß der gemeinschaftliche Sortenschutz ihm übertragen wird.

(2) Steht einer Person das Recht auf den gemeinschaftlichen Sortenschutz nur teilweise zu, so kann sie nach Absatz 1 verlangen, daß ihr die Mitinhaberschaft daran eingeräumt wird.

(3) [1] Die Ansprüche nach den Absätzen 1 und 2 können nur innerhalb einer Ausschlußfrist von fünf Jahren nach Bekanntmachung der Erteilung des gemeinschaftlichen Sortenschutzes geltend gemacht werden. [2] Dies gilt nicht, wenn der Inhaber bei Erteilung oder Erwerb Kenntnis davon hatte, daß ihm das Recht auf den gemeinschaftlichen Sortenschutz nicht oder nicht allein zustand.

(4) Die Ansprüche nach den Absätzen 1 und 2 stehen dem Berechtigten entsprechend auch hinsichtlich eines Antrags auf Erteilung des gemeinschaftlichen Sortenschutzes zu, der von einem nicht oder nicht allein berechtigten Antragsteller gestellt worden ist.

Art. 99 Bestätigung der Sortenkennzeichnung. Der Inhaber einer Ursprungssorte und der Züchter einer im wesentlichen von der Ursprungssorte abgeleiteten Sorte haben Anspruch auf Erhalt einer Bestätigung darüber, daß die betreffenden Sorten als Ursprungs- bzw. im wesentlichen abgeleitete Sorten gekennzeichnet werden.

Art. 100 Folgen des Wechsels der Inhaberschaft am gemeinschaftlichen Sortenschutz. (1) Bei vollständigem Wechsel der Inhaberschaft am gemeinschaftlichen Sortenschutz infolge eines zur Geltendmachung der Ansprüche gemäß Artikel 98 Absatz 1 nach Artikel 101 oder 102 erwirkten rechtskräftigen Urteils erlöschen Nutzungsrechte und sonstige Rechte mit der Eintragung des Berechtigten in das Register für gemeinschaftliche Sortenschutzrechte.

(2) [1] Hat vor Einleitung des Verfahrens gemäß den Artikeln 101 oder 102 der Inhaber oder ein zu diesem Zeitpunkt Nutzungsberechtigter hinsichtlich der Sorte im Gebiet der Gemeinschaft eine der in Artikel 13 Absatz 2 genannten Handlungen vorgenommen oder dazu wirkliche und ernsthafte Vorkehrungen getroffen, so kann er diese Handlungen fortsetzen oder vornehmen, wenn er bei dem neuen in das Register für gemeinschaftliche Sortenschutzrechte eingetragenen Inhaber die Einräumung eines nicht ausschließlichen Nutzungsrechts beantragt. [2] Der Antrag muß innerhalb der in der Durchführungsordnung vorgeschriebenen Frist gestellt werden. [3] Das Nutzungsrecht kann in Ermangelung eines Einvernehmens zwischen den Parteien vom Amt gewährt werden. [4] Artikel 29 Absätze 3 bis 7 gilt sinngemäß.

(3) Absatz 2 findet keine Anwendung, wenn der Inhaber oder Nutzungsberechtigte zu dem Zeitpunkt, zu dem er mit der Vornahme der Handlungen oder dem Treffen der Veranstaltungen begonnen hat, bösgläubig gehandelt hat.

Art. 101 Zuständigkeit und Verfahren für Klagen, die zivilrechtliche Ansprüche betreffen. (1) Das Lugano-Übereinkommen sowie die ergänzenden Vorschriften dieses Artikels und der Artikel 102 bis 106 dieser Verordnung sind auf Verfahren für Klagen anzuwenden, die die in den Artikeln 94 bis 100 genannten Ansprüche betreffen.

(2) *[1]* Verfahren der in Absatz 1 genannten Art sind anhängig zu machen bei den Gerichten

a) des Mitgliedstaats oder sonstigen Vertragsstaats des Lugano-Übereinkommens, in dem der Beklagte seinen Wohnsitz oder Sitz oder, in Ermangelung eines solchen, eine Niederlassung hat, oder,

b) falls diese Voraussetzung in keinem Mitgliedstaat oder Vertragsstaat gegeben ist, des Mitgliedstaats, in dem der Kläger seinen Wohnsitz oder Sitz oder, in Ermangelung eines solchen, eine Niederlassung hat, oder,

c) falls auch diese Voraussetzung in keinem Mitgliedstaat gegeben ist, des Mitgliedstaats, in dem das Amt seinen Sitz hat.

[2] Die zuständigen Gerichte sind für die Entscheidung über die in einem jeden der Mitgliedstaaten begangenen Verletzungshandlungen zuständig.

(3) [1] Verfahren für Klagen, die Ansprüche wegen Verletzungshandlungen betreffen, können auch beim Gericht des Ortes anhängig gemacht werden, an dem das schädigende Ereignis eingetreten ist. [2] In diesem Fall ist das Gericht nur für die Verletzungshandlungen zuständig, die in dem Mitgliedstaat begangen worden sind, zu dem es gehört.

(4) Für das Verfahren und die Zuständigkeit der Gerichte gilt das Recht des nach den Absätzen 2 oder 3 bestimmten Staates.

Art. 102 Ergänzende Bestimmungen. (1) Klagen, die den Anspruch auf das Recht nach Artikel 98 betreffen, unterliegen nicht der Anwendung von Artikel 5 Absätze 3 und 4 des Lugano-Übereinkommens.

(2) Ungeachtet des Artikels 101 sind Artikel 5 Absatz 1, Artikel 17 und Artikel 18 des Lugano-Übereinkommens anzuwenden.

(3) Für die Anwendung der Artikel 101 und 102 wird der Wohnsitz oder Sitz einer Partei nach den Artikeln 52 und 53 des Lugano-Übereinkommens bestimmt.

Art. 103 Anwendbares Verfahrensrecht. Soweit nach den Artikeln 101 und 102 die Zuständigkeit nationaler Gerichte gegeben ist, sind unbeschadet der Artikel 104 und 105 die Verfahrensvorschriften des betreffenden Staates für gleichartige Klagen anzuwenden, die entsprechende nationale Schutzrechte betreffen.

Art. 104 Klagebefugnis bei der Verletzungsklage. (1) [1] Die Verletzungsklage wird durch den Inhaber erhoben. [2] Ein Nutzungsberechtigter kann die Verletzungsklage erheben, sofern solche Klagen im Fall eines ausschließlichen Nutzungsrechts nicht ausdrücklich durch eine Vereinbarung mit dem Inhaber oder durch das Amt gemäß den Artikeln 29 bzw. 100 Absatz 2 ausgeschlossen sind.

(2) Jeder Nutzungsberechtigte kann der vom Inhaber erhobenen Verletzungsklage beitreten, um den Ersatz seines eigenen Schadens geltend zu machen.

Art. 105 Bindung des nationalen Gerichts oder der sonstigen Stelle. Das nationale Gericht oder die sonstige Stelle, vor denen eine Klage betreffend einen gemeinschaftlichen Sortenschutz anhängig ist, hat von der Rechtsgültigkeit des gemeinschaftlichen Sortenschutzes auszugehen.

Art. 106 Aussetzung des Verfahrens. (1) Betrifft die Klage Ansprüche gemäß Artikel 98 Absatz 4 und hängt die Entscheidung von der Schutzfähigkeit der Sorte nach Artikel 6 ab, so kann diese Entscheidung erst ergehen, wenn das Amt über den Antrag auf gemeinschaftlichen Sortenschutz entschieden hat.

(2) Betrifft die Klage einen erteilten gemeinschaftlichen Sortenschutz, hinsichtlich dessen ein Verfahren zur Rücknahme oder zum Widerruf nach den Artikeln 20 oder 21 eingeleitet worden ist, so kann, sofern die Entscheidung von der Rechtsgültigkeit des gemeinschaftlichen Sortenschutzes abhängt, das Verfahren ausgesetzt werden.

Art. 107 Ahndung der Verletzung des gemeinschaftlichen Sortenschutzes. Die Mitgliedstaaten treffen alle geeigneten Maßnahmen, um sicherzustellen, daß für die Ahndung von Verletzungen eines gemeinschaftlichen Sortenschutzes die gleichen Vorschriften in Kraft treten, die für eine Verletzung entsprechender nationaler Rechte gelten.

Siebenter Teil. Haushalt, Finanzkontrolle, gemeinschaftsrechtliche Durchführungsvorschriften

Art. 108 Haushalt. (1) Alle Einnahmen und Ausgaben des Amtes werden für jedes Haushaltsjahr veranschlagt und in den Haushaltsplan des Amtes eingesetzt; Haushaltsjahr ist das Kalenderjahr.

(2) Der Haushaltsplan ist in Einnahmen und Ausgaben auszugleichen.

(3) Die Einnahmen des Haushalts umfassen unbeschadet anderer Einnahmen das Aufkommen an Gebühren, die entsprechend Artikel 83 aufgrund der Gebührenordnung nach Artikel 113 zu zahlen sind, und, soweit erforderlich, einen Zuschuß aus dem Gesamthaushaltsplan der Europäischen Gemeinschaften.

(4) Die Ausgaben umfassen unbeschadet anderer Ausgaben die festen Kosten des Amtes sowie die aus dem normalen Betrieb des Amtes erwachsenden Kosten, einschließlich der an die Prüfungsämter zu zahlenden Beträge.

Art. 109 Aufstellung des Haushaltsplans. (1) Der Präsident stellt jährlich für das folgende Haushaltsjahr einen Voranschlag der Einnahmen und Ausgaben des Amtes auf und übermittelt ihn zusammen mit einem Stellenverzeichnis und, soweit der Voranschlag einen Zuschuß nach Artikel 108 Absatz 3 vorsieht, einer einleitenden Begründung spätestens am 31. März jedes Jahres dem Verwaltungsrat.

(2) [1] Sieht der Voranschlag einen Zuschuß nach Artikel 108 Absatz 3 vor, so übermittelt der Verwaltungsrat den Voranschlag sowie das Stellenverzeichnis und die genannte Begründung unverzüglich der Kommission, wobei er seine Stellungnahme beifügen kann. [2] Die Kommission übermittelt diese Unterlagen der Haushaltsbehörde der Gemeinschaften; sie kann ihnen eine Stellungnahme sowie einen abweichenden Voranschlag beifügen.

(3) [1] Der Verwaltungsrat stellt den Haushaltsplan fest, der auch das vom Amt erstellte Stellenverzeichnis umfaßt. [2] Ist in dem Voranschlag ein Zuschuß nach Artikel 108 Absatz 3 enthalten, so wird der Haushaltsplan erforderlichenfalls an die Mittelansätze des Gesamthaushaltsplans der Europäischen Gemeinschaften angepaßt.

Art. 110 Ausführung des Haushaltsplans. Der Haushaltsplan des Amtes wird vom Präsidenten ausgeführt.

Art. 111 Rechnungsprüfung und Kontrolle. (1) *[1]* [1] Beim Gemeinschaftlichen Sortenamt wird das Amt eines Internen Prüfers eingerichtet, das unter Einhaltung der einschlägigen internationalen Normen ausgeübt werden muss. [2] Der vom Präsidenten benannte Interne Prüfer ist diesem gegenüber für die Überprüfung des ordnungsgemäßen Funktionierens der Systeme und der Verfahren zum Vollzug des Amtshaushalts verantwortlich.

[2] Der Interne Prüfer berät den Präsidenten in Fragen der Risikokontrolle, indem er unabhängige Stellungnahmen zur Qualität der Verwaltungs- und Kontrollsysteme und Empfehlungen zur Verbesserung der Bedingungen für die Abwicklung der Vorgänge sowie zur Förderung einer wirtschaftlichen Haushaltsführung abgibt.

[3] Der Anweisungsbefugte führt interne Kontrollsysteme und -verfahren ein, die für die Ausführung seiner Aufgaben geeignet sind.

(2) [1] Der Präsident übermittelt der Kommission, dem Verwaltungsrat und dem Rechnungshof der Europäischen Gemeinschaften spätestens am 31. März jedes Jahres die Rechnung für alle Einnahmen und Ausgaben des Amtes im abgelaufenen Haushaltsjahr. [2] Der Rechnungshof prüft die Rechnung gemäß den einschlägigen Bestimmungen für den Gesamthaushaltsplan der Europäischen Gemeinschaften.

(3) Der Verwaltungsrat erteilt dem Präsidenten des Amtes Entlastung für die Ausführung des Haushaltsplans.

Art. 112 Finanzvorschriften. [1] Der Verwaltungsrat legt nach Anhörung des Rechnungshofes interne Finanzvorschriften fest, die insbesondere das Verfahren zur Aufstellung und Ausführung des Haushaltsplans des Amtes regeln. [2] Die Finanzvorschriften müssen weitgehend den Vorschriften der Haushaltsordnung für den Gesamthaushaltsplan der Europäischen Gemeinschaften entsprechen und dürfen von diesen nur abweichen, wenn dies wegen der besonderen Anforderungen der einzelnen Aufgaben des Amts notwendig ist.

Art. 113 Gebührenordnung. (1) Die Gebührenordnung bestimmt insbesondere die Tatbestände, für die nach Artikel 83 Absatz 1 Gebühren zu entrichten sind, die Höhe der Gebühren und die Art und Weise, wie sie zu zahlen sind.

(2) Gebühren sind mindestens für folgende Tatbestände zu erheben:

a) die Bearbeitung eines Antrags auf Erteilung des gemeinschaftlichen Sortenschutzes; diese Gebühr umfaßt folgendes:
   – Formalprüfung (Artikel 53),
   – sachliche Prüfung (Artikel 54),
   – Prüfung der Sortenbezeichnung (Artikel 63),
   – Entscheidung (Artikel 61, 62),

– entsprechende Veröffentlichung (Artikel 89);

b) die Veranlassung und Durchführung der technischen Prüfung;

c) die Bearbeitung einer Beschwerde bis zur Entscheidung darüber;

d) jedes Jahr der Geltungsdauer des gemeinschaftlichen Sortenschutzes.

(3)

a) Unbeschadet der Buchstaben b) und c) ist die Höhe der Gebühren so zu bemessen, daß gewährleistet ist, daß die sich daraus ergebenden Einnahmen grundsätzlich zur Deckung aller Haushaltsaufgaben des Amtes ausreichen.

b) Der Zuschuß nach Artikel 108 Absatz 3 kann jedoch innerhalb einer Übergangszeit, die am 31. Dezember des vierten Jahres nach dem in Artikel 118 Absatz 2 festgesetzten Zeitpunkt endet, die Ausgaben im Rahmen der Anlaufphase des Amtes decken. Nach dem Verfahren des Artikels 115 kann die Übergangszeit – soweit erforderlich – um höchstens ein Jahr verlängert werden.

c) Ferner kann der Zuschuß nach Artikel 108 Absatz 3 während der vorgenannten Übergangszeit auch einige Ausgaben des Amtes für bestimmte Tätigkeiten decken, die nicht die Bearbeitung von Anträgen, die Vorbereitung und Durchführung der technischen Prüfungen oder die Bearbeitung von Beschwerden betreffen. Diese Tätigkeiten werden spätestens ein Jahr nach Annahme dieser Verordnung in den Durchführungsvorschriften nach Artikel 114 präzisiert.

(4) Die Gebührenordnung wird nach Anhörung des Verwaltungsrates zu dem Entwurf der zu treffenden Maßnahmen nach dem Verfahren des Artikels 115 erlassen.

Art. 114 Sonstige Durchführungsvorschriften. (1) [1] Die Einzelheiten der Anwendung dieser Verordnung werden in einer Durchführungsordnung geregelt. [2] Sie muß insbesondere Bestimmungen

– über das Verhältnis zwischen Amt und den in den Artikeln 30 Absatz 4 und 55 Absätze 1 und 2 genannten Prüfungsämtern, Einrichtungen oder eigenen Dienststellen,

– über die in den Artikeln 36 Absatz 1 und 42 Absatz 2 genannten Angelegenheiten,

– über das Verfahren vor den Beschwerdekammern

enthalten.

(2) Unbeschadet der Artikel 112 und 113 werden alle in dieser Verordnung genannten Durchführungsvorschriften nach Anhörung des Verwaltungsrates zu dem Entwurf der zu treffenden Maßnahmen nach dem Verfahren des Artikels 115 erlassen.

Art. 115 Verfahren. (1) Die Kommission wird von einem Ausschuss unterstützt.

(2) *[1]* Wird auf diesen Artikel Bezug genommen, so gelten die Artikel 5 und 7 des Beschlusses 1999/468/EG[1)].

[2] Der Zeitraum nach Artikel 5 Absatz 6 des Beschlusses 1999/468/EG wird auf drei Monate festgesetzt.

---

1) **Amtl. Anm.:** ABl. L 184 vom 17.7.1999, S. 23.

(3) Der Auschuss gibt sich eine Geschäftsordnung.

Achter Teil. Übergangs- und Schlußbestimmungen

Art. 116 Ausnahmebestimmungen. (1) Abweichend von Artikel 10 Absatz 1 Buchstabe a) und unbeschadet der Bestimmungen von Artikel 10 Absätze 2 und 3 gilt eine Sorte auch dann als neu, wenn Sortenbestandteile oder Sortenerntegut vom Züchter oder mit seiner Zustimmung höchstens vier Jahre, bei Sorten von Reben und Baumarten höchstens sechs Jahre vor Inkrafttreten dieser Verordnung im Gebiet der Gemeinschaft verkauft oder auf andere Weise zur Nutzung der Sorte an andere abgegeben worden sind, wenn der Antragstag innerhalb eines Jahres nach diesem Zeitpunkt liegt.

(2) Die Bestimmungen von Absatz 1 gelten für solche Sorten auch in den Fällen, in denen vor Inkrafttreten dieser Verordnung in einem oder mehreren Migliedstaaten ein nationaler Sortenschutz erteilt wurde.

(3) Abweichend von den Artikeln 55 und 56 nimmt das Amt die technische Prüfung dieser Sorten so weit wie möglich auf der Grundlage der verfügbaren Ergebnisse von Verfahren zur Erteilung eines nationalen Sortenschutzes im Einvernehmen mit der Behörde vor, bei der das betreffende Verfahren stattgefunden hat.

(4) Wurde ein gemeinschaftlicher Sortenschutz gemäß Absatz 1 oder 2 erteilt, so

– gilt Artikel 13 Absatz 5 Buchstabe a) nicht in bezug auf im wesentlichen abgeleitete Sorten, deren Bestehen vor dem Zeitpunkt des Inkrafttretens dieser Verordnung in der Gemeinschaft allgemein bekannt war;
– ist Artikel 14 Absatz 3 vierter Gedankenstrich nicht auf Landwirte anwendbar, die eine eingeführte Sorte im Einklang mit Artikel 14 Absatz 1 weiterhin verwenden, wenn sie die Sorte bereits vor Inkrafttreten dieser Verordnung zu den in Artikel 14 Absatz 1 genannten Zwecken ohne Entschädigungszahlung verwendet haben; diese Bestimmung gilt bis zum 30. Juni des siebten auf das Jahr des Inkrafttretens dieser Verordnung folgenden Jahres. Vor diesem Zeitpunkt wird die Kommission einen Bericht über die Lage jeder einzelnen eingeführten Sorte vorlegen. Der vorstehend genannte Zeitraum kann im Rahmen der Durchführungsvorschriften nach Artikel 114 verlängert werden, sofern der von der Kommission vorgelegte Bericht dies rechtfertigt;
– gelten die Bestimmungen von Artikel 16 unbeschadet der Rechte aufgrund eines nationalen Schutzes sinngemäß für Handlungen, die Material betreffen, das vom Züchter selbst oder mit seiner Zustimmung vor dem Zeitpunkt des Inkrafttretens dieser Verordnung an Dritte abgegeben wurde, sowie für Handlungen, die von Personen ausgeführt wurden, die bereits vor diesem Zeitpunkt solche Handlungen vorgenommen oder dazu wirkliche und ernsthafte Vorkehrungen getroffen haben.
  Haben solche früheren Handlungen eine weitere Vermehrung beinhaltet, die im Sinne von Artikel 16 Buchstabe a) beabsichtigt war, so ist die Genehmigung des Inhabers für eine weitere Vermehrung nach Ablauf des zweiten Jahres, bei Sorten von Reben und Baumarten nach Ablauf des vierten Jahres nach dem Zeitpunkt des Inkrafttretens dieser Verordnung erforderlich.
– Abweichend von Artikel 19 verringert sich die Dauer des gemeinschaftlichen Sortenschutzes

– im Fall von Absatz 1 um den längsten Zeitraum, in dem entsprechend den Ergebnissen des Verfahrens zur Erteilung des gemeinschaftlichen Sortenschutzes Sortenbestandteile oder Sortenerntegut vom Züchter selbst oder mit seiner Zustimmung im Gebiet der Gemeinschaft verkauft oder auf andere Weise zur Nutzung der Sorte an andere abgegeben wurden;

– im Fall von Absatz 2 um den längsten Zeitraum, in dem ein nationaler Sortenschutz bestand;

keinesfalls jedoch um mehr als fünf Jahre.

Art. 117 Übergangsbestimmungen. Das Amt ist so rechtzeitig zu errichten, daß es vom 27. April 1995 an die ihm nach dieser Verordnung obliegenden Aufgaben vollständig wahrnehmen kann.

Art. 118 Inkrafttreten. (1) Diese Verordnung tritt am Tag ihrer Veröffentlichung[1] im *Amtsblatt der Europäischen Gemeinschaften* in Kraft.

(2) Die Artikel 1, 2, 3 und 5 bis 29 sowie 49 bis 106 gelten ab dem 27. April 1995.

Diese Verordnung ist in allen ihren Teilen verbindlich und gilt unmittelbar in jedem Mitgliedstaat.

---

[1] Veröffentlicht am 1.9.1994.

40. Gesetz über den rechtlichen Schutz von Design (Designgesetz – DesignG)

In der Fassung der Bekanntmachung vom 24. Februar 2014[1)]
(BGBl. I S. 122)

FNA 442-5

zuletzt geänd. durch Art. 15 G zur Änd. des BundesversorgungsG und anderer Vorschriften v. 17.7. 2017 (BGBl. I S. 2541)

Inhaltsübersicht

[1)] Neubekanntmachung des GeschmacksmusterG v. 12.3.2004 (BGBl. I S. 390) in der ab 1.1.2014 geltenden Fassung.

Abschnitt 1. Schutzvoraussetzungen

§ 1 Begriffsbestimmungen. Im Sinne dieses Gesetzes

1. ist ein Design die zweidimensionale oder dreidimensionale Erscheinungsform eines ganzen Erzeugnisses oder eines Teils davon, die sich insbesondere aus den Merkmalen der Linien, Konturen, Farben, der Gestalt, Oberflächenstruktur oder der Werkstoffe des Erzeugnisses selbst oder seiner Verzierung ergibt;
2. ist ein Erzeugnis jeder industrielle oder handwerkliche Gegenstand, einschließlich Verpackung, Ausstattung, grafischer Symbole und typografischer Schriftzeichen sowie von Einzelteilen, die zu einem komplexen Erzeugnis zusammengebaut werden sollen; ein Computerprogramm gilt nicht als Erzeugnis;
3. ist ein komplexes Erzeugnis ein Erzeugnis aus mehreren Bauelementen, die sich ersetzen lassen, so dass das Erzeugnis auseinander- und wieder zusammengebaut werden kann;
4. ist eine bestimmungsgemäße Verwendung die Verwendung durch den Endbenutzer, ausgenommen Maßnahmen der Instandhaltung, Wartung oder Reparatur;
5. gilt als Rechtsinhaber der in das Register eingetragene Inhaber des eingetragenen Designs.

§ 2 Designschutz. (1) Als eingetragenes Design wird ein Design geschützt, das neu ist und Eigenart hat.

(2) [1] Ein Design gilt als neu, wenn vor dem Anmeldetag kein identisches Design offenbart worden ist. [2] Designs gelten als identisch, wenn sich ihre Merkmale nur in unwesentlichen Einzelheiten unterscheiden.

(3) [1] Ein Design hat Eigenart, wenn sich der Gesamteindruck, den es beim informierten Benutzer hervorruft, von dem Gesamteindruck unterscheidet, den ein anderes Design bei diesem Benutzer hervorruft, das vor dem Anmeldetag offenbart worden ist. [2] Bei der Beurteilung der Eigenart wird der Grad der Gestaltungsfreiheit des Entwerfers bei der Entwicklung des Designs berücksichtigt.

§ 3 Ausschluss vom Designschutz. (1) Vom Designschutz ausgeschlossen sind

1. Erscheinungsmerkmale von Erzeugnissen, die ausschließlich durch deren technische Funktion bedingt sind;
2. Erscheinungsmerkmale von Erzeugnissen, die zwangsläufig in ihrer genauen Form und ihren genauen Abmessungen nachgebildet werden müssen, damit das Erzeugnis, in das das Design aufgenommen oder bei dem es verwendet wird, mit einem anderen Erzeugnis mechanisch zusammengebaut oder verbunden oder in diesem, an diesem oder um dieses herum angebracht werden kann, so dass beide Erzeugnisse ihre Funktion erfüllen;

3. Designs, die gegen die öffentliche Ordnung oder gegen die guten Sitten verstoßen;
4. Designs, die eine missbräuchliche Benutzung eines der in Artikel 6ter der Pariser Verbandsübereinkunft zum Schutz des gewerblichen Eigentums[1)] aufgeführten Zeichen oder von sonstigen Abzeichen, Emblemen und Wappen von öffentlichem Interesse darstellen.

(2) Erscheinungsmerkmale im Sinne von Absatz 1 Nummer 2 sind vom Designschutz nicht ausgeschlossen, wenn sie dem Zweck dienen, den Zusammenbau oder die Verbindung einer Vielzahl von untereinander austauschbaren Teilen innerhalb eines Bauteilesystems zu ermöglichen.

§ 4 Bauelemente komplexer Erzeugnisse. Ein Design, das bei einem Erzeugnis, das Bauelement eines komplexen Erzeugnisses ist, benutzt oder in dieses Erzeugnis eingefügt wird, gilt nur dann als neu und hat nur dann Eigenart, wenn das Bauelement, das in ein komplexes Erzeugnis eingefügt ist, bei dessen bestimmungsgemäßer Verwendung sichtbar bleibt und diese sichtbaren Merkmale des Bauelements selbst die Voraussetzungen der Neuheit und Eigenart erfüllen.

§ 5 Offenbarung. [1] Ein Design ist offenbart, wenn es bekannt gemacht, ausgestellt, im Verkehr verwendet oder auf sonstige Weise der Öffentlichkeit zugänglich gemacht wurde, es sei denn, dass dies den in der Gemeinschaft tätigen Fachkreisen des betreffenden Sektors im normalen Geschäftsverlauf vor dem Anmeldetag des Designs nicht bekannt sein konnte. [2] Ein Design gilt nicht als offenbart, wenn es einem Dritten lediglich unter der ausdrücklichen oder stillschweigenden Bedingung der Vertraulichkeit bekannt gemacht wurde.

§ 6 Neuheitsschonfrist. [1] Eine Offenbarung bleibt bei der Anwendung des § 2 Absatz 2 und 3 unberücksichtigt, wenn ein Design während der zwölf Monate vor dem Anmeldetag durch den Entwerfer oder seinen Rechtsnachfolger oder durch einen Dritten als Folge von Informationen oder Handlungen des Entwerfers oder seines Rechtsnachfolgers der Öffentlichkeit zugänglich gemacht wurde. [2] Dasselbe gilt, wenn das Design als Folge einer missbräuchlichen Handlung gegen den Entwerfer oder seinen Rechtsnachfolger offenbart wurde.

Abschnitt 2. Berechtigte

§ 7 Recht auf das eingetragene Design. (1) [1] Das Recht auf das eingetragene Design steht dem Entwerfer oder seinem Rechtsnachfolger zu. [2] Haben mehrere Personen gemeinsam ein Design entworfen, so steht ihnen das Recht auf das eingetragene Design gemeinschaftlich zu.

(2) Wird ein Design von einem Arbeitnehmer in Ausübung seiner Aufgaben oder nach den Weisungen seines Arbeitgebers entworfen, so steht das Recht an dem eingetragenen Design dem Arbeitgeber zu, sofern vertraglich nichts anderes vereinbart wurde.

§ 8 Formelle Berechtigung. Anmelder und Rechtsinhaber gelten in Verfahren, die ein eingetragenes Design betreffen, als berechtigt und verpflichtet.

---

1) Nr. **60**.

§ 9 Ansprüche gegenüber Nichtberechtigten. (1) [1] Ist ein eingetragenes Design auf den Namen eines nicht nach § 7 Berechtigten eingetragen, kann der Berechtigte unbeschadet anderer Ansprüche die Übertragung des eingetragenen Designs oder die Einwilligung in dessen Löschung verlangen. [2] Soweit in die Löschung eingewilligt wird, gelten die Schutzwirkungen des eingetragenen Designs in diesem Umfang als von Anfang an nicht eingetreten. [3] Wer von mehreren Berechtigten nicht als Rechtsinhaber eingetragen ist, kann die Einräumung seiner Mitinhaberschaft verlangen.

(2) [1] Die Ansprüche nach Absatz 1 können nur innerhalb einer Ausschlussfrist von drei Jahren ab Bekanntmachung des eingetragenen Designs durch Klage geltend gemacht werden. [2] Das gilt nicht, wenn der Rechtsinhaber bei der Anmeldung oder bei einer Übertragung des eingetragenen Designs bösgläubig war.

(3) [1] Bei einem vollständigen Wechsel der Rechtsinhaberschaft nach Absatz 1 Satz 1 erlöschen mit der Eintragung des Berechtigten in das Register Lizenzen und sonstige Rechte. [2] Wenn der frühere Rechtsinhaber oder ein Lizenznehmer das eingetragene Design verwertet oder dazu tatsächliche und ernsthafte Anstalten getroffen hat, kann er diese Verwertung fortsetzen, wenn er bei dem neuen Rechtsinhaber innerhalb einer Frist von einem Monat nach dessen Eintragung eine einfache Lizenz beantragt. [3] Die Lizenz ist für einen angemessenen Zeitraum zu angemessenen Bedingungen zu gewähren. [4] Die Sätze 2 und 3 finden keine Anwendung, wenn der Rechtsinhaber oder der Lizenznehmer zu dem Zeitpunkt, als er mit der Verwertung begonnen oder Anstalten dazu getroffen hat, bösgläubig war.

(4) Die Einleitung eines gerichtlichen Verfahrens gemäß Absatz 2, die rechtskräftige Entscheidung in diesem Verfahren sowie jede andere Beendigung dieses Verfahrens und jede Änderung der Rechtsinhaberschaft als Folge dieses Verfahrens werden in das Register für eingetragene Designs (Register) eingetragen.

§ 10 Entwerferbenennung. [1] Der Entwerfer hat gegenüber dem Anmelder oder dem Rechtsinhaber das Recht, im Verfahren vor dem Deutschen Patent- und Markenamt und im Register als Entwerfer benannt zu werden. [2] Wenn das Design das Ergebnis einer Gemeinschaftsarbeit ist, kann jeder einzelne Entwerfer seine Nennung verlangen.

Abschnitt 3. Eintragungsverfahren

§ 11 Anmeldung. (1) [1] Die Anmeldung zur Eintragung eines Designs in das Register ist beim Deutschen Patent- und Markenamt einzureichen. [2] Die Anmeldung kann auch über ein Patentinformationszentrum eingereicht werden, wenn diese Stelle durch Bekanntmachung des Bundesministeriums der Justiz und für Verbraucherschutz im Bundesgesetzblatt dazu bestimmt ist, Designanmeldungen entgegenzunehmen.

(2) [1] Die Anmeldung muss enthalten:

1. einen Antrag auf Eintragung,
2. Angaben, die es erlauben, die Identität des Anmelders festzustellen und
3. eine zur Bekanntmachung geeignete Wiedergabe des Designs.

[2]Wird ein Antrag nach § 21 Absatz 1 Satz 1 gestellt, kann die Wiedergabe durch einen flächenmäßigen Designabschnitt ersetzt werden.

(3) Die Anmeldung muss eine Angabe der Erzeugnisse enthalten, in die das Design aufgenommen oder bei denen es verwendet werden soll.

(4) Die Anmeldung muss den weiteren Anmeldungserfordernissen entsprechen, die in einer Rechtsverordnung nach § 26 bestimmt worden sind.

(5) Die Anmeldung kann zusätzlich enthalten:

1. eine Beschreibung zur Erläuterung der Wiedergabe,
2. einen Antrag auf Aufschiebung der Bildbekanntmachung nach § 21 Absatz 1 Satz 1,
3. ein Verzeichnis mit der Warenklasse oder den Warenklassen, in die das Design einzuordnen ist,
4. die Angabe des Entwerfers oder der Entwerfer,
5. die Angabe eines Vertreters.

(6) Die Angaben nach den Absätzen 3 und 5 Nummer 3 haben keinen Einfluss auf den Schutzumfang des eingetragenen Designs.

(7) Der Anmelder kann die Anmeldung jederzeit zurücknehmen.

§ 12 Sammelanmeldung. (1) [1]Mehrere Designs können in einer Anmeldung zusammengefasst werden (Sammelanmeldung). [2]Die Sammelanmeldung darf nicht mehr als 100 Designs umfassen.

(2) [1]Der Anmelder kann eine Sammelanmeldung durch Erklärung gegenüber dem Deutschen Patent- und Markenamt teilen. [2]Die Teilung lässt den Anmeldetag unberührt. [3]Ist die Summe der Gebühren, die nach dem Patentkostengesetz[1)] für jede Teilanmeldung zu entrichten wären, höher als die gezahlten Anmeldegebühren, so ist der Differenzbetrag nachzuentrichten.

§ 13 Anmeldetag. (1) Der Anmeldetag eines Designs ist der Tag, an dem die Unterlagen mit den Angaben nach § 11 Absatz 2

1. beim Deutschen Patent- und Markenamt
2. oder, wenn diese Stelle durch Bekanntmachung des Bundesministeriums der Justiz und für Verbraucherschutz im Bundesgesetzblatt dazu bestimmt ist, bei einem Patentinformationszentrum

eingegangen sind.

(2) Wird wirksam eine Priorität nach § 14 oder § 15 in Anspruch genommen, tritt bei der Anwendung der §§ 2 bis 6, 12 Absatz 2 Satz 2, § 21 Absatz 1 Satz 1, § 33 Absatz 2 Nummer 2 und § 41 der Prioritätstag an die Stelle des Anmeldetages.

§ 14 Ausländische Priorität. (1) [1]Wer nach einem Staatsvertrag die Priorität einer früheren ausländischen Anmeldung desselben Designs in Anspruch nimmt, hat vor Ablauf des 16. Monats nach dem Prioritätstag Zeit, Land und Aktenzeichen der früheren Anmeldung anzugeben und eine Abschrift der früheren Anmeldung einzureichen. [2]Innerhalb der Frist können die Angaben geändert werden.

---

1) Nr. **13**.

(2) Ist die frühere Anmeldung in einem Staat eingereicht worden, mit dem kein Staatsvertrag über die Anerkennung der Priorität besteht, so kann der Anmelder ein dem Prioritätsrecht nach der Pariser Verbandsübereinkunft[1] entsprechendes Prioritätsrecht in Anspruch nehmen, soweit nach einer Bekanntmachung des Bundesministeriums der Justiz und für Verbraucherschutz im Bundesgesetzblatt der andere Staat auf Grund einer ersten Anmeldung beim Deutschen Patent- und Markenamt ein Prioritätsrecht gewährt, das nach Voraussetzungen und Inhalt dem Prioritätsrecht nach der Pariser Verbandsübereinkunft[1] vergleichbar ist; Absatz 1 ist anzuwenden.

(3) [1] Werden die Angaben nach Absatz 1 rechtzeitig gemacht und wird die Abschrift rechtzeitig eingereicht, so trägt das Deutsche Patent- und Markenamt die Priorität in das Register ein. [2] Hat der Anmelder eine Priorität erst nach der Bekanntmachung der Eintragung eines Designs in Anspruch genommen oder Angaben geändert, wird die Bekanntmachung insofern nachgeholt. [3] Werden die Angaben nach Absatz 1 nicht rechtzeitig gemacht oder wird die Abschrift nicht rechtzeitig eingereicht, so gilt die Erklärung über die Inanspruchnahme der Priorität als nicht abgegeben. [4] Das Deutsche Patent- und Markenamt stellt dies fest.

§ 15 Ausstellungspriorität. (1) Hat der Anmelder ein Design

1. auf einer amtlichen oder amtlich anerkannten internationalen Ausstellung im Sinne des am 22. November 1928 in Paris unterzeichneten Abkommens über internationale Ausstellungen oder
2. auf einer sonstigen inländischen oder ausländischen Ausstellung

zur Schau gestellt, kann er, wenn er die Anmeldung innerhalb einer Frist von sechs Monaten seit der erstmaligen Zurschaustellung einreicht, von diesem Tag an ein Prioritätsrecht in Anspruch nehmen.

(2) Die in Absatz 1 Nummer 1 bezeichneten Ausstellungen werden vom Bundesministerium der Justiz und für Verbraucherschutz im Bundesanzeiger bekanntgemacht.

(3) Die Ausstellungen im Sinne des Absatzes 1 Nummer 2 werden im Einzelfall vom Bundesministerium der Justiz und für Verbraucherschutz bestimmt und im Bundesanzeiger bekanntgemacht.

(4) [1] Wer eine Priorität nach Absatz 1 in Anspruch nimmt, hat vor Ablauf des 16. Monats nach dem Tag der erstmaligen Zurschaustellung des Designs diesen Tag und die Ausstellung anzugeben sowie einen Nachweis für die Zurschaustellung einzureichen. [2] § 14 Absatz 3 gilt entsprechend.

(5) Die Ausstellungspriorität nach Absatz 1 verlängert die Prioritätsfristen nach § 14 Absatz 1 nicht.

§ 16 Prüfung der Anmeldung. (1) Das Deutsche Patent- und Markenamt prüft, ob

1. die Anmeldegebühren nach § 5 Absatz 1 Satz 1 des Patentkostengesetzes[2] und
2. die Voraussetzungen für die Zuerkennung des Anmeldetages nach § 11 Absatz 2 vorliegen und

---

[1] Nr. **60**.
[2] Nr. **13**.

3. die Anmeldung den sonstigen Anmeldungserfordernissen entspricht.

(2) [1] Werden bei nicht ausreichender Gebührenzahlung innerhalb einer vom Deutschen Patent- und Markenamt gesetzten Frist die Anmeldegebühren für eine Sammelanmeldung nicht in ausreichender Menge nachgezahlt oder wird vom Anmelder keine Bestimmung darüber getroffen, welche Designs durch den gezahlten Gebührenbetrag gedeckt werden sollen, so bestimmt das Deutsche Patent- und Markenamt, welche Designs berücksichtigt werden. [2] Im Übrigen gilt die Anmeldung als zurückgenommen. [3] Das Deutsche Patent- und Markenamt stellt dies fest.

(3) [1] Das Deutsche Patent- und Markenamt fordert bei Mängeln nach Absatz 1 Nummer 2 und 3 den Anmelder auf, innerhalb einer bestimmten Frist die festgestellten Mängel zu beseitigen. [2] Kommt der Anmelder der Aufforderung des Deutschen Patent- und Markenamts nach, so erkennt das Deutsche Patent- und Markenamt bei Mängeln nach Absatz 1 Nummer 2 als Anmeldetag nach § 13 Absatz 1 den Tag an, an dem die festgestellten Mängel beseitigt werden. [3] Werden die Mängel nicht fristgerecht beseitigt, so weist das Deutsche Patent- und Markenamt die Anmeldung durch Beschluss zurück.

§ 17 Weiterbehandlung der Anmeldung. (1) Ist nach Versäumung einer vom Deutschen Patent- und Markenamt bestimmten Frist die Designanmeldung zurückgewiesen worden, so wird der Beschluss über die Zurückweisung wirkungslos, ohne dass es seiner ausdrücklichen Aufhebung bedarf, wenn der Anmelder die Weiterbehandlung der Anmeldung beantragt und die versäumte Handlung nachholt.

(2) [1] Der Antrag zur Weiterbehandlung ist innerhalb einer Frist von einem Monat nach Zustellung des Beschlusses über die Zurückweisung der Designanmeldung einzureichen. [2] Die versäumte Handlung ist innerhalb dieser Frist nachzuholen.

(3) Gegen die Versäumung der Frist nach Absatz 2 und der Frist zur Zahlung der Weiterbehandlungsgebühr nach § 6 Absatz 1 Satz 1 des Patentkostengesetzes[1)] ist eine Wiedereinsetzung nicht gegeben.

(4) Über den Antrag beschließt die Stelle, die über die nachgeholte Handlung zu beschließen hat.

§ 18 Eintragungshindernisse. Ist der Gegenstand der Anmeldung kein Design im Sinne des § 1 Nummer 1 oder ist ein Design nach § 3 Absatz 1 Nummer 3 oder Nummer 4 vom Designschutz ausgeschlossen, so weist das Deutsche Patent- und Markenamt die Anmeldung zurück.

§ 19 Führung des Registers, Eintragung und Designinformation.

(1) Das Register für eingetragene Designs wird vom Deutschen Patent- und Markenamt geführt.

(2) Das Deutsche Patent- und Markenamt trägt die eintragungspflichtigen Angaben des Anmelders in das Register ein, ohne dessen Berechtigung zur Anmeldung und die Richtigkeit der in der Anmeldung gemachten Angaben zu prüfen, und bestimmt, welche Warenklassen einzutragen sind.

[1)] Nr. **13**.

(3) [1] Zur weiteren Verarbeitung oder Nutzung zu Zwecken der Designinformation kann das Deutsche Patent- und Markenamt die in das Register eingetragenen Angaben an Dritte in elektronischer Form übermitteln. [2] Die Übermittlung erfolgt nicht, soweit die Einsicht nach § 22 Absatz 3 ausgeschlossen ist.

§ 20 Bekanntmachung. (1) [1] Die Eintragung in das Register wird mit einer Wiedergabe des eingetragenen Designs durch das Deutsche Patent- und Markenamt bekannt gemacht. [2] Sie erfolgt ohne Gewähr für die Vollständigkeit der Abbildung und die Erkennbarkeit der Erscheinungsmerkmale des Designs.

(2) Die Bekanntmachung kann in elektronischer Form erfolgen.

§ 21 Aufschiebung der Bekanntmachung. (1) [1] Mit der Anmeldung kann für die Wiedergabe die Aufschiebung der Bekanntmachung um 30 Monate ab dem Anmeldetag beantragt werden. [2] Wird der Antrag gestellt, so beschränkt sich die Bekanntmachung auf die Eintragung des Designs in das Register.

(2) [1] Der Schutz kann auf die Schutzdauer nach § 27 Absatz 2 erstreckt werden, wenn der Rechtsinhaber innerhalb der Aufschiebungsfrist die Erstreckungsgebühr nach § 5 Absatz 1 Satz 1 des Patentkostengesetzes[1)] entrichtet. [2] Sofern von der Möglichkeit des § 11 Absatz 2 Satz 2 Gebrauch gemacht worden ist, ist innerhalb der Aufschiebungsfrist auch eine Wiedergabe des Designs einzureichen.

(3) Die Bekanntmachung mit der Wiedergabe nach § 20 wird unter Hinweis auf die Bekanntmachung nach Absatz 1 Satz 2 bei Ablauf der Aufschiebungsfrist oder auf Antrag auch zu einem früheren Zeitpunkt nachgeholt.

(4) [1] Die Schutzdauer endet mit dem Ablauf der Aufschiebungsfrist, wenn der Schutz nicht nach Absatz 2 erstreckt wird. [2] Bei eingetragenen Designs, die auf Grund einer Sammelanmeldung eingetragen worden sind, kann die nachgeholte Bekanntmachung auf einzelne eingetragene Designs beschränkt werden.

§ 22 Einsichtnahme in das Register. (1) [1] Die Einsicht in das Register steht jedermann frei. [2] Das Recht, die Wiedergabe eines eingetragenen Designs und die vom Deutschen Patent- und Markenamt über das eingetragene Design geführten Akten einzusehen, besteht, wenn

1. die Wiedergabe bekannt gemacht worden ist,
2. der Anmelder oder Rechtsinhaber seine Zustimmung erteilt hat oder
3. ein berechtigtes Interesse glaubhaft gemacht wird.

(2) Die Einsicht in die Akten nach Absatz 1 Satz 2 kann bei elektronisch geführten Akten auch über das Internet gewährt werden.

(3) Die Akteneinsicht nach den Absätzen 1 und 2 ist ausgeschlossen, soweit eine Rechtsvorschrift entgegensteht oder soweit das schutzwürdige Interesse der betroffenen Person im Sinne des Artikels 4 Nummer 1 der Verordnung (EU) 2016/679 des Europäischen Parlaments und des Rates vom 27. April 2016 zum Schutz natürlicher Personen bei der Verarbeitung personenbezogener Daten, zum freien Datenverkehr und zur Aufhebung der Richtlinie 95/46/EG (Datenschutz-Grundverordnung) (ABl. L 119 vom 4.5.2016, S. 1; L 314

[1)] Nr. **13**.

vom 22.11.2016, S. 72) in der jeweils geltenden Fassung offensichtlich überwiegt.

§ 22a Datenschutz. [1] Soweit personenbezogene Daten im Register oder in öffentlich zugänglichen elektronischen Informationsdiensten des Deutschen Patent- und Markenamtes enthalten sind, bestehen nicht

1. die Rechte auf Auskunft gemäß Artikel 15 Absatz 1 Buchstabe c der Verordnung (EU) 2016/679,
2. die Mitteilungspflicht gemäß Artikel 19 Satz 2 der Verordnung (EU) 2016/679 und
3. das Recht auf Widerspruch gemäß Artikel 21 Absatz 1 der Verordnung (EU) 2016/679.

[2] Das Recht auf Erhalt einer Kopie nach Artikel 15 Absatz 3 der Verordnung (EU) 2016/679 wird dadurch erfüllt, dass die betroffene Person Einsicht in das Register oder in öffentlich zugängliche elektronische Informationsdienste des Deutschen Patent- und Markenamtes nehmen kann.

§ 23 Verfahrensvorschriften, Beschwerde und Rechtsbeschwerde.

(1) [1] Im Deutschen Patent- und Markenamt werden zur Durchführung der Verfahren in Designangelegenheiten eine oder mehrere Designstellen und Designabteilungen gebildet. [2] Die Designstellen sind für die Entscheidungen im Verfahren nach diesem Gesetz mit Ausnahme des Nichtigkeitsverfahrens nach § 34a zuständig und sind mit einem rechtskundigen Mitglied im Sinne des § 26 Absatz 2 Satz 2 des Patentgesetzes[1)] zu besetzen. [3] § 47 des Patentgesetzes[1)] gilt entsprechend.

(2) [1] Im Nichtigkeitsverfahren nach § 34a beschließt eine der Designabteilungen des Deutschen Patent- und Markenamts, die jeweils mit drei rechtskundigen Mitgliedern im Sinne des § 26 Absatz 2 Satz 2 des Patentgesetzes[1)] zu besetzen sind. [2] Wirft die Sache besondere technische Fragen auf, so soll ein technisches Mitglied im Sinne des § 26 Absatz 2 Satz 2 des Patentgesetzes[1)] hinzugezogen werden. [3] Über die Zuziehung eines technischen Mitglieds entscheidet der Vorsitzende der zuständigen Designabteilung durch nicht selbständig anfechtbaren Beschluss.

(3) [1] Für die Ausschließung und Ablehnung der Mitglieder der Designstellen und der Designabteilungen gelten die §§ 41 bis 44, 45 Absatz 2 Satz 2 und die §§ 47 bis 49 der Zivilprozessordnung über die Ausschließung und Ablehnung der Gerichtspersonen entsprechend. [2] Über das Ablehnungsgesuch entscheidet, soweit es einer Entscheidung bedarf, ein anderes rechtskundiges Mitglied des Deutschen Patent- und Markenamts, das der Präsident oder die Präsidentin des Deutschen Patent- und Markenamts allgemein für Entscheidungen dieser Art bestimmt hat. [3] § 123 Absatz 1 bis 5 und 7 und die §§ 124, 126 bis 128a des Patentgesetzes[1)] sind entsprechend anzuwenden.

(4) [1] Gegen die Beschlüsse des Deutschen Patent- und Markenamts im Verfahren nach diesem Gesetz findet die Beschwerde an das Bundespatentgericht statt. [2] Über die Beschwerde entscheidet ein Beschwerdesenat des Bundespatentgerichts in der Besetzung mit drei rechtskundigen Mitgliedern. [3] Absatz 2 Satz 2 und 3 gilt mit der Maßgabe, dass der Beschwerdesenat in der Besetzung

---

[1)] Nr. **10**.

mit drei rechtskundigen Mitgliedern durch unanfechtbaren Beschluss über die Erweiterung des Spruchkörpers entscheidet; auf eine erfolgte oder unterlassene Spruchkörpererweiterung findet § 100 Absatz 3 Nummer 1 des Patentgesetzes[1)] keine Anwendung. [4]Die §§ 69, 70 Absatz 2, § 73 Absatz 2 bis 4, § 74 Absatz 1, § 75 Absatz 1, die §§ 76 bis 80 und 86 bis 99, 123 Absatz 1 bis 5 und 7 und die §§ 124, 126 bis 128b des Patentgesetzes[1)] gelten entsprechend. [5]Im Beschwerdeverfahren gegen Beschlüsse, die im Nichtigkeitsverfahren nach § 34a ergangen sind, gilt § 84 Absatz 2 Satz 2 und 3 des Patentgesetzes[1)] entsprechend.

(5) [1]Gegen die Beschlüsse des Beschwerdesenats über eine Beschwerde nach Absatz 2 findet die Rechtsbeschwerde an den Bundesgerichtshof statt, wenn der Beschwerdesenat die Rechtsbeschwerde zugelassen hat. [2]§ 100 Absatz 2 und 3, die §§ 101 bis 109, 123 Absatz 1 bis 5 und 7 sowie die §§ 124 und 128b des Patentgesetzes[1)] finden entsprechende Anwendung.

§ 24 Verfahrenskostenhilfe. [1]In Verfahren nach § 23 Absatz 1 erhält der Anmelder auf Antrag unter entsprechender Anwendung der §§ 114 bis 116 der Zivilprozessordnung Verfahrenskostenhilfe, wenn hinreichende Aussicht auf Eintragung des Designs in das Register besteht. [2]Auf Antrag ist einem Beteiligten im Verfahren nach § 34a unter entsprechender Anwendung des § 132 Absatz 2 des Patentgesetzes[1)] Verfahrenskostenhilfe zu gewähren. [3]Auf Antrag des Rechtsinhabers kann Verfahrenskostenhilfe auch für die Kosten der Erstreckung des Schutzes nach § 21 Absatz 2 Satz 1 und für die Aufrechterhaltungsgebühren nach § 28 Absatz 1 Satz 1 gewährt werden. [4]§ 130 Absatz 2 und 3 sowie die §§ 133 bis 138 des Patentgesetzes[1)] finden entsprechende Anwendung.

§ 25 Elektronische Verfahrensführung, Verordnungsermächtigung.

(1) Soweit in Verfahren vor dem Deutschen Patent- und Markenamt für Anmeldungen, Anträge oder sonstige Handlungen die Schriftform vorgesehen ist, gelten die Regelungen des § 130a Absatz 1, 2 Satz 1, Absatz 5 und 6 der Zivilprozessordnung entsprechend.

(2) [1]Die Prozessakten des Bundespatentgerichts und des Bundesgerichtshofs können elektronisch geführt werden. [2]Die Vorschriften der Zivilprozessordnung über elektronische Dokumente, die elektronische Akte und die elektronische Verfahrensführung im Übrigen gelten entsprechend, soweit sich aus diesem Gesetz nichts anderes ergibt.

(3) Das Bundesministerium der Justiz und für Verbraucherschutz bestimmt durch Rechtsverordnung ohne Zustimmung des Bundesrates

1. den Zeitpunkt, von dem an elektronische Dokumente bei dem Deutschen Patent- und Markenamt und den Gerichten eingereicht werden können, die für die Bearbeitung der Dokumente geeignete Form, ob eine elektronische Signatur zu verwenden ist und wie diese Signatur beschaffen ist;
2. den Zeitpunkt, von dem an die Prozessakten nach Absatz 2 elektronisch geführt werden können, sowie die hierfür geltenden organisatorisch-technischen Rahmenbedingungen für die Bildung, Führung und Aufbewahrung der elektronischen Prozessakten.

[1)] Nr. **10**.

§ 26 Verordnungsermächtigungen. (1) Das Bundesministerium der Justiz und für Verbraucherschutz regelt durch Rechtsverordnung, die nicht der Zustimmung des Bundesrates bedarf,

1. die Einrichtung und den Geschäftsgang des Deutschen Patent- und Markenamts sowie die Form des Verfahrens in Designangelegenheiten, soweit nicht durch Gesetz Bestimmungen darüber getroffen sind,
2. die Form und die sonstigen Erfordernisse der Anmeldung und der Wiedergabe des Designs,
3. die zulässigen Abmessungen eines nach § 11 Absatz 2 Satz 2 der Anmeldung beigefügten Designabschnitts,
4. den Inhalt und Umfang einer der Anmeldung beigefügten Beschreibung zur Erläuterung der Wiedergabe,
5. die Einteilung der Warenklassen,
6. die Führung und Gestaltung des Registers einschließlich der in das Register einzutragenden Tatsachen sowie die Einzelheiten der Bekanntmachung,
7. die Behandlung der einer Anmeldung zur Wiedergabe des eingetragenen Designs beigefügten Erzeugnisse nach Löschung der Eintragung in das Register,
8. das Verfahren beim Deutschen Patent- und Markenamt für den Schutz von Designs nach dem Haager Abkommen und
9. das Verfahren vor dem Deutschen Patent- und Markenamt zur Feststellung oder Erklärung der Nichtigkeit eines eingetragenen Designs nach § 34a.

(2) [1] Das Bundesministerium der Justiz und für Verbraucherschutz wird ermächtigt, durch Rechtsverordnung, die nicht der Zustimmung des Bundesrates bedarf, Beamte des gehobenen und mittleren Dienstes sowie vergleichbare Angestellte mit der Wahrnehmung von Geschäften im Verfahren in Registersachen zu betrauen, die ihrer Art nach keine besonderen rechtlichen Schwierigkeiten bieten. [2] Ausgeschlossen davon sind jedoch

1. die Zurückweisung nach § 18 und die Verweigerung des Schutzes einer internationalen Eintragung nach § 69,
2. die Entscheidungen im Nichtigkeitsverfahren nach § 34a und
3. die Abhilfe oder Vorlage der Beschwerde (§ 23 Absatz 4 Satz 4) gegen einen Beschluss im Verfahren nach diesem Gesetz.

(3) Für die Ausschließung und Ablehnung einer nach Maßgabe des Absatzes 2 Satz 1 betrauten Person findet § 23 Absatz 3 Satz 1 und 2 entsprechende Anwendung.

(4) Das Bundesministerium der Justiz und für Verbraucherschutz kann die Ermächtigungen nach den Absätzen 1 und 2 durch Rechtsverordnung, die nicht der Zustimmung des Bundesrates bedarf, ganz oder teilweise auf das Deutsche Patent- und Markenamt übertragen.

Abschnitt 4. Entstehung und Dauer des Schutzes

§ 27 Entstehung und Dauer des Schutzes. (1) Der Schutz entsteht mit der Eintragung in das Register.

(2) Die Schutzdauer des eingetragenen Designs beträgt 25 Jahre, gerechnet ab dem Anmeldetag.

§ 28 Aufrechterhaltung. (1) [1]Die Aufrechterhaltung des Schutzes wird durch Zahlung einer Aufrechterhaltungsgebühr jeweils für das 6. bis 10., 11. bis 15., 16. bis 20. und für das 21. bis 25. Jahr der Schutzdauer bewirkt. [2]Sie wird in das Register eingetragen und bekannt gemacht.

(2) Wird bei eingetragenen Designs, die auf Grund einer Sammelanmeldung eingetragen worden sind, die Aufrechterhaltungsgebühr ohne nähere Angaben nur für einen Teil der eingetragenen Designs gezahlt, so werden diese in der Reihenfolge der Anmeldung berücksichtigt.

(3) Wird der Schutz nicht aufrechterhalten, so endet die Schutzdauer.

Abschnitt 5. Eingetragenes Design als Gegenstand des Vermögens

§ 29 Rechtsnachfolge. (1) Das Recht an einem eingetragenen Design kann auf andere übertragen werden oder übergehen.

(2) Gehört das eingetragene Design zu einem Unternehmen oder zu einem Teil eines Unternehmens, so wird das eingetragene Design im Zweifel von der Übertragung oder dem Übergang des Unternehmens oder des Teils des Unternehmens, zu dem das eingetragene Design gehört, erfasst.

(3) Der Übergang des Rechts an dem eingetragenen Design wird auf Antrag des Rechtsinhabers oder des Rechtsnachfolgers in das Register eingetragen, wenn er dem Deutschen Patent- und Markenamt nachgewiesen wird.

§ 30 Dingliche Rechte, Zwangsvollstreckung, Insolvenzverfahren.

(1) Das Recht an einem eingetragenen Design kann

1. Gegenstand eines dinglichen Rechts sein, insbesondere verpfändet werden, oder
2. Gegenstand von Maßnahmen der Zwangsvollstreckung sein.

(2) Die in Absatz 1 Nummer 1 genannten Rechte oder die in Absatz 1 Nummer 2 genannten Maßnahmen werden auf Antrag eines Gläubigers oder eines anderen Berechtigten in das Register eingetragen, wenn sie dem Deutschen Patent- und Markenamt nachgewiesen werden.

(3) [1]Wird das Recht an einem eingetragenen Design durch ein Insolvenzverfahren erfasst, so wird das auf Antrag des Insolvenzverwalters oder auf Ersuchen des Insolvenzgerichts in das Register eingetragen. [2]Für den Fall der Mitinhaberschaft an einem eingetragenen Design findet Satz 1 auf den Anteil des Mitinhabers entsprechende Anwendung. [3]Im Fall der Eigenverwaltung (§ 270 der Insolvenzordnung) tritt der Sachwalter an die Stelle des Insolvenzverwalters.

§ 31 Lizenz. (1) [1]Der Rechtsinhaber kann Lizenzen für das gesamte Gebiet oder einen Teil des Gebiets der Bundesrepublik Deutschland erteilen. [2]Eine Lizenz kann ausschließlich oder nicht ausschließlich sein.

(2) Der Rechtsinhaber kann die Rechte aus dem eingetragenen Design gegen einen Lizenznehmer geltend machen, der hinsichtlich

1. der Dauer der Lizenz,
2. der Form der Nutzung des eingetragenen Designs,
3. der Auswahl der Erzeugnisse, für die die Lizenz erteilt worden ist,
4. des Gebiets, für das die Lizenz erteilt worden ist, oder

5. der Qualität der vom Lizenznehmer hergestellten Erzeugnisse

gegen eine Bestimmung des Lizenzvertrags verstößt.

(3) [1] Unbeschadet der Bestimmungen des Lizenzvertrags kann der Lizenznehmer ein Verfahren wegen Verletzung eines eingetragenen Designs nur mit Zustimmung des Rechtsinhabers anhängig machen. [2] Dies gilt nicht für den Inhaber einer ausschließlichen Lizenz, wenn der Rechtsinhaber, nachdem er dazu aufgefordert wurde, innerhalb einer angemessenen Frist nicht selbst ein Verletzungsverfahren anhängig macht.

(4) Jeder Lizenznehmer kann als Streitgenosse einer vom Rechtsinhaber erhobenen Verletzungsklage beitreten, um den Ersatz seines eigenen Schadens geltend zu machen.

(5) Die Rechtsnachfolge nach § 29 oder die Erteilung einer Lizenz im Sinne des Absatzes 1 berührt nicht Lizenzen, die Dritten vorher erteilt worden sind.

§ 32 Angemeldete Designs. Die Vorschriften dieses Abschnitts gelten entsprechend für die Rechte, die durch die Anmeldung von Designs begründet werden.

Abschnitt 6. Nichtigkeit und Löschung[1)]

§ 33 Nichtigkeit. (1) Ein eingetragenes Design ist nichtig, wenn

1. die Erscheinungsform des Erzeugnisses kein Design im Sinne des § 1 Nummer 1 ist,
2. das Design nicht neu ist oder keine Eigenart hat,
3. das Design vom Designschutz nach § 3 ausgeschlossen ist.

(2) Ein eingetragenes Design wird für nichtig erklärt, wenn

1. es eine unerlaubte Benutzung eines durch das Urheberrecht geschützten Werkes darstellt,
2. es in den Schutzumfang eines eingetragenen Designs mit älterem Zeitrang fällt, auch wenn dieses eingetragene Design erst nach dem Anmeldetag des für nichtig zu erklärenden eingetragenen Designs offenbart wurde,
3. in ihm ein Zeichen mit Unterscheidungskraft älteren Zeitrangs verwendet wird und der Inhaber des Zeichens berechtigt ist, die Verwendung zu untersagen.

(3) Die Nichtigkeit wird durch Beschluss des Deutschen Patent- und Markenamts oder durch Urteil auf Grund Widerklage im Verletzungsverfahren festgestellt oder erklärt.

(4) Die Schutzwirkungen der Eintragung eines Designs gelten mit Unanfechtbarkeit des Beschlusses des Deutschen Patent- und Markenamts oder der Rechtskraft des Urteils, mit dem die Nichtigkeit festgestellt oder erklärt wird, als von Anfang an nicht eingetreten.

(5) Die Nichtigkeit kann auch nach Beendigung der Schutzdauer des eingetragenen Designs oder nach einem Verzicht auf das eingetragene Design festgestellt oder erklärt werden.

---

1) Siehe hierzu Übergangsvorschriften in § 74 Abs. 2.

(6) [1] Der Inhaber des eingetragenen Designs kann in den Fällen der Nichtigkeit nach den Absätzen 1 und 2 durch Erklärung gegenüber dem Deutschen Patent- und Markenamt in die Löschung einwilligen. [2] Die Schutzwirkungen der Eintragung eines zu löschenden Designs gelten als von Anfang an nicht eingetreten.

§ 34 Antragsbefugnis. [1] Zur Stellung des Antrags auf Feststellung der Nichtigkeit nach § 33 Absatz 1 ist jedermann befugt. [2] Zur Stellung des Antrags auf Erklärung der Nichtigkeit nach § 33 Absatz 2 ist nur der Inhaber des betroffenen Rechts befugt. [3] Den Nichtigkeitsgrund gemäß § 33 Absatz 1 Nummer 3 in Verbindung mit § 3 Absatz 1 Nummer 4 kann nur derjenige geltend machen, der von der Benutzung betroffen ist; eine Geltendmachung von Amts wegen durch die zuständige Behörde bleibt unberührt.

§ 34a Nichtigkeitsverfahren vor dem Deutschen Patent- und Markenamt. (1) [1] Der Antrag ist schriftlich beim Deutschen Patent- und Markenamt einzureichen. [2] Die zur Begründung dienenden Tatsachen und Beweismittel sind anzugeben. [3] § 81 Absatz 6 und § 125 des Patentgesetzes[1)] gelten entsprechend. [4] Der Antrag ist unzulässig, soweit über denselben Streitgegenstand zwischen den Parteien durch unanfechtbaren Beschluss oder rechtskräftiges Urteil entschieden wurde.

(2) [1] Das Deutsche Patent- und Markenamt stellt dem Inhaber des eingetragenen Designs den Antrag zu und fordert ihn auf, sich innerhalb eines Monats nach Zustellung zu dem Antrag zu erklären. [2] Widerspricht der Inhaber dem Antrag nicht innerhalb dieser Frist, wird die Nichtigkeit festgestellt oder erklärt. [3] Soweit die Beteiligten das Verfahren in der Hauptsache für erledigt erklären oder der Antragsteller seinen Antrag zurücknimmt, wird das Verfahren durch Beschluss eingestellt; der Beschluss ist mit Ausnahme der Kostenentscheidung nach Absatz 5 unanfechtbar.

(3) [1] Wird dem Antrag rechtzeitig widersprochen, teilt das Deutsche Patent- und Markenamt dem Antragsteller den Widerspruch mit und trifft die zur Vorbereitung der Entscheidung erforderlichen Verfügungen. [2] Eine Anhörung findet statt, wenn ein Beteiligter dies beantragt oder das Deutsche Patent- und Markenamt dies für sachdienlich erachtet. [3] Zum Zweck der Beweiserhebung kann die Vernehmung von Zeugen und Sachverständigen sowie die Vernehmung oder Anhörung der Beteiligten angeordnet, Augenschein eingenommen oder die Beweiskraft einer vorgelegten Urkunde gewürdigt werden; die Vorschriften des Zweiten Buches der Zivilprozessordnung zu diesen Beweismitteln sind entsprechend anzuwenden. [4] Über Anhörungen und Vernehmungen ist eine Niederschrift zu fertigen, die den wesentlichen Gang der Verhandlung wiedergibt und die rechtserheblichen Erklärungen der Beteiligten enthält; die §§ 160a, 162 und 163 der Zivilprozessordnung gelten entsprechend.

(4) [1] Die Entscheidung ergeht durch Beschluss. [2] Der Tenor kann am Ende der Anhörung verkündet werden. [3] Der Beschluss ist zu begründen und den Beteiligten von Amts wegen in Abschrift zuzustellen; eine Beglaubigung der Abschrift ist nicht erforderlich. [4] Ausfertigungen werden nur auf Antrag eines Beteiligten und nur in Papierform erteilt. [5] § 47 Absatz 2 des Patentgesetzes[1)] gilt entsprechend.

[1)] Nr. **10**.

(5) [1] In dem Beschluss ist über die Kosten des Verfahrens zu entscheiden; § 62 Absatz 2 und § 84 Absatz 2 Satz 2 des Patentgesetzes[1)] gelten entsprechend. [2] Für die Festsetzung des Gegenstandswertes gelten § 23 Absatz 3 Satz 2 und § 33 Absatz 1 des Rechtsanwaltsvergütungsgesetzes entsprechend. [3] Der Beschluss über den Gegenstandswert kann mit der Entscheidung aus Satz 1 verbunden werden. [4] In den Fällen des Absatzes 2 Satz 2 und 3 entscheidet das Deutsche Patent- und Markenamt nur auf Antrag über die Kosten des Verfahrens; die Entscheidung über die Kosten kann durch gesonderten Beschluss ergehen. [5] Der Kostenantrag kann wie folgt gestellt werden:

1. im Falle des Absatzes 2 Satz 2 bis zum Ablauf von einem Monat nach der Unanfechtbarkeit des Beschlusses über die Feststellung oder Erklärung der Nichtigkeit,
2. im Falle des Absatzes 2 Satz 3 bis zum Ablauf von einem Monat nach Zustellung des Beschlusses über die Einstellung des Verfahrens.

[6] Soweit eine Entscheidung über die Kosten nicht getroffen wird, trägt jeder Beteiligte die ihm erwachsenen Kosten selbst.

§ 34b Aussetzung. [1] Ist oder wird während des Nichtigkeitsverfahrens ein Rechtsstreit anhängig, dessen Entscheidung vom Rechtsbestand des eingetragenen Designs abhängt, kann das Gericht die Aussetzung des Rechtsstreits anordnen. [2] Die Aussetzung ist anzuordnen, wenn das Gericht das eingetragene Design für nichtig hält. [3] Ist der Nichtigkeitsantrag unanfechtbar zurückgewiesen worden, ist das Gericht an diese Entscheidung nur gebunden, wenn sie zwischen denselben Parteien ergangen ist. [4] § 52b Absatz 3 Satz 3 gilt entsprechend.

§ 34c Beitritt zum Nichtigkeitsverfahren. (1) [1] Ein Dritter kann einem Nichtigkeitsverfahren beitreten, wenn über den Antrag auf Feststellung oder Erklärung der Nichtigkeit noch keine unanfechtbare Entscheidung getroffen wurde und er glaubhaft machen kann, dass

1. gegen ihn ein Verfahren wegen Verletzung desselben eingetragenen Designs anhängig ist oder
2. er aufgefordert wurde, eine behauptete Verletzung desselben eingetragenen Designs zu unterlassen.

[2] Der Beitritt kann innerhalb von drei Monaten ab Einleitung des Verfahrens nach Satz 1 Nummer 1 oder ab Zugang der Unterlassungsaufforderung nach Satz 1 Nummer 2 erklärt werden.

(2) [1] Der Beitritt erfolgt durch Antragstellung; die §§ 34 und 34a gelten entsprechend. [2] Erfolgt der Beitritt im Beschwerdeverfahren vor dem Bundespatentgericht, erhält der Beitretende die Stellung eines Beschwerdeführers.

§ 35 Teilweise Aufrechterhaltung. (1) Ein eingetragenes Design kann in geänderter Form bestehen bleiben,

1. durch Feststellung der Teilnichtigkeit oder im Wege der Erklärung eines Teilverzichts durch den Rechtsinhaber, wenn die Nichtigkeit nach § 33 Absatz 1 wegen mangelnder Neuheit oder Eigenart (§ 2 Absatz 2 oder Abs. 3) oder wegen Ausschlusses vom Designschutz (§ 3) festzustellen ist, oder

---

1) Nr. **10**.

2. durch Erklärung der Teilnichtigkeit sowie Einwilligung in die teilweise Löschung oder Erklärung eines Teilverzichts, wenn die Erklärung der Nichtigkeit nach § 33 Absatz 2 Nummer 1 oder 3 verlangt werden kann,

sofern dann die Schutzvoraussetzungen erfüllt werden und das eingetragene Design seine Identität behält.

(2) Eine Wiedergabe des Designs in geänderter Form im Sinne des § 11 Absatz 2 Satz 1 Nummer 3 ist beim Deutschen Patent- und Markenamt einzureichen.

§ 36 Löschung. (1) [1] Ein eingetragenes Design wird gelöscht
1. bei Beendigung der Schutzdauer;
2. bei Verzicht auf Antrag des Rechtsinhabers, wenn die Zustimmung anderer im Register eingetragener Inhaber von Rechten am eingetragenen Design sowie des Klägers im Falle eines Verfahrens nach § 9 vorgelegt wird;
3. auf Antrag eines Dritten, wenn dieser mit dem Antrag eine öffentliche oder öffentlich beglaubigte Urkunde mit Erklärungen nach Nummer 2 vorlegt;
4. bei Einwilligung in die Löschung nach § 9 oder § 33 Absatz 6 Satz 1;
5. auf Grund eines unanfechtbaren Beschlusses oder rechtskräftigen Urteils über die Feststellung oder Erklärung der Nichtigkeit.

[2] Über die Ablehnung der Löschung entscheidet das Deutsche Patent- und Markenamt durch Beschluss.

(2) Verzichtet der Rechtsinhaber nach Absatz 1 Nummer 2 und 3 nur teilweise auf das eingetragene Design, erklärt er nach Absatz 1 Nummer 4 seine Einwilligung in die Löschung eines Teils des eingetragenen Designs oder wird nach Absatz 1 Nummer 5 eine Teilnichtigkeit festgestellt, so erfolgt statt der Löschung des eingetragenen Designs eine entsprechende Eintragung in das Register.

Abschnitt 7. Schutzwirkungen und Schutzbeschränkungen

§ 37 Gegenstand des Schutzes. (1) Der Schutz wird für diejenigen Merkmale der Erscheinungsform eines eingetragenen Designs begründet, die in der Anmeldung sichtbar wiedergegeben sind.

(2) Enthält für die Zwecke der Aufschiebung der Bekanntmachung eine Anmeldung nach § 11 Absatz 2 Satz 2 einen flächenmäßigen Designabschnitt, so bestimmt sich bei ordnungsgemäßer Erstreckung mit Ablauf der Aufschiebung nach § 21 Absatz 2 der Schutzgegenstand nach der eingereichten Wiedergabe des eingetragenen Designs.

§ 38 Rechte aus dem eingetragenen Design und Schutzumfang.

(1) [1] Das eingetragene Design gewährt seinem Rechtsinhaber das ausschließliche Recht, es zu benutzen und Dritten zu verbieten, es ohne seine Zustimmung zu benutzen. [2] Eine Benutzung schließt insbesondere die Herstellung, das Anbieten, das Inverkehrbringen, die Einfuhr, die Ausfuhr, den Gebrauch eines Erzeugnisses, in das das eingetragene Design aufgenommen oder bei dem es verwendet wird, und den Besitz eines solchen Erzeugnisses zu den genannten Zwecken ein.

(2) [1] Der Schutz aus einem eingetragenen Design erstreckt sich auf jedes Design, das beim informierten Benutzer keinen anderen Gesamteindruck er-

weckt. [2]Bei der Beurteilung des Schutzumfangs wird der Grad der Gestaltungsfreiheit des Entwerfers bei der Entwicklung seines Designs berücksichtigt.

(3) Während der Dauer der Aufschiebung der Bekanntmachung (§ 21 Absatz 1 Satz 1) setzt der Schutz nach den Absätzen 1 und 2 voraus, dass das Design das Ergebnis einer Nachahmung des eingetragenen Designs ist.

§ 39 Vermutung der Rechtsgültigkeit. Zugunsten des Rechtsinhabers wird vermutet, dass die an die Rechtsgültigkeit eines eingetragenen Designs zu stellenden Anforderungen erfüllt sind.

§ 40 Beschränkungen der Rechte aus dem eingetragenen Design.

Rechte aus einem eingetragenen Design können nicht geltend gemacht werden gegenüber

1. Handlungen, die im privaten Bereich zu nichtgewerblichen Zwecken vorgenommen werden;
2. Handlungen zu Versuchszwecken;
3. Wiedergaben zum Zwecke der Zitierung oder der Lehre, vorausgesetzt, solche Wiedergaben sind mit den Gepflogenheiten des redlichen Geschäftsverkehrs vereinbar, beeinträchtigen die normale Verwertung des eingetragenen Designs nicht über Gebühr und geben die Quelle an;
4. Einrichtungen in Schiffen und Luftfahrzeugen, die im Ausland zugelassen sind und nur vorübergehend in das Inland gelangen;
5. der Einfuhr von Ersatzteilen und von Zubehör für die Reparatur sowie für die Durchführung von Reparaturen an Schiffen und Luftfahrzeugen im Sinne von Nummer 4.

§ 41 Vorbenutzungsrecht. (1) [1]Rechte nach § 38 können gegenüber einem Dritten, der vor dem Anmeldetag im Inland ein identisches Design, das unabhängig von einem eingetragenen Design entwickelt wurde, gutgläubig in Benutzung genommen oder wirkliche und ernsthafte Anstalten dazu getroffen hat, nicht geltend gemacht werden. [2]Der Dritte ist berechtigt, das Design zu verwerten. [3]Die Vergabe von Lizenzen (§ 31) ist ausgeschlossen.

(2) Die Rechte des Dritten sind nicht übertragbar, es sei denn, der Dritte betreibt ein Unternehmen und die Übertragung erfolgt zusammen mit dem Unternehmensteil, in dessen Rahmen die Benutzung erfolgte oder die Anstalten getroffen wurden.

Abschnitt 8. Rechtsverletzungen

§ 42 Beseitigung, Unterlassung und Schadenersatz. (1) [1]Wer entgegen § 38 Absatz 1 Satz 1 ein eingetragenes Design benutzt (Verletzer), kann von dem Rechtsinhaber oder einem anderen Berechtigten (Verletzten) auf Beseitigung der Beeinträchtigung und bei Wiederholungsgefahr auf Unterlassung in Anspruch genommen werden. [2]Der Anspruch auf Unterlassung besteht auch dann, wenn eine Zuwiderhandlung erstmalig droht.

(2) [1]Handelt der Verletzer vorsätzlich oder fahrlässig, ist er zum Ersatz des daraus entstandenen Schadens verpflichtet. [2]Bei der Bemessung des Schadensersatzes kann auch der Gewinn, den der Verletzer durch die Verletzung des Rechts erzielt hat, berücksichtigt werden. [3]Der Schadensersatzanspruch kann

auch auf der Grundlage des Betrages berechnet werden, den der Verletzer als angemessene Vergütung hätte entrichten müssen, wenn er die Erlaubnis zur Nutzung des eingetragenen Designs eingeholt hätte.

§ 43 Vernichtung, Rückruf und Überlassung. (1) [1] Der Verletzte kann den Verletzer auf Vernichtung der im Besitz oder Eigentum des Verletzers befindlichen rechtswidrig hergestellten, verbreiteten oder zur rechtswidrigen Verbreitung bestimmten Erzeugnisse in Anspruch nehmen. [2] Satz 1 ist entsprechend auf die im Eigentum des Verletzers stehenden Vorrichtungen anzuwenden, die vorwiegend zur Herstellung dieser Erzeugnisse gedient haben.

(2) Der Verletzte kann den Verletzer auf Rückruf von rechtswidrig hergestellten, verbreiteten oder zur rechtswidrigen Verbreitung bestimmten Erzeugnissen oder auf deren endgültiges Entfernen aus den Vertriebswegen in Anspruch nehmen.

(3) Statt der in Absatz 1 vorgesehenen Maßnahmen kann der Verletzte verlangen, dass ihm die Erzeugnisse, die im Eigentum des Verletzers stehen, gegen eine angemessene Vergütung, welche die Herstellungskosten nicht übersteigen darf, überlassen werden.

(4) [1] Die Ansprüche nach den Absätzen 1 bis 3 sind ausgeschlossen, wenn die Maßnahme im Einzelfall unverhältnismäßig ist. [2] Bei der Prüfung der Verhältnismäßigkeit sind auch die berechtigten Interessen Dritter zu berücksichtigen.

(5) Wesentliche Bestandteile von Gebäuden nach § 93 des Bürgerlichen Gesetzbuchs sowie ausscheidbare Teile von Erzeugnissen und Vorrichtungen, deren Herstellung und Verbreitung nicht rechtswidrig ist, unterliegen nicht den in den Absätzen 1 bis 3 vorgesehenen Maßnahmen.

§ 44 Haftung des Inhabers eines Unternehmens. Ist in einem Unternehmen von einem Arbeitnehmer oder Beauftragten ein eingetragenes Design widerrechtlich verletzt worden, so hat der Verletzte die Ansprüche aus den §§ 42 und 43 mit Ausnahme des Anspruchs auf Schadenersatz auch gegen den Inhaber des Unternehmens.

§ 45 Entschädigung. [1] Handelt der Verletzer weder vorsätzlich noch fahrlässig, so kann er zur Abwendung der Ansprüche nach den §§ 42 und 43 den Verletzten in Geld entschädigen, wenn ihm durch die Erfüllung der Ansprüche ein unverhältnismäßig großer Schaden entstehen würde und dem Verletzten die Abfindung in Geld zuzumuten ist. [2] Als Entschädigung ist der Betrag zu zahlen, der im Falle einer vertraglichen Einräumung des Rechts als Vergütung angemessen gewesen wäre. [3] Mit der Zahlung der Entschädigung gilt die Einwilligung des Verletzten zur Verwertung im üblichen Umfang als erteilt.

§ 46 Auskunft. (1) Der Verletzte kann den Verletzer auf unverzügliche Auskunft über die Herkunft und den Vertriebsweg der rechtsverletzenden Erzeugnisse in Anspruch nehmen.

(2) [1] In Fällen offensichtlicher Rechtsverletzung oder in Fällen, in denen der Verletzte gegen den Verletzer Klage erhoben hat, besteht der Anspruch unbeschadet von Absatz 1 auch gegen eine Person, die in gewerblichem Ausmaß

1. rechtsverletzende Erzeugnisse in ihrem Besitz hatte,
2. rechtsverletzende Dienstleistungen in Anspruch nahm,
3. für rechtsverletzende Tätigkeiten genutzte Dienstleistungen erbrachte oder

4. nach den Angaben einer in Nummer 1, 2 oder Nummer 3 genannten Person an der Herstellung, Erzeugung oder am Vertrieb solcher Erzeugnisse beteiligt war,

es sei denn, die Person wäre nach den §§ 383 bis 385 der Zivilprozessordnung im Prozess gegen den Verletzer zur Zeugnisverweigerung berechtigt. [2] Im Fall der gerichtlichen Geltendmachung des Anspruchs nach Satz 1 kann das Gericht den gegen den Verletzer anhängigen Rechtsstreit auf Antrag bis zur Erledigung des wegen des Auskunftsanspruchs geführten Rechtsstreits aussetzen. [3] Der zur Auskunft Verpflichtete kann von dem Verletzten den Ersatz der für die Auskunftserteilung erforderlichen Aufwendungen verlangen.

(3) Der zur Auskunft Verpflichtete hat Angaben zu machen über

1. Namen und Anschrift der Hersteller, Lieferanten und anderer Vorbesitzer der Erzeugnisse oder Dienstleistungen sowie der gewerblichen Abnehmer und Verkaufsstellen, für die sie bestimmt waren, und
2. die Menge der hergestellten, ausgelieferten, erhaltenen oder bestellten Erzeugnisse sowie über die Preise, die für die betreffenden Erzeugnisse oder Dienstleistungen bezahlt wurden.

(4) Die Ansprüche nach den Absätzen 1 und 2 sind ausgeschlossen, wenn die Inanspruchnahme im Einzelfall unverhältnismäßig ist.

(5) Erteilt der zur Auskunft Verpflichtete die Auskunft vorsätzlich oder grob fahrlässig falsch oder unvollständig, so ist er dem Verletzten zum Ersatz des daraus entstehenden Schadens verpflichtet.

(6) Wer eine wahre Auskunft erteilt hat, ohne dazu nach Absatz 1 oder Absatz 2 verpflichtet gewesen zu sein, haftet Dritten gegenüber nur, wenn er wusste, dass er zur Auskunftserteilung nicht verpflichtet war.

(7) In Fällen offensichtlicher Rechtsverletzung kann die Verpflichtung zur Erteilung der Auskunft im Wege der einstweiligen Verfügung nach den §§ 935 bis 945 der Zivilprozessordnung angeordnet werden.

(8) Die Erkenntnisse dürfen in einem Strafverfahren oder in einem Verfahren nach dem Gesetz über Ordnungswidrigkeiten wegen einer vor der Erteilung der Auskunft begangenen Tat gegen den Verpflichteten oder gegen einen in § 52 Absatz 1 der Strafprozessordnung bezeichneten Angehörigen nur mit Zustimmung des Verpflichteten verwertet werden.

(9) [1] Kann die Auskunft nur unter Verwendung von Verkehrsdaten (§ 3 Nummer 30 des Telekommunikationsgesetzes) erteilt werden, ist für ihre Erteilung eine vorherige richterliche Anordnung über die Zulässigkeit der Verwendung der Verkehrsdaten erforderlich, die von dem Verletzten zu beantragen ist. [2] Für den Erlass dieser Anordnung ist das Landgericht, in dessen Bezirk der zur Auskunft Verpflichtete seinen Wohnsitz, seinen Sitz oder eine Niederlassung hat, ohne Rücksicht auf den Streitwert ausschließlich zuständig. [3] Die Entscheidung trifft die Zivilkammer. [4] Für das Verfahren gelten die Vorschriften des Gesetzes über das Verfahren in Familiensachen und in den Angelegenheiten der freiwilligen Gerichtsbarkeit entsprechend. [5] Die Kosten der richterlichen Anordnung trägt der Verletzte. [6] Gegen die Entscheidung des Landgerichts ist die Beschwerde statthaft. [7] Die Beschwerde ist binnen einer Frist von zwei Wochen einzulegen. [8] Die Vorschriften zum Schutz personenbezogener Daten bleiben im Übrigen unberührt.

(10) Durch Absatz 2 in Verbindung mit Absatz 9 wird das Grundrecht des Fernmeldegeheimnisses (Artikel 10 des Grundgesetzes) eingeschränkt.

§ 46a Vorlage und Besichtigung. (1) [1]Bei hinreichender Wahrscheinlichkeit einer Rechtsverletzung kann der Rechtsinhaber oder ein anderer Berechtigter den vermeintlichen Verletzer auf Vorlage einer Urkunde oder Besichtigung einer Sache in Anspruch nehmen, die sich in dessen Verfügungsgewalt befindet, wenn dies zur Begründung seiner Ansprüche erforderlich ist. [2]Besteht die hinreichende Wahrscheinlichkeit einer in gewerblichem Ausmaß begangenen Rechtsverletzung, so erstreckt sich der Anspruch auch auf die Vorlage von Bank-, Finanz- oder Handelsunterlagen. [3]Soweit der vermeintliche Verletzer geltend macht, dass es sich um vertrauliche Informationen handelt, trifft das Gericht die erforderlichen Maßnahmen, um den im Einzelfall gebotenen Schutz zu gewährleisten.

(2) Der Anspruch nach Absatz 1 ist ausgeschlossen, wenn die Inanspruchnahme im Einzelfall unverhältnismäßig ist.

(3) [1]Die Verpflichtung zur Vorlage einer Urkunde oder zur Duldung der Besichtigung einer Sache kann im Wege der einstweiligen Verfügung nach den §§ 935 bis 945 der Zivilprozessordnung angeordnet werden. [2]Das Gericht trifft die erforderlichen Maßnahmen, um den Schutz vertraulicher Informationen zu gewährleisten. [3]Dies gilt insbesondere in den Fällen, in denen die einstweilige Verfügung ohne vorherige Anhörung des Gegners erlassen wird.

(4) § 811 des Bürgerlichen Gesetzbuchs sowie § 46 Absatz 8 gelten entsprechend.

(5) Wenn keine Verletzung vorlag oder drohte, kann der vermeintliche Verletzer von demjenigen, der die Vorlage oder Besichtigung nach Absatz 1 begehrt hat, den Ersatz des ihm durch das Begehren entstandenen Schadens verlangen.

§ 46b Sicherung von Schadensersatzansprüchen. (1) [1]Der Verletzte kann den Verletzer bei einer in gewerblichem Ausmaß begangenen Rechtsverletzung in den Fällen des § 42 Absatz 2 auch auf Vorlage von Bank-, Finanz- oder Handelsunterlagen oder einen geeigneten Zugang zu den entsprechenden Unterlagen in Anspruch nehmen, die sich in der Verfügungsgewalt des Verletzers befinden und die für die Durchsetzung des Schadensersatzanspruchs erforderlich sind, wenn ohne die Vorlage die Erfüllung des Schadensersatzanspruchs fraglich ist. [2]Soweit der Verletzer geltend macht, dass es sich um vertrauliche Informationen handelt, trifft das Gericht die erforderlichen Maßnahmen, um den im Einzelfall gebotenen Schutz zu gewährleisten.

(2) Der Anspruch nach Absatz 1 ist ausgeschlossen, wenn die Inanspruchnahme im Einzelfall unverhältnismäßig ist.

(3) [1]Die Verpflichtung zur Vorlage der in Absatz 1 bezeichneten Urkunden kann im Wege der einstweiligen Verfügung nach den §§ 935 bis 945 der Zivilprozessordnung angeordnet werden, wenn der Schadensersatzanspruch offensichtlich besteht. [2]Das Gericht trifft die erforderlichen Maßnahmen, um den Schutz vertraulicher Informationen zu gewährleisten. [3]Dies gilt insbesondere in den Fällen, in denen die einstweilige Verfügung ohne vorherige Anhörung des Gegners erlassen wird.

(4) § 811 des Bürgerlichen Gesetzbuchs sowie § 46 Absatz 8 gelten entsprechend.

§ 47 Urteilsbekanntmachung. [1] Ist eine Klage auf Grund dieses Gesetzes erhoben worden, kann der obsiegenden Partei im Urteil die Befugnis zugesprochen werden, das Urteil auf Kosten der unterliegenden Partei öffentlich bekannt zu machen, wenn sie ein berechtigtes Interesse darlegt. [2] Art und Umfang der Bekanntmachung werden im Urteil bestimmt. [3] Die Befugnis erlischt, wenn von ihr nicht innerhalb von drei Monaten nach Eintritt der Rechtskraft des Urteils Gebrauch gemacht worden ist. [4] Der Ausspruch nach Satz 1 ist nicht vorläufig vollstreckbar.

§ 48 Erschöpfung. Die Rechte aus einem eingetragenen Design erstrecken sich nicht auf Handlungen, die ein Erzeugnis betreffen, in das ein unter den Schutzumfang des Rechts an einem eingetragenen Design fallendes Design eingefügt oder bei dem es verwendet wird, wenn das Erzeugnis vom Rechtsinhaber oder mit seiner Zustimmung in einem Mitgliedstaat der Europäischen Union oder in einem anderen Vertragsstaat des Abkommens über den Europäischen Wirtschaftsraum in den Verkehr gebracht worden ist.

§ 49 Verjährung. [1] Auf die Verjährung der in den §§ 42 bis 47 genannten Ansprüche finden die Vorschriften des Abschnitts 5 des Buches 1 des Bürgerlichen Gesetzbuchs entsprechende Anwendung. [2] Hat der Verpflichtete durch die Verletzung auf Kosten des Berechtigten etwas erlangt, findet § 852 des Bürgerlichen Gesetzbuchs entsprechende Anwendung.

§ 50 Ansprüche aus anderen gesetzlichen Vorschriften. Ansprüche aus anderen gesetzlichen Vorschriften bleiben unberührt.

§ 51 Strafvorschriften. (1) Wer entgegen § 38 Absatz 1 Satz 1 ein eingetragenes Design benutzt, obwohl der Rechtsinhaber nicht zugestimmt hat, wird mit Freiheitsstrafe bis zu drei Jahren oder mit Geldstrafe bestraft.

(2) Handelt der Täter gewerbsmäßig, so ist die Strafe Freiheitsstrafe bis zu fünf Jahren oder Geldstrafe.

(3) Der Versuch ist strafbar.

(4) In den Fällen des Absatzes 1 wird die Tat nur auf Antrag verfolgt, es sei denn, dass die Strafverfolgungsbehörde wegen des besonderen öffentlichen Interesses an der Strafverfolgung ein Einschreiten von Amts wegen für geboten hält.

(5) [1] Gegenstände, auf die sich die Straftat bezieht, können eingezogen werden. [2] § 74a des Strafgesetzbuchs ist anzuwenden. [3] Soweit den in § 43 bezeichneten Ansprüchen im Verfahren nach den Vorschriften der Strafprozessordnung über die Entschädigung des Verletzten (§§ 403 bis 406c) stattgegeben wird, sind die Vorschriften über die Einziehung (§§ 74 bis 74f des Strafgesetzbuches) nicht anzuwenden.

(6) [1] Wird auf Strafe erkannt, so ist, wenn der Rechtsinhaber es beantragt und ein berechtigtes Interesse daran dartut, anzuordnen, dass die Verurteilung auf Verlangen öffentlich bekannt gemacht wird. [2] Die Art der Bekanntmachung ist im Urteil zu bestimmen.

Abschnitt 9. Verfahren in Designstreitsachen

§ 52 Designstreitsachen. (1) Für alle Klagen, durch die ein Anspruch aus einem der in diesem Gesetz geregelten Rechtsverhältnisse geltend gemacht wird (Designstreitsachen), sind die Landgerichte mit Ausnahme der Feststellung oder Erklärung der Nichtigkeit nach § 33 ohne Rücksicht auf den Streitwert ausschließlich zuständig.

(2) [1]Die Landesregierungen werden ermächtigt, durch Rechtsverordnung die Designstreitsachen für die Bezirke mehrerer Landgerichte einem von ihnen zuzuweisen, sofern dies der sachlichen Förderung oder schnelleren Erledigung der Verfahren dient. [2]Die Landesregierungen können diese Ermächtigungen auf die Landesjustizverwaltungen übertragen.

(3) Die Länder können durch Vereinbarung den Designgerichten eines Landes obliegende Aufgaben ganz oder teilweise dem zuständigen Designgericht eines anderen Landes übertragen.

(4) Von den Kosten, die durch die Mitwirkung eines Patentanwalts in einer Designstreitsache entstehen, sind die Gebühren nach § 13 des Rechtsanwaltsvergütungsgesetzes und außerdem die notwendigen Auslagen des Patentanwalts zu erstatten.

§ 52a Geltendmachung der Nichtigkeit. [1]Eine Partei kann sich auf die fehlende Rechtsgültigkeit eines eingetragenen Designs nur durch Erhebung einer Widerklage auf Feststellung oder Erklärung der Nichtigkeit oder durch Stellung eines Antrags nach § 34 berufen. [2]Satz 1 gilt nicht für die Geltendmachung der Nichtigkeit eines eingetragenen Designs in einstweiligen Verfügungsverfahren nach den §§ 935 bis 945 der Zivilprozessordnung.

§ 52b Widerklage auf Feststellung oder Erklärung der Nichtigkeit.

(1) [1]Die Designgerichte sind für Widerklagen auf Feststellung oder Erklärung der Nichtigkeit eines eingetragenen Designs zuständig, sofern diese im Zusammenhang mit Klagen wegen der Verletzung desselben eingetragenen Designs erhoben werden. [2]§ 34 gilt entsprechend.

(2) Die Widerklage ist unzulässig, soweit im Nichtigkeitsverfahren (§ 34a) über denselben Streitgegenstand zwischen denselben Parteien durch unanfechtbaren Beschluss entschieden wurde.

(3) [1]Auf Antrag des Inhabers des eingetragenen Designs kann das Gericht nach Anhörung der weiteren Beteiligten das Verfahren aussetzen und den Widerkläger auffordern, innerhalb einer vom Gericht zu bestimmenden Frist beim Deutschen Patent- und Markenamt die Feststellung oder Erklärung der Nichtigkeit dieses eingetragenen Designs zu beantragen. [2]Wird der Antrag nicht innerhalb der Frist gestellt, wird das Verfahren fortgesetzt; die Widerklage gilt als zurückgenommen. [3]Das Gericht kann für die Dauer der Aussetzung einstweilige Verfügungen erlassen und Sicherheitsmaßnahmen treffen.

(4) [1]Das Gericht teilt dem Deutschen Patent- und Markenamt den Tag der Erhebung der Widerklage mit. [2]Das Deutsche Patent- und Markenamt vermerkt den Tag der Erhebung im Register. [3]Das Gericht übermittelt dem Deutschen Patent- und Markenamt eine Ausfertigung des rechtskräftigen Urteils. [4]Das Deutsche Patent- und Markenamt trägt das Ergebnis des Verfahrens mit dem Datum der Entscheidung in das Register ein.

§ 53 Gerichtsstand bei Ansprüchen nach diesem Gesetz und dem Gesetz gegen den unlauteren Wettbewerb. Ansprüche, welche die in diesem Gesetz geregelten Rechtsverhältnisse betreffen und auch auf Vorschriften des Gesetzes gegen den unlauteren Wettbewerb gegründet werden, können abweichend von § 14 des Gesetzes gegen den unlauteren Wettbewerb vor dem für die Designstreitsache zuständigen Gericht geltend gemacht werden.

§ 54 Streitwertbegünstigung. (1) Macht in bürgerlichen Rechtsstreitigkeiten, in denen durch Klage ein Anspruch aus einem der in diesem Gesetz geregelten Rechtsverhältnisse geltend gemacht wird, eine Partei glaubhaft, dass die Belastung mit den Prozesskosten nach dem vollen Streitwert ihre wirtschaftliche Lage erheblich gefährden würde, so kann das Gericht auf ihren Antrag anordnen, dass die Verpflichtung dieser Partei zur Zahlung von Gerichtskosten sich nach einem ihrer Wirtschaftslage angepassten Teil des Streitwerts bemisst.

(2) [1] Die Anordnung nach Absatz 1 hat zur Folge, dass die begünstigte Partei die Gebühren ihres Rechtsanwalts ebenfalls nur nach diesem Teil des Streitwerts zu entrichten hat. [2] Soweit ihr Kosten des Rechtsstreits auferlegt werden oder soweit sie diese übernimmt, hat sie die von dem Gegner entrichteten Gerichtsgebühren und die Gebühren seines Rechtsanwalts nur nach dem Teil des Streitwerts zu erstatten. [3] Soweit die außergerichtlichen Kosten dem Gegner auferlegt oder von ihm übernommen werden, kann der Rechtsanwalt der begünstigten Partei seine Gebühren von dem Gegner nach dem für diesen geltenden Streitwert beitreiben.

(3) [1] Der Antrag nach Absatz 1 kann vor der Geschäftsstelle des Gerichts zur Niederschrift erklärt werden. [2] Er ist vor der Verhandlung zur Hauptsache zu stellen. [3] Danach ist er nur zulässig, wenn der angenommene oder festgesetzte Streitwert später durch das Gericht heraufgesetzt wird. [4] Vor der Entscheidung über den Antrag ist der Gegner zu hören.

Abschnitt 10. Vorschriften über Maßnahmen der Zollbehörde

§ 55 Beschlagnahme bei der Ein- und Ausfuhr. (1) [1] Liegt eine Rechtsverletzung nach § 38 Absatz 1 Satz 1 offensichtlich vor, so unterliegt das jeweilige Erzeugnis auf Antrag und gegen Sicherheitsleistung des Rechtsinhabers bei seiner Einfuhr oder Ausfuhr der Beschlagnahme durch die Zollbehörde, soweit nicht die Verordnung (EU) Nr. 608/2013 des Europäischen Parlaments und des Rates vom 12. Juni 2013 zur Durchsetzung der Rechte geistigen Eigentums durch die Zollbehörden und zur Aufhebung der Verordnung (EG) Nr. 1383/2003 des Rates (ABl. L 181 vom 29.6.2013, S. 15) in ihrer jeweils geltenden Fassung anzuwenden ist. [2] Das gilt für den Verkehr mit anderen Mitgliedstaaten der Europäischen Union sowie mit den anderen Vertragsstaaten des Abkommens über den Europäischen Wirtschaftsraum nur, soweit Kontrollen durch die Zollbehörden stattfinden.

(2) [1] Ordnet die Zollbehörde die Beschlagnahme an, so unterrichtet sie unverzüglich den Verfügungsberechtigten sowie den Rechtsinhaber. [2] Diesem sind Herkunft, Menge und Lagerort der Erzeugnisse sowie Name und Anschrift des Verfügungsberechtigten mitzuteilen; das Brief- und Postgeheimnis (Artikel 10 des Grundgesetzes) wird insoweit eingeschränkt. [3] Dem Rechtsinhaber ist Gelegenheit zu geben, die Erzeugnisse zu besichtigen, soweit hierdurch nicht in Geschäfts- oder Betriebsgeheimnisse eingegriffen wird.

§ 56 Einziehung, Widerspruch. (1) Wird der Beschlagnahme nicht spätestens nach Ablauf von zwei Wochen nach Zustellung der Mitteilung nach § 55

Absatz 2 Satz 1 widersprochen, so ordnet die Zollbehörde die Einziehung der beschlagnahmten Erzeugnisse an.

(2) [1]Widerspricht der Verfügungsberechtigte der Beschlagnahme, so unterrichtet die Zollbehörde hiervon unverzüglich den Rechtsinhaber. [2]Dieser hat gegenüber der Zollbehörde unverzüglich zu erklären, ob er den Antrag nach § 55 Absatz 1 in Bezug auf die beschlagnahmten Erzeugnisse aufrechterhält.

(3) [1]Nimmt der Rechtsinhaber den Antrag zurück, hebt die Zollbehörde die Beschlagnahme unverzüglich auf. [2]Hält der Rechtsinhaber den Antrag aufrecht und legt er eine vollziehbare gerichtliche Entscheidung vor, die die Verwahrung der beschlagnahmten Erzeugnisse oder eine Verfügungsbeschränkung anordnet, trifft die Zollbehörde die erforderlichen Maßnahmen.

(4) [1]Liegen die Fälle des Absatzes 3 nicht vor, hebt die Zollbehörde die Beschlagnahme nach Ablauf von zwei Wochen nach Zustellung der Mitteilung an den Rechtsinhaber nach Absatz 2 Satz 1 auf. [2]Weist der Rechtsinhaber nach, dass die gerichtliche Entscheidung nach Absatz 3 Satz 2 beantragt, ihm aber noch nicht zugegangen ist, wird die Beschlagnahme für längstens zwei weitere Wochen aufrechterhalten.

(5) Erweist sich die Beschlagnahme als von Anfang an ungerechtfertigt und hat der Rechtsinhaber den Antrag nach § 55 Abs. 1 in Bezug auf die beschlagnahmten Erzeugnisse aufrechterhalten oder sich nicht unverzüglich erklärt (Absatz 2 Satz 2), so ist er verpflichtet, den dem Verfügungsberechtigten durch die Beschlagnahme entstandenen Schaden zu ersetzen.

§ 57 Zuständigkeiten, Rechtsmittel. (1) [1]Der Antrag nach § 55 Absatz 1 ist bei der Generalzolldirektion zu stellen und hat Wirkung für ein Jahr, sofern keine kürzere Geltungsdauer beantragt wird; er kann wiederholt werden. [2]Für die mit dem Antrag verbundenen Amtshandlungen werden vom Rechtsinhaber Kosten nach Maßgabe des § 178 der Abgabenordnung erhoben.

(2) [1]Die Beschlagnahme und die Einziehung können mit den Rechtsmitteln angefochten werden, die im Bußgeldverfahren nach dem Gesetz über Ordnungswidrigkeiten gegen die Beschlagnahme und Einziehung zulässig sind. [2]Im Rechtsmittelverfahren ist der Rechtsinhaber zu hören. [3]Gegen die Entscheidung des Amtsgerichts ist die sofortige Beschwerde zulässig; über sie entscheidet das Oberlandesgericht.

§ 57a Verfahren nach der Verordnung (EU) Nr. 608/2013. Für das Verfahren nach der Verordnung (EU) Nr. 608/2013 gilt § 56 Absatz 5 und § 57 Absatz 1 entsprechend, soweit die Verordnung keine Bestimmungen enthält, die dem entgegenstehen.

Abschnitt 11. Besondere Bestimmungen

§ 58 Inlandsvertreter. (1) Wer im Inland weder Wohnsitz, Sitz noch Niederlassung hat, kann an einem in diesem Gesetz geregelten Verfahren vor dem Deutschen Patent- und Markenamt oder dem Bundespatentgericht nur teilnehmen und die Rechte aus einem eingetragenen Design nur geltend machen, wenn er einen Rechtsanwalt oder Patentanwalt als Vertreter bestellt hat, der zur Vertretung im Verfahren vor dem Deutschen Patent- und Markenamt, dem Bundespatentgericht und in bürgerlichen Rechtsstreitigkeiten, die das eingetragene Design betreffen, sowie zur Stellung von Strafanträgen befugt und bevollmächtigt ist.

(2) Der Ort, an dem ein nach Absatz 1 bestellter Vertreter seinen Geschäftsraum hat, gilt im Sinne des § 23 der Zivilprozessordnung als der Ort, an dem sich der Vermögensgegenstand befindet; fehlt ein solcher Geschäftsraum, so ist der Ort maßgebend, an dem der Vertreter im Inland seinen Wohnsitz, und in Ermangelung eines solchen der Ort, an dem das Deutsche Patent- und Markenamt seinen Sitz hat.

(3) Die rechtsgeschäftliche Beendigung der Bestellung eines Vertreters nach Absatz 1 wird erst wirksam, wenn sowohl diese Beendigung als auch die Bestellung eines anderen Vertreters gegenüber dem Deutschen Patent- und Markenamt oder dem Bundespatentgericht angezeigt wird.

§ 59 Berühmung eines eingetragenen Designs. Wer eine Bezeichnung verwendet, die geeignet ist, den Eindruck zu erwecken, dass ein Erzeugnis durch ein eingetragenes Design geschützt sei, ist verpflichtet, jedem, der ein berechtigtes Interesse an der Kenntnis der Rechtslage hat, auf Verlangen Auskunft darüber zu geben, auf welches eingetragene Design sich die Verwendung der Bezeichnung stützt.

§ 60 Eingetragene Designs nach dem Erstreckungsgesetz. (1) Für alle nach dem Erstreckungsgesetz vom 23. April 1992 (BGBl. I S. 938), zuletzt geändert durch Artikel 2 Absatz 10 des Gesetzes vom 12. März 2004 (BGBl. I S. 390), erstreckten eingetragene Designs gelten die Vorschriften dieses Gesetzes, soweit in den Absätzen 2 bis 7 nichts Abweichendes bestimmt ist.

(2) [1]Die Schutzdauer für eingetragene Designs, die am 28. Oktober 2001 nicht erloschen sind, endet 25 Jahre nach Ablauf des Monats, in den der Anmeldetag fällt. [2]Die Aufrechterhaltung des Schutzes wird durch Zahlung einer Aufrechterhaltungsgebühr für das 16. bis 20. Jahr und für das 21. bis 25. Jahr, gerechnet vom Anmeldetag an, bewirkt.

(3) Ist der Anspruch auf Vergütung wegen der Benutzung eines eingetragenen Designs nach den bis zum Inkrafttreten des Erstreckungsgesetzes anzuwendenden Rechtsvorschriften bereits entstanden, so ist die Vergütung noch nach diesen Vorschriften zu zahlen.

(4) [1]Wer ein eingetragenes Design, das durch einen nach § 4 des Erstreckungsgesetzes in der Fassung vom 31. Mai 2004 erstreckten Urheberschein geschützt war oder das zur Erteilung eines Urheberscheins angemeldet worden war, nach den bis zum Inkrafttreten des Erstreckungsgesetzes anzuwendenden Rechtsvorschriften rechtmäßig in Benutzung genommen hat, kann dieses im gesamten Bundesgebiet weiterbenutzen. [2]Der Inhaber des Schutzrechts kann von dem Benutzungsberechtigten eine angemessene Vergütung für die Weiterbenutzung verlangen.

(5) Ist eine nach § 4 des Erstreckungsgesetzes in der Fassung vom 31. Mai 2004 erstreckte Anmeldung eines Patents für ein industrielles Muster nach § 10 Absatz 1 der Verordnung über industrielle Muster vom 17. Januar 1974 (GBl. I Nr. 15 S. 140), die durch die Verordnung vom 9. Dezember 1988 (GBl. I Nr. 28 S. 333) geändert worden ist, bekannt gemacht worden, so steht dies der Bekanntmachung der Eintragung der Anmeldung in das Musterregister nach § 8 Absatz 2 des Geschmacksmustergesetzes in der bis zum Ablauf des 31. Mai 2004 geltenden Fassung gleich.

(6) [1] Soweit eingetragene Designs, die nach dem Erstreckungsgesetz auf das in Artikel 3 des Einigungsvertrages genannte Gebiet oder das übrige Bundesgebiet erstreckt worden sind, in ihrem Schutzbereich übereinstimmen und infolge der Erstreckung zusammentreffen, können die Inhaber dieser Schutzrechte oder Schutzrechtsanmeldungen ohne Rücksicht auf deren Zeitrang Rechte aus den Schutzrechten oder Schutzrechtsanmeldungen weder gegeneinander noch gegen die Personen, denen der Inhaber des anderen Schutzrechts oder der anderen Schutzrechtsanmeldung die Benutzung gestattet hat, geltend machen. [2] Der Gegenstand des Schutzrechts oder der Schutzrechtsanmeldung darf jedoch in dem Gebiet, auf das das Schutzrecht oder die Schutzrechtsanmeldung erstreckt worden ist, nicht oder nur unter Einschränkungen benutzt werden, soweit die uneingeschränkte Benutzung zu einer wesentlichen Beeinträchtigung des Inhabers des anderen Schutzrechts oder der anderen Schutzrechtsanmeldung oder der Personen, denen er die Benutzung des Gegenstands seines Schutzrechts oder seiner Schutzrechtsanmeldung gestattet hat, führen würde, die unter Berücksichtigung aller Umstände des Falles und bei Abwägung der berechtigten Interessen der Beteiligten unbillig wäre.

(7) [1] Die Wirkung eines nach § 1 oder § 4 des Erstreckungsgesetzes in der Fassung vom 31. Mai 2004 erstreckten eingetragenen Designs tritt gegen denjenigen nicht ein, der das eingetragene Design in dem Gebiet, in dem es bis zum Inkrafttreten des Erstreckungsgesetzes nicht galt, nach dem für den Zeitrang der Anmeldung maßgeblichen Tag und vor dem 1. Juli 1990 rechtmäßig in Benutzung genommen hat. [2] Dieser ist befugt, das eingetragene Design im gesamten Bundesgebiet für die Bedürfnisse seines eigenen Betriebs in eigenen oder fremden Werkstätten mit den sich in entsprechender Anwendung des § 12 des Patentgesetzes[1)] ergebenden Schranken auszunutzen, soweit die Benutzung nicht zu einer wesentlichen Beeinträchtigung des Inhabers des Schutzrechts oder der Personen, denen er die Benutzung des Gegenstands seines Schutzrechts gestattet hat, führt, die unter Berücksichtigung aller Umstände des Falles und bei Abwägung der berechtigten Interessen der Beteiligten unbillig wäre. [3] Bei einem im Ausland hergestellten Erzeugnis steht dem Benutzer ein Weiterbenutzungsrecht nach Satz 1 nur zu, wenn durch die Benutzung im Inland ein schutzwürdiger Besitzstand begründet worden ist, dessen Nichtanerkennung unter Berücksichtigung aller Umstände des Falles für den Benutzer eine unbillige Härte darstellen würde.

§ 61 Typografische Schriftzeichen. (1) Für die nach Artikel 2 des Schriftzeichengesetzes in der bis zum Ablauf des 1. Juni 2004 geltenden Fassung angemeldeten typografischen Schriftzeichen wird rechtlicher Schutz nach diesem Gesetz gewährt, soweit in den Absätzen 2 bis 5 nichts Abweichendes bestimmt ist.

(2) Für die bis zum Ablauf des 31. Mai 2004 eingereichten Anmeldungen nach Artikel 2 des Schriftzeichengesetzes finden weiterhin die für sie zu diesem Zeitpunkt geltenden Bestimmungen über die Voraussetzungen der Schutzfähigkeit Anwendung.

(3) Rechte aus eingetragenen Designs können gegenüber Handlungen nicht geltend gemacht werden, die vor dem 1. Juni 2004 begonnen wurden und die

---

1) Nr. **10**.

der Inhaber des typografischen Schriftzeichens nach den zu diesem Zeitpunkt geltenden Vorschriften nicht hätte verbieten können.

(4) Bis zur Eintragung der in Absatz 1 genannten Schriftzeichen richten sich ihre Schutzwirkungen nach dem Schriftzeichengesetz in der bis zum Ablauf des 31. Mai 2004 geltenden Fassung.

(5) Für die Aufrechterhaltung der Schutzdauer für die in Absatz 1 genannten Schriftzeichen sind abweichend von § 28 Absatz 1 Satz 1 erst ab dem elften Jahr der Schutzdauer Aufrechterhaltungsgebühren zu zahlen.

Abschnitt 12. Gemeinschaftsgeschmacksmuster

§ 62 Weiterleitung der Anmeldung. Werden beim Deutschen Patent- und Markenamt Anmeldungen von Gemeinschaftsgeschmacksmustern nach Artikel 35 Absatz 2 der Verordnung (EG) Nr. 6/2002[1)] des Rates vom 12. Dezember 2001 über das Gemeinschaftsgeschmacksmuster (ABl. EG 2002 Nr. L 3 S. 1) eingereicht, so vermerkt das Deutsche Patent- und Markenamt auf der Anmeldung den Tag des Eingangs und leitet die Anmeldung ohne Prüfung unverzüglich an das Harmonisierungsamt für den Binnenmarkt (Marken, Muster und Modelle) weiter.

§ 62a Anwendung der Vorschriften dieses Gesetzes auf Gemeinschaftsgeschmacksmuster. Soweit deutsches Recht anwendbar ist, sind folgende Vorschriften dieses Gesetzes auf Ansprüche des Inhabers eines Gemeinschaftsgeschmacksmusters, das nach der Verordnung (EG) Nr. 6/2002[1)] Schutz genießt, entsprechend anzuwenden:

1. die Vorschriften zu Ansprüchen auf Beseitigung der Beeinträchtigung (§ 42 Absatz 1 Satz 1), auf Schadensersatz (§ 42 Absatz 2), auf Vernichtung, auf Rückruf und Überlassung (§ 43), auf Auskunft (§ 46), auf Vorlage und Besichtigung (§ 46a), auf Sicherung von Schadensersatzansprüchen (§ 46b) und auf Urteilsbekanntmachung (§ 47) neben den Ansprüchen nach Artikel 89 Absatz 1 Buchstabe a bis c der Verordnung (EG) Nr. 6/2002[1)];
2. die Vorschriften zur Haftung des Inhabers eines Unternehmens (§ 44), Entschädigung (§ 45), Verjährung (§ 49) und zu Ansprüchen aus anderen gesetzlichen Vorschriften (§ 50);
3. die Vorschriften zur Beschlagnahme bei der Einfuhr und Ausfuhr (§§ 55 bis 57).

§ 63 Gemeinschaftsgeschmacksmusterstreitsachen. (1) Für alle Klagen, für die die Gemeinschaftsgeschmacksmustergerichte im Sinne des Artikels 80 Absatz 1 der Verordnung (EG) Nr. 6/2002[1)] zuständig sind (Gemeinschaftsgeschmacksmusterstreitsachen), sind als Gemeinschaftsgeschmacksmustergerichte erster Instanz die Landgerichte ohne Rücksicht auf den Streitwert ausschließlich zuständig.

(2) [1]Die Landesregierungen werden ermächtigt, durch Rechtsverordnung die Gemeinschaftsgeschmacksmusterstreitverfahren für die Bezirke mehrerer Gemeinschaftsgeschmacksmustergerichte einem dieser Gerichte zuzuweisen.

[1)] Nr. **58**.

[2]Die Landesregierungen können diese Ermächtigung durch Rechtsverordnung auf die Landesjustizverwaltungen übertragen.

(3) Die Länder können durch Vereinbarung den Gemeinschaftsgeschmacksmustergerichten eines Landes obliegende Aufgaben ganz oder teilweise dem zuständigen Gemeinschaftsgeschmacksmustergericht eines anderen Landes übertragen.

(4) Auf Verfahren vor den Gemeinschaftsgeschmacksmustergerichten sind § 52 Absatz 4 sowie die §§ 53 und 54 entsprechend anzuwenden.

§ 63a Unterrichtung der Kommission. Das Bundesministerium der Justiz und für Verbraucherschutz teilt der Kommission der Europäischen Gemeinschaften die nach Artikel 80 Absatz 1 der Verordnung (EG) Nr. 6/2002[1)] benannten Gemeinschaftsgeschmacksmustergerichte erster und zweiter Instanz sowie jede Änderung der Anzahl, der Bezeichnung oder der örtlichen Zuständigkeit dieser Gerichte mit.

§ 63b Örtliche Zuständigkeit der Gemeinschaftsgeschmacksmustergerichte. [1]Sind nach Artikel 82 der Verordnung (EG) Nr. 6/2002[1)] deutsche Gemeinschaftsgeschmacksmustergerichte international zuständig, so gelten für die örtliche Zuständigkeit dieser Gerichte die Vorschriften entsprechend, die anzuwenden wären, wenn es sich um eine beim Deutschen Patent- und Markenamt eingereichte Anmeldung eines Designs oder um ein im Register des Deutschen Patent- und Markenamts eingetragenes Design handelte. [2]Ist eine Zuständigkeit danach nicht begründet, so ist das Gericht örtlich zuständig, bei dem der Kläger seinen allgemeinen Gerichtsstand hat.

§ 63c Insolvenzverfahren. (1) Ist dem Insolvenzgericht bekannt, dass zur Insolvenzmasse ein angemeldetes oder eingereichtes Gemeinschaftsgeschmacksmuster gehört, so ersucht es das Harmonisierungsamt für den Binnenmarkt (Marken, Muster und Modelle) im unmittelbaren Verkehr, folgende Angaben in das Register für Gemeinschaftsgeschmacksmuster oder, wenn es sich um eine Anmeldung handelt, in die Akten der Anmeldung einzutragen:

1. zur Eröffnung des Verfahrens und, soweit nicht bereits im Register enthalten, die Anordnung einer Verfügungsbeschränkung,
2. zur Freigabe oder Veräußerung des Gemeinschaftsgeschmacksmusters oder der Anmeldung des Gemeinschaftsgeschmacksmusters,
3. zur rechtskräftigen Einstellung des Verfahrens,
4. zur rechtskräftigen Aufhebung des Verfahrens, im Falle einer Überwachung des Schuldners jedoch erst nach Beendigung dieser Überwachung, und zu einer Verfügungsbeschränkung.

(2) Die Eintragung in das Register für Gemeinschaftsgeschmacksmuster oder in die Akten der Anmeldung kann auch vom Insolvenzverwalter beantragt werden. Im Falle der Eigenverwaltung tritt der Sachverwalter an die Stelle des Insolvenzverwalters.

§ 64 Erteilung der Vollstreckungsklausel. [1]Für die Erteilung der Vollstreckungsklausel nach Artikel 71 Absatz 2 Satz 2 der Verordnung (EG) Nr. 6/2002[1)] ist das Bundespatentgericht zuständig. [2]Die vollstreckbare Ausfertigung

---

[1)] Nr. 58.

wird vom Urkundsbeamten der Geschäftsstelle des Bundespatentgerichts erteilt.

§ 65 Strafbare Verletzung eines Gemeinschaftsgeschmacksmusters.

(1) Wer entgegen Artikel 19 Absatz 1 der Verordnung (EG) Nr. 6/2002[1] ein Gemeinschaftsgeschmacksmuster benutzt, obwohl der Inhaber nicht zugestimmt hat, wird mit Freiheitsstrafe bis zu drei Jahren oder mit Geldstrafe bestraft.

(2) § 51 Absatz 2 bis 6 gilt entsprechend.

Abschnitt 13. Schutz eingetragener Designs nach dem Haager Abkommen

§ 66 Anwendung dieses Gesetzes. Dieses Gesetz ist auf Eintragungen oder Registrierungen von Designs nach dem Haager Abkommen vom 6. November 1925 über die internationale Eintragung von Designs (Haager Abkommen) (RGBl. 1928 II S. 175, 203) und dessen am 2. Juni 1934 in London (RGBl. 1937 II S. 583, 617), am 28. November 1960 in Den Haag (BGBl. 1962 II S. 774) und am 2. Juli 1999 in Genf (BGBl. 2009 II S. 837 und 2016 II S. 59) unterzeichneten Fassungen (internationale Eintragungen), deren Schutz sich auf das Gebiet der Bundesrepublik Deutschland bezieht, entsprechend anzuwenden, soweit in diesem Abschnitt, dem Haager Abkommen oder dessen Fassungen nichts anderes bestimmt ist.

§ 67 Einreichung der internationalen Anmeldung. Die internationale Anmeldung von Designs kann nach Wahl des Anmelders entweder direkt beim Internationalen Büro der Weltorganisation für geistiges Eigentum (Internationales Büro) oder über das Deutsche Patent- und Markenamt eingereicht werden.

§ 68 Weiterleitung der internationalen Anmeldung. Werden beim Deutschen Patent- und Markenamt internationale Anmeldungen von Designs eingereicht, so vermerkt das Deutsche Patent- und Markenamt auf der Anmeldung den Tag des Eingangs und leitet die Anmeldung ohne Prüfung unverzüglich an das Internationale Büro weiter.

§ 69 Prüfung auf Eintragungshindernisse. (1) [1] Internationale Eintragungen werden in gleicher Weise wie Designs, die zur Eintragung in das vom Deutschen Patent- und Markenamt geführte Register angemeldet sind, nach § 18 auf Eintragungshindernisse geprüft. [2] An die Stelle der Zurückweisung der Anmeldung tritt die Schutzverweigerung.

(2) [1] Stellt das Deutsche Patent- und Markenamt bei der Prüfung fest, dass Eintragungshindernisse nach § 18 vorliegen, so übermittelt es dem Internationalen Büro innerhalb einer Frist von sechs Monaten ab Veröffentlichung der internationalen Eintragung eine Mitteilung über die Schutzverweigerung. [2] In der Mitteilung werden alle Gründe für die Schutzverweigerung angeführt.

(3) [1] Nachdem das Internationale Büro an den Inhaber der internationalen Eintragung eine Kopie der Mitteilung über die Schutzverweigerung abgesandt

---

[1] Nr. **58**.

hat, hat das Deutsche Patent- und Markenamt dem Inhaber Gelegenheit zu geben, innerhalb einer Frist von vier Monaten zu der Schutzverweigerung Stellung zu nehmen und auf den Schutz zu verzichten. [2]Nach Ablauf dieser Frist entscheidet das Deutsche Patent- und Markenamt über die Aufrechterhaltung der Schutzverweigerung durch Beschluss. [3]Soweit das Deutsche Patent- und Markenamt die Schutzverweigerung aufrechterhält, stehen dem Inhaber gegenüber dem Beschluss die gleichen Rechtsbehelfe zu wie bei der Zurückweisung einer Anmeldung zur Eintragung eines Designs in das vom Deutschen Patent- und Markenamt geführte Register. [4]Soweit das Deutsche Patent- und Markenamt die Schutzverweigerung nicht aufrechterhält oder soweit rechtskräftig festgestellt wird, dass der Schutz zu Unrecht verweigert wurde, nimmt das Deutsche Patent- und Markenamt die Schutzverweigerung unverzüglich zurück.

§ 70 Nachträgliche Schutzentziehung. (1) [1]An die Stelle des Antrags oder der Widerklage auf Feststellung oder Erklärung der Nichtigkeit nach § 33 Absatz 1 oder 2 tritt der Antrag oder die Widerklage auf Feststellung der Unwirksamkeit für das Gebiet der Bundesrepublik Deutschland. [2]An die Stelle der Klage auf Einwilligung in die Löschung nach § 9 Absatz 1 tritt die Klage auf Schutzentziehung. [3]Das Gericht übermittelt dem Deutschen Patent- und Markenamt eine Ausfertigung des rechtskräftigen Urteils. [4]§ 35 gilt entsprechend.

(2) Ist dem Deutschen Patent- und Markenamt mitgeteilt worden, dass die Unwirksamkeit einer internationalen Eintragung für das Gebiet der Bundesrepublik Deutschland festgestellt worden oder ihr der Schutz entzogen worden ist, setzt es das Internationale Büro unverzüglich davon in Kenntnis.

§ 71 Wirkung der internationalen Eintragung. (1) Eine internationale Eintragung, deren Schutz sich auf das Gebiet der Bundesrepublik Deutschland bezieht, hat ab dem Tag ihrer Eintragung dieselbe Wirkung, wie wenn sie an diesem Tag beim Deutschen Patent- und Markenamt als eingetragenes Design angemeldet und in dessen Register eingetragen worden wäre.

(2) Die in Absatz 1 bezeichnete Wirkung gilt als nicht eingetreten, wenn der internationalen Eintragung der Schutz verweigert (§ 69 Absatz 2), deren Unwirksamkeit für das Gebiet der Bundesrepublik Deutschland festgestellt (§ 70 Absatz 1 Satz 1) oder ihr nach § 9 Absatz 1 oder § 34 Satz 1 der Schutz entzogen worden ist (§ 70 Absatz 1 Satz 2).

(3) Nimmt das Deutsche Patent- und Markenamt die Mitteilung der Schutzverweigerung zurück, wird die internationale Eintragung für die Bundesrepublik Deutschland rückwirkend ab dem Tag ihrer Eintragung wirksam.

Abschnitt 14. Übergangsvorschriften

§ 72 Anzuwendendes Recht. (1) Auf eingetragene Designs, die vor dem 1. Juli 1988 nach dem Geschmacksmustergesetz in der im Bundesgesetzblatt Teil III, Gliederungsnummer 442-1, veröffentlichten bereinigten Fassung, zuletzt geändert durch Artikel 8 des Gesetzes vom 23. Juli 2002 (BGBl. I S. 2850), angemeldet worden sind, finden die bis zu diesem Zeitpunkt geltenden Vorschriften weiterhin Anwendung.

(2) [1] Auf eingetragene Designs, die vor dem 28. Oktober 2001 angemeldet oder eingetragen worden sind, finden weiterhin die für sie zu diesem Zeitpunkt geltenden Bestimmungen über die Voraussetzungen der Schutzfähigkeit Anwendung. [2] Rechte aus diesen eingetragenen Designs können nicht geltend gemacht werden, soweit sie Handlungen im Sinne von § 38 Absatz 1 betreffen, die vor dem 28. Oktober 2001 begonnen wurden und die der Verletzte vor diesem Tag nach den Vorschriften des Geschmacksmustergesetzes in der im Bundesgesetzblatt Teil III, Gliederungsnummer 442-1, veröffentlichten bereinigten Fassung in der zu diesem Zeitpunkt geltenden Fassung nicht hätte verbieten können.

(3) Für eingetragene Designs, die vor dem 1. Juni 2004 angemeldet, aber noch nicht eingetragen worden sind, richten sich die Schutzwirkungen bis zur Eintragung nach den Bestimmungen des Geschmacksmustergesetzes in der im Bundesgesetzblatt Teil III, Gliederungsnummer 442-1, veröffentlichten bereinigten Fassung in der bis zum Ablauf des 31. Mai 2004 geltenden Fassung.

(4) Artikel 229 § 6 des Einführungsgesetzes zum Bürgerlichen Gesetzbuche findet mit der Maßgabe entsprechende Anwendung, dass § 14a Absatz 3 des Geschmacksmustergesetzes in der im Bundesgesetzblatt Teil III, Gliederungsnummer 442-1, veröffentlichten bereinigten Fassung in der bis zum 1. Januar 2002 geltenden Fassung den Vorschriften des Bürgerlichen Gesetzbuchs über die Verjährung in der bis zum 1. Januar 2002 geltenden Fassung gleichgestellt ist.

§ 73 Rechtsbeschränkungen. (1) Rechte aus einem eingetragenen Design können gegenüber Handlungen nicht geltend gemacht werden, die die Benutzung eines Bauelements zur Reparatur eines komplexen Erzeugnisses im Hinblick auf die Wiederherstellung von dessen ursprünglicher Erscheinungsform betreffen, wenn diese Handlungen nach dem Geschmacksmustergesetz in der im Bundesgesetzblatt Teil III, Gliederungsnummer 442-1, veröffentlichten bereinigten Fassung in der bis zum Ablauf des 31. Mai 2004 geltenden Fassung nicht verhindert werden konnten.

(2) Für bestehende Lizenzen an dem durch die Anmeldung oder Eintragung eines eingetragenen Designs begründeten Recht, die vor dem 1. Juni 2004 erteilt wurden, gilt § 31 Absatz 5 nur, wenn das Recht ab dem 1. Juni 2004 übergegangen oder die Lizenz ab diesem Zeitpunkt erteilt worden ist.

(3) Ansprüche auf Entwerferbenennung nach § 10 können nur für eingetragene Designs geltend gemacht werden, die ab dem 1. Juni 2004 angemeldet werden.

(4) [1] Die Schutzwirkung von Abwandlungen von Grundmustern nach § 8a des Geschmacksmustergesetzes in der bis zum Ablauf des 31. Mai 2004 geltenden Fassung richtet sich nach den Bestimmungen des Geschmacksmustergesetzes in der im Bundesgesetzblatt Teil III, Gliederungsnummer 442-1, veröffentlichten bereinigten Fassung in der bis zum Ablauf des 31. Mai 2004 geltenden Fassung. [2] § 28 Absatz 2 ist für die Aufrechterhaltung von Abwandlungen eines Grundmusters mit der Maßgabe anzuwenden, dass zunächst die Grundmuster berücksichtigt werden.

§ 74 Übergangsvorschriften zum Gesetz zur Modernisierung des Geschmacksmustergesetzes sowie zur Änderung der Regelungen über die Bekanntmachungen zum Ausstellungsschutz. (1) Geschmacksmuster, die bis zum Inkrafttreten des Gesetzes vom 10. Oktober 2013 (BGBl. I S. 3799) am 1. Januar 2014 angemeldet oder eingetragen worden sind, werden ab diesem Zeitpunkt als eingetragene Designs bezeichnet.

(2) [1] Die Vorschriften über das Nichtigkeitsverfahren vor dem Deutschen Patent- und Markenamt in Abschnitt 6 gelten ab Inkrafttreten des Gesetzes vom 10. Oktober 2013 (BGBl. I S. 3799), am 1. Januar 2014 auch für eingetragene Designs im Sinne des § 72 Absatz 2 entsprechend. [2] Für die Beurteilung der Schutzfähigkeit dieser Designs gilt weiterhin § 72 Absatz 2.

(3) § 52a gilt nur für Designstreitigkeiten, die nach dem 31. Dezember 2013 anhängig geworden sind.

41. Verordnung zur Ausführung des Designgesetzes (Designverordnung – DesignV)[1)]

Vom 2. Januar 2014
(BGBl. I S. 18)

FNA 442-5-2

zuletzt geänd. durch Art. 7 VO zur Änd. der PatentVO und anderer Verordnungen des gewerblichen Rechtsschutzes v. 12.12.2018 (BGBl. I S. 2446)

Inhaltsübersicht

Abschnitt 1. Allgemeines

§ 1 Anwendungsbereich. Die Bestimmungen dieser Verordnung gelten für die im Designgesetz geregelten Verfahren vor dem Deutschen Patent- und Markenamt neben den Bestimmungen des Designgesetzes und der DPMA-Verordnung.

[1)] Verkündet als Art. 1 VO v. 2.1.2014 (BGBl. I S. 18); Inkrafttreten gem. Art. 6 Abs. 1 Satz 1 dieser VO am 10.1.2014.

§ 2 Formblätter. Formblätter, auf die in dieser Verordnung verwiesen wird, können beim Deutschen Patent- und Markenamt angefordert oder von der Internetseite des Deutschen Patent- und Markenamts (www.dpma.de) heruntergeladen werden.

Abschnitt 2. Eintragungsverfahren

§ 3 Inhalt der Anmeldung. (1) Die Anmeldung zur Eintragung eines Designs in das Designregister muss nach § 11 Absatz 2 und 3 des Designgesetzes[1)] enthalten:

1. den Antrag auf Eintragung (§ 5),
2. Angaben, die erlauben, die Identität des Anmelders festzustellen (§ 6 Absatz 1 bis 3),
3. die Wiedergabe des Designs (§ 7) oder im Fall des § 11 Absatz 2 Satz 2 des Designgesetzes[1)] den flächenmäßigen Designabschnitt (§ 8) und
4. die Angabe der Erzeugnisse, in die das Design aufgenommen oder bei denen es verwendet werden soll (§ 9).

(2) Die Anmeldung kann ferner enthalten:

1. eine Beschreibung zur Erläuterung der Wiedergabe (§ 10),
2. einen Antrag auf Aufschiebung der Bekanntmachung der Wiedergabe nach § 21 Absatz 1 Satz 1 des Designgesetzes[1)],
3. die Angabe der Warenklasse, in die das Design einzuordnen ist (§ 9),
4. die Angabe eines Vertreters (§ 6 Absatz 4),
5. die Angabe des Entwerfers (§ 6 Absatz 5),
6. eine Erklärung, dass die Priorität einer früheren ausländischen Anmeldung desselben Designs oder eine Ausstellungspriorität in Anspruch genommen wird (§ 11), und
7. die unverbindliche Erklärung des Anmelders, ob ein Interesse an der Vergabe von Lizenzen besteht.

§ 4 Einreichung der Anmeldung. (1) [1]Die Anmeldung kann schriftlich oder elektronisch eingereicht werden. [2]Für die elektronische Einreichung ist die Verordnung über den elektronischen Rechtsverkehr beim Deutschen Patent- und Markenamt maßgebend. [3]§ 7 Absatz 5 und § 10 Absatz 3 bleiben unberührt.

(2) Abweichend von § 11 Absatz 1 der DPMA-Verordnung ist die Einreichung von Wiedergaben eines Designs zum Zwecke der Anmeldung oder der nachträglichen Einreichung (§ 16 Absatz 3 Satz 1 des Designgesetzes[1)]) per Telefax nicht zulässig.

§ 5 Antrag auf Eintragung. (1) Für den schriftlichen Antrag auf Eintragung eines Designs gemäß § 11 Absatz 2 Satz 1 Nummer 1 des Designgesetzes[1)] muss das vom Deutschen Patent- und Markenamt herausgegebene Formblatt verwendet werden.

[1)] Nr. **40**.

(2) [1]Der Antrag auf Eintragung von Designs in einer Sammelanmeldung (§ 12 des Designgesetzes[1)]) muss zusätzlich zu dem in § 11 Absatz 2 und 3 des Designgesetzes[1)] vorgeschriebenen Inhalt enthalten:

1. eine Erklärung, für wie viele Designs die Eintragung in das Designregister beantragt wird, und
2. ein Anlageblatt mit folgenden Angaben:
   a) eine in arabischen Ziffern fortlaufend nummerierte Liste der in der Anmeldung zusammengefassten Designs,
   b) die Zahl der zu den einzelnen Designs eingereichten Darstellungen und
   c) die Erklärung, dass die Erzeugnisangabe für alle Designs gilt, oder bei jedem Design die Angabe der Erzeugnisse, in die es aufgenommen oder bei denen es verwendet werden soll.

[2]Als Anlageblatt muss das vom Deutschen Patent- und Markenamt herausgegebene Formblatt verwendet werden.

(3) Wird mit der Anmeldung beantragt, die Bekanntmachung der Wiedergabe aufzuschieben (§ 21 Absatz 1 Satz 1 des Designgesetzes[1)]), so bezieht sich dieser Antrag auf alle in der Sammelanmeldung zusammengefassten Designs.

§ 6 Angaben zum Anmelder, Vertreter und Entwerfer. (1) [1]Die Anmeldung muss folgende Angaben zum Anmelder enthalten:

1. wenn der Anmelder eine natürliche Person ist: Vornamen und Namen oder, falls die Eintragung unter der Firma des Anmelders erfolgen soll, die Firma, wie sie im Handelsregister eingetragen ist, sowie die Anschrift des Wohn- oder Firmensitzes mit Angabe von Straße, Hausnummer, Postleitzahl und Ort,
2. wenn der Anmelder eine juristische Person oder eine Personengesellschaft ist:
   a) Name oder Firma, Rechtsform sowie Anschrift mit Angabe von Straße, Hausnummer, Postleitzahl und Ort des Sitzes; die Bezeichnung der Rechtsform kann auf übliche Weise abgekürzt werden; wenn die juristische Person oder Personengesellschaft in einem Register eingetragen ist, müssen die Angaben dem Registereintrag entsprechen;
   b) bei einer Gesellschaft bürgerlichen Rechts zusätzlich Name und Anschrift mit Angabe von Straße, Hausnummer, Postleitzahl und Ort mindestens eines vertretungsberechtigten Gesellschafters.

[2]Wenn der Anmelder seinen Wohnsitz oder Sitz im Ausland hat, so ist bei der Angabe der Anschrift nach Satz 1 außer dem Ort auch der Staat anzugeben. [3]Weitere Angaben zum Bezirk, zur Provinz oder zum Bundesstaat, in dem der Anmelder seinen Wohnsitz oder Sitz hat oder dessen Rechtsordnung er unterliegt, sind freiwillig.

(2) In der Anmeldung können zusätzlich eine von der Anschrift des Anmelders abweichende Postanschrift, eine Postfachanschrift sowie Telefonnummern, Telefaxnummern und E-Mail-Adressen angegeben werden.

---

1) Nr. **40**.

(3) Wird die Anmeldung von mehreren Personen oder Personengesellschaften eingereicht, so gelten die Absätze 1 und 2 für alle anmeldenden Personen oder Personengesellschaften.

(4) Ist ein Vertreter bestellt, so gelten hinsichtlich der Angaben zum Vertreter die Absätze 1 und 2 entsprechend.

(5) Für die Benennung des Entwerfers gelten Absatz 1 Satz 1 Nummer 1, Satz 2 und 3 sowie die Absätze 2 und 3 entsprechend.

§ 7 Wiedergabe des Designs. (1) [1]Die Wiedergabe des Designs erfolgt mit Hilfe von fotografischen oder sonstigen grafischen Darstellungen. [2]Pro Design sind bis zu zehn Darstellungen zulässig, jede darüber hinausgehende Darstellung bleibt unberücksichtigt.

(2) [1]Mehrere Darstellungen sind nach der Dezimalklassifikation zu gliedern und mit arabischen Ziffern fortlaufend zu nummerieren. [2]Die Ziffer links vom Punkt bezeichnet die Nummer des Designs und die Ziffer rechts vom Punkt die Nummer der Darstellung. [3]Die Nummerierung ist neben den Darstellungen auf den Formblättern anzubringen. [4]Für die Reihenfolge der Darstellungen ist die Nummerierung durch den Anmelder ausschlaggebend.

(3) [1]Das Design ist auf neutralem Hintergrund in einer Bildgröße von mindestens 3 × 3 Zentimeter darzustellen. [2]Die Darstellungen sollen das zum Schutz angemeldete Design ohne Beiwerk zeigen und dürfen keine Erläuterung, Nummerierung oder Maßangabe enthalten. [3]Eine Darstellung darf nur eine Ansicht des Designs zeigen. [4]Die Darstellungen müssen dauerhaft und unverwischbar sein.

(4) [1]Die Darstellungen sind auf den vom Deutschen Patent- und Markenamt herausgegebenen Formblättern aufzudrucken oder aufzukleben. [2]Bei Sammelanmeldungen (§ 12 des Designgesetzes[1)]) ist für jedes Design ein gesondertes Formblatt zu verwenden. [3]Auf den Formblättern dürfen zur Erläuterung keinerlei Texte, Bezeichnungen, Symbole oder Bemaßungen neben den Darstellungen angebracht werden.

(5) [1]Die Darstellungen können statt auf einem Formblatt auf einem digitalen Datenträger eingereicht werden. [2]Der Datenträger muss vom Deutschen Patent- und Markenamt auslesbar sein. [3]Die beim Deutschen Patent- und Markenamt lesbaren Datenträgertypen und Formatierungen werden auf der Internetseite www.dpma.de bekannt gegeben. [4]Ist der Datenträger nicht lesbar, gilt die Wiedergabe als nicht eingereicht. [5]Jede Darstellung ist im Grafikformat JPEG (*.jpg) als separate Datei im Stammverzeichnis eines leeren Datenträgers abzulegen. [6]Die Auflösung der Darstellung muss mindestens 300 dpi betragen. [7]Eine Datei darf nicht größer als 2 Megabyte sein. [8]Die Dateinamen sind entsprechend Absatz 2 Satz 1 und 2 zu wählen. [9]Absatz 2 Satz 4 gilt entsprechend.

(6) Betrifft die Anmeldung ein Design, das aus einem sich wiederholenden Flächendesign besteht, so muss die Wiedergabe das vollständige Design und einen hinreichend großen Teil der Fläche mit dem sich wiederholenden Design zeigen.

[1)] Nr. **40**.

(7) Betrifft die Anmeldung ein Design, das aus typografischen Schriftzeichen besteht, so muss die Wiedergabe des Designs einen vollständigen Zeichensatz sowie fünf Zeilen Text, jeweils in Schriftgröße 16 Punkt, umfassen.

§ 8 Flächenmäßige Designabschnitte. (1) Flächenmäßige Designabschnitte (§ 11 Absatz 2 Satz 2 des Designgesetzes[1)]) sind in zwei übereinstimmenden Exemplaren einzureichen.

(2) [1] Werden mehrere Designabschnitte eingereicht, sind diese auf der Rückseite fortlaufend zu nummerieren. [2] Ein Designabschnitt soll das Format von 21 × 29,7 Zentimeter (DIN A4) nicht überschreiten. [3] Ein größerer Designabschnitt darf ein Format von 50 ×100 × 2,5 Zentimeter oder 75 × 100 × 1,5 Zentimeter nicht überschreiten und muss so beschaffen sein, dass er auf das Format 21 × 29,7 Zentimeter (DIN A4) zusammenlegbar ist. [4] Die mit einer Anmeldung eingereichten flächenmäßigen Designabschnitte dürfen einschließlich Verpackung insgesamt nicht schwerer als 15 Kilogramm sein. [5] Es dürfen keine Designabschnitte eingereicht werden, die verderblich sind oder deren Aufbewahrung gefährlich ist, insbesondere, weil sie leicht entflammbar, explosiv, giftig oder mit Schädlingen behaftet sind.

(3) Wird die Eintragung eines Designs beantragt, das aus einem sich wiederholenden Flächendesign besteht, muss der Designabschnitt zusätzlich zu den Anforderungen nach den Absätzen 1 und 2 das vollständige Design und einen der Länge und Breite nach ausreichenden Teil der Fläche mit dem sich wiederholenden Design zeigen.

§ 9 Erzeugnisangabe und Klassifizierung. (1) [1] Die Angabe der Erzeugnisse, in die das Design aufgenommen oder bei denen es verwendet werden soll (§ 11 Absatz 3 des Designgesetzes[1)]), richtet sich nach der amtlichen Warenliste für eingetragene Designs auf Grundlage des Abkommens von Locarno zur Errichtung einer Internationalen Klassifikation von gewerblichen Mustern und Modellen (BGBl. 1990 II S. 1677, 1679). [2] Die Klassifizierung des einzutragenden Designs richtet sich nach der Einteilung der Klassen und Unterklassen für eingetragene Designs. [3] Die jeweils gültigen Fassungen der Warenliste und der Einteilung der Klassen und Unterklassen werden vom Deutschen Patent- und Markenamt im Bundesanzeiger bekannt gemacht.[2)]

(2) [1] Die Erzeugnisangabe muss eine sachgerechte Recherche des mit der Wiedergabe dargestellten Designs ermöglichen. [2] Sie soll nicht mehr als fünf Warenbegriffe umfassen. [3] Stellt das Deutsche Patent- und Markenamt im Rahmen der Prüfung nach § 16 des Designgesetzes[1)] fest, dass die in der Anmeldung enthaltene Erzeugnisangabe eine sachgerechte Recherche nicht zulässt, so kann das Deutsche Patent- und Markenamt der Erzeugnisangabe einen zusätzlichen Warenbegriff hinzufügen.

(3) Ändert sich die Klasseneinteilung nach der Eintragung des Designs, so wird die Klassifizierung der Erzeugnisse auf Antrag des Rechtsinhabers oder bei der Eintragung der Aufrechterhaltung des Schutzes von Amts wegen angepasst und dem Rechtsinhaber mitgeteilt.

[1)] Nr. **40**.

[2)] Siehe hierzu die Bek. der Einteilung der Klassen und Unterklassen und der Warenliste gemäß § 9 Abs. 1 Satz 3 DesignVO v. 17.12.2019 (BAnz AT 27.12.2019 B7).

§ 10 Beschreibung zur Erläuterung der Wiedergabe. (1) [1]Wird zur Erläuterung der Wiedergabe eine Beschreibung eingereicht (§ 11 Absatz 5 Nummer 1 des Designgesetzes[1)]), so darf sie sich nur auf diejenigen Merkmale beziehen, die aus der Wiedergabe des Designs oder dem flächenmäßigen Designabschnitt ersichtlich sind. [2]Insbesondere darf sie keine Angaben über die Neuheit oder Eigenart des Designs oder seine technische Funktion enthalten.

(2) [1]Die Beschreibung zur Erläuterung der Wiedergabe eines Designs darf bis zu 100 Wörter enthalten und ist auf einem gesonderten Blatt einzureichen. [2]Die Beschreibung muss aus fortlaufendem Text bestehen und darf keine grafischen oder sonstigen Gestaltungselemente enthalten. [3]Bei Sammelanmeldungen (§ 12 des Designgesetzes[1)]) können die Beschreibungen nach Designnummern geordnet in einem Dokument zusammengefasst werden.

(3) [1]Bei Verwendung eines digitalen Datenträgers zur Einreichung der Wiedergabe (§ 7 Absatz 5) kann die Beschreibung im Format „*.txt" auf dem Datenträger gespeichert werden. [2]Bei Sammelanmeldungen sind die Beschreibungen nach Designnummern geordnet in einem elektronischen Dokument zusammenzufassen.

§ 11 Angaben bei Inanspruchnahme einer Priorität. (1) Wird in der Anmeldung die Inanspruchnahme der Priorität einer früheren ausländischen Anmeldung erklärt, so sind Zeit, Land und Aktenzeichen dieser Anmeldung anzugeben und eine Abschrift dieser Anmeldung einzureichen (§ 14 Absatz 1 Satz 1 des Designgesetzes[1)]).

(2) [1]Wird die Inanspruchnahme einer Ausstellungspriorität erklärt, so sind der Tag der erstmaligen Zurschaustellung sowie die Bezeichnung der Ausstellung anzugeben. [2]Zum Nachweis der Zurschaustellung (§ 15 Absatz 4 Satz 1 des Designgesetzes[1)]) ist eine Bescheinigung einzureichen, die während der Ausstellung von der für den Schutz des geistigen Eigentums auf dieser Ausstellung zuständigen Stelle erteilt worden ist. [3]In der Bescheinigung muss bestätigt werden,

1. dass das Design auf der Ausstellung offenbart wurde,
2. der Tag der Eröffnung der Ausstellung und
3. der Tag, an dem das Design erstmals offenbart wurde, wenn die erstmalige Offenbarung nicht mit dem Eröffnungstag der Ausstellung zusammenfällt.

[4]Für die Bescheinigung soll das vom Deutschen Patent- und Markenamt herausgegebene Formblatt benutzt werden. [5]Die Bescheinigung muss eine von der genannten Stelle beglaubigte Darstellung der tatsächlichen Offenbarung des Designs enthalten.

(3) Die Möglichkeit, die Angaben nach § 14 Absatz 1 Satz 2 des Designgesetzes[1)] zu ändern oder die Prioritätserklärung innerhalb von 16 Monaten nach dem Prioritätstag oder dem Tag der erstmaligen Zurschaustellung abzugeben (§ 14 Absatz 1 Satz 1 und § 15 Absatz 4 Satz 1 des Designgesetzes[1)]), bleibt unberührt.

§ 12 Teilung einer Sammelanmeldung. (1) Eine Sammelanmeldung kann nach § 12 Absatz 2 des Designgesetzes[1)] in zwei oder mehrere Anmeldungen geteilt werden.

[1)] Nr. **40**.

(2) In der Teilungserklärung sind anzugeben:

1. das Aktenzeichen der Sammelanmeldung und
2. die Nummern der Designs, die abgeteilt werden sollen.

(3) Die Teilung wird vorgenommen, sobald der nach § 12 Absatz 2 Satz 3 des Designgesetzes[1] zu entrichtende Differenzbetrag gezahlt wurde.

(4) Ändern sich die Angaben nach § 6 Absatz 1 und 4 infolge einer Änderung der Angaben zum Anmelder oder Vertreter hinsichtlich einzelner Designs, so wird die Sammelanmeldung von Amts wegen geteilt.

§ 13 Weiterbehandlung der Anmeldung. Ein Antrag auf Weiterbehandlung der infolge Fristversäumnisses zurückgewiesenen Anmeldung (§ 17 Absatz 1 des Designgesetzes[1]) muss folgende Angaben enthalten:

1. das Aktenzeichen der Anmeldung,
2. den Namen des Anmelders und
3. das Datum des Beschlusses, auf den sich der Antrag bezieht.

§ 14 Deutsche Übersetzungen. (1) [1] Wird ein fremdsprachiges Schriftstück eingereicht, kann das Deutsche Patent- und Markenamt den Anmelder auffordern, innerhalb einer angemessenen Frist eine deutsche Übersetzung nachzureichen. [2] Die Übersetzung muss von einem Rechtsanwalt oder Patentanwalt beglaubigt oder von einem öffentlich bestellten Übersetzer angefertigt sein.

(2) [1] Wird die Übersetzung nach Ablauf der Frist eingereicht, so gilt das fremdsprachige Schriftstück als zum Zeitpunkt des Eingangs der Übersetzung eingegangen. [2] Wird keine Übersetzung eingereicht, so gilt das fremdsprachige Schriftstück als nicht eingegangen.

Abschnitt 3. Designregister, Verfahren nach Eintragung

§ 15 Inhalt des Designregisters. (1) Bei der Eintragung der Anmeldung wird Folgendes in das Designregister aufgenommen:

1. das Aktenzeichen der Anmeldung,
2. die Wiedergabe des eingetragenen Designs,
3. die jeweilige Designnummer, bei Sammelanmeldungen entsprechend der fortlaufend nummerierten Liste nach § 5 Absatz 2 Satz 1 Nummer 2 Buchstabe a,
4. der Name, gegebenenfalls die Firma einschließlich der Rechtsform, und der Wohnsitz oder Sitz des Anmelders, bei ausländischen Orten auch der Staat (§ 6 Absatz 1 und 3),
5. die Anschrift des Anmelders unter Angabe des Empfangsberechtigten,
6. der Anmeldetag (§ 13 Absatz 1 und § 16 Absatz 3 Satz 2 des Designgesetzes[1]),
7. der Tag der Eintragung,
8. die Erzeugnisangabe (§ 9) und
9. die Warenklassen (§ 19 Absatz 2 des Designgesetzes[1]), bestehend aus der Angabe der Klassen und Unterklassen.

---

[1] Nr. **40**.

(2) Gegebenenfalls werden folgende Angaben zusätzlich zu der Anmeldung in das Designregister aufgenommen:

1. dass eine unverbindliche Erklärung des Anmelders über das Interesse an der Vergabe von Lizenzen abgegeben wurde (§ 3 Absatz 2 Nummer 7),
2. der Name und der Wohnsitz aller benannten vertretungsberechtigten Gesellschafter einer Gesellschaft bürgerlichen Rechts (§ 6 Absatz 1 Satz 1 Nummer 2 Buchstabe b),
3. der Name und die Anschrift des Vertreters (§ 6 Absatz 4),
4. der Name und die Anschrift des Entwerfers (§ 6 Absatz 5),
5. die Beschreibung zur Erläuterung der Wiedergabe des Designs (§ 10),
6. ein Hinweis auf die Ersetzung der Wiedergabe durch einen flächenmäßigen Designabschnitt (§ 11 Absatz 2 Satz 2 des Designgesetzes[1]),
7. ein Hinweis, ob die Eintragung die Anmeldung eines einzelnen Designs oder eine Sammelanmeldung (§ 12 des Designgesetzes[1]) betrifft, sowie bei einer Sammelanmeldung die Zahl der in der Anmeldung zusammengefassten Designs (§ 5 Absatz 2 Satz 1 Nummer 1),
8. Zeit, Land und Aktenzeichen der früheren Anmeldung desselben Designs bei Inanspruchnahme einer ausländischen Priorität nach § 14 des Designgesetzes[1],
9. der Tag der erstmaligen Zurschaustellung und die Bezeichnung der Ausstellung bei Inanspruchnahme einer Ausstellungspriorität nach § 15 des Designgesetzes[1],
10. dass ein Antrag auf Aufschiebung der Bekanntmachung der Wiedergabe gestellt wurde (§ 21 Absatz 1 Satz 1 des Designgesetzes[1]),
11. dass dingliche Rechte an dem angemeldeten oder eingetragenen Design bestehen (§ 30 Absatz 1 Nummer 1 und § 32 des Designgesetzes[1]),
12. dass das angemeldete oder eingetragene Design Gegenstand einer Maßnahme der Zwangsvollstreckung geworden ist (§ 30 Absatz 1 Nummer 2 und § 32 des Designgesetzes[1]) und
13. dass das Recht am angemeldeten oder eingetragenen Design von einem Insolvenzverfahren erfasst worden ist (§ 30 Absatz 3 und § 32 des Designgesetzes[1]).

(3) Im Fall von Rechtsübergängen vor der Eintragung des bereits angemeldeten Designs wird nur derjenige in das Designregister eingetragen, der zum Zeitpunkt der Eintragung der Inhaber des durch die Anmeldung begründeten Rechts ist.

(4) [1] Ist die Aufschiebung der Bekanntmachung der Wiedergabe nach § 21 Absatz 1 Satz 1 des Designgesetzes[1] beantragt worden, so beschränkt sich die Eintragung der Anmeldung auf die Angaben nach Absatz 1 Nummer 1, 4 bis 7, nach Absatz 2 Nummer 1 bis 3, 10 bis 13, sowie auf den Prioritätstag nach Absatz 2 Nummer 8 und 9. [2] Wird der Schutz auf die Schutzdauer nach § 27 Absatz 2 des Designgesetzes[1] erstreckt (§ 21 Absatz 2 Satz 1 des Designgesetzes[1]), so werden die übrigen Angaben nach Maßgabe der Absätze 1 und 2 in das Designregister aufgenommen.

---

[1] Nr. **40**.

§ 16 Weitere Eintragungen in das Designregister. Neben den Eintragungen nach § 15 sind gegebenenfalls folgende Angaben in das Designregister aufzunehmen:

1. dass der Schutz auf die Schutzdauer nach § 27 Absatz 2 des Designgesetzes[1)] erstreckt wurde (§ 21 Absatz 2 Satz 1 des Designgesetzes[1)]),
2. bei nachgeholter Bekanntmachung der Wiedergabe (§ 21 Absatz 3 des Designgesetzes[1)]) der Tag der Bekanntmachung sowie der Hinweis auf die Bekanntmachung nach § 21 Absatz 1 Satz 2 des Designgesetzes[1)],
3. Änderungen der in § 15 Absatz 1 Nummer 4 und 5 sowie Absatz 2 Nummer 3 und 4 aufgeführten Angaben,
4. dass ein Antrag auf Wiedereinsetzung in den vorigen Stand gestellt wurde (§ 23 Absatz 3 Satz 3 des Designgesetzes[1)]) sowie das Ergebnis dieses Verfahrens,
5. dass eine Sammeleintragung geteilt wurde (§ 18),
6. dass ein gerichtliches Verfahren gemäß § 9 Absatz 1 des Designgesetzes[1)] eingeleitet wurde sowie die weiteren Angaben nach § 9 Absatz 4 des Designgesetzes[1)],
7. dass ein Antrag auf Feststellung oder Erklärung der Nichtigkeit gestellt wurde (§ 34a Absatz 1 des Designgesetzes[1)]) sowie das Ergebnis des Nichtigkeitsverfahrens,
8. der Tag der Erhebung der Widerklage auf Feststellung oder Erklärung der Nichtigkeit sowie das Ergebnis des Verfahrens (§ 52b Absatz 4 des Designgesetzes[1)]) und
9. der Tag und der Grund der Löschung des eingetragenen Designs (§ 36 Absatz 1 des Designgesetzes[1)]).

§ 17 Eintragungsurkunde. Der Inhaber des eingetragenen Designs erhält vom Deutschen Patent- und Markenamt eine Urkunde über die Eintragung des Designs, sofern er hierauf nicht ausdrücklich verzichtet hat.

§ 18 Teilung einer Sammeleintragung. (1) Für die Teilung einer Sammeleintragung gilt § 12 Absatz 1, 2 und 4 entsprechend.

(2) [1] Betrifft ein Antrag auf Eintragung eines Rechtsübergangs nach § 28 der DPMA-Verordnung nur einen Teil der aufgrund einer Sammelanmeldung eingetragenen Designs, so sind die jeweiligen Designnummern in dem Antrag anzugeben. [2] Die eingetragenen Designs, die von dem Rechtsübergang erfasst sind, werden abgetrennt und in einer Teilungsakte weitergeführt.

§ 19 Angaben bei Erstreckung und Aufrechterhaltung. (1) Bei der Zahlung der Gebühr zur Erstreckung des Schutzes auf die Schutzdauer nach § 27 Absatz 2 des Designgesetzes[1)] (§ 21 Absatz 2 Satz 1 des Designgesetzes[1)]) sind anzugeben:

1. das Aktenzeichen der Eintragung,
2. der Verwendungszweck der Zahlung und
3. der Name des Rechtsinhabers nach § 6 Absatz 1.

[1)] Nr. **40**.

(2) Soll die Erstreckung des Schutzes nur für einzelne eingetragene Designs innerhalb einer Sammeleintragung bewirkt werden, so ist ein Antrag einzureichen, der folgende Angaben enthält:

1. das Aktenzeichen der Eintragung,
2. der Name des Rechtsinhabers nach § 6 Absatz 1 sowie
3. die Nummern der eingetragenen Designs, deren Schutz erstreckt werden soll.

(3) Beantragt der Rechtsinhaber die Nachholung der Bekanntmachung der Wiedergabe (§ 21 Absatz 3 des Designgesetzes[1]) vor Ablauf der Frist nach § 21 Absatz 1 Satz 1 des Designgesetzes[1], sind in dem Antrag anzugeben:

1. das Aktenzeichen der Eintragung,
2. der Name des Rechtsinhabers nach § 6 Absatz 1 und
3. der Zeitpunkt, zu dem die Bekanntmachung erfolgen soll.

(4) Bei der Zahlung der Aufrechterhaltungsgebühr sind die Absätze 1 und 2 entsprechend anzuwenden.

§ 20 Verzicht auf das eingetragene Design. (1) In der Erklärung über den Verzicht auf das eingetragene Design nach § 36 Absatz 1 Satz 1 Nummer 2 und Absatz 2 des Designgesetzes[1] sind anzugeben:

1. die Nummer des eingetragenen Designs, auf das verzichtet wird, sowie
2. der Name und die Anschrift des Rechtsinhabers nach § 6 Absatz 1.

(2) [1]Wird auf ein eingetragenes Design teilweise verzichtet, so ist mit der Erklärung eine Wiedergabe des geänderten Designs nach § 7, im Fall des § 11 Absatz 2 Satz 2 des Designgesetzes[1] des geänderten flächenmäßigen Designabschnitts nach § 8, einzureichen. [2]Die Teilverzichtserklärung soll nicht mehr als 100 Wörter umfassen. [3]Sie wird im Designregister eingetragen und mit der Wiedergabe des geänderten Designs bekannt gemacht. [4]Bei Sammeleintragungen ist für jedes eingetragene Design, auf das teilweise verzichtet wird, eine gesonderte Teilverzichtserklärung abzugeben.

(3) [1]Für die nach § 36 Absatz 1 Satz 1 Nummer 2 des Designgesetzes[1] erforderliche Zustimmung eines im Designregister eingetragenen Inhabers eines Rechts an dem eingetragenen Design reicht die Abgabe einer von dieser Person oder ihrem Vertreter unterschriebenen Zustimmungserklärung aus. [2]Eine Beglaubigung der Erklärung oder der Unterschrift ist nicht erforderlich.

Abschnitt 4. Verfahren zur Feststellung oder Erklärung der Nichtigkeit

§ 21 Antragstellung. (1) Für den Antrag auf Feststellung oder Erklärung der Nichtigkeit eines eingetragenen Designs (§ 34a Absatz 1 des Designgesetzes[1]) soll das vom Deutschen Patent- und Markenamt herausgegebene Formblatt verwendet werden.

(2) In dem Antrag sind anzugeben:

1. die Nummer des eingetragenen Designs,
2. der Name und die Anschrift des Antragstellers,

---

[1] Nr. **40**.

3. der Nichtigkeitsgrund nach § 33 Absatz 1 oder Absatz 2 des Designgesetzes[1)],
4. die zur Begründung dienenden Tatsachen und Beweismittel,
5. bei einem Antrag auf Teilnichtigkeit (§ 35 Absatz 1 des Designgesetzes[1)]) der Umfang des Nichtigkeitsbegehrens.

(3) [1] Ein Antrag kann auf mehrere in § 33 Absatz 1 oder Absatz 2 des Designgesetzes[1)] genannte Nichtigkeitsgründe gestützt werden. [2] Im Antrag können Angaben zum Gegenstandswert gemacht werden, wenn dieser nach § 34a Absatz 5 Satz 2 des Designgesetzes[1)] festgesetzt werden soll.

§ 22 Verfahrensgrundsätze. (1) [1] Das Deutsche Patent- und Markenamt kann bei ihm anhängige Nichtigkeitsverfahren zur gemeinsamen Behandlung und Entscheidung verbinden. [2] Es kann ein Nichtigkeitsverfahren aussetzen, wenn dies sachdienlich ist. [3] Eine Aussetzung kommt insbesondere in Betracht, wenn es dasselbe eingetragene Design in einem anderen Verfahren für nichtig hält. [4] Das Deutsche Patent- und Markenamt kann eine von ihm erlassene Anordnung, die die Verbindung mehrerer Verfahren oder die Aussetzung eines Verfahrens betrifft, wieder aufheben.

(2) [1] Das Deutsche Patent- und Markenamt weist die Beteiligten auf Gesichtspunkte hin, die für die Entscheidung voraussichtlich von besonderer Bedeutung sein werden oder die der Konzentration des Verfahrens auf die für die Entscheidung wesentlichen Fragen dienlich sind. [2] Dieser Hinweis erfolgt so früh wie möglich, im Fall der Anhörung nach § 34a Absatz 3 Satz 2 des Designgesetzes[1)] spätestens mit der Ladung zur Anhörung. [3] Eines Hinweises bedarf es nicht, wenn die zu erörternden Gesichtspunkte nach dem Vorbringen der Beteiligten offensichtlich erscheinen.

(3) [1] Das Deutsche Patent- und Markenamt hat darauf hinzuwirken, dass die Beteiligten sich rechtzeitig und vollständig über alle erheblichen Tatsachen erklären, insbesondere ungenügende Angaben zu Tatsachen und Beweismitteln ergänzen sowie sachdienliche Anträge stellen. [2] Das Deutsche Patent- und Markenamt kann Tatsachen und Beweismittel berücksichtigen, die ihm anderweitig bekannt geworden sind oder deren Berücksichtigung im öffentlichen Interesse liegt, wenn es hierauf hingewiesen und den Beteiligten eine angemessene Frist zur Stellungnahme eingeräumt hat.

Abschnitt 5. Internationale Eintragungen

§ 23 Stellungnahme zur Schutzverweigerung bei internationalen Eintragungen. Der Inhaber einer internationalen Eintragung nach § 66 des Designgesetzes[1)] kann zu der Mitteilung über die Schutzverweigerung (§ 69 Absatz 2 des Designgesetzes[1)]) innerhalb einer Frist von vier Monaten ab dem Tag, an dem das Internationale Büro der Weltorganisation für geistiges Eigentum die Mitteilung absendet, gegenüber dem Deutschen Patent- und Markenamt Stellung nehmen.

§ 24 Umschreibung internationaler Eintragungen. [1] Das Deutsche Patent- und Markenamt bestätigt auf Antrag des neuen Eigentümers des eingetragenen Designs die Eintragung des Inhaberwechsels nach Regel 21 Absatz 1

[1)] Nr. **40**.

Buchstabe b Ziffer ii der Gemeinsamen Ausführungsordnung zu den Fassungen des Haager Abkommens von 1999, 1960 und 1934 (BGBl. 2008 II S. 1341, 1342) für die Umschreibung der internationalen Eintragung, sofern der neue Eigentümer die Rechtsnachfolge nachweist. [2] § 28 Absatz 3 der DPMA-Verordnung gilt für den Nachweis des Rechtsübergangs entsprechend.

§ 25 Nachträgliche Schutzentziehung. Für den Antrag auf Feststellung der Unwirksamkeit einer internationalen Eintragung für das Gebiet der Bundesrepublik Deutschland (§ 70 Absatz 1 Satz 1 des Designgesetzes[1]) gelten die §§ 21 und 22 entsprechend.

Abschnitt 6. Schlussvorschriften

§ 26 Aufbewahrung der Wiedergabe des eingetragenen Designs.

Das Deutsche Patent- und Markenamt bewahrt die Wiedergabe des eingetragenen Designs (§ 7) auch nach der Löschung der Eintragung im Designregister dauerhaft auf.

§ 27 Übergangsregelungen. (1) § 4 Absatz 2 findet auf bis zum 9. Januar 2014 eingegangene Wiedergaben keine Anwendung.

(2) § 22 findet Anwendung auf alle Anträge zur Feststellung oder Erklärung der Nichtigkeit eines eingetragenen Designs, die ab dem 1. Januar 2014 bei dem Deutschen Patent- und Markenamt eingegangen sind.

---

[1] Nr. 40.

50. Europäisches Patentübereinkommen (EPÜ)

5. Oktober 1973[1)]

(BGBl. 2007 II S. 1082, 1129)

Nichtamtliche Inhaltsübersicht

[1)] In der Fassung der Akte vom 29. November 2000 zur Revision des Übereinkommens über die Erteilung Europäischer Patente v. 5.10.1973 (BGBl 1976 II S. 649, 826) in der ab 13.12.2007 geltenden Fassung; vgl. Bek. v. 19.2.2008 (BGBl. II S. 179).

Erster Teil. Allgemeine und institutionelle Vorschriften

Kapitel I. Allgemeine Vorschriften

Art. 1 Europäisches Recht für die Erteilung von Patenten. Durch dieses Übereinkommen wird ein den Vertragsstaaten gemeinsames Recht für die Erteilung von Erfindungspatenten geschaffen.

Art. 2 Europäisches Patent. (1) Die nach diesem Übereinkommen erteilten Patente werden als europäische Patente bezeichnet.

(2) Das europäische Patent hat in jedem Vertragsstaat, für den es erteilt worden ist, dieselbe Wirkung und unterliegt denselben Vorschriften wie ein in diesem Staat erteiltes nationales Patent, soweit dieses Übereinkommen nichts anderes bestimmt.

Art. 3 Territoriale Wirkung. Die Erteilung eines europäischen Patents kann für einen oder mehrere Vertragsstaaten beantragt werden.

Art. 4 Europäische Patentorganisation. (1) [1] Durch dieses Übereinkommen wird eine Europäische Patentorganisation gegründet, nachstehend Organisation genannt. [2] Sie ist mit verwaltungsmäßiger und finanzieller Selbstständigkeit ausgestattet.

(2) Die Organe der Organisation sind:

a) das Europäische Patentamt;

b) der Verwaltungsrat.

(3) [1] Die Organisation hat die Aufgabe, europäische Patente zu erteilen. [2] Diese Aufgabe wird vom Europäischen Patentamt durchgeführt, dessen Tätigkeit vom Verwaltungsrat überwacht wird.

Art. 4a Konferenz der Minister der Vertragsstaaten. Eine Konferenz der für Angelegenheiten des Patentwesens zuständigen Minister der Vertragsstaaten tritt mindestens alle fünf Jahre zusammen, um über Fragen der Organisation und des europäischen Patentsystems zu beraten.

Kapitel II. Die Europäische Patentorganisation

Art. 5 Rechtsstellung. (1) Die Organisation besitzt Rechtspersönlichkeit.

(2) Die Organisation besitzt in jedem Vertragsstaat die weitestgehende Rechts- und Geschäftsfähigkeit, die juristischen Personen nach dessen Rechtsvorschriften zuerkannt ist; sie kann insbesondere bewegliches und unbewegliches Vermögen erwerben und veräußern sowie vor Gericht stehen.

(3) Der Präsident des Europäischen Patentamts vertritt die Organisation.

Art. 6 Sitz. (1) Die Organisation hat ihren Sitz in München.

(2) [1] Das Europäische Patentamt befindet sich in München. [2] Es hat eine Zweigstelle in Den Haag.

Art. 7 Dienststellen des Europäischen Patentamts. In den Vertragsstaaten und bei zwischenstaatlichen Organisationen auf dem Gebiet des gewerblichen Rechtsschutzes können, soweit erforderlich und vorbehaltlich der Zustimmung des betreffenden Vertragsstaats oder der betreffenden Organisation, durch Beschluss des Verwaltungsrats Dienststellen des Europäischen Patentamts zu Informations- oder Verbindungszwecken geschaffen werden.

Art. 8 Vorrechte und Immunitäten. Die Organisation, die Mitglieder des Verwaltungsrats, die Bediensteten des Europäischen Patentamts und die sonstigen Personen, die in dem diesem Übereinkommen beigefügten Protokoll über Vorrechte und Immunitäten bezeichnet sind und an der Arbeit der Organisation teilnehmen, genießen in jedem Vertragsstaat die zur Durchführung ihrer Aufgaben erforderlichen Vorrechte und Immunitäten nach Maßgabe dieses Protokolls.

Art. 9 Haftung. (1) Die vertragliche Haftung der Organisation bestimmt sich nach dem Recht, das auf den betreffenden Vertrag anzuwenden ist.

(2) [1] Die außervertragliche Haftung der Organisation für Schäden, die durch sie oder die Bediensteten des Europäischen Patentamts in Ausübung ihrer Amtstätigkeit verursacht worden sind, bestimmt sich nach dem in der Bundesrepublik Deutschland geltenden Recht. [2] Ist der Schaden durch die Zweigstelle in Den Haag oder eine Dienststelle oder durch Bedienstete, die einer dieser Stellen angehören, verursacht worden, so ist das Recht des Vertragsstaats anzuwenden, in dem sich die betreffende Stelle befindet.

(3) Die persönliche Haftung der Bediensteten des Europäischen Patentamts gegenüber der Organisation bestimmt sich nach ihrem Statut oder den für sie geltenden Beschäftigungsbedingungen.

(4) Für die Regelung von Streitigkeiten nach den Absätzen 1 und 2 sind folgende Gerichte zuständig:

a) bei Streitigkeiten nach Absatz 1 die Gerichte der Bundesrepublik Deutschland, sofern in dem von den Parteien geschlossenen Vertrag nicht ein Gericht eines anderen Staats bestimmt worden ist;

b) bei Streitigkeiten nach Absatz 2 die Gerichte der Bundesrepublik Deutschland oder des Staats, in dem sich die Zweigstelle oder die Dienststelle befindet.

Kapitel III. Das Europäische Patentamt

Art. 10 Leitung. (1) Die Leitung des Europäischen Patentamts obliegt dem Präsidenten, der dem Verwaltungsrat gegenüber für die Tätigkeit des Amts verantwortlich ist.

(2) Zu diesem Zweck hat der Präsident insbesondere folgende Aufgaben und Befugnisse:

a) er trifft alle für die Tätigkeit des Europäischen Patentamts zweckmäßigen Maßnahmen, einschließlich des Erlasses interner Verwaltungsvorschriften und der Unterrichtung der Öffentlichkeit;

b) er bestimmt, soweit dieses Übereinkommen nichts anderes bestimmt, welche Handlungen beim Europäischen Patentamt in München und welche Handlungen bei dessen Zweigstelle in Den Haag vorzunehmen sind;

c) er kann dem Verwaltungsrat Vorschläge für eine Änderung dieses Übereinkommens, für allgemeine Durchführungsbestimmungen und für Beschlüsse vorlegen, die zur Zuständigkeit des Verwaltungsrats gehören;
d) er bereitet den Haushaltsplan und etwaige Berichtigungs- und Nachtragshaushaltspläne vor und führt sie aus;
e) er legt dem Verwaltungsrat jedes Jahr einen Tätigkeitsbericht vor;
f) er übt das Weisungsrecht und die Aufsicht über das Personal aus;
g) vorbehaltlich des Artikels 11 ernennt er die Bediensteten und entscheidet über ihre Beförderung;
h) er übt die Disziplinargewalt über die nicht in Artikel 11 genannten Bediensteten aus und kann dem Verwaltungsrat Disziplinarmaßnahmen gegenüber den in Artikel 11 Absätze 2 und 3 genannten Bediensteten vorschlagen;
i) er kann seine Aufgaben und Befugnisse übertragen.

(3) [1] Der Präsident wird von mehreren Vizepräsidenten unterstützt. [2] Ist der Präsident abwesend oder verhindert, so wird er nach dem vom Verwaltungsrat festgelegten Verfahren von einem der Vizepräsidenten vertreten.

Art. 11 Ernennung hoher Bediensteter. (1) Der Präsident des Europäischen Patentamts wird vom Verwaltungsrat ernannt.

(2) Die Vizepräsidenten werden nach Anhörung des Präsidenten des Europäischen Patentamts vom Verwaltungsrat ernannt.

(3) [1] Die Mitglieder der Beschwerdekammern und der Großen Beschwerdekammer einschließlich der Vorsitzenden werden auf Vorschlag des Präsidenten des Europäischen Patentamts vom Verwaltungsrat ernannt. [2] Sie können vom Verwaltungsrat nach Anhörung des Präsidenten des Europäischen Patentamts wieder ernannt werden.

(4) Der Verwaltungsrat übt die Disziplinargewalt über die in den Absätzen 1 bis 3 genannten Bediensteten aus.

(5) [1] Der Verwaltungsrat kann nach Anhörung des Präsidenten des Europäischen Patentamts auch rechtskundige Mitglieder nationaler Gerichte oder gerichtsähnlicher Behörden der Vertragsstaaten, die ihre richterliche Tätigkeit auf nationaler Ebene weiterhin ausüben können, zu Mitgliedern der Großen Beschwerdekammer ernennen. [2] Sie werden für einen Zeitraum von drei Jahren ernannt und können wieder ernannt werden.

Art. 12 Amtspflichten. Die Bediensteten des Europäischen Patentamts dürfen auch nach Beendigung ihrer Amtstätigkeit Kenntnisse, die ihrem Wesen nach unter das Berufsgeheimnis fallen, weder preisgeben noch verwenden.

Art. 13 Streitsachen zwischen der Organisation und den Bediensteten des Europäischen Patentamts. (1) Die Bediensteten oder ehemaligen Bediensteten des Europäischen Patentamts oder ihre Rechtsnachfolger haben das Recht, in Streitsachen zwischen ihnen und der Europäischen Patentorganisation das Verwaltungsgericht der Internationalen Arbeitsorganisation nach dessen Satzung und innerhalb der Grenzen und nach Maßgabe der Bedingungen anzurufen, die im Statut der Beamten oder in der Versorgungsordnung festgelegt sind oder sich aus den Beschäftigungsbedingungen für die sonstigen Bediensteten ergeben.

(2) Eine Beschwerde ist nur zulässig, wenn der Betreffende alle Beschwerdemöglichkeiten ausgeschöpft hat, die ihm das Statut der Beamten, die Versorgungs-

ordnung oder die Beschäftigungsbedingungen für die sonstigen Bediensteten eröffnen.

Art. 14 Sprachen des Europäischen Patentamts, europäischer Patentanmeldungen und anderer Schriftstücke. (1) Die Amtssprachen des Europäischen Patentamts sind Deutsch, Englisch und Französisch.

(2) [1] Eine europäische Patentanmeldung ist in einer Amtssprache einzureichen oder, wenn sie in einer anderen Sprache eingereicht wird, nach Maßgabe der Ausführungsordnung in eine Amtssprache zu übersetzen. [2] Diese Übersetzung kann während des gesamten Verfahrens vor dem Europäischen Patentamt mit der Anmeldung in der ursprünglich eingereichten Fassung in Übereinstimmung gebracht werden. [3] Wird eine vorgeschriebene Übersetzung nicht rechtzeitig eingereicht, so gilt die Anmeldung als zurückgenommen.

(3) Die Amtssprache des Europäischen Patentamts, in der die europäische Patentanmeldung eingereicht oder in die sie übersetzt worden ist, ist in allen Verfahren vor dem Europäischen Patentamt als Verfahrenssprache zu verwenden, soweit die Ausführungsordnung nichts anderes bestimmt.

(4) [1] Natürliche oder juristische Personen mit Wohnsitz oder Sitz in einem Vertragsstaat, in dem eine andere Sprache als Deutsch, Englisch oder Französisch Amtssprache ist, und die Angehörigen dieses Staats mit Wohnsitz im Ausland können auch fristgebundene Schriftstücke in einer Amtssprache dieses Vertragsstaats einreichen. [2] Sie müssen jedoch nach Maßgabe der Ausführungsordnung eine Übersetzung in einer Amtssprache des Europäischen Patentamts einreichen. [3] Wird ein Schriftstück, das nicht zu den Unterlagen der europäischen Patentanmeldung gehört, nicht in der vorgeschriebenen Sprache eingereicht oder wird eine vorgeschriebene Übersetzung nicht rechtzeitig eingereicht, so gilt das Schriftstück als nicht eingereicht.

(5) Europäische Patentanmeldungen werden in der Verfahrenssprache veröffentlicht.

(6) Europäische Patentschriften werden in der Verfahrenssprache veröffentlicht und enthalten eine Übersetzung der Patentansprüche in den beiden anderen Amtssprachen des Europäischen Patentamts.

(7) In den drei Amtssprachen des Europäischen Patentamts werden veröffentlicht:
a) das Europäische Patentblatt;
b) das Amtsblatt des Europäischen Patentamts.

(8) [1] Die Eintragungen in das Europäische Patentregister werden in den drei Amtssprachen des Europäischen Patentamts vorgenommen. [2] In Zweifelsfällen ist die Eintragung in der Verfahrenssprache maßgebend.

Art. 15 Organe im Verfahren. Im Europäischen Patentamt werden für die Durchführung der in diesem Übereinkommen vorgesehenen Verfahren gebildet:
a) eine Eingangsstelle;
b) Recherchenabteilungen;
c) Prüfungsabteilungen;
d) Einspruchsabteilungen;
e) eine Rechtsabteilung;
f) Beschwerdekammern;

g) eine Große Beschwerdekammer.

Art. 16 Eingangsstelle. Die Eingangsstelle ist für die Eingangs- und Formalprüfung europäischer Patentanmeldungen zuständig.

Art. 17 Recherchenabteilungen. Die Recherchenabteilungen sind für die Erstellung europäischer Recherchenberichte zuständig.

Art. 18 Prüfungsabteilungen. (1) Die Prüfungsabteilungen sind für die Prüfung europäischer Patentanmeldungen zuständig.

(2) [1] Eine Prüfungsabteilung setzt sich aus drei technisch vorgebildeten Prüfern zusammen. [2] Bis zum Erlass der Entscheidung über die europäische Patentanmeldung wird jedoch in der Regel ein Mitglied der Prüfungsabteilung mit der Bearbeitung der Anmeldung beauftragt. [3] Die mündliche Verhandlung findet vor der Prüfungsabteilung selbst statt. [4] Hält es die Prüfungsabteilung nach Art der Entscheidung für erforderlich, so wird sie durch einen rechtskundigen Prüfer ergänzt. [5] Bei Stimmengleichheit gibt die Stimme des Vorsitzenden der Prüfungsabteilung den Ausschlag.

Art. 19 Einspruchsabteilungen. (1) Die Einspruchsabteilungen sind für die Prüfung von Einsprüchen gegen europäische Patente zuständig.

(2) [1] Eine Einspruchsabteilung setzt sich aus drei technisch vorgebildeten Prüfern zusammen, von denen mindestens zwei nicht in dem Verfahren zur Erteilung des europäischen Patents mitgewirkt haben dürfen, gegen das sich der Einspruch richtet. [2] Ein Prüfer, der in dem Verfahren zur Erteilung des europäischen Patents mitgewirkt hat, kann nicht den Vorsitz führen. [3] Bis zum Erlass der Entscheidung über den Einspruch kann die Einspruchsabteilung eines ihrer Mitglieder mit der Bearbeitung des Einspruchs beauftragen. [4] Die mündliche Verhandlung findet vor der Einspruchsabteilung selbst statt. [5] Hält es die Einspruchsabteilung nach Art der Entscheidung für erforderlich, so wird sie durch einen rechtskundigen Prüfer ergänzt, der in dem Verfahren zur Erteilung des Patents nicht mitgewirkt haben darf. [6] Bei Stimmengleichheit gibt die Stimme des Vorsitzenden der Einspruchsabteilung den Ausschlag.

Art. 20 Rechtsabteilung. (1) Die Rechtsabteilung ist zuständig für Entscheidungen über Eintragungen und Löschungen im Europäischen Patentregister sowie für Entscheidungen über Eintragungen und Löschungen in der Liste der zugelassenen Vertreter.

(2) Entscheidungen der Rechtsabteilung werden von einem rechtskundigen Mitglied getroffen.

Art. 21 Beschwerdekammern. (1) Die Beschwerdekammern sind für die Prüfung von Beschwerden gegen Entscheidungen der Eingangsstelle, der Prüfungsabteilungen, der Einspruchsabteilungen und der Rechtsabteilung zuständig.

(2) Bei Beschwerden gegen die Entscheidung der Eingangsstelle oder der Rechtsabteilung setzt sich eine Beschwerdekammer aus drei rechtskundigen Mitgliedern zusammen.

(3) Bei Beschwerden gegen die Entscheidung einer Prüfungsabteilung setzt sich eine Beschwerdekammer zusammen aus:

a) zwei technisch vorgebildeten Mitgliedern und einem rechtskundigen Mitglied, wenn die Entscheidung die Zurückweisung einer europäischen Patentanmeldung oder die Erteilung, die Beschränkung oder den Widerruf eines europäischen Patents betrifft und von einer aus weniger als vier Mitgliedern bestehenden Prüfungsabteilung gefasst worden ist;

b) drei technisch vorgebildeten und zwei rechtskundigen Mitgliedern, wenn die Entscheidung von einer aus vier Mitgliedern bestehenden Prüfungsabteilung gefasst worden ist oder die Beschwerdekammer der Meinung ist, dass es die Art der Beschwerde erfordert;

c) drei rechtskundigen Mitgliedern in allen anderen Fällen.

(4) Bei Beschwerden gegen die Entscheidung einer Einspruchsabteilung setzt sich eine Beschwerdekammer zusammen aus:

a) zwei technisch vorgebildeten Mitgliedern und einem rechtskundigen Mitglied, wenn die Entscheidung von einer aus drei Mitgliedern bestehenden Einspruchsabteilung gefasst worden ist;

b) drei technisch vorgebildeten und zwei rechtskundigen Mitgliedern, wenn die Entscheidung von einer aus vier Mitgliedern bestehenden Einspruchsabteilung gefasst worden ist oder die Beschwerdekammer der Meinung ist, dass es die Art der Beschwerde erfordert.

Art. 22 Große Beschwerdekammer. (1) Die Große Beschwerdekammer ist zuständig für:

a) Entscheidungen über Rechtsfragen, die ihr von den Beschwerdekammern nach Artikel 112 vorgelegt werden;

b) die Abgabe von Stellungnahmen zu Rechtsfragen, die ihr vom Präsidenten des Europäischen Patentamts nach Artikel 112 vorgelegt werden;

c) Entscheidungen über Anträge auf Überprüfung von Beschwerdekammerentscheidungen nach Artikel 112a.

(2) [1] In Verfahren nach Absatz 1a) und b) setzt sich die Große Beschwerdekammer aus fünf rechtskundigen und zwei technisch vorgebildeten Mitgliedern zusammen. [2] In Verfahren nach Absatz 1c) setzt sich die Große Beschwerdekammer nach Maßgabe der Ausführungsordnung aus drei oder fünf Mitgliedern zusammen. [3] In allen Verfahren führt ein rechtskundiges Mitglied den Vorsitz.

Art. 23 Unabhängigkeit der Mitglieder der Kammern. (1) [1] Die Mitglieder der Großen Beschwerdekammer und der Beschwerdekammern werden für einen Zeitraum von fünf Jahren ernannt und können während dieses Zeitraums ihres Amtes nicht enthoben werden, es sei denn, dass schwerwiegende Gründe vorliegen und der Verwaltungsrat auf Vorschlag der Großen Beschwerdekammer einen entsprechenden Beschluss fasst. [2] Unbeschadet des Satzes 1 endet die Amtszeit der Mitglieder der Kammern mit der Entlassung aus dem Dienst auf ihren Antrag oder mit Versetzung in den Ruhestand nach Maßgabe des Statuts der Beamten des Europäischen Patentamts.

(2) Die Mitglieder der Kammern dürfen nicht der Eingangsstelle, den Prüfungsabteilungen, den Einspruchsabteilungen oder der Rechtsabteilung angehören.

(3) Die Mitglieder der Kammern sind bei ihren Entscheidungen an Weisungen nicht gebunden und nur diesem Übereinkommen unterworfen.

(4) [1] Die Verfahrensordnungen der Beschwerdekammern und der Großen Beschwerdekammer werden nach Maßgabe der Ausführungsordnung erlassen. [2] Sie bedürfen der Genehmigung des Verwaltungsrats.

Art. 24 Ausschließung und Ablehnung. (1) Die Mitglieder der Beschwerdekammern und der Großen Beschwerdekammer dürfen nicht an der Erledigung einer Sache mitwirken, an der sie ein persönliches Interesse haben, in der sie vorher als Vertreter eines Beteiligten tätig gewesen sind oder an deren abschließender Entscheidung in der Vorinstanz sie mitgewirkt haben.

(2) Glaubt ein Mitglied einer Beschwerdekammer oder der Großen Beschwerdekammer aus einem der in Absatz 1 genannten Gründe oder aus einem sonstigen Grund an einem Verfahren nicht mitwirken zu können, so teilt es dies der Kammer mit.

(3) [1] Die Mitglieder der Beschwerdekammern oder der Großen Beschwerdekammer können von jedem Beteiligten aus einem der in Absatz 1 genannten Gründe oder wegen Besorgnis der Befangenheit abgelehnt werden. [2] Die Ablehnung ist nicht zulässig, wenn der Beteiligte Verfahrenshandlungen vorgenommen hat, obwohl er bereits den Ablehnungsgrund kannte. [3] Die Ablehnung kann nicht mit der Staatsangehörigkeit der Mitglieder begründet werden.

(4) [1] Die Beschwerdekammern und die Große Beschwerdekammer entscheiden in den Fällen der Absätze 2 und 3 ohne Mitwirkung des betroffenen Mitglieds. [2] Bei dieser Entscheidung wird das abgelehnte Mitglied durch seinen Vertreter ersetzt.

Art. 25 Technische Gutachten. [1] Auf Ersuchen des mit einer Verletzungs- oder Nichtigkeitsklage befassten zuständigen nationalen Gerichts ist das Europäische Patentamt verpflichtet, gegen eine angemessene Gebühr ein technisches Gutachten über das europäische Patent zu erstatten, das Gegenstand des Rechtsstreits ist. [2] Für die Erstattung der Gutachten sind die Prüfungsabteilungen zuständig.

Kapitel IV. Der Verwaltungsrat

Art. 26 Zusammensetzung. (1) [1] Der Verwaltungsrat besteht aus den Vertretern der Vertragsstaaten und deren Stellvertretern. [2] Jeder Vertragsstaat ist berechtigt, einen Vertreter und einen Stellvertreter für den Verwaltungsrat zu bestellen.

(2) Die Mitglieder des Verwaltungsrats können nach Maßgabe der Geschäftsordnung des Verwaltungsrats Berater oder Sachverständige hinzuziehen.

Art. 27 Vorsitz. (1) [1] Der Verwaltungsrat wählt aus den Vertretern der Vertragsstaaten und deren Stellvertretern einen Präsidenten und einen Vizepräsidenten. [2] Der Vizepräsident vertritt den Präsidenten von Amts wegen, wenn dieser verhindert ist.

(2) [1] Die Amtszeit des Präsidenten und des Vizepräsidenten beträgt drei Jahre. [2] Wiederwahl ist zulässig.

Art. 28 Präsidium. (1) Beträgt die Zahl der Vertragsstaaten mindestens acht, so kann der Verwaltungsrat ein aus fünf seiner Mitglieder bestehendes Präsidium bilden.

(2) Der Präsident und der Vizepräsident des Verwaltungsrats sind von Amts wegen Mitglieder des Präsidiums; die drei übrigen Mitglieder werden vom Verwaltungsrat gewählt.

(3) [1] Die Amtszeit der vom Verwaltungsrat gewählten Präsidiumsmitglieder beträgt drei Jahre. [2] Wiederwahl ist nicht zulässig.

(4) Das Präsidium nimmt die Aufgaben wahr, die ihm der Verwaltungsrat nach Maßgabe der Geschäftsordnung zuweist.

Art. 29 Tagungen. (1) Der Verwaltungsrat wird von seinem Präsidenten einberufen.

(2) Der Präsident des Europäischen Patentamts nimmt an den Beratungen des Verwaltungsrats teil.

(3) Der Verwaltungsrat hält jährlich eine ordentliche Tagung ab; außerdem tritt er auf Veranlassung seines Präsidenten oder auf Antrag eines Drittels der Vertragsstaaten zusammen.

(4) Der Verwaltungsrat berät nach Maßgabe seiner Geschäftsordnung auf der Grundlage einer Tagesordnung.

(5) Jede Frage, die auf Antrag eines Vertragsstaats nach Maßgabe der Geschäftsordnung auf die Tagesordnung gesetzt werden soll, wird in die vorläufige Tagesordnung aufgenommen.

Art. 30 Teilnahme von Beobachtern. (1) Die Weltorganisation für geistiges Eigentum ist nach Maßgabe eines Abkommens zwischen der Organisation und der Weltorganisation für geistiges Eigentum auf den Tagungen des Verwaltungsrats vertreten.

(2) Andere zwischenstaatliche Organisationen, die mit der Durchführung internationaler patentrechtlicher Verfahren beauftragt sind und mit denen die Organisation ein Abkommen geschlossen hat, sind nach Maßgabe dieses Abkommens auf den Tagungen des Verwaltungsrats vertreten.

(3) Alle anderen zwischenstaatlichen und nichtstaatlichen internationalen Organisationen, die eine die Organisation betreffende Tätigkeit ausüben, können vom Verwaltungsrat eingeladen werden, sich auf seinen Tagungen bei der Erörterung von Fragen, die von gemeinsamem Interesse sind, vertreten zu lassen.

Art. 31 Sprachen des Verwaltungsrats. (1) Der Verwaltungsrat bedient sich bei seinen Beratungen der deutschen, englischen und französischen Sprache.

(2) Die dem Verwaltungsrat unterbreiteten Dokumente und die Protokolle über seine Beratungen werden in den drei in Absatz 1 genannten Sprachen erstellt.

Art. 32 Personal, Räumlichkeiten und Ausstattung. Das Europäische Patentamt stellt dem Verwaltungsrat sowie den vom Verwaltungsrat eingesetzten Ausschüssen das Personal, die Räumlichkeiten und die Ausstattung zur Verfügung, die sie zur Durchführung ihrer Aufgaben benötigen.

Art. 33 Befugnisse des Verwaltungsrats in bestimmten Fällen. (1) Der Verwaltungsrat ist befugt, zu ändern:

a) die Dauer der in diesem Übereinkommen festgesetzten Fristen;
b) die Vorschriften des Zweiten bis Achten und des Zehnten Teils dieses Übereinkommens, um ihre Übereinstimmung mit einem internationalen Vertrag

auf dem Gebiet des Patentwesens oder den Rechtsvorschriften der Europäischen Gemeinschaft auf dem Gebiet des Patentwesens zu gewährleisten;

c) die Ausführungsordnung.

(2) Der Verwaltungsrat ist befugt, in Übereinstimmung mit diesem Übereinkommen zu erlassen und zu ändern:

a) die Finanzordnung;

b) das Statut der Beamten und die Beschäftigungsbedingungen für die sonstigen Bediensteten des Europäischen Patentamts, ihre Besoldung sowie die Art der zusätzlichen Vergütung und die Verfahrensrichtlinien für deren Gewährung;

c) die Versorgungsordnung und Erhöhungen der Versorgungsbezüge entsprechend einer Erhöhung der Dienstbezüge;

d) die Gebührenordnung;

e) seine Geschäftsordnung.

(3) [1] Der Verwaltungsrat ist befugt zu beschließen, dass abweichend von Artikel 18 Absatz 2 die Prüfungsabteilungen für bestimmte Gruppen von Fällen aus einem technisch vorgebildeten Prüfer bestehen, wenn die Erfahrung dies rechtfertigt. [2] Dieser Beschluss kann rückgängig gemacht werden.

(4) Der Verwaltungsrat ist befugt, den Präsidenten des Europäischen Patentamts zu ermächtigen, Verhandlungen über Abkommen mit Staaten oder zwischenstaatlichen Organisationen sowie mit Dokumentationszentren, die aufgrund von Vereinbarungen mit solchen Organisationen errichtet worden sind, zu führen und diese Abkommen mit Genehmigung des Verwaltungsrats für die Europäische Patentorganisation zu schließen.

(5) Ein Beschluss des Verwaltungsrats nach Absatz 1b) kann nicht gefasst werden:

– in Bezug auf einen internationalen Vertrag vor dessen Inkrafttreten;

– in Bezug auf Rechtsvorschriften der Europäischen Gemeinschaft vor deren Inkrafttreten oder, wenn diese eine Frist für ihre Umsetzung vorsehen, vor Ablauf dieser Frist.

Art. 34 Stimmrecht. (1) Stimmberechtigt im Verwaltungsrat sind nur die Vertragsstaaten.

(2) Jeder Vertragsstaat verfügt über eine Stimme, soweit nicht Artikel 36 anzuwenden ist.

Art. 35 Abstimmungen. (1) Der Verwaltungsrat fasst seine Beschlüsse vorbehaltlich der Absätze 2 und 3 mit der einfachen Mehrheit der vertretenen Vertragsstaaten, die eine Stimme abgeben.

(2) Dreiviertelmehrheit der vertretenen Vertragsstaaten, die eine Stimme abgeben, ist für die Beschlüsse erforderlich, zu denen der Verwaltungsrat nach Artikel 7, Artikel 11 Absatz 1, Artikel 33 Absatz 1a) und c) und Absätze 2 bis 4, Artikel 39 Absatz 1, Artikel 40 Absätze 2 und 4, Artikel 46, Artikel 134a, Artikel 149a Absatz 2, Artikel 152, Artikel 153 Absatz 7, Artikel 166 und Artikel 172 befugt ist.

(3) [1] Einstimmigkeit der Vertragsstaaten, die eine Stimme abgeben, ist für die Beschlüsse erforderlich, zu denen der Verwaltungsrat nach Artikel 33 Absatz 1b) befugt ist. [2] Der Verwaltungsrat fasst einen solchen Beschluss nur dann, wenn alle Vertragsstaaten vertreten sind. [3] Ein nach Artikel 33 Absatz 1b) gefasster Beschluss

wird nicht wirksam, wenn innerhalb von zwölf Monaten nach dem Datum des Beschlusses einer der Vertragsstaaten erklärt, dass dieser Beschluss nicht verbindlich sein soll.

(4) Stimmenthaltung gilt nicht als Stimmabgabe.

Art. 36 Stimmenwägung. (1) [1]Jeder Vertragsstaat kann für die Annahme und Änderung der Gebührenordnung sowie, falls dadurch die finanzielle Belastung der Vertragsstaaten vergrößert wird, für die Feststellung des Haushaltsplans und eines Berichtigungs- oder Nachtragshaushaltsplans der Organisation nach einer ersten Abstimmung, in der jeder Vertragsstaat über eine Stimme verfügt, unabhängig vom Ausgang der Abstimmung verlangen, dass unverzüglich eine zweite Abstimmung vorgenommen wird, in der die Stimmen nach Absatz 2 gewogen werden. [2]Diese zweite Abstimmung ist für den Beschluss maßgebend.

(2) Die Zahl der Stimmen, über die jeder Vertragsstaat in der neuen Abstimmung verfügt, errechnet sich wie folgt:

a) Die sich für jeden Vertragsstaat ergebende Prozentzahl des in Artikel 40 Absätze 3 und 4 vorgesehenen Aufbringungsschlüssels für die besonderen Finanzbeiträge wird mit der Zahl der Vertragsstaaten multipliziert und durch fünf dividiert.
b) Die so errechnete Stimmenzahl wird auf eine ganze Zahl aufgerundet.
c) Dieser Stimmenzahl werden fünf weitere Stimmen hinzugezählt.
d) Die Zahl der Stimmen eines Vertragsstaats beträgt jedoch höchstens 30.

Kapitel V. Finanzvorschriften

Art. 37 Finanzierung des Haushalts. Der Haushalt der Organisation wird finanziert:

a) durch eigene Mittel der Organisation;
b) durch Zahlungen der Vertragsstaaten aufgrund der für die Aufrechterhaltung der europäischen Patente in diesen Staaten erhobenen Gebühren;
c) erforderlichenfalls durch besondere Finanzbeiträge der Vertragsstaaten;
d) gegebenenfalls durch die in Artikel 146 vorgesehenen Einnahmen;
e) gegebenenfalls und ausschließlich für Sachanlagen durch bei Dritten aufgenommene und durch Grundstücke oder Gebäude gesicherte Darlehen;
f) gegebenenfalls durch Drittmittel für bestimmte Projekte.

Art. 38 Eigene Mittel der Organisation. Eigene Mittel der Organisation sind:

a) alle Einnahmen aus Gebühren und sonstigen Quellen sowie Rücklagen der Organisation;
b) die Mittel des Pensionsreservefonds, der als zweckgebundenes Sondervermögen der Organisation zur Sicherung ihres Versorgungssystems durch die Bildung angemessener Rücklagen dient.

Art. 39 Zahlungen der Vertragsstaaten aufgrund der für die Aufrechterhaltung der europäischen Patente erhobenen Gebühren. (1) [1]Jeder Vertragsstaat zahlt an die Organisation für jedes in diesem Staat aufrechterhaltene europäische Patent einen Betrag in Höhe eines vom Verwaltungsrat festzusetzenden Anteils an der Jahresgebühr, der 75% nicht übersteigen darf und für alle

Vertragsstaaten gleich ist. [2] Liegt der Betrag unter einem vom Verwaltungsrat festgesetzten einheitlichen Mindestbetrag, so hat der betreffende Vertragsstaat der Organisation diesen Mindestbetrag zu zahlen.

(2) Jeder Vertragsstaat teilt der Organisation alle Angaben mit, die der Verwaltungsrat für die Feststellung der Höhe dieser Zahlungen für notwendig erachtet.

(3) Die Fälligkeit dieser Zahlungen wird vom Verwaltungsrat festgelegt.

(4) Wird eine Zahlung nicht fristgerecht in voller Höhe geleistet, so hat der Vertragsstaat den ausstehenden Betrag vom Fälligkeitstag an zu verzinsen.

Art. 40 Bemessung der Gebühren und Anteile - besondere Finanzbeiträge. (1) Die Höhe der Gebühren nach Artikel 38 und der Anteil nach Artikel 39 sind so zu bemessen, dass die Einnahmen hieraus den Ausgleich des Haushalts der Organisation gewährleisten.

(2) Ist die Organisation jedoch nicht in der Lage, den Haushaltsplan nach Maßgabe des Absatzes 1 auszugleichen, so zahlen die Vertragsstaaten der Organisation besondere Finanzbeiträge, deren Höhe der Verwaltungsrat für das betreffende Haushaltsjahr festsetzt.

(3) [1] Die besonderen Finanzbeiträge werden für jeden Vertragsstaat auf der Grundlage der Anzahl der Patentanmeldungen des vorletzten Jahrs vor dem Inkrafttreten dieses Übereinkommens nach folgendem Aufbringungsschlüssel festgelegt:

a) zur Hälfte im Verhältnis der Zahl der in dem jeweiligen Vertragsstaat eingereichten Patentanmeldungen;

b) zur Hälfte im Verhältnis der zweithöchsten Zahl von Patentanmeldungen, die von natürlichen oder juristischen Personen mit Wohnsitz oder Sitz in dem jeweiligen Vertragsstaat in den anderen Vertragsstaaten eingereicht worden sind.

[2] Die Beträge, die von den Staaten zu tragen sind, in denen mehr als 25000 Patentanmeldungen eingereicht worden sind, werden jedoch zusammengefasst und erneut im Verhältnis der Gesamtzahl der in diesen Staaten eingereichten Patentanmeldungen aufgeteilt.

(4) Kann für einen Vertragsstaat ein Beteiligungssatz nicht nach Absatz 3 ermittelt werden, so legt ihn der Verwaltungsrat im Einvernehmen mit diesem Staat fest.

(5) Artikel 39 Absätze 3 und 4 ist auf die besonderen Finanzbeiträge entsprechend anzuwenden.

(6) [1] Die besonderen Finanzbeiträge werden mit Zinsen zu einem Satz zurückgezahlt, der für alle Vertragsstaaten einheitlich ist. [2] Die Rückzahlungen erfolgen, soweit zu diesem Zweck Mittel im Haushaltsplan bereitgestellt werden können; der bereitgestellte Betrag wird nach dem in den Absätzen 3 und 4 vorgesehenen Aufbringungsschlüssel auf die Vertragsstaaten verteilt.

(7) Die in einem bestimmten Haushaltsjahr gezahlten besonderen Finanzbeiträge müssen in vollem Umfang zurückgezahlt sein, bevor in einem späteren Haushaltsjahr gezahlte besondere Finanzbeiträge ganz oder teilweise zurückgezahlt werden.

Art. 41 Vorschüsse. (1) [1]Die Vertragsstaaten gewähren der Organisation auf Antrag des Präsidenten des Europäischen Patentamts Vorschüsse auf ihre Zahlungen und Beiträge in der vom Verwaltungsrat festgesetzten Höhe. [2]Diese Vorschüsse werden auf die Vertragsstaaten im Verhältnis der Beträge, die von diesen Staaten für das betreffende Haushaltsjahr zu zahlen sind, aufgeteilt.

(2) Artikel 39 Absätze 3 und 4 ist auf die Vorschüsse entsprechend anzuwenden.

Art. 42 Haushaltsplan. (1) [1]Der Haushaltsplan der Organisation ist auszugleichen. [2]Er wird nach Maßgabe der in der Finanzordnung festgelegten allgemein anerkannten Rechnungslegungsgrundsätze aufgestellt. [3]Falls erforderlich, können Berichtigungs- und Nachtragshaushaltspläne festgestellt werden.

(2) Der Haushaltsplan wird in der Rechnungseinheit aufgestellt, die in der Finanzordnung bestimmt wird.

Art. 43 Bewilligung der Ausgaben. (1) Die in den Haushaltsplan eingesetzten Ausgaben werden für ein Haushaltsjahr bewilligt, soweit die Finanzordnung nichts anderes bestimmt.

(2) Nach Maßgabe der Finanzordnung dürfen Mittel, die bis zum Ende eines Haushaltsjahrs nicht verbraucht worden sind, lediglich auf das nächste Haushaltsjahr übertragen werden; eine Übertragung von Mitteln, die für Personalausgaben vorgesehen sind, ist nicht zulässig.

(3) Die vorgesehenen Mittel werden nach Kapiteln gegliedert, in denen die Ausgaben nach Art oder Bestimmung zusammengefasst sind; soweit erforderlich, werden die Kapitel nach der Finanzordnung unterteilt.

Art. 44 Mittel für unvorhergesehene Ausgaben. (1) Im Haushaltsplan der Organisation können Mittel für unvorhergesehene Ausgaben veranschlagt werden.

(2) Die Verwendung dieser Mittel durch die Organisation setzt die vorherige Zustimmung des Verwaltungsrats voraus.

Art. 45 Haushaltsjahr. Das Haushaltsjahr beginnt am 1. Januar und endet am 31. Dezember.

Art. 46 Entwurf und Feststellung des Haushaltsplans. (1) Der Präsident des Europäischen Patentamts legt dem Verwaltungsrat den Entwurf des Haushaltsplans bis zu dem in der Finanzordnung vorgeschriebenen Zeitpunkt vor.

(2) Der Haushaltsplan sowie Berichtigungs- und Nachtragshaushaltspläne werden vom Verwaltungsrat festgestellt.

Art. 47 Vorläufige Haushaltsführung. (1) Ist zu Beginn eines Haushaltsjahrs der Haushaltsplan vom Verwaltungsrat noch nicht festgestellt, so können nach der Finanzordnung für jedes Kapitel oder jede sonstige Untergliederung monatliche Ausgaben bis zur Höhe eines Zwölftels der im Haushaltsplan für das vorausgegangene Haushaltsjahr bereitgestellten Mittel vorgenommen werden; der Präsident des Europäischen Patentamts darf jedoch höchstens über ein Zwölftel der Mittel verfügen, die in dem Entwurf des Haushaltsplans vorgesehen sind.

(2) Der Verwaltungsrat kann unter Beachtung der sonstigen Vorschriften des Absatzes 1 Ausgaben genehmigen, die über dieses Zwölftel hinausgehen.

(3) Die in Artikel 37b) genannten Zahlungen werden einstweilen weiter nach Maßgabe der Bedingungen geleistet, die nach Artikel 39 für das vorausgegangene Haushaltsjahr festgelegt worden sind.

(4) [1] Jeden Monat zahlen die Vertragsstaaten einstweilen nach dem in Artikel 40 Absätze 3 und 4 festgelegten Aufbringungsschlüssel besondere Finanzbeiträge, sofern dies notwendig ist, um die Durchführung der Absätze 1 und 2 zu gewährleisten. [2] Artikel 39 Absatz 4 ist auf diese Beiträge entsprechend anzuwenden.

Art. 48 Ausführung des Haushaltsplans. (1) Im Rahmen der zugewiesenen Mittel führt der Präsident des Europäischen Patentamts den Haushaltsplan sowie Berichtigungs- und Nachtragshaushaltspläne in eigener Verantwortung aus.

(2) Der Präsident des Europäischen Patentamts kann im Rahmen des Haushaltsplans nach Maßgabe der Finanzordnung Mittel von Kapitel zu Kapitel oder von Untergliederung zu Untergliederung übertragen.

Art. 49 Rechnungsprüfung. (1) Die Rechnung über alle Einnahmen und Ausgaben des Haushaltsplans sowie eine Übersicht über das Vermögen und die Schulden der Organisation werden von Rechnungsprüfern geprüft, die volle Gewähr für ihre Unabhängigkeit bieten müssen und vom Verwaltungsrat für einen Zeitraum von fünf Jahren bestellt werden; die Bestellung kann verlängert oder erneuert werden.

(2) [1] Die Prüfung erfolgt anhand der Rechnungsunterlagen und erforderlichenfalls an Ort und Stelle. [2] Durch die Prüfung wird die Rechtmäßigkeit und Ordnungsmäßigkeit der Einnahmen und Ausgaben sowie die Wirtschaftlichkeit der Haushaltsführung festgestellt. [3] Nach Abschluss eines jeden Haushaltsjahrs erstellen die Rechnungsprüfer einen Bericht, der einen unterzeichneten Bestätigungsvermerk enthält.

(3) Der Präsident des Europäischen Patentamts legt dem Verwaltungsrat jährlich die Rechnungen des abgelaufenen Haushaltsjahrs für die Rechnungsvorgänge des Haushaltsplans und die Übersicht über das Vermögen und die Schulden zusammen mit dem Bericht der Rechnungsprüfer vor.

(4) Der Verwaltungsrat genehmigt die Jahresrechnung sowie den Bericht der Rechnungsprüfer und erteilt dem Präsidenten des Europäischen Patentamts Entlastung hinsichtlich der Ausführung des Haushaltsplans.

Art. 50 Finanzordnung. Die Finanzordnung regelt insbesondere:

a) die Art und Weise der Aufstellung und Ausführung des Haushaltsplans sowie der Rechnungslegung und Rechnungsprüfung;
b) die Art und Weise sowie das Verfahren, wie die in Artikel 37 vorgesehenen Zahlungen und Beiträge sowie die in Artikel 41 vorgesehenen Vorschüsse von den Vertragsstaaten der Organisation zur Verfügung zu stellen sind;
c) die Verantwortung der Anweisungsbefugten und der Rechnungsführer sowie die entsprechenden Kontrollmaßnahmen;
d) die Sätze der in den Artikeln 39, 40 und 47 vorgesehenen Zinsen;
e) die Art und Weise der Berechnung der nach Artikel 146 zu leistenden Beiträge;
f) Zusammensetzung und Aufgaben eines Haushalts- und Finanzausschusses, der vom Verwaltungsrat eingesetzt werden soll;
g) die dem Haushaltsplan und dem Jahresabschluss zugrunde zu legenden allgemein anerkannten Rechnungslegungsgrundsätze.

Art. 51 Gebühren. (1) Das Europäische Patentamt kann Gebühren für die nach diesem Übereinkommen durchgeführten amtlichen Aufgaben und Verfahren erheben.

(2) Fristen für die Entrichtung von Gebühren, die nicht bereits im Übereinkommen bestimmt sind, werden in der Ausführungsordnung festgelegt.

(3) Sieht die Ausführungsordnung vor, dass eine Gebühr zu entrichten ist, so werden dort auch die Rechtsfolgen ihrer nicht rechtzeitigen Entrichtung festgelegt.

(4) Die Gebührenordnung bestimmt insbesondere die Höhe der Gebühren und die Art und Weise, wie sie zu entrichten sind.

Zweiter Teil. Materielles Patentrecht

Kapitel I. Patentierbarkeit

Art. 52 Patentierbare Erfindungen. (1) Europäische Patente werden für Erfindungen auf allen Gebieten der Technik erteilt, sofern sie neu sind, auf einer erfinderischen Tätigkeit beruhen und gewerblich anwendbar sind.

(2) Als Erfindungen im Sinne des Absatzes 1 werden insbesondere nicht angesehen:

a) Entdeckungen, wissenschaftliche Theorien und mathematische Methoden;
b) ästhetische Formschöpfungen;
c) Pläne, Regeln und Verfahren für gedankliche Tätigkeiten, für Spiele oder für geschäftliche Tätigkeiten sowie Programme für Datenverarbeitungsanlagen;
d) die Wiedergabe von Informationen.

(3) Absatz 2 steht der Patentierbarkeit der dort genannten Gegenstände oder Tätigkeiten nur insoweit entgegen, als sich die europäische Patentanmeldung oder das europäische Patent auf diese Gegenstände oder Tätigkeiten als solche bezieht.

Art. 53 Ausnahmen von der Patentierbarkeit. Europäische Patente werden nicht erteilt für:

a) Erfindungen, deren gewerbliche Verwertung gegen die öffentliche Ordnung oder die guten Sitten verstoßen würde; ein solcher Verstoß kann nicht allein daraus hergeleitet werden, dass die Verwertung in allen oder einigen Vertragsstaaten durch Gesetz oder Verwaltungsvorschrift verboten ist;
b) Pflanzensorten oder Tierrassen sowie im Wesentlichen biologische Verfahren zur Züchtung von Pflanzen oder Tieren. Dies gilt nicht für mikrobiologische Verfahren und die mithilfe dieser Verfahren gewonnenen Erzeugnisse;
c) Verfahren zur chirurgischen oder therapeutischen Behandlung des menschlichen oder tierischen Körpers und Diagnostizierverfahren, die am menschlichen oder tierischen Körper vorgenommen werden. Dies gilt nicht für Erzeugnisse, insbesondere Stoffe oder Stoffgemische, zur Anwendung in einem dieser Verfahren.

Art. 54 Neuheit. (1) Eine Erfindung gilt als neu, wenn sie nicht zum Stand der Technik gehört.

(2) Den Stand der Technik bildet alles, was vor dem Anmeldetag der europäischen Patentanmeldung der Öffentlichkeit durch schriftliche oder mündliche

Beschreibung, durch Benutzung oder in sonstiger Weise zugänglich gemacht worden ist.

(3) Als Stand der Technik gilt auch der Inhalt der europäischen Patentanmeldungen in der ursprünglich eingereichten Fassung, deren Anmeldetag vor dem in Absatz 2 genannten Tag liegt und die erst an oder nach diesem Tag veröffentlicht worden sind.

(4) Gehören Stoffe oder Stoffgemische zum Stand der Technik, so wird ihre Patentierbarkeit durch die Absätze 2 und 3 nicht ausgeschlossen, sofern sie zur Anwendung in einem in Artikel 53c) genannten Verfahren bestimmt sind und ihre Anwendung in einem dieser Verfahren nicht zum Stand der Technik gehört.

(5) Ebensowenig wird die Patentierbarkeit der in Absatz 4 genannten Stoffe oder Stoffgemische zur spezifischen Anwendung in einem in Artikel 53c) genannten Verfahren durch die Absätze 2 und 3 ausgeschlossen, wenn diese Anwendung nicht zum Stand der Technik gehört.

Art. 55 Unschädliche Offenbarungen. (1) Für die Anwendung des Artikels 54 bleibt eine Offenbarung der Erfindung außer Betracht, wenn sie nicht früher als sechs Monate vor Einreichung der europäischen Patentanmeldung erfolgt ist und unmittelbar oder mittelbar zurückgeht:

a) auf einen offensichtlichen Missbrauch zum Nachteil des Anmelders oder seines Rechtsvorgängers oder

b) auf die Tatsache, dass der Anmelder oder sein Rechtsvorgänger die Erfindung auf amtlichen oder amtlich anerkannten Ausstellungen im Sinn des am 22. November 1928 in Paris unterzeichneten und zuletzt am 30. November 1972 revidierten Übereinkommens über internationale Ausstellungen zur Schau gestellt hat.

(2) Im Fall des Absatzes 1b) ist Absatz 1 nur anzuwenden, wenn der Anmelder bei Einreichung der europäischen Patentanmeldung angibt, dass die Erfindung tatsächlich zur Schau gestellt worden ist, und innerhalb der Frist und unter den Bedingungen, die in der Ausführungsordnung vorgeschrieben sind, eine entsprechende Bescheinigung einreicht.

Art. 56 Erfinderische Tätigkeit. [1] Eine Erfindung gilt als auf einer erfinderischen Tätigkeit beruhend, wenn sie sich für den Fachmann nicht in nahe liegender Weise aus dem Stand der Technik ergibt. [2] Gehören zum Stand der Technik auch Unterlagen im Sinn des Artikels 54 Absatz 3, so werden diese bei der Beurteilung der erfinderischen Tätigkeit nicht in Betracht gezogen.

Art. 57 Gewerbliche Anwendbarkeit. Eine Erfindung gilt als gewerblich anwendbar, wenn ihr Gegenstand auf irgendeinem gewerblichen Gebiet einschließlich der Landwirtschaft hergestellt oder benutzt werden kann.

Kapitel II. Zur Einreichung und Erlangung des europäischen Patents berechtigte Personen – Erfindernennung

Art. 58 Recht zur Anmeldung europäischer Patente. Jede natürliche oder juristische Person und jede Gesellschaft, die nach dem für sie maßgebenden Recht einer juristischen Person gleichgestellt ist, kann die Erteilung eines europäischen Patents beantragen.

Art. 59 Mehrere Anmelder. Die europäische Patentanmeldung kann auch von gemeinsamen Anmeldern oder von mehreren Anmeldern, die verschiedene Vertragsstaaten benennen, eingereicht werden.

Art. 60 Recht auf das europäische Patent. (1) [1]Das Recht auf das europäische Patent steht dem Erfinder oder seinem Rechtsnachfolger zu. [2]Ist der Erfinder ein Arbeitnehmer, so bestimmt sich das Recht auf das europäische Patent nach dem Recht des Staats, in dem der Arbeitnehmer überwiegend beschäftigt ist; ist nicht festzustellen, in welchem Staat der Arbeitnehmer überwiegend beschäftigt ist, so ist das Recht des Staats anzuwenden, in dem der Arbeitgeber den Betrieb unterhält, dem der Arbeitnehmer angehört.

(2) Haben mehrere eine Erfindung unabhängig voneinander gemacht, so steht das Recht auf das europäische Patent demjenigen zu, dessen europäische Patentanmeldung den früheren Anmeldetag hat, sofern diese frühere Anmeldung veröffentlicht worden ist.

(3) Im Verfahren vor dem Europäischen Patentamt gilt der Anmelder als berechtigt, das Recht auf das europäische Patent geltend zu machen.

Art. 61 Anmeldung europäischer Patente durch Nichtberechtigte.

(1) Wird durch rechtskräftige Entscheidung der Anspruch auf Erteilung des europäischen Patents einer Person zugesprochen, die nicht der Anmelder ist, so kann diese Person nach Maßgabe der Ausführungsordnung

a) die europäische Patentanmeldung anstelle des Anmelders als eigene Anmeldung weiterverfolgen,

b) eine neue europäische Patentanmeldung für dieselbe Erfindung einreichen oder

c) beantragen, dass die europäische Patentanmeldung zurückgewiesen wird.

(2) Auf eine nach Absatz 1b) eingereichte neue europäische Patentanmeldung ist Artikel 76 Absatz 1 entsprechend anzuwenden.

Art. 62 Recht auf Erfindernennung. Der Erfinder hat gegenüber dem Anmelder oder Inhaber des europäischen Patents das Recht, vor dem Europäischen Patentamt als Erfinder genannt zu werden.

Kapitel III. Wirkungen des europäischen Patents und der europäischen Patentanmeldung

Art. 63 Laufzeit des europäischen Patents. (1) Die Laufzeit des europäischen Patents beträgt zwanzig Jahre, gerechnet vom Anmeldetag an.

(2) Absatz 1 lässt das Recht eines Vertragsstaats unberührt, unter den gleichen Bedingungen, die für nationale Patente gelten, die Laufzeit eines europäischen Patents zu verlängern oder entsprechenden Schutz zu gewähren, der sich an den Ablauf der Laufzeit des Patents unmittelbar anschließt,

a) um einem Kriegsfall oder einer vergleichbaren Krisenlage dieses Staats Rechnung zu tragen;

b) wenn der Gegenstand des europäischen Patents ein Erzeugnis oder ein Verfahren zur Herstellung oder eine Verwendung eines Erzeugnisses ist, das vor seinem In-Verkehr-Bringen in diesem Staat einem gesetzlich vorgeschriebenen behördlichen Genehmigungsverfahren unterliegt.

(3) Absatz 2 ist auf die für eine Gruppe von Vertragsstaaten im Sinne des Artikels 142 gemeinsam erteilten europäischen Patente entsprechend anzuwenden.

(4) Ein Vertragsstaat, der eine Verlängerung der Laufzeit oder einen entsprechenden Schutz nach Absatz 2b) vorsieht, kann aufgrund eines Abkommens mit der Organisation dem Europäischen Patentamt mit der Durchführung dieser Vorschriften verbundene Aufgaben übertragen.

Art. 64 Rechte aus dem europäischen Patent. (1) Das europäische Patent gewährt seinem Inhaber ab dem Tag der Bekanntmachung des Hinweises auf seine Erteilung im Europäischen Patentblatt in jedem Vertragsstaat, für den es erteilt ist, vorbehaltlich des Absatzes 2 dieselben Rechte, die ihm ein in diesem Staat erteiltes nationales Patent gewähren würde.

(2) Ist Gegenstand des europäischen Patents ein Verfahren, so erstreckt sich der Schutz auch auf die durch das Verfahren unmittelbar hergestellten Erzeugnisse.

(3) Eine Verletzung des europäischen Patents wird nach nationalem Recht behandelt.

Art. 65 Übersetzung des europäischen Patents. (1) [1]Jeder Vertragsstaat kann, wenn das vom Europäischen Patentamt erteilte, in geänderter Fassung aufrechterhaltene oder beschränkte europäische Patent nicht in einer seiner Amtssprachen abgefasst ist, vorschreiben, dass der Patentinhaber bei seiner Zentralbehörde für den gewerblichen Rechtsschutz eine Übersetzung des Patents in der erteilten, geänderten oder beschränkten Fassung nach seiner Wahl in einer seiner Amtssprachen, oder, soweit dieser Staat die Verwendung einer bestimmten Amtssprache vorgeschrieben hat, in dieser Amtssprache einzureichen hat. [2]Die Frist für die Einreichung der Übersetzung endet drei Monate, nachdem der Hinweis auf die Erteilung des europäischen Patents, seine Aufrechterhaltung in geänderter Fassung oder seine Beschränkung im Europäischen Patentblatt bekannt gemacht worden ist, sofern nicht der betreffende Staat eine längere Frist vorschreibt.

(2) Jeder Vertragsstaat, der eine Vorschrift nach Absatz 1 erlassen hat, kann vorschreiben, dass der Patentinhaber innerhalb einer von diesem Staat bestimmten Frist die Kosten für eine Veröffentlichung der Übersetzung ganz oder teilweise zu entrichten hat.

(3) Jeder Vertragsstaat kann vorschreiben, dass im Fall der Nichtbeachtung einer nach den Absätzen 1 und 2 erlassenen Vorschrift die Wirkungen des europäischen Patents in diesem Staat als von Anfang an nicht eingetreten gelten.

Art. 66 Wirkung der europäischen Patentanmeldung als nationale Anmeldung. Eine europäische Patentanmeldung, der ein Anmeldetag zuerkannt worden ist, hat in den benannten Vertragsstaaten die Wirkung einer vorschriftsmäßigen nationalen Anmeldung, gegebenenfalls mit der für die europäische Patentanmeldung in Anspruch genommenen Priorität.

Art. 67 Rechte aus der europäischen Patentanmeldung nach Veröffentlichung. (1) Die europäische Patentanmeldung gewährt dem Anmelder vom Tag ihrer Veröffentlichung an in den benannten Vertragsstaaten einstweilen den Schutz nach Artikel 64.

(2) [1]Jeder Vertragsstaat kann vorsehen, dass die europäische Patentanmeldung nicht den Schutz nach Artikel 64 gewährt. [2]Der Schutz, der mit der Veröffent-

lichung der europäischen Patentanmeldung verbunden ist, darf jedoch nicht geringer sein als der Schutz, der sich aufgrund des Rechts des betreffenden Staats aus der zwingend vorgeschriebenen Veröffentlichung der ungeprüften nationalen Patentanmeldungen ergibt. [3] Zumindest hat jeder Vertragsstaat vorzusehen, dass der Anmelder für die Zeit von der Veröffentlichung der europäischen Patentanmeldung an von demjenigen, der die Erfindung in diesem Vertragsstaat unter Voraussetzungen benutzt hat, die nach dem nationalen Recht im Fall der Verletzung eines nationalen Patents sein Verschulden begründen würden, eine den Umständen nach angemessene Entschädigung verlangen kann.

(3) Jeder Vertragsstaat kann für den Fall, dass keine seiner Amtssprachen Verfahrenssprache ist, vorsehen, dass der einstweilige Schutz nach den Absätzen 1 und 2 erst von dem Tag an eintritt, an dem eine Übersetzung der Patentansprüche nach Wahl des Anmelders in einer der Amtssprachen dieses Staats oder, soweit der betreffende Staat die Verwendung einer bestimmten Amtssprache vorgeschrieben hat, in dieser Amtssprache

a) der Öffentlichkeit unter den nach nationalem Recht vorgesehenen Voraussetzungen zugänglich gemacht worden ist oder

b) demjenigen übermittelt worden ist, der die Erfindung in diesem Vertragsstaat benutzt.

(4) [1] Die in den Absätzen 1 und 2 vorgesehenen Wirkungen der europäischen Patentanmeldung gelten als von Anfang an nicht eingetreten, wenn die europäische Patentanmeldung zurückgenommen worden ist, als zurückgenommen gilt oder rechtskräftig zurückgewiesen worden ist. [2] Das Gleiche gilt für die Wirkungen der europäischen Patentanmeldung in einem Vertragsstaat, dessen Benennung zurückgenommen worden ist oder als zurückgenommen gilt.

Art. 68 Wirkung des Widerrufs oder der Beschränkung des europäischen Patents. Die in den Artikeln 64 und 67 vorgesehenen Wirkungen der europäischen Patentanmeldung und des darauf erteilten europäischen Patents gelten in dem Umfang, in dem das Patent im Einspruchs-, Beschränkungs- oder Nichtigkeitsverfahren widerrufen oder beschränkt worden ist, als von Anfang an nicht eingetreten.

Art. 69[1)] Schutzbereich. (1) [1] Der Schutzbereich des europäischen Patents und der europäischen Patentanmeldung wird durch die Patentansprüche bestimmt. [2] Die Beschreibung und die Zeichnungen sind jedoch zur Auslegung der Patentansprüche heranzuziehen.

(2) [1] Für den Zeitraum bis zur Erteilung des europäischen Patents wird der Schutzbereich der europäischen Patentanmeldung durch die in der veröffentlichten Anmeldung enthaltenen Patentansprüche bestimmt. [2] Jedoch bestimmt das europäische Patent in seiner erteilten oder im Einspruchs-, Beschränkungs- oder Nichtigkeitsverfahren geänderten Fassung rückwirkend den Schutzbereich der Anmeldung, soweit deren Schutzbereich nicht erweitert wird.

Art. 70 Verbindliche Fassung einer europäischen Patentanmeldung oder eines europäischen Patents. (1) Der Wortlaut einer europäischen Patentanmeldung oder eines europäischen Patents in der Verfahrenssprache stellt in Verfahren

[1)] Siehe hierzu Protokoll über die Auslegung des Artikels 69 EPÜ (Nr. **50a**).

vor dem Europäischen Patentamt sowie in jedem Vertragsstaat die verbindliche Fassung dar.

(2) Ist die europäische Patentanmeldung jedoch in einer Sprache eingereicht worden, die nicht Amtssprache des Europäischen Patentamts ist, so ist dieser Text die ursprünglich eingereichte Fassung der Anmeldung im Sinne dieses Übereinkommens.

(3) Jeder Vertragsstaat kann vorsehen, dass in diesem Staat eine von ihm nach diesem Übereinkommen vorgeschriebene Übersetzung in einer seiner Amtssprachen für den Fall maßgebend ist, dass der Schutzbereich der europäischen Patentanmeldung oder des europäischen Patents in der Sprache der Übersetzung enger ist als der Schutzbereich in der Verfahrenssprache; dies gilt nicht für Nichtigkeitsverfahren.

(4) Jeder Vertragsstaat, der eine Vorschrift nach Absatz 3 erlässt,

a) muss dem Anmelder oder Patentinhaber gestatten, eine berichtigte Übersetzung der europäischen Patentanmeldung oder des europäischen Patents einzureichen. Die berichtigte Übersetzung hat erst dann rechtliche Wirkung, wenn die von dem Vertragsstaat in entsprechender Anwendung der Artikel 65 Absatz 2 oder Artikel 67 Absatz 3 aufgestellten Voraussetzungen erfüllt sind;

b) kann vorsehen, dass derjenige, der in diesem Staat in gutem Glauben eine Erfindung in Benutzung genommen oder wirkliche und ernsthafte Veranstaltungen zur Benutzung einer Erfindung getroffen hat, deren Benutzung keine Verletzung der Anmeldung oder des Patents in der Fassung der ursprünglichen Übersetzung darstellen würde, nach Eintritt der rechtlichen Wirkung der berichtigten Übersetzung die Benutzung in seinem Betrieb oder für die Bedürfnisse seines Betriebs unentgeltlich fortsetzen darf.

Kapitel IV. Die europäische Patentanmeldung als Gegenstand des Vermögens

Art. 71 Übertragung und Bestellung von Rechten. Die europäische Patentanmeldung kann für einen oder mehrere der benannten Vertragsstaaten übertragen werden oder Gegenstand von Rechten sein.

Art. 72 Rechtsgeschäftliche Übertragung. Die rechtsgeschäftliche Übertragung der europäischen Patentanmeldung muss schriftlich erfolgen und bedarf der Unterschrift der Vertragsparteien.

Art. 73 Vertragliche Lizenzen. Eine europäische Patentanmeldung kann ganz oder teilweise Gegenstand von Lizenzen für alle oder einen Teil der Hoheitsgebiete der benannten Vertragsstaaten sein.

Art. 74 Anwendbares Recht. Soweit dieses Übereinkommen nichts anderes bestimmt, unterliegt die europäische Patentanmeldung als Gegenstand des Vermögens in jedem benannten Vertragsstaat und mit Wirkung für diesen Staat dem Recht, das in diesem Staat für nationale Patentanmeldungen gilt.

Dritter Teil. Die europäische Patentanmeldung

Kapitel I. Einreichung und Erfordernisse der europäischen Patentanmeldung

Art. 75 Einreichung der europäischen Patentanmeldung. (1) Die europäische Patentanmeldung kann eingereicht werden:

a) beim Europäischen Patentamt oder

b) vorbehaltlich des Artikels 76 Absatz 1 bei der Zentralbehörde für den gewerblichen Rechtsschutz oder bei anderen zuständigen Behörden eines Vertragsstaats, wenn das Recht dieses Staats es gestattet. Eine in dieser Weise eingereichte Anmeldung hat dieselbe Wirkung, wie wenn sie an demselben Tag beim Europäischen Patentamt eingereicht worden wäre.

(2) Absatz 1 steht der Anwendung der Rechts- und Verwaltungsvorschriften nicht entgegen, die in einem Vertragsstaat

a) für Erfindungen gelten, die wegen ihres Gegenstands nicht ohne vorherige Zustimmung der zuständigen Behörden dieses Staats ins Ausland übermittelt werden dürfen, oder

b) bestimmen, dass Patentanmeldungen zuerst bei einer nationalen Behörde eingereicht werden müssen, oder die unmittelbare Einreichung bei einer anderen Behörde von einer vorherigen Zustimmung abhängig machen.

Art. 76 Europäische Teilanmeldung. (1) [1]Eine europäische Teilanmeldung ist nach Maßgabe der Ausführungsordnung unmittelbar beim Europäischen Patentamt einzureichen. [2]Sie kann nur für einen Gegenstand eingereicht werden, der nicht über den Inhalt der früheren Anmeldung in der ursprünglich eingereichten Fassung hinausgeht; soweit diesem Erfordernis entsprochen wird, gilt die Teilanmeldung als an dem Anmeldetag der früheren Anmeldung eingereicht und genießt deren Prioritätsrecht.

(2) In der europäischen Teilanmeldung gelten alle Vertragsstaaten als benannt, die bei Einreichung der Teilanmeldung auch in der früheren Anmeldung benannt sind.

Art. 77 Weiterleitung europäischer Patentanmeldungen. (1) Die Zentralbehörde für den gewerblichen Rechtsschutz eines Vertragsstaats leitet die bei ihr oder einer anderen zuständigen Behörde dieses Staats eingereichten europäischen Patentanmeldungen nach Maßgabe der Ausführungsordnung an das Europäische Patentamt weiter.

(2) Eine europäische Patentanmeldung, deren Gegenstand unter Geheimschutz gestellt worden ist, wird nicht an das Europäische Patentamt weitergeleitet.

(3) Eine europäische Patentanmeldung, die nicht rechtzeitig an das Europäische Patentamt weitergeleitet wird, gilt als zurückgenommen.

Art. 78 Erfordernisse der europäischen Patentanmeldung. (1) Die europäische Patentanmeldung muss

a) einen Antrag auf Erteilung eines europäischen Patents;

b) eine Beschreibung der Erfindung;

c) einen oder mehrere Patentansprüche;

d) die Zeichnungen, auf die sich die Beschreibung oder die Patentansprüche beziehen;
e) eine Zusammenfassung

enthalten und den Erfordernissen genügen, die in der Ausführungsordnung vorgeschrieben sind.

(2) [1] Für die europäische Patentanmeldung sind die Anmeldegebühr und die Recherchengebühr zu entrichten. [2] Wird die Anmeldegebühr oder die Recherchengebühr nicht rechtzeitig entrichtet, so gilt die Anmeldung als zurückgenommen.

Art. 79 Benennung der Vertragsstaaten. (1) Im Antrag auf Erteilung eines europäischen Patents gelten alle Vertragsstaaten als benannt, die diesem Übereinkommen bei Einreichung der europäischen Patentanmeldung angehören.

(2) Für die Benennung eines Vertragsstaats kann eine Benennungsgebühr erhoben werden.

(3) Die Benennung eines Vertragsstaats kann bis zur Erteilung des europäischen Patents jederzeit zurückgenommen werden.

Art. 80 Anmeldetag. Der Anmeldetag einer europäischen Patentanmeldung ist der Tag, an dem die in der Ausführungsordnung festgelegten Erfordernisse erfüllt sind.

Art. 81 Erfindernennung. [1] In der europäischen Patentanmeldung ist der Erfinder zu nennen. [2] Ist der Anmelder nicht oder nicht allein der Erfinder, so hat die Erfindernennung eine Erklärung darüber zu enthalten, wie der Anmelder das Recht auf das europäische Patent erlangt hat.

Art. 82 Einheitlichkeit der Erfindung. Die europäische Patentanmeldung darf nur eine einzige Erfindung enthalten oder eine Gruppe von Erfindungen, die untereinander in der Weise verbunden sind, dass sie eine einzige allgemeine erfinderische Idee verwirklichen.

Art. 83 Offenbarung der Erfindung. Die Erfindung ist in der europäischen Patentanmeldung so deutlich und vollständig zu offenbaren, dass ein Fachmann sie ausführen kann.

Art. 84 Patentansprüche. [1] Die Patentansprüche müssen den Gegenstand angeben, für den Schutz begehrt wird. [2] Sie müssen deutlich und knapp gefasst sein und von der Beschreibung gestützt werden.

Art. 85 Zusammenfassung. Die Zusammenfassung dient ausschließlich der technischen Information; sie kann nicht für andere Zwecke, insbesondere nicht für die Bestimmung des Umfangs des begehrten Schutzes und für die Anwendung des Artikels 54 Absatz 3, herangezogen werden.

Art. 86 Jahresgebühren für die europäische Patentanmeldung. (1) [1] Für die europäische Patentanmeldung sind nach Maßgabe der Ausführungsordnung Jahresgebühren an das Europäische Patentamt zu entrichten. [2] Sie werden für das dritte und jedes weitere Jahr, gerechnet vom Anmeldetag an, geschuldet. [3] Wird eine Jahresgebühr nicht rechtzeitig entrichtet, so gilt die Anmeldung als zurückgenommen.

(2) Die Verpflichtung zur Zahlung von Jahresgebühren endet mit der Zahlung der Jahresgebühr, die für das Jahr fällig ist, in dem der Hinweis auf die Erteilung des europäischen Patents im Europäischen Patentblatt bekannt gemacht wird.

Kapitel II. Priorität

Art. 87 Prioritätsrecht. (1) Jedermann, der in einem oder mit Wirkung für

a) einen Vertragsstaat der Pariser Verbandsübereinkunft zum Schutz des gewerblichen Eigentums oder

b) ein Mitglied der Welthandelsorganisation

eine Anmeldung für ein Patent, ein Gebrauchsmuster oder ein Gebrauchszertifikat vorschriftsmäßig eingereicht hat, oder sein Rechtsnachfolger genießt für die Anmeldung derselben Erfindung zum europäischen Patent während einer Frist von zwölf Monaten nach dem Anmeldetag der ersten Anmeldung ein Prioritätsrecht.

(2) Als prioritätsbegründend wird jede Anmeldung anerkannt, der nach dem nationalen Recht des Staats, in dem die Anmeldung eingereicht worden ist, oder nach zwei- oder mehrseitigen Verträgen unter Einschluss dieses Übereinkommens die Bedeutung einer vorschriftsmäßigen nationalen Anmeldung zukommt.

(3) Unter vorschriftsmäßiger nationaler Anmeldung ist jede Anmeldung zu verstehen, die zur Festlegung des Tags ausreicht, an dem die Anmeldung eingereicht worden ist, wobei das spätere Schicksal der Anmeldung ohne Bedeutung ist.

(4) [1] Als die erste Anmeldung, von deren Einreichung an die Prioritätsfrist läuft, wird auch eine jüngere Anmeldung angesehen, die denselben Gegenstand betrifft wie eine erste ältere in demselben oder für denselben Staat eingereichte Anmeldung, sofern diese ältere Anmeldung bis zur Einreichung der jüngeren Anmeldung zurückgenommen, fallen gelassen oder zurückgewiesen worden ist, und zwar bevor sie öffentlich ausgelegt worden ist und ohne dass Rechte bestehen geblieben sind; ebenso wenig darf diese ältere Anmeldung schon Grundlage für die Inanspruchnahme des Prioritätsrechts gewesen sein. [2] Die ältere Anmeldung kann in diesem Fall nicht mehr als Grundlage für die Inanspruchnahme des Prioritätsrechts dienen.

(5) Ist die erste Anmeldung bei einer nicht der Pariser Verbandsübereinkunft zum Schutz des gewerblichen Eigentums oder dem Übereinkommen zur Errichtung der Welthandelsorganisation unterliegenden Behörde für den gewerblichen Rechtsschutz eingereicht worden, so sind die Absätze 1 bis 4 anzuwenden, wenn diese Behörde nach einer Bekanntmachung des Präsidenten des Europäischen Patentamts anerkennt, dass eine erste Anmeldung beim Europäischen Patentamt ein Prioritätsrecht unter Voraussetzungen und mit Wirkungen begründet, die denen der Pariser Verbandsübereinkunft vergleichbar sind.

Art. 88 Inanspruchnahme der Priorität. (1) Der Anmelder, der die Priorität einer früheren Anmeldung in Anspruch nehmen will, hat eine Prioritätserklärung und weitere erforderliche Unterlagen nach Maßgabe der Ausführungsordnung einzureichen.

(2) [1] Für eine europäische Patentanmeldung können mehrere Prioritäten in Anspruch genommen werden, selbst wenn sie aus verschiedenen Staaten stammen. [2] Für einen Patentanspruch können mehrere Prioritäten in Anspruch genommen werden. [3] Werden mehrere Prioritäten in Anspruch genommen, so

beginnen Fristen, die vom Prioritätstag an laufen, vom frühesten Prioritätstag an zu laufen.

(3) Werden eine oder mehrere Prioritäten für die europäische Patentanmeldung in Anspruch genommen, so umfasst das Prioritätsrecht nur die Merkmale der europäischen Patentanmeldung, die in der Anmeldung oder den Anmeldungen enthalten sind, deren Priorität in Anspruch genommen worden ist.

(4) Sind bestimmte Merkmale der Erfindung, für die die Priorität in Anspruch genommen wird, nicht in den in der früheren Anmeldung aufgestellten Patentansprüchen enthalten, so reicht es für die Gewährung der Priorität aus, dass die Gesamtheit der Anmeldungsunterlagen der früheren Anmeldung diese Merkmale deutlich offenbart.

Art. 89 Wirkung des Prioritätsrechts. Das Prioritätsrecht hat die Wirkung, dass für die Anwendung des Artikels 54 Absätze 2 und 3 und des Artikels 60 Absatz 2 der Prioritätstag als Anmeldetag der europäischen Patentanmeldung gilt.

Vierter Teil. Erteilungsverfahren

Art. 90 Eingangs- und Formalprüfung. (1) Das Europäische Patentamt prüft nach Maßgabe der Ausführungsordnung, ob die Anmeldung den Erfordernissen für die Zuerkennung eines Anmeldetags genügt.

(2) Kann ein Anmeldetag nach der Prüfung nach Absatz 1 nicht zuerkannt werden, so wird die Anmeldung nicht als europäische Patentanmeldung behandelt.

(3) Ist der europäischen Patentanmeldung ein Anmeldetag zuerkannt worden, so prüft das Europäische Patentamt nach Maßgabe der Ausführungsordnung, ob den Erfordernissen der Artikel 14, 78, 81 und gegebenenfalls des Artikels 88 Absatz 1 und des Artikels 133 Absatz 2 sowie den weiteren in der Ausführungsordnung festgelegten Erfordernissen entsprochen worden ist.

(4) Stellt das Europäische Patentamt bei der Prüfung nach Absatz 1 oder 3 behebbare Mängel fest, so gibt es dem Anmelder Gelegenheit, diese Mängel zu beseitigen.

(5) [1] Wird ein bei der Prüfung nach Absatz 3 festgestellter Mangel nicht beseitigt, so wird die europäische Patentanmeldung zurückgewiesen, sofern dieses Übereinkommen keine andere Rechtsfolge vorsieht. [2] Betrifft der Mangel den Prioritätsanspruch, so erlischt der Prioritätsanspruch für die Anmeldung.

Art. 91 Formalprüfung. (gestrichen)

Art. 92 Erstellung des europäischen Recherchenberichts. Das Europäische Patentamt erstellt und veröffentlicht nach Maßgabe der Ausführungsordnung einen europäischen Recherchenbericht zu der europäischen Patentanmeldung auf der Grundlage der Patentansprüche unter angemessener Berücksichtigung der Beschreibung und der vorhandenen Zeichnungen.

Art. 93 Veröffentlichung der europäischen Patentanmeldung. (1) Das Europäische Patentamt veröffentlicht die europäische Patentanmeldung so bald wie möglich

a) nach Ablauf von achtzehn Monaten nach dem Anmeldetag oder, wenn eine Priorität in Anspruch genommen worden ist, nach dem Prioritätstag oder

b) auf Antrag des Anmelders vor Ablauf dieser Frist.

(2) Die europäische Patentanmeldung wird gleichzeitig mit der europäischen Patentschrift veröffentlicht, wenn die Entscheidung über die Erteilung des Patents vor Ablauf der in Absatz 1a) genannten Frist wirksam wird.

Art. 94 Prüfung der europäischen Patentanmeldung. (1) [1] Das Europäische Patentamt prüft nach Maßgabe der Ausführungsordnung auf Antrag, ob die europäische Patentanmeldung und die Erfindung, die sie zum Gegenstand hat, den Erfordernissen dieses Übereinkommens genügen. [2] Der Antrag gilt erst als gestellt, wenn die Prüfungsgebühr entrichtet worden ist.

(2) Wird ein Prüfungsantrag nicht rechtzeitig gestellt, so gilt die Anmeldung als zurückgenommen.

(3) Ergibt die Prüfung, dass die Anmeldung oder die Erfindung, die sie zum Gegenstand hat, den Erfordernissen dieses Übereinkommens nicht genügt, so fordert die Prüfungsabteilung den Anmelder so oft wie erforderlich auf, eine Stellungnahme einzureichen und, vorbehaltlich des Artikels 123 Absatz 1, die Anmeldung zu ändern.

(4) Unterlässt es der Anmelder, auf eine Mitteilung der Prüfungsabteilung rechtzeitig zu antworten, so gilt die Anmeldung als zurückgenommen.

Artikel 95, 96. (gestrichen)

Art. 95 Verlängerung der Frist zur Stellung des Prüfungsantrags. (gestrichen)

Art. 96 Prüfung der europäischen Patentanmeldung. (gestrichen)

Art. 97 Erteilung oder Zurückweisung. (1) Ist die Prüfungsabteilung der Auffassung, dass die europäische Patentanmeldung und die Erfindung, die sie zum Gegenstand hat, den Erfordernissen dieses Übereinkommens genügen, so beschließt sie die Erteilung des europäischen Patents, sofern die in der Ausführungsordnung genannten Voraussetzungen erfüllt sind.

(2) Ist die Prüfungsabteilung der Auffassung, dass die europäische Patentanmeldung oder die Erfindung, die sie zum Gegenstand hat, den Erfordernissen dieses Übereinkommens nicht genügt, so weist sie die Anmeldung zurück, sofern dieses Übereinkommen keine andere Rechtsfolge vorsieht.

(3) Die Entscheidung über die Erteilung des europäischen Patents wird an dem Tag wirksam, an dem der Hinweis auf die Erteilung im Europäischen Patentblatt bekannt gemacht wird.

Art. 98 Veröffentlichung der europäischen Patentschrift. Das Europäische Patentamt veröffentlicht die europäische Patentschrift so bald wie möglich nach Bekanntmachung des Hinweises auf die Erteilung des europäischen Patents im Europäischen Patentblatt.

Fünfter Teil. Einspruchs- und Beschränkungsverfahren

Art. 99 Einspruch. (1) [1] Innerhalb von neun Monaten nach Bekanntmachung des Hinweises auf die Erteilung des europäischen Patents im Europäischen Patentblatt kann jedermann nach Maßgabe der Ausführungsordnung beim Europäischen Patentamt gegen dieses Patent Einspruch einlegen. [2] Der Einspruch gilt erst als eingelegt, wenn die Einspruchsgebühr entrichtet worden ist.

(2) Der Einspruch erfasst das europäische Patent für alle Vertragsstaaten, in denen es Wirkung hat.

(3) Am Einspruchsverfahren sind neben dem Patentinhaber die Einsprechenden beteiligt.

(4) [1] Weist jemand nach, dass er in einem Vertragsstaat aufgrund einer rechtskräftigen Entscheidung anstelle des bisherigen Patentinhabers in das Patentregister dieses Staats eingetragen ist, so tritt er auf Antrag in Bezug auf diesen Staat an die Stelle des bisherigen Patentinhabers. [2] Abweichend von Artikel 118 gelten der bisherige Patentinhaber und derjenige, der sein Recht geltend macht, nicht als gemeinsame Inhaber, es sei denn, dass beide dies verlangen.

Art. 100 Einspruchsgründe. Der Einspruch kann nur darauf gestützt werden, dass

a) der Gegenstand des europäischen Patents nach den Artikeln 52 bis 57 nicht patentierbar ist;

b) das europäische Patent die Erfindung nicht so deutlich und vollständig offenbart, dass ein Fachmann sie ausführen kann;

c) der Gegenstand des europäischen Patents über den Inhalt der Anmeldung in der ursprünglich eingereichten Fassung oder, wenn das Patent auf einer Teilanmeldung oder einer nach Artikel 61 eingereichten neuen Anmeldung beruht, über den Inhalt der früheren Anmeldung in der ursprünglich eingereichten Fassung hinausgeht.

Art. 101 Prüfung des Einspruchs – Widerruf oder Aufrechterhaltung des europäischen Patents. (1) [1] Ist der Einspruch zulässig, so prüft die Einspruchsabteilung nach Maßgabe der Ausführungsordnung, ob wenigstens ein Einspruchsgrund nach Artikel 100 der Aufrechterhaltung des europäischen Patents entgegensteht. [2] Bei dieser Prüfung fordert die Einspruchsabteilung die Beteiligten so oft wie erforderlich auf, eine Stellungnahme zu ihren Bescheiden oder zu den Schriftsätzen anderer Beteiligter einzureichen.

(2) [1] Ist die Einspruchsabteilung der Auffassung, dass wenigstens ein Einspruchsgrund der Aufrechterhaltung des europäischen Patents entgegensteht, so widerruft sie das Patent. [2] Andernfalls weist sie den Einspruch zurück.

(3) Ist die Einspruchsabteilung der Auffassung, dass unter Berücksichtigung der vom Patentinhaber im Einspruchsverfahren vorgenommenen Änderungen das europäische Patent und die Erfindung, die es zum Gegenstand hat,

a) den Erfordernissen dieses Übereinkommens genügen, so beschließt sie die Aufrechterhaltung des Patents in geänderter Fassung, sofern die in der Ausführungsordnung genannten Voraussetzungen erfüllt sind;

b) den Erfordernissen dieses Übereinkommens nicht genügen, so widerruft sie das Patent.

Art. 102 Widerruf oder Aufrechterhaltung des europäischen Patents. (gestrichen)

Art. 103 Veröffentlichung einer neuen europäischen Patentschrift.

Ist das europäische Patent nach Artikel 101 Absatz 3a) in geänderter Fassung aufrechterhalten worden, so veröffentlicht das Europäische Patentamt eine neue europäische Patentschrift so bald wie möglich nach Bekanntmachung des Hinweises auf die Entscheidung über den Einspruch im Europäischen Patentblatt.

Art. 104 Kosten. (1) Im Einspruchsverfahren trägt jeder Beteiligte die ihm erwachsenen Kosten selbst, soweit nicht die Einspruchsabteilung, wenn dies der Billigkeit entspricht, nach Maßgabe der Ausführungsordnung eine andere Verteilung der Kosten anordnet.

(2) Das Verfahren zur Kostenfestsetzung regelt die Ausführungsordnung.

(3) [1] Jede unanfechtbare Entscheidung des Europäischen Patentamts über die Festsetzung der Kosten wird in jedem Vertragsstaat in Bezug auf die Vollstreckung wie ein rechtskräftiges Urteil eines Zivilgerichts des Staats behandelt, in dem die Vollstreckung stattfindet. [2] Eine Überprüfung dieser Entscheidung darf sich lediglich auf ihre Echtheit beziehen.

Art. 105 Beitritt des vermeintlichen Patentverletzers. (1) Jeder Dritte kann nach Ablauf der Einspruchsfrist nach Maßgabe der Ausführungsordnung dem Einspruchsverfahren beitreten, wenn er nachweist, dass

a) gegen ihn Klage wegen Verletzung dieses Patents erhoben worden ist oder

b) er nach einer Aufforderung des Patentinhabers, eine angebliche Patentverletzung zu unterlassen, gegen diesen Klage auf Feststellung erhoben hat, dass er das Patent nicht verletze.

(2) Ein zulässiger Beitritt wird als Einspruch behandelt.

Art. 105a Antrag auf Beschränkung oder Widerruf. (1) [1] Auf Antrag des Patentinhabers kann das europäische Patent widerrufen oder durch Änderung der Patentansprüche beschränkt werden. [2] Der Antrag ist beim Europäischen Patentamt nach Maßgabe der Ausführungsordnung zu stellen. [3] Er gilt erst als gestellt, wenn die Beschränkungs- oder Widerrufsgebühr entrichtet worden ist.

(2) Der Antrag kann nicht gestellt werden, solange ein Einspruchsverfahren in Bezug auf das europäische Patent anhängig ist.

Art. 105b Beschränkung oder Widerruf des europäischen Patents.

(1) Das Europäische Patentamt prüft, ob die in der Ausführungsordnung festgelegten Erfordernisse für eine Beschränkung oder den Widerruf des europäischen Patents erfüllt sind.

(2) [1] Ist das Europäische Patentamt der Auffassung, dass der Antrag auf Beschränkung oder Widerruf des europäischen Patents diesen Erfordernissen genügt, so beschließt es nach Maßgabe der Ausführungsordnung die Beschränkung oder den Widerruf des europäischen Patents. [2] Andernfalls weist es den Antrag zurück.

(3) [1] Die Entscheidung über die Beschränkung oder den Widerruf erfasst das europäische Patent mit Wirkung für alle Vertragsstaaten, für die es erteilt worden ist. [2] Sie wird an dem Tag wirksam, an dem der Hinweis auf die Entscheidung im Europäischen Patentblatt bekannt gemacht wird.

Art. 105c Veröffentlichung der geänderten europäischen Patentschrift. Ist das europäische Patent nach Artikel 105b Absatz 2 beschränkt worden, so veröffentlicht das Europäische Patentamt die geänderte europäische Patentschrift so bald wie möglich nach Bekanntmachung des Hinweises auf die Beschränkung im Europäischen Patentblatt.

Sechster Teil. Beschwerdeverfahren

Art. 106 Beschwerdefähige Entscheidungen. (1) [1]Die Entscheidungen der Eingangsstelle, der Prüfungsabteilungen, der Einspruchsabteilungen und der Rechtsabteilung sind mit der Beschwerde anfechtbar. [2]Die Beschwerde hat aufschiebende Wirkung.

(2) Eine Entscheidung, die ein Verfahren gegenüber einem Beteiligten nicht abschließt, ist nur zusammen mit der Endentscheidung anfechtbar, sofern nicht in der Entscheidung die gesonderte Beschwerde zugelassen ist.

(3) Das Recht, Beschwerde gegen Entscheidungen über die Kostenverteilung oder Kostenfestsetzung im Einspruchsverfahren einzulegen, kann in der Ausführungsordnung eingeschränkt werden.

Art. 107 Beschwerdeberechtigte und Verfahrensbeteiligte. [1]Jeder Verfahrensbeteiligte, der durch eine Entscheidung beschwert ist, kann Beschwerde einlegen. [2]Die übrigen Verfahrensbeteiligten sind am Beschwerdeverfahren beteiligt.

Art. 108 Frist und Form. [1]Die Beschwerde ist nach Maßgabe der Ausführungsordnung innerhalb von zwei Monaten nach Zustellung der Entscheidung beim Europäischen Patentamt einzulegen. [2]Die Beschwerde gilt erst als eingelegt, wenn die Beschwerdegebühr entrichtet worden ist. [3]Innerhalb von vier Monaten nach Zustellung der Entscheidung ist die Beschwerde nach Maßgabe der Ausführungsordnung zu begründen.

Art. 109 Abhilfe. (1) [1]Erachtet das Organ, dessen Entscheidung angefochten wird, die Beschwerde für zulässig und begründet, so hat es ihr abzuhelfen. [2]Dies gilt nicht, wenn dem Beschwerdeführer ein anderer an dem Verfahren Beteiligter gegenübersteht.

(2) Wird der Beschwerde innerhalb von drei Monaten nach Eingang der Begründung nicht abgeholfen, so ist sie unverzüglich ohne sachliche Stellungnahme der Beschwerdekammer vorzulegen.

Art. 110 Prüfung der Beschwerde. [1]Ist die Beschwerde zulässig, so prüft die Beschwerdekammer, ob die Beschwerde begründet ist. [2]Die Prüfung der Beschwerde ist nach Maßgabe der Ausführungsordnung durchzuführen.

Art. 111 Entscheidung über die Beschwerde. (1) [1]Nach der Prüfung, ob die Beschwerde begründet ist, entscheidet die Beschwerdekammer über die Beschwerde. [2]Die Beschwerdekammer wird entweder im Rahmen der Zuständigkeit des Organs tätig, das die angefochtene Entscheidung erlassen hat, oder verweist die Angelegenheit zur weiteren Entscheidung an dieses Organ zurück.

(2) [1]Verweist die Beschwerdekammer die Angelegenheit zur weiteren Entscheidung an das Organ zurück, das die angefochtene Entscheidung erlassen hat, so ist dieses Organ durch die rechtliche Beurteilung der Beschwerdekammer, die

der Entscheidung zugrunde gelegt ist, gebunden, soweit der Tatbestand derselbe ist. [2] Ist die angefochtene Entscheidung von der Eingangsstelle erlassen worden, so ist die Prüfungsabteilung ebenfalls an die rechtliche Beurteilung der Beschwerdekammer gebunden.

Art. 112 Entscheidung oder Stellungnahme der Großen Beschwerdekammer. (1) Zur Sicherung einer einheitlichen Rechtsanwendung oder wenn sich eine Rechtsfrage von grundsätzlicher Bedeutung stellt,

a) befasst die Beschwerdekammer, bei der ein Verfahren anhängig ist, von Amts wegen oder auf Antrag eines Beteiligten die Große Beschwerdekammer, wenn sie hierzu eine Entscheidung für erforderlich hält. Weist die Beschwerdekammer den Antrag zurück, so hat sie die Zurückweisung in der Endentscheidung zu begründen;

b) kann der Präsident des Europäischen Patentamts der Großen Beschwerdekammer eine Rechtsfrage vorlegen, wenn zwei Beschwerdekammern über diese Frage voneinander abweichende Entscheidungen getroffen haben.

(2) In den Fällen des Absatzes 1 a) sind die am Beschwerdeverfahren Beteiligten am Verfahren vor der Großen Beschwerdekammer beteiligt.

(3) Die in Absatz 1a) vorgesehene Entscheidung der Großen Beschwerdekammer ist für die Entscheidung der Beschwerdekammer über die anhängige Beschwerde bindend.

Art. 112a Antrag auf Überprüfung durch die Große Beschwerdekammer. (1) Jeder Beteiligte an einem Beschwerdeverfahren, der durch die Entscheidung einer Beschwerdekammer beschwert ist, kann einen Antrag auf Überprüfung der Entscheidung durch die Große Beschwerdekammer stellen.

(2) Der Antrag kann nur darauf gestützt werden, dass

a) ein Mitglied der Beschwerdekammer unter Verstoß gegen Artikel 24 Absatz 1 oder trotz einer Ausschlussentscheidung nach Artikel 24 Absatz 4 an der Entscheidung mitgewirkt hat;

b) der Beschwerdekammer eine Person angehörte, die nicht zum Beschwerdekammermitglied ernannt war;

c) ein schwerwiegender Verstoß gegen Artikel 113 vorliegt;

d) das Beschwerdeverfahren mit einem sonstigen, in der Ausführungsordnung genannten schwerwiegenden Verfahrensmangel behaftet war oder

e) eine nach Maßgabe der Ausführungsordnung festgestellte Straftat die Entscheidung beeinflusst haben könnte.

(3) Der Antrag auf Überprüfung hat keine aufschiebende Wirkung.

(4) [1] Der Antrag ist nach Maßgabe der Ausführungsordnung einzureichen und zu begründen. [2] Wird der Antrag auf Absatz 2a) bis d) gestützt, so ist er innerhalb von zwei Monaten nach Zustellung der Beschwerdekammerentscheidung zu stellen. [3] Wird er auf Absatz 2e) gestützt, so ist er innerhalb von zwei Monaten nach Feststellung der Straftat, spätestens aber fünf Jahre nach Zustellung der Beschwerdekammerentscheidung zu stellen. [4] Der Überprüfungsantrag gilt erst als gestellt, wenn die vorgeschriebene Gebühr entrichtet worden ist.

(5) [1] Die Große Beschwerdekammer prüft den Antrag nach Maßgabe der Ausführungsordnung. [2] Ist der Antrag begründet, so hebt die Große Beschwerdekam-

mer die Entscheidung auf und ordnet nach Maßgabe der Ausführungsordnung die Wiederaufnahme des Verfahrens vor den Beschwerdekammern an.

(6) Wer in einem benannten Vertragsstaat in gutem Glauben die Erfindung, die Gegenstand einer veröffentlichten europäischen Patentanmeldung oder eines europäischen Patents ist, in der Zeit zwischen dem Erlass der Beschwerdekammerentscheidung und der Bekanntmachung des Hinweises auf die Entscheidung der Großen Beschwerdekammer über den Überprüfungsantrag im Europäischen Patentblatt in Benutzung genommen oder wirkliche und ernsthafte Veranstaltungen zur Benutzung getroffen hat, darf die Benutzung in seinem Betrieb oder für die Bedürfnisse seines Betriebs unentgeltlich fortsetzen.

Siebenter Teil. Gemeinsame Vorschriften

Kapitel I. Allgemeine Vorschriften für das Verfahren

Art. 113 Rechtliches Gehör und Grundlage der Entscheidungen.

(1) Entscheidungen des Europäischen Patentamts dürfen nur auf Gründe gestützt werden, zu denen die Beteiligten sich äußern konnten.

(2) Bei der Prüfung der europäischen Patentanmeldung oder des europäischen Patents und bei den Entscheidungen darüber hat sich das Europäische Patentamt an die vom Anmelder oder Patentinhaber vorgelegte oder gebilligte Fassung zu halten.

Art. 114 Ermittlung von Amts wegen. (1) In Verfahren vor dem Europäischen Patentamt ermittelt das Europäische Patentamt den Sachverhalt von Amts wegen; es ist dabei weder auf das Vorbringen noch auf die Anträge der Beteiligten beschränkt.

(2) Das Europäische Patentamt braucht Tatsachen und Beweismittel, die von den Beteiligten verspätet vorgebracht werden, nicht zu berücksichtigen.

Art. 115 Einwendungen Dritter. [1] In Verfahren vor dem Europäischen Patentamt kann nach Veröffentlichung der europäischen Patentanmeldung jeder Dritte nach Maßgabe der Ausführungsordnung Einwendungen gegen die Patentierbarkeit der Erfindung erheben, die Gegenstand der Anmeldung oder des Patents ist. [2] Der Dritte ist am Verfahren nicht beteiligt.

Art. 116 Mündliche Verhandlung. (1) [1] Eine mündliche Verhandlung findet entweder auf Antrag eines Beteiligten oder, sofern das Europäische Patentamt dies für sachdienlich erachtet, von Amts wegen statt. [2] Das Europäische Patentamt kann jedoch einen Antrag auf erneute mündliche Verhandlung vor demselben Organ ablehnen, wenn die Parteien und der dem Verfahren zugrunde liegende Sachverhalt unverändert geblieben sind.

(2) Vor der Eingangsstelle findet eine mündliche Verhandlung auf Antrag des Anmelders nur statt, wenn die Eingangsstelle dies für sachdienlich erachtet oder beabsichtigt, die europäische Patentanmeldung zurückzuweisen.

(3) Die mündliche Verhandlung vor der Eingangsstelle, den Prüfungsabteilungen und der Rechtsabteilung ist nicht öffentlich.

(4) Die mündliche Verhandlung, einschließlich der Verkündung der Entscheidung, ist vor den Beschwerdekammern und der Großen Beschwerdekammer nach Veröffentlichung der europäischen Patentanmeldung sowie vor der Einspruchsabteilung öffentlich, sofern das angerufene Organ nicht in Fällen ander-

weitig entscheidet, in denen insbesondere für einen Verfahrensbeteiligten die Öffentlichkeit des Verfahrens schwerwiegende und ungerechtfertigte Nachteile zur Folge haben könnte.

Art. 117 Beweismittel und Beweisaufnahme. (1) In Verfahren vor dem Europäischen Patentamt sind insbesondere folgende Beweismittel zulässig:
a) Vernehmung der Beteiligten;
b) Einholung von Auskünften;
c) Vorlegung von Urkunden;
d) Vernehmung von Zeugen;
e) Begutachtung durch Sachverständige;
f) Einnahme des Augenscheins;
g) Abgabe einer schriftlichen Erklärung unter Eid.

(2) Das Verfahren zur Durchführung der Beweisaufnahme regelt die Ausführungsordnung.

Art. 118 Einheit der europäischen Patentanmeldung oder des europäischen Patents. [1] Verschiedene Anmelder oder Inhaber eines europäischen Patents für verschiedene benannte Vertragsstaaten gelten im Verfahren vor dem Europäischen Patentamt als gemeinsame Anmelder oder gemeinsame Patentinhaber. [2] Die Einheit der Anmeldung oder des Patents im Verfahren vor dem Europäischen Patentamt wird nicht beeinträchtigt; insbesondere ist die Fassung der Anmeldung oder des Patents für alle benannten Vertragsstaaten einheitlich, sofern dieses Übereinkommen nichts anderes vorsieht.

Art. 119 Zustellung. [1] Entscheidungen, Ladungen, Bescheide und Mitteilungen werden vom Europäischen Patentamt von Amts wegen nach Maßgabe der Ausführungsordnung zugestellt. [2] Die Zustellungen können, soweit dies außergewöhnliche Umstände erfordern, durch Vermittlung der Zentralbehörden für den gewerblichen Rechtsschutz der Vertragsstaaten bewirkt werden.

Art. 120 Fristen. In der Ausführungsordnung werden bestimmt:
a) die Fristen, die in Verfahren vor dem Europäischen Patentamt einzuhalten und nicht bereits im Übereinkommen festgelegt sind;
b) die Art der Berechnung der Fristen sowie die Voraussetzungen, unter denen Fristen verlängert werden können;
c) die Mindest- und die Höchstdauer der vom Europäischen Patentamt zu bestimmenden Fristen.

Art. 121 Weiterbehandlung der europäischen Patentanmeldung.

(1) Hat der Anmelder eine gegenüber dem Europäischen Patentamt einzuhaltende Frist versäumt, so kann er die Weiterbehandlung der europäischen Patentanmeldung beantragen.

(2) [1] Das Europäische Patentamt gibt dem Antrag statt, wenn die in der Ausführungsordnung festgelegten Erfordernisse erfüllt sind. [2] Andernfalls weist es den Antrag zurück.

(3) Wird dem Antrag stattgegeben, so gelten die Rechtsfolgen der Fristversäumung als nicht eingetreten.

(4) [1] Von der Weiterbehandlung ausgeschlossen sind die Fristen des Artikels 87 Absatz 1, des Artikels 108 und des Artikels 112a Absatz 4 sowie die Fristen für den Antrag auf Weiterbehandlung und Wiedereinsetzung in den vorigen Stand. [2] Die Ausführungsordnung kann weitere Fristen von der Weiterbehandlung ausnehmen.

Art. 122 Wiedereinsetzung in den vorigen Stand. (1) Der Anmelder oder Patentinhaber, der trotz Beachtung aller nach den gegebenen Umständen gebotenen Sorgfalt verhindert worden ist, gegenüber dem Europäischen Patentamt eine Frist einzuhalten, wird auf Antrag wieder in den vorigen Stand eingesetzt, wenn die Versäumung dieser Frist zur unmittelbaren Folge hat, dass die europäische Patentanmeldung oder ein Antrag zurückgewiesen wird, die Anmeldung als zurückgenommen gilt, das europäische Patent widerrufen wird oder der Verlust eines sonstigen Rechts oder eines Rechtsmittels eintritt.

(2) [1] Das Europäische Patentamt gibt dem Antrag statt, wenn die Voraussetzungen des Absatzes 1 und die weiteren, in der Ausführungsordnung festgelegten Erfordernisse erfüllt sind. [2] Andernfalls weist es den Antrag zurück.

(3) Wird dem Antrag stattgegeben, so gelten die Rechtsfolgen der Fristversäumung als nicht eingetreten.

(4) [1] Von der Wiedereinsetzung ausgeschlossen ist die Frist für den Antrag auf Wiedereinsetzung. [2] Die Ausführungsordnung kann weitere Fristen von der Wiedereinsetzung ausnehmen.

(5) Wer in einem benannten Vertragsstaat in gutem Glauben die Erfindung, die Gegenstand einer veröffentlichten europäischen Patentanmeldung oder eines europäischen Patents ist, in der Zeit zwischen dem Eintritt eines Rechtsverlusts nach Absatz 1 und der Bekanntmachung des Hinweises auf die Wiedereinsetzung im Europäischen Patentblatt in Benutzung genommen oder wirkliche und ernsthafte Veranstaltungen zur Benutzung getroffen hat, darf die Benutzung in seinem Betrieb oder für die Bedürfnisse seines Betriebs unentgeltlich fortsetzen.

(6) Dieser Artikel lässt das Recht eines Vertragsstaats unberührt, Wiedereinsetzung in Fristen zu gewähren, die in diesem Übereinkommen vorgesehen und den Behörden dieses Staats gegenüber einzuhalten sind.

Art. 123 Änderungen. (1) [1] Die europäische Patentanmeldung oder das europäische Patent kann im Verfahren vor dem Europäischen Patentamt nach Maßgabe der Ausführungsordnung geändert werden. [2] In jedem Fall ist dem Anmelder zumindest einmal Gelegenheit zu geben, von sich aus die Anmeldung zu ändern.

(2) Die europäische Patentanmeldung und das europäische Patent dürfen nicht in der Weise geändert werden, dass ihr Gegenstand über den Inhalt der Anmeldung in der ursprünglich eingereichten Fassung hinausgeht.

(3) Das europäische Patent darf nicht in der Weise geändert werden, dass sein Schutzbereich erweitert wird.

Art. 124 Auskünfte über den Stand der Technik. (1) Das Europäische Patentamt kann nach Maßgabe der Ausführungsordnung den Anmelder auffordern, Auskünfte über den Stand der Technik zu erteilen, der in nationalen oder regionalen Patentverfahren in Betracht gezogen wurde und eine Erfindung betrifft, die Gegenstand der europäischen Patentanmeldung ist.

(2) Unterlässt es der Anmelder, auf eine Aufforderung nach Absatz 1 rechtzeitig zu antworten, so gilt die europäische Patentanmeldung als zurückgenommen.

Art. 125 Heranziehung allgemeiner Grundsätze. Soweit dieses Übereinkommen Vorschriften über das Verfahren nicht enthält, berücksichtigt das Europäische Patentamt die in den Vertragsstaaten im Allgemeinen anerkannten Grundsätze des Verfahrensrechts.

Art. 126 Beendigung von Zahlungsverpflichtungen. (gestrichen)

Kapitel II. Unterrichtung der Öffentlichkeit und Behörden

Art. 127 Europäisches Patentregister. [1] Das Europäische Patentamt führt ein Europäisches Patentregister, in das die in der Ausführungsordnung genannten Angaben eingetragen werden. [2] Vor Veröffentlichung der europäischen Patentanmeldung erfolgt keine Eintragung in das Europäische Patentregister. [3] Jedermann kann in das Europäische Patentregister Einsicht nehmen.

Art. 128 Akteneinsicht. (1) Einsicht in die Akten europäischer Patentanmeldungen, die noch nicht veröffentlicht worden sind, wird nur mit Zustimmung des Anmelders gewährt.

(2) Wer nachweist, dass der Anmelder sich ihm gegenüber auf seine europäische Patentanmeldung berufen hat, kann vor Veröffentlichung dieser Anmeldung und ohne Zustimmung des Anmelders Akteneinsicht verlangen.

(3) Nach Veröffentlichung einer europäischen Teilanmeldung oder einer nach Artikel 61 Absatz 1 eingereichten neuen europäischen Patentanmeldung kann jedermann Einsicht in die Akten der früheren Anmeldung auch vor deren Veröffentlichung und ohne Zustimmung des Anmelders verlangen.

(4) Nach Veröffentlichung der europäischen Patentanmeldung wird vorbehaltlich der in der Ausführungsordnung vorgeschriebenen Beschränkungen auf Antrag Einsicht in die Akten der Anmeldung und des darauf erteilten europäischen Patents gewährt.

(5) Das Europäische Patentamt kann die in der Ausführungsordnung genannten Angaben bereits vor Veröffentlichung der europäischen Patentanmeldung Dritten mitteilen oder veröffentlichen.

Art. 129 Regelmäßige Veröffentlichungen. Das Europäische Patentamt gibt regelmäßig folgende Veröffentlichungen heraus:

a) ein Europäisches Patentblatt, das die Angaben enthält, deren Veröffentlichung dieses Übereinkommen, die Ausführungsordnung oder der Präsident des Europäischen Patentamts vorschreibt;

b) ein Amtsblatt, das allgemeine Bekanntmachungen und Mitteilungen des Präsidenten des Europäischen Patentamts sowie sonstige dieses Übereinkommen und seine Anwendung betreffende Veröffentlichungen enthält.

Art. 130 Gegenseitige Unterrichtung. (1) Das Europäische Patentamt und die Zentralbehörden für den gewerblichen Rechtsschutz der Vertragsstaaten übermitteln einander auf Ersuchen sachdienliche Angaben über europäische oder nationale Patentanmeldungen und Patente und die sie betreffenden Verfahren, soweit dieses Übereinkommen oder das nationale Recht nichts anderes vorsieht.

(2) Absatz 1 gilt nach Maßgabe von Arbeitsabkommen auch für die Übermittlung von Angaben zwischen dem Europäischen Patentamt und

a) den Zentralbehörden für den gewerblichen Rechtsschutz anderer Staaten;

b) den zwischenstaatlichen Organisationen, die mit der Erteilung von Patenten beauftragt sind;

c) jeder anderen Organisation.

(3) [1] Die Übermittlung von Angaben nach Absatz 1 und Absatz 2a) und b) unterliegt nicht den Beschränkungen des Artikels 128. [2] Der Verwaltungsrat kann beschließen, dass die Übermittlung von Angaben nach Absatz 2c) den genannten Beschränkungen nicht unterliegt, sofern die betreffende Organisation die übermittelten Angaben bis zur Veröffentlichung der europäischen Patentanmeldung vertraulich behandelt.

Art. 131 Amts- und Rechtshilfe. (1) [1] Das Europäische Patentamt und die Gerichte oder Behörden der Vertragsstaaten unterstützen einander auf Antrag durch die Erteilung von Auskünften oder die Gewährung von Akteneinsicht, soweit dieses Übereinkommen oder das nationale Recht nichts anderes vorsieht. [2] Gewährt das Europäische Patentamt Gerichten, Staatsanwaltschaften oder Zentralbehörden für den gewerblichen Rechtsschutz Akteneinsicht, so unterliegt diese nicht den Beschränkungen des Artikels 128.

(2) Die Gerichte oder andere zuständige Behörden der Vertragsstaaten nehmen für das Europäische Patentamt auf dessen Ersuchen um Rechtshilfe Beweisaufnahmen oder andere gerichtliche Handlungen innerhalb ihrer Zuständigkeit vor.

Art. 132 Austausch von Veröffentlichungen. (1) Das Europäische Patentamt und die Zentralbehörden für den gewerblichen Rechtsschutz der Vertragsstaaten übermitteln einander auf entsprechendes Ersuchen kostenlos für ihre eigenen Zwecke ein oder mehrere Exemplare ihrer Veröffentlichungen.

(2) Das Europäische Patentamt kann Vereinbarungen über den Austausch oder die Übermittlung von Veröffentlichungen treffen.

Kapitel III. Vertretung

Art. 133 Allgemeine Grundsätze der Vertretung. (1) Vorbehaltlich des Absatzes 2 ist niemand verpflichtet, sich in den durch dieses Übereinkommen geschaffenen Verfahren durch einen zugelassenen Vertreter vertreten zu lassen.

(2) Natürliche oder juristische Personen, die weder Wohnsitz noch Sitz in einem Vertragsstaat haben, müssen in jedem durch dieses Übereinkommen geschaffenen Verfahren durch einen zugelassenen Vertreter vertreten sein und Handlungen mit Ausnahme der Einreichung einer europäischen Patentanmeldung durch ihn vornehmen; in der Ausführungsordnung können weitere Ausnahmen zugelassen werden.

(3) [1] Natürliche oder juristische Personen mit Wohnsitz oder Sitz in einem Vertragsstaat können in jedem durch dieses Übereinkommen geschaffenen Verfahren durch einen ihrer Angestellten handeln, der kein zugelassener Vertreter zu sein braucht, aber einer Vollmacht nach Maßgabe der Ausführungsordnung bedarf. [2] In der Ausführungsordnung kann vorgeschrieben werden, ob und unter welchen Voraussetzungen Angestellte einer juristischen Person für andere juristische Personen mit Sitz in einem Vertragsstaat, die mit ihr wirtschaftlich verbunden sind, handeln können.

(4) In der Ausführungsordnung können Vorschriften über die gemeinsame Vertretung mehrerer Beteiligter, die gemeinsam handeln, vorgesehen werden.

Art. 134 Vertretung vor dem Europäischen Patentamt. (1) Die Vertretung natürlicher oder juristischer Personen in den durch dieses Übereinkommen geschaffenen Verfahren kann nur durch zugelassene Vertreter wahrgenommen werden, die in einer beim Europäischen Patentamt zu diesem Zweck geführten Liste eingetragen sind.

(2) Jede natürliche Person, die

a) die Staatsangehörigkeit eines Vertragsstaats besitzt,

b) ihren Geschäftssitz oder Arbeitsplatz in einem Vertragsstaat hat und

c) die europäische Eignungsprüfung bestanden hat,

kann in die Liste der zugelassenen Vertreter eingetragen werden.

(3) Während eines Zeitraums von einem Jahr ab dem Zeitpunkt, zu dem der Beitritt eines Staats zu diesem Übereinkommen wirksam wird, kann die Eintragung in diese Liste auch von jeder natürlichen Person beantragt werden, die

a) die Staatsangehörigkeit eines Vertragsstaats besitzt,

b) ihren Geschäftssitz oder Arbeitsplatz in dem Staat hat, der dem Übereinkommen beigetreten ist, und

c) befugt ist, natürliche oder juristische Personen auf dem Gebiet des Patentwesens vor der Zentralbehörde für den gewerblichen Rechtsschutz dieses Staats zu vertreten. Unterliegt diese Befugnis nicht dem Erfordernis einer besonderen beruflichen Befähigung, so muss die Person diese Vertretung in diesem Staat mindestens fünf Jahre lang regelmäßig ausgeübt haben.

(4) Die Eintragung erfolgt aufgrund eines Antrags, dem die Bescheinigungen beizufügen sind, aus denen sich ergibt, dass die in Absatz 2 oder 3 genannten Voraussetzungen erfüllt sind.

(5) Die Personen, die in der Liste der zugelassenen Vertreter eingetragen sind, sind berechtigt, in den durch dieses Übereinkommen geschaffenen Verfahren aufzutreten.

(6) [1] Jede Person, die in der Liste der zugelassenen Vertreter eingetragen ist, ist berechtigt, zur Ausübung ihrer Tätigkeit als zugelassener Vertreter einen Geschäftssitz in jedem Vertragsstaat zu begründen, in dem die Verfahren durchgeführt werden, die durch dieses Übereinkommen unter Berücksichtigung des dem Übereinkommen beigefügten Zentralisierungsprotokolls geschaffen worden sind. [2] Die Behörden dieses Staats können diese Berechtigung nur im Einzelfall in Anwendung der zum Schutz der öffentlichen Sicherheit und Ordnung erlassenen Rechtsvorschriften entziehen. [3] Vor einer solchen Maßnahme ist der Präsident des Europäischen Patentamts zu hören.

(7) Der Präsident des Europäischen Patentamts kann Befreiung erteilen:

a) in besonders gelagerten Fällen von der Voraussetzung nach Absatz 2a) oder Absatz 3a);

b) von der Voraussetzung nach Absatz 3c) Satz 2, wenn der Antragsteller nachweist, dass er die erforderliche Befähigung auf andere Weise erworben hat.

(8) [1] Die Vertretung in den durch dieses Übereinkommen geschaffenen Verfahren kann wie von einem zugelassenen Vertreter auch von jedem Rechtsanwalt, der in einem Vertragsstaat zugelassen ist und seinen Geschäftssitz in diesem Staat hat, in dem Umfang wahrgenommen werden, in dem er in diesem Staat die Vertretung auf dem Gebiet des Patentwesens ausüben kann. [2] Absatz 6 ist entsprechend anzuwenden.

Art. 134a Institut der beim Europäischen Patentamt zugelassenen Vertreter. (1) Der Verwaltungsrat ist befugt, Vorschriften zu erlassen und zu ändern über:

a) das Institut der beim Europäischen Patentamt zugelassenen Vertreter, im folgenden Institut genannt;
b) die Vor- und Ausbildung, die eine Person besitzen muss, um zur europäischen Eignungsprüfung zugelassen zu werden, und die Durchführung dieser Eignungsprüfung;
c) die Disziplinargewalt, die das Institut oder das Europäische Patentamt über die zugelassenen Vertreter ausübt;
d) die Verschwiegenheitspflicht und das Recht des zugelassenen Vertreters, die Offenlegung von Mitteilungen zwischen ihm und seinem Mandanten oder Dritten in Verfahren vor dem Europäischen Patentamt zu verweigern.

(2) Jede Person, die in der in Artikel 134 Absatz 1 genannten Liste der zugelassenen Vertreter eingetragen ist, ist Mitglied des Instituts.

Achter Teil. Auswirkungen auf das nationale Recht

Kapitel I. Umwandlung in eine nationale Patentanmeldung

Art. 135 Umwandlungsantrag. (1) Die Zentralbehörde für den gewerblichen Rechtsschutz eines benannten Vertragsstaats leitet auf Antrag des Anmelders oder Inhabers eines europäischen Patents das Verfahren zur Erteilung eines nationalen Patents in den folgenden Fällen ein:

a) wenn die europäische Patentanmeldung nach Artikel 77 Absatz 3 als zurückgenommen gilt;
b) in den sonstigen vom nationalen Recht vorgesehenen Fällen, in denen nach diesem Übereinkommen die europäische Patentanmeldung zurückgewiesen oder zurückgenommen worden ist oder als zurückgenommen gilt oder das europäische Patent widerrufen worden ist.

(2) [1] Im Fall des Absatzes 1a) ist der Umwandlungsantrag bei der Zentralbehörde für den gewerblichen Rechtsschutz zu stellen, bei der die europäische Patentanmeldung eingereicht worden ist. [2] Diese Behörde leitet den Antrag vorbehaltlich der Vorschriften über die nationale Sicherheit unmittelbar an die Zentralbehörden für den gewerblichen Rechtsschutz der im Antrag bezeichneten Vertragsstaaten weiter.

(3) [1] In den Fällen des Absatzes 1b) ist der Umwandlungsantrag nach Maßgabe der Ausführungsordnung beim Europäischen Patentamt zu stellen. [2] Der Antrag gilt erst als gestellt, wenn die Umwandlungsgebühr entrichtet worden ist. [3] Das Europäische Patentamt übermittelt den Umwandlungsantrag den Zentralbehörden für den gewerblichen Rechtsschutz der im Antrag bezeichneten Vertragsstaaten.

(4) Die in Artikel 66 genannte Wirkung der europäischen Patentanmeldung erlischt, wenn der Umwandlungsantrag nicht rechtzeitig übermittelt wird.

Art. 136 Einreichung und Übermittlung des Antrags. (gestrichen)

Art. 137 Formvorschriften für die Umwandlung. (1) Eine europäische Patentanmeldung, die nach Artikel 135 Absatz 2 oder 3 übermittelt worden ist, darf nicht Formerfordernissen des nationalen Rechts unterworfen werden, die von den im Übereinkommen vorgesehenen abweichen oder über sie hinausgehen.

(2) Die Zentralbehörde für den gewerblichen Rechtsschutz, der die europäische Patentanmeldung übermittelt worden ist, kann verlangen, dass der Anmelder innerhalb einer Frist, die nicht weniger als zwei Monate betragen darf,

a) die nationale Anmeldegebühr entrichtet und

b) eine Übersetzung der europäischen Patentanmeldung in einer der Amtssprachen des betreffenden Staats einreicht, und zwar der ursprünglichen Fassung der Anmeldung und gegebenenfalls der im Verfahren vor dem Europäischen Patentamt geänderten Fassung, die der Anmelder dem nationalen Verfahren zugrunde zu legen wünscht.

Kapitel II. Nichtigkeit und ältere Rechte

Art. 138 Nichtigkeit europäischer Patente. (1) Vorbehaltlich des Artikels 139 kann das europäische Patent mit Wirkung für einen Vertragsstaat nur für nichtig erklärt werden, wenn

a) der Gegenstand des europäischen Patents nach den Artikeln 52 bis 57 nicht patentierbar ist;

b) das europäische Patent die Erfindung nicht so deutlich und vollständig offenbart, dass ein Fachmann sie ausführen kann;

c) der Gegenstand des europäischen Patents über den Inhalt der Anmeldung in der ursprünglich eingereichten Fassung oder, wenn das Patent auf einer Teilanmeldung oder einer nach Artikel 61 eingereichten neuen Anmeldung beruht, über den Inhalt der früheren Anmeldung in der ursprünglich eingereichten Fassung hinausgeht;

d) der Schutzbereich des europäischen Patents erweitert worden ist; oder

e) der Inhaber des europäischen Patents nicht nach Artikel 60 Absatz 1 berechtigt ist.

(2) Betreffen die Nichtigkeitsgründe nur einen Teil des europäischen Patents, so wird das Patent durch entsprechende Änderung der Patentansprüche beschränkt und für teilweise nichtig erklärt.

(3) [1] In Verfahren vor dem zuständigen Gericht oder der zuständigen Behörde, die die Gültigkeit des europäischen Patents betreffen, ist der Patentinhaber befugt, das Patent durch Änderung der Patentansprüche zu beschränken. [2] Die so beschränkte Fassung des Patents ist dem Verfahren zugrunde zu legen.

Art. 139 Ältere Rechte und Rechte mit gleichem Anmelde- oder Prioritätstag. (1) In jedem benannten Vertragsstaat haben eine europäische Patentanmeldung und ein europäisches Patent gegenüber einer nationalen Patentanmeldung und einem nationalen Patent die gleiche Wirkung als älteres Recht wie eine nationale Patentanmeldung und ein nationales Patent.

(2) Eine nationale Patentanmeldung und ein nationales Patent in einem Vertragsstaat haben gegenüber einem europäischen Patent, soweit dieser Vertragsstaat benannt ist, die gleiche Wirkung als älteres Recht wie gegenüber einem nationalen Patent.

(3) Jeder Vertragsstaat kann vorschreiben, ob und unter welchen Voraussetzungen eine Erfindung, die sowohl in einer europäischen Patentanmeldung oder

einem europäischen Patent als auch in einer nationalen Patentanmeldung oder einem nationalen Patent mit gleichem Anmeldetag oder, wenn eine Priorität in Anspruch genommen worden ist, mit gleichem Prioritätstag offenbart ist, gleichzeitig durch europäische und nationale Anmeldungen oder Patente geschützt werden kann.

Kapitel III. Sonstige Auswirkungen

Art. 140 Nationale Gebrauchsmuster und Gebrauchszertifikate. Die Artikel 66, 124, 135, 137 und 139 sind in den Vertragsstaaten, deren Recht Gebrauchsmuster oder Gebrauchszertifikate vorsieht, auf diese Schutzrechte und deren Anmeldungen entsprechend anzuwenden.

Art. 141 Jahresgebühren für das europäische Patent. (1) Jahresgebühren für das europäische Patent können nur für die Jahre erhoben werden, die sich an das in Artikel 86 Absatz 2 genannte Jahr anschließen.

(2) [1] Werden Jahresgebühren für das europäische Patent innerhalb von zwei Monaten nach der Bekanntmachung des Hinweises auf die Erteilung des europäischen Patents im Europäischen Patentblatt fällig, so gelten diese Jahresgebühren als wirksam entrichtet, wenn sie innerhalb der genannten Frist gezahlt werden. [2] Eine nach nationalem Recht vorgesehene Zuschlagsgebühr wird nicht erhoben.

Neunter Teil. Besondere Übereinkommen

Art. 142 Einheitliche Patente. (1) Eine Gruppe von Vertragsstaaten, die in einem besonderen Übereinkommen bestimmt hat, dass die für diese Staaten erteilten europäischen Patente für die Gesamtheit ihrer Hoheitsgebiete einheitlich sind, kann vorsehen, dass europäische Patente nur für alle diese Staaten gemeinsam erteilt werden können.

(2) Hat eine Gruppe von Vertragsstaaten von der Ermächtigung in Absatz 1 Gebrauch gemacht, so sind die Vorschriften dieses Teils anzuwenden.

Art. 143 Besondere Organe des Europäischen Patentamts. (1) Die Gruppe von Vertragsstaaten kann dem Europäischen Patentamt zusätzliche Aufgaben übertragen.

(2) [1] Für die Durchführung der in Absatz 1 genannten zusätzlichen Aufgaben können im Europäischen Patentamt besondere, den Vertragsstaaten der Gruppe gemeinsame Organe gebildet werden. [2] Die Leitung dieser besonderen Organe obliegt dem Präsidenten des Europäischen Patentamts; Artikel 10 Absätze 2 und 3 sind entsprechend anzuwenden.

Art. 144 Vertretung vor den besonderen Organen. Die Gruppe von Vertragsstaaten kann die Vertretung vor den in Artikel 143 Absatz 2 genannten Organen besonders regeln.

Art. 145 Engerer Ausschuss des Verwaltungsrats. (1) [1] Die Gruppe von Vertragsstaaten kann zur Überwachung der Tätigkeit der nach Artikel 143 Absatz 2 gebildeten besonderen Organe einen engeren Ausschuss des Verwaltungsrats einsetzen, dem das Europäische Patentamt das Personal, die Räumlichkeiten und die Ausstattung zur Verfügung stellt, die er zur Durchführung seiner Aufgaben benötigt. [2] Der Präsident des Europäischen Patentamts ist dem engeren Ausschuss des Verwaltungsrats gegenüber für die Tätigkeit der besonderen Organe verantwortlich.

(2) Die Zusammensetzung, die Zuständigkeit und die Tätigkeit des engeren Ausschusses bestimmt die Gruppe von Vertragsstaaten.

Art. 146 Deckung der Kosten für die Durchführung besonderer Aufgaben. [1] Sind dem Europäischen Patentamt nach Artikel 143 zusätzliche Aufgaben übertragen worden, so trägt die Gruppe von Vertragsstaaten die der Organisation bei der Durchführung dieser Aufgaben entstehenden Kosten. [2] Sind für die Durchführung dieser Aufgaben im Europäischen Patentamt besondere Organe gebildet worden, so trägt die Gruppe die diesen Organen zurechenbaren Kosten für das Personal, die Räumlichkeiten und die Ausstattung. [3] Artikel 39 Absätze 3 und 4, Artikel 41 und Artikel 47 sind entsprechend anzuwenden.

Art. 147 Zahlungen aufgrund der für die Aufrechterhaltung des einheitlichen Patents erhobenen Gebühren. [1] Hat die Gruppe von Vertragsstaaten für das europäische Patent einheitliche Jahresgebühren festgesetzt, so bezieht sich der Anteil nach Artikel 39 Absatz 1 auf diese einheitlichen Gebühren; der Mindestbetrag nach Artikel 39 Absatz 1 bezieht sich auf das einheitliche Patent. [2] Artikel 39 Absätze 3 und 4 ist entsprechend anzuwenden.

Art. 148 Die europäische Patentanmeldung als Gegenstand des Vermögens. (1) Artikel 74 ist anzuwenden, wenn die Gruppe von Vertragsstaaten nichts anderes bestimmt hat.

(2) Die Gruppe von Vertragsstaaten kann vorschreiben, dass die europäische Patentanmeldung, soweit für sie diese Vertragsstaaten benannt sind, nur für alle diese Vertragsstaaten und nur nach den Vorschriften des besonderen Übereinkommens Gegenstand eines Rechtsübergangs sein sowie belastet oder Zwangsvollstreckungsmaßnahmen unterworfen werden kann.

Art. 149 Gemeinsame Benennung. (1) Die Gruppe von Vertragsstaaten kann vorschreiben, dass ihre Benennung nur gemeinsam erfolgen kann und dass die Benennung eines oder mehrerer der Vertragsstaaten der Gruppe als Benennung aller dieser Vertragsstaaten gilt.

(2) [1] Ist das Europäische Patentamt nach Artikel 153 Absatz 1 Bestimmungsamt, so ist Absatz 1 anzuwenden, wenn der Anmelder in der internationalen Anmeldung mitgeteilt hat, dass er für einen oder mehrere der benannten Staaten der Gruppe ein europäisches Patent begehrt. [2] Das Gleiche gilt, wenn der Anmelder in der internationalen Anmeldung einen dieser Gruppe angehörenden Vertragsstaat benannt hat, dessen Recht vorschreibt, dass eine Bestimmung dieses Staats die Wirkung einer Anmeldung für ein europäisches Patent hat.

Art. 149a Andere Übereinkommen zwischen den Vertragsstaaten.

(1) Dieses Übereinkommen lässt das Recht aller oder einiger Vertragsstaaten unberührt, besondere Übereinkommen über alle europäische Patentanmeldungen oder Patente betreffenden Fragen zu schließen, die nach diesem Übereinkommen nationalem Recht unterliegen und dort geregelt sind, wie insbesondere

a) ein Übereinkommen über die Schaffung eines gemeinsamen europäischen Patentgerichts für die ihm angehörenden Vertragsstaaten;
b) ein Übereinkommen über die Schaffung einer gemeinsamen Einrichtung für die ihm angehörenden Vertragsstaaten, die auf Ersuchen nationaler Gerichte

oder gerichtsähnlicher Behörden Gutachten über Fragen des europäischen oder damit harmonisierten nationalen Patentrechts erstattet;

c) ein Übereinkommen, dem zufolge die ihm angehörenden Vertragsstaaten auf Übersetzungen europäischer Patente nach Artikel 65 ganz oder teilweise verzichten;

d) ein Übereinkommen, dem zufolge die ihm angehörenden Vertragsstaaten vorsehen, dass nach Artikel 65 vorgeschriebene Übersetzungen europäischer Patente beim Europäischen Patentamt eingereicht und von ihm veröffentlicht werden können.

(2) Der Verwaltungsrat ist befugt zu beschließen, dass

a) die Mitglieder der Beschwerdekammern oder der Großen Beschwerdekammer in einem europäischen Patentgericht oder einer gemeinsamen Einrichtung tätig werden und in Verfahren vor diesem Gericht oder dieser Einrichtung nach Maßgabe eines solchen Übereinkommens mitwirken dürfen;

b) das Europäische Patentamt einer gemeinsamen Einrichtung das Unterstützungspersonal, die Räumlichkeiten und die Ausstattung zur Verfügung stellt, die sie zur Durchführung ihrer Aufgaben benötigt, und die Kosten dieser Einrichtung ganz oder teilweise von der Organisation getragen werden.

Zehnter Teil. Internationale Anmeldungen nach dem Vertrag über die internationale Zusammenarbeit auf dem Gebiet des Patentwesens – Euro-PCT-Anmeldungen

Art. 150 Anwendung des Vertrags über die internationale Zusammenarbeit auf dem Gebiet des Patentwesens. (1) Der Vertrag über die internationale Zusammenarbeit auf dem Gebiet des Patentwesens vom 19. Juni 1970, im folgenden PCT genannt, ist nach Maßgabe dieses Teils anzuwenden.

(2) [1] Internationale Anmeldungen nach dem PCT können Gegenstand von Verfahren vor dem Europäischen Patentamt sein. [2] In diesen Verfahren sind der PCT, seine Ausführungsordnung und ergänzend dieses Übereinkommen anzuwenden. [3] Bei mangelnder Übereinstimmung gehen die Vorschriften des PCT oder seiner Ausführungsordnung vor.

Art. 151 Das Europäische Patentamt als Anmeldeamt. [1] Das Europäische Patentamt wird nach Maßgabe der Ausführungsordnung als Anmeldeamt im Sinne des PCT tätig. [2] Artikel 75 Absatz 2 ist anzuwenden.

Art. 152 Das Europäische Patentamt als Internationale Recherchenbehörde oder als mit der internationalen vorläufigen Prüfung beauftragte Behörde. [1] Das Europäische Patentamt wird nach Maßgabe einer zwischen der Organisation und dem Internationalen Büro der Weltorganisation für geistiges Eigentum geschlossenen Vereinbarung als Internationale Recherchenbehörde und als mit der internationalen vorläufigen Prüfung beauftragte Behörde im Sinne des PCT für Anmelder tätig, die entweder Staatsangehörige eines Vertragsstaats dieses Übereinkommens sind oder dort ihren Wohnsitz oder Sitz haben. [2] Diese Vereinbarung kann vorsehen, dass das Europäische Patentamt auch für andere Anmelder tätig wird.

Art. 153 Das Europäische Patentamt als Bestimmungsamt oder ausgewähltes Amt. (1) Das Europäische Patentamt ist

a) Bestimmungsamt für jeden in der internationalen Anmeldung bestimmten Vertragsstaat dieses Übereinkommens, für den der PCT in Kraft ist und für den der Anmelder ein europäisches Patent begehrt, und

b) ausgewähltes Amt, wenn der Anmelder einen nach Buchstabe a bestimmten Staat ausgewählt hat.

(2) Eine internationale Anmeldung, für die das Europäische Patentamt Bestimmungsamt oder ausgewähltes Amt ist und der ein internationaler Anmeldetag zuerkannt worden ist, hat die Wirkung einer vorschriftsmäßigen europäischen Anmeldung (Euro-PCT-Anmeldung).

(3) Die internationale Veröffentlichung einer Euro-PCT-Anmeldung in einer Amtssprache des Europäischen Patentamts tritt an die Stelle der Veröffentlichung der europäischen Patentanmeldung und wird im Europäischen Patentblatt bekannt gemacht.

(4) [1] Ist die Euro-PCT-Anmeldung in einer anderen Sprache veröffentlicht, so ist beim Europäischen Patentamt eine Übersetzung in einer seiner Amtssprachen einzureichen, die von ihm veröffentlicht wird. [2] Vorbehaltlich des Artikels 67 Absatz 3 tritt der einstweilige Schutz nach Artikel 67 Absätze 1 und 2 erst vom Tag dieser Veröffentlichung an ein.

(5) Die Euro-PCT-Anmeldung wird als europäische Patentanmeldung behandelt und gilt als Stand der Technik nach Artikel 54 Absatz 3, wenn die in Absatz 3 oder 4 und in der Ausführungsordnung festgelegten Erfordernisse erfüllt sind.

(6) Der zu einer Euro-PCT-Anmeldung erstellte internationale Recherchenbericht oder die ihn ersetzende Erklärung und deren internationale Veröffentlichung treten an die Stelle des europäischen Recherchenberichts und des Hinweises auf dessen Veröffentlichung im Europäischen Patentblatt.

(7) [1] Zu jeder Euro-PCT-Anmeldung nach Absatz 5 wird ein ergänzender europäischer Recherchenbericht erstellt. [2] Der Verwaltungsrat kann beschließen, dass auf einen ergänzenden Recherchenbericht verzichtet oder die Recherchengebühr herabgesetzt wird.

Artikel 154–158. (gestrichen)

Elfter Teil. Übergangsbestimmungen

Artikel 159–163. (gestrichen)

Zwölfter Teil. Schlussbestimmungen

Art. 164 Ausführungsordnung und Protokolle. (1) Die Ausführungsordnung, das Anerkennungsprotokoll, das Protokoll über Vorrechte und Immunitäten, das Zentralisierungsprotokoll, das Protokoll über die Auslegung des Artikels 69 sowie das Personalstandsprotokoll sind Bestandteile des Übereinkommens.

(2) Bei mangelnder Übereinstimmung zwischen Vorschriften des Übereinkommens und Vorschriften der Ausführungsordnung gehen die Vorschriften des Übereinkommens vor.

Art. 165 Unterzeichnung – Ratifikation. (1) Dieses Übereinkommen liegt für die Staaten, die an der Regierungskonferenz über die Einführung eines europäischen Patenterteilungsverfahrens teilgenommen haben oder die über die Abhaltung dieser Konferenz unterrichtet worden sind und denen die Möglichkeit der Teilnahme geboten worden ist, bis zum 5. April 1974 zur Unterzeichnung auf.

(2) Dieses Übereinkommen bedarf der Ratifikation; die Ratifikationsurkunden werden bei der Regierung der Bundesrepublik Deutschland hinterlegt.

Art. 166 Beitritt. (1) Dieses Übereinkommen steht zum Beitritt offen:

a) den in Artikel 165 Absatz 1 genannten Staaten;

b) auf Einladung des Verwaltungsrats jedem anderen europäischen Staat.

(2) Jeder ehemalige Vertragsstaat, der dem Übereinkommen nach Artikel 172 Absatz 4 nicht mehr angehört, kann durch Beitritt erneut Vertragspartei des Übereinkommens werden.

(3) Die Beitrittsurkunden werden bei der Regierung der Bundesrepublik Deutschland hinterlegt.

Art. 167 Vorbehalte. (gestrichen)

Art. 168 Räumlicher Anwendungsbereich. (1) [1]Jeder Vertragsstaat kann in seiner Ratifikations- oder Beitrittsurkunde oder zu jedem späteren Zeitpunkt durch eine Notifikation an die Regierung der Bundesrepublik Deutschland erklären, dass das Übereinkommen auf alle oder einzelne Hoheitsgebiete anzuwenden ist, für deren auswärtige Beziehungen er verantwortlich ist. [2]Die für den betreffenden Vertragsstaat erteilten europäischen Patente haben auch in den Hoheitsgebieten Wirkung, für die eine solche Erklärung wirksam ist.

(2) Ist die in Absatz 1 genannte Erklärung in der Ratifikations- oder Beitrittsurkunde enthalten, so wird sie gleichzeitig mit der Ratifikation oder dem Beitritt wirksam; wird die Erklärung nach der Hinterlegung der Ratifikations- oder Beitrittsurkunde in einer Notifikation abgegeben, so wird diese Notifikation sechs Monate nach dem Tag ihres Eingangs bei der Regierung der Bundesrepublik Deutschland wirksam.

(3) [1]Jeder Vertragsstaat kann jederzeit erklären, dass das Übereinkommen für alle oder einzelne Hoheitsgebiete, für die er nach Absatz 1 eine Notifikation vorgenommen hat, nicht mehr anzuwenden ist. [2]Diese Erklärung wird ein Jahr nach dem Tag wirksam, an dem sie der Regierung der Bundesrepublik Deutschland notifiziert worden ist.

Art. 169 Inkrafttreten. (1) Dieses Übereinkommen tritt in Kraft drei Monate nach Hinterlegung der letzten Ratifikations- oder Beitrittsurkunde von sechs Staaten, in deren Hoheitsgebiet im Jahre 1970 insgesamt mindestens 180 000 Patentanmeldungen für die Gesamtheit dieser Staaten eingereicht wurden.

(2) Jede Ratifikation oder jeder Beitritt nach Inkrafttreten dieses Übereinkommens wird am ersten Tag des dritten Monats nach der Hinterlegung der Ratifikations- oder Beitrittsurkunde wirksam.

Art. 170 Aufnahmebeitrag. (1) Jeder Staat, der nach Inkrafttreten dieses Übereinkommens das Übereinkommen ratifiziert oder ihm beitritt, hat der Organisation einen Aufnahmebeitrag zu zahlen, der nicht zurückgezahlt wird.

(2) Der Aufnahmebeitrag beträgt 5% des Betrags, der sich ergibt, wenn der für den betreffenden Staat nach dem in Artikel 40 Absätze 3 und 4 vorgesehenen Aufbringungsschlüssel ermittelte Prozentsatz, der zu dem Zeitpunkt gilt, zu dem die Ratifikation oder der Beitritt wirksam wird, auf die Summe der von den übrigen Vertragsstaaten bis zum Abschluss des diesem Zeitpunkt vorangehenden Haushaltsjahrs geschuldeten besonderen Finanzbeiträge angewendet wird.

(3) Werden besondere Finanzbeiträge für das Haushaltsjahr, das dem in Absatz 2 genannten Zeitpunkt vorausgeht, nicht mehr gefordert, so ist der in Absatz 2 genannte Aufbringungsschlüssel derjenige, der auf den betreffenden Staat auf der Grundlage des letzten Jahrs, für das besondere Finanzbeiträge zu zahlen waren, anzuwenden gewesen wäre.

Art. 171 Geltungsdauer des Übereinkommens. Dieses Übereinkommen wird auf unbegrenzte Zeit geschlossen.

Art. 172 Revision. (1) Dieses Übereinkommen kann durch Konferenzen der Vertragsstaaten revidiert werden.

(2) [1] Die Konferenz wird vom Verwaltungsrat vorbereitet und einberufen. [2] Sie ist nur beschlussfähig, wenn mindestens drei Viertel der Vertragsstaaten auf ihr vertreten sind. [3] Die revidierte Fassung des Übereinkommens bedarf zu ihrer Annahme der Dreiviertelmehrheit der auf der Konferenz vertretenen Vertragsstaaten, die eine Stimme abgeben. [4] Stimmenthaltung gilt nicht als Stimmabgabe.

(3) Die revidierte Fassung des Übereinkommens tritt nach Hinterlegung der Ratifikations- oder Beitrittsurkunden durch die von der Konferenz festgesetzte Anzahl von Vertragsstaaten und zu dem von der Konferenz bestimmten Zeitpunkt in Kraft.

(4) Die Staaten, die die revidierte Fassung des Übereinkommens im Zeitpunkt ihres Inkrafttretens weder ratifiziert haben noch ihr beigetreten sind, gehören von diesem Zeitpunkt dem Übereinkommen nicht mehr an.

Art. 173 Streitigkeiten zwischen Vertragsstaaten. (1) Jede Streitigkeit zwischen Vertragsstaaten über die Auslegung oder Anwendung dieses Übereinkommens, die nicht im Verhandlungsweg beigelegt worden ist, wird auf Ersuchen eines beteiligten Staats dem Verwaltungsrat unterbreitet, der sich bemüht, eine Einigung zwischen diesen Staaten herbeizuführen.

(2) Wird eine solche Einigung nicht innerhalb von sechs Monaten nach dem Tag erzielt, an dem der Verwaltungsrat mit der Streitigkeit befasst worden ist, so kann jeder beteiligte Staat die Streitigkeit dem Internationalen Gerichtshof zum Erlass einer bindenden Entscheidung unterbreiten.

Art. 174 Kündigung. [1] Jeder Vertragsstaat kann dieses Übereinkommen jederzeit kündigen. [2] Die Kündigung wird der Regierung der Bundesrepublik Deutschland notifiziert. [3] Sie wird ein Jahr nach dem Tag dieser Notifikation wirksam.

Art. 175 Aufrechterhaltung wohlerworbener Rechte. (1) Hört ein Staat nach Artikel 172 Absatz 4 oder Artikel 174 auf, Vertragspartei dieses Übereinkommens zu sein, so berührt dies nicht die nach diesem Übereinkommen bereits erworbenen Rechte.

(2) Die europäischen Patentanmeldungen, die zu dem Zeitpunkt anhängig sind, zu dem ein benannter Staat aufhört, Vertragspartei dieses Übereinkommens

zu sein, werden in Bezug auf diesen Staat vom Europäischen Patentamt so weiterbehandelt, als ob das Übereinkommen in der nach diesem Zeitpunkt geltenden Fassung auf diesen Staat anzuwenden wäre.

(3) Absatz 2 ist auf europäische Patente anzuwenden, für die zu dem in Absatz 2 genannten Zeitpunkt ein Einspruchsverfahren anhängig oder die Einspruchsfrist noch nicht abgelaufen ist.

(4) Das Recht eines ehemaligen Vertragsstaats, ein europäisches Patent nach der Fassung des Übereinkommens zu behandeln, die auf ihn anzuwenden war, wird durch diesen Artikel nicht berührt.

Art. 176 Finanzielle Rechte und Pflichten eines ausgeschiedenen Vertragsstaats. (1) Jeder Staat, der nach Artikel 172 Absatz 4 oder Artikel 174 nicht mehr dem Übereinkommen angehört, erhält die von ihm nach Artikel 40 Absatz 2 geleisteten besonderen Finanzbeiträge von der Organisation erst zu dem Zeitpunkt und den Bedingungen zurück, zu denen die Organisation besondere Finanzbeiträge, die im gleichen Haushaltsjahr von anderen Staaten gezahlt worden sind, zurückzahlt.

(2) Der in Absatz 1 bezeichnete Staat hat den in Artikel 39 genannten Anteil an den Jahresgebühren für die in diesem Staat aufrechterhaltenen europäischen Patente auch in der Höhe weiterzuzahlen, die zu dem Zeitpunkt maßgebend war, zu dem er aufgehört hat, Vertragspartei zu sein.

Art. 177 Sprachen des Übereinkommens. (1) Dieses Übereinkommen ist in einer Urschrift in deutscher, englischer und französischer Sprache abgefasst, wobei jeder Wortlaut gleichermaßen verbindlich ist, und wird im Archiv der Regierung der Bundesrepublik Deutschland hinterlegt.

(2) [1] Fassungen des Übereinkommens in anderen als den in Absatz 1 genannten Amtssprachen von Vertragsstaaten, die der Verwaltungsrat genehmigt hat, gelten als amtliche Fassungen. [2] Bei Meinungsverschiedenheiten über die Auslegung der verschiedenen Fassungen sind die in Absatz 1 genannten Fassungen maßgebend.

Art. 178 Übermittlungen und Notifikationen. (1) Die Regierung der Bundesrepublik Deutschland stellt beglaubigte Abschriften des Übereinkommens her und übermittelt sie den Regierungen aller Staaten, die das Übereinkommen unterzeichnet haben oder ihm beigetreten sind.

(2) Die Regierung der Bundesrepublik Deutschland notifiziert den in Absatz 1 genannten Regierungen:

a) die Hinterlegung jeder Ratifikations- oder Beitrittsurkunde;

b) Erklärungen und Notifikationen nach Artikel 168;

c) Kündigungen nach Artikel 174 und den Zeitpunkt des Inkrafttretens dieser Kündigungen.

(3) Die Regierung der Bundesrepublik Deutschland lässt dieses Übereinkommen beim Sekretariat der Vereinten Nationen registrieren.

50a. Protokoll über die Auslegung des Artikels 69 EPÜ

Vom 24. August 2007
(BGBl. II S. 1082, 1191)

Art. 1 Allgemeine Grundsätze. [1] Artikel 69 ist nicht in der Weise auszulegen, dass unter dem Schutzbereich des europäischen Patents der Schutzbereich zu verstehen ist, der sich aus dem genauen Wortlaut der Patentansprüche ergibt, und dass die Beschreibung sowie die Zeichnungen nur zur Behebung etwaiger Unklarheiten in den Patentansprüchen anzuwenden sind. [2] Ebenso wenig ist Artikel 69 dahingehend auszulegen, dass die Patentansprüche lediglich als Richtlinie dienen und der Schutzbereich sich auch auf das erstreckt, was sich dem Fachmann nach Prüfung der Beschreibung und der Zeichnungen als Schutzbegehren des Patentinhabers darstellt. [3] Die Auslegung soll vielmehr zwischen diesen extremen Auffassungen liegen und einen angemessenen Schutz für den Patentinhaber mit ausreichender Rechtssicherheit für Dritte verbinden.

Art. 2 Äquivalente. Bei der Bestimmung des Schutzbereichs des europäischen Patents ist solchen Elementen gebührend Rechnung zu tragen, die Äquivalente der in den Patentansprüchen genannten Elemente sind.

51. Ausführungsordnung zum Europäischen Patentübereinkommen 2000

In der Fassung des Beschlusses des Verwaltungsrats vom 7. Dezember 2006[1)]
(BGBl. 2007 II S. 1199)

zuletzt geänd. durch Art. 1 Beschl. v. 27.3.2020 (Abl. EPA Nr. 4 A36)

Gliederung[2)]

[1)] Neubekanntmachung der EPÜAO v. 5.10.1973 (BGBl. 1976 I S. 915) in der ab 13.12.2007 geltenden Fassung; vgl. Bek. v. 19.2.2008 (BGBl. II S. 179).

[2)] **Amtl. Anm.:** Das Inhaltsverzeichnis soll die praktische Handhabung des Textes erleichtern; es ist nicht Bestandteil des offiziellen Textes.

Erster Teil. Ausführungsvorschriften zum Ersten Teil des Übereinkommens

Kapitel I. Allgemeine Vorschriften

Regel 1 Schriftliches Verfahren. Im schriftlichen Verfahren vor dem Europäischen Patentamt ist das Erfordernis der Schriftform erfüllt, wenn sich der Inhalt der Unterlagen in lesbarer Form auf Papier reproduzieren lässt.

Regel 2 Einreichung von Unterlagen; Formvorschriften. (1) [1]Im Verfahren vor dem Europäischen Patentamt können Unterlagen durch unmittelbare Übergabe, durch Postdienste oder durch Einrichtungen zur elektronischen Nachrichtenübermittlung eingereicht werden. [2]Der Präsident des Europäischen Patentamts legt die näheren Einzelheiten und Bedingungen sowie gegebenenfalls besondere formale und technische Erfordernisse für die Einreichung von Unterlagen fest. [3]Er kann insbesondere bestimmen, dass eine Bestätigung nachzureichen ist. [4]Wird diese Bestätigung nicht rechtzeitig eingereicht, so wird die europäische Patentanmeldung zurückgewiesen; nachgereichte Unterlagen gelten als nicht eingegangen.

(2) [1]Wo im Übereinkommen bestimmt ist, dass ein Schriftstück zu unterzeichnen ist, kann dessen Authentizität durch eigenhändige Unterschrift oder andere geeignete Mittel bestätigt werden, deren Benutzung vom Präsidenten des Europäischen Patentamts gestattet wurde. [2]Ein Schriftstück, das durch solche anderen Mittel authentifiziert worden ist, erfüllt die rechtlichen Erfordernisse der Unterschrift ebenso wie ein handschriftlich unterzeichnetes Schriftstück, das in Papierform eingereicht wurde.

Regel 3 Sprache im schriftlichen Verfahren. (1) [1]Im schriftlichen Verfahren vor dem Europäischen Patentamt kann jeder Beteiligte sich jeder Amtssprache des Europäischen Patentamts bedienen. [2]Die in Artikel 14 Absatz 4 vorgesehene Übersetzung kann in jeder Amtssprache des Europäischen Patentamts eingereicht werden.

(2) Änderungen der europäischen Patentanmeldung oder des europäischen Patents müssen in der Verfahrenssprache eingereicht werden.

(3) [1]Schriftliche Beweismittel, insbesondere Veröffentlichungen, können in jeder Sprache eingereicht werden. [2]Das Europäische Patentamt kann jedoch verlangen, dass innerhalb einer zu bestimmenden Frist eine Übersetzung in einer seiner Amtssprachen eingereicht wird. [3]Wird eine verlangte Übersetzung nicht rechtzeitig eingereicht, so braucht das Europäische Patentamt das betreffende Schriftstück nicht zu berücksichtigen.

Regel 4 Sprache im mündlichen Verfahren. (1) [1]Jeder an einem mündlichen Verfahren vor dem Europäischen Patentamt Beteiligte kann sich anstelle der Verfahrenssprache einer anderen Amtssprache des Europäischen Patentamts bedienen, sofern er dies dem Europäischen Patentamt spätestens einen Monat vor dem angesetzten Termin mitgeteilt hat oder selbst für die Übersetzung in die Verfahrenssprache sorgt. [2]Jeder Beteiligte kann sich einer Amtssprache eines

Vertragsstaats bedienen, sofern er selbst für die Übersetzung in die Verfahrenssprache sorgt. [3] Von diesen Vorschriften kann das Europäische Patentamt Ausnahmen zulassen.

(2) Die Bediensteten des Europäischen Patentamts können sich im mündlichen Verfahren anstelle der Verfahrenssprache einer anderen Amtssprache des Europäischen Patentamts bedienen.

(3) [1] In der Beweisaufnahme können sich die zu vernehmenden Beteiligten, Zeugen oder Sachverständigen, die sich in einer Amtssprache des Europäischen Patentamts oder eines Vertragsstaats nicht hinlänglich ausdrücken können, einer anderen Sprache bedienen. [2] Erfolgt die Beweisaufnahme auf Antrag eines Beteiligten, so werden die Beteiligten, Zeugen oder Sachverständigen mit Erklärungen, die sie in einer anderen Sprache als in einer Amtssprache des Europäischen Patentamts abgeben, nur gehört, sofern dieser Beteiligte selbst für die Übersetzung in die Verfahrenssprache sorgt. [3] Das Europäische Patentamt kann jedoch die Übersetzung in eine seiner anderen Amtssprachen zulassen.

(4) Mit Einverständnis aller Beteiligten und des Europäischen Patentamts kann jede Sprache verwendet werden.

(5) Das Europäische Patentamt übernimmt, soweit erforderlich, auf seine Kosten die Übersetzung in die Verfahrenssprache und gegebenenfalls in seine anderen Amtssprachen, sofern ein Beteiligter nicht selbst für die Übersetzung zu sorgen hat.

(6) [1] Erklärungen von Bediensteten des Europäischen Patentamts, Beteiligten, Zeugen und Sachverständigen, die in einer Amtssprache des Europäischen Patentamts abgegeben werden, werden in dieser Sprache in die Niederschrift aufgenommen. [2] Erklärungen in einer anderen Sprache werden in der Amtssprache aufgenommen, in die sie übersetzt worden sind. [3] Änderungen einer europäischen Patentanmeldung oder eines europäischen Patents werden in der Verfahrenssprache in die Niederschrift aufgenommen.

Regel 5 Beglaubigung von Übersetzungen. [1] Ist die Übersetzung eines Schriftstücks erforderlich, so kann das Europäische Patentamt innerhalb einer zu bestimmenden Frist die Einreichung einer Beglaubigung darüber verlangen, dass die Übersetzung mit dem Urtext übereinstimmt. [2] Wird die Beglaubigung nicht rechtzeitig eingereicht, so gilt das Schriftstück als nicht eingereicht, sofern nichts anderes bestimmt ist.

Regel 6 Einreichung von Übersetzungen und Gebührenermäßigung.

(1) Eine Übersetzung nach Artikel 14 Absatz 2 ist innerhalb von zwei Monaten nach Einreichung der europäischen Patentanmeldung einzureichen.

(2) [1] Eine Übersetzung nach Artikel 14 Absatz 4 ist innerhalb eines Monats nach Einreichung des Schriftstücks einzureichen. [2] Dies gilt auch für Anträge nach Artikel 105a. [3] Ist das Schriftstück ein Einspruch, eine Beschwerdeschrift, eine Beschwerdebegründung oder ein Antrag auf Überprüfung, so kann die Übersetzung innerhalb der Einspruchs- oder Beschwerdefrist, der Frist für die Einreichung der Beschwerdebegründung oder der Frist für die Stellung des Überprüfungsantrags eingereicht werden, wenn die entsprechende Frist später abläuft.

(3) Reicht eine in Artikel 14 Absatz 4 genannte Person eine europäische Patentanmeldung oder einen Prüfungsantrag in einer dort zugelassenen Sprache

ein, so wird die Anmeldegebühr bzw. die Prüfungsgebühr nach Maßgabe der Gebührenordnung ermäßigt.

(4) Die in Absatz 3 genannte Ermäßigung gilt für

a) kleine und mittlere Unternehmen,

b) natürliche Personen oder

c) Organisationen ohne Gewinnerzielungsabsicht, Hochschulen oder öffentliche Forschungseinrichtungen.

(5) Für die Zwecke des Absatzes 4 a) findet die Empfehlung 2003/361/EG der Kommission vom 6. Mai 2003[1)] betreffend die Definition der Kleinstunternehmen sowie der kleinen und mittleren Unternehmen in der Fassung Anwendung, in der sie im Amtsblatt der Europäischen Union L 124 vom 20. Mai 2003, S. 36, veröffentlicht wurde.

(6) [1] Ein Anmelder, der die in Absatz 3 genannte Gebührenermäßigung in Anspruch nehmen möchte, muss erklären, dass er eine Einheit oder eine natürliche Person im Sinne von Absatz 4 ist. [2] Bestehen begründete Zweifel an der Richtigkeit dieser Erklärung, so kann das Amt Nachweise verlangen.

(7) Im Falle mehrerer Anmelder muss jeder Anmelder eine Einheit oder eine natürliche Person im Sinne von Absatz 4 sein.

Regel 7 Rechtliche Bedeutung der Übersetzung der europäischen Patentanmeldung. Das Europäische Patentamt geht, soweit nicht der Gegenbeweis erbracht wird, für die Bestimmung, ob der Gegenstand der europäischen Patentanmeldung oder des europäischen Patents über den Inhalt der Anmeldung in der ursprünglich eingereichten Fassung hinausgeht, davon aus, dass die nach Artikel 14 Absatz 2 oder Regel 40 Absatz 3 eingereichte Übersetzung mit dem ursprünglichen Text der Anmeldung übereinstimmt.

Kapitel II. Organisation des Europäischen Patentamts

1. Abschnitt. Allgemeines

Regel 8 Patentklassifikation. Das Europäische Patentamt benutzt die in Artikel 1 des Straßburger Abkommens über die Internationale Patentklassifikation vom 24. März 1971 vorgesehene Patentklassifikation, nachstehend als Internationale Klassifikation bezeichnet.

Regel 9 Verwaltungsmäßige Gliederung des Europäischen Patentamts.

(1) Das Europäische Patentamt wird verwaltungsmäßig in Generaldirektionen untergliedert, denen die in Artikel 15 Buchstaben a bis e genannten Organe, die für Rechtsfragen und die für die innere Verwaltung des Amts geschaffenen Dienststellen zugeordnet werden.

(2) [1] Jede Generaldirektion wird von einem Vizepräsidenten geleitet. [2] Der Verwaltungsrat entscheidet nach Anhörung des Präsidenten des Europäischen Patentamts über die Zuweisung eines Vizepräsidenten an eine Generaldirektion.

---

1) Siehe ABl. EPA Februar 2014.

Regel 10 Zuständigkeit der Eingangsstelle und der Prüfungsabteilung.

(1) Die Eingangsstelle ist so lange für die Eingangs- und Formalprüfung einer europäischen Patentanmeldung zuständig, bis die Prüfungsabteilung für die Prüfung der europäischen Patentanmeldung nach Artikel 94 Absatz 1 zuständig wird.

(2) Vorbehaltlich der Absätze 3 und 4 ist die Prüfungsabteilung ab dem Zeitpunkt für die Prüfung einer europäischen Patentanmeldung nach Artikel 94 Absatz 1 zuständig, an dem ein Prüfungsantrag gestellt wird.

(3) Wird ein Prüfungsantrag gestellt, bevor dem Anmelder der europäische Recherchenbericht übermittelt wurde, so ist die Prüfungsabteilung vorbehaltlich des Absatzes 4 ab dem Zeitpunkt zuständig, an dem die Erklärung nach Regel 70 Absatz 2 beim Europäischen Patentamt eingeht.

(4) Wird ein Prüfungsantrag gestellt, bevor dem Anmelder der europäische Recherchenbericht übermittelt wurde, und hat der Anmelder auf das Recht nach Regel 70 Absatz 2 verzichtet, so ist die Prüfungsabteilung ab dem Zeitpunkt zuständig, an dem der Recherchenbericht dem Anmelder übermittelt wird.

Regel 11 Geschäftsverteilung für die erste Instanz. (1) [1]Die technisch vorgebildeten Prüfer, die in Recherchen-, Prüfungs- oder Einspruchsabteilungen tätig sind, werden Direktionen zugewiesen. [2]Auf diese Direktionen verteilt der Präsident des Europäischen Patentamts die Geschäfte in Anwendung der Internationalen Klassifikation.

(2) Der Präsident des Europäischen Patentamts kann der Eingangsstelle, den Recherchen-, Prüfungs- und Einspruchsabteilungen sowie der Rechtsabteilung über die Zuständigkeit hinaus, die ihnen durch das Übereinkommen zugewiesen ist, weitere Aufgaben übertragen.

(3) Der Präsident des Europäischen Patentamts kann mit der Wahrnehmung von den Recherchen-, Prüfungs- oder Einspruchsabteilungen obliegenden Geschäften, die technisch oder rechtlich keine Schwierigkeiten bereiten, auch Bedienstete betrauen, die keine technisch vorgebildeten oder rechtskundigen Prüfer sind.

2. Abschnitt. Organisation der Beschwerdekammern und der Großen Beschwerdekammer

Regel 12a Organisation und Leitung der Beschwerdekammereinheit und Präsident der Beschwerdekammern. (1) [1]Die Beschwerdekammern und die Große Beschwerdekammer einschließlich ihrer Geschäftsstellen und Unterstützungsdienste werden als gesonderte Einheit (die „Beschwerdekammereinheit“) organisiert und vom Präsidenten der Beschwerdekammern geleitet. [2]Die Funktion des Präsidenten der Beschwerdekammern wird vom Vorsitzenden der Großen Beschwerdekammer ausgeübt. [3]Der Präsident der Beschwerdekammern wird vom Verwaltungsrat auf gemeinsamen Vorschlag des gemäß Regel 12c Absatz 1 eingesetzten Ausschusses und des Präsidenten des Europäischen Patentamts ernannt. [4]Ist der Präsident der Beschwerdekammern abwesend oder verhindert, so wird er nach dem vom Verwaltungsrat festgelegten Verfahren von einem der Mitglieder der Großen Beschwerdekammer vertreten.

(2) [1]Der Präsident der Beschwerdekammern leitet die Beschwerdekammereinheit und nimmt dazu die ihm vom Präsidenten des Europäischen Patentamts übertragenen Aufgaben und Befugnisse wahr. [2]In Ausübung der ihm übertragenen Aufgaben und Befugnisse verantwortet sich der Präsident der Beschwerdekammern nur gegenüber dem Verwaltungsrat und untersteht dessen Weisungsbefugnis und Disziplinargewalt.

(3) [1]Unbeschadet des Artikels 10 Absatz 2d) und des Artikels 46 erstellt der Präsident der Beschwerdekammern einen begründeten Haushaltsantrag für die Beschwerdekammereinheit. [2]Dieser Antrag wird gemeinsam mit den zuständigen Bereichen des Europäischen Patentamts geprüft und erörtert und vom Präsidenten der Beschwerdekammern dem gemäß Regel 12c Absatz 1 eingesetzten Ausschuss zur Stellungnahme vorgelegt, bevor er dem Präsidenten des Europäischen Patentamts zur Berücksichtigung im Entwurf des jährlichen Haushaltsplans zugeleitet wird. [3]Der Präsident des Europäischen Patentamts stellt dem Präsidenten der Beschwerdekammern die im genehmigten Haushalt vorgesehenen benötigten Ressourcen zur Verfügung.

(4) Der Präsident des Europäischen Patentamts stellt dem Präsidenten der Beschwerdekammern im Rahmen des bewilligten Haushalts und soweit erforderlich die in Regel 9 Absatz 1 genannten Dienststellen zur Verfügung.

Regel 12b Präsidium der Beschwerdekammern und Geschäftsverteilungsplan für die Beschwerdekammern. (1) Das autonome Organ innerhalb der Beschwerdekammereinheit (das „Präsidium der Beschwerdekammern“) setzt sich zusammen aus dem Präsidenten der Beschwerdekammern als Vorsitzendem und zwölf Mitgliedern der Beschwerdekammern, von denen sechs Vorsitzende und sechs weitere Mitglieder sind.

(2) [1]Alle Mitglieder des Präsidiums werden von den Vorsitzenden und den Mitgliedern der Beschwerdekammern für die Dauer von zwei Geschäftsjahren gewählt. [2]Kann das Präsidium nicht vollzählig zusammengesetzt werden, so werden die vakanten Stellen durch Bestimmung der dienstältesten Vorsitzenden oder Mitglieder besetzt.

(3) Das Präsidium

a) erlässt die Verfahrensordnung für die Wahl und die Bestimmung seiner Mitglieder;
b) erlässt unbeschadet etwaiger nach Artikel 10 Absatz 2c) und Artikel 33 Absatz 2b) erlassener Bestimmungen einen Verhaltenskodex für Mitglieder und Vorsitzende der Beschwerdekammern und der Großen Beschwerdekammer, der der Genehmigung des Verwaltungsrats bedarf;
c) berät den Präsidenten der Beschwerdekammern bei Vorschlägen zur Änderung der Verfahrensordnungen der Beschwerdekammern und der Großen Beschwerdekammer;
d) berät den Präsidenten der Beschwerdekammern in Angelegenheiten, die die Funktionsweise der Beschwerdekammereinheit allgemein betreffen.

(4) [1]Vor Beginn eines jeden Geschäftsjahres verteilt das um alle Vorsitzenden erweiterte Präsidium die Geschäfte auf die Beschwerdekammern. [2]In derselben Zusammensetzung entscheidet es bei Meinungsverschiedenheiten zwischen mehreren Beschwerdekammern über ihre Zuständigkeit. [3]Das erweiterte Präsidium bestimmt die ständigen Mitglieder der einzelnen Beschwerdekammern sowie ihre Vertreter. [4]Jedes Mitglied einer Beschwerdekammer kann zum Mit-

glied mehrerer Beschwerdekammern bestimmt werden. [5]Falls erforderlich, können diese Anordnungen im Laufe des Geschäftsjahrs geändert werden.

(5) [1]Zur Beschlussfähigkeit des Präsidiums ist die Anwesenheit von mindestens fünf Mitgliedern erforderlich, unter denen sich der Präsident der Beschwerdekammern oder sein Vertreter und die Vorsitzenden von zwei Beschwerdekammern befinden müssen. [2]Handelt es sich um die in Absatz 4 genannten Aufgaben, so ist die Anwesenheit von neun Mitgliedern erforderlich, unter denen sich der Präsident der Beschwerdekammern oder sein Vertreter und die Vorsitzenden von drei Beschwerdekammern befinden müssen. [3]Das Präsidium entscheidet mit Stimmenmehrheit; bei Stimmengleichheit gibt die Stimme des Präsidenten oder seines Vertreters den Ausschlag. [4]Stimmenthaltung gilt nicht als Stimmabgabe.

(6) Der Verwaltungsrat kann den Beschwerdekammern Aufgaben nach Artikel 134a Absatz 1c) übertragen.

Regel 12c Beschwerdekammerausschuss und Verfahren zum Erlass der Verfahrensordnungen der Beschwerdekammern und der Großen Beschwerdekammer. (1) [1]Der Verwaltungsrat setzt einen Ausschuss (den „Beschwerdekammerausschuss“) ein, der ihn und den Präsidenten der Beschwerdekammern in Bezug auf die Beschwerdekammereinheit allgemein berät und die Verfahrensordnungen der Beschwerdekammern und der Großen Beschwerdekammer erlässt. [2]Der Ausschuss besteht aus sechs vom Verwaltungsrat ernannten Mitgliedern, von denen drei aus den Delegationen der Vertragsstaaten im Sinne von Artikel 26 und drei aus dem Kreise amtierender oder ehemaliger Richter an internationalen oder europäischen Gerichten oder nationalen Gerichten der Vertragsstaaten ausgewählt werden. [3]Der Präsident des Europäischen Patentamts und der Präsident der Beschwerdekammern haben das Recht, an den Sitzungen des Beschwerdekammerausschusses teilzunehmen. [4]Näheres insbesondere zur Zusammensetzung, Vertretungsregelung und Arbeitsweise des Ausschusses sowie zu seiner beratenden Funktion in Bezug auf die Beschwerdekammereinheit regelt der Verwaltungsrat in dem Beschluss zur Einsetzung des Ausschusses.

(2) Auf Vorschlag des Präsidenten der Beschwerdekammern und nachdem der Präsident des Europäischen Patentamts Gelegenheit zur Stellungnahme hatte, erlässt der gemäß Absatz 1 eingesetzte Ausschuss die Verfahrensordnungen der Beschwerdekammern und der Großen Beschwerdekammer.

Regel 12d Ernennung und Wiederernennung von Mitgliedern der Beschwerdekammern und der Großen Beschwerdekammer einschließlich der Vorsitzenden. (1) Der Vorsitzende der Großen Beschwerdekammer wird bei seiner Ernennung auch zum rechtskundigen Mitglied der Beschwerdekammern ernannt.

(2) Nach Übertragung durch den Präsidenten des Europäischen Patentamts übt der Präsident der Beschwerdekammern das Recht aus, Mitglieder und Vorsitzende der Beschwerdekammern und Mitglieder der Großen Beschwerdekammer zur Ernennung durch den Verwaltungsrat vorzuschlagen, ebenso wie das Recht, zu ihrer Wiederernennung (Artikel 11 Absatz 3) und zur Ernennung und Wiederernennung externer rechtskundiger Mitglieder (Artikel 11 Absatz 5) gehört zu werden.

(3) [1]Sein Recht, nach Absatz 2 zu Wiederernennungen gehört zu werden, übt der Präsident der Beschwerdekammern aus, indem er dem Verwaltungsrat eine begründete Stellungnahme einschließlich einer Beurteilung der Leistung des betreffenden Mitglieds oder Vorsitzenden vorlegt. [2]Die Kriterien für die Leistungsbeurteilung legt der Präsident der Beschwerdekammern in Absprache mit dem gemäß Regel 12c Absatz 1 eingesetzten Ausschuss fest. [3]Vorbehaltlich einer positiven Stellungnahme und Leistungsbeurteilung und sofern genügend Stellen nach Artikel 11 Absatz 3 im bewilligten Haushalt für die Beschwerdekammereinheit vorhanden sind, werden die Mitglieder und Vorsitzenden der Beschwerdekammern und die Mitglieder der Großen Beschwerdekammer am Ende des in Artikel 23 Absatz 1 vorgesehenen Zeitraums von fünf Jahren wieder ernannt.

Regel 13 Geschäftsverteilungsplan für die Große Beschwerdekammer. [1]Vor Beginn eines jeden Geschäftsjahres bestimmen die nach Artikel 11 Absatz 3 ernannten Mitglieder der Großen Beschwerdekammer die ständigen Mitglieder der Großen Beschwerdekammer und ihre Vertreter in Verfahren nach Artikel 22 Absatz 1 a) und b) sowie die ständigen Mitglieder und ihre Vertreter in Verfahren nach Artikel 22 Absatz 1c). [2]Zur Beschlussfähigkeit ist die Anwesenheit von mindestens fünf Mitgliedern erforderlich, unter denen sich der Vorsitzende der Großen Beschwerdekammer oder sein Vertreter befinden muss; bei Stimmengleichheit gibt die Stimme des Vorsitzenden oder seines Vertreters den Ausschlag. [3]Stimmenthaltung gilt nicht als Stimmabgabe.

Zweiter Teil. Ausführungsvorschriften zum Zweiten Teil des Übereinkommens

Kapitel I. Verfahren bei mangelnder Berechtigung des Anmelders

Regel 14 Aussetzung des Verfahrens. (1) [1]Weist ein Dritter nach, dass er ein Verfahren gegen den Anmelder eingeleitet hat mit dem Ziel, eine Entscheidung im Sinne des Artikels 61 Absatz 1 zu erwirken, so wird das Erteilungsverfahren ausgesetzt, es sei denn, der Dritte erklärt dem Europäischen Patentamt gegenüber schriftlich seine Zustimmung zur Fortsetzung des Verfahrens. [2]Diese Zustimmung ist unwiderruflich. [3]Das Erteilungsverfahren wird jedoch nicht vor Veröffentlichung der europäischen Patentanmeldung ausgesetzt.

(2) [1]Wird nachgewiesen, dass eine rechtskräftige Entscheidung im Sinne des Artikels 61 Absatz 1 ergangen ist, so teilt das Europäische Patentamt dem Anmelder und gegebenenfalls den Beteiligten mit, dass das Erteilungsverfahren von dem in der Mitteilung genannten Tag an fortgesetzt wird, es sei denn, nach Artikel 61 Absatz 1b) ist eine neue europäische Patentanmeldung für alle benannten Vertragsstaaten eingereicht worden. [2]Ist die Entscheidung zugunsten des Dritten ergangen, so darf das Verfahren frühestens drei Monate nach Eintritt der Rechtskraft dieser Entscheidung fortgesetzt werden, es sei denn, der Dritte beantragt die Fortsetzung.

(3) [1]Bei der Aussetzung des Erteilungsverfahrens oder später kann das Europäische Patentamt einen Zeitpunkt festsetzen, zu dem es beabsichtigt, das Erteilungsverfahren ohne Rücksicht auf den Stand des nach Absatz 1 eingeleiteten nationalen Verfahrens fortzusetzen. [2]Diesen Zeitpunkt teilt es dem Dritten, dem Anmelder und gegebenenfalls den Beteiligten mit. [3]Wird bis zu

Kapitel III. Eintragung von Rechtsübergängen, Lizenzen und anderen Rechten

Regel 22 Eintragung von Rechtsübergängen. (1) Der Rechtsübergang einer europäischen Patentanmeldung wird auf Antrag eines Beteiligten in das Europäische Patentregister eingetragen, wenn er durch Vorlage von Dokumenten nachgewiesen wird.

(2) [1]Der Antrag gilt erst als gestellt, wenn eine Verwaltungsgebühr entrichtet worden ist. [2]Er kann nur zurückgewiesen werden, wenn die Erfordernisse des Absatzes 1 nicht erfüllt sind.

(3) Ein Rechtsübergang wird dem Europäischen Patentamt gegenüber erst und nur insoweit wirksam, als er ihm durch Vorlage von Dokumenten nach Absatz 1 nachgewiesen wird.

Regel 23 Eintragung von Lizenzen und anderen Rechten. (1) Regel 22 Absätze 1 und 2 ist auf die Eintragung der Erteilung oder des Übergangs einer Lizenz, der Bestellung oder des Übergangs eines dinglichen Rechts an einer europäischen Patentanmeldung und von Zwangsvollstreckungsmaßnahmen in Bezug auf eine solche Anmeldung entsprechend anzuwenden.

(2) [1]Eintragungen nach Absatz 1 werden auf Antrag gelöscht; dem Antrag sind Nachweise, dass das Recht nicht mehr besteht, oder eine schriftliche Einwilligung des Rechtsinhabers in die Löschung der Eintragung beizufügen. [2]Regel 22 Absatz 2 ist entsprechend anzuwenden.

Regel 24 Besondere Angaben bei der Eintragung von Lizenzen. Eine Lizenz an einer europäischen Patentanmeldung wird eingetragen

a) als ausschließliche Lizenz, wenn der Anmelder und der Lizenznehmer dies beantragen;
b) als Unterlizenz, wenn sie von einem Lizenznehmer erteilt wird, dessen Lizenz im Europäischen Patentregister eingetragen ist.

Kapitel IV. Ausstellungsbescheinigung

Regel 25 Ausstellungsbescheinigung. Der Anmelder muss innerhalb von vier Monaten nach Einreichung der europäischen Patentanmeldung die in Artikel 55 Absatz 2 genannte Bescheinigung einreichen, die

a) während der Ausstellung von der Stelle erteilt wird, die für den Schutz des gewerblichen Eigentums auf dieser Ausstellung zuständig ist;
b) bestätigt, dass die Erfindung dort tatsächlich ausgestellt worden ist;
c) den Tag der Eröffnung der Ausstellung angibt sowie, wenn die Erfindung erst nach diesem Tag offenbart wurde, den Tag der erstmaligen Offenbarung; und
d) als Anlage eine Darstellung der Erfindung umfasst, die mit einem Beglaubigungsvermerk der vorstehend genannten Stelle versehen ist.

Kapitel V. Biotechnologische Erfindungen

Regel 26 Allgemeines und Begriffsbestimmungen. (1) [1]Für europäische Patentanmeldungen und Patente, die biotechnologische Erfindungen zum Gegenstand haben, sind die maßgebenden Bestimmungen des Übereinkommens in Übereinstimmung mit den Vorschriften dieses Kapitels anzuwenden und auszulegen. [2]Die Richtlinie 98/44/EG[1)] vom 6. Juli 1998 über den rechtlichen Schutz biotechnologischer Erfindungen ist hierfür ergänzend heranzuziehen.

(2) „Biotechnologische Erfindungen" sind Erfindungen, die ein Erzeugnis, das aus biologischem Material besteht oder dieses enthält, oder ein Verfahren, mit dem biologisches Material hergestellt, bearbeitet oder verwendet wird, zum Gegenstand haben.

(3) „Biologisches Material" ist jedes Material, das genetische Informationen enthält und sich selbst reproduzieren oder in einem biologischen System reproduziert werden kann.

(4) „Pflanzensorte" ist jede pflanzliche Gesamtheit innerhalb eines einzigen botanischen Taxons der untersten bekannten Rangstufe, die unabhängig davon, ob die Bedingungen für die Erteilung des Sortenschutzes vollständig erfüllt sind,

a) durch die sich aus einem bestimmten Genotyp oder einer bestimmten Kombination von Genotypen ergebende Ausprägung der Merkmale definiert,
b) zumindest durch die Ausprägung eines der erwähnten Merkmale von jeder anderen pflanzlichen Gesamtheit unterschieden und
c) in Anbetracht ihrer Eignung, unverändert vermehrt zu werden, als Einheit angesehen werden kann.

(5) Ein Verfahren zur Züchtung von Pflanzen oder Tieren ist im Wesentlichen biologisch, wenn es vollständig auf natürlichen Phänomenen wie Kreuzung oder Selektion beruht.

(6) „Mikrobiologisches Verfahren" ist jedes Verfahren, bei dem mikrobiologisches Material verwendet, ein Eingriff in mikrobiologisches Material durchgeführt oder mikrobiologisches Material hervorgebracht wird.

Regel 27 Patentierbare biotechnologische Erfindungen. Biotechnologische Erfindungen sind auch dann patentierbar, wenn sie zum Gegenstand haben:

a) biologisches Material, das mit Hilfe eines technischen Verfahrens aus seiner natürlichen Umgebung isoliert oder hergestellt wird, auch wenn es in der Natur schon vorhanden war;
b) unbeschadet der Regel 28 Absatz 2 Pflanzen oder Tiere, wenn die Ausführung der Erfindung technisch nicht auf eine bestimmte Pflanzensorte oder Tierrasse beschränkt ist;
c) ein mikrobiologisches oder sonstiges technisches Verfahren oder ein durch diese Verfahren gewonnenes Erzeugnis, sofern es sich dabei nicht um eine Pflanzensorte oder Tierrasse handelt.

Regel 28 Ausnahmen von der Patentierbarkeit. (1) Nach Artikel 53a) werden europäische Patente insbesondere nicht erteilt für biotechnologische Erfindungen, die zum Gegenstand haben:

a) Verfahren zum Klonen von menschlichen Lebewesen;
b) Verfahren zur Veränderung der genetischen Identität der Keimbahn des menschlichen Lebewesens;

---

1) Nr. **54**.

c) die Verwendung von menschlichen Embryonen zu industriellen oder kommerziellen Zwecken;

d) Verfahren zur Veränderung der genetischen Identität von Tieren, die geeignet sind, Leiden dieser Tiere ohne wesentlichen medizinischen Nutzen für den Menschen oder das Tier zu verursachen, sowie die mit Hilfe solcher Verfahren erzeugten Tiere.

(2) Nach Artikel 53b) werden europäische Patente nicht erteilt für ausschließlich durch ein im Wesentlichen biologisches Verfahren gewonnene Pflanzen oder Tiere.

Regel 29 Der menschliche Körper und seine Bestandteile. (1) Der menschliche Körper in den einzelnen Phasen seiner Entstehung und Entwicklung sowie die bloße Entdeckung eines seiner Bestandteile, einschließlich der Sequenz oder Teilsequenz eines Gens, können keine patentierbaren Erfindungen darstellen.

(2) Ein isolierter Bestandteil des menschlichen Körpers oder ein auf andere Weise durch ein technisches Verfahren gewonnener Bestandteil, einschließlich der Sequenz oder Teilsequenz eines Gens, kann eine patentierbare Erfindung sein, selbst wenn der Aufbau dieses Bestandteils mit dem Aufbau eines natürlichen Bestandteils identisch ist.

(3) Die gewerbliche Anwendbarkeit einer Sequenz oder Teilsequenz eines Gens muss in der Patentanmeldung konkret beschrieben werden.

Regel 30 Erfordernisse europäischer Patentanmeldungen betreffend Nucleotid- und Aminosäuresequenzen. (1) Sind in der europäischen Patentanmeldung Nucleotid- oder Aminosäuresequenzen offenbart, so hat die Beschreibung ein Sequenzprotokoll zu enthalten, das den vom Präsidenten des Europäischen Patentamts erlassenen Vorschriften für die standardisierte Darstellung von Nucleotid- und Aminosäuresequenzen entspricht.

(2) Ein nach dem Anmeldetag eingereichtes Sequenzprotokoll ist nicht Bestandteil der Beschreibung.

(3) [1] Hat der Anmelder nicht bis zum Anmeldetag ein den Erfordernissen des Absatzes 1 entsprechendes Sequenzprotokoll eingereicht, so fordert ihn das Europäische Patentamt auf, ein solches Sequenzprotokoll nachzureichen und die Gebühr für verspätete Einreichung zu entrichten. [2] Reicht der Anmelder das erforderliche Sequenzprotokoll nicht innerhalb von zwei Monaten nach dieser Aufforderung unter Entrichtung der Gebühr für verspätete Einreichung nach, so wird die Anmeldung zurückgewiesen.

Regel 31 Hinterlegung von biologischem Material. (1) Wird bei einer Erfindung biologisches Material verwendet oder bezieht sie sich auf biologisches Material, das der Öffentlichkeit nicht zugänglich ist und in der europäischen Patentanmeldung nicht so beschrieben werden kann, dass ein Fachmann die Erfindung danach ausführen kann, so gilt die Erfindung nur dann als gemäß Artikel 83 offenbart, wenn

a) eine Probe des biologischen Materials spätestens am Anmeldetag bei einer anerkannten Hinterlegungsstelle unter denselben Bedingungen wie denen des Budapester Vertrags über die internationale Anerkennung der Hinterlegung von Mikroorganismen für die Zwecke von Patentverfahren vom 28. April 1977 hinterlegt worden ist,

b) die Anmeldung in der ursprünglich eingereichten Fassung die dem Anmelder zur Verfügung stehenden maßgeblichen Angaben über die Merkmale des biologischen Materials enthält,

c) die Hinterlegungsstelle und die Eingangsnummer des hinterlegten biologischen Materials in der Anmeldung angegeben sind und

d) – falls das biologische Material nicht vom Anmelder hinterlegt wurde - Name und Anschrift des Hinterlegers in der Anmeldung angegeben sind und dem Europäischen Patentamt durch Vorlage von Urkunden nachgewiesen wird, dass der Hinterleger den Anmelder ermächtigt hat, in der Anmeldung auf das hinterlegte biologische Material Bezug zu nehmen, und vorbehaltlos und unwiderruflich seine Zustimmung erteilt hat, dass das von ihm hinterlegte Material nach Maßgabe der Regel 33 der Öffentlichkeit zugänglich gemacht wird.

(2) [1]Die in Absatz 1c) und d) genannten Angaben können nachgereicht werden

a) innerhalb von sechzehn Monaten nach dem Anmeldetag oder, wenn eine Priorität in Anspruch genommen worden ist, nach dem Prioritätstag; die Frist gilt als eingehalten, wenn die Angaben bis zum Abschluss der technischen Vorbereitungen für die Veröffentlichung der europäischen Patentanmeldung mitgeteilt werden;

b) bis zum Tag der Einreichung eines Antrags nach Artikel 93 Absatz 1b);

c) innerhalb eines Monats, nachdem das Europäische Patentamt dem Anmelder mitgeteilt hat, dass das Recht auf Akteneinsicht nach Artikel 128 Absatz 2 besteht.

[2]Maßgebend ist die Frist, die zuerst abläuft. [3]Die Mitteilung dieser Angaben gilt vorbehaltlos und unwiderruflich als Zustimmung des Anmelders, dass das von ihm hinterlegte biologische Material nach Maßgabe der Regel 33 der Öffentlichkeit zugänglich gemacht wird.

Regel 32 Sachverständigenlösung. (1) Bis zum Abschluss der technischen Vorbereitungen für die Veröffentlichung der europäischen Patentanmeldung kann der Anmelder dem Europäischen Patentamt mitteilen, dass

a) bis zu dem Tag, an dem der Hinweis auf die Erteilung des europäischen Patents bekannt gemacht wird, oder gegebenenfalls

b) für die Dauer von zwanzig Jahren ab dem Anmeldetag der Anmeldung, falls die Anmeldung zurückgewiesen oder zurückgenommen wird oder als zurückgenommen gilt,

der in Regel 33 bezeichnete Zugang nur durch Herausgabe einer Probe an einen vom Antragsteller benannten unabhängigen Sachverständigen hergestellt wird.

(2) Als Sachverständiger kann jede natürliche Person benannt werden, sofern sie die vom Präsidenten des Europäischen Patentamts festgelegten Anforderungen und Verpflichtungen erfüllt.

[2a] Zusammen mit der Benennung ist eine Erklärung des Sachverständigen einzureichen, wonach er sich verpflichtet, die vorstehend genannten Anforderungen und Verpflichtungen zu erfüllen, und ihm keine Umstände bekannt sind, die geeignet wären, begründete Zweifel an seiner Unabhängigkeit zu

wecken, oder die seiner Funktion als Sachverständiger anderweitig entgegenstehen könnten.

[2b] Zusammen mit der Benennung ist ferner eine Erklärung des Sachverständigen einzureichen, in der er die in Regel 33 vorgesehenen Verpflichtungen gegenüber dem Anmelder bis zum Erlöschen des europäischen Patents in allen benannten Staaten oder – falls die Anmeldung zurückgewiesen oder zurückgenommen wird oder als zurückgenommen gilt – bis zu dem in Absatz 1 b) vorgesehenen Zeitpunkt eingeht, wobei der Antragsteller als Dritter anzusehen ist.

Regel 33 Zugang zu biologischem Material. (1) [1] Vom Tag der Veröffentlichung der europäischen Patentanmeldung an ist das nach Maßgabe der Regel 31 hinterlegte biologische Material jedermann und vor diesem Tag demjenigen, der das Recht auf Akteneinsicht nach Artikel 128 Absatz 2 hat, auf Antrag zugänglich. [2] Vorbehaltlich der Regel 32 wird der Zugang durch Herausgabe einer Probe des hinterlegten Materials an den Antragsteller hergestellt.

(2) [1] Die Herausgabe erfolgt nur, wenn der Antragsteller sich gegenüber dem Anmelder oder Patentinhaber verpflichtet hat, das biologische Material oder davon abgeleitetes biologisches Material Dritten nicht zugänglich zu machen und es lediglich zu Versuchszwecken zu verwenden, bis die Patentanmeldung zurückgewiesen oder zurückgenommen wird oder als zurückgenommen gilt oder das europäische Patent in allen benannten Staaten erloschen ist, sofern der Anmelder oder Patentinhaber nicht ausdrücklich darauf verzichtet.

[2a] [2] Die Verpflichtung, das biologische Material nur zu Versuchszwecken zu verwenden, ist hinfällig, soweit der Antragsteller dieses Material aufgrund einer Zwangslizenz verwendet. [3] Unter Zwangslizenzen sind auch Amtslizenzen und Rechte zur Benutzung einer patentierten Erfindung im öffentlichen Interesse zu verstehen.

(3) [1] Abgeleitetes biologisches Material im Sinne des Absatzes 2 ist jedes Material, das noch die für die Ausführung der Erfindung wesentlichen Merkmale des hinterlegten Materials aufweist. [2] Die in Absatz 2 vorgesehenen Verpflichtungen stehen einer für die Zwecke von Patentverfahren erforderlichen Hinterlegung eines abgeleiteten biologischen Materials nicht entgegen.

(4) [1] Der in Absatz 1 vorgesehene Antrag ist beim Europäischen Patentamt auf einem von diesem anerkannten Formblatt einzureichen. [2] Das Europäische Patentamt bestätigt auf dem Formblatt, dass eine europäische Patentanmeldung eingereicht worden ist, die auf die Hinterlegung des biologischen Materials Bezug nimmt, und dass der Antragsteller oder der von ihm nach Regel 32 benannte Sachverständige Anspruch auf Herausgabe einer Probe dieses Materials hat. [3] Der Antrag ist auch nach Erteilung des europäischen Patents beim Europäischen Patentamt einzureichen.

(5) Das Europäische Patentamt übermittelt der Hinterlegungsstelle und dem Anmelder oder Patentinhaber eine Kopie des Antrags mit der in Absatz 4 vorgesehenen Bestätigung.

(6) Das Europäische Patentamt veröffentlicht in seinem Amtsblatt das Verzeichnis der Hinterlegungsstellen, die für die Anwendung der Regeln 31, 33 und 34 anerkannt sind.

Regel 34 Erneute Hinterlegung von biologischem Material. Ist nach Regel 31 hinterlegtes biologisches Material bei der anerkannten Hinterlegungsstelle nicht mehr zugänglich, so gilt die Unterbrechung der Zugänglichkeit als nicht eingetreten, wenn dieses Material bei einer anerkannten Hinterlegungsstelle unter denselben Bedingungen wie denen des Budapester Vertrags über die internationale Anerkennung der Hinterlegung von Mikroorganismen für die Zwecke von Patentverfahren vom 28. April 1977 erneut hinterlegt wird und dem Europäischen Patentamt innerhalb von vier Monaten nach dem Tag der erneuten Hinterlegung eine Kopie der von der Hinterlegungsstelle ausgestellten Empfangsbescheinigung unter Angabe der Nummer der europäischen Patentanmeldung oder des europäischen Patents übermittelt wird.

Dritter Teil. Ausführungsvorschriften zum Dritten Teil des Übereinkommens

Kapitel I. Einreichung der europäischen Patentanmeldung

Regel 35 Allgemeine Vorschriften. (1) Europäische Patentanmeldungen können schriftlich beim Europäischen Patentamt in München, Den Haag oder Berlin oder bei den in Artikel 75 Absatz 1b) genannten Behörden eingereicht werden.

(2) Die Behörde, bei der die europäische Patentanmeldung eingereicht wird, vermerkt auf den Unterlagen der Anmeldung den Tag des Eingangs dieser Unterlagen und erteilt dem Anmelder unverzüglich eine Empfangsbescheinigung, die zumindest die Nummer der Anmeldung, die Art und Zahl der Unterlagen und den Tag ihres Eingangs enthält.

(3) Wird die europäische Patentanmeldung bei einer in Artikel 75 Absatz 1b) genannten Behörde eingereicht, so unterrichtet diese Behörde das Europäische Patentamt unverzüglich vom Eingang der Anmeldung und teilt ihm insbesondere die Art der Unterlagen und den Tag ihres Eingangs, die Nummer der Anmeldung und gegebenenfalls jeden beanspruchten Prioritätstag mit.

(4) Hat das Europäische Patentamt eine europäische Patentanmeldung durch Vermittlung der Zentralbehörde für den gewerblichen Rechtsschutz eines Vertragsstaats erhalten, so teilt es dies dem Anmelder unter Angabe des Tages mit, an dem sie bei ihm eingegangen ist.

Regel 36 Europäische Teilanmeldungen. (1) Der Anmelder kann eine Teilanmeldung zu jeder anhängigen früheren europäischen Patentanmeldung einreichen.

(2) [1] Eine Teilanmeldung ist in der Verfahrenssprache der früheren Anmeldung einzureichen. [2] Sie kann, wenn Letztere nicht in einer Amtssprache des Europäischen Patentamts abgefasst war, in der Sprache der früheren Anmeldung eingereicht werden; eine Übersetzung in der Verfahrenssprache der früheren Anmeldung ist innerhalb von zwei Monaten nach Einreichung der Teilanmeldung nachzureichen. [3] Die Teilanmeldung ist beim Europäischen Patentamt in München, Den Haag oder Berlin einzureichen.

(3) [1] Die Anmeldegebühr und die Recherchengebühr sind für die Teilanmeldung innerhalb eines Monats nach ihrer Einreichung zu entrichten. [2] Wird die Anmeldegebühr oder die Recherchengebühr nicht rechtzeitig entrichtet, so gilt die Anmeldung als zurückgenommen.

(4) [1] Die Benennungsgebühr ist innerhalb von sechs Monaten nach dem Tag zu entrichten, an dem im Europäischen Patentblatt auf die Veröffentlichung des

europäischen Recherchenberichts zu der neuen Teilanmeldung hingewiesen worden ist. [2]Regel 39 Absätze 2 und 3 ist anzuwenden.

Regel 37 Übermittlung europäischer Patentanmeldungen. (1) Die Zentralbehörde für den gewerblichen Rechtsschutz eines Vertragsstaats leitet europäische Patentanmeldungen innerhalb der kürzesten Frist, die mit der Anwendung des nationalen Rechts betreffend die Geheimhaltung von Erfindungen im Interesse des Staats vereinbar ist, an das Europäische Patentamt weiter und ergreift alle geeigneten Maßnahmen, damit die Weiterleitung

a) innerhalb von sechs Wochen nach Einreichung der Anmeldung erfolgt, wenn ihr Gegenstand nach nationalem Recht offensichtlich nicht geheimhaltungsbedürftig ist, oder
b) innerhalb von vier Monaten nach Einreichung oder, wenn eine Priorität in Anspruch genommen worden ist, innerhalb von vierzehn Monaten nach dem Prioritätstag erfolgt, wenn näher geprüft werden muss, ob die Anmeldung geheimhaltungsbedürftig ist.

(2) [1]Eine europäische Patentanmeldung, die dem Europäischen Patentamt nicht innerhalb von vierzehn Monaten nach ihrer Einreichung oder, wenn eine Priorität in Anspruch genommen worden ist, nach dem Prioritätstag zugeht, gilt als zurückgenommen. [2]Für diese Anmeldung bereits entrichtete Gebühren werden zurückerstattet.

Regel 38 Anmeldegebühr und Recherchengebühr. (1) Die Anmeldegebühr und die Recherchengebühr sind innerhalb eines Monats nach Einreichung der europäischen Patentanmeldung zu entrichten.

(2) Die Gebührenordnung kann als Teil der Anmeldegebühr eine Zusatzgebühr vorsehen, wenn die Anmeldung mehr als 35 Seiten umfasst.

(3) Die in Absatz 2 genannte Zusatzgebühr ist innerhalb eines Monats nach Einreichung der europäischen Patentanmeldung oder innerhalb eines Monats nach Einreichung des ersten Anspruchssatzes oder innerhalb eines Monats nach Einreichung der beglaubigten Abschrift nach Regel 40 Absatz 3 zu entrichten, je nachdem, welche Frist zuletzt abläuft.

(4) Die Gebührenordnung kann im Fall einer Teilanmeldung, die zu einer früheren Anmeldung eingereicht wird, die ihrerseits eine Teilanmeldung ist, als Teil der Anmeldegebühr eine Zusatzgebühr vorsehen.

Regel 39 Benennungsgebühren. (1) Die Benennungsgebühr ist innerhalb von sechs Monaten nach dem Tag zu entrichten, an dem im Europäischen Patentblatt auf die Veröffentlichung des europäischen Recherchenberichts hingewiesen worden ist.

(2) Wird die Benennungsgebühr nicht rechtzeitig entrichtet oder wird die Benennung aller Vertragsstaaten zurückgenommen, so gilt die europäische Patentanmeldung als zurückgenommen.

(3) Unbeschadet der Regel 37 Absatz 2 Satz 2 wird die Benennungsgebühr nicht zurückerstattet.

Regel 40 Anmeldetag. (1) Der Anmeldetag einer europäischen Patentanmeldung ist der Tag, an dem die vom Anmelder eingereichten Unterlagen enthalten:

a) einen Hinweis, dass ein europäisches Patent beantragt wird;
b) Angaben, die es erlauben, die Identität des Anmelders festzustellen oder mit ihm Kontakt aufzunehmen;
c) eine Beschreibung oder eine Bezugnahme auf eine früher eingereichte Anmeldung.

(2) [1] Eine Bezugnahme auf eine früher eingereichte Anmeldung nach Absatz 1c) muss deren Anmeldetag und Nummer sowie das Amt, bei dem diese eingereicht wurde, angeben. [2] Die Bezugnahme muss zum Ausdruck bringen, dass sie die Beschreibung und etwaige Zeichnungen ersetzt.

(3) [1] Enthält die Anmeldung eine Bezugnahme nach Absatz 2, so ist innerhalb von zwei Monaten nach ihrer Einreichung eine beglaubigte Abschrift der früher eingereichten Anmeldung einzureichen. [2] Ist diese Anmeldung nicht in einer Amtssprache des Europäischen Patentamts abgefasst, so ist innerhalb derselben Frist eine Übersetzung in einer dieser Sprachen einzureichen. [3] Regel 53 Absatz 2 ist entsprechend anzuwenden.

Kapitel II. Anmeldebestimmungen

Regel 41 Erteilungsantrag. (1) Der Antrag auf Erteilung eines europäischen Patents ist auf einem vom Europäischen Patentamt vorgeschriebenen Formblatt einzureichen.

(2) Der Antrag muss enthalten:

a) ein Ersuchen auf Erteilung eines europäischen Patents;
b) die Bezeichnung der Erfindung, die eine kurz und genau gefasste technische Bezeichnung der Erfindung wiedergibt und keine Fantasiebezeichnung enthalten darf;
c) den Namen, die Anschrift, die Staatsangehörigkeit und den Staat des Wohnsitzes oder Sitzes des Anmelders. Bei natürlichen Personen ist der Familienname vor den Vornamen anzugeben. Bei juristischen Personen und Gesellschaften, die juristischen Personen gemäß dem für sie maßgebenden Recht gleichgestellt sind, ist die amtliche Bezeichnung anzugeben. Anschriften sind gemäß den üblichen Anforderungen für eine schnelle Postzustellung an die angegebene Anschrift anzugeben und müssen in jedem Fall alle maßgeblichen Verwaltungseinheiten, gegebenenfalls bis zur Hausnummer einschließlich, enthalten. Gegebenenfalls sollen Fax- und Telefonnummern angegeben werden;
d) falls ein Vertreter bestellt ist, seinen Namen und seine Geschäftsanschrift nach Maßgabe von Buchstabe c;
e) gegebenenfalls eine Erklärung, dass es sich um eine Teilanmeldung handelt, und die Nummer der früheren europäischen Patentanmeldung;
f) im Fall des Artikels 61 Absatz 1b) die Nummer der ursprünglichen europäischen Patentanmeldung;
g) falls die Priorität einer früheren Anmeldung in Anspruch genommen wird, eine entsprechende Erklärung, in der der Tag dieser Anmeldung und der Staat angegeben sind, in dem oder für den sie eingereicht worden ist;
h) die Unterschrift des Anmelders oder Vertreters;
i) eine Liste über die dem Antrag beigefügten Anlagen. In dieser Liste ist die Blattzahl der Beschreibung, der Patentansprüche, der Zeichnungen und der Zusammenfassung anzugeben, die mit dem Antrag eingereicht werden;

j) die Erfindernennung, wenn der Anmelder der Erfinder ist.

(3) Im Fall mehrerer Anmelder soll der Antrag die Bezeichnung eines Anmelders oder Vertreters als gemeinsamer Vertreter enthalten.

Regel 42 Inhalt der Beschreibung. (1) In der Beschreibung

a) ist das technische Gebiet, auf das sich die Erfindung bezieht, anzugeben;

b) ist der bisherige Stand der Technik anzugeben, soweit er nach der Kenntnis des Anmelders für das Verständnis der Erfindung, die Erstellung des europäischen Recherchenberichts und die Prüfung der europäischen Patentanmeldung als nützlich angesehen werden kann; es sollen auch die Fundstellen angegeben werden, aus denen sich dieser Stand der Technik ergibt;

c) ist die Erfindung, wie sie in den Patentansprüchen gekennzeichnet ist, so darzustellen, dass danach die technische Aufgabe, auch wenn sie nicht ausdrücklich als solche genannt ist, und deren Lösung verstanden werden können; außerdem sind gegebenenfalls vorteilhafte Wirkungen der Erfindung unter Bezugnahme auf den bisherigen Stand der Technik anzugeben;

d) sind die Abbildungen der Zeichnungen, falls solche vorhanden sind, kurz zu beschreiben;

e) ist wenigstens ein Weg zur Ausführung der beanspruchten Erfindung im Einzelnen anzugeben; dies soll, wo es angebracht ist, durch Beispiele und gegebenenfalls unter Bezugnahme auf Zeichnungen geschehen;

f) ist, wenn es sich aus der Beschreibung oder der Art der Erfindung nicht offensichtlich ergibt, ausdrücklich anzugeben, in welcher Weise der Gegenstand der Erfindung gewerblich anwendbar ist.

(2) Die Beschreibung ist in der in Absatz 1 angegebenen Art und Weise sowie Reihenfolge abzufassen, sofern nicht wegen der Art der Erfindung eine andere Darstellung zu einem besseren Verständnis führen würde oder knapper wäre.

Regel 43 Form und Inhalt der Patentansprüche. (1) [1]Der Gegenstand des Schutzbegehrens ist in den Patentansprüchen durch Angabe der technischen Merkmale der Erfindung anzugeben. [2]Wo es zweckdienlich ist, haben die Patentansprüche zu enthalten:

a) die Bezeichnung des Gegenstands der Erfindung und die technischen Merkmale, die zur Festlegung des beanspruchten Gegenstands der Erfindung notwendig sind, jedoch in Verbindung miteinander zum Stand der Technik gehören;

b) einen kennzeichnenden Teil, der mit den Worten „dadurch gekennzeichnet" oder „gekennzeichnet durch" beginnt und die technischen Merkmale bezeichnet, für die in Verbindung mit den unter Buchstabe a angegebenen Merkmalen Schutz begehrt wird.

(2) Unbeschadet des Artikels 82 darf eine europäische Patentanmeldung nur dann mehr als einen unabhängigen Patentanspruch in der gleichen Kategorie (Erzeugnis, Verfahren, Vorrichtung oder Verwendung) enthalten, wenn sich der Gegenstand der Anmeldung auf einen der folgenden Sachverhalte bezieht:

a) mehrere miteinander in Beziehung stehende Erzeugnisse,

b) verschiedene Verwendungen eines Erzeugnisses oder einer Vorrichtung,

c) Alternativlösungen für eine bestimmte Aufgabe, sofern es unzweckmäßig ist, diese Alternativen in einem einzigen Anspruch wiederzugeben.

(3) Zu jedem Patentanspruch, der die wesentlichen Merkmale der Erfindung wiedergibt, können ein oder mehrere Patentansprüche aufgestellt werden, die sich auf besondere Ausführungsarten dieser Erfindung beziehen.

(4) [1] Jeder Patentanspruch, der alle Merkmale eines anderen Patentanspruchs enthält (abhängiger Patentanspruch), hat, wenn möglich in seiner Einleitung, eine Bezugnahme auf den anderen Patentanspruch zu enthalten und nachfolgend die zusätzlichen Merkmale anzugeben. [2] Ein abhängiger Patentanspruch, der sich unmittelbar auf einen anderen abhängigen Patentanspruch bezieht, ist ebenfalls zulässig. [3] Alle abhängigen Patentansprüche, die sich auf einen oder mehrere vorangehende Patentansprüche beziehen, sind so weit wie möglich und auf die zweckmäßigste Weise zusammenzufassen.

(5) [1] Die Anzahl der Patentansprüche hat sich mit Rücksicht auf die Art der beanspruchten Erfindung in vertretbaren Grenzen zu halten. [2] Die Patentansprüche sind fortlaufend mit arabischen Zahlen zu nummerieren.

(6) [1] Die Patentansprüche dürfen bei der Angabe der technischen Merkmale der Erfindung nicht auf die Beschreibung oder die Zeichnungen Bezug nehmen, es sei denn, dies ist unbedingt erforderlich. [2] Insbesondere dürfen sie keine Formulierungen enthalten wie „wie beschrieben in Teil … der Beschreibung“ oder „wie in Abbildung … der Zeichnungen dargestellt“.

(7) [1] Sind der europäischen Patentanmeldung Zeichnungen mit Bezugszeichen beigefügt, so sollen die in den Patentansprüchen angegebenen technischen Merkmale mit denselben, in Klammern gesetzten Bezugszeichen versehen werden, wenn dies das Verständnis des Patentanspruchs erleichtert. [2] Die Bezugszeichen dürfen nicht zu einer einschränkenden Auslegung des Patentanspruchs herangezogen werden.

Regel 44 Einheitlichkeit der Erfindung. (1) [1] Wird in einer europäischen Patentanmeldung eine Gruppe von Erfindungen beansprucht, so ist das Erfordernis der Einheitlichkeit der Erfindung nach Artikel 82 nur erfüllt, wenn zwischen diesen Erfindungen ein technischer Zusammenhang besteht, der in einem oder mehreren gleichen oder entsprechenden besonderen technischen Merkmalen zum Ausdruck kommt. [2] Unter dem Begriff „besondere technische Merkmale“ sind diejenigen technischen Merkmale zu verstehen, die einen Beitrag jeder beanspruchten Erfindung als Ganzes zum Stand der Technik bestimmen.

(2) Die Entscheidung, ob die Erfindungen einer Gruppe untereinander in der Weise verbunden sind, dass sie eine einzige allgemeine erfinderische Idee verwirklichen, hat ohne Rücksicht darauf zu erfolgen, ob die Erfindungen in gesonderten Patentansprüchen oder als Alternativen innerhalb eines einzigen Patentanspruchs beansprucht werden.

Regel 45 Gebührenpflichtige Patentansprüche. (1) Enthält eine europäische Patentanmeldung mehr als fünfzehn Patentansprüche, so sind für den sechzehnten und jeden weiteren Patentanspruch Anspruchsgebühren nach Maßgabe der Gebührenordnung zu entrichten.

(2) [1] Die Anspruchsgebühren sind innerhalb eines Monats nach Einreichung des ersten Anspruchssatzes zu entrichten. [2] Werden die Anspruchsgebühren

nicht rechtzeitig entrichtet, so können sie noch innerhalb eines Monats nach einer Mitteilung über die Fristversäumung entrichtet werden.

(3) Wird eine Anspruchsgebühr nicht rechtzeitig entrichtet, so gilt dies als Verzicht auf den entsprechenden Patentanspruch.

Regel 46 Form der Zeichnungen. (1) [1] Auf Blättern, die Zeichnungen enthalten, darf die benutzte Fläche 26,2 cm mal 17 cm nicht überschreiten. [2] Die benutzbare oder benutzte Fläche darf nicht umrahmt sein. [3] Die Mindestränder sind folgende:

Oberer Rand:	2,5 cm
Linker Seitenrand:	2,5 cm
Rechter Seitenrand:	1,5 cm
Unterer Rand:	1 cm

(2) Die Zeichnungen sind wie folgt auszuführen:

a) Die Zeichnungen sind ohne Farben oder Tönungen in widerstandsfähigen, schwarzen, ausreichend festen und dunklen, in sich gleichmäßig starken und klaren Linien oder Strichen auszuführen.

b) Querschnitte sind durch Schraffierungen kenntlich zu machen, die die Erkennbarkeit der Bezugszeichen und Führungslinien nicht beeinträchtigen dürfen.

c) Der Maßstab der Zeichnungen und die zeichnerische Ausführung müssen gewährleisten, dass eine elektronische oder fotografische Wiedergabe auch bei Verkleinerungen auf zwei Drittel alle Einzelheiten noch ohne Schwierigkeiten erkennen lässt. Wird der Maßstab in Ausnahmefällen auf der Zeichnung angegeben, so ist er zeichnerisch darzustellen.

d) Alle Zahlen, Buchstaben und Bezugszeichen in den Zeichnungen müssen einfach und eindeutig sein. Klammern, Kreise oder Anführungszeichen dürfen bei Zahlen und Buchstaben nicht verwendet werden.

e) Alle Linien in den Zeichnungen sollen mit Zeichengeräten gezogen werden.

f) Jeder Teil der Abbildung muss im richtigen Verhältnis zu jedem anderen Teil der Abbildung stehen, sofern nicht die Verwendung eines anderen Verhältnisses für die Klarheit der Abbildung unerlässlich ist.

g) Die Ziffern und Buchstaben müssen mindestens 0,32 cm hoch sein. Für die Beschriftung der Zeichnungen sind lateinische und, soweit üblich, griechische Buchstaben zu verwenden.

h) Ein Zeichnungsblatt kann mehrere Abbildungen enthalten. Sollen Abbildungen auf zwei oder mehr Blättern eine einzige Abbildung darstellen, so sind die Abbildungen auf den einzelnen Blättern so anzuordnen, dass die vollständige Abbildung zusammengesetzt werden kann, ohne dass ein Teil der Abbildungen auf den einzelnen Blättern verdeckt wird. Die einzelnen Abbildungen sind auf einem Blatt oder auf mehreren Blättern ohne Platzverschwendung anzuordnen, eindeutig voneinander getrennt und vorzugsweise im Hochformat; sind die Abbildungen nicht im Hochformat dargestellt, so sind sie im Querformat mit dem Kopf der Abbildungen auf der linken Seite des Blattes anzuordnen. Sie sind durch arabische Zahlen fortlaufend und unabhängig von den Zeichnungsblättern zu nummerieren.

i) Bezugszeichen dürfen in den Zeichnungen nur verwendet werden, wenn sie in der Beschreibung und in den Patentansprüchen aufgeführt sind; das

Gleiche gilt für den umgekehrten Fall. Bezugszeichen für Merkmale müssen in der ganzen Anmeldung einheitlich sein.

j) Die Zeichnungen dürfen keine Erläuterungen enthalten. Wo es für das Verständnis unentbehrlich ist, können kurze Angaben wie „Wasser", „Dampf", „offen", „zu", „Schnitt nach A - B" eingefügt werden. Solche Angaben sind so anzubringen, dass sie im Fall der Übersetzung überklebt werden können, ohne dass die Linien der Zeichnungen verdeckt werden.

(3) Flussdiagramme und Diagramme gelten als Zeichnungen.

Regel 47 Form und Inhalt der Zusammenfassung. (1) Die Zusammenfassung muss die Bezeichnung der Erfindung enthalten.

(2) [1] Die Zusammenfassung muss eine Kurzfassung der in der Beschreibung, den Patentansprüchen und Zeichnungen enthaltenen Offenbarung enthalten. [2] Die Kurzfassung soll das technische Gebiet der Erfindung angeben und so gefasst sein, dass sie ein klares Verständnis des technischen Problems, des entscheidenden Punkts der Lösung der Erfindung und der hauptsächlichen Verwendungsmöglichkeiten ermöglicht. [3] In der Zusammenfassung ist gegebenenfalls die chemische Formel anzugeben, die unter den in der europäischen Patentanmeldung enthaltenen Formeln die Erfindung am besten kennzeichnet. [4] Sie darf keine Behauptungen über angebliche Vorzüge oder den angeblichen Wert der Erfindung oder über deren theoretische Anwendungsmöglichkeiten enthalten.

(3) Die Zusammenfassung soll aus nicht mehr als 150 Worten bestehen.

(4) [1] Enthält die europäische Patentanmeldung Zeichnungen, so hat der Anmelder diejenige Abbildung oder in Ausnahmefällen diejenigen Abbildungen anzugeben, die mit der Zusammenfassung veröffentlicht werden sollen. [2] Das Europäische Patentamt kann eine oder mehrere andere Abbildungen veröffentlichen, wenn es der Auffassung ist, dass diese die Erfindung besser kennzeichnen. [3] Hinter jedem wesentlichen Merkmal, das in der Zusammenfassung erwähnt und durch die Zeichnung veranschaulicht ist, hat in Klammern ein Bezugszeichen zu stehen.

(5) [1] Die Zusammenfassung ist so zu formulieren, dass sie eine wirksame Handhabe zur Sichtung des jeweiligen technischen Gebiets gibt. [2] Insbesondere soll sie eine Beurteilung der Frage ermöglichen, ob es notwendig ist, die europäische Patentanmeldung selbst einzusehen.

Regel 48 Unzulässige Angaben. (1) Die europäische Patentanmeldung darf nicht enthalten:

a) Angaben oder Zeichnungen, die gegen die öffentliche Ordnung oder die guten Sitten verstoßen;

b) herabsetzende Äußerungen über Erzeugnisse oder Verfahren Dritter oder den Wert oder die Gültigkeit von Anmeldungen oder Patenten Dritter. Reine Vergleiche mit dem Stand der Technik allein gelten nicht als herabsetzend;

c) Angaben, die den Umständen nach offensichtlich belanglos oder unnötig sind.

(2) Enthält die Anmeldung Angaben oder Zeichnungen nach Absatz 1a), so kann das Europäische Patentamt diese bei Veröffentlichung der Anmeldung

auslassen, wobei die Stelle der Auslassung sowie die Zahl der ausgelassenen Wörter und Zeichnungen anzugeben sind.

(3) [1]Enthält die Anmeldung Äußerungen nach Absatz 1b), so kann das Europäische Patentamt diese bei Veröffentlichung der Anmeldung auslassen, wobei die Stelle der Auslassung und die Zahl der ausgelassenen Wörter anzugeben sind. [2]Das Europäische Patentamt stellt auf Antrag eine Abschrift der ausgelassenen Stellen zur Verfügung.

Regel 49 Allgemeine Bestimmungen über die Form der Anmeldungsunterlagen. (1) Nach Artikel 14 Absatz 2 oder Regel 40 Absatz 3 eingereichte Übersetzungen gelten als Unterlagen der europäischen Patentanmeldung.

(2) [1]Die Unterlagen der Anmeldung sind in einer Form einzureichen, die die elektronische und unmittelbare Vervielfältigung, insbesondere durch Scanning, Fotografie, elektrostatisches Verfahren, Foto-Offsetdruck und Mikroverfilmung, in unbeschränkter Stückzahl ermöglicht. [2]Die Blätter müssen glatt und knitterfrei sein. [3]Sie dürfen nicht gefaltet sein und sind einseitig zu beschriften.

(3) [1]Die Unterlagen der Anmeldung sind auf biegsamem, festem, weißem, glattem, mattem und widerstandsfähigem Papier im Format A4 (29,7 cm mal 21 cm) einzureichen. [2]Vorbehaltlich des Absatzes 9 und der Regel 46 Absatz 2 h) ist jedes Blatt in der Weise zu verwenden, dass die kurzen Seiten oben und unten erscheinen (Hochformat).

(4) [1]Jeder Bestandteil der Anmeldung (Antrag, Beschreibung, Patentansprüche, Zeichnungen und Zusammenfassung) muss auf einem neuen Blatt beginnen. [2]Alle Blätter müssen so miteinander verbunden sein, dass sie leicht gewendet, entfernt und wieder miteinander verbunden werden können.

(5) [1]Vorbehaltlich der Regel 46 Absatz 1 sind als Mindestränder folgende Flächen unbeschriftet zu lassen:

Oberer Rand:	2 cm
Linker Seitenrand:	2,5 cm
Rechter Seitenrand:	2 cm
Unterer Rand:	2 cm

[2]Die empfohlenen Höchstmaße für die vorstehenden Ränder sind folgende:

Oberer Rand:	4 cm
Linker Seitenrand:	4 cm
Rechter Seitenrand:	3 cm
Unterer Rand:	3 cm

(6) [1]Alle Blätter der Anmeldung sind fortlaufend mit arabischen Zahlen zu nummerieren. [2]Die Blattzahlen sind oben in der Mitte, aber nicht auf dem oberen Rand anzubringen.

(7) [1]Auf jedem Blatt der Beschreibung und der Patentansprüche soll jede fünfte Zeile nummeriert sein. [2]Die Zahlen sind an der linken Seite rechts vom Rand anzubringen.

(8) [1]Der Antrag auf Erteilung eines europäischen Patents, die Beschreibung, die Patentansprüche und die Zusammenfassung müssen mit Maschine geschrieben oder gedruckt sein. [2]Nur grafische Symbole und Schriftzeichen, chemische oder mathematische Formeln können, falls notwendig, handgeschrieben oder gezeichnet sein. [3]Der Zeilenabstand hat 1 1/2-zeilig zu sein. [4]Alle Texte

müssen in Buchstaben, deren Großbuchstaben eine Mindesthöhe von 0,21 cm besitzen, und mit dunkler unauslöschlicher Farbe geschrieben sein.

(9) [1] Der Antrag auf Erteilung eines europäischen Patents, die Beschreibung, die Patentansprüche und die Zusammenfassung dürfen keine Zeichnungen enthalten. [2] Die Beschreibung, die Patentansprüche und die Zusammenfassung können chemische oder mathematische Formeln enthalten. [3] Die Beschreibung und die Zusammenfassung können Tabellen enthalten. [4] Ein Patentanspruch darf dies nur dann, wenn sein Gegenstand die Verwendung von Tabellen wünschenswert erscheinen lässt. [5] Tabellen sowie chemische oder mathematische Formeln können im Querformat wiedergegeben werden, wenn sie im Hochformat nicht befriedigend dargestellt werden können. [6] Tabellen oder chemische oder mathematische Formeln, die im Querformat wiedergegeben werden, sind so anzuordnen, dass der Kopf der Tabellen oder Formeln auf der linken Seite des Blattes erscheint.

(10) [1] Größen sind in internationalen Standards entsprechenden Einheiten anzugeben, soweit zweckdienlich nach dem metrischen System unter Verwendung der SI-Einheiten. [2] Soweit Angaben diesem Erfordernis nicht genügen, sind die internationalen Standards entsprechenden Einheiten zusätzlich anzugeben. [3] Es sind nur solche technischen Bezeichnungen, Formeln, Zeichen und Symbole zu verwenden, die auf dem Fachgebiet allgemein anerkannt sind.

(11) Terminologie und Zeichen sind in der gesamten europäischen Patentanmeldung einheitlich zu verwenden.

(12) [1] Jedes Blatt muss weitgehend frei von Radierstellen und frei von Änderungen sein. [2] Von diesem Erfordernis kann abgesehen werden, wenn der verbindliche Text dadurch nicht in Frage gestellt wird und die Voraussetzungen für eine gute Vervielfältigung nicht gefährdet sind.

Regel 50 Nachgereichte Unterlagen. (1) [1] Die Regeln 42, 43 und 46 bis 49 sind auf Schriftstücke, die die Unterlagen der europäischen Patentanmeldung ersetzen, anzuwenden. [2] Regel 49 Absätze 2 bis 12 ist ferner auf die in Regel 71 genannten Übersetzungen der Patentansprüche anzuwenden.

(2) [1] Alle anderen Schriftstücke, die nicht zu den Unterlagen der Anmeldung zählen, sollen mit Maschine geschrieben oder gedruckt sein. [2] Auf jedem Blatt ist links ein etwa 2,5 cm breiter Rand freizulassen.

(3) [1] Nach Einreichung der Anmeldung eingereichte Schriftstücke sind zu unterzeichnen, soweit es sich nicht um Anlagen handelt. [2] Ist ein Schriftstück nicht unterzeichnet worden, so fordert das Europäische Patentamt den Beteiligten auf, das Schriftstück innerhalb einer zu bestimmenden Frist zu unterzeichnen. [3] Wird das Schriftstück rechtzeitig unterzeichnet, so behält es den ursprünglichen Tag des Eingangs, andernfalls gilt das Schriftstück als nicht eingereicht.

Kapitel III. Jahresgebühren

Regel 51 Fälligkeit. (1) [1] Die Jahresgebühren für die europäische Patentanmeldung sind jeweils für das kommende Jahr am letzten Tag des Monats fällig, der durch seine Benennung dem Monat entspricht, in den der Anmeldetag für diese Anmeldung fällt. [2] Die Jahresgebühr für das dritte Jahr kann frühestens sechs Monate vor ihrer Fälligkeit wirksam entrichtet werden. [3] Alle anderen Jahresgebühren können frühestens drei Monate vor ihrer Fälligkeit wirksam entrichtet werden.

(2) [1]Wird eine Jahresgebühr nicht bis zum Fälligkeitstag nach Absatz 1 entrichtet, so kann sie noch innerhalb von sechs Monaten nach Fälligkeit entrichtet werden, sofern innerhalb dieser Frist eine Zuschlagsgebühr entrichtet wird. [2]Die in Artikel 86 Absatz 1 festgelegte Rechtsfolge tritt mit Ablauf der Sechsmonatsfrist ein.

(3) [1]Jahresgebühren, die für eine frühere Patentanmeldung am Tag der Einreichung einer Teilanmeldung fällig geworden sind, sind auch für die Teilanmeldung zu entrichten und werden mit deren Einreichung fällig. [2]Diese Gebühren und eine Jahresgebühr, die bis zum Ablauf von vier Monaten nach Einreichung der Teilanmeldung fällig wird, können innerhalb dieser Frist ohne Zuschlagsgebühr entrichtet werden. [3]Absatz 2 ist anzuwenden.

(4) Hatte eine Fristversäumung zur Folge, dass eine europäische Patentanmeldung zurückgewiesen wurde oder als zurückgenommen galt, und wurde der Anmelder nach Artikel 122 wieder in den vorigen Stand eingesetzt, so

a) wird eine Jahresgebühr, die nach Absatz 1 im Zeitraum ab dem Tag, an dem der Rechtsverlust eintrat, bis einschließlich zum Tag der Zustellung der Entscheidung über die Wiedereinsetzung fällig geworden wäre, erst an letzterem Tag fällig. Diese Gebühr und eine Jahresgebühr, die innerhalb von vier Monaten nach dem letzteren Tag fällig wird, können noch innerhalb von vier Monaten nach dem letzteren Tag ohne Zuschlagsgebühr entrichtet werden. Absatz 2 ist anzuwenden.

b) kann eine Jahresgebühr, die an dem Tag, an dem der Rechtsverlust eintrat, bereits fällig war, ohne dass jedoch die Frist nach Absatz 2 abgelaufen war, noch innerhalb von sechs Monaten nach dem Tag der Zustellung der Entscheidung über die Wiedereinsetzung entrichtet werden, sofern innerhalb dieser Frist auch die Zuschlagsgebühr nach Absatz 2 entrichtet wird.

(5) Ordnet die Große Beschwerdekammer nach Artikel 112a Absatz 5 Satz 2 die Wiederaufnahme des Verfahrens vor der Beschwerdekammer an,

a) wird eine Jahresgebühr, die nach Absatz 1 im Zeitraum ab dem Tag, an dem die mit dem Antrag auf Überprüfung angefochtene Entscheidung der Beschwerdekammer erging, bis einschließlich zum Tag der Zustellung der Entscheidung der Großen Beschwerdekammer über die Wiederaufnahme des Verfahrens fällig geworden wäre, erst an letzterem Tag fällig.
Diese Gebühr und eine Jahresgebühr, die innerhalb von vier Monaten nach dem letzteren Tag fällig wird, können noch innerhalb von vier Monaten nach dem letzteren Tag ohne Zuschlagsgebühr entrichtet werden. Absatz 2 ist anzuwenden.

b) kann eine Jahresgebühr, die an dem Tag, an dem die Entscheidung der Beschwerdekammer erging, bereits fällig war, ohne dass jedoch die Frist nach Absatz 2 abgelaufen war, noch innerhalb von sechs Monaten nach dem Tag der Zustellung der Entscheidung der Großen Beschwerdekammer über die Wiederaufnahme des Verfahrens entrichtet werden, sofern innerhalb dieser Frist auch die Zuschlagsgebühr nach Absatz 2 entrichtet wird.

(6) Für eine nach Artikel 61 Absatz 1b) eingereichte neue europäische Patentanmeldung sind Jahresgebühren für das Jahr, in dem diese Anmeldung eingereicht worden ist, und für vorhergehende Jahre nicht zu entrichten.

Kapitel IV. Priorität

Regel 52 Prioritätserklärung. (1) [1]Die in Artikel 88 Absatz 1 genannte Prioritätserklärung besteht aus einer Erklärung über den Tag der früheren Anmeldung und den Vertragsstaat der Pariser Verbandsübereinkunft oder das Mitglied der Welthandelsorganisation, in dem oder für den sie eingereicht worden ist, sowie aus der Angabe des Aktenzeichens. [2]Im Fall des Artikels 87 Absatz 5 ist Satz 1 entsprechend anzuwenden.

(2) [1]Die Prioritätserklärung soll bei Einreichung der europäischen Patentanmeldung abgegeben werden. [2]Sie kann noch innerhalb von sechzehn Monaten nach dem frühesten beanspruchten Prioritätstag abgegeben werden.

(3) Der Anmelder kann die Prioritätserklärung innerhalb von sechzehn Monaten nach dem frühesten beanspruchten Prioritätstag berichtigen oder, wenn die Berichtigung zu einer Verschiebung des frühesten beanspruchten Prioritätstags führt, innerhalb von sechzehn Monaten ab dem berichtigten frühesten Prioritätstag, je nachdem, welche 16-Monatsfrist früher abläuft, mit der Maßgabe, dass die Berichtigung bis zum Ablauf von vier Monaten nach dem der europäischen Patentanmeldung zuerkannten Anmeldetag eingereicht werden kann.

(4) Nach Einreichung eines Antrags nach Artikel 93 Absatz 1b) ist die Abgabe oder Berichtigung einer Prioritätserklärung jedoch nicht mehr möglich.

(5) Die Angaben der Prioritätserklärung sind in der veröffentlichten europäischen Patentanmeldung und auf der europäischen Patentschrift zu vermerken.

Regel 53 Prioritätsunterlagen. (1) [1]Ein Anmelder, der eine Priorität in Anspruch nimmt, hat innerhalb von sechzehn Monaten nach dem frühesten Prioritätstag eine Abschrift der früheren Anmeldung einzureichen. [2]Diese Abschrift und der Tag der Einreichung der früheren Anmeldung sind von der Behörde, bei der die Anmeldung eingereicht worden ist, zu beglaubigen.

(2) Die Abschrift der früheren Anmeldung gilt als ordnungsgemäß eingereicht, wenn eine dem Europäischen Patentamt zugängliche Abschrift dieser Anmeldung unter den vom Präsidenten des Europäischen Patentamts festgelegten Bedingungen in die Akte der europäischen Patentanmeldung aufzunehmen ist.

(3) [1]Ist die frühere Anmeldung nicht in einer Amtssprache des Europäischen Patentamts abgefasst und ist die Wirksamkeit des Prioritätsanspruchs für die Beurteilung der Patentierbarkeit der Erfindung relevant, so fordert das Europäische Patentamt den Anmelder oder Inhaber des europäischen Patents auf, innerhalb einer zu bestimmende Frist eine Übersetzung der Anmeldung in einer der Amtssprachen einzureichen. [2]Statt der Übersetzung kann eine Erklärung vorgelegt werden, dass die europäische Patentanmeldung eine vollständige Übersetzung der früheren Anmeldung ist. [3]Absatz 2 ist entsprechend anzuwenden. [4]Wird eine angeforderte Übersetzung einer früheren Anmeldung nicht rechtzeitig eingereicht, so erlischt der Anspruch auf die Priorität dieser Anmeldung für die europäische Patentanmeldung oder das europäische Patent. [5]Der Anmelder oder Inhaber des europäischen Patents wird hiervon unterrichtet.

Regel 54 Ausstellung von Prioritätsunterlagen. [1]Auf Antrag stellt das Europäische Patentamt für den Anmelder eine beglaubigte Kopie der europäischen Patentanmeldung (Prioritätsbeleg) aus. [2]Der Präsident des Europäischen Patentamts bestimmt die erforderlichen Bedingungen einschließlich der Form des Prioritätsbelegs und der Fälle, in denen eine Verwaltungsgebühr zu entrichten ist.

Vierter Teil. Ausführungsvorschriften zum Vierten Teil des Übereinkommens

Kapitel I. Prüfung durch die Eingangsstelle

Regel 55 Eingangsprüfung. [1]Ergibt die Prüfung nach Artikel 90 Absatz 1, dass die Anmeldung nicht den Erfordernissen der Regel 40 Absatz 1a) oder c), Absatz 2 oder Absatz 3 Satz 1 genügt, so teilt das Europäische Patentamt dem Anmelder die Mängel mit und weist ihn darauf hin, dass die Anmeldung nicht als europäische Patentanmeldung behandelt wird, wenn diese Mängel nicht innerhalb von zwei Monaten beseitigt werden. [2]Leistet der Anmelder dem Folge, so wird ihm der vom Amt zuerkannte Anmeldetag mitgeteilt.

Regel 56 Fehlende Teile der Beschreibung oder fehlende Zeichnungen. (1) [1]Ergibt die Prüfung nach Artikel 90 Absatz 1, dass Teile der Beschreibung oder Zeichnungen, auf die in der Beschreibung oder in den Patentansprüchen Bezug genommen wird, offensichtlich fehlen, so fordert das Europäische Patentamt den Anmelder auf, die fehlenden Teile innerhalb von zwei Monaten nachzureichen. [2]Aus der Unterlassung einer solchen Aufforderung kann der Anmelder keine Ansprüche herleiten.

(2) [1]Werden fehlende Teile der Beschreibung oder fehlende Zeichnungen nach dem Anmeldetag, jedoch innerhalb von zwei Monaten nach dem Anmeldetag oder, wenn eine Aufforderung nach Absatz 1 ergeht, innerhalb von zwei Monaten nach dieser Aufforderung nachgereicht, so wird der Anmeldetag auf den Tag der Einreichung der fehlenden Teile der Beschreibung oder der fehlenden Zeichnungen neu festgesetzt. [2]Das Europäische Patentamt unterrichtet den Anmelder entsprechend.

(3) Werden die fehlenden Teile der Beschreibung oder die fehlenden Zeichnungen innerhalb der Frist nach Absatz 2 eingereicht und nimmt die Anmeldung die Priorität einer früheren Anmeldung in Anspruch, so bleibt der Anmeldetag der Tag, an dem die Erfordernisse der Regel 40 Absatz 1 erfüllt waren, wenn die fehlenden Teile der Beschreibung oder die fehlenden Zeichnungen vollständig in der früheren Anmeldung enthalten sind, der Anmelder dies innerhalb der Frist nach Absatz 2 beantragt und Folgendes einreicht:

a) eine Abschrift der früheren Anmeldung, sofern eine solche Abschrift dem Europäischen Patentamt nicht nach Regel 53 Absatz 2 zur Verfügung steht;
b) wenn diese nicht in einer Amtssprache des Europäischen Patentamts abgefasst ist, eine Übersetzung dieser Anmeldung in einer dieser Sprachen, sofern eine solche Übersetzung dem Europäischen Patentamt nicht nach Regel 53 Absatz 3 zur Verfügung steht, und
c) eine Angabe, wo die fehlenden Teile der Beschreibung oder die fehlenden Zeichnungen in der früheren Anmeldung und gegebenenfalls der Übersetzung vollständig enthalten sind.

(4) [1]Wenn der Anmelder

a) die fehlenden Teile der Beschreibung oder die fehlenden Zeichnungen nicht innerhalb der Frist nach Absatz 1 oder 2 einreicht oder
b) nach Absatz 6 fehlende Teile der Beschreibung oder fehlende Zeichnungen zurücknimmt, die gemäß Absatz 2 nachgereicht wurden,

so gelten die in Absatz 1 genannten Bezugnahmen als gestrichen und die Einreichung der fehlenden Teile der Beschreibung oder der fehlenden Zeichnungen als nicht erfolgt. [2]Das Europäische Patentamt unterrichtet den Anmelder entsprechend.

(5) [1]Erfüllt der Anmelder die in Absatz 3a) bis c) genannten Erfordernisse nicht innerhalb der Frist nach Absatz 2, so wird der Anmeldetag auf den Tag der Einreichung der fehlenden Teile der Beschreibung oder der fehlenden Zeichnungen neu festgesetzt. [2]Das Europäische Patentamt unterrichtet den Anmelder entsprechend.

(6) [1]Innerhalb eines Monats nach der in Absatz 2 oder 5 letzter Satz genannten Mitteilung kann der Anmelder die eingereichten fehlenden Teile der Beschreibung oder fehlenden Zeichnungen zurücknehmen; in diesem Fall gilt die Neufestsetzung des Anmeldetags als nicht erfolgt. [2]Das Europäische Patentamt unterrichtet den Anmelder entsprechend.

Regel 57 Formalprüfung. Steht der Anmeldetag einer europäischen Patentanmeldung fest, so prüft das Europäische Patentamt nach Artikel 90 Absatz 3, ob

a) eine nach Artikel 14 Absatz 2, Regel 36 Absatz 2 Satz 2 oder Regel 40 Absatz 3 Satz 2 erforderliche Übersetzung der Anmeldung rechtzeitig eingereicht worden ist;
b) der Antrag auf Erteilung eines europäischen Patents den Erfordernissen der Regel 41 entspricht;
c) die Anmeldung einen oder mehrere Patentansprüche nach Artikel 78 Absatz 1c) oder eine Bezugnahme auf eine früher eingereichte Anmeldung nach Regel 40 Absätze 1c), 2 und 3 enthält, die zum Ausdruck bringt, dass sie auch die Patentansprüche ersetzt;
d) die Anmeldung eine Zusammenfassung nach Artikel 78 Absatz 1e) enthält;
e) die Anmeldegebühr und die Recherchengebühr nach Regel 17 Absatz 2, Regel 36 Absatz 3 oder Regel 38 entrichtet worden sind;
f) die Erfindernennung nach Regel 19 Absatz 1 erfolgt ist;
g) gegebenenfalls den Erfordernissen der Regeln 52 und 53 für die Inanspruchnahme der Priorität entsprochen worden ist;
h) gegebenenfalls den Erfordernissen des Artikels 133 Absatz 2 entsprochen worden ist;
i) die Anmeldung den in Regel 46 und Regel 49 Absätze 1 bis 9 und 12 vorgeschriebenen Erfordernissen entspricht;
j) die Anmeldung den in Regel 30 vorgeschriebenen Erfordernissen entspricht.

Regel 58 Beseitigung von Mängeln in den Anmeldungsunterlagen.

[1]Entspricht die europäische Patentanmeldung nicht den Erfordernissen der Regel 57a) bis d), h) und i), so teilt das Europäische Patentamt dies dem Anmelder mit und fordert ihn auf, die festgestellten Mängel innerhalb von zwei

Monaten zu beseitigen. [2]Die Beschreibung, die Patentansprüche und die Zeichnungen können nur insoweit geändert werden, als es erforderlich ist, um diese Mängel zu beseitigen.

Regel 59 Mängel bei der Inanspruchnahme der Priorität. Ist das Aktenzeichen der früheren Anmeldung nach Regel 52 Absatz 1 oder die Abschrift dieser Anmeldung nach Regel 53 Absatz 1 nicht rechtzeitig eingereicht worden, so teilt das Europäische Patentamt dem Anmelder dies mit und fordert ihn auf, das Aktenzeichen oder die Abschrift innerhalb einer zu bestimmenden Frist einzureichen.

Regel 60 Nachholung der Erfindernennung. (1) Ist die Erfindernennung nach Regel 19 nicht erfolgt, so teilt das Europäische Patentamt dem Anmelder mit, dass die europäische Patentanmeldung zurückgewiesen wird, wenn die Erfindernennung nicht innerhalb von sechzehn Monaten nach dem Anmeldetag oder, wenn eine Priorität in Anspruch genommen worden ist, nach dem Prioritätstag nachgeholt wird; diese Frist gilt als eingehalten, wenn die Information vor Abschluss der technischen Vorbereitungen für die Veröffentlichung der europäischen Patentanmeldung mitgeteilt wird.

(2) Ist in einer Teilanmeldung oder einer neuen Anmeldung nach Artikel 61 Absatz 1b) die Erfindernennung nach Regel 19 nicht erfolgt, so fordert das Europäische Patentamt den Anmelder auf, die Erfindernennung innerhalb einer zu bestimmenden Frist nachzuholen.

Kapitel II. Europäischer Recherchenbericht

Regel 61 Inhalt des europäischen Recherchenberichts. (1) Im europäischen Recherchenbericht werden die dem Europäischen Patentamt zum Zeitpunkt der Erstellung des Berichts zur Verfügung stehenden Schriftstücke genannt, die zur Beurteilung in Betracht gezogen werden können, ob die Erfindung, die Gegenstand der europäischen Patentanmeldung ist, neu ist und auf erfinderischer Tätigkeit beruht.

(2) [1]Die Schriftstücke werden im Zusammenhang mit den Patentansprüchen aufgeführt, auf die sie sich beziehen. [2]Gegebenenfalls werden die maßgeblichen Teile jedes Schriftstücks näher gekennzeichnet.

(3) Im europäischen Recherchenbericht ist zu unterscheiden zwischen Schriftstücken, die vor dem beanspruchten Prioritätstag, zwischen dem Prioritätstag und dem Anmeldetag und an oder nach dem Anmeldetag veröffentlicht worden sind.

(4) Schriftstücke, die sich auf eine vor dem Anmeldetag der europäischen Patentanmeldung der Öffentlichkeit zugänglich gemachte mündliche Beschreibung, Benutzung oder sonstige Offenbarung beziehen, werden in dem europäischen Recherchenbericht unter Angabe des Tags einer etwaigen Veröffentlichung des Schriftstücks und einer nicht schriftlichen Offenbarung genannt.

(5) Der europäische Recherchenbericht wird in der Verfahrenssprache abgefasst.

(6) Auf dem europäischen Recherchenbericht ist die Klassifikation des Gegenstands der europäischen Patentanmeldung nach der Internationalen Klassifikation anzugeben.

Regel 62 Erweiterter europäischer Recherchenbericht. (1) Zusammen mit dem europäischen Recherchenbericht ergeht eine Stellungnahme dazu, ob die Anmeldung und die Erfindung, die sie zum Gegenstand hat, die Erfordernisse dieses Übereinkommens zu erfüllen scheinen, sofern nicht eine Mitteilung nach Regel 71 Absatz 1 oder 3 erlassen werden kann.

(2) Die Stellungnahme nach Absatz 1 wird nicht zusammen mit dem Recherchenbericht veröffentlicht.

Regel 62a Anmeldungen mit mehreren unabhängigen Patentansprüchen. (1) [1] Ist das Europäische Patentamt der Auffassung, dass die Patentansprüche in der ursprünglich eingereichten Fassung Regel 43 Absatz 2 nicht entsprechen, so fordert es den Anmelder auf, innerhalb einer Frist von zwei Monaten die Regel 43 Absatz 2 entsprechenden Patentansprüche anzugeben, auf deren Grundlage die Recherche durchzuführen ist. [2] Teilt der Anmelder diese Angabe nicht rechtzeitig mit, so wird die Recherche auf der Grundlage des ersten Patentanspruchs in jeder Kategorie durchgeführt.

(2) Die Prüfungsabteilung fordert den Anmelder auf, die Patentansprüche auf den recherchierten Gegenstand zu beschränken, es sei denn, sie stellt fest, dass der Einwand nach Absatz 1 nicht gerechtfertigt war.

Regel 63 Unvollständige Recherche. (1) Ist das Europäische Patentamt der Auffassung, dass die europäische Patentanmeldung diesem Übereinkommen so wenig entspricht, dass es unmöglich ist, auf der Grundlage des gesamten beanspruchten Gegenstands oder eines Teils desselben sinnvolle Ermittlungen über den Stand der Technik durchzuführen, so fordert es den Anmelder auf, innerhalb einer Frist von zwei Monaten eine Erklärung mit Angaben zu dem zu recherchierenden Gegenstand abzugeben.

(2) [1] Wird die Erklärung nach Absatz 1 nicht rechtzeitig eingereicht oder reicht sie nicht aus, um den nach Absatz 1 festgestellten Mangel zu beseitigen, so stellt das Europäische Patentamt entweder in einer begründeten Erklärung fest, dass die europäische Patentanmeldung diesem Übereinkommen so wenig entspricht, dass es unmöglich ist, auf der Grundlage des gesamten beanspruchten Gegenstands oder eines Teils desselben sinnvolle Ermittlungen über den Stand der Technik durchzuführen, oder es erstellt, soweit dies durchführbar ist, einen teilweisen Recherchenbericht. [2] Diese begründete Erklärung oder dieser teilweise Recherchenbericht gilt für das weitere Verfahren als europäischer Recherchenbericht.

(3) Wurde ein teilweiser Recherchenbericht erstellt, so fordert die Prüfungsabteilung den Anmelder auf, die Patentansprüche auf den recherchierten Gegenstand zu beschränken, es sei denn, sie stellt fest, dass der Einwand nach Absatz 1 nicht gerechtfertigt war.

Regel 64 Europäischer Recherchenbericht bei mangelnder Einheitlichkeit. (1) [1] Entspricht die europäische Patentanmeldung nach Auffassung des Europäischen Patentamts nicht den Anforderungen an die Einheitlichkeit der Erfindung, so erstellt es einen teilweisen Recherchenbericht für die Teile der Anmeldung, die sich auf die in den Patentansprüchen zuerst erwähnte Erfindung oder Gruppe von Erfindungen im Sinne des Artikels 82 beziehen. [2] Es teilt dem Anmelder mit, dass für jede weitere Erfindung innerhalb einer Frist von zwei Monaten eine weitere Recherchengebühr zu entrichten ist, wenn der europäische Recherchenbericht diese Erfindung erfassen soll. [3]Der europäische Recherchenbericht wird für die Teile der Anmeldung erstellt, die sich auf die Erfindungen beziehen, für die Recherchengebühren entrichtet worden sind.

(2) Eine nach Absatz 1 gezahlte Recherchengebühr wird zurückgezahlt, wenn der Anmelder dies im Verlauf der Prüfung der europäischen Patentanmeldung beantragt und die Prüfungsabteilung feststellt, dass die Mitteilung nach Absatz 1 nicht gerechtfertigt war.

Regel 65 Übermittlung des europäischen Recherchenberichts. Der europäische Recherchenbericht wird unmittelbar nach seiner Erstellung dem Anmelder zusammen mit den Abschriften aller angeführten Schriftstücke übermittelt.

Regel 66 Endgültiger Inhalt der Zusammenfassung. Gleichzeitig mit der Erstellung des europäischen Recherchenberichts bestimmt das Europäische Patentamt den endgültigen Inhalt der Zusammenfassung und übermittelt sie dem Anmelder zusammen mit dem Recherchenbericht.

Kapitel III. Veröffentlichung der europäischen Patentanmeldung

Regel 67 Technische Vorbereitungen für die Veröffentlichung.

(1) Der Präsident des Europäischen Patentamts bestimmt, wann die technischen Vorbereitungen für die Veröffentlichung der europäischen Patentanmeldung als abgeschlossen gelten.

(2) Die Anmeldung wird nicht veröffentlicht, wenn sie vor Abschluss der technischen Vorbereitungen für die Veröffentlichung rechtskräftig zurückgewiesen oder zurückgenommen worden ist oder als zurückgenommen gilt.

Regel 68 Form der Veröffentlichung der europäischen Patentanmeldungen und europäischen Recherchenberichte. (1) [1]Die Veröffentlichung der europäischen Patentanmeldung enthält die Beschreibung, die Patentansprüche und gegebenenfalls die Zeichnungen jeweils in der ursprünglich eingereichten Fassung sowie die Zusammenfassung oder, wenn diese Bestandteile der Anmeldung nicht in einer Amtssprache des Europäischen Patentamts eingereicht wurden, deren Übersetzung in die Verfahrenssprache und als Anlage den europäischen Recherchenbericht, sofern er vor Abschluss der technischen Vorbereitungen für die Veröffentlichung vorliegt. [2]Wird der Recherchenbericht oder die Zusammenfassung nicht mit der Anmeldung veröffentlicht, so werden sie gesondert veröffentlicht.

(2) [1]Der Präsident des Europäischen Patentamts bestimmt, in welcher Form die Anmeldungen veröffentlicht werden und welche Angaben sie enthalten. [2]Das Gleiche gilt, wenn der europäische Recherchenbericht und die Zusammenfassung gesondert veröffentlicht werden.

(3) In der veröffentlichten Anmeldung werden die benannten Vertragsstaaten angegeben.

(4) [1]Wurden die Patentansprüche nicht am Anmeldetag eingereicht, wird dies bei der Veröffentlichung angegeben. [2]Sind vor Abschluss der technischen Vorbereitungen für die Veröffentlichung der Anmeldung die Patentansprüche nach Regel 137 Absatz 2 geändert worden, so werden neben den Patent-

ansprüchen in der ursprünglich eingereichten Fassung auch die neuen oder geänderten Patentansprüche veröffentlicht.

Regel 69 Mitteilungen über die Veröffentlichung. (1) Das Europäische Patentamt teilt dem Anmelder den Tag mit, an dem im Europäischen Patentblatt auf die Veröffentlichung des europäischen Recherchenberichts hingewiesen wird, und weist ihn auf Regel 70 Absatz 1, Artikel 94 Absatz 2 und Regel 70a Absatz 1 hin.

(2) Ist in der Mitteilung nach Absatz 1 ein späterer Tag der Veröffentlichung angegeben als der tatsächliche Tag der Veröffentlichung, so ist für die Fristen nach Regel 70 Absatz 1 und Regel 70a Absatz 1 der spätere Tag maßgebend, wenn der Fehler nicht ohne Weiteres erkennbar war.

Regel 70 Prüfungsantrag. (1) [1]Der Anmelder kann bis zum Ablauf von sechs Monaten nach dem Tag, an dem im Europäischen Patentblatt auf die Veröffentlichung des europäischen Recherchenberichts hingewiesen worden ist, die Prüfung der europäischen Patentanmeldung beantragen. [2]Der Antrag kann nicht zurückgenommen werden.

(2) Wird der Prüfungsantrag gestellt, bevor dem Anmelder der europäische Recherchenbericht übermittelt worden ist, so fordert das Europäische Patentamt den Anmelder auf, innerhalb einer zu bestimmenden Frist zu erklären, ob er die Anmeldung aufrechterhält, und gibt ihm Gelegenheit, zu dem Recherchenbericht Stellung zu nehmen und gegebenenfalls die Beschreibung, die Patentansprüche und die Zeichnungen zu ändern.

(3) Unterlässt es der Anmelder, auf die Aufforderung nach Absatz 2 rechtzeitig zu antworten, so gilt die Anmeldung als zurückgenommen.

Kapitel IV. Prüfung durch die Prüfungsabteilung

Regel 70a Erwiderung auf den erweiterten europäischen Recherchenbericht. (1) In der dem europäischen Recherchenbericht beiliegenden Stellungnahme gibt das Europäische Patentamt dem Anmelder Gelegenheit, zum erweiterten europäischen Recherchenbericht Stellung zu nehmen, und fordert ihn gegebenenfalls auf, innerhalb der in Regel 70 Absatz 1 genannten Frist die Mängel zu beseitigen, die in der dem europäischen Recherchenbericht beiliegenden Stellungnahme festgestellt wurden, und die Beschreibung, die Patentansprüche und die Zeichnungen zu ändern.

(2) In dem in Regel 70 Absatz 2 genannten Fall oder wenn ein ergänzender europäischer Recherchenbericht zu einer Euro-PCT-Anmeldung erstellt wird, gibt das Europäische Patentamt dem Anmelder Gelegenheit, zum erweiterten europäischen Recherchenbericht Stellung zu nehmen, und fordert ihn gegebenenfalls auf, innerhalb der Frist für die Absichtserklärung über die Aufrechterhaltung der Anmeldung die Mängel zu beseitigen, die in der dem europäischen Recherchenbericht beiliegenden Stellungnahme festgestellt wurden, und die Beschreibung, die Patentansprüche und die Zeichnungen zu ändern.

(3) Wenn der Anmelder einer Aufforderung nach Absatz 1 oder 2 weder nachkommt noch zu ihr Stellung nimmt, gilt die Anmeldung als zurückgenommen.

Regel 70b Anforderung einer Kopie der Recherchenergebnisse.

(1) Stellt das Europäische Patentamt zum Zeitpunkt, an dem die Prüfungsabteilung zuständig wird, fest, dass die Kopie nach Regel 141 Absatz 1 vom Anmelder nicht eingereicht worden ist und nicht nach Regel 141 Absatz 2 als ordnungsgemäß eingereicht gilt, so fordert es den Anmelder auf, innerhalb einer Frist von zwei Monaten die Kopie einzureichen oder eine Erklärung abzugeben, dass ihm die Recherchenergebnisse nach Regel 141 Absatz 1 nicht vorliegen.

(2) Unterlässt es der Anmelder, auf die Aufforderung nach Absatz 1 rechtzeitig zu antworten, so gilt die europäische Patentanmeldung als zurückgenommen.

Regel 71 Prüfungsverfahren. (1) In den Mitteilungen nach Artikel 94 Absatz 3 fordert die Prüfungsabteilung den Anmelder gegebenenfalls auf, die festgestellten Mängel zu beseitigen und die Beschreibung, die Patentansprüche und die Zeichnungen innerhalb einer zu bestimmenden Frist zu ändern.

(2) Die Mitteilungen nach Artikel 94 Absatz 3 sind zu begründen; dabei sollen alle Gründe zusammengefasst werden, die der Erteilung des europäischen Patents entgegenstehen.

(3) [1] Bevor die Prüfungsabteilung die Erteilung des europäischen Patents beschließt, teilt sie dem Anmelder die Fassung, in der sie das europäische Patent zu erteilen beabsichtigt, und die zugehörigen bibliografischen Daten mit. [2] In dieser Mitteilung fordert die Prüfungsabteilung den Anmelder auf, innerhalb einer Frist von vier Monaten die Erteilungs- und Veröffentlichungsgebühr zu entrichten sowie eine Übersetzung der Patentansprüche in den beiden Amtssprachen des Europäischen Patentamts einzureichen, die nicht die Verfahrenssprache sind.

(4) Enthält die europäische Patentanmeldung in der für die Erteilung vorgesehenen Fassung mehr als fünfzehn Patentansprüche, so fordert die Prüfungsabteilung den Anmelder auf, innerhalb der Frist nach Absatz 3 für den sechzehnten und jeden weiteren Patentanspruch Anspruchsgebühren zu entrichten, soweit diese nicht bereits nach Regel 45 oder Regel 162 entrichtet worden sind.

(5) Wenn der Anmelder innerhalb der Frist nach Absatz 3 die Gebühren nach Absatz 3 und gegebenenfalls Absatz 4 entrichtet und die Übersetzungen nach Absatz 3 einreicht, gilt dies als Einverständnis mit der ihm nach Absatz 3 mitgeteilten Fassung und als Beleg für die Verifizierung der bibliografischen Daten.

(6) Wenn der Anmelder innerhalb der Frist nach Absatz 3 begründete Änderungen oder Berichtigungen in der ihm mitgeteilten Fassung beantragt oder an der letzten von ihm vorgelegten Fassung festhält, so erlässt die Prüfungsabteilung im Falle ihrer Zustimmung eine neue Mitteilung nach Absatz 3; andernfalls nimmt sie das Prüfungsverfahren wieder auf.

(7) Werden die Erteilungs- und Veröffentlichungsgebühr oder die Anspruchsgebühren nicht rechtzeitig entrichtet oder die Übersetzungen nicht rechtzeitig eingereicht, so gilt die europäische Patentanmeldung als zurückgenommen.

Regel 71a Abschluss des Erteilungsverfahrens. (1) [1]Die Entscheidung über die Erteilung des europäischen Patents ergeht, wenn alle Gebühren entrichtet sind, eine Übersetzung der Patentansprüche in den beiden Amtssprachen des Europäischen Patentamts eingereicht ist, die nicht die Verfahrenssprache sind, und Einverständnis mit der für die Erteilung vorgesehenen Fassung besteht. [2]In der Entscheidung ist die ihr zugrunde liegende Fassung der europäischen Patentanmeldung anzugeben.

(2) Bis zur Entscheidung über die Erteilung des europäischen Patents kann die Prüfungsabteilung das Prüfungsverfahren jederzeit wieder aufnehmen.

(3) [1]Wird die Benennungsgebühr nach der Mitteilung nach Regel 71 Absatz 3 fällig, so wird der Hinweis auf die Erteilung des europäischen Patents erst bekannt gemacht, wenn die Benennungsgebühr entrichtet ist. [2]Der Anmelder wird hiervon unterrichtet.

(4) [1]Wird eine Jahresgebühr nach der Mitteilung nach Regel 71 Absatz 3 und vor dem Tag der frühestmöglichen Bekanntmachung des Hinweises auf die Erteilung des europäischen Patents fällig, so wird der Hinweis erst bekannt gemacht, wenn die Jahresgebühr entrichtet ist. [2]Der Anmelder wird hiervon unterrichtet.

(5) Hat der Anmelder auf eine Aufforderung nach Regel 71 Absatz 3 hin die Erteilungs- und Veröffentlichungsgebühr oder die Anspruchsgebühren bereits entrichtet, so wird der entrichtete Betrag bei erneutem Ergehen einer solchen Aufforderung angerechnet.

(6) Wird die europäische Patentanmeldung zurückgewiesen oder vor der Zustellung der Entscheidung über die Erteilung eines europäischen Patents zurückgenommen oder gilt sie zu diesem Zeitpunkt als zurückgenommen, so wird die Erteilungs- und Veröffentlichungsgebühr zurückerstattet.

Regel 72 Erteilung des europäischen Patents an verschiedene Anmelder. Sind als Anmelder für verschiedene Vertragsstaaten verschiedene Personen in das Europäische Patentregister eingetragen, so erteilt das Europäische Patentamt das europäische Patent für jeden Vertragsstaat entsprechend.

Kapitel V. Europäische Patentschrift

Regel 73 Inhalt und Form der Patentschrift. (1) [1]Die europäische Patentschrift enthält die Beschreibung, die Patentansprüche und gegebenenfalls die Zeichnungen. [2]Außerdem wird darin die Frist für den Einspruch gegen das europäische Patent angegeben.

(2) Der Präsident des Europäischen Patentamts bestimmt, in welcher Form die Patentschrift veröffentlicht wird und welche Angaben sie enthält.

(3) In der Patentschrift werden die benannten Vertragsstaaten angegeben.

Regel 74 Urkunde über das europäische Patent. [1]Sobald die europäische Patentschrift veröffentlicht worden ist, stellt das Europäische Patentamt dem Patentinhaber die Urkunde über das europäische Patent aus. [2]Der Präsident des Europäischen Patentamts bestimmt den Inhalt und die Form der Urkunde sowie die Art und Weise, wie sie übermittelt wird, und legt fest, in welchen Fällen eine Verwaltungsgebühr zu entrichten ist.

Fünfter Teil. Ausführungsvorschriften zum Fünften Teil des Übereinkommens

Kapitel I. Einspruchsverfahren

Regel 75 Verzicht oder Erlöschen des Patents. Einspruch kann auch eingelegt werden, wenn in allen benannten Vertragsstaaten auf das europäische Patent verzichtet worden ist oder das Patent in allen diesen Staaten erloschen ist.

Regel 76 Form und Inhalt des Einspruchs. (1) Der Einspruch ist schriftlich einzulegen und zu begründen.

(2) Die Einspruchsschrift muss enthalten:

a) Angaben zur Person des Einsprechenden nach Maßgabe der Regel 41 Absatz 2c);
b) die Nummer des europäischen Patents, gegen das der Einspruch eingelegt wird, sowie den Namen des Patentinhabers und die Bezeichnung der Erfindung;
c) eine Erklärung darüber, in welchem Umfang gegen das europäische Patent Einspruch eingelegt und auf welche Einspruchsgründe der Einspruch gestützt wird, sowie die Angabe der zur Begründung vorgebrachten Tatsachen und Beweismittel;
d) falls ein Vertreter des Einsprechenden bestellt ist, Angaben zur Person nach Maßgabe der Regel 41 Absatz 2d).

(3) Die Vorschriften des Dritten Teils der Ausführungsordnung sind auf die Einspruchsschrift entsprechend anzuwenden.

Regel 77 Verwerfung des Einspruchs als unzulässig. (1) Stellt die Einspruchsabteilung fest, dass der Einspruch Artikel 99 Absatz 1 oder Regel 76 Absatz 2c) nicht entspricht oder das europäische Patent, gegen das Einspruch eingelegt worden ist, nicht hinreichend bezeichnet ist, so verwirft sie den Einspruch als unzulässig, sofern die Mängel nicht bis zum Ablauf der Einspruchsfrist beseitigt worden sind.

(2) [1] Stellt die Einspruchsabteilung fest, dass der Einspruch anderen als den in Absatz 1 bezeichneten Vorschriften nicht entspricht, so teilt sie dies dem Einsprechenden mit und fordert ihn auf, innerhalb einer zu bestimmenden Frist die festgestellten Mängel zu beseitigen. [2] Werden diese nicht rechtzeitig beseitigt, so verwirft die Einspruchsabteilung den Einspruch als unzulässig.

(3) Die Entscheidung, durch die ein Einspruch als unzulässig verworfen wird, wird dem Patentinhaber mit einer Abschrift des Einspruchs mitgeteilt.

Regel 78 Verfahren bei mangelnder Berechtigung des Patentinhabers.

(1) [1] Weist ein Dritter dem Europäischen Patentamt während eines Einspruchsverfahrens oder während der Einspruchsfrist nach, dass er gegen den Inhaber des europäischen Patents ein Verfahren eingeleitet hat mit dem Ziel, eine Entscheidung im Sinne des Artikels 61 Absatz 1 zu erwirken, so wird das Einspruchsverfahren ausgesetzt, es sei denn, der Dritte erklärt dem Europäischen Patentamt gegenüber schriftlich seine Zustimmung zur Fortsetzung des Verfahrens. [2] Diese Zustimmung ist unwiderruflich. [3] Das Verfahren wird je-

doch erst ausgesetzt, wenn die Einspruchsabteilung den Einspruch für zulässig hält. [4]Regel 14 Absätze 2 bis 4 ist entsprechend anzuwenden.

(2) Ist ein Dritter nach Artikel 99 Absatz 4 in Bezug auf einen oder mehrere benannte Vertragsstaaten an die Stelle des bisherigen Patentinhabers getreten, so kann das im Einspruchsverfahren aufrechterhaltene europäische Patent für diesen Staat oder diese Staaten unterschiedliche Patentansprüche, Beschreibungen und Zeichnungen enthalten.

Regel 79 Vorbereitung der Einspruchsprüfung. (1) Die Einspruchsabteilung teilt dem Patentinhaber den Einspruch mit und gibt ihm Gelegenheit, innerhalb einer zu bestimmenden Frist eine Stellungnahme einzureichen und gegebenenfalls die Beschreibung, die Patentansprüche und die Zeichnungen zu ändern.

(2) Sind mehrere Einsprüche eingelegt worden, so teilt die Einspruchsabteilung gleichzeitig mit der Mitteilung nach Absatz 1 die Einsprüche den übrigen Einsprechenden mit.

(3) Die Einspruchsabteilung teilt vom Patentinhaber eingereichte Stellungnahmen und Änderungen den übrigen Beteiligten mit und fordert sie auf, wenn sie dies für sachdienlich erachtet, sich innerhalb einer zu bestimmenden Frist hierzu zu äußern.

(4) Im Fall eines Beitritts nach Artikel 105 kann die Einspruchsabteilung von der Anwendung der Absätze 1 bis 3 absehen.

Regel 80 Änderung des europäischen Patents. Unbeschadet der Regel 138 können die Beschreibung, die Patentansprüche und die Zeichnungen geändert werden, soweit die Änderungen durch einen Einspruchsgrund nach Artikel 100 veranlasst sind, auch wenn dieser vom Einsprechenden nicht geltend gemacht worden ist.

Regel 81 Prüfung des Einspruchs. (1) [1]Die Einspruchsabteilung prüft die Einspruchsgründe, die in der Erklärung des Einsprechenden nach Regel 76 Absatz 2c) geltend gemacht worden sind. [2]Sie kann von Amts wegen auch vom Einsprechenden nicht geltend gemachte Einspruchsgründe prüfen, wenn diese der Aufrechterhaltung des europäischen Patents entgegenstehen würden.

(2) [1]Bescheide nach Artikel 101 Absatz 1 Satz 2 und alle hierzu eingehenden Stellungnahmen werden den Beteiligten übersandt. [2]Die Einspruchsabteilung fordert, wenn sie dies für sachdienlich erachtet, die Beteiligten auf, sich innerhalb einer zu bestimmenden Frist hierzu zu äußern.

(3) [1]In den Bescheiden nach Artikel 101 Absatz 1 Satz 2 wird dem Patentinhaber gegebenenfalls Gelegenheit gegeben, soweit erforderlich die Beschreibung, die Patentansprüche und die Zeichnungen zu ändern. [2]Die Bescheide sind soweit erforderlich zu begründen, wobei die Gründe zusammengefasst werden sollen, die der Aufrechterhaltung des europäischen Patents entgegenstehen.

Regel 82 Aufrechterhaltung des europäischen Patents in geändertem Umfang. (1) Bevor die Einspruchsabteilung die Aufrechterhaltung des europäischen Patents in geändertem Umfang beschließt, teilt sie den Beteiligten mit, in welcher Fassung sie das Patent aufrechtzuerhalten beabsichtigt, und fordert sie auf, innerhalb von zwei Monaten Stellung zu nehmen, wenn sie mit dieser Fassung nicht einverstanden sind.

(2) [1] Ist ein Beteiligter mit der von der Einspruchsabteilung mitgeteilten Fassung nicht einverstanden, so kann das Einspruchsverfahren fortgesetzt werden. [2] Andernfalls fordert die Einspruchsabteilung den Patentinhaber nach Ablauf der Frist nach Absatz 1 auf, innerhalb einer Frist von drei Monaten die vorgeschriebene Gebühr zu entrichten und eine Übersetzung der geänderten Patentansprüche in den Amtssprachen des Europäischen Patentamts einzureichen, die nicht die Verfahrenssprache sind. [3] Wurden in der mündlichen Verhandlung Entscheidungen nach Artikel 106 Absatz 2 oder Artikel 111 Absatz 2 auf Schriftstücke gestützt, die nicht der Regel 49 Absatz 8 entsprachen, so wird der Patentinhaber aufgefordert, die geänderte Fassung innerhalb der Dreimonatsfrist in einer Form einzureichen, die der Regel 49 Absatz 8 entspricht.

(3) [1] Werden die nach Absatz 2 erforderlichen Handlungen nicht rechtzeitig vorgenommen, so können sie noch innerhalb von zwei Monaten nach der Mitteilung über die Fristversäumung vorgenommen werden, sofern innerhalb dieser Frist eine Zuschlagsgebühr entrichtet wird. [2] Andernfalls wird das Patent widerrufen.

(4) In der Entscheidung, durch die das europäische Patent in geändertem Umfang aufrechterhalten wird, ist die ihr zugrunde liegende Fassung des Patents anzugeben.

Regel 83 Anforderung von Unterlagen. [1] Unterlagen, die von einem am Einspruchsverfahren Beteiligten genannt werden, sind zusammen mit dem Einspruch oder dem schriftlichen Vorbringen einzureichen. [2] Sind solche Unterlagen nicht beigefügt und werden sie nach Aufforderung durch das Europäische Patentamt nicht rechtzeitig nachgereicht, so braucht das Europäische Patentamt das darauf gestützte Vorbringen nicht zu berücksichtigen.

Regel 84 Fortsetzung des Einspruchsverfahrens von Amts wegen.

(1) Hat der Patentinhaber in allen benannten Vertragsstaaten auf das europäische Patent verzichtet oder ist das Patent in allen diesen Staaten erloschen, so kann das Einspruchsverfahren fortgesetzt werden, wenn der Einsprechende dies innerhalb von zwei Monaten nach einer Mitteilung des Europäischen Patentamts über den Verzicht oder das Erlöschen beantragt.

(2) [1] Stirbt ein Einsprechender oder verliert er seine Geschäftsfähigkeit, so kann das Einspruchsverfahren auch ohne die Beteiligung seiner Erben oder gesetzlichen Vertreter von Amts wegen fortgesetzt werden. [2] Das Verfahren kann auch fortgesetzt werden, wenn der Einspruch zurückgenommen wird.

Regel 85 Rechtsübergang des europäischen Patents. Regel 22 ist auf einen Rechtsübergang des europäischen Patents während der Einspruchsfrist oder der Dauer des Einspruchsverfahrens anzuwenden.

Regel 86 Unterlagen im Einspruchsverfahren. Die Vorschriften des Dritten Teils der Ausführungsordnung sind auf die im Einspruchsverfahren eingereichten Unterlagen entsprechend anzuwenden.

Regel 87 Inhalt und Form der neuen europäischen Patentschrift. [1]Die neue europäische Patentschrift enthält die Beschreibung, Patentansprüche und Zeichnungen in der geänderten Fassung. [2]Regel 73 Absätze 2 und 3 und Regel 74 sind anzuwenden.

Regel 88 Kosten. (1) [1]Die Kostenverteilung wird in der Entscheidung über den Einspruch angeordnet. [2]Berücksichtigt werden nur die Kosten, die zur zweckentsprechenden Wahrung der Rechte notwendig waren. [3]Zu den Kosten gehört die Vergütung für die Vertreter der Beteiligten.

(2) [1]Die Einspruchsabteilung setzt auf Antrag den Betrag der Kosten fest, die aufgrund einer rechtskräftigen Entscheidung über deren Verteilung zu erstatten sind. [2]Dem Antrag sind eine Kostenberechnung und die Belege beizufügen. [3]Zur Festsetzung der Kosten genügt es, dass sie glaubhaft gemacht werden.

(3) [1]Innerhalb eines Monats nach Mitteilung der Kostenfestsetzung nach Absatz 2 kann eine Entscheidung der Einspruchsabteilung über die Kostenfestsetzung beantragt werden. [2]Der Antrag ist schriftlich einzureichen und zu begründen. [3]Er gilt erst als gestellt, wenn die vorgeschriebene Gebühr entrichtet worden ist.

(4) Über einen Antrag nach Absatz 3 entscheidet die Einspruchsabteilung ohne mündliche Verhandlung.

Regel 89 Beitritt des vermeintlichen Patentverletzers. (1) Der Beitritt ist innerhalb von drei Monaten nach dem Tag zu erklären, an dem eine der in Artikel 105 genannten Klagen erhoben worden ist.

(2) [1]Der Beitritt ist schriftlich zu erklären und zu begründen; Regeln 76 und 77 sind entsprechend anzuwenden. [2]Der Beitritt gilt erst als erklärt, wenn die Einspruchsgebühr entrichtet worden ist.

Kapitel II. Beschränkungs- und Widerrufsverfahren

Regel 90 Gegenstand des Verfahrens. Gegenstand des Beschränkungs- oder Widerrufsverfahrens nach Artikel 105a ist das europäische Patent in der erteilten oder im Einspruchs- oder Beschränkungsverfahren vor dem Europäischen Patentamt geänderten Fassung.

Regel 91 Zuständigkeit für das Verfahren. [1]Über Anträge auf Beschränkung oder Widerruf des europäischen Patents nach Artikel 105a entscheidet die Prüfungsabteilung. [2]Artikel 18 Absatz 2 ist entsprechend anzuwenden.

Regel 92 Antragserfordernisse. (1) [1]Der Antrag auf Beschränkung oder Widerruf eines europäischen Patents ist schriftlich in einer der Amtssprachen des Europäischen Patentamts zu stellen. [2]Er kann auch in einer Amtssprache eines Vertragsstaats eingereicht werden, sofern innerhalb der in Regel 6 Absatz 2 genannten Frist eine Übersetzung in einer der Amtssprachen des Europäischen Patentamts vorgelegt wird. [3]Die Vorschriften des Dritten Teils der Ausführungsordnung sind auf die im Beschränkungs- oder Widerrufsverfahren eingereichten Unterlagen entsprechend anzuwenden.

(2) Der Antrag muss enthalten:

a) Angaben zur Person des antragstellenden Patentinhabers (Antragsteller) nach Maßgabe der Regel 41 Absatz 2c) sowie die Angabe der Vertragsstaaten, für die der Antragsteller Inhaber des Patents ist;

b) die Nummer des Patents, dessen Beschränkung oder Widerruf beantragt wird, und eine Liste der Vertragsstaaten, in denen es wirksam geworden ist;
c) gegebenenfalls Namen und Anschrift der Inhaber des Patents für die Vertragsstaaten, in denen der Antragsteller nicht Inhaber des Patents ist, sowie den Nachweis, dass der Antragsteller befugt ist, im Verfahren für sie zu handeln;
d) falls die Beschränkung des Patents beantragt wird, eine vollständige Fassung der geänderten Patentansprüche und gegebenenfalls der Beschreibung und Zeichnungen in der geänderten Fassung;
e) falls ein Vertreter des Antragstellers bestellt ist, Angaben zur Person nach Maßgabe der Regel 41 Absatz 2d).

Regel 93 Vorrang des Einspruchsverfahrens. (1) Der Antrag auf Beschränkung oder Widerruf gilt als nicht eingereicht, wenn im Zeitpunkt der Antragstellung ein Einspruchsverfahren in Bezug auf das Patent anhängig ist.

(2) [1] Ist im Zeitpunkt der Einlegung eines Einspruchs gegen ein europäisches Patent ein Beschränkungsverfahren in Bezug auf dieses Patent anhängig, so stellt die Prüfungsabteilung das Beschränkungsverfahren ein und ordnet die Rückzahlung der Beschränkungsgebühr an. [2] Hat der Antragsteller die in Regel 95 Absatz 3 Satz 1 genannte Gebühr bereits entrichtet, so wird deren Rückzahlung ebenfalls angeordnet.

Regel 94 Verwerfung des Antrags als unzulässig. [1] Stellt die Prüfungsabteilung fest, dass der Antrag auf Beschränkung oder Widerruf des europäischen Patents nicht den Erfordernissen der Regel 92 entspricht, so fordert sie den Antragsteller auf, die festgestellten Mängel innerhalb einer zu bestimmenden Frist zu beseitigen. [2] Werden die Mängel nicht rechtzeitig beseitigt, so verwirft sie den Antrag als unzulässig.

Regel 95 Entscheidung über den Antrag. (1) Ist ein Antrag auf Widerruf zulässig, so widerruft die Prüfungsabteilung das Patent und teilt dies dem Antragsteller mit.

(2) [1] Ist ein Antrag auf Beschränkung zulässig, so prüft die Prüfungsabteilung, ob die geänderten Patentansprüche gegenüber den Ansprüchen in der erteilten oder im Einspruchs- oder Beschränkungsverfahren geänderten Fassung eine Beschränkung darstellen und den Artikeln 84 und 123 Absätze 2 und 3 genügen. [2] Entspricht der Antrag nicht diesen Erfordernissen, so gibt die Prüfungsabteilung dem Antragsteller einmal Gelegenheit, die festgestellten Mängel zu beseitigen und die Patentansprüche und gegebenenfalls die Beschreibung und Zeichnungen innerhalb einer zu bestimmenden Frist zu ändern.

(3) [1] Ist einem Antrag auf Beschränkung nach Absatz 2 stattzugeben, so teilt die Prüfungsabteilung dies dem Antragsteller mit und fordert ihn auf, innerhalb einer Frist von drei Monaten die vorgeschriebene Gebühr zu entrichten und eine Übersetzung der geänderten Patentansprüche in den Amtssprachen des Europäischen Patentamts einzureichen, die nicht die Verfahrenssprache sind; Regel 82 Absatz 3 Satz 1 ist entsprechend anzuwenden. [2] Nimmt der Antragsteller diese Handlungen rechtzeitig vor, so beschränkt die Prüfungsabteilung das Patent.

(4) Unterlässt es der Antragsteller, auf die Mitteilung nach Absatz 2 rechtzeitig zu antworten, oder kann dem Antrag auf Beschränkung nicht stattgege-

ben werden oder nimmt der Antragsteller die nach Absatz 3 erforderlichen Handlungen nicht rechtzeitig vor, so weist die Prüfungsabteilung den Antrag zurück.

Regel 96 Inhalt und Form der geänderten europäischen Patentschrift. [1]Die geänderte europäische Patentschrift enthält die Beschreibung, Patentansprüche und Zeichnungen in der geänderten Fassung. [2]Regel 73 Absätze 2 und 3 und Regel 74 sind anzuwenden.

Sechster Teil. Ausführungsvorschriften zum Sechsten Teil des Übereinkommens

Kapitel I. Beschwerdeverfahren

Regel 97 Beschwerde gegen Kostenverteilung und Kostenfestsetzung.

(1) Die Verteilung der Kosten des Einspruchsverfahrens kann nicht einziger Gegenstand einer Beschwerde sein.

(2) Eine Entscheidung über die Festsetzung des Betrags der Kosten des Einspruchsverfahrens ist mit der Beschwerde nur anfechtbar, wenn der Betrag den der Beschwerdegebühr übersteigt.

Regel 98 Verzicht oder Erlöschen des Patents. Beschwerde gegen die Entscheidung einer Einspruchsabteilung kann auch eingelegt werden, wenn in allen benannten Vertragsstaaten auf das europäische Patent verzichtet worden ist oder das europäische Patent in allen diesen Staaten erloschen ist.

Regel 99 Inhalt der Beschwerdeschrift und der Beschwerdebegründung. (1) Die Beschwerdeschrift muss enthalten:

a) den Namen und die Anschrift des Beschwerdeführers nach Maßgabe der Regel 41 Absatz 2c);
b) die Angabe der angefochtenen Entscheidung und
c) einen Antrag, in dem der Beschwerdegegenstand festgelegt wird.

(2) In der Beschwerdebegründung hat der Beschwerdeführer darzulegen, aus welchen Gründen die angefochtene Entscheidung aufzuheben oder in welchem Umfang sie abzuändern ist und auf welche Tatsachen und Beweismittel er seine Beschwerde stützt.

(3) Die Vorschriften des Dritten Teils der Ausführungsordnung sind auf die Beschwerdeschrift, die Beschwerdebegründung und die im Beschwerdeverfahren eingereichten Unterlagen entsprechend anzuwenden.

Regel 100 Prüfung der Beschwerde. (1) Die Vorschriften für das Verfahren vor dem Organ, das die mit der Beschwerde angefochtene Entscheidung erlassen hat, sind im Beschwerdeverfahren anzuwenden, sofern nichts anderes bestimmt ist.

(2) Bei der Prüfung der Beschwerde fordert die Beschwerdekammer die Beteiligten so oft wie erforderlich auf, innerhalb einer zu bestimmenden Frist eine Stellungnahme zu Mitteilungen der Beschwerdekammer oder zu den Stellungnahmen anderer Beteiligter einzureichen.

(3) Unterlässt es der Anmelder, auf eine Aufforderung nach Absatz 2 rechtzeitig zu antworten, so gilt die europäische Patentanmeldung als zurückgenom-

men, es sei denn, die angefochtene Entscheidung ist von der Rechtsabteilung erlassen worden.

Regel 101 Verwerfung der Beschwerde als unzulässig. (1) Entspricht die Beschwerde nicht den Artikeln 106 bis 108, Regel 97 oder Regel 99 Absatz 1b) oder c) oder Absatz 2, so verwirft die Beschwerdekammer sie als unzulässig, sofern die Mängel nicht vor Ablauf der Fristen nach Artikel 108 beseitigt worden sind.

(2) [1] Stellt die Beschwerdekammer fest, dass die Beschwerde Regel 99 Absatz 1a) nicht entspricht, so teilt sie dies dem Beschwerdeführer mit und fordert ihn auf, innerhalb einer zu bestimmenden Frist die festgestellten Mängel zu beseitigen. [2] Werden diese nicht rechtzeitig beseitigt, so verwirft die Beschwerdekammer die Beschwerde als unzulässig.

Regel 102 Form der Entscheidung der Beschwerdekammer. [1] Die Entscheidung ist von dem Vorsitzenden der Beschwerdekammer und dem dafür zuständigen Bediensteten der Geschäftsstelle der Beschwerdekammer durch ihre Unterschrift oder andere geeignete Mittel als authentisch zu bestätigen. [2] Die Entscheidung enthält:

a) die Feststellung, dass sie von der Beschwerdekammer erlassen worden ist;
b) den Tag, an dem die Entscheidung erlassen worden ist;
c) die Namen des Vorsitzenden und der übrigen Mitglieder der Beschwerdekammer, die bei der Entscheidung mitgewirkt haben;
d) die Bezeichnung der Beteiligten und ihrer Vertreter;
e) die Anträge der Beteiligten;
f) eine kurze Darstellung des Sachverhalts;
g) die Entscheidungsgründe;
h) die Formel der Entscheidung, gegebenenfalls einschließlich der Entscheidung über die Kosten.

Regel 103 Rückzahlung der Beschwerdegebühr. (1) Die Beschwerdegebühr wird in voller Höhe zurückgezahlt, wenn

a) der Beschwerde abgeholfen oder ihr durch die Beschwerdekammer stattgegeben wird und die Rückzahlung wegen eines wesentlichen Verfahrensmangels der Billigkeit entspricht oder
b) die Beschwerde vor Einreichung der Beschwerdebegründung und vor Ablauf der Frist für deren Einreichung zurückgenommen wird.

(2) Die Beschwerdegebühr wird in Höhe von 75 % zurückgezahlt, wenn die Beschwerde in Erwiderung auf eine Mitteilung der Beschwerdekammer, dass sie beabsichtigt, die inhaltliche Prüfung der Beschwerde aufzunehmen, innerhalb von zwei Monaten ab Zustellung dieser Mitteilung zurückgenommen wird.

(3) Die Beschwerdegebühr wird in Höhe von 50 % zurückgezahlt, wenn die Beschwerde nach Ablauf der Frist nach Absatz 1 Buchstabe b zurückgenommen wird, vorausgesetzt, die Rücknahme erfolgt:

a) falls ein Termin für eine mündliche Verhandlung anberaumt wurde, innerhalb eines Monats ab Zustellung einer von der Beschwerdekammer zur Vorbereitung dieser mündlichen Verhandlung erlassenen Mitteilung,

b) falls kein Termin für eine mündliche Verhandlung anberaumt wurde und die Beschwerdekammer den Beschwerdeführer in einer Mitteilung zur Einreichung einer Stellungnahme aufgefordert hat, vor Ablauf der von der Beschwerdekammer für die Stellungnahme gesetzten Frist,
c) in allen anderen Fällen vor Erlass der Entscheidung.

(4) Die Beschwerdegebühr wird in Höhe von 25 % zurückgezahlt, wenn
a) die Beschwerde nach Ablauf der Frist nach Absatz 3 Buchstabe a, aber vor Verkündung der Entscheidung in der mündlichen Verhandlung zurückgenommen wird,
b) die Beschwerde nach Ablauf der Frist nach Absatz 3 Buchstabe b, aber vor Erlass der Entscheidung zurückgenommen wird,
c) ein etwaiger Antrag auf mündliche Verhandlung innerhalb eines Monats ab Zustellung einer von der Beschwerdekammer zur Vorbereitung der mündlichen Verhandlung erlassenen Mitteilung zurückgenommen wird und keine mündliche Verhandlung stattfindet.

(5) [1] Die Beschwerdegebühr wird nur nach einer der vorstehenden Vorschriften zurückgezahlt. [2] Bei Anwendbarkeit von mehr als einem Rückzahlungssatz erfolgt die Rückzahlung nach dem höheren Satz.

(6) [1] Das Organ, dessen Entscheidung angefochten wurde, ordnet die Rückzahlung an, wenn es der Beschwerde abhilft und die Rückzahlung wegen eines wesentlichen Verfahrensmangels für billig erachtet. [2] In allen anderen Fällen entscheidet die Beschwerdekammer über die Rückzahlung.

Kapitel II. Anträge auf Überprüfung durch die Große Beschwerdekammer

Regel 104 Weitere schwerwiegende Verfahrensmängel. Ein schwerwiegender Verfahrensmangel nach Artikel 112a Absatz 2d) kann vorliegen, wenn die Beschwerdekammer
a) entgegen Artikel 116 eine vom Antragsteller beantragte mündliche Verhandlung nicht anberaumt hat oder
b) über die Beschwerde entschieden hat, ohne über einen hierfür relevanten Antrag zu entscheiden.

Regel 105 Straftaten. Ein Antrag auf Überprüfung kann auf Artikel 112a Absatz 2e) EPÜ gestützt werden, wenn die Straftat durch ein zuständiges Gericht oder eine zuständige Behörde rechtskräftig festgestellt worden ist; einer Verurteilung bedarf es nicht.

Regel 106 Rügepflicht. Ein Antrag nach Artikel 112a Absatz 2a) bis d) ist nur zulässig, wenn der Verfahrensmangel während des Beschwerdeverfahrens beanstandet wurde und die Beschwerdekammer den Einwand zurückgewiesen hat, es sei denn, der Einwand konnte im Beschwerdeverfahren nicht erhoben werden.

Regel 107 Inhalt des Antrags auf Überprüfung. (1) Der Antrag muss enthalten:
a) den Namen und die Anschrift des Antragstellers nach Maßgabe der Regel 41 Absatz 2c);

b) die Angabe der zu überprüfenden Entscheidung.

(2) Im Antrag ist darzulegen, aus welchen Gründen die Entscheidung der Beschwerdekammer aufzuheben ist und auf welche Tatsachen und Beweismittel der Antrag gestützt wird.

(3) Die Vorschriften des Dritten Teils der Ausführungsordnung sind auf den Antrag auf Überprüfung und die im Verfahren eingereichten Unterlagen entsprechend anzuwenden.

Regel 108 Prüfung des Antrags. (1) Entspricht der Antrag nicht Artikel 112a Absatz 1, 2 oder 4, Regel 106 oder Regel 107 Absatz 1b) oder 2, so verwirft die Große Beschwerdekammer den Antrag als unzulässig, sofern die Mängel nicht vor Ablauf der nach Artikel 112a Absatz 4 maßgebenden Frist beseitigt worden sind.

(2) [1] Stellt die Große Beschwerdekammer fest, dass der Antrag Regel 107 Absatz 1a) nicht entspricht, so teilt sie dies dem Antragsteller mit und fordert ihn auf, innerhalb einer zu bestimmenden Frist die festgestellten Mängel zu beseitigen. [2] Werden diese nicht rechtzeitig beseitigt, so verwirft die Große Beschwerdekammer den Antrag als unzulässig.

(3) [1] Ist der Antrag begründet, so hebt die Große Beschwerdekammer die Entscheidung der Beschwerdekammer auf und ordnet die Wiedereröffnung des Verfahrens vor der nach Regel 12 Absatz 4 zuständigen Beschwerdekammer an. [2] Die Große Beschwerdekammer kann anordnen, dass Mitglieder der Beschwerdekammer, die an der aufgehobenen Entscheidung mitgewirkt haben, zu ersetzen sind.

Regel 109 Verfahren bei Anträgen auf Überprüfung. (1) [1] In Verfahren nach Artikel 112a sind die Vorschriften für das Verfahren vor den Beschwerdekammern anzuwenden, sofern nichts anderes bestimmt ist. [2] Regel 115 Absatz 1 Satz 2, Regel 118 Absatz 2 Satz 1 und Regel 132 Absatz 2 sind nicht anzuwenden. [3] Die Große Beschwerdekammer kann eine von Regel 4 Absatz 1 Satz 1 abweichende Frist bestimmen.

(2) Die Große Beschwerdekammer

a) in der Besetzung mit zwei rechtskundigen und einem technisch vorgebildeten Mitglied prüft alle Anträge auf Überprüfung und verwirft offensichtlich unzulässige oder unbegründete Anträge; eine solche Entscheidung bedarf der Einstimmigkeit;

b) in der Besetzung mit vier rechtskundigen und einem technisch vorgebildeten Mitglied entscheidet, wenn der Antrag nicht nach Buchstabe a verworfen wurde.

(3) In der Besetzung nach Absatz 2a) entscheidet die Große Beschwerdekammer ohne Mitwirkung anderer Beteiligter auf der Grundlage des Antrags.

Regel 110 Rückzahlung der Gebühr für einen Antrag auf Überprüfung. Die Große Beschwerdekammer ordnet die Rückzahlung der Gebühr für einen Antrag auf Überprüfung an, wenn das Verfahren vor den Beschwerdekammern wiedereröffnet wird.

Siebenter Teil. Ausführungsvorschriften zum Siebenten Teil des Übereinkommens

Kapitel I. Entscheidungen und Mitteilungen des Europäischen Patentamts

Regel 111 Form der Entscheidungen. (1) [1]Findet eine mündliche Verhandlung vor dem Europäischen Patentamt statt, so können die Entscheidungen verkündet werden. [2]Später sind die Entscheidungen schriftlich abzufassen und den Beteiligten zuzustellen.

(2) [1]Entscheidungen des Europäischen Patentamts, die mit der Beschwerde angefochten werden können, sind zu begründen und mit einem Hinweis darüber zu versehen, dass gegen die Entscheidung die Beschwerde statthaft ist, wobei die Beteiligten auf die Artikel 106 bis 108 aufmerksam zu machen sind, deren Wortlaut beizufügen ist. [2]Die Beteiligten können aus der Unterlassung des Hinweises keine Ansprüche herleiten.

Regel 112 Feststellung eines Rechtsverlusts. (1) Stellt das Europäische Patentamt fest, dass ein Rechtsverlust eingetreten ist, ohne dass eine Entscheidung über die Zurückweisung der europäischen Patentanmeldung, die Erteilung, den Widerruf oder die Aufrechterhaltung des europäischen Patents oder über die Beweisaufnahme ergangen ist, so teilt es dies dem betroffenen Beteiligten mit.

(2) [1]Ist der Beteiligte der Auffassung, dass die Feststellung des Europäischen Patentamts nicht zutrifft, so kann er innerhalb von zwei Monaten nach der Mitteilung nach Absatz 1 eine Entscheidung beantragen. [2]Das Europäische Patentamt trifft eine solche Entscheidung nur dann, wenn es die Auffassung des Beteiligten nicht teilt; andernfalls unterrichtet es ihn.

Regel 113 Unterschrift, Name, Dienstsiegel. (1) Entscheidungen, Ladungen, Mitteilungen und Bescheide des Europäischen Patentamts sind mit der Unterschrift und dem Namen des zuständigen Bediensteten zu versehen.

(2) [1]Wird ein in Absatz 1 genanntes Schriftstück von dem zuständigen Bediensteten mit Hilfe eines Computers erstellt, so kann die Unterschrift durch ein Dienstsiegel ersetzt werden. [2]Wird das Schriftstück automatisch durch einen Computer erstellt, so kann auch die Namensangabe des zuständigen Bediensteten entfallen. [3]Dies gilt auch für vorgedruckte Bescheide und Mitteilungen.

Kapitel II. Einwendungen Dritter

Regel 114 Einwendungen Dritter. (1) [1]Einwendungen Dritter sind schriftlich in einer Amtssprache des Europäischen Patentamts einzureichen und zu begründen. [2]Regel 3 Absatz 3 ist anzuwenden.

(2) Die Einwendungen werden dem Anmelder oder Patentinhaber mitgeteilt, der dazu Stellung nehmen kann.

Kapitel III. Mündliche Verhandlung und Beweisaufnahme

Regel 115 Ladung zur mündlichen Verhandlung. (1) [1]Zur mündlichen Verhandlung nach Artikel 116 werden die Beteiligten unter Hinweis auf Absatz 2 geladen. [2]Die Ladungsfrist beträgt mindestens zwei Monate, sofern die Beteiligten nicht mit einer kürzeren Frist einverstanden sind.

(2) Ist ein zu einer mündlichen Verhandlung ordnungsgemäß geladener Beteiligter vor dem Europäischen Patentamt nicht erschienen, so kann das Verfahren ohne ihn fortgesetzt werden.

Regel 116 Vorbereitung der mündlichen Verhandlung. (1) [1]Mit der Ladung weist das Europäische Patentamt auf die Fragen hin, die es für die zu treffende Entscheidung als erörterungsbedürftig ansieht. [2]Gleichzeitig wird ein Zeitpunkt bestimmt, bis zu dem Schriftsätze zur Vorbereitung der mündlichen Verhandlung eingereicht werden können. [3]Regel 132 ist nicht anzuwenden. [4]Nach diesem Zeitpunkt vorgebrachte neue Tatsachen und Beweismittel brauchen nicht berücksichtigt zu werden, soweit sie nicht wegen einer Änderung des dem Verfahren zugrunde liegenden Sachverhalts zuzulassen sind.

(2) [1]Sind dem Anmelder oder Patentinhaber die Gründe mitgeteilt worden, die der Erteilung oder Aufrechterhaltung des Patents entgegenstehen, so kann er aufgefordert werden, bis zu dem in Absatz 1 Satz 2 genannten Zeitpunkt Unterlagen einzureichen, die den Erfordernissen des Übereinkommens genügen. [2]Absatz 1 Sätze 3 und 4 ist entsprechend anzuwenden.

Regel 117 Entscheidung über eine Beweisaufnahme. [1]Hält das Europäische Patentamt die Vernehmung von Beteiligten, Zeugen oder Sachverständigen oder eine Augenscheinseinnahme für erforderlich, so erlässt es eine entsprechende Entscheidung, in der das betreffende Beweismittel, die rechtserheblichen Tatsachen und Tag, Uhrzeit und Ort der Beweisaufnahme angegeben werden. [2]Hat ein Beteiligter die Vernehmung von Zeugen oder Sachverständigen beantragt, so wird in der Entscheidung eine Frist bestimmt, in der der Antragsteller deren Namen und Anschrift mitteilen muss.

Regel 118 Ladung zur Vernehmung vor dem Europäischen Patentamt. (1) Die vor dem Europäischen Patentamt zu vernehmenden Beteiligten, Zeugen oder Sachverständigen sind zu laden.

(2) [1]Die Frist zur Ladung von Beteiligten, Zeugen und Sachverständigen zur Beweisaufnahme beträgt mindestens zwei Monate, sofern diese nicht mit einer kürzeren Frist einverstanden sind. [2]Die Ladung muss enthalten:

a) einen Auszug aus der in Regel 117 genannten Entscheidung, aus der Tag, Uhrzeit und Ort der angeordneten Beweisaufnahme sowie die Tatsachen hervorgehen, über die die Beteiligten, Zeugen oder Sachverständigen vernommen werden sollen;

b) die Namen der Beteiligten sowie die Rechte, die den Zeugen und Sachverständigen nach Regel 122 Absätze 2 bis 4 zustehen;

c) einen Hinweis darauf, dass der Beteiligte, Zeuge oder Sachverständige seine Vernehmung durch ein zuständiges Gericht seines Wohnsitzstaats nach Regel 120 beantragen kann, sowie eine Aufforderung, dem Europäischen Patentamt innerhalb einer zu bestimmenden Frist mitzuteilen, ob er bereit ist, vor dem Europäischen Patentamt zu erscheinen.

Regel 119 Durchführung der Beweisaufnahme vor dem Europäischen Patentamt. (1) Die Prüfungsabteilung, die Einspruchsabteilung und die Beschwerdekammer können eines ihrer Mitglieder mit der Durchführung der Beweisaufnahme beauftragen.

(2) Beteiligte, Zeugen und Sachverständige werden vor ihrer Vernehmung darauf hingewiesen, dass das Europäische Patentamt das zuständige Gericht in ihrem Wohnsitzstaat um Wiederholung der Vernehmung unter Eid oder in gleichermaßen verbindlicher Form ersuchen kann.

(3) Die Beteiligten können an der Beweisaufnahme teilnehmen und sachdienliche Fragen an die vernommenen Personen richten.

Regel 120 Vernehmung vor dem zuständigen nationalen Gericht.

(1) [1] Ein vor das Europäische Patentamt geladener Beteiligter, Zeuge oder Sachverständiger kann beim Europäischen Patentamt beantragen, dass er vor einem zuständigen Gericht in seinem Wohnsitzstaat vernommen wird. [2] Wird dies beantragt oder erfolgt innerhalb der in der Ladung festgesetzten Frist keine Äußerung, so kann das Europäische Patentamt nach Artikel 131 Absatz 2 das zuständige Gericht ersuchen, den Betroffenen zu vernehmen.

(2) Hält das Europäische Patentamt die erneute Vernehmung eines von ihm vernommenen Beteiligten, Zeugen oder Sachverständigen unter Eid oder in gleichermaßen verbindlicher Form für zweckmäßig, so kann es nach Artikel 131 Absatz 2 das zuständige Gericht im Wohnsitzstaat des Betroffenen hierum ersuchen.

(3) Ersucht das Europäische Patentamt das zuständige Gericht um die Vernehmung, so kann es das Gericht ersuchen, die Vernehmung unter Eid oder in gleichermaßen verbindlicher Form vorzunehmen und es einem Mitglied des betreffenden Organs zu gestatten, der Vernehmung beizuwohnen und über das Gericht oder unmittelbar Fragen an den Beteiligten, Zeugen oder Sachverständigen zu richten.

Regel 121 Beauftragung von Sachverständigen. (1) Das Europäische Patentamt entscheidet, in welcher Form das Gutachten des von ihm beauftragten Sachverständigen zu erstatten ist.

(2) Der Auftrag an den Sachverständigen muss enthalten:

a) die genaue Umschreibung der Aufgabe;
b) die Frist für die Erstattung des Gutachtens;
c) die Namen der am Verfahren Beteiligten;
d) einen Hinweis auf die Rechte, die ihm nach Regel 122 Absätze 2 bis 4 zustehen.

(3) Die Beteiligten erhalten eine Abschrift des schriftlichen Gutachtens.

(4) [1] Die Beteiligten können den Sachverständigen ablehnen. [2] Über die Ablehnung entscheidet das Organ des Europäischen Patentamts, das für die Beauftragung des Sachverständigen zuständig ist.

Regel 122 Kosten der Beweisaufnahme. (1) Das Europäische Patentamt kann die Beweisaufnahme davon abhängig machen, dass der Beteiligte, der sie beantragt hat, beim Europäischen Patentamt einen Vorschuss hinterlegt, dessen Höhe im Wege einer Schätzung der voraussichtlichen Kosten bestimmt wird.

(2) [1] Zeugen oder Sachverständige, die vom Europäischen Patentamt geladen worden sind und vor diesem erscheinen, haben Anspruch auf Erstattung angemessener Reise- und Aufenthaltskosten. [2] Es kann ihnen ein Vorschuss auf

diese Kosten gewährt werden. [3] Satz 1 gilt auch für Personen, die ohne Ladung vor dem Europäischen Patentamt erscheinen und als Zeugen oder Sachverständige vernommen werden.

(3) [1] Zeugen, denen nach Absatz 2 ein Erstattungsanspruch zusteht, haben Anspruch auf eine angemessene Entschädigung für Verdienstausfall; Sachverständige haben Anspruch auf Vergütung ihrer Tätigkeit. [2] Diese Entschädigung oder Vergütung wird den Zeugen und Sachverständigen gezahlt, nachdem sie ihre Pflicht oder ihren Auftrag erfüllt haben.

(4) [1] Der Verwaltungsrat legt die Einzelheiten der Anwendung der Absätze 2 und 3 fest. [2] Das Europäische Patentamt zahlt die nach den Absätzen 2 und 3 fälligen Beträge aus.

Regel 123 Beweissicherung. (1) [1] Das Europäische Patentamt kann auf Antrag zur Sicherung eines Beweises unverzüglich eine Beweisaufnahme über Tatsachen vornehmen, die für eine Entscheidung von Bedeutung sein können, die das Europäische Patentamt hinsichtlich einer europäischen Patentanmeldung oder eines europäischen Patents wahrscheinlich zu treffen hat, wenn zu befürchten ist, dass die Beweisaufnahme zu einem späteren Zeitpunkt erschwert oder unmöglich sein wird. [2] Der Zeitpunkt der Beweisaufnahme ist dem Anmelder oder Patentinhaber so rechtzeitig mitzuteilen, dass er daran teilnehmen kann. [3] Er kann sachdienliche Fragen stellen.

(2) Der Antrag muss enthalten:

a) Angaben zur Person des Antragstellers nach Maßgabe der Regel 41 Absatz 2c);
b) eine ausreichende Bezeichnung der europäischen Patentanmeldung oder des europäischen Patents;
c) die Angabe der Tatsachen, über die Beweis erhoben werden soll;
d) die Angabe der Beweismittel;
e) die Darlegung und die Glaubhaftmachung des Grunds, der die Besorgnis rechtfertigt, dass die Beweisaufnahme zu einem späteren Zeitpunkt erschwert oder unmöglich sein wird.

(3) Der Antrag gilt erst als gestellt, wenn die vorgeschriebene Gebühr entrichtet worden ist.

(4) [1] Für die Entscheidung über den Antrag und für eine daraufhin erfolgende Beweisaufnahme ist das Organ des Europäischen Patentamts zuständig, das die Entscheidung zu treffen hätte, für die die zu beweisenden Tatsachen von Bedeutung sein können. [2] Die Vorschriften über die Beweisaufnahme in Verfahren vor dem Europäischen Patentamt sind anzuwenden.

Regel 124 Niederschrift über mündliche Verhandlungen und Beweisaufnahmen. (1) Über eine mündliche Verhandlung oder Beweisaufnahme wird eine Niederschrift aufgenommen, die den wesentlichen Gang der mündlichen Verhandlung oder Beweisaufnahme, die rechtserheblichen Erklärungen der Beteiligten, die Aussagen der Beteiligten, Zeugen oder Sachverständigen und das Ergebnis eines Augenscheins enthalten soll.

(2) [1] Die Niederschrift über die Aussage eines Zeugen, Sachverständigen oder Beteiligten wird diesem vorgelesen, zur Durchsicht vorgelegt oder, wenn sie mit technischen Einrichtungen aufgezeichnet wurde, vorgespielt, sofern er nicht auf dieses Recht verzichtet. [2] In der Niederschrift wird vermerkt, dass dies

geschehen und die Niederschrift von der Person genehmigt ist, die ausgesagt hat. [3]Wird die Niederschrift nicht genehmigt, so werden die Einwendungen vermerkt. [4]Das Vorspielen der Niederschrift und die Genehmigung erübrigen sich, wenn die Aussage wörtlich und unmittelbar unter Verwendung von technischen Einrichtungen aufgezeichnet wurde.

(3) Die Niederschrift wird von dem Bediensteten, der für die Aufnahme zuständig ist, und dem Bediensteten, der die mündliche Verhandlung oder Beweisaufnahme leitet, durch ihre Unterschrift oder andere geeignete Mittel als authentisch bestätigt.

(4) Die Beteiligten erhalten eine Abschrift der Niederschrift.

Kapitel IV. Zustellungen

Regel 125 Allgemeine Vorschriften. (1) [1]Das Europäische Patentamt stellt von Amts wegen alle Entscheidungen und Ladungen sowie die Bescheide und Mitteilungen zu, durch die eine Frist in Lauf gesetzt wird oder die nach dem Übereinkommen zuzustellen sind oder für die der Präsident des Europäischen Patentamts die Zustellung vorgeschrieben hat. [2]Zugestellt wird dabei entweder das Originalschriftstück, eine vom Europäischen Patentamt beglaubigte oder mit Dienstsiegel versehene Abschrift dieses Schriftstücks, ein mit Dienstsiegel versehener Computerausdruck oder ein elektronisches Dokument, das ein Dienstsiegel aufweist oder anderweitig beglaubigt ist. [3]Abschriften von Schriftstücken, die von Beteiligten eingereicht werden, bedürfen keiner solchen Beglaubigung.

(2) Die Zustellung wird bewirkt:

a) durch Postdienste nach Regel 126;

b) durch Einrichtungen zur elektronischen Nachrichtenübermittlung nach Regel 127;

c) durch Übergabe im Europäischen Patentamt nach Regel 128 oder

d) durch öffentliche Bekanntmachung nach Regel 129.

(3) Die Zustellung durch Vermittlung der Zentralbehörde für den gewerblichen Rechtsschutz eines Vertragsstaats erfolgt nach dem von dieser Behörde in nationalen Verfahren anzuwendenden Recht.

(4) Kann das Europäische Patentamt die formgerechte Zustellung eines Schriftstücks nicht nachweisen oder ist das Schriftstück unter Verletzung von Zustellungsvorschriften zugegangen, so gilt das Schriftstück als an dem Tag zugestellt, den das Europäische Patentamt als Tag des Zugangs nachweist.

Regel 126 Zustellung durch Postdienste. (1) Alle Zustellungen durch Postdienste erfolgen mittels eingeschriebenen Briefs.

(2) Bei der Zustellung gemäß Absatz 1 gilt der Brief mit dem zehnten Tag nach der Übergabe an den Postdiensteanbieter als zugestellt, es sei denn, er ist nicht oder an einem späteren Tag zugegangen; im Zweifel hat das Europäische Patentamt den Zugang des Schriftstücks und gegebenenfalls den Tag des Zugangs nachzuweisen.

(3) Die Zustellung gemäß Absatz 1 gilt auch dann als bewirkt, wenn die Annahme des Briefs verweigert wird.

(4) Soweit die Zustellung durch Postdienste durch die Absätze 1 bis 3 nicht geregelt ist, ist das Recht des Staats anzuwenden, in dem die Zustellung erfolgt.

Regel 127 Zustellung durch Einrichtungen zur elektronischen Nachrichtenübermittlung. (1) Die Zustellung kann durch Einrichtungen zur elektronischen Nachrichtenübermittlung bewirkt werden, die der Präsident des Europäischen Patentamts unter Festlegung der Bedingungen für ihre Benutzung bestimmt.

(2) Bei der Zustellung durch Einrichtungen zur elektronischen Nachrichtenübermittlung gilt das elektronische Dokument mit dem zehnten Tag nach seiner Übermittlung als zugestellt, es sei denn, es ist nicht oder an einem späteren Tag zugegangen; im Zweifel hat das Europäische Patentamt den Zugang des elektronischen Dokuments und gegebenenfalls den Tag des Zugangs nachzuweisen.

Regel 128 Zustellung durch unmittelbare Übergabe. [1]Die Zustellung kann in den Dienstgebäuden des Europäischen Patentamts durch unmittelbare Übergabe des Schriftstücks an den Empfänger bewirkt werden, der dabei den Empfang zu bescheinigen hat. [2]Die Zustellung gilt auch dann als bewirkt, wenn der Empfänger die Annahme des Schriftstücks oder die Bescheinigung des Empfangs verweigert.

Regel 129 Öffentliche Zustellung. (1) Kann die Anschrift des Empfängers nicht festgestellt werden oder war die Zustellung nach Regel 126 Absatz 1 auch nach einem zweiten Versuch unmöglich, so wird durch öffentliche Bekanntmachung zugestellt.

(2) Der Präsident des Europäischen Patentamts bestimmt, in welcher Weise die öffentliche Bekanntmachung erfolgt und wann die Frist von einem Monat zu laufen beginnt, nach deren Ablauf das Schriftstück als zugestellt gilt.

Regel 130 Zustellung an Vertreter. (1) Ist ein Vertreter bestellt worden, so werden die Zustellungen an den Vertreter gerichtet.

(2) Sind mehrere Vertreter für einen Beteiligten bestellt, so genügt die Zustellung an einen von ihnen.

(3) Haben mehrere Beteiligte einen gemeinsamen Vertreter, so genügt die Zustellung an den gemeinsamen Vertreter.

Kapitel V. Fristen

Regel 131 Berechnung der Fristen. (1) Die Fristen werden nach vollen Tagen, Wochen, Monaten oder Jahren berechnet.

(2) [1]Bei der Fristberechnung wird mit dem Tag begonnen, der auf den Tag folgt, an dem das Ereignis eingetreten ist, aufgrund dessen der Fristbeginn festgelegt wird; dieses Ereignis kann eine Handlung oder der Ablauf einer früheren Frist sein. [2]Besteht die Handlung in einer Zustellung, so ist das maßgebliche Ereignis der Zugang des zugestellten Schriftstücks, sofern nichts anderes bestimmt ist.

(3) Ist als Frist ein Jahr oder eine Anzahl von Jahren bestimmt, so endet die Frist in dem maßgeblichen folgenden Jahr in dem Monat und an dem Tag, der durch seine Benennung dem Monat und durch seine Zahl dem Tag entspricht, an dem das Ereignis eingetreten ist; hat der betreffende nachfolgende Monat keinen Tag mit der entsprechenden Zahl, so läuft die Frist am letzten Tag dieses Monats ab.

(4) Ist als Frist ein Monat oder eine Anzahl von Monaten bestimmt, so endet die Frist in dem maßgeblichen folgenden Monat an dem Tag, der durch seine Zahl dem Tag entspricht, an dem das Ereignis eingetreten ist; hat der betreffende nachfolgende Monat keinen Tag mit der entsprechenden Zahl, so läuft die Frist am letzten Tag dieses Monats ab.

(5) Ist als Frist eine Woche oder eine Anzahl von Wochen bestimmt, so endet die Frist in der maßgeblichen Woche an dem Tag, der durch seine Benennung dem Tag entspricht, an dem das Ereignis eingetreten ist.

Regel 132 Vom Europäischen Patentamt bestimmte Fristen. (1) Nimmt das Übereinkommen oder diese Ausführungsordnung auf eine „zu bestimmende Frist" Bezug, so wird diese Frist vom Europäischen Patentamt bestimmt.

(2) [1] Sofern nichts anderes bestimmt ist, beträgt eine vom Europäischen Patentamt bestimmte Frist nicht weniger als zwei und nicht mehr als vier Monate sowie, wenn besondere Umstände vorliegen, nicht mehr als sechs Monate. [2] In besonderen Fällen kann die Frist vor Ablauf auf Antrag verlängert werden.

Regel 133 Verspäteter Zugang von Schriftstücken. (1) Ein beim Europäischen Patentamt verspätet eingegangenes Schriftstück gilt als rechtzeitig eingegangen, wenn es nach Maßgabe der vom Präsidenten des Europäischen Patentamts festgelegten Bedingungen rechtzeitig vor Ablauf der Frist bei einem anerkannten Postdiensteanbieter aufgegeben wurde, es sei denn, das Schriftstück ist später als drei Monate nach Ablauf der Frist eingegangen.

(2) Absatz 1 ist entsprechend anzuwenden, falls Handlungen bei der zuständigen Behörde nach Artikel 75 Absätze 1b) oder 2b) vorgenommen werden.

Regel 134 Verlängerung von Fristen. (1) [1] Läuft eine Frist an einem Tag ab, an dem eine der Annahmestellen des Europäischen Patentamts nach Regel 35 Absatz 1 zur Entgegennahme von Schriftstücken nicht geöffnet ist oder an dem die Post aus anderen als den in Absatz 2 genannten Gründen dort nicht zugestellt wird, so erstreckt sich die Frist auf den nächstfolgenden Tag, an dem alle Annahmestellen zur Entgegennahme von Schriftstücken geöffnet sind und an dem die Post zugestellt wird. [2] Satz 1 ist entsprechend anzuwenden, wenn Schriftstücke, die durch vom Präsidenten des Europäischen Patentamts gemäß Regel 2 Absatz 1 zugelassene Einrichtungen zur elektronischen Nachrichtenübermittlung eingereicht werden, nicht entgegengenommen werden können.

(2) [1] Läuft eine Frist an einem Tag ab, an dem die Zustellung oder Übermittlung der Post in einem Vertragsstaat allgemein gestört war, so erstreckt sich die Frist für Beteiligte, die in diesem Staat ihren Wohnsitz oder Sitz haben oder einen Vertreter mit Geschäftssitz in diesem Staat bestellt haben, auf den ersten Tag nach Beendigung der Störung. [2] Ist der betreffende Staat der Sitzstaat des Europäischen Patentamts, so gilt diese Vorschrift für alle Beteiligten und ihre Vertreter. [3] Satz 1 ist auf die Frist nach Regel 37 Absatz 2 entsprechend anzuwenden.

(3) Die Absätze 1 und 2 sind entsprechend anzuwenden, wenn Handlungen bei der zuständigen Behörde nach Artikel 75 Absätze 1b) oder 2b) vorgenommen werden.

(4) Der Tag des Beginns und des Endes einer Störung nach Absatz 2 wird vom Europäischen Patentamt bekannt gemacht.

(5) [1] Unbeschadet der Absätze 1 bis 4 kann jeder Beteiligte nachweisen, dass an einem der letzten zehn Tage vor Ablauf einer Frist die Zustellung oder Übermittlung der Post mit Wirkung für den Sitz oder Wohnsitz oder den Ort der Geschäftstätigkeit des Beteiligten oder seines Vertreters durch ein außerordentliches Ereignis wie eine Naturkatastrophe, einen Krieg, eine Störung der öffentlichen Ordnung, einen allgemeinen Ausfall einer der vom Präsidenten des Europäischen Patentamts gemäß Regel 2 Absatz 1 zugelassenen Einrichtungen zur elektronischen Nachrichtenübermittlung oder durch ähnliche Ursachen gestört war. [2] Ist dieser Nachweis für das Europäische Patentamt überzeugend, so gilt ein verspätet eingegangenes Schriftstück als rechtzeitig eingegangen, sofern der Versand spätestens am fünften Tag nach Ende der Störung vorgenommen wurde.

Regel 135 Weiterbehandlung. (1) [1] Der Antrag auf Weiterbehandlung nach Artikel 121 Absatz 1 ist durch Entrichtung der vorgeschriebenen Gebühr innerhalb von zwei Monaten nach der Mitteilung über die Fristversäumung oder einen Rechtsverlust zu stellen. [2] Die versäumte Handlung ist innerhalb der Antragsfrist nachzuholen.

(2) Von der Weiterbehandlung ausgeschlossen sind die in Artikel 121 Absatz 4 genannten Fristen sowie die Fristen nach Regel 6 Absatz 1, Regel 16 Absatz 1 a), Regel 31 Absatz 2, Regel 36 Absatz 2, Regel 40 Absatz 3, Regel 51 Absätze 2 bis 5, Regel 52 Absätze 2 und 3, Regeln 55, 56, 58, 59, 62a, 63, 64, Regel 112 Absatz 2 und Regel 164 Absätze 1 und 2.

(3) Über den Antrag auf Weiterbehandlung entscheidet das Organ, das über die versäumte Handlung zu entscheiden hat.

Regel 136 Wiedereinsetzung. (1) [1] Der Antrag auf Wiedereinsetzung nach Artikel 122 Absatz 1 ist innerhalb von zwei Monaten nach Wegfall des Hindernisses, spätestens jedoch innerhalb eines Jahres nach Ablauf der versäumten Frist schriftlich zu stellen. [2] Wird Wiedereinsetzung in eine der Fristen nach Artikel 87 Absatz 1 und Artikel 112a Absatz 4 beantragt, so ist der Antrag innerhalb von zwei Monaten nach Ablauf dieser Frist zu stellen. [3] Der Antrag auf Wiedereinsetzung gilt erst als gestellt, wenn die vorgeschriebene Gebühr entrichtet worden ist.

(2) [1] Der Antrag auf Wiedereinsetzung ist zu begründen, wobei die zur Begründung dienenden Tatsachen glaubhaft zu machen sind. [2] Die versäumte Handlung ist innerhalb der nach Absatz 1 maßgeblichen Antragsfrist nachzuholen.

(3) Von der Wiedereinsetzung ausgeschlossen sind alle Fristen, für die Weiterbehandlung nach Artikel 121 beantragt werden kann, sowie die Frist für den Antrag auf Wiedereinsetzung in den vorigen Stand.

(4) Über den Antrag auf Wiedereinsetzung entscheidet das Organ, das über die versäumte Handlung zu entscheiden hat.

Kapitel VI. Änderungen und Berichtigungen

Regel 137 Änderung der europäischen Patentanmeldung. (1) Vor Erhalt des europäischen Recherchenberichts darf der Anmelder die Beschreibung, die Patentansprüche oder die Zeichnungen der europäischen Patentanmeldung nicht ändern, sofern nichts anderes bestimmt ist.

(2) Zusammen mit Stellungnahmen, Berichtigungen oder Änderungen, die in Erwiderung auf Mitteilungen des Europäischen Patentamts nach Regel 70a Absatz 1 oder 2 oder Regel 161 Absatz 1 vorgenommen werden, kann der Anmelder von sich aus die Beschreibung, die Patentansprüche und die Zeichnungen ändern.

(3) Weitere Änderungen können nur mit Zustimmung der Prüfungsabteilung vorgenommen werden.

(4) [1] Bei der Einreichung von Änderungen nach den Absätzen 1 bis 3 kennzeichnet der Anmelder diese und gibt ihre Grundlage in der ursprünglich eingereichten Fassung der Anmeldung an. [2] Stellt die Prüfungsabteilung fest, dass eines dieser beiden Erfordernisse nicht erfüllt ist, so kann sie verlangen, dass dieser Mangel innerhalb einer Frist von einem Monat beseitigt wird.

(5) [1] Geänderte Patentansprüche dürfen sich nicht auf nicht recherchierte Gegenstände beziehen, die mit der ursprünglich beanspruchten Erfindung oder Gruppe von Erfindungen nicht durch eine einzige allgemeine erfinderische Idee verbunden sind. [2] Sie dürfen sich auch nicht auf gemäß Regel 62a oder Regel 63 nicht recherchierte Gegenstände beziehen.

Regel 138 Unterschiedliche Patentansprüche, Beschreibungen und Zeichnungen für verschiedene Staaten. Wird dem Europäischen Patentamt das Bestehen eines älteren Rechts nach Artikel 139 Absatz 2 mitgeteilt, so kann die europäische Patentanmeldung oder das europäische Patent für diesen Staat oder diese Staaten unterschiedliche Patentansprüche und gegebenenfalls unterschiedliche Beschreibungen und Zeichnungen enthalten.

Regel 139 Berichtigung von Mängeln in den beim Europäischen Patentamt eingereichten Unterlagen. [1] Sprachliche Fehler, Schreibfehler und Unrichtigkeiten in den beim Europäischen Patentamt eingereichten Unterlagen können auf Antrag berichtigt werden. [2] Betrifft der Antrag auf Berichtigung jedoch die Beschreibung, die Patentansprüche oder die Zeichnungen, so muss die Berichtigung derart offensichtlich sein, dass sofort erkennbar ist, dass nichts anderes beabsichtigt sein konnte als das, was als Berichtigung vorgeschlagen wird.

Regel 140 Berichtigung von Fehlern in Entscheidungen. In Entscheidungen des Europäischen Patentamts können nur sprachliche Fehler, Schreibfehler und offenbare Unrichtigkeiten berichtigt werden.

Kapitel VII. Auskünfte über den Stand der Technik

Regel 141 Auskünfte über den Stand der Technik. (1) Ein Anmelder, der im Sinne des Artikels 87 eine Priorität in Anspruch nimmt, hat eine Kopie der Recherchenergebnisse der Behörde, bei der die frühere Anmeldung eingereicht worden ist, zusammen mit der europäischen Patentanmeldung, im Fall einer Euro-PCT-Anmeldung bei Eintritt in die europäische Phase, oder unverzüglich, sobald ihm diese Ergebnisse vorliegen, einzureichen.

(2) Die in Absatz 1 genannte Kopie gilt als ordnungsgemäß eingereicht, wenn sie dem Europäischen Patentamt zugänglich ist und unter den vom

Präsidenten des Europäischen Patentamts festgelegten Bedingungen in die Akte der europäischen Patentanmeldung aufzunehmen ist.

(3) Unbeschadet der Absätze 1 und 2 kann das Europäische Patentamt den Anmelder auffordern, innerhalb einer Frist von zwei Monaten Auskünfte zu erteilen über den Stand der Technik im Sinne des Artikels 124 Absatz 1.

Kapitel VIII. Unterbrechung des Verfahrens

Regel 142 Unterbrechung des Verfahrens. (1) Das Verfahren vor dem Europäischen Patentamt wird unterbrochen:

a) im Fall des Todes oder der fehlenden Geschäftsfähigkeit des Anmelders oder Patentinhabers oder der Person, die nach dem Heimatrecht des Anmelders oder Patentinhabers zu dessen Vertretung berechtigt ist. Solange die genannten Ereignisse die Vertretungsbefugnis eines nach Artikel 134 bestellten Vertreters nicht berühren, tritt eine Unterbrechung des Verfahrens jedoch nur auf Antrag dieses Vertreters ein;

b) wenn der Anmelder oder Patentinhaber aufgrund eines gegen sein Vermögen gerichteten Verfahrens aus rechtlichen Gründen verhindert ist, das Verfahren fortzusetzen;

c) wenn der Vertreter des Anmelders oder Patentinhabers stirbt, seine Geschäftsfähigkeit verliert oder aufgrund eines gegen sein Vermögen gerichteten Verfahrens aus rechtlichen Gründen verhindert ist, das Verfahren fortzusetzen.

(2) [1] Wird dem Europäischen Patentamt bekannt, wer in den Fällen des Absatzes 1 a) oder b) berechtigt ist, das Verfahren fortzusetzen, so teilt es dieser Person und gegebenenfalls den übrigen Beteiligten mit, dass das Verfahren nach Ablauf einer zu bestimmenden Frist wiederaufgenommen wird. [2] Wenn dem Europäischen Patentamt drei Jahre nach der Bekanntmachung des Tags der Unterbrechung im Europäischen Patentblatt nicht bekannt geworden ist, wer berechtigt ist, das Verfahren fortzusetzen, kann es einen Zeitpunkt festsetzen, zu dem es beabsichtigt, das Verfahren von Amts wegen wiederaufzunehmen.

(3) [1] Im Fall des Absatzes 1c) wird das Verfahren wiederaufgenommen, wenn dem Europäischen Patentamt die Bestellung eines neuen Vertreters des Anmelders angezeigt wird oder das Amt den übrigen Beteiligten die Bestellung eines neuen Vertreters des Patentinhabers angezeigt hat. [2] Hat das Europäische Patentamt drei Monate nach dem Beginn der Unterbrechung des Verfahrens noch keine Anzeige über die Bestellung eines neuen Vertreters erhalten, so teilt es dem Anmelder oder Patentinhaber mit:

a) im Fall des Artikels 133 Absatz 2, dass die europäische Patentanmeldung als zurückgenommen gilt oder das europäische Patent widerrufen wird, wenn die Anzeige nicht innerhalb von zwei Monaten nach Zustellung dieser Mitteilung erfolgt, oder

b) andernfalls, dass das Verfahren ab der Zustellung dieser Mitteilung mit dem Anmelder oder Patentinhaber wiederaufgenommen wird.

(4) [1] Die am Tag der Unterbrechung laufenden Fristen, mit Ausnahme der Frist zur Stellung des Prüfungsantrags und der Frist für die Entrichtung der Jahresgebühren, beginnen an dem Tag von Neuem zu laufen, an dem das Verfahren wiederaufgenommen wird. [2] Liegt dieser Tag später als zwei Monate

vor Ablauf der Frist zur Stellung des Prüfungsantrags, so kann ein Prüfungsantrag noch innerhalb von zwei Monaten nach diesem Tag gestellt werden.

Kapitel IX. Unterrichtung der Öffentlichkeit

Regel 143 Eintragungen in das Europäische Patentregister. (1) Im Europäischen Patentregister werden folgende Angaben eingetragen:

a) Nummer der europäischen Patentanmeldung;
b) Anmeldetag der Anmeldung;
c) Bezeichnung der Erfindung;
d) Symbole der Klassifikation der Anmeldung;
e) die benannten Vertragsstaaten;
f) Angaben zur Person des Anmelders oder Patentinhabers nach Maßgabe der Regel 41 Absatz 2c);
g) Name, Vornamen und Anschrift des vom Anmelder oder Patentinhaber genannten Erfinders, sofern er nicht nach Regel 20 Absatz 1 auf das Recht verzichtet hat, als Erfinder bekannt gemacht zu werden;
h) Angaben zur Person des Vertreters des Anmelders oder Patentinhabers nach Maßgabe der Regel 41 Absatz 2d); im Fall mehrerer Vertreter nur die Angaben zur Person des zuerst genannten Vertreters, gefolgt von den Worten „und Partner" sowie im Fall eines Zusammenschlusses von Vertretern nach Regel 152 Absatz 11 nur Name und Anschrift des Zusammenschlusses;
i) Prioritätsangaben (Tag, Staat und Aktenzeichen der früheren Anmeldung);
j) im Fall der Teilung der europäischen Patentanmeldung die Nummern aller Teilanmeldungen;
k) bei Teilanmeldungen oder nach Artikel 61 Absatz 1b) eingereichten neuen Anmeldungen die unter den Buchstaben a, b und i vorgesehenen Angaben für die frühere europäische Patentanmeldung;
l) Tag der Veröffentlichung der Anmeldung und gegebenenfalls Tag der gesonderten Veröffentlichung des europäischen Recherchenberichts;
m) Tag der Stellung eines Prüfungsantrags;
n) Tag, an dem die Anmeldung zurückgewiesen oder zurückgenommen worden ist oder als zurückgenommen gilt;
o) Tag der Bekanntmachung des Hinweises auf die Erteilung des europäischen Patents;
p) Tag des Erlöschens des europäischen Patents in einem Vertragsstaat während der Einspruchsfrist und gegebenenfalls bis zur rechtskräftigen Entscheidung über den Einspruch;
q) Tag der Einlegung des Einspruchs;
r) Tag und Art der Entscheidung über den Einspruch;
s) Tag der Aussetzung und der Fortsetzung des Verfahrens im Fall der Regeln 14 und 78;
t) Tag der Unterbrechung und der Wiederaufnahme des Verfahrens im Fall der Regel 142;
u) Tag der Wiedereinsetzung in den vorigen Stand, sofern eine Eintragung nach den Buchstaben n oder r erfolgt ist;
v) die Einreichung eines Umwandlungsantrags nach Artikel 135 Absatz 3;

w) Rechte an der Anmeldung oder am europäischen Patent und Rechte an diesen Rechten, soweit ihre Eintragung in dieser Ausführungsordnung vorgesehen ist;

x) Tag und Art der Entscheidung über den Antrag auf Beschränkung oder Widerruf des europäischen Patents;

y) Tag und Art der Entscheidung der Großen Beschwerdekammer über den Antrag auf Überprüfung.

(2) Der Präsident des Europäischen Patentamts kann bestimmen, dass in das Europäische Patentregister andere als die in Absatz 1 vorgesehenen Angaben eingetragen werden.

Regel 144 Von der Einsicht ausgeschlossene Aktenteile. Von der Akteneinsicht sind nach Artikel 128 Absatz 4 folgende Aktenteile ausgeschlossen:

a) Unterlagen über die Frage der Ausschließung oder Ablehnung von Mitgliedern der Beschwerdekammern oder der Großen Beschwerdekammer;

b) Entwürfe zu Entscheidungen und Bescheiden sowie sonstige Schriftstücke, die der Vorbereitung von Entscheidungen und Bescheiden dienen und den Beteiligten nicht mitgeteilt werden;

c) die Erfindernennung, wenn der Erfinder nach Regel 20 Absatz 1 auf das Recht verzichtet hat, als Erfinder bekannt gemacht zu werden;

d) andere Schriftstücke, die vom Präsidenten des Europäischen Patentamts von der Einsicht ausgeschlossen werden, weil die Einsicht in diese Schriftstücke nicht dem Zweck dient, die Öffentlichkeit über die europäische Patentanmeldung oder das europäische Patent zu unterrichten.

Regel 145 Durchführung der Akteneinsicht. (1) Die Einsicht in die Akten europäischer Patentanmeldungen und Patente wird in das Original oder in eine Kopie oder, wenn die Akten mittels anderer Medien gespeichert sind, in diese Medien gewährt.

(2) Der Präsident des Europäischen Patentamts bestimmt die Bedingungen der Einsichtnahme einschließlich der Fälle, in denen eine Verwaltungsgebühr zu entrichten ist.

Regel 146 Auskunft aus den Akten. [1]Das Europäische Patentamt kann vorbehaltlich der in Artikel 128 Absätze 1 bis 4 und Regel 144 vorgesehenen Beschränkungen auf Antrag und gegen Entrichtung einer Verwaltungsgebühr Auskünfte aus den Akten europäischer Patentanmeldungen oder europäischer Patente erteilen. [2]Das Europäische Patentamt kann jedoch verlangen, dass von der Möglichkeit der Akteneinsicht Gebrauch gemacht wird, wenn dies im Hinblick auf den Umfang der zu erteilenden Auskünfte zweckmäßig erscheint.

Regel 147 Anlage, Führung und Aufbewahrung von Akten. (1) Zu allen europäischen Patentanmeldungen und Patenten werden vom Europäischen Patentamt Akten in elektronischer Form angelegt, geführt und aufbewahrt.

(2) Der Präsident des Europäischen Patentamts bestimmt die erforderlichen technischen und administrativen Bedingungen für die Verwaltung elektronischer Akten nach Maßgabe von Absatz 1.

(3) [1]In eine elektronische Akte aufgenommene Unterlagen gelten als Originale. [2]Die ursprünglich eingereichte Papierfassung einer solchen Unterlage wird erst nach Ablauf von mindestens fünf Jahren vernichtet. [3]Diese Aufbewahrungsdauer beginnt am Ende des Jahres, in dem die Unterlage in die elektronische Akte aufgenommen wurde.

(4) Die Akten werden mindestens fünf Jahre ab dem Ende des Jahres aufbewahrt, in dem

a) die Anmeldung zurückgewiesen oder zurückgenommen worden ist oder als zurückgenommen gilt oder
b) das Patent vom Europäischen Patentamt widerrufen worden ist oder
c) die Geltungsdauer des Patents oder der entsprechende Schutz nach Artikel 63 Absatz 2 im letzten der benannten Staaten abgelaufen ist.

(5) [1]Unbeschadet des Absatzes 4 werden die Akten von Anmeldungen, die Gegenstand von Teilanmeldungen nach Artikel 76 oder einer neuen Anmeldung nach Artikel 61 Absatz 1b) waren, zumindest für dieselbe Zeitdauer wie die Akten der letztgenannten Anmeldungen aufbewahrt. [2]Das Gleiche gilt für die Akten von europäischen Patenten, die aufgrund dieser Anmeldungen erteilt worden sind.

Kapitel X. Rechts- und Amtshilfe

Regel 148 Verkehr des Europäischen Patentamts mit Behörden der Vertragsstaaten. (1) [1]Bei Mitteilungen, die sich aus der Anwendung dieses Übereinkommens ergeben, verkehren das Europäische Patentamt und die Zentralbehörden für den gewerblichen Rechtsschutz der Vertragsstaaten unmittelbar miteinander. [2]Das Europäische Patentamt und die Gerichte sowie die übrigen Behörden der Vertragsstaaten können miteinander durch Vermittlung dieser Zentralbehörden verkehren.

(2) Die Kosten, die durch die Mitteilungen nach Absatz 1 entstehen, sind von der Behörde zu tragen, die die Mitteilungen gemacht hat; diese Mitteilungen sind gebührenfrei.

Regel 149 Akteneinsicht durch Gerichte und Behörden der Vertragsstaaten oder durch deren Vermittlung. (1) Die Einsicht in die Akten einer europäischen Patentanmeldung oder eines europäischen Patents durch Gerichte und Behörden der Vertragsstaaten wird in das Original oder in eine Kopie gewährt; Regel 145 ist nicht anzuwenden.

(2) [1]Gerichte und Staatsanwaltschaften der Vertragsstaaten können in Verfahren, die bei ihnen anhängig sind, Dritten Einsicht in die vom Europäischen Patentamt übermittelten Akten oder Kopien der Akten gewähren. [2]Die Akteneinsicht wird nach Maßgabe des Artikels 128 gewährt und ist gebührenfrei.

(3) Das Europäische Patentamt weist bei der Übermittlung der Akten auf die Beschränkungen hin, denen die Akteneinsicht durch Dritte nach Artikel 128 Absätze 1 und 4 unterworfen sein kann.

Regel 150 Verfahren bei Rechtshilfeersuchen. (1) Jeder Vertragsstaat bestimmt eine zentrale Behörde, die vom Europäischen Patentamt ausgehende Rechtshilfeersuchen entgegenzunehmen und dem zuständigen Gericht oder der zuständigen Behörde zur Erledigung zuzuleiten hat.

(2) Das Europäische Patentamt fasst Rechtshilfeersuchen in der Sprache des zuständigen Gerichts oder der zuständigen Behörde ab oder fügt den Rechtshilfeersuchen eine Übersetzung in dieser Sprache bei.

(3) Vorbehaltlich der Absätze 5 und 6 hat das zuständige Gericht oder die zuständige Behörde bei der Erledigung eines Ersuchens und insbesondere bei der Anwendung geeigneter Zwangsmittel in den Formen zu verfahren, die das nationale Recht vorsieht.

(4) [1] Ist das ersuchte Gericht oder die ersuchte Behörde nicht zuständig, so ist das Rechtshilfeersuchen von Amts wegen unverzüglich an die in Absatz 1 genannte zentrale Behörde zurückzusenden. [2] Die zentrale Behörde übermittelt das Rechtshilfeersuchen, wenn ein anderes Gericht oder eine andere Behörde in diesem Staat zuständig ist, diesem Gericht oder dieser Behörde oder, wenn kein Gericht oder keine Behörde in diesem Staat zuständig ist, dem Europäischen Patentamt.

(5) Das Europäische Patentamt ist von Zeit und Ort der durchzuführenden Beweisaufnahme oder der anderen vorzunehmenden gerichtlichen Handlungen zu benachrichtigen und unterrichtet seinerseits die betreffenden Beteiligten, Zeugen und Sachverständigen.

(6) Auf Ersuchen des Europäischen Patentamts gestattet das zuständige Gericht oder die zuständige Behörde die Teilnahme von Mitgliedern des betreffenden Organs und erlaubt diesen, an vernommene Personen über das Gericht oder die Behörde oder unmittelbar Fragen zu richten.

(7) [1] Für die Erledigung von Rechtshilfeersuchen dürfen Gebühren und Auslagen irgendwelcher Art nicht erhoben werden. [2] Der ersuchte Staat ist jedoch berechtigt, von der Organisation die Erstattung der an Sachverständige oder Dolmetscher gezahlten Entschädigung sowie der Auslagen zu verlangen, die durch das Verfahren nach Absatz 6 entstanden sind.

(8) [1] Haben nach dem von dem zuständigen Gericht oder der zuständigen Behörde angewendeten Recht die Beteiligten selbst für die Aufnahme der Beweise zu sorgen und ist das Gericht oder die Behörde zur Erledigung des Rechtshilfeersuchens außerstande, so kann das Gericht oder die Behörde mit Einverständnis des Europäischen Patentamts eine geeignete Person mit der Erledigung beauftragen. [2] Bei der Einholung des Einverständnisses gibt das zuständige Gericht oder die zuständige Behörde die ungefähre Höhe der Kosten an, die durch dieses Verfahren entstehen. [3] Durch das Einverständnis des Europäischen Patentamts wird die Organisation verpflichtet, die entstehenden Kosten zu erstatten; andernfalls ist die Organisation zur Zahlung der Kosten nicht verpflichtet.

Kapitel XI. Vertretung

Regel 151 Bestellung eines gemeinsamen Vertreters. (1) [1] Wird eine europäische Patentanmeldung von mehreren Personen eingereicht und ist im Antrag auf Erteilung eines europäischen Patents kein gemeinsamer Vertreter bezeichnet, so gilt der Anmelder, der im Antrag als Erster genannt ist, als gemeinsamer Vertreter. [2] Ist einer der Anmelder jedoch verpflichtet, einen zugelassenen Vertreter zu bestellen, so gilt dieser Vertreter als gemeinsamer Vertreter, sofern nicht der im Antrag als Erster genannte Anmelder einen zugelassenen Vertreter bestellt hat. [3] Entsprechendes gilt für gemeinsame Patentinhaber und mehrere Personen, die gemeinsam Einspruch einlegen oder den Beitritt erklären.

(2) [1] Geht die europäische Patentanmeldung auf mehrere Personen über und haben diese Personen keinen gemeinsamen Vertreter bezeichnet, so ist Absatz 1 entsprechend anzuwenden. [2] Ist eine entsprechende Anwendung nicht möglich, so fordert das Europäische Patentamt die genannten Personen auf, innerhalb einer zu bestimmenden Frist einen gemeinsamen Vertreter zu bestellen. [3] Wird dieser Aufforderung nicht entsprochen, so bestimmt das Europäische Patentamt den gemeinsamen Vertreter.

Regel 152 Vollmacht. (1) Der Präsident des Europäischen Patentamts bestimmt, in welchen Fällen die Vertreter vor dem Europäischen Patentamt eine unterzeichnete Vollmacht einzureichen haben.

(2) [1] Versäumt es ein Vertreter, eine solche Vollmacht einzureichen, so fordert ihn das Europäische Patentamt auf, dies innerhalb einer zu bestimmenden Frist nachzuholen. [2] Die Vollmacht kann sich auf eine oder mehrere europäische Patentanmeldungen oder europäische Patente erstrecken und ist in der entsprechenden Stückzahl einzureichen.

(3) Ist den Erfordernissen des Artikels 133 Absatz 2 nicht entsprochen, so wird für die Bestellung eines Vertreters und die Einreichung der Vollmacht dieselbe Frist gesetzt.

(4) [1] Die Beteiligten können allgemeine Vollmachten einreichen, die einen Vertreter zur Vertretung in allen Patentangelegenheiten bevollmächtigen. [2] Die allgemeine Vollmacht braucht nur in einem Stück eingereicht zu werden.

(5) Der Präsident des Europäischen Patentamts kann Form und Inhalt

a) einer Vollmacht, die die Vertretung von Personen im Sinne des Artikels 133 Absatz 2 betrifft, und

b) einer allgemeinen Vollmacht

bestimmen.

(6) Wird eine vorgeschriebene Vollmacht nicht rechtzeitig eingereicht, so gelten unbeschadet anderer in diesem Übereinkommen vorgesehener Rechtsfolgen die Handlungen des Vertreters mit Ausnahme der Einreichung einer europäischen Patentanmeldung als nicht erfolgt.

(7) Die Absätze 2 und 4 sind auf den Widerruf von Vollmachten anzuwenden.

(8) Ein Vertreter gilt so lange als bevollmächtigt, bis das Erlöschen seiner Vollmacht dem Europäischen Patentamt angezeigt worden ist.

(9) Sofern die Vollmacht nichts anderes bestimmt, erlischt sie gegenüber dem Europäischen Patentamt nicht mit dem Tod des Vollmachtgebers.

(10) Hat ein Beteiligter mehrere Vertreter bestellt, so sind diese ungeachtet einer abweichenden Bestimmung in der Anzeige über ihre Bestellung oder in der Vollmacht berechtigt, sowohl gemeinschaftlich als auch einzeln zu handeln.

(11) Die Bevollmächtigung eines Zusammenschlusses von Vertretern gilt als Bevollmächtigung für jeden Vertreter, der den Nachweis erbringt, dass er in diesem Zusammenschluss tätig ist.

Regel 153 Zeugnisverweigerungsrecht. (1) Wird ein zugelassener Vertreter in ebendieser Eigenschaft zurate gezogen, so sind in Verfahren vor dem

Europäischen Patentamt alle diesbezüglichen Mitteilungen zwischen dem Vertreter und seinem Mandanten oder Dritten, die unter Artikel 2 der Vorschriften in Disziplinarangelegenheiten von zugelassenen Vertretern fallen, auf Dauer von der Offenlegung befreit, sofern der Mandant darauf nicht ausdrücklich verzichtet.

(2) Von der Offenlegung befreit sind insbesondere Mitteilungen und Unterlagen in Bezug auf:

a) die Beurteilung der Patentierbarkeit einer Erfindung;
b) die Erstellung oder Bearbeitung einer europäischen Patentanmeldung;
c) Stellungnahmen zu Gültigkeit, Schutzbereich oder Verletzung eines europäischen Patents oder einer europäischen Patentanmeldung.

Regel 154 Änderungen in der Liste der Vertreter. (1) Die Eintragung des zugelassenen Vertreters in der Liste der zugelassenen Vertreter wird gelöscht, wenn der zugelassene Vertreter dies beantragt oder trotz einer Mahnung den fälligen Jahresbeitrag an das Institut nicht innerhalb von fünf Monaten ab

a) dem 1. Januar für Mitglieder, die an diesem Tag in der Liste eingetragen sind, oder
b) dem Tag der Eintragung für Mitglieder, die nach dem 1. Januar des Jahres, für das der Beitrag fällig ist, in die Liste eingetragen worden sind, entrichtet hat.

(2) Unbeschadet der nach Artikel 134a Absatz 1c) getroffenen Disziplinarmaßnahmen wird die Eintragung eines zugelassenen Vertreters von Amts wegen nur gelöscht:

a) im Fall seines Todes oder bei fehlender Geschäftsfähigkeit;
b) wenn er nicht mehr die Staatsangehörigkeit eines Vertragsstaats besitzt, sofern ihm nicht Befreiung nach Artikel 134 Absatz 7a) erteilt wurde;
c) wenn er seinen Geschäftssitz oder Arbeitsplatz nicht mehr in einem Vertragsstaat hat.

(3) Eine nach Artikel 134 (2) oder (3) in die Liste der zugelassenen Vertreter eingetragene Person, deren Eintragung gelöscht worden ist, wird auf Antrag wieder in die Liste eingetragen, wenn die Voraussetzungen für die Löschung entfallen sind.

Achter Teil. Ausführungsvorschriften zum Achten Teil des Übereinkommens

Regel 155 Einreichung und Übermittlung des Umwandlungsantrags.

(1) [1]Der Umwandlungsantrag nach Artikel 135 Absatz 1a) oder b) ist innerhalb von drei Monaten nach der Zurücknahme der europäischen Patentanmeldung oder der Mitteilung, dass die Anmeldung als zurückgenommen gilt, oder der Entscheidung über die Zurückweisung der Anmeldung oder den Widerruf des europäischen Patents einzureichen. [2]Wird der Antrag nicht rechtzeitig eingereicht, so erlischt die in Artikel 66 vorgesehene Wirkung der europäischen Patentanmeldung.

(2) Bei der Übermittlung des Umwandlungsantrags an die Zentralbehörden für den gewerblichen Rechtsschutz der darin bezeichneten Vertragsstaaten fügt

die betreffende Zentralbehörde oder das Europäische Patentamt dem Antrag eine Kopie der Akte der europäischen Patentanmeldung oder des europäischen Patents bei.

(3) Artikel 135 Absatz 4 ist anzuwenden, wenn der Umwandlungsantrag nach Artikel 135 Absätze 1a) und 2 nicht vor Ablauf von zwanzig Monaten nach dem Anmeldetag oder, wenn eine Priorität in Anspruch genommen worden ist, nach dem Prioritätstag übermittelt wird.

Regel 156 Unterrichtung der Öffentlichkeit bei Umwandlungen.

(1) Die Unterlagen, die dem Umwandlungsantrag nach Regel 155 Absatz 2 beizufügen sind, sind der Öffentlichkeit von der Zentralbehörde für den gewerblichen Rechtsschutz unter den gleichen Voraussetzungen und im gleichen Umfang wie die Unterlagen eines nationalen Verfahrens zugänglich zu machen.

(2) Auf den Patentschriften der nationalen Patente, die aus der Umwandlung einer europäischen Patentanmeldung hervorgehen, ist diese Anmeldung anzugeben.

Neunter Teil. Ausführungsvorschriften zum Zehnten Teil des Übereinkommens

Regel 157 Das Europäische Patentamt als Anmeldeamt. (1) [1] Das Europäische Patentamt ist als Anmeldeamt im Sinne des PCT zuständig, wenn der Anmelder Staatsangehöriger eines Vertragsstaats dieses Übereinkommens und des PCT ist oder dort seinen Wohnsitz oder Sitz hat. [2] Wählt der Anmelder das Europäische Patentamt als Anmeldeamt, so ist die internationale Anmeldung unbeschadet des Absatzes 3 unmittelbar beim Europäischen Patentamt einzureichen. [3] Artikel 75 Absatz 2 ist entsprechend anzuwenden.

(2) [1] Wird das Europäische Patentamt als Anmeldeamt nach dem PCT tätig, so ist die internationale Anmeldung in deutscher, englischer oder französischer Sprache einzureichen. [2] Der Präsident des Europäischen Patentamts kann bestimmen, dass die internationale Anmeldung und dazugehörige Unterlagen in mehreren Stücken einzureichen sind.

(3) Wird eine internationale Anmeldung bei einer Behörde eines Vertragsstaats zur Weiterleitung an das Europäische Patentamt als Anmeldeamt eingereicht, so hat der Vertragsstaat dafür zu sorgen, dass die Anmeldung beim Europäischen Patentamt spätestens zwei Wochen vor Ablauf des dreizehnten Monats nach ihrer Einreichung oder, wenn eine Priorität in Anspruch genommen wird, nach dem Prioritätstag eingeht.

(4) Für die internationale Anmeldung ist die Übermittlungsgebühr innerhalb eines Monats nach Einreichung der Anmeldung zu entrichten.

Regel 158 Das Europäische Patentamt als Internationale Recherchenbehörde oder als mit der internationalen vorläufigen Prüfung beauftragte Behörde. (1) Im Fall des Artikels 17 Absatz 3a) PCT[1)] ist für jede weitere Erfindung, für die eine internationale Recherche durchzuführen ist, eine zusätzliche internationale Recherchengebühr zu entrichten.

[1)] Nr. **65**.

(2) Im Fall des Artikels 34 Absatz 3a) PCT[1)] ist für jede weitere Erfindung, für die eine internationale vorläufige Prüfung durchzuführen ist, eine zusätzliche Gebühr für diese Prüfung zu entrichten.

(3) [1] Ist eine zusätzliche Gebühr unter Widerspruch entrichtet worden, so nimmt das Europäische Patentamt die Prüfung des Widerspruchs nach Regel 40.2c) bis e) oder Regel 68.3c) bis e) PCT vorbehaltlich der Zahlung der vorgeschriebenen Widerspruchsgebühr vor. [2] Weitere Einzelheiten des Verfahrens bestimmt der Präsident des Europäischen Patentamts.

Regel 159 Das Europäische Patentamt als Bestimmungsamt oder ausgewähltes Amt – Erfordernisse für den Eintritt in die europäische Phase. (1) Für eine internationale Anmeldung nach Artikel 153 hat der Anmelder innerhalb von einunddreißig Monaten nach dem Anmeldetag oder, wenn eine Priorität in Anspruch genommen worden ist, nach dem Prioritätstag die folgenden Handlungen vorzunehmen:

a) die gegebenenfalls nach Artikel 153 Absatz 4 erforderliche Übersetzung der internationalen Anmeldung einzureichen;

b) die Anmeldungsunterlagen anzugeben, die dem europäischen Erteilungsverfahren in der ursprünglich eingereichten oder in geänderter Fassung zugrunde zu legen sind;

c) die Anmeldegebühr nach Artikel 78 Absatz 2 zu entrichten;

d) die Benennungsgebühr zu entrichten, wenn die Frist nach Regel 39 Absatz 1 früher abläuft;

e) die Recherchengebühr zu entrichten, wenn ein ergänzender europäischer Recherchenbericht erstellt werden muss;

f) den Prüfungsantrag nach Artikel 94 zu stellen, wenn die Frist nach Regel 70 Absatz 1 früher abläuft;

g) die Jahresgebühr für das dritte Jahr nach Artikel 86 Absatz 1 zu entrichten, wenn diese Gebühr nach Regel 51 Absatz 1 früher fällig wird;

h) gegebenenfalls die Ausstellungsbescheinigung nach Artikel 55 Absatz 2 und Regel 25 einzureichen.

(2) Für Entscheidungen des Europäischen Patentamts nach Artikel 25 Absatz 2a) PCT[1)] sind die Prüfungsabteilungen zuständig.

Regel 160 Folgen der Nichterfüllung bestimmter Erfordernisse.

(1) Wird die Übersetzung der internationalen Anmeldung nicht rechtzeitig eingereicht oder der Prüfungsantrag nicht rechtzeitig gestellt oder wird die Anmeldegebühr, die Recherchengebühr oder die Benennungsgebühr nicht rechtzeitig entrichtet, so gilt die europäische Patentanmeldung als zurückgenommen.

(2) [1] Stellt das Europäische Patentamt fest, dass die Anmeldung nach Absatz 1 als zurückgenommen gilt, so teilt es dies dem Anmelder mit. [2] Regel 112 Absatz 2 ist entsprechend anzuwenden.

[1)] Nr. **65**.

Regel 161[1] **Änderung der Anmeldung.** (1) [1]Ist das Europäische Patentamt für eine Euro-PCT-Anmeldung als Internationale Recherchenbehörde und, wenn ein Antrag nach Artikel 31 PCT gestellt wurde, auch als mit der internationalen vorläufigen Prüfung beauftragte Behörde tätig gewesen, so gibt es dem Anmelder Gelegenheit, zum schriftlichen Bescheid der Internationalen Recherchenbehörde oder zum internationalen vorläufigen Prüfungsbericht Stellung zu nehmen, und fordert ihn gegebenenfalls auf, innerhalb von sechs Monaten nach der entsprechenden Mitteilung die im schriftlichen Bescheid oder im internationalen vorläufigen Prüfungsbericht festgestellten Mängel zu beseitigen und die Beschreibung, die Patentansprüche und die Zeichnungen zu ändern. [2]Hat das Europäische Patentamt einen ergänzenden internationalen Recherchenbericht erstellt, ergeht die Aufforderung gemäß Satz 1 in Bezug auf die Erläuterungen nach Maßgabe der Regel 45*bis*.7 e) PCT. [3]Wenn der Anmelder einer Aufforderung nach Satz 1 oder Satz 2 weder nachkommt noch zu ihr Stellung nimmt, gilt die Anmeldung als zurückgenommen.

(2) [1]Erstellt das Europäische Patentamt einen ergänzenden europäischen Recherchenbericht zu einer Euro-PCT-Anmeldung, so kann die Anmeldung innerhalb von sechs Monaten nach einer entsprechenden Mitteilung an den Anmelder einmal geändert werden. [2]Die geänderte Anmeldung wird der ergänzenden europäischen Recherche zugrunde gelegt.

Regel 162[2] **Gebührenpflichtige Patentansprüche.** (1) Enthalten die Anmeldungsunterlagen, die dem europäischen Erteilungsverfahren zugrunde zu legen sind, mehr als fünfzehn Ansprüche, so sind für den sechzehnten und jeden weiteren Anspruch innerhalb der Frist nach Regel 159 Absatz 1 Anspruchsgebühren nach Maßgabe der Gebührenordnung zu entrichten.

(2) [1]Werden die Anspruchsgebühren nicht rechtzeitig entrichtet, so können sie noch innerhalb der Frist nach Regel 161 Absatz 1 bzw. Absatz 2 entrichtet werden. [2]Werden innerhalb dieser Frist geänderte Ansprüche eingereicht, so werden die Anspruchsgebühren auf der Grundlage der geänderten Ansprüche berechnet und sind innerhalb dieser Frist zu entrichten.

(3) Anspruchsgebühren, die innerhalb der Frist nach Absatz 1 entrichtet werden und die nach Absatz 2 Satz 2 fälligen Gebühren übersteigen, werden zurückerstattet.

(4) Wird eine Anspruchsgebühr nicht rechtzeitig entrichtet, so gilt dies als Verzicht auf den entsprechenden Patentanspruch.

Regel 163 Prüfung bestimmter Formerfordernisse durch das Europäische Patentamt. (1) Sind die Angaben über den Erfinder nach Regel 19 Absatz 1 nicht innerhalb der Frist nach Regel 159 Absatz 1 mitgeteilt worden, so fordert das Europäische Patentamt den Anmelder auf, die Angaben innerhalb von zwei Monaten zu machen.

(2) [1]Wird die Priorität einer früheren Anmeldung in Anspruch genommen und ist das Aktenzeichen der früheren Anmeldung oder deren Abschrift nach Regel 52 Absatz 1 und Regel 53 nicht innerhalb der Frist nach Regel 159

---

[1] Die neu gefassten Regeln 161 und 162 gelten für Euro-PCT-Anmeldungen, für die bis 1. Mai 2011 keine Mitteilung nach den geltenden Regeln 161 und 162 ergangen ist

[2] Die neu gefassten Regeln 161 und 162 gelten für Euro-PCT-Anmeldungen, für die bis 1. Mai 2011 keine Mitteilung nach den geltenden Regeln 161 und 162 ergangen ist.

Absatz 1 eingereicht worden, so fordert das Europäische Patentamt den Anmelder auf, das Aktenzeichen oder die Abschrift innerhalb von zwei Monaten einzureichen. [2]Regel 53 Absatz 2 ist anzuwenden.

(3) [1]Liegt dem Europäischen Patentamt bei Ablauf der in Regel 159 Absatz 1 genannten Frist ein dem Standard der Verwaltungsvorschriften zum PCT entsprechendes Sequenzprotokoll nicht vor, so wird der Anmelder aufgefordert, innerhalb von zwei Monaten ein Sequenzprotokoll einzureichen, das den vom Präsidenten des Europäischen Patentamts erlassenen Vorschriften entspricht. [2]Regel 30 Absätze 2 und 3 ist entsprechend anzuwenden.

(4) Liegt bei Ablauf der in Regel 159 Absatz 1 genannten Frist die Anschrift, die Staatsangehörigkeit oder der Wohnsitz bzw. Sitz eines Anmelders nicht vor, so fordert das Europäische Patentamt den Anmelder auf, diese Angaben innerhalb von zwei Monaten nachzureichen.

(5) Sind bei Ablauf der in Regel 159 Absatz 1 genannten Frist die Erfordernisse des Artikels 133 Absatz 2 nicht erfüllt, so fordert das Europäische Patentamt den Anmelder auf, innerhalb von zwei Monaten einen zugelassenen Vertreter zu bestellen.

(6) [1]Werden die in den Absätzen 1, 4 und 5 genannten Mängel nicht rechtzeitig beseitigt, so wird die europäische Patentanmeldung zurückgewiesen. [2]Wird der in Absatz 2 genannte Mangel nicht rechtzeitig beseitigt, so geht das Prioritätsrecht für die Anmeldung verloren.

Regel 164 Einheitlichkeit der Erfindung und weitere Recherchen.

(1) Ist das Europäische Patentamt der Auffassung, dass die Anmeldungsunterlagen, die der ergänzenden europäischen Recherche zugrunde zu legen sind, den Anforderungen an die Einheitlichkeit der Erfindung nicht entsprechen, so

a) erstellt es einen teilweisen ergänzenden Recherchenbericht für die Teile der Anmeldung, die sich auf die zuerst in den Patentansprüchen erwähnte Erfindung oder Gruppe von Erfindungen im Sinne des Artikels 82 beziehen,

b) teilt es dem Anmelder mit, dass für jede weitere Erfindung innerhalb einer Frist von zwei Monaten eine weitere Recherchengebühr zu entrichten ist, wenn der ergänzende europäische Recherchenbericht diese Erfindung erfassen soll, und

c) erstellt es den ergänzenden europäischen Recherchenbericht für die Teile der Anmeldung, die sich auf die Erfindungen beziehen, für die Recherchengebühren entrichtet worden sind.

(2) Wird auf den ergänzenden europäischen Recherchenbericht verzichtet und ist die Prüfungsabteilung der Auffassung, dass in den Anmeldungsunterlagen, die der Prüfung zugrunde zu legen sind, eine Erfindung oder eine Gruppe von Erfindungen im Sinne des Artikels 82 beansprucht wird, zu der das Europäische Patentamt in seiner Eigenschaft als Internationale Recherchenbehörde oder als für die ergänzende internationale Recherche bestimmte Behörde keine Recherche durchgeführt hat, so

a) teilt die Prüfungsabteilung dem Anmelder mit, dass für solche Erfindungen, für die innerhalb einer Frist von zwei Monaten eine Recherchengebühr entrichtet wird, eine Recherche durchgeführt wird,

b) übermittelt sie die Ergebnisse einer nach Buchstabe a durchgeführten Recherche zusammen mit

– einer Mitteilung nach Artikel 94 Absatz 3 und Regel 71 Absätze 1 und 2, in der dem Anmelder die Möglichkeit gegeben wird, zu diesen Ergebnissen Stellung zu nehmen und die Beschreibung, die Patentansprüche und die Zeichnungen zu ändern, oder
– einer Mitteilung nach Regel 71 Absatz 3

und

c) fordert sie gegebenenfalls den Anmelder in der Mitteilung nach Buchstabe b auf, die Anmeldung auf eine Erfindung oder Gruppe von Erfindungen im Sinne des Artikels 82 zu beschränken, für die ein Recherchenbericht vom Europäischen Patentamt in seiner Eigenschaft als Internationale Recherchenbehörde oder als für die ergänzende internationale Recherche bestimmte Behörde erstellt wurde oder für die eine Recherche nach dem Verfahren gemäß Buchstabe a durchgeführt wurde.

(3) Im Verfahren nach Absatz 2 (a) sind die Regeln 62a und 63 entsprechend anzuwenden.

(4) Die Regeln 62 und 70 Absatz 2 finden keine Anwendung auf die Ergebnisse von Recherchen, die nach Absatz 2 durchgeführt wurden.

(5) Eine nach Absatz 1 oder 2 gezahlte Recherchengebühr wird zurückgezahlt, wenn der Anmelder dies beantragt und die Prüfungsabteilung feststellt, dass die Mitteilung nach Absatz 1 (b) oder Absatz 2 (a) nicht gerechtfertigt war.

Regel 165 Die Euro-PCT-Anmeldung als kollidierende Anmeldung nach Artikel 54 Absatz 3. Eine Euro-PCT-Anmeldung gilt als Stand der Technik nach Artikel 54 Absatz 3, wenn die in Artikel 153 Absatz 3 oder 4 festgelegten Voraussetzungen erfüllt sind und die Anmeldegebühr nach Regel 159 Absatz 1c) entrichtet worden ist.

53. Gebührenordnung

In der Fassung des Beschlusses des Verwaltungsrats vom 7. Dezember 2006[1)]
(BGBl. 2007 II S. 1199, 1292)

zuletzt geänd. durch Art. 2 Beschl. v. 27.3.2020 (Abl. EPA Nr. 4 A36)

Der Verwaltungsrat der Europäischen Patentorganisation –

gestützt auf das Europäische Patentübereinkommen, insbesondere auf Artikel 33 Absatz 2 Buchstabe d –

gibt sich hiermit folgende Gebührenordnung:

Art. 1 Allgemeines. Nach den Vorschriften dieser Gebührenordnung werden erhoben:

a) die gemäß dem Übereinkommen und seiner Ausführungsordnung an das Europäische Patentamt (nachstehend Amt genannt) zu entrichtenden Gebühren sowie die Gebühren und Auslagen, die der Präsident des Amts auf Grund des Artikels 3 Absatz 1 festsetzt;

b) die Gebühren und Auslagen nach dem Vertrag über die internationale Zusammenarbeit auf dem Gebiet des Patentwesens (PCT), deren Höhe vom Amt festgesetzt werden kann.

Art. 2 Im Übereinkommen und seiner Ausführungsordnung vorgesehene Gebühren. (1) Die nach Artikel 1 an das Amt zu entrichtenden Gebühren werden wie folgt festgesetzt, sofern in Absatz 2 nichts anderes vorgesehen ist:

		EUR
1.	Anmeldegebühr (Artikel 78 Absatz 2)	
	i) wenn die europäische Patentanmeldung oder, soweit erforderlich, ihre Übersetzung (Artikel 14 Absatz 2) online in zeichencodiertem Format eingereicht wird oder im Falle einer internationalen Anmeldung innerhalb der 31-Monatsfrist (Regel 159 Absatz 1) das Formblatt für den Eintritt in die europäische Phase (EPA Form 1200) und die internationale Anmeldung oder, soweit erforderlich, deren Übersetzung (Regel 159 Absatz 1 a)) und etwaige Änderungen für die Bearbeitung in der europäischen Phase (Regel 159 Absatz 1 b)) alle online in zeichencodiertem Format eingereicht werden	**95**
	ii) wenn alle unter Nummer 1 i) genannten Unterlagen online eingereicht werden, eine davon jedoch in einem anderen als einem zeichencodierten Format	**125**

[1)] Neubekanntmachung der GebührenO v. 20.10.1977 (BGBl. 1978 II S. 1133, 1148) in der ab 1.4. 2018 geltenden konsolidierten Fassung.

	iii) in allen anderen Fällen	**260**
1a.	Zusatzgebühr für eine europäische Patentanmeldung, die mehr als 35 Seiten umfasst (ohne die Seiten des Sequenzprotokolls) (Regel 38 Absatz 2)	zuzüglich **16** EUR für die 36. und jede weitere Seite plus
1b.	Zusatzgebühr im Falle von Teilanmeldungen zu einer früheren Anmeldung, die ihrerseits eine Teilanmeldung ist (Regel 38 Absatz 4)	
	– Gebühr für eine Teilanmeldung der zweiten Generation	**220**
	– Gebühr für eine Teilanmeldung der dritten Generation	**440**
	– Gebühr für eine Teilanmeldung der vierten Generation	**660**
	– Gebühr für eine Teilanmeldung der fünften oder jeder weiteren Generation	**885**
2.	Recherchengebühr	
	– für eine europäische Recherche oder eine ergänzende europäische Recherche zu einer ab dem 1. Juli 2005 eingereichten Anmeldung (Artikel 78 Absatz 2, Regel 62, Regel 64 Absatz 1, Artikel 153 Absatz 7, Regel 164 Absätze 1 und 2)	**1 350**
	– für eine europäische Recherche oder eine ergänzende europäische Recherche zu einer vor dem 1. Juli 2005 eingereichten Anmeldung (Artikel 78 Absatz 2, Regel 64 Absatz 1, Artikel 153 Absatz 7)	**920**
	– für eine internationale Recherche (Regel 16.1 PCT, Regel 40bis PCT in Verbindung mit Regel 20.5^{bis} PCT, Regel 158 Absatz 1)	**1 775**
	– für eine ergänzende internationale Recherche (Regel 45bis.3 a) PCT)	**1 775**
3.	Benennungsgebühr für einen oder mehr benannte Vertragsstaaten (Artikel 79 Absatz 2) für eine ab dem 1. April 2009 eingereichte Anmeldung	**610**
4.	Jahresgebühren für europäische Patentanmeldungen (Artikel 86 Absatz 1), jeweils gerechnet vom Anmeldetag an	
	– für das 3. Jahr	**490**
	– für das 4. Jahr	**610**
	– für das 5. Jahr	**855**
	– für das 6. Jahr	**1 090**
	– für das 7. Jahr	**1 210**
	– für das 8. Jahr	**1 330**
	– für das 9. Jahr	**1 450**

	– für das 10. Jahr und jedes weitere Jahr	**1 640**
5.	Zuschlagsgebühr für die verspätete Zahlung einer Jahresgebühr für die europäische Patentanmeldung (Regel 51 Absatz 2)	**50 %** der verspätet gezahlten Jahresgebühr
6.	Prüfungsgebühr (Artikel 94 Absatz 1)	
	– für eine vor dem 1. Juli 2005 eingereichte Anmeldung	**1 900**
	– für eine ab dem 1. Juli 2005 eingereichte Anmeldung	**1 700**
	– für eine ab dem 1. Juli 2005 eingereichte internationale Anmeldung, für die kein ergänzender europäischer Recherchenbericht erstellt wird (Artikel 153 Absatz 7)	**1 900**
7.	Erteilungsgebühr einschließlich Veröffentlichungsgebühr für die europäische Patentschrift (Regel 71 Absatz 3) für eine ab dem 1. April 2009 eingereichte Anmeldung	
	i) wenn ab dem 1. April 2018 alle etwaigen Änderungen und Berichtigungen der Anmeldung sowie die Übersetzung der Ansprüche online in zeichencodiertem Format eingereicht werden	**860**
	ii) in allen anderen Fällen	
	– wenn die Erteilungsgebühr zwischen dem 1. April 2018 und dem [vom Präsidenten des Amts festzulegendes Datum] entrichtet wird	**960**
	– wenn die Erteilungsgebühr ab dem [vom Präsidenten des Amts festzulegendes Datum] entrichtet wird	**1 065**
8.	Veröffentlichungsgebühr für eine neue europäische Patentschrift (Regel 82 Absatz 2, Regel 95 Absatz 3)	**80**
9.	Zuschlagsgebühr für die verspätete Vornahme von Handlungen zur Aufrechterhaltung des europäischen Patents in geändertem Umfang (Regel 82 Absatz 3, Regel 95 Absatz 3)	**125**
10.	Einspruchsgebühr (Artikel 99 Absatz 1, Artikel 105 Absatz 2)	**815**
10a.	Beschränkungs- oder Widerrufsgebühr (Artikel 105a Absatz 1)	
	– Antrag auf Beschränkung	**1 210**
	– Antrag auf Widerruf	**545**
11.	Beschwerdegebühr (Artikel 108) für eine Beschwerde, die	
	– von einer natürlichen Person oder einer in Regel 6 Absätze 4 und 5 genannten Einheit eingelegt wird	**1 955**
	– von einer sonstigen Einheit eingelegt wird	**2 705**

11a.	Gebühr für den Überprüfungsantrag (Artikel 112a Absatz 4)	**3 025**
12.	Weiterbehandlungsgebühr (Regel 135 Absatz 1)	
	– bei verspäteter Gebührenzahlung	**50 %** der betreffenden Gebühr
	– bei verspäteter Vornahme der nach Regel 71 Absatz 3 erforderlichen Handlungen	**265**
	– in allen anderen Fällen	**265**
13.	Wiedereinsetzungsgebühr/Gebühr für den Antrag auf Wiederherstellung/Gebühr für den Antrag auf Wiedereinsetzung (Regel 136 Absatz 1, Regel 26bis.3 d) PCT, Regel 49ter.2 d) PCT, Regel 49.6 d) i) PCT)	**665**
14.	Umwandlungsgebühr (Artikel 135 Absatz 3, Artikel 140)	**80**
14a.	Gebühr für verspätete Einreichung eines Sequenzprotokolls (Regel 30 Absatz 3)	**240**
15.	Anspruchsgebühr (Regel 45 Absatz 1, Regel 71 Absatz 4, Regel 162 Absatz 1) für eine ab dem 1. April 2009 eingereichte Anmeldung	
	– für den 16. und jeden weiteren Anspruch bis zu einer Obergrenze von 50	**245**
	– für den 51. und jeden weiteren Anspruch	**610**
16.	Kostenfestsetzungsgebühr (Regel 88 Absatz 3)	**80**
17.	Beweissicherungsgebühr (Regel 123 Absatz 3)	**80**
18.	Übermittlungsgebühr für eine internationale Anmeldung (Regel 157 Absatz 4)	
	– wenn der PCT-Antrag (PCT/RO/101) und die internationale Anmeldung beim Amt als Anmeldeamt online in zeichencodiertem Format eingereicht werden	**0**
	– in allen anderen Fällen	**135**
19.	Gebühr für die vorläufige Prüfung einer internationalen Anmeldung (Regel 58 PCT, Regel 158 Absatz 2)	**1 830**
20.	Gebühr für ein technisches Gutachten (Artikel 25)	**4 055**
21.	Widerspruchsgebühr (Regel 158 Absatz 3, Regel 40.2 e) PCT, Regel 68.3 e) PCT)	**910**
22.	Überprüfungsgebühr (Regel 45bis.6 c) PCT)	**910**

(2) Für europäische Patentanmeldungen, die vor dem 1. April 2009 eingereicht wurden, und für internationale Anmeldungen, die vor diesem Zeitpunkt in die regionale Phase eingetreten sind, werden die Beträge der Gebühren, die in Artikel 2 Nummern 3, 3a, 7 und 15 der bis zum 31. März 2009 geltenden Gebührenordnung genannt sind, wie folgt festgesetzt:

3.	Benennungsgebühr für jeden benannten Vertragsstaat (Artikel 79 Absatz 2) mit der Maßgabe, dass mit der Entrichtung des siebenfachen Betrags dieser Gebühr die Benennungsgebühren für alle Vertragsstaaten als entrichtet gelten	**105**
3a.	Gemeinsame Benennungsgebühr für die Schweizerische Eidgenossenschaft und das Fürstentum Liechtenstein	**105**
7.	Erteilungsgebühr einschließlich Druckkostengebühr für die europäische Patentschrift (Regel 71 Absatz 3) bei einer Seitenzahl der für den Druck bestimmten Anmeldungsunterlagen von	
7.1	höchstens 35 Seiten und	
	i) wenn ab dem 1. April 2018 alle etwaigen Änderungen und Berichtigungen der Anmeldung sowie die Übersetzung der Ansprüche online in zeichencodiertem Format eingereicht werden	**860**
	ii) in allen anderen Fällen	
	– wenn die Erteilungsgebühr zwischen dem 1. April 2018 und dem [vom Präsidenten des Amts festzulegendes Datum] entrichtet wird	**960**
	– wenn die Erteilungsgebühr ab dem [vom Präsidenten des Amts festzulegendes Datum] entrichtet wird	**1 065**
7.2	mehr als 35 Seiten Zutreffender Betrag unter Nummer 7.1 zuzüglich **16 EUR** für die 36. und jede weitere Seite	
15.	Anspruchsgebühr für den sechzehnten und jeden weiteren Patentanspruch (Regel 45 Absatz 1, Regel 71 Absatz 4, Regel 162 Absatz 1)	**245**

(3) Der Präsident des Amts legt die in Artikel 2 Absätze 1 und 2 genannten Formate fest und kann bestimmen, unter welchen Bedingungen ein in Artikel 2 Absätze 1 und 2 genanntes Dokument als online in zeichencodiertem Format eingereicht gilt.

(4) Gebührenbeträge, die an die Verwendung einer Einrichtung zur elektronischen Nachrichtenübermittlung oder eines in Artikel 2 Absätze 1 und 2 genannten Formats geknüpft sind, finden erst ab einem vom Präsidenten des Amts festzulegenden Datum Anwendung.

Art. 3 Vom Präsidenten des Amts festgesetzte Gebühren, Auslagen und Verkaufspreise. (1) Der Präsident des Amts setzt die in der Ausführungsordnung genannten Verwaltungsgebühren und, soweit erforderlich, die Gebühren und Auslagen für andere als in Artikel 2 genannte Amtshandlungen des Amts fest.

(2) Der Präsident des Amts setzt ferner die Verkaufspreise der in den Artikeln 93, 98, 103 und 129 des Übereinkommens genannten Veröffentlichungen fest.

(3) Die in Artikel 2 vorgesehenen und die nach Absatz 1 festgesetzten Gebühren und Auslagen werden im Amtsblatt und auf der Website des Europäischen Patentamts veröffentlicht.

Art. 4 Fälligkeit der Gebühren. (1) Gebühren, deren Fälligkeit sich nicht aus den Vorschriften des Übereinkommens oder des PCT oder der dazugehörigen Ausführungsordnungen ergibt, werden mit dem Eingang des Antrags auf Vornahme der gebührenpflichtigen Amtshandlung fällig.

(2) Der Präsident des Amts kann davon absehen, Amtshandlungen im Sinn des Absatzes 1 von der vorherigen Zahlung der entsprechenden Gebühr abhängig zu machen.

Art. 5 Entrichtung der Gebühren. (1) Die an das Amt zu zahlenden Gebühren sind durch Einzahlung oder Überweisung auf ein Bankkonto des Amts in Euro zu entrichten

(2) Der Präsident des Amts kann zulassen, dass die Gebühren auf andere Art als in Absatz 1 vorgesehen entrichtet werden.

Art. 6 Angaben über die Zahlung. (1) Jede Zahlung muss den Einzahler bezeichnen und die notwendigen Angaben enthalten, die es dem Amt ermöglichen, den Zweck der Zahlung ohne Weiteres zu erkennen.

(2) [1] Ist der Zweck der Zahlung nicht ohne Weiteres erkennbar, so fordert das Amt den Einzahler auf, innerhalb einer vom Amt zu bestimmenden Frist diesen Zweck schriftlich mitzuteilen. [2] Kommt der Einzahler der Aufforderung nicht rechtzeitig nach, so gilt die Zahlung als nicht erfolgt.

Art. 7 Maßgebender Zahlungstag. (1) Als Tag des Eingangs einer Zahlung beim Amt gilt der Tag, an dem der eingezahlte oder überwiesene Betrag auf einem Bankkonto des Amts tatsächlich gutgeschrieben wird

(2) Lässt der Präsident des Amts gemäß Artikel 5 Absatz 2 zu, dass die Gebühren auf andere Art als in Artikel 5 Absatz 1 vorgesehen entrichtet werden, so bestimmt er auch den Tag, an dem diese Zahlung als eingegangen gilt.

(3) Gilt eine Gebührenzahlung gemäß den Absätzen 1 und 2 erst nach Ablauf der Frist als eingegangen, innerhalb der sie hätte erfolgen müssen, so gilt diese Frist als eingehalten, wenn dem Amt nachgewiesen wird, dass der Einzahler innerhalb der Frist, in der die Zahlung hätte erfolgen müssen, in einem Vertragsstaat:

i) die Zahlung des Betrags bei einem Bankinstitut veranlasst hat oder

ii) einen Auftrag zur Überweisung des zu entrichtenden Betrags einem Bankinstitut formgerecht erteilt hat.

(4) [1] Das Amt kann den Einzahler auffordern, innerhalb einer vom Amt zu bestimmenden Frist den Nachweis über den Zeitpunkt der Vornahme einer der Handlungen nach Absatz 3 zu erbringen. [2] Kommt der Einzahler dieser Aufforderung nicht nach oder ist der Nachweis ungenügend, so gilt die Zahlungsfrist als versäumt.

Art. 8 Nicht ausreichender Gebührenbetrag. [1] Eine Zahlungsfrist gilt grundsätzlich nur dann als eingehalten, wenn der volle Gebührenbetrag rechtzeitig gezahlt worden ist. [2] Ist nicht die volle Gebühr entrichtet worden, so wird der gezahlte Betrag nach dem Fristablauf zurückerstattet. [3] Das Amt kann jedoch, soweit die laufende Frist es erlaubt, dem Einzahler die Gelegenheit geben, den fehlenden Betrag nachzuzahlen. [4] Es kann ferner, wenn dies der

Billigkeit entspricht, geringfügige Fehlbeträge der zu entrichtenden Gebühr ohne Rechtsnachteil für den Einzahler unberücksichtigt lassen.

Art. 9 Rückerstattung von Recherchengebühren. (1) Die für eine europäische oder eine ergänzende europäische Recherche entrichtete Recherchengebühr wird in voller Höhe zurückerstattet, wenn die europäische Patentanmeldung zu einem Zeitpunkt zurückgenommen oder zurückgewiesen wird oder als zurückgenommen gilt, in dem das Amt mit der Erstellung des Recherchenberichts noch nicht begonnen hat.

(2) Wird der europäische Recherchenbericht auf einen früheren Recherchenbericht gestützt, den das Amt für eine Patentanmeldung, deren Priorität beansprucht wird, oder für eine frühere Anmeldung im Sinn des Artikels 76 oder der Regel 17 des Übereinkommens erstellt hat, so erstattet das Amt gemäß einem Beschluss seines Präsidenten dem Anmelder einen Betrag zurück, dessen Höhe von der Art der früheren Recherche und dem Umfang abhängt, in dem sich das Amt bei der Durchführung der späteren Recherche auf den früheren Recherchenbericht stützen kann.

Art. 10 Rückerstattung der Gebühr für ein technisches Gutachten.

Die Gebühr für ein technisches Gutachten nach Artikel 25 des Übereinkommens wird zu 75% zurückerstattet, wenn das Ersuchen um das Gutachten zurückgenommen wird, bevor das Amt mit seiner Erstellung begonnen hat.

Art. 11 Rückerstattung der Prüfungsgebühr. Die Prüfungsgebühr nach Artikel 94 Absatz 1 des Übereinkommens wird

a) in voller Höhe zurückerstattet, wenn die europäische Patentanmeldung zurückgenommen oder zurückgewiesen wird oder als zurückgenommen gilt, bevor die Sachprüfung begonnen hat;
b) zu 50 % zurückerstattet, wenn die europäische Patentanmeldung zurückgenommen wird, nachdem die Sachprüfung begonnen hat und
– bevor die Frist für die Erwiderung auf die erste von der Prüfungsabteilung selbst erlassene Aufforderung nach Artikel 94 Absatz 3 des Übereinkommens abgelaufen ist oder,
– falls die Prüfungsabteilung keine solche Aufforderung erlassen hat, vor dem Datum der Mitteilung nach Regel 71 Absatz 3 des Übereinkommens.

Art. 12 Rückerstattung von Bagatellbeträgen. [1] Zu viel gezahlte Gebührenbeträge werden nicht zurückerstattet, wenn es sich um Bagatellbeträge handelt und der Verfahrensbeteiligte eine Rückerstattung nicht ausdrücklich beantragt hat. [2] Der Präsident des Amts bestimmt, bis zu welcher Höhe ein Betrag als Bagatellbetrag anzusehen ist.

Art. 13 Beendigung von Zahlungsverpflichtungen. (1) Ansprüche der Organisation auf Zahlung von Gebühren an das Europäische Patentamt erlöschen nach vier Jahren nach Ablauf des Kalenderjahrs, in dem die Gebühr fällig geworden ist.

(2) Ansprüche gegen die Organisation auf Rückerstattung von Gebühren oder von Geldbeträgen, die bei der Entrichtung einer Gebühr zu viel gezahlt worden sind, durch das Europäische Patentamt erlöschen nach vier Jahren nach Ablauf des Kalenderjahrs, in dem der Anspruch entstanden ist.

(3) [1] Die in den Absätzen 1 und 2 vorgesehene Frist wird im Fall des Absatzes 1 durch eine Aufforderung zur Zahlung der Gebühr und im Fall des Absatzes 2 durch eine schriftliche Geltendmachung des Anspruchs unterbrochen. [2] Diese Frist beginnt mit der Unterbrechung erneut zu laufen und endet spätestens sechs Jahre nach Ablauf des Jahres, in dem sie ursprünglich zu laufen begonnen hat, es sei denn, dass der Anspruch gerichtlich geltend gemacht worden ist; in diesem Fall endet die Frist frühestens ein Jahr nach der Rechtskraft der Entscheidung.

(4) Der Präsident des Europäischen Patentamts kann davon absehen, geschuldete Geldbeträge beizutreiben, wenn der beizutreibende Betrag geringfügig oder die Beitreibung zu ungewiss ist.

Art. 14 Gebührenermäßigung. (1) Die in Regel 6 Absatz 3 des Übereinkommens vorgesehene Ermäßigung beträgt 30% der Anmeldegebühr bzw. der Prüfungsgebühr.

(2) [1] Hat das Europäische Patentamt einen internationalen vorläufigen Prüfungsbericht erstellt, so wird die Prüfungsgebühr um 75% ermäßigt. [2] Wurde der Bericht nach Artikel 34.3c) PCT für bestimmte Teile der internationalen Anmeldung erstellt, so wird die Prüfungsgebühr nicht ermäßigt, wenn sich die Prüfung auf einen nicht im Bericht behandelten Gegenstand erstreckt.

Art. 15 Inkrafttreten. Diese Gebührenordnung tritt am 20. Oktober 1977 in Kraft.[1]

---

[1] **Amtl. Anm.:** Revidiert durch Beschluss des Verwaltungsrats vom 7. Dezember 2006 (CA/D 11/06).

54. Richtlinie 98/44/EG des Europäischen Parlaments und des Rates vom 6. Juli 1998 über den rechtlichen Schutz biotechnologischer Erfindungen

Vom 6. Juli 1998

(ABl. L 213 S. 13)

Celex-Nr. 3 1998 L 0044

DAS EUROPÄISCHE PARLAMENT UND DER RAT DER EUROPÄISCHEN UNION –

gestützt auf den Vertrag zur Gründung der Europäischen Gemeinschaft, insbesondere auf Artikel 100a,

auf Vorschlag der Kommission[1],

nach Stellungnahme des Wirtschafts- und Sozialausschusses,[2]

gemäß dem Verfahren des Artikels 189b des Vertrags[3],

in Erwägung nachstehender Gründe:

(1) Biotechnologie und Gentechnik spielen in den verschiedenen Industriezweigen eine immer wichtigere Rolle, und dem Schutz biotechnologischer Erfindungen kommt grundlegende Bedeutung für die industrielle Entwicklung der Gemeinschaft zu.

(2) Die erforderlichen Investitionen zur Forschung und Entwicklung sind insbesondere im Bereich der Gentechnik hoch und risikoreich und können nur bei angemessenem Rechtsschutz rentabel sein.

(3) Ein wirksamer und harmonisierter Schutz in allen Mitgliedstaaten ist wesentliche Voraussetzung dafür, daß Investitionen auf dem Gebiet der Biotechnologie fortgeführt und gefördert werden.

(4) Nach der Ablehnung des vom Vermittlungsausschuß gebilligten gemeinsamen Entwurfs einer Richtlinie des Europäischen Parlaments und des Rates über den rechtlichen Schutz biotechnologischer Erfindungen[4] durch das Europäische Parlament haben das Europäische Parlament und der Rat festgestellt, daß die Lage auf dem Gebiet des Rechtsschutzes biotechnologischer Erfindungen der Klärung bedarf.

(5) In den Rechtsvorschriften und Praktiken der verschiedenen Mitgliedstaaten auf dem Gebiet des Schutzes biotechnologischer Erfindungen bestehen Unterschiede, die zu Handelsschranken führen und so das Funktionieren des Binnenmarkts behindern können.

(6) Diese Unterschiede könnten sich dadurch noch vergrößern, daß die Mitgliedstaaten neue und unterschiedliche Rechtsvorschriften und Verwal-

---

[1] **Amtl. Anm.:** ABl. C 296 vom 8.10.1996, S. 4, und ABl. C 311 vom 11.10.1997, S. 12.

[2] **Amtl. Anm.:** ABl. C 295 vom 7.10.1996, S. 11.

[3] **Amtl. Anm.:** Stellungnahme des Europäischen Parlaments vom 16. Juli 1997 (ABl. C 286 vom 22.9.1997, S. 87), gemeinsamer Standpunkt des Rates vom 26. Februar 1998 (ABl. C 110 vom 8.4. 1998, S. 17) und Beschluß des Europäischen Parlaments vom 12. Mai 1998 (ABl. C 167 vom 1.6. 1998). Beschluß des Rates vom 16. Juni 1998.

[4] **Amtl. Anm.:** ABl. C 68 vom 20.3.1995, S. 26.

tungspraktiken einführen oder daß die Rechtsprechung der einzelnen Mitgliedstaaten sich unterschiedlich entwickelt.

(7) Eine uneinheitliche Entwicklung der Rechtsvorschriften zum Schutz biotechnologischer Erfindungen in der Gemeinschaft könnte zusätzliche ungünstige Auswirkungen auf den Handel haben und damit zu Nachteilen bei der industriellen Entwicklung der betreffenden Erfindungen sowie zur Beeinträchtigung des reibungslosen Funktionierens des Binnenmarkts führen.

(8) Der rechtliche Schutz biotechnologischer Erfindungen erfordert nicht die Einführung eines besonderen Rechts, das an die Stelle des nationalen Patentrechts tritt. Das nationale Patentrecht ist auch weiterhin die wesentliche Grundlage für den Rechtsschutz biotechnologischer Erfindungen; es muß jedoch in bestimmten Punkten angepaßt oder ergänzt werden, um der Entwicklung der Technologie, die biologisches Material benutzt, aber gleichwohl die Voraussetzungen für die Patentierbarkeit erfüllt, angemessen Rechnung zu tragen.

(9) In bestimmten Fällen, wie beim Ausschluß von Pflanzensorten, Tierrassen und von im wesentlichen biologischen Verfahren für die Züchtung von Pflanzen und Tieren von der Patentierbarkeit, haben bestimmte Formulierungen in den einzelstaatlichen Rechtsvorschriften, die sich auf internationale Übereinkommen zum Patent- und Sortenschutz stützen, in bezug auf den Schutz biotechnologischer und bestimmter mikrobiologischer Erfindungen für Unsicherheit gesorgt. Hier ist eine Harmonisierung notwendig, um diese Unsicherheit zu beseitigen.

(10) Das Entwicklungspotential der Biotechnologie für die Umwelt und insbesondere ihr Nutzen für die Entwicklung weniger verunreinigender und den Boden weniger beanspruchender Ackerbaumethoden sind zu berücksichtigen. Die Erforschung solcher Verfahren und deren Anwendung sollte mittels des Patentsystems gefördert werden.

(11) Die Entwicklung der Biotechnologie ist für die Entwicklungsländer sowohl im Gesundheitswesen und bei der Bekämpfung großer Epidemien und Endemien als auch bei der Bekämpfung des Hungers in der Welt von Bedeutung. Die Forschung in diesen Bereichen sollte ebenfalls mittels des Patentsystems gefördert werden. Außerdem sollten internationale Mechanismen zur Verbreitung der entsprechenden Technologien in der Dritten Welt zum Nutzen der betroffenen Bevölkerung in Gang gesetzt werden.

(12) Das Übereinkommen über handelsbezogene Aspekte der Rechte des geistigen Eigentums (TRIPS-Übereinkommen)[1)], das die Europäische Gemeinschaft und ihre Mitgliedstaaten unterzeichnet haben, ist inzwischen in Kraft getreten; es sieht vor, daß der Patentschutz für Produkte und Verfahren in allen Bereichen der Technologie zu gewährleisten ist.

(13) Der Rechtsrahmen der Gemeinschaft zum Schutz biotechnologischer Erfindungen kann sich auf die Festlegung bestimmter Grundsätze für die Patentierbarkeit biologischen Materials an sich beschränken; diese Grundsätze bezwecken im wesentlichen, den Unterschied zwischen Erfindungen und Entdeckungen hinsichtlich der Patentierbarkeit bestimmter Bestandteile menschlichen Ursprungs herauszuarbeiten. Der Rechtsrahmen kann

---

[1)] **Amtl. Anm.:** ABl. L 336 vom 23.12.1994, S. 213.

sich ferner beschränken auf den Umfang des Patentschutzes biotechnologischer Erfindungen, auf die Möglichkeit, zusätzlich zur schriftlichen Beschreibung einen Hinterlegungsmechanismus vorzusehen, sowie auf die Möglichkeit der Erteilung einer nicht ausschließlichen Zwangslizenz bei Abhängigkeit zwischen Pflanzensorten und Erfindungen (und umgekehrt).

(14) Ein Patent berechtigt seinen Inhaber nicht, die Erfindung anzuwenden, sondern verleiht ihm lediglich das Recht, Dritten deren Verwertung zu industriellen und gewerblichen Zwecken zu untersagen. Infolgedessen kann das Patentrecht die nationalen, europäischen oder internationalen Rechtsvorschriften zur Festlegung von Beschränkungen oder Verboten oder zur Kontrolle der Forschung und der Anwendung oder Vermarktung ihrer Ergebnisse weder ersetzen noch überflüssig machen, insbesondere was die Erfordernisse der Volksgesundheit, der Sicherheit, des Umweltschutzes, des Tierschutzes, der Erhaltung der genetischen Vielfalt und die Beachtung bestimmter ethischer Normen betrifft.

(15) Es gibt im einzelstaatlichen oder europäischen Patentrecht (Münchener Übereinkommen) keine Verbote oder Ausnahmen, die eine Patentierbarkeit von lebendem Material grundsätzlich ausschließen.

(16) Das Patentrecht muß unter Wahrung der Grundprinzipien ausgeübt werden, die die Würde und die Unversehrtheit des Menschen gewährleisten. Es ist wichtig, den Grundsatz zu bekräftigen, wonach der menschliche Körper in allen Phasen seiner Entstehung und Entwicklung, einschließlich der Keimzellen, sowie die bloße Entdeckung eines seiner Bestandteile oder seiner Produkte, einschließlich der Sequenz oder Teilsequenz eines menschlichen Gens, nicht patentierbar sind. Diese Prinzipien stehen im Einklang mit den im Patentrecht vorgesehenen Patentierbarkeitskriterien, wonach eine bloße Entdeckung nicht Gegenstand eines Patents sein kann.

(17) Mit Arzneimitteln, die aus isolierten Bestandteilen des menschlichen Körpers gewonnen und/oder auf andere Weise hergestellt werden, konnten bereits entscheidende Fortschritte bei der Behandlung von Krankheiten erzielt werden. Diese Arzneimittel sind das Ergebnis technischer Verfahren zur Herstellung von Bestandteilen mit einem ähnlichen Aufbau wie die im menschlichen Körper vorhandenen natürlichen Bestandteile; es empfiehlt sich deshalb, mit Hilfe des Patentsystems die Forschung mit dem Ziel der Gewinnung und Isolierung solcher für die Arzneimittelherstellung wertvoller Bestandteile zu fördern.

(18) Soweit sich das Patentsystem als unzureichend erweist, um die Forschung und die Herstellung von biotechnologischen Arzneimitteln, die zur Bekämpfung seltener Krankheiten („Orphan-"Krankheiten) benötigt werden, zu fördern, sind die Gemeinschaft und die Mitgliedstaaten verpflichtet, einen angemessenen Beitrag zur Lösung dieses Problems zu leisten.

(19) Die Stellungnahme Nr. 8 der Sachverständigengruppe der Europäischen Kommission für Ethik in der Biotechnologie ist berücksichtigt worden.

(20) Infolgedessen ist darauf hinzuweisen, daß eine Erfindung, die einen isolierten Bestandteil des menschlichen Körpers oder einen auf eine andere Weise durch ein technisches Verfahren erzeugten Bestandteil betrifft und gewerblich anwendbar ist, nicht von der Patentierbarkeit ausgeschlossen ist, selbst wenn der Aufbau dieses Bestandteils mit dem eines natürlichen Bestandteils identisch ist, wobei sich die Rechte aus dem Patent nicht auf

den menschlichen Körper und dessen Bestandteile in seiner natürlichen Umgebung erstrecken können.

(21) Ein solcher isolierter oder auf andere Weise erzeugter Bestandteil des menschlichen Körpers ist von der Patentierbarkeit nicht ausgeschlossen, da er – zum Beispiel – das Ergebnis technischer Verfahren zu seiner Identifizierung, Reinigung, Bestimmung und Vermehrung außerhalb des menschlichen Körpers ist, zu deren Anwendung nur der Mensch fähig ist und die die Natur selbst nicht vollbringen kann.

(22) Die Diskussion über die Patentierbarkeit von Sequenzen oder Teilsequenzen von Genen wird kontrovers geführt. Die Erteilung eines Patents für Erfindungen, die solche Sequenzen oder Teilsequenzen zum Gegenstand haben, unterliegt nach dieser Richtlinie denselben Patentierbarkeitskriterien der Neuheit, erfinderischen Tätigkeit und gewerblichen Anwendbarkeit wie alle anderen Bereiche der Technologie. Die gewerbliche Anwendbarkeit einer Sequenz oder Teilsequenz muß in der eingereichten Patentanmeldung konkret beschrieben sein.

(23) Ein einfacher DNA-Abschnitt ohne Angabe einer Funktion enthält keine Lehre zum technischen Handeln und stellt deshalb keine patentierbare Erfindung dar.

(24) Das Kriterium der gewerblichen Anwendbarkeit setzt voraus, daß im Fall der Verwendung einer Sequenz oder Teilsequenz eines Gens zur Herstellung eines Proteins oder Teilproteins angegeben wird, welches Protein oder Teilprotein hergestellt wird und welche Funktion es hat.

(25) Zur Auslegung der durch ein Patent erteilten Rechte wird in dem Fall, daß sich Sequenzen lediglich in für die Erfindung nicht wesentlichen Abschnitten überlagern, patentrechtlich jede Sequenz als selbständige Sequenz angesehen.

(26) Hat eine Erfindung biologisches Material menschlichen Ursprungs zum Gegenstand oder wird dabei derartiges Material verwendet, so muß bei einer Patentanmeldung die Person, bei der Entnahmen vorgenommen werden, die Gelegenheit erhalten haben, gemäß den innerstaatlichen Rechtsvorschriften nach Inkenntnissetzung und freiwillig der Entnahme zuzustimmen.

(27) Hat eine Erfindung biologisches Material pflanzlichen oder tierischen Ursprungs zum Gegenstand oder wird dabei derartiges Material verwendet, so sollte die Patentanmeldung gegebenenfalls Angaben zum geographischen Herkunftsort dieses Materials umfassen, falls dieser bekannt ist. Die Prüfung der Patentanmeldungen und die Gültigkeit der Rechte aufgrund der erteilten Patente bleiben hiervon unberührt.

(28) Diese Richtlinie berührt in keiner Weise die Grundlagen des geltenden Patentrechts, wonach ein Patent für jede neue Anwendung eines bereits patentierten Erzeugnisses erteilt werden kann.

(29) Diese Richtlinie berührt nicht den Ausschluß von Pflanzensorten und Tierrassen von der Patentierbarkeit. Erfindungen, deren Gegenstand Pflanzen oder Tiere sind, sind jedoch patentierbar, wenn die Anwendung der Erfindung technisch nicht auf eine Pflanzensorte oder Tierrasse beschränkt ist.

(30) Der Begriff der Pflanzensorte wird durch das Sortenschutzrecht definiert. Danach wird eine Sorte durch ihr gesamtes Genom geprägt und besitzt deshalb Individualität. Sie ist von anderen Sorten deutlich unterscheidbar.

(31) Eine Pflanzengesamtheit, die durch ein bestimmtes Gen (und nicht durch ihr gesamtes Genom) gekennzeichnet ist, unterliegt nicht dem Sortenschutz. Sie ist deshalb von der Patentierbarkeit nicht ausgeschlossen, auch wenn sie Pflanzensorten umfaßt.

(32) Besteht eine Erfindung lediglich darin, daß eine bestimmte Pflanzensorte genetisch verändert wird, und wird dabei eine neue Pflanzensorte gewonnen, so bleibt diese Erfindung selbst dann von der Patentierbarkeit ausgeschlossen, wenn die genetische Veränderung nicht das Ergebnis eines im wesentlichen biologischen, sondern eines biotechnologischen Verfahrens ist.

(33) Für die Zwecke dieser Richtlinie ist festzulegen, wann ein Verfahren zur Züchtung von Pflanzen und Tieren im wesentlichen biologisch ist.

(34) Die Begriffe „Erfindung" und „Entdeckung", wie sie durch das einzelstaatliche, europäische oder internationale Patentrecht definiert sind, bleiben von dieser Richtlinie unberührt.

(35) Diese Richtlinie berührt nicht die Vorschriften des nationalen Patentrechts, wonach Verfahren zur chirurgischen oder therapeutischen Behandlung des menschlichen oder tierischen Körpers und Diagnostizierverfahren, die am menschlichen oder tierischen Körper vorgenommen werden, von der Patentierbarkeit ausgeschlossen sind.

(36) Das TRIPS-Übereinkommen räumt den Mitgliedern der Welthandelsorganisation die Möglichkeit ein, Erfindungen von der Patentierbarkeit auszuschließen, wenn die Verhinderung ihrer gewerblichen Verwertung in ihrem Hoheitsgebiet zum Schutz der öffentlichen Ordnung oder der guten Sitten einschließlich des Schutzes des Lebens und der Gesundheit von Menschen, Tieren oder Pflanzen oder zur Vermeidung einer ernsten Schädigung der Umwelt notwendig ist, vorausgesetzt, daß ein solcher Ausschluß nicht nur deshalb vorgenommen wird, weil die Verwertung durch innerstaatliches Recht verboten ist.

(37) Der Grundsatz, wonach Erfindungen, deren gewerbliche Verwertung gegen die öffentliche Ordnung oder die guten Sitten verstoßen würde, von der Patentierbarkeit auszuschließen sind, ist auch in dieser Richtlinie hervorzuheben.

(38) Ferner ist es wichtig, in die Vorschriften der vorliegenden Richtlinie eine informatorische Aufzählung der von der Patentierbarkeit ausgenommenen Erfindungen aufzunehmen, um so den nationalen Gerichten und Patentämtern allgemeine Leitlinien für die Auslegung der Bezugnahme auf die öffentliche Ordnung oder die guten Sitten zu geben. Diese Aufzählung ist selbstverständlich nicht erschöpfend. Verfahren, deren Anwendung gegen die Menschenwürde verstößt, wie etwa Verfahren zur Herstellung von hybriden Lebewesen, die aus Keimzellen oder totipotenten Zellen von Mensch und Tier entstehen, sind natürlich ebenfalls von der Patentierbarkeit auszunehmen.

(39) Die öffentliche Ordnung und die guten Sitten entsprechen insbesondere den in den Mitgliedstaaten anerkannten ethischen oder moralischen Grundsätzen, deren Beachtung ganz besonders auf dem Gebiet der Bio-

technologie wegen der potentiellen Tragweite der Erfindungen in diesem Bereich und deren inhärenter Beziehung zur lebenden Materie geboten ist. Diese ethischen oder moralischen Grundsätze ergänzen die übliche patentrechtliche Prüfung, unabhängig vom technischen Gebiet der Erfindung.

(40) Innerhalb der Gemeinschaft besteht Übereinstimmung darüber, daß die Keimbahnintervention am menschlichen Lebewesen und das Klonen von menschlichen Lebewesen gegen die öffentliche Ordnung und die guten Sitten verstoßen. Daher ist es wichtig, Verfahren zur Veränderung der genetischen Identität der Keimbahn des menschlichen Lebewesens und Verfahren zum Klonen von menschlichen Lebewesen unmißverständlich von der Patentierbarkeit auszuschließen.

(41) Als Verfahren zum Klonen von menschlichen Lebewesen ist jedes Verfahren, einschließlich der Verfahren zur Embryonenspaltung, anzusehen, das darauf abzielt, ein menschliches Lebewesen zu schaffen, das im Zellkern die gleiche Erbinformation wie ein anderes lebendes oder verstorbenes menschliches Lebewesen besitzt.

(42) Ferner ist auch die Verwendung von menschlichen Embryonen zu industriellen oder kommerziellen Zwecken von der Patentierbarkeit auszuschließen. Dies gilt jedoch auf keinen Fall für Erfindungen, die therapeutische oder diagnostische Zwecke verfolgen und auf den menschlichen Embryo zu dessen Nutzen angewandt werden.

(43) Nach Artikel F Absatz 2 des Vertrags über die Europäische Union achtet die Union die Grundrechte, wie sie in der am 4. November 1950 in Rom unterzeichneten Europäischen Konvention zum Schutze der Menschenrechte und Grundfreiheiten gewährleistet sind und wie sie sich aus den gemeinsamen Verfassungsüberlieferungen der Mitgliedstaaten als allgemeine Grundsätze des Gemeinschaftsrechts ergeben.

(44) Die Europäische Gruppe für Ethik der Naturwissenschaften und der Neuen Technologien der Kommission bewertet alle ethischen Aspekte im Zusammenhang mit der Biotechnologie. In diesem Zusammenhang ist darauf hinzuweisen, daß die Befassung dieser Gruppe auch im Bereich des Patentrechts nur die Bewertung der Biotechnologie anhand grundlegender ethischer Prinzipien zum Gegenstand haben kann.

(45) Verfahren zur Veränderung der genetischen Identität von Tieren, die geeignet sind, für die Tiere Leiden ohne wesentlichen medizinischen Nutzen im Bereich der Forschung, der Vorbeugung, der Diagnose oder der Therapie für den Menschen oder das Tier zu verursachen, sowie mit Hilfe dieser Verfahren erzeugte Tiere sind von der Patentierbarkeit auszunehmen.

(46) Die Funktion eines Patents besteht darin, den Erfinder mit einem ausschließlichen, aber zeitlich begrenzten Nutzungsrecht für seine innovative Leistung zu belohnen und damit einen Anreiz für erfinderische Tätigkeit zu schaffen; der Patentinhaber muß demnach berechtigt sein, die Verwendung patentierten selbstreplizierenden Materials unter solchen Umständen zu verbieten, die den Umständen gleichstehen, unter denen die Verwendung nicht selbstreplizierenden Materials verboten werden könnte, d.h. die Herstellung des patentierten Erzeugnisses selbst.

(47) Es ist notwendig, eine erste Ausnahme von den Rechten des Patentinhabers vorzusehen, wenn Vermehrungsmaterial, in das die geschützte Erfindung Eingang gefunden hat, vom Patentinhaber oder mit seiner Zustim-

mung zum landwirtschaftlichen Anbau an einen Landwirt verkauft wird. Mit dieser Ausnahmeregelung soll dem Landwirt gestattet werden, sein Erntegut für spätere generative oder vegetative Vermehrung in seinem eigenen Betrieb zu verwenden. Das Ausmaß und die Modalitäten dieser Ausnahmeregelung sind auf das Ausmaß und die Bedingungen zu beschränken, die in der Verordnung (EG) Nr. 2100/94 des Rates vom 27. Juli 1994 über den gemeinschaftlichen Sortenschutz[1)2)] vorgesehen sind.

(48) Von dem Landwirt kann nur die Vergütung verlangt werden, die im gemeinschaftlichen Sortenschutzrecht im Rahmen einer Durchführungsbestimmung zu der Ausnahme vom gemeinschaftlichen Sortenschutzrecht festgelegt ist.

(49) Der Patentinhaber kann jedoch seine Rechte gegenüber dem Landwirt geltend machen, der die Ausnahme mißbräuchlich nutzt, oder gegenüber dem Züchter, der die Pflanzensorte, in welche die geschützte Erfindung Eingang gefunden hat, entwickelt hat, falls dieser seinen Verpflichtungen nicht nachkommt.

(50) Eine zweite Ausnahme von den Rechten des Patentinhabers ist vorzusehen, um es Landwirten zu ermöglichen, geschütztes Vieh zu landwirtschaftlichen Zwecken zu benutzen.

(51) Mangels gemeinschaftsrechtlicher Bestimmungen für die Züchtung von Tierrassen müssen der Umfang und die Modalitäten dieser zweiten Ausnahmeregelung durch die nationalen Gesetze, Rechts- und Verwaltungsvorschriften und Verfahrensweisen geregelt werden.

(52) Für den Bereich der Nutzung der auf gentechnischem Wege erzielten neuen Merkmale von Pflanzensorten muß in Form einer Zwangslizenz gegen eine Vergütung ein garantierter Zugang vorgesehen werden, wenn die Pflanzensorte in bezug auf die betreffende Gattung oder Art einen bedeutenden technischen Fortschritt von erheblichem wirtschaftlichem Interesse gegenüber der patentgeschützten Erfindung darstellt.

(53) Für den Bereich der gentechnischen Nutzung neuer, aus neuen Pflanzensorten hervorgegangener pflanzlicher Merkmale muß in Form einer Zwangslizenz gegen eine Vergütung ein garantierter Zugang vorgesehen werden, wenn die Erfindung einen bedeutenden technischen Fortschritt von erheblichem wirtschaftlichem Interesse darstellt.

(54) Artikel 34 des TRIPS-Übereinkommens enthält eine detaillierte Regelung der Beweislast, die für alle Mitgliedstaaten verbindlich ist. Deshalb ist eine diesbezügliche Bestimmung in dieser Richtlinie nicht erforderlich.

(55) Die Gemeinschaft ist gemäß dem Beschluß 93/626/EWG[3)] Vertragspartei des Übereinkommens über die biologische Vielfalt vom 5. Juni 1992. Im Hinblick darauf tragen die Mitgliedstaaten bei Erlaß der Rechts- und Verwaltungsvorschriften zur Umsetzung dieser Richtlinie insbesondere Artikel 3, Artikel 8 Buchstabe j), Artikel 16 Absatz 2 Satz 2 und Absatz 5 des genannten Übereinkommens Rechnung.

(56) Die dritte Konferenz der Vertragsstaaten des Übereinkommens über die biologische Vielfalt, die im November 1996 stattfand, stellte im Beschluß

[1)] Nr. **35**.

[2)] **Amtl. Anm.:** ABl. L 227 vom 1.9.1994, S. 1. Verordnung geändert durch die Verordnung (EG) Nr. 2506/95 (ABl. L 258 vom 28.10.1995, S. 3).

[3)] **Amtl. Anm.:** ABl. L 309 vom 13.12.1993, S. 1.

III/17 fest, daß weitere Arbeiten notwendig sind, um zu einer gemeinsamen Bewertung des Zusammenhangs zwischen den geistigen Eigentumsrechten und den einschlägigen Bestimmungen des Übereinkommens über handelsbezogene Aspekte des geistigen Eigentums und des Übereinkommens über die biologische Vielfalt zu gelangen, insbesondere in Fragen des Technologietransfers, der Erhaltung und nachhaltigen Nutzung der biologischen Vielfalt sowie der gerechten und fairen Teilhabe an den Vorteilen, die sich aus der Nutzung der genetischen Ressourcen ergeben, einschließlich des Schutzes von Wissen, Innovationen und Praktiken indigener und lokaler Gemeinschaften, die traditionelle Lebensformen verkörpern, die für die Erhaltung und nachhaltige Nutzung der biologischen Vielfalt von Bedeutung sind –

HABEN FOLGENDE RICHTLINIE ERLASSEN:

Kapitel I. Patentierbarkeit

Art. 1 [Nationales Patentrecht] (1) [1] Die Mitgliedstaaten schützen biotechnologische Erfindungen durch das nationale Patentrecht. [2] Sie passen ihr nationales Patentrecht erforderlichenfalls an, um den Bestimmungen dieser Richtlinie Rechnung zu tragen.

(2) Die Verpflichtungen der Mitgliedstaaten aus internationalen Übereinkommen, insbesondere aus dem TRIPS-Übereinkommen und dem Übereinkommen über die biologische Vielfalt, werden von dieser Richtlinie nicht berührt.

Art. 2 [Biologisches Verfahren] (1) Im Sinne dieser Richtlinie ist

a) „biologisches Material" ein Material, das genetische Informationen enthält und sich selbst reproduzieren oder in einem biologischen System reproduziert werden kann;

b) „mikrobiologisches Verfahren" jedes Verfahren, bei dem mikrobiologisches Material verwendet, ein Eingriff in mikrobiologisches Material durchgeführt oder mikrobiologisches Material hervorgebracht wird.

(2) Ein Verfahren zur Züchtung von Pflanzen oder Tieren ist im wesentlichen biologisch, wenn es vollständig auf natürlichen Phänomenen wie Kreuzung oder Selektion beruht.

(3) Der Begriff der Pflanzensorte wird durch Artikel 5 der Verordnung (EG) Nr. 2100/94[1)] definiert.

Art. 3 [Erzeugnisse aus biologischem Material] (1) Im Sinne dieser Richtlinie können Erfindungen, die neu sind, auf einer erfinderischen Tätigkeit beruhen und gewerblich anwendbar sind, auch dann patentiert werden, wenn sie ein Erzeugnis, das aus biologischem Material besteht oder dieses enthält, oder ein Verfahren, mit dem biologisches Material hergestellt, bearbeitet oder verwendet wird, zum Gegenstand haben.

(2) Biologisches Material, das mit Hilfe eines technischen Verfahrens aus seiner natürlichen Umgebung isoliert oder hergestellt wird, kann auch dann Gegenstand einer Erfindung sein, wenn es in der Natur schon vorhanden war.

[1)] Nr. **35**.

Art. 4 [Pflanzensorten und Tierrassen] (1) Nicht patentierbar sind

a) Pflanzensorten und Tierrassen,

b) im wesentlichen biologische Verfahren zur Züchtung von Pflanzen oder Tieren.

(2) Erfindungen, deren Gegenstand Pflanzen oder Tiere sind, können patentiert werden, wenn die Ausführungen der Erfindung technisch nicht auf eine bestimmte Pflanzensorte oder Tierrasse beschränkt ist[1])

(3) Absatz 1 Buchstabe b) berührt nicht die Patentierbarkeit von Erfindungen, die ein mikrobiologisches oder sonstiges technisches Verfahren oder ein durch diese Verfahren gewonnenes Erzeugnis zum Gegenstand haben.

Art. 5 [Menschliche Gene] (1) Der menschliche Körper in den einzelnen Phasen seiner Entstehung und Entwicklung sowie die bloße Entdeckung eines seiner Bestandteile, einschließlich der Sequenz oder Teilsequenz eines Gens, können keine patentierbaren Erfindungen darstellen.

(2) Ein isolierter Bestandteil des menschlichen Körpers oder ein auf andere Weise durch ein technisches Verfahren gewonnener Bestandteil, einschließlich der Sequenz oder Teilsequenz eines Gens, kann eine patentierbare Erfindung sein, selbst wenn der Aufbau dieses Bestandteils mit dem Aufbau eines natürlichen Bestandteils identisch ist.

(3) Die gewerbliche Anwendbarkeit einer Sequenz oder Teilsequenz eines Gens muß in der Patentanmeldung konkret beschrieben werden.

Art. 6 [Ausnahmen] (1) Erfindungen, deren gewerbliche Verwertung gegen die öffentliche Ordnung oder die guten Sitten verstoßen würde, sind von der Patentierbarkeit ausgenommen, dieser Verstoß kann nicht allein daraus hergeleitet werden, daß die Verwertung durch Rechts- oder Verwaltungsvorschriften verboten ist.

(2) Im Sinne von Absatz 1 gelten unter anderem als nicht patentierbar:

a) Verfahren zum Klonen von menschlichen Lebewesen;

b) Verfahren zur Veränderung der genetischen Identität der Keimbahn des menschlichen Lebewesens;

c) die Verwendung von menschlichen Embryonen zu industriellen oder kommerziellen Zwecken;

d) Verfahren zur Veränderung der genetischen Identität von Tieren, die geeignet sind, Leiden dieser Tiere ohne wesentlichen medizinischen Nutzen für den Menschen oder das Tier zu verursachen, sowie die mit Hilfe solcher Verfahren erzeugten Tiere.

Art. 7 [Ethische Aspekte] Die Europäische Gruppe für Ethik der Naturwissenschaften und der Neuen Technologien der Kommission bewertet alle ethischen Aspekte im Zusammenhang mit der Biotechnologie.

---

[1]) Richtig wohl: „sind“.

Kapitel II. Umfang des Schutzes

Art. 8 [Schutz für Material und Verfahren] (1) Der Schutz eines Patents für biologisches Material, das aufgrund der Erfindung mit bestimmten Eigenschaften ausgestattet ist, umfaßt jedes biologische Material, das aus diesem biologischen Material durch generative oder vegetative Vermehrung in gleicher oder abweichender Form gewonnen wird und mit denselben Eigenschaften ausgestattet ist.

(2) Der Schutz eines Patents für ein Verfahren, das die Gewinnung eines aufgrund der Erfindung mit bestimmten Eigenschaften ausgestatteten biologischen Materials ermöglicht, umfaßt das mit diesem Verfahren unmittelbar gewonnene biologische Material und jedes andere mit denselben Eigenschaften ausgestattete biologische Material, das durch generative oder vegetative Vermehrung in gleicher oder abweichender Form aus dem unmittelbar gewonnenen biologischen Material gewonnen wird.

Art. 9 [Genetische Information] Der Schutz, der durch ein Patent für ein Erzeugnis erteilt wird, das aus einer genetischen Information besteht oder sie enthält, erstreckt sich vorbehaltlich des Artikels 5 Absatz 1 auf jedes Material, in das dieses Erzeugnis Eingang findet und in dem die genetische Information enthalten ist und ihre Funktion erfüllt.

Art. 10 [Generative und vegetative Vermehrung] Der in den Artikeln 8 und 9 vorgesehene Schutz erstreckt sich nicht auf das biologische Material, das durch generative oder vegetative Vermehrung von biologischem Material gewonnen wird, das im Hoheitsgebiet eines Mitgliedstaats vom Patentinhaber oder mit dessen Zustimmung in Verkehr gebracht wurde, wenn die generative oder vegetative Vermehrung notwendigerweise das Ergebnis der Verwendung ist, für die das biologische Material in Verkehr gebracht wurde, vorausgesetzt, daß das so gewonnene Material anschließend nicht für andere generative oder vegetative Vermehrung verwendet wird.

Art. 11 [Abweichungen] (1) Abweichend von den Artikeln 8 und 9 beinhaltet der Verkauf oder das sonstige Inverkehrbringen von pflanzlichem Vermehrungsmaterial durch den Patentinhaber oder mit dessen Zustimmung an einen Landwirt zum landwirtschaftlichen Anbau dessen Befugnis, sein Erntegut für die generative oder vegetative Vermehrung durch ihn selbst im eigenen Betrieb zu verwenden, wobei Ausmaß und Modalitäten dieser Ausnahmeregelung denjenigen des Artikels 14 der Verordnung (EG) Nr. 2100/94[1] entsprechen.

(2) [1] Abweichend von den Artikeln 8 und 9 beinhaltet der Verkauf oder das sonstige Inverkehrbringen von Zuchtvieh oder von tierischem Vermehrungsmaterial durch den Patentinhaber oder mit dessen Zustimmung an einen Landwirt dessen Befugnis, das geschützte Vieh zu landwirtschaftlichen Zwecken zu verwenden. [2] Diese Befugnis erstreckt sich auch auf die Überlassung des Viehs oder anderen tierischen Vermehrungsmaterials zur Fortführung seiner landwirtschaftlichen Tätigkeit, jedoch nicht auf den Verkauf mit dem Ziel oder im Rahmen einer gewerblichen Viehzucht.

---

[1] Nr. **35**.

(3) Das Ausmaß und die Modalitäten der in Absatz 2 vorgesehenen Ausnahmeregelung werden durch die nationalen Gesetze, Rechts- und Verwaltungsvorschriften und Verfahrensweisen geregelt.

Kapitel III. Zwangslizenzen wegen Abhängigkeit

Art. 12 [Sortenschutzrecht] (1) [1]Kann ein Pflanzenzüchter ein Sortenschutzrecht nicht erhalten oder verwerten, ohne ein früher erteiltes Patent zu verletzen, so kann er beantragen, daß ihm gegen Zahlung einer angemessenen Vergütung eine nicht ausschließliche Zwangslizenz für die patentgeschützte Erfindung erteilt wird, soweit diese Lizenz zur Verwertung der zu schützenden Pflanzensorte erforderlich ist. [2]Die Mitgliedstaaten sehen vor, daß der Patentinhaber, wenn eine solche Lizenz erteilt wird, zur Verwertung der geschützten Sorte Anspruch auf eine gegenseitige Lizenz zu angemessenen Bedingungen hat.

(2) [1]Kann der Inhaber des Patents für eine biotechnologische Erfindung diese nicht verwerten, ohne ein früher erteiltes Sortenschutzrecht zu verletzen, so kann er beantragen, daß ihm gegen Zahlung einer angemessenen Vergütung eine nicht ausschließliche Zwangslizenz für die durch dieses Sortenschutzrecht geschützte Pflanzensorte erteilt wird. [2]Die Mitgliedstaaten sehen vor, daß der Inhaber des Sortenschutzrechts, wenn eine solche Lizenz erteilt wird, zur Verwertung der geschützten Erfindung Anspruch auf eine gegenseitige Lizenz zu angemessenen Bedingungen hat.

(3) Die Antragsteller nach den Absätzen 1 und 2 müssen nachweisen, daß

a) sie sich vergebens an den Inhaber des Patents oder des Sortenschutzrechts gewandt haben, um eine vertragliche Lizenz zu erhalten;
b) die Pflanzensorte oder Erfindung einen bedeutenden technischen Fortschritt von erheblichem wirtschaftlichem Interesse gegenüber der patentgeschützten Erfindung oder der geschützten Pflanzensorte darstellt.

(4) [1]Jeder Mitgliedstaat benennt die für die Erteilung der Lizenz zuständige (n) Stelle(n). [2]Kann eine Lizenz für eine Pflanzensorte nur vom Gemeinschaftlichen Sortenamt erteilt werden, findet Artikel 29 der Verordnung (EG) Nr. 2100/94[1)] Anwendung.

Kapitel IV. Hinterlegung von, Zugang zu und erneute Hinterlegung von biologischem Material

Art. 13 [Hinterlegung von biologischem Material] (1) Betrifft eine Erfindung biologisches Material, das der Öffentlichkeit nicht zugänglich ist und in der Patentanmeldung nicht so beschrieben werden kann, daß ein Fachmann diese Erfindung danach ausführen kann, oder beinhaltet die Erfindung die Verwendung eines solchen Materials, so gilt die Beschreibung für die Anwendung des Patentrechts nur dann als ausreichend, wenn

a) das biologische Material spätestens am Tag der Patentanmeldung bei einer anerkannten Hinterlegungsstelle hinterlegt wurde. Anerkannt sind zumindest die internationalen Hinterlegungsstellen, die diesen Status nach Artikel 7 des Budapester Vertrags vom 28. April 1977 über die internationale Anerken-

---

[1)] Nr. 35.

nung der Hinterlegung von Mikroorganismen für Zwecke von Patentverfahren (im folgenden „Budapester Vertrag“ genannt) erworben haben;

b) die Anmeldung die einschlägigen Informationen enthält, die dem Anmelder bezüglich der Merkmale des hinterlegten biologischen Materials bekannt sind;

c) in der Patentanmeldung die Hinterlegungsstelle und das Aktenzeichen der Hinterlegung angegeben sind.

(2) Das hinterlegte biologische Material wird durch Herausgabe einer Probe zugänglich gemacht:

a) bis zur ersten Veröffentlichung der Patentanmeldung nur für Personen, die nach dem innerstaatlichen Patentrecht hierzu ermächtigt sind;

b) von der ersten Veröffentlichung der Anmeldung bis zur Erteilung des Patents für jede Person, die dies beantragt, oder, wenn der Anmelder dies verlangt, nur für einen unabhängigen Sachverständigen;

c) nach der Erteilung des Patents ungeachtet eines späteren Widerrufs oder einer Nichtigerklärung des Patents für jede Person, die einen entsprechenden Antrag stellt.

(3) Die Herausgabe erfolgt nur dann, wenn der Antragsteller sich verpflichtet, für die Dauer der Wirkung des Patents

a) Dritten keine Probe des hinterlegten biologischen Materials oder eines daraus abgeleiteten Materials zugänglich zu machen und

b) keine Probe des hinterlegten Materials oder eines daraus abgeleiteten Materials zu anderen als zu Versuchszwecken zu verwenden, es sei denn, der Anmelder oder der Inhaber des Patents verzichtet ausdrücklich auf eine derartige Verpflichtung.

(4) [1] Bei Zurückweisung oder Zurücknahme der Anmeldung wird der Zugang zu dem hinterlegten Material auf Antrag des Hinterlegers für die Dauer von 20 Jahren ab dem Tag der Patentanmeldung nur einem unabhängigen Sachverständigen erteilt. [2] In diesem Fall findet Absatz 3 Anwendung.

(5) Die Anträge des Hinterlegers gemäß Absatz 2 Buchstabe b) und Absatz 4 können nur bis zu dem Zeitpunkt eingereicht werden, zu dem die technischen Vorarbeiten für die Veröffentlichung der Patentanmeldung als abgeschlossen gelten.

Art. 14 [Erneute Hinterlegung] (1) Ist das nach Artikel 13 hinterlegte biologische Material bei der anerkannten Hinterlegungsstelle nicht mehr zugänglich, so wird unter denselben Bedingungen wie denen des Budapester Vertrags eine erneute Hinterlegung des Materials zugelassen.

(2) Jeder erneuten Hinterlegung ist eine vom Hinterleger unterzeichnete Erklärung beizufügen, in der bestätigt wird, daß das erneut hinterlegte biologische Material das gleiche wie das ursprünglich hinterlegte Material ist.

Kapitel V. Schlußbestimmungen

Art. 15 [Rechts- und Verwaltungsvorschriften] (1) *[1]* [1] Die Mitgliedstaaten erlassen die erforderlichen Rechts- und Verwaltungsvorschriften, um dieser Richtlinie bis zum 30. Juli 2000 nachzukommen. [2] Sie setzen die Kommission unmittelbar davon in Kenntnis.

[2] [1] Wenn die Mitgliedstaaten diese Vorschriften erlassen, nehmen sie in den Vorschriften selbst oder durch einen Hinweis bei der amtlichen Veröffentlichung auf diese Richtlinie Bezug. [2] Die Mitgliedstaaten regeln die Einzelheiten der Bezugnahme.

(2) Die Mitgliedstaaten teilen der Kommission die innerstaatlichen Rechtsvorschriften mit, die sie auf dem unter diese Richtlinie fallenden Gebiet erlassen.

Art. 16 [Berichterstattung] Die Kommission übermittelt dem Europäischen Parlament und dem Rat folgendes:

a) alle fünf Jahre nach dem in Artikel 15 Absatz 1 vorgesehenen Zeitpunkt einen Bericht zu der Frage, ob durch diese Richtlinie im Hinblick auf internationale Übereinkommen zum Schutz der Menschenrechte, denen die Mitgliedstaaten beigetreten sind, Probleme entstanden sind;

b) innerhalb von zwei Jahren nach dem Inkrafttreten dieser Richtlinie einen Bericht, in dem die Auswirkungen des Unterbleibens oder der Verzögerung von Veröffentlichungen, deren Gegenstand patentierfähig sein könnte, auf die gentechnologische Grundlagenforschung evaluiert werden;

c) jährlich ab dem in Artikel 15 Absatz 1 vorgesehenen Zeitpunkt einen Bericht über die Entwicklung und die Auswirkungen des Patentrechts im Bereich der Bio- und Gentechnologie.

Art. 17 [Inkrafttreten] Diese Richtlinie tritt am Tag ihrer Veröffentlichung[1)] im *Amtsblatt der Europäischen Gemeinschaften* in Kraft.

Art. 18 Diese Richtlinie ist an die Mitgliedstaaten gerichtet.

[1)] Veröffentlicht am 30.7.1998.

55. Verordnung (EU) Nr. 1257/2012 des Europäischen Parlaments und des Rates vom 17. Dezember 2012 über die Umsetzung der Verstärkten Zusammenarbeit im Bereich der Schaffung eines einheitlichen Patentschutzes

(ABl. L 361 S. 1, ber. 2014 (ABl. L 307 S. 83) [1)2)]

Celex-Nr. 3 2012 R 1257

DAS EUROPÄISCHE PARLAMENT UND DER RAT DER EUROPÄISCHEN UNION –

gestützt auf den Vertrag über die Arbeitsweise der Europäischen Union, insbesondere auf Artikel 118 Absatz 1,

gestützt auf den Beschluss 2011/167/EU des Rates vom 10. März 2011 über die Ermächtigung zu einer Verstärkten Zusammenarbeit im Bereich der Schaffung eines einheitlichen Patentschutzes[3)],

auf Vorschlag der Europäischen Kommission,

nach Zuleitung des Entwurfs des Gesetzgebungsakts an die nationalen Parlamente,

gemäß dem ordentlichen Gesetzgebungsverfahren[4)],

in Erwägung nachstehender Gründe:

(1) Die Schaffung rechtlicher Rahmenbedingungen, auf deren Grundlage Unternehmen ihre Geschäftstätigkeit in Bezug auf die Herstellung und den Vertrieb von Produkten über nationale Grenzen hinweg anpassen können, und die ihnen eine größere Entscheidungsfreiheit und mehr Geschäftsmöglichkeiten bieten, trägt zur Erreichung der Ziele der Union, die in Artikel 3 Absatz 3 des Vertrags über die Europäische Union festgelegt sind, bei. Zu den den Unternehmen zur Verfügung stehenden Rechtsinstrumenten sollte auch ein einheitlicher Patentschutz gehören, der sich auf den gesamten oder zumindest einen erheblichen Teil des Binnenmarkts erstreckt.

(2) Nach Artikel 118 Absatz 1 des Vertrags über die Arbeitsweise der Europäischen Union (AEUV) sollten im Rahmen der Verwirklichung oder des Funktionierens des Binnenmarkts Maßnahmen zur Schaffung europäischer Rechtstitel über einen einheitlichen Schutz der Rechte am geistigen Eigentum in der Union sowie zur Einführung von zentralisierten Zulassungs-, Koordinierungs- und Kontrollregelungen auf Unionsebene erlassen werden.

(3) Am 10. März 2011 hat der Rat den Beschluss 2011/167/EU erlassen, mit dem Belgien, Bulgarien, die Tschechische Republik, Dänemark, Deutschland, Estland, Irland, Griechenland, Frankreich, Zypern, Lettland, Litauen, Luxemburg, Ungarn, Malta, die Niederlande, Österreich, Polen, Portugal,

---

[1)] Beachte zum Inkrafttreten Art. 18 Abs. 2 Satz 1 dieser VO.

[2)] Veröffentlicht am 31.12.2012.

[3)] **Amtl. Anm.:** ABl. L 76 vom 22.3.2011, S. 53.

[4)] **Amtl. Anm.:** Standpunkt des Europäischen Parlaments vom 11. Dezember 2012 (noch nicht im Amtsblatt veröffentlicht) und Beschluss des Rates vom 17. Dezember 2012.

Rumänien, Slowenien, die Slowakei, Finnland, Schweden und das Vereinigte Königreich (nachstehend „die teilnehmenden Mitgliedstaaten“) ermächtigt werden, im Bereich der Schaffung eines einheitlichen Patentschutzes verstärkt zusammenzuarbeiten.

(4) Der einheitliche Patentschutz wird durch einen leichteren, weniger kostspieligen und rechtssicheren Zugang zum Patentsystem den wissenschaftlich-technischen Fortschritt und die Funktionsweise des Binnenmarkts fördern. Er wird auch den Umfang des Patentschutzes verbessern, indem die Möglichkeit geschaffen wird, einen einheitlichen Patentschutz in den teilnehmenden Mitgliedstaaten zu erlangen, so dass sich Kosten und Aufwand für die Unternehmen in der gesamten Union verringern. Er sollte Inhabern eines Europäischen Patents sowohl aus den teilnehmenden Mitgliedstaaten als auch aus anderen Staaten, unabhängig von ihrer Staatsangehörigkeit, ihrem Wohnsitz oder dem Ort ihrer Niederlassung, zur Verfügung stehen.

(5) Mit dem Übereinkommen über die Erteilung europäischer Patente vom 5. Oktober 1973, geändert am 17. Dezember 1991 und am 29. November 2000 (im Folgenden „EPÜ“), wurde die Europäische Patentorganisation gegründet und dieser die Aufgabe der Erteilung Europäischer Patente übertragen. Diese Aufgabe wird vom Europäischen Patentamt (im Folgenden "EPA") durchgeführt. Auf der Grundlage dieser Verordnung und auf Antrag des Patentinhabers sollte ein Europäisches Patent, das vom EPA erteilt wurde, einheitliche Wirkung in den teilnehmenden Mitgliedstaaten haben. Ein solches Patent wird im Folgenden als "Europäisches Patent mit einheitlicher Wirkung" bezeichnet.

(6) Gemäß dem Neunten Teil des EPÜ kann eine Gruppe von Vertragsstaaten des EPÜ vorsehen, dass die für diese Staaten erteilten Europäischen Patente einheitlich sind. Diese Verordnung stellt ein besonderes Übereinkommen im Sinne des Artikels 142 EPÜ[1] dar, einen regionalen Patentvertrag im Sinne des Artikels 45 Absatz 1 des Vertrags über die internationale Zusammenarbeit auf dem Gebiet des Patentwesens vom 19. Juni 1970, in der zuletzt am 3. Februar 2001 geänderten Fassung, und ein Sonderabkommen im Sinne des Artikels 19 der Pariser Übereinkunft zum Schutz des gewerblichen Eigentums vom 20. März 1883 in der Fassung vom 28. September 1979.

(7) Der einheitliche Patentschutz sollte erreicht werden, indem Europäischen Patenten nach Erteilung gemäß dieser Verordnung und für alle teilnehmenden Mitgliedstaaten einheitliche Wirkung gewährt wird. Das wichtigste Merkmal eines Europäischen Patents mit einheitlicher Wirkung sollte sein einheitlicher Charakter sein, d.h. es bietet einheitlichen Schutz und hat in allen teilnehmenden Mitgliedstaaten gleiche Wirkung. Folglich sollte ein Europäisches Patent mit einheitlicher Wirkung nur im Hinblick auf alle teilnehmenden Mitgliedstaaten beschränkt, übertragen, für nichtig erklärt oder erlöschen. Es sollte möglich sein, dass ein Europäisches Patent mit einheitlicher Wirkung im Hinblick auf die Gesamtheit oder einen Teil der Hoheitsgebiete der teilnehmenden Mitgliedstaaten lizenziert wird. Um den durch den einheitlichen Patentschutz verliehenen einheitlichen materiellen Schutzbereich zu gewährleisten, sollten nur solche Europäischen

---

[1] Nr. **50**.

Patente einheitliche Wirkung haben, die für alle teilnehmenden Mitgliedstaaten mit den gleichen Ansprüchen erteilt wurden. Schließlich sollte die einem Europäischen Patent verliehene einheitliche Wirkung akzessorischer Art sein und in dem Umfang, in dem das zugrunde liegende Europäische Patent für nichtig erklärt oder beschränkt wurde, als nicht entstanden gelten.

(8) Gemäß den allgemeinen Grundsätzen des Patentrechts und Artikel 64 Absatz 1 EPÜ sollte der einheitliche Patentschutz in den teilnehmenden Mitgliedstaaten rückwirkend ab dem Tag der Veröffentlichung des Hinweises auf die Erteilung des Europäischen Patents im Europäischen Patentblatt wirksam werden. Bei Wirksamwerden eines einheitlichen Patentschutzes sollten die teilnehmenden Mitgliedstaaten sicherstellen, dass die Wirkung eines Europäischen Patents als nationales Patent als noch nicht eingetreten gilt, um eine etwaigen doppelten Patentschutz zu vermeiden.

(9) Das Europäische Patent mit einheitlicher Wirkung sollte seinem Inhaber das Recht verleihen, Dritte daran zu hindern, Handlungen zu begehen, gegen die dieses Patent Schutz bietet. Dies sollte durch die Schaffung eines einheitlichen Patentgerichts gewährleistet werden. Für Angelegenheiten, die nicht unter diese Verordnung oder Verordnung (EU) Nr. 1260/2012[1] des Rates vom 17. Dezember 2012 über die Umsetzung der verstärkten Zusammenarbeit bei der Schaffung eines einheitlichen Patentschutzes im Hinblick auf die anzuwendenden Übersetzungsregelungen[2] fallen, sollten den Bestimmungen des EPÜ, des Übereinkommens über ein einheitliches Patentgericht, einschließlich seiner Bestimmungen über den Umfang dieses Rechts und dessen Beschränkungen, sowie des nationalen Rechts, einschließlich der nationalen Vorschriften zum internationalen Privatrecht, gelten.

(10) Zwangslizenzen für Europäische Patente mit einheitlicher Wirkung sollten dem Recht der teilnehmenden Mitgliedstaaten im Hinblick auf ihr jeweiliges Hoheitsgebiet unterliegen.

(11) Die Kommission sollte in ihrem Bericht über das Funktionieren dieser Verordnung die Funktionsweise der geltenden Beschränkungen bewerten und – sofern erforderlich – geeignete Vorschläge vorlegen, wobei der Beitrag des Patentsystems zu Innovation und technischem Fortschritt, die berechtigten Interessen Dritter und übergeordnete Interessen der Gesellschaft berücksichtigt werden sollten. Das Übereinkommen über ein einheitliches Patentgericht hindert die Europäische Union nicht an der Ausübung ihrer Befugnisse auf diesem Gebiet.

(12) Im Einklang mit der ständigen Rechtsprechung des Gerichtshofs der Europäischen Union sollte der Grundsatz des Erlöschens von Rechten auch für Europäische Patente mit einheitlicher Wirkung gelten. Daher sollten sich durch ein Europäisches Patent mit einheitlicher Wirkung verliehene Rechte nicht auf Handlungen erstrecken, die das patentierte Erzeugnis betreffen und die innerhalb der teilnehmenden Mitgliedstaaten vorgenommen werden, nachdem dieses Erzeugnis in der Europäischen Union durch den Patentinhaber in Verkehr gebracht wurde.

---

[1] Nr. **55a**.

[2] **Amtl. Anm.:** Siehe Seite 89 dieses Amtsblatts (Anm.d. Red.: ABl. L 361 vom 31.12.2012).

(13) Die für Schadensersatz geltende Regelung sollten dem Recht der teilnehmenden Mitgliedstaaten unterliegen, insbesondere den Bestimmungen zur Durchführung des Artikels 13 der Richtlinie 2004/48/EG[1] des Europäischen Parlaments und des Rates vom 29. April 2004 zur Durchsetzung der Rechte des geistigen Eigentums[2].

(14) Als Gegenstand des Vermögens sollte das Europäische Patent mit einheitlicher Wirkung in seiner Gesamtheit und in allen teilnehmenden Mitgliedstaaten wie ein nationales Patent des teilnehmenden Mitgliedstaats behandelt werden, der nach bestimmten Kriterien, wie dem Wohnsitz des Patentanmelders, dem Sitz seiner Hauptniederlassung oder seinem Geschäftssitz bestimmt werden sollte.

(15) Um die wirtschaftliche Verwertung einer Erfindung, die durch ein Europäisches Patent mit einheitlicher Wirkung geschützt wird, zu fördern und zu vereinfachen, sollte der Inhaber des Patents dieses einem Lizenznehmer gegen angemessene Vergütung anbieten können. Hierzu sollte der Patentinhaber dem EPA eine entsprechende Erklärung vorlegen können, dass er dazu bereit ist, gegen eine angemessene Vergütung eine Lizenz zu gewähren. In diesem Fall sollten die Jahresgebühren für den Patentinhaber ab dem Erhalt einer solchen Erklärung durch das EPA gesenkt werden.

(16) Die Gruppe von Mitgliedstaaten, die von den Bestimmungen des Neunten Teil des EPÜ Gebrauch macht, kann dem EPA Aufgaben übertragen und einen engeren Ausschuss des Verwaltungsrats der Europäischen Patentorganisation (nachstehend „engerer Ausschuss") einsetzen.

(17) Die teilnehmenden Mitgliedstaaten sollten dem EPA bestimmte Verwaltungsaufgaben im Zusammenhang mit Europäischen Patenten mit einheitlicher Wirkung übertragen und zwar insbesondere in Bezug auf die Verwaltung der Anträge auf einheitliche Wirkung, die Eintragung der einheitlichen Wirkung, etwaiger Beschränkungen, Lizenzen, Übertragungen, Nichtigerklärungen oder des Erlöschens von Europäischen Patenten mit einheitlicher Wirkung, die Erhebung und Verteilung der Jahresgebühren, die Veröffentlichung von Übersetzungen zu Informationszwecken während eines Übergangszeitraums und die Verwaltung eines Kompensationssystems für die Erstattung von Übersetzungskosten, die Patentanmeldern entstehen, die Anmeldungen für Europäische Patente in einer Sprache einreichen, die keine Amtssprache des EPA ist.

(18) Im Rahmen des engeren Ausschusses sollten die teilnehmenden Mitgliedstaaten für die Verwaltung und Überwachung der Tätigkeiten im Zusammenhang mit den dem EPA von den teilnehmenden Mitgliedstaaten übertragenen Aufgaben, sorgen; sie sollten dafür sorgen, dass Anträge auf einheitliche Wirkung einen Monat nach dem Tag der Veröffentlichung des Hinweises auf die Patenterteilung im Europäischen Patentblatt dem EPA vorliegen, und gewährleisten, dass diese Anträge in der Verfahrenssprache vor dem EPA zusammen mit der Übersetzung eingereicht werden, die für den Übergangszeitraum mit der Verordnung (EU) Nr. 1260/2012[3] vorgeschrieben wurde. Die teilnehmenden Mitgliedstaaten sollten ferner im

---

[1] Nr. **59**.
[2] **Amtl. Anm.:** ABl. L 157 vom 30.4.2004, S. 45.
[3] Nr. **55a**.

Einklang mit den in Artikel 35 Absatz 2 EPÜ[1] festgelegten Abstimmungsregeln dafür sorgen, dass die Höhe der Jahresgebühren und die anteilige Verteilung der Jahresgebühren nach den in dieser Verordnung vorgegebenen Kriterien festgelegt wird.

(19) Patentinhaber sollten eine einzige Jahresgebühr für ein Europäisches Patent mit einheitlicher Wirkung entrichten. Die Jahresgebühren sollten über die gesamte Laufzeit des Patents hinweg progressiv gestaltet sein und zusammen mit den in der Antragsphase an die Europäische Patentorganisation zu entrichtenden Gebühren alle Kosten für die Erteilung des Europäischen Patents und die Verwaltung des einheitlichen Patentschutzes abdecken. Die Höhe der Jahresgebühren sollte so festgelegt werden, dass das Ziel, Innovationen zu erleichtern und die Wettbewerbsfähigkeit europäischer Unternehmen zu stärken, unter Berücksichtigung der Situation bestimmter Einheiten wie kleiner und mittlerer Unternehmen, erreicht wird, beispielsweise in Form geringerer Gebühren. Sie sollte sich auch an der Größe des durch das Patent abgedeckten Marktes und an der Höhe der nationalen Jahresgebühren für ein durchschnittliches Europäisches Patent orientieren, das in den teilnehmenden Mitgliedstaaten zu dem Zeitpunkt wirksam wird, an dem die Höhe der Jahresgebühren erstmals festgelegt wird.

(20) Die angemessene Höhe und Aufteilung der Jahresgebühren sollte so festgelegt werden, dass gewährleisten ist, dass im Zusammenhang mit dem einheitlichen Patentschutz alle Kosten, die dem EPA aus den ihm übertragenen Aufgaben entstehen, vollständig durch die Einnahmen aus den Europäischen Patenten mit einheitlicher Wirkung gedeckt werden, so dass die Einnahmen aus den Jahresgebühren und die an die Europäische Patentorganisation in der Antragsphase zu entrichtenden Gebühren einen ausgeglichenen Haushalt der Europäischen Patentorganisation gewährleisten.

(21) Die Jahresgebühren sollten an die Europäische Patentorganisation entrichtet werden. Das EPA behält einen Betrag ein, um die ihm für die Wahrnehmung der Aufgaben im Zusammenhang mit dem einheitlichen Patentschutz gemäß Artikel 146 EPÜ entstehenden Kosten zu decken. Der Restbetrag sollte auf die teilnehmenden Mitgliedstaaten aufgeteilt und für patentrelevante Zwecke verwenden werden. Der jeweilige Anteil sollte auf der Grundlage fairer, ausgewogener und relevanter Kriterien, nämlich des Umfangs der Patentaktivität, und der Größe des Marktes, festgelegt werden, und sollte sicherstellen, dass allen teilnehmenden Mitgliedstaaten ein Mindestbetrag entrichtet wird, damit ein ausgewogenes und nachhaltiges Funktionieren des Systems gewahrt bleibt. Die Verteilung sollte einen Ausgleich dafür bieten, dass einige teilnehmende Mitgliedstaaten eine andere Amtssprache als eine der Amtssprachen des EPA haben, dass der auf der Grundlage des Europäischen Innovationsanzeigers ermittelte Umfang ihrer Patentaktivität unverhältnismäßig gering ist und/oder sie erst jüngst der Europäischen Patentorganisation beigetreten sind.

(22) Durch die engere Partnerschaft zwischen dem EPA und den Zentralbehörden für den gewerblichen Rechtsschutz der Mitgliedstaaten sollte das EPA in die Lage versetzt werden, bei Bedarf regelmäßig die Ergebnisse von Recherchen zu nutzen, die die Zentralbehörden für den gewerbliche Rechtsschutz bei einer nationalen Patentanmeldung durchführen, deren

[1] Nr. **50**.

Priorität in der anschließenden Anmeldung eines Europäischen Patents geltend gemacht wird. Alle diese Zentralbehörden für den gewerblichen Rechtsschutz, einschließlich derjenigen, die keine Recherchen im Zuge eines nationalen Patenterteilungsverfahrens durchführen, können im Rahmen der engeren Partnerschaft eine wesentliche Rolle spielen, indem sie beispielsweise potenzielle Patentanmelder, vor allem kleine und mittlere Unternehmen, beraten, Anmeldungen entgegennehmen, diese an das EPA weiterleiten und die Patentinformationen verbreiten.

(23) Diese Verordnung wird durch die vom Rat gemäß Artikel 118 Absatz 2 AEUV erlassene Verordnung (EU) Nr. 1260/2012[1)] ergänzt.

(24) Es sollte eine Gerichtsbarkeit im Hinblick auf Europäische Patente mit einheitlicher Wirkung geschaffen und in einem Instrument zur Errichtung eines einheitlichen Systems zur Behandlung von Patentstreitigkeiten in Bezug auf Europäische Patente und Europäische Patente mit einheitlicher Wirkung geregelt werden.

(25) Die Einrichtung eines Einheitlichen Patentgerichts für Klagen im Zusammenhang mit dem Europäischen Patent mit einheitlicher Wirkung ist von grundlegender Bedeutung für die Gewährleistung des ordnungsgemäßen Funktionierens eines solchen Patents, für eine kohärente Rechtsprechung und folglich für Rechtssicherheit sowie Kosteneffizienz für Patentinhaber. Es ist deshalb äußerst wichtig, dass die teilnehmenden Mitgliedstaaten das Übereinkommen über ein Einheitliches Patentgericht gemäß ihren nationalen verfassungsrechtlichen und parlamentarischen Verfahren ratifizieren und die notwendigen Schritte unternehmen, damit dieses Gericht sobald wie möglich seine Arbeit aufnehmen kann.

(26) Diese Verordnung berührt nicht das Recht der teilnehmenden Mitgliedstaaten, nationale Patente zu erteilen und sollte das einzelstaatliche Patentrecht der teilnehmenden Mitgliedstaaten nicht ersetzen. Patentanmelder sollten die Wahl haben, entweder ein nationales Patent, ein Europäisches Patent mit einheitlicher Wirkung, ein Europäisches Patent mit Wirkung in einem oder mehreren Vertragsstaaten des EPÜ oder ein Europäisches Patent mit einheitlicher Wirkung, das in einem oder mehreren anderen EPÜ-Vertragsstaaten, die keine teilnehmenden Mitgliedstaaten sind, validiert ist, anzumelden.

(27) Da das Ziel dieser Verordnung, nämlich die Schaffung eines einheitlichen Patentschutzes, auf Ebene der Mitgliedstaaten nicht ausreichend erreicht werden kann und daher wegen des Umfangs und der Wirkungen dieser Verordnung besser auf Unionsebene zu verwirklichen ist, kann die Union im Einklang mit dem in Artikel 5 des Vertrags über die Europäische Union niedergelegten Subsidiaritätsprinzip Maßnahmen, gegebenenfalls auf dem Wege der verstärkten Zusammenarbeit, ergreifen. Entsprechend dem in demselben Artikel genannten Verhältnismäßigkeitsprinzip geht diese Verordnung nicht über das für die Erreichung dieses Ziels erforderliche Maß hinaus –

HABEN FOLGENDE VERORDNUNG ERLASSEN:

[1)] Nr. **55a**.

Kapitel I. Allgemeine Bestimmungen

Art. 1 Gegenstand. (1) Mit dieser Verordnung wird die mit Beschluss 2011/167/EU genehmigte verstärkte Zusammenarbeit im Bereich der Schaffung eines einheitlichen Patentschutzes umgesetzt.

(2) Diese Verordnung stellt ein besonderes Übereinkommen im Sinne von Artikel 142 des Übereinkommens über die Erteilung europäischer Patente[1] vom 5. Oktober 1973, geändert am 17. Dezember 1991 und am 29. November 2000, (im Folgenden „EPÜ") dar.

Art. 2 Begriffsbestimmungen. Für die Zwecke dieser Verordnung gelten die folgenden Begriffsbestimmungen:

a) „Teilnehmender Mitgliedstaat" bezeichnet einen Mitgliedstaat, der an der verstärkten Zusammenarbeit im Bereich der Schaffung eines einheitlichen Patentschutzes auf der Grundlage des Beschlusses 2011/167/EU oder auf der Grundlage eines gemäß Artikel 331 Absatz 1 Unterabsatz 2 oder 3 AEUV gefassten Beschlusses zum Zeitpunkt des in Artikel 9 genannten Antrags auf einheitliche Wirkung teilnimmt.

b) „Europäisches Patent" bezeichnet ein Patent, das vom Europäischen Patentamt (im Folgenden "EPA") nach den Regeln und Verfahren des EPÜ erteilt wird.

c) „Europäisches Patent mit einheitlicher Wirkung" bezeichnet ein Europäisches Patent, das aufgrund dieser Verordnung einheitliche Wirkung in den teilnehmenden Mitgliedstaaten hat.

d) „Europäisches Patentregister" bezeichnet das gemäß Artikel 127 EPÜ[1] beim EPA geführte Register.

e) „Register für den einheitlichen Patentschutz" bezeichnet das zum Europäischen Patentregister gehörende Register, in das die einheitliche Wirkung und etwaige Beschränkungen, Lizenzen, Übertragungen, Nichtigerklärungen oder ein etwaiges Erlöschen eines Europäischen Patents mit einheitlicher Wirkung eingetragen werden.

f) „Europäisches Patentblatt" bezeichnet die in Artikel 129 EPÜ[1] genannte regelmäßige Veröffentlichung.

Art. 3 Europäisches Patent mit einheitlicher Wirkung. (1) *[1]* Ein Europäisches Patent, das mit den gleichen Ansprüchen für alle teilnehmenden Mitgliedstaaten erteilt wurde, hat einheitliche Wirkung in den teilnehmenden Mitgliedstaaten, sofern seine einheitliche Wirkung in dem Register für den einheitlichen Patentschutz eingetragen wurde.

[2] Ein Europäisches Patent, das mit unterschiedlichen Ansprüchen für verschiedene teilnehmende Mitgliedstaaten erteilt wurde, hat keine einheitliche Wirkung.

(2) *[1]* [1] Ein Europäisches Patent mit einheitlicher Wirkung hat einen einheitlichen Charakter. [2] Es bietet einheitlichen Schutz und hat gleiche Wirkung in allen teilnehmenden Mitgliedstaaten.

---

[1] Nr. **50**.

[2] Es kann nur im Hinblick auf alle teilnehmenden Mitgliedstaaten beschränkt, übertragen oder für nichtig erklärt werden oder erlöschen.

[3] Es kann im Hinblick auf die Gesamtheit oder einen Teil der Hoheitsgebiete der teilnehmenden Mitgliedstaaten lizenziert werden.

(3) Die einheitliche Wirkung eines Europäischen Patents gilt in dem Umfang als nicht eingetreten, in dem das Europäische Patent für nichtig erklärt oder beschränkt wurde.

Art. 4 Tag des Eintritts der Wirkung. (1) Ein Europäisches Patent mit einheitlicher Wirkung wird am Tag der Veröffentlichung des Hinweises auf die Patenterteilung im Europäischen Patentblatt durch das EPA in den teilnehmenden Mitgliedstaaten wirksam.

(2) Sofern die einheitliche Wirkung eines Europäischen Patents eingetragen wurde und sich auf ihr Hoheitsgebiet erstreckt, ergreifen die teilnehmenden Mitgliedstaaten die notwendigen Maßnahmen, um sicherzustellen, dass am Tag der Veröffentlichung des Hinweises auf die Erteilung des Europäischen Patents im Europäischen Patentblatt die Wirkung des Europäischen Patents als nationales Patent auf ihrem Hoheitsgebiet als nicht eingetreten gilt.

Kapitel II. Wirkungen eines Europäischen Patents mit einheitlicher Wirkung

Art. 5 Einheitlicher Schutz. (1) Das Europäische Patent mit einheitlicher Wirkung verleiht seinem Inhaber das Recht, Dritte daran zu hindern, Handlungen zu begehen, gegen die dieses Patent innerhalb der Hoheitsgebiete der teilnehmenden Mitgliedstaaten, in denen das Patent einheitliche Wirkung besitzt, vorbehaltlich geltender Beschränkungen Schutz bietet.

(2) Der Umfang dieses Rechts und seine Beschränkungen sind in allen teilnehmenden Mitgliedstaaten, in denen das Patent einheitliche Wirkung besitzt, einheitlich.

(3) Die Handlungen, gegen die das Patent Schutz nach Absatz 1 bietet, sowie die geltenden Beschränkungen sind in den Rechtsvorschriften bestimmt, die für Europäische Patente mit einheitlicher Wirkung in dem teilnehmenden Mitgliedstaat gelten, dessen nationales Recht auf das Europäische Patent mit einheitlicher Wirkung als ein Gegenstand des Vermögens nach Artikel 7 anwendbar ist.

(4) Die Kommission bewertet in ihrem Bericht nach Artikel 16 Absatz 1 das Funktionieren der geltenden Beschränkungen und legt – sofern erforderlich – geeignete Vorschläge vor.

Art. 6 Erschöpfung der Rechte aus einem Europäischen Patent mit einheitlicher Wirkung. Die durch das Europäische Patent mit einheitlicher Wirkung verliehenen Rechte erstrecken sich nicht auf Handlungen, die ein durch das Patent geschütztes Erzeugnis betreffen und in den teilnehmenden Mitgliedstaaten vorgenommen werden, in denen dieses Patent einheitliche Wirkung hat, nachdem das Erzeugnis vom Patentinhaber oder mit seiner Zustimmung in der Union in Verkehr gebracht worden ist, es sei denn, der Patentinhaber hat berechtigte Gründe, sich dem weiteren Vertrieb des Erzeugnisses zu widersetzen.

Kapitel III. Ein Europäisches Patent mit einheitlicher Wirkung als Gegenstand des Vermögens

Art. 7 Behandlung des Europäischen Patents mit einheitlicher Wirkung wie ein nationales Patent. (1) Ein Europäisches Patent mit einheitlicher Wirkung als Gegenstand des Vermögens ist in seiner Gesamtheit und in allen teilnehmenden Mitgliedstaaten wie ein nationales Patent des teilnehmenden Mitgliedstaats zu behandeln, in dem dieses Patent einheitliche Wirkung hat, und in dem, gemäß dem Europäischen Patentregister:

a) der Patentanmelder zum Zeitpunkt der Einreichung einer Anmeldung eines Europäischen Patents seinen Wohnsitz oder den Sitz seiner Hauptniederlassung hat oder,

b) sofern Buchstabe a nicht zutrifft, der Patentanmelder zum Zeitpunkt der Einreichung einer Anmeldung eines Europäischen Patents eine Niederlassung hatte.

(2) [1] Sind im Europäischen Patentregister zwei oder mehrere Personen als gemeinsame Patentanmelder eingetragen, so gilt Absatz 1 Buchstabe a für den erstgenannten Anmelder. [2] Ist dies nicht möglich, gilt Absatz 1 Buchstabe a für den nächsten gemeinsamen Anmelder in der Reihenfolge der Eintragung. [3] Ist Absatz 1 Buchstabe a auf keinen der gemeinsamen Anmelder zutreffend, gilt Absatz 1 Buchstabe b sinngemäß.

(3) Hatte für die Zwecke der Absätze 1 oder 2 keiner der Patentanmelder seinen Wohnsitz, den Sitz seiner Hauptniederlassung oder seine Niederlassung in einem teilnehmenden Mitgliedstaat, in dem dieses Patent einheitliche Wirkung hat, so ist ein Europäisches Patent mit einheitlicher Wirkung als Gegenstand des Vermögens in seiner Gesamtheit und in allen teilnehmenden Mitgliedstaaten wie ein nationales Patent des Staates zu behandeln, in dem die Europäische Patentorganisation gemäß Artikel 6 Absatz 1 EPÜ[1)] ihren Sitz hat.

(4) Der Erwerb eines Rechts darf nicht von einem Eintrag in ein nationales Patentregister abhängig gemacht werden.

Art. 8 Lizenzbereitschaft. (1) Der Inhaber eines Europäischen Patents mit einheitlicher Wirkung kann dem EPA eine Erklärung vorlegen, dass der Patentinhaber bereit ist, jedermann die Benutzung der Erfindung als Lizenznehmer gegen angemessene Vergütung zu gestatten.

(2) Eine auf der Grundlage dieser Verordnung erworbene Lizenz gilt als Vertragslizenz.

Kapitel IV. Institutionelle Bestimmungen

Art. 9 Verwaltungsaufgaben im Rahmen der Europäischen Patentorganisation. (1) Die teilnehmenden Mitgliedstaaten übertragen dem EPA im Sinne von Artikel 143 EPÜ[1)] die folgenden Aufgaben, die das EPA gemäß seinen internen Regeln ausführt:

a) die Verwaltung von Anträgen von Inhabern Europäischer Patente auf einheitliche Wirkung;

[1)] Nr. **50**.

b) die Eingliederung des Registers für den einheitlichen Patentschutz in das Europäische Patentregister und die Verwaltung des Registers für den einheitlichen Patentschutz;

c) die Entgegennahme und Eintragung von Erklärungen über die Lizenzbereitschaft gemäß Artikel 8, deren Rücknahme sowie die Lizenzzusagen des Inhabers des Europäischen Patents mit einheitlicher Wirkung im Rahmen internationaler Normungsgremien;

d) die Veröffentlichung der in Artikel 6 der Verordnung (EU) Nr. 1260/2012[1)] genannten Übersetzungen innerhalb des in jenem Artikel genannten Übergangszeitraums;

e) die Erhebung und Verwaltung der Jahresgebühren für Europäische Patente mit einheitlicher Wirkung in den Folgejahren des Jahres, in dem der Hinweis auf seine Erteilung im Europäischen Patentblatt veröffentlicht wird; im Falle verspäteter Zahlung der Jahresgebühren die Erhebung und Verwaltung der zusätzlichen Gebühren, wenn die verspätete Zahlung innerhalb von sechs Monaten nach Fälligkeit erfolgt, sowie die Verteilung eines Teils der eingenommenen Jahresgebühren an die teilnehmenden Mitgliedstaaten;

f) die Verwaltung des Kompensationssystems für die Erstattung der in Artikel 5 der Verordnung (EU) Nr. 1260/2012[1)] genannten Übersetzungskosten;

g) die Gewährleistung, dass ein Antrag auf einheitliche Wirkung eines Inhabers eines Europäischen Patents in der in Artikel 14 Absatz 3 EPÜ[2)] festgelegten Verfahrenssprache spätestens einen Monat nach der Veröffentlichung des Hinweises auf die Erteilung des Europäischen Patents im Europäischen Patentblatt eingereicht wird; und

h) die Gewährleistung, dass für den Fall, dass eine einheitliche Wirkung beantragt wurde, diese im Register für den einheitlichen Patentschutz eingetragen wird, dass während der in Artikel 6 der Verordnung (EU) Nr. 1260/2012[1)] vorgesehenen Übergangszeit die in jenem Artikel geforderte Übersetzung beigefügt wurde und dass das EPA über alle Beschränkungen, Lizenzen, Rechtsübertragungen und Nichtigerklärungen Europäischer Patente mit einheitlicher Wirkung informiert wird.

(2) *[1]* [1] Die teilnehmenden Mitgliedstaaten sorgen bei der Erfüllung ihrer im Rahmen des EPÜ eingegangenen internationalen Verpflichtungen für die Einhaltung dieser Verordnung und arbeiten zu diesem Zweck zusammen. [2] Als EPÜ-Vertragsstaaten gewährleisten die teilnehmenden Mitgliedstaaten die Verwaltung und Überwachung der Aktivitäten im Zusammenhang mit den in Absatz 1 dieses Artikels genannten Aufgaben; sie sorgen ferner dafür, dass die Höhe der Jahresgebühren im Einklang mit Artikel 12 dieser Verordnung und die anteilige Verteilung der Jahresgebühren im Einklang mit Artikel 13 dieser Verordnung festgelegt wird.

[2] Hierzu setzen sie im Sinne von Artikel 145 EPÜ[2)] einen engeren Ausschuss des Verwaltungsrats der Europäischen Patentorganisation (im Folgenden „engerer Ausschuss") ein.

[3] [1] Der engere Ausschuss setzt sich aus den Vertretern der teilnehmenden Mitgliedstaaten und einem als Beobachter fungierenden Vertreter der Kommission sowie für den Fall ihrer Abwesenheit deren Stellvertretern zusammen.

[1)] Nr. **55a**.
[2)] Nr. **50**.

[2]Die Mitglieder des engeren Ausschusses können von Beratern oder Sachverständigen unterstützt werden.

[4] Der engere Ausschuss fasst seine Beschlüsse unter angemessener Berücksichtigung der Position der Kommission und im Einklang mit den in Artikel 35 Absatz 2 des EPÜ[1)] festgelegten Regelungen.

(3) Die teilnehmenden Mitgliedstaaten sorgen für einen wirksamen Rechtsschutz vor einem zuständigen Gericht eines teilnehmenden Mitgliedstaats oder mehrerer teilnehmender Mitgliedstaaten gegen Verwaltungsentscheidungen, die das EPA in Ausübung der ihm in Absatz 1 übertragenen Aufgaben trifft.

Kapitel V. Finanzbestimmungen

Art. 10 Grundsatz bezüglich Ausgaben. Ausgaben, die dem EPA bei der Wahrnehmung der zusätzlichen Aufgaben entstehen, die ihm im Sinne von Artikel 143 EPÜ[1)] von den teilnehmenden Mitgliedstaaten übertragen wurden, sind durch die Einnahmen aus den Europäischen Patenten mit einheitlicher Wirkung zu decken.

Art. 11 Jahresgebühren. (1) [1]Die Jahresgebühren für Europäische Patente mit einheitlicher Wirkung und die zusätzlichen Gebühren für die verspätete Zahlung der Jahresgebühren für diese Patente sind vom Patentinhaber an die Europäische Patentorganisation zu entrichten. [2]Diese Jahresgebühren sind in den Folgejahren des Jahres fällig, in dem der Hinweis auf die Erteilung des Europäischen Patents mit einheitlicher Wirkung im Europäischen Patentblatt veröffentlicht wird.

(2) Werden die Jahresgebühr und gegebenenfalls eine zusätzliche Gebühr nicht fristgerecht gezahlt, erlischt das Europäische Patent mit einheitlicher Wirkung.

(3) Die Jahresgebühren, die nach Eingang der in Artikel 8 Absatz 1 genannten Erklärung fällig werden, werden gesenkt.

Art. 12 Höhe der Jahresgebühren. (1) Die Jahresgebühren für Europäische Patente mit einheitlicher Wirkung

a) sind über die gesamte Laufzeit des Patents hinweg progressiv gestaltet,
b) sind ausreichend, um sämtliche Kosten für die Erteilung und Verwaltung des einheitlichen Patentschutzes abzudecken, und
c) sind ausreichend, damit sie zusammen mit den an die Europäische Patentorganisation in der Antragsphase zu entrichtenden Gebühren einen ausgeglichenen Haushalt der Organisation sicherstellen.

(2) Die Höhe der Jahresgebühren ist unter anderem unter Berücksichtigung der Situation bestimmter Einheiten wie kleiner und mittlerer Unternehmen im Hinblick auf folgende Ziele festzulegen:

a) Erleichterung von Innovationen und Stärkung der Wettbewerbsfähigkeit europäischer Unternehmen,
b) Orientierung an der Größe des durch das Patent abgedeckten Marktes, und
c) Anlehnung an die Höhe der nationalen Jahresgebühren für ein durchschnittliches Europäisches Patent, das in den teilnehmenden Mitgliedstaaten zu

---

[1)] Nr. **50**.

dem Zeitpunkt wirksam wird, zu dem die Höhe der Jahresgebühren erstmals festgelegt wird.

(3) Zur Erreichung der in diesem Kapitel festgelegten Ziele wird die Höhe der Jahresgebühren so festgesetzt, dass:

a) sie der Höhe der Jahresgebühren entspricht, die für die durchschnittliche geografische Abdeckung der üblichen Europäischen Patente zu entrichten sind,

b) sie die Verlängerungsrate gegenwärtiger Europäischer Patente widerspiegelt und

c) die Zahl der Anträge auf einheitliche Wirkung widerspiegelt.

Art. 13 Verteilung. (1) [1]Das EPA behält 50 % der in Artikel 11 genannten Jahresgebühren ein, die für Europäische Patente mit einheitlicher Wirkung entrichtet werden. [2]Der Restbetrag wird entsprechend der nach Maßgabe des Artikels 9 Absatz 2 festgelegten Verteilung der Anteile der Jahresgebühren auf die teilnehmenden Mitgliedstaaten aufgeteilt.

(2) Zur Erreichung der in diesem Kapitel festgelegten Ziele basiert der auf die teilnehmenden Mitgliedstaaten entfallende Anteil der Jahresgebühren auf den folgenden fairen, ausgewogenen und maßgeblichen Kriterien:

a) der Anzahl der Patentanmeldungen,

b) der Größe des Marktes, wobei gewährleistet wird, dass jeder teilnehmende Mitgliedstaat einen Mindestbetrag erhält,

c) Ausgleichsleistungen an die teilnehmenden Mitgliedstaaten, die

i) eine andere Amtssprache als eine der Amtssprachen des EPA haben,

ii) deren Umfang an Patentaktivität unverhältnismäßig gering ist und/oder

iii) die erst jüngst der Europäischen Patentorganisation beigetreten sind.

Kapitel VI. Schlussbestimmungen

Art. 14 Zusammenarbeit zwischen der Kommission und dem EPA. [1]Die Kommission arbeitet im Rahmen einer Arbeitsvereinbarung eng mit dem EPA in den unter diese Verordnung fallenden Bereichen zusammen. [2]Diese Zusammenarbeit beinhaltet den regelmäßigen Meinungsaustausch über das Funktionieren der Arbeitsvereinbarung und insbesondere die Frage der Jahresgebühren und die Auswirkungen auf den Haushalt der Europäischen Patentorganisation.

Art. 15 Anwendung des Wettbewerbsrechts und der Rechtsvorschriften gegen den unlauteren Wettbewerb. Diese Verordnung berührt weder die Anwendung des Wettbewerbsrechts noch die Rechtsvorschriften in Bezug auf den unlauteren Wettbewerb.

Art. 16 Bericht über die Durchführung dieser Verordnung. (1) Die Kommission unterbreitet dem Europäischen Parlament und dem Rat spätestens drei Jahre nachdem das erste Europäische Patent mit einheitlicher Wirkung wirksam geworden ist, und danach alle fünf Jahre einen Bericht über das Funktionieren dieser Verordnung und gegebenenfalls geeignete Vorschläge zu ihrer Änderung.

(2) Die Kommission legt dem Europäischen Parlament und dem Rat regelmäßig Berichte über das Funktionieren der in Artikel 11 festgelegten Jahresgebühren vor und geht dabei insbesondere auf die Einhaltung des Artikels 12 ein.

Art. 17 Notifizierung durch die teilnehmenden Mitgliedstaaten.

(1) Die teilnehmenden Mitgliedstaaten notifizieren der Kommission die gemäß Artikel 9 verabschiedeten Maßnahmen bis zum Tag des Geltungsbeginns dieser Verordnung.

(2) Jeder teilnehmende Mitgliedstaat notifiziert der Kommission die gemäß Artikel 4 Absatz 2 verabschiedeten Maßnahmen bis zu dem Tag des Geltungsbeginns dieser Verordnung oder – im Falle eines teilnehmenden Mitgliedstaats, in dem das Einheitliche Patentgericht an dem Tag des Geltungsbeginns dieser Verordnung keine ausschließliche Zuständigkeit für Europäische Patente mit einheitlicher Wirkung hat – bis zu dem Tag, ab dem das Einheitliche Patentgericht über die diesbezügliche ausschließliche Zuständigkeit in diesem teilnehmenden Mitgliedstaat verfügt.

Art. 18 Inkrafttreten und Anwendung. (1) Diese Verordnung tritt am zwanzigsten Tag nach ihrer Veröffentlichung im *Amtsblatt der Europäischen Union* in Kraft.

(2) *[1]* Sie gilt ab dem 1. Januar 2014 oder ab dem Tag des Inkrafttretens des Übereinkommens über ein Einheitliches Patentgericht[1)] (im Folgenden „das Abkommen"), je nachdem, welcher der spätere Zeitpunkt ist.

[2] Abweichend von Artikel 3 Absätze 1 und 2 und Artikel 4 Absatz 1 hat ein Europäisches Patent, dessen einheitliche Wirkung im Register für den einheitlichen Patentschutz eingetragen ist, nur in den teilnehmenden Mitgliedstaaten einheitliche Wirkung, in denen das Einheitliche Patentgericht am Tag der Eintragung über die ausschließliche Zuständigkeit für Europäische Patente mit einheitlicher Wirkung verfügt.

(3) [1] Jeder teilnehmende Mitgliedstaat notifiziert der Kommission seine Ratifizierung des Übereinkommens zum Zeitpunkt der Hinterlegung seiner Ratifikationsurkunde. [2] Die Kommission veröffentlicht im *Amtsblatt der Europäischen Union* den Tag des Inkrafttretens des Übereinkommens und veröffentlicht ein Verzeichnis der Mitgliedstaaten, die das Übereinkommen am Tag des Inkrafttretens ratifiziert haben. [3] Die Kommission aktualisiert danach regelmäßig das Verzeichnis der teilnehmenden Mitgliedstaaten, die das Übereinkommen ratifiziert haben, und veröffentlicht dieses aktualisierte Verzeichnis im *Amtsblatt der Europäischen Union*.

(4) Die teilnehmenden Mitgliedstaaten sorgen dafür, dass die in Artikel 9 genannten Maßnahmen bis zum Tag des Geltungsbeginns dieser Verordnung eingeführt wurden.

[1)] Das Übereinkommen tritt am 1. Januar 2014 in Kraft oder am ersten Tag des vierten Monats nach Hinterlegung der dreizehnten Ratifikations- oder Beitrittsurkunde gemäß Artikel 84, einschließlich der Hinterlegung durch die drei Staaten, in denen es im Jahr vor dem Jahr der Unterzeichnung des Übereinkommens die meisten geltenden europäischen Patente gab, oder am ersten Tag des vierten Monats nach dem Inkrafttreten der Änderungen der Verordnung (EU) Nr. 1215/2012, die das Verhältnis zwischen jener Verordnung und diesem Übereinkommen betreffen, je nachdem, welcher Zeitpunkt später liegt, vgl. Art. 89 des Übereinkommens (Nr. **56**).

(5) Jeder teilnehmende Mitgliedstaat sorgt dafür, dass die in Artikel 4 Absatz 2 genannten Maßnahmen bis zum Tag des Geltungsbeginns dieser Verordnung oder – im Falle eines teilnehmenden Mitgliedstaats, in dem das Einheitliche Patentgericht am Tag des Geltungsbeginns dieser Verordnung keine ausschließliche Zuständigkeit für Europäische Patente mit einheitlicher Wirkung hat – bis zum Tag, an dem das Einheitliche Patentgericht über die diesbezügliche ausschließliche Zuständigkeit in diesem teilnehmenden Mitgliedstaat verfügt, eingeführt wurden.

(6) Der einheitliche Patentschutz kann für jedes Europäische Patent beantragt werden, das am oder nach dem Tag des Geltungsbeginns dieser Verordnung erteilt wird.

Diese Verordnung ist in allen ihren Teilen verbindlich und gilt gemäß den Verträgen unmittelbar in den teilnehmenden Mitgliedstaaten.

Geschehen zu Brüssel am 17. Dezember 2012.

55a. Verordnung (EU) Nr. 1260/2012 des Rates vom 17. Dezember 2012 über die Umsetzung der Verstärkten Zusammenarbeit im Bereich der Schaffung eines einheitlichen Patentschutzes im Hinblick auf die anzuwendenden Übersetzungsregelungen

(ABl. L 361 S. 89) [1)2)]

Celex-Nr. 3 2012 R 1260

DER RAT DER EUROPÄISCHEN UNION –

gestützt auf den Vertrag über die Arbeitsweise der Europäischen Union, insbesondere auf Artikel 118 Absatz 2,

gestützt auf den Beschluss 2011/167/EU des Rates vom 10. März 2011 über die Ermächtigung zu einer Verstärkten Zusammenarbeit im Bereich der Schaffung eines einheitlichen Patentschutzes[3)],

auf Vorschlag der Europäischen Kommission,

nach Zuleitung des Entwurfs des Gesetzgebungsakts an die nationalen Parlamente,

nach Anhörung des Europäischen Parlaments,

gemäß einem besonderen Gesetzgebungsverfahren,

in Erwägung nachstehender Gründe:

(1) Mit dem Beschluss 2011/167/EU wurden Belgien, Bulgarien, die Tschechische Republik, Dänemark, Deutschland, Estland, Irland, Griechenland, Frankreich, Zypern, Lettland, Litauen, Luxemburg, Ungarn, Malta, die Niederlande, Österreich, Polen, Portugal, Rumänien, Slowenien, die Slowakei, Finnland, Schweden und das Vereinigte Königreich (im Folgenden „teilnehmende Mitgliedstaaten") ermächtigt, untereinander eine verstärkte Zusammenarbeit im Bereich der Schaffung eines einheitlichen Patentschutzes zu begründen.

(2) Gemäß der Verordnung (EU) Nr. 1257/2012[4)] des Europäischen Parlaments und des Rates vom 17. Dezember 2012 über die Umsetzung der verstärkten Zusammenarbeit im Bereich der Schaffung eines einheitlichen Patentschutzes[5)] sollten bestimmte Europäische Patente, die vom Europäischen Patentamt (im Folgenden „EPA") gemäß den Regeln und Verfahren des Übereinkommens über die Erteilung europäischer Patente vom 5. Oktober 1973, geändert am 17. Dezember 1991 und am 29. November 2000, (im Folgenden "EPÜ") erteilt wurden, auf Antrag des Patentinhabers in den teilnehmenden Mitgliedstaaten eine einheitliche Wirkung haben.

(3) Die Übersetzungsregelungen für Europäische Patente, die in den teilnehmenden Mitgliedstaaten eine einheitliche Wirkung haben (im Folgenden „Europäisches Patent mit einheitlicher Wirkung"), sollten gemäß Arti-

---

1) Beachte zum Inkrafttreten Art. 7 Abs. 2 dieser VO.

2) Veröffentlicht am 31.12.2012.

3) **Amtl. Anm.:** ABl. L 76 vom 22.3.2011, S. 53.

4) Nr. **55**.

5) **Amtl. Anm.:** Siehe Seite 1 dieses Amtsblatts (Anm.d. Red.: ABl. L 361 vom 31.12.2012).

kel 118 Absatz 2 des Vertrags über die Arbeitsweise der Europäischen Union (AEUV) im Rahmen einer gesonderten Verordnung festgelegt werden.

(4) Gemäß dem Beschluss 2011/167/EU sollten die für Europäische Patente mit einheitlicher Wirkung geltenden Übersetzungsregelungen einfach und kosteneffizient sein. Sie sollten den Regelungen entsprechen, die in dem von der Kommission am 30. Juni 2010 vorgelegten Vorschlag für eine Verordnung des Rates zur Regelung der Übersetzung des Patents der Europäischen Union festgelegt waren und die im November 2010 durch einen vom Vorsitz vorgeschlagenen Kompromiss, der im Rat breite Unterstützung fand, ergänzt wurden.

(5) Solche Übersetzungsregelungen sollten Rechtssicherheit gewährleisten, Innovationen fördern und insbesondere kleinen und mittleren Unternehmen (KMU) zugute kommen. Mit diesen Übersetzungsregelungen sollte der Zugang zum Europäischen Patent mit einheitlicher Wirkung und zum Patentsystem insgesamt leichter, kostengünstiger und rechtssicher gestaltet werden.

(6) Da für die Erteilung Europäischer Patente das EPA zuständig ist, sollten sich die Übersetzungsregelungen für das Europäische Patent mit einheitlicher Wirkung auf das gängige Verfahren des EPA stützen. Ziel dieser Regelungen sollte es sein, hinsichtlich der Verfahrenskosten und der Verfügbarkeit technischer Informationen die notwendige Ausgewogenheit zwischen den Interessen der Wirtschaftsakteure und dem öffentlichen Interesse herzustellen.

(7) Unbeschadet der Übergangsregelungen sollten keine weiteren Übersetzungen notwendig sein, wenn die Patentschrift eines Europäischen Patents mit einheitlicher Wirkung gemäß Artikel 14 Absatz 6 EPÜ[1)] veröffentlicht wurde. Nach Artikel 14 Absatz 6 EPÜ[1)] werden europäische Patentschriften in der Verfahrenssprache vor dem EPA veröffentlicht und enthalten eine Übersetzung der Patentansprüche in den beiden anderen Amtssprachen des EPA.

(8) Im Falle eines Rechtsstreits bezüglich eines Europäischen Patents mit einheitlicher Wirkung ist es legitim, vom Patentinhaber auf Antrag des mutmaßlichen Patentrechtsverletzers die Vorlage einer vollständigen Übersetzung des Patents in eine Amtssprache entweder des teilnehmenden Mitgliedstaats zu fordern, in dem die mutmaßliche Patentrechtsverletzung stattgefunden hat oder des Mitgliedstaats, in dem der mutmaßliche Patentrechtsverletzer ansässig ist. Auf Anforderung des in den teilnehmenden Mitgliedstaaten für Streitfälle bezüglich des Europäischen Patents mit einheitlicher Wirkung zuständigen Gerichts sollte der Patentinhaber darüber hinaus eine vollständige Übersetzung des Patents in die im Verfahren vor diesem Gericht verwendete Sprache vorlegen müssen. Diese Übersetzungen sollten nicht maschinell erstellt werden und sollten zu Lasten des Patentinhabers gehen.

(9) Im Falle eines Rechtsstreits bezüglich der Forderung nach Schadenersatz sollte das angerufene Gericht in Betracht ziehen, dass der mutmaßliche Patentrechtsverletzer, bevor ihm eine Übersetzung in seine eigene Sprache

---

[1)] Nr. **50**.

vorgelegt wurde, in gutem Glauben gehandelt haben könnte und möglicherweise nicht gewusst hat oder nach vernünftigem Ermessen nicht wissen konnte, dass er das Patent verletzt hat. Das zuständige Gericht sollte die Umstände im Einzelfall beurteilen und unter anderem berücksichtigen, ob es sich bei dem mutmaßlichen Patentrechtsverletzer um ein KMU handelt, das nur auf lokaler Ebene tätig ist, die Verfahrenssprache vor dem EPA sowie – während des Übergangszeitraums – die zusammen mit dem Antrag auf einheitliche Wirkung vorgelegte Übersetzung berücksichtigen.

(10) Um den Zugang zum Europäischen Patent mit einheitlicher Wirkung insbesondere für KMU zu erleichtern, sollten Patentanmelder ihre Patentanmeldungen in einer der Amtssprachen der Union beim EPA einreichen dürfen. Ergänzend hierzu sollten bestimmte Patentanmelder, denen Europäische Patente mit einheitlicher Wirkung erteilt werden und die eine Anmeldung eines Europäischen Patents in einer der Amtssprachen der Union, die nicht Amtssprache des EPA ist, eingereicht und ihren Wohnsitz oder Sitz ihrer Hauptniederlassung in einem Mitgliedstaat haben, zusätzliche Kostenerstattungen für die Übersetzung aus der Sprache der Patentanmeldung in die Verfahrenssprache des EPA erhalten, die über die beim EPA geltenden Erstattungsregeln hinausgehen. Solche Erstattungen sollten gemäß Artikel 9 der Verordnung (EU) Nr. 1257/2012[1] vom EPA verwaltet werden.

(11) Um die Verfügbarkeit von Patentinformationen und die Verbreitung des technologischen Wissens zu fördern, sollten so bald wie möglich maschinelle Übersetzungen von Patentanmeldungen und Patentschriften in alle Amtssprachen der Union vorliegen. Maschinelle Übersetzungen werden derzeit vom EPA entwickelt und sind ein sehr wichtiges Instrument, um den Zugang zu Patentinformationen zu verbessern und technologisches Wissen weit zu verbreiten. Die baldige Verfügbarkeit qualitativ hochwertiger maschineller Übersetzungen von Europäischen Patentanmeldungen und Patentschriften in alle Amtssprachen der Union wäre von Vorteil für alle Nutzer des europäischen Patentsystems. Maschinelle Übersetzungen sind ein wesentliches Element der Politik der Europäischen Union. Diese maschinellen Übersetzungen sollten allein Informationszwecken dienen und keine Rechtskraft haben.

(12) Während des Übergangszeitraums und bevor ein System qualitativ hochwertiger maschineller Übersetzungen in alle Amtssprachen der Union zur Verfügung steht, ist dem in Artikel 9 der Verordnung (EU) Nr. 1257/2012[1] genannten Antrag auf einheitliche Wirkung eine vollständige Übersetzung der Patentschrift in die englische Sprache für den Fall beizufügen, dass die Verfahrenssprache vor dem EPA Französisch oder Deutsch ist, oder in eine der Amtssprachen der Mitgliedstaaten, die Amtssprache der Union ist, sofern Englisch die Verfahrenssprache vor dem EPA ist. Diese Regelungen stellen sicher, dass während eines Übergangszeitraums alle Europäischen Patente mit einheitlicher Wirkung in Englisch, der in der internationalen technologischen Forschung und für Veröffentlichung gängigen Sprache, vorliegen. Ferner würden diese Regelungen sicherstellen, dass bei Europäischen Patenten mit einheitlicher Wirkung Übersetzungen in andere Amtssprachen der teilnehmenden Mitgliedstaaten veröffentlicht würden.

---

[1] Nr. **55**.

Diese Übersetzungen sollten nicht maschinell erstellt werden und ihre hohe Qualität sollte dazu beitragen, die Übersetzungsmaschinen des EPA weiter zu verbessern. Ferner würde damit die Verbreitung von Patentinformationen verbessert.

(13) Der Übergangszeitraum sollte enden, sobald qualitativ hochwertige maschinelle Übersetzungen in alle Amtssprachen der Union verfügbar sind, die einer regelmäßigen und objektiven Qualitätsbewertung durch einen unabhängigen Sachverständigenausschuss, der von den teilnehmenden Mitgliedstaaten im Rahmen der Europäischen Patentorganisation eingesetzt wird und sich aus Vertretern des EPA und Nutzern des europäischen Patentsystems zusammensetzt, unterliegen. Angesichts des Stands des technologischen Fortschritts kann nicht davon ausgegangen werden, dass die Entwicklung qualitativ hochwertiger maschineller Übersetzungen länger als 12 Jahre dauern wird. Daher sollte der Übergangszeitraum 12 Jahre nach dem Beginn der Geltung dieser Verordnung enden, sofern kein früherer Zeitpunkt beschlossen wurde.

(14) Da die materiellen Bestimmungen für das Europäische Patent mit einheitlicher Wirkung durch die Verordnung (EU) Nr. 1257/2012[1] geregelt und durch die Übersetzungsregelungen in dieser Verordnung ergänzt werden, sollte diese Verordnung ab demselben Tag gelten wie die Verordnung (EU) Nr. 1257/2012[1].

(15) Diese Verordnung berührt nicht die gemäß Artikel 342 AEUV und der Verordnung Nr. 1 vom 15. April 1958 des Rates zur Regelung der Sprachenfrage für die Europäische Wirtschaftsgemeinschaft[2] festgelegte Regelung der Sprachenfrage für die Organe der Union. Die vorliegende Verordnung stützt sich auf die Sprachenregelung des EPA; mit ihr soll keine spezielle Sprachenregelung für die Union oder ein Präzedenzfall für eine beschränkte Sprachenregelung bei künftigen Rechtsinstrumenten der Union geschaffen werden.

(16) Da das Ziel dieser Verordnung, nämlich die Einführung einheitlicher und einfacher Übersetzungsregelungen für Europäische Patente mit einheitlicher Wirkung, auf Ebene der Mitgliedstaaten nicht ausreichend verwirklicht werden kann und daher wegen des Umfangs und der Wirkungen dieser Verordnung besser auf Unionsebene zu verwirklichen ist, kann die Union im Einklang mit dem in Artikel 5 des Vertrags über die Europäische Union niedergelegten Subsidiaritätsprinzip Maßnahmen, gegebenenfalls auf dem Wege der verstärkten Zusammenarbeit, ergreifen. Entsprechend dem in demselben Artikel genannten Grundsatz der Verhältnismäßigkeit geht diese Verordnung nicht über das zur Erreichung dieses Ziels erforderliche Maß hinaus –

HAT FOLGENDE VERORDNUNG ERLASSEN:

Art. 1 Gegenstand. Diese Verordnung setzt die mit Beschluss Nr. 2011/167/EU genehmigte verstärkte Zusammenarbeit im Bereich der Schaffung eines einheitlichen Patentschutzes im Hinblick auf die anzuwendenden Übersetzungsregelungen um.

---

[1] Nr. **55**.
[2] **Amtl. Anm.:** ABl. 17 vom 6.10.1958, S. 385/58.

Art. 2 Begriffsbestimmungen. Für die Zwecke dieser Verordnung gelten die folgenden Begriffsbestimmungen:

a) „Europäisches Patent mit einheitlicher Wirkung" bezeichnet ein Europäisches Patent, das gemäß der Verordnung (EU) Nr. 1257/2012[1] einheitliche Wirkung in den teilnehmenden Mitgliedstaaten hat.

b) „Verfahrenssprache" bezeichnet die Sprache, die im Verfahren vor dem EPA verwendet wird im Sinne des Artikels 14 Absatz 3 des Übereinkommens über die Erteilung europäischer Patente[2] vom 5. Oktober 1973, geändert am 17. Dezember 1991 und am 29. November 2000, (im Folgenden "EPÜ").

Art. 3 Übersetzungsregelungen für das Europäische Patent mit einheitlicher Wirkung. (1) Unbeschadet der Artikel 4 und 6 dieser Verordnung sind keine weiteren Übersetzungen erforderlich, wenn die Patentschrift eines Europäischen Patents, das einheitliche Wirkung genießt, gemäß Artikel 14 Absatz 6 EPÜ[2] veröffentlicht wurde.

(2) Anträge auf einheitliche Wirkung gemäß Artikel 9 der Verordnung (EU) Nr. 1257/2012[1] sind in der Verfahrenssprache einzureichen.

Art. 4 Übersetzung im Falle eines Rechtsstreits. (1) Im Falle eines Rechtsstreits bezüglich einer mutmaßlichen Verletzung eines Europäischen Patents mit einheitlicher Wirkung hat der Patentinhaber auf Antrag und nach Wahl eines mutmaßlichen Patentrechtsverletzers eine vollständige Übersetzung des Europäischen Patents mit einheitlicher Wirkung in eine Amtssprache entweder des teilnehmenden Mitgliedstaats vorzulegen, in dem die mutmaßliche Patentrechtsverletzung stattgefunden hat oder des Mitgliedstaats, in dem der mutmaßliche Patentrechtsverletzer ansässig ist.

(2) Im Falle eines Rechtsstreits bezüglich eines Europäischen Patents mit einheitlicher Wirkung hat der Patentinhaber im Laufe des Verfahrens auf Anforderung des in den teilnehmenden Mitgliedstaaten für Streitfälle bezüglich des Europäischen Patents mit einheitlicher Wirkung zuständigen Gerichts eine vollständige Übersetzung des Patents in die im Verfahren vor diesem Gericht verwendete Sprache vorzulegen.

(3) Die Kosten für die in den Absätzen 1 und 2 genannten Übersetzungen sind vom Patentinhaber zu tragen.

(4) Im Falle eines Rechtsstreits bezüglich einer Forderung nach Schadenersatz zieht das angerufene Gericht, insbesondere wenn der mutmaßliche Patentrechtsverletzer ein KMU, eine natürliche Person, eine Organisation ohne Gewinnerzielungsabsicht, eine Hochschule oder eine öffentliche Forschungseinrichtung ist, in Betracht und beurteilt, ob der mutmaßliche Patentrechtsverletzer, bevor ihm die Übersetzung gemäß Absatz 1 vorgelegt wurde, nicht gewusst hat oder nach vernünftigem Ermessen nicht wissen konnte, dass er das Europäische Patent mit einheitlicher Wirkung verletzt hat.

Art. 5 Verwaltung des Kompensationssystems. (1) In Anbetracht dessen, dass Europäische Patentanmeldungen gemäß Artikel 14 Absatz 2 EPÜ[2] in einer beliebigen Sprache eingereicht werden können, übertragen die teilnehmenden

---

[1] Nr. **55**.
[2] Nr. **50**.

Mitgliedstaaten gemäß Artikel 9 der Verordnung (EU) Nr. 1257/2012[1] und im Sinne des Artikels 143 EPÜ dem EPA die Aufgabe, ein Kompensationssystem zur Erstattung aller Übersetzungskosten zu verwalten, durch das den Patentanmeldern, die beim EPA ein Patent in einer Amtssprache der Union einreichen, die keine Amtssprache des EPA ist, diese Kosten bis zu einem Höchstbetrag erstattet werden.

(2) Das in Absatz 1 genannte Kompensationssystem wird durch die in Artikel 11 der Verordnung (EU) Nr. 1257/2012[1] genannten Gebühren finanziert und steht nur KMU, natürlichen Personen, Organisationen ohne Gewinnerzielungsabsicht, Hochschulen und öffentlichen Forschungseinrichtungen zur Verfügung, die ihren Wohn- oder Geschäftssitz in einem Mitgliedstaat haben.

Art. 6 Übergangsmaßnahmen. (1) Während eines Übergangszeitraums, der an dem Tag des Geltungsbeginns dieser Verordnung beginnt, ist gemeinsam mit dem Antrag auf einheitliche Wirkung gemäß Artikel 9 der Verordnung (EU) Nr. 1257/2012[1] Folgendes beizufügen:

a) sofern die Verfahrenssprache Französisch oder Deutsch ist, eine vollständige Übersetzung der Patentschrift des Europäischen Patents ins Englische oder
b) sofern die Verfahrenssprache Englisch ist, eine vollständige Übersetzung der Patentschrift des Europäischen Patents in eine andere Amtssprache der Union.

(2) [1] Gemäß Artikel 9 der Verordnung (EU) Nr. 1257/2012[1] übertragen die teilnehmenden Mitgliedstaaten im Sinne des Artikels 143 EPÜ[2] dem EPA die Aufgabe, die in Absatz 1 des vorliegenden Artikels genannten Übersetzungen so bald wie möglich, nach der Vorlage eines Antrags auf einheitliche Wirkung gemäß Artikel 9 der Verordnung (EU) Nr. 1257/2012[1], zu veröffentlichen. [2] Der Wortlaut dieser Übersetzung hat keine Rechtswirkung und dient allein Informationszwecken.

(3) [1] Sechs Jahre nach dem Geltungsbeginn dieser Verordnung und danach alle zwei Jahre ist durch einen unabhängigen Sachverständigenausschuss eine objektive Bewertung durchzuführen, inwieweit vom EPA entwickelte, qualitativ hochwertige maschinelle Übersetzungen von Patentanmeldungen und Patentschriften in alle Amtssprachen der Union zur Verfügung stehen. [2] Dieser Sachverständigenausschuss wird von den teilnehmenden Mitgliedstaaten im Rahmen der Europäischen Patentorganisation eingesetzt und besteht aus Vertretern des EPA und der nichtstaatlichen Organisationen, die Nutzer des Europäischen Patentsystems vertreten und die vom Verwaltungsrat der Europäischen Patentorganisation nach Maßgabe des Artikels 30 Absatz 3 EPÜ[2] als Beobachter eingeladen werden.

(4) Ausgehend von der ersten in Absatz 3 dieses Artikels genannten Bewertung und danach alle zwei Jahre wird die Kommission dem Rat auf der Grundlage der nachfolgenden Bewertungen einen Bericht vorlegen und gegebenenfalls die Beendigung des Übergangszeitraums vorschlagen.

(5) Wird der Übergangszeitraum nach einem Vorschlag der Kommission nicht beendet, läuft er 12 Jahre nach dem Geltungsbeginn dieser Verordnung aus.

---

[1] Nr. **55**.
[2] Nr. **50**.

Art. 7 Inkrafttreten. (1) Diese Verordnung tritt am zwanzigsten Tag nach ihrer Veröffentlichung im *Amtsblatt der Europäischen Union* in Kraft.

(2) Sie gilt ab dem 1. Januar 2014 oder ab dem Tag des Inkrafttretens des Übereinkommens über ein Einheitliches Patentgericht[1], je nachdem, welcher der spätere Zeitpunkt ist.

Diese Verordnung ist in allen ihren Teilen verbindlich und gilt gemäß den Verträgen unmittelbar in den teilnehmenden Mitgliedstaaten.

Geschehen zu Brüssel am 17. Dezember 2012.

[1] Das Übereinkommen tritt am 1. Januar 2014 in Kraft oder am ersten Tag des vierten Monats nach Hinterlegung der dreizehnten Ratifikations- oder Beitrittsurkunde gemäß Artikel 84, einschließlich der Hinterlegung durch die drei Staaten, in denen es im Jahr vor dem Jahr der Unterzeichnung des Übereinkommens die meisten geltenden europäischen Patente gab, oder am ersten Tag des vierten Monats nach dem Inkrafttreten der Änderungen der Verordnung (EU) Nr. 1215/2012, die das Verhältnis zwischen jener Verordnung und diesem Übereinkommen betreffen, je nachdem, welcher Zeitpunkt später liegt, vgl. Art. 89 des Übereinkommens (Nr. **56**).

56. Übereinkommen über ein Einheitliches Patentgericht[1)]

Vom 19. Februar 2013

(ABl. C 175 S. 1)[2)]

Celex-Nr. 4 2013 A 0620(01)

DIE VERTRAGSMITGLIEDSTAATEN –

IN DER ERWÄGUNG, dass die Zusammenarbeit zwischen den Mitgliedstaaten der Europäischen Union auf dem Gebiet des Patentwesens einen wesentlichen Beitrag zum Integrationsprozess in Europa leistet, insbesondere zur Schaffung eines durch den freien Waren- und Dienstleistungsverkehr gekennzeichneten Binnenmarkts innerhalb der Europäischen Union und zur Verwirklichung eines Systems, mit dem sichergestellt wird, dass der Wettbewerb im Binnenmarkt nicht verzerrt wird,

IN DER ERWÄGUNG, dass der fragmentierte Patentmarkt und die beträchtlichen Unterschiede zwischen den nationalen Gerichtssystemen sich nachteilig auf die Innovation auswirken, insbesondere im Falle kleiner und mittlerer Unternehmen, für die es schwierig ist, ihre Patente durchzusetzen und sich gegen unberechtigte Klagen und Klagen im Zusammenhang mit Patenten, die für nichtig erklärt werden sollten, zu wehren,

IN DER ERWÄGUNG, dass das Europäische Patentübereinkommen (EPÜ), das von allen Mitgliedstaaten der Europäischen Union ratifiziert worden ist, ein einheitliches Verfahren für die Erteilung europäischer Patente durch das Europäische Patentamt vorsieht,

IN DER ERWÄGUNG, dass Patentinhaber nach der Verordnung (EU) Nr. 1257/2012[3)] eine einheitliche Wirkung ihrer europäischen Patente beantragen können, damit sie in den Mitgliedstaaten der Europäischen Union, die an der Verstärkten Zusammenarbeit teilnehmen, einen einheitlichen Patentschutz genießen,

IN DEM WUNSCH, durch die Errichtung eines Einheitlichen Patentgerichts für die Regelung von Rechtsstreitigkeiten über die Verletzung und Rechtsgültigkeit von Patenten die Durchsetzung von Patenten und die Verteidigung gegen unbegründete Klagen und Klagen im Zusammenhang mit Patenten, die für nichtig erklärt werden sollten, zu verbessern und die Rechtssicherheit zu stärken,

---

[1)] Dieses Übereinkommen tritt am 1. Januar 2014 in Kraft oder am ersten Tag des vierten Monats nach Hinterlegung der dreizehnten Ratifikations- oder Beitrittsurkunde gemäß Artikel 84, einschließlich der Hinterlegung durch die drei Staaten, in denen es im Jahr vor dem Jahr der Unterzeichnung des Übereinkommens die meisten geltenden europäischen Patente gab, oder am ersten Tag des vierten Monats nach dem Inkrafttreten der Änderungen der Verordnung (EU) Nr. 1215/2012, die das Verhältnis zwischen jener Verordnung und diesem Übereinkommen betreffen, je nachdem, welcher Zeitpunkt später liegt, vgl. Art. 89 des Übereinkommens.

[2)] Veröffentlicht am 20.6.2013.

[3)] **Amtl. Anm.:** Verordnung (EU) Nr. 1257/2012 des Europäischen Parlaments und des Rates vom 17. Dezember 2012 über die Umsetzung der Verstärkten Zusammenarbeit im Bereich der Schaffung eines einheitlichen Patentschutzes (ABl. L 361 vom 31.12.2012, S. 1) mit allen nachfolgenden Änderungen.

IN DER ERWÄGUNG, dass das Einheitliche Patentgericht in der Lage sein sollte, rasche und hochqualifizierte Entscheidungen sicherzustellen und dabei einen angemessenen Interessenausgleich zwischen den Rechteinhabern und anderen Parteien unter Berücksichtigung der erforderlichen Verhältnismäßigkeit und Flexibilität zu gewährleisten,

IN DER ERWÄGUNG, dass das Einheitliche Patentgericht ein gemeinsames Gericht der Vertragsmitgliedstaaten und somit Teil ihres Rechtswesens sein sollte und dass es mit einer ausschließlichen Zuständigkeit für europäische Patente mit einheitlicher Wirkung und für die nach dem EPÜ erteilten Patente ausgestattet sein sollte,

IN DER ERWÄGUNG, dass der Gerichtshof der Europäischen Union die Einheitlichkeit der Rechtsordnung der Union und den Vorrang des Rechts der Europäischen Union sicherzustellen hat,

UNTER HINWEIS AUF die Verpflichtungen der Vertragsmitgliedstaaten im Rahmen des Vertrags über die Europäische Union (EUV) und des Vertrags über die Arbeitsweise der Europäischen Union (AEUV), einschließlich der Verpflichtung zur loyalen Zusammenarbeit nach Artikel 4 Absatz 3 EUV und der Verpflichtung, durch das Einheitliche Patentgericht die uneingeschränkte Anwendung und Achtung des Unionsrechts in ihrem jeweiligen Hoheitsgebiet und den gerichtlichen Schutz der dem Einzelnen aus diesem Recht erwachsenden Rechte zu gewährleisten,

IN DER ERWÄGUNG, dass das Einheitliche Patentgericht, wie jedes nationale Gericht auch, das Unionsrecht beachten und anwenden und in Zusammenarbeit mit dem Gerichtshof der Europäischen Union – dem Hüter des Unionsrechts – seine korrekte Anwendung und einheitliche Auslegung sicherstellen muss; insbesondere muss es bei der ordnungsgemäßen Auslegung des Unionsrechts mit dem Gerichtshof der Europäischen Union zusammenarbeiten, indem es sich auf dessen Rechtsprechung stützt und ihn gemäß Artikel 267 AEUV um Vorabentscheidungen ersucht,

IN DER ERWÄGUNG, dass nach der Rechtsprechung des Gerichtshofs der Europäischen Union zur außervertraglichen Haftung die Vertragsmitgliedstaaten für Schäden, die durch Verstöße des Einheitlichen Patentgerichts gegen das Unionsrecht einschließlich des Versäumnisses, den Gerichtshof der Europäischen Union um eine Vorabentscheidung zu ersuchen, entstanden sind, haften sollten,

IN DER ERWÄGUNG, dass Verstöße des Einheitlichen Patentgerichts gegen das Unionsrecht, einschließlich des Versäumnisses, den Gerichtshof der Europäischen Union um eine Vorabentscheidung zu ersuchen, unmittelbar den Vertragsmitgliedstaaten anzulasten sind und daher gemäß den Artikeln 258, 259 und 260 AEUV gegen jeden Vertragsmitgliedstaat ein Verletzungsverfahren angestrengt werden kann, um die Achtung des Vorrangs des Unionsrechts und seine ordnungsgemäße Anwendung zu gewährleisten,

UNTER HINWEIS auf den Vorrang des Unionsrechts, das den EUV, den AEUV, die Charta der Grundrechte der Europäischen Union, die vom Gerichtshof der Europäischen Union entwickelten allgemeinen Grundsätze des Unionsrechts, insbesondere das Recht auf einen wirksamen Rechtsbehelf vor einem Gericht und das Recht, von einem unabhängigen und unparteiischen Gericht in einem fairen Verfahren öffentlich und innerhalb angemessener Frist gehört zu werden, sowie die Rechtsprechung des Gerichtshofs der Europäischen Union und das Sekundärrecht der Europäischen Union umfasst,

IN DER ERWÄGUNG, dass dieses Übereinkommen jedem Mitgliedstaat der Europäischen Union zum Beitritt offenstehen sollte; Mitgliedstaaten, die beschlossen haben, nicht an der Verstärkten Zusammenarbeit im Bereich der Schaffung eines einheitlichen Patentschutzes teilzunehmen, können sich in Bezug auf europäische Patente, die für ihr jeweiliges Hoheitsgebiet erteilt wurden, an diesem Übereinkommen beteiligen,

IN DER ERWÄGUNG, dass dieses Übereinkommen am 1. Januar 2014 in Kraft treten sollte oder aber am ersten Tag des vierten Monats nach Hinterlegung der 13. Ratifikations- oder Beitrittsurkunde, sofern dem Kreis der Vertragsmitgliedstaaten, die ihre Ratifikations- oder Beitrittsurkunden hinterlegt haben, die drei Staaten angehören, in denen es im Jahr vor dem Jahr der Unterzeichnung des Übereinkommens die meisten gültigen europäischen Patente gab, oder aber am ersten Tag des vierten Monats nach dem Inkrafttreten der Änderungen der Verordnung (EU) 1215/2012[1)], die das Verhältnis zwischen jener Verordnung und diesem Übereinkommen betreffen, je nachdem, welcher Zeitpunkt der späteste ist –

SIND WIE FOLGT ÜBEREINGEKOMMEN:

Teil I. Allgemeine und institutionelle Bestimmungen

Kapitel I. Allgemeine Bestimmungen

Art. 1 Einheitliches Patentgericht. *[1]* Es wird ein Einheitliches Patentgericht für die Regelung von Streitigkeiten über europäische Patente und europäische Patente mit einheitlicher Wirkung errichtet.

[2] Das Einheitliche Patentgericht ist ein gemeinsames Gericht der Vertragsmitgliedstaaten und unterliegt somit denselben Verpflichtungen nach dem Unionsrecht wie jedes nationale Gericht der Vertragsmitgliedstaaten.

Art. 2 Begriffsbestimmungen. Für die Zwecke dieses Übereinkommens bezeichnet der Ausdruck

a) „Gericht" das Einheitliche Patentgericht, das mit diesem Übereinkommen errichtet wird,
b) „Mitgliedstaat" einen Mitgliedstaat der Europäischen Union,
c) „Vertragsmitgliedstaat" einen Mitgliedstaat, der Vertragspartei dieses Übereinkommens ist,
d) „EPÜ" das Übereinkommen über die Erteilung europäischer Patente vom 5. Oktober 1973 mit allen nachfolgenden Änderungen,
e) „europäisches Patent" ein nach dem EPÜ erteiltes Patent, das keine einheitliche Wirkung aufgrund der Verordnung (EU) Nr. 1257/2012 hat,
f) „europäisches Patent mit einheitlicher Wirkung" ein nach dem EPÜ erteiltes Patent, das aufgrund der Verordnung (EU) Nr. 1257/2012 einheitliche Wirkung hat,

---

[1)] **Amtl. Anm.:** Verordnung (EU) Nr. 1215/2012 des Europäischen Parlaments und des Rates vom 12. Dezember 2012 über die gerichtliche Zuständigkeit und die Anerkennung und Vollstreckung von Entscheidungen in Zivil- und Handelssachen (ABl. L 351 vom 20.12.2012, S. 1) mit allen nachfolgenden Änderungen.

g) „Patent" ein europäisches Patent und/oder ein europäisches Patent mit einheitlicher Wirkung,

h) „ergänzendes Schutzzertifikat" ein nach der Verordnung (EG) Nr. 469/2009[1] oder der Verordnung (EG) Nr. 1610/96[2] erteiltes ergänzendes Schutzzertifikat,

i) „Satzung" die als Anhang I beigefügte Satzung des Gerichts, die Bestandteil dieses Übereinkommens ist,

j) „Verfahrensordnung" die gemäß Artikel 41 festgelegte Verfahrensordnung des Gerichts.

Art. 3 Geltungsbereich. Dieses Übereinkommen gilt

a) für alle europäischen Patente mit einheitlicher Wirkung,

b) für alle ergänzenden Schutzzertifikate, die zu einem durch ein Patent geschützten Erzeugnis erteilt worden sind,

c) unbeschadet des Artikels 83 für alle europäische Patente, die zum Zeitpunkt des Inkrafttretens dieses Übereinkommens noch nicht erloschen sind oder die nach diesem Zeitpunkt erteilt werden und

d) unbeschadet des Artikels 83 für alle europäischen Patentanmeldungen, die zum Zeitpunkt des Inkrafttretens dieses Übereinkommens anhängig sind oder die nach diesem Zeitpunkt eingereicht werden.

Art. 4 Rechtsstellung. (1) Das Gericht besitzt in jedem Vertragsmitgliedstaat Rechtspersönlichkeit und die weitestgehende Rechts- und Geschäftsfähigkeit, die juristischen Personen nach dessen Rechtsvorschriften zuerkannt wird.

(2) Das Gericht wird vom Präsidenten des Berufungsgerichts vertreten, der im Einklang mit der Satzung gewählt wird.

Art. 5 Haftung. (1) Die vertragliche Haftung des Gerichts unterliegt dem für den betreffenden Vertrag geltenden Recht gemäß der Verordnung (EG) Nr. 593/2008 (Rom I)[3], sofern anwendbar, oder andernfalls gemäß dem Recht des Mitgliedstaats des befassten Gerichts.

(2) [1] Die außervertragliche Haftung des Gerichts für durch das Gericht oder sein Personal in Ausübung seiner Amtstätigkeit verursachte Schäden – sofern es sich dabei nicht um eine Zivil- und Handelssache im Sinne der Verordnung (EG) Nr. 864/2007 (Rom II)[4] handelt – richtet sich nach dem Recht des Vertragsmitgliedstaats, in dem der Schaden eingetreten ist. [2] Diese Bestimmung lässt Artikel 22 unberührt.

---

[1] **Amtl. Anm.:** Verordnung (EG) Nr. 469/2009 des Europäischen Parlaments und des Rates vom 6. Mai 2009 über das ergänzende Schutzzertifikat für Arzneimittel (ABl. L 152 vom 16.6.2009, S. 1) mit allen nachfolgenden Änderungen.

[2] **Amtl. Anm.:** Verordnung (EG) Nr. 1610/96 des Europäischen Parlaments und des Rates vom 23. Juli 1996 über die Schaffung eines ergänzenden Schutzzertifikats für Pflanzenschutzmittel (ABl. L 198 vom 8.8.1996, S. 30) mit allen nachfolgenden Änderungen.

[3] **Amtl. Anm.:** Verordnung (EG) Nr. 593/2008 des Europäischen Parlaments und des Rates vom 17. Juni 2008 über das auf vertragliche Schuldverhältnisse anzuwendende Recht (Rom I) (ABl. L 177 vom 4.7.2008, S. 6) mit allen nachfolgenden Änderungen.

[4] **Amtl. Anm.:** Verordnung (EG) Nr. 864/2007 des Europäischen Parlaments und des Rates vom 11. Juli 2007 über das auf außervertragliche Schuldverhältnisse anzuwendende Recht (Rom II), (ABl. L 199 vom 31.7.2007, S. 40) mit allen nachfolgenden Änderungen.

(3) Die Zuständigkeit für die Beilegung von Rechtsstreitigkeiten nach Absatz 2 liegt bei einem Gericht des Vertragsmitgliedstaats, in dem der Schaden eingetreten ist.

Kapitel II. Institutionelle Bestimmungen

Art. 6 Gericht. (1) Das Gericht besteht aus einem Gericht erster Instanz, einem Berufungsgericht und einer Kanzlei.

(2) Das Gericht nimmt die ihm mit diesem Übereinkommen übertragenen Aufgaben wahr.

Art. 7 Gericht erster Instanz. (1) Das Gericht erster Instanz umfasst eine Zentralkammer sowie Lokalkammern und Regionalkammern.

(2) [1] Die Zentralkammer hat ihren Sitz in Paris und verfügt über eine Abteilung in London und eine Abteilung in München. [2] Die Verfahren vor der Zentralkammer werden gemäß Anhang II, der Bestandteil dieses Übereinkommens ist, verteilt.

(3) [1] Eine Lokalkammer wird in einem Vertragsmitgliedstaat auf dessen Antrag hin in Einklang mit der Satzung errichtet. [2] Ein Vertragsmitgliedstaat, in dessen Gebiet eine Lokalkammer errichtet wird, benennt deren Sitz.

(4) [1] In einem Vertragsmitgliedstaat wird auf seinen Antrag hin eine zusätzliche Lokalkammer für jeweils einhundert Patentverfahren errichtet, die in diesem Vertragsmitgliedstaat pro Kalenderjahr vor oder nach dem Inkrafttreten dieses Übereinkommens in drei aufeinanderfolgenden Jahren eingeleitet worden sind. [2] Die Anzahl der Lokalkammern je Vertragsmitgliedstaat darf vier nicht überschreiten.

(5) [1] Für zwei oder mehr Vertragsmitgliedstaaten wird auf deren Antrag hin im Einklang mit der Satzung eine Regionalkammer errichtet. [2] Diese Vertragsmitgliedstaaten benennen den Sitz der betreffenden Kammer. [3] Die Regionalkammer kann an unterschiedlichen Orten tagen.

Art. 8 Zusammensetzung der Spruchkörper des Gerichts erster Instanz. (1) [1] Alle Spruchkörper des Gerichts erster Instanz sind multinational zusammengesetzt. [2] Unbeschadet des Absatzes 5 und des Artikels 33 Absatz 3 Buchstabe a bestehen sie aus drei Richtern.

(2) Jeder Spruchkörper einer Lokalkammer in einem Vertragsmitgliedstaat, in dem vor oder nach dem Inkrafttreten dieses Übereinkommens in drei aufeinanderfolgenden Jahren durchschnittlich weniger als fünfzig Patentverfahren je Kalenderjahr eingeleitet worden sind, besteht aus einem rechtlich qualifizierten Richter, der Staatsangehöriger des Vertragsmitgliedstaats ist, in dessen Gebiet die betreffende Lokalkammer errichtet worden ist, und zwei rechtlich qualifizierten Richtern, die nicht Staatsangehörige dieses Vertragsmitgliedstaats sind und ihm gemäß Artikel 18 Absatz 3 von Fall zu Fall aus dem Richterpool zugewiesen werden.

(3) [1] Ungeachtet des Absatzes 2 besteht jeder Spruchkörper einer Lokalkammer in einem Vertragsmitgliedstaat, in dem vor oder nach dem Inkrafttreten dieses Übereinkommens in drei aufeinanderfolgenden Jahren durchschnittlich mindestens fünfzig Patentverfahren je Kalenderjahr eingeleitet worden sind, aus zwei rechtlich qualifizierten Richtern, die Staatsangehörige des Vertragsmitgliedstaats sind, in dessen Gebiet die betreffende Lokalkammer errichtet wor-

den ist, und einem rechtlich qualifizierten Richter, der nicht Staatsangehöriger dieses Vertragsmitgliedstaats ist und der ihm gemäß Artikel 18 Absatz 3 aus dem Richterpool zugewiesen wird. [2]Dieser dritte Richter ist langfristig in der Lokalkammer tätig, wo dies für eine effiziente Arbeit von Kammern mit hoher Arbeitsbelastung notwendig ist.

(4) Jeder Spruchkörper einer Regionalkammer besteht aus zwei rechtlich qualifizierten Richtern, die aus einer regionalen Liste mit Richtern ausgewählt werden und Staatsangehörige eines der betreffenden Vertragsmitgliedstaaten sind, und einem rechtlich qualifizierten Richter, der nicht Staatsangehöriger eines der betreffenden Vertragsmitgliedstaaten ist und ihm gemäß Artikel 18 Absatz 3 aus dem Richterpool zugewiesen wird.

(5) *[1]* [1]Auf Antrag einer der Parteien ersucht jeder Spruchkörper einer Lokal- oder Regionalkammer den Präsidenten des Gerichts erster Instanz, ihm gemäß Artikel 18 Absatz 3 aus dem Richterpool einen zusätzlichen technisch qualifizierten Richter zuzuweisen, der über eine entsprechende Qualifikation und Erfahrung auf dem betreffenden Gebiet der Technik verfügt. [2]Überdies kann jeder Spruchkörper einer Lokal- oder Regionalkammer nach Anhörung der Parteien auf eigene Initiative ein solches Ersuchen unterbreiten, wenn er dies für angezeigt hält.

[2] Wird ihm ein solcher technisch qualifizierter Richter zugewiesen, so darf ihm kein weiterer technisch qualifizierter Richter nach Artikel 33 Absatz 3 Buchstabe a zugewiesen werden.

(6) [1]Jeder Spruchkörper der Zentralkammer besteht aus zwei rechtlich qualifizierten Richtern, die Staatsangehörige unterschiedlicher Vertragsmitgliedstaaten sind, und einem technisch qualifizierten Richter, der ihm gemäß Artikel 18 Absatz 3 aus dem Richterpool zugewiesen wird und über eine entsprechende Qualifikation und Erfahrung auf dem betreffenden Gebiet der Technik verfügt. [2]Jeder Spruchkörper der Zentralkammer, der mit Klagen nach Artikel 32 Absatz 1 Buchstabe i befasst ist, besteht jedoch aus drei rechtlich qualifizierten Richtern, die Staatsangehörige unterschiedlicher Vertragsmitgliedstaaten sind.

(7) Ungeachtet der Absätze 1 bis 6 und im Einklang mit der Verfahrensordnung können die Parteien vereinbaren, dass ihre Rechtsstreitigkeit von einem rechtlich qualifizierten Richter als Einzelrichter entschieden wird.

(8) Den Vorsitz in jedem Spruchkörper des Gerichts erster Instanz führt ein rechtlich qualifizierter Richter.

Art. 9 Berufungsgericht. (1) [1]Jeder Spruchkörper des Berufungsgerichts tagt in einer multinationalen Zusammensetzung aus fünf Richtern. [2]Er besteht aus drei rechtlich qualifizierten Richtern, die Staatsangehörige unterschiedlicher Vertragsmitgliedstaaten sind, und zwei technisch qualifizierten Richtern, die über eine entsprechende Qualifikation und Erfahrung auf dem betreffenden Gebiet der Technik verfügen. [3]Die technisch qualifizierten Richter werden dem Spruchkörper vom Präsidenten des Berufungsgerichts aus dem Richterpool gemäß Artikel 18 zugewiesen.

(2) Ungeachtet des Absatzes 1 besteht ein Spruchkörper, der mit Klagen nach Artikel 32 Absatz 1 Buchstabe i befasst ist, aus drei rechtlich qualifizierten Richtern, die Staatsangehörige unterschiedlicher Vertragsmitgliedstaaten sind.

(3) Den Vorsitz in jedem Spruchkörper des Berufungsgerichts führt ein rechtlich qualifizierter Richter.

(4) Die Spruchkörper des Berufungsgerichts werden im Einklang mit der Satzung gebildet.

(5) Das Berufungsgericht hat seinen Sitz in Luxemburg.

Art. 10 Kanzlei. (1) [1] Am Sitz des Berufungsgerichts wird eine Kanzlei eingerichtet. [2] Sie wird vom Kanzler geleitet und nimmt die ihr durch die Satzung zugewiesenen Aufgaben wahr. [3] Vorbehaltlich der in diesem Übereinkommen festgelegten Bedingungen und der Verfahrensordnung ist das von der Kanzlei geführte Register öffentlich.

(2) An allen Kammern des Gerichts erster Instanz werden Nebenstellen der Kanzlei eingerichtet.

(3) [1] Die Kanzlei führt Aufzeichnungen über alle vor dem Gericht verhandelten Verfahren. [2] Nach der Einreichung unterrichtet die betreffende Nebenstelle die Kanzlei über jedes Verfahren.

(4) Das Gericht ernennt im Einklang mit Artikel 22 der Satzung den Kanzler und legt die Bestimmungen zu dessen Amtsführung fest.

Art. 11 Ausschüsse. [1] Zur Sicherstellung einer effektiven Durchführung und Funktionsweise dieses Übereinkommens werden ein Verwaltungsausschuss, ein Haushaltsausschuss und ein Beratender Ausschuss eingesetzt. [2] Diese nehmen insbesondere die in diesem Übereinkommen und in der Satzung vorgesehenen Aufgaben wahr.

Art. 12 Verwaltungsausschuss. (1) [1] Der Verwaltungsausschuss setzt sich aus je einem Vertreter der Vertragsmitgliedstaaten zusammen. [2] Die Europäische Kommission ist bei den Sitzungen des Verwaltungsausschusses als Beobachter vertreten.

(2) Jeder Vertragsmitgliedstaat verfügt über eine Stimme.

(3) Der Verwaltungsausschuss fasst seine Beschlüsse mit Dreiviertelmehrheit der vertretenen Vertragsmitgliedstaaten, die eine Stimme abgeben, sofern in diesem Übereinkommen oder der Satzung nicht etwas anderes bestimmt ist.

(4) Der Verwaltungsausschuss gibt sich eine Geschäftsordnung.

(5) [1] Der Verwaltungsausschuss wählt aus seiner Mitte einen Vorsitzenden für eine Amtszeit von drei Jahren. [2] Die Wiederwahl ist zulässig.

Art. 13 Haushaltsausschuss. (1) Der Haushaltsausschuss setzt sich aus je einem Vertreter der Vertragsmitgliedstaaten zusammen.

(2) Jeder Vertragsmitgliedstaat verfügt über eine Stimme.

(3) [1] Der Haushaltsausschuss fasst seine Beschlüsse mit der einfachen Mehrheit der Vertreter der Vertragsmitgliedstaaten. [2] Zur Feststellung des Haushaltsplans ist jedoch eine Dreiviertelmehrheit der Vertreter der Vertragsmitgliedstaaten erforderlich.

(4) Der Haushaltsausschuss gibt sich eine Geschäftsordnung.

(5) [1] Der Haushaltsausschuss wählt aus seiner Mitte einen Vorsitzenden für eine Amtszeit von drei Jahren. [2] Die Wiederwahl ist zulässig.

Art. 14 Beratender Ausschuss. (1) Der Beratende Ausschuss

a) unterstützt den Verwaltungsausschuss bei der Vorbereitung der Ernennung der Richter des Gerichts,
b) unterbreitet dem in Artikel 15 der Satzung genannten Präsidium Vorschläge zu den Leitlinien für den in Artikel 19 genannten Schulungsrahmen für Richter und
c) übermittelt dem Verwaltungsausschuss Stellungnahmen zu den Anforderungen an die in Artikel 48 Absatz 2 genannte Qualifikation.

(2) [1] Dem Beratenden Ausschuss gehören Patentrichter und auf dem Gebiet des Patentrechts und der Patentstreitigkeiten tätige Angehörige der Rechtsberufe mit der höchsten anerkannten Qualifikation an. [2] Sie werden gemäß dem in der Satzung festgelegten Verfahren für eine Amtszeit von sechs Jahren ernannt. [3] Die Wiederernennung ist zulässig.

(3) [1] Die Zusammensetzung des Beratenden Ausschusses muss ein breites Spektrum an einschlägigem Sachverstand und die Vertretung eines jeden Vertragsmitgliedstaats gewährleisten. [2] Die Mitglieder des Beratenden Ausschusses üben ihre Tätigkeit in völliger Unabhängigkeit aus und sind an keine Weisungen gebunden.

(4) Der Beratende Ausschuss gibt sich eine Geschäftsordnung.

(5) [1] Der Beratende Ausschuss wählt aus seiner Mitte einen Vorsitzenden für eine Amtszeit von drei Jahren. [2] Die Wiederwahl ist zulässig.

Kapitel III. Richter des Gerichts

Art. 15 Auswahlkriterien für die Ernennung der Richter. (1) [1] Das Gericht setzt sich sowohl aus rechtlich qualifizierten als auch aus technisch qualifizierten Richtern zusammen. [2] Die Richter müssen die Gewähr für höchste fachliche Qualifikation bieten und über nachgewiesene Erfahrung auf dem Gebiet der Patentstreitigkeiten verfügen.

(2) Die rechtlich qualifizierten Richter müssen die für die Berufung in ein richterliches Amt in einem Vertragsmitgliedstaat erforderliche Qualifikation haben.

(3) [1] Die technisch qualifizierten Richter müssen über einen Hochschulabschluss und nachgewiesenen Sachverstand auf einem Gebiet der Technik verfügen. [2] Sie müssen auch über nachgewiesene Kenntnisse des für Patentstreitigkeiten relevanten Zivil- und Zivilverfahrensrechts verfügen.

Art. 16 Ernennungsverfahren. (1) Der Beratende Ausschuss erstellt im Einklang mit der Satzung eine Liste der Kandidaten, die am besten geeignet sind, um zu Richtern des Gerichts ernannt zu werden.

(2) Der Verwaltungsausschuss ernennt auf Grundlage dieser Liste einvernehmlich die Richter des Gerichts.

(3) Die Durchführungsbestimmungen für die Ernennung der Richter werden in der Satzung festgelegt.

Art. 17 Richterliche Unabhängigkeit und Unparteilichkeit. (1) [1] Das Gericht, seine Richter und der Kanzler genießen richterliche Unabhängigkeit. [2] Bei der Ausübung ihrer Amtstätigkeit sind die Richter an keine Weisungen gebunden.

(2) Rechtlich qualifizierte Richter und technisch qualifizierte Richter, die Vollzeitrichter des Gerichts sind, dürfen keine andere entgeltliche oder unentgeltliche Berufstätigkeit ausüben, es sei denn, der Verwaltungsausschuss hat eine Ausnahme von dieser Vorschrift zugelassen.

(3) Ungeachtet des Absatzes 2 schließt die Ausübung des Richteramtes die Ausübung einer anderen richterlichen Tätigkeit auf nationaler Ebene nicht aus.

(4) Die Ausübung des Amtes eines technisch qualifizierten Richters, bei dem es sich um einen Teilzeitrichter des Gerichts handelt, schließt die Ausübung anderer Aufgaben nicht aus, sofern kein Interessenkonflikt besteht.

(5) [1] Im Fall eines Interessenkonflikts nimmt der betreffende Richter nicht am Verfahren teil. [2] Die Vorschriften für die Behandlung von Interessenkonflikten werden in der Satzung festgelegt.

Art. 18 Richterpool. (1) Nach Maßgabe der Satzung wird ein Richterpool eingerichtet.

(2) [1] Dem Richterpool gehören alle rechtlich qualifizierten Richter und alle technisch qualifizierten Richter des Gerichts erster Instanz an, die Vollzeitrichter oder Teilzeitrichter des Gerichts sind. [2] Dem Richterpool gehört für jedes Gebiet der Technik mindestens ein technisch qualifizierter Richter mit einschlägiger Qualifikation und Erfahrung an. [3] Die technisch qualifizierten Richter des Richterpools stehen auch dem Berufungsgericht zur Verfügung.

(3) [1] Wenn in diesem Übereinkommen oder in der Satzung vorgesehen, werden die Richter aus dem Richterpool vom Präsidenten des Gerichts erster Instanz der betreffenden Kammer zugewiesen. [2] Die Zuweisung der Richter erfolgt auf der Grundlage ihres jeweiligen rechtlichen oder technischen Sachverstands, ihrer Sprachkenntnisse und ihrer einschlägigen Erfahrung. [3] Die Zuweisung von Richtern gewährleistet, dass sämtliche Spruchkörper des Gerichts erster Instanz mit derselben hohen Qualität arbeiten und über dasselbe hohe Niveau an rechtlichem und technischem Sachverstand verfügen.

Art. 19 Schulungsrahmen. (1) [1] Um den verfügbaren Sachverstand auf dem Gebiet der Patentstreitigkeiten zu verbessern und zu vermehren und eine geografisch breite Streuung dieser speziellen Kenntnisse und Erfahrungen sicherzustellen, wird ein Schulungsrahmen für Richter geschaffen, der im Einzelnen in der Satzung festgelegt wird. [2] Die Einrichtung für diesen Schulungsrahmen befindet sich in Budapest.

(2) Der Schulungsrahmen weist insbesondere folgende Schwerpunkte auf:

a) Praktika bei nationalen Patentgerichten oder bei Kammern des Gerichts erster Instanz mit einem hohen Aufkommen an Patenstreitsachen;
b) Verbesserung der Sprachkenntnisse;
c) technische Aspekte des Patentrechts;
d) Weitergabe von Kenntnissen und Erfahrungen in Bezug auf das Zivilverfahrensrecht für technisch qualifizierte Richter;
e) Vorbereitung von Bewerbern für Richterstellen.

(3) [1] Der Schulungsrahmen leistet eine kontinuierliche Schulung. [2] Es werden regelmäßige Sitzungen aller Richter des Gerichts veranstaltet, um die Entwicklungen im Patentrecht zu erörtern und die Einheitlichkeit der Rechtsprechung des Gerichts zu gewährleisten.

Kapitel IV. Vorrang des Unionsrechts sowie Haftung und Verantwortlichkeit der Vertragsmitgliedstaaten

Art. 20 Vorrang und Achtung des Unionsrechts. Das Gericht wendet das Unionsrecht in vollem Umfang an und achtet seinen Vorrang.

Art. 21 Vorabentscheidungsersuchen. [1] Als gemeinsames Gericht der Vertragsmitgliedstaaten und Teil ihres Gerichtssystems arbeitet das Gericht – wie jedes nationale Gericht – mit dem Gerichtshof der Europäischen Union zur Gewährleistung der korrekten Anwendung und einheitlichen Auslegung des Unionsrechts insbesondere im Einklang mit Artikel 267 AEUV zusammen. [2] Entscheidungen des Gerichtshofs der Europäischen Union sind für das Gericht bindend.

Art. 22 Haftung für durch Verstöße gegen das Unionsrecht entstandene Schäden. (1) Die Vertragsmitgliedstaaten haften gesamtschuldnerisch für Schäden, die durch einen Verstoß des Berufungsgerichts gegen das Unionsrecht entstanden sind, gemäß dem Unionsrecht über die außervertragliche Haftung der Mitgliedstaaten für Schäden, die durch Verstöße ihrer nationalen Gerichte gegen das Unionsrecht entstanden sind.

(2) *[1]* [1] Eine Klage wegen solcher Schäden ist gegen den Vertragsmitgliedstaat, in dem der Kläger seinen Wohnsitz oder den Sitz seiner Hauptniederlassung oder – in Ermangelung derselben – seinen Geschäftssitz hat, bei der zuständigen staatlichen Stelle dieses Vertragsmitgliedstaats zu erheben. [2] Hat der Kläger seinen Wohnsitz oder den Sitz seiner Hauptniederlassung oder – in Ermangelung derselben – seinen Geschäftssitz nicht in einem Vertragsmitgliedstaat, so kann er seine Klage gegen den Vertragsmitgliedstaat, in dem das Berufungsgericht seinen Sitz hat, bei der zuständigen staatlichen Stelle dieses Vertragsmitgliedstaats erheben.

[2] [1] Die zuständige staatliche Stelle wendet bei allen Fragen, die nicht im Unionsrecht oder in diesem Übereinkommen geregelt sind, die *lex fori* mit Ausnahme ihres internationalen Privatrechts an. [2] Der Kläger hat Anspruch darauf, von dem Vertragsmitgliedstaat, gegen den er geklagt hat, die von der zuständigen staatlichen Stelle zuerkannte Schadenssumme in voller Höhe erstattet zu bekommen.

(3) [1] Der Vertragsmitgliedstaat, der für die Schäden aufgekommen ist, hat einen Anspruch darauf, von den anderen Vertragsmitgliedstaaten anteilige Beiträge zu erlangen, die gemäß der Methode nach Artikel 37 Absätze 3 und 4 festzusetzen sind. [2] Die Einzelheiten bezüglich der Beiträge der Vertragsmitgliedstaaten nach diesem Absatz werden vom Verwaltungsausschuss festgelegt.

Art. 23 Verantwortlichkeit der Vertragsmitgliedstaaten. Handlungen des Gerichts sind jedem Vertragsmitgliedstaat einzeln, einschließlich für die Zwecke der Artikel 258, 259 und 260 AEUV, und allen Vertragsmitgliedstaaten gemeinsam unmittelbar zuzurechnen.

Kapitel V. Rechtsquellen und materielles Recht

Art. 24 Rechtsquellen. (1) Unter uneingeschränkter Beachtung des Artikels 20 stützt das Gericht seine Entscheidungen in Rechtsstreitigkeiten, in denen es nach diesem Übereinkommen angerufen wird, auf

a) das Unionsrecht einschließlich der Verordnung (EU) Nr. 1257/2012 und der Verordnung (EU) Nr. 1260/2012[1)],
b) dieses Übereinkommen,
c) das EPÜ,
d) andere internationale Übereinkünfte, die für Patente gelten und für alle Vertragsmitgliedstaaten bindend sind, und
e) das nationale Recht.

(2) Soweit das Gericht seine Entscheidungen auf nationale Rechtsvorschriften stützt, gegebenenfalls auch auf das Recht von Nichtvertragsstaaten, wird das anwendbare Recht wie folgt bestimmt:

a) durch unmittelbar anwendbare Vorschriften des Unionsrechts, die Bestimmungen des internationalen Privatrechts enthalten, oder
b) in Ermangelung unmittelbar anwendbarer Vorschriften des Unionsrechts oder in Fällen, in denen diese nicht anwendbar sind, durch internationale Rechtsinstrumente, die Bestimmungen des internationalen Privatrechts enthalten, oder
c) in Ermangelung von Vorschriften im Sinne der Buchstaben a und b durch nationale Vorschriften zum internationalen Privatrecht nach Bestimmung durch das Gericht.

(3) Das Recht von Nichtvertragsstaaten gilt insbesondere in Bezug auf die Artikel 25 bis 28 und die Artikel 54, 55, 64, 68 und 72, wenn es in Anwendung der in Absatz 2 genannten Vorschriften als anwendbares Recht bestimmt wird.

Art. 25 Recht auf Verbot der unmittelbaren Benutzung der Erfindung. Ein Patent gewährt seinem Inhaber das Recht, Dritten zu verbieten, ohne seine Zustimmung

a) ein Erzeugnis, das Gegenstand des Patents ist, herzustellen, anzubieten, in Verkehr zu bringen, zu gebrauchen oder zu den genannten Zwecken einzuführen oder zu besitzen;
b) ein Verfahren, das Gegenstand des Patents ist, anzuwenden, oder, falls der Dritte weiß oder hätte wissen müssen, dass die Anwendung des Verfahrens ohne Zustimmung des Patentinhabers verboten ist, zur Anwendung im Hoheitsgebiet der Vertragsmitgliedstaaten, in denen dieses Patent Wirkung hat, anzubieten;
c) ein durch ein Verfahren, das Gegenstand des Patents ist, unmittelbar hergestelltes Erzeugnis anzubieten, in Verkehr zu bringen, zu gebrauchen oder zu den genannten Zwecken einzuführen oder zu besitzen.

Art. 26 Recht auf Verbot der mittelbaren Benutzung der Erfindung.

(1) Ein Patent gewährt seinem Inhaber das Recht, Dritten zu verbieten, ohne seine Zustimmung im Hoheitsgebiet der Vertragsmitgliedstaaten, in denen dieses Patent Wirkung hat, anderen als zur Benutzung der patentierten Erfindung berechtigten Personen Mittel, die sich auf ein wesentliches Element

---

[1)] **Amtl. Anm.:** Verordnung (EU) Nr. 1260/2012 des Rates vom 17. Dezember 2012 über die Umsetzung der verstärkten Zusammenarbeit im Bereich der Schaffung eines einheitlichen Patentschutzes im Hinblick auf die anzuwendenden Übersetzungsregelungen (ABl. L 361 vom 31.12.2012, S. 89) mit allen nachfolgenden Änderungen.

der Erfindung beziehen, zur Benutzung der Erfindung in diesem Gebiet anzubieten oder zu liefern, wenn der Dritte weiß oder hätte wissen müssen, dass diese Mittel dazu geeignet und bestimmt sind, für die Benutzung der Erfindung verwendet zu werden.

(2) Absatz 1 gilt nicht, wenn es sich bei den Mitteln um allgemein im Handel erhältliche Erzeugnisse handelt, es sei denn, dass der Dritte den Belieferten bewusst veranlasst, in einer nach Artikel 25 verbotenen Weise zu handeln.

(3) Personen, die die in Artikel 27 Buchstaben a bis e genannten Handlungen vornehmen, gelten nicht als zur Benutzung der Erfindung berechtigte Personen im Sinne des Absatzes 1.

Art. 27 Beschränkungen der Wirkungen des Patents. Die Rechte aus einem Patent erstrecken sich nicht auf

a) Handlungen, die im privaten Bereich zu nichtgewerblichen Zwecken vorgenommen werden;

b) Handlungen zu Versuchszwecken, die sich auf den Gegenstand der patentierten Erfindung beziehen;

c) die Verwendung biologischen Materials zum Zwecke der Züchtung, Entdeckung oder Entwicklung anderer Pflanzensorten;

d) erlaubte Handlungen nach Artikel 13 Absatz 6 der Richtlinie 2001/82/EG [1)] oder Artikel 10 Absatz 6 der Richtlinie 2001/83/EG[2)], im Hinblick auf alle Patente, die das Erzeugnis im Sinne einer dieser Richtlinien erfassen;

e) die unmittelbare Einzelzubereitung von Arzneimitteln in Apotheken aufgrund ärztlicher Verordnung und auf Handlungen, welche die auf diese Weise zubereiteten Arzneimittel betreffen;

f) den Gebrauch des Gegenstands der patentierten Erfindung an Bord von Schiffen derjenigen Länder des Internationalen Verbands zum Schutz des gewerblichen Eigentums (Pariser Verband) oder Mitglieder der Welthandelsorganisation, die nicht zu den Vertragsmitgliedstaaten gehören, in denen das Patent Wirkung hat, im Schiffskörper, in den Maschinen, im Takelwerk, an den Geräten und sonstigem Zubehör, wenn die Schiffe vorübergehend oder zufällig in die Gewässer eines Vertragsmitgliedstaats gelangen, in dem das Patent Wirkung hat, vorausgesetzt, dieser Gegenstand wird dort ausschließlich für die Bedürfnisse des Schiffs verwendet;

g) den Gebrauch des Gegenstands der patentierten Erfindung in der Bauausführung oder für den Betrieb von Luft- oder Landfahrzeugen oder sonstigen Transportmitteln derjenigen Länder des Internationalen Verbands zum Schutz des gewerblichen Eigentums (Pariser Verband) oder Mitglieder der Welthandelsorganisation, die nicht zu den Vertragsmitgliedstaaten gehören, in denen das Patent Wirkung hat, oder des Zubehörs solcher Luft- oder Landfahrzeuge, wenn diese vorübergehend oder zufällig in das Hoheitsgebiet eines Vertragsmitgliedstaats gelangen, in dem das Patent Wirkung hat;

[1)] **Amtl. Anm.:** Richtlinie 2001/82/EG des Europäischen Parlaments und des Rates vom 6. November 2001 zur Schaffung eines Gemeinschaftskodexes für Tierarzneimittel (ABl. L 311 vom 28.11. 2001, S. 1) mit allen nachfolgenden Änderungen.

[2)] **Amtl. Anm.:** Richtlinie 2001/83/EG des Europäischen Parlaments und des Rates vom 6. November 2001 zur Schaffung eines Gemeinschaftskodexes für Humanarzneimittel (ABl. L 311 vom 28.11.2001, S. 67) mit allen nachfolgenden Änderungen.

h) die in Artikel 27 des Abkommens vom 7. Dezember 1944 über die Internationale Zivilluftfahrt[1] genannten Handlungen, wenn diese Handlungen ein Luftfahrzeug eines Vertragsstaats jenes Abkommens betreffen, der nicht zu den Vertragsmitgliedstaaten gehört, in denen das Patent Wirkung hat;

i) die Verwendung seines Ernteguts durch einen Landwirt zur generativen oder vegetativen Vermehrung durch ihn selbst im eigenen Betrieb, sofern das pflanzliche Vermehrungsmaterial vom Patentinhaber oder mit dessen Zustimmung zum landwirtschaftlichen Anbau an den Landwirt verkauft oder auf andere Weise in Verkehr gebracht wurde. Das Ausmaß und die Modalitäten dieser Verwendung entsprechen denjenigen des Artikels 14 der Verordnung (EG) Nr. 2100/94[2];

j) die Verwendung von geschützten landwirtschaftlichen Nutztieren durch einen Landwirt zu landwirtschaftlichen Zwecken, sofern die Zuchttiere oder anderes tierisches Vermehrungsmaterial vom Patentinhaber oder mit dessen Zustimmung an den Landwirt verkauft oder auf andere Weise in Verkehr gebracht wurden. Diese Verwendung erstreckt sich auch auf die Überlassung der landwirtschaftlichen Nutztiere oder des anderen tierischen Vermehrungsmaterials zur Ausübung der landwirtschaftlichen Tätigkeit des Landwirts, jedoch nicht auf seinen Verkauf mit dem Ziel oder im Rahmen einer Vermehrung zu Erwerbszwecken;

k) Handlungen und die Verwendung von Informationen, die gemäß den Artikeln 5 und 6 der Richtlinie 2009/24/EG[3], insbesondere den Bestimmungen betreffend Dekompilierung und Interoperabilität, erlaubt sind und

l) Handlungen, die gemäß Artikel 10 der Richtlinie 98/44/EG[4] erlaubt sind.

Art. 28 Recht des Vorbenutzers der Erfindung. Wer in einem Vertragsmitgliedstaat ein Vorbenutzungsrecht oder ein persönliches Besitzrecht an einer Erfindung erworben hätte, wenn ein nationales Patent für diese Erfindung erteilt worden wäre, hat in diesem Vertragsmitgliedstaat die gleichen Rechte auch in Bezug auf ein Patent, das diese Erfindung zum Gegenstand hat.

Art. 29 Erschöpfung der Rechte aus einem europäischen Patent.

Die durch das europäische Patent verliehenen Rechte erstrecken sich nicht auf Handlungen, die ein durch das Patent geschütztes Erzeugnis betreffen, nachdem das Erzeugnis vom Patentinhaber oder mit seiner Zustimmung in der Europäischen Union in Verkehr gebracht worden ist, es sei denn, der Patentinhaber hat berechtigte Gründe, sich dem weiteren Vertrieb des Erzeugnisses zu widersetzen.

---

[1] **Amtl. Anm.:** Internationale Zivilluftfahrt-Organisation (ICAO), „Abkommen von Chicago", Dokument 7300/9 (9. Ausgabe, 2006).

[2] **Amtl. Anm.:** Verordnung (EG) Nr. 2100/94 des Rates vom 27. Juli 1994 über den gemeinschaftlichen Sortenschutz (ABl. L 227 vom 1.9.1994, S. 1) mit allen nachfolgenden Änderungen.

[3] **Amtl. Anm.:** Richtlinie 2009/24/EG des Europäischen Parlaments und des Rates vom 23. April 2009 über den Rechtsschutz von Computerprogrammen (ABl. L 111 vom 5.5.2009, S. 16) mit allen nachfolgenden Änderungen.

[4] **Amtl. Anm.:** Richtlinie 98/44/EG des Europäischen Parlaments und des Rates vom 6. Juli 1998 über den rechtlichen Schutz biotechnologischer Erfindungen (ABl. L 213 vom 30.7.1998, S. 13) mit allen nachfolgenden Änderungen.

Art. 30 Wirkung von ergänzenden Schutzzertifikaten. Das ergänzende Schutzzertifikat gewährt die gleichen Rechte wie das Patent und unterliegt den gleichen Beschränkungen und Verpflichtungen.

Kapitel VI. Internationale und sonstige Zuständigkeit des Gerichts

Art. 31 Internationale Zuständigkeit. Die internationale Zuständigkeit des Gerichts wird im Einklang mit der Verordnung (EU) Nr. 1215/2012 oder gegebenenfalls auf Grundlage des Übereinkommens über die gerichtliche Zuständigkeit und die Anerkennung und Vollstreckung von Entscheidungen in Zivil- und Handelssachen (Lugano-Übereinkommen)[1] bestimmt.

Art. 32 Zuständigkeit des Gerichts. (1) Das Gericht besitzt die ausschließliche Zuständigkeit für

a) Klagen wegen tatsächlicher oder drohender Verletzung von Patenten und ergänzenden Schutzzertifikaten und zugehörige Klageerwiderungen, einschließlich Widerklagen in Bezug auf Lizenzen,
b) Klagen auf Feststellung der Nichtverletzung von Patenten und ergänzenden Schutzzertifikaten,
c) Klagen auf Erlass von einstweiligen Maßnahmen und Sicherungsmaßnahmen und einstweiligen Verfügungen,
d) Klagen auf Nichtigerklärung von Patenten und Nichtigerklärung der ergänzenden Schutzzertifikate,
e) Widerklagen auf Nichtigerklärung von Patenten und Nichtigerklärung der ergänzenden Schutzzertifikate,
f) Klagen auf Schadenersatz oder auf Entschädigung aufgrund des vorläufigen Schutzes, den eine veröffentlichte Anmeldung eines europäischen Patents gewährt,
g) Klagen im Zusammenhang mit der Benutzung einer Erfindung vor der Erteilung eines Patents oder mit einem Vorbenutzungsrecht,
h) Klagen auf Zahlung einer Lizenzvergütung aufgrund von Artikel 8 der Verordnung (EU) Nr. 1257/2012 und
i) Klagen gegen Entscheidungen, die das Europäische Patentamt in Ausübung der in Artikel 9 der Verordnung (EU) Nr. 1257/2012 genannten Aufgaben getroffen hat.

(2) Für Klagen im Zusammenhang mit Patenten und ergänzenden Schutzzertifikaten, die nicht in die ausschließliche Zuständigkeit des Gerichts fallen, sind weiterhin die nationalen Gerichte der Vertragsmitgliedstaaten zuständig.

Art. 33 Zuständigkeit der Kammern des Gerichts erster Instanz.

(1) *[1]* Unbeschadet des Absatzes 7 sind die in Artikel 32 Absatz 1 Buchstaben a, c, f und g genannten Klagen zu erheben bei

a) der Lokalkammer in dem Vertragsmitgliedstaat, in dessen Gebiet die tatsächliche oder drohende Verletzung erfolgt ist oder möglicherweise erfolgen

---

[1] **Amtl. Anm.:** Übereinkommen über die gerichtliche Zuständigkeit und die Anerkennung und Vollstreckung von Entscheidungen in Zivil- und Handelssachen, beschlossen am 30. Oktober 2007 in Lugano, mit allen nachfolgenden Änderungen.

wird, oder bei der Regionalkammer, an der dieser Vertragsmitgliedstaat beteiligt ist, oder

b) der Lokalkammer in dem Vertragsmitgliedstaat, in dessen Gebiet der Beklagte oder, bei mehreren Beklagten, einer der Beklagten seinen Wohnsitz oder den Sitz seiner Hauptniederlassung oder – in Ermangelung derselben – seinen Geschäftssitz hat, oder bei der Regionalkammer, an der dieser Vertragsmitgliedstaat beteiligt ist. Eine Klage gegen mehrere Beklagte ist nur dann zulässig, wenn zwischen diesen eine Geschäftsbeziehung besteht und die Klage denselben Verletzungsvorwurf betrifft.

[2] Die in Artikel 32 Absatz 1 Buchstabe h genannten Klagen sind gemäß Unterabsatz 1 Buchstabe b bei der Lokal- oder Regionalkammer zu erheben.

[3] Klagen gegen Beklagte, die ihren Wohnsitz oder den Sitz ihrer Hauptniederlassung oder – in Ermangelung derselben – ihren Geschäftssitz nicht im Gebiet der Vertragsmitgliedstaaten haben, sind gemäß Unterabsatz 1 Buchstabe a bei der Lokal- oder Regionalkammer zu erheben oder bei der Zentralkammer.

[4] Ist im betreffenden Vertragsmitgliedstaat keine Lokalkammer errichtet worden und ist dieser Vertragsmitgliedstaat nicht an einer Regionalkammer beteiligt, so sind die Klagen bei der Zentralkammer zu erheben.

(2) *[1]* Ist eine Klage im Sinne des Artikels 32 Absatz 1 Buchstaben a, c, f, g oder h bei einer Kammer des Gerichts erster Instanz anhängig, so darf zwischen denselben Parteien zum selben Patent keine Klage im Sinne des Artikels 32 Absatz 1 Buchstaben a, c, f, g oder h bei einer anderen Kammer erhoben werden.

[2] Ist eine Klage im Sinne des Artikels 32 Absatz 1 Buchstabe a bei einer Regionalkammer anhängig und ist die Verletzung im Gebiet von mindestens drei Regionalkammern erfolgt, so verweist die betreffende Regionalkammer das Verfahren auf Antrag des Beklagten an die Zentralkammer.

[3] Wird bei mehreren Kammern eine Klage erhoben, die dieselben Parteien und dasselbe Patent betrifft, so ist die zuerst angerufene Kammer für das gesamte Verfahren zuständig und jede später angerufene Kammer erklärt die Klage im Einklang mit der Verfahrensordnung für unzulässig.

(3) [1] Im Fall einer Verletzungsklage im Sinne des Artikels 32 Absatz 1 Buchstabe a kann eine Widerklage auf Nichtigerklärung im Sinne des Artikels 32 Absatz 1 Buchstabe e erhoben werden. [2] Die betreffende Lokal- oder Regionalkammer kann nach Anhörung der Parteien nach eigenem Ermessen beschließen,

a) sowohl die Verletzungsklage als auch die Widerklage auf Nichtigerklärung zu verhandeln und den Präsidenten des Gerichts erster Instanz zu ersuchen, ihr aus dem Richterpool gemäß Artikel 18 Absatz 3 einen technisch qualifizierten Richter zuzuweisen, der über entsprechende Qualifikation und Erfahrung auf dem betreffenden Gebiet der Technik verfügt,

b) die Widerklage auf Nichtigerklärung zur Entscheidung an die Zentralkammer zu verweisen und das Verletzungsverfahren auszusetzen oder fortzuführen oder

c) den Fall mit Zustimmung der Parteien zur Entscheidung an die Zentralkammer zu verweisen.

(4) [1]Die in Artikel 32 Absatz 1 Buchstaben b und d genannten Klagen sind bei der Zentralkammer zu erheben. [2]Wurde jedoch bereits bei einer Lokal- oder Regionalkammer eine Verletzungsklage im Sinne des Artikels 32 Absatz 1 Buchstabe a zwischen denselben Parteien zum selben Patent erhoben, so dürfen diese Klagen nur vor derselben Lokal- oder Regionalkammer erhoben werden.

(5) [1]Ist eine Klage auf Nichtigerklärung im Sinne des Artikels 32 Absatz 1 Buchstabe d bei der Zentralkammer anhängig, so kann gemäß Absatz 1 des vorliegenden Artikels bei jeder Kammer oder bei der Zentralkammer zwischen denselben Parteien zum selben Patent eine Verletzungsklage im Sinne des Artikels 32 Absatz 1 Buchstabe a erhoben werden. [2]Die betreffende Lokal- oder Regionalkammer kann nach ihrem Ermessen gemäß Absatz 3 des vorliegenden Artikels verfahren.

(6) Eine Klage zur Feststellung der Nichtverletzung im Sinne des Artikels 32 Absatz 1 Buchstabe b, die bei der Zentralkammer anhängig ist, wird ausgesetzt, wenn innerhalb von drei Monaten nach Klageerhebung vor der Zentralkammer bei einer Lokal- oder Regionalkammer zwischen denselben Parteien oder zwischen dem Inhaber einer ausschließlichen Lizenz und der Partei, die die Feststellung der Nichtverletzung beantragt hat, zum selben Patent eine Verletzungsklage im Sinne des Artikels 32 Absatz 1 Buchstabe a erhoben wird.

(7) Die Parteien können bei Klagen im Sinne des Artikels 32 Absatz 1 Buchstaben a bis h übereinkommen, ihre Klage bei der Kammer ihrer Wahl, auch bei der Zentralkammer, zu erheben.

(8) Die in Artikel 32 Absatz 1 Buchstaben d und e genannten Klagen können erhoben werden, ohne dass der Kläger zuvor Einspruch beim Europäischen Patentamt einlegen muss.

(9) Die in Artikel 32 Absatz 1 Buchstabe i genannten Klagen sind bei der Zentralkammer zu erheben.

(10) [1]Die Parteien unterrichten das Gericht über alle beim Europäischen Patentamt anhängigen Nichtigerklärungs-, Beschränkungs- oder Einspruchsverfahren und über jeden Antrag auf beschleunigte Bearbeitung beim Europäischen Patentamt. [2]Das Gericht kann das Verfahren aussetzen, wenn eine rasche Entscheidung des Europäischen Patentamts zu erwarten ist.

Art. 34 Räumlicher Geltungsbereich von Entscheidungen. Die Entscheidungen des Gerichts gelten im Falle eines europäischen Patents für das Hoheitsgebiet derjenigen Vertragsmitgliedstaaten, für die das europäische Patent Wirkung hat.

Kapitel VII. Mediation und Schiedsverfahren in Patentsachen

Art. 35 Mediations- und Schiedszentrum für Patentsachen. (1) [1]Es wird ein Mediations- und Schiedszentrum für Patentsachen (im Folgenden „Zentrum") errichtet. [2]Es hat seine Sitze in Laibach und Lissabon.

(2) [1]Das Zentrum stellt Dienste für Mediation und Schiedsverfahren in Patentstreitigkeiten, die unter dieses Übereinkommen fallen, zur Verfügung. [2]Artikel 82 gilt für jeden Vergleich, der durch die Inanspruchnahme der Dienste des Zentrums, auch im Wege der Mediation, erreicht worden ist, entsprechend. [3]In Mediations- und in Schiedsverfahren darf ein Patent jedoch weder für nichtig erklärt noch beschränkt werden.

(3) Das Zentrum legt eine Mediations- und Schiedsordnung fest.

(4) Das Zentrum stellt ein Verzeichnis der Mediatoren und Schiedsrichter auf, die die Parteien bei der Streitbeilegung unterstützen.

Teil II. Finanzvorschriften

Art. 36 Haushalt des Gerichts. (1) [1] Der Haushalt des Gerichts wird aus den eigenen Einnahmen des Gerichts und erforderlichenfalls – zumindest in der Übergangszeit nach Artikel 83 – aus Beiträgen der Vertragsmitgliedstaaten finanziert. [2] Der Haushaltsplan muss ausgeglichen sein.

(2) Die eigenen Einnahmen des Gerichts bestehen aus den Gerichtsgebühren und den sonstigen Einnahmen.

(3) [1] Die Gerichtsgebühren werden vom Verwaltungsausschuss festgesetzt. [2] Sie umfassen eine Festgebühr in Kombination mit einer streitwertabhängigen Gebühr oberhalb einer vorab festgesetzten Schwelle. [3] Die Höhe der Gerichtsgebühren wird so festgesetzt, dass ein angemessenes Gleichgewicht zwischen dem Grundsatz eines fairen Zugangs zum Recht – insbesondere für kleine und mittlere Unternehmen, Kleinstunternehmen, natürliche Personen, Organisationen ohne Erwerbszweck, Hochschulen und öffentliche Forschungseinrichtungen – und einer angemessenen Beteiligung der Parteien an den dem Gericht entstandenen Kosten gewährleistet ist, wobei der wirtschaftliche Nutzen für die beteiligten Parteien und das Ziel der Eigenfinanzierung und ausgeglichener Finanzmittel des Gerichts berücksichtigt werden. [4] Die Höhe der Gerichtsgebühren wird vom Verwaltungsausschuss regelmäßig überprüft. [5] Für kleine und mittlere Unternehmen und Kleinstunternehmen können gezielte Unterstützungsmaßnahmen in Betracht gezogen werden.

(4) Ist das Gericht nicht in der Lage, mit seinen Eigenmitteln einen ausgeglichenen Haushalt zu erzielen, so stellen ihm die Vertragsmitgliedstaaten besondere Finanzbeiträge zur Verfügung.

Art. 37 Finanzierung des Gerichts. (1) *[1]* Die Betriebskosten des Gerichts werden gemäß der Satzung vom Haushalt des Gerichts gedeckt.

[2] [1] Vertragsmitgliedstaaten, die eine Lokalkammer errichten, stellen die hierfür erforderlichen Einrichtungen zur Verfügung. [2] Vertragsmitgliedstaaten mit einer gemeinsamen Regionalkammer stellen gemeinsam die hierfür erforderlichen Einrichtungen zur Verfügung. [3] Vertragsmitgliedstaaten, in denen die Zentralkammer, deren Abteilungen oder das Berufungsgericht errichtet werden, stellen die hierfür erforderlichen Einrichtungen zur Verfügung. [4] Während eines ersten Übergangszeitraums von sieben Jahren ab Inkrafttreten dieses Übereinkommens stellen die betreffenden Vertragsmitgliedstaaten zudem Verwaltungspersonal zur Unterstützung zur Verfügung; das für dieses Personal geltende Statut bleibt hiervon unberührt.

(2) Die Vertragsmitgliedstaaten leisten am Tag des Inkrafttretens dieses Übereinkommens die ersten finanziellen Beiträge, die zur Errichtung des Gerichts erforderlich sind.

(3) *[1]* Während des ersten Übergangszeitraums von sieben Jahren ab Inkrafttreten dieses Übereinkommens bemessen sich die Beiträge der einzelnen Vertragsmitgliedstaaten, die das Übereinkommen bereits vor seinem Inkrafttreten ratifiziert haben oder ihm beigetreten sind, nach der Zahl der europäischen Patente, die zum Zeitpunkt des Inkrafttretens dieses Übereinkommens in ihrem jeweiligen Hoheitsgebiet Wirkung haben, und der Zahl der europäischen

Patente, zu denen bei ihren nationalen Gerichten in den drei Jahren vor dem Inkrafttreten dieses Übereinkommens Verletzungsklagen oder Klagen auf Nichtigerklärung erhoben worden sind.

[2] Während dieses ersten Übergangszeitraums von sieben Jahren bemessen sich die Beiträge der Mitgliedstaaten, die das Übereinkommen nach seinem Inkrafttreten ratifizieren oder ihm beitreten, nach der Zahl der europäischen Patente, die zum Zeitpunkt der Ratifikation oder des Beitritts im Hoheitsgebiet des jeweiligen ratifizierenden oder beitretenden Mitgliedstaats Wirkung haben, und der Zahl der europäischen Patente, zu denen bei ihren nationalen Gerichten in den drei Jahren vor der Ratifikation oder dem Beitritt Verletzungsklagen oder Klagen auf Nichtigerklärung erhoben worden sind.

(4) Werden nach Ablauf des ersten Übergangszeitraums von sieben Jahren – der Zeitpunkt, zu dem erwartet wird, dass das Gericht die Eigenfinanzierung erreicht – Beiträge der Vertragsmitgliedstaaten erforderlich, so werden diese nach dem Verteilerschlüssel für die Jahresgebühren für europäische Patente mit einheitlicher Wirkung festgelegt, der zu dem Zeitpunkt gilt, zu dem die Beiträge nötig werden.

Art. 38 Finanzierung des Schulungsrahmens für Richter. Der Schulungsrahmen für Richter wird aus dem Haushalt des Gerichts finanziert.

Art. 39 Finanzierung des Zentrums. Die Betriebskosten des Zentrums werden aus dem Haushalt des Gerichts finanziert.

Teil III. Organisation und Verfahrensvorschriften

Kapitel I. Allgemeine Bestimmungen

Art. 40 Satzung. (1) In der Satzung werden die Einzelheiten der Organisation und der Arbeitsweise des Gerichts geregelt.

(2) [1] Die Satzung ist diesem Übereinkommen als Anhang beigefügt. [2] Die Satzung kann auf Vorschlag des Gerichts oder auf Vorschlag eines Vertragsmitgliedstaats nach Konsultation des Gerichts durch einen Beschluss des Verwaltungsausschusses geändert werden. [3] Diese Änderungen dürfen jedoch weder im Widerspruch zu diesem Übereinkommen stehen, noch zu seiner Änderung führen.

(3) Die Satzung gewährleistet, dass die Arbeitsweise des Gerichts so effizient und kostenwirksam wie möglich organisiert wird und dass ein fairer Zugang zum Recht sichergestellt ist.

Art. 41 Verfahrensordnung. (1) [1] Die Verfahrensordnung regelt die Einzelheiten der Verfahren vor dem Gericht. [2] Sie steht mit diesem Übereinkommen und der Satzung im Einklang.

(2) *[1]* [1] Die Verfahrensordnung wird nach eingehender Konsultation der Beteiligten vom Verwaltungsausschuss angenommen. [2] Zuvor ist eine Stellungnahme der Europäischen Kommission zur Vereinbarkeit der Verfahrensordnung mit dem Unionsrecht einzuholen.

[2] [1] Die Verfahrensordnung kann auf Vorschlag des Gerichts und nach Konsultation der Europäischen Kommission durch einen Beschluss des Verwaltungsausschusses geändert werden. [2] Diese Änderungen dürfen jedoch weder

im Widerspruch zu diesem Übereinkommen oder der Satzung stehen, noch zur Änderung dieses Übereinkommens oder der Satzung führen.

(3) [1] Die Verfahrensordnung gewährleistet, dass die Entscheidungen des Gerichts höchsten Qualitätsansprüchen genügen und dass die Verfahren so effizient und kostenwirksam wie möglich durchgeführt werden. [2] Sie gewährleistet einen fairen Ausgleich zwischen den berechtigten Interessen aller Parteien. [3] Sie verschafft den Richtern den erforderlichen Ermessensspielraum, ohne die Vorhersagbarkeit des Verfahrens für die Parteien zu beeinträchtigen.

Art. 42 Verhältnismäßigkeit und Fairness. (1) Das Gericht führt die Verfahren auf eine ihrer Bedeutung und Komplexität angemessene Art und Weise durch.

(2) Das Gericht gewährleistet, dass die in diesem Übereinkommen und in der Satzung vorgesehenen Vorschriften, Verfahren und Rechtsbehelfe auf faire und ausgewogene Weise angewandt werden und den Wettbewerb nicht verzerren.

Art. 43 Fallbearbeitung. Das Gericht leitet die bei ihm anhängige Verfahren aktiv nach Maßgabe der Verfahrensordnung, ohne das Recht der Parteien zu beeinträchtigen, den Gegenstand und die ihren Vortrag stützenden Beweismittel ihrer Rechtsstreitigkeit zu bestimmen.

Art. 44 Elektronische Verfahren. Das Gericht macht nach Maßgabe der Verfahrensordnung den bestmöglichen Gebrauch von elektronischen Verfahren, wie der elektronischen Einreichung von Parteivorbringen und Beweisantritten, sowie von Videokonferenzen.

Art. 45 Öffentlichkeit der Verhandlungen. Die Verhandlungen sind öffentlich, es sei denn, das Gericht beschließt, soweit erforderlich, sie im Interesse einer der Parteien oder sonstiger Betroffener oder im allgemeinen Interesse der Justiz oder der öffentlichen Ordnung unter Ausschluss der Öffentlichkeit zu führen.

Art. 46 Parteifähigkeit. Jede natürliche oder juristische Person oder jede einer juristischen Person gleichgestellte Gesellschaft, die nach dem für sie geltenden nationalen Recht berechtigt ist, ein Verfahren anzustrengen, kann in Verfahren, die beim Gericht anhängig sind, Partei sein.

Art. 47 Parteien. (1) Der Patentinhaber ist berechtigt, das Gericht anzurufen.

(2) Sofern in der Lizenzvereinbarung nichts anderes bestimmt ist, hat der Inhaber einer ausschließlichen Lizenz in Bezug auf ein Patent das Recht, in gleicher Weise wie der Patentinhaber das Gericht anzurufen, vorausgesetzt, der Patentinhaber wurde zuvor unterrichtet.

(3) Der Inhaber einer nicht ausschließlichen Lizenz ist nicht berechtigt, das Gericht anzurufen, es sei denn, der Patentinhaber wurde zuvor unterrichtet und die Lizenzvereinbarung lässt dies ausdrücklich zu.

(4) Dem von einem Lizenzinhaber angestrengten Verfahren kann der Patentinhaber als Partei beitreten.

(5) [1] Die Rechtsgültigkeit eines Patents kann im Rahmen einer Verletzungsklage, die vom Inhaber einer Lizenz erhoben wurde, nicht angefochten werden,

wenn der Patentinhaber nicht an dem Verfahren teilnimmt. [2]Die Partei, die im Rahmen einer Verletzungsklage die Rechtsgültigkeit eines Patents anfechten will, muss eine Klage gegen den Patentinhaber erheben.

(6) Jede andere natürliche oder juristische Person oder jede Vereinigung, die von einem Patent betroffen und nach dem für sie geltenden nationalen Recht berechtigt ist, Klage zu erheben, kann nach Maßgabe der Verfahrensordnung Klage erheben.

(7) Jede natürliche oder juristische Person und jede Vereinigung, die nach dem für sie geltenden nationalen Recht berechtigt ist, ein Verfahren anzustrengen, und die von einer Entscheidung betroffen ist, die das Europäische Patentamt in Ausübung der in Artikel 9 der Verordnung (EU) Nr. 1257/2012 genannten Aufgaben getroffen hat, ist berechtigt, eine Klage nach Artikel 32 Absatz 1 Buchstabe i zu erheben.

Art. 48 Vertretung. (1) Die Parteien werden von Anwälten vertreten, die bei einem Gericht eines Vertragsmitgliedstaats zugelassen sind.

(2) Die Parteien können alternativ von einem europäischen Patentanwalt vertreten werden, der gemäß Artikel 134 EPÜ befugt ist, vor dem Europäischen Patentamt als zugelassener Vertreter aufzutreten, und die erforderliche Qualifikation hat, beispielsweise ein Zertifikat zur Führung europäischer Patentstreitverfahren.

(3) [1]Die Anforderungen an die Qualifikation gemäß Absatz 2 werden vom Verwaltungsausschuss festgelegt. [2]Der Kanzler führt ein Verzeichnis europäischer Patentanwälte, die befugt sind, Parteien vor Gericht zu vertreten.

(4) Die Vertreter der Parteien können sich von Patentanwälten unterstützen lassen, die in Verhandlungen vor Gericht im Einklang mit der Verfahrensordnung das Wort ergreifen dürfen.

(5) Die Vertreter der Parteien genießen nach Maßgabe der Verfahrensordnung die zur unabhängigen Wahrnehmung ihrer Aufgaben erforderlichen Rechte und Befreiungen, darunter das Recht, Mitteilungen zwischen einem Vertreter und der Partei oder jeder anderen Person im gerichtlichen Verfahren nicht offenlegen zu müssen, sofern die betreffende Partei nicht ausdrücklich auf dieses Recht verzichtet.

(6) Die Vertreter der Parteien dürfen Fälle oder Sachverhalte vor dem Gericht weder wissentlich noch aufgrund fahrlässiger Unkenntnis falsch darstellen.

(7) Eine Vertretung gemäß den Absätzen 1 und 2 des vorliegenden Artikels ist in Verfahren nach Artikel 32 Absatz 1 Buchstabe i nicht erforderlich.

Kapitel II. Verfahrenssprache

Art. 49 Verfahrenssprache vor dem Gericht erster Instanz. (1) Verfahrenssprache vor einer Lokal- oder Regionalkammer ist eine Amtssprache der Europäischen Union, die die Amtssprache oder eine der Amtssprachen des Vertragsmitgliedstaats ist, in dessen Gebiet sich die betreffende Kammer befindet, oder die Amtssprache(n), die von den Vertragsmitgliedstaaten mit einer gemeinsamen Regionalkammer bestimmt wird/werden.

(2) Ungeachtet des Absatzes 1 können die Vertragsmitgliedstaaten eine oder mehrere der Amtssprachen des Europäischen Patentamts als Verfahrenssprache (n) ihrer Lokal- oder Regionalkammer bestimmen.

(3) [1] Die Parteien können vorbehaltlich der Billigung durch den zuständigen Spruchkörper vereinbaren, die Sprache, in der das Patent erteilt wurde, als Verfahrenssprache zu verwenden. [2] Billigt der betreffende Spruchkörper die Wahl der Parteien nicht, so können die Parteien beantragen, dass der Fall an die Zentralkammer verwiesen wird.

(4) Mit Zustimmung der Parteien kann der zuständige Spruchkörper aus Gründen der Zweckmäßigkeit und Fairness beschließen, dass die Sprache, in der das Patent erteilt wurde, als Verfahrenssprache verwendet wird.

(5) [1] Auf Ersuchen einer der Parteien und nach Anhörung der anderen Parteien und des zuständigen Spruchkörpers kann der Präsident des Gerichts erster Instanz aus Gründen der Fairness und unter Berücksichtigung aller erheblichen Umstände – einschließlich der Standpunkte der Parteien und insbesondere des Standpunkts des Beklagten – beschließen, dass die Sprache, in der das Patent erteilt wurde, als Verfahrenssprache verwendet wird. [2] In diesem Fall prüft der Präsident des Gerichts erster Instanz, inwieweit besondere Übersetzungs- und Dolmetschvorkehrungen getroffen werden müssen.

(6) Verfahrenssprache vor der Zentralkammer ist die Sprache, in der das betreffende Patent erteilt wurde.

Art. 50 Verfahrenssprache vor dem Berufungsgericht. (1) Verfahrenssprache vor dem Berufungsgericht ist die Verfahrenssprache vor dem Gericht erster Instanz.

(2) Ungeachtet des Absatzes 1 können die Parteien vereinbaren, die Sprache, in der das Patent erteilt wurde, als Verfahrenssprache zu verwenden.

(3) In Ausnahmefällen und soweit dies angemessen erscheint, kann das Berufungsgericht mit Zustimmung der Parteien eine andere Amtssprache eines Vertragsmitgliedstaats als Verfahrenssprache für das gesamte Verfahren oder einen Teil des Verfahrens bestimmen.

Art. 51 Weitere Sprachenregelungen. (1) Alle Spruchkörper des Gerichts erster Instanz und das Berufungsgericht können auf eine Übersetzung verzichten, soweit dies angemessen erscheint.

(2) Alle Kammern des Gerichts erster Instanz und das Berufungsgericht sehen, soweit dies angemessen erscheint, auf Verlangen einer der Parteien eine Verdolmetschung vor, um die betreffenden Parteien bei mündlichen Verfahren zu unterstützen.

(3) Wird bei der Zentralkammer eine Verletzungsklage erhoben, so hat ein Beklagter, der seinen Wohnsitz, den Sitz seiner Hauptniederlassung oder seinen Geschäftssitz in einem Mitgliedstaat hat, ungeachtet des Artikels 49 Absatz 6 Anspruch darauf, dass relevante Dokumente auf seinen Antrag hin in die Sprache des Mitgliedstaats, in dem er seinen Wohnsitz oder den Sitz seiner Hauptniederlassung oder – in Ermangelung derselben – seinen Geschäftssitz hat, übersetzt werden, sofern

a) die Zuständigkeit gemäß Artikel 33 Absatz 1 Unterabsatz 3 oder 4 bei der Zentralkammer liegt,

b) die Verfahrenssprache vor der Zentralkammer keine Amtssprache des Mitgliedstaats ist, in dem der Beklagte seinen Wohnsitz oder den Sitz seiner Hauptniederlassung oder – in Ermangelung derselben – seinen Geschäftssitz hat, und

c) der Beklagte nicht über ausreichende Kenntnisse der Verfahrenssprache verfügt.

Kapitel III. Verfahren vor dem Gericht

Art. 52 Schriftliches Verfahren, Zwischenverfahren und mündliches Verfahren. (1) [1]Das Verfahren vor dem Gericht umfasst nach Maßgabe der Verfahrensordnung ein schriftliches Verfahren, ein Zwischenverfahren und ein mündliches Verfahren. [2]Alle Verfahren werden auf flexible und ausgewogene Weise durchgeführt.

(2) [1]Im Rahmen des sich an das schriftliche Verfahren anschließenden Zwischenverfahrens obliegt es gegebenenfalls und vorbehaltlich eines Mandats des gesamten Spruchkörpers dem als Berichterstatter tätigen Richter, eine Zwischenanhörung einzuberufen. [2]Dieser Richter prüft zusammen mit den Parteien insbesondere die Möglichkeit eines Vergleichs, auch im Wege der Mediation, und/oder eines Schiedsverfahrens unter Inanspruchnahme der Dienste des in Artikel 35 genannten Zentrums.

(3) [1]Im Rahmen des mündlichen Verfahrens erhalten die Parteien Gelegenheit zur ordnungsgemäßen Darlegung ihrer Argumente. [2]Das Gericht kann mit Zustimmung der Parteien ohne mündliche Anhörung entscheiden.

Art. 53 Beweismittel. (1) In den Verfahren vor dem Gericht sind insbesondere folgende Beweismittel zulässig:

a) Anhörung der Parteien;
b) Einholung von Auskünften;
c) Vorlage von Urkunden;
d) Vernehmung von Zeugen;
e) Gutachten durch Sachverständige;
f) Einnahme des Augenscheins;
g) Vergleichstests oder Versuche;
h) Abgabe einer schriftlichen eidesstattlichen Erklärung (Affidavit).

(2) [1]Die Verfahrensordnung regelt das Verfahren zur Durchführung der Beweisaufnahme. [2]Die Vernehmung der Zeugen und Sachverständigen erfolgt unter der Aufsicht des Gerichts und beschränkt sich auf das notwendige Maß.

Art. 54 Beweislast. Die Beweislast für Tatsachen trägt unbeschadet des Artikels 24 Absätze 2 und 3 die Partei, die sich auf diese Tatsachen beruft.

Art. 55 Umkehr der Beweislast. (1) Ist der Gegenstand eines Patents ein Verfahren zur Herstellung eines neuen Erzeugnisses, so gilt unbeschadet des Artikels 24 Absätze 2 und 3 bis zum Beweis des Gegenteils jedes identische ohne Zustimmung des Patentinhabers hergestellte Erzeugnis als nach dem patentierten Verfahren hergestellt.

(2) Der Grundsatz des Absatzes 1 gilt auch, wenn mit erheblicher Wahrscheinlichkeit das identische Erzeugnis nach dem patentierten Verfahren hergestellt wurde und es dem Patentinhaber trotz angemessener Bemühungen nicht gelungen ist, das tatsächlich für solch ein identisches Erzeugnis angewandte Verfahren festzustellen.

(3) Bei der Führung des Beweises des Gegenteils werden die berechtigten Interessen des Beklagten an der Wahrung seiner Produktions- und Geschäftsgeheimnisse berücksichtigt.

Kapitel IV. Befugnisse des Gerichts

Art. 56 Allgemeine Befugnisse des Gerichts. (1) Das Gericht kann die in diesem Übereinkommen festgelegten Maßnahmen, Verfahren und Abhilfemaßnahmen anordnen und seine Anordnungen nach Maßgabe der Verfahrensordnung von Bedingungen abhängig machen.

(2) Das Gericht trägt den Interessen der Parteien gebührend Rechnung und gewährt den Parteien vor Erlass einer Anordnung rechtliches Gehör, es sei denn, dies ist mit der wirksamen Durchsetzung der Anordnung nicht vereinbar.

Art. 57 Gerichtssachverständige. (1) [1] Das Gericht kann unbeschadet der für die Parteien bestehenden Möglichkeit, Sachverständigenbeweise vorzulegen, jederzeit Gerichtssachverständige bestellen, damit diese Gutachten zu bestimmten Aspekten einer Rechtsstreitigkeit abgeben. [2] Das Gericht stellt dem bestellten Sachverständigen alle Informationen zur Verfügung, die er benötigt, um sein Gutachten erstatten zu können.

(2) [1] Hierzu erstellt das Gericht nach Maßgabe der Verfahrensordnung ein nicht verbindliches Verzeichnis von Sachverständigen. [2] Dieses Verzeichnis wird vom Kanzler geführt.

(3) [1] Die Gerichtssachverständigen müssen die Gewähr für Unabhängigkeit und Unparteilichkeit bieten. [2] Die für Richter geltenden Vorschriften des Artikels 7 der Satzung für die Regelung von Interessenkonflikten gelten für die Gerichtssachverständigen entsprechend.

(4) Die dem Gericht von den Gerichtssachverständigen vorgelegten Gutachten werden den Parteien zur Verfügung gestellt; diese erhalten Gelegenheit zur Stellungnahme.

Art. 58 Schutz vertraulicher Informationen. Das Gericht kann zum Schutz von Geschäftsgeheimnissen, personenbezogenen Daten oder sonstigen vertraulichen Informationen einer Verfahrenspartei oder eines Dritten oder zur Verhinderung eines Missbrauchs von Beweismitteln anordnen, dass die Erhebung und Verwendung von Beweisen in den vor ihm geführten Verfahren eingeschränkt oder für unzulässig erklärt werden oder der Zugang zu solchen Beweismitteln auf bestimmte Personen beschränkt wird.

Art. 59 Anordnung der Beweisvorlage. (1) [1] Auf Antrag einer Partei, die alle vernünftigerweise verfügbaren Beweismittel zur hinreichenden Begründung ihrer Ansprüche vorgelegt und die in der Verfügungsgewalt der gegnerischen Partei oder einer dritten Partei befindlichen Beweismittel zur Begründung ihrer Ansprüche bezeichnet hat, kann das Gericht die Vorlage dieser Beweismittel durch die gegnerische Partei oder eine dritte Partei anordnen, sofern der Schutz vertraulicher Informationen gewährleistet wird. [2] Eine solche Anordnung darf nicht zu einer Pflicht zur Selbstbelastung führen.

(2) Das Gericht kann auf Antrag einer Partei unter den Voraussetzungen des Absatzes 1 die Übermittlung von in der Verfügungsgewalt der gegnerischen Partei befindlichen Bank-, Finanz- oder Handelsunterlagen anordnen, sofern der Schutz vertraulicher Informationen gewährleistet wird.

Art. 60 Anordnung der Beweissicherung und der Inspektion von Räumlichkeiten. (1) Auf Ersuchen des Antragstellers, der alle vernünftigerweise verfügbaren Beweismittel zur Begründung der Behauptung, dass das Patent verletzt worden ist oder verletzt zu werden droht, vorgelegt hat, kann das Gericht selbst vor Einleitung eines Verfahrens in der Sache schnelle und wirksame einstweilige Maßnahmen zur Sicherung der rechtserheblichen Beweismittel hinsichtlich der behaupteten Verletzung anordnen, sofern der Schutz vertraulicher Informationen gewährleistet wird.

(2) Diese Maßnahmen können die ausführliche Beschreibung mit oder ohne Einbehaltung von Mustern oder die dingliche Beschlagnahme der verletzenden Erzeugnisse sowie gegebenenfalls der für die Herstellung und/oder den Vertrieb dieser Erzeugnisse verwendeten Materialien und Geräte und der zugehörigen Unterlagen umfassen.

(3) [1] Das Gericht kann selbst vor Einleitung eines Verfahrens in der Sache auf Ersuchen des Antragstellers, der Beweismittel zur Begründung der Behauptung, dass das Patent verletzt worden ist oder verletzt zu werden droht, vorgelegt hat, die Inspektion von Räumlichkeiten anordnen. [2] Eine Inspektion von Räumlichkeiten wird von einer vom Gericht nach Maßgabe der Verfahrensordnung bestellten Person vorgenommen.

(4) Der Antragsteller ist bei der Inspektion der Räumlichkeiten nicht zugegen; er kann sich jedoch von einem unabhängigen Fachmann vertreten lassen, der in der gerichtlichen Anordnung namentlich zu nennen ist.

(5) Die Maßnahmen werden nötigenfalls ohne Anhörung der anderen Partei angeordnet, insbesondere dann, wenn durch eine Verzögerung dem Inhaber des Patents wahrscheinlich ein nicht wiedergutzumachender Schaden entstünde, oder wenn nachweislich die Gefahr besteht, dass Beweise vernichtet werden.

(6) [1] Werden Maßnahmen zur Beweissicherung oder Inspektion von Räumlichkeiten ohne Anhörung der anderen Partei angeordnet, so sind die betroffenen Parteien unverzüglich, spätestens jedoch unmittelbar nach Vollziehung der Maßnahmen davon in Kenntnis zu setzen. [2] Auf Antrag der betroffenen Parteien findet eine Prüfung, die das Recht zur Stellungnahme einschließt, mit dem Ziel statt, innerhalb einer angemessenen Frist nach der Mitteilung der Maßnahmen zu entscheiden, ob diese abgeändert, aufgehoben oder bestätigt werden müssen.

(7) Die Maßnahmen zur Beweissicherung können davon abhängig gemacht werden, dass der Antragsteller eine angemessene Kaution stellt oder eine entsprechende Sicherheit leistet, um gemäß Absatz 9 eine Entschädigung des Antragsgegners für den von diesem erlittenen Schaden sicherzustellen.

(8) Das Gericht stellt sicher, dass die Maßnahmen zur Beweissicherung auf Antrag des Antragsgegners unbeschadet etwaiger Schadensersatzforderungen aufgehoben oder auf andere Weise außer Kraft gesetzt werden, wenn der Antragsteller nicht innerhalb einer Frist – die 31 Kalendertage oder 20 Arbeitstage nicht überschreitet, wobei der längere der beiden Zeiträume gilt – bei dem Gericht eine Klage anstrengt, die zu einer Sachentscheidung führt.

(9) Werden Maßnahmen zur Beweissicherung aufgehoben oder werden sie aufgrund einer Handlung oder Unterlassung des Antragstellers hinfällig, oder wird in der Folge festgestellt, dass keine Verletzung oder drohende Verletzung des Patents vorlag, so kann das Gericht auf Antrag des Antragsgegners anord-

nen, dass der Antragsteller dem Antragsgegner angemessen Ersatz für einen aufgrund dieser Maßnahmen entstandenen Schaden zu leisten hat.

Art. 61 Arrest. (1) Auf Ersuchen des Antragstellers, der alle vernünftigerweise verfügbaren Beweismittel zur Begründung der Behauptung, dass das Patent verletzt worden ist oder verletzt zu werden droht, vorgelegt hat, kann das Gericht selbst vor Einleitung eines Verfahrens in der Sache einer Partei untersagen, Vermögensgegenstände aus seinem Zuständigkeitsbereich zu verbringen oder über Vermögensgegenständen zu verfügen, unabhängig davon, ob sie sich in seinem Zuständigkeitsbereich befinden oder nicht.

(2) Artikel 60 Absätze 5 bis 9 gelten für die in diesem Artikel genannten Maßnahmen entsprechend.

Art. 62 Einstweilige Maßnahmen und Sicherungsmaßnahmen.

(1) Das Gericht kann im Wege einer Anordnung gegen einen angeblichen Verletzer oder eine Mittelsperson, deren Dienste der angebliche Verletzer in Anspruch nimmt, Verfügungen erlassen, um eine drohende Verletzung zu verhindern, die Fortsetzung der angeblichen Verletzung einstweilig und gegebenenfalls unter Androhung von Zwangsgeldern zu untersagen oder die Fortsetzung an die Stellung von Sicherheiten zu knüpfen, durch die eine Entschädigung des Rechtsinhabers gewährleistet werden soll.

(2) Das Gericht wägt nach Ermessen die Interessen der Parteien gegeneinander ab und berücksichtigt dabei insbesondere den möglichen Schaden, der einer der Parteien aus dem Erlass der Verfügung oder der Abweisung des Antrags erwachsen könnte.

(3) [1]Das Gericht kann auch die Beschlagnahme oder Herausgabe der Erzeugnisse, bei denen der Verdacht auf Verletzung des Patents besteht, anordnen, um deren Inverkehrbringen und Umlauf auf den Vertriebswegen zu verhindern. [2]Das Gericht kann die vorsorgliche Beschlagnahme beweglichen und unbeweglichen Vermögens des angeblichen Verletzers einschließlich der Sperrung der Bankkonten und der Beschlagnahme sonstiger Vermögenswerte des angeblichen Verletzers anordnen, wenn der Antragsteller glaubhaft macht, dass die Erfüllung seiner Schadensersatzforderung fraglich ist.

(4) Im Falle der Maßnahmen nach den Absätzen 1 und 3 kann das Gericht dem Antragsteller auferlegen, alle vernünftigerweise verfügbaren Beweise vorzulegen, um sich mit ausreichender Sicherheit davon überzeugen zu können, dass der Antragsteller der Rechtsinhaber ist und dass das Recht des Antragstellers verletzt wird oder dass eine solche Verletzung droht.

(5) Artikel 60 Absätze 5 bis 9 gelten für die in diesem Artikel genannten Maßnahmen entsprechend.

Art. 63 Endgültige Verfügungen. (1) [1]Wird eine Patentverletzung festgestellt, so kann das Gericht gegen den Verletzer eine Verfügung erlassen, durch die die Fortsetzung der Verletzung untersagt wird. [2]Das Gericht kann auch eine Verfügung gegen Mittelspersonen erlassen, deren Dienste von einem Dritten zwecks Verletzung eines Patents in Anspruch genommen werden.

(2) Gegebenenfalls werden bei Nichteinhaltung der Verfügung nach Absatz 1 an das Gericht zu zahlende Zwangsgelder verhängt.

Art. 64 Abhilfemaßnahmen im Rahmen von Verletzungsverfahren. (1) Das Gericht kann auf Antrag des Antragstellers anordnen, dass in Bezug auf Erzeugnisse, die nach seinen Feststellungen ein Patent verletzen, und gegebenenfalls in Bezug auf Materialien und Geräte, die vorwiegend zur Schaffung oder Herstellung dieser Erzeugnisse verwendet wurden, unbeschadet etwaiger Schadensersatzansprüche der geschädigten Partei aus der Verletzung sowie ohne Entschädigung irgendwelcher Art geeignete Maßnahmen getroffen werden.

(2) Zu diesen Maßnahmen gehört

a) die Feststellung einer Verletzung,

b) der Rückruf der Erzeugnisse aus den Vertriebswegen,

c) die Beseitigung der verletzenden Eigenschaft des Erzeugnisses,

d) die endgültige Entfernung der Erzeugnisse aus den Vertriebswegen oder

e) die Vernichtung der Erzeugnisse und/oder der betreffenden Materialien und Geräte.

(3) Das Gericht ordnet an, dass die betreffenden Maßnahmen auf Kosten des Verletzers durchgeführt werden, es sei denn, es werden besondere Gründe geltend gemacht, die dagegen sprechen.

(4) Bei der Prüfung eines Antrags auf Anordnung von Abhilfemaßnahmen nach diesem Artikel berücksichtigt das Gericht das Erfordernis der Verhältnismäßigkeit zwischen der Schwere der Verletzung und den anzuordnenden Abhilfemaßnahmen, die Bereitschaft des Verletzers, das Material in einen nichtverletzenden Zustand zu versetzen, sowie die Interessen Dritter.

Art. 65 Entscheidung über die Gültigkeit eines Patents. (1) Das Gericht entscheidet über die Gültigkeit eines Patents auf der Grundlage einer Klage auf Nichtigerklärung oder einer Widerklage auf Nichtigerklärung.

(2) Das Gericht kann ein Patent nur aus den in Artikel 138 Absatz 1 und Artikel 139 Absatz 2 EPÜ genannten Gründen entweder ganz oder teilweise für nichtig erklären.

(3) Betreffen die Nichtigkeitsgründe nur einen Teil des Patents, so wird das Patent unbeschadet des Artikels 138 Absatz 3 EPÜ durch eine entsprechende Änderung der Patentansprüche beschränkt und teilweise für nichtig erklärt.

(4) Soweit ein Patent für nichtig erklärt wurde, gelten die in den Artikeln 64 und 67 EPÜ genannten Wirkungen als von Anfang an nicht eingetreten.

(5) Erklärt das Gericht ein Patent in einer Endentscheidung ganz oder teilweise für nichtig, so übersendet es eine Abschrift der Entscheidung an das Europäische Patentamt und im Falle eines europäischen Patents an das nationale Patentamt des betreffenden Vertragsmitgliedstaats.

Art. 66 Befugnisse des Gerichts in Bezug auf Entscheidungen des Europäischen Patentamts. (1) Bei Klagen nach Artikel 32 Absatz 1 Buchstabe i kann das Gericht alle Befugnisse ausüben, die dem Europäischen Patentamt nach Artikel 9 der Verordnung (EU) Nr. 1257/2012 übertragen wurden, einschließlich der Berichtigung des Registers für den einheitlichen Patentschutz.

(2) Bei Klagen nach Artikel 32 Absatz 1 Buchstabe i tragen die Parteien abweichend von Artikel 69 ihre eigenen Kosten.

Art. 67 Befugnis, die Erteilung einer Auskunft anzuordnen. (1) Das Gericht kann auf einen begründeten und die Verhältnismäßigkeit wahrenden Antrag des Antragstellers hin nach Maßgabe der Verfahrensordnung anordnen, dass der Verletzer dem Antragsteller über Folgendes Auskunft erteilt:

a) Ursprung und Vertriebswege der verletzenden Erzeugnisse oder Verfahren,

b) die erzeugten, hergestellten, ausgelieferten, erhaltenen oder bestellten Mengen und die Preise, die für die verletzenden Erzeugnisse gezahlt wurden und

c) die Identität aller an der Herstellung oder dem Vertrieb von verletzenden Erzeugnissen oder an der Anwendung des verletzenden Verfahrens beteiligten dritten Personen.

(2) Das Gericht kann nach Maßgabe der Verfahrensordnung ferner anordnen, dass jede dritte Partei, die

a) nachweislich verletzende Erzeugnisse in gewerblichem Ausmaß in ihrem Besitz hatte oder die ein verletzendes Verfahren in gewerblichem Ausmaß angewandt hat,

b) nachweislich für verletzende Tätigkeiten genutzte Dienstleistungen in gewerblichem Ausmaß erbracht hat oder

c) nach den Angaben einer unter den Buchstaben a und b genannten Person an der Erzeugung, Herstellung oder am Vertrieb verletzender Erzeugnisse oder Verfahren bzw. an der Erbringung solcher Dienstleistungen beteiligt war,

dem Antragsteller die in Absatz 1 genannten Auskünfte erteilt.

Art. 68 Zuerkennung von Schadenersatz. (1) Das Gericht ordnet auf Antrag der geschädigten Partei an, dass der Verletzer, der wusste oder vernünftigerweise hätte wissen müssen, dass er eine Patentverletzungshandlung vornahm, der geschädigten Partei zum Ausgleich des von ihr wegen der Verletzung erlittenen tatsächlichen Schadens angemessenen Schadenersatz zu leisten hat.

(2) [1] Die geschädigte Partei ist soweit wie möglich in die Lage zu versetzen, in der sie sich ohne die Verletzung befunden hätte. [2] Dem Verletzer darf kein Nutzen aus der Verletzung erwachsen. [3] Der Schadenersatz hat jedoch keinen Strafcharakter.

(3) Bei der Festsetzung des Schadenersatzes verfährt das Gericht wie folgt:

a) Es berücksichtigt alle in Frage kommenden Aspekte, wie die negativen wirtschaftlichen Auswirkungen, einschließlich der Gewinneinbußen für die geschädigte Partei und der zu Unrecht erzielten Gewinne des Verletzers, sowie in geeigneten Fällen auch andere als wirtschaftliche Faktoren, wie den immateriellen Schaden für die geschädigte Partei, oder

b) es kann stattdessen in geeigneten Fällen den Schadensersatz als Pauschalbetrag festsetzen, und zwar auf der Grundlage von Faktoren wie mindestens dem Betrag der Vergütung oder Gebühr, die der Verletzer hätte entrichten müssen, wenn er die Erlaubnis zur Nutzung des betreffenden Patents eingeholt hätte.

(4) Für Fälle, in denen der Verletzer die Verletzungshandlung vorgenommen hat, ohne dass er dies wusste oder vernünftigerweise hätte wissen müssen, kann das Gericht die Herausgabe der Gewinne oder die Zahlung einer Entschädigung anordnen.

Art. 69 Kosten des Rechtsstreits. (1) Die Kosten des Rechtsstreits und sonstigen Kosten der obsiegenden Partei werden in der Regel, soweit sie zumutbar und angemessen sind, bis zu einer gemäß der Verfahrensordnung festgelegten Obergrenze von der unterlegenen Partei getragen, sofern Billigkeitsgründe dem nicht entgegenstehen.

(2) Obsiegt eine Partei nur teilweise oder liegen außergewöhnliche Umständen vor, so kann das Gericht anordnen, dass die Kosten nach Billigkeit verteilt werden oder die Parteien ihre Kosten selbst tragen.

(3) Eine Partei, die dem Gericht oder einer anderen Partei unnötige Kosten verursacht hat, soll diese tragen.

(4) Auf Antrag des Beklagten kann das Gericht anordnen, dass der Antragsteller für die Kosten des Rechtsstreits und sonstigen Kosten des Beklagten, die der Antragsteller möglicherweise tragen muss, angemessene Sicherheiten zu leisten hat, insbesondere in den in den Artikeln 59 bis 62 genannten Fällen.

Art. 70 Gerichtsgebühren. (1) Die Verfahrensparteien haben Gerichtsgebühren zu entrichten.

(2) [1] Sofern in der Verfahrensordnung nicht anderweitig festgelegt, sind die Gerichtsgebühren im Voraus zu entrichten. [2] Eine Partei, die eine vorgeschriebene Gerichtsgebühr nicht entrichtet hat, kann von der weiteren Beteiligung am Verfahren ausgeschlossen werden.

Art. 71 Prozesskostenhilfe. (1) [1] Ist eine Partei, die eine natürliche Person ist, außerstande, die Kosten des Verfahrens ganz oder teilweise zu bestreiten, so kann sie jederzeit Prozesskostenhilfe beantragen. [2] Die Bedingungen für die Gewährung von Prozesskostenhilfe werden in der Verfahrensordnung festgelegt.

(2) Das Gericht entscheidet nach Maßgabe der Verfahrensordnung, ob die Prozesskostenhilfe ganz oder teilweise bewilligt oder versagt werden soll.

(3) Der Verwaltungsausschuss legt auf Vorschlag des Gerichts die Höhe der Prozesskostenhilfe und die Regeln für die diesbezügliche Kostentragung fest.

Art. 72 Verjährungsfrist. Unbeschadet des Artikels 24 Absätze 2 und 3 können Klagen im Zusammenhang mit allen Formen der finanziellen Entschädigung nicht später als fünf Jahre, nachdem der Antragsteller von dem letzten Ereignis, das Veranlassung zur Klage bietet, Kenntnis erlangte oder vernünftigerweise hätte erlangen müssen, erhoben werden.

Kapitel V. Rechtsmittel

Art. 73 Berufung. (1) Eine Partei, die mit ihren Anträgen ganz oder teilweise unterlegen ist, kann beim Berufungsgericht innerhalb von zwei Monaten ab dem Tag, an dem die Entscheidung zugestellt worden ist, Berufung gegen eine Entscheidung des Gerichts erster Instanz einlegen.

(2) Eine Partei, die mit ihren Anträgen ganz oder teilweise unterlegen ist, kann gegen eine Anordnung des Gerichts erster Instanz beim Berufungsgericht Berufung einlegen, und zwar

a) bei den Anordnungen gemäß Artikel 49 Absatz 5 sowie den Artikeln 59 bis 62 und 67 innerhalb von 15 Kalendertagen nach Zustellung der Anordnung an den Antragsteller;

b) bei anderen als den unter Buchstabe a genannten Anordnungen
   i) zusammen mit der Berufung gegen die Entscheidung oder
   ii) wenn das Gericht die Berufung zulässt, innerhalb von 15 Tagen nach Zustellung der entsprechenden Entscheidung des Gerichts.

(3) Die Berufung gegen eine Entscheidung oder eine Anordnung des Gerichts erster Instanz kann auf rechtliche und tatsächliche Gesichtspunkte gestützt werden.

(4) Neue Tatsachen und neue Beweismittel können nur vorgelegt werden, wenn dies mit der Verfahrensordnung im Einklang steht und vernünftigerweise nicht davon ausgegangen werden konnte, dass die betreffende Partei diese Tatsachen und Beweismittel im Verfahren vor dem Gericht erster Instanz hätte vorlegen können.

Art. 74 Wirkung der Berufung. (1) [1] Die Berufung hat keine aufschiebende Wirkung, sofern das Berufungsgericht auf begründeten Antrag einer der Parteien nicht etwas anderes beschließt. [2] In der Verfahrensordnung wird sichergestellt, dass ein solcher Beschluss unverzüglich gefasst wird.

(2) Ungeachtet des Absatzes 1 hat die Berufung gegen eine Entscheidung im Zusammenhang mit Klagen oder Widerklagen auf Nichtigerklärung und im Zusammenhang mit Klagen aufgrund von Artikel 32 Absatz 1 Buchstabe i stets aufschiebende Wirkung.

(3) [1] Die Berufung gegen eine Anordnung gemäß Artikel 49 Absatz 5 oder den Artikeln 59 bis 62 oder 67 hindert nicht die Fortsetzung des Ausgangsverfahrens. [2] Bis zu einer Entscheidung des Berufungsgerichts über die angefochtene Anordnung darf das Gericht erster Instanz jedoch keine Entscheidung im Ausgangsverfahren erlassen.

Art. 75 Entscheidung über die Berufung und Zurückverweisung.

(1) [1] Ist eine Berufung gemäß Artikel 73 begründet, so hebt das Berufungsgericht die Entscheidung des Gerichts erster Instanz auf und erlässt eine Endentscheidung. [2] In Ausnahmefällen und im Einklang mit der Verfahrensordnung kann das Berufungsgericht die Sache an das Gericht erster Instanz zur Entscheidung zurückverweisen.

(2) Wird eine Sache gemäß Absatz 1 an das Gericht erster Instanz zurückverwiesen, so ist dieses an die rechtliche Beurteilung in der Entscheidung des Berufungsgerichts gebunden.

Kapitel VI. Entscheidungen

Art. 76 Entscheidungsgrundlage und rechtliches Gehör. (1) Das Gericht entscheidet nach Maßgabe der von den Parteien gestellten Anträge und darf nicht mehr zusprechen, als beantragt ist.

(2) Sachentscheidungen dürfen nur auf Gründe, Tatsachen und Beweismittel gestützt werden, die von den Parteien vorgebracht oder auf Anordnung des Gerichts in das Verfahren eingebracht wurden und zu denen die Parteien Gelegenheit zur Stellungnahme hatten.

(3) Das Gericht würdigt die Beweise frei und unabhängig.

Art. 77 Formerfordernisse. (1) Die Entscheidungen und Anordnungen des Gerichts sind im Einklang mit der Verfahrensordnung zu begründen und schriftlich abzufassen.

(2) Die Entscheidungen und Anordnungen des Gerichts werden in der Verfahrenssprache abgefasst.

Art. 78 Entscheidungen des Gerichts und abweichende Meinungen.

(1) [1] Die Entscheidungen und Anordnungen des Gerichts trifft der Spruchkörper mit Mehrheit nach Maßgabe der Satzung. [2] Bei Stimmengleichheit ist die Stimme des vorsitzenden Richters ausschlaggebend.

(2) In Ausnahmefällen kann jeder Richter des Spruchkörpers eine abweichende Meinung getrennt von der Entscheidung des Gerichts zum Ausdruck bringen.

Art. 79 Vergleich. [1] Die Parteien können im Laufe des Verfahrens jederzeit ihren Rechtsstreit im Wege eines Vergleichs beenden, der durch eine Entscheidung des Gerichts bestätigt wird. [2] Ein Patent kann jedoch durch einen Vergleich weder für nichtig erklärt noch beschränkt werden.

Art. 80 Veröffentlichung von Entscheidungen. Das Gericht kann auf Antrag des Antragstellers und auf Kosten des Verletzers geeignete Maßnahmen zur Verbreitung von Informationen über die betreffende Entscheidung des Gerichts einschließlich der Bekanntmachung der Entscheidung sowie ihrer vollständigen oder teilweisen Veröffentlichung in den Medien anordnen.

Art. 81 Wiederaufnahme des Verfahrens. (1) Nach einer Endentscheidung des Gerichts kann das Berufungsgericht ausnahmsweise einem Antrag auf Wiederaufnahme des Verfahrens stattgeben, wenn

a) die die Wiederaufnahme beantragende Partei einer Tatsache von entscheidender Bedeutung gewahr wird, die der die Wiederaufnahme beantragenden Partei vor Verkündung der Entscheidung unbekannt war; einem solchen Antrags[1)] darf nur wegen einer Handlung stattgegeben werden, die durch eine Endentscheidung eines nationalen Gerichts als Straftat qualifiziert wurde, oder
b) ein grundlegender Verfahrensfehler vorliegt, insbesondere wenn einem nicht vor Gericht erschienenen Beklagten das verfahrenseinleitende Schriftstück oder ein gleichwertiges Schriftstück nicht so rechtzeitig und in einer Weise zugestellt worden ist, dass er sich verteidigen konnte.

(2) [1] Der Wiederaufnahmeantrag ist binnen zehn Jahren ab dem Zeitpunkt der Entscheidung, spätestens jedoch zwei Monate ab dem Zeitpunkt des Bekanntwerdens der neuen Tatsache oder des Verfahrensfehlers einzureichen. [2] Ein solcher Antrag hat keine aufschiebende Wirkung, es sei denn, das Berufungsgericht entscheidet anders.

(3) Im Einklang mit der Verfahrensordnung hebt das Berufungsgericht die zu überprüfende Entscheidung ganz oder teilweise auf und ordnet die Wiederaufnahme des Verfahrens zur neuen Verhandlung und Entscheidung an, wenn der Wiederaufnahmeantrag begründet ist.

[1)] wohl „Antrag".

(4) Personen, die in gutem Glauben Patente nutzen, die Gegenstand einer zu überprüfenden Entscheidung sind, soll gestattet werden, die Patente auch weiterhin zu nutzen.

Art. 82 Vollstreckung der Entscheidungen und Anordnungen.

(1) [1] Die Entscheidungen und Anordnungen des Gerichts sind in allen Vertragsmitgliedstaaten vollstreckbar. [2] Eine Anordnung zur Vollstreckung einer Entscheidung wird der Entscheidung des Gerichts beigefügt.

(2) Gegebenenfalls kann die Vollstreckung einer Entscheidung davon abhängig gemacht werden, dass eine Sicherheit oder gleichwertige Garantien gestellt werden, die insbesondere im Falle von Verfügungen eine Entschädigung für erlittenen Schaden sicherstellen.

(3) [1] Unbeschadet dieses Übereinkommens und der Satzung unterliegt das Vollstreckungsverfahren dem Recht des Vertragsmitgliedstaates, in dem die Vollstreckung erfolgt. [2] Entscheidungen des Gerichts werden unter den gleichen Bedingungen vollstreckt wie Entscheidungen, die in dem Vertragsmitgliedstaat, in dem die Vollstreckung erfolgt, ergangen sind.

(4) [1] Leistet eine Partei einer Anordnung des Gerichts nicht Folge, so kann sie mit an das Gericht zu zahlenden Zwangsgeldern belegt werden. [2] Das einzelne Zwangsgeld muss im angemessenen Verhältnis zu der Bedeutung der zu vollstreckenden Anordnung stehen und lässt das Recht der Partei, Schadenersatz oder eine Sicherheit zu fordern, unberührt.

Teil IV. Übergangsbestimmungen

Art. 83 Übergangsregelung. (1) Während einer Übergangszeit von sieben Jahren nach dem Inkrafttreten dieses Übereinkommens können Klagen wegen Verletzung bzw. auf Nichtigerklärung eines europäischen Patents oder Klagen wegen Verletzung bzw. auf Nichtigerklärung eines ergänzenden Schutzzertifikats, das zu einem durch ein europäisches Patent geschützten Erzeugnis ausgestellt worden ist, weiterhin bei nationalen Gerichten oder anderen zuständigen nationalen Behörden erhoben werden.

(2) Klagen, die am Ende der Übergangszeit vor einem nationalen Gericht anhängig sind, werden durch den Ablauf der Übergangszeit nicht berührt.

(3) [1] Ist noch keine Klage vor dem Gericht erhoben worden, so kann ein Inhaber oder Anmelder eines europäischen Patents, das vor Ablauf der Übergangszeit nach Absatz 1 und gegebenenfalls Absatz 5 erteilt oder beantragt worden ist, sowie ein Inhaber eines ergänzenden Schutzzertifikats, das zu einem durch ein europäisches Patent geschützten Erzeugnis erteilt worden ist, die ausschließliche Zuständigkeit des Gerichts ausschließen. [2] Zu diesem Zweck muss er der Kanzlei spätestens einen Monat vor Ablauf der Übergangszeit eine Mitteilung über die Inanspruchnahme dieser Ausnahmeregelung zukommen lassen. [3] Die Inanspruchnahme der Ausnahmeregelung wird mit der Eintragung der entsprechenden Mitteilung in das Register wirksam.

(4) [1] Sofern noch keine Klage vor einem nationalen Gericht erhoben worden ist, können Inhaber oder Anmelder europäischer Patente oder Inhaber ergänzender Schutzzertifikate, die zu einem durch ein europäisches Patent geschützten Erzeugnis erteilt worden sind, die die Ausnahmeregelung nach Absatz 3 in Anspruch genommen haben, jederzeit von dieser Ausnahmeregelung zurück-

treten. [2]In diesem Fall setzen sie die Kanzlei davon in Kenntnis. [3]Der Verzicht auf die Inanspruchnahme der Ausnahmeregelung wird mit der Eintragung der entsprechenden Mitteilung in das Register wirksam.

(5) [1]Fünf Jahre nach dem Inkrafttreten dieses Übereinkommens führt der Verwaltungsausschuss eine eingehende Konsultation der Nutzer des Patentsystems und eine Erhebung durch, um die Zahl der europäischen Patente und der ergänzenden Schutzzertifikate, die zu einem durch ein europäisches Patent geschützten Erzeugnis erteilt worden sind, derentwegen weiterhin nach Absatz 1 Klagen wegen Verletzung oder auf Nichtigerklärung bei den nationalen Gerichten erhoben werden, die Gründe dafür und die damit verbundenen Auswirkungen zu ermitteln. [2]Auf Grundlage dieser Konsultation und einer Stellungnahme des Gerichts kann der Verwaltungsausschuss beschließen, die Übergangszeit um bis zu sieben Jahre zu verlängern.

Teil V. Schlussbestimmungen

Art. 84 Unterzeichnung, Ratifikation und Beitritt. (1) Dieses Übereinkommen liegt für alle Mitgliedstaaten am 19. Februar 2013 zur Unterzeichnung auf.

(2) [1]Dieses Übereinkommen bedarf der Ratifikation nach Maßgabe der jeweiligen verfassungsrechtlichen Erfordernisse der Mitgliedstaaten. [2]Die Ratifikationsurkunden werden beim Generalsekretariat des Rates der Europäischen Union (im Folgenden „Verwahrer") hinterlegt.

(3) Jeder Mitgliedstaat, der dieses Übereinkommen unterzeichnet hat, notifiziert der Europäischen Kommission seine Ratifikation des Übereinkommens zum Zeitpunkt der Hinterlegung seiner Ratifikationsurkunde gemäß Artikel 18 Absatz 3 der Verordnung (EU) Nr. 1257/2012.

(4) [1]Dieses Übereinkommen steht allen Mitgliedstaaten zum Beitritt offen. [2]Die Beitrittsurkunden werden beim Verwahrer hinterlegt.

Art. 85 Aufgaben des Verwahrers. (1) Der Verwahrer erstellt beglaubigte Abschriften dieses Übereinkommens und übermittelt sie den Regierungen aller Mitgliedstaaten, die das Übereinkommen unterzeichnen oder ihm beitreten.

(2) Der Verwahrer notifiziert den Regierungen der Mitgliedstaaten, die das Übereinkommen unterzeichnen oder ihm beitreten,

a) jede Unterzeichnung;
b) die Hinterlegung jeder Ratifikations- oder Beitrittsurkunde;
c) den Zeitpunkt des Inkrafttretens dieses Übereinkommens.

(3) Der Verwahrer lässt dieses Übereinkommen beim Sekretariat der Vereinten Nationen registrieren.

Art. 86 Geltungsdauer des Übereinkommens. Dieses Übereinkommen wird auf unbegrenzte Zeit geschlossen.

Art. 87 Revision des Übereinkommens. (1) [1]Entweder sieben Jahre nach Inkrafttreten dieses Übereinkommens oder sobald 2 000 Verletzungsverfahren vom Gericht entschieden worden sind – je nachdem, was später eintritt – und sofern erforderlich in der Folge in regelmäßigen Abständen, führt der Verwaltungsausschuss eine eingehende Konsultation der Nutzer des Patentsystems durch, die folgenden Aspekten gewidmet ist: Arbeitsweise, Effizienz und Kostenwirksamkeit des Gerichts sowie Vertrauen der Nutzer des Patentsystems in die Qualität der Entscheidungen des Gerichts. [2] Auf Grundlage dieser Konsultation und einer Stellungnahme des Gerichts kann der Verwaltungsausschuss beschließen, dieses Übereinkommen zu überarbeiten, um die Arbeitsweise des Gerichts zu verbessern.

(2) Der Verwaltungsausschuss kann dieses Übereinkommen ändern, um es mit einem internationalen Vertrag auf dem Gebiet des Patentwesens oder mit dem Unionsrecht in Einklang zu bringen.

(3) [1] Ein aufgrund der Absätze 1 und 2 gefasster Beschluss des Verwaltungsausschusses wird nicht wirksam, wenn ein Vertragsmitgliedstaat binnen zwölf Monaten ab dem Zeitpunkt des Beschlusses auf Grundlage seiner einschlägigen nationalen Entscheidungsverfahren erklärt, dass er nicht durch den Beschluss gebunden sein will. [2] In diesem Fall wird eine Überprüfungskonferenz der Vertragsmitgliedstaaten einberufen.

Art. 88 Sprachen des Übereinkommens. (1) Dieses Übereinkommen ist in einer Urschrift in deutscher, englischer und französischer Sprache abgefasst, wobei jeder Wortlaut gleichermaßen verbindlich ist.

(2) [1] Die in anderen als den in Absatz 1 genannten Amtssprachen von Vertragsmitgliedstaaten erstellten Wortlaute dieses Übereinkommens werden als amtliche Fassungen betrachtet, wenn sie vom Verwaltungsausschuss genehmigt wurden. [2] Bei Abweichungen zwischen den verschiedenen Wortlauten sind die in Absatz 1 genannten Wortlaute maßgebend.

Art. 89 Inkrafttreten. (1) Dieses Übereinkommen tritt am 1. Januar 2014 in Kraft oder am ersten Tag des vierten Monats nach Hinterlegung der dreizehnten Ratifikations- oder Beitrittsurkunde gemäß Artikel 84, einschließlich der Hinterlegung durch die drei Mitgliedstaaten, in denen es im Jahr vor dem Jahr der Unterzeichnung des Übereinkommens die meisten geltenden europäischen Patente gab, oder am ersten Tag des vierten Monats nach dem Inkrafttreten der Änderungen der Verordnung (EU) Nr. 1215/2012, die das Verhältnis zwischen jener Verordnung und diesem Übereinkommen betreffen, je nachdem, welcher Zeitpunkt der späteste ist.

(2) Jede Ratifikation bzw. jeder Beitritt nach Inkrafttreten dieses Übereinkommens wird am ersten Tag des vierten Monats nach Hinterlegung der Ratifikations- oder Beitrittsurkunde wirksam.

Zu Urkunde dessen haben die hierzu gehörig befugten Unterzeichneten dieses Übereinkommen unterzeichnet.

Geschehen zu Brüssel am 19. Februar 2013 in einer Urschrift in deutscher, englischer und französischer Sprache, wobei jeder Wortlaut gleichermaßen verbindlich ist; die Urschrift wird im Archiv des Generalsekretariats des Rates der Europäischen Union hinterlegt.

Anhang I. Satzung des einheitlichen Patentgerichts

Artikel 1. Geltungsbereich der Satzung

Diese Satzung enthält institutionelle und finanzielle Regelungen für das nach Artikel 1 des Übereinkommens errichtete Einheitliche Patentgericht.

Kaptitel I. Richter

Artikel 2. Auswahlkriterien für die Richter

(1) Jede Person, die die Staatsangehörigkeit eines Vertragsmitgliedstaats besitzt und die Voraussetzungen nach Artikel 15 des Übereinkommens und nach dieser Satzung erfüllt, kann zum Richter ernannt werden.

(2) Die Richter müssen mindestens eine Amtssprache des Europäischen Patentamts gut beherrschen.

(3) Die nach Artikel 15 Absatz 1 des Übereinkommens für die Ernennung nachzuweisende Erfahrung auf dem Gebiet der Patentstreitigkeiten kann durch Schulungen nach Artikel 11 Absatz 4 Buchstabe a dieser Satzung erworben werden.

Artikel 3. Ernennung der Richter

(1) Die Richter werden gemäß dem in Artikel 16 des Übereinkommens festgelegten Verfahren ernannt.

(2) [1] Offene Stellen werden unter Angabe der entsprechenden, in Artikel 2 festgelegten Auswahlkriterien öffentlich ausgeschrieben. [2] Der Beratende Ausschuss gibt eine Stellungnahme zur Eignung der Bewerber für die Ausübung des Amts eines Richters am Gericht ab. [3] Die Stellungnahme enthält eine Liste der geeignetsten Bewerber. [4] Die Zahl der auf der Liste aufgeführten Bewerber ist mindestens doppelt so hoch wie die Zahl der offenen Stellen. [5] Der Beratende Ausschuss kann erforderlichenfalls empfehlen, dass ein Bewerber für eine Richterstelle eine Schulung in Patentstreitigkeiten nach Artikel 11 Absatz 4 Buchstabe a erhält, bevor über seine Ernennung entschieden wird.

(3) Bei der Ernennung der Richter achtet der Verwaltungsausschuss darauf, dass die zu ernennenden Bewerber über das höchste Niveau an rechtlichem und technischem Sachverstand verfügen, sowie auf eine ausgewogene Zusammensetzung des Gerichts, indem die Richter unter den Staatsangehörigen der Vertragsmitgliedstaaten auf möglichst breiter geografischer Grundlage ausgewählt werden.

(4) [1] Der Verwaltungsausschuss ernennt die für den ordnungsgemäßen Geschäftsgang des Gerichts benötigte Zahl von Richtern. [2] Der Verwaltungsausschuss ernennt zunächst die Zahl von Richtern, die erforderlich ist, um zumindest einen Spruchkörper bei jeder der Kammern des Gerichts erster Instanz und mindestens zwei Spruchkörper beim Berufungsgericht bilden zu können.

(5) Der Beschluss des Verwaltungsausschusses zur Ernennung von rechtlich qualifizierten Vollzeit- oder Teilzeitrichtern und technisch qualifizierten Vollzeitrichtern bezeichnet die Instanz des Gerichts und/oder die Kammer des Gerichts erster Instanz, in die jeder einzelne Richter berufen wird, sowie das oder die Gebiete der Technik, für das bzw. die ein technisch qualifizierter Richter ernannt wird.

(6) [1] Technisch qualifizierte Teilzeitrichter werden zu Richtern des Gerichts ernannt und auf der Grundlage ihrer spezifischen Qualifikation und Erfahrung

in den Richterpool aufgenommen. [2] Mit der Berufung dieser Richter an das Gericht wird gewährleistet, dass alle Gebiete der Technik abgedeckt sind.

Artikel 4. Amtszeit der Richter

(1) [1] Die Richter werden für eine Amtszeit von sechs Jahren ernannt, die mit dem in der Ernennungsurkunde bestimmten Tag beginnt. [2] Wiederernennung ist zulässig.

(2) In Ermangelung einer Bestimmung über den Tag der Arbeitsaufnahme beginnt die Amtszeit mit dem Ausstellungstag der Ernennungsurkunde.

Artikel 5. Ernennung der Mitglieder des Beratenden Ausschusses

(1) Jeder Vertragsmitgliedstaat schlägt ein Mitglied des Beratenden Ausschusses vor, das die Anforderungen nach Artikel 14 Absatz 2 des Übereinkommens erfüllt.

(2) Die Mitglieder des Beratenden Ausschusses werden vom Verwaltungsausschuss im gegenseitigen Einvernehmen ernannt.

Artikel 6. Richtereid

Die Richter leisten vor Aufnahme ihrer Amtstätigkeit in öffentlicher Sitzung den Eid, ihr Amt unparteiisch und gewissenhaft auszuüben und das Beratungsgeheimnis zu wahren.

Artikel 7. Unparteilichkeit

(1) Unmittelbar nach der Eidesleistung unterzeichnen die Richter eine Erklärung, in der sie die feierliche Verpflichtung übernehmen, während der Ausübung und nach Ablauf ihrer Amtstätigkeit die sich aus ihrem Amt ergebenden Pflichten zu erfüllen, insbesondere die Pflicht, bei der Annahme bestimmter Tätigkeiten oder Vorteile nach Ablauf dieser Tätigkeit ehrenhaft und zurückhaltend zu sein.

(2) Die Richter dürfen nicht an Verhandlungen zu einer Sache teilnehmen, in der sie

a) als Berater mitgewirkt haben,
b) selbst Partei waren oder für eine der Parteien tätig waren,
c) als Mitglied eines Gerichts, einer Beschwerdekammer, einer Schieds- oder Schlichtungsstelle oder eines Untersuchungsausschusses oder in anderer Eigenschaft zu befinden hatten,
d) ein persönliches oder finanzielles Interesse an der Sache oder in Bezug auf eine der Parteien haben oder
e) in verwandtschaftlicher Beziehung zu einer Partei oder einem Vertreter einer Partei stehen.

(3) [1] Ist ein Richter der Auffassung, bei der Entscheidung oder Prüfung einer bestimmten Rechtsstreitigkeit aus einem besonderen Grund nicht mitwirken zu können, so macht er dem Präsidenten des Berufungsgerichts oder – wenn er Richter des Gerichts erster Instanz ist – dem Präsidenten des Gerichts erster Instanz davon Mitteilung. [2] Hält der Präsident des Berufungsgerichts oder – im Falle der Richter des Gerichts erster Instanz – der Präsident des Gerichts erster Instanz die Teilnahme eines Richters an der Verhandlung oder Entscheidung einer bestimmten Sache aus einem besonderen Grund für unangebracht, so begründet der Präsident des Berufungsgerichts oder der Präsident des Gerichts

erster Instanz dies schriftlich und setzt den betroffenen Richter hiervon in Kenntnis.

(4) Jede Prozesspartei kann die Teilnahme eines Richters an der Verhandlung aus einem der in Absatz 2 genannten Gründe oder wegen begründeter Besorgnis der Befangenheit ablehnen.

(5) [1] Ergibt sich bei der Anwendung dieses Artikels eine Schwierigkeit, so entscheidet das Präsidium im Einklang mit der Verfahrensordnung. [2] Der betroffene Richter wird angehört, wirkt aber bei der Beschlussfassung nicht mit.

Artikel 8. Immunität der Richter

(1) [1] Die Richter sind keiner Gerichtsbarkeit unterworfen. [2] Bezüglich der Handlungen, die sie im Zusammenhang mit ihrer amtlichen Eigenschaft vorgenommen haben, steht ihnen diese Befreiung auch nach Abschluss ihrer Amtstätigkeit zu.

(2) Das Präsidium kann die Immunität aufheben.

(3) Wird nach Aufhebung der Befreiung ein Strafverfahren gegen einen Richter eingeleitet, so darf dieser im Gebiet jedes Vertragsmitgliedstaats nur vor einem Gericht angeklagt werden, das für Verfahren gegen Richter der höchsten nationalen Gerichte zuständig ist.

(4) Das Protokoll über die Vorrechte und Befreiungen der Europäischen Union findet auf die Richter des Gerichts Anwendung; die Bestimmungen dieser Satzung betreffend die Immunität der Richter von der Gerichtsbarkeit bleiben hiervon unberührt.

Artikel 9. Ende der Amtszeit

(1) Abgesehen von der Neubesetzung nach Ablauf der Amtszeit gemäß Artikel 4 und von Todesfällen endet das Amt eines Richters durch dessen Rücktritt.

(2) Bei Rücktritt eines Richters ist das Rücktrittsschreiben an den Präsidenten des Berufungsgerichts oder – im Falle der Richter des Gerichts erster Instanz – an den Präsidenten des Gerichts erster Instanz zur Weiterleitung an den Vorsitzenden des Verwaltungsausschusses zu richten.

(3) Mit Ausnahme der Fälle, in denen Artikel 10 Anwendung findet, bleibt jeder Richter bis zum Amtsantritt seines Nachfolgers im Amt.

(4) Bei Ausscheiden eines Richters wird ein neuer Richter für die verbleibende Amtszeit seines Vorgängers ernannt.

Artikel 10. Entlassung aus dem Amt

(1) [1] Ein Richter kann nur dann seines Amtes enthoben oder sonstiger gewährter Vergünstigungen für verlustig erklärt werden, wenn er nach dem Urteil des Präsidiums nicht mehr die erforderlichen Voraussetzungen erfüllt oder den sich aus seinem Amt ergebenden Verpflichtungen nicht mehr nachkommt. [2] Der betroffene Richter wird angehört, wirkt aber bei der Beschlussfassung nicht mit.

(2) Der Kanzler des Gerichts übermittelt die Entscheidung dem Vorsitzenden des Verwaltungsausschusses.

(3) Wird durch eine solche Entscheidung ein Richter seines Amtes enthoben, so wird sein Sitz mit dieser Benachrichtigung frei.

Artikel 11. Schulung

(1) [1] Mit dem gemäß Artikel 19 des Übereinkommens geschaffenen Schulungsrahmen wird für eine angemessene und regelmäßige Schulung der Richter gesorgt. [2] Das Präsidium beschließt Schulungsvorschriften zur Gewährleistung der Umsetzung und der Gesamtkohärenz des Schulungsrahmens.

(2) Der Schulungsrahmen bietet eine Plattform für den Austausch von Fachwissen und ein Forum für Diskussionen; dies wird insbesondere durch Folgendes gewährleistet:

a) Veranstaltung von Lehrgängen, Konferenzen, Seminaren, Workshops und Symposien,

b) Zusammenarbeit mit internationalen Organisationen und Bildungseinrichtungen im Bereich des Schutzes des geistigen Eigentums und

c) Förderung und Unterstützung weiterer Fortbildungsmaßnahmen.

(3) Es werden ein jährliches Arbeitsprogramm und Schulungsleitlinien erstellt, die für jeden Richter einen jährlichen Schulungsplan enthalten, in dem sein Hauptbedarf an Schulung gemäß den Schulungsvorschriften ausgewiesen wird.

(4) Ferner gewährleistet der Schulungsrahmen

a) eine angemessene Schulung der Bewerber für Richterstellen und der neu ernannten Richter des Gerichts;

b) die Unterstützung von Projekten, die auf die Förderung der Zusammenarbeit zwischen Parteivertretern, Patentanwälten und dem Gericht abzielen.

Artikel 12. Vergütung

Der Verwaltungsausschuss legt die Vergütung des Präsidenten des Berufungsgerichts, des Präsidenten des Gerichts erster Instanz, der Richter, des Kanzlers, des Hilfskanzlers und des Personals fest.

Kapitel II. Organisatorische Bestimmungen

Abschnitt 1. Gemeinsame Bestimmungen

Artikel 13. Präsident des Berufungsgerichts

(1) [1] Der Präsident des Berufungsgerichts wird von allen Richtern des Berufungsgerichts aus ihrer Mitte für eine Amtszeit von drei Jahren gewählt. [2] Der Präsident des Berufungsgerichts kann zweimal wiedergewählt werden.

(2) [1] Die Wahl des Präsidenten des Berufungsgerichts ist geheim. [2] Gewählt ist der Richter, der die absolute Mehrheit der Stimmen erhält. [3] Erreicht keiner der Richter die absolute Mehrheit, so findet ein zweiter Wahlgang statt, in dem gewählt ist, wer die meisten Stimmen auf sich vereinigt.

(3) Der Präsident des Berufungsgerichts leitet die gerichtlichen Tätigkeiten und die Verwaltung des Berufungsgerichts und führt den Vorsitz des als Plenum tagenden Berufungsgerichts.

(4) Endet die Amtszeit des Präsidenten des Berufungsgerichts vor ihrem Ablauf, so wird das Amt für die verbleibende Zeit neu besetzt.

Artikel 14. Präsident des Gerichts erster Instanz

(1) [1] Der Präsident des Gerichts erster Instanz wird von allen Richtern des Gerichts erster Instanz, die Vollzeitrichter sind, aus ihrer Mitte für eine Amts-

zeit von drei Jahren gewählt. [2]Der Präsident des Gerichts erster Instanz kann zweimal wiedergewählt werden.

(2) Der erste Präsident des Gerichts erster Instanz ist Staatsangehöriger des Vertragsmitgliedstaats, in dessen Gebiet die Zentralkammer ihren Sitz hat.

(3) Der Präsident des Gerichts erster Instanz leitet die gerichtlichen Tätigkeiten und die Verwaltung des Gerichts erster Instanz.

(4) Artikel 13 Absätze 2 und 4 gilt für den Präsidenten des Gerichts erster Instanz entsprechend.

Artikel 15. Präsidium

(1) Das Präsidium besteht aus dem Präsidenten des Berufungsgerichts, der den Vorsitz führt, dem Präsidenten des Gerichts erster Instanz, zwei Richtern, die die Richter des Berufungsgerichts aus ihrer Mitte gewählt haben, drei Richtern, die die Vollzeitrichter des Gerichts erster Instanz aus ihrer Mitte gewählt haben, und dem Kanzler als nicht stimmberechtigtem Mitglied.

(2) [1]Das Präsidium nimmt seine Aufgaben im Einklang mit dieser Satzung wahr. [2]Unbeschadet seiner eigenen Zuständigkeit kann es bestimmte Aufgaben an eines seiner Mitglieder übertragen.

(3) Das Präsidium ist für die Verwaltung des Gerichts zuständig und hat dabei insbesondere die Aufgabe,

a) Vorschläge zur Änderung der Verfahrensordnung gemäß Artikel 41 des Übereinkommens und Vorschläge zu der Finanzordnung des Gerichts auszuarbeiten;
b) den Jahreshaushalt, die Jahresrechnung und den Jahresbericht des Gerichts zu erstellen und diese Unterlagen dem Haushaltsausschuss vorzulegen;
c) die Leitlinien für das Programm zur Schulung der Richter festzulegen und die Durchführung dieses Programms zu überwachen;
d) Entscheidungen über die Ernennung des Kanzlers und des Hilfskanzlers und über deren Entlassung aus dem Amt zu treffen;
e) die Regelungen für die Kanzlei einschließlich ihrer Nebenstellen festzulegen;
f) Stellungnahmen gemäß Artikel 83 Absatz 5 des Übereinkommens abzugeben.

(4) Die in den Artikeln 7, 8, 10 und 22 genannten Entscheidungen des Präsidiums werden ohne Mitwirkung des Kanzlers getroffen.

(5) [1]Das Präsidium ist nur dann beschlussfähig, wenn alle seine Mitglieder anwesend oder ordnungsgemäß vertreten sind. [2]Beschlüsse werden mit Stimmenmehrheit gefasst.

Artikel 16. Personal

(1) [1]Die Beamten und sonstigen Bediensteten des Gerichts unterstützen den Präsidenten des Berufungsgerichts, den Präsidenten des Gerichts erster Instanz, die Richter und den Kanzler. [2]Sie unterstehen dem Kanzler unter Aufsicht des Präsidenten des Berufungsgerichts und des Präsidenten des Gerichts erster Instanz.

(2) Der Verwaltungsausschuss erlässt das Statut der Beamten und sonstigen Bediensteten des Gerichts.

Artikel 17. Gerichtsferien

(1) Nach Anhörung des Präsidiums legt der Präsident des Berufungsgerichts die Dauer der Gerichtsferien und die Regeln für die Einhaltung der gesetzlichen Feiertage fest.

(2) [1] Während der Gerichtsferien können das Amt des Präsidenten des Berufungsgerichts und das Amt des Präsidenten des Gerichts erster Instanz durch einen Richter wahrgenommen werden, der von dem jeweiligen Präsidenten damit beauftragt wird. [2] In dringenden Fällen kann der Präsident des Berufungsgerichts die Richter einberufen.

(3) Der Präsident des Berufungsgerichts oder der Präsident des Gerichts erster Instanz können den Richtern des Berufungsgerichts bzw. den Richtern des Gerichts erster Instanz in begründeten Fällen Urlaub gewähren.

Abschnitt 2. Gericht erster Instanz

Artikel 18. Errichtung und Auflösung von Lokal- oder Regionalkammern

(1) [1] Anträge eines oder mehrerer Vertragsmitgliedstaaten auf Errichtung einer Lokal- oder Regionalkammer sind an den Vorsitzenden des Verwaltungsausschusses zu richten. [2] Im Antrag ist anzugeben, wo die Lokal- oder Regionalkammer angesiedelt sein soll.

(2) Im Beschluss des Verwaltungsausschusses zur Errichtung einer Lokal- oder Regionalkammer wird die Zahl der Richter angegeben, die an die betreffende Kammer berufen werden; der Beschluss wird öffentlich zugänglich gemacht.

(3) [1] Der Verwaltungsausschuss beschließt auf Antrag des Vertragsmitgliedstaats, in dessen Gebiet die betreffende Lokalkammer errichtet worden ist, oder auf Antrag der Vertragsmitgliedstaaten, die an der betreffenden Regionalkammer beteiligt sind, über die Auflösung einer Lokal- oder Regionalkammer. [2] Im Beschluss über die Auflösung einer Lokal- oder Regionalkammer werden der Zeitpunkt, ab dem bei der betreffenden Kammer keine neuen Fälle mehr anhängig gemacht werden können, sowie der Zeitpunkt angegeben, an dem sie ihre Tätigkeit einstellt.

(4) Ab dem Zeitpunkt, an dem die Lokal- oder Regionalkammer ihre Tätigkeit einstellt, werden die an diese Kammer berufenen Richter an die Zentralkammer berufen, und die noch bei der Lokal- oder Regionalkammer anhängigen Fälle werden gemeinsam mit der Nebenstelle der Kanzlei und den gesamten Unterlagen auf die Zentralkammer übertragen.

Artikel 19. Spruchkörper

(1) [1] Die Verfahrensordnung regelt die Zuweisung von Richtern und die Fallzuweisung innerhalb einer Kammer an ihre Spruchkörper. [2] Ein Richter des Spruchkörpers wird im Einklang mit der Verfahrensordnung zum vorsitzenden Richter bestimmt.

(2) Die Spruchkörper können im Einklang mit der Verfahrensordnung bestimmte Aufgaben an einen oder mehrere ihrer Richter übertragen.

(3) Im Einklang mit der Verfahrensordnung kann für jede Kammer ein ständiger Richter bestimmt werden, der dringende Rechtsstreitigkeiten entscheidet.

(4) In Fällen, in denen die Rechtsstreitigkeit gemäß Artikel 8 Absatz 7 des Übereinkommens von einem Einzelrichter oder gemäß Absatz 3 dieses Artikels von einem ständigen Richter entschieden wird, nimmt dieser alle Aufgaben eines Spruchkörpers wahr.

(5) Ein Richter des Spruchkörpers übernimmt im Einklang mit der Verfahrensordnung die Aufgabe des Berichterstatters.

Artikel 20. Richterpool

(1) [1]Der Kanzler erstellt eine Liste mit den Namen der dem Richterpool angehörenden Richter. [2]Für jeden Richter werden in der Liste mindestens seine Sprachkenntnisse, sein technisches Fachgebiet und seine Erfahrung sowie die Rechtsstreitigkeiten, mit denen er vorher befasst war, angegeben.

(2) Ein an den Präsidenten des Gerichts erster Instanz gerichteter Antrag, einen Richter aus dem Richterpool zu benennen, muss insbesondere folgende Angaben enthalten: den Gegenstand der Rechtssache, die von den Richtern des Spruchkörpers verwendete Amtssprache des Europäischen Patentamts, die Verfahrenssprache und das Gebiet der Technik, für das der Richter qualifiziert sein muss.

Abschnitt 3. Berufungsgericht

Artikel 21. Spruchkörper

(1) [1]Die Zuweisung von Richtern und die Fallzuweisung an die Spruchkörper richten sich nach der Verfahrensordnung. [2]Ein Richter des Spruchkörpers wird im Einklang mit der Verfahrensordnung zum vorsitzenden Richter ernannt.

(2) Bei Rechtsstreitigkeiten von außergewöhnlicher Bedeutung, insbesondere wenn die Entscheidung die Einheitlichkeit und Kohärenz der Rechtsprechung des Gerichts berühren könnte, kann das Berufungsgericht auf Vorschlag des vorsitzenden Richters beschließen, die Rechtsstreitigkeit dem Plenum vorzulegen.

(3) Die Spruchkörper können im Einklang mit der Verfahrensordnung bestimmte Aufgaben an einen oder mehrere ihrer Richter übertragen.

(4) Ein Richter des Spruchkörpers übernimmt im Einklang mit der Verfahrensordnung die Aufgabe des Berichterstatters.

Abschnitt 4. Kanzlei

Artikel 22. Ernennung und Entlassung des Kanzlers

(1) [1]Der Kanzler des Gerichts wird vom Präsidium für eine Amtszeit von sechs Jahren ernannt. [2]Die Wiederernennung des Kanzlers ist zulässig.

(2) Der Präsident des Berufungsgerichts unterrichtet das Präsidium zwei Wochen vor dem für die Ernennung des Kanzlers vorgesehenen Zeitpunkt über die eingegangenen Bewerbungen.

(3) Vor Aufnahme seiner Amtstätigkeit leistet der Kanzler vor dem Präsidium den Eid, sein Amt unparteiisch und gewissenhaft auszuüben.

(4) [1]Der Kanzler kann nur aus dem Amt entlassen werden, wenn er den sich aus seinem Amt ergebenden Verpflichtungen nicht mehr nachkommt. [2]Das Präsidium entscheidet nach Anhörung des Kanzlers.

(5) Endet die Amtszeit des Kanzlers vor ihrem Ablauf, so ernennt das Präsidium einen neuen Kanzler für die Dauer von sechs Jahren.

(6) Ist der Kanzler abwesend oder verhindert oder ist sein Amt vakant, so beauftragt der Präsident des Berufungsgerichts nach Anhörung des Präsidiums ein Mitglied des Personals des Gerichts mit der Wahrnehmung der Aufgaben des Kanzlers.

Artikel 23. Aufgaben des Kanzlers

(1) [1] Der Kanzler steht dem Gericht, dem Präsidenten des Berufungsgerichts, dem Präsidenten des Gerichts erster Instanz und den Richtern bei der Ausübung ihres Amtes zur Seite. [2] Der Kanzler ist unter Aufsicht des Präsidenten des Berufungsgerichts für die Organisation und den Geschäftsgang der Kanzlei verantwortlich.

(2) Der Kanzler ist insbesondere verantwortlich für

a) das Führen des Registers, in dem Aufzeichnungen über alle vor dem Gericht verhandelten Verfahren enthalten sind,
b) das Führen und die Verwaltung der nach Artikel 18, Artikel 48 Absatz 3 und Artikel 57 Absatz 2 des Übereinkommens erstellten Listen,
c) das Führen und die Veröffentlichung einer Liste der Mitteilungen über die Inanspruchnahme der Ausnahmeregelung bzw. den Verzicht auf diese Regelung nach Artikel 83 des Übereinkommens,
d) die Veröffentlichung der Entscheidungen des Gerichts unter Wahrung des Schutzes vertraulicher Informationen,
e) die Veröffentlichung der Jahresberichte mit statistischen Daten und
f) die Gewährleistung, dass die Informationen über die Inanspruchnahme der Ausnahmeregelung nach Artikel 83 des Übereinkommens dem Europäischen Patentamt übermittelt werden.

Artikel 24. Registerführung

(1) In den vom Präsidium erlassenen Regelungen für die Kanzlei werden die Einzelheiten über die Führung des Registers des Gerichts festgelegt.

(2) Die Verfahrensordnung regelt den Zugang zu den Akten der Kanzlei.

Artikel 25. Nebenstellen der Kanzlei und Hilfskanzler

(1) [1] Vom Präsidium wird ein Hilfskanzler für eine Amtszeit von sechs Jahren ernannt. [2] Die Wiederernennung des Hilfskanzlers ist zulässig.

(2) Artikel 22 Absätze 2 bis 6 gilt entsprechend.

(3) [1] Der Hilfskanzler ist unter Aufsicht des Kanzlers und des Präsidenten des Gerichts erster Instanz für die Organisation und den Geschäftsgang der Nebenstellen der Kanzlei verantwortlich. [2] Der Hilfskanzler ist insbesondere verantwortlich für

a) die Führung der Akten über alle vor dem Gericht erster Instanz verhandelten Verfahren;
b) die Unterrichtung der Kanzlei über jedes vor dem Gericht erster Instanz verhandelte Verfahren.

(4) Der Hilfskanzler stellt den Kammern des Gerichts erster Instanz Verwaltungs- und Sekretariatsunterstützung zur Verfügung.

Kapitel III. Finanzvorschriften

Artikel 26. Haushaltsplan

(1) [1] Der Haushaltsplan wird vom Haushaltsausschuss auf Vorschlag des Präsidiums festgestellt. [2] Er wird nach Maßgabe der allgemein anerkannten Rechnungslegungsgrundsätze aufgestellt, die in der gemäß Artikel 33 erlassenen Finanzordnung festgelegt sind.

(2) Innerhalb des Haushaltsplans kann das Präsidium nach Maßgabe der Finanzordnung Mittelübertragungen zwischen den einzelnen Kapiteln oder Unterkapiteln vornehmen.

(3) Der Kanzler ist nach Maßgabe der Finanzordnung für die Ausführung des Haushaltsplans verantwortlich.

(4) Der Kanzler erstellt jedes Jahr eine Jahresrechnung zum abgelaufenen Haushaltsjahr, die die Ausführung des Haushaltsplans darlegt; diese Jahresrechnung wird vom Präsidium genehmigt.

Artikel 27. Genehmigung von Ausgaben

(1) Die im Haushaltsplan ausgewiesenen Ausgaben werden für die Dauer eines Rechnungslegungszeitraums genehmigt, sofern die Finanzordnung nichts anderes bestimmt.

(2) Nach Maßgabe der Finanzordnung dürfen die nicht für Personalausgaben vorgesehenen Mittel, die bis zum Ende eines Rechnungslegungszeitraums nicht verbraucht worden sind, nicht über das Ende des nachfolgenden Rechnungslegungszeitraums hinaus übertragen werden.

(3) Die Mittel werden nach Art und Zweckbestimmung der Ausgabe auf die verschiedenen Kapitel aufgeteilt und nach Maßgabe der Finanzordnung soweit erforderlich weiter unterteilt.

Artikel 28. Mittel für unvorhersehbare Ausgaben

(1) Im Haushaltsplan des Gerichts können Mittel für unvorhersehbare Ausgaben veranschlagt werden.

(2) Die Verwendung dieser Mittel durch das Gericht setzt die vorherige Zustimmung des Haushaltsausschusses voraus.

Artikel 29. Rechnungslegungszeitraum

Der Rechnungslegungszeitraum beginnt am 1. Januar und endet am 31. Dezember.

Artikel 30. Erstellung des Haushaltsplans

Das Präsidium legt dem Haushaltsausschuss den Haushaltsplanentwurf des Gerichts spätestens zu dem in der Finanzordnung vorgegebenen Termin vor.

Artikel 31. Vorläufiger Haushaltsplan

(1) Hat der Haushaltsausschuss zu Beginn eines Rechnungslegungszeitraums den Haushaltsplan noch nicht festgestellt, so können nach der Finanzordnung für jedes Kapitel oder jede sonstige Untergliederung des Haushaltsplans monatliche Ausgaben bis zur Höhe eines Zwölftels der im vorangegangenen Rechnungslegungszeitraum eingesetzten Mittel vorgenommen werden, wobei die dem Präsidium auf diese Weise zur Verfügung gestellten Mittel jedoch ein Zwölftel der entsprechenden Mittelansätze des Haushaltsplanentwurfs nicht überschreiten dürfen.

(2) Der Haushaltsausschuss kann unter Beachtung der sonstigen Bestimmungen des Absatzes 1 Ausgaben genehmigen, die über ein Zwölftel der im vorangegangenen Rechnungslegungszeitraum eingesetzten Mittel hinausgehen.

Artikel 32. Rechnungsprüfung

(1) [1]Der Jahresabschluss des Gerichts wird von unabhängigen Rechnungsprüfern geprüft. [2]Die Rechnungsprüfer werden vom Haushaltsausschuss bestellt und erforderlichenfalls abberufen.

(2) [1]Durch die Rechnungsprüfung, die nach fachgerechten Rechnungsprüfungsgrundsätzen und erforderlichenfalls an Ort und Stelle erfolgt, wird festgestellt, dass der Haushaltsplan rechtmäßig und ordnungsgemäß ausgeführt und die Finanzverwaltung des Gerichts nach den Grundsätzen der Sparsamkeit und der Wirtschaftlichkeit der Haushaltsführung durchgeführt worden sind. [2]Nach Abschluss eines jeden Rechnungslegungszeitraums erstellen die Rechnungsprüfer einen Bericht, der einen unterzeichneten Rechnungsprüfungsvermerk enthält.

(3) Das Präsidium legt dem Haushaltsausschuss den Jahresabschluss des Gerichts und die jährliche Übersicht über die Ausführung des Haushaltsplans für das abgelaufene Haushaltsjahr zusammen mit dem Bericht der Rechnungsprüfer vor.

(4) Der Haushaltsausschuss genehmigt die Jahresrechnung sowie den Bericht der Rechnungsprüfer und erteilt dem Präsidium Entlastung hinsichtlich der Ausführung des Haushaltsplans.

Artikel 33. Finanzordnung

(1) [1]Die Finanzordnung wird vom Verwaltungsausschuss erlassen. [2]Sie wird vom Verwaltungsausschuss auf Vorschlag des Gerichts geändert.

(2) Die Finanzordnung regelt insbesondere

a) die Art und Weise der Aufstellung und Ausführung des Haushaltsplans sowie der Rechnungslegung und Rechnungsprüfung;

b) die Art und Weise sowie das Verfahren, wie die Zahlungen und Beiträge, einschließlich der in Artikel 37 des Übereinkommens vorgesehenen ersten finanziellen Beiträge, dem Gericht zur Verfügung zu stellen sind;

c) die Vorschriften über die Verantwortung der Anweisungsbefugten und der Rechnungsführer sowie die entsprechenden Aufsichtsmaßnahmen und

d) die dem Haushaltsplan und dem Jahresabschluss zugrunde zu legenden allgemein anerkannten Rechnungslegungsgrundsätze.

Kapitel IV. Verfahrensvorschriften

Artikel 34. Beratungsgeheimnis

Die Beratungen des Gerichts sind und bleiben geheim.

Artikel 35. Entscheidungen

(1) [1]Besteht ein Spruchkörper aus einer geraden Zahl von Richtern, so trifft das Gericht seine Entscheidungen mit der Mehrheit des Spruchkörpers. [2]Im Falle der Stimmengleichheit gibt die Stimme des vorsitzenden Richters den Ausschlag.

(2) Bei Verhinderung eines Richters eines Spruchkörpers kann nach Maßgabe der Verfahrensordnung ein Richter eines anderen Spruchkörpers herangezogen werden.

(3) In den Fällen, in denen diese Satzung vorsieht, dass das Berufungsgericht eine Entscheidung als Plenum trifft, ist diese Entscheidung nur dann gültig, wenn sie von mindestens 3/4 der Richter des Plenums getroffen wird.

(4) In den Entscheidungen des Gerichts werden die Richter, die in der Rechtsstreitigkeit entscheiden, namentlich aufgeführt.

(5) [1] Entscheidungen werden unterzeichnet von den Richtern, die in der Rechtsstreitigkeit entscheiden, sowie bei Entscheidungen des Berufungsgerichts vom Kanzler und bei Entscheidungen des Gerichts erster Instanz vom Hilfskanzler. [2] Sie werden in öffentlicher Sitzung verkündet.

Artikel 36. Abweichende Meinungen

Die von einem Richter eines Spruchkörpers nach Artikel 78 des Übereinkommens vertretene abweichende Meinung ist schriftlich zu begründen und von dem die Meinung vertretenden Richter zu unterzeichnen.

Artikel 37. Versäumnisentscheidung

(1) [1] Auf Antrag einer Prozesspartei kann eine Versäumnisentscheidung nach Maßgabe der Verfahrensordnung ergehen, wenn die andere Partei, der ein verfahrenseinleitendes Schriftstück oder ein gleichwertiges Schriftstück zugestellt worden ist, keine schriftliche Erwiderung einreicht oder nicht zur mündlichen Verhandlung erscheint. [2] Gegen diese Entscheidung kann binnen eines Monats nach Zustellung an die Partei, gegen die die Versäumnisentscheidung ergangen ist, Einspruch eingelegt werden.

(2) Der Einspruch hat keine Aussetzung der Vollstreckung der Versäumnisentscheidung zur Folge, es sei denn, dass das Gericht etwas anderes beschließt.

Artikel 38. Anrufung des Gerichtshofs der Europäischen Union

(1) Es gelten die vom Gerichtshof der Europäischen Union für Vorabentscheidungsersuchen innerhalb der Europäischen Union eingerichteten Verfahren.

(2) Hat das Gericht erster Instanz oder das Berufungsgericht beschlossen, den Gerichtshof der Europäischen Union mit einer Frage zur Auslegung des Vertrags über die Europäischen Union oder des Vertrags über die Arbeitsweise der Europäische Union oder mit einer Frage zur Gültigkeit oder zur Auslegung von Rechtsakten der Organe der Europäischen Union zu befassen, so setzt es sein Verfahren aus.

Anhang II. Verteilung von Rechtsstreitigkeiten innerhalb der Zentralkammer[1)]

LONDON (Abteilung)	PARIS (Sitz)	MÜNCHEN (Abteilung)
	Büro des Präsidenten	
(A) Täglicher Lebensbedarf	(B) Arbeitsverfahren; Transportieren	(F) Maschinenbau; Beleuchtung; Heizung; Waffen; Sprengen
(C) Chemie; Hüttenwesen	(D) Textilien; Papier	
	(E) Bauwesen; Erdbohren; Bergbau	
	(G) Physik	
	(H) Elektrotechnik	

[1)] **Amtl. Anm.:** Die Einteilung in acht Sektionen (A bis H) beruht auf der Internationalen Patentklassifikation der Weltorganisation für geistiges Eigentum (http://www.wipo.int/classifications/ipc/en).

57. Richtlinie 98/71/EG des Europäischen Parlaments und des Rates vom 13. Oktober 1998 über den rechtlichen Schutz von Mustern und Modellen

(ABl. L 289 S. 28)

Celex-Nr. 3 1998 L 0071

DAS EUROPÄISCHE PARLAMENT UND DER RAT DER EUROPÄISCHEN UNION –

gestützt auf den Vertrag zur Gründung der Europäischen Gemeinschaft, insbesondere auf Artikel 100a,

auf Vorschlag der Kommission[1)],

nach Stellungnahme des Wirtschafts- und Sozialausschusses[2)],

gemäß dem Verfahren des Artikels 189b des Vertrags[3)], aufgrund des vom Vermittlungsausschuß am 29. Juli 1998 gebilligten gemeinsamen Entwurfs,

in Erwägung nachstehender Gründe:

(1) Zu den im Vertrag festgelegten Zielen der Gemeinschaft gehört es, die Grundlagen für einen immer engeren Zusammenschluß der europäischen Völker zu schaffen, engere Beziehungen zwischen den Mitgliedstaaten der Gemeinschaft zu fördern und durch gemeinsames Handeln den wirtschaftlichen und sozialen Fortschritt der Länder der Gemeinschaft zu fördern, indem die Europa trennenden Schranken beseitigt werden. Zu diesem Zweck sieht der Vertrag die Errichtung eines Binnenmarkts vor, was die Beseitigung der Hindernisse für den freien Warenverkehr umfaßt; er sieht ferner die Errichtung eines Systems vor, das den Wettbewerb innerhalb des Binnenmarkts vor Verfälschungen schützt. Die Angleichung der Rechtsvorschriften der Mitgliedstaaten über den rechtlichen Schutz von Mustern und Modellen (nachstehend „Muster" genannt) würde diese Ziele fördern.

(2) Die Unterschiede in dem von den Rechtsordnungen der Mitgliedstaaten gebotenen rechtlichen Schutz von Mustern wirken sich unmittelbar auf die Errichtung und das Funktionieren des Binnenmarkts mit Bezug auf Waren aus, bei denen Muster verwendet werden. Solche Unterschiede können zu einer Verzerrung des Wettbewerbs im Binnenmarkt führen.

(3) Daher ist im Hinblick auf das reibungslose Funktionieren des Binnenmarkts die Angleichung der Gesetze der Mitgliedstaaten zum Schutz von Mustern notwendig.

(4) Es ist wichtig, dabei die Lösungen und Vorteile zu berücksichtigen, die das Gemeinschaftsmustersystem den Unternehmen bieten wird, die Rechte an Mustern erwerben wollen.

[1)] **Amtl. Anm.:** ABl. C 345 vom 23.12.1993, S. 14, und ABl. C 142 vom 14.5.1996, S. 7.

[2)] **Amtl. Anm.:** ABl. C 388 vom 31.12.1994, S. 9, und ABl. C 110 vom 2.5.1995, S. 12.

[3)] **Amtl. Anm.:** Stellungnahme des Europäischen Parlaments vom 12. Oktober 1995 (ABl. C 287 vom 30.10.1995, S. 157), Gemeinsamer Standpunkt des Rates vom 17. Juni 1997 (ABl. C 237 vom 4.8.1997, S. 1), Beschluß des Europäischen Parlaments vom 22. Oktober 1997 (ABl. C 339 vom 10.11.1997, S. 52). Beschluß des Europäischen Parlaments vom 15. September 1998. Beschluß des Rates vom 24. September 1998.

(5) Es ist nicht notwendig, die Gesetze der Mitgliedstaaten zum Schutz von Mustern vollständig anzugleichen. Es ist ausreichend, wenn sich die Angleichung auf diejenigen innerstaatlichen Rechtsvorschriften beschränkt, die sich am unmittelbarsten auf das Funktionieren des Binnenmarkts auswirken. Bestimmungen über Sanktionen und Rechtsbehelfe sowie Vollzugsbestimmungen sollten Sache des innerstaatlichen Rechts bleiben. Die Ziele dieser beschränkten Annäherung lassen sich nicht ausreichend verwirklichen, wenn die Mitgliedstaaten für sich allein handeln.

(6) Folglich sollte es den Mitgliedstaaten weiterhin freistehen, Verfahrensvorschriften für die Eintragung, die Verlängerung der Schutzfrist und die Nichtigerklärung von Rechten an Mustern sowie Bestimmungen über die Rechtswirkung der Nichtigkeit zu erlassen.

(7) Diese Richtlinie schließt nicht aus, daß auf die Muster Rechtsvorschriften der Mitgliedstaaten und der Gemeinschaft Anwendung finden, die einen anderen Schutz als den durch die Eintragung oder Bekanntmachung des Musters erworbenen Schutz gewähren, wie die Vorschriften über nicht eingetragene Rechte an Mustern, Marken, Patenten und Gebrauchsmustern, unlauteren Wettbewerb oder zivilrechtliche Haftung.

(8) Solange das Urheberrecht nicht harmonisiert ist, ist es wichtig, den Grundsatz der Kumulation des Schutzes nach dem einschlägigen Recht für den Schutz eingetragener Muster und nach dem Urheberrecht festzulegen, während es den Mitgliedstaaten freigestellt bleibt, den Umfang des urheberrechtlichen Schutzes und die Voraussetzungen festzulegen, unter denen dieser Schutz gewährt wird.

(9) Für die Verwirklichung der Ziele des Binnenmarkts ist es erforderlich, daß die Bedingungen für die Erlangung eines eingetragenen Rechts an einem Muster in allen Mitgliedstaaten identisch sind. Zu diesem Zweck ist es notwendig, eine einheitliche Definition des Begriffs des Musters und der Erfordernisse im Hinblick auf Neuheit und Eigenart aufzustellen, denen eingetragene Rechte an Mustern entsprechen müssen.

(10) Für die Erleichterung des freien Warenverkehrs ist es wesentlich, daß eingetragene Rechte an Mustern dem Rechtsinhaber in allen Mitgliedstaaten grundsätzlich einen gleichwertigen Schutz gewähren.

(11) Der Schutz von Mustern wird durch Eintragung für diejenigen Merkmale eines Musters eines ganzen Erzeugnisses oder eines Teils davon begründet, die in einer Anmeldung sichtbar wiedergegeben und der Öffentlichkeit durch Bekanntmachung oder Einsichtnahme zugänglich gemacht worden sind.

(12) Der Schutz sollte sich weder auf Bauelemente erstrecken, die während der bestimmungsgemäßen Verwendung eines Erzeugnisses nicht sichtbar sind, noch auf Merkmale eines Bauelements, die unsichtbar sind, wenn das Bauelement eingebaut ist, oder die selbst nicht die Voraussetzungen der Neuheit oder Eigenart erfüllen. Merkmale eines Musters, die aus diesen Gründen vom Schutz ausgenommen sind, sollten bei der Beurteilung, ob andere Merkmale des Musters die Schutzvoraussetzungen erfüllen, nicht herangezogen werden.

(13) Die Eigenart eines Musters sollte danach beurteilt werden, inwieweit sich der Gesamteindruck, den der Anblick des Musters beim informierten Benutzer hervorruft, deutlich von dem unterscheidet, den der vorbeste-

hende Formschatz bei ihm hervorruft, und zwar unter Berücksichtigung der Art des Erzeugnisses, bei dem das Muster benutzt wird oder in das es aufgenommen wird, und insbesondere des jeweiligen Industriesektors und des Grades der Gestaltungsfreiheit des Entwerfers bei der Entwicklung des Musters.

(14) Technologische Innovationen sollten nicht durch einen rechtlichen Schutz des Musters für ausschließlich technisch bedingte Merkmale behindert werden. Dies setzt jedoch nicht voraus, daß ein Muster einen ästhetischen Gehalt aufweisen sollte. Ebensowenig sollte die Interoperabilität von Erzeugnissen unterschiedlichen Fabrikats dadurch behindert werden, daß sich der Schutz auf das Design mechanischer Verbindungselemente erstreckt. Merkmale eines Musters, die aus diesen Gründen vom Schutz ausgenommen sind, sollten bei der Beurteilung, ob andere Merkmale des Musters die Schutzvoraussetzungen erfüllen, nicht herangezogen werden.

(15) Abweichend hiervon können die mechanischen Verbindungselemente von Kombinationsteilen ein wichtiges Element der innovativen Merkmale von Kombinationsteilen bilden und einen wesentlichen Aktivposten für das Marketing darstellen, und sollten daher schutzfähig sein.

(16) Es besteht kein Recht an einem Muster, wenn es gegen die öffentliche Ordnung oder gegen die guten Sitten verstößt. Diese Richtlinie stellt jedoch keine Harmonisierung der nationalen Begriffe der öffentlichen Ordnung oder der guten Sitten dar.

(17) Für das reibungslose Funktionieren des Binnenmarkts ist es entscheidend, die durch eingetragene Rechte an Mustern verliehene Schutzdauer zu vereinheitlichen.

(18) Diese Richtlinie läßt die Anwendbarkeit der Wettbewerbsregeln der Artikel 85 und 86 des Vertrages unberührt.

(19) Für etliche Industriesektoren ist die rasche Annahme dieser Richtlinie dringend geworden. Derzeit läßt sich eine vollständige Angleichung der Rechtsvorschriften der Mitgliedstaaten über die Benutzung geschützter Muster zur Reparatur eines komplexen Erzeugnisses im Hinblick auf die Wiederherstellung von dessen ursprünglicher Erscheinungsform dann nicht durchführen, wenn das Erzeugnis, in das das Muster aufgenommen ist oder bei dem es benutzt wird, Bauelement eines komplexen Erzeugnisses ist, von dessen Erscheinungsform das geschützte Muster abhängt. Der Umstand, daß die Rechtsvorschriften der Mitgliedstaaten über die Benutzung geschützter Muster für eine derartige Reparatur komplexer Erzeugnisse nicht vollständig angeglichen sind, sollte der Angleichung anderer einzelstaatlicher Vorschriften des Rechts zum Schutz von Mustern, die das Funktionieren des Binnenmarkts ganz unmittelbar berühren, nicht entgegenstehen. Daher sollten die Mitgliedstaaten in der Zwischenzeit gemäß dem Vertrag Bestimmungen beibehalten, die die Benutzung des Musters eines Bauelements zur Reparatur eines komplexen Erzeugnisses im Hinblick auf die Wiederherstellung von dessen ursprünglicher Erscheinungsform ermöglichen sollen; führen sie neue Bestimmungen über eine derartige Benutzung ein, so sollten diese lediglich die Liberalisierung des Handels mit solchen Bauelementen ermöglichen. Mitgliedstaaten, in denen es zum Zeitpunkt des Inkrafttretens dieser Richtlinie keinen Musterschutz für Bauelemente gibt, sind nicht verpflichtet, eine Eintragung der Muster für solche Elemente einzuführen. Drei Jahre nach Ablauf der

Umsetzungsfrist sollte die Kommission einen Bericht vorlegen, in dem die Auswirkungen dieser Richtlinie auf die Industrie der Gemeinschaft, die Verbraucher, den Wettbewerb und das Funktionieren des Binnenmarkts untersucht werden. In bezug auf Bauelemente komplexer Erzeugnisse sollte in diesem Bericht insbesondere die Harmonisierung auf der Grundlage etwaiger Optionen, einschließlich eines Vergütungssystems und einer begrenzten Ausschließlichkeitsfrist, geprüft werden. Spätestens ein Jahr nach Vorlage ihres Berichts sollte die Kommission nach Anhörung der am stärksten betroffenen Parteien dem Europäischen Parlament und dem Rat die zur Vollendung des Binnenmarkts in bezug auf Bauelemente von komplexen Erzeugnissen notwendigen Änderungen dieser Richtlinie sowie etwaige weitere von ihr für erforderlich gehaltene Änderungen vorschlagen.

(20) Die Übergangsbestimmung in Artikel 14 betreffend die Benutzung des Musters eines Bauelements zur Reparatur eines komplexen Erzeugnisses im Hinblick auf die Wiederherstellung von dessen ursprünglicher Erscheinungsform darf keinesfalls als Hindernis für den freien Verkehr mit einem Erzeugnis, das ein derartiges Bauelement bildet, ausgelegt werden.

(21) Die Sachgründe für die Zurückweisung der Eintragung in den Mitgliedstaaten, die eine Sachprüfung der Anmeldungen vor ihrer Eintragung vorsehen, und die Sachgründe für die Nichtigkeit eingetragener Rechte an Mustern in allen Mitgliedstaaten müssen erschöpfend aufgezählt werden –

HABEN FOLGENDE RICHTLINIE ERLASSEN:

Art. 1 Begriffe. Im Sinne dieser Richtlinie

a) ist ein „Muster oder Modell" (nachstehend „Muster" genannt) die Erscheinungsform eines ganzen Erzeugnisses oder eines Teils davon, die sich insbesondere aus den Merkmalen der Linien, Konturen, Farben, der Gestalt, Oberflächenstruktur und/oder der Werkstoffe des Erzeugnisses selbst und/oder seiner Verzierung ergibt;

b) ist ein „Erzeugnis" jeder industrielle oder handwerkliche Gegenstand, einschließlich – unter anderem – von Einzelteilen, die zu einem komplexen Erzeugnis zusammengebaut werden sollen, Verpackung, Ausstattung, graphischen Symbolen und typographischen Schriftbildern; ein Computerprogramm gilt jedoch nicht als „Erzeugnis";

c) ist ein „komplexes Erzeugnis" ein Erzeugnis aus mehreren Bauelementen, die sich ersetzen lassen, so daß das Erzeugnis auseinander- und wieder zusammengebaut werden kann.

Art. 2 Anwendungsbereich. (1) Diese Richtlinie gilt für:

a) die bei den Zentralbehörden für den gewerblichen Rechtsschutz der Mitgliedstaaten eingetragenen Rechte an Mustern;

b) die beim Benelux-Musteramt eingetragenen Rechte an Mustern;

c) die mit Wirkung für einen Mitgliedstaat international eingetragenen Rechte an Mustern;

d) die Anmeldungen der unter den Buchstaben a), b) und c) genannten Rechte an Mustern.

(2) Im Sinne dieser Richtlinie schließt die Eintragung eines Musters auch die an die Hinterlegung anschließende Bekanntmachung eines Musters durch ein Amt für den gewerblichen Rechtsschutz eines Mitgliedstaats ein, in dem durch eine solche Bekanntmachung ein Recht an einem Muster begründet wird.

Art. 3 Schutzvoraussetzungen. (1) Die Mitgliedstaaten schützen Muster durch Eintragung und gewähren den Inhabern von Mustern nach Maßgabe dieser Richtlinie ausschließliche Rechte.

(2) Ein Muster wird durch ein Musterrecht geschützt, wenn es neu ist und Eigenart hat.

(3) Das Muster, das bei einem Erzeugnis, das Bauelement eines komplexen Erzeugnisses ist, benutzt oder in dieses Erzeugnis eingefügt wird, gilt nur dann als neu und hat nur dann Eigenart,

a) wenn das Bauelement, das in das komplexe Erzeugnis eingefügt ist, bei dessen bestimmungsgemäßer Verwendung sichtbar bleibt und

b) soweit diese sichtbaren Merkmale des Bauelements selbst die Voraussetzungen der Neuheit und Eigenart erfüllen.

(4) „Bestimmungsgemäße Verwendung" im Sinne des Absatzes 3 Buchstabe a) bedeutet die Verwendung durch den Endbenutzer, ausgenommen Maßnahmen der Instandhaltung, Wartung oder Reparatur.

Art. 4 Neuheit. [1] Ein Muster gilt als neu, wenn der Öffentlichkeit vor dem Tag der Anmeldung des Musters zur Eintragung oder, wenn eine Priorität in Anspruch genommen wird, vor dem Prioritätstag kein identisches Muster zugänglich gemacht worden ist. [2] Muster gelten als identisch, wenn sich ihre Merkmale nur in unwesentlichen Einzelheiten unterscheiden.

Art. 5 Eigenart. (1) Ein Muster hat Eigenart, wenn sich der Gesamteindruck, den es beim informierten Benutzer hervorruft, von dem Gesamteindruck unterscheidet, den ein anderes Muster bei diesem Benutzer hervorruft, das der Öffentlichkeit vor dem Tag seiner Anmeldung zur Eintragung oder, wenn eine Priorität in Anspruch genommen wird, am Prioritätstag zugänglich gemacht worden ist.

(2) Bei der Beurteilung der Eigenart wird der Grad der Gestaltungsfreiheit des Entwerfers bei der Entwicklung des Musters berücksichtigt.

Art. 6 Offenbarung. (1) [1] Im Sinne der Artikel 4 und 5 gilt ein Muster als der Öffentlichkeit zugänglich gemacht, wenn es nach der Eintragung oder auf sonstige Weise bekanntgemacht, ausgestellt, im Verkehr verwendet oder aus anderen Gründen offenbart wurde, es sei denn, daß dies den in der Gemeinschaft tätigen Fachkreisen des betreffenden Sektors im normalen Geschäftsverlauf nicht vor dem Tag der Anmeldung zur Eintragung oder, wenn eine Priorität in Anspruch genommen wird, am Prioritätstag bekannt sein konnte. [2] Ein Muster gilt jedoch nicht als der Öffentlichkeit zugänglich gemacht, wenn es lediglich einem Dritten unter der ausdrücklichen oder stillschweigenden Bedingung der Vertraulichkeit offenbart wurde.

(2) Eine Offenbarung bleibt bei der Anwendung der Artikel 4 und 5 unberücksichtigt, wenn ein Muster, für das der Schutz eingetragener Rechte an Mustern eines Mitgliedstaats in Anspruch genommen wird, der Öffentlichkeit zugänglich gemacht wird:

a) durch den Entwerfer oder seinen Rechtsnachfolger oder durch einen Dritten als Folge von Informationen oder Handlungen des Entwerfers oder seines Rechtsnachfolgers und
b) während der zwölf Monate vor dem Tag der Anmeldung oder, wenn eine Priorität in Anspruch genommen wird, vor dem Prioritätstag.

(3) Absatz 2 gilt auch dann, wenn das Muster als Folge einer mißbräuchlichen Handlung gegen den Entwerfer oder seinen Rechtsnachfolger der Öffentlichkeit zugänglich gemacht wurde.

Art. 7 Durch ihre technische Funktion bedingte Muster und Muster von Verbindungselementen. (1) Ein Recht an einem Muster besteht nicht an Erscheinungsmerkmalen eines Erzeugnisses, die ausschließlich durch dessen technische Funktion bedingt sind.

(2) Ein Recht an einem Muster besteht nicht an Erscheinungsmerkmalen eines Erzeugnisses, die zwangsläufig in ihrer genauen Form und ihren genauen Abmessungen nachgebildet werden müssen, damit das Erzeugnis, in das das Muster aufgenommen oder bei dem es verwendet wird, mit einem anderen Erzeugnis mechanisch zusammengebaut oder verbunden oder in diesem, an diesem oder um dieses herum angebracht werden kann, so daß beide Erzeugnisse ihre Funktion erfüllen.

(3) Ungeachtet des Absatzes 2 besteht ein Recht an einem Muster unter den in den Artikeln 4 und 5 festgelegten Voraussetzungen an einem Muster, das dem Zweck dient, den Zusammenbau oder die Verbindung einer Vielzahl von untereinander austauschbaren Teilen innerhalb eines modularen Systems zu ermöglichen.

Art. 8 Muster, die gegen die öffentliche Ordnung oder gegen die guten Sitten verstoßen. Es besteht kein Recht an einem Muster, wenn es gegen die öffentliche Ordnung oder gegen die guten Sitten verstößt.

Art. 9 Schutzumfang. (1) Der Umfang des Schutzes aus einem Recht an einem Muster erstreckt sich auf jedes Muster, das beim informierten Benutzer keinen anderen Gesamteindruck erweckt.

(2) Bei der Beurteilung des Schutzumfangs wird der Grad der Gestaltungsfreiheit des Entwerfers bei der Entwicklung seines Musters berücksichtigt.

Art. 10 Schutzdauer. [1]Nach Eintragung wird ein Muster, das die Voraussetzungen des Artikels 3 Absatz 2 erfüllt, für einen oder mehrere Zeiträume von fünf Jahren, beginnend mit dem Tag der Anmeldung, als Muster geschützt. [2]Der Rechtsinhaber kann die Schutzfrist um einen oder mehrere Zeiträume von je fünf Jahren bis zu einer Gesamtlaufzeit von 25 Jahren ab dem Tag der Anmeldung verlängern lassen.

Art. 11 Nichtigkeitsgründe und Eintragungshindernisse. (1) Ein Muster wird von der Eintragung ausgeschlossen, oder das Recht an einem Muster wird, wenn das Muster eingetragen worden ist, für nichtig erklärt,

a) wenn das Muster kein Muster im Sinne des Artikels 1 Buchstabe a) ist, oder
b) wenn es die Schutzvoraussetzungen der Artikel 3 bis 8 nicht erfüllt, oder
c) wenn der Anmelder oder der Inhaber des Rechts an einem Muster nach dem Recht des betreffenden Mitgliedstaats nicht dazu berechtigt ist, oder

d) wenn das Muster mit einem früheren Muster kollidiert, das der Öffentlichkeit nach dem Tag der Anmeldung oder, wenn eine Priorität in Anspruch genommen wird, nach dem Prioritätstag zugänglich gemacht wurde und das durch ein eingetragenes Gemeinschaftsmuster oder eine Anmeldung als Gemeinschaftsmuster oder ein Recht des betreffenden Mitgliedstaats an einem Muster oder die Anmeldung eines solchen Rechts von einem Tag an geschützt ist, der vor dem erwähnten Tag liegt.

(2) Die Mitgliedstaaten können vorsehen, daß ein Muster von der Eintragung ausgeschlossen oder, wenn es eingetragen ist, für nichtig erklärt wird,

a) wenn in einem späteren Muster ein Zeichen mit Unterscheidungskraft verwendet wird und das Gemeinschaftsrecht oder das einzelstaatliche Recht des betreffenden Mitgliedstaats, dem das Zeichen unterliegt, den Inhaber des Zeichens dazu berechtigt, diese Verwendung zu untersagen, oder

b) wenn das Muster eine unerlaubte Benutzung eines Werks darstellt, das nach dem Urheberrecht des betreffenden Mitgliedstaats geschützt ist, oder

c) wenn das Muster eine mißbräuchliche Benutzung eines der in Artikel 6b der Pariser Verbandsübereinkunft zum Schutz des gewerblichen Eigentums aufgeführten Zeichen oder von Abzeichen, Emblemen und Wappen darstellt, die nicht in Artikel 6b der genannten Übereinkunft erfaßt sind und die für den betreffenden Mitgliedstaat von öffentlichem Interesse sind.

(3) Der in Absatz 1 Buchstabe c) vorgesehene Grund darf ausschließlich von der Person geltend gemacht werden, die nach dem Recht des betreffenden Mitgliedstaats Anspruch auf das Recht an einem Muster hat.

(4) Die in Absatz 1 Buchstabe d) und in Absatz 2 Buchstaben a) und b) vorgesehenen Gründe dürfen ausschließlich vom Anmelder oder vom Inhaber des kollidierenden Rechts geltend gemacht werden.

(5) Der in Absatz 2 Buchstabe c) vorgesehene Grund darf ausschließlich von Personen oder Rechtsträgern geltend gemacht werden, die von der Benutzung betroffen sind.

(6) Die Absätze 4 und 5 berühren nicht die Freiheit der Mitgliedstaaten vorzusehen, daß die in Absatz 1 Buchstabe d) und in Absatz 2 Buchstabe c) vorgesehenen Gründe von der zuständigen Behörde des betreffenden Mitgliedstaats auch von Amts wegen geltend gemacht werden können.

(7) [1] Wenn gemäß Absatz 1 Buchstabe b) oder Absatz 2 ein Muster von der Eintragung ausgeschlossen oder das Recht an einem Muster für nichtig erklärt worden ist, kann das Muster eingetragen oder das Recht an einem Muster beibehalten werden, und zwar in einer geänderten Form, sofern dann die Schutzvoraussetzungen erfüllt werden und das Muster seine Identität behält. [2] Eintragung oder Beibehaltung in einer geänderten Form können die Eintragung in Verbindung mit einem teilweisen Verzicht des Inhabers des Rechts an einem Muster oder die Aufnahme einer Gerichtsentscheidung über die teilweise Nichtigkeit des Rechts an einem Muster in das Musterregister einschließen.

(8) Jeder Mitgliedstaat kann vorsehen, daß abweichend von den Absätzen 1 bis 7 die Eintragungshindernisse oder Nichtigkeitsgründe, die in diesem Staat vor dem Tag gegolten haben, an dem die zur Durchführung dieser Richtlinie erforderliche Bestimmungen in Kraft treten, auf die Anmeldungen von Mus-

tern, die vor diesem Tag eingereicht worden sind, sowie auf die entsprechenden Eintragungen Anwendung finden.

(9) Ein Recht an einem Muster kann auch noch nach seinem Erlöschen oder nach dem Verzicht darauf für nichtig erklärt werden.

Art. 12 Rechte aus dem Muster. (1) [1]Die Eintragung eines Musters gewährt seinem Inhaber das ausschließliche Recht, es zu benutzen und Dritten zu verbieten, es ohne seine Zustimmung zu benutzen. [2]Die erwähnte Benutzung schließt insbesondere die Herstellung, das Anbieten, das Inverkehrbringen, die Einfuhr, die Ausfuhr oder die Benutzung eines Erzeugnisses, in das das Muster aufgenommen oder bei dem es verwendet wird, oder den Besitz des Erzeugnisses zu den genannten Zwecken ein.

(2) Soweit nach dem Recht eines Mitgliedstaats die in Absatz 1 genannten Handlungen vor dem Tag, an dem die zur Durchführung dieser Richtlinie erforderlichen Bestimmungen in Kraft treten, nicht verhindert werden konnten, können die Rechte aus dem Muster nicht geltend gemacht werden, um eine Fortsetzung solcher Handlungen durch eine Person, die mit diesen Handlungen vor diesem Tag begonnen hat, zu verhindern.

Art. 13 Beschränkung der Rechte aus dem Muster. (1) Die Rechte aus einem Muster nach seiner Eintragung können nicht geltend gemacht werden für:

a) Handlungen, die im privaten Bereich zu nichtgewerblichen Zwecken vorgenommen werden;
b) Handlungen zu Versuchszwecken;
c) die Wiedergabe zum Zweck der Zitierung oder zum Zweck der Lehre, vorausgesetzt, solche Handlungen sind mit den Gepflogenheiten des redlichen Geschäftsverkehrs vereinbar, beeinträchtigen die normale Verwertung des Musters nicht über Gebühr und die Quelle wird angegeben.

(2) Die Rechte aus einem Muster nach seiner Eintragung können außerdem nicht geltend gemacht werden für:

a) Einrichtungen in Schiffen und Luftfahrzeugen, die in einem anderen Land zugelassen sind und vorübergehend in das Hoheitsgebiet des betreffenden Mitgliedstaats gelangen;
b) die Einfuhr von Ersatzteilen und Zubehör für die Reparatur solcher Fahrzeuge in dem betreffenden Mitgliedstaat;
c) die Durchführung von Reparaturen an solchen Fahrzeugen.

Art. 14 Übergangsbestimmungen. Solange nicht auf Vorschlag der Kommission gemäß Artikel 18 Änderungen dieser Richtlinie angenommen worden sind, behalten die Mitgliedstaaten ihre bestehenden Rechtsvorschriften über die Benutzung des Musters eines Bauelements zur Reparatur eines komplexen Erzeugnisses im Hinblick auf die Wiederherstellung von dessen ursprünglicher Erscheinungsform bei und führen nur dann Änderungen an diesen Bestimmungen ein, wenn dadurch die Liberalisierung des Handels mit solchen Bauelementen ermöglicht wird.

Art. 15 Erschöpfung der Rechte. Die Rechte aus einem Muster nach seiner Eintragung erstrecken sich nicht auf Handlungen, die ein Erzeugnis betreffen, in das ein unter den Schutzumfang des Rechts an einem Muster fallendes Muster eingefügt oder bei dem es verwendet wird, wenn das Erzeugnis vom Inhaber des Rechts an einem Muster oder mit seiner Zustimmung in der Gemeinschaft in den Verkehr gebracht worden ist.

Art. 16 Verhältnis zu anderen Formen des Schutzes. Diese Richtlinie läßt Vorschriften des Gemeinschaftsrechts oder des Rechts des betreffenden Mitgliedstaats über nicht eingetragene Rechte an Mustern, Marken oder andere Zeichen mit Unterscheidungskraft, Patente und Gebrauchsmuster, Schriftbilder, zivilrechtliche Haftung und unlauteren Wettbewerb unberührt.

Art. 17 Verhältnis zum Urheberrecht. [1] Das nach Maßgabe dieser Richtlinie durch ein in einem oder mit Wirkung für einen Mitgliedstaat eingetragenes Recht an einem Muster geschützte Muster ist auch nach dem Urheberrecht dieses Staates von dem Zeitpunkt an schutzfähig, an dem das Muster geschaffen oder in irgendeiner Form festgelegt wurde. [2] In welchem Umfang und unter welchen Bedingungen ein solcher Schutz gewährt wird, wird einschließlich der erforderlichen Gestaltungshöhe von dem einzelnen Mitgliedstaat festgelegt.

Art. 18[1)] Revision. [1] Drei Jahre nach der in Artikel 19 genannten Umsetzungsfrist legt die Kommission einen Bericht vor, in dem die Auswirkungen dieser Richtlinie auf die Industrie der Gemeinschaft, insbesondere die am stärksten betroffenen Industriesektoren und namentlich die Hersteller von komplexen Erzeugnissen und Bauelementen, auf die Verbraucher, den Wettbewerb und das Funktionieren des Binnenmarkts analysiert werden. [2] Spätestens ein Jahr danach wird die Kommission dem Europäischen Parlament und dem Rat die zur Vollendung des Binnenmarkts in bezug auf Bauelemente von komplexen Erzeugnissen notwendigen Änderungen dieser Richtlinie sowie etwaige weitere Änderungen vorschlagen, die sie aufgrund ihrer Konsultation mit den am stärksten betroffenen Parteien für erforderlich hält.

Art. 19 Umsetzung. (1) *[1]* Die Mitgliedstaaten setzen die Rechts- und Verwaltungsvorschriften, die erforderlich sind, um dieser Richtlinie bis zum 28. Oktober 2001 nachzukommen, in Kraft.

[2] Wenn die Mitgliedstaaten diese Vorschriften erlassen, nehmen sie in den Vorschriften selbst oder durch einen Hinweis bei der amtlichen Veröffentlichung auf diese Richtlinie Bezug. Die Mitgliedstaaten regeln die Einzelheiten der Bezugnahme.

[1)] Vgl. hierzu die „Erklärung der Kommission zu Artikel 18" (ABl. 1998 L 289/35):
„Unbeschadet des Artikels 18 schlägt die Kommission vor, unmittelbar nach der Annahme der Richtlinie einen Konsultationsprozeß einzuleiten, an dem die im Kfz-Sektor tätigen Hersteller sowohl von komplexen Erzeugnissen als auch von Bauelementen beteiligt werden. Zweck dieser Konsultationen ist eine freiwillige Vereinbarung zwischen den betroffenen Parteien über den Schutz von Mustern und Modellen in Fällen, in denen das Erzeugnis, in das das Muster aufgenommen ist oder bei dem es benutzt wird, Bauelement eines komplexen Erzeugnisses ist, von dessen Erscheinungsform das geschützte Muster abhängt.
Die Kommission wird den Konsultationsprozeß koordinieren und das Parlament und den Rat über dessen Entwicklung unterrichten. Die konsultierten Parteien werden von der Kommission ersucht werden, ein Spektrum möglicher Optionen zu prüfen, auf denen eine freiwillige Vereinbarung beruhen kann, einschließlich eines Vergütungssystems und einer begrenzten Musterschutzdauer."

(2) Die Mitgliedstaaten teilen der Kommission die Vorschriften mit, die sie auf dem unter diese Richtlinie fallenden Gebiet erlassen.

Art. 20 Inkrafttreten. Diese Richtlinie tritt am zwanzigsten Tag nach ihrer Veröffentlichung[1)] im *Amtsblatt der Europäischen Gemeinschaften* in Kraft.

Art. 21 Adressaten. Diese Richtlinie ist an die Mitgliedstaaten gerichtet.

---

1) Veröffentlicht am 28.10.1998.

58. Verordnung (EG) Nr. 6/2002 des Rates vom 12. Dezember 2001 über das Gemeinschaftsgeschmacksmuster

(ABl. L 3 S. 1, ber. ABl. 2002 L 179 S. 31)

Celex-Nr. 3 2002 R 0006

zuletzt geänd. durch Anh. III 2. III. ÄndEU-BeitrAkt2013 v. 9.12.2011 (ABl. 2012 L 112 S. 21)

DER RAT DER EUROPÄISCHEN UNION –

gestützt auf den Vertrag zur Gründung der Europäischen Gemeinschaft, insbesondere auf Artikel 308,

auf Vorschlag der Kommission[1)],

nach Stellungnahme des Europäischen Parlaments[2)],

nach Stellungnahme des Wirtschafts- und Sozialausschusses[3)],

in Erwägung nachstehender Gründe:

(1) Ein einheitliches System für die Erlangung eines Gemeinschaftsgeschmacksmusters, dem einheitlicher Schutz mit einheitlicher Wirkung für die gesamte Gemeinschaft verliehen wird, würde die im Vertrag festgelegten Ziele der Gemeinschaft fördern.

(2) Nur die Benelux-Länder haben bisher ein einheitliches Geschmacksmusterschutzgesetz erlassen. In allen anderen Mitgliedstaaten ist der Geschmacksmusterschutz Gegenstand einschlägiger einzelstaatlicher Gesetze und beschränkt sich auf das Gebiet des jeweiligen Mitgliedstaats. Daher können identische Muster in den verschiedenen Mitgliedstaaten unterschiedlich und zugunsten verschiedener Inhaber geschützt werden, was beim Handel zwischen den Mitgliedstaaten zwangsläufig zu Konflikten führt.

(3) Die erheblichen Unterschiede zwischen den Geschmacksmusterschutzgesetzen der Mitgliedstaaten verhindern und verzerren den gemeinschaftsweiten Wettbewerb. Im Vergleich zum innerstaatlichen Handel und Wettbewerb mit Erzeugnissen, in denen ein Muster Verwendung findet, werden nämlich der innergemeinschaftliche Handel und Wettbewerb durch eine große Zahl von Anmeldungen, Behörden, Verfahren, Gesetzen, einzelstaatlich begrenzten ausschließlichen Rechten, sowie den Verwaltungsaufwand mit entsprechend hohen Kosten und Gebühren für den Anmelder verhindert und verzerrt. Die Richtlinie 98/71/EG[4)] des Europäischen Parlaments und des Rates vom 13. Oktober 1998 über den rechtlichen Schutz von Mustern und Modellen[5)] trägt dazu bei, diesen Problemen abzuhelfen.

(4) Der auf das Gebiet der einzelnen Mitgliedstaaten beschränkte Geschmacksmusterschutz kann – unabhängig davon, ob deren Rechtsvorschriften aneinander angeglichen sind oder nicht – bei Erzeugnissen, bei denen ein

---

[1)] **Amtl. Anm.:** ABl. C 29 vom 31.1.1994, S. 20 und ABl. C 248 vom 29.8.2000, S. 3.

[2)] **Amtl. Anm.:** ABl. C 67 vom 1.3.2001, S. 318.

[3)] **Amtl. Anm.:** ABl. C 110 vom 2.5.1995 und ABl. C 75 vom 15.3.2000, S. 35.

[4)] Nr. **57**.

[5)] **Amtl. Anm.:** ABl. L 289 vom 28.10.1998, S. 28.

Geschmacksmuster verwendet wird, das Gegenstand nationaler Rechte seitens unterschiedlicher Personen ist, zu einer Spaltung des Binnenmarktes führen und stellt damit ein Hindernis für den freien Warenverkehr dar.

(5) Daher ist ein in den einzelnen Mitgliedstaaten unmittelbar geltendes Gemeinschaftsgeschmacksmuster notwendig; denn nur auf diese Weise ist es möglich, durch eine Anmeldung beim Harmonisierungsamt für den Binnenmarkt (Marken, Muster und Modelle) aufgrund eines einzigen Verfahrens nach Maßgabe eines Gesetzes ein Geschmacksmusterrecht für ein alle Mitgliedstaaten umfassendes Gebiet zu erlangen.

(6) Da die Ziele der beabsichtigten Aktion, nämlich insbesondere der Schutz eines Geschmacksmusters in einem einzigen Gebiet, das alle Mitgliedstaaten umfasst, auf Ebene der Mitgliedstaaten nicht ausreichend erreicht werden können und daher wegen des Umfangs und der Wirkungen der Schaffung eines gemeinschaftlichen Geschmacksmusters und einer entsprechenden Gemeinschaftsbehörde besser auf Gemeinschaftsebene zu verwirklichen sind, kann die Gemeinschaft im Einklang mit dem in Artikel 5 des Vertrags niedergelegten Subsidiaritätsprinzip tätig werden. Entsprechend dem Verhältnismäßigkeitsgrundsatz nach demselben Artikel geht die vorliegende Verordnung nicht über das zur Erreichung dieser Ziele erforderliche Maß hinaus.

(7) Ein verbesserter Schutz für gewerbliche Geschmacksmuster fördert deshalb nicht nur den Beitrag einzelner Entwerfer zu der herausragenden Gesamtleistung der Gemeinschaft auf diesem Gebiet, sondern ermutigt auch zur Innovation und zur Entwicklung neuer Erzeugnisse sowie zu Investitionen für ihre Herstellung.

(8) Ein solches Geschmacksmustersystem wäre die Voraussetzung, um auf den wichtigsten Ausfuhrmärkten der Gemeinschaft auf einen entsprechenden Geschmacksmusterschutz hinzuwirken.

(9) Die materiellrechtlichen Bestimmungen dieser Verordnung über das Geschmacksmusterrecht sollten den entsprechenden Bestimmungen der Richtlinie 98/71/EG[1] angepasst werden.

(10) Technologische Innovationen dürfen nicht dadurch behindert werden, dass ausschließlich technisch bedingten Merkmalen Geschmacksmusterschutz gewährt wird. Das heißt nicht, dass ein Geschmacksmuster unbedingt einen ästhetischen Gehalt aufweisen muss. Ebenso wenig darf die Interoperabilität von Erzeugnissen unterschiedlichen Fabrikats dadurch behindert werden, dass sich der Schutz auf das Design mechanischer Verbindungselemente erstreckt. Dementsprechend dürfen Merkmale eines Geschmacksmusters, die aus diesen Gründen vom Schutz ausgenommen sind, bei der Beurteilung, ob andere Merkmale des Geschmacksmusters die Schutzvoraussetzungen erfüllen, nicht herangezogen werden.

(11) Abweichend hiervon können die mechanischen Verbindungselemente von Kombinationsteilen ein wichtiges Element der innovativen Merkmale von Kombinationsteilen bilden und einen wesentlichen Faktor für das Marketing darstellen und sollten daher schutzfähig sein.

(12) Der Schutz sollte sich weder auf Bauelemente erstrecken, die während der bestimmungsgemäßen Verwendung eines Erzeugnisses nicht sichtbar sind,

---

[1] Nr. **57**.

noch auf Merkmale eines Bauelements, die unsichtbar sind, wenn das Bauelement eingebaut ist, oder die selbst nicht die Voraussetzungen der Neuheit oder Eigenart erfüllen. Merkmale eines Geschmacksmusters, die aus diesen Gründen vom Schutz ausgenommen sind, sollten bei der Beurteilung, ob andere Merkmale des Geschmacksmusters die Schutzvoraussetzungen erfüllen, nicht herangezogen werden.

(13) Durch die Richtlinie 98/71/EG[1] konnte keine vollständige Angleichung der Rechtsvorschriften der Mitgliedstaaten im Bereich der Anwendung des Musterschutzes auf Bauelemente erreicht werden, die mit dem Ziel verwendet werden, die Reparatur eines komplexen Erzeugnisses zu ermöglichen, um diesem wieder sein ursprüngliches Erscheinungsbild zu verleihen, wenn das Muster bei einem Erzeugnis benutzt oder in dieses Erzeugnis eingefügt wird, das Bauelement eines komplexen Erzeugnisses ist, von dessen Erscheinungsbild das Muster abhängig ist. Im Rahmen des Vermittlungsverfahrens hinsichtlich der genannten Richtlinie hat sich die Kommission verpflichtet, die Auswirkungen dieser Richtlinie drei Jahre nach Ablauf der Umsetzungsfrist zu überprüfen, insbesondere im Hinblick auf die Industriesektoren, die am stärksten betroffen sind. Unter diesen Umständen ist es angebracht, das Recht an dem durch diese Verordnung eingeführten Muster nicht zu gewähren, wenn dieses Muster bei einem Erzeugnis benutzt oder in dieses Erzeugnis eingefügt wird, das Bauelement eines komplexen Erzeugnisses ist, von dessen Erscheinungsbild das Muster abhängig ist, und das mit dem Ziel verwendet wird, die Reparatur dieses komplexen Erzeugnisses zu ermöglichen, um diesem wieder sein ursprüngliches Erscheinungsbild zu verleihen, bis der Rat über seine Politik auf diesem Gebiet auf der Grundlage eines Vorschlags der Kommission einen Beschluss gefasst hat.

(14) Ob ein Geschmacksmuster Eigenart besitzt, sollte danach beurteilt werden, inwieweit sich der Gesamteindruck, den der Anblick des Geschmacksmusters beim informierten Benutzer hervorruft, deutlich von dem unterscheidet, den der vorbestehende Formschatz bei ihm hervorruft, und zwar unter Berücksichtigung der Art des Erzeugnisses, bei dem das Geschmacksmuster benutzt wird oder in das es aufgenommen wird, und insbesondere des jeweiligen Industriezweigs und des Grades der Gestaltungsfreiheit des Entwerfers bei der Entwicklung des Geschmacksmusters.

(15) Ein Gemeinschaftsgeschmacksmuster sollte so weit wie möglich den Bedürfnissen aller Wirtschaftszweige in der Gemeinschaft entsprechen.

(16) Einige dieser Wirtschaftszweige bringen zahlreiche Geschmacksmuster für Erzeugnisse hervor, die häufig nur eine kurze Lebensdauer auf dem Markt haben; für sie ist ein Schutz ohne Eintragungsformalitäten vorteilhaft und die Schutzdauer von geringerer Bedeutung. Andererseits gibt es Wirtschaftszweige, die die Vorteile der Eintragung wegen ihrer größeren Rechtssicherheit schätzen und der Möglichkeit einer längeren, der absehbaren Lebensdauer ihrer Erzeugnisse auf dem Markt entsprechenden Schutzdauer bedürfen.

(17) Hierfür sind zwei Schutzformen notwendig, nämlich ein kurzfristiges nicht eingetragenes Geschmacksmuster und ein längerfristiges eingetragenes Geschmacksmuster.

---

[1] Nr. **57**.

(18) Ein eingetragenes Gemeinschaftsgeschmacksmuster macht die Schaffung und Führung eines Registers erforderlich, in das alle Anmeldungen eingetragen werden, die den formalen Erfordernissen entsprechen und deren Anmeldetag feststeht. Das Eintragungssystem sollte grundsätzlich nicht auf eine materiellrechtliche Prüfung der Erfüllung der Schutzvoraussetzungen vor der Eintragung gegründet sein. Dadurch wird die Belastung der Anmelder durch Eintragungs- und andere Verfahrensvorschriften auf ein Minimum beschränkt.

(19) Das Gemeinschaftsgeschmacksmuster sollte nur dann bestehen, wenn das Geschmacksmuster neu ist und wenn es außerdem eine Eigenart im Vergleich zu anderen Geschmacksmustern besitzt.

(20) Es ist auch notwendig, dass der Entwerfer oder sein Rechtsnachfolger die Erzeugnisse, in denen das Geschmacksmuster verwendet wird, vor der Entscheidung darüber, ob der Schutz durch ein eingetragenes Gemeinschaftsgeschmacksmuster wünschenswert ist, auf dem Markt testen können. Daher ist vorzusehen, dass Offenbarungen des Geschmacksmusters durch den Entwerfer oder seinen Rechtsnachfolger oder missbräuchliche Offenbarungen während eines Zeitraums von 12 Monaten vor dem Tag der Einreichung der Anmeldung eines eingetragenen Gemeinschaftsgeschmacksmusters bei der Beurteilung der Neuheit oder der Eigenart des fraglichen Geschmacksmusters nicht schaden.

(21) Der ausschließliche Charakter des Rechts aus dem eingetragenen Gemeinschaftsgeschmacksmuster steht mit seiner größeren Rechtssicherheit im Einklang. Das nicht eingetragene Gemeinschaftsgeschmacksmuster sollte dagegen nur das Recht verleihen, Nachahmungen zu verhindern. Der Schutz kann sich somit nicht auf Erzeugnisse erstrecken, für die Geschmacksmuster verwendet werden, die das Ergebnis eines selbständigen Entwurfs eines anderen Entwerfers sind; dieses Recht sollte sich auch auf den Handel mit Erzeugnissen erstrecken, in denen nachgeahmte Geschmacksmuster verwendet werden.

(22) Die Durchsetzung dieser Rechte muss den einzelstaatlichen Rechtsvorschriften überlassen bleiben; daher sind in allen Mitgliedstaaten einige grundlegende einheitliche Sanktionen vorzusehen, damit unabhängig von der Rechtsordnung, in der die Durchsetzung verlangt wird, den Rechtsverletzungen Einhalt geboten werden kann.

(23) Ein Dritter, der glaubhaft machen kann, dass er ein in den Schutzumfang des eingetragenen Gemeinschaftsgeschmacksmusters fallendes Geschmacksmuster, das diesem nicht nachgeahmt wurde, in der Gemeinschaft gutgläubig in Nutzung, einschließlich der Nutzung für gewerbliche Zwecke, genommen oder wirkliche und ernsthafte Anstalten dazu getroffen hat, hat unter Umständen Anspruch auf eine begrenzte Nutzung des Geschmacksmusters.

(24) Ein grundlegendes Ziel dieser Verordnung besteht darin, dass das Verfahren zur Erlangung eines eingetragenen Gemeinschaftsgeschmacksmusters für die Anmelder mit den geringst möglichen Kosten und Schwierigkeiten verbunden ist, damit es sowohl für kleine und mittlere Unternehmen als auch für einzelne Entwerfer leicht zugänglich ist.

(25) Wirtschaftszweige, die sehr viele möglicherweise kurzlebige Geschmacksmuster während kurzer Zeiträume hervorbringen, von denen vielleicht nur einige tatsächlich vermarktet werden, werden das nicht eingetragene

Gemeinschaftsgeschmacksmuster vorteilhaft finden. Für diese Wirtschaftszweige besteht ferner der Bedarf, leichter auf das eingetragene Gemeinschaftsgeschmacksmuster zugreifen zu können. Die Möglichkeit, eine Vielzahl von Geschmacksmustern in einer Sammelanmeldung zusammenzufassen, würde diesem Bedürfnis abhelfen. Die in einer Sammelanmeldung enthaltenen Geschmacksmuster können allerdings geltend gemacht werden oder Gegenstand einer Lizenz, eines dinglichen Rechts, einer Zwangsvollstreckung, eines Insolvenzverfahrens, eines Verzichts, einer Erneuerung, einer Rechtsübertragung, einer Aufschiebung der Bekanntmachung oder einer Nichtigerklärung unabhängig voneinander sein.

(26) Die normale Bekanntmachung nach Eintragung eines Gemeinschaftsgeschmacksmusters könnte in manchen Fällen den kommerziellen Erfolg des Geschmacksmusters zunichte machen oder gefährden. Die Möglichkeit, die Bekanntmachung um einen angemessenen Zeitraum aufzuschieben, schafft in solchen Fällen Abhilfe.

(27) Ein Klageverfahren betreffend die Rechtsgültigkeit eines eingetragenen Gemeinschaftsgeschmacksmusters an einem einzigen Ort wäre gegenüber Verfahren vor unterschiedlichen einzelstaatlichen Gerichten kosten- und zeitsparend.

(28) In diesem Zusammenhang ist insbesondere die Möglichkeit der Beschwerde vor einer Beschwerdekammer und in letzter Instanz vor dem Gerichtshof zu gewährleisten. Auf diese Weise würde sich eine einheitliche Auslegung der Voraussetzungen für die Rechtsgültigkeit von Gemeinschaftsgeschmacksmustern herausbilden.

(29) Es ist von wesentlicher Bedeutung, dass die Rechte aus einem Gemeinschaftsgeschmacksmuster in der gesamten Gemeinschaft wirksam durchgesetzt werden können.

(30) Die Streitbeilegungsregelungen sollten so weit wie möglich ein „forum shopping" verhindern. Daher sind klare Regeln über die internationale Zuständigkeit erforderlich.

(31) Diese Verordnung schließt nicht aus, dass auf Geschmacksmuster, die durch Gemeinschaftsgeschmacksmuster geschützt werden, Rechtsvorschriften zum gewerblichen Rechtsschutz oder andere einschlägige Vorschriften der Mitgliedstaaten Anwendung finden, die sich beispielsweise auf den durch Eintragung erlangten Geschmacksmusterschutz oder auf nicht eingetragene Geschmacksmuster, Marken, Patente und Gebrauchsmuster, unlauteren Wettbewerb oder zivilrechtliche Haftung beziehen.

(32) In Ermangelung einer vollständigen Angleichung des Urheberrechts ist es wichtig, den Grundsatz des kumulativen Schutzes als Gemeinschaftsgeschmacksmuster und nach dem Urheberrecht festzulegen, während es den Mitgliedstaaten freigestellt bleibt, den Umfang des urheberrechtlichen Schutzes und die Voraussetzungen festzulegen, unter denen dieser Schutz gewährt wird.

(33) Die zur Durchführung dieser Verordnung erforderlichen Maßnahmen sollten nach dem Beschluss 1999/468/EG des Rates vom 28. Juni 1999 zur Festlegung der Modalitäten für die Ausübung der der Kommission übertragenen Durchführungsbefugnisse[1] getroffen werden –

---

[1] **Amtl. Anm.:** ABl. L 184 vom 17.7.1999, S. 23.

HAT FOLGENDE VERORDNUNG ERLASSEN:

Titel I. Allgemeine Bestimmungen

Art. 1 Gemeinschaftsgeschmacksmuster. (1) Ein den Voraussetzungen dieser Verordnung entsprechendes Geschmacksmuster wird nachstehend „Gemeinschaftsgeschmacksmuster" genannt.

(2) Ein Geschmacksmuster wird:

a) durch ein „nicht eingetragenes Gemeinschaftsgeschmacksmuster" geschützt, wenn es in der in dieser Verordnung vorgesehenen Weise der Öffentlichkeit zugänglich gemacht wird;

b) durch ein „eingetragenes Gemeinschaftsgeschmacksmuster" geschützt, wenn es in der in dieser Verordnung vorgesehenen Weise eingetragen ist.

(3) [1] Das Gemeinschaftsgeschmacksmuster ist einheitlich. [2] Es hat dieselbe Wirkung in der gesamten Gemeinschaft. [3] Es kann nur für dieses gesamte Gebiet eingetragen oder übertragen werden oder Gegenstand eines Verzichts oder einer Entscheidung über die Nichtigkeit sein, und seine Benutzung kann nur für die gesamte Gemeinschaft untersagt werden. [4] Dieser Grundsatz gilt, sofern in der Verordnung nichts anderes bestimmt ist.

Art. 2 Amt. Das Harmonisierungsamt für den Binnenmarkt (Marken, Muster und Modelle), nachstehend „Amt" genannt, das im Rahmen der Verordnung (EG) Nr. 40/94 des Rates vom 20. Dezember 1993 über die Gemeinschaftsmarke[1)], nachstehend „Verordnung über die Gemeinschaftsmarke" genannt, errichtet wurde, erfüllt die Aufgaben, die ihm durch diese Verordnung übertragen werden.

Titel II. Materielles Geschmacksmusterrecht

Abschnitt 1. Schutzvoraussetzungen

Art. 3 Begriffe. Im Sinne dieser Verordnung bezeichnet:

a) „Geschmacksmuster" die Erscheinungsform eines Erzeugnisses oder eines Teils davon, die sich insbesondere aus den Merkmalen der Linien, Konturen, Farben, der Gestalt, Oberflächenstruktur und/oder der Werkstoffe des Erzeugnisses selbst und/oder seiner Verzierung ergibt;

b) „Erzeugnis" jeden industriellen oder handwerklichen Gegenstand, einschließlich – unter anderem – der Einzelteile, die zu einem komplexen Erzeugnis zusammengebaut werden sollen, Verpackung, Ausstattung, graphischen Symbolen und typographischen Schriftbildern; ein Computerprogramm gilt jedoch nicht als „Erzeugnis";

c) „komplexes Erzeugnis" ein Erzeugnis aus mehreren Bauelementen, die sich ersetzen lassen, so dass das Erzeugnis auseinander- und wieder zusammengebaut werden kann.

Art. 4 Schutzvoraussetzungen. (1) Ein Geschmacksmuster wird durch ein Gemeinschaftsgeschmacksmuster geschützt, soweit es neu ist und Eigenart hat.

[1)] **Amtl. Anm.:** ABl. L 11 vom 14.1.1994, S. 1. Verordnung zuletzt geändert durch die Verordnung (EG) Nr. 3288/94 (ABl. L 349 vom 31.12.1994, S. 83).

(2) Ein Geschmacksmuster, das in einem Erzeugnis, das Bauelement eines komplexen Erzeugnisses ist, benutzt oder in dieses Erzeugnis eingefügt wird, gilt nur dann als neu und hat nur dann Eigenart:

a) wenn das Bauelement, das in das komplexe Erzeugnis eingefügt ist, bei dessen bestimmungsgemäßer Verwendung sichtbar bleibt, und
b) soweit diese sichtbaren Merkmale des Bauelements selbst die Voraussetzungen der Neuheit und Eigenart erfüllen.

(3) „Bestimmungsgemäße Verwendung" im Sinne des Absatzes 2 Buchstabe a) bedeutet Verwendung durch den Endbenutzer, ausgenommen Instandhaltungs-, Wartungs- oder Reparaturarbeiten.

Art. 5 Neuheit. (1) Ein Geschmacksmuster gilt als neu, wenn der Öffentlichkeit:

a) im Fall nicht eingetragener Gemeinschaftsgeschmacksmuster vor dem Tag, an dem das Geschmacksmuster, das geschützt werden soll, erstmals der Öffentlichkeit zugänglich gemacht wird,
b) im Fall eingetragener Gemeinschaftsgeschmacksmuster vor dem Tag der Anmeldung zur Eintragung des Geschmacksmusters, das geschützt werden soll, oder, wenn eine Priorität in Anspruch genommen wird, vor dem Prioritätstag,

kein identisches Geschmacksmuster zugänglich gemacht worden ist.

(2) Geschmacksmuster gelten als identisch, wenn sich ihre Merkmale nur in unwesentlichen Einzelheiten unterscheiden.

Art. 6 Eigenart. (1) Ein Geschmacksmuster hat Eigenart, wenn sich der Gesamteindruck, den es beim informierten Benutzer hervorruft, von dem Gesamteindruck unterscheidet, den ein anderes Geschmacksmuster bei diesem Benutzer hervorruft, das der Öffentlichkeit zugänglich gemacht worden ist, und zwar:

a) im Fall nicht eingetragener Gemeinschaftsgeschmacksmuster vor dem Tag, an dem das Geschmacksmuster, das geschützt werden soll, erstmals der Öffentlichkeit zugänglich gemacht wird,
b) im Fall eingetragener Gemeinschaftsgeschmacksmuster vor dem Tag der Anmeldung zur Eintragung oder, wenn eine Priorität in Anspruch genommen wird, vor dem Prioritätstag.

(2) Bei der Beurteilung der Eigenart wird der Grad der Gestaltungsfreiheit des Entwerfers bei der Entwicklung des Geschmacksmusters berücksichtigt.

Art. 7 Offenbarung. (1) [1] Im Sinne der Artikel 5 und 6 gilt ein Geschmacksmuster als der Öffentlichkeit zugänglich gemacht, wenn es nach der Eintragung oder auf andere Weise bekannt gemacht, oder wenn es ausgestellt, im Verkehr verwendet oder auf sonstige Weise offenbart wurde, und zwar vor dem in Artikel 5 Absatz 1 Buchstabe a) und Artikel 6 Absatz 1 Buchstabe a) beziehungsweise in Artikel 5 Absatz 1 Buchstabe b) und Artikel 6 Absatz 1 Buchstabe b) genannten Zeitpunkt, es sei denn, dass dies den in der Gemeinschaft tätigen Fachkreisen des betreffenden Wirtschaftszweigs im normalen Geschäftsverlauf nicht bekannt sein konnte. [2] Ein Geschmacksmuster gilt jedoch nicht als der Öffentlichkeit zugänglich gemacht, wenn es lediglich einem Dritten unter der ausdrücklichen oder stillschweigenden Bedingung der Vertraulichkeit offenbart wurde.

(2) Eine Offenbarung bleibt bei der Anwendung der Artikel 5 und 6 unberücksichtigt, wenn ein Geschmacksmuster, das als eingetragenes Gemeinschaftsgeschmacksmuster geschützt werden soll, der Öffentlichkeit zugänglich gemacht worden ist:

a) durch den Entwerfer oder seinen Rechtsnachfolger oder durch einen Dritten als Folge von Informationen oder Handlungen des Entwerfers oder seines Rechtsnachfolgers, und
b) während der zwölf Monate vor dem Anmeldetag oder, wenn eine Priorität in Anspruch genommen wird, vor dem Prioritätstag.

(3) Absatz 2 gilt auch dann, wenn das Geschmacksmuster als Folge einer missbräuchlichen Handlung gegen den Entwerfer oder seinen Rechtsnachfolger der Öffentlichkeit zugänglich gemacht wurde.

Art. 8 Durch ihre technische Funktion bedingte Geschmacksmuster und Geschmacksmuster von Verbindungselementen. (1) Ein Gemeinschaftsgeschmacksmuster besteht nicht an Erscheinungsmerkmalen eines Erzeugnisses, die ausschließlich durch dessen technische Funktion bedingt sind.

(2) Ein Gemeinschaftsgeschmacksmuster besteht nicht an Erscheinungsmerkmalen eines Erzeugnisses, die zwangsläufig in ihrer genauen Form und ihren genauen Abmessungen nachgebildet werden müssen, damit das Erzeugnis, in das das Geschmacksmuster aufgenommen oder bei dem es verwendet wird, mit einem anderen Erzeugnis mechanisch verbunden oder in diesem, an diesem oder um dieses herum angebracht werden kann, so dass beide Erzeugnisse ihre Funktion erfüllen können.

(3) Ungeachtet des Absatzes 2 besteht ein Gemeinschaftsgeschmacksmuster unter den in den Artikeln 5 und 6 festgelegten Voraussetzungen an einem Geschmacksmuster, das dem Zweck dient, den Zusammenbau oder die Verbindung einer Vielzahl von untereinander austauschbaren Erzeugnissen innerhalb eines modularen Systems zu ermöglichen.

Art. 9 Geschmacksmuster, die gegen die öffentliche Ordnung oder gegen die guten Sitten verstoßen. Ein Gemeinschaftsgeschmacksmuster besteht nicht an einem Geschmacksmuster, wenn dieses gegen die öffentliche Ordnung oder gegen die guten Sitten verstößt.

Abschnitt 2. Umfang und Dauer des Schutzes

Art. 10 Schutzumfang. (1) Der Umfang des Schutzes aus dem Gemeinschaftsgeschmacksmuster erstreckt sich auf jedes Geschmacksmuster, das beim informierten Benutzer keinen anderen Gesamteindruck erweckt.

(2) Bei der Beurteilung des Schutzumfangs wird der Grad der Gestaltungsfreiheit des Entwerfers bei der Entwicklung seines Geschmacksmusters berücksichtigt.

Art. 11 Schutzdauer des nicht eingetragenen Gemeinschaftsgeschmacksmusters. (1) Ein Geschmacksmuster, das die im 1. Abschnitt genannten Voraussetzungen erfüllt, wird als ein nicht eingetragenes Gemeinschaftsgeschmacksmuster für eine Frist von drei Jahren geschützt, beginnend mit dem Tag, an dem es der Öffentlichkeit innerhalb der Gemeinschaft erstmals zugänglich gemacht wurde.

(2) [1] Im Sinne des Absatzes 1 gilt ein Geschmacksmuster als der Öffentlichkeit innerhalb der Gemeinschaft zugänglich gemacht, wenn es in solcher Weise bekannt gemacht, ausgestellt, im Verkehr verwendet oder auf sonstige Weise offenbart wurde, dass dies den in der Gemeinschaft tätigen Fachkreisen des betreffenden Wirtschaftszweigs im normalen Geschäftsverlauf bekannt sein konnte. [2] Ein Geschmacksmuster gilt jedoch nicht als der Öffentlichkeit zugänglich gemacht, wenn es lediglich einem Dritten unter der ausdrücklichen oder stillschweigenden Bedingung der Vertraulichkeit offenbart wurde.

Art. 12 Schutzdauer des eingetragenen Gemeinschaftsgeschmacksmusters. [1] Nach Eintragung durch das Amt wird ein Geschmacksmuster, das die im 1. Abschnitt genannten Voraussetzungen erfüllt, für einen Zeitraum von fünf Jahren, beginnend mit dem Anmeldetag durch ein eingetragenes Gemeinschaftsgeschmacksmuster geschützt. [2] Der Rechtsinhaber kann die Schutzdauer einmal oder mehrmals um einen Zeitraum von jeweils fünf Jahren bis zu einer Gesamtlaufzeit von 25 Jahren ab dem Anmeldetag verlängern lassen.

Art. 13 Verlängerung. (1) Die Eintragung des eingetragenen Gemeinschaftsgeschmacksmusters wird auf Antrag des Rechtsinhabers oder einer von ihm hierzu ausdrücklich ermächtigten Person verlängert, sofern die Verlängerungsgebühr entrichtet worden ist.

(2) [1] Das Amt unterrichtet den Inhaber des eingetragenen Gemeinschaftsgeschmacksmusters und die im Register eingetragenen Inhaber von Rechten an dem eingetragenen Gemeinschaftsgeschmacksmuster, die im Register gemäß Artikel 72 (nachstehend „Register" genannt) eingetragen sind, rechtzeitig vor dem Ablauf der Eintragung. [2] Das Unterbleiben dieser Unterrichtung hat keine Haftung des Amtes zur Folge.

(3) [1] Innerhalb eines Zeitraums von sechs Monaten vor Ablauf des letzten Tages des Monats, in dem die Schutzdauer endet, ist der Antrag auf Verlängerung einzureichen und die Verlängerungsgebühr zu entrichten. [2] Der Antrag und die Gebühr können noch innerhalb einer Nachfrist von sechs Monaten nach Ablauf des in Satz 1 genannten Tages eingereicht bzw. gezahlt werden, sofern innerhalb dieser Nachfrist eine Zuschlaggebühr entrichtet wird.

(4) [1] Die Verlängerung wird am Tage nach Ablauf der bestehenden Eintragung wirksam. [2] Sie wird im Register eingetragen.

Abschnitt 3. Recht auf das Gemeinschaftsgeschmacksmuster

Art. 14 Recht auf das Gemeinschaftsgeschmacksmuster. (1) Das Recht auf das Gemeinschaftsgeschmacksmuster steht dem Entwerfer oder seinem Rechtsnachfolger zu.

(2) Haben mehrere Personen ein Geschmacksmuster gemeinsam entwickelt, so steht ihnen das Recht auf das Gemeinschaftsgeschmacksmuster gemeinsam zu.

(3) Wird ein Geschmacksmuster jedoch von einem Arbeitnehmer in Ausübung seiner Aufgaben oder nach den Weisungen seines Arbeitgebers entworfen, so steht das Recht auf das Gemeinschaftsgeschmacksmuster dem Arbeit-

geber zu, sofern vertraglich nichts anderes vereinbart wurde oder sofern die anwendbaren innerstaatlichen Rechtsvorschriften nichts anderes vorsehen.

Art. 15 Geltendmachung der Berechtigung auf das Gemeinschaftsgeschmacksmuster. (1) Wird ein nicht eingetragenes Gemeinschaftsgeschmacksmuster von einer Person offenbart oder geltend gemacht, die hierzu nach Artikel 14 nicht berechtigt ist, oder ist ein eingetragenes Gemeinschaftsgeschmacksmuster auf den Namen einer solchen Person eingetragen oder angemeldet worden, so kann der nach Artikel 14 Berechtigte unbeschadet anderer Möglichkeiten verlangen, dass er als der rechtmäßige Inhaber des Gemeinschaftsgeschmacksmusters anerkannt wird.

(2) Steht einer Person das Recht auf ein Gemeinschaftsgeschmacksmuster gemeinsam mit anderen zu, so kann sie entsprechend Absatz 1 verlangen, dass sie als Mitinhaber anerkannt wird.

(3) [1] Ansprüche gemäß Absatz 1 oder 2 verjähren in drei Jahren nach dem Zeitpunkt der Veröffentlichung im Falle eingetragener Gemeinschaftsgeschmacksmuster bzw. der Offenbarung im Falle nicht eingetragener Gemeinschaftsgeschmacksmuster. [2] Dies gilt nicht, wenn die Person, der kein Recht am Gemeinschaftsgeschmacksmuster zusteht, zu dem Zeitpunkt, zu dem dieses Muster angemeldet, offenbart oder ihr übertragen wurde, bösgläubig war.

(4) Im Falle des eingetragenen Gemeinschaftsgeschmacksmusters wird Folgendes in das Register eingetragen:

a) der Vermerk, dass ein gerichtliches Verfahren gemäß Absatz 1 eingeleitet wurde;
b) die rechtskräftige Entscheidung bzw. jede andere Beendigung des Verfahrens;
c) jede Änderung in der Inhaberschaft an dem eingetragenen Gemeinschaftsgeschmacksmuster, die sich aus der rechtskräftigen Entscheidung ergibt.

Art. 16 Wirkungen der Gerichtsentscheidung über den Anspruch auf ein eingetragenes Gemeinschaftsgeschmacksmuster. (1) Bei vollständigem Wechsel der Rechtsinhaberschaft an einem eingetragenen Gemeinschaftsgeschmacksmuster infolge eines gerichtlichen Verfahrens gemäß Artikel 15 Absatz 1 erlöschen mit der Eintragung der berechtigten Person in das Register die Lizenzen und sonstigen Rechte.

(2) [1] Hat vor der Eintragung der Einleitung des gerichtlichen Verfahrens nach Artikel 15 Absatz 1 der Inhaber des eingetragenen Gemeinschaftsgeschmacksmusters oder ein Lizenznehmer das Geschmacksmuster in der Gemeinschaft verwertet oder dazu wirkliche und ernsthafte Anstalten getroffen, so kann er diese Verwertung fortsetzen, wenn er bei dem in das Register eingetragenen neuen Inhaber innerhalb der in der Durchführungsverordnung vorgeschriebenen Frist eine nicht ausschließliche Lizenz beantragt. [2] Die Lizenz ist für einen angemessenen Zeitraum zu angemessenen Bedingungen zu gewähren.

(3) Absatz 2 findet keine Anwendung, wenn der Inhaber der eingetragenen Gemeinschaftsgeschmacksmuster oder der Lizenznehmer zu dem Zeitpunkt, zu dem er mit der Verwertung des Geschmacksmusters begonnen oder Anstalten dazu getroffen hat, bösgläubig war.

Art. 17 Vermutung zugunsten des eingetragenen Geschmacksmusterinhabers. In jedem Verfahren vor dem Amt sowie in allen anderen Verfahren gilt die Person als berechtigt, auf deren Namen das Gemeinschaftsgeschmacksmuster eingetragen wurde, oder vor der Eintragung die Person, in deren Namen die Anmeldung eingereicht wurde.

Art. 18 Recht des Entwerfers auf Nennung. [1] Der Entwerfer hat wie der Anmelder oder der Inhaber des eingetragenen Gemeinschaftsgeschmacksmusters das Recht, vor dem Amt und im Register als Entwerfer genannt zu werden. [2] Ist das Geschmacksmuster das Ergebnis einer Gemeinschaftsarbeit, so kann die Nennung des Entwerferteams an die Stelle der Nennung der einzelnen Entwerfer treten.

Abschnitt 4. Wirkung des Gemeinschaftsgeschmacksmusters

Art. 19 Rechte aus dem Gemeinschaftsgeschmacksmuster. (1) [1] Das eingetragene Gemeinschaftsgeschmacksmuster gewährt seinem Inhaber das ausschließliche Recht, es zu benutzen und Dritten zu verbieten, es ohne seine Zustimmung zu benutzen. [2] Die erwähnte Benutzung schließt insbesondere die Herstellung, das Anbieten, das Inverkehrbringen, die Einfuhr, die Ausfuhr oder die Benutzung eines Erzeugnisses, in das das Muster aufgenommen oder bei dem es verwendet wird, oder den Besitz des Erzeugnisses zu den genannten Zwecken ein.

(2) *[1]* Das nicht eingetragene Gemeinschaftsgeschmacksmuster gewährt seinem Inhaber das Recht, die in Absatz 1 genannten Handlungen zu verbieten, jedoch nur, wenn die angefochtene Benutzung das Ergebnis einer Nachahmung des geschützten Musters ist.

[2] Die angefochtene Benutzung wird nicht als Ergebnis einer Nachahmung des geschützten Geschmacksmusters betrachtet, wenn sie das Ergebnis eines selbständigen Entwurfs eines Entwerfers ist, von dem berechtigterweise angenommen werden kann, dass er das von dem Inhaber offenbarte Muster nicht kannte.

(3) Absatz 2 gilt auch für eingetragene Gemeinschaftsgeschmacksmuster, deren Bekanntmachung aufgeschoben ist, solange die entsprechenden Eintragungen im Register und die Akte der Öffentlichkeit nicht gemäß Artikel 50 Absatz 4 zugänglich gemacht worden sind.

Art. 20 Beschränkung der Rechte aus dem Gemeinschaftsgeschmacksmuster. (1) Die Rechte aus dem Gemeinschaftsgeschmacksmuster können nicht geltend gemacht werden für:

a) Handlungen, die im privaten Bereich zu nichtgewerblichen Zwecken vorgenommen werden,
b) Handlungen zu Versuchszwecken,
c) die Wiedergabe zum Zwecke der Zitierung oder für Lehrzwecke, sofern solche Handlungen mit den Gepflogenheiten des redlichen Geschäftsverkehrs vereinbar sind, die normale Verwertung des Geschmacksmusters nicht über Gebühr beeinträchtigen und die Quelle angegeben wird.

(2) Die Rechte aus dem Gemeinschaftsgeschmacksmuster können ferner nicht geltend gemacht werden für:

a) Einrichtungen in Schiffen und Luftfahrzeugen, die in einem Drittland zugelassen sind und vorübergehend in das Gebiet der Gemeinschaft gelangen,

b) die Einfuhr von Ersatzteilen und Zubehör für die Reparatur solcher Fahrzeuge in die Gemeinschaft,

c) die Durchführung von Reparaturen an solchen Fahrzeugen.

Art. 21 Erschöpfung der Rechte. Die Rechte aus dem Gemeinschaftsgeschmacksmuster erstrecken sich nicht auf Handlungen, die ein Erzeugnis betreffen, in welches ein unter den Schutzumfang des Gemeinschaftsgeschmacksmusters fallendes Geschmacksmuster aufgenommen oder bei dem es verwendet wird, wenn das Erzeugnis vom Inhaber des Gemeinschaftsgeschmacksmusters oder mit dessen Zustimmung in der Gemeinschaft in den Verkehr gebracht worden ist.

Art. 22 Vorbenutzungsrecht betreffend das eingetragene Gemeinschaftsgeschmacksmuster. (1) Ein Dritter, der glaubhaft machen kann, dass er vor dem Anmeldetag oder, wenn eine Priorität in Anspruch genommen wird, vor dem Prioritätstag, innerhalb der Gemeinschaft ein in den Schutzumfang eines eingetragenen Gemeinschaftsgeschmacksmusters fallendes Geschmacksmuster, das diesem nicht nachgeahmt wurde, gutgläubig in Benutzung genommen oder wirkliche und ernsthafte Anstalten dazu getroffen hat, hat ein Vorbenutzungsrecht.

(2) Das Vorbenutzungsrecht berechtigt den Dritten, das Muster für die Zwecke, für die er es vor dem Anmelde- oder Prioritätstag des eingetragenen Gemeinschaftsgeschmacksmusters in Benutzung genommen hat, oder für die er wirkliche und ernsthafte Anstalten getroffen hat, zu verwerten.

(3) Das Vorbenutzungsrecht erstreckt sich nicht auf das Recht, eine Lizenz zur Nutzung des Geschmacksmusters an andere Personen zu vergeben.

(4) Das Vorbenutzungsrecht ist nicht übertragbar, es sei denn, bei dem Dritten handelt es sich um ein Unternehmen und die Übertragung erfolgt zusammen mit dem Unternehmensteil, in dessen Rahmen die Benutzung erfolgte oder die Anstalten getroffen wurden.

Art. 23 Verwendung durch die Regierung. Die Rechtsvorschriften eines Mitgliedstaats, aufgrund deren nationale Geschmacksmuster von der Regierung oder für die Regierung verwendet werden können, können auch auf Gemeinschaftsgeschmacksmuster angewandt werden, jedoch nur insoweit, als deren Verwendung für wesentliche Verteidigungs- oder Sicherheitserfordernisse notwendig ist.

Abschnitt 5. Nichtigkeit

Art. 24 Erklärung der Nichtigkeit. (1) Ein eingetragenes Gemeinschaftsgeschmacksmuster wird auf Antrag beim Amt nach dem Verfahren gemäß Titel VI und Titel VII oder von einem Gemeinschaftsgeschmacksmustergericht auf Widerklage im Verletzungsverfahren für nichtig erklärt.

(2) Ein Gemeinschaftsgeschmacksmuster kann auch nach Erlöschen des Gemeinschaftsgeschmacksmusters oder dem Verzicht darauf für nichtig erklärt werden.

(3) Ein nicht eingetragenes Gemeinschaftsgeschmacksmuster wird von einem Gemeinschaftsgeschmacksmustergericht auf Antrag bei diesem oder auf Widerklage im Verletzungsverfahren für nichtig erklärt.

Art. 25 Nichtigkeitsgründe. (1) Ein Gemeinschaftsgeschmacksmuster kann nur dann für nichtig erklärt werden:

a) wenn kein Geschmacksmuster im Sinne von Artikel 3 Buchstabe a) vorliegt,

b) wenn es die Voraussetzungen der Artikel 4 bis 9 nicht erfüllt,

c) wenn dem Inhaber des Rechts infolge einer Gerichtsentscheidung kein Recht an dem Gemeinschaftsgeschmacksmuster im Sinne von Artikel 14 zusteht,

d) wenn das Gemeinschaftsgeschmacksmuster mit einem älteren Geschmacksmuster kollidiert, das der Öffentlichkeit nach dem Anmeldetag oder, wenn eine Priorität in Anspruch genommen wird, nach dem Prioritätstag des Gemeinschaftsgeschmacksmusters zugänglich gemacht wurde und das seit einem vor diesem Tag liegenden Zeitpunkt geschützt ist,

   i) durch ein eingetragenes Gemeinschaftsgeschmacksmuster oder durch die Anmeldung eines solchen,
   oder

   ii) durch ein eingetragenes Geschmacksmusterrecht eines Mitgliedstaats oder durch die Anmeldung eines solchen,
   oder

   iii) durch ein eingetragenes Muster oder Modell nach der am 2. Juli 1999 in Genf angenommenen und vom Rat mit dem Beschluss 2006/954/EG gebilligten Genfer Akte des Haager Abkommens über die internationale Eintragung gewerblicher Muster und Modelle (im Folgenden „Genfer Akte" genannt), das in der Gemeinschaft Wirkung entfaltet, oder durch die Anmeldung eines solchen;

e) wenn in einem jüngeren Geschmacksmuster ein Zeichen mit Unterscheidungskraft verwendet wird und das Gemeinschaftsrecht oder das nationale Recht des Mitgliedstaats, dem das Zeichen unterliegt, den Rechtsinhaber dazu berechtigen, diese Verwendung zu untersagen,

f) wenn das Geschmacksmuster eine unerlaubte Verwendung eines Werkes darstellt, das nach dem Urheberrecht eines Mitgliedstaats geschützt ist,

g) wenn das Geschmacksmuster eine missbräuchliche Verwendung eines der in Artikel 6b der Pariser Verbandsübereinkunft zum Schutz des gewerblichen Eigentums[1)] (nachstehend „Pariser Verbandsübereinkunft") genannten Gegenstände und Zeichen oder anderer als der in Artikel 6b aufgezählten Stempel, Kennzeichen und Wappen, die für einen Mitgliedstaat von besonderem öffentlichen Interesse sind, darstellt.

(2) Den Nichtigkeitsgrund gemäß Absatz 1 Buchstabe c) kann nur die Person geltend machen, der nach Artikel 14 das Recht am Gemeinschaftsgeschmacksmuster zusteht.

(3) Die Nichtigkeitsgründe gemäß Absatz 1 Buchstabe d), e) und f) kann nur der Anmelder oder Inhaber des älteren Rechts geltend machen.

(4) Den Nichtigkeitsgrund gemäß Absatz 1 Buchstabe g) kann nur die Person oder Einrichtung geltend machen, die von der Verwendung betroffen ist.

(5) Die Absätze 3 und 4 beeinträchtigen nicht das Recht der Mitgliedstaaten, vorzusehen, dass die Nichtigkeitsgründe nach Absatz 1 Buchstabe d)

---

1) Nr. **60**.

und g) auch von der zuständigen Behörde des betreffenden Mitgliedstaats von Amts wegen geltend gemacht werden können.

(6) [1] Wenn ein eingetragenes Gemeinschaftsgeschmacksmuster gemäß Absatz 1 Buchstabe b), e), f) oder g) für nichtig erklärt worden ist, kann es in einer geänderten Form beibehalten werden, sofern dann die Schutzvoraussetzungen erfüllt werden und das Geschmacksmuster seine Identität behält. [2] „Beibehaltung in einer geänderten Form" bedeutet Eintragung in Verbindung mit einem teilweisen Verzicht des Inhabers des eingetragenen Gemeinschaftsgeschmacksmusters oder die Aufnahme einer Gerichtsentscheidung oder einer Entscheidung des Amts über die teilweise Nichtigkeit des eingetragenen Gemeinschaftsgeschmacksmusters in das Register.

Art. 26 Wirkung der Nichtigkeit. (1) Die in dieser Verordnung vorgesehenen Wirkungen eines Gemeinschaftsgeschmacksmusters gelten in dem Umfang, in dem das Gemeinschaftsgeschmacksmuster für nichtig erklärt wurde, als von Anfang an nicht eingetreten.

(2) Vorbehaltlich der nationalen Rechtsvorschriften über Klagen auf Ersatz des Schadens, der durch fahrlässiges oder vorsätzliches Handeln des Inhabers des Gemeinschaftsgeschmacksmusters verursacht worden ist, sowie vorbehaltlich der nationalen Rechtsvorschriften über ungerechtfertigte Bereicherung berührt die Rückwirkung der Nichtigkeit des Gemeinschaftsgeschmacksmusters nicht:

a) Entscheidungen in Verletzungsverfahren, die vor der Entscheidung über die Nichtigkeit rechtskräftig geworden und vollstreckt worden sind,

b) vor der Entscheidung über die Nichtigkeit geschlossene Verträge insoweit, als sie vor dieser Entscheidung erfüllt worden sind; es kann jedoch verlangt werden, dass in Erfüllung des Vertrages gezahlte Beträge aus Billigkeitsgründen insoweit zurückerstattet werden, als die Umstände dies rechtfertigen.

Titel III. Das Gemeinschaftsgeschmacksmuster als Vermögensgegenstand

Art. 27 Gleichstellung des Gemeinschaftsgeschmacksmusters mit dem Geschmacksmusterrecht eines Mitgliedstaats. (1) Soweit in den Artikeln 28 bis 32 nichts anderes bestimmt ist, wird das Gemeinschaftsgeschmacksmuster als Vermögensgegenstand in seiner Gesamtheit und für das gesamte Gebiet der Gemeinschaft wie ein nationales Geschmacksmusterrecht des Mitgliedstaats behandelt, in dem:

a) der Inhaber zum maßgebenden Zeitpunkt seinen Wohnsitz oder Sitz hat, oder

b) wenn Buchstabe a) nicht anwendbar ist, der Inhaber zum maßgebenden Zeitpunkt eine Niederlassung hat.

(2) Im Falle eines eingetragenen Gemeinschaftsgeschmacksmusters findet Absatz 1 entsprechend den Eintragungen im Register Anwendung.

(3) Wenn im Falle gemeinsamer Inhaber zwei oder mehr von ihnen die in Absatz 1 genannten Bedingungen erfüllen, bestimmt sich der nach Absatz 1 maßgebende Mitgliedstaat:

a) im Falle des nicht eingetragenen Gemeinschaftsgeschmacksmusters durch Bezugnahme auf denjenigen gemeinsamen Inhaber, der von den gemeinsamen Inhabern einvernehmlich bestimmt wurde,
b) im Falle des eingetragenen Gemeinschaftsgeschmacksmusters durch Bezugnahme auf den ersten der gemeinsamen Inhaber in der Reihenfolge, in der sie im Register genannt sind.

(4) Liegen die Voraussetzungen der Absätze 1, 2 und 3 nicht vor, so ist der nach Absatz 1 maßgebende Mitgliedstaat der Staat, in dem das Amt seinen Sitz hat.

Art. 28 Übergang der Rechte an einem eingetragenen Gemeinschaftsgeschmacksmuster. Der Übergang der Rechte an einem eingetragenen Gemeinschaftsgeschmacksmuster unterliegt folgenden Bestimmungen:
a) Der Rechtsübergang wird auf Antrag eines Beteiligten in das Register eingetragen und bekannt gemacht.
b) Solange der Rechtsübergang nicht in das Register eingetragen ist, kann der Rechtsnachfolger seine Rechte, die mit der Eintragung des Gemeinschaftsgeschmacksmusters verbunden sind, nicht geltend machen.
c) Sind gegenüber dem Amt Fristen zu wahren, so können, sobald der Antrag auf Eintragung des Rechtsübergangs beim Amt eingegangen ist, die entsprechenden Erklärungen gegenüber dem Amt vom Rechtsnachfolger abgegeben werden.
d) Alle Dokumente, die gemäß Artikel 66 der Zustellung an den Inhaber des eingetragenen Gemeinschaftsgeschmacksmusters bedürfen, sind vom Amt an den als Inhaber Eingetragenen oder gegebenenfalls an dessen Vertreter zu richten.

Art. 29 Dingliche Rechte an einem eingetragenen Gemeinschaftsgeschmacksmuster. (1) Das eingetragene Gemeinschaftsgeschmacksmuster kann verpfändet werden oder Gegenstand eines sonstigen dinglichen Rechts sein.

(2) Die in Absatz 1 genannten Rechte werden auf Antrag eines Beteiligten in das Register eingetragen und bekannt gemacht.

Art. 30 Zwangsvollstreckung. (1) Das eingetragene Gemeinschaftsgeschmacksmuster kann Gegenstand von Maßnahmen der Zwangsvollstreckung sein.

(2) Für die Zwangsvollstreckungsmaßnahmen gegenüber einem eingetragenen Gemeinschaftsgeschmacksmuster sind die Gerichte und Behörden des nach Artikel 27 maßgebenden Mitgliedstaats ausschließlich zuständig.

(3) Die Zwangsvollstreckungsmaßnahmen werden auf Antrag eines Beteiligten in das Register eingetragen und bekannt gemacht.

Art. 31 Insolvenzverfahren. (1) Ein Gemeinschaftsgeschmacksmuster kann nur dann von einem Insolvenzverfahren erfasst werden, wenn dieses in dem Mitgliedstaat eröffnet wird, in dessen Hoheitsgebiet der Schuldner den Mittelpunkt seiner Interessen hat.

(2) Absatz 1 ist im Fall der Mitinhaberschaft an einem Gemeinschaftsgeschmacksmuster auf den Anteil des Mitinhabers entsprechend anzuwenden.

(3) Wird das Gemeinschaftsgeschmacksmuster von einem Insolvenzverfahren erfasst, so wird dies auf Antrag der zuständigen nationalen Stelle in das Register eingetragen und in dem Blatt für Gemeinschaftsgeschmacksmuster gemäß Artikel 73 Absatz 1 veröffentlicht.

Art. 32 Lizenz. (1) Das Gemeinschaftsgeschmacksmuster kann für das gesamte Gebiet oder einen Teil der Gemeinschaft Gegenstand von Lizenzen sein. Eine Lizenz kann ausschließlich oder nicht ausschließlich sein.

(2) Unbeschadet etwaiger vertraglicher Ansprüche kann der Rechtsinhaber gegenüber dem Lizenznehmer die Rechte aus dem Gemeinschaftsgeschmacksmuster geltend machen, wenn der Lizenznehmer hinsichtlich der Dauer der Lizenz, der Form der Nutzung des Geschmacksmusters, der Auswahl der Erzeugnisse, für die die Lizenz erteilt wurde, und der Qualität der vom Lizenznehmer hergestellten Erzeugnisse gegen eine Bestimmung seines Lizenzvertrags verstößt.

(3) [1] Unbeschadet der Bestimmungen des Lizenzvertrags kann der Lizenznehmer ein Verfahren wegen Verletzung eines Gemeinschaftsgeschmacksmusters nur mit Zustimmung des Rechtsinhabers anhängig machen. [2] Jedoch kann der Inhaber einer ausschließlichen Lizenz ein solches Verfahren anhängig machen, wenn der Rechtsinhaber des Gemeinschaftsgeschmacksmusters nach Aufforderung innerhalb einer angemessenen Frist nicht selbst ein Verletzungsverfahren anhängig macht.

(4) Jeder Lizenznehmer kann einer vom Rechtsinhaber des Gemeinschaftsgeschmacksmusters erhobenen Verletzungsklage beitreten, um den Ersatz seines eigenen Schadens geltend zu machen.

(5) Die Erteilung oder der Übergang einer Lizenz an einem eingetragenen Gemeinschaftsgeschmacksmuster wird auf Antrag eines Beteiligten in das Register eingetragen und bekannt gemacht.

Art. 33 Wirkung gegenüber Dritten. (1) Die Wirkungen der in den Artikeln 28, 29, 30 und 32 bezeichneten Rechtshandlungen gegenüber Dritten richten sich nach dem Recht des nach Artikel 27 maßgebenden Mitgliedstaats.

(2) [1] Bei eingetragenen Gemeinschaftsgeschmacksmustern entfalten die in den Artikeln 28, 29 und 32 bezeichneten Rechtshandlungen gegenüber Dritten in allen Mitgliedstaaten erst Wirkung, wenn sie in das Register eingetragen worden sind. [2] Gleichwohl kann eine Rechtshandlung, die noch nicht eingetragen ist, Dritten entgegengehalten werden, die Rechte an dem eingetragenen Gemeinschaftsgeschmacksmuster nach dem Zeitpunkt der Rechtshandlung erworben haben, aber zum Zeitpunkt des Erwerbs dieser Rechte von der Rechtshandlung Kenntnis hatten.

(3) Absatz 2 gilt nicht gegenüber einer Person, die das eingetragene Gemeinschaftsgeschmacksmuster oder ein Recht daran im Wege des Rechtsübergangs des Unternehmens in seiner Gesamtheit oder einer anderen Gesamtrechtsnachfolge erwirbt.

(4) Bis zum Inkrafttreten gemeinsamer Vorschriften in den Mitgliedstaaten betreffend das Insolvenzverfahren richtet sich die Wirkung eines Insolvenzverfahrens gegenüber Dritten nach dem Recht des Mitgliedstaats, in dem das Verfahren nach den dort geltenden Rechtsvorschriften oder Verordnungen zuerst eröffnet wird.

Art. 34 Anmeldung des Gemeinschaftsgeschmacksmusters als Vermögensgegenstand. (1) Die Anmeldung des eingetragenen Gemeinschaftsgeschmacksmusters als Vermögensgegenstand wird in ihrer Gesamtheit und für das gesamte Gebiet der Gemeinschaft wie ein nationales Geschmacksmusterrecht des Mitgliedstaats behandelt, der sich nach Artikel 27 bestimmt.

(2) [1] Die Artikel 28 bis 33 finden auf Anmeldungen eingetragener Gemeinschaftsgeschmacksmuster entsprechende Anwendung. [2] Ist die Wirkung einer dieser Bestimmungen von der Eintragung ins Register abhängig, muss diese Formvorschrift bei der Eintragung des entstehenden Gemeinschaftsgeschmacksmusters erfüllt werden.

Titel IV. Die Anmeldung eines Gemeinschaftsgeschmacksmusters

Abschnitt 1. Einreichung der und Anforderungen an die Anmeldung

Art. 35 Einreichung und Weiterleitung der Anmeldung. (1) Die Anmeldung des Gemeinschaftsgeschmacksmusters kann nach Wahl des Anmelders eingereicht werden:

a) beim Amt, oder

b) bei der Zentralbehörde für den gewerblichen Rechtsschutz eines Mitgliedstaates, oder

c) in den Benelux-Ländern beim Benelux-Musteramt.

(2) [1] Wird die Anmeldung bei der Zentralbehörde für den gewerblichen Rechtsschutz eines Mitgliedstaats oder beim Benelux-Musteramt eingereicht, so trifft diese Behörde oder dieses Amt alle erforderlichen Maßnahmen, damit die Anmeldung binnen zwei Wochen nach Einreichung an das Amt weitergeleitet wird. [2] Die Zentralbehörde beziehungsweise das Benelux-Musteramt kann vom Anmelder eine Gebühr verlangen, die die Verwaltungskosten für Entgegennahme und Weiterleitung der Anmeldung nicht übersteigen darf.

(3) Sobald das Amt eine von einer Zentralbehörde für den gewerblichen Rechtsschutz eines Mitgliedstaates oder vom Benelux-Musteramt weitergeleitete Anmeldung erhalten hat, setzt es den Anmelder unter Angabe des Tags des Eingangs davon in Kenntnis.

(4) Zehn Jahre nach Inkrafttreten dieser Verordnung erstellt die Kommission einen Bericht über das Funktionieren des Systems zur Einreichung von Anmeldungen für eingetragene Gemeinschaftsgeschmacksmuster und unterbreitet dabei gegebenenfalls Änderungsvorschläge.

Art. 36 Erfordernisse der Anmeldung. (1) Die Anmeldung des eingetragenen Gemeinschaftsgeschmacksmusters muss enthalten:

a) einen Antrag auf Eintragung;

b) Angaben, die auf die Identität des Anmelders schließen lassen;

c) eine zur Reproduktion geeignete Wiedergabe des Geschmacksmusters. Ist jedoch ein Muster Gegenstand der Anmeldung und enthält die Anmeldung den Antrag, die Bekanntmachung der Anmeldung gemäß Artikel 50 aufzuschieben, kann die Wiedergabe des Musters durch eine Probe ersetzt werden.

(2) Die Anmeldung muss außerdem die Angabe der Erzeugnisse enthalten, in die das Geschmacksmuster aufgenommen oder bei denen es verwendet werden soll.

(3) Darüber hinaus kann die Anmeldung enthalten:

a) eine Beschreibung mit einer Erläuterung der Wiedergabe oder die Probe,
b) einen Antrag auf Aufschiebung der Bekanntmachung der Eintragung gemäß Artikel 50,
c) Angaben zu seinem Vertreter, falls der Anmelder einen solchen benannt hat,
d) die Klassifikation der Erzeugnisse, in die das Geschmacksmuster aufgenommen oder bei denen es verwendet werden soll nach Klassen,
e) die Nennung des Entwerfers oder des Entwerferteams oder die Erklärung auf Verantwortung des Anmelders, dass der Entwerfer oder das Entwerferteam auf das Recht, genannt zu werden, verzichtet hat.

(4) [1] Bei der Anmeldung ist eine Eintragungsgebühr und eine Bekanntmachungsgebühr zu entrichten. [2] Wird ein Antrag auf Aufschiebung der Bekanntmachung gemäß Absatz 3 Buchstabe b gestellt, so tritt eine Gebühr für die Aufschiebung der Bekanntmachung an die Stelle der Bekanntmachungsgebühr.

(5) Die Anmeldung muss den Erfordernissen der Durchführungsverordnung genügen.

(6) Die Angaben gemäß Absatz 2 sowie gemäß Absatz 3 Buchstaben a) und d) beeinträchtigen nicht den Schutzumfang des Geschmacksmusters als solchen.

Art. 37 Sammelanmeldungen. (1) [1] Mehrere Geschmacksmuster können in einer Sammelanmeldung für eingetragene Gemeinschaftsgeschmacksmuster zusammengefasst werden. [2] Außer im Falle von Verzierungen besteht diese Möglichkeit vorbehaltlich des Erfordernisses, dass alle Erzeugnisse, in die die Geschmacksmuster aufgenommen oder bei denen sie verwendet werden sollen, derselben Klasse der Internationalen Klassifikation für gewerbliche Muster und Modelle angehören müssen.

(2) [1] Für die Sammelanmeldung ist neben den in Artikel 36 Absatz 4 bezeichneten Gebühren eine zusätzliche Eintragungsgebühr und eine zusätzliche Bekanntmachungsgebühr zu entrichten. [2] Sofern die Sammelanmeldung einen Antrag auf Aufschiebung der Bekanntmachung enthält, tritt die zusätzliche Gebühr für die Aufschiebung der Bekanntmachung an die Stelle der zusätzlichen Bekanntmachungsgebühr. [3] Die zusätzlichen Gebühren entsprechen einem Prozentsatz der Grundgebühren für jedes zusätzliche Geschmacksmuster.

(3) Die Sammelanmeldung muss den Erfordernissen der Durchführungsverordnung entsprechen.

(4) [1] Alle in der Sammelanmeldung oder der Sammeleintragung enthaltenen Geschmacksmuster können für die Zwecke dieser Verordnung unabhängig voneinander behandelt werden. [2] Sie können insbesondere unabhängig von den anderen Geschmacksmustern geltend gemacht werden, Gegenstand einer Lizenz, eines dinglichen Rechts, einer Zwangsvollstreckung, eines Insolvenzverfahrens oder eines Verzichts, einer Erneuerung, einer Rechtsübertragung oder einer Aufschiebung der Bekanntmachung sein, sowie für nichtig erklärt werden. [3] Die Aufteilung einer Sammelanmeldung oder einer Sammeleintragung

in gesonderte Anmeldungen oder Eintragungen ist nur unter den in der Durchführungsverordnung aufgeführten Bedingungen zulässig.

Art. 38 Anmeldetag. (1) Der Anmeldetag eines eingetragenen Gemeinschaftsgeschmacksmusters ist der Tag, an dem die Unterlagen mit den Angaben nach Artikel 36 Absatz 1 beim Amt oder, wenn die Anmeldung bei der Zentralbehörde für den gewerblichen Rechtsschutz eines Mitgliedstaats oder beim Benelux-Musteramt eingereicht worden ist, bei der Zentralbehörde bzw. beim Benelux-Musteramt eingereicht worden sind.

(2) Wird eine Anmeldung bei der Zentralbehörde für den gewerblichen Rechtsschutz eines Mitgliedstaats oder beim Benelux-Musteramt eingereicht und langt sie beim Amt später als zwei Monate nach dem Tag ein, an dem die Unterlagen mit den Angaben nach Artikel 36 Absatz 1 eingereicht worden sind, so gilt abweichend von Absatz 1 als Anmeldetag der Tag, an dem das Amt diese Unterlagen erhalten hat.

Art. 39 Wirkung wie eine nationale Anmeldung. Die Anmeldung eines eingetragenen Gemeinschaftsgeschmacksmusters, deren Anmeldetag feststeht, hat in den Mitgliedstaaten die Wirkung einer vorschriftsmäßigen nationalen Anmeldung mit der gegebenenfalls für die besagte Anmeldung in Anspruch genommenen Priorität.

Art. 40 Klassifikation. Der Anhang zu dem am 8. Oktober 1968 in Locarno unterzeichneten Abkommen zur Errichtung einer Internationalen Klassifikation für gewerbliche Muster und Modelle findet auf diese Verordnung Anwendung.

Abschnitt 2. Priorität

Art. 41 Prioritätsrecht. (1) Jedermann, der in einem oder mit Wirkung für einen Vertragsstaat der Pariser Verbandsübereinkunft[1)] oder des Übereinkommens zur Errichtung der Welthandelsorganisation ein Geschmacksmuster oder ein Gebrauchsmuster vorschriftsmäßig angemeldet hat, oder sein Rechtsnachfolger genießt hinsichtlich der Anmeldung als eingetragenes Gemeinschaftsgeschmacksmuster für dieses Muster oder Gebrauchsmuster ein Prioritätsrecht von sechs Monaten nach Einreichung der ersten Anmeldung.

(2) Als prioritätsbegründend wird jede Anmeldung anerkannt, der nach dem innerstaatlichen Recht des Staates, in dem sie eingereicht worden ist, oder nach zwei- oder mehrseitigen Verträgen die Bedeutung einer vorschriftsmäßigen nationalen Anmeldung zukommt.

(3) Unter „vorschriftsmäßiger nationaler Anmeldung" ist jede Anmeldung zu verstehen, die die Feststellung des Tags ihrer Einreichung erlaubt; das spätere Schicksal der Anmeldung ist ohne Bedeutung.

(4) [1] Zur Feststellung der Priorität wird als die erste Anmeldung, von deren Einreichung an die Prioritätsfrist läuft, auch eine jüngere Anmeldung angesehen, die dasselbe Geschmacksmuster betrifft wie eine ältere erste in demselben oder für denselben Staat eingereichte Anmeldung, sofern diese ältere Anmeldung vor der Einreichung der jüngeren Anmeldung zurückgenommen, fallen gelassen oder zurückgewiesen worden ist, ohne zur öffentlichen Einsichtnahme

1) Nr. **60**.

ausgelegt zu sein und ohne dass Rechte bestehen geblieben sind, und sofern sie nicht bereits als Grundlage für die Inanspruchnahme des Prioritätsrechts gedient hat. [2] Die ältere Anmeldung kann in diesem Fall nicht mehr als Grundlage für die Inanspruchnahme des Prioritätsrechts dienen.

(5) Ist die erste Anmeldung in einem nicht zu den Vertragsstaaten der Pariser Verbandsübereinkunft[1)] oder des Übereinkommens zur Errichtung der Welthandelsorganisation gehörenden Staat eingereicht worden, so finden die Absätze 1 bis 4 nur insoweit Anwendung, als dieser Staat veröffentlichten Feststellungen zufolge aufgrund einer Anmeldung beim Amt unter Voraussetzungen und mit Wirkungen, die denen dieser Verordnung vergleichbar sind, ein Prioritätsrecht gewährt.

Art. 42 Inanspruchnahme der Priorität. [1] Der Anmelder eines eingetragenen Gemeinschaftsgeschmacksmusters, der die Priorität einer früheren Anmeldung in Anspruch nehmen will, hat eine Prioritätserklärung und eine Abschrift der früheren Anmeldung einzureichen. [2] Ist letztere nicht in einer dieser Sprachen abgefasst, kann das Amt die Übersetzung der früheren Anmeldung in eine dieser Sprachen verlangen.

Art. 43 Wirkung des Prioritätsrechts. Das Prioritätsrecht hat die Wirkung, dass der Prioritätstag als Tag der Anmeldung des eingetragenen Gemeinschaftsgeschmacksmusters im Sinne der Artikel 5, 6, 7, 22, des Artikels 25 Absatz 1 Buchstabe d) und des Artikels 50 Absatz 1 gilt.

Art. 44 Ausstellungspriorität. (1) Hat der Anmelder eines eingetragenen Gemeinschaftsgeschmacksmusters Erzeugnisse, in die das Geschmacksmuster aufgenommen sind oder bei denen sie verwendet werden, auf einer amtlichen oder amtlich anerkannten internationalen Ausstellung nach den Vorschriften des am 22. November 1928 in Paris unterzeichneten Übereinkommens über Internationale Ausstellungen offenbart, so kann er, wenn er die Anmeldung innerhalb einer Frist von sechs Monaten seit der erstmaligen Offenbarung der Erzeugnisse einreicht, ein Prioritätsrecht ab diesem Tag im Sinne des Artikels 43 in Anspruch nehmen.

(2) Jeder Anmelder, der nach Absatz 1 Priorität in Anspruch nehmen will, muss gemäß den in der Durchführungsverordnung festgelegten Einzelheiten Nachweise für die Zurschaustellung der Erzeugnisse, in die das Geschmacksmuster aufgenommen ist oder bei denen es verwendet wird, vorlegen.

(3) Eine Ausstellungspriorität, die in einem Mitgliedstaat oder einem Drittstaat gewährt wurde, verlängert die Prioritätsfrist des Artikels 41 nicht.

Titel V. Eintragungsverfahren

Art. 45 Prüfung der Anmeldung auf Formerfordernisse. (1) Das Amt prüft, ob die Anmeldung den in Artikel 36 Absatz 1 aufgeführten Erfordernissen für die Zuerkennung eines Anmeldetags genügt.

(2) Das Amt prüft, ob:

[1)] Nr. **60**.

a) die Anmeldung den sonstigen in Artikel 36 Absätze 2, 3, 4 und 5 sowie im Falle einer Sammelanmeldung den in Artikel 37 Absätze 1 und 2 vorgesehenen Erfordernissen genügt;
b) die Anmeldung den in der Durchführungsverordnung zu den Artikeln 36 und 37 vorgesehenen Formerfordernissen genügt;
c) die Erfordernisse nach Artikel 77 Absatz 2 erfüllt sind;
d) die Erfordernisse für die Inanspruchnahme der Priorität erfüllt sind, wenn Priorität in Anspruch genommen wird.

(3) Die Einzelheiten der Prüfung der Anmeldung auf Formerfordernisse werden in der Durchführungsverordnung festgelegt.

Art. 46 Behebbare Mängel. (1) Stellt das Amt bei der Prüfung gemäß Artikel 45 Mängel fest, die beseitigt werden können, so fordert es den Anmelder auf, die Mängel innerhalb der vorgeschriebenen Frist zu beheben.

(2) [1] Betreffen die Mängel die Erfordernisse gemäß Artikel 36 Absatz 1 und kommt der Anmelder der Aufforderung des Amtes innerhalb der vorgeschriebenen Frist nach, so erkennt das Amt als Anmeldetag den Tag an, an dem die Mängel behoben werden. [2] Werden die Mängel nicht innerhalb der vorgeschriebenen Frist behoben, so gilt die Anmeldung nicht als Anmeldung eines eingetragenen Gemeinschaftsgeschmacksmusters.

(3) [1] Betreffen die Mängel die Erfordernisse gemäß Artikel 45 Absatz 2 Buchstaben a), b) und c), einschließlich der Entrichtung der Gebühren, und kommt der Anmelder der Aufforderung des Amtes innerhalb der vorgeschriebenen Frist nach, so erkennt das Amt als Anmeldetag den Tag an, an dem die Anmeldung ursprünglich eingereicht wurde. [2] Werden die Mängel oder der Zahlungsverzug nicht innerhalb der vorgeschriebenen Frist behoben, so wird die Anmeldung vom Amt zurückgewiesen.

(4) Betreffen die Mängel die Erfordernisse gemäß Artikel 45 Absatz 2 Buchstabe d) und werden sie nicht innerhalb der vorgeschriebenen Frist behoben, so erlischt der Prioritätsanspruch für die Anmeldung.

Art. 47 Eintragungshindernisse. (1) Kommt das Amt bei der Prüfung gemäß Artikel 45 zu dem Schluss, dass das Geschmacksmuster, für das Schutz beantragt wird:
a) der Begriffsbestimmung nach Artikel 3 Buchstabe a) nicht entspricht, oder
b) gegen die öffentliche Ordnung oder die guten Sitten verstößt,
so weist es die Anmeldung zurück.

(2) Die Anmeldung kann nur zurückgewiesen werden, wenn dem Anmelder zuvor Gelegenheit gegeben worden ist, die Anmeldung zurückzunehmen oder zu ändern oder eine Stellungnahme einzureichen.

Art. 48 Eintragung. [1] Sind die Erfordernisse einer Anmeldung eines eingetragenen Gemeinschaftsgeschmacksmusters erfüllt und wurde die Anmeldung nicht gemäß Artikel 47 zurückgewiesen, trägt das Amt die Anmeldung im Register für Gemeinschaftsgeschmacksmuster als eingetragenes Gemeinschaftsgeschmacksmuster ein. [2] Die Eintragung erfolgt unter dem Datum des Anmeldetags gemäß Artikel 38.

Art. 49 Bekanntmachung. [1] Nach der Eintragung macht das Amt das eingetragene Gemeinschaftsgeschmacksmuster im Blatt für Gemeinschaftsgeschmacksmuster nach Artikel 73 Absatz 1 bekannt. [2] Der Inhalt der Bekanntmachung wird in der Durchführungsverordnung festgelegt.

Art. 50 Aufgeschobene Bekanntmachung. (1) Der Anmelder eines eingetragenen Gemeinschaftsgeschmacksmusters kann mit der Anmeldung beantragen, die Bekanntmachung des eingetragenen Gemeinschaftsgeschmacksmusters um 30 Monate ab dem Anmeldetag oder, wenn Priorität in Anspruch genommen wird, ab dem Prioritätstag, aufzuschieben.

(2) Wird der Antrag gestellt, so trägt das Amt, wenn die Bedingungen nach Artikel 48 erfüllt sind, das eingetragene Gemeinschaftsgeschmacksmuster zwar ein, aber vorbehaltlich des Artikels 74 Absatz 2 werden weder die Darstellung des Geschmacksmusters noch sonstige Unterlagen im Zusammenhang mit der Anmeldung zur öffentlichen Einsichtnahme ausgelegt.

(3) [1] Das Amt veröffentlicht im Blatt für Gemeinschaftsgeschmacksmuster einen Hinweis auf die aufgeschobene Bekanntmachung des eingetragenen Gemeinschaftsgeschmacksmusters. [2] Begleitet wird der Hinweis von Angaben, die es erlauben, die Identität des Rechtsinhabers des eingetragenen Gemeinschaftsgeschmacksmusters festzustellen, von der Angabe des Anmeldetages und von sonstigen in der Durchführungsverordnung festgelegten Angaben.

(4) [1] Bei Ablauf der Aufschiebungsfrist oder auf Antrag des Rechtsinhabers zu einem früheren Zeitpunkt legt das Amt alle Eintragungen im Register und die Akte betreffend die Anmeldung zur öffentlichen Einsichtnahme aus und macht das eingetragene Gemeinschaftsgeschmacksmuster im Blatt für Gemeinschaftsgeschmacksmuster bekannt, vorausgesetzt, dass innerhalb der in der Durchführungsverordnung festgelegten Frist:

a) die Bekanntmachungsgebühr und im Falle einer Sammelanmeldung die zusätzliche Bekanntmachungsgebühr entrichtet werden,
b) der Rechtsinhaber – bei einer Nutzung der in Artikel 36 Absatz 1 Buchstabe c) gebotenen Möglichkeit – die Wiedergabe des Geschmacksmusters beim Amt hinterlegt hat.

[2] Entspricht der Rechtsinhaber diesen Erfordernissen nicht, so wird das eingetragene Gemeinschaftsgeschmacksmuster so behandelt, als habe es die in dieser Verordnung festgelegten Wirkungen von Anfang an nicht gehabt.

(5) Im Falle einer Sammelanmeldung ist es möglich, Absatz 4 auf nur einige der in der Sammelanmeldung enthaltenen Geschmacksmuster anzuwenden.

(6) Die Einleitung eines gerichtlichen Verfahrens auf der Grundlage eines eingetragenen Gemeinschaftsgeschmacksmusters während der Frist der Aufschiebung der Bekanntmachung ist nur möglich, wenn die im Register und in der den Antrag betreffenden Akte enthaltenen Angaben der Person mitgeteilt wurden, gegen die der Prozess angestrengt wird.

Titel VI. Verzicht auf das eingetragene Gemeinschaftsgeschmacksmuster und Nichtigkeit

Art. 51 Verzicht. (1) [1] Der Verzicht auf das eingetragene Gemeinschaftsgeschmacksmuster ist vom Rechtsinhaber dem Amt schriftlich zu erklären. [2] Er wird erst wirksam, wenn er im Register eingetragen ist.

(2) Wird auf ein Gemeinschaftsgeschmacksmuster verzichtet, das Gegenstand einer aufgeschobenen Bekanntmachung ist, so wird das Geschmacksmuster so behandelt, als habe es die in dieser Verordnung festgelegten Wirkungen von Anfang an nicht gehabt.

(3) Auf ein eingetragenes Gemeinschaftsgeschmacksmuster kann teilweise verzichtet werden, sofern die geänderte Form die Schutzvoraussetzungen erfüllt und die Identität des Musters gewahrt bleibt.

(4) [1] Der Verzicht wird nur mit Zustimmung des im Register eingetragenen Rechtsinhabers so eingetragen. [2] Ist eine Lizenz in das Register eingetragen, so wird der Verzicht erst dann eingetragen, wenn der Inhaber des eingetragenen Gemeinschaftsgeschmacksmusters glaubhaft macht, dass er den Lizenznehmer von seiner Verzichtsabsicht unterrichtet hat. [3] Die Eintragung wird nach Ablauf der in der Durchführungsverordnung vorgeschriebenen Frist vorgenommen.

(5) Wurde aufgrund von Artikel 14 im Zusammenhang mit der Berechtigung zu einem eingetragenen Gemeinschaftsgeschmacksmuster vor einem Gemeinschaftsgeschmacksmustergericht Klage erhoben, so trägt das Amt den Verzicht nur mit Zustimmung des Klägers in das Register ein.

Art. 52 Antrag auf Nichtigerklärung. (1) Vorbehaltlich des Artikels 25 Absätze 2, 3, 4 und 5 kann jede natürliche oder juristische Person sowie eine hierzu befugte Behörde beim Amt einen Antrag auf Nichtigerklärung eines eingetragenen Gemeinschaftsgeschmacksmusters stellen.

(2) [1] Der Antrag ist schriftlich einzureichen und zu begründen. [2] Er gilt erst als gestellt, wenn die Gebühr für den Antrag auf Nichtigerklärung entrichtet worden ist.

(3) Ein Antrag auf Nichtigerklärung ist unzulässig, wenn ein Gemeinschaftsgeschmacksmustergericht über einen Antrag wegen desselben Anspruchs zwischen denselben Parteien bereits rechtskräftig entschieden hat.

Art. 53 Prüfung des Antrags. (1) Gelangt das Amt zu dem Ergebnis, dass der Antrag auf Nichtigerklärung zulässig ist, so prüft es, ob die in Artikel 25 genannten Nichtigkeitsgründe der Aufrechterhaltung des eingetragenen Gemeinschaftsgeschmacksmusters entgegenstehen.

(2) Bei der Prüfung des Antrags, die nach Maßgabe der Durchführungsverordnung durchzuführen ist, fordert das Amt die Beteiligten so oft wie erforderlich auf, innerhalb einer von ihm zu bestimmenden Frist eine Stellungnahme zu seinen Mitteilungen oder zu den Schriftsätzen anderer Beteiligter einzureichen.

(3) Die Entscheidung, durch die das eingetragene Gemeinschaftsgeschmacksmuster für nichtig erklärt wird, wird in das Register eingetragen, nachdem sie rechtskräftig geworden ist.

Art. 54 Beteiligung des angeblichen Rechtsverletzers am Verfahren.

(1) *[1]* Wurde ein Antrag auf Erklärung der Nichtigkeit eines eingetragenen Gemeinschaftsgeschmacksmusters gestellt und wurde vom Amt noch keine rechtskräftige Entscheidung getroffen, so kann ein Dritter, der glaubhaft macht, dass ein Verfahren wegen der Verletzung desselben Gemeinschaftsgeschmacksmusters gegen ihn eingeleitet worden ist, dem Nichtigkeitsverfahren beitreten, wenn er den Antrag innerhalb von drei Monaten ab dem Tag der Einleitung des Verletzungsverfahrens einreicht.

[2] Dasselbe gilt für jeden Dritten, der glaubhaft macht, dass der Rechtsinhaber des Gemeinschaftsgeschmacksmusters ihn aufgefordert hat, eine angebliche Verletzung des Gemeinschaftsgeschmacksmusters zu beenden, und dass er ein Verfahren eingeleitet hat, um eine Gerichtsentscheidung darüber herbeizuführen, dass er das Gemeinschaftsgeschmacksmuster nicht verletzt.

(2) [1] Der Antrag auf Beitritt zum Verfahren ist schriftlich einzureichen und zu begründen. [2] Dieser Antrag gilt erst als gestellt, wenn die Gebühr sowie die in Artikel 52 Absatz 2 genannte Gebühr entrichtet worden sind. [3] Danach wird der Antrag vorbehaltlich in der Durchführungsverordnung aufgeführter Ausnahmen als Antrag auf Nichtigerklärung behandelt.

Titel VII. Beschwerden

Art. 55 Beschwerdefähige Entscheidungen. (1) [1] Die Entscheidungen der Prüfer, der Marken- und Musterverwaltungs- und Rechtsabteilung und der Nichtigkeitsabteilungen sind mit der Beschwerde anfechtbar. [2] Die Beschwerde hat aufschiebende Wirkung.

(2) Eine Entscheidung, die ein Verfahren gegenüber einem Beteiligten nicht abschließt, ist nur zusammen mit der Endentscheidung anfechtbar, sofern nicht in der Entscheidung die gesonderte Beschwerde zugelassen ist.

Art. 56 Beschwerdeberechtigte und Verfahrensberechtigte. [1] Die Beschwerde steht denjenigen zu, die an dem Verfahren beteiligt waren, das zu der Entscheidung geführt hat, soweit sie durch die Entscheidung des Amtes beschwert sind. [2] Die übrigen an diesem Verfahren Beteiligten sind am Beschwerdeverfahren beteiligt.

Art. 57 Frist und Form der Beschwerde. [1] Die Beschwerde ist innerhalb von zwei Monaten nach Zustellung der Entscheidung schriftlich beim Amt einzulegen. [2] Die Beschwerde gilt erst als eingelegt, wenn die Beschwerdegebühr entrichtet worden ist. [3] Innerhalb von vier Monaten nach Zustellung der Entscheidung ist die Beschwerde schriftlich zu begründen.

Art. 58 Abhilfe. (1) [1] Erachtet die Dienststelle, deren Entscheidung angefochten wird, die Beschwerde als zulässig und begründet, so hat sie ihre Entscheidung zu berichtigen. [2] Dies gilt nicht, wenn dem Beschwerdeführer ein anderer an dem Verfahren Beteiligter gegenübersteht.

(2) Wird die Entscheidung innerhalb eines Monats nach Eingang der Begründung nicht berichtigt, so ist sie unverzüglich ohne sachliche Stellungnahme der Beschwerdekammer vorzulegen.

Art. 59 Prüfung der Beschwerde. (1) Ist die Beschwerde zulässig, so prüft die Beschwerdekammer, ob die Beschwerde begründet ist.

(2) Bei der Prüfung der Beschwerde fordert die Beschwerdekammer die Beteiligten so oft wie erforderlich auf, innerhalb einer von ihr zu bestimmenden Frist eine Stellungnahme zu ihren Mitteilungen oder zu den Schriftsätzen der anderen Beteiligten einzureichen.

Art. 60 Entscheidung über die Beschwerde. (1) [1] Nach der Prüfung, ob die Beschwerde begründet ist, entscheidet die Beschwerdekammer über die Beschwerde. [2] Die Beschwerdekammer wird entweder im Rahmen der Zuständigkeit der Dienststelle tätig, die die angefochtene Entscheidung erlassen hat, oder verweist die Angelegenheit zur weiteren Bearbeitung an diese Dienststelle zurück.

(2) Verweist die Beschwerdekammer die Angelegenheit zur weiteren Bearbeitung an die Dienststelle zurück, die die angefochtene Entscheidung erlassen hat, so ist diese Dienststelle durch die rechtliche Beurteilung der Beschwerdekammer, die der Entscheidung zugrunde gelegt ist, gebunden, soweit der Tatbestand derselbe ist.

(3) Die Entscheidungen der Beschwerdekammer werden erst mit dem Ablauf der in Artikel 61 Absatz 5 genannten Frist oder, wenn innerhalb dieser Frist eine Klage beim Gerichtshof eingereicht wurde, mit dem Tag der Zurückweisung dieser Klage wirksam.

Art. 61 Klage beim Gerichtshof. (1) Die von den Beschwerdekammern getroffenen Entscheidungen sind mit der Klage beim Gerichtshof anfechtbar.

(2) Die Klage kann auf die Behauptung der Unzuständigkeit, der Verletzung wesentlicher Verfahrensvorschriften, der Verletzung des Vertrages, dieser Verordnung und einer bei ihrer Durchführung anzuwendenden Rechtsnorm oder auf Ermessensmissbrauch gestützt werden.

(3) Der Gerichtshof kann die angefochtene Entscheidung aufheben oder abändern.

(4) Das Klagerecht steht den an dem Verfahren vor der Beschwerdekammer Beteiligten zu, soweit sie durch die Entscheidung beschwert sind.

(5) Die Klage ist innerhalb von zwei Monaten nach Zustellung der Entscheidung der Beschwerdekammer beim Gerichtshof zu erheben.

(6) Das Amt hat die Maßnahmen zu ergreifen, die sich aus dem Urteil des Gerichtshofs ergeben.

Titel VIII. Verfahren vor dem Amt

Abschnitt 1. Allgemeine Vorschriften

Art. 62 Begründung der Entscheidungen. [1] Die Entscheidungen des Amtes sind mit Gründen zu versehen. [2] Sie dürfen nur auf Gründe gestützt werden, zu denen die Beteiligten sich äußern konnten.

Art. 63 Ermittlung des Sachverhalts von Amts wegen. (1) [1] In dem Verfahren vor dem Amt ermittelt das Amt den Sachverhalt von Amts wegen. [2] Soweit es sich jedoch um Verfahren bezüglich einer Nichtigerklärung handelt, ist das Amt bei dieser Ermittlung auf das Vorbringen und die Anträge der Beteiligten beschränkt.

(2) Das Amt braucht Tatsachen und Beweismittel, die von den Beteiligten verspätet vorgebracht werden, nicht zu berücksichtigen.

Art. 64 Mündliche Verhandlung. (1) Das Amt ordnet von Amts wegen oder auf Antrag eines Verfahrensbeteiligten eine mündliche Verhandlung an, sofern es dies für sachdienlich erachtet.

(2) Die mündliche Verhandlung, einschließlich der Verkündung der Entscheidung, ist öffentlich, sofern die Dienststelle, die das Verfahren durchführt, nicht in Fällen anderweitig entscheidet, in denen insbesondere für eine am

Verfahren beteiligte Partei die Öffentlichkeit des Verfahrens schwerwiegende und ungerechtfertigte Nachteile zur Folge haben könnte.

Art. 65 Beweisaufnahme. (1) In den Verfahren vor dem Amt sind insbesondere folgende Beweismittel zulässig:

a) Vernehmung der Beteiligten,
b) Einholung von Auskünften,
c) Vorlegung von Urkunden und Beweisstücken,
d) Vernehmung von Zeugen,
e) Begutachtung durch Sachverständige,
f) schriftliche Erklärungen, die unter Eid oder an Eides statt abgegeben werden oder nach den Rechtsvorschriften des Staates, in dem sie abgegeben werden, die gleiche Wirkung haben.

(2) Die befasste Dienststelle des Amtes kann eines ihrer Mitglieder mit der Durchführung der Beweisaufnahme beauftragen.

(3) Hält das Amt die mündliche Vernehmung eines Beteiligten, Zeugen oder Sachverständigen für erforderlich, so wird der Betroffene zu einer Vernehmung vor dem Amt geladen.

(4) [1] Die Beteiligten werden von der Vernehmung eines Zeugen oder eines Sachverständigen vor dem Amt benachrichtigt. [2] Sie sind berechtigt, an der Zeugenvernehmung teilzunehmen und Fragen an den Zeugen oder Sachverständigen zu richten.

Art. 66 Zustellung. Das Amt stellt von Amts wegen alle Entscheidungen und Ladungen sowie die Bescheide und Mitteilungen zu, durch die eine Frist in Lauf gesetzt wird oder die nach anderen Vorschriften dieser Verordnung oder nach der Durchführungsverordnung zuzustellen sind oder für die der Präsident des Amtes die Zustellung vorgeschrieben hat.

Art. 67 Wiedereinsetzung in den vorigen Stand. (1) Der Anmelder, der Inhaber des eingetragenen Gemeinschaftsgeschmacksmusters oder jeder andere an einem Verfahren vor dem Amt Beteiligte, der trotz Beachtung aller nach den gegebenen Umständen gebotenen Sorgfalt verhindert worden ist, gegenüber dem Amt eine Frist einzuhalten, wird auf Antrag wieder in den vorigen Stand eingesetzt, wenn die Verhinderung nach dieser Verordnung den Verlust eines Rechts oder eines Rechtsmittels zur unmittelbaren Folge hat.

(2) [1] Der Antrag ist innerhalb von zwei Monaten nach Wegfall des Hindernisses schriftlich einzureichen. [2] Die versäumte Handlung ist innerhalb dieser Frist nachzuholen. [3] Der Antrag ist nur innerhalb eines Jahres nach Ablauf der versäumten Frist zulässig. [4] Ist der Antrag auf Verlängerung der Eintragung nicht eingereicht worden oder sind die Verlängerungsgebühren nicht entrichtet worden, so wird die in Artikel 13 Absatz 3 zweiter Satz vorgesehene Nachfrist von sechs Monaten in die Frist von einem Jahr eingerechnet.

(3) [1] Der Antrag ist zu begründen, wobei die zur Begründung dienenden Tatsachen glaubhaft zu machen sind. [2] Er gilt erst als gestellt, wenn die Wiedereinsetzungsgebühr entrichtet worden ist.

(4) Über den Antrag entscheidet die Dienststelle, die über die versäumte Handlung zu entscheiden hat.

(5) Dieser Artikel ist nicht auf die Fristen des Absatzes 2 sowie des Artikels 41 Absatz 1 anzuwenden.

(6) Wird dem Anmelder oder dem Inhaber des eingetragenen Gemeinschaftsgeschmacksmusters die Wiedereinsetzung in den vorigen Stand gewährt, so kann er Dritten gegenüber, die in der Zeit zwischen dem Eintritt des Rechtsverlusts an der Anmeldung oder der Eintragung des eingetragenen Gemeinschaftsgeschmacksmusters und der Bekanntmachung des Hinweises auf die Wiedereinsetzung in den vorigen Stand Erzeugnisse, in die ein Muster aufgenommen ist oder bei denen es verwendet wird, das unter den Schutzumfang des eingetragenen Gemeinschaftsgeschmacksmusters fällt, gutgläubig in den Verkehr gebracht haben, keine Rechte geltend machen.

(7) Dritte, die sich auf Absatz 6 berufen können, können gegen die Entscheidung über die Wiedereinsetzung des Anmelders oder des Inhabers des eingetragenen Gemeinschaftsgeschmacksmusters in den vorigen Stand binnen zwei Monaten nach dem Zeitpunkt der Bekanntmachung des Hinweises auf die Wiedereinsetzung in den vorigen Stand Drittwiderspruch einlegen.

(8) Dieser Artikel lässt das Recht eines Mitgliedstaats unberührt, Wiedereinsetzung in den vorigen Stand in Bezug auf Fristen zu gewähren, die in dieser Verordnung vorgesehen und den Behörden dieses Staats gegenüber einzuhalten sind.

Art. 68 Heranziehung allgemeiner Grundsätze. Soweit diese Verordnung, die Durchführungsverordnung, die Gebührenordnung oder die Verfahrensordnung der Beschwerdekammern Vorschriften über das Verfahren nicht enthalten, berücksichtigt das Amt die in den Mitgliedstaaten allgemein anerkannten Grundsätze des Verfahrensrechts.

Art. 69 Erlöschen von Zahlungsverpflichtungen. (1) Ansprüche des Amtes auf die Zahlung der Gebühren verjähren in vier Jahren nach Ablauf des Kalenderjahres, in dem die Gebühr fällig geworden ist.

(2) Ansprüche gegen das Amt auf Rückerstattung von Gebühren oder von Geldbeträgen, die bei der Entrichtung einer Gebühr zu viel gezahlt worden sind, verjähren in vier Jahren nach Ablauf des Kalenderjahres, in dem der Anspruch entstanden ist.

(3) [1] Die in den Absätzen 1 und 2 vorgesehene Frist wird im Falle des Absatzes 1 durch eine Aufforderung zur Zahlung der Gebühr und im Falle des Absatzes 2 durch eine schriftliche Geltendmachung des Anspruchs unterbrochen. [2] Sie beginnt mit der Unterbrechung erneut zu laufen und endet spätestens sechs Jahre nach Ablauf des Jahres, in dem sie ursprünglich zu laufen begonnen hat, es sei denn, dass der Anspruch in der Zwischenzeit gerichtlich geltend gemacht worden ist. [3] In diesem Fall endet die Frist frühestens ein Jahr nach der Rechtskraft der Entscheidung.

Abschnitt 2. Kosten

Art. 70 Kostenverteilung. (1) Der im Verfahren zur Erklärung der Nichtigkeit des eingetragenen Gemeinschaftsgeschmacksmusters oder im Beschwerdeverfahren unterliegende Beteiligte trägt die von dem anderen Beteiligten zu entrichtenden Gebühren sowie alle für die Durchführung des Verfahrens notwendigen Kosten, die dem anderen Beteiligten entstehen, einschließlich der Reise- und Aufenthaltskosten und der Kosten der Bevollmächtigten, Beistände und Anwälte im Rahmen der Tarife, die für jede Kostengruppe gemäß der Durchführungsverordnung festgelegt werden.

(2) Soweit jedoch die Beteiligten jeweils in einem oder mehreren Punkten unterliegen oder soweit es die Billigkeit erfordert, beschließt die Nichtigkeitsabteilung oder Beschwerdekammer eine andere Kostenverteilung.

(3) Der Beteiligte, der ein Verfahren dadurch beendet, dass er auf das eingetragene Gemeinschaftsgeschmacksmuster verzichtet oder dessen Eintragung nicht verlängert oder den Antrag auf Erklärung der Nichtigkeit oder die Beschwerde zurückzieht, trägt die Gebühren sowie die Kosten des anderen Beteiligten gemäß den Absätzen 1 und 2.

(4) Im Falle der Einstellung des Verfahrens entscheidet die Nichtigkeitsabteilung oder Beschwerdekammer über die Kosten nach freiem Ermessen.

(5) Vereinbaren die Beteiligten vor der Nichtigkeitsabteilung oder Beschwerdekammer eine andere als die in den Absätzen 1 bis 4 vorgesehene Kostenregelung, so nimmt das Amt diese Vereinbarung zur Kenntnis.

(6) [1] Die Geschäftsstelle der Nichtigkeitsabteilung oder Beschwerdekammer setzt auf Antrag den Betrag der nach den Absätzen 1 bis 5 zu erstattenden Kosten fest. [2] Gegen die Kostenfestsetzung der Geschäftsstelle ist der innerhalb der in der Durchführungsverordnung festgelegten Frist gestellte Antrag auf Entscheidung durch die Nichtigkeitsabteilung oder Beschwerdekammer zulässig.

Art. 71 Vollstreckung der Kostenentscheidung. (1) Jede rechtskräftige Entscheidung des Amtes, die Kosten festsetzt, ist ein vollstreckbarer Titel.

(2) [1] Die Zwangsvollstreckung erfolgt nach den Vorschriften des Zivilprozessrechts des Staates, in dessen Hoheitsgebiet sie stattfindet. [2] Die Vollstreckungsklausel wird nach einer Prüfung, die sich lediglich auf die Echtheit des Titels erstrecken darf, von der staatlichen Behörde erteilt, welche die Regierung jedes Mitgliedstaats zu diesem Zweck bestimmt und dem Amt und dem Gerichtshof benennt.

(3) Sind diese Förmlichkeiten auf Antrag der die Vollstreckung betreibenden Partei erfüllt, so kann diese die Zwangsvollstreckung nach innerstaatlichem Recht betreiben, indem sie die zuständige Stelle unmittelbar anruft.

(4) [1] Die Zwangsvollstreckung kann nur durch eine Entscheidung des Gerichtshofs ausgesetzt werden. [2] Für die Prüfung der Ordnungsmäßigkeit der Vollstreckungsmaßnahmen sind jedoch die Rechtsprechungsorgane des betreffenden Mitgliedstaats zuständig.

Abschnitt 3. Unterrichtung der Öffentlichkeit und der Behörden der Mitgliedstaaten

Art. 72 Register für Gemeinschaftsgeschmacksmuster. [1] Das Amt führt ein Register mit der Bezeichnung „Register für Gemeinschaftsgeschmacksmuster", in dem alle Angaben vermerkt werden, deren Eintragung in dieser Verordnung oder in der Durchführungsverordnung vorgeschrieben ist. [2] Jedermann kann in das Register Einsicht nehmen, sofern nicht Artikel 50 Absatz 2 etwas anderes bestimmt.

Art. 73 Regelmäßig erscheinende Veröffentlichungen. (1) Das Amt gibt regelmäßig ein Blatt für Gemeinschaftsgeschmacksmuster heraus, welches die

Eintragungen im Register wiedergibt, die zur öffentlichen Einsichtnahme bestimmt sind, sowie sonstige Angaben enthält, deren Veröffentlichung in dieser Verordnung oder in der Durchführungsverordnung vorgeschrieben ist.

(2) Allgemeine Bekanntmachungen und Mitteilungen des Präsidenten des Amtes sowie sonstige diese Verordnung oder ihre Anwendung betreffende Mitteilungen werden im Amtsblatt des Amtes veröffentlicht.

Art. 74 Akteneinsicht. (1) Einsicht in die Akten von Anmeldungen für eingetragene Gemeinschaftsgeschmacksmuster, die noch nicht bekannt gemacht worden sind, oder in die Akten von eingetragenen Gemeinschaftsgeschmacksmustern, die Gegenstand der aufgeschobenen Bekanntmachung gemäß Artikel 50 sind, oder die Gegenstand der aufgeschobenen Bekanntmachung waren und auf die bei oder vor Ablauf der Frist für die Aufschiebung der Bekanntmachung verzichtet wurde, wird nur mit Zustimmung des Anmelders oder des Rechtsinhabers des eingetragenen Gemeinschaftsgeschmacksmusters gewährt.

(2) *[1]* Wer ein legitimes Interesse an der Akteneinsicht glaubhaft macht, kann sie in dem in Absatz 1 geregelten Fall vor der Bekanntmachung der Anmeldung oder nach dem Verzicht auf das eingetragene Gemeinschaftsgeschmacksmuster und ohne Zustimmung des Anmelders oder des Inhabers des eingetragenen Gemeinschaftsgeschmacksmusters verlangen.

[2] Dies gilt insbesondere, wenn er nachweist, dass der Anmelder oder der Inhaber des eingetragenen Gemeinschaftsgeschmacksmusters Maßnahmen mit dem Ziel unternommen hat, die Rechte aus dem eingetragenen Gemeinschaftsgeschmacksmuster gegen ihn geltend zu machen.

(3) Nach der Bekanntmachung des eingetragenen Gemeinschaftsgeschmacksmusters wird auf Antrag Einsicht in die Akte gewährt.

(4) Im Falle einer Akteneinsicht entsprechend den Absätzen 2 oder 3 können jedoch Teile der Akten gemäß der Durchführungsverordnung von der Einsicht ausgeschlossen werden.

Art. 75 Amtshilfe. *[1]* Das Amt und die Gerichte oder Behörden der Mitgliedstaaten unterstützen einander auf Antrag durch die Erteilung von Auskünften oder die Gewährung von Akteneinsicht, soweit nicht Vorschriften dieser Verordnung oder des nationalen Rechts dem entgegenstehen.

[2] Gewährt das Amt Gerichten, Staatsanwaltschaften oder Zentralbehörden für den gewerblichen Rechtsschutz Akteneinsicht, so unterliegt diese nicht den Beschränkungen des Artikels 74.

Art. 76 Austausch von Veröffentlichungen. (1) Das Amt und die Zentralbehörden für den gewerblichen Rechtsschutz der Mitgliedstaaten übermitteln einander auf entsprechendes Ersuchen kostenlos für ihre eigenen Zwecke ein oder mehrere Exemplare ihrer Veröffentlichungen.

(2) Das Amt kann Vereinbarungen über den Austausch oder die Übermittlung von Veröffentlichungen treffen.

Abschnitt 4. Vertretung

Art. 77 Allgemeine Grundsätze der Vertretung. (1) Vorbehaltlich des Absatzes 2 ist niemand verpflichtet, sich vor dem Amt vertreten zu lassen.

(2) [1] Unbeschadet des Absatzes 3 Unterabsatz 2 müssen natürliche oder juristische Personen, die weder Wohnsitz noch Sitz noch eine tatsächliche und nicht nur zum Schein bestehende gewerbliche oder Handelsniederlassung in der Gemeinschaft haben, in jedem durch diese Verordnung geschaffenen Verfahren mit Ausnahme der Einreichung einer Anmeldung für ein eingetragenes Gemeinschaftsgeschmacksmuster gemäß Artikel 78 Absatz 1 vor dem Amt vertreten sein. [2] Die Durchführungsverordnung kann weitere Ausnahmen vorsehen.

(3) [1] Natürliche oder juristische Personen mit Wohnsitz oder Sitz oder einer tatsächlichen und nicht nur zum Schein bestehenden gewerblichen oder Handelsniederlassung in der Gemeinschaft können sich vor dem Amt durch einen ihrer Angestellten vertreten lassen, der eine unterzeichnete Vollmacht zu den Akten einzureichen hat; die entsprechenden Einzelheiten sind in der Durchführungsverordnung geregelt. [2] Angestellte einer juristischen Person im Sinne dieses Absatzes können auch andere juristische Personen, die mit der erstgenannten Person wirtschaftlich verbunden sind, vertreten, selbst wenn diese anderen juristischen Personen weder Wohnsitz noch Sitz noch eine tatsächliche und nicht nur zum Schein bestehende gewerbliche oder Handelsniederlassung in der Gemeinschaft haben.

Art. 78 Vertretung. (1) Die Vertretung natürlicher oder juristischer Personen in Verfahren vor dem Amt nach dieser Verordnung kann nur wahrgenommen werden:

a) durch einen Rechtsanwalt, der in einem der Mitgliedstaaten zugelassen ist und seinen Geschäftssitz in der Gemeinschaft hat, soweit er in diesem Staat die Vertretung auf dem Gebiet des gewerblichen Rechtsschutzes ausüben kann, oder
b) durch zugelassene Vertreter, die in die Liste zugelassener Vertreter gemäß Artikel 89 Absatz 1 Buchstabe b) der Verordnung über die Gemeinschaftsmarke eingetragen sind, oder
c) durch Personen, die in die besondere Liste zugelassener Vertreter in Geschmacksmusterangelegenheiten gemäß Absatz 4 eingetragen sind.

(2) Personen nach Absatz 1 Buchstabe c) sind nur dazu berechtigt, Dritte in Verfahren in Geschmacksmusterangelegenheiten vor dem Amt zu vertreten.

(3) In der Durchführungsverordnung wird festgelegt, ob und unter welchen Voraussetzungen die Vertreter dem Amt eine unterzeichnete Vollmacht zur Aufnahme in die Akten vorlegen müssen.

(4) Jede natürliche Person kann in die besondere Liste zugelassener Vertreter in Geschmacksmusterangelegenheiten eingetragen werden, sofern sie die folgenden Voraussetzungen erfüllt:

a) Sie muss die Staatsangehörigkeit eines Mitgliedstaats besitzen.
b) Sie muss ihren Geschäftssitz oder Arbeitsplatz innerhalb der Gemeinschaft haben.
c) Sie muss befugt sein, natürliche oder juristische Personen in Geschmacksmusterangelegenheiten vor der Zentralbehörde für den gewerblichen Rechtsschutz eines Mitgliedstaats oder vor dem Benelux-Musteramt zu vertreten. Unterliegt in diesem Staat die Befugnis zur Vertretung in Geschmacksmusterangelegenheiten nicht dem Erfordernis einer besonderen beruflichen Befähigung, so muss der Antragsteller vor der Zentralbehörde

für den gewerblichen Rechtsschutz dieses Staates mindestens fünf Jahre lang regelmäßig in Geschmacksmusterangelegenheiten tätig gewesen sein. Die Voraussetzung der Berufsausübung gilt jedoch nicht für Personen, deren berufliche Befähigung, natürliche oder juristische Personen in Geschmacksmusterangelegenheiten vor der Zentralbehörde für den gewerblichen Rechtsschutz eines Mitgliedstaats zu vertreten, nach den Vorschriften dieses Staats amtlich festgestellt worden ist.

(5) Die Eintragung in die Liste gemäß Absatz 4 erfolgt auf Antrag, dem eine Bescheinigung der Zentralbehörde für den gewerblichen Rechtsschutz des betreffenden Mitgliedstaats beizufügen ist, aus der sich die Erfüllung der Voraussetzungen gemäß Absatz 4 ergibt.

(6) Der Präsident des Amtes kann von folgenden Erfordernissen befreien:

a) Erfordernis nach Absatz 4 Buchstabe a) unter besonderen Umständen;

b) Erfordernis nach Absatz 4 Buchstabe c) zweiter Satz, wenn der Antragsteller nachweist, dass er die erforderliche Befähigung auf andere Weise erworben hat.

(7) In der Durchführungsverordnung wird festgelegt, unter welchen Bedingungen eine Person von der Liste gestrichen werden kann.

Titel IX. Zuständigkeit und Verfahren für Klagen, die Gemeinschaftsgeschmacksmuster betreffen

Abschnitt 1. Zuständigkeit und Vollstreckung

Art. 79 Anwendung des Vollstreckungsübereinkommens. (1) [1]Soweit in dieser Verordnung nichts anderes bestimmt ist, ist das am 27. September 1968 in Brüssel unterzeichnete Übereinkommen über die gerichtliche Zuständigkeit und die Vollstreckung gerichtlicher Entscheidungen in Zivil- und Handelssachen (nachstehend „Vollstreckungsübereinkommen" genannt[1)]) auf Verfahren betreffend Gemeinschaftsgeschmacksmuster und Anmeldungen von eingetragenen Gemeinschaftsgeschmacksmustern anzuwenden. [2]Dies gilt auch für Verfahren bezüglich Klagen auf der Grundlage von Gemeinschaftsgeschmacksmustern und nationalen Mustern, die gleichzeitigen Schutz genießen.

(2) Die Bestimmungen des Vollstreckungsübereinkommens gelten gegenüber den einzelnen Mitgliedstaaten nur hinsichtlich des Textes, der für den einzelnen Staat jeweils verbindlich ist.

(3) Auf Verfahren, welche durch die in Artikel 81 genannten Klagen und Widerklagen anhängig gemacht werden:

a) sind Artikel 2, Artikel 4, Artikel 5 Nummern 1, 3, 4 und 5, Artikel 16 Nummer 4 sowie Artikel 24 des Vollstreckungsübereinkommens nicht anzuwenden;

b) sind Artikel 17 und 18 des Vollstreckungsübereinkommens vorbehaltlich der Einschränkungen in Artikel 82 Absatz 4 dieser Verordnung anzuwenden;

[1)] **Amtl. Anm.:** ABl. L 299 vom 31.12.1972, S. 32. Übereinkommen geändert durch die Übereinkommen über den Beitritt der den Europäischen Gemeinschaften beitretenden Staaten zu diesem Übereinkommen.

c) sind die Bestimmungen des Titels II des Vollstreckungsübereinkommens, die für die in einem Mitgliedstaat wohnhaften Personen gelten, auch auf Personen anzuwenden, die keinen Wohnsitz, jedoch eine Niederlassung in einem Mitgliedstaat haben.

(4) [1] Das Vollstreckungsübereinkommen gilt nicht gegenüber Mitgliedstaaten, in denen es noch nicht in Kraft getreten ist. [2] Bis zu seinem Inkrafttreten richten sich Verfahren nach Absatz 1 in solchen Mitgliedstaaten nach bilateralen oder multilateralen Übereinkommen, die die Beziehungen zu anderen betroffenen Mitgliedstaaten regeln; besteht kein solches Übereinkommen, gelten die nationalen Rechtsvorschriften über die Zuständigkeit sowie die Anerkennung und Vollstreckung von Entscheidungen.

Abschnitt 2. Streitigkeiten über die Verletzung und Rechtsgültigkeit der Gemeinschaftsgeschmacksmuster

Art. 80 Gemeinschaftsgeschmacksmustergerichte. (1) Die Mitgliedstaaten benennen für ihr Gebiet eine möglichst geringe Anzahl nationaler Gerichte erster und zweiter Instanz (Gemeinschaftsgeschmacksmustergerichte), die die ihnen durch diese Verordnung zugewiesenen Aufgaben wahrnehmen.

(2) Jeder Mitgliedstaat übermittelt der Kommission spätestens am 6. März 2005 eine Aufstellung der Gemeinschaftsgeschmacksmustergerichte mit Angabe ihrer Bezeichnungen und örtlichen Zuständigkeit.

(3) Änderungen der Anzahl, der Bezeichnung oder der örtlichen Zuständigkeit der Gemeinschaftsgeschmacksmustergerichte, die nach der in Absatz 2 genannten Übermittlung eintreten, teilt der betreffende Mitgliedstaat unverzüglich der Kommission mit.

(4) Die in den Absätzen 2 und 3 genannten Angaben werden den Mitgliedstaaten von der Kommission bekannt gegeben und im *Amtsblatt der Europäischen Gemeinschaften* veröffentlicht.

(5) Solange ein Mitgliedstaat die in Absatz 2 vorgesehene Übermittlung nicht vorgenommen hat, sind Verfahren, welche durch die in Artikel 81 genannten Klagen und Widerklagen anhängig gemacht werden und für die die Gerichte dieses Mitgliedstaates nach Artikel 82 zuständig sind, vor demjenigen Gericht dieses Mitgliedstaates anhängig zu machen, das örtlich und sachlich zuständig wäre, wenn es sich um Verfahren handelte, die ein nationales Musterrecht dieses Staats betreffen.

Art. 81 Zuständigkeit für Verletzung und Rechtsgültigkeit. Die Gemeinschaftsgeschmacksmustergerichte sind ausschließlich zuständig:

a) für Klagen wegen Verletzung und – falls das nationale Recht dies zulässt – wegen drohender Verletzung eines Gemeinschaftsgeschmacksmusters;
b) für Klagen auf Feststellung der Nichtverletzung von Gemeinschaftsgeschmacksmustern, falls das nationale Recht diese zulässt;
c) für Klagen auf Erklärung der Nichtigkeit eines nicht eingetragenen Gemeinschaftsgeschmacksmusters;
d) für Widerklagen auf Erklärung der Nichtigkeit eines Gemeinschaftsgeschmacksmusters, die im Zusammenhang mit den unter Buchstabe a) genannten Klagen erhoben werden.

Art. 82 Internationale Zuständigkeit. (1) Vorbehaltlich der Vorschriften dieser Verordnung sowie der nach Artikel 79 anzuwendenden Bestimmungen des Vollstreckungsübereinkommens sind für die Verfahren, die durch eine in Artikel 81 genannte Klage oder Widerklage anhängig gemacht werden, die Gerichte des Mitgliedstaats zuständig, in dem der Beklagte seinen Wohnsitz oder – in Ermangelung eines Wohnsitzes in einem Mitgliedstaat – eine Niederlassung hat.

(2) Hat der Beklagte weder einen Wohnsitz noch eine Niederlassung in einem der Mitgliedstaaten, so sind für diese Verfahren die Gerichte des Mitgliedstaats zuständig, in dem der Kläger seinen Wohnsitz oder – in Ermangelung eines Wohnsitzes in einem Mitgliedstaat – eine Niederlassung hat.

(3) Hat weder der Beklagte noch der Kläger einen Wohnsitz oder eine Niederlassung in einem der Mitgliedstaaten, so sind für diese Verfahren die Gerichte des Mitgliedstaats zuständig, in dem das Amt seinen Sitz hat.

(4) Ungeachtet der Absätze 1, 2 und 3 ist:

a) Artikel 17 des Vollstreckungsübereinkommens anzuwenden, wenn die Parteien vereinbaren, dass ein anderes Gemeinschaftsgeschmacksmustergericht zuständig sein soll,

b) Artikel 18 des Vollstreckungsübereinkommens anzuwenden, wenn der Beklagte sich auf das Verfahren vor einem anderen Gemeinschaftsgeschmacksmustergericht einlässt.

(5) Die Verfahren, welche durch die in Artikel 81 Buchstaben a) und d) genannten Klagen und Widerklagen anhängig gemacht werden, können auch bei den Gerichten des Mitgliedstaats anhängig gemacht werden, in dem eine Verletzungshandlung begangen worden ist oder droht.

Art. 83 Reichweite der Zuständigkeit für Verletzungen. (1) Ein Gemeinschaftsgeschmacksmustergericht, dessen Zuständigkeit auf Artikel 82 Absätze 1, 2, 3 oder 4 beruht, ist für die in jedem Mitgliedstaat begangenen oder drohenden Verletzungshandlungen zuständig.

(2) Ein nach Artikel 82 Absatz 5 zuständiges Gemeinschaftsgeschmacksmustergericht ist nur für die Verletzungshandlungen zuständig, die in dem Mitgliedstaat begangen worden sind oder drohen, in dem das Gericht seinen Sitz hat.

Art. 84 Klage und Widerklage auf Erklärung der Nichtigkeit eines Gemeinschaftsgeschmacksmusters. (1) Eine Klage oder Widerklage auf Erklärung der Nichtigkeit eines Gemeinschaftsgeschmacksmusters kann nur auf die in Artikel 25 genannten Nichtigkeitsgründe gestützt werden.

(2) In den Fällen des Artikels 25 Absätze 2 bis 5 kann eine Klage oder Widerklage nur von der nach diesen Bestimmungen befugten Person erhoben werden.

(3) Wird die Widerklage in einem Rechtsstreit erhoben, in dem der Inhaber des Gemeinschaftsgeschmacksmusters noch nicht Partei ist, so ist er hiervon zu unterrichten und kann dem Rechtsstreit nach Maßgabe der Vorschriften des nationalen Rechts des Mitgliedstaats beitreten, in dem das Gericht seinen Sitz hat.

(4) Die Rechtsgültigkeit eines Gemeinschaftsgeschmacksmusters kann nicht durch eine Klage auf Feststellung der Nichtverletzung angegriffen werden.

Art. 85 Vermutung der Rechtsgültigkeit – Einreden. (1) [1]In Verfahren betreffend eine Verletzungsklage oder eine Klage wegen drohender Verletzung eines eingetragenen Gemeinschaftsgeschmacksmusters haben die Gemeinschaftsgeschmacksmustergerichte von der Rechtsgültigkeit des Gemeinschaftsgeschmacksmusters auszugehen. [2]Die Rechtsgültigkeit kann vom Beklagten nur mit einer Widerklage auf Erklärung der Nichtigkeit bestritten werden. [3]Allerdings ist der nicht im Wege der Widerklage erhobene Einwand der Nichtigkeit eines Gemeinschaftsgeschmacksmusters insoweit zulässig, als sich der Beklagte darauf beruft, dass das Gemeinschaftsgeschmacksmuster wegen eines ihm zustehenden älteren nationalen Musterrechts im Sinne des Artikels 25 Absatz 1 Buchstabe d) für nichtig erklärt werden sollte.

(2) [1]In Verfahren betreffend eine Verletzungsklage oder eine Klage wegen drohender Verletzung eines nicht eingetragenen Gemeinschaftsgeschmacksmusters haben die Gemeinschaftsgeschmacksmustergerichte, wenn der Rechtsinhaber Beweis für das Vorliegen der Voraussetzungen von Artikel 11 erbringt und angibt, inwiefern sein Geschmacksmuster Eigenart aufweist, von der Rechtsgültigkeit des Gemeinschaftsgeschmacksmusters auszugehen. [2]Die Rechtsgültigkeit kann vom Beklagten jedoch mit einer Widerklage auf Erklärung der Nichtigkeit bestritten werden.

Art. 86 Entscheidungen über die Rechtsgültigkeit. (1) In einem Verfahren vor einem Gemeinschaftsgeschmacksmustergericht, in dem die Rechtsgültigkeit des Gemeinschaftsgeschmacksmusters mit einer Widerklage auf Erklärung der Nichtigkeit angegriffen wurde:

a) erklärt das Gericht das Gemeinschaftsgeschmacksmuster für nichtig, wenn nach seinen Feststellungen einer der in Artikel 25 genannten Gründe der Aufrechterhaltung des Gemeinschaftsgeschmacksmusters entgegensteht;
b) weist das Gericht die Widerklage ab, wenn nach seinen Feststellungen keiner der in Artikel 25 genannten Gründe der Aufrechterhaltung des Gemeinschaftsgeschmacksmusters entgegensteht.

(2) [1]Das Gemeinschaftsgeschmacksmustergericht, bei dem Widerklage auf Erklärung der Nichtigkeit des eingetragenen Gemeinschaftsgeschmacksmusters erhoben worden ist, teilt dem Amt den Tag der Erhebung der Widerklage mit. [2]Das Amt vermerkt diese Tatsache im Register.

(3) [1]Das mit einer Widerklage auf Erklärung der Nichtigkeit des eingetragenen Gemeinschaftsgeschmacksmusters befasste Gemeinschaftsgeschmacksmustergericht kann auf Antrag des Inhabers des eingetragenen Gemeinschaftsgeschmacksmusters nach Anhörung der anderen Parteien das Verfahren aussetzen und den Beklagten auffordern, innerhalb einer vom Gericht zu bestimmenden Frist beim Amt die Erklärung der Nichtigkeit zu beantragen. [2]Wird der Antrag nicht innerhalb der Frist gestellt, wird das Verfahren fortgesetzt; die Widerklage gilt als zurückgenommen. [3]Artikel 91 Absatz 3 findet Anwendung.

(4) [1]Ist die Entscheidung des Gemeinschaftsgeschmacksmustergerichts über eine Widerklage auf Erklärung der Nichtigkeit des eingetragenen Gemeinschaftsgeschmacksmusters rechtskräftig geworden, so wird eine Ausfertigung dieser Entscheidung dem Amt zugestellt. [2]Jede Partei kann darum ersuchen, von der Zustellung unterrichtet zu werden. [3]Das Amt trägt nach Maßgabe der Durchführungsverordnung einen Hinweis auf die Entscheidung im Register ein.

(5) Die Widerklage auf Erklärung der Nichtigkeit des eingetragenen Gemeinschaftsgeschmacksmusters ist unzulässig, wenn das Amt über einen Antrag wegen desselben Anspruchs zwischen denselben Parteien bereits eine rechtskräftige Entscheidung erlassen hat.

Art. 87 Wirkungen der Entscheidung über die Rechtsgültigkeit. Ist die Entscheidung eines Gemeinschaftsgeschmacksmustergerichts, mit der ein Gemeinschaftsgeschmacksmuster für nichtig erklärt wird, rechtskräftig geworden, so hat sie in allen Mitgliedstaaten die in Artikel 26 aufgeführten Wirkungen.

Art. 88 Anwendbares Recht. (1) Die Gemeinschaftsgeschmacksmustergerichte wenden die Vorschriften dieser Verordnung an.

(2) In allen Fragen, die nicht durch diese Verordnung erfasst werden, wenden die Gemeinschaftsgeschmacksmustergerichte ihr nationales Recht einschließlich ihres internationalen Privatrechts an.

(3) Soweit in dieser Verordnung nichts anderes bestimmt ist, wendet das Gemeinschaftsgeschmacksmustergericht die Verfahrensvorschriften an, die in dem Mitgliedstaat, in dem es seinen Sitz hat, auf gleichartige Verfahren betreffend nationale Musterrechte anwendbar sind.

Art. 89 Sanktionen bei Verletzungsverfahren. (1) Stellt ein Gemeinschaftsgeschmacksmustergericht in einem Verfahren wegen Verletzung oder drohender Verletzung fest, dass der Beklagte ein Gemeinschaftsgeschmacksmuster verletzt hat oder zu verletzen droht, so erlässt es, wenn dem nicht gute Gründe entgegenstehen, folgende Anordnungen:

a) Anordnung, die dem Beklagten verbietet, die Handlungen, die das Gemeinschaftsgeschmacksmuster verletzen oder zu verletzen drohen, fortzusetzen;
b) Anordnung, die nachgeahmten Erzeugnisse zu beschlagnahmen;
c) Anordnung, Materialien und Werkzeug, die vorwiegend dazu verwendet wurden, die nachgeahmten Güter zu erzeugen, zu beschlagnahmen, wenn der Eigentümer vom Ergebnis der Verwendung wusste oder dieses offensichtlich war;
d) Anordnungen, durch die andere, den Umständen angemessene Sanktionen auferlegt werden, die in der Rechtsordnung einschließlich des Internationalen Privatrechts des Mitgliedstaates vorgesehen sind, in dem die Verletzungshandlungen begangen worden sind oder drohen.

(2) Das Gemeinschaftsgeschmacksmustergericht trifft nach Maßgabe seines innerstaatlichen Rechts die erforderlichen Maßnahmen, um sicherzustellen, dass die in Absatz 1 genannten Anordnungen befolgt werden.

Art. 90 Einstweilige Maßnahmen einschließlich Sicherungsmaßnahmen. (1) Bei den Gerichten eines Mitgliedstaats – einschließlich der Gemeinschaftsgeschmacksmustergerichte – können in Bezug auf ein Gemeinschaftsgeschmacksmuster alle einstweiligen Maßnahmen einschließlich Sicherungsmaßnahmen beantragt werden, die in dem Recht dieses Staates für nationale Musterrechte vorgesehen sind, auch wenn für die Entscheidung in der Hauptsache aufgrund dieser Verordnung ein Gemeinschaftsgeschmacksmustergericht eines anderen Mitgliedstaats zuständig ist.

(2) [1] In Verfahren betreffend einstweilige Maßnahmen einschließlich Sicherungsmaßnahmen ist der nicht im Wege der Widerklage erhobene Einwand

der Nichtigkeit des Gemeinschaftsgeschmacksmusters zulässig. [2] Artikel 85 Absatz 2 gilt entsprechend.

(3) [1] Ein Gemeinschaftsgeschmacksmustergericht, dessen Zuständigkeit auf Artikel 82 Absätze 1, 2, 3 oder 4 beruht, ist zuständig für die Anordnung einstweiliger Maßnahmen einschließlich Sicherungsmaßnahmen, die vorbehaltlich eines gegebenenfalls erforderlichen Anerkennungs- und Vollstreckungsverfahrens gemäß Titel III des Vollstreckungsübereinkommens in jedem Mitgliedstaat anwendbar sind. [2] Hierfür ist kein anderes Gericht zuständig.

Art. 91 Besondere Vorschriften über im Zusammenhang stehende Verfahren. (1) Ist vor einem Gemeinschaftsgeschmacksmustergericht eine Klage im Sinne des Artikels 81 – mit Ausnahme einer Klage auf Feststellung der Nichtverletzung – erhoben worden, so setzt es das Verfahren, soweit keine besonderen Gründe für dessen Fortsetzung bestehen, von Amts wegen nach Anhörung der Parteien oder auf Antrag einer Partei nach Anhörung der anderen Parteien aus, wenn die Rechtsgültigkeit des Gemeinschaftsgeschmacksmusters bereits aufgrund einer Widerklage vor einem anderen Gemeinschaftsgeschmacksmustergericht angegriffen worden ist oder wenn beim Amt bereits ein Antrag auf Erklärung der Nichtigkeit des eingetragenen Gemeinschaftsgeschmacksmusters gestellt worden ist.

(2) [1] Ist beim Amt ein Antrag auf Erklärung der Nichtigkeit des eingetragenen Gemeinschaftsgeschmacksmusters gestellt worden, so setzt es das Verfahren, soweit keine besonderen Gründe für dessen Fortsetzung bestehen, von Amts wegen nach Anhörung der Parteien oder auf Antrag einer Partei nach Anhörung der anderen Parteien aus, wenn die Rechtsgültigkeit des eingetragenen Gemeinschaftsgeschmacksmusters bereits aufgrund einer Widerklage vor einem Gemeinschaftsgeschmacksmustergericht angegriffen worden ist. [2] Das Gemeinschaftsgeschmacksmustergericht kann jedoch auf Antrag einer Partei des bei ihm anhängigen Verfahrens nach Anhörung der anderen Parteien das Verfahren aussetzen. [3] In diesem Fall setzt das Amt das bei ihm anhängige Verfahren fort.

(3) Setzt das Gemeinschaftsgeschmacksmustergericht das Verfahren aus, kann es für die Dauer der Aussetzung einstweilige Maßnahmen einschließlich Sicherungsmaßnahmen treffen.

Art. 92 Zuständigkeit der Gemeinschaftsgeschmacksmustergerichte zweiter Instanz – Weitere Rechtsmittel. (1) Gegen Entscheidungen der Gemeinschaftsgeschmacksmustergerichte erster Instanz über Klagen und Widerklagen nach Artikel 81 findet die Berufung bei den Gemeinschaftsgeschmacksmustergerichten zweiter Instanz statt.

(2) Die Bedingungen für die Einlegung der Berufung bei einem Gemeinschaftsgeschmacksmustergericht zweiter Instanz richten sich nach dem nationalen Recht des Mitgliedstaats, in dem dieses Gericht seinen Sitz hat.

(3) Die nationalen Vorschriften über weitere Rechtsmittel sind auf die Entscheidungen der Gemeinschaftsgeschmacksmustergerichte zweiter Instanz anwendbar.

Abschnitt 3. Sonstige Streitigkeiten über Gemeinschaftsgeschmacksmuster

Art. 93 Ergänzende Vorschriften über die Zuständigkeit der nationalen Gerichte, die keine Gemeinschaftsgeschmacksmustergerichte sind.

(1) Innerhalb des Mitgliedstaats, dessen Gerichte nach Artikel 79 Absatz 1 oder Absatz 4 zuständig sind, sind für andere als die in Artikel 81 genannten Klagen betreffend Gemeinschaftsgeschmacksmuster die Gerichte zuständig, die örtlich und sachlich zuständig wären, wenn es sich um Klagen handelte, die ein nationales Musterrecht in diesem Staat betreffen.

(2) Ist nach Artikel 79 Absatz 1 oder Absatz 4 und nach Absatz 1 dieses Artikels kein Gericht für die Entscheidung über andere als die in Artikel 81 genannten Klagen, die ein Gemeinschaftsgeschmacksmuster betreffen, zuständig, so kann die Klage vor den Gerichten des Mitgliedstaats erhoben werden, in dem das Amt seinen Sitz hat.

Art. 94 Bindung des nationalen Gerichts. [1]Das nationale Gericht, vor dem eine nicht unter Artikel 81 fallende Klage betreffend ein Gemeinschaftsgeschmacksmuster anhängig ist, hat von der Rechtsgültigkeit des Gemeinschaftsgeschmacksmusters auszugehen. [2]Artikel 85 Absatz 2 und Artikel 90 Absatz 2 finden jedoch entsprechende Anwendung.

Titel X. Auswirkungen auf das Recht der Mitgliedstaaten

Art. 95 Parallele Klagen aus Gemeinschaftsgeschmacksmustern und aus nationalen Musterrechten. (1) [1]Werden Klagen wegen Verletzung oder drohender Verletzung wegen derselben Handlungen und zwischen denselben Parteien bei Gerichten verschiedener Mitgliedstaaten anhängig gemacht, von denen das eine Gericht wegen Verletzung eines Gemeinschaftsgeschmacksmusters und das andere Gericht wegen der Verletzung eines nationalen Musterrechts, das gleichzeitigen Schutz gewährt, angerufen wird, so hat sich das später angerufene Gericht von Amts wegen zugunsten des zuerst angerufenen Gerichts für unzuständig zu erklären. [2]Das Gericht, das sich für unzuständig zu erklären hätte, kann das Verfahren aussetzen, wenn die Unzuständigkeit des anderen Gerichts geltend gemacht wird.

(2) Das wegen Verletzung oder drohender Verletzung eines Gemeinschaftsgeschmacksmusters angerufene Gemeinschaftsgeschmacksmustergericht weist die Klage ab, wenn wegen derselben Handlungen zwischen denselben Parteien ein rechtskräftiges Urteil in der Sache aufgrund eines Musterrechts, das gleichzeitigen Schutz gewährt, ergangen ist.

(3) Das wegen Verletzung oder drohender Verletzung eines nationalen Musterrechts angerufene Gericht weist die Klage ab, falls wegen derselben Handlungen zwischen denselben Parteien ein rechtskräftiges Urteil in der Sache aufgrund eines Gemeinschaftsgeschmacksmusters, das gleichzeitigen Schutz gewährt, ergangen ist.

(4) Die Absätze 1, 2 und 3 gelten nicht für einstweilige Maßnahmen, einschließlich Sicherungsmaßnahmen.

Art. 96 Verhältnis zu anderen Schutzformen nach nationalem Recht.

(1) Diese Verordnung lässt Bestimmungen des Gemeinschaftsrechts und des Rechts der betreffenden Mitgliedstaaten über nicht eingetragene Muster, Marken oder sonstige Zeichen mit Unterscheidungskraft, Patente und Gebrauchsmuster, Schriftbilder, zivilrechtliche Haftung und unlauteren Wettbewerb unberührt.

(2) [1] Ein als Gemeinschaftsgeschmacksmuster geschütztes Muster ist ab dem Tag, an dem das Muster entstand oder in irgendeiner Form festgelegt wurde, auch nach dem Urheberrecht der Mitgliedstaaten schutzfähig. [2] In welchem Umfang und unter welchen Bedingungen ein solcher Schutz gewährt wird, wird einschließlich des erforderlichen Grades der Eigenart vom jeweiligen Mitgliedstaat festgelegt.

Titel XI. Ergänzende Bestimmungen zum Amt

Abschnitt 1. Allgemeine Bestimmungen

Art. 97 Allgemeine Bestimmung. Soweit in diesem Titel nichts anderes bestimmt wird, gilt für das Amt im Hinblick auf die ihm durch diese Verordnung zugewiesenen Aufgaben Titel XII der Verordnung über die Gemeinschaftsmarke.

Art. 98 Verfahrenssprache. (1) Anmeldungen von eingetragenen Gemeinschaftsgeschmacksmustern sind in einer der Amtssprachen der Gemeinschaft einzureichen.

(2) *[1]* Der Anmelder hat eine zweite Sprache, die eine Sprache des Amtes ist, anzugeben, mit deren Benutzung als etwaiger Verfahrenssprache vor dem Amt er einverstanden ist.

[2] Ist die Anmeldung in einer Sprache, die nicht eine Sprache des Amtes ist, eingereicht worden, so sorgt das Amt dafür, dass die Anmeldung in die vom Anmelder angegebene Sprache übersetzt wird.

(3) [1] Ist der Anmelder des eingetragenen Gemeinschaftsgeschmacksmusters in einem Verfahren vor dem Amt der einzige Beteiligte, so ist Verfahrenssprache die Sprache, in der die Anmeldung eingereicht worden ist. [2] Ist die Anmeldung in einer Sprache, die nicht eine Sprache des Amtes ist, eingereicht worden, so kann das Amt dem Anmelder schriftliche Mitteilungen in der zweiten von ihm in der Anmeldung angegebenen Sprache übermitteln.

(4) *[1]* [1] In Verfahren auf Erklärung der Nichtigkeit ist die Verfahrenssprache die Sprache, in der die Anmeldung eingereicht worden ist, wenn es sich um eine Sprache des Amtes handelt. [2] Ist die Anmeldung in einer Sprache eingereicht worden, die nicht eine Sprache des Amtes ist, so ist die Verfahrenssprache die zweite in der Anmeldung angegebene Sprache.

[2] Anträge auf Erklärung der Nichtigkeit sind in der Verfahrenssprache zu stellen.

[3] [1] Ist die Verfahrenssprache nicht die Sprache, in der die Anmeldung eingereicht worden ist, so kann der Rechtsinhaber des Gemeinschaftsgeschmacksmusters Erklärungen in der Sprache abgeben, in der die Anmeldung eingereicht worden ist. [2] Das Amt sorgt dafür, dass diese Erklärungen in die Verfahrenssprache übersetzt werden.

[4] [1] In der Durchführungsverordnung kann vorgesehen werden, dass die dem Amt auferlegten Übersetzungskosten einen für jede Verfahrensart festgelegten Betrag, der anhand des durchschnittlichen Umfangs der beim Amt eingegangenen Schriftsätze festgelegt wird, nicht überschreiten dürfen, wovon Fälle ausgenommen sind, in denen das Amt einer aufgrund der Kompliziertheit der Angelegenheit gerechtfertigten Ausnahmeregelung zustimmt. [2] Die den betreffenden Betrag übersteigenden Kosten können nach Artikel 70 dem unterliegenden Beteiligten auferlegt werden.

(5) Die an einem Verfahren auf Erklärung der Nichtigkeit Beteiligten können vereinbaren, dass eine andere Amtssprache der Gemeinschaft als Verfahrenssprache verwendet wird.

Art. 99 Veröffentlichung und Eintragung. (1) Sämtliche Informationen, deren Veröffentlichung in dieser Verordnung oder in der Durchführungsverordnung vorgeschrieben ist, werden in allen Amtssprachen der Gemeinschaft veröffentlicht.

(2) Sämtliche Eintragungen in das Register für Gemeinschaftsgeschmacksmuster werden in allen Amtssprachen der Gemeinschaft vorgenommen.

(3) [1] In Zweifelsfällen ist der Wortlaut in der Sprache des Amtes maßgebend, in der die Anmeldung des Gemeinschaftsgeschmacksmusters eingereicht wurde. [2] Wurde die Anmeldung in einer Amtssprache der Gemeinschaft eingereicht, die nicht eine Sprache des Amtes ist, so ist der Wortlaut in der vom Anmelder angegebenen zweiten Sprache verbindlich.

Art. 100 Zusätzliche Befugnisse des Präsidenten. Zusätzlich zu den Funktionen und Befugnissen, die dem Präsidenten des Amtes durch Artikel 119 der Verordnung über die Gemeinschaftsmarke übertragen werden, kann er der Kommission Entwürfe für Änderungen dieser Verordnung, der Durchführungsverordnung, der Gebührenordnung und jeder anderen Regelung nach Anhörung des Verwaltungsrates und – im Fall der Gebührenordnung – des Finanzausschusses, vorlegen, soweit sie sich auf das eingetragene Gemeinschaftsgeschmacksmuster beziehen.

Art. 101 Zusätzliche Befugnisse des Verwaltungsrats. Zusätzlich zu den Befugnissen, die dem Verwaltungsrat durch die Artikel 121ff. der Verordnung über die Gemeinschaftsmarke oder andere Bestimmungen dieser Verordnung übertragen werden:

a) legt der Verwaltungsrat den Tag fest, an dem gemäß Artikel 111 Absatz 2 Anmeldungen von eingetragenen Gemeinschaftsgeschmacksmustern erstmals eingereicht werden können;

b) wird er vor der Annahme von Leitlinien für die vom Amt durchgeführte Prüfung auf Formerfordernisse und Prüfung der Eintragungshindernisse und Nichtigkeitsverfahren sowie in den anderen in dieser Verordnung vorgesehenen Fällen gehört.

Abschnitt 2. Verfahren

Art. 102 Zuständigkeit. Für Entscheidungen im Zusammenhang mit den in dieser Verordnung vorgeschriebenen Verfahren sind zuständig:

a) die Prüfer,

b) die Marken- und Musterverwaltungs- und Rechtsabteilung,

c) die Nichtigkeitsabteilungen,

d) die Beschwerdekammern.

Art. 103 Prüfer. Die Prüfer sind für Entscheidungen namens des Amtes im Zusammenhang mit der Anmeldung eines eingetragenen Gemeinschaftsgeschmacksmusters zuständig.

Art. 104 Marken- und Musterverwaltungs- und Rechtsabteilung.

(1) Die Markenverwaltungs- und Rechtsabteilung, die durch Artikel 128 der Verordnung über die Gemeinschaftsmarke eingerichtet wurde, wird umbenannt in Marken- und Musterverwaltungs- und Rechtsabteilung.

(2) [1] Zusätzlich zu den ihr in der Verordnung über die Gemeinschaftsmarke übertragenen Befugnissen ist sie für die nach dieser Verordnung erforderlichen Entscheidungen zuständig, die nicht in die Zuständigkeit eines Prüfers oder einer Nichtigkeitsabteilung fallen. [2] Sie ist insbesondere zuständig für Entscheidungen über Eintragungen und Löschungen im Register.

Art. 105 Nichtigkeitsabteilungen. (1) Die Nichtigkeitsabteilungen sind zuständig für Entscheidungen im Zusammenhang mit einem Antrag auf Erklärung der Nichtigkeit eines eingetragenen Gemeinschaftsgeschmacksmusters.

(2) [1] Eine Nichtigkeitsabteilung setzt sich aus drei Mitgliedern zusammen. [2] Mindestens ein Mitglied muss rechtskundig sein.

Art. 106 Beschwerdekammern. Zusätzlich zu den ihnen in Artikel 131 der Verordnung über die Gemeinschaftsmarke übertragenen Befugnissen sind die durch diese Verordnung geschaffenen Beschwerdekammern zuständig für die Entscheidung über Beschwerden gegen Entscheidungen der Prüfer, der Nichtigkeitsabteilungen und der Marken- und Musterverwaltungs- und Rechtsabteilung, soweit die Entscheidungen Gemeinschaftsgeschmacksmuster betreffen.

Titel XIa. Internationale Eintragung von Mustern und Modellen

Abschnitt 1. Allgemeine Bestimmungen

Art. 106a Anwendung der Bestimmungen. (1) Sofern in diesem Titel nichts anderes vorgesehen ist, gelten diese Verordnung und alle sie betreffenden, gemäß Artikel 109 angenommenen Durchführungsverordnungen sinngemäß für Eintragungen gewerblicher Muster und Modelle nach der Genfer Akte im beim Internationalen Büro der Weltorganisation für geistiges Eigentum geführten internationalen Register (im Folgenden „internationale Eintragung" bzw. „Internationales Büro" genannt), in denen die Gemeinschaft benannt ist.

(2) Jede Registrierung einer internationalen Eintragung, in der die Gemeinschaft benannt ist, im internationalen Register hat dieselbe Wirkung, als wäre sie im vom Amt geführten Register für Gemeinschaftsgeschmacksmuster erfolgt, und jede Veröffentlichung einer internationalen Eintragung, in der die Gemeinschaft benannt ist, im Bulletin des Internationalen Büros hat dieselbe Wirkung wie eine Veröffentlichung im Blatt für Gemeinschaftsgeschmacksmuster.

Abschnitt 2. Internationale Eintragungen, in denen die Europäische Gemeinschaft benannt ist

Art. 106b Verfahren zur Einreichung einer internationalen Anmeldung. Internationale Anmeldungen nach Artikel 4 Absatz 1 der Genfer Akte werden unmittelbar beim Internationalen Büro eingereicht.

Art. 106c Benennungsgebühren. Die vorgeschriebenen Benennungsgebühren nach Artikel 7 Absatz 1 der Genfer Akte werden durch eine individuelle Benennungsgebühr ersetzt.

Art. 106d Wirkung internationaler Eintragungen, in denen die Europäische Gemeinschaft benannt ist. (1) Eine internationale Eintragung, in der die Gemeinschaft benannt ist, hat ab dem Tag ihrer Eintragung nach Artikel 10 Absatz 2 der Genfer Akte dieselbe Wirkung wie eine Anmeldung eines eingetragenen Gemeinschaftsgeschmacksmusters.

(2) Ist keine Schutzverweigerung mitgeteilt oder eine Schutzverweigerung zurückgezogen worden, hat eine internationale Eintragung eines Musters oder Modells, in der die Gemeinschaft benannt ist, ab dem in Absatz 1 genannten Tag dieselbe Wirkung wie die Eintragung eines eingetragenen Gemeinschaftsgeschmacksmusters.

(3) Das Amt legt nach Maßgabe der Durchführungsverordnung Informationen über internationale Eintragungen im Sinne von Absatz 2 vor.

Art. 106e Schutzverweigerung. (1) *[1]* Stellt das Amt bei der Prüfung der internationalen Eintragung fest, dass das Muster oder Modell, für das Schutz begehrt wird, nicht der Begriffsbestimmung nach Artikel 3 Buchstabe a entspricht oder dass es gegen die öffentliche Ordnung oder die guten Sitten verstößt, so sendet es dem Internationalen Büro spätestens sechs Monate ab dem Tag der Veröffentlichung der internationalen Eintragung eine Mitteilung über die Schutzverweigerung.

[2] In der Mitteilung werden die Gründe für die Schutzverweigerung angeführt.

(2) Die Wirkung einer internationalen Eintragung in der Gemeinschaft wird nicht verweigert, bevor dem Inhaber Gelegenheit gegeben worden ist, in Bezug auf die Gemeinschaft auf den Schutz der internationalen Eintragung zu verzichten oder zur Schutzverweigerung Stellung zu nehmen.

(3) Die Einzelheiten der Prüfung der Schutzverweigerungsgründe werden in der Durchführungsverordnung festgelegt.

Art. 106f Nichtigerklärung der Wirkung einer internationalen Eintragung. (1) Die Wirkung einer internationalen Eintragung in der Gemeinschaft kann nach dem Verfahren der Titel VI und VII oder durch ein Gemeinschaftsgeschmacksmustergericht auf der Grundlage einer Widerklage in einem Verletzungsverfahren ganz oder teilweise für nichtig erklärt werden.

(2) Ist dem Amt die Nichtigerklärung bekannt, setzt es das Internationale Büro davon in Kenntnis.

Titel XII. Schlussbestimmungen

Art. 107 Durchführungsverordnung. (1) Die Vorschriften zur Durchführung dieser Verordnung werden in einer Durchführungsverordnung festgelegt.

(2) Außer den in dieser Verordnung vorgesehenen Gebühren werden Gebühren in den nachstehend aufgeführten Fällen nach Maßgabe der Durchführungsverordnung und einer Gebührenordnung erhoben:

a) verspätete Bezahlung der Eintragungsgebühr,
b) verspätete Bezahlung der Bekanntmachungsgebühr,
c) verspätete Bezahlung der Gebühr für die Aufschiebung der Bekanntmachung,
d) verspätete Bezahlung der zusätzlichen Gebühren für Sammelanmeldungen,
e) Ausstellung einer Kopie der Eintragungsurkunde,
f) Eintragung der Übertragung eines eingetragenen Gemeinschaftsgeschmacksmusters,
g) Eintragung einer Lizenz oder eines anderen Rechts an einem eingetragenen Gemeinschaftsgeschmacksmuster,
h) Löschung der Eintragung einer Lizenz oder eines anderen Rechts,
i) Ausstellung eines Registerauszugs,
j) Akteneinsicht,
k) Ausstellung von Kopien von Unterlagen aus den Akten,
l) Mitteilung von Informationen aus einer Akte,
m) Überprüfung der Festsetzung der zu erstattenden Verfahrenskosten,
n) Ausstellung von beglaubigten Kopien der Anmeldung.

(3) Die Durchführungsverordnung und die Gebührenordnung werden nach dem Verfahren des Artikels 109 Absatz 2 angenommen und geändert.

Art. 108 Verfahrensvorschriften für die Beschwerdekammern. Die Verfahrensvorschriften für die Beschwerdekammern gelten für Beschwerden, die diese Kammern im Rahmen dieser Verordnung bearbeiten, unbeschadet der erforderlichen Anpassungs- oder Zusatzbestimmungen, die nach Maßgabe des in Artikel 109 Absatz 2 vorgesehenen Verfahrens angenommen wurden.

Art. 109 Ausschuss. (1) Die Kommission wird von einem Ausschuss unterstützt.

(2) *[1]* Wird auf diesen Absatz Bezug genommen, so gelten die Artikel 5 und 7 des Beschlusses 1999/468/EG.

[2] Der Zeitraum nach Artikel 5 Absatz 6 des Beschlusses 1999/468/EG wird auf drei Monate festgesetzt.

(3) Der Ausschuss gibt sich eine Geschäftsordnung.

Art. 110 Übergangsbestimmungen. (1) Bis zu dem Zeitpunkt, zu dem auf Vorschlag der Kommission Änderungen zu dieser Verordnung in Kraft treten, besteht für ein Muster, das als Bauelement eines komplexen Erzeugnisses im Sinne des Artikels 19 Absatz 1 mit dem Ziel verwendet wird, die Reparatur dieses komplexen Erzeugnisses zu ermöglichen, um diesem wieder sein ursprüngliches Erscheinungsbild zu verleihen, kein Schutz als Gemeinschaftsgeschmacksmuster.

(2) Der Vorschlag der Kommission gemäß Absatz 1 wird gleichzeitig mit den Änderungen, die die Kommission zu diesem Bereich gemäß Artikel 18 der Richtlinie 98/71/EG[1] vorschlägt, vorgelegt und trägt diesen Änderungen Rechnung.

Art. 110a Bestimmungen über die Erweiterung der Gemeinschaft.

(1) Ab dem Tag des Beitritts Bulgariens, der Tschechischen Republik, Estlands, Kroatiens Zyperns, Lettlands, Litauens, Ungarns, Maltas, Polens, Rumäniens, Sloweniens und der Slowakei (im Folgenden „neuer Mitgliedstaat" oder „neue Mitgliedstaaten") wird ein vor dem jeweiligen Tag des Beitritts gemäß dieser Verordnung geschütztes oder angemeldetes Gemeinschaftsgeschmacksmuster auf das Hoheitsgebiet dieser Mitgliedstaaten erstreckt, damit es dieselbe Wirkung in der gesamten Gemeinschaft hat.

(2) Die Anmeldung eines eingetragenen Gemeinschaftsgeschmacksmusters darf nicht aufgrund der in Artikel 47 Absatz 1 genannten Eintragungshindernisse zurückgewiesen werden, wenn diese Hindernisse lediglich durch den Beitritt eines neuen Mitgliedstaats entstanden sind.

(3) Ein Gemeinschaftsgeschmackmuster nach Absatz 1 darf nicht gemäß Artikel 25 Absatz 1 für nichtig erklärt werden, wenn die Nichtigkeitsgründe lediglich aufgrund des Beitritts eines neuen Mitgliedstaats entstanden sind.

(4) [1]Der Anmelder oder der Inhaber eines in einem neuen Mitgliedstaat bestehenden älteren Rechts kann der Verwendung eines Gemeinschaftsgeschmacksmusters nach Artikel 25 Absatz 1 Buchstaben d, e oder f in dem Gebiet, in dem das ältere Recht geschützt ist, widersprechen. [2]Für die Zwecke dieser Bestimmung bedeutet ‚älteres Recht' ein Recht, das vor dem Beitritt gutgläubig erworben oder angemeldet wurde.

(5) [1]Die Absätze 1, 3 und 4 gelten auch für nicht eingetrageneGemeinschaftsgeschmacksmuster. [2]Gemäß Artikel 11 genießt ein Geschmacksmuster, das nicht in der Gemeinschaft öffentlich zugänglich gemacht wurde, keinen Schutz als nicht eingetragenes Gemeinschaftsgeschmacksmuster

Art. 111 Inkrafttreten. (1) Diese Verordnung tritt am 60. Tag nach ihrer Veröffentlichung[2] im *Amtsblatt der Europäischen Gemeinschaften* in Kraft.

(2) Anmeldungen von eingetragenen Gemeinschaftsgeschmacksmustern können von dem vom Verwaltungsrat auf Empfehlung des Präsidenten des Amtes festgelegten Tag an beim Amt eingereicht werden.

(3) Anmeldungen von eingetragenen Gemeinschaftsgeschmacksmustern, die in den letzten drei Monaten vor dem Stichtag gemäß Absatz 2 eingereicht werden, gelten als an diesem Tag eingereicht.

---

[1] Nr. **57**.
[2] Veröffentlicht am 5.1.2002.

59. Richtlinie 2004/48/EG des Europäischen Parlaments und des Rates vom 29. April 2004 zur Durchsetzung der Rechte des geistigen Eigentums

(Text von Bedeutung für den EWR)

(ABl. L 157 S. 45, gesamte Vorschrift ber. ABl. L 195 S. 16)

Celex-Nr. 3 2004 L 0048

DAS EUROPÄISCHE PARLAMENT UND DER RAT DER EUROPÄISCHEN UNION –

gestützt auf den Vertrag zur Gründung der Europäischen Gemeinschaft, insbesondere auf Artikel 95,

auf Vorschlag der Kommission,

nach Stellungnahme des Europäischen Wirtschafts- und Sozialausschusses[1)],

nach Anhörung des Ausschusses der Regionen,

gemäß dem Verfahren des Artikels 251 des Vertrags[2)],

in Erwägung nachstehender Gründe:

(1) Damit der Binnenmarkt verwirklicht wird, müssen Beschränkungen des freien Warenverkehrs und Wettbewerbsverzerrungen beseitigt werden, und es muss ein Umfeld geschaffen werden, das Innovationen und Investitionen begünstigt. Vor diesem Hintergrund ist der Schutz geistigen Eigentums ein wesentliches Kriterium für den Erfolg des Binnenmarkts. Der Schutz geistigen Eigentums ist nicht nur für die Förderung von Innovation und kreativem Schaffen wichtig, sondern auch für die Entwicklung des Arbeitsmarkts und die Verbesserung der Wettbewerbsfähigkeit.

(2) Der Schutz geistigen Eigentums soll Erfinder oder Schöpfer in die Lage versetzen, einen rechtmäßigen Gewinn aus ihren Erfindungen oder Werkschöpfungen zu ziehen. Er soll auch die weitestgehende Verbreitung der Werke, Ideen und neuen Erkenntnisse ermöglichen. Andererseits soll er weder die freie Meinungsäußerung noch den freien Informationsverkehr, noch den Schutz personenbezogener Daten behindern; dies gilt auch für das Internet.

(3) Ohne wirksame Instrumente zur Durchsetzung der Rechte des geistigen Eigentums werden jedoch Innovation und kreatives Schaffen gebremst und Investitionen verhindert. Daher ist darauf zu achten, dass das materielle Recht auf dem Gebiet des geistigen Eigentums, das heute weitgehend Teil des gemeinschaftlichen Besitzstands ist, in der Gemeinschaft wirksam angewandt wird. Daher sind die Instrumente zur Durchsetzung der Rechte des geistigen Eigentums von zentraler Bedeutung für den Erfolg des Binnenmarkts.

(4) Auf internationaler Ebene sind alle Mitgliedstaaten – wie auch die Gemeinschaft selbst in Fragen, die in ihre Zuständigkeit fallen,– an das durch

---

[1)] **Amtl. Anm.:** ABl. C 32 vom 5.2.2004, S. 15.

[2)] **Amtl. Anm.:** Stellungnahme des Europäischen Parlaments vom 9. März 2004 (noch nicht im Amtsblatt erschienen) und Beschluss des Rates vom 26. April 2004.

den Beschluss 94/800/EG des Rates[1] gebilligte Übereinkommen über handelsbezogene Aspekte der Rechte des geistigen Eigentums (TRIPS-Übereinkommen[2]), das im Rahmen der multilateralen Verhandlungen der Uruguay-Runde geschlossen wurde, gebunden.

(5) Das TRIPS-Übereinkommen[2] enthält vornehmlich Bestimmungen über die Instrumente zur Durchsetzung der Rechte des geistigen Eigentums, die gemeinsame, international gültige Normen sind und in allen Mitgliedstaaten umgesetzt wurden. Diese Richtlinie sollte die völkerrechtlichen Verpflichtungen der Mitgliedstaaten einschließlich derjenigen aufgrund des TRIPS-Übereinkommens[2] unberührt lassen.

(6) Es bestehen weitere internationale Übereinkünfte, denen alle Mitgliedstaaten beigetreten sind und die ebenfalls Vorschriften über Instrumente zur Durchsetzung der Rechte des geistigen Eigentums enthalten. Dazu zählen in erster Linie die Pariser Verbandsübereinkunft zum Schutz des gewerblichen Eigentums, die Berner Übereinkunft zum Schutz von Werken der Literatur und Kunst und das Rom-Abkommen über den Schutz der ausübenden Künstler, der Hersteller von Tonträgern und der Sendeunternehmen.

(7) Aus den Sondierungen der Kommission zu dieser Frage hat sich ergeben, dass ungeachtet des TRIPS-Übereinkommens[2] weiterhin zwischen den Mitgliedstaaten große Unterschiede bei den Instrumenten zur Durchsetzung der Rechte des geistigen Eigentums bestehen. So gibt es z.B. beträchtliche Diskrepanzen bei den Durchführungsbestimmungen für einstweilige Maßnahmen, die insbesondere zur Sicherung von Beweismitteln verhängt werden, bei der Berechnung von Schadensersatz oder bei den Durchführungsbestimmungen für Verfahren zur Beendigung von Verstößen gegen Rechte des geistigen Eigentums. In einigen Mitgliedstaaten stehen Maßnahmen, Verfahren und Rechtsbehelfe wie das Auskunftsrecht und der Rückruf rechtsverletzender Ware vom Markt auf Kosten des Verletzers nicht zur Verfügung.

(8) Die Unterschiede zwischen den Regelungen der Mitgliedstaaten hinsichtlich der Instrumente zur Durchsetzung der Rechte des geistigen Eigentums beeinträchtigen das reibungslose Funktionieren des Binnenmarktes und verhindern, dass die bestehenden Rechte des geistigen Eigentums überall in der Gemeinschaft in demselben Grad geschützt sind. Diese Situation wirkt sich nachteilig auf die Freizügigkeit im Binnenmarkt aus und behindert die Entstehung eines Umfelds, das einen gesunden Wettbewerb begünstigt.

(9) Die derzeitigen Unterschiede schwächen außerdem das materielle Recht auf dem Gebiet des geistigen Eigentums und führen zu einer Fragmentierung des Binnenmarktes in diesem Bereich. Dies untergräbt das Vertrauen der Wirtschaft in den Binnenmarkt und bremst somit Investitionen in Innovation und geistige Schöpfungen. Verletzungen von Rechten des geistigen Eigentums stehen immer häufiger in Verbindung mit dem organisierten Verbrechen. Die verstärkte Nutzung des Internet ermöglicht einen sofortigen globalen Vertrieb von Raubkopien. Die wirksame Durchsetzung des materiellen Rechts auf dem Gebiet des geistigen Eigentums

---

[1] **Amtl. Anm.:** ABl. L 336 vom 23.12.1994, S. 1.
[2] Nr. **63**.

bedarf eines gezielten Vorgehens auf Gemeinschaftsebene. Die Angleichung der diesbezüglichen Rechtsvorschriften der Mitgliedstaaten ist somit eine notwendige Voraussetzung für das reibungslose Funktionieren des Binnenmarktes.

(10) Mit dieser Richtlinie sollen diese Rechtsvorschriften einander angenähert werden, um ein hohes, gleichwertiges und homogenes Schutzniveau für geistiges Eigentum im Binnenmarkt zu gewährleisten.

(11) Diese Richtlinie verfolgt weder das Ziel, die Vorschriften im Bereich der justiziellen Zusammenarbeit, der gerichtlichen Zuständigkeit oder der Anerkennung und Vollstreckung von Entscheidungen in Zivil- und Handelssachen zu harmonisieren, noch das Ziel, Fragen des anwendbaren Rechts zu behandeln. Es gibt bereits gemeinschaftliche Instrumente, die diese Angelegenheiten auf allgemeiner Ebene regeln; sie gelten prinzipiell auch für das geistige Eigentum.

(12) Diese Richtlinie darf die Anwendung der Wettbewerbsvorschriften, insbesondere der Artikel 81 und 82 des Vertrags, nicht berühren. Die in dieser Richtlinie vorgesehenen Maßnahmen dürfen nicht dazu verwendet werden, den Wettbewerb entgegen den Vorschriften des Vertrags unzulässig einzuschränken.

(13) Der Anwendungsbereich dieser Richtlinie muss so breit wie möglich gewählt werden, damit er alle Rechte des geistigen Eigentums erfasst, die den diesbezüglichen Gemeinschaftsvorschriften und/oder den Rechtsvorschriften der jeweiligen Mitgliedstaaten unterliegen. Dieses Erfordernis hindert die Mitgliedstaaten jedoch nicht daran, die Bestimmungen dieser Richtlinie bei Bedarf zu innerstaatlichen Zwecken auf Handlungen auszuweiten, die den unlauteren Wettbewerb einschließlich der Produktpiraterie oder vergleichbare Tätigkeiten betreffen.

(14) Nur bei in gewerblichem Ausmaß vorgenommenen Rechtsverletzungen müssen die Maßnahmen nach Artikel 6 Absatz 2, Artikel 8 Absatz 1 und Artikel 9 Absatz 2 angewandt werden. Unbeschadet davon können die Mitgliedstaaten diese Maßnahmen auch bei anderen Rechtsverletzungen anwenden. In gewerblichem Ausmaß vorgenommene Rechtsverletzungen zeichnen sich dadurch aus, dass sie zwecks Erlangung eines unmittelbaren oder mittelbaren wirtschaftlichen oder kommerziellen Vorteils vorgenommen werden; dies schließt in der Regel Handlungen aus, die in gutem Glauben von Endverbrauchern vorgenommen werden.

(15) Diese Richtlinie sollte das materielle Recht auf dem Gebiet des geistigen Eigentums, nämlich die Richtlinie 95/46/EG des Europäischen Parlaments und des Rates vom 24. Oktober 1995 zum Schutz natürlicher Personen bei der Verarbeitung personenbezogener Daten und zum freien Datenverkehr[1)], die Richtlinie 1999/93/EG des Europäischen Parlaments und des Rates vom 13. Dezember 1999 über gemeinschaftliche Rahmenbedingungen für elektronische Signaturen[2)] und die Richtlinie 2000/31/EG des Europäischen Parlaments und des Rates vom 8. Juni 2000 über bestimmte rechtliche Aspekte der Dienste der Informationsgesellschaft,

---

[1)] **Amtl. Anm.:** ABl. L 281 vom 23.11.1995, S. 31. Richtlinie geändert durch die Verordnung (EG) Nr. 1882/2003 (ABl. L 284 vom 31.10.2003, S. 1).

[2)] **Amtl. Anm.:** ABl. L 13 vom 19.1.2000, S. 12.

insbesondere des elektronischen Geschäftsverkehrs, im Binnenmarkt[1]) nicht berühren.

(16) Diese Richtlinie sollte die gemeinschaftlichen Sonderbestimmungen zur Durchsetzung der Rechte und Ausnahmeregelungen auf dem Gebiet des Urheberrechts und der verwandten Schutzrechte, insbesondere die Bestimmungen der Richtlinie 91/250/EWG des Rates vom 14. Mai 1991 über den Rechtsschutz von Computerprogrammen[2]) und der Richtlinie 2001/29/EG des Europäischen Parlaments und des Rates vom 22. Mai 2001 zur Harmonisierung bestimmter Aspekte des Urheberrechts und der verwandten Schutzrechte in der Informationsgesellschaft[3]), unberührt lassen.

(17) Die in dieser Richtlinie vorgesehenen Maßnahmen, Verfahren und Rechtsbehelfe sollten in jedem Einzelfall so bestimmt werden, dass den spezifischen Merkmalen dieses Falles, einschließlich der Sonderaspekte jedes Rechts an geistigem Eigentum und gegebenenfalls des vorsätzlichen oder nicht vorsätzlichen Charakters der Rechtsverletzung gebührend Rechnung getragen wird.

(18) Die Befugnis, die Anwendung dieser Maßnahmen, Verfahren und Rechtsbehelfe zu beantragen, sollte nicht nur den eigentlichen Rechtsinhabern eingeräumt werden, sondern auch Personen, die ein unmittelbares Interesse haben und klagebefugt sind, soweit dies nach den Bestimmungen des anwendbaren Rechts zulässig ist und mit ihnen im Einklang steht; hierzu können auch Berufsorganisationen gehören, die mit der Verwertung der Rechte oder mit der Wahrnehmung kollektiver und individueller Interessen betraut sind.

(19) Da das Urheberrecht ab dem Zeitpunkt der Werkschöpfung besteht und nicht förmlich eingetragen werden muss, ist es angezeigt, die in Artikel 15 der Berner Übereinkunft enthaltene Bestimmung zu übernehmen, wonach eine Rechtsvermutung dahin gehend besteht, dass der Urheber eines Werkes der Literatur und Kunst die Person ist, deren Name auf dem Werkstück angegeben ist. Eine entsprechende Rechtsvermutung sollte auf die Inhaber verwandter Rechte Anwendung finden, da die Bemühung, Rechte durchzusetzen und Produktpiraterie zu bekämpfen, häufig von Inhabern verwandter Rechte, etwa den Herstellern von Tonträgern, unternommen wird.

(20) Da Beweismittel für die Feststellung einer Verletzung der Rechte des geistigen Eigentums von zentraler Bedeutung sind, muss sichergestellt werden, dass wirksame Mittel zur Vorlage, zur Erlangung und zur Sicherung von Beweismitteln zur Verfügung stehen. Die Verfahren sollten den Rechten der Verteidigung Rechnung tragen und die erforderlichen Sicherheiten einschließlich des Schutzes vertraulicher Informationen bieten. Bei in gewerblichem Ausmaß vorgenommenen Rechtsverletzungen ist es ferner wichtig, dass die Gerichte gegebenenfalls die Übergabe von Bank-, Finanz- und Handelsunterlagen anordnen können, die sich in der Verfügungsgewalt des angeblichen Verletzers befinden.

---

[1]) **Amtl. Anm.:** ABl. L 178 vom 17.7.2000, S. 1.

[2]) **Amtl. Anm.:** ABl. L 122 vom 17.5.1991, S. 42. Richtlinie geändert durch die Richtlinie 93/98/EWG (ABl. L 290 vom 24.11.1993, S. 9).

[3]) **Amtl. Anm.:** ABl. L 167 vom 22.6.2001, S. 10.

(21) In einigen Mitgliedstaaten gibt es andere Maßnahmen zur Sicherstellung eines hohen Schutzniveaus; diese sollten in allen Mitgliedstaaten verfügbar sein. Dies gilt für das Recht auf Auskunft über die Herkunft rechtsverletzender Waren und Dienstleistungen, über die Vertriebswege sowie über die Identität Dritter, die an der Rechtsverletzung beteiligt sind.

(22) Ferner sind einstweilige Maßnahmen unabdingbar, die unter Wahrung des Anspruchs auf rechtliches Gehör und der Verhältnismäßigkeit der einstweiligen Maßnahme mit Blick auf die besonderen Umstände des Einzelfalles, sowie vorbehaltlich der Sicherheiten, die erforderlich sind, um dem Antragsgegner im Falle eines ungerechtfertigten Antrags den entstandenen Schaden und etwaige Unkosten zu ersetzen, die unverzügliche Beendigung der Verletzung ermöglichen, ohne dass eine Entscheidung in der Sache abgewartet werden muss. Diese Maßnahmen sind vor allem dann gerechtfertigt, wenn jegliche Verzögerung nachweislich einen nicht wieder gutzumachenden Schaden für den Inhaber eines Rechts des geistigen Eigentums mit sich bringen würde.

(23) Unbeschadet anderer verfügbarer Maßnahmen, Verfahren und Rechtsbehelfe sollten Rechtsinhaber die Möglichkeit haben, eine gerichtliche Anordnung gegen eine Mittelsperson zu beantragen, deren Dienste von einem Dritten dazu genutzt werden, das gewerbliche Schutzrecht des Rechtsinhabers zu verletzen. Die Voraussetzungen und Verfahren für derartige Anordnungen sollten Gegenstand der einzelstaatlichen Rechtsvorschriften der Mitgliedstaaten bleiben. Was Verletzungen des Urheberrechts oder verwandter Schutzrechte betrifft, so gewährt die Richtlinie 2001/29/EG bereits ein umfassendes Maß an Harmonisierung. Artikel 8 Absatz 3 der Richtlinie 2001/29/EG sollte daher von dieser Richtlinie unberührt bleiben.

(24) Je nach Sachlage und sofern es die Umstände rechtfertigen, sollten die zu ergreifenden Maßnahmen, Verfahren und Rechtsbehelfe Verbotsmaßnahmen beinhalten, die eine erneute Verletzung von Rechten des geistigen Eigentums verhindern. Darüber hinaus sollten Abhilfemaßnahmen vorgesehen werden, deren Kosten gegebenenfalls dem Verletzer angelastet werden und die beinhalten können, dass Waren, durch die ein Recht verletzt wird, und gegebenenfalls auch die Materialien und Geräte, die vorwiegend zur Schaffung oder Herstellung dieser Waren gedient haben, zurückgerufen, endgültig aus den Vertriebswegen entfernt oder vernichtet werden. Diese Abhilfemaßnahmen sollten den Interessen Dritter, insbesondere der in gutem Glauben handelnden Verbraucher und privaten Parteien, Rechnung tragen.

(25) In Fällen, in denen eine Rechtsverletzung weder vorsätzlich noch fahrlässig erfolgt ist und die in dieser Richtlinie vorgesehenen Abhilfemaßnahmen oder gerichtlichen Anordnungen unangemessen wären, sollten die Mitgliedstaaten die Möglichkeit vorsehen können, dass in geeigneten Fällen als Ersatzmaßnahme die Zahlung einer Abfindung an den Geschädigten angeordnet wird. Wenn jedoch die kommerzielle Nutzung der nachgeahmten Waren oder die Erbringung von Dienstleistungen andere Rechtsvorschriften als die Vorschriften auf dem Gebiet des geistigen Eigentums verletzt oder ein möglicher Nachteil für den Verbraucher entsteht, sollte die Nutzung der Ware bzw. die Erbringung der Dienstleistung untersagt bleiben.

(26) Um den Schaden auszugleichen, den ein Verletzer von Rechten des geistigen Eigentums verursacht hat, der wusste oder vernünftigerweise hätte wissen müssen, dass er eine Verletzungshandlung vornahm, sollten bei der Festsetzung der Höhe des an den Rechtsinhaber zu zahlenden Schadensersatzes alle einschlägigen Aspekte berücksichtigt werden, wie z.B. Gewinneinbußen des Rechtsinhabers oder zu Unrecht erzielte Gewinne des Verletzers sowie gegebenenfalls der immaterielle Schaden, der dem Rechtsinhaber entstanden ist. Ersatzweise, etwa wenn die Höhe des tatsächlich verursachten Schadens schwierig zu beziffern wäre, kann die Höhe des Schadens aus Kriterien wie z.B. der Vergütung oder den Gebühren, die der Verletzer hätte entrichten müssen, wenn er die Erlaubnis zur Nutzung des besagten Rechts eingeholt hätte, abgeleitet werden. Bezweckt wird dabei nicht die Einführung einer Verpflichtung zu einem als Strafe angelegten Schadensersatz, sondern eine Ausgleichsentschädigung für den Rechtsinhaber auf objektiver Grundlage unter Berücksichtigung der ihm entstandenen Kosten, z.B. im Zusammenhang mit der Feststellung der Rechtsverletzung und ihrer Verursacher.

(27) Die Entscheidungen in Verfahren wegen Verletzungen von Rechten des geistigen Eigentums sollten veröffentlicht werden, um künftige Verletzer abzuschrecken und zur Sensibilisierung der breiten Öffentlichkeit beizutragen.

(28) Zusätzlich zu den zivil- und verwaltungsrechtlichen Maßnahmen, Verfahren und Rechtsbehelfen, die in dieser Richtlinie vorgesehen sind, stellen in geeigneten Fällen auch strafrechtliche Sanktionen ein Mittel zur Durchsetzung der Rechte des geistigen Eigentums dar.

(29) Die Industrie sollte sich aktiv am Kampf gegen Produktpiraterie und Nachahmung beteiligen. Die Entwicklung von Verhaltenskodizes in den direkt betroffenen Kreisen ist ein weiteres Mittel zur Ergänzung des Rechtsrahmens. Die Mitgliedstaaten sollten in Zusammenarbeit mit der Kommission die Ausarbeitung von Verhaltenskodizes im Allgemeinen fördern. Die Kontrolle der Herstellung optischer Speicherplatten, vornehmlich mittels eines Identifikationscodes auf Platten, die in der Gemeinschaft gefertigt werden, trägt zur Eindämmung der Verletzung der Rechte geistigen Eigentums in diesem Wirtschaftszweig bei, der in hohem Maß von Produktpiraterie betroffen ist. Diese technischen Schutzmaßnahmen dürfen jedoch nicht zu dem Zweck missbraucht werden, die Märkte gegeneinander abzuschotten und Parallelimporte zu kontrollieren.

(30) Um die einheitliche Anwendung der Bestimmungen dieser Richtlinie zu erleichtern, empfiehlt es sich, Mechanismen für die Zusammenarbeit und den Informationsaustausch vorzusehen, die einerseits die Zusammenarbeit zwischen den Mitgliedstaaten untereinander, andererseits zwischen ihnen und der Kommission fördern, insbesondere durch die Schaffung eines Netzes von Korrespondenzstellen, die von den Mitgliedstaaten benannt werden, und durch die regelmäßige Erstellung von Berichten, in denen die Umsetzung dieser Richtlinie und die Wirksamkeit der von den verschiedenen einzelstaatlichen Stellen ergriffenen Maßnahmen bewertet wird.

(31) Da aus den genannten Gründen das Ziel der vorliegenden Richtlinie auf Ebene der Mitgliedstaaten nicht ausreichend erreicht werden kann und daher besser auf Gemeinschaftsebene zu erreichen ist, kann die Gemein-

schaft im Einklang mit dem in Artikel 5 des Vertrags niedergelegten Subsidiaritätsprinzip tätig werden. Entsprechend dem in demselben Artikel genannten Verhältnismäßigkeitsprinzip geht diese Richtlinie nicht über das für die Erreichung dieses Ziels erforderliche Maß hinaus.

(32) Diese Richtlinie steht im Einklang mit den Grundrechten und Grundsätzen, die insbesondere mit der Charta der Grundrechte der Europäischen Union anerkannt wurden. In besonderer Weise soll diese Richtlinie im Einklang mit Artikel 17 Absatz 2 der Charta die uneingeschränkte Achtung geistigen Eigentums sicherstellen –

HABEN FOLGENDE RICHTLINIE ERLASSEN:

Kapitel I. Ziel und Anwendungsbereich

Art. 1 Gegenstand. [1]Diese Richtlinie betrifft die Maßnahmen, Verfahren und Rechtsbehelfe, die erforderlich sind, um die Durchsetzung der Rechte des geistigen Eigentums sicherzustellen. [2]Im Sinne dieser Richtlinie umfasst der Begriff „Rechte des geistigen Eigentums" auch die gewerblichen Schutzrechte.

Art. 2 Anwendungsbereich. (1) Unbeschadet etwaiger Instrumente in den Rechtsvorschriften der Gemeinschaft oder der Mitgliedstaaten, die für die Rechtsinhaber günstiger sind, finden die in dieser Richtlinie vorgesehenen Maßnahmen, Verfahren und Rechtsbehelfe gemäß Artikel 3 auf jede Verletzung von Rechten des geistigen Eigentums, die im Gemeinschaftsrecht und/oder im innerstaatlichen Recht des betreffenden Mitgliedstaats vorgesehen sind, Anwendung.

(2) Diese Richtlinie gilt unbeschadet der besonderen Bestimmungen zur Gewährleistung der Rechte und Ausnahmen, die in der Gemeinschaftsgesetzgebung auf dem Gebiet des Urheberrechts und der verwandten Schutzrechte vorgesehen sind, namentlich in der Richtlinie 91/250/EWG, insbesondere in Artikel 7, und der Richtlinie 2001/29/EG, insbesondere in den Artikeln 2 bis 6 und Artikel 8.

(3) Diese Richtlinie berührt nicht:

a) die gemeinschaftlichen Bestimmungen zum materiellen Recht auf dem Gebiet des geistigen Eigentums, die Richtlinie 95/46/EG, die Richtlinie 1999/93/EG und die Richtlinie 2000/31/EG im Allgemeinen und insbesondere deren Artikel 12 bis 15;

b) die sich aus internationalen Übereinkünften für die Mitgliedstaaten ergebenden Verpflichtungen, insbesondere solche aus dem TRIPS-Übereinkommen[1)], einschließlich solcher betreffend strafrechtliche Verfahren und Strafen;

c) innerstaatliche Vorschriften der Mitgliedstaaten betreffend strafrechtliche Verfahren und Strafen bei Verletzung von Rechten des geistigen Eigentums.

[1)] Nr. **63**.

Kapitel II. Maßnahmen, Verfahren und Rechtsbehelfe

Abschnitt 1. Allgemeine Bestimmungen

Art. 3 Allgemeine Verpflichtung. (1) [1]Die Mitgliedstaaten sehen die Maßnahmen, Verfahren und Rechtsbehelfe vor, die zur Durchsetzung der Rechte des geistigen Eigentums, auf die diese Richtlinie abstellt, erforderlich sind. [2]Diese Maßnahmen, Verfahren und Rechtsbehelfe müssen fair und gerecht sein, außerdem dürfen sie nicht unnötig kompliziert oder kostspielig sein und keine unangemessenen Fristen oder ungerechtfertigten Verzögerungen mit sich bringen.

(2) Diese Maßnahmen, Verfahren und Rechtsbehelfe müssen darüber hinaus wirksam, verhältnismäßig und abschreckend sein und so angewendet werden, dass die Einrichtung von Schranken für den rechtmäßigen Handel vermieden wird und die Gewähr gegen ihren Missbrauch gegeben ist.

Art. 4 Zur Beantragung der Maßnahmen, Verfahren und Rechtsbehelfe befugte Personen. Die Mitgliedstaaten räumen den folgenden Personen das Recht ein, die in diesem Kapitel vorgesehenen Maßnahmen, Verfahren und Rechtsbehelfe zu beantragen:

a) den Inhabern der Rechte des geistigen Eigentums im Einklang mit den Bestimmungen des anwendbaren Rechts,
b) allen anderen Personen, die zur Nutzung solcher Rechte befugt sind, insbesondere Lizenznehmern, soweit dies nach den Bestimmungen des anwendbaren Rechts zulässig ist und mit ihnen im Einklang steht,
c) Verwertungsgesellschaften mit ordnungsgemäß anerkannter Befugnis zur Vertretung von Inhabern von Rechten des geistigen Eigentums, soweit dies nach den Bestimmungen des anwendbaren Rechts zulässig ist und mit ihnen im Einklang steht,
d) Berufsorganisationen mit ordnungsgemäß anerkannter Befugnis zur Vertretung von Inhabern von Rechten des geistigen Eigentums, soweit dies nach den Bestimmungen des anwendbaren Rechts zulässig ist und mit ihnen im Einklang steht.

Art. 5 Urheber- oder Inhabervermutung. Zum Zwecke der Anwendung der in dieser Richtlinie vorgesehenen Maßnahmen, Verfahren und Rechtsbehelfe gilt Folgendes:

a) Damit der Urheber eines Werkes der Literatur und Kunst mangels Gegenbeweises als solcher gilt und infolgedessen Verletzungsverfahren anstrengen kann, genügt es, dass sein Name in der üblichen Weise auf dem Werkstück angegeben ist.
b) Die Bestimmung des Buchstabens a) gilt entsprechend für Inhaber von dem Urheberrecht verwandten Schutzrechten in Bezug auf ihre Schutzgegenstände.

Abschnitt 2. Beweise

Art. 6 Beweise. (1) [1]Die Mitgliedstaaten stellen sicher, dass die zuständigen Gerichte auf Antrag einer Partei, die alle vernünftigerweise verfügbaren Beweismittel zur hinreichenden Begründung ihrer Ansprüche vorgelegt und die in der Verfügungsgewalt der gegnerischen Partei befindlichen Beweismittel zur Begründung ihrer Ansprüche bezeichnet hat, die Vorlage dieser Beweismittel durch die gegnerische Partei anordnen können, sofern der Schutz vertraulicher Informationen gewährleistet wird. 2 Für die Zwecke dieses Absatzes können die Mitgliedstaaten vorsehen, dass eine angemessen große Auswahl aus einer erheblichen Anzahl von Kopien eines Werks oder eines anderen geschützten Gegenstands von den zuständigen Gerichten als glaubhafter Nachweis angesehen wird.

(2) Im Falle einer in gewerblichem Ausmaß begangenen Rechtsverletzung räumen die Mitgliedstaaten den zuständigen Gerichten unter den gleichen Voraussetzungen die Möglichkeit ein, in geeigneten Fällen auf Antrag einer Partei die Übermittlung von in der Verfügungsgewalt der gegnerischen Partei befindlichen Bank-, Finanz- oder Handelsunterlagen anzuordnen, sofern der Schutz vertraulicher Informationen gewährleistet wird.

Art. 7 Maßnahmen zur Beweissicherung. (1) *[1]* 1 Die Mitgliedstaaten stellen sicher, dass die zuständigen Gerichte selbst vor Einleitung eines Verfahrens in der Sache auf Antrag einer Partei, die alle vernünftigerweise verfügbaren Beweismittel zur Begründung ihrer Ansprüche, dass ihre Rechte an geistigem Eigentum verletzt worden sind oder verletzt zu werden drohen, vorgelegt hat, schnelle und wirksame einstweilige Maßnahmen zur Sicherung der rechtserheblichen Beweismittel hinsichtlich der behaupteten Verletzung anordnen können, sofern der Schutz vertraulicher Informationen gewährleistet wird. 2 Derartige Maßnahmen können die ausführliche Beschreibung mit oder ohne Einbehaltung von Mustern oder die dingliche Beschlagnahme der rechtsverletzenden Ware sowie gegebenenfalls der für die Herstellung und/oder den Vertrieb dieser Waren notwendigen Werkstoffe und Geräte und der zugehörigen Unterlagen umfassen. 3 Diese Maßnahmen werden gegebenenfalls ohne Anhörung der anderen Partei getroffen, insbesondere dann, wenn durch eine Verzögerung dem Rechtsinhaber wahrscheinlich ein nicht wieder gutzumachender Schaden entstünde, oder wenn nachweislich die Gefahr besteht, dass Beweise vernichtet werden.

[2] 1 Wenn Maßnahmen zur Beweissicherung ohne Anhörung der anderen Partei getroffen wurden, sind die betroffenen Parteien spätestens unverzüglich nach der Vollziehung der Maßnahmen davon in Kenntnis zu setzen. 2 Auf Antrag der betroffenen Parteien findet eine Prüfung, die das Recht zur Stellungnahme einschließt, mit dem Ziel statt, innerhalb einer angemessenen Frist nach der Mitteilung der Maßnahmen zu entscheiden, ob diese abgeändert, aufgehoben oder bestätigt werden sollen.

(2) Die Mitgliedstaaten stellen sicher, dass die Maßnahmen zur Beweissicherung an die Stellung einer angemessenen Kaution oder entsprechenden Sicherheit durch den Antragsteller geknüpft werden können, um eine Entschädigung des Antragsgegners wie in Absatz 4 vorgesehen sicherzustellen.

(3) Die Mitgliedstaaten stellen sicher, dass die Maßnahmen zur Beweissicherung auf Antrag des Antragsgegners unbeschadet etwaiger Schadensersatzforderungen aufgehoben oder auf andere Weise außer Kraft gesetzt werden, wenn der Antragsteller nicht innerhalb einer angemessenen Frist – die entweder von dem die Maßnahmen anordnenden Gericht festgelegt wird, sofern dies nach dem Recht des Mitgliedstaats zulässig ist, oder, wenn es nicht zu einer solchen Festlegung kommt, 20 Arbeitstage oder 31 Kalendertage, wobei der längere der

beiden Zeiträume gilt, nicht überschreitet – bei dem zuständigen Gericht das Verfahren einleitet, das zu einer Sachentscheidung führt.

(4) Werden Maßnahmen zur Beweissicherung aufgehoben oder werden sie auf Grund einer Handlung oder Unterlassung des Antragstellers hinfällig, oder wird in der Folge festgestellt, dass keine Verletzung oder drohende Verletzung eines Rechts des geistigen Eigentums vorlag, so sind die Gerichte befugt, auf Antrag des Antragsgegners anzuordnen, dass der Antragsteller dem Antragsgegner angemessenen Ersatz für durch diese Maßnahmen entstandenen Schaden zu leisten hat.

(5) Die Mitgliedstaaten können Maßnahmen zum Schutz der Identität von Zeugen ergreifen.

Abschnitt 3. Recht auf Auskunft

Art. 8 Recht auf Auskunft. (1) Die Mitgliedstaaten stellen sicher, dass die zuständigen Gerichte im Zusammenhang mit einem Verfahren wegen Verletzung eines Rechts des geistigen Eigentums auf einen begründeten und die Verhältnismäßigkeit wahrenden Antrag des Klägers hin anordnen können, dass Auskünfte über den Ursprung und die Vertriebswege von Waren oder Dienstleistungen, die ein Recht des geistigen Eigentums verletzen, von dem Verletzer und/oder jeder anderen Person erteilt werden, die

a) nachweislich rechtsverletzende Ware in gewerblichem Ausmaß in ihrem Besitz hatte,
b) nachweislich rechtsverletzende Dienstleistungen in gewerblichem Ausmaß in Anspruch nahm,
c) nachweislich für rechtsverletzende Tätigkeiten genutzte Dienstleistungen in gewerblichem Ausmaß erbrachte,
oder
d) nach den Angaben einer in Buchstabe a), b) oder c) genannten Person an der Herstellung, Erzeugung oder am Vertrieb solcher Waren bzw. an der Erbringung solcher Dienstleistungen beteiligt war.

(2) Die Auskünfte nach Absatz 1 erstrecken sich, soweit angebracht, auf

a) die Namen und Adressen der Hersteller, Erzeuger, Vertreiber, Lieferer und anderer Vorbesitzer der Waren oder Dienstleistungen sowie der gewerblichen Abnehmer und Verkaufsstellen, für die sie bestimmt waren;
b) Angaben über die Mengen der hergestellten, erzeugten, ausgelieferten, erhaltenen oder bestellten Waren und über die Preise, die für die betreffenden Waren oder Dienstleistungen gezahlt wurden.

(3) Die Absätze 1 und 2 gelten unbeschadet anderer gesetzlicher Bestimmungen, die

a) dem Rechtsinhaber weiter gehende Auskunftsrechte einräumen,
b) die Verwendung der gemäß diesem Artikel erteilten Auskünfte in straf- oder zivilrechtlichen Verfahren regeln,
c) die Haftung wegen Missbrauchs des Auskunftsrechts regeln,
d) die Verweigerung von Auskünften zulassen, mit denen die in Absatz 1 genannte Person gezwungen würde, ihre Beteiligung oder die Beteiligung enger Verwandter an einer Verletzung eines Rechts des geistigen Eigentums zuzugeben,

oder

e) den Schutz der Vertraulichkeit von Informationsquellen oder die Verarbeitung personenbezogener Daten regeln.

Abschnitt 4. Einstweilige Maßnahmen und Sicherungsmaßnahmen

Art. 9 Einstweilige Maßnahmen und Sicherungsmaßnahmen. (1) Die Mitgliedstaaten stellen sicher, dass die zuständigen Gerichte die Möglichkeit haben, auf Antrag des Antragstellers

a) gegen den angeblichen Verletzer eine einstweilige Maßnahme anzuordnen, um eine drohende Verletzung eines Rechts des geistigen Eigentums zu verhindern oder einstweilig und, sofern die einzelstaatlichen Rechtsvorschriften dies vorsehen, in geeigneten Fällen unter Verhängung von Zwangsgeldern die Fortsetzung angeblicher Verletzungen dieses Rechts zu untersagen oder die Fortsetzung an die Stellung von Sicherheiten zu knüpfen, die die Entschädigung des Rechtsinhabers sicherstellen sollen; eine einstweilige Maßnahme kann unter den gleichen Voraussetzungen auch gegen eine Mittelsperson angeordnet werden, deren Dienste von einem Dritten zwecks Verletzung eines Rechts des geistigen Eigentums in Anspruch genommen werden; Anordnungen gegen Mittelspersonen, deren Dienste von einem Dritten zwecks Verletzung eines Urheberrechts oder eines verwandten Schutzrechts in Anspruch genommen werden, fallen unter die Richtlinie 2001/29/EG;

b) die Beschlagnahme oder Herausgabe der Waren, bei denen der Verdacht auf Verletzung eines Rechts des geistigen Eigentums besteht, anzuordnen, um deren Inverkehrbringen und Umlauf auf den Vertriebswegen zu verhindern.

(2) [1] Im Falle von Rechtsverletzungen in gewerblichem Ausmaß stellen die Mitgliedstaaten sicher, dass die zuständigen Gerichte die Möglichkeit haben, die vorsorgliche Beschlagnahme beweglichen und unbeweglichen Vermögens des angeblichen Verletzers einschließlich der Sperrung seiner Bankkonten und der Beschlagnahme sonstiger Vermögenswerte anzuordnen, wenn die geschädigte Partei glaubhaft macht, dass die Erfüllung ihrer Schadensersatzforderung fraglich ist. [2] Zu diesem Zweck können die zuständigen Behörden die Übermittlung von Bank-, Finanz- oder Handelsunterlagen oder einen geeigneten Zugang zu den entsprechenden Unterlagen anordnen.

(3) Im Falle der Maßnahmen nach den Absätzen 1 und 2 müssen die Gerichte befugt sein, dem Antragsteller aufzuerlegen, alle vernünftigerweise verfügbaren Beweise vorzulegen, um sich mit ausreichender Sicherheit davon überzeugen zu können, dass der Antragsteller der Rechtsinhaber ist und dass das Recht des Antragstellers verletzt wird oder dass eine solche Verletzung droht.

(4) *[1]* [1] Die Mitgliedstaaten stellen sicher, dass die einstweiligen Maßnahmen nach den Absätzen 1 und 2 in geeigneten Fällen ohne Anhörung der anderen Partei angeordnet werden können, insbesondere dann, wenn durch eine Verzögerung dem Rechtsinhaber ein nicht wieder gutzumachender Schaden entstehen würde. [2] In diesem Fall sind die Parteien spätestens unverzüglich nach der Vollziehung der Maßnahmen davon in Kenntnis zu setzen.

[2] Auf Antrag des Antragsgegners findet eine Prüfung, die das Recht zur Stellungnahme einschließt, mit dem Ziel statt, innerhalb einer angemessenen

Frist nach der Mitteilung der Maßnahmen zu entscheiden, ob diese abgeändert, aufgehoben oder bestätigt werden sollen.

(5) Die Mitgliedstaaten stellen sicher, dass die einstweiligen Maßnahmen nach den Absätzen 1 und 2 auf Antrag des Antragsgegners aufgehoben oder auf andere Weise außer Kraft gesetzt werden, wenn der Antragsteller nicht innerhalb einer angemessenen Frist – die entweder von dem die Maßnahmen anordnenden Gericht festgelegt wird, sofern dies nach dem Recht des Mitgliedstaats zulässig ist, oder, wenn es nicht zu einer solchen Festlegung kommt, 20 Arbeitstage oder 31 Kalendertage, wobei der längere der beiden Zeiträume gilt, nicht überschreitet – bei dem zuständigen Gericht das Verfahren einleitet, das zu einer Sachentscheidung führt.

(6) Die zuständigen Gerichte können die einstweiligen Maßnahmen nach den Absätzen 1 und 2 an die Stellung einer angemessenen Kaution oder die Leistung einer entsprechenden Sicherheit durch den Antragsteller knüpfen, um eine etwaige Entschädigung des Antragsgegners gemäß Absatz 7 sicherzustellen.

(7) Werden einstweilige Maßnahmen aufgehoben oder werden sie auf Grund einer Handlung oder Unterlassung des Antragstellers hinfällig, oder wird in der Folge festgestellt, dass keine Verletzung oder drohende Verletzung eines Rechts des geistigen Eigentums vorlag, so sind die Gerichte befugt, auf Antrag des Antragsgegners anzuordnen, dass der Antragsteller dem Antragsgegner angemessenen Ersatz für durch diese Maßnahmen entstandenen Schaden zu leisten hat.

Abschnitt 5. Maßnahmen aufgrund einer Sachentscheidung

Art. 10 Abhilfemaßnahmen. (1) [1] Die Mitgliedstaaten stellen sicher, dass die zuständigen Gerichte auf Antrag des Antragstellers anordnen können, dass in Bezug auf Waren, die nach ihren Feststellungen ein Recht des geistigen Eigentums verletzen, und gegebenenfalls in Bezug auf Materialien und Geräte, die vorwiegend zur Schaffung oder Herstellung dieser Waren gedient haben, unbeschadet etwaiger Schadensersatzansprüche des Rechtsinhabers aus der Verletzung sowie ohne Entschädigung irgendwelcher Art geeignete Maßnahmen getroffen werden. [2] Zu diesen Maßnahmen gehören

a) der Rückruf aus den Vertriebswegen,
b) das endgültige Entfernen aus den Vertriebswegen oder
c) die Vernichtung.

(2) Die Gerichte ordnen an, dass die betreffenden Maßnahmen auf Kosten des Verletzers durchgeführt werden, es sei denn, es werden besondere Gründe geltend gemacht, die dagegen sprechen.

(3) Bei der Prüfung eines Antrags auf Anordnung von Abhilfemaßnahmen sind die Notwendigkeit eines angemessenen Verhältnisses zwischen der Schwere der Verletzung und den angeordneten Abhilfemaßnahmen sowie die Interessen Dritter zu berücksichtigen.

Art. 11 Gerichtliche Anordnungen. [1] Die Mitgliedstaaten stellen sicher, dass die zuständigen Gerichte bei Feststellung einer Verletzung eines Rechts des geistigen Eigentums eine Anordnung gegen den Verletzer erlassen können, die ihm die weitere Verletzung des betreffenden Rechts untersagt. [2] Sofern dies nach dem Recht eines Mitgliedstaats vorgesehen ist, werden im Falle einer Missachtung dieser Anordnung in geeigneten Fällen Zwangsgelder verhängt, um die Einhaltung der Anordnung zu gewährleisten. [3]Unbeschadet des Artikels 8 Absatz 3 der Richtlinie 2001/29/EG stellen die Mitgliedstaaten ferner sicher, dass die Rechtsinhaber eine Anordnung gegen Mittelspersonen beantragen können, deren Dienste von einem Dritten zwecks Verletzung eines Rechts des geistigen Eigentums in Anspruch genommen werden.

Art. 12 Ersatzmaßnahmen. Die Mitgliedstaaten können vorsehen, dass die zuständigen Gerichte in entsprechenden Fällen und auf Antrag der Person, der die in diesem Abschnitt vorgesehenen Maßnahmen auferlegt werden könnten, anordnen können, dass anstelle der Anwendung der genannten Maßnahmen eine Abfindung an die geschädigte Partei zu zahlen ist, sofern die betreffende Person weder vorsätzlich noch fahrlässig gehandelt hat, ihr aus der Durchführung der betreffenden Maßnahmen ein unverhältnismäßig großer Schaden entstehen würde und die Zahlung einer Abfindung an die geschädigte Partei als angemessene Entschädigung erscheint.

Abschnitt 6. Schadensersatz und Rechtskosten

Art. 13 Schadensersatz. (1) *[1]* Die Mitgliedstaaten stellen sicher, dass die zuständigen Gerichte auf Antrag der geschädigten Partei anordnen, dass der Verletzer, der wusste oder vernünftigerweise hätte wissen müssen, dass er eine Verletzungshandlung vornahm, dem Rechtsinhaber zum Ausgleich des von diesem wegen der Rechtsverletzung erlittenen tatsächlichen Schadens angemessenen Schadensersatz zu leisten hat.

[2] Bei der Festsetzung des Schadensersatzes verfahren die Gerichte wie folgt:

a) Sie berücksichtigen alle in Frage kommenden Aspekte, wie die negativen wirtschaftlichen Auswirkungen, einschließlich der Gewinneinbußen für die geschädigte Partei und der zu Unrecht erzielten Gewinne des Verletzers, sowie in geeigneten Fällen auch andere als die rein wirtschaftlichen Faktoren, wie den immateriellen Schaden für den Rechtsinhaber,
oder

b) sie können stattdessen in geeigneten Fällen den Schadensersatz als Pauschalbetrag festsetzen, und zwar auf der Grundlage von Faktoren wie mindestens dem Betrag der Vergütung oder Gebühr, die der Verletzer hätte entrichten müssen, wenn er die Erlaubnis zur Nutzung des betreffenden Rechts des geistigen Eigentums eingeholt hätte.

(2) Für Fälle, in denen der Verletzer eine Verletzungshandlung vorgenommen hat, ohne dass er dies wusste oder vernünftigerweise hätte wissen müssen, können die Mitgliedstaaten die Möglichkeit vorsehen, dass die Gerichte die Herausgabe der Gewinne oder die Zahlung von Schadensersatz anordnen, dessen Höhe im Voraus festgesetzt werden kann.

Art. 14 Prozesskosten. Die Mitgliedstaaten stellen sicher, dass die Prozesskosten und sonstigen Kosten der obsiegenden Partei in der Regel, soweit sie zumutbar und angemessen sind, von der unterlegenen Partei getragen werden, sofern Billigkeitsgründe dem nicht entgegenstehen.

Abschnitt 7. Veröffentlichung

Art. 15 Veröffentlichung von Gerichtsentscheidungen. [1] Die Mitgliedstaaten stellen sicher, dass die Gerichte bei Verfahren wegen Verletzung von Rechten des geistigen Eigentums auf Antrag des Antragstellers und auf Kosten des Verletzers geeignete Maßnahmen zur Verbreitung von Informationen über die betreffende Entscheidung, einschließlich der Bekanntmachung und der vollständigen oder teilweisen Veröffentlichung, anordnen können. [2] Die Mitgliedstaaten können andere, den besonderen Umständen angemessene Zusatzmaßnahmen, einschließlich öffentlichkeitswirksamer Anzeigen, vorsehen.

Kapitel III. Sanktionen der Mitgliedstaaten

Art. 16 Sanktionen der Mitgliedstaaten. Unbeschadet der in dieser Richtlinie vorgesehenen zivil- und verwaltungsrechtlichen Maßnahmen, Verfahren und Rechtsbehelfe können die Mitgliedstaaten in Fällen von Verletzungen von Rechten des geistigen Eigentums andere angemessene Sanktionen vorsehen.

Kapitel IV. Verhaltenskodizes und Verwaltungszusammenarbeit

Art. 17 Verhaltenskodizes. Die Mitgliedstaaten wirken darauf hin, dass

a) die Unternehmens- und Berufsverbände oder -organisationen auf Gemeinschaftsebene Verhaltenskodizes ausarbeiten, die zum Schutz der Rechte des geistigen Eigentums beitragen, insbesondere indem die Anbringung eines Codes auf optischen Speicherplatten empfohlen wird, der den Ort ihrer Herstellung erkennen lässt;

b) der Kommission die Entwürfe innerstaatlicher oder gemeinschaftsweiter Verhaltenskodizes und etwaige Gutachten über deren Anwendung übermittelt werden.

Art. 18 Bewertung. (1) *[1]* Jeder Mitgliedstaat legt der Kommission drei Jahre nach Ablauf der in Artikel 20 Absatz 1 genannten Frist einen Bericht über die Umsetzung dieser Richtlinie vor.

[2] [1] Anhand dieser Berichte erstellt die Kommission einen Bericht über die Anwendung dieser Richtlinie, einschließlich einer Bewertung der Wirksamkeit der ergriffenen Maßnahmen sowie einer Bewertung der Auswirkungen der Richtlinie auf die Innovation und die Entwicklung der Informationsgesellschaft. [2] Dieser Bericht wird dem Europäischen Parlament, dem Rat und dem Europäischen Wirtschafts- und Sozialausschuss vorgelegt. [3] Soweit erforderlich, legt die Kommission unter Berücksichtigung der Entwicklung des Gemeinschaftsrechts zusammen mit dem Bericht Vorschläge zur Änderung dieser Richtlinie vor.

(2) Die Mitgliedstaaten lassen der Kommission bei der Erstellung des in Absatz 1 Unterabsatz 2 genannten Berichts jede benötigte Hilfe und Unterstützung zukommen.

Art. 19 Informationsaustausch und Korrespondenzstellen. [1] Zur Förderung der Zusammenarbeit, einschließlich des Informationsaustauschs, der Mitgliedstaaten untereinander sowie zwischen den Mitgliedstaaten und der Kommission benennt jeder Mitgliedstaat mindestens eine nationale Korrespondenzstelle für alle die Durchführung der in dieser Richtlinie vorgesehenen

Maßnahmen betreffenden Fragen. [2] Jeder Mitgliedstaat teilt die Kontaktadressen seiner Korrespondenzstelle(n) den anderen Mitgliedstaaten und der Kommission mit.

Kapitel V. Schlussbestimmungen

Art. 20 Umsetzung. (1) *[1]* [1] Die Mitgliedstaaten setzen die Rechts- und Verwaltungsvorschriften in Kraft, die erforderlich sind, um dieser Richtlinie spätestens ab dem 29. April 2006 nachzukommen. [2] Sie setzen die Kommission unverzüglich davon in Kenntnis.

[2] [1] Wenn die Mitgliedstaaten diese Vorschriften erlassen, nehmen sie in den Vorschriften selbst oder durch einen Hinweis bei der amtlichen Veröffentlichung auf diese Richtlinie Bezug. [2] Die Mitgliedstaaten regeln die Einzelheiten der Bezugnahme.

(2) Die Mitgliedstaaten teilen der Kommission den Wortlaut der innerstaatlichen Rechtsvorschriften mit, die sie auf dem unter diese Richtlinie fallenden Gebiet erlassen.

Art. 21 Inkrafttreten. Diese Richtlinie tritt am zwanzigsten Tag nach ihrer Veröffentlichung[1] im *Amtsblatt der Europäischen Union* in Kraft.

Art. 22 Adressaten. Diese Richtlinie ist an die Mitgliedstaaten gerichtet.

---

[1] Veröffentlicht am 30.4.2004.

60. Pariser Verbandsübereinkunft zum Schutz des gewerblichen Eigentums

Vom 20. März 1883 [1)2)]

(BGBl. 1970 II S. 391, ber. 1985 II S. 975

geänd. durch ÄndBek. völkerrechtlicher Übereinkünfte auf dem Gebiet des geistigen Eigentums v. 20.8.1984 (BGBl. II S. 799)

– Amtlicher deutscher Text gemäß Artikel 29 Abs. 1 Buchstabe b –

Art. 1 [Schutz und Bedeutung] (1) Die Länder, auf die diese Übereinkunft Anwendung findet, bilden einen Verband zum Schutz des gewerblichen Eigentums.

(2) Der Schutz des gewerblichen Eigentums hat zum Gegenstand die Erfindungspatente, die Gebrauchsmuster, die gewerblichen Muster oder Modelle, die Fabrik- oder Handelsmarken, die Dienstleistungsmarken, den Handelsnamen und die Herkunftsangaben oder Ursprungsbezeichnungen sowie die Unterdrückung des unlauteren Wettbewerbs.

(3) Das gewerbliche Eigentum wird in der weitesten Bedeutung verstanden und bezieht sich nicht allein auf Gewerbe und Handel im eigentlichen Sinn des Wortes, sondern ebenso auf das Gebiet der Landwirtschaft und der Gewinnung der Bodenschätze und auf alle Fabrikate oder Naturerzeugnisse, zum Beispiel Wein, Getreide, Tabakblätter, Früchte, Vieh, Mineralien, Mineralwässer, Bier, Blumen, Mehl.

(4) Zu den Erfindungspatenten zählen die nach den Rechtsvorschriften der Verbandsländer zugelassenen verschiedenen Arten gewerblicher Patente, wie Einführungspatente, Verbesserungspatente, Zusatzpatente, Zusatzbescheinigungen usw.

Art. 2 [Verbandsangehörige] (1) [1]Die Angehörigen eines jeden der Verbandsländer genießen in allen übrigen Ländern des Verbandes in bezug auf den Schutz des gewerblichen Eigentums die Vorteile, welche die betreffenden Gesetze den eigenen Staatsangehörigen gegenwärtig gewähren oder in Zukunft gewähren werden, und zwar unbeschadet der durch diese Übereinkunft besonders vorgesehenen Rechte. [2]Demgemäß haben sie den gleichen Schutz wie diese und die gleichen Rechtsbehelfe gegen jeden Eingriff in ihre Rechte, vorbehaltlich der Erfüllung der Bedingungen und Förmlichkeiten, die den eigenen Staatsangehörigen auferlegt werden.

(2) Jedoch darf der Genuß irgendeines Rechts des gewerblichen Eigentums für die Verbandsangehörigen keinesfalls von der Bedingung abhängig gemacht

---

[1)] **Amtl. Anm.:** Revidiert in Brüssel am 14. Dezember 1900, in Washington am 2. Juni 1911, im Haag am 6. November 1925, in London am 2. Juni 1934, in Lissabon am 31. Oktober 1958 und in Stockholm am 14. Juli 1967 (BGBl. 1970 II S. 391).

[2)] Siehe hierzu das Ges. über die am 14. Juli 1967 in Stockholm unterzeichneten Übereinkünfte auf dem Gebiet des geistigen Eigentums v. 5.6.1970 (BGBl. II S. 293), zuletzt geänd. durch G v. 25.10. 1994 (BGBl. I S. 3082) sowie die Bek. vom 13. Oktober 1970 (BGBl. II S. 1073), wonach die Übereinkunft für die Bundesrepublik am 19. September 1970 in Kraft getreten ist, und zwar nach ihrem Art. 20 gemäß Bek. vom 12. Juli 1971 (BGBl. II S. 1015).

werden, daß sie einen Wohnsitz oder eine Niederlassung in dem Land haben, in dem der Schutz beansprucht wird.

(3) Ausdrücklich bleiben vorbehalten die Rechtsvorschriften jedes der Verbandsländer über das gerichtliche und das Verwaltungsverfahren und die Zuständigkeit sowie über die Wahl des Wohnsitzes oder die Bestellung eines Vertreters, die etwa nach den Gesetzen über das gewerbliche Eigentum erforderlich sind.

Art. 3 [Weitere Verbandsangehörige] Den Angehörigen der Verbandsländer sind gleichgestellt die Angehörigen der dem Verband nicht angehörenden Länder, die im Hoheitsgebiet eines Verbandslandes ihren Wohnsitz oder tatsächliche und nicht nur zum Schein bestehende gewerbliche oder Handelsniederlassungen haben.

Art. 4 [Prioritätsfristen]

A. [Nationale Hinterlegung]

(1) Wer in einem der Verbandsländer die Anmeldung für ein Erfindungspatent, ein Gebrauchsmuster, ein gewerbliches Muster oder Modell, eine Fabrik- oder Handelsmarke vorschriftsmäßig hinterlegt hat, oder sein Rechtsnachfolger genießt für die Hinterlegung in den anderen Ländern während der unten bestimmten Fristen ein Prioritätsrecht.

(2) Als prioritätsbegründend wird jede Hinterlegung anerkannt, der nach den innerstaatlichen Rechtsvorschriften jedes Verbandslandes oder nach den zwischen Verbandsländern abgeschlossenen zwei- oder mehrseitigen Verträgen die Bedeutung einer vorschriftsmäßigen nationalen Hinterlegung zukommt.

(3) Unter vorschriftsmäßiger nationaler Hinterlegung ist jede Hinterlegung zu verstehen, die zur Festlegung des Zeitpunkts ausreicht, an dem die Anmeldung in dem betreffenden Land hinterlegt worden ist, wobei das spätere Schicksal der Anmeldung ohne Bedeutung ist.

B. [Wirksamkeit der Hinterlegung]

[1] Demgemäß kann die spätere, jedoch vor Ablauf dieser Fristen in einem der anderen Verbandsländer bewirkte Hinterlegung nicht unwirksam gemacht werden durch inzwischen eingetretene Tatsachen, insbesondere durch eine andere Hinterlegung, durch die Veröffentlichung der Erfindung oder deren Ausübung, durch das Feilbieten von Stücken des Musters oder Modells, durch den Gebrauch der Marke; diese Tatsachen können kein Recht Dritter und kein persönliches Besitzrecht begründen. [2] Die Rechte, die von Dritten vor dem Tag der ersten, prioritätsbegründenden Anmeldung erworben worden sind, bleiben nach Maßgabe der innerstaatlichen Rechtsvorschriften eines jeden Verbandslandes gewahrt.

C. [Fristberechnung]

(1) Die oben erwähnten Prioritätsfristen betragen zwölf Monate für die Erfindungspatente und die Gebrauchsmuster und sechs Monate für die gewerblichen Muster oder Modelle und für die Fabrik- oder Handelsmarken.

(2) Diese Fristen laufen vom Zeitpunkt der Hinterlegung der ersten Anmeldung an; der Tag der Hinterlegung wird nicht in die Frist eingerechnet.

(3) Ist der letzte Tag der Frist in dem Land, in dem der Schutz beansprucht wird, ein gesetzlicher Feiertag oder ein Tag, an dem das Amt zur Entgegen-

nahme von Anmeldungen nicht geöffnet ist, so erstreckt sich die Frist auf den nächstfolgenden Werktag.

(4) [1] Als erste Anmeldung, von deren Hinterlegungszeitpunkt an die Prioritätsfrist läuft, wird auch eine jüngere Anmeldung angesehen, die denselben Gegenstand betrifft wie eine erste ältere im Sinn des Absatzes 2 in demselben Verbandsland eingereichte Anmeldung, sofern diese ältere Anmeldung bis zum Zeitpunkt der Hinterlegung der jüngeren Anmeldung zurückgezogen, fallengelassen oder zurückgewiesen worden ist, und zwar bevor sie öffentlich ausgelegt worden ist und ohne daß Rechte bestehen geblieben sind; ebensowenig darf diese ältere Anmeldung schon Grundlage für die Inanspruchnahme des Prioritätsrechts gewesen sein. [2] Die ältere Anmeldung kann in diesem Fall nicht mehr als Grundlage für die Inanspruchnahme des Prioritätsrechts dienen.

D. [Prioritätserklärung]

(1) [1] Wer die Priorität einer früheren Hinterlegung in Anspruch nehmen will, muß eine Erklärung über den Zeitpunkt und das Land dieser Hinterlegung abgeben. [2] Jedes Land bestimmt, bis wann die Erklärung spätestens abgegeben werden muß.

(2) Diese Angaben sind in die Veröffentlichungen der zuständigen Behörde, insbesondere in die Patenturkunden und die zugehörigen Beschreibungen aufzunehmen.

(3) [1] Die Verbandsländer können von demjenigen, der eine Prioritätserklärung abgibt, verlangen, daß er die frühere Anmeldung (Beschreibung, Zeichnungen usw.) in Abschrift vorlegt. [2] Die Abschrift, die von der Behörde, die diese Anmeldung empfangen hat, als übereinstimmend bescheinigt ist, ist von jeder Beglaubigung befreit und kann auf alle Fälle zu beliebiger Zeit innerhalb einer Frist von drei Monaten nach der Hinterlegung der späteren Anmeldung gebührenfrei eingereicht werden. [3] Es kann verlangt werden, daß ihr eine von dieser Behörde ausgestellte Bescheinigung über den Zeitpunkt der Hinterlegung und eine Übersetzung beigefügt werden.

(4) [1] Andere Förmlichkeiten für die Prioritätserklärung dürfen bei der Hinterlegung der Anmeldung nicht verlangt werden. [2] Jedes Verbandsland bestimmt die Folgen der Nichtbeachtung der in diesem Artikel vorgesehenen Förmlichkeiten; jedoch dürfen diese Folgen über den Verlust des Prioritätsrechts nicht hinausgehen.

(5) *[1]* Später können weitere Nachweise verlangt werden.

[2] Wer die Priorität einer früheren Anmeldung in Anspruch nimmt, ist verpflichtet, das Aktenzeichen dieser Anmeldung anzugeben; diese Angabe ist nach Maßgabe des Absatzes 2 zu veröffentlichen.

E. [Maßgebliche Prioritätsfrist]

(1) Wird in einem Land ein gewerbliches Muster oder Modell unter Inanspruchnahme eines auf die Anmeldung eines Gebrauchsmusters gegründeten Prioritätsrechts hinterlegt, so ist nur die für gewerbliche Muster oder Modelle bestimmte Prioritätsfrist maßgebend.

(2) Im übrigen ist es zulässig, in einem Land ein Gebrauchsmuster unter Inanspruchnahme eines auf die Hinterlegung einer Patentanmeldung gegründeten Prioritätsrechts zu hinterlegen und umgekehrt.

F. [Prioritätsanerkennungspflicht]

[1] Kein Verbandsland darf deswegen die Anerkennung einer Priorität verweigern oder eine Patentanmeldung zurückweisen, weil der Anmelder mehrere Prioritäten in Anspruch nimmt, selbst wenn sie aus verschiedenen Ländern stammen, oder deswegen, weil eine Anmeldung, für die eine oder mehrere Prioritäten beansprucht werden, ein oder mehrere Merkmale enthält, die in der oder den Anmeldungen, deren Priorität beansprucht worden ist, nicht enthalten waren, sofern in beiden Fällen Erfindungseinheit im Sinn des Landesgesetzes vorliegt.

[2] Hinsichtlich der Merkmale, die in der oder den Anmeldungen, deren Priorität in Anspruch genommen worden ist, nicht enthalten sind, läßt die jüngere Anmeldung ein Prioritätsrecht unter den allgemeinen Bedingungen entstehen.

G. [Nicht einheitliche Patentanmeldung]

(1) Ergibt die Prüfung, daß eine Patentanmeldung nicht einheitlich ist, so kann der Anmelder die Anmeldung in eine Anzahl von Teilanmeldungen teilen, wobei ihm für jede Teilanmeldung als Anmeldezeitpunkt der Zeitpunkt der ursprünglichen Anmeldung und gegebenenfalls das Prioritätsvorrecht erhalten bleiben.

(2) [1]Der Anmelder kann auch von sich aus die Patentanmeldung teilen, wobei ihm für jede Teilanmeldung als Anmeldezeitpunkt der Zeitpunkt der ursprünglichen Anmeldung und gegebenenfalls das Prioritätsvorrecht erhalten bleiben. [2]Jedem Verbandsland steht es frei, die Bedingungen festzulegen, unter denen diese Teilung zugelassen wird.

H. [Prioritätsverweigerung]

Die Priorität kann nicht deshalb verweigert werden, weil bestimmte Merkmale der Erfindung, für welche die Priorität beansprucht wird, nicht in den in der Patentanmeldung des Ursprungslandes aufgestellten Patentansprüchen enthalten sind, sofern nur die Gesamtheit der Anmeldungsunterlagen diese Merkmale deutlich offenbart.

I. [Anmeldungen für Erfinderscheine]

(1) Anmeldungen für Erfinderscheine, die in einem Land eingereicht werden, in dem die Anmelder das Recht haben, nach ihrer Wahl entweder ein Patent oder einen Erfinderschein zu verlangen, begründen das in diesem Artikel vorgesehene Prioritätsrecht unter den gleichen Voraussetzungen und mit den gleichen Wirkungen wie Patentanmeldungen.

(2) In einem Land, in dem die Anmelder das Recht haben, nach ihrer Wahl entweder ein Patent oder einen Erfinderschein zu verlangen, genießt der Anmelder eines Erfinderscheins das auf eine Patent-, Gebrauchsmuster- oder Erfinderscheinanmeldung gegründete Prioritätsrecht nach den für Patentanmeldungen geltenden Bestimmungen dieses Artikels.

Art. 4bis [Prioritätsvorrecht] (1) Die in den verschiedenen Verbandsländern von Verbandsangehörigen angemeldeten Patente sind unabhängig von den Patenten, die für dieselbe Erfindung in anderen Ländern erlangt worden sind, mögen diese Länder dem Verband angehören oder nicht.

(2) Diese Bestimmung ist ohne jede Einschränkung zu verstehen, insbesondere in dem Sinn, daß die während der Prioritätsfrist angemeldeten Patente

sowohl hinsichtlich der Gründe der Nichtigkeit und des Verfalls als auch hinsichtlich der gesetzmäßigen Dauer unabhängig sind.

(3) Sie findet auf alle im Zeitpunkt ihres Inkrafttretens bestehenden Patente Anwendung.

(4) Für den Fall des Beitritts neuer Länder wird es mit den im Zeitpunkt des Beitritts auf beiden Seiten bestehenden Patenten ebenso gehalten.

(5) Die mit Prioritätsvorrecht erlangten Patente genießen in den einzelnen Verbandsländern die gleiche Schutzdauer, wie wenn sie ohne das Prioritätsvorrecht angemeldet oder erteilt worden wären.

Art. 4ter [Namensnennung] Der Erfinder hat das Recht, als solcher im Patent genannt zu werden.

Art. 4quater [Verweigerung] Die Erteilung eines Patents kann nicht deshalb verweigert und ein Patent kann nicht deshalb für ungültig erklärt werden, weil der Vertrieb des patentierten Erzeugnisses oder des Erzeugnisses, das das Ergebnis eines patentierten Verfahrens ist, Beschränkungen oder Begrenzungen durch die innerstaatlichen Rechtsvorschriften unterworfen ist.

Art. 5 [Verfall]

A. [Zwangslizenz]

(1) Die durch den Patentinhaber bewirkte Einfuhr von Gegenständen, die in dem einen oder anderen Verbandsland hergestellt worden sind, in das Land, in dem das Patent erteilt worden ist, hat den Verfall des Patents nicht zur Folge.

(2) Jedem der Verbandsländer steht es frei, gesetzliche Maßnahmen zu treffen, welche die Gewährung von Zwangslizenzen vorsehen, um Mißbräuche zu verhüten, die sich aus der Ausübung des durch das Patent verliehenen ausschließlichen Rechts ergehen könnten, zum Beispiel infolge unterlassener Ausübung.

(3) [1] Der Verfall des Patents kann nur dann vorgesehen werden, wenn die Gewährung von Zwangslizenzen zur Verhütung dieser Mißbräuche nicht ausreichen würde. [2] Vor Ablauf von zwei Jahren seit Gewährung der ersten Zwangslizenz kann kein Verfahren auf Verfall oder Zurücknahme eines Patents eingeleitet werden.

(4) [1] Wegen unterlassener oder ungenügender Ausübung darf eine Zwangslizenz nicht vor Ablauf einer Frist von vier Jahren nach der Hinterlegung der Patentanmeldung oder von drei Jahren nach der Patenterteilung verlangt werden, wobei die Frist, die zuletzt abläuft, maßgebend ist; sie wird versagt, wenn der Patentinhaber seine Untätigkeit mit berechtigten Gründen entschuldigt. [2] Eine solche Zwangslizenz ist nicht ausschließlich und kann, auch in der Form der Gewährung einer Unterlizenz, nur mit dem Teil des Unternehmens oder des Geschäftsbetriebs übertragen werden, der mit ihrer Auswertung befaßt ist.

(5) Die vorstehenden Bestimmungen finden unter Vorbehalt der notwendigen Änderungen auch auf Gebrauchsmuster Anwendung.

B. [Schutz gewerblicher Muster und Modelle]

Der Schutz gewerblicher Muster und Modelle darf wegen unterlassener Ausübung oder wegen der Einfuhr von Gegenständen, die mit den geschützten übereinstimmen, in keiner Weise durch Verfall beeinträchtigt werden.

C. [Gebrauch der eingetragenen Marke]

(1) Ist in einem Land der Gebrauch der eingetragenen Marke vorgeschrieben, so darf die Eintragung erst nach Ablauf einer angemessenen Frist und nur dann für ungültig erklärt werden, wenn der Beteiligte seine Untätigkeit nicht rechtfertigt.

(2) Wird eine Fabrik- oder Handelsmarke vom Inhaber in einer Form gebraucht, die von der Eintragung in einem der Verbandsländer nur in Bestandteilen abweicht, ohne daß dadurch die Unterscheidungskraft der Marke beeinflußt wird, so soll dieser Gebrauch die Ungültigkeit der Eintragung nicht nach sich ziehen und den der Marke gewährten Schutz nicht schmälern.

(3) Der gleichzeitige Gebrauch derselben Marke auf gleichen oder gleichartigen Erzeugnissen durch gewerbliche oder Handelsniederlassungen, die nach den Bestimmungen des Gesetzes des Landes, in dem der Schutz beansprucht wird, als Mitinhaber der Marke angesehen werden, steht der Eintragung der Marke nicht entgegen und schmälert nicht den der genannten Marke in einem Verbandsland gewährten Schutz, sofern dieser Gebrauch nicht eine Irreführung des Publikums zur Folge hat und dem öffentlichen Interesse nicht zuwiderläuft.

D. [Patentzeichen, Patentvermerk]

Für die Anerkennung des Rechts ist die Anbringung eines Zeichens oder Vermerks über das Patent, das Gebrauchsmuster, die Eintragung der Fabrik- oder Handelsmarke oder die Hinterlegung des gewerblichen Musters oder Modells auf dem Erzeugnis nicht erforderlich.

Art. 5bis [Nachfrist] (1) Für die Zahlung der zur Aufrechterhaltung der gewerblichen Schutzrechte vorgesehenen Gebühren wird eine Nachfrist von mindestens sechs Monaten gewährt, und zwar gegen Entrichtung einer Zuschlagsgebühr, sofern die innerstaatlichen Rechtsvorschriften eine solche auferlegen.

(2) Den Verbandsländern steht es frei, die Wiederherstellung der mangels Zahlung von Gebühren verfallenen Patente vorzusehen.

Art. 5ter [Eingriff in Rechte] In keinem der Verbandsländer wird als Eingriff in die Rechte des Patentinhabers angesehen:

1. der an Bord von Schiffen der anderen Verbandsländer stattfindende Gebrauch patentierter Einrichtungen im Schiffskörper, in den Maschinen, im Takelwerk, in den Geräten und sonstigem Zubehör, wenn die Schiffe vorübergehend oder zufällig in die Gewässer des Landes gelangen, vorausgesetzt, daß diese Einrichtungen dort ausschließlich für die Bedürfnisse des Schiffes verwendet werden;
2. der Gebrauch patentierter Einrichtungen in der Bauausführung oder für den Betrieb der Luft- oder Landfahrzeuge der anderen Verbandsländer oder des Zubehörs solcher Fahrzeuge, wenn diese vorübergehend oder zufällig in dieses Land gelangen.

Art. 5quater [Rechte] Wird ein Erzeugnis in ein Verbandsland eingeführt, in dem ein Patent zum Schutz eines Verfahrens zur Herstellung dieses Erzeugnisses besteht, so hat der Patentinhaber hinsichtlich des eingeführten Erzeugnisses alle Rechte, die ihm die Rechtsvorschriften des Einfuhrlandes auf Grund des Verfahrenspatents hinsichtlich der im Land selbst hergestellten Erzeugnisse gewähren.

Art. 5quinquies [Schutz] Die gewerblichen Muster und Modelle werden in allen Verbandsländern geschützt.

Art. 6 [Innerstaatliche Rechtsvorschriften] (1) Die Bedingungen für die Hinterlegung und Eintragung von Fabrik- oder Handelsmarken werden in jedem Land durch die innerstaatlichen Rechtsvorschriften bestimmt.

(2) Jedoch darf eine durch einen Angehörigen eines Verbandslandes in irgendeinem Verbandsland hinterlegte Marke nicht deshalb zurückgewiesen oder für ungültig erklärt werden, weil sie im Ursprungsland nicht hinterlegt, eingetragen oder erneuert worden ist.

(3) Eine in einem Verbandsland vorschriftsmäßig eingetragene Marke wird als unabhängig angesehen von den in anderen Verbandsländern einschließlich des Ursprungslandes eingetragenen Marken.

Art. 6bis [Verpflichtung der Verbandsländer] (1) [1] Die Verbandsländer verpflichten sich, von Amts wegen, wenn dies die Rechtsvorschriften des Landes zulassen, oder auf Antrag des Beteiligten die Eintragung einer Fabrik- oder Handelsmarke zurückzuweisen oder für ungültig zu erklären und den Gebrauch der Marke zu untersagen, wenn sie eine verwechslungsfähige Abbildung, Nachahmung oder Übersetzung einer anderen Marke darstellt, von der es nach Ansicht der zuständigen Behörde des Landes der Eintragung oder des Gebrauchs dort notorisch feststeht, daß sie bereits einer zu den Vergünstigungen dieser Übereinkunft zugelassenen Person gehört und für gleiche oder gleichartige Erzeugnisse benutzt wird. [2] Das gleiche gilt, wenn der wesentliche Bestandteil der Marke die Abbildung einer solchen notorisch bekannten Marke oder eine mit ihr verwechslungsfähige Nachahmung darstellt.

(2) [1] Für den Antrag auf Löschung einer solchen Marke ist eine Frist von mindestens fünf Jahren vom Tag der Eintragung an zu gewähren. [2] Den Verbandsländern steht es frei, eine Frist zu bestimmen, innerhalb welcher der Anspruch auf Untersagung des Gebrauchs geltend zu machen ist.

(3) Gegenüber bösgläubig erwirkten Eintragungen oder bösgläubig vorgenommenen Benutzungshandlungen ist der Antrag auf Löschung dieser Marken oder auf Untersagung ihres Gebrauchs an keine Frist gebunden.

Art. 6ter [Anwendungsbestimmungen] (1)

a) Die Verbandsländer kommen überein, die Eintragung der Wappen, Flaggen und anderen staatlichen Hoheitszeichen der Verbandsländer, der von ihnen eingeführten amtlichen Prüf- und Gewährzeichen und -stempel sowie jeder Nachahmung im heraldischen Sinn als Fabrik- oder Handelsmarken oder als Bestandteile solcher zurückzuweisen oder für ungültig zu erklären sowie den Gebrauch dieser Zeichen durch geeignete Maßnahmen zu verbieten, sofern die zuständigen Stellen den Gebrauch nicht erlaubt haben.

b) Die Bestimmungen unter Buchstabe a sind ebenso auf die Wappen, Flaggen und anderen Kennzeichen, Sigel oder Bezeichnungen der internationalen zwischenstaatlichen Organisationen anzuwenden, denen ein oder mehrere Verbandsländer angehören; ausgenommen sind die Wappen, Flaggen und anderen Kennzeichen, Sigel oder Bezeichnungen, die bereits Gegenstand von in Kraft befindlichen internationalen Abkommen sind, die ihren Schutz gewährleisten.

c) Kein Verbandsland ist gehalten, die Bestimmungen unter Buchstabe b zum Nachteil der Inhaber von Rechten anzuwenden, die gutgläubig vor dem Inkrafttreten dieser Übereinkunft in diesem Land erworben worden sind. Die Verbandsländer sind nicht gehalten, diese Bestimmungen anzuwenden, falls die Benutzung oder Eintragung gemäß Buchstabe a nicht geeignet ist, beim Publikum den Eindruck einer Verbindung zwischen der betreffenden Organisation und den Wappen, Flaggen, Kennzeichen, Sigeln oder Bezeichnungen hervorzurufen, oder falls die Benutzung oder Eintragung offenbar nicht geeignet ist, das Publikum über das Bestehen einer Verbindung zwischen dem Benutzer und der Organisation irrezuführen.

(2) Das Verbot der amtlichen Prüf- und Gewährzeichen und -stempel findet nur dann Anwendung, wenn die Marken mit diesem Zeichen für gleiche oder gleichartige Waren bestimmt sind.

(3)

a) Für die Anwendung dieser Bestimmungen kommen die Verbandsländer überein, durch Vermittlung des Internationalen Büros ein Verzeichnis der staatlichen Hoheitszeichen und amtlichen Prüf- und Gewährzeichen und -stempel auszutauschen, die sie jetzt oder in Zukunft unumschränkt oder in gewissen Grenzen unter den Schutz dieses Artikels zu stellen wünschen; dies gilt auch für alle späteren Änderungen dieses Verzeichnisses. Jedes Verbandsland soll die notifizierten Verzeichnisse rechtzeitig öffentlich zugänglich machen.
Diese Notifikation ist jedoch für Staatsflaggen nicht erforderlich.

b) Die Bestimmungen des Absatzes 1 Buchstabe b sind nur auf die Wappen, Flaggen und anderen Kennzeichen, Sigel und Bezeichnungen der internationalen zwischenstaatlichen Organisationen anwendbar, die diese durch Vermittlung des Internationalen Büros den Verbandsländern mitgeteilt haben.

(4) Jedes Verbandsland kann innerhalb einer Frist von zwölf Monaten nach dem Eingang der Notifikation seine etwaigen Einwendungen durch das Internationale Büro dem betreffenden Land oder der betreffenden internationalen zwischenstaatlichen Organisation übermitteln.

(5) Hinsichtlich der Staatsflaggen finden die in Absatz 1 vorgesehenen Maßnahmen nur auf Marken Anwendung, die nach dem 6. November 1925 eingetragen worden sind.

(6) Hinsichtlich der staatlichen Hoheitszeichen – mit Ausnahme der Flaggen – und der amtlichen Zeichen und Stempel der Verbandsländer und hinsichtlich der Wappen, Flaggen und anderen Kennzeichen, Sigel oder Bezeichnungen der internationalen zwischenstaatlichen Organisationen sind diese Bestimmungen nur auf Marken anwendbar, die später als zwei Monate nach dem Eingang der in Absatz 3 vorgesehenen Notifikation eingetragen worden sind.

(7) Den Ländern steht es frei, bei Bösgläubigkeit auch solche Marken zu löschen, die vor dem 6. November 1925 eingetragen worden sind und staatliche Hoheitszeichen, Zeichen und Stempel enthalten.

(8) Die Angehörigen eines jeden Landes, die zum Gebrauch der staatlichen Hoheitszeichen, Zeichen und Stempel ihres Landes ermächtigt sind, dürfen sie auch dann benutzen, wenn sie denen eines anderen Landes ähnlich sind.

(9) Die Verbandsländer verpflichten sich, den unbefugten Gebrauch der Staatswappen der anderen Verbandsländer im Handel zu verbieten, wenn dieser Gebrauch zur Irreführung über den Ursprung der Erzeugnisse geeignet ist.

(10) Die vorhergehenden Bestimmungen hindern die Länder nicht an der Ausübung der Befugnis, gemäß Artikel 6quinquies Buchstabe B Nummer 3 Marken zurückzuweisen oder für ungültig zu erklären, die ohne Ermächtigung Wappen, Flaggen und andere staatliche Hoheitszeichen oder in einem Verbandsland eingeführte amtliche Zeichen und Stempel enthalten; dies gilt auch für die in Absatz 1 genannten unterscheidungskräftigen Zeichen der internationalen zwischenstaatlichen Organisationen.

Art. 6quater [Weitere Bestimmungen] (1) Ist nach den Rechtsvorschriften eines Verbandslandes die Übertragung einer Marke nur rechtsgültig, wenn gleichzeitig das Unternehmen oder der Geschäftsbetrieb, zu dem die Marke gehört, mit übergeht, so genügt es zur Rechtsgültigkeit der Übertragung, daß der in diesem Land befindliche Teil des Unternehmens oder Geschäftsbetriebes mit dem ausschließlichen Recht, die mit der übertragenen Marke versehenen Erzeugnisse dort herzustellen oder zu verkaufen, auf den Erwerber übergeht.

(2) Diese Bestimmung verpflichtet die Verbandsländer nicht, die Übertragung einer Marke als rechtsgültig anzusehen, deren Gebrauch durch den Erwerber tatsächlich geeignet wäre, das Publikum irrezuführen, insbesondere was die Herkunft, die Beschaffenheit oder die wesentlichen Eigenschaften der Erzeugnisse betrifft, für welche die Marke verwendet wird.

Art. 6quinquies [Handelsmarken]

A. [Eingetragene Fabrik- oder Handelsmarke]

(1) [1] Jede im Ursprungsland vorschriftsmäßig eingetragene Fabrik- oder Handelsmarke soll so, wie sie ist, unter den Vorbehalten dieses Artikels in den anderen Verbandsländern zur Hinterlegung zugelassen und geschützt werden. [2] Diese Länder können vor der endgültigen Eintragung die Vorlage einer von der zuständigen Behörde ausgestellten Bescheinigung über die Eintragung im Ursprungsland verlangen. [3] Eine Beglaubigung dieser Bescheinigung ist nicht erforderlich.

(2) Als Ursprungsland wird das Verbandsland angesehen, in dem der Hinterleger eine tatsächliche und nicht nur zum Schein bestehende gewerbliche oder Handelsniederlassung hat, und, wenn er eine solche Niederlassung innerhalb des Verbandes nicht hat, das Verbandsland, in dem er seinen Wohnsitz hat, und, wenn er keinen Wohnsitz innerhalb des Verbandes hat, das Land seiner Staatsangehörigkeit, sofern er Angehöriger eines Verbandslandes ist.

B. [Verweigerung der Eintragung von Fabrik- oder Handelsmarken]

Die Eintragung von Fabrik- oder Handelsmarken, die unter diesen Artikel fallen, darf nur in folgenden Fällen verweigert oder für ungültig erklärt werden:

1. wenn die Marken geeignet sind, Rechte zu verletzen, die von Dritten in dem Land erworben sind, in dem der Schutz beansprucht wird;
2. wenn die Marken jeder Unterscheidungskraft entbehren oder ausschließlich aus Zeichen oder Angaben zusammengesetzt sind, die im Verkehr zur

Bezeichnung der Art, der Beschaffenheit, der Menge, der Bestimmung, des Wertes, des Ursprungsortes der Erzeugnisse oder der Zeit der Erzeugung dienen können, oder die im allgemeinen Sprachgebrauch oder in den redlichen und ständigen Verkehrsgepflogenheiten des Landes, in dem der Schutz beansprucht wird, üblich sind;

3. wenn die Marken gegen die guten Sitten oder die öffentliche Ordnung verstoßen, insbesondere wenn sie geeignet sind, das Publikum zu täuschen. Es besteht Einverständnis darüber, daß eine Marke nicht schon deshalb als gegen die öffentliche Ordnung verstoßend angesehen werden kann, weil sie einer Vorschrift des Markenrechts nicht entspricht, es sei denn, daß diese Bestimmung selbst die öffentliche Ordnung betrifft.
   Die Anwendung des Artikels 10bis bleibt jedoch vorbehalten.

C. [Schutzfähigkeit der Marke]

(1) Bei der Würdigung der Schutzfähigkeit der Marke sind alle Tatumstände zu berücksichtigen, insbesondere die Dauer des Gebrauchs der Marke.

(2) In den anderen Verbandsländern dürfen Fabrik- oder Handelsmarken nicht allein deshalb zurückgewiesen werden, weil sie von den im Ursprungsland geschützten Marken nur in Bestandteilen abweichen, die gegenüber der im Ursprungsland eingetragenen Form die Unterscheidungskraft der Marken nicht beeinflussen und ihre Identität nicht berühren.

D. [Nicht eingetragene Marke]

Niemand kann sich auf die Bestimmungen dieses Artikels berufen, wenn die Marke, für die er den Schutz beansprucht, im Ursprungsland nicht eingetragen ist.

E. [Erneuerungspflicht bei Markeneintragung]

Jedoch bringt die Erneuerung der Eintragung einer Marke im Ursprungsland keinesfalls die Verpflichtung mit sich, die Eintragung auch in den anderen Verbandsländern zu erneuern, in denen die Marke eingetragen worden ist.

F. [Prioritätsvorrecht]

Das Prioritätsvorrecht bleibt bei den innerhalb der Frist des Artikels 4 vorgenommenen Markenhinterlegungen gewahrt, selbst wenn die Marke im Ursprungsland erst nach Ablauf dieser Frist eingetragen wird.

Art. 6^{sexies} [Dienstleistungsmarken] [1] Die Verbandsländer verpflichten sich, die Dienstleistungsmarken zu schützen. [2] Sie sind nicht gehalten, die Eintragung dieser Marken vorzusehen.

Art. $6^{septies}$ [Inhaberrechte] (1) Beantragt der Agent oder der Vertreter dessen, der in einem der Verbandsländer Inhaber einer Marke ist, ohne dessen Zustimmung die Eintragung dieser Marke auf seinen eigenen Namen in einem oder mehreren dieser Länder, so ist der Inhaber berechtigt, der beantragten Eintragung zu widersprechen oder die Löschung oder, wenn das Gesetz des Landes es zuläßt, die Übertragung dieser Eintragung zu seinen Gunsten zu verlangen, es sei denn, daß der Agent oder Vertreter seine Handlungsweise rechtfertigt.

(2) Der Inhaber der Marke ist unter den Voraussetzungen des Absatzes 1 berechtigt, sich dem Gebrauch seiner Marke durch seinen Agenten oder Vertreter zu widersetzen, wenn er diesen Gebrauch nicht gestattet hat.

(3) Den Landesgesetzgebungen steht es frei, eine angemessene Frist zu bestimmen, innerhalb welcher der Inhaber einer Marke seine in diesem Artikel vorgesehenen Rechte geltend machen muß.

Art. 7 [Bestimmungen zur Anbringung] Die Beschaffenheit des Erzeugnisses, auf dem die Fabrik- oder Handelsmarke angebracht werden soll, darf keinesfalls die Eintragung der Marke hindern.

Art. 7bis [Schutzverweigerung] (1) Die Verbandsländer verpflichten sich, Verbandsmarken, die Verbänden gehören, deren Bestehen dem Gesetz des Ursprungslandes nicht zuwiderläuft, auch dann zur Hinterlegung zuzulassen und zu schützen, wenn diese Verbände eine gewerbliche oder Handelsniederlassung nicht besitzen.

(2) Es steht jedem Land zu, frei darüber zu bestimmen, unter welchen besonderen Bedingungen eine Verbandsmarke geschützt wird; es kann den Schutz verweigern, wenn diese Marke gegen das öffentliche Interesse verstößt.

(3) Jedoch darf der Schutz dieser Marken einem Verband, dessen Bestehen dem Gesetz des Ursprungslandes nicht zuwiderläuft, nicht deshalb verweigert werden, weil er in dem Land, in dem der Schutz nachgesucht wird, keine Niederlassung hat oder seine Gründung den Rechtsvorschriften dieses Landes nicht entspricht.

Art. 8 [Handelsname] Der Handelsname wird in allen Verbandsländern, ohne Verpflichtung zur Hinterlegung oder Eintragung, geschützt, gleichgültig ob er einen Bestandteil einer Fabrik- oder Handelsmarke bildet oder nicht.

Art. 9 [Beschlagnahme] (1) Jedes widerrechtlich mit einer Fabrik- oder Handelsmarke oder mit einem Handelsnamen versehene Erzeugnis ist bei der Einfuhr in diejenigen Verbandsländer, in denen diese Marke oder dieser Handelsname Anspruch auf gesetzlichen Schutz hat, zu beschlagnahmen.

(2) Die Beschlagnahme ist auch in dem Land vorzunehmen, in dem die widerrechtliche Anbringung stattgefunden hat, oder in dem Land, in das das Erzeugnis eingeführt worden ist.

(3) Die Beschlagnahme erfolgt gemäß den innerstaatlichen Rechtsvorschriften jedes Landes auf Antrag entweder der Staatsanwaltschaft oder jeder anderen zuständigen Behörde oder einer beteiligten Partei, sei diese eine natürliche oder eine juristische Person.

(4) Die Behörden sind nicht gehalten, die Beschlagnahme im Fall der Durchfuhr zu bewirken.

(5) Lassen die Rechtsvorschriften eines Landes die Beschlagnahme bei der Einfuhr nicht zu, so tritt an die Stelle der Beschlagnahme das Einfuhrverbot oder die Beschlagnahme im Inland.

(6) Lassen die Rechtsvorschriften eines Landes weder die Beschlagnahme bei der Einfuhr noch das Einfuhrverbot noch die Beschlagnahme im Inland zu, so treten an die Stelle dieser Maßnahmen bis zu einer entsprechenden Änderung der Rechtsvorschriften diejenigen Klagen und Rechtsbehelfe, die das Gesetz dieses Landes im gleichen Fall den eigenen Staatsangehörigen gewährt.

Art. 10 [Anwendbarkeit von Art. 9] (1) Die Bestimmungen des Artikels 9 sind im Fall des unmittelbaren oder mittelbaren Gebrauchs einer falschen

Angabe über die Herkunft des Erzeugnisses oder über die Identität des Erzeugers, Herstellers oder Händlers anwendbar.

(2) Als beteiligte Partei, mag sie eine natürliche oder juristische Person sein, ist jedenfalls jeder Erzeuger, Hersteller oder Händler anzuerkennen, der sich mit der Erzeugung oder Herstellung des Erzeugnisses befaßt oder mit ihm handelt und in dem fälschlich als Herkunftsort bezeichneten Ort oder in der Gegend, in der dieser Ort liegt, oder in dem fälschlich bezeichneten Land oder in dem Land, in dem die falsche Herkunftsangabe verwendet wird, seine Niederlassung hat.

Art. 10bis [Schutz gegen unlauteren Wettbewerb] (1) Die Verbandsländer sind gehalten, den Verbandsangehörigen einen wirksamen Schutz gegen unlauteren Wettbewerb zu sichern.

(2) Unlauterer Wettbewerb ist jede Wettbewerbshandlung, die den anständigen Gepflogenheiten in Gewerbe oder Handel zuwiderläuft.

(3) Insbesondere sind zu untersagen:

1. alle Handlungen, die geeignet sind, auf irgendeine Weise eine Verwechslung mit der Niederlassung, den Erzeugnissen oder der gewerblichen oder kaufmännischen Tätigkeit eines Wettbewerbers hervorzurufen;
2. die falschen Behauptungen im geschäftlichen Verkehr, die geeignet sind, den Ruf der Niederlassung, der Erzeugnisse oder der gewerblichen oder kaufmännischen Tätigkeit eines Wettbewerbers herabzusetzen;
3. Angaben oder Behauptungen, deren Verwendung im geschäftlichen Verkehr geeignet ist, das Publikum über die Beschaffenheit, die Art der Herstellung, die wesentlichen Eigenschaften, die Brauchbarkeit oder die Menge der Waren irrezuführen.

Art. 10ter [Rechtsbehelf] (1) Um alle in den Artikeln 9, 10 und 10bis bezeichneten Handlungen wirksam zu unterdrücken, verpflichten sich die Verbandsländer, den Angehörigen der anderen Verbandsländer geeignete Rechtsbehelfe zu sichern.

(2) Sie verpflichten sich außerdem, Maßnahmen zu treffen, um den Verbänden und Vereinigungen, welche die beteiligten Gewerbetreibenden, Erzeuger oder Händler vertreten und deren Bestehen den Gesetzen ihres Landes nicht zuwiderläuft, das Auftreten vor Gericht oder vor den Verwaltungsbehörden zum Zweck der Unterdrückung der in den Artikeln 9, 10und 10bis bezeichneten Handlungen in dem Maß zu ermöglichen, wie es das Gesetz des Landes, in dem der Schutz beansprucht wird, den Verbänden und Vereinigungen dieses Landes gestattet.

Art. 11 [Zeitweiliger Schutz] (1) Die Verbandsländer werden nach Maßgabe ihrer innerstaatlichen Rechtsvorschriften den patentfähigen Erfindungen, den Gebrauchsmustern, den gewerblichen Mustern oder Modellen sowie den Fabrik- oder Handelsmarken für Erzeugnisse, die in einem Verbandsland auf den amtlichen oder amtlich anerkannten internationalen Ausstellungen zur Schau gestellt werden, einen zeitweiligen Schutz gewähren.

(2) [1] Dieser zeitweilige Schutz verlängert die Fristen des Artikels 4 nicht. [2] Wird später das Prioritätsrecht beansprucht, so kann die Behörde eines jeden

Landes die Frist mit dem Zeitpunkt beginnen lassen, zu dem das Erzeugnis in die Ausstellung eingebracht worden ist.

(3) Jedes Land kann zum Nachweis der Übereinstimmung des ausgestellten Gegenstandes und des Zeitpunkts der Einbringung die ihm notwendig erscheinenden Belege verlangen.

Art. 12 [Zentralhinterlegungsstelle] (1) Jedes der Verbandsländer verpflichtet sich, ein besonderes Amt für gewerbliches Eigentum und eine Zentralhinterlegungsstelle einzurichten, um die Erfindungspatente, die Gebrauchsmuster, die gewerblichen Muster oder Modelle und die Fabrik- oder Handelsmarken der Öffentlichkeit zur Kenntnis zu bringen.

(2) [1] Dieses Amt wird ein regelmäßig erscheinendes amtliches Blatt herausgeben. [2] Es wird regelmäßig veröffentlichen:

a) die Namen der Inhaber der erteilten Patente mit einer kurzen Bezeichnung der patentierten Erfindungen;

b) die Abbildungen der eingetragenen Marken.

Art. 13 [Verbandsversammlung] (1)

a) Der Verband hat eine Versammlung, die sich aus den durch die Artikel 13 bis 17 gebundenen Verbandsländern zusammensetzt.

b) Die Regierung jedes Landes wird durch einen Delegierten vertreten, der von Stellvertretern, Beratern und Sachverständigen unterstützt werden kann.

c) Die Kosten jeder Delegation werden von der Regierung getragen, die sie entsandt hat.

(2)

a) Die Versammlung

i) behandelt alle Fragen betreffend die Erhaltung und die Entwicklung des Verbandes sowie die Anwendung dieser Übereinkunft;

ii) erteilt dem Internationalen Büro für geistiges Eigentum (im folgenden als „das Internationale Büro“ bezeichnet), das in dem Übereinkommen zur Errichtung der Weltorganisation für geistiges Eigentum (im folgenden als „die Organisation“ bezeichnet) vorgesehen ist, Weisungen für die Vorbereitung der Revisionskonferenzen unter gebührender Berücksichtigung der Stellungnahmen der Verbandsländer, die durch die Artikel 13 bis 17 nicht gebunden sind;

iii) prüft und billigt die Berichte und die Tätigkeit des Generaldirektors der Organisation betreffend den Verband und erteilt ihm alle zweckdienlichen Weisungen in Fragen, die in die Zuständigkeit des Verbandes fallen;

iv) wählt die Mitglieder des Exekutivausschusses der Versammlung;

v) prüft und billigt die Berichte und die Tätigkeit ihres Exekutivausschusses und erteilt ihm Weisungen;

vi) legt das Programm fest, beschließt den Zweijahres-Haushaltsplan des Verbandes und billigt seine Rechnungsabschlüsse;

vii) beschließt die Finanzvorschriften des Verbandes;

viii) bildet die Sachverständigenausschüsse und Arbeitsgruppen, die sie zur Verwirklichung der Ziele des Verbandes für zweckdienlich hält;

ix) bestimmt, welche Nichtmitgliedländer des Verbandes, welche zwischenstaatlichen und welche internationalen nichtstaatlichen Organisationen zu ihren Sitzungen als Beobachter zugelassen werden;
x) beschließt Änderungen der Artikel 13 bis 17;
xi) nimmt jede andere Handlung vor, die zur Erreichung der Ziele des Verbandes geeignet ist;
xii) nimmt alle anderen Aufgaben wahr, die sich aus dieser Übereinkunft ergeben;
xiii) übt vorbehaltlich ihres Einverständnisses die ihr durch das Übereinkommen zur Errichtung der Organisation übertragenen Rechte aus.

b) Über Fragen, die auch für andere von der Organisation verwaltete Verbände von Interesse sind, entscheidet die Versammlung nach Anhörung des Koordinierungsausschusses der Organisation.

(3)

a) Vorbehaltlich des Buchstaben b kann ein Delegierter nur ein Land vertreten.
b) Verbandsländer, die durch ein Sonderabkommen ein gemeinsames Amt errichtet haben, das für jedes von ihnen das besondere nationale Amt für gewerbliches Eigentum im Sinn des Artikels 12 darstellt, können bei den Beratungen in ihrer Gesamtheit durch eines von ihnen vertreten sein.

(4)

a) Jedes Mitgliedland der Versammlung verfügt über eine Stimme.
b) Die Hälfte der Mitgliedländer der Versammlung bildet das Quorum (die für die Beschlußfähigkeit erforderliche Mindestzahl).
c) Ungeachtet des Buchstaben b kann die Versammlung Beschlüsse fassen, wenn während einer Tagung die Zahl der vertretenen Länder zwar weniger als die Hälfte, aber mindestens ein Drittel der Mitgliedländer der Versammlung beträgt; jedoch werden diese Beschlüsse mit Ausnahme der Beschlüsse über das Verfahren der Versammlung nur dann wirksam, wenn die folgenden Bedingungen erfüllt sind: Das Internationale Büro teilt diese Beschlüsse den Mitgliedländern der Versammlung mit, die nicht vertreten waren, und lädt sie ein, innerhalb einer Frist von drei Monaten vom Zeitpunkt der Mitteilung an schriftlich ihre Stimme oder Stimmenthaltung bekanntzugeben. Entspricht nach Ablauf der Frist die Zahl der Länder, die auf diese Weise ihre Stimme oder Stimmenthaltung bekanntgegeben haben, mindestens der Zahl der Länder, die für die Erreichung des Quorums während der Tagung gefehlt hatte, so werden die Beschlüsse wirksam, sofern gleichzeitig die erforderliche Mehrheit noch vorhanden ist.
d) Vorbehaltlich des Artikels 17 Absatz 2 faßt die Versammlung ihre Beschlüsse mit einer Mehrheit von zwei Dritteln der abgegebenen Stimmen.
e) Stimmenthaltung gilt nicht als Stimmabgabe.

(5)

a) Vorbehaltlich des Buchstaben b kann ein Delegierter nur im Namen eines Landes abstimmen.
b) Die in Absatz 3 Buchstabe b bezeichneten Verbandsländer sind bestrebt, sich bei den Tagungen der Versammlung in der Regel durch ihre eigenen Delegationen vertreten zu lassen. Kann sich jedoch eines dieser Länder aus außergewöhnlichen Gründen nicht durch seine eigene Delegation vertreten

lassen, so kann es die Delegation eines anderen dieser Länder ermächtigen, in seinem Namen abzustimmen; jedoch kann eine Delegation in Vertretung nur eines anderes Landes abstimmen. Jede zu diesem Zweck erteilte Vollmacht muß in einer vom Staatsoberhaupt oder zuständigen Minister unterzeichneten Urkunde enthalten sein.

(6) Die Verbandsländer, die nicht Mitglied der Versammlung sind, werden zu den Sitzungen der Versammlung als Beobachter zugelassen.

(7)

a) Die Versammlung tritt nach Einberufung durch den Generaldirektor alle zwei Jahre einmal zu einer ordentlichen Tagung zusammen, und zwar, abgesehen von außergewöhnlichen Fällen, zu derselben Zeit und an demselben Ort wie die Generalversammlung der Organisation.
b) Die Versammlung tritt nach Einberufung durch den Generaldirektor zu einer außerordentlichen Tagung zusammen, wenn der Exekutivausschuß oder ein Viertel der Mitgliedländer der Versammlung es verlangt.

(8) Die Versammlung gibt sich eine Geschäftsordnung.

Art. 14 [Exekutivausschuss] (1) Die Versammlung hat einen Exekutivausschuß.

(2)

a) Der Exekutivausschuß setzt sich aus den von der Versammlung aus dem Kreis ihrer Mitgliedländer gewählten Ländern zusammen. Außerdem hat das Land, in dessen Hoheitsgebiet die Organisation ihren Sitz hat, vorbehaltlich des Artikels 16 Absatz 7 Buchstabe b ex officio einen Sitz im Ausschuß.
b) Die Regierung jedes Mitgliedlandes des Exekutivausschusses wird durch einen Delegierten vertreten, der von Stellvertretern, Beratern und Sachverständigen unterstützt werden kann.
c) Die Kosten jeder Delegation werden von der Regierung getragen, die sie entsandt hat.

(3) [1] Die Zahl der Mitgliedländer des Exekutivausschusses entspricht einem Viertel der Zahl der Mitgliedländer der Versammlung. [2] Bei der Berechnung der zu vergebenden Sitze wird der nach Teilung durch vier verbleibende Rest nicht berücksichtigt.

(4) Bei der Wahl der Mitglieder des Exekutivausschusses trägt die Versammlung einer angemessenen geographischen Verteilung und der Notwendigkeit Rechnung, daß unter den Ländern des Exekutivausschusses Vertragsländer der im Rahmen des Verbandes errichteten Sonderabkommen sind.

(5)

a) Die Mitglieder des Exekutivausschusses üben ihr Amt vom Schluß der Tagung der Versammlung, in deren Verlauf sie gewählt worden sind, bis zum Ende der darauffolgenden ordentlichen Tagung der Versammlung aus.
b) Höchstens zwei Drittel der Mitglieder des Exekutivausschusses können wiedergewählt werden.
c) Die Versammlung regelt die Einzelheiten der Wahl und der etwaigen Wiederwahl der Mitglieder des Exekutivausschusses.

(6)

a) Der Exekutivausschuß

i) bereitet den Entwurf der Tagesordnung der Versammlung vor;
ii) unterbreitet der Versammlung Vorschläge zu den vom Generaldirektor vorbereiteten Entwürfen des Programms und des Zweijahres-Haushaltsplans des Verbandes;
iii) (gestrichen)
iv) unterbreitet der Versammlung mit entsprechenden Bemerkungen die periodischen Berichte des Generaldirektors und die jährlichen Berichte über die Rechnungsprüfung;
v) trifft alle zweckdienlichen Maßnahmen zur Durchführung des Programms des Verbandes durch den Generaldirektor in Übereinstimmung mit den Beschlüssen der Versammlung und unter Berücksichtigung der zwischen zwei ordentlichen Tagungen der Versammlung eintretenden Umstände;
vi) nimmt alle anderen Aufgaben wahr, die ihm im Rahmen dieser Übereinkunft übertragen werden.

b) Über Fragen, die auch für andere von der Organisation verwaltete Verbände von Interesse sind, entscheidet der Exekutivausschuß nach Anhörung des Koordinierungsausschusses der Organisation.

(7)

a) Der Exekutivausschuß tritt nach Einberufung durch den Generaldirektor jedes Jahr einmal zu einer ordentlichen Tagung zusammen, und zwar möglichst zu derselben Zeit und an demselben Ort wie der Koordinierungsausschuß der Organisation.
b) Der Exekutivausschuß tritt nach Einberufung durch den Generaldirektor zu einer außerordentlichen Tagung zusammen, entweder auf Initiative des Generaldirektors oder wenn der Vorsitzende oder ein Viertel der Mitglieder des Exekutivausschusses es verlangt.

(8)

a) Jedes Mitgliedland des Exekutivausschusses verfügt über eine Stimme.
b) Die Hälfte der Mitgliedländer des Exekutivausschusses bildet das Quorum.
c) Die Beschlüsse werden mit einfacher Mehrheit der abgegebenen Stimmen gefaßt.
d) Stimmenthaltung gilt nicht als Stimmabgabe.
e) Ein Delegierter kann nur ein Land vertreten und nur in dessen Namen abstimmen.

(9) Die Verbandsländer, die nicht Mitglied des Exekutivausschusses sind, werden zu dessen Sitzungen als Beobachter zugelassen.

(10) Der Exekutivausschuß gibt sich eine Geschäftsordnung.

Art. 15 [Internationales Büro] (1)

a) Die Verwaltungsaufgaben des Verbandes werden vom Internationalen Büro wahrgenommen, das an die Stelle des mit dem Verbandsbüro der internationalen Übereinkunft zum Schutz von Werken der Literatur und Kunst vereinigten Büros des Verbandes tritt.
b) Das Internationale Büro besorgt insbesondere das Sekretariat der verschiedenen Organe des Verbandes.
c) Der Generaldirektor der Organisation ist der höchste Beamte des Verbandes und vertritt den Verband.

(2) [1] Das Internationale Büro sammelt und veröffentlicht Informationen über den Schutz des gewerblichen Eigentums. [2] Jedes Verbandsland teilt so bald wie möglich dem Internationalen Büro alle neuen Gesetze und anderen amtlichen Texte mit, die den Schutz des gewerblichen Eigentums betreffen. [3] Es übermittelt außerdem dem Internationalen Büro alle jene Veröffentlichungen seiner für das gewerbliche Eigentum zuständigen Stellen, die unmittelbar den Schutz des gewerblichen Eigentums berühren und nach Meinung des Internationalen Büros für seine Tätigkeit von Interesse sind.

(3) Das Internationale Büro gibt eine monatlich erscheinende Zeitschrift heraus.

(4) Das Internationale Büro erteilt jedem Verbandsland auf Verlangen Auskünfte über Fragen betreffend den Schutz des gewerblichen Eigentums.

(5) Das Internationale Büro unternimmt Untersuchungen und leistet Dienste zur Erleichterung des Schutzes des gewerblichen Eigentums.

(6) [1] Der Generaldirektor und die von ihm bestimmten Mitglieder des Personals nehmen ohne Stimmrecht an allen Sitzungen der Versammlung, des Exekutivausschusses und aller anderen Sachverständigenausschüsse oder Arbeitsgruppen teil. [2] Der Generaldirektor oder ein von ihm bestimmtes Mitglied des Personals ist von Amts wegen Sekretär dieser Organe.

(7)

a) Das Internationale Büro bereitet nach den Weisungen der Versammlung und in Zusammenarbeit mit dem Exekutivausschuß die Konferenzen zur Revision der Bestimmungen der Übereinkunft mit Ausnahme der Artikel 13 bis 17 vor.

b) Das Internationale Büro kann bei der Vorbereitung der Revisionskonferenzen zwischenstaatliche sowie internationale nichtstaatliche Organisationen konsultieren.

c) Der Generaldirektor und die von ihm bestimmten Personen nehmen ohne Stimmrecht an den Beratungen dieser Konferenzen teil.

(8) Das Internationale Büro nimmt alle anderen Aufgaben wahr, die ihm übertragen werden.

Art. 16 [Haushaltsplan] (1)

a) Der Verband hat einen Haushaltsplan.

b) Der Haushaltsplan des Verbandes umfaßt die eigenen Einnahmen und Ausgaben des Verbandes, dessen Beitrag zum Haushaltsplan der gemeinsamen Ausgaben der Verbände sowie gegebenenfalls den dem Haushaltsplan der Konferenz der Organisation zur Verfügung gestellten Betrag.

c) Als gemeinsame Ausgaben der Verbände gelten die Ausgaben, die nicht ausschließlich dem Verband, sondern auch einem oder mehreren anderen von der Organisation verwalteten Verbänden zuzurechnen sind. Der Anteil des Verbandes an diesen gemeinsamen Ausgaben entspricht dem Interesse, das der Verband an ihnen hat.

(2) Der Haushaltsplan des Verbandes wird unter Berücksichtigung der Notwendigkeit seiner Abstimmung mit den Haushaltsplänen der anderen von der Organisation verwalteten Verbände aufgestellt.

(3) Der Haushaltsplan des Verbandes umfaßt folgende Einnahmen:

i) Beiträge der Verbandsländer;
ii) Gebühren und Beträge für Dienstleistungen des Internationalen Büros im Rahmen des Verbandes;
iii) Verkaufserlöse und andere Einkünfte aus Veröffentlichungen des Internationalen Büros, die den Verband betreffen;
iv) Schenkungen, Vermächtnisse und Zuwendungen;
v) Mieten, Zinsen und andere verschiedene Einkünfte.

(4)

a) Jedes Verbandsland wird zur Bestimmung seines Beitrags zum Haushaltsplan in eine Klasse eingestuft und zahlt seine Jahresbeiträge auf der Grundlage einer Zahl von Einheiten, die wie folgt festgesetzt wird:

Klasse I	25
Klasse II	20
Klasse III	15
Klasse IV	10
Klasse V	5
Klasse VI	3
Klasse VII	1

b) Falls es dies nicht schon früher getan hat, gibt jedes Land gleichzeitig mit der Hinterlegung seiner Ratifikations- oder Beitrittsurkunde die Klasse an, in die es eingestuft zu werden wünscht. Es kann die Klasse wechseln. Wählt es eine niedrigere Klasse, so hat es dies der Versammlung auf einer ihrer ordentlichen Tagungen mitzuteilen. Ein solcher Wechsel wird zu Beginn des auf diese Tagung folgenden Kalenderjahres wirksam.
c) Der Jahresbeitrag jedes Landes besteht aus einem Betrag, der in demselben Verhältnis zu der Summe der Jahresbeiträge aller Länder zum Haushaltsplan des Verbandes steht wie die Zahl der Einheiten der Klasse, in die das Land eingestuft ist, zur Summe der Einheiten aller Länder.
d) Die Beiträge werden am 1. Januar jedes Jahres fällig.
e) Ein Land, das mit der Zahlung seiner Beiträge im Rückstand ist, kann sein Stimmrecht in keinem der Organe des Verbandes, denen es als Mitglied angehört, ausüben, wenn der rückständige Betrag die Summe der von ihm für die zwei vorhergehenden vollen Jahre geschuldeten Beiträge erreicht oder übersteigt. Jedoch kann jedes dieser Organe einem solchen Land gestatten, das Stimmrecht in diesem Organ weiter auszuüben, wenn und solange es überzeugt ist, daß der Zahlungsrückstand eine Folge außergewöhnlicher und unabwendbarer Umstände ist.
f) Wird der Haushaltsplan nicht vor Beginn eines neuen Rechnungsjahres beschlossen, so wird der Haushaltsplan des Vorjahres nach Maßgabe der Finanzvorschriften übernommen.

(5) Die Höhe der Gebühren und Beträge für Dienstleistungen des Internationalen Büros im Rahmen des Verbandes wird vom Generaldirektor festgesetzt, der der Versammlung und dem Exekutivausschuß darüber berichtet.

(6)

a) Der Verband hat einen Betriebsmittelfonds, der durch eine einmalige Zahlung jedes Verbandslandes gebildet wird. Reicht der Fonds nicht mehr aus, so beschließt die Versammlung seine Erhöhung.

b) Die Höhe der erstmaligen Zahlung jedes Landes zu diesem Fonds oder sein Anteil an dessen Erhöhung ist proportional zu dem Beitrag dieses Landes für das Jahr, in dem der Fonds gebildet oder die Erhöhung beschlossen wird.

c) Dieses Verhältnis und die Zahlungsbedingungen werden von der Versammlung auf Vorschlag des Generaldirektors und nach Äußerung des Koordinierungsausschusses der Organisation festgesetzt.

(7)

a) Das Abkommen über den Sitz, das mit dem Land geschlossen wird, in dessen Hoheitsgebiet die Organisation ihren Sitz hat, sieht vor, daß dieses Land Vorschüsse gewährt, wenn der Betriebsmittelfonds nicht ausreicht. Die Höhe dieser Vorschüsse und die Bedingungen, unter denen sie gewährt werden, sind in jedem Fall Gegenstand besonderer Vereinbarungen zwischen diesem Land und der Organisation. Solange dieses Land verpflichtet ist, Vorschüsse zu gewähren, hat es ex officio einen Sitz im Exekutivausschuß.

b) Das unter Buchstabe a bezeichnete Land und die Organisation sind berechtigt, die Verpflichtung zur Gewährung von Vorschüssen durch schriftliche Notifikation zu kündigen. Die Kündigung wird drei Jahre nach Ablauf des Jahres wirksam, in dem sie notifiziert worden ist.

(8) Die Rechnungsprüfung wird nach Maßgabe der Finanzvorschriften von einem oder mehreren Verbandsländern oder von außenstehenden Rechnungsprüfern vorgenommen, die mit ihrer Zustimmung von der Versammlung bestimmt werden.

Art. 17 [Änderungsvorschläge] (1) [1] Vorschläge zur Änderung der Artikel 13, 14, 15, 16 und dieses Artikels können von jedem Mitgliedland der Versammlung, vom Exekutivausschuß oder vom Generaldirektor vorgelegt werden. [2] Diese Vorschläge werden vom Generaldirektor mindestens sechs Monate, bevor sie in der Versammlung beraten werden, den Mitgliedländern der Versammlung mitgeteilt.

(2) [1] Jede Änderung der in Absatz 1 bezeichneten Artikel wird von der Versammlung beschlossen. [2] Der Beschluß erfordert drei Viertel der abgegebenen Stimmen; jede Änderung des Artikels 13 und dieses Absatzes erfordert jedoch vier Fünftel der abgegebenen Stimmen.

(3) [1] Jede Änderung der in Absatz 1 bezeichneten Artikel tritt einen Monat nach dem Zeitpunkt in Kraft, zu dem die schriftlichen Notifikationen der verfassungsmäßig zustande gekommenen Annahme des Änderungsvorschlags von drei Vierteln der Länder, die im Zeitpunkt der Beschlußfassung über die Änderung Mitglied der Versammlung waren, beim Generaldirektor eingegangen sind. [2] Jede auf diese Weise angenommene Änderung der genannten Artikel bindet alle Länder, die im Zeitpunkt des Inkrafttretens der Änderung Mitglied der Versammlung sind oder später Mitglied werden; jedoch bindet eine Änderung, die die finanziellen Verpflichtungen der Verbandsländer erweitert, nur die Länder, die die Annahme dieser Änderung notifiziert haben.

Art. 18 [Revisionen] (1) Diese Übereinkunft soll Revisionen unterzogen werden, um Verbesserungen herbeizuführen, die geeignet sind, das System des Verbandes zu vervollkommnen.

(2) Zu diesem Zweck werden der Reihe nach in einem der Verbandsländer Konferenzen zwischen den Delegierten dieser Länder stattfinden.

(3) Für Änderungen der Artikel 13 bis 17 sind die Bestimmungen des Artikels 17 maßgebend.

Art. 19 [Sonderabkommen] Es besteht Einverständnis darüber, daß die Verbandsländer sich das Recht vorbehalten, einzeln untereinander Sonderabkommen zum Schutz des gewerblichen Eigentums zu treffen, sofern diese Abkommen den Bestimmungen dieser Übereinkunft nicht zuwiderlaufen.

Art. 20 [Ratifizierung] (1)

a) Jedes Verbandsland kann diese Fassung der Übereinkunft ratifizieren, wenn es sie unterzeichnet hat, oder ihr beitreten, wenn es sie nicht unterzeichnet hat. Die Ratifikations- und Beitrittsurkunden werden beim Generaldirektor hinterlegt.

b) Jedes Verbandsland kann in seiner Ratifikations- oder Beitrittsurkunde erklären, daß sich seine Ratifikation oder sein Beitritt nicht erstreckt

   i) auf die Artikel 1 bis 12 oder

   ii) auf die Artikel 13 bis 17.

c) Jedes Verbandsland, das gemäß Buchstabe b eine der beiden dort bezeichneten Gruppen von Artikeln von der Wirkung seiner Ratifikation oder seines Beitritts ausgeschlossen hat, kann zu jedem späteren Zeitpunkt erklären, daß es die Wirkung seiner Ratifikation oder seines Beitritts auf diese Gruppe von Artikeln erstreckt. Eine solche Erklärung wird beim Generaldirektor hinterlegt.

(2)

a) Die Artikel 1 bis 12 treten für die ersten zehn Verbandsländer, die Ratifikations- oder Beitrittsurkunden ohne Abgabe einer nach Absatz 1 Buchstabe b Ziffer i zulässigen Erklärung hinterlegt haben, drei Monate nach Hinterlegung der zehnten solchen Ratifikations- oder Beitrittsurkunde in Kraft.

b) Die Artikel 13 bis 17 treten für die ersten zehn Verbandsländer, die Ratifikations- oder Beitrittsurkunden ohne Abgabe einer nach Absatz 1 Buchstabe b Ziffer ii zulässigen Erklärung hinterlegt haben, drei Monate nach Hinterlegung der zehnten solchen Ratifikations- oder Beitrittsurkunde in Kraft.

c) Vorbehaltlich des erstmaligen Inkrafttretens jeder der beiden in Absatz 1 Buchstabe b Ziffern i und ii bezeichneten Gruppen von Artikeln nach den Buchstaben a und b und vorbehaltlich des Absatzes 1 Buchstabe b treten die Artikel 1 bis 17 für jedes nicht unter Buchstabe a oder b fallende Verbandsland, das eine Ratifikations- oder Beitrittsurkunde hinterlegt, sowie für jedes Verbandsland, das eine Erklärung gemäß Absatz 1 Buchstabe c hinterlegt, drei Monate nach dem Zeitpunkt der Notifizierung einer solchen Hinterlegung durch den Generaldirektor in Kraft, sofern in der hinterlegten Urkunde oder Erklärung nicht ein späterer Zeitpunkt angegeben ist. In diesem Fall tritt diese Fassung der Übereinkunft für dieses Land zu dem angegebenen Zeitpunkt in Kraft.

(3) Für jedes Verbandsland, das eine Ratifikations- oder Beitrittsurkunde hinterlegt, treten die Artikel 18 bis 30 in Kraft, sobald eine der beiden in Absatz 1 Buchstabe b bezeichneten Gruppen von Artikeln für dieses Land gemäß Absatz 2 Buchstabe a, b oder c in Kraft tritt.

Art. 21 [Beitrittsurkunden] (1) [1] Jedes verbandsfremde Land kann dieser Fassung der Übereinkunft beitreten und dadurch Mitglied des Verbandes werden. [2] Die Beitrittsurkunden werden beim Generaldirektor hinterlegt.

(2)

a) Für jedes verbandsfremde Land, das seine Beitrittsurkunde einen Monat vor dem Zeitpunkt des Inkrafttretens von Bestimmungen dieser Fassung der Übereinkunft oder früher hinterlegt hat, tritt diese, sofern nicht ein späterer Zeitpunkt in der Beitrittsurkunde angegeben ist, zu dem Zeitpunkt in Kraft, zu dem die Bestimmungen gemäß Artikel 20 Absatz 2 Buchstabe a oder b erstmals in Kraft treten; jedoch ist ein solches Land,
   i) wenn die Artikel 1 bis 12 zu diesem Zeitpunkt noch nicht in Kraft getreten sind, während der Übergangszeit bis zu ihrem Inkrafttreten an ihrer Stelle durch die Artikel 1 bis 12 der Lissaboner Fassung der Übereinkunft gebunden;
   ii) wenn die Artikel 13 bis 17 zu diesem Zeitpunkt noch nicht in Kraft getreten sind, während der Übergangszeit bis zu ihrem Inkrafttreten an ihrer Stelle durch die Artikel 13 und 14 Absätze 3, 4 und 5 der Lissaboner Fassung der Übereinkunft gebunden.

   Gibt ein Land in seiner Beitrittsurkunde einen späteren Zeitpunkt an, so tritt diese Fassung der Übereinkunft für dieses Land zu dem angegebenen Zeitpunkt in Kraft.

b) Für jedes verbandsfremde Land, das seine Beitrittsurkunde nach dem Inkrafttreten einer Gruppe von Artikeln dieser Fassung der Übereinkunft oder weniger als einen Monat vor diesem Zeitpunkt hinterlegt hat, tritt diese Fassung der Übereinkunft vorbehaltlich des Buchstaben a drei Monate nach dem Zeitpunkt der Notifizierung seines Beitritts durch den Generaldirektor in Kraft, sofern nicht ein späterer Zeitpunkt in der Beitrittsurkunde angegeben ist. In diesem Fall tritt diese Fassung der Übereinkunft für dieses Land zu dem angegebenen Zeitpunkt in Kraft.

(3) [1] Für jedes verbandsfremde Land, das seine Beitrittsurkunde nach dem Inkrafttreten dieser Fassung der Übereinkunft in ihrer Gesamtheit oder weniger als einen Monat vor diesem Zeitpunkt hinterlegt hat, tritt diese Fassung der Übereinkunft drei Monate nach dem Zeitpunkt der Notifizierung seines Beitritts durch den Generaldirektor in Kraft, sofern nicht ein späterer Zeitpunkt in der Beitrittsurkunde angegeben ist. [2] In diesem Fall tritt diese Fassung der Übereinkunft für dieses Land zu dem angegebenen Zeitpunkt in Kraft.

Art. 22 [Ausnahmen] Vorbehaltlich der gemäß Artikel 20 Absatz 1 Buchstabe b und Artikel 28 Absatz 2 zulässigen Ausnahmen bewirkt die Ratifikation oder der Beitritt von Rechts wegen die Annahme aller Bestimmungen und die Zulassung zu allen Vorteilen dieser Fassung der Übereinkunft.

Art. 23 [Frühere Fassungen] Nach dem Inkrafttreten dieser Fassung der Übereinkunft in ihrer Gesamtheit kann ein Land früheren Fassungen der Übereinkunft nicht mehr beitreten.

Art. 24 [Notifikation] (1) Jedes Land kann in seiner Ratifikations- oder Beitrittsurkunde erklären oder zu jedem späteren Zeitpunkt dem Generaldirektor schriftlich notifizieren, daß diese Übereinkunft auf alle oder einzelne in der Erklärung oder Notifikation bezeichnete Hoheitsgebiete anwendbar ist, für deren auswärtige Beziehungen es verantwortlich ist.

(2) Jedes Land, das eine solche Erklärung oder eine solche Notifikation abgegeben hat, kann dem Generaldirektor jederzeit notifizieren, daß diese Übereinkunft auf alle oder einzelne dieser Hoheitsgebiete nicht mehr anwendbar ist.

(3)

a) Jede in der Ratifikations- oder Beitrittsurkunde abgegebene Erklärung gemäß Absatz 1 wird gleichzeitig mit der Ratifikation oder dem Beitritt und jede Notifikation gemäß Absatz 1 wird drei Monate nach ihrer Notifizierung durch den Generaldirektor wirksam.

b) Jede Notifikation gemäß Absatz 2 wird zwölf Monate nach ihrem Eingang beim Generaldirektor wirksam.

Art. 25 [Gewährleistung] (1) Jedes Vertragsland dieser Übereinkunft verpflichtet sich, entsprechend seiner Verfassung die notwendigen Maßnahmen zu ergreifen, um die Anwendung dieser Übereinkunft zu gewährleisten.

(2) Es besteht Einverständnis darüber, daß jedes Land im Zeitpunkt der Hinterlegung seiner Ratifikations- oder Beitrittsurkunde gemäß seinen innerstaatlichen Rechtsvorschriften in der Lage sein muß, den Bestimmungen dieser Übereinkunft Wirkung zu verleihen.

Art. 26 [Kündigungsrecht] (1) Diese Übereinkunft bleibt ohne zeitliche Begrenzung in Kraft.

(2) [1] Jedes Land kann diese Fassung der Übereinkunft durch eine an den Generaldirektor gerichtete Notifikation kündigen. [2] Diese Kündigung bewirkt zugleich die Kündigung aller früheren Fassungen und hat nur Wirkung für das Land, das sie erklärt hat; für die übrigen Verbandsländer bleibt die Übereinkunft in Kraft und wirksam.

(3) Die Kündigung wird ein Jahr nach dem Tag wirksam, an dem die Notifikation beim Generaldirektor eingegangen ist.

(4) Das in diesem Artikel vorgesehene Kündigungsrecht kann von einem Land nicht vor Ablauf von fünf Jahren nach dem Zeitpunkt ausgeübt werden, zu dem es Mitglied des Verbandes geworden ist.

Art. 27 [Weitere Anwendungsbestimmungen] (1) Diese Fassung der Übereinkunft ersetzt in den Beziehungen zwischen den Ländern, auf die sie anwendbar ist, und in dem Umfang, in dem sie anwendbar ist, die Pariser Verbandsübereinkunft vom 20. März 1883 und die folgenden revidierten Fassungen dieser Übereinkunft.

(2)

a) Für die Länder, auf die diese Fassung der Übereinkunft nicht oder nicht in ihrer Gesamtheit, jedoch die Lissaboner Fassung vom 31. Oktober 1958 anwendbar ist, bleibt diese letztere in ihrer Gesamtheit oder in dem Umfang in Kraft, in dem sie nicht gemäß Absatz 1 durch diese Fassung der Übereinkunft ersetzt wird.

b) Ebenso bleibt für die Länder, auf die weder diese Fassung der Übereinkunft noch Teile von ihr, noch die Lissaboner Fassung anwendbar sind, die Londoner Fassung vom 2. Juni 1934 in ihrer Gesamtheit oder in dem Umfang in Kraft, in dem sie nicht gemäß Absatz 1 durch diese Fassung der Übereinkunft ersetzt wird.

c) Ebenso bleibt für die Länder, auf die weder diese Fassung der Übereinkunft noch Teile von ihr, noch die Lissaboner Fassung, noch die Londoner Fassung anwendbar sind, die Haager Fassung vom 6. November 1925 in ihrer Gesamtheit oder in dem Umfang in Kraft, in dem sie nicht gemäß Absatz 1 durch diese Fassung der Übereinkunft ersetzt wird.

(3) [1] Die verbandsfremden Länder, die Vertragspartei dieser Fassung der Übereinkunft werden, wenden sie im Verhältnis zu jedem Verbandsland an, das nicht Vertragspartei dieser Fassung oder das zwar Vertragspartei dieser Fassung ist, aber die in Artikel 20 Absatz 1 Buchstabe b Ziffer i vorgesehene Erklärung abgegeben hat. [2] Diese Länder lassen es zu, daß ein solches Verbandsland in seinen Beziehungen zu ihnen die Bestimmungen der jüngsten Fassung der Übereinkunft, deren Vertragspartei es ist, anwendet.

Art. 28 [Sonstige Anwendungsbestimmungen] (1) [1] Jede Streitigkeit zwischen zwei oder mehreren Verbandsländern über die Auslegung oder die Anwendung dieser Übereinkunft, die nicht auf dem Verhandlungsweg beigelegt wird, kann von jedem beteiligten Land durch eine Klage, die gemäß dem Statut des Internationalen Gerichtshofs zu erheben ist, vor den Internationalen Gerichtshof gebracht werden, sofern die beteiligten Länder nicht eine andere Regelung vereinbaren. [2] Das Land, das die Streitigkeit vor den Internationalen Gerichtshof bringt, hat dies dem Internationalen Büro mitzuteilen; dieses setzt die anderen Verbandsländer davon in Kenntnis.

(2) [1] Jedes Land kann gleichzeitig mit der Unterzeichnung dieser Fassung der Übereinkunft oder mit der Hinterlegung seiner Ratifikations- oder Beitrittsurkunde erklären, daß es sich durch Absatz 1 nicht als gebunden betrachtet. [2] Auf Streitigkeiten zwischen einem solchen Land und jedem anderen Verbandsland ist Absatz 1 nicht anwendbar.

(3) Jedes Land, das eine Erklärung gemäß Absatz 2 abgegeben hat, kann sie jederzeit durch eine an den Generaldirektor gerichtete Notifikation zurückziehen.

Art. 29 [Generaldirektor] (1)

a) Diese Fassung der Übereinkunft wird in einer Urschrift in französischer Sprache unterzeichnet und bei der schwedischen Regierung hinterlegt.

b) Amtliche Texte werden vom Generaldirektor nach Konsultierung der beteiligten Regierungen in deutscher, englischer, italienischer, portugiesischer, russischer und spanischer Sprache sowie in anderen Sprachen hergestellt, die die Versammlung bestimmen kann.

c) Bei Streitigkeiten über die Auslegung der verschiedenen Texte ist der französische Text maßgebend.

(2) Diese Fassung der Übereinkunft liegt bis zum 13. Januar 1968 in Stockholm zur Unterzeichnung auf.

(3) Der Generaldirektor übermittelt zwei von der schwedischen Regierung beglaubigte Abschriften des unterzeichneten Textes dieser Fassung der Übereinkunft den Regierungen aller Verbandsländer und der Regierung jedes anderen Landes, die es verlangt.

(4) Der Generaldirektor läßt diese Fassung der Übereinkunft beim Sekretariat der Vereinten Nationen registrieren.

(5) Der Generaldirektor notifiziert den Regierungen aller Verbandsländer die Unterzeichnungen, die Hinterlegungen von Ratifikations- oder Beitrittsurkunden sowie die in diesen Urkunden enthaltenen oder gemäß Artikel 20 Absatz 1 Buchstabe c abgegebenen Erklärungen, das Inkrafttreten aller Bestimmungen dieser Fassung der Übereinkunft, die Notifikationen von Kündigungen und die Notifikationen gemäß Artikel 24.

Art. 30 [Mitgliedschaft] (1) Bis zur Amtsübernahme durch den ersten Generaldirektor gelten Bezugnahmen in dieser Fassung der Übereinkunft auf das Internationale Büro der Organisation oder den Generaldirektor als Bezugnahmen auf das Büro des Verbandes oder seinen Direktor.

(2) [1] Verbandsländer, die nicht durch die Artikel 13 bis 17 gebunden sind, können, wenn sie dies wünschen, während eines Zeitraums von fünf Jahren, gerechnet vom Zeitpunkt des Inkrafttretens des Übereinkommens zur Errichtung der Organisation an, die in den Artikeln 13 bis 17 dieser Fassung der Übereinkunft vorgesehenen Rechte so ausüben, als wären sie durch diese Artikel gebunden. [2] Jedes Land, das diese Rechte auszuüben wünscht, hinterlegt zu diesem Zweck beim Generaldirektor eine schriftliche Notifikation, die im Zeitpunkt ihres Eingangs wirksam wird. [3] Solche Länder gelten bis zum Ablauf der genannten Frist als Mitglied der Versammlung.

(3) Solange nicht alle Verbandsländer Mitglied der Organisation geworden sind, handelt das Internationale Büro der Organisation zugleich als Büro des Verbandes und der Generaldirektor als Direktor dieses Büros.

(4) Sobald alle Verbandsländer Mitglied der Organisation geworden sind, gehen die Rechte und Verpflichtungen sowie das Vermögen des Büros des Verbandes auf das Internationale Büro der Organisation über.

63. Übereinkommen über handelsbezogene Aspekte der Rechte des geistigen Eigentums[1)]

Vom 15. April 1994
(BGBl. II S. 1730)

geänd. durch Änd[2)] v. 6.12.2005 (ABl. 2007 L 311 S. 37)

Inhaltsübersicht

Die Mitglieder –

von dem Wunsch geleitet, Verzerrungen und Behinderungen des internationalen Handels zu verringern, und unter Berücksichtigung der Notwendigkeit, einen wirksamen und angemessenen Schutz der Rechte des geistigen Eigentums zu fördern sowie sicherzustellen, daß die Maßnahmen und Verfahren zur Durchsetzung der Rechte des geistigen Eigentums nicht selbst zu Schranken für den rechtmäßigen Handel werden,

in der Erkenntnis, daß es zu diesem Zweck neuer Regeln und Disziplinen bedarf im Hinblick auf

a) die Anwendbarkeit der Grundprinzipien des GATT 1994 und der einschlägigen internationalen Übereinkünfte über geistiges Eigentum,
b) die Aufstellung angemessener Normen und Grundsätze betreffend die Verfügbarkeit, den Umfang und die Ausübung handelsbezogener Rechte des geistigen Eigentums,
c) die Bereitstellung wirksamer und angemessener Mittel für die Durchsetzung handelsbezogener Rechte des geistigen Eigentums unter Berücksichtigung der Unterschiede in den Rechtssystemen der einzelnen Länder,
d) die Bereitstellung wirksamer und zügiger Verfahren für die multilaterale Vermeidung und Beilegung von Streitigkeiten zwischen Regierungen und
e) Übergangsregelungen, die auf eine möglichst umfassende Beteiligung an den Ergebnissen der Verhandlungen abzielen,

in Erkenntnis der Notwendigkeit eines multilateralen Rahmens von Grundsätzen, Regeln und Disziplinen betreffend den internationalen Handel mit gefälschten Waren,

in der Erkenntnis, daß Rechte an geistigem Eigentum private Rechte sind,

---

[1)] Verkündet als Anhang C des Übereinkommens vom 15. April 1994 zur Errichtung der Welthandelsorganisation (WTO) v. 30.8.1994 (BGBl. II S. 1438).

[2)] Die Änderung tritt für die zustimmenden Mitglieder mWv 23.1.2017 in Kraft, siehe die Mitteilung v. 30.1.2017 WTO 17-0584, WT/Let/1236; zur aktualisierten Liste der Mitglieder, die zugestimmt haben, siehe https://www.wto.org/english/tratop_e/trips_e/amendment_e.htm.

in Erkenntnis der dem öffentlichen Interesse dienenden grundsätzlichen Ziele der Systeme der einzelnen Länder für den Schutz des geistigen Eigentums, einschließlich der entwicklungs- und technologiepolitischen Ziele,

sowie in Erkenntnis der besonderen Bedürfnisse der am wenigsten entwickelten Länder, die Mitglieder sind, in bezug auf größtmögliche Flexibilität bei der Umsetzung von Gesetzen und sonstigen Vorschriften im Inland, um es ihnen zu ermöglichen, eine gesunde und tragfähige technologische Grundlage zu schaffen,

unter Betonung der Bedeutung des Abbaus von Spannungen durch die verstärkte Verpflichtung, Streitigkeiten betreffend handelsbezogene Fragen des geistigen Eigentums durch multilaterale Verfahren zu lösen,

in dem Wunsch, eine der gegenseitigen Unterstützung dienende Beziehung zwischen der Welthandelsorganisation und der Weltorganisation für geistiges Eigentum (in diesem Übereinkommen als „WIPO" bezeichnet) sowie anderen einschlägigen internationalen Organisationen aufzubauen –

kommen hiermit wie folgt überein:

Teil I. Allgemeine Bestimmungen und Grundprinzipien

Art. 1 Wesen und Umfang der Pflichten. (1) [1]Die Mitglieder wenden die Bestimmungen dieses Übereinkommens an. [2]Die Mitglieder dürfen in ihr Recht einen umfassenderen Schutz als den durch dieses Übereinkommen geforderten aufnehmen, vorausgesetzt, dieser Schutz läuft diesem Übereinkommen nicht zuwider, sie sind dazu aber nicht verpflichtet. [3]Es steht den Mitgliedern frei, die für die Umsetzung dieses Übereinkommens in ihrem eigenen Rechtssystem und in ihrer Rechtspraxis geeignete Methode festzulegen.

(2) Der Begriff „geistiges Eigentum" im Sinne dieses Übereinkommens umfaßt alle Arten des geistigen Eigentums, die Gegenstand der Abschnitte 1 bis 7 des Teils II sind.

(3) [1]Die Mitglieder gewähren die in diesem Übereinkommen festgelegte Behandlung den Angehörigen der anderen Mitglieder.[1)] [2]In bezug auf das einschlägige Recht des geistigen Eigentums sind unter den Angehörigen anderer Mitglieder diejenigen natürlichen oder juristischen Personen zu verstehen, die den Kriterien für den Zugang zum Schutz nach der Pariser Verbandsübereinkunft[2)] (1967), der Berner Übereinkunft (1971), dem Rom-Abkommen und dem Vertrag über den Schutz des geistigen Eigentums im Hinblick auf integrierte Schaltkreise entsprächen, wenn alle Mitglieder der Welthandelsorganisation Vertragsparteien dieser Übereinkünfte wären.[3)] [3]Ein Mitglied, das von den in Artikel 5 Absatz 3 oder Artikel 6 Absatz 2 des Rom-Abkommens vorgesehenen Möglichkeiten Gebrauch macht, hat eine Notifikation gemäß

[1)] **Amtl. Anm.:** Soweit in diesem Übereinkommen der Begriff „Angehörige" verwendet wird, bedeutet dieser Begriff im Falle eines gesonderten Zollgebiets, das Mitglied der WTO ist, natürliche oder juristische Personen mit Wohnsitz oder einer wirklichen und tatsächlichen gewerblichen oder Handelsniederlassung in diesem Zollgebiet.

[2)] Nr. **60**.

[3)] **Amtl. Anm.:** In diesem Übereinkommen bedeutet „Pariser Verbandsübereinkunft" die Pariser Verbandsübereinkunft zum Schutz des gewerblichen Eigentums, „Pariser Verbandsübereinkunft (1967)" die Stockholmer Fassung dieser Übereinkunft vom 14. Juli 1967, „Berner Übereinkunft" die Berner Übereinkunft zum Schutz von Werken der Literatur und Kunst, „Berner Übereinkunft

(Fortsetzung der Anm. nächste Seite)

den genannten Bestimmungen an den Rat für handelsbezogene Aspekte der Rechte des geistigen Eigentums (den „Rat für TRIPS") vorzunehmen.

Art. 2 Übereinkünfte über geistiges Eigentum. (1) In bezug auf die Teile II, III und IV dieses Übereinkommens befolgen die Mitglieder die Artikel 1 bis 12 sowie Artikel 19 der Pariser Verbandsübereinkunft[1] (1967).

(2) Die in den Teilen I bis IV dieses Übereinkommens enthaltenen Bestimmungen setzen die nach der Pariser Verbandsübereinkunft[1], der Berner Übereinkunft, dem Rom-Abkommen und dem Vertrag über den Schutz des geistigen Eigentums im Hinblick auf integrierte Schaltkreise bestehenden Verpflichtungen der Mitglieder untereinander nicht außer Kraft.

Art. 3 Inländerbehandlung. (1) [1]Die Mitglieder gewähren den Angehörigen der anderen Mitglieder eine Behandlung, die nicht weniger günstig ist als die, die sie ihren eigenen Angehörigen in bezug auf den Schutz[2] des geistigen Eigentums gewähren, vorbehaltlich der jeweils bereits in der Pariser Verbandsübereinkunft[1] (1967), der Berner Übereinkunft (1971), dem Rom-Abkommen oder dem Vertrag über den Schutz des geistigen Eigentums im Hinblick auf integrierte Schaltkreise vorgesehenen Ausnahmen. [2]In bezug auf ausübende Künstler, Hersteller von Tonträgern und Sendeunternehmen gilt diese Verpflichtung nur in bezug auf die durch dieses Übereinkommen vorgesehenen Rechte. [3]Ein Mitglied, das von den in Artikel 6 der Berner Übereinkunft (1971) oder in Artikel 16 Absatz 1 Buchstabe b des Rom-Abkommens vorgesehenen Möglichkeiten Gebrauch macht, hat eine Notifikation gemäß den genannten Bestimmungen an den Rat für TRIPS vorzunehmen.

(2) Die Mitglieder dürfen in bezug auf Gerichts- und Verwaltungsverfahren, einschließlich der Bestimmung einer Anschrift für die Zustellung oder der Ernennung eines Vertreters innerhalb des Hoheitsgebiets eines Mitglieds, von den in Absatz 1 vorgesehenen Ausnahmen nur Gebrauch machen, wenn diese Ausnahmen notwendig sind, um die Einhaltung von Gesetzen und sonstigen Vorschriften sicherzustellen, die mit den Bestimmungen dieses Übereinkommens nicht unvereinbar sind, und wenn diese Praktiken nicht in einer Weise angewendet werden, die eine verschleierte Handelsbeschränkung bilden würde.

Art. 4 Meistbegünstigung. [1]In bezug auf den Schutz des geistigen Eigentums werden Vorteile, Vergünstigungen, Sonderrechte und Befreiungen, die von einem Mitglied den Angehörigen eines anderen Landes gewährt werden, sofort und bedingungslos den Angehörigen aller anderen Mitglieder gewährt.

(Fortsetzung der Anm. von voriger Seite)
(1971)" die Pariser Fassung dieser Übereinkunft vom 24. Juli 1971, „Rom-Abkommen" das Internationale Abkommen über den Schutz der ausübenden Künstler, der Hersteller von Tonträgern und der Sendeunternehmen, angenommen in Rom am 26. Oktober 1961, „Vertrag über den Schutz des geistigen Eigentums im Hinblick auf integrierte Schaltkreise" (IPIC-Vertrag) den am 26. Mai 1989 in Washington angenommenen Vertrag über den Schutz des geistigen Eigentums im Hinblick auf integrierte Schaltkreise, „WTO-Übereinkommen" das Übereinkommen zur Errichtung der Welthandelsorganisation.

[1] Nr. **60**.

[2] **Amtl. Anm.:** Im Sinne der Artikel 3 und 4 schließt „Schutz" Angelegenheiten ein, welche die Verfügbarkeit, den Erwerb, den Umfang, die Aufrechterhaltung und die Durchsetzung von Rechten des geistigen Eigentums betreffen, sowie diejenigen Angelegenheiten, welche die Ausübung von Rechten des geistigen Eigentums betreffen, die in diesem Übereinkommen ausdrücklich behandelt werden.

[2] Von dieser Verpflichtung ausgenommen sind von einem Mitglied gewährte Vorteile, Vergünstigungen, Sonderrechte und Befreiungen,

a) die sich aus internationalen Übereinkünften über Rechtshilfe oder Vollstreckung ableiten, die allgemeiner Art sind und sich nicht speziell auf den Schutz des geistigen Eigentums beschränken;
b) die gemäß den Bestimmungen der Berner Übereinkunft (1971) oder des Rom-Abkommens gewährt werden, in denen gestattet wird, daß die gewährte Behandlung nicht von der Inländerbehandlung, sondern von der in einem anderen Land gewährten Behandlung abhängig gemacht wird;
c) die sich auf die in diesem Übereinkommen nicht geregelten Rechte von ausübenden Künstlern, Herstellern von Tonträgern und Sendeunternehmen beziehen;
d) die sich aus internationalen Übereinkünften betreffend den Schutz des geistigen Eigentums ableiten, die vor dem Inkrafttreten des WTO-Übereinkommens in Kraft getreten sind, vorausgesetzt, daß diese Übereinkünfte dem Rat für TRIPS notifiziert werden und keine willkürliche oder ungerechtfertigte Diskriminierung von Angehörigen anderer Mitglieder darstellen.

Art. 5 Mehrseitige Übereinkünfte über den Erwerb oder die Aufrechterhaltung des Schutzes. Die in den Artikeln 3 und 4 aufgeführten Verpflichtungen finden keine Anwendung auf Verfahren, die in im Rahmen der Weltorganisation für geistiges Eigentum geschlossenen mehrseitigen Übereinkünften betreffend den Erwerb oder die Aufrechterhaltung von Rechten des geistigen Eigentums enthalten sind.

Art. 6 Erschöpfung. Für die Zwecke der Streitbeilegung im Rahmen dieses Übereinkommens darf vorbehaltlich der Artikel 3 und 4 dieses Übereinkommen nicht dazu verwendet werden, die Frage der Erschöpfung von Rechten des geistigen Eigentums zu behandeln.

Art. 7 Ziele. Der Schutz und die Durchsetzung von Rechten des geistigen Eigentums sollen zur Förderung der technischen Innovation sowie zur Weitergabe und Verbreitung von Technologie beitragen, dem beiderseitigen Vorteil der Erzeuger und Nutzer technischen Wissens dienen, in einer dem gesellschaftlichen und wirtschaftlichen Wohl zuträglichen Weise erfolgen und einen Ausgleich zwischen Rechten und Pflichten herstellen.

Art. 8 Grundsätze. (1) Die Mitglieder dürfen bei der Abfassung oder Änderung ihrer Gesetze und sonstigen Vorschriften die Maßnahmen ergreifen, die zum Schutz der öffentlichen Gesundheit und Ernährung sowie zur Förderung des öffentlichen Interesses in den für ihre sozio-ökonomische und technische Entwicklung lebenswichtigen Sektoren notwendig sind; jedoch müssen diese Maßnahmen mit diesem Übereinkommen vereinbar sein.

(2) Geeignete Maßnahmen, die jedoch mit diesem Übereinkommen vereinbar sein müssen, können erforderlich sein, um den Mißbrauch von Rechten des geistigen Eigentums durch die Rechtsinhaber oder den Rückgriff auf Praktiken, die den Handel unangemessen beschränken oder den internationalen Technologietransfer nachteilig beeinflussen, zu verhindern.

Teil II. Normen betreffend die Verfügbarkeit, den Umfang und die Ausübung von Rechten des geistigen Eigentums

Abschnitt 1: Urheberrecht und verwandte Schutzrechte

Art. 9 Verhältnis zur Berner Übereinkunft. (1) [1]Die Mitglieder befolgen die Artikel 1 bis 21 der Berner Übereinkunft (1971) und den Anhang dazu. [2]Die Mitglieder haben jedoch aufgrund dieses Übereinkommens keine Rechte oder Pflichten in bezug auf die in Artikel 6bis der Übereinkunft gewährten oder die daraus abgeleiteten Rechte.

(2) Der urheberrechtliche Schutz erstreckt sich auf Ausdrucksformen und nicht auf Ideen, Verfahren, Arbeitsweisen oder mathematische Konzepte als solche.

Art. 10 Computerprogramme und Zusammenstellungen von Daten.

(1) Computerprogramme, gleichviel, ob sie in Quellcode oder in Maschinenprogrammcode ausgedrückt sind, werden als Werke der Literatur nach der Berner Übereinkunft (1971) geschützt.

(2) [1]Zusammenstellungen von Daten oder sonstigem Material, gleichviel, ob in maschinenlesbarer oder anderer Form, die aufgrund der Auswahl oder Anordnung ihres Inhalts geistige Schöpfungen bilden, werden als solche geschützt. [2]Dieser Schutz, der sich nicht auf die Daten oder das Material selbst erstreckt, gilt unbeschadet eines an den Daten oder dem Material selbst bestehenden Urheberrechts.

Art. 11 Vermietrechte. [1]Zumindest in bezug auf Computerprogramme und Filmwerke gewähren die Mitglieder den Urhebern und ihren Rechtsnachfolgern das Recht, die gewerbliche Vermietung von Originalen oder Vervielfältigungsstücken ihrer urheberrechtlich geschützten Werke an die Öffentlichkeit zu gestatten oder zu verbieten. [2]Ein Mitglied ist in bezug auf Filmwerke von dieser Pflicht befreit, es sei denn, diese Vermietung hat zu weit verbreiteter Vervielfältigung dieser Werke geführt, die das den Urhebern und ihren Rechtsnachfolgern in diesem Mitglied gewährte ausschließliche Vervielfältigungsrecht erheblich beeinträchtigt. [3]In bezug auf Computerprogramme findet diese Verpflichtung keine Anwendung auf Vermietungen, bei denen das Programm selbst nicht der wesentliche Gegenstand der Vermietung ist.

Art. 12 Schutzdauer. Wird die Dauer des Schutzes eines Werkes, das kein photographisches Werk und kein Werk der angewandten Kunst ist, auf einer anderen Grundlage als der Lebensdauer einer natürlichen Person berechnet, so darf die Schutzdauer nicht weniger als 50 Jahre ab dem Ende des Kalenderjahrs der gestatteten Veröffentlichung und, wenn es innerhalb von 50 Jahren ab der Herstellung des Werkes zu keiner gestatteten Veröffentlichung kommt, nicht weniger als 50 Jahre ab dem Ende des Kalenderjahrs der Herstellung betragen.

Art. 13 Beschränkungen und Ausnahmen. Die Mitglieder begrenzen Beschränkungen und Ausnahmen von ausschließlichen Rechten auf bestimmte Sonderfälle, die weder die normale Auswertung des Werkes beeinträchtigen noch die berechtigten Interessen des Rechtsinhabers unzumutbar verletzen.

Art. 14 Schutz von ausübenden Künstlern, Herstellern von Tonträgern (Tonaufnahmen) und Sendeunternehmen. (1) [1]In bezug auf die Festlegung ihrer Darbietung auf einem Tonträger haben ausübende Künstler die Möglichkeit, folgende Handlungen zu verhindern, wenn diese ohne ihre Erlaubnis vorgenommen werden: die Festlegung ihrer nicht festgelegten Darbietung und die Vervielfältigung einer solchen Festlegung. [2]Ausübende Künstler haben auch die Möglichkeit, folgende Handlungen zu verhindern, wenn diese ohne ihre Erlaubnis vorgenommen werden: die Funksendung auf drahtlosem Weg und die öffentliche Wiedergabe ihrer lebenden Darbietung.

(2) Die Hersteller von Tonträgern haben das Recht, die unmittelbare oder mittelbare Vervielfältigung ihrer Tonträger zu gestatten oder zu verbieten.

(3) [1]Sendeunternehmen haben das Recht, folgende Handlungen zu verbieten, wenn diese ohne ihre Erlaubnis vorgenommen werden: die Festlegung, die Vervielfältigung von Festlegungen und die drahtlose Weitersendung von Funksendungen sowie die öffentliche Wiedergabe von Fernsehsendungen solcher Funksendungen. [2]Mitglieder, die den Sendeunternehmen solche Rechte nicht gewähren, müssen den Inhabern des Urheberrechts an dem Gegenstand von Funksendungen die Möglichkeit gewähren, die genannten Handlungen vorbehaltlich der Berner Übereinkunft (1971) zu verhindern.

(4) [1]Die Bestimmungen des Artikels 11 betreffend Computerprogramme gelten, wie im innerstaatlichen Recht des Mitglieds bestimmt, sinngemäß auch für Hersteller von Tonträgern und sonstige Inhaber der Rechte an Tonträgern. [2]Ist am 15. April 1994 in einem Mitglied ein System der angemessenen Vergütung für die Inhaber von Rechten in bezug auf die Vermietung von Tonträgern in Kraft, so kann das Mitglied dieses System beibehalten, sofern die gewerbliche Vermietung von Tonträgern die ausschließlichen Vervielfältigungsrechte der Rechtsinhaber nicht erheblich beeinträchtigt.

(5) [1]Die nach diesem Übereinkommen ausübenden Künstlern und Herstellern von Tonträgern gewährte Schutzdauer läuft mindestens bis zum Ende eines Zeitraums von 50 Jahren, gerechnet ab dem Ende des Kalenderjahrs, in dem die Festlegung vorgenommen wurde oder die Darbietung stattgefunden hat. [2]Die Dauer des nach Absatz 3 gewährten Schutzes beträgt mindestens 20 Jahre ab dem Ende des Kalenderjahrs, in dem die Funksendung stattgefunden hat.

(6) [1]Die Mitglieder können in bezug auf die nach den Absätzen 1, 2 und 3 gewährten Rechte in dem durch das Rom-Abkommen gestatteten Umfang Bedingungen, Beschränkungen, Ausnahmen und Vorbehalte vorsehen. [2]Jedoch findet Artikel 18 der Berner Übereinkunft (1971) sinngemäß auch auf die Rechte der ausübenden Künstler und der Hersteller von Tonträgern an Tonträgern Anwendung.

Abschnitt 2: Marken

Art. 15 Gegenstand des Schutzes. (1) [1]Alle Zeichen und alle Zeichenkombinationen, die geeignet sind, die Waren oder Dienstleistungen eines Unternehmens von denen anderer Unternehmen zu unterscheiden, können eine Marke darstellen. [2]Solche Zeichen, insbesondere Wörter einschließlich Personennamen, Buchstaben, Zahlen, Abbildungen und Farbverbindungen, sowie alle Verbindungen solcher Zeichen sind als Marken eintragungsfähig. [3]Sind Zeichen nicht ihrer Natur nach geeignet, die betreffenden Waren oder Dienstleistungen zu unterscheiden, so können die Mitglieder ihre Eintragungsfähigkeit von ihrer durch Benutzung erworbenen Unterscheidungskraft abhängig machen. [4]Die Mitglieder können die visuelle Wahrnehmbarkeit von Zeichen als Eintragungsvoraussetzung festlegen.

(2) Absatz 1 ist nicht so zu verstehen, daß er ein Mitglied daran hindert, die Eintragung einer Marke aus anderen Gründen zu verweigern, wenn diese nicht im Widerspruch zu der Pariser Verbandsübereinkunft[1)] (1967) stehen.

(3) [1]Die Mitglieder können die Eintragungsfähigkeit von der Benutzung abhängig machen. [2]Die tatsächliche Benutzung einer Marke darf jedoch keine Voraussetzung für die Einreichung eines Antrags auf Eintragung sein. [3]Ein Antrag darf nicht allein aus dem Grund abgelehnt werden, daß die beabsichtigte Benutzung nicht vor Ablauf einer Frist von drei Jahren, gerechnet ab dem Tag der Antragstellung, stattgefunden hat.

(4) Die Art der Waren oder Dienstleistungen, für die eine Marke verwendet werden soll, darf keinesfalls ein Hindernis für die Eintragung der Marke bilden.

(5) [1]Die Mitglieder veröffentlichen alle Marken entweder vor ihrer Eintragung oder sofort nach ihrer Eintragung und sehen eine angemessene Gelegenheit für Anträge auf Löschung der Eintragung vor. [2]Darüber hinaus können die Mitglieder die Gelegenheit vorsehen, gegen die Eintragung einer Marke Widerspruch einzulegen.

Art. 16 Rechte aus der Marke. (1) [1]Dem Inhaber einer eingetragenen Marke steht das ausschließliche Recht zu, Dritten zu verbieten, ohne seine Zustimmung im geschäftlichen Verkehr identische oder ähnliche Zeichen für Waren oder Dienstleistungen, die identisch oder ähnlich denen sind, für welche die Marke eingetragen ist, zu benutzen, wenn diese Benutzung die Gefahr von Verwechslungen nach sich ziehen würde. [2]Bei der Benutzung identischer Zeichen für identische Waren oder Dienstleistungen wird die Verwechslungsgefahr vermutet. [3]Die vorstehend beschriebenen Rechte beeinträchtigen bestehende ältere Rechte nicht; sie beeinträchtigen auch nicht die Möglichkeit, daß die Mitglieder Rechte aufgrund von Benutzung vorsehen.

(2) [1]Artikel 6bis der Pariser Verbandsübereinkunft[1)] (1967) findet sinngemäß auf Dienstleistungen Anwendung. [2]Bei der Bestimmung, ob eine Marke notorisch bekannt ist, berücksichtigen die Mitglieder die Bekanntheit der Marke im maßgeblichen Teil der Öffentlichkeit, einschließlich der Bekanntheit der Marke im betreffenden Mitglied, die aufgrund der Werbung für die Marke erreicht wurde.

(3) Artikel 6bis der Pariser Verbandsübereinkunft[1)] (1967) findet sinngemäß auf Waren oder Dienstleistungen Anwendung, die denen nicht ähnlich sind, für die eine Marke eingetragen ist, wenn die Benutzung der betreffenden Marke im Zusammenhang mit diesen Waren oder Dienstleistungen auf eine Verbindung zwischen diesen Waren oder Dienstleistungen und dem Inhaber der eingetragenen Marke hinweisen würde und wenn den Interessen des Inhabers der eingetragenen Marke durch eine solche Benutzung wahrscheinlich Schaden zugefügt würde.

Art. 17 Ausnahmen. Die Mitglieder können begrenzte Ausnahmen von den Rechten aus einer Marke vorsehen, wie etwa eine lautere Benutzung beschrei-

---

[1)] Nr. **60**.

bender Angaben, wenn diese Ausnahmen die berechtigten Interessen des Inhabers der Marke und Dritter berücksichtigen.

Art. 18 Schutzdauer. [1]Die Laufzeit der ursprünglichen Eintragung und jeder Verlängerung der Eintragung einer Marke beträgt mindestens sieben Jahre. [2]Die Eintragung einer Marke kann unbegrenzt verlängert werden.

Art. 19 Erfordernis der Benutzung. (1) [1]Wenn die Benutzung für die Aufrechterhaltung einer Eintragung vorausgesetzt wird, darf die Eintragung erst nach einem ununterbrochenen Zeitraum der Nichtbenutzung von mindestens drei Jahren gelöscht werden, sofern der Inhaber der Marke nicht auf das Vorhandensein von Hindernissen für eine solche Benutzung gestützte triftige Gründe nachweist. [2]Umstände, die unabhängig vom Willen des Inhabers der Marke eintreten und die ein Hindernis für die Benutzung der Marke bilden, wie zum Beispiel Einfuhrbeschränkungen oder sonstige staatliche Auflagen für durch die Marke geschützte Waren oder Dienstleistungen, werden als triftige Gründe für die Nichtbenutzung anerkannt.

(2) Die Benutzung einer Marke durch einen Dritten wird als Benutzung der Marke zum Zweck der Erhaltung der Eintragung anerkannt, wenn sie der Kontrolle durch ihren Inhaber unterliegt.

Art. 20 Sonstige Erfordernisse. [1]Die Benutzung einer Marke im geschäftlichen Verkehr darf nicht ungerechtfertigt durch besondere Erfordernisse erschwert werden, wie die Benutzung zusammen mit einer anderen Marke, die Benutzung in einer besonderen Form oder die Benutzung in einer Weise, die ihre Fähigkeit beeinträchtigt, die Waren oder Dienstleistungen eines Unternehmens von denen anderer Unternehmen zu unterscheiden. [2]Dies schließt die Verpflichtung nicht aus, die Marke, welche das die Waren oder Dienstleistungen herstellende Unternehmen kennzeichnet, zusammen, aber ohne Verknüpfung, mit der Marke zu benutzen, welche die konkret betroffenen Waren oder Dienstleistungen dieses Unternehmens unterscheidet.

Art. 21 Lizenzen und Übertragungen. Die Mitglieder können die Bedingungen für die Vergabe von Lizenzen und für die Übertragung von Marken festlegen, wobei davon ausgegangen wird, daß die Zwangslizenzierung von Marken nicht zulässig ist und daß der Inhaber einer eingetragenen Marke berechtigt ist, seine Marke mit oder ohne den Geschäftsbetrieb, zu dem die Marke gehört, zu übertragen.

Abschnitt 3: Geographische Angaben

Art. 22 Schutz geographischer Angaben. (1) Geographische Angaben im Sinne dieses Übereinkommens sind Angaben, die eine Ware als aus dem Hoheitsgebiet eines Mitglieds oder aus einer Gegend oder aus einem Ort in diesem Gebiet stammend kennzeichnen, wenn eine bestimmte Qualität, der Ruf oder eine sonstige Eigenschaft der Ware im wesentlichen auf ihrer geographischen Herkunft beruht.

(2) In bezug auf geographische Angaben bieten die Mitglieder den beteiligten Parteien die rechtlichen Mittel für ein Verbot

a) der Benutzung irgendeines Mittels in der Bezeichnung oder Aufmachung einer Ware, das auf eine das Publikum hinsichtlich der geographischen

Herkunft der Ware irreführende Weise angibt oder nahelegt, daß die fragliche Ware ihren Ursprung in einem anderen geographischen Gebiet als dem wahren Ursprungsort hat;

b) jeder Benutzung, die eine unlautere Wettbewerbshandlung im Sinne des Artikels 10bis der Pariser Verbandsübereinkunft[1)] (1967) darstellt.

(3) Die Mitglieder weisen von Amts wegen, sofern ihr Recht dies erlaubt, oder auf Antrag einer beteiligten Partei die Eintragung einer Marke, die eine geographische Angabe enthält oder aus ihr besteht, für Waren, die ihren Ursprung nicht in dem angegeben Hoheitsgebiet haben, zurück oder erklären sie für ungültig, wenn die Benutzung der Angabe in der Marke für solche Waren in diesem Mitglied derart ist, daß das Publikum hinsichtlich des wahren Ursprungsorts irregeführt wird.

(4) Der Schutz nach den Absätzen 1, 2 und 3 ist auch gegen eine geographische Angabe anwendbar, die zwar in bezug auf das Hoheitsgebiet, die Gegend oder den Ort, aus dem die Waren stammen, tatsächlich zutreffend ist, aber dem Publikum gegenüber fälschlich die Herkunft der Waren aus einem anderen Hoheitsgebiet darstellt.

Art. 23 Zusätzlicher Schutz für geographische Angaben für Weine und Spirituosen. (1) Die Mitglieder bieten beteiligten Parteien die rechtlichen Mittel für ein Verbot der Verwendung geographischer Angaben zur Kennzeichnung von Weinen für Weine, die ihren Ursprung nicht an dem durch die fragliche geographische Angabe bezeichneten Ort haben, oder zur Kennzeichnung von Spirituosen für Spirituosen, die ihren Ursprung nicht an dem durch die fragliche geographische Angabe bezeichneten Ort haben, selbst wenn der wahre Ursprung der Waren angegeben oder die geographische Angabe in Übersetzung oder zusammen mit Ausdrücken wie „Art", „Typ", „Stil", „Imitation" oder dergleichen benutzt wird.[2)]

(2) Die Eintragung einer Marke, die eine geographische Angabe enthält oder aus ihr besteht, durch die Weine gekennzeichnet werden, für Weine oder die Eintragung einer Marke, die eine geographische Angabe enthält oder aus ihr besteht, durch die Spirituosen gekennzeichnet werden, für Spirituosen, wird in bezug auf solche Weine oder Spirituosen, die diesen Ursprung nicht haben, von Amts wegen, wenn das Recht eines Mitglieds dies erlaubt, oder auf Antrag einer beteiligten Partei zurückgewiesen oder für ungültig erklärt.

(3) [1] Im Fall homonymer geographischer Angaben für Weine wird vorbehaltlich des Artikels 22 Absatz 4 jeder Angabe Schutz gewährt. [2] Jedes Mitglied legt die praktischen Bedingungen fest, unter denen die fraglichen homonymen Angaben voneinander unterschieden werden, wobei die Notwendigkeit berücksichtigt wird, sicherzustellen, daß die betroffenen Erzeuger angemessen behandelt und die Verbraucher nicht irregeführt werden.

(4) Um den Schutz geographischer Angaben für Weine zu erleichtern, werden im Rat für TRIPS Verhandlungen über die Errichtung eines mehrseitigen Systems der Notifikation und Eintragung geographischer Angaben für Weine, die in den an dem System beteiligten Mitgliedern schutzfähig sind, geführt.

---

1) Nr. **60**.

2) **Amtl. Anm.:** Ungeachtet des Artikels 42 Satz 1 sind die Mitglieder befugt, in bezug auf diese Verpflichtungen statt dessen die Durchsetzung durch Verwaltungsmaßnahmen vorzusehen.

Art. 24 Internationale Verhandlungen; Ausnahmen. (1) [1]Die Mitglieder vereinbaren, in Verhandlungen einzutreten, die darauf abzielen, den Schutz einzelner geographischer Angaben nach Artikel 23 zu stärken. [2]Die Absätze 4 bis 8 dürfen von einem Mitglied nicht dazu verwendet werden, die Führung von Verhandlungen oder den Abschluß zweiseitiger oder mehrseitiger Übereinkünfte zu verweigern. [3]Im Rahmen solcher Verhandlungen sind die Mitglieder bereit, die weitere Anwendbarkeit dieser Bestimmungen auf einzelne geographische Angaben, deren Benutzung Gegenstand solcher Verhandlungen war, in Betracht zu ziehen.

(2) [1]Der Rat für TRIPS überprüft laufend die Anwendung dieses Abschnitts; die erste Überprüfung findet innerhalb von zwei Jahren nach Inkrafttreten des WTO-Übereinkommens statt. [2]Alle Angelegenheiten, welche die Erfüllung der sich aus diesen Bestimmungen ergebenden Pflichten betreffen, können dem Rat zur Kenntnis gebracht werden, der sich auf Ersuchen eines Mitglieds mit einem oder mehreren Mitgliedern in bezug auf eine solche Angelegenheit berät, hinsichtlich deren[1)] es nicht möglich war, durch zweiseitige oder mehrseitige Konsultationen zwischen den betroffenen Mitgliedern eine befriedigende Lösung zu finden. [3]Der Rat ergreift die vereinbarten Maßnahmen, um die Anwendung dieses Abschnitts zu erleichtern und seine Ziele zu fördern.

(3) Bei der Umsetzung dieses Abschnitts vermindern die Mitglieder nicht den Schutz geographischer Angaben, der in dem jeweiligen Mitglied unmittelbar vor dem Zeitpunkt des Inkrafttretens des WTO-Übereinkommens gegeben war.

(4) Dieser Abschnitt verpflichtet die Mitglieder nicht, die fortgesetzte und gleichartige Benutzung einer bestimmten geographischen Angabe eines anderen Mitglieds zu verbieten, durch die Weine oder Spirituosen im Zusammenhang mit Waren oder Dienstleistungen durch seine Angehörigen oder Personen, die in dem Land ihren Wohnsitz haben, gekennzeichnet werden, wenn sie diese geographische Angabe laufend für dieselben oder verwandte Waren oder Dienstleistungen im Hoheitsgebiet dieses Mitglieds entweder a) mindestens zehn Jahre lang vor dem 15. April 1994 oder b) gutgläubig vor diesem Tag benutzt haben.

(5) Wenn entweder

a) vor dem Zeitpunkt der Anwendung dieser Bestimmungen in einem Mitglied gemäß Teil VI oder

b) bevor die geographische Angabe in ihrem Ursprungsland geschützt wird,

eine Marke gutgläubig angemeldet oder eingetragen wurde oder Rechte an einer Marke durch gutgläubige Benutzung erworben wurden, beeinträchtigen zur Umsetzung dieses Abschnitts ergriffene Maßnahmen nicht die Eintragungsfähigkeit oder die Gültigkeit der Eintragung einer Marke oder das Recht zur Benutzung einer Marke aufgrund der Tatsache, daß eine solche Marke mit einer geographischen Angabe identisch oder ihr ähnlich ist.

(6) [1]Dieser Abschnitt verpflichtet die Mitglieder nicht, ihre Bestimmungen in bezug auf eine geographische Angabe eines anderen Mitglieds in bezug auf Waren oder Dienstleistungen anzuwenden, für die diese Angabe identisch mit dem Begriff ist, der in der allgemeinen Sprache der übliche Name solcher

---

1) Richtig wohl: „derer".

Waren oder Dienstleistungen im Hoheitsgebiet dieses Mitglieds ist. [2]Dieser Abschnitt verpflichtet die Mitglieder nicht, ihre Bestimmungen in bezug auf eine geographische Angabe eines anderen Mitglieds in bezug auf Erzeugnisse des Weinbaus anzuwenden, für die diese Angabe identisch mit dem üblichen Namen einer Rebsorte ist, die im Hoheitsgebiet dieses Mitglieds zum Zeitpunkt des Inkrafttretens des WTO-Übereinkommens vorhanden ist.

(7) Jedes Mitglied kann vorsehen, daß ein nach diesem Abschnitt im Zusammenhang mit der Benutzung oder Eintragung einer Marke gestellter Antrag innerhalb von fünf Jahren, nachdem die entgegenstehende Benutzung der geschützten Angabe in diesem Mitglied allgemein bekannt geworden ist oder nach dem Tag der Eintragung der Marke in diesem Mitglied, sofern die Marke zu diesem Zeitpunkt veröffentlicht ist, wenn dieser Zeitpunkt vor dem Tag liegt, an dem die entgegenstehende Benutzung in diesem Mitglied allgemein bekannt geworden ist, eingereicht werden muß, sofern die geographische Angabe nicht bösgläubig benutzt oder eingetragen wird.

(8) Dieser Abschnitt beeinträchtigt nicht das Recht einer Person, im geschäftlichen Verkehr ihren Namen oder den Namen ihres Geschäftsvorgängers zu benutzen, sofern dieser Name nicht in einer das Publikum irreführenden Weise benutzt wird.

(9) Dieses Übereinkommen begründet keine Verpflichtung, geographische Angaben zu schützen, die in ihrem Ursprungsland nicht oder nicht mehr geschützt sind oder die in diesem Land außer Gebrauch gekommen sind.

Abschnitt 4: Gewerbliche Muster und Modelle

Art. 25 Schutzvoraussetzungen. (1) [1]Die Mitglieder sehen den Schutz unabhängig geschaffener gewerblicher Muster und Modelle vor, die neu sind oder Eigenart haben. [2]Die Mitglieder können bestimmen, daß Muster oder Modelle nicht neu sind oder keine Eigenart haben, wenn sie sich von bekannten Mustern oder Modellen oder Kombinationen bekannter Merkmale von Mustern oder Modellen nicht wesentlich unterscheiden. [3]Die Mitglieder können bestimmen, daß sich dieser Schutz nicht auf Muster oder Modelle erstreckt, die im wesentlichen aufgrund technischer oder funktionaler Überlegungen vorgegeben sind.

(2) [1]Jedes Mitglied stellt sicher, daß die Voraussetzungen für die Gewährung des Schutzes von Textilmustern, insbesondere hinsichtlich Kosten, Prüfung oder Bekanntmachung, die Möglichkeit, diesen Schutz zu begehren und zu erlangen, nicht unangemessen beeinträchtigen. [2]Es steht den Mitgliedern frei, dieser Verpflichtung durch musterrechtliche oder urheberrechtliche Bestimmungen nachzukommen.

Art. 26 Schutz. (1) Der Inhaber eines geschützten gewerblichen Musters oder Modells ist berechtigt, Dritten zu verbieten, ohne seine Zustimmung Gegenstände herzustellen, zu verkaufen oder einzuführen, die ein Muster oder Modell tragen oder in die ein Muster oder Modell aufgenommen wurde, das eine Nachahmung oder im wesentlichen eine Nachahmung des geschützten Musters oder Modells ist, wenn diese Handlungen zu gewerblichen Zwecken vorgenommen werden.

(2) Die Mitglieder können begrenzte Ausnahmen vom Schutz gewerblicher Muster und Modelle vorsehen, sofern solche Ausnahmen nicht unangemessen

im Widerspruch zur normalen Verwertung geschützter gewerblicher Muster oder Modelle stehen und die berechtigten Interessen des Inhabers des geschützten Musters oder Modells nicht unangemessen beeinträchtigten, wobei auch die berechtigten Interessen Dritter zu berücksichtigen sind.

(3) Die erhältliche Schutzdauer beträgt mindestens zehn Jahre.

Abschnitt 5: Patente

Art. 27 Patentfähige Gegenstände. (1) [1] Vorbehaltlich der Absätze 2 und 3 ist vorzusehen, daß Patente für Erfindungen auf allen Gebieten der Technik erhältlich sind, sowohl für Erzeugnisse als auch für Verfahren, vorausgesetzt, daß sie neu sind, auf einer erfinderischen Tätigkeit beruhen und gewerblich anwendbar sind.[1)] [2] Vorbehaltlich des Artikels 65 Absatz 4, des Artikels 70 Absatz 8 und des Absatzes 3 dieses Artikels sind Patente erhältlich und können Patentrechte ausgeübt werden, ohne daß hinsichtlich des Ortes der Erfindung, des Gebiets der Technik oder danach, ob die Erzeugnisse eingeführt oder im Land hergestellt werden, diskriminiert werden darf.

(2) Die Mitglieder können Erfindungen von der Patentierbarkeit ausschließen, wenn die Verhinderung ihrer gewerblichen Verwertung innerhalb ihres Hoheitsgebiets zum Schutz der öffentlichen Ordnung oder der guten Sitten einschließlich des Schutzes des Lebens oder der Gesundheit von Menschen, Tieren oder Pflanzen oder zur Vermeidung einer ernsten Schädigung der Umwelt notwendig ist, vorausgesetzt, daß ein solcher Ausschluß nicht nur deshalb vorgenommen wird, weil die Verwertung durch ihr Recht verboten ist.

(3) Die Mitglieder können von der Patentierbarkeit auch ausschließen

a) diagnostische, therapeutische und chirurgische Verfahren für die Behandlung von Menschen oder Tieren;

b) Pflanzen und Tiere, mit Ausnahme von Mikroorganismen, und im wesentlichen biologische Verfahren für die Züchtung von Pflanzen oder Tieren mit Ausnahme von nicht-biologischen und mikrobiologischen Verfahren. Die Mitglieder sehen jedoch den Schutz von Pflanzensorten entweder durch Patente oder durch ein wirksames System sui generis oder durch eine Kombination beider vor. Die Bestimmungen dieses Buchstabens werden vier Jahre nach dem Inkrafttreten des WTO-Übereinkommens überprüft.

Art. 28 Rechte aus dem Patent. (1) Ein Patent gewährt seinem Inhaber die folgenden ausschließlichen Rechte:

a) wenn der Gegenstand des Patents ein Erzeugnis ist, es Dritten zu verbieten, ohne die Zustimmung des Inhabers folgende Handlungen vorzunehmen: Herstellung, Gebrauch, Anbieten zum Verkauf, Verkauf oder diesen Zwecken dienende Einfuhr[2)] dieses Erzeugnisses;

b) wenn der Gegenstand des Patents ein Verfahren ist, es Dritten zu verbieten, ohne die Zustimmung des Inhabers das Verfahren anzuwenden und folgende

---

[1)] **Amtl. Anm.:** Im Sinne dieses Artikels kann ein Mitglied die Begriffe „erfinderische Tätigkeit" und „gewerblich anwendbar" als Synonyme der Begriffe „nicht naheliegend" beziehungsweise „nützlich" auffassen.

[2)] **Amtl. Anm.:** Dieses Recht unterliegt ebenso wie alle sonstigen nach diesem Übereinkommen gewährten Rechte in bezug auf Gebrauch, Verkauf, Einfuhr oder sonstigen Vertrieb von Waren Artikel 6.

Handlungen vorzunehmen: Gebrauch, Anbieten zum Verkauf, Verkauf oder Einfuhr zu diesen Zwecken zumindest in bezug auf das unmittelbar durch dieses Verfahren gewonnene Erzeugnis.

(2) Der Patentinhaber hat auch das Recht, das Patent rechtsgeschäftlich oder im Weg der Rechtsnachfolge zu übertragen und Lizenzverträge abzuschließen.

Art. 29 Bedingungen für Patentanmelder. (1) Die Mitglieder sehen vor, daß der Anmelder eines Patents die Erfindung so deutlich und vollständig zu offenbaren hat, daß ein Fachmann sie ausführen kann, und können vom Anmelder verlangen, die dem Erfinder am Anmeldetag oder, wenn eine Priorität in Anspruch genommen wird, am Prioritätstag bekannte beste Art der Ausführung der Erfindung anzugeben.

(2) Die Mitglieder können vom Anmelder eines Patents verlangen, Angaben über seine entsprechenden ausländischen Anmeldungen und Erteilungen vorzulegen.

Art. 30 Ausnahmen von den Rechten aus dem Patent. Die Mitglieder können begrenzte Ausnahmen von den ausschließlichen Rechten aus einem Patent vorsehen, sofern solche Ausnahmen nicht unangemessen im Widerspruch zur normalen Verwertung des Patents stehen und die berechtigten Interessen des Inhabers des Patents nicht unangemessen beeinträchtigen, wobei auch die berechtigten Interessen Dritter zu berücksichtigen sind.

Art. 31 Sonstige Benutzung ohne Zustimmung des Rechtsinhabers. Läßt das Recht eines Mitglieds die sonstige Benutzung[1)] des Gegenstands eines Patents ohne die Zustimmung des Rechtsinhabers zu, einschließlich der Benutzung durch die Regierung oder von der Regierung ermächtigte Dritte, so sind folgende Bestimmungen zu beachten:

a) die Erlaubnis zu einer solchen Benutzung wird aufgrund der Umstände des Einzelfalls geprüft;

b) eine solche Benutzung darf nur gestattet werden, wenn vor der Benutzung derjenige, der die Benutzung plant, sich bemüht hat, die Zustimmung des Rechtsinhabers zu angemessenen geschäftsüblichen Bedingungen zu erhalten, und wenn diese Bemühungen innerhalb einer angemessenen Frist erfolglos geblieben sind. Auf dieses Erfordernis kann ein Mitglied verzichten, wenn ein nationaler Notstand oder sonstige Umstände von äußerster Dringlichkeit vorliegen oder wenn es sich um eine öffentliche, nicht gewerbliche Benutzung handelt. Bei Vorliegen eines nationalen Notstands oder sonstiger Umstände von äußerster Dringlichkeit ist der Rechtsinhaber gleichwohl so bald wie zumutbar und durchführbar zu verständigen. Wenn im Fall öffentlicher, nicht gewerblicher Benutzung die Regierung oder der Unternehmer, ohne eine Patentrecherche vorzunehmen, weiß oder nachweisbaren Grund hat zu wissen, daß ein gültiges Patent von der oder für die Regierung benutzt wird oder werden wird, ist der Rechtsinhaber umgehend zu unterrichten;

c) Umfang und Dauer einer solchen Benutzung sind auf den Zweck zu begrenzen, für den sie gestattet wurde, und im Fall der Halbleitertechnik kann

---

[1)] **Amtl. Anm.:** Mit „sonstiger Benutzung" ist eine andere als die nach Artikel 30 erlaubte Benutzung gemeint.

sie nur für den öffentlichen, nicht gewerblichen Gebrauch oder zur Beseitigung einer in einem Gerichts- oder Verwaltungsverfahren festgestellten wettbewerbswidrigen Praktik vorgenommen werden;

d) eine solche Benutzung muß nicht ausschließlich sein;

e) eine solche Benutzung kann nur zusammen mit dem Teil des Unternehmens oder des Goodwill, dem diese Benutzung zusteht, übertragen werden;

f) eine solche Benutzung ist vorwiegend für die Versorgung des Binnenmarkts des Mitglieds zu gestatten, das diese Benutzung gestattet;

g) die Gestattung einer solchen Benutzung ist vorbehaltlich eines angemessenen Schutzes der berechtigten Interessen der zu ihr ermächtigten Personen zu beenden, sofern und sobald die Umstände, die zu ihr geführt haben, nicht mehr vorliegen und wahrscheinlich nicht wieder eintreten werden. Die zuständige Stelle muß die Befugnis haben, auf begründeten Antrag hin die Fortdauer dieser Umstände zu überprüfen;

h) dem Rechtsinhaber ist eine nach den Umständen des Falles angemessene Vergütung zu leisten, wobei der wirtschaftliche Wert der Erlaubnis in Betracht zu ziehen ist;

i) die Rechtsgültigkeit einer Entscheidung im Zusammenhang mit der Erlaubnis zu einer solchen Benutzung unterliegt der Nachprüfung durch ein Gericht oder einer sonstigen unabhängigen Nachprüfung durch eine gesonderte übergeordnete Behörde in dem betreffenden Mitglied;

j) jede Entscheidung betreffend die in bezug auf eine solche Benutzung vorgesehene Vergütung unterliegt der Nachprüfung durch ein Gericht oder einer sonstigen unabhängigen Nachprüfung durch eine gesonderte übergeordnete Behörde in dem betreffenden Mitglied;

k) die Mitglieder sind nicht verpflichtet, die unter den Buchstaben b und f festgelegten Bedingungen anzuwenden, wenn eine solche Benutzung gestattet ist, um eine in einem Gerichts- oder Verwaltungsverfahren festgestellte wettbewerbswidrige Praktik abzustellen. Die Notwendigkeit, eine wettbewerbswidrige Praktik abzustellen, kann in solchen Fällen bei der Festsetzung des Betrags der Vergütung berücksichtigt werden. Die zuständigen Stellen sind befugt, eine Beendigung der Erlaubnis abzulehnen, sofern und sobald die Umstände, die zur Gewährung der Erlaubnis geführt haben, wahrscheinlich wieder eintreten werden;

l) wenn eine solche Benutzung gestattet ist, um die Verwertung eines Patents („zweites Patent") zu ermöglichen, das nicht verwertet werden kann, ohne ein anderes Patent („erstes Patent") zu verletzen, kommen die folgenden zusätzlichen Bedingungen zur Anwendung:
   i) die im zweiten Patent beanspruchte Erfindung muß gegenüber der im ersten Patent beanspruchten Erfindung einen wichtigen technischen Fortschritt von erheblicher wirtschaftlicher Bedeutung aufweisen;
   ii) der Inhaber des ersten Patents muß das Recht auf eine Gegenlizenz zu angemessenen Bedingungen für die Benutzung der im zweiten Patent beanspruchten Erfindung haben, und
   iii) die Benutzungserlaubnis in bezug auf das erste Patent kann nur zusammen mit dem zweiten Patent übertragen werden.

Art. 31bis (1) Die sich aus Artikel 31 Buchstabe f ergebenden Verpflichtungen eines Ausfuhrstaats erstrecken sich nicht auf die Erteilung von Zwangslizenzen, soweit sie für die Herstellung von Arzneimitteln und deren Ausfuhr in einen anspruchsberechtigten Einfuhrstaat nach Maßgabe der Bestimmungen in Absatz 2 des Anhangs zu diesem Übereinkommen notwendig sind.

(2) [1] Erteilt ein Ausfuhrstaat im Rahmen des in diesem Artikel und dem Anhang zu diesem Übereinkommen vorgesehenen Systems eine Zwangslizenz, so ist in dem Ausfuhrstaat eine angemessene Vergütung gemäß Artikel 31 Buchstabe h zu zahlen, die den wirtschaftlichen Wert der dem Einfuhrstaat zugestandenen Nutzung berücksichtigt. [2] Wird in einem anspruchsberechtigten Einfuhrstaat eine Zwangslizenz für dieselben Produkte erteilt, so erstreckt sich die aus Artikel 31 Buchstabe h ergebende Verpflichtung dieses Mitglieds nicht auf Produkte, für die in dem Ausfuhrstaat eine Vergütung gemäß Satz 1 dieses Absatzes gezahlt wurde.

(3) [1] Im Hinblick auf die Nutzung von Größenvorteilen zur Stärkung der Kaufkraft für Arzneimittel sowie zur Förderung ihrer lokalen Herstellung gilt Folgendes: Gehört ein Entwicklungsland oder eines der am wenigsten entwickelten Länder unter den WTO-Mitgliedern einem regionalem Handelsabkommen gemäß Artikel XXIV des GATT 1994 und dem Beschluss vom 28. November 1979 zur differenzierten und günstigeren Behandlung, Gegenseitigkeit und verstärkten Teilnahme der Entwicklungsländer (L/4903) an, was derzeit auf mehr als die Hälfte der am wenigsten entwickelten Länder laut aktueller Liste der Vereinten Nationen zutrifft, so erstreckt sich seine aus Artikel 31 Buchstabe f ergebende Verpflichtung nicht auf die Ausfuhr eines in sein Hoheitsgebiet eingeführten oder dort hergestellten Arzneimittels in andere Entwicklungsländer oder am wenigsten entwickelte Länder, wenn diese auch dem betreffenden regionalen Handelsabkommen angehören und von demselben Problem im Bereich der öffentlichen Gesundheit betroffen sind. [2] Dabei wird davon ausgegangen, dass dies die Territorialitätsbezogenheit der betreffenden Patentrechte nicht beeinträchtigt.

(4) Die Mitglieder legen gegen Maßnahmen, die mit diesem Artikel und dem Anhang zu diesem Übereinkommen im Einklang stehen, keine Beschwerde gemäß Artikel XXIII Absatz 1 Buchstaben b und c des GATT 1994 ein.

(5) [1] Dieser Artikel und der Anhang zu diesem Übereinkommen lassen die Rechte, Pflichten und Flexibilitäten der Mitglieder im Rahmen dieses Übereinkommens, mit Ausnahme von Artikel 31 Buchstaben f und h, einschließlich derer, die in der Erklärung über das TRIPS-Übereinkommen und die öffentliche Gesundheit (WT/MIN(01)/DEC/2) bekräftigt wurden, sowie deren Auslegung unberührt. [2] Sie finden auch insoweit keine Anwendung, als eine Ausfuhr unter Zwangslizenz hergestellter Arzneimittel im Einklang mit Artikel 31 Buchstabe f möglich ist.

Art. 32 Widerruf/Verfall. Es ist eine Möglichkeit zur gerichtlichen Überprüfung von Entscheidungen, mit denen Patente widerrufen oder für verfallen erklärt werden, vorzusehen.

Art. 33 Schutzdauer. Die erhältliche Schutzdauer endet nicht vor dem Ablauf einer Frist von 20 Jahren, gerechnet ab dem Anmeldetag.[1)]

[1)] **Amtl. Anm.:** Es besteht Einigkeit darüber, daß Mitglieder, die kein System der eigenständigen Erteilung kennen, festlegen können, daß die Schutzdauer ab dem Anmeldetag im System der ursprünglichen Erteilung gerechnet wird.

Art. 34 Verfahrenspatente: Beweislast. (1) [1] Ist Gegenstand des Patentes ein Verfahren zur Herstellung eines Erzeugnisses, so sind in zivilrechtlichen Verfahren wegen einer Verletzung der in Artikel 28 Absatz 1 Buchstabe b genannten Rechte des Inhabers die Gerichte befugt, dem Beklagten den Nachweis aufzuerlegen, daß sich das Verfahren zur Herstellung eines identischen Erzeugnisses von dem patentierten Verfahren unterscheidet. [2] Daher sehen die Mitglieder, wenn zumindest einer der nachstehend aufgeführten Umstände gegeben ist, vor, daß ein identisches Erzeugnis, das ohne die Zustimmung des Patentinhabers hergestellt wurde, mangels Beweises des Gegenteils als nach dem patentierten Verfahren hergestellt gilt,

a) wenn das nach dem patentierten Verfahren hergestellte Erzeugnis neu ist;
b) wenn mit erheblicher Wahrscheinlichkeit das identische Erzeugnis nach dem Verfahren hergestellt wurde und es dem Inhaber des Patents bei Aufwendung angemessener Bemühungen nicht gelungen ist, das tatsächlich angewendete Verfahren festzustellen.

(2) Den Mitgliedern steht es frei, vorzusehen, daß die in Absatz 1 angegebene Beweislast dem angeblichen Verletzer auferlegt wird, wenn nur die unter Buchstabe a genannte Bedingung oder wenn nur die unter Buchstabe b genannte Bedingung erfüllt ist.

(3) Bei der Führung des Beweises des Gegenteils sind die berechtigten Interessen des Beklagten am Schutz seiner Herstellungs- und Geschäftsgeheimnisse zu berücksichtigen.

Abschnitt 6: Layout-Designs (Topographien) integrierter Schaltkreise

Art. 35 Verhältnis zum IPIC-Vertrag. Die Mitglieder vereinbaren, nach den Artikeln 2 bis 7 (mit Ausnahme des Artikels 6 Absatz 3), Artikel 12 und Artikel 16 Absatz 3 des Vertrags über den Schutz des geistigen Eigentums im Hinblick auf integrierte Schaltkreise den Layout-Designs (Topographien) integrierter Schaltkreise (in diesem Übereinkommen als „Layout-Designs" bezeichnet) Schutz zu gewähren und darüber hinaus die nachstehenden Bestimmungen zu befolgen.

Art. 36 Schutzumfang. Vorbehaltlich des Artikels 37 Absatz 1 erachten die Mitglieder folgende Handlungen, wenn sie ohne Erlaubnis des Rechtsinhabers[1)] vorgenommen werden, für rechtswidrig: Einfuhr, Verkauf oder sonstiger Vertrieb zu kommerziellen Zwecken in bezug auf ein geschütztes Layout-Design oder einen integrierten Schaltkreis, in den ein geschütztes Layout-Design aufgenommen ist, oder einen Gegenstand, in den ein derartiger integrierter Schaltkreis aufgenommen ist, nur insoweit, als er weiterhin ein rechtswidrig nachgebildetes Layout-Design enthält.

Art. 37 Handlungen, die keiner Erlaubnis durch den Rechtsinhaber bedürfen. (1) [1] Ungeachtet des Artikels 36 betrachtet kein Mitglied die Vornahme einer der in jenem Artikel genannten Handlungen in bezug auf einen integrierten Schaltkreis, in den ein rechtswidrig nachgebildetes Layout-Design aufgenommen ist, oder einen Gegenstand, in den ein derartiger integrierter

[1)] **Amtl. Anm.:** Der Begriff „Rechtsinhaber" ist als bedeutungsgleich mit dem im IPIC-Vertrag verwendeten Begriff „Inhaber des Rechts" zu verstehen.

Schaltkreis aufgenommen ist, als rechtswidrig, wenn die Person, die diese Handlungen vorgenommen oder veranlaßt hat, beim Erwerb des integrierten Schaltkreises oder des Gegenstands, in den ein derartiger integrierter Schaltkreis aufgenommen ist, nicht wußte und keinen hinreichenden Grund zu der Annahme hatte, daß darin ein rechtswidrig nachgebildetes Layout-Design aufgenommen war. [2] Die Mitglieder sehen vor, daß diese Person nach dem Zeitpunkt, zu dem sie ausreichende Kenntnis davon erlangt hat, daß das Layout-Design rechtswidrig nachgebildet wurde, zwar alle genannten Handlungen in bezug auf die vorhandenen oder vor diesem Zeitpunkt bestellten Bestände vornehmen darf, aber an den Rechtsinhaber einen Betrag zu entrichten hat, der einer angemessenen Lizenzgebühr, wie sie aufgrund eines frei ausgehandelten Lizenzvertrags über ein solches Layout-Design zu zahlen wäre, entspricht.

(2) Die in Artikel 31 Buchstaben a bis k aufgeführten Bedingungen sind auf Zwangslizenzen an einem Layout-Design oder seiner Benutzung durch oder für die Regierung ohne Erlaubnis des Rechtsinhabers sinngemäß anzuwenden.

Art. 38 Schutzdauer. (1) In Mitgliedern, welche die Eintragung als Voraussetzung des Schutzes verlangen, endet die Schutzdauer für Layout-Designs nicht vor Ablauf eines Zeitraums von zehn Jahren, gerechnet ab dem Anmeldetag oder ab der ersten geschäftlichen Verwertung, gleichviel, an welchem Ort der Welt sie stattfindet.

(2) In Mitgliedern, welche die Eintragung als Voraussetzung des Schutzes nicht verlangen, werden Layout-Designs während eines Zeitraums von nicht weniger als zehn Jahren geschützt, gerechnet ab dem Tag der ersten geschäftlichen Verwertung, gleichviel, an welchem Ort der Welt sie stattfindet.

(3) Ungeachtet der Absätze 1 und 2 können die Mitglieder vorsehen, daß der Schutz fünfzehn Jahre nach der Schaffung des Layout-Designs erlischt.

Abschnitt 7: Schutz nicht offenbarter Informationen

Art. 39 [Schutz nicht offenbarter Informationen] (1) Bei der Sicherung eines wirksamen Schutzes gegen unlauteren Wettbewerb, wie er in Artikel 10 bis der Pariser Verbandsübereinkunft[1)] (1967) vorgesehen ist, schützen die Mitglieder nicht offenbarte Informationen nach Maßgabe des Absatzes 2 und Regierungen oder Regierungsstellen vorgelegte Daten nach Maßgabe des Absatzes 3.

(2) Natürliche und juristische Personen haben die Möglichkeit, zu verhindern, daß Informationen, die rechtmäßig unter ihrer Kontrolle stehen, ohne ihre Zustimmung auf eine Weise, die den anständigen Gepflogenheiten in Gewerbe und Handel zuwiderläuft,[2)] Dritten offenbart, von diesen erworben oder benutzt werden, solange diese Informationen

a) in dem Sinne geheim sind, daß sie entweder in ihrer Gesamtheit oder in der genauen Anordnung und Zusammenstellung ihrer Bestandteile Personen in

---

[1)] Nr. **60**.

[2)] **Amtl. Anm.:** Im Sinne dieser Bestimmung bedeutet „eine Weise, die den anständigen Gepflogenheiten in Gewerbe und Handel zuwiderläuft" zumindest Handlungen wie Vertragsbruch, Vertrauensbruch und Verleitung dazu und schließt den Erwerb nicht offenbarter Informationen durch Dritte ein, die wußten oder grob fahrlässig nicht wußten, daß solche Handlungen beim Erwerb eine Rolle spielten.

den Kreisen, die üblicherweise mit den fraglichen Informationen zu tun haben, nicht allgemein bekannt oder leicht zugänglich sind,

b) wirtschaftlichen Wert haben, weil sie geheim sind, und

c) Gegenstand von den Umständen nach angemessenen Geheimhaltungsmaßnahmen seitens der Person waren, unter deren Kontrolle sie rechtmäßig stehen.

(3) [1] Mitglieder, in denen die Vorlage nicht offenbarter Test- oder sonstiger Daten, deren Erstellung beträchtlichen Aufwand verursacht, Voraussetzung für die Marktzulassung pharmazeutischer oder agrochemischer Erzeugnisse ist, in denen neue chemische Stoffe verwendet werden, schützen diese Daten vor unlauterem gewerblichen Gebrauch. [2] Darüber hinaus schützen die Mitglieder solche Daten vor Offenbarung, es sei denn, daß diese zum Schutz der Öffentlichkeit notwendig ist oder daß Maßnahmen ergriffen werden, um sicherzustellen, daß die Daten vor unlauterem gewerblichen Gebrauch geschützt werden.

Abschnitt 8: Kontrolle wettbewerbswidriger Praktiken in vertraglichen Lizenzen

Art. 40 [Kontrolle wettbewerbswidriger Praktiken in vertraglichen Lizenzen] (1) Die Mitglieder sind sich darin einig, daß gewisse Praktiken oder Bestimmungen bei der Vergabe von Lizenzen an Rechten des geistigen Eigentums, die den Wettbewerb beschränken, nachteilige Auswirkungen auf den Handel haben können und die Weitergabe und Verbreitung von Technologie behindern können.

(2) [1] Dieses Übereinkommen hindert die Mitglieder nicht daran, in ihren Rechtsvorschriften Lizenzierungspraktiken und Lizenzbedingungen aufzuführen, die in bestimmten Fällen einen Mißbrauch von Rechten des geistigen Eigentums mit nachteiligen Auswirkungen auf den Wettbewerb auf dem entsprechenden Markt bilden können. [2] Wie vorstehend vorgesehen, kann ein Mitglied im Einklang mit den sonstigen Bestimmungen dieses Übereinkommens geeignete Maßnahmen ergreifen, um solche Praktiken, zu denen zum Beispiel Bestimmungen über exklusive Rücklizenzen, über die Verhinderung von Angriffen auf die Gültigkeit sowie erzwungene Paketlizenzen gehören können, unter Berücksichtigung seiner einschlägigen Gesetze und sonstigen Vorschriften zu verhindern oder zu kontrollieren.

(3) [1] Auf Ersuchen tritt ein Mitglied mit einem anderen Mitglied, das Grund zur Annahme hat, daß der Inhaber eines Rechts des geistigen Eigentums, der Angehöriger des Mitgliedes ist, an welches das Ersuchen um Konsultationen gerichtet wurde, oder der dort seinen Wohnsitz hat, Praktiken betreibt, mit denen die den Gegenstand dieses Abschnitts betreffenden Gesetze und sonstigen Vorschriften des ersuchenden Mitglieds verletzt werden, und das die Einhaltung dieser Rechtsvorschriften wünscht, in Konsultationen ein unbeschadet jeder Maßnahme nach dem Recht des jeweiligen Mitglieds und der völligen Freiheit einer abschließenden Entscheidung des jeweiligen Mitglieds. [2] Das Mitglied, an welches das Ersuchen gerichtet wurde, prüft die Frage von Konsultationen mit dem ersuchenden Mitglied umfassend und wohlwollend, bietet angemessene Gelegenheit für solche Konsultationen und wirkt dadurch mit, daß es öffentlich verfügbare nicht vertrauliche Informationen, die für die fragliche Angelegenheit von Bedeutung sind, sowie andere ihm zugängliche Informationen zur Verfügung stellt, vorbehaltlich innerstaatlicher Rechtsvor-

schriften und des Abschlusses beide Seiten zufriedenstellender Vereinbarungen über die Wahrung ihrer Vertraulichkeit durch das ersuchende Mitglied.

(4) Einem Mitglied, dessen Angehörige oder Gebietsansässige in Verfahren in einem anderen Mitglied wegen einer angeblichen Verletzung der Gesetze und sonstigen Vorschriften dieses anderen Mitglieds in bezug auf den Gegenstand dieses Abschnitts verwickelt sind, ist auf Ersuchen durch das andere Mitglied Gelegenheit zu Konsultationen unter den in Absatz 3 aufgeführten Bedingungen zu geben.

Teil III. Durchsetzung der Rechte des geistigen Eigentums

Abschnitt 1: Allgemeine Pflichten

Art. 41 [Allgemeine Pflichten] (1) [1] Die Mitglieder stellen sicher, daß die in diesem Teil aufgeführten Durchsetzungsverfahren in ihrem Recht vorgesehen werden, um ein wirksames Vorgehen gegen jede Verletzung von unter dieses Übereinkommen fallenden Rechten des geistigen Eigentums einschließlich Eilverfahren zur Verhinderung von Verletzungshandlungen und Rechtsbehelfe zur Abschreckung von weiteren Verletzungshandlungen zu ermöglichen. [2] Diese Verfahren sind so anzuwenden, daß die Errichtung von Schranken für den rechtmäßigen Handel vermieden wird und die Gewähr gegen ihren Mißbrauch gegeben ist.

(2) [1] Die Verfahren zur Durchsetzung von Rechten des geistigen Eigentums müssen fair und gerecht sein. [2] Sie dürfen nicht unnötig kompliziert oder kostspielig sein und keine unangemessenen Fristen oder ungerechtfertigten Verzögerungen mit sich bringen.

(3) [1] Sachentscheidungen sind vorzugsweise schriftlich abzufassen und mit Gründen zu versehen. [2] Sie müssen zumindest den Verfahrensparteien ohne ungebührliche Verzögerung zur Verfügung gestellt werden. [3] Sachentscheidungen dürfen sich nur auf Beweise stützen, zu denen die Parteien Gelegenheit zur Stellungnahme hatten.

(4) [1] Die Parteien eines Verfahrens erhalten Gelegenheit zur Nachprüfung von Endentscheidungen der Verwaltungsbehörden durch ein Gericht und, vorbehaltlich der Bestimmungen über die gerichtliche Zuständigkeit im innerstaatlichen Recht des Mitglieds in bezug auf die Bedeutung einer Rechtssache, zumindest auch der Rechtsfragen erstinstanzlicher Sachentscheidungen der Gerichte. [2] Es besteht jedoch keine Verpflichtung, eine Gelegenheit zur Nachprüfung von Freisprüchen in Strafverfahren vorzusehen.

(5) [1] Es besteht Einvernehmen darüber, daß dieser Teil weder eine Verpflichtung begründet, ein gerichtliches System für die Durchsetzung von Rechten des geistigen Eigentums getrennt von dem für die Durchsetzung des Rechts im allgemeinen zu errichten, noch die Fähigkeit der Mitglieder berührt, ihr Recht allgemein durchzusetzen. [2] Dieser Teil schafft keine Verpflichtung hinsichtlich der Aufteilung von Mitteln für Zwecke der Durchsetzung von Rechten des geistigen Eigentums und für Zwecke der Durchsetzung des Rechts im allgemeinen.

Abschnitt 2: Zivil- und Verwaltungsverfahren und Rechtsbehelfe

Art. 42 Faire und gerechte Verfahren. [1] Die Mitglieder stellen den Rechtsinhabern[1)] zivilprozessuale Verfahren für die Durchsetzung aller unter dieses Übereinkommen fallenden Rechte des geistigen Eigentums zur Verfügung. [2] Die beklagte Partei hat Anspruch auf rechtzeitige schriftliche Benachrichtigung, die genügend Einzelheiten einschließlich der Grundlage für den Anspruch enthält. [3] Den Parteien ist zu gestatten, sich durch einen unabhängigen Rechtsanwalt vertreten zu lassen, und im Verfahren dürfen keine übermäßig erschwerten Anforderungen hinsichtlich der Notwendigkeit des persönlichen Erscheinens gestellt werden. [4] Alle Parteien solcher Verfahren sind berechtigt, ihre Ansprüche zu begründen und alle sachdienlichen Beweismittel vorzulegen. [5] Das Verfahren muß Möglichkeiten vorsehen, vertrauliche Informationen festzustellen und zu schützen, sofern dies nicht bestehenden verfassungsrechtlichen Erfordernissen zuwiderlaufen würde.

Art. 43 Beweise. (1) Hat eine Partei alle vernünftigerweise verfügbaren Beweismittel zur hinreichenden Begründung ihrer Ansprüche vorgelegt und rechtserhebliche Beweismittel zur Begründung ihrer Ansprüche, die sich in der Verfügungsgewalt der gegnerischen Partei befinden, bezeichnet, so sind die Gerichte befugt anzuordnen, daß diese Beweismittel von der gegnerischen Partei vorgelegt werden, gegebenenfalls unter Bedingungen, die den Schutz vertraulicher Informationen gewährleisten.

(2) In Fällen, in denen eine Prozeßpartei aus eigenem Willen und ohne stichhaltigen Grund den Zugang zu notwendigen Informationen verweigert oder diese nicht innerhalb einer angemessenen Frist vorlegt oder ein Verfahren zur Durchsetzung eines Rechts wesentlich behindert, kann ein Mitglied die Gerichte ermächtigen, auf der Grundlage der ihnen vorgelegten Informationen, einschließlich der Klageschrift oder des Vorbringens der durch die Verweigerung des Zugangs zu den Informationen beschwerten Partei, bestätigende oder abweisende Entscheidungen vorläufiger und endgültiger Art zu treffen, sofern die Parteien die Gelegenheit hatten, zu dem Vorbringen und den Beweisen Stellung zu nehmen.

Art. 44 Unterlassungsanordnungen. (1) [1] Die Gerichte sind befugt, gegenüber einer Partei anzuordnen, daß eine Rechtsverletzung zu unterlassen ist, unter anderem um zu verhindern, daß eingeführte Waren, die eine Verletzung eines Rechts des geistigen Eigentums mit sich bringen, unmittelbar nach der Zollfreigabe in die in ihrem Zuständigkeitsbereich liegenden Vertriebswege gelangen. [2] Die Mitglieder sind nicht verpflichtet, diese Befugnisse auch in bezug auf einen geschützten Gegenstand zu gewähren, der von einer Person erworben oder bestellt wurde, bevor sie wußte oder vernünftigerweise hätte wissen müssen, daß der Handel mit diesem Gegenstand die Verletzung eines Rechts des geistigen Eigentums nach sich ziehen würde.

(2) [1] Ungeachtet der anderen Bestimmungen dieses Teils und unter der Voraussetzung, daß die Bestimmungen des Teils II, in denen es speziell um die Benutzung durch Regierungen oder durch von einer Regierung ermächtigte Dritte ohne Zustimmung des Rechtsinhabers geht, eingehalten werden, kön-

[1)] **Amtl. Anm.:** Im Sinne dieses Teils schließt der Begriff „Rechtsinhaber" auch Verbände und Vereinigungen ein, die gesetzlich zur Geltendmachung solcher Rechte befugt sind.

nen die Mitglieder die gegen eine solche Benutzung zur Verfügung stehenden Ansprüche auf die Zahlung einer Vergütung nach Artikel 31 Buchstabe h beschränken. [2] In anderen Fällen finden die in diesem Teil festgelegten Rechtsbehelfe Anwendung oder sind, wenn diese Rechtsbehelfe nicht im Einklang mit dem Recht eines Mitglieds stehen, Feststellungsurteile und angemessene Entschädigung vorzusehen.

Art. 45 Schadensersatz. (1) Die Gerichte sind befugt anzuordnen, daß der Verletzer dem Rechtsinhaber zum Ausgleich des von diesem wegen einer Verletzung seines Rechts des geistigen Eigentums durch einen Verletzer, der wußte oder vernünftigerweise hätte wissen müssen, daß er eine Verletzungshandlung vornahm, erlittenen Schadens angemessenen Schadensersatz zu leisten hat.

(2) [1] Die Gerichte sind ferner befugt anzuordnen, daß der Verletzer dem Rechtsinhaber die Kosten zu erstatten hat, zu denen auch angemessene Anwaltshonorare gehören können. [2] In geeigneten Fällen können die Mitglieder die Gerichte ermächtigen, die Herausgabe der Gewinne und/oder die Zahlung eines festgelegten Schadensersatzbetrags selbst dann anzuordnen, wenn der Verletzer nicht wußte oder nicht vernünftigerweise hätte wissen müssen, daß er eine Verletzungshandlung vornahm.

Art. 46 Sonstige Rechtsbehelfe. [1] Um wirksam von Verletzungen abzuschrecken, sind die Gerichte befugt anzuordnen, daß über Waren, die nach ihren Feststellungen ein Recht verletzen, ohne Entschädigung irgendwelcher Art außerhalb der Vertriebswege so verfügt wird, daß dem Rechtsinhaber kein Schaden entstehen kann, oder daß sie vernichtet werden, sofern dies nicht bestehenden verfassungsrechtlichen Erfordernissen zuwiderlaufen würde. [2] Die Gerichte sind ferner befugt anzuordnen, daß über Material und Werkzeuge, die vorwiegend zur Herstellung der rechtsverletzenden Waren verwendet wurden, ohne Entschädigung irgendwelcher Art außerhalb der Vertriebswege so verfügt wird, daß die Gefahr weiterer Rechtsverletzungen möglichst gering gehalten wird. [3] Bei der Prüfung derartiger Anträge sind die Notwendigkeit eines angemessenen Verhältnisses zwischen der Schwere der Rechtsverletzung und den angeordneten Maßnahmen sowie die Interessen Dritter zu berücksichtigen. [4] Bei nachgeahmten Markenwaren reicht das einfache Entfernen der rechtswidrig angebrachten Marke außer in Ausnahmefällen nicht aus, um eine Freigabe der Waren in die Vertriebswege zu gestatten.

Art. 47 Recht auf Auskunft. Die Mitglieder können vorsehen, daß die Gerichte befugt sind anzuordnen, daß der Verletzer dem Rechtsinhaber Auskunft über die Identität Dritter, die an der Herstellung und am Vertrieb der rechtsverletzenden Waren oder Dienstleistungen beteiligt waren, und über ihre Vertriebswege erteilen muß, sofern dies nicht außer Verhältnis zur Schwere der Verletzung steht.

Art. 48 Entschädigung des Beklagten. (1) [1] Die Gerichte sind befugt anzuordnen, daß eine Partei, auf deren Antrag hin Maßnahmen ergriffen wurden und die Durchsetzungsverfahren mißbräuchlich benutzt hat, einer zu Unrecht mit einem Verbot oder einer Beschränkung belegten Partei angemessene Entschädigung für den durch einen solchen Mißbrauch erlittenen Schaden zu leisten hat. [2] Die Gerichte sind ferner befugt anzuordnen, daß der Antragsteller dem Antragsgegner die Kosten zu erstatten hat, zu denen auch angemessene Anwaltshonorare gehören können.

(2) In bezug auf die Anwendung von Rechtsvorschriften über den Schutz oder die Durchsetzung von Rechten des geistigen Eigentums dürfen die Mitglieder sowohl Behörden als auch Beamte von der Haftung auf angemessene Wiedergutmachung nur freistellen, wenn ihre Handlungen in gutem Glauben bei der Anwendung dieser Rechtsvorschriften vorgenommen oder unternommen werden.

Art. 49 Verwaltungsverfahren. Soweit zivilrechtliche Ansprüche als Ergebnis von Sachentscheidungen im Verwaltungsverfahren zuerkannt werden können, müssen diese Verfahren Grundsätzen entsprechen, die im wesentlichen den in diesem Abschnitt dargelegten gleichwertig sind.

Abschnitt 3: Einstweilige Maßnahmen

Art. 50 [Einstweilige Maßnahmen] (1) Die Gerichte sind befugt, schnelle und wirksame einstweilige Maßnahmen anzuordnen,

a) um die Verletzung eines Rechts des geistigen Eigentums zu verhindern, und insbesondere, um zu verhindern, daß Waren, einschließlich eingeführter Waren unmittelbar nach der Zollfreigabe, in die innerhalb ihres Zuständigkeitsbereichs liegenden Vertriebswege gelangen;

b) um einschlägige Beweise hinsichtlich der behaupteten Rechtsverletzung zu sichern.

(2) Die Gerichte sind befugt, gegebenenfalls einstweilige Maßnahmen ohne Anhörung der anderen Partei zu treffen, insbesondere dann, wenn durch eine Verzögerung dem Rechtsinhaber wahrscheinlich ein nicht wiedergutzumachender Schaden entstünde oder wenn nachweislich die Gefahr besteht, daß Beweise vernichtet werden.

(3) Die Gerichte sind befugt, dem Antragsteller aufzuerlegen, alle vernünftigerweise verfügbaren Beweise vorzulegen, um sich mit ausreichender Sicherheit davon überzeugen zu können, daß der Antragsteller der Rechtsinhaber ist und daß das Recht des Antragstellers verletzt wird oder daß eine solche Verletzung droht, und anzuordnen, daß der Antragsteller eine Kaution zu stellen oder eine entsprechende Sicherheit zu leisten hat, die ausreicht, um den Antragsgegner zu schützen und einem Mißbrauch vorzubeugen.

(4) [1] Wenn einstweilige Maßnahmen ohne Anhörung der anderen Partei getroffen wurden, sind die betroffenen Parteien spätestens unverzüglich nach der Vollziehung der Maßnahmen davon in Kenntnis zu setzen. [2] Auf Antrag des Antragsgegners findet eine Prüfung, die das Recht zur Stellungnahme einschließt, mit dem Ziel statt, innerhalb einer angemessenen Frist nach der Mitteilung der Maßnahmen zu entscheiden, ob diese abgeändert, aufgehoben oder bestätigt werden sollen.

(5) Der Antragsteller kann aufgefordert werden, weitere Informationen vorzulegen, die für die Identifizierung der betreffenden Waren durch die Behörde, welche die einstweiligen Maßnahmen vollzieht, notwendig sind.

(6) Unbeschadet des Absatzes 4 werden aufgrund der Absätze 1 und 2 ergriffene einstweilige Maßnahmen auf Antrag des Antragsgegners aufgehoben oder auf andere Weise außer Kraft gesetzt, wenn das Verfahren, das zu einer

Sachentscheidung führt, nicht innerhalb einer angemessenen Frist eingeleitet wird, die entweder von dem die Maßnahmen anordnenden Gericht festgelegt wird, sofern dies nach dem Recht des Mitglieds zulässig ist, oder, wenn es nicht zu einer solchen Festlegung kommt, 20 Arbeitstage oder 31 Kalendertage, wobei der längere der beiden Zeiträume gilt, nicht überschreitet.

(7) Werden einstweilige Maßnahmen aufgehoben oder werden sie aufgrund einer Handlung oder Unterlassung des Antragstellers hinfällig oder wird in der Folge festgestellt, daß keine Verletzung oder drohende Verletzung eines Rechts des geistigen Eigentums vorlag, so sind die Gerichte befugt, auf Antrag des Antragsgegners anzuordnen, daß der Antragsteller dem Antragsgegner angemessenen Ersatz für durch diese Maßnahmen entstandenen Schaden zu leisten hat.

(8) Soweit einstweilige Maßnahmen aufgrund von Verwaltungsverfahren angeordnet werden können, müssen diese Verfahren Grundsätzen entsprechen, die im wesentlichen den in diesem Abschnitt dargelegten gleichwertig sind.

Abschnitt 4: Besondere Erfordernisse bei Grenzmaßnahmen[1)]

Art. 51 Aussetzung der Freigabe durch die Zollbehörden. [1]Die Mitglieder sehen gemäß den nachstehenden Bestimmungen Verfahren[2)] vor, die es dem Rechtsinhaber, der den begründeten Verdacht hat, daß es zur Einfuhr von nachgeahmten Markenwaren oder unerlaubt hergestellten urheberrechtlich geschützten Waren[3)] kommen kann, ermöglichen, bei den zuständigen Gerichten oder Verwaltungsbehörden schriftlich zu beantragen, daß die Zollbehörden die Freigabe dieser Waren in den freien Verkehr aussetzen. [2]Die Mitglieder können vorsehen, daß ein solcher Antrag auch in bezug auf Waren gestellt werden kann, bei denen es um andere Verletzungen von Rechten des geistigen Eigentums geht, sofern die Erfordernisse dieses Abschnitts beachtet werden. [3]Die Mitglieder können ferner entsprechende Verfahren betreffend die Aussetzung der Freigabe rechtsverletzender Waren, die für die Ausfuhr aus ihren Hoheitsgebieten bestimmt sind, vorsehen.

Art. 52 Antrag. [1]Ein Rechtsinhaber, der die in Artikel 51 aufgeführten Verfahren in Gang bringt, muß ausreichende Beweise vorlegen, um die zuständigen Behörden davon zu überzeugen, daß nach Maßgabe des Rechts des Einfuhrlands prima facie eine Verletzung des Rechts des geistigen Eigentums

---

[1)] **Amtl. Anm.:** Hat ein Mitglied im wesentlichen alle Kontrollen über den Verkehr von Waren über seine Grenze mit einem anderen Mitglied, mit dem es Teil einer Zollunion bildet, abgebaut, so braucht es die Bestimmungen dieses Abschnitts an der betreffenden Grenze nicht anzuwenden.

[2)] **Amtl. Anm.:** Es besteht Einvernehmen, daß keine Verpflichtung besteht, solche Verfahren auf die Einfuhr von Waren, die in einem anderen Land vom Rechtsinhaber oder mit seiner Zustimmung in den Verkehr gebracht wurden, oder auf Waren im Transit anzuwenden.

[3)] **Amtl. Anm.:** Im Sinne dieses Übereinkommens sind

a) „nachgeahmte Markenwaren" Waren einschließlich Verpackungen, auf denen unbefugt eine Marke angebracht ist, die mit einer rechtsgültig für solche Waren eingetragenen Marke identisch ist oder die sich in ihren wesentlichen Merkmalen nicht von einer solchen Marke unterscheiden läßt und die dadurch nach Maßgabe des Rechts des Einfuhrlands die Rechte des Inhabers der betreffenden Marke verletzt;

b) „unerlaubt hergestellte urheberrechtlich geschützte Waren" Waren, die ohne Zustimmung des Rechtsinhabers oder der vom Rechtsinhaber im Land der Herstellung ordnungsgemäß ermächtigten Person hergestellte Vervielfältigungsstücke sind und die unmittelbar oder mittelbar von einem Gegenstand gemacht wurden, dessen Vervielfältigung die Verletzung eines Urheberrechts oder eines verwandten Schutzrechts nach Maßgabe des Rechts des Einfuhrlands dargestellt hätte.

des Rechtsinhabers vorliegt, sowie eine hinreichend genaue Beschreibung der Waren, um sie für die Zollbehörden leicht erkennbar zu machen. [2] Die zuständigen Stellen setzen innerhalb einer angemessenen Frist den Antragsteller davon in Kenntnis, ob sie den Antrag angenommen haben, und davon, innerhalb welchen Zeitraums die Zollbehörden Maßnahmen ergreifen werden, sofern ein solcher von den zuständigen Stellen festgelegt worden ist.

Art. 53 Kaution oder gleichwertige Sicherheitsleistung. (1) [1] Die zuständigen Stellen sind befugt, vom Antragsteller eine Kaution oder eine gleichwertige Sicherheitsleistung zu verlangen, die ausreicht, um den Antragsgegner und die zuständigen Stellen zu schützen und einem Mißbrauch vorzubeugen. [2] Eine solche Kaution oder gleichwertige Sicherheitsleistung darf nicht unangemessen von der Inanspruchnahme dieser Verfahren abschrecken.

(2) [1] Wenn aufgrund eines Antrags nach diesem Abschnitt von den Zollbehörden auf der Grundlage einer nicht von einem Gericht oder einer sonstigen unabhängigen Stelle getroffenen Entscheidung die Freigabe von Waren, welche die Rechte an gewerblichen Mustern und Modellen, Patenten, Layout-Designs oder nicht offenbarten Informationen betreffen, in den freien Verkehr ausgesetzt wurde und wenn die in Artikel 55 festgelegte Frist verstrichen ist, ohne daß die hierzu befugte Stelle eine einstweilige Maßnahme getroffen hat, und sofern alle anderen Einfuhrvoraussetzungen erfüllt sind, hat der Eigentümer, der Einführer oder der Empfänger solcher Waren das Recht auf deren Freigabe nach Leistung einer Sicherheit in Höhe eines Betrags, der zum Schutz des Rechtsinhabers vor einer Verletzung ausreicht. [2] Die Leistung einer solchen Sicherheit darf nicht den Rückgriff des Rechtsinhabers auf andere Rechtsbehelfe beeinträchtigen, wobei davon ausgegangen wird, daß die Sicherheit freigegeben wird, wenn der Rechtsinhaber nicht innerhalb einer angemessenen Frist seinen Anspruch geltend macht.

Art. 54 Mitteilung der Aussetzung. Der Einführer und der Antragsteller werden umgehend von der Aussetzung der Freigabe von Waren nach Artikel 51 in Kenntnis gesetzt.

Art. 55 Dauer der Aussetzung. [1] Sind die Zollbehörden nicht innerhalb einer Frist von zehn Arbeitstagen nach der Mitteilung der Aussetzung an den Antragsteller davon in Kenntnis gesetzt worden, daß ein zu einer Sachentscheidung führendes Verfahren von einer anderen Partei als dem Antragsgegner in Gang gesetzt worden ist oder daß die hierzu befugte Stelle einstweilige Maßnahmen getroffen hat, um die Aussetzung der Freigabe der Waren zu verlängern, so sind die Waren freizugeben, sofern alle anderen Voraussetzungen für die Einfuhr oder Ausfuhr erfüllt sind; in geeigneten Fällen kann diese Frist um weitere zehn Arbeitstage verlängert werden. [2] Ist ein zu einer Sachentscheidung führendes Verfahren eingeleitet worden, so findet auf Antrag des Antragsgegners eine Prüfung, die das Recht zur Stellungnahme einschließt, mit dem Ziel statt, innerhalb einer angemessenen Frist zu entscheiden, ob diese Maßnahmen abgeändert, aufgehoben oder bestätigt werden sollen. [3] Ungeachtet der vorstehenden Bestimmungen findet Artikel 50 Absatz 6 Anwendung, wenn die Aussetzung der Freigabe von Waren nach Maßgabe einer einstweiligen gerichtlichen Maßnahme durchgeführt oder fortgeführt wird.

Art. 56 Entschädigung des Einführers und des Eigentümers der Waren. Die zuständigen Stellen sind befugt anzuordnen, daß der Antragsteller dem Einführer, dem Empfänger und dem Eigentümer der Waren angemessenen Ersatz für alle Schäden zu leisten hat, die sie aufgrund der unrechtmäßigen Zurückhaltung von Waren oder aufgrund der Zurückhaltung von nach Artikel 55 freigegebenen Waren erlitten haben.

Art. 57 Recht auf Untersuchung und Auskunft. [1]Unbeschadet des Schutzes vertraulicher Informationen ermächtigen die Mitglieder die zuständigen Stellen, dem Rechtsinhaber ausreichend Gelegenheit zu geben, die von den Zollbehörden zurückgehaltenen Waren untersuchen zu lassen, um seine Ansprüche begründen zu können. [2]Die zuständigen Stellen haben ferner die Befugnis, dem Einführer eine gleichwertige Gelegenheit zu bieten, solche Waren untersuchen zu lassen. [3]Ist eine Sachentscheidung zugunsten des Rechtsinhabers ergangen, so können die Mitglieder die zuständigen Stellen ermächtigen, dem Rechtsinhaber die Namen und Anschriften des Absenders, des Einführers und des Empfängers und die Menge der fraglichen Waren mitzuteilen.

Art. 58 Vorgehen von Amts wegen. Sofern Mitglieder verlangen, daß die zuständigen Stellen von sich aus tätig werden und die Freigabe der Waren aussetzen, hinsichtlich deren ihnen ein Prima-facie-Beweis für eine Verletzung eines Rechts des geistigen Eigentums vorliegt,

a) können die zuständigen Stellen jederzeit vom Rechtsinhaber Auskünfte einholen, die ihnen bei der Ausübung dieser Befugnisse helfen können,
b) werden Einführer und Rechtsinhaber umgehend von der Aussetzung in Kenntnis gesetzt. Hat der Einführer bei den zuständigen Stellen ein Rechtsmittel gegen die Aussetzung eingelegt, so unterliegt die Aussetzung sinngemäß den in Artikel 55 festgelegten Bedingungen,
c) stellen die Mitglieder sowohl Behörden als auch Beamte von der Haftung auf angemessene Wiedergutmachung nur frei, wenn Handlungen in gutem Glauben vorgenommen oder unternommen werden.

Art. 59 Rechtsbehelfe. [1]Unbeschadet anderer Rechte des Rechtsinhabers und vorbehaltlich des Rechts des Antragsgegners, die Überprüfung durch ein Gericht zu beantragen, sind die zuständigen Stellen befugt, die Vernichtung oder Beseitigung der rechtsverletzenden Waren im Einklang mit den in Artikel 46 aufgeführten Grundsätzen anzuordnen. [2]In bezug auf nachgeahmte Markenwaren gestatten die zuständigen Stellen nur ausnahmsweise die Wiederausfuhr der rechtsverletzenden Waren in unverändertem Zustand und unterwerfen sie nur in Ausnahmefällen einem anderen Zollverfahren.

Art. 60 Einfuhren in Kleinstmengen. Die Mitglieder können kleine Mengen von Waren ohne gewerblichen Charakter, die sich im persönlichen Gepäck von Reisenden oder in kleinen Sendungen befinden, von der Anwendung der vorstehenden Bestimmungen ausnehmen.

Abschnitt 5: Strafverfahren

Art. 61 [Strafverfahren] [1]Die Mitglieder sehen Strafverfahren und Strafen vor, die zumindest bei vorsätzlicher Nachahmung von Markenwaren oder vorsätzlicher unerlaubter Herstellung urheberrechtlich geschützter Waren in gewerbsmäßigem Umfang Anwendung finden. [2] Die vorgesehenen Sanktionen umfassen zur Abschreckung ausreichende Haft- und/oder Geldstrafen entsprechend dem Strafmaß, das auf entsprechend schwere Straftaten anwendbar ist. [3] In geeigneten Fällen umfassen die vorzusehenden Sanktionen auch die Beschlagnahme, die Einziehung und die Vernichtung der rechtsverletzenden Waren und allen Materials und aller Werkzeuge, die überwiegend dazu verwendet wurden, die Straftat zu begehen. [4] Die Mitglieder können Strafverfahren und Strafen für andere Fälle der Verletzung von Rechten des geistigen Eigentums vorsehen, insbesondere wenn die Handlungen vorsätzlich und in gewerbsmäßigem Umfang begangen werden.

Teil IV. Erwerb und Aufrechterhaltung von Rechten des geistigen Eigentums und damit im Zusammenhang stehende Inter-partes-Verfahren

Art. 62 [Erwerb und Aufrechterhaltung von Rechten des geistigen Eigentums] (1) [1] Die Mitglieder sind befugt, als Voraussetzung für den Erwerb oder die Aufrechterhaltung der in den Abschnitten 2 bis 6 des Teils II vorgesehenen Rechte des geistigen Eigentums die Beachtung angemessener Verfahren und Förmlichkeiten vorzuschreiben. [2] Solche Verfahren und Förmlichkeiten müssen mit den Bestimmungen dieses Übereinkommens im Einklang stehen.

(2) Wenn der Erwerb eines Rechts des geistigen Eigentums die Erteilung oder Eintragung des Rechts voraussetzt, stellen die Mitglieder sicher, daß die Verfahren für die Erteilung oder Eintragung, vorbehaltlich der Erfüllung der materiellrechtlichen Bedingungen für den Erwerb des Rechts, die Erteilung oder Eintragung innerhalb einer angemessenen Frist möglich machen, um eine ungerechtfertigte Verkürzung der Schutzdauer zu vermeiden.

(3) Artikel 4 der Pariser Verbandsübereinkunft[1)] (1967) findet sinngemäß auf Dienstleistungsmarken Anwendung.

(4) Die Verfahren betreffend den Erwerb oder die Aufrechterhaltung von Rechten des geistigen Eigentums und, sofern das Recht eines Mitglieds solche Verfahren vorsieht, der Widerruf im Verwaltungsweg und Inter-partes-Verfahren wie zum Beispiel Einspruch, Widerruf und Löschung, unterliegen den in Artikel 41 Absätze 2 und 3 dargelegten allgemeinen Grundsätzen.

(5) [1] Verwaltungsrechtliche Endentscheidungen in einem der in Absatz 4 genannten Verfahren unterliegen der Nachprüfung durch ein Gericht oder eine gerichtsähnliche Einrichtung. [2] Es besteht jedoch keine Verpflichtung, die Gelegenheit zu einer solchen Überprüfung von Entscheidungen in Fällen eines erfolglosen Einspruchs oder Widerrufs im Verwaltungsweg vorzusehen, sofern die Gründe für solche Verfahren Gegenstand von Nichtigkeitsverfahren sein können.

[1)] Nr. **60**.

Teil V. Streitvermeidung und -beilegung

Art. 63 Transparenz. (1) [1]Gesetze und sonstige Vorschriften sowie allgemein anwendbare rechtskräftige gerichtliche Entscheidungen und Verwaltungsverfügungen in bezug auf den Gegenstand dieses Übereinkommens (die Verfügbarkeit, den Umfang, den Erwerb und die Durchsetzung von Rechten des geistigen Eigentums sowie die Verhütung ihres Mißbrauchs), die in einem Mitglied rechtswirksam geworden sind, sind in einer Amtssprache zu veröffentlichen oder, wenn eine solche Veröffentlichung nicht durchführbar ist, in einer Weise öffentlich zugänglich zu machen, die es Regierungen und Rechtsinhabern ermöglicht, sich damit vertraut zu machen. [2]Zwischen der Regierung oder einer Regierungsbehörde eines Mitglieds und der Regierung oder einer Regierungsbehörde eines anderen Mitglieds in Kraft befindliche Übereinkünfte über den Gegenstand dieses Übereinkommens sind gleichfalls zu veröffentlichen.

(2) [1]Die Mitglieder notifizieren dem Rat für TRIPS die in Absatz 1 genannten Gesetze und sonstigen Vorschriften, um den Rat bei der Überprüfung der Wirkungsweise dieses Übereinkommens zu unterstützen. [2]Der Rat versucht, die im Zusammenhang mit der Erfüllung dieser Pflicht entstehende Belastung der Mitglieder möglichst gering zu halten, und kann beschließen, auf die Pflicht zur Notifikation dieser Gesetze und sonstigen Vorschriften unmittelbar an den Rat zu verzichten, wenn Konsultationen mit der WIPO über die Einrichtung eines gemeinsamen Registers dieser Gesetze und sonstigen Vorschriften erfolgreich sind. [3]In diesem Zusammenhang berücksichtigt der Rat auch die im Hinblick auf die Notifikation erforderlichen Maßnahmen, die sich in Erfüllung der aus diesem Übereinkommen erwachsenden Verpflichtungen aus Artikel 6ter der Pariser Verbandsübereinkunft[1)] (1967) ergeben.

(3) [1]Die Mitglieder sind bereit, in Beantwortung eines schriftlichen Ersuchens eines anderen Mitglieds Informationen der in Absatz 1 angeführten Art zur Verfügung zu stellen. [2]Ein Mitglied, das Grund zu der Annahme hat, daß eine bestimmte gerichtliche Entscheidung oder Verwaltungsverfügung oder zweiseitige Übereinkunft auf dem Gebiet der Rechte des geistigen Eigentums seine Rechte nach diesem Übereinkommen berührt, kann auch schriftlich darum ersuchen, Zugang zu solchen bestimmten Entscheidungen oder Verwaltungsverfügungen oder zweiseitigen Übereinkünften zu erhalten oder davon ausreichend genau in Kenntnis gesetzt zu werden.

(4) Die Absätze 1, 2 und 3 verpflichten die Mitglieder nicht, vertrauliche Informationen zu offenbaren, wenn dies die Durchsetzung der Gesetze behindern oder sonst dem öffentlichen Interesse zuwiderlaufen oder den berechtigten kommerziellen Interessen bestimmter öffentlicher oder privater Unternehmen schaden würde.

Art. 64 Streitbeilegung. (1) Die Artikel XXII und XXIII des GATT 1994, wie sie durch die Vereinbarung über Streitbeilegung im einzelnen ausgeführt und angewendet werden, finden auf Konsultationen und die Streitbeilegung nach diesem Übereinkommen Anwendung, sofern hierin nicht ausdrücklich etwas anderes vorgesehen ist.

[1)] Nr. **60**.

(2) Artikel XXIII Absatz 1 Buchstaben b und c des GATT 1994 findet während eines Zeitraums von fünf Jahren, gerechnet ab dem Zeitpunkt des Inkrafttretens des WTO-Übereinkommens, keine Anwendung auf die Streitbeilegung im Rahmen dieses Übereinkommens.

(3) [1] Während des in Absatz 2 genannten Zeitraums untersucht der Rat für TRIPS den Anwendungsbereich und die Modalitäten für Beschwerden der in Artikel XXIIII Absatz 1 Buchstaben b und c des GATT 1994 vorgesehenen Art, die nach diesem Übereinkommen erhoben werden, und legt seine Empfehlungen der Ministerkonferenz zur Billigung vor. [2] Entscheidungen der Ministerkonferenz, diese Empfehlungen zu billigen oder den in Absatz 2 genannten Zeitraum zu verlängern, können nur durch Konsens getroffen werden, und die gebilligten Empfehlungen werden für alle Mitglieder ohne einen weiteren förmlichen Annahmevorgang rechtswirksam.

Teil VI. Übergangsregelungen

Art. 65 Übergangsregelungen. (1) Vorbehaltlich der Absätze 2, 3 und 4 ist kein Mitglied verpflichtet, dieses Übereinkommen vor Ablauf einer allgemeinen Frist von einem Jahr nach dem Zeitpunkt des Inkrafttretens des WTO-Übereinkommens anzuwenden.

(2) Ein Entwicklungsland, das Mitglied ist, ist berechtigt, den in Absatz 1 festgelegten Zeitpunkt der Anwendung der Bestimmungen dieses Übereinkommens mit Ausnahme der Artikel 3, 4 und 5 um eine weitere Frist von vier Jahren zu verschieben.

(3) Andere Mitglieder, die sich im Prozeß des Übergangs von der Planwirtschaft zur freien Marktwirtschaft befinden und die eine Strukturreform ihres Systems des geistigen Eigentums unternehmen und bei der Erarbeitung und Umsetzung von Gesetzen und sonstigen Vorschriften über das geistige Eigentum auf besondere Probleme stoßen, können ebenfalls die in Absatz 2 vorgesehene Aufschubfrist in Anspruch nehmen.

(4) Soweit ein Entwicklungsland, das Mitglied ist, durch dieses Übereinkommen verpflichtet wird, den Schutz von Stoffpatenten auf Gebiete der Technik auszudehnen, die in seinem Hoheitsgebiet zum Zeitpunkt der allgemeinen Anwendung dieses Übereinkommens auf dieses Mitglied nach Absatz 2 nicht schutzfähig waren, kann es die Anwendung der Bestimmungen über Stoffpatente im Teil II Abschnitt 5 auf solche Gebiete der Technik um eine weitere Frist von fünf Jahren verschieben.

(5) Ein Mitglied, das eine Übergangsfrist nach Absatz 1, 2, 3 oder 4 in Anspruch nimmt, stellt sicher, daß während dieser Frist vorgenommene Änderungen seiner Gesetze, seiner sonstigen Vorschriften und seiner Praxis nicht zu einem geringeren Grad der Vereinbarkeit mit diesem Übereinkommen führen.

Art. 66 Am wenigsten entwickelte Länder, die Mitglieder sind.

(1) [1] In Anbetracht der besonderen Bedürfnisse und Erfordernisse der am wenigsten entwickelten Länder, die Mitglieder sind, ihrer wirtschaftlichen, finanziellen und administrativen Engpässe und ihres Bedarfs an Flexibilität bei der Schaffung einer tragfähigen technologischen Grundlage sind solche Mitglieder während einer Frist von zehn Jahren ab dem Zeitpunkt der Anwendung nach Artikel 65 Absatz 1 nicht verpflichtet, die Bestimmungen dieses Übereinkommens mit Ausnahme der Artikel 3, 4 und 5 anzuwenden. [2] Der Rat für

TRIPS gewährt auf ordnungsgemäß begründeten Antrag eines der am wenigsten entwickelten Länder, das Mitglied ist, Verlängerungen dieser Frist.

(2) Entwickelte Länder, die Mitglieder sind, sehen für Unternehmen und Institutionen in ihrem Hoheitsgebiet Anreize vor, um den Technologietransfer in die am wenigsten entwickelten Länder, die Mitglieder sind, zu fördern und zu unterstützen, damit diese in die Lage versetzt werden, eine gesunde und tragfähige technologische Grundlage zu schaffen.

Art. 67 Technische Zusammenarbeit. [1] Um die Umsetzung dieses Übereinkommens zu erleichtern, sehen die entwickelten Länder, die Mitglieder sind, auf Antrag und zu gegenseitig vereinbarten Bedingungen technische und finanzielle Zusammenarbeit zugunsten der Entwicklungsländer und der am wenigsten entwickelten Länder vor, die Mitglieder sind. [2] Diese Zusammenarbeit schließt die Unterstützung bei der Erarbeitung von Gesetzen und sonstigen Vorschriften zum Schutz und zur Durchsetzung von Rechten des geistigen Eigentums sowie zur Verhütung ihres Mißbrauchs ein und umfaßt auch die Unterstützung bei der Errichtung und Stärkung der für diese Angelegenheiten zuständigen nationalen Ämter und Dienststellen, einschließlich der Ausbildung der Mitarbeiter.

Teil VII. Institutionelle Regelungen; Schlußbemerkungen

Art. 68 Rat für handelsbezogene Aspekte der Rechte des geistigen Eigentums. [1] Der Rat für TRIPS überwacht die Wirkungsweise dieses Übereinkommens und insbesondere die Erfüllung der hieraus erwachsenden Verpflichtungen durch die Mitglieder und bietet den Mitgliedern Gelegenheit zu Konsultationen über Angelegenheiten im Zusammenhang mit den handelsbezogenen Aspekten der Rechte des geistigen Eigentums. [2] Er nimmt die sonstigen Obliegenheiten wahr, die ihm von den Mitgliedern übertragen werden, und bietet insbesondere jede von ihnen angeforderte Unterstützung im Rahmen der Streitbeilegung. [3] Der Rat für TRIPS ist befugt, bei der Ausübung seiner Aufgaben jede Stelle, die er für geeignet hält, zu konsultieren und von dort Informationen einzuholen. [4] In Konsultationen mit der WIPO ist der Rat bestrebt, innerhalb eines Jahres nach seinem ersten Zusammentreffen geeignete Vereinbarungen für eine Zusammenarbeit mit Gremien der genannten Organisation zu treffen.

Art. 69 Internationale Zusammenarbeit. [1] Die Mitglieder sind sich darin einig, mit dem Ziel zusammenzuarbeiten, den internationalen Handel mit Waren, die Rechte des geistigen Eigentums verletzen, zu beseitigen. [2] Zu diesem Zweck errichten sie Kontaktstellen in ihren Verwaltungen, die sie einander notifizieren, und sind zum Austausch von Informationen über den Handel mit rechtsverletzenden Waren bereit. [3] Insbesondere fördern sie den Informationsaustausch und die Zusammenarbeit zwischen den Zollbehörden in bezug auf den Handel mit nachgeahmten Markenwaren und unerlaubt hergestellten urheberrechtlich geschützten Waren.

Art. 70 Schutz bestehender Gegenstände des Schutzes. (1) Aus diesem Übereinkommen ergeben sich keine Verpflichtungen in bezug auf Handlungen, die vor dem Zeitpunkt der Anwendung dieses Übereinkommens auf das betreffende Mitglied stattfanden.

(2) [1] Sofern in diesem Übereinkommen nichts anderes vorgesehen ist, ergeben sich daraus Verpflichtungen in bezug auf sämtliche Gegenstände des Schutzes, die zum Zeitpunkt der Anwendung dieses Übereinkommens auf das betreffende Mitglied vorhanden und zu diesem Zeitpunkt in diesem Mitglied geschützt sind oder die Schutzvoraussetzungen nach Maßgabe dieses Übereinkommens erfüllen oder in der Folge erfüllen werden. [2] Hinsichtlich dieses Absatzes und der Absätze 3 und 4 bestimmen sich urheberrechtliche Verpflichtungen in bezug auf vorhandene Werke ausschließlich nach Artikel 18 der Berner Übereinkunft (1971) und Verpflichtungen in bezug auf die Rechte der Hersteller von Tonträgern und der ausübenden Künstler an vorhandenen Tonträgern ausschließlich nach Artikel 18 der Berner Übereinkunft (1971), wie er durch Artikel 14 Absatz 6 dieses Übereinkommens für anwendbar erklärt wurde.

(3) Es besteht keine Verpflichtung, den Schutz eines Gegenstands wiederherzustellen, der zum Zeitpunkt der Anwendung dieses Übereinkommens auf das betreffende Mitglied Gemeingut geworden ist.

(4) [1] In bezug auf Handlungen betreffend bestimmte, einen geschützten Gegenstand enthaltende Gegenstände, die nach Maßgabe der diesem Übereinkommen entsprechenden Rechtsvorschriften rechtsverletzend werden und die vor dem Zeitpunkt der Annahme des WTO-Übereinkommens durch dieses Mitglied begonnen waren oder in bezug auf die eine bedeutende Investition vorgenommen worden war, kann jedes Mitglied eine Begrenzung der dem Rechtsinhaber zustehenden Rechtsbehelfe hinsichtlich der weiteren Vornahme solcher Handlungen nach dem Zeitpunkt der Anwendung dieses Übereinkommens auf das betreffende Mitglied vorsehen. [2] In solchen Fällen sehen die Mitglieder jedoch zumindest die Zahlung einer angemessenen Vergütung vor.

(5) Ein Mitglied ist nicht verpflichtet, Artikel 11 und Artikel 14 Absatz 4 in bezug auf Originale oder Kopien anzuwenden, die vor dem Zeitpunkt der Anwendung dieses Übereinkommens auf das betreffende Mitglied gekauft wurden.

(6) Die Mitglieder sind nicht verpflichtet, Artikel 31 oder das Erfordernis in Artikel 27 Absatz 1, wonach Patentrechte ohne Diskriminierung aufgrund des Gebiets der Technik ausgeübt werden können, auf eine Benutzung ohne die Zustimmung des Rechtsinhabers anzuwenden, wenn die Ermächtigung zu einer solchen Benutzung von der Regierung vor dem Zeitpunkt, zu dem dieses Übereinkommen bekannt wurde, erteilt wurde.

(7) [1] Bei Rechten des geistigen Eigentums, deren Schutz von der Eintragung abhängig ist, dürfen Anträge auf Schutz, die zum Zeitpunkt der Anwendung dieses Übereinkommens auf das betreffende Mitglied anhängig sind, so geändert werden, daß ein nach Maßgabe dieses Übereinkommens vorgesehener erweiterter Schutz beansprucht wird. [2] Solche Änderungen dürfen keine neuen Gegenstände einschließen.

(8) Sieht ein Mitglied zum Zeitpunkt des Inkrafttretens des WTO-Übereinkommens keinen seinen Verpflichtungen nach Artikel 27 entsprechenden Patentschutz für pharmazeutische und agrochemische Erzeugnisse vor, so muß dieses Mitglied

a) ungeachtet des Teils VI ab dem Zeitpunkt des Inkrafttretens des WTO-Übereinkommens eine Möglichkeit für das Einreichen von Anmeldungen von Patenten für solche Erfindungen vorsehen,

b) auf diese Anmeldungen vom Zeitpunkt der Anwendung dieses Übereinkommens an die in diesem festgelegten Voraussetzungen für die Patentfähigkeit so anwenden, als würden sie am Tag der Anmeldung in diesem Mitglied oder, sofern Priorität zur Verfügung steht und in Anspruch genommen wird, am Prioritätstag der Anmeldung angewendet, und

c) Patentschutz nach Maßgabe dieses Übereinkommens ab der Erteilung des Patents und für die verbleibende Schutzdauer des Patents, gerechnet ab dem Anmeldetag im Sinne des Artikels 33, für diejenigen Anmeldungen vorsehen, die den unter Buchstabe b genannten Schutzvoraussetzungen entsprechen.

(9) Ist ein Erzeugnis Gegenstand einer Patentanmeldung in einem Mitglied nach Absatz 8 Buchstabe a, so werden ungeachtet des Teils VI ausschließliche Vermarktungsrechte für eine Frist von fünf Jahren nach der Erlangung der Marktzulassung in diesem Mitglied oder bis zur Erteilung oder Zurückweisung eines Stoffpatents in diesem Mitglied gewährt, wobei die jeweils kürzere Frist gilt, vorausgesetzt, daß nach dem Inkrafttreten des WTO-Übereinkommens in einem anderen Mitglied für das betreffende Erzeugnis eine Patentanmeldung eingereicht und ein Patent erteilt und die Marktzulassung in diesem anderen Mitglied erlangt wurde.

Art. 71 Überprüfung und Änderung. (1) [1]Der Rat für TRIPS überprüft die Umsetzung dieses Übereinkommens nach Ablauf der in Artikel 65 Absatz 2 genannten Übergangsfrist. [2]Der Rat überprüft es unter Berücksichtigung der bei seiner Umsetzung gesammelten Erfahrungen zwei Jahre nach diesem Zeitpunkt und danach in gleichen zeitlichen Abständen. [3]Der Rat kann Überprüfungen auch in Anbetracht einschlägiger neuer Entwicklungen vornehmen, die eine Ergänzung oder Änderung dieses Übereinkommens rechtfertigen könnten.

(2) Änderungen, die lediglich einer Anpassung an ein höheres Niveau des Schutzes von Rechten des geistigen Eigentums dienen, das in anderen mehrseitigen Übereinkünften erreicht wurde und in Kraft ist und das nach Maßgabe jener Übereinkünfte von allen Mitgliedern der WTO angenommen wurde, können auf der Grundlage eines im Weg des Konsenses vom Rat für TRIPS vorgelegten Vorschlags an die Ministerkonferenz für ein Tätigwerden nach Artikel X Absatz 6 des WTO-Übereinkommens überwiesen werden.

Art. 72 Vorbehalte. Vorbehalte zu irgendeiner Bestimmung dieses Übereinkommens können nicht ohne die Zustimmung der anderen Mitglieder angebracht werden.

Art. 73 Ausnahmen zur Wahrung der Sicherheit. Dieses Übereinkommen ist nicht dahingehend auszulegen,

a) daß ein Mitglied Informationen zur Verfügung stellen muß, deren Offenbarung nach seiner Auffassung seinen wesentlichen Sicherheitsinteressen zuwiderläuft, oder

b) daß ein Mitglied daran gehindert wird, Maßnahmen zu treffen, die es zum Schutz seiner wesentlichen Sicherheitsinteressen für notwendig hält

   i) in bezug auf spaltbares Material oder das Material, aus dem dieses gewonnen wird,

ii) in bezug auf den Handel mit Waffen, Munition und Kriegsgerät und auf den Handel mit anderen Waren oder anderem Material, der unmittelbar oder mittelbar der Versorgung einer militärischen Einrichtung dient,

iii) in Kriegszeiten oder bei sonstigen Krisen in internationalen Beziehungen,

oder

c) daß ein Mitglied daran gehindert wird, Maßnahmen in Erfüllung seiner Pflichten im Rahmen der Charta der Vereinten Nationen zur Wahrung des Weltfriedens und der internationalen Sicherheit zu treffen.

65. Vertrag über die internationale Zusammenarbeit auf dem Gebiet des Patentwesens (PCT) [1)2)]

Vom 19. Juni 1970

(BGBl. II 1976 S. 664)

zuletzt geänd. durch Änderung des Patentzusammenarbeitsvertrages (PCT) v. 2.10.2001 (BGBl. 2002 II S. 728)

Inhaltsverzeichnis[3)]

Präambel. Einleitende Bestimmungen

Kapitel I. Internationale Anmeldung und internationale Recherche

Kapitel II. Die internationale vorläufige Prüfung

---

1) Der Vertrag wurde für die Bundesrepublik Deutschland ratifiziert durch G (auszugsweise abgedruckt unter Nr. **12**) v. 21.6.1976 (BGBl. II S. 649) und trat mit Ausnahme des Kapitels II gem. Bek. v 19.12.1977 (BGBl. II 1978 S. 11) am **24.1.1978** in Kraft.
Kapitel II ist nach Art. 63 Abs. 1 Buchst. a und Abs. 3 seit 29. März 1978 gemäß Bek. vom 16. März 1978 (BGBl. II S. 485) anwendbar. Siehe dazu die PCT-Ausführungsordnung (Nr. **66**).

2) Zu den Parteien vgl. Beilage zu BGBl. II, Fundstellennachweis B, abgeschlossen am 31. Dezember jedes jahres.

3) **Amtl. Anm.:** Der unterzeichnete Vertragstext enthält kein Inhaltsverzeichnis.

(Amtliche Übersetzung gemäß Art. 67 Abs. 1 Buchst. b des Vertrags)

Die Vertragsstaaten,

In dem Wunsch, einen Beitrag für den Fortschritt von Wissenschaft und Technik zu leisten,

In dem Wunsch, den Schutz von Erfindungen zu vervollkommnen,

In dem Wunsch, den Schutz von Erfindungen, wenn um Schutz in mehreren Ländern nachgesucht wird, zu erleichtern und wirtschaftlicher zu gestalten,

In dem Wunsch, der Öffentlichkeit den Zugang zu technischen Informationen, die in Dokumenten enthalten sind, in denen neue Erfindungen beschrieben werden, zu erleichtern und zu beschleunigen,

In dem Wunsch, den wirtschaftlichen Fortschritt der Entwicklungsländer zu fördern und zu beschleunigen, durch die Annahme von Maßnahmen, die bestimmt sind, die Wirksamkeit der auf nationaler oder regionaler Ebene für den Schutz von Erfindungen entwickelten Rechtssysteme dadurch zu erhöhen, daß leicht erreichbare Informationen über die Verfügbarkeit technischer Lösungen, die auf ihre besonderen Bedürfnisse zugeschnitten sind, zur Verfügung gestellt werden und daß der Zugang zu der in ständigem Wachstum begriffenen modernen Technik erleichtert wird,

In der Überzeugung, daß die internationale Zusammenarbeit die Verwirklichung dieser Ziele in hohem Maße fördern wird,

Haben diesen Vertrag geschlossen.

Einleitende Bestimmungen

Art. 1 Bildung eines Verbands. (1) [1]Die Mitgliedstaaten dieses Vertrags (nachstehend als „Vertragsstaaten" bezeichnet) bilden einen Verband für die Zusammenarbeit bei der Einreichung, der Recherche und der Prüfung von Anmeldungen für den Schutz von Erfindungen und für die Leistung besonderer technischer Dienste. [2]Der Verband trägt die Bezeichnung Internationaler Verband für die Zusammenarbeit auf dem Gebiet des Patentwesens.

(2) Keine Bestimmung dieses Vertrags ist so auszulegen, daß sie die Rechte aus der Pariser Verbandsübereinkunft zum Schutz des gewerblichen Eigentums[1)] der Personen beeinträchtigt, die die Staatsangehörigkeit eines Mitgliedlands dieser Übereinkunft besitzen oder in einem solchen Land ihren Sitz oder Wohnsitz haben.

Art. 2 Begriffsbestimmungen. Im Sinne dieses Vertrags und der Ausführungsordnung[2)] und sofern nicht ausdrücklich etwas anderes bestimmt wird:

i) bedeutet „Anmeldung" eine Anmeldung für den Schutz einer Erfindung; Bezugnahmen auf eine „Anmeldung" sind zu verstehen als Bezugnahme auf Anmeldungen für Erfindungspatente, für Erfinderscheine, für Gebrauchszertifikate, für Gebrauchsmuster, für Zusatzpatente oder -zertifikate, für Zusatzerfinderscheine und Zusatzgebrauchszertifikate;

[1)] Nr. **60**.
[2)] Nr. **66**.

ii) sind Bezugnahmen auf ein „Patent" zu verstehen als Bezugnahmen auf Erfindungspatente, auf Erfinderscheine, auf Gebrauchszertifikate, auf Gebrauchsmuster, auf Zusatzpatente oder -zertifikate und auf Zusatzgebrauchszertifikate;

iii) bedeutet „nationales Patent" ein von einem nationalen Amt erteiltes Patent;

iv) bedeutet „regionales Patent" ein von einem nationalen Amt oder von einer zwischenstaatlichen Behörde erteiltes Patent, wenn das Amt oder die Behörde die Befugnis hat, Patente zu erteilen, die in mehr als in einem Staat Wirkung entfalten;

v) bedeutet „regionale Anmeldung" eine Anmeldung für die Erteilung eines regionalen Patents;

vi) sind Bezugnahmen auf eine „nationale Anmeldung" zu verstehen als Bezugnahmen auf Anmeldungen für die Erteilung nationaler oder regionaler Patente, sofern die Anmeldungen nicht nach diesem Vertrag eingereicht werden;

vii) bedeutet „internationale Anmeldung" eine nach diesem Vertrag eingereichte Anmeldung;

viii) sind Bezugnahmen auf eine „Anmeldung" zu verstehen als Bezugnahmen auf internationale Anmeldungen und nationale Anmeldungen;

ix) sind Bezugnahmen auf ein „Patent" zu verstehen als Bezugnahmen auf nationale und regionale Patente;

x) sind Bezugnahmen auf das „nationale Recht" zu verstehen als Bezugnahmen auf das nationale Recht eines Vertragsstaats oder, wenn es sich um eine regionale Anmeldung oder ein regionales Patent handelt, als Bezugnahmen auf den Vertrag, der die Einreichung regionaler Anmeldungen oder die Erteilung regionaler Patente vorsieht;

xi) bedeutet „Prioritätsdatum" für die Berechnung der in diesem Vertrag und der Ausführungsordnung[1] vorgesehenen Fristen:

a) wenn für die internationale Anmeldung eine Priorität nach Artikel 8 beansprucht wird, das Anmeldedatum der Anmeldung, deren Priorität in Anspruch genommen wird;

b) wenn für die internationale Anmeldung mehrere Prioritäten nach Artikel 8 in Anspruch genommen werden, das Anmeldedatum der ältesten Anmeldung, deren Priorität in Anspruch genommen wird;

c) wenn für die internationale Anmeldung keine Priorität nach Artikel 8 in Anspruch genommen wird, das internationale Anmeldedatum dieser Anmeldung;

xii) bedeutet „nationales Amt" die mit der Erteilung von Patenten beauftragte Regierungsbehörde eines Vertragsstaats; Bezugnahmen auf ein „nationales Amt" sollen auch eine zwischenstaatliche Behörde einschließen, die mehrere Staaten mit der Erteilung regionaler Patente beauftragt haben, sofern mindestens einer dieser Staaten ein Vertragsstaat ist und sofern die genannten Staaten die Behörde ermächtigt haben, die Pflichten zu übernehmen und die Rechte auszuüben, die dieser Vertrag und die Ausführungsordnung[1] für nationale Ämter vorsehen;

---

[1] Nr. **66**.

xiii) bedeutet „Bestimmungsamt" das nationale Amt des Staates, den der Anmelder nach Kapitel I dieses Vertrags bestimmt hat, oder das für diesen Staat handelnde nationale Amt;

xiv) bedeutet „ausgewähltes Amt" das nationale Amt des Staates, den der Anmelder nach Kapitel II dieses Vertrags ausgewählt hat, oder das für diesen Staat handelnde nationale Amt;

xv) bedeutet „Anmeldeamt" das nationale Amt oder die zwischenstaatliche Organisation, bei der die internationale Anmeldung eingereicht worden ist;

xvi) bedeutet „Verband" den Verband für die Internationale Zusammenarbeit auf dem Gebiet des Patentwesens;

xvii) bedeutet „Versammlung" die Versammlung des Verbands;

xviii) bedeutet „Organisation" die Weltorganisation für geistiges Eigentum;

xix) bedeutet „Internationales Büro" das Internationale Büro der Organisation und – für die Dauer ihres Bestehens – die Vereinigten Internationalen Büros für den Schutz des geistigen Eigentums (BIRPI);

xx) bedeutet „Generaldirektor" den Generaldirektor der Organisation und – für die Dauer des Bestehens der BIRPI – den Direktor der BIRPI.

Kapitel I. Internationale Anmeldung und internationale Recherche

Art. 3 Die internationale Anmeldung. (1) Anmeldungen zum Schutz von Erfindungen in jedem der Vertragsstaaten können als internationale Anmeldungen im Sinne dieses Vertrags eingereicht werden.

(2) Eine internationale Anmeldung hat in der in diesem Vertrag und der Ausführungsordnung[1] festgelegten Form einen Antrag, eine Beschreibung, einen oder mehrere Ansprüche, eine oder mehrere Zeichnungen (soweit erforderlich) und eine Zusammenfassung zu enthalten.

(3) Die Zusammenfassung dient ausschließlich der technischen Information und kann nicht für andere Zwecke, insbesondere nicht für die Bestimmung des Umfangs des begehrten Schutzes herangezogen werden.

(4) Die internationale Anmeldung:

i) muß in einer vorgeschriebenen Sprache abgefaßt sein;

ii) hat den vorgeschriebenen Formerfordernissen zu entsprechen;

iii) hat den vorgeschriebenen Anforderungen über die Einheitlichkeit der Erfindung zu entsprechen;

iv) verpflichtet zur Zahlung der vorgeschriebenen Gebühren.

Art. 4 Der Antrag. (1) Der Antrag hat zu enthalten:

i) ein Gesuch auf Behandlung der internationalen Anmeldung nach diesem Vertrag;

ii) die Bestimmung des Vertragsstaats oder der Vertragsstaaten, in denen Schutz für die Erfindung auf der Grundlage der internationalen Anmeldung begehrt wird (Bestimmungsstaaten); kann mit Wirkung für einen Bestimmungsstaat ein regionales Patent erteilt werden und wünscht der Anmelder

---

[1] Nr. **66**.

ein regionales Patent an Stelle eines nationalen Patents, so ist im Antrag hierauf hinzuweisen; kann der Anmelder nach dem das regionale Patent betreffenden Vertrag seine Anmeldung nicht auf einzelne der Vertragsstaaten des genannten Vertrags beschränken, so wird die Bestimmung eines dieser Staaten in Verbindung mit dem Hinweis auf den Wunsch, ein regionales Patent zu erhalten, als Bestimmung aller Vertragsstaaten des genannten Vertrags behandelt; hat nach dem nationalen Recht eines Bestimmungsstaats die Bestimmung dieses Staates die Wirkung einer Anmeldung für ein regionales Patent, so wird die Bestimmung dieses Staates als Hinweis auf den Wunsch, ein regionales Patent zu erhalten, behandelt;

iii) den Namen des Anmelders und (soweit vorhanden) des Anwalts sowie andere diese Personen betreffende vorgeschriebene Angaben;

iv) die Bezeichnung der Erfindung;

v) den Namen des Erfinders und andere den Erfinder betreffende vorgeschriebene Angaben, wenn das nationale Recht mindestens eines Bestimmungsstaats verlangt, daß diese Angaben im Zeitpunkt der nationalen Anmeldung eingereicht werden. In anderen Fällen können die genannten Angaben entweder in dem Antrag oder in besonderen Mitteilungen gemacht werden, die an jedes Bestimmungsamt zu richten sind, dessen nationales Recht die genannten Angaben verlangt, jedoch gestattet, daß sie zu einem späteren Zeitpunkt als dem Zeitpunkt der nationalen Anmeldung eingereicht werden.

(2) Für jede Bestimmung ist die vorgeschriebene Gebühr innerhalb der vorgeschriebenen Zeit zu zahlen.

(3) [1] Die Bestimmung bedeutet, daß das Schutzbegehren auf die Erteilung eines Patents in dem oder für den Bestimmungsstaat gerichtet ist, sofern der Anmelder nicht eine andere Schutzart nach Artikel 43 begehrt. [2] Für die Anwendung dieses Absatzes gilt Artikel 2 Ziffer ii nicht.

(4) [1] Fehlt in dem Antrag der Name des Erfinders oder andere den Erfinder betreffende Angaben, so hat dies keine Folgen für Bestimmungsstaaten, deren nationales Recht diese Angaben zwar verlangt, jedoch gestattet, daß sie zu einem späteren Zeitpunkt als dem Zeitpunkt der nationalen Anmeldung eingereicht werden. [2] Werden die genannten Angaben nicht in einer besonderen Mitteilung gemacht, so hat dies keine Folgen in einem Bestimmungsstaat, dessen nationales Recht diese Angaben nicht verlangt.

Art. 5 Die Beschreibung. In der Beschreibung ist die Erfindung so deutlich und vollständig zu offenbaren, daß ein Fachmann sie danach ausführen kann.

Art. 6 Die Ansprüche. [1] Der Anspruch oder die Ansprüche haben den Gegenstand anzugeben, für den Schutz begehrt wird. [2] Die Ansprüche sind klar und knapp zu fassen. [3] Sie müssen in vollem Umfang durch die Beschreibung gestützt werden.

Art. 7 Die Zeichnungen. (1) Zeichnungen sind vorbehaltlich des Absatzes 2 Ziffer ii erforderlich, wenn sie für das Verständnis der Erfindung notwendig sind.

(2) Sind Zeichnungen für das Verständnis der Erfindung nicht notwendig, ist die Erfindung aber ihrer Art nach der Erläuterung durch Zeichnung zugänglich,

i) so kann der Anmelder solche Zeichnungen bei Einreichung der internationalen Anmeldung beifügen,
ii) so kann jedes Bestimmungsamt verlangen, daß der Anmelder solche Zeichnungen innerhalb der vorgeschriebenen Frist nachreicht.

Art. 8 Die Inanspruchnahme von Prioritäten. (1) Die internationale Anmeldung kann eine Erklärung der in der Ausführungsordnung[1] näher bestimmten Art enthalten, mit der die Priorität einer oder mehrerer in einem oder für einen Mitgliedstaat der Pariser Verbandsübereinkunft zum Schutz des gewerblichen Eigentums[2] eingereichter früherer Anmeldungen beansprucht wird.

(2)

a) Vorbehaltlich des Buchstaben b richten sich Voraussetzungen und Wirkung einer nach Absatz 1 abgegebenen Prioritätserklärung nach Artikel 4 der Stockholmer Fassung der Pariser Verbandsübereinkunft zum Schutz des gewerblichen Eigentums[2].
b) In der internationalen Anmeldung, für die die Priorität einer oder mehrerer in einem oder für einen Vertragsstaat eingereichter früherer Anmeldungen beansprucht wird, kann dieser Staat als Bestimmungsstaat benannt werden. Wird für die internationale Anmeldung die Priorität einer oder mehrerer früherer in einem oder für einen Bestimmungsstaat eingereichter nationaler Anmeldungen beansprucht oder wird die Priorität einer internationalen Anmeldung beansprucht, in der nur ein Staat als Bestimmungsstaat benannt ist, so richten sich Voraussetzungen und Wirkung des Prioritätsanspruchs in diesem Staat nach dessen nationalem Recht.

Art. 9 Der Anmelder. (1) Jeder Staatsangehörige eines Vertragsstaats sowie jeder, der in einem Vertragsstaat seinen Sitz oder Wohnsitz hat, kann eine internationale Anmeldung einreichen.

(2) Die Versammlung der Vertragsstaaten kann bestimmen, daß Staatsangehörige von nicht zu den Vertragsstaaten gehörigen Mitgliedstaaten der Pariser Verbandsübereinkunft zum Schutz des gewerblichen Eigentums[2] sowie Personen mit Sitz oder Wohnsitz in solchen Staaten ebenfalls internationale Anmeldungen einreichen können.

(3) Die Begriffe „Sitz", „Wohnsitz" und „Staatsangehörigkeit" sowie die Anwendung der Begriffe in Fällen, in denen mehrere Anmelder vorhanden sind oder die Anmelder für alle Bestimmungsstaaten nicht die gleichen sind, sind in der Ausführungsordnung[1] festgelegt.

Art. 10 Das Anmeldeamt. Die internationale Anmeldung ist bei dem vorgeschriebenen Anmeldeamt einzureichen, das sie entsprechend diesem Vertrag und der Ausführungsordnung[1] überprüft und bearbeitet.

Art. 11 Das Anmeldedatum und die Wirkungen der internationalen Anmeldung. (1) Das Anmeldeamt erkennt als internationales Anmeldedatum das Datum des Eingangs der internationalen Anmeldung zu, vorausgesetzt, daß das Amt festgestellt hat, daß im Zeitpunkt des Eingangs:

---

[1] Nr. **66**.
[2] Nr. **60**.

i) der Anmelder aus Gründen des Sitzes, des Wohnsitzes oder der Staatsangehörigkeit nicht offensichtlich unberechtigt ist, eine internationale Anmeldung bei diesem Anmeldeamt einzureichen,

ii) die internationale Anmeldung in der vorgeschriebenen Sprache abgefaßt ist,

iii) die internationale Anmeldung wenigstens folgende Bestandteile enthält:

a) einen Hinweis darauf, daß die Anmeldung als internationale Anmeldung behandelt werden soll,

b) die Bestimmung mindestens eines Vertragsstaats,

c) den Namen des Anmelders, wie vorgeschrieben,

d) einen Teil, der dem Anschein nach als Beschreibung angesehen werden kann,

e) einen Teil, der dem Anschein nach als Anspruch oder als Ansprüche angesehen werden kann.

(2)

a) Stellt das Anmeldeamt fest, daß die internationale Anmeldung im Zeitpunkt des Eingangs die Erfordernisse des Absatzes 1 nicht erfüllt hat, so hat es entsprechend der Ausführungsordnung[1] den Anmelder aufzufordern, die erforderliche Richtigstellung nachzureichen.

b) Kommt der Anmelder der Aufforderung entsprechend der Ausführungsordnung[1] nach, so erkennt das Anmeldeamt der Anmeldung das Datum des Eingangs der erforderlichen Richtigstellung zu.

(3) Jede internationale Anmeldung, die die Erfordernisse der Ziffern i bis iii des Absatzes 1 erfüllt und der ein internationales Anmeldedatum zuerkannt worden ist, hat vorbehaltlich des Artikels 64 Absatz 4 in jedem Bestimmungsstaat die Wirkung einer vorschriftsmäßigen nationalen Anmeldung mit dem internationalen Anmeldedatum; das internationale Anmeldedatum gilt als das tatsächliche Anmeldedatum in jedem Bestimmungsstaat.

(4) Jede internationale Anmeldung, die die Erfordernisse der Ziffer i bis iii des Absatzes 1 erfüllt, steht einer vorschriftsmäßigen nationalen Anmeldung im Sinne der Pariser Verbandsübereinkunft zum Schutz des gewerblichen Eigentums[2] gleich.

Art. 12 Übermittlung der internationalen Anmeldung an das Internationale Büro und die Internationale Recherchenbehörde. (1) Ein Exemplar der internationalen Anmeldung verbleibt beim Anmeldeamt („Anmeldeamtexemplar"), ein Exemplar („Aktenexemplar") wird dem Internationalen Büro übermittelt, ein weiteres Exemplar („Recherchenexemplar") wird der zuständigen Internationalen Recherchenbehörde (Artikel 16) nach den Vorschriften der Ausführungsordnung[1] übermittelt.

(2) Das Aktenexemplar gilt als das maßgebende Exemplar der internationalen Anmeldung.

(3) Die internationale Anmeldung gilt als zurückgenommen, falls das Aktenexemplar dem Internationalen Büro nicht innerhalb der vorgeschriebenen Frist zugeht.

---

[1] Nr. **66**.
[2] Nr. **60**.

Art. 13 Übermittlung eines Exemplars der internationalen Anmeldung an die Bestimmungsämter. (1) Jedes Bestimmungsamt kann das Internationale Büro auffordern, ihm vor der in Artikel 20 vorgesehenen Übermittlung ein Exemplar der internationalen Anmeldung zuzuleiten; das Internationale Büro übermittelt es dem Bestimmungsamt so bald wie möglich nach Ablauf eines Jahres ab Prioritätsdatum.

(2)

a) Der Anmelder kann jederzeit jedem Bestimmungsamt ein Exemplar seiner internationalen Anmeldung übermitteln.

b) Der Anmelder kann jederzeit das Internationale Büro auffordern, ein Exemplar seiner internationalen Anmeldung einem Bestimmungsamt zuzuleiten; das Internationale Büro übermittelt ein solches Exemplar so bald wie möglich dem Bestimmungsamt.

c) Jedes nationale Amt kann dem Internationalen Büro notifizieren, daß es nicht wünscht, gemäß Buchstabe b Exemplare der internationalen Anmeldung zu erhalten; in diesem Fall findet Buchstabe b auf dieses Amt keine Anwendung.

Art. 14 Bestimmte Mängel der internationalen Anmeldung. (1)

a) Das Anmeldeamt prüft, ob die internationale Anmeldung einen der nachstehend aufgeführten Mängel aufweist, nämlich ob sie

i) nicht entsprechend der Ausführungsordnung[1)] unterzeichnet ist;

ii) nicht die vorgeschriebenen Angaben über den Anmelder enthält;

iii) keine Bezeichnung der Erfindung enthält;

iv) keine Zusammenfassung enthält;

v) den Formerfordernissen in dem von der Ausführungsordnung[1)] vorgesehenen Umfang nicht entspricht.

b) Stellt das Anmeldeamt einen dieser Mängel fest, so fordert es den Anmelder auf, die internationale Anmeldung innerhalb der vorgesehenen Frist zu berichtigen; kommt der Anmelder dieser Aufforderung nicht nach, so gilt diese Anmeldung als zurückgenommen und wird vom Anmeldeamt für zurückgenommen erklärt.

(2) [1] Ist in der internationalen Anmeldung auf Zeichnungen Bezug genommen, die tatsächlich nicht beigefügt sind, so benachrichtigt das Anmeldeamt den Anmelder hiervon; er kann sie innerhalb der vorgeschriebenen Frist nachreichen, und in diesem Falle gilt als internationales Anmeldedatum der Tag, an dem die Zeichnungen beim Anmeldeamt eingehen. [2] Andernfalls gilt jede Bezugnahme auf diese Zeichnungen als nicht erfolgt.

(3)

a) Stellt das Anmeldeamt fest, daß die gemäß Artikel 3 Absatz 4 Ziffer iv vorgeschriebenen Gebühren nicht oder die gemäß Artikel 4 Absatz 2 vorgeschriebenen Gebühren für keinen Bestimmungsstaat innerhalb der vorgeschriebenen Fristen eingezahlt worden sind, so gilt die internationale Anmeldung als zurückgenommen und wird vom Anmeldeamt für zurückgenommen erklärt.

[1)] Nr. **66**.

b) Stellt das Anmeldeamt fest, daß die gemäß Artikel 4 Absatz 2 vorgeschriebene Gebühr für einzelne (jedoch nicht alle) Bestimmungsstaaten innerhalb der vorgeschriebenen Frist eingezahlt worden ist, so gilt die Bestimmung der Staaten, für welche die Gebühr innerhalb der vorgeschriebenen Frist nicht gezahlt worden ist, als zurückgenommen und wird vom Anmeldeamt für zurückgenommen erklärt.

(4) Stellt das Anmeldeamt, nachdem es der internationalen Anmeldung ein internationales Anmeldedatum zuerkannt hat, innerhalb der vorgeschriebenen Frist fest, daß ein unter Ziffern i bis iii des Artikels 11 Absatz 1 aufgeführtes Erfordernis zum Anmeldezeitpunkt nicht erfüllt war, so gilt die Anmeldung als zurückgenommen und wird vom Anmeldeamt für zurückgenommen erklärt.

Art. 15 Die internationale Recherche. (1) Für jede internationale Anmeldung wird eine internationale Recherche durchgeführt.

(2) Die internationale Recherche dient der Ermittlung des einschlägigen Standes der Technik.

(3) Die internationale Recherche wird auf der Grundlage der Ansprüche unter angemessener Berücksichtigung der Beschreibung und der Zeichnungen (falls vorhanden) durchgeführt.

(4) Die in Artikel 16 genannte Internationale Recherchenbehörde bemüht sich, den Stand der Technik so weit zu ermitteln, wie es ihre Möglichkeiten erlauben, und berücksichtigt auf jeden Fall den in der Ausführungsordnung[1] festgelegten Prüfstoff.

(5)

a) Der Anmelder, der eine nationale Anmeldung bei dem nationalen Amt eines Vertragsstaats oder bei einem für einen Vertragsstaat handelnden Amt einreicht, kann, wenn das nationale Recht dieses Staates es gestattet und unter den nach diesem Recht vorgesehenen Bedingungen, verlangen, daß für diese Anmeldung eine der internationalen Recherche ähnliche Recherche („Recherche internationaler Art") durchgeführt wird.

b) Das nationale Amt eines Vertragsstaats oder das für einen Vertragsstaat handelnde Amt kann, wenn das Recht dieses Staates es gestattet, jede bei ihm eingereichte nationale Anmeldung einer Recherche internationaler Art unterwerfen.

c) Die Recherche internationaler Art wird von der in Artikel 16 genannten Internationalen Recherchenbehörde durchgeführt, die für eine internationale Recherche zuständig wäre, wenn es sich um eine bei dem in den Buchstaben a und b genannten Amt eingereichte internationale Anmeldung handeln würde. Ist die nationale Anmeldung in einer Sprache eingereicht worden, in der sie die Internationale Recherchenbehörde nicht glaubt bearbeiten zu können, so wird die Recherche internationaler Art auf der Grundlage einer Übersetzung durchgeführt, die der Anmelder in einer Sprache eingereicht hat, die für internationale Anmeldungen vorgeschrieben ist und in der die Internationale Recherchenbehörde entsprechend der von ihr übernommenen Verpflichtung internationale Anmeldungen entgegenzunehmen hat. Die nationale Anmeldung und die Übersetzung sind, falls

---

[1] Nr. **66**.

verlangt, in der für internationale Anmeldungen vorgeschriebenen Form vorzulegen.

Art. 16 Die Internationale Recherchenbehörde. (1) Die internationale Recherche wird von der Internationalen Recherchenbehörde durchgeführt, die entweder ein nationales Amt sein kann oder eine zwischenstaatliche Organisation, wie das Internationale Patentinstitut, deren Aufgabe die Erstellung von dokumentarischen Recherchenberichten über den Stand der Technik für Erfindungen einschließt, die Gegenstand von Patentanmeldungen sind.

(2) Solange bis zur Errichtung einer einzigen Internationalen Recherchenbehörde mehrere Internationale Recherchenbehörden bestehen, bestimmt jedes Anmeldeamt – in Übereinstimmung mit der anwendbaren, in Absatz 3 Buchstabe b genannten Vereinbarung – für die bei ihm eingereichten internationalen Anmeldungen die zuständige Internationale Recherchenbehörde oder die zuständigen Internationalen Recherchenbehörden.

(3)

a) Internationale Recherchenbehörden werden durch die Versammlung eingesetzt. Jedes nationale Amt und jede zwischenstaatliche Organisation, die die in Buchstabe c genannten Voraussetzungen erfüllen, können als Internationale Recherchenbehörde eingesetzt werden.

b) Die Einsetzung als Internationale Recherchenbehörde bedarf der Zustimmung der einzusetzenden nationalen Behörde oder zwischenstaatlichen Organisation und setzt den Abschluß einer von der Versammlung gebilligten Vereinbarung zwischen dieser Behörde oder Organisation und dem Internationalen Büro voraus. In der Vereinbarung sind die Rechte und Pflichten der Vertragspartner im einzelnen festzulegen, insbesondere die ausdrückliche Verpflichtung dieser Behörde oder Organisation, daß sie die gemeinsamen Regeln für die Durchführung von internationalen Recherchen anwenden und beachten wird.

c) In der Ausführungsordnung[1] werden die Mindesterfordernisse vorgeschrieben, die jede Behörde oder Organisation insbesondere hinsichtlich ihrer personellen Besetzung und ihres Prüfstoffs erfüllen muß, damit sie als Internationale Recherchenbehörde eingesetzt und weiterhin tätig bleiben kann.

d) Die Einsetzung erfolgt für eine bestimmte Zeit und kann verlängert werden.

e) Vor einem Beschluß über die Einsetzung einer nationalen Behörde oder zwischenstaatlichen Organisation als Internationale Recherchenbehörde oder über die Verlängerung oder Aufhebung der Einsetzung hört die Versammlung die in Betracht kommende Behörde oder Organisation an und holt die Stellungnahme des in Artikel 56 genannten Ausschusses für technische Zusammenarbeit ein, sobald dieser Ausschuß eingesetzt ist.

Art. 17 Verfahren vor der Internationalen Recherchenbehörde.

(1) Das Verfahren vor der Internationalen Recherchenbehörde richtet sich nach den Bestimmungen dieses Vertrags und der Ausführungsordnung[1] sowie nach der Vereinbarung, die das Internationale Büro mit dieser Behörde in Übereinstimmung mit diesem Vertrag und der Ausführungsordnung[1] abschließt.

---

[1] Nr. **66**.

(2)

a) Falls nach Auffassung der Internationalen Recherchenbehörde

i) die internationale Anmeldung einen Gegenstand betrifft, in bezug auf den die Internationale Recherchenbehörde nach der Ausführungsordnung[1)] nicht verpflichtet ist, eine Recherche durchzuführen, und im vorliegenden Fall eine Recherche auch nicht durchführen will, oder

ii) die Beschreibung, die Ansprüche oder die Zeichnungen den vorgeschriebenen Anforderungen so wenig entsprechen, daß eine sinnvolle Recherche nicht durchgeführt werden kann,

so stellt die Internationale Recherchenbehörde diesen Tatbestand in einer Erklärung fest und teilt dem Anmelder und dem Internationalen Büro mit, daß kein internationaler Recherchenbericht erstellt wird.

b) Wird einer der in Buchstabe a aufgeführten Fällen nur in bezug auf bestimmte Ansprüche festgestellt, so ist in den internationalen Recherchenbericht im Hinblick auf diese Ansprüche lediglich ein entsprechender Hinweis aufzunehmen, während für die anderen Ansprüche ein Recherchenbericht nach Artikel 18 erstellt wird.

(3)

a) Entspricht nach Auffassung der Internationalen Recherchenbehörde die internationale Anmeldung nicht den in der Ausführungsordnung[1)] festgelegten Anforderungen an die Einheitlichkeit der Erfindung, so fordert die Recherchenbehörde den Anmelder auf, zusätzliche Gebühren zu zahlen. Die Internationale Recherchenbehörde erstellt den internationalen Recherchenbericht für die Teile der internationalen Anmeldung, die sich auf die zuerst in den Ansprüchen erwähnte Erfindung beziehen („Haupterfindung"), und, wenn die angeforderten zusätzlichen Gebühren fristgerecht entrichtet worden sind, für die Teile der internationalen Anmeldung, die sich auf die Erfindung beziehen, für die die genannten Gebühren entrichtet worden sind.

b) Das nationale Recht eines Bestimmungsstaats kann vorschreiben, daß in den Fällen, in denen das nationale Amt dieses Staates die in Buchstabe a genannte Aufforderung der Internationalen Recherchenbehörde als gerechtfertigt ansieht und der Anmelder nicht alle zusätzlichen Gebühren entrichtet hat, die Teile der internationalen Anmeldung, für die eine Recherche nicht durchgeführt worden ist, hinsichtlich der Rechtswirkungen in jenem Staat als zurückgenommen gelten, sofern der Anmelder nicht eine besondere Gebühr an dieses Amt zahlt.

Art. 18 Der internationale Recherchenbericht. (1) Der internationale Recherchenbericht wird innerhalb der vorgeschriebenen Frist und in der vorgeschriebenen Form erstellt.

(2) Der internationale Recherchenbericht wird, sobald er erstellt ist, von der Internationalen Recherchenbehörde dem Anmelder und dem Internationalen Büro übermittelt.

(3) [1]Der internationale Recherchenbericht oder die in Artikel 17 Absatz 2 Buchstabe a genannte Erklärung werden wie in der Ausführungsordnung[1)]

[1)] Nr. **66**.

bestimmt übersetzt. [2]Die Übersetzungen werden von dem Internationalen Büro oder unter seiner Verantwortung angefertigt.

Art. 19 Änderung der Ansprüche im Verfahren vor dem Internationalen Büro. (1) [1]Nach Eingang des internationalen Recherchenberichts ist der Anmelder befugt, einmal die Ansprüche der internationalen Anmeldung durch Einreichung von Änderungsanträgen beim Internationalen Büro innerhalb der vorgeschriebenen Frist zu ändern. [2]Er kann gleichzeitig eine kurze, in der Ausführungsordnung[1)] näher bestimmte Erklärung einreichen, mit der er die Änderungen erklären und ihre Auswirkungen auf die Beschreibung und die Zeichnungen darlegen kann.

(2) Die Änderungsanträge dürfen nicht über den Offenbarungsgehalt der internationalen Anmeldung im Anmeldezeitpunkt hinausgehen.

(3) In einem Bestimmungsstaat, nach dessen nationalem Recht Änderungen über den Offenbarungsgehalt der Anmeldung hinausgehen dürfen, hat die Nichtbeachtung des Absatzes 2 keine Folgen.

Art. 20 Übermittlung an die Bestimmungsämter. (1)

a) Die internationale Anmeldung wird zusammen mit dem internationalen Recherchenbericht (einschließlich eines möglichen Hinweises gemäß Artikel 17 Absatz 2 Buchstabe b oder der Erklärung gemäß Artikel 17 Absatz 2 Buchstabe a jedem Bestimmungsamt nach Maßgabe der Ausführungsordnung[1)] übermittelt, sofern das Bestimmungsamt hierauf nicht ganz oder zum Teil verzichtet.

b) Außerdem wird die vorgeschriebene Übersetzung des genannten Berichts und der genannten Feststellung übermittelt.

(2) Sind die Ansprüche gemäß Artikel 19 Absatz 1 geändert worden, werden entweder der vollständige Wortlaut der Ansprüche in der ursprünglichen und der geänderten Fassung oder der vollständige Wortlaut der Ansprüche in der ursprünglichen Fassung und eine genaue Angabe der Änderungen sowie gegebenenfalls die in Artikel 19 Absatz 1 genannte Erklärung übersandt.

(3) Auf Verlangen des Bestimmungsamts oder des Anmelders übersendet die Internationale Recherchenbehörde diesem Amt oder dem Anmelder, wie in der Ausführungsordnung[1)] vorgesehen, Vervielfältigungen der Unterlagen, die im internationalen Recherchenbericht genannt sind.

Art. 21 Internationale Veröffentlichung. (1) Das Internationale Büro veröffentlicht die internationale Anmeldung.

(2)

a) Jede internationale Anmeldung wird vorbehaltlich der in Buchstabe b und in Artikel 64 Absatz 3 bestimmten Ausnahmen unverzüglich nach Ablauf von 18 Monaten seit dem Prioritätsdatum der Anmeldung veröffentlicht.

b) Der Anmelder kann beim Internationalen Büro beantragen, seine internationale Anmeldung jederzeit vor Ablauf der nach Buchstabe a maßgeblichen Frist zu veröffentlichen. Das Internationale Büro entspricht diesem Antrag gemäß der Ausführungsordnung[1)].

[1)] Nr. **66**.

(3) Der internationale Recherchenbericht oder die in Artikel 17 Absatz 2 Buchstabe a genannte Erklärung werden, wie in der Ausführungsordnung[1] vorgesehen, veröffentlicht.

(4) Die Sprache und Form der internationalen Veröffentlichung sowie andere Einzelheiten sind in der Ausführungsordnung[1] festgelegt.

(5) Eine internationale Veröffentlichung findet nicht statt, wenn die internationale Anmeldung vor dem Abschluß der technischen Vorbereitungen für die Veröffentlichung zurückgenommen worden ist oder als zurückgenommen gilt.

(6) Enthält die internationale Anmeldung Ausdrücke oder Zeichnungen, die nach Auffassung des Internationalen Büros gegen die guten Sitten oder die öffentliche Ordnung verstoßen, oder enthält die internationale Anmeldung nach seiner Meinung herabsetzende Behauptungen der durch die Ausführungsordnung[1] gekennzeichneten Art, so kann das Internationale Büro solche Ausdrücke, Zeichnungen und Behauptungen von seinen Veröffentlichungen ausschließen; es gibt dabei die Stelle der Auslassung und die Zahl der ausgelassenen Wörter und Zeichnungen an und stellt auf Antrag einzelne Abschriften der ausgelassenen Stellen zur Verfügung.

Art. 22 Übermittlung eines Exemplars und einer Übersetzung der Anmeldung sowie Gebührenzahlung an die Bestimmungsämter.

(1) [1] Der Anmelder muss jedem Bestimmungsamt spätestens mit dem Ablauf von 30 Monaten seit dem Prioritätsdatum ein Exemplar der internationalen Anmeldung (soweit es nicht bereits gemäß Artikel 20 übermittelt worden ist) und eine Übersetzung der Anmeldung (wie vorgeschrieben) zuleiten sowie die nationale Gebühr (falls eine solche erhoben wird) zahlen. [2] Verlangt das nationale Recht des Bestimmungsstaats die Mitteilung des Namens des Erfinders und andere den Erfinder betreffende, vorgeschriebene Angaben, gestattet es jedoch, dass diese Angaben zu einem späteren Zeitpunkt als dem Zeitpunkt der Einreichung einer nationalen Anmeldung gemacht werden, so hat der Anmelder diese Angaben, wenn sie nicht bereits in dem Antrag enthalten sind, dem nationalen Amt des Staats oder dem für den Staat handelnden Amt spätestens bis zum Ablauf von 30 Monaten ab Prioritätsdatum zu übermitteln.

(2) Erklärt die Internationale Recherchenbehörde gemäß Artikel 17 Absatz 2 Buchstabe a, dass kein internationaler Recherchenbericht erstellt wird, so gilt für die Vornahme der in Absatz 1 genannten Handlungen dieselbe Frist wie in Absatz 1.

(3) Das nationale Recht kann für die Vornahme der in den Absätzen 1 oder 2 genannten Handlungen Fristen setzen, die später als die in diesen Absätzen bestimmten Fristen ablaufen.

Art. 23 Aussetzung des nationalen Verfahrens. (1) Ein Bestimmungsamt darf die internationale Anmeldung vor dem Ablauf der nach Artikel 22 maßgeblichen Frist nicht prüfen oder bearbeiten.

(2) Unbeschadet des Absatzes 1 kann jedes Bestimmungsamt auf ausdrücklichen Antrag des Anmelders die Bearbeitung oder Prüfung der internationalen Anmeldung jederzeit aufnehmen.

---

[1] Nr. **66**.

Art. 24 Möglicher Verlust der Wirkung in den Bestimmungsstaaten.

(1) Vorbehaltlich des Artikels 25 in den Fällen der Ziffer ii endet die in Artikel 11 Absatz 3 vorgesehene Wirkung der internationalen Anmeldung in einem Bestimmungsstaat mit den gleichen Folgen wie die Zurücknahme einer nationalen Anmeldung,

i) wenn der Anmelder seine internationale Anmeldung oder die Bestimmung dieses Staates zurücknimmt;

ii) wenn die internationale Anmeldung auf Grund von Artikel 12 Absatz 3, Artikel 14 Absatz 1 Buchstabe b, Artikel 14 Absatz 3 Buchstabe a oder Artikel 14 Absatz 4 oder die Bestimmung dieses Staates auf Grund des Artikels 14 Absatz 3 Buchstabe b als zurückgenommen gilt;

iii) wenn der Anmelder die in Artikel 22 genannten Handlungen nicht innerhalb der maßgeblichen Frist vornimmt.

(2) Unbeschadet des Absatzes 1 kann jedes Bestimmungsamt die in Artikel 11 Absatz 3 bestimmte Wirkung aufrechterhalten, auch wenn diese Wirkung auf Grund des Artikels 25 Absatz 2 nicht aufrechterhalten werden muß.

Art. 25 Nachprüfung durch die Bestimmungsämter. (1)

a) Hat das Anmeldeamt die Zuerkennung eines internationalen Anmeldedatums abgelehnt oder hat es erklärt, daß die internationale Anmeldung als zurückgenommen gilt, oder hat das Internationale Büro eine Feststellung nach Artikel 12 Absatz 3 getroffen, so übersendet das Internationale Büro auf Antrag des Anmelders unverzüglich Kopien jedes bei den Akten befindlichen Schriftstücks an jedes vom Anmelder benannte Bestimmungsamt.

b) Hat das Anmeldeamt erklärt, daß die Bestimmung eines Staates als zurückgenommen gilt, so übersendet das Internationale Büro auf Antrag des Anmelders unverzüglich Kopien jedes bei den Akten befindlichen Schriftstücks an das nationale Amt dieses Staates.

c) Der Antrag nach Buchstabe a oder b ist innerhalb der vorgeschriebenen Frist zu stellen.

(2)

a) Vorbehaltlich des Buchstaben b trifft jedes Bestimmungsamt, vorausgesetzt, daß innerhalb der vorgeschriebenen Frist die nationale Gebühr (falls sie erhoben wird) bezahlt und eine geeignete Übersetzung (wie vorgeschrieben) übermittelt worden ist, eine Entscheidung darüber, ob die Ablehnung, die Erklärung oder die Feststellung, auf die sich Absatz 1 bezieht, nach diesem Vertrag und der Ausführungsordnung[1] zu Recht getroffen worden sind; stellt es fest, daß die Ablehnung oder die Erklärung auf eine versehentliche Maßnahme oder Unterlassung des Anmeldeamts, beziehungsweise die Feststellung auf eine versehentliche Maßnahme oder Unterlassung des Internationalen Büros zurückzuführen sind, so behandelt es die internationale Anmeldung, was die Wirkungen in dem Staat dieses Bestimmungsamts betrifft, so, als wäre das Versehen nicht vorgekommen.

b) Hat das Internationale Büro das Aktenexemplar wegen einer versehentlichen Maßnahme oder Unterlassung des Anmelders erst nach Ablauf der in Artikel 12 Absatz 3 genannten Frist erhalten, so greifen die Vorschriften des

---

[1] Nr. **66**.

Buchstaben a nur unter den in Artikel 48 Absatz 2 genannten Bedingungen ein.

Art. 26 Möglichkeit der Berichtigung vor den Bestimmungsämtern. Ein Bestimmungsamt darf eine internationale Anmeldung wegen Nichtbeachtung von Vorschriften dieses Vertrags oder der Ausführungsordnung[1] nicht zurückweisen, ohne dem Anmelder zuvor Gelegenheit zu geben, die Anmeldung in dem nach dem nationalen Recht für vergleichbare Fälle bei nationalen Anmeldungen vorgesehenen Umfang und Verfahren zu berichtigen.

Art. 27 Nationale Erfordernisse. (1) Das nationale Recht darf hinsichtlich Form und Inhalt der internationalen Anmeldung nicht die Erfüllung anderer Erfordernisse verlangen, als sie im Vertrag und der Ausführungsordnung[1] vorgesehen sind, oder zusätzliche Anforderungen stellen.

(2) Absatz 1 steht weder der Anwendung des Artikels 7 Absatz 2 entgegen noch hindert er einen Staat daran, in seinem nationalen Recht nach dem Beginn der Bearbeitung der internationalen Anmeldung in dem Bestimmungsamt zu verlangen:

i) wenn der Anmelder eine juristische Person ist, die Angabe des Namens eines Verantwortlichen, der berechtigt ist, diese juristische Person zu vertreten,

ii) die Vorlage von Unterlagen, die nicht Bestandteile der internationalen Anmeldung sind, zum Beweis der Richtigkeit von Behauptungen und Erklärungen, einschließlich der Bestätigung der internationalen Anmeldung durch die Unterschrift des Anmelders, wenn die Anmeldung bei ihrer Einreichung von einem Vertreter oder Anwalt unterzeichnet worden war.

(3) Wenn der Anmelder für die Zwecke eines Bestimmungsstaats in bezug auf das nationale Recht dieses Staates mangels Erfindereigenschaft nicht berechtigt ist, eine nationale Anmeldung einzureichen, so kann die internationale Anmeldung vom Bestimmungsamt zurückgewiesen werden.

(4) Enthält das nationale Recht eines Bestimmungsstaats in bezug auf Form und Inhalt nationaler Anmeldungen Vorschriften, die aus der Sicht des Anmelders milder sind, als die in diesem Vertrag und in der Ausführungsordnung[1] enthaltenen Vorschriften in bezug auf internationale Anmeldungen, so können das nationale Amt, die Gerichte und andere zuständige Stellen dieses Staates sowie die für diesen Staat handelnden Stellen auf internationale Anmeldungen die zuerst genannten Vorschriften statt der zuletzt genannten anwenden, sofern der Anmelder nicht darauf besteht, daß die Vorschriften dieses Vertrags und der Ausführungsordnung[1] auf seine internationale Anmeldung angewendet werden.

(5) [1]Der Vertrag und die Ausführungsordnung[1] können nicht dahin verstanden werden, daß sie die Freiheit eines Vertragsstaat zur freien Bestimmung der materiellen Voraussetzungen der Patentfähigkeit einschränken. [2]Insbesondere dient jede den Begriff des Standes der Technik betreffende Vorschrift dieses Vertrags und der Ausführungsordnung[1] ausschließlich den Zwecken des internationalen Verfahrens, und es steht demzufolge jedem Vertragsstaat bei der Prüfung der Patentfähigkeit einer den Gegenstand einer internationalen Anmeldung bildenden Erfindung frei, die Begriffe des Standes der Technik und

---

[1] Nr. **66**.

anderer Bedingungen der Patentfähigkeit, sofern sie nicht Form und Inhalt von Anmeldungen betreffen, so anzuwenden, wie sie nach seinem Recht verstanden werden.

(6) Nach dem nationalen Recht kann verlangt werden, daß der Anmelder für jede nach dem nationalen Recht dieses Staates vorgeschriebene materielle Voraussetzung der Patentfähigkeit Beweis erbringt.

(7) Jedes Anmeldeamt und – nach Beginn der Bearbeitung der internationalen Anmeldung in einem Bestimmungsstaat – jedes Bestimmungsamt können das nationale Recht anwenden, soweit dieses verlangt, daß der Anmelder durch einen zur Vertretung vor diesem Amt befugten Anwalt vertreten ist und gegebenenfalls für den Empfang von Mitteilungen eine Anschrift in dem Bestimmungsstaat angibt.

(8) Der Vertrag und die Ausführungsordnung[1)] können nicht dahin verstanden werden, daß sie die Freiheit eines Vertragsstaats beeinträchtigen, die notwendigen Maßnahmen zum Schutz seiner nationalen Sicherheit zu ergreifen oder im Interesse des Schutzes seiner allgemeinen wirtschaftlichen Interessen das Recht seiner eigenen Staatsangehörigen oder Personen mit Sitz oder Wohnsitz in diesem Staat zur Einreichung internationaler Anmeldungen einzuschränken.

Art. 28 Änderung der Ansprüche, der Beschreibung und der Zeichnungen im Verfahren vor den Bestimmungsämtern. (1) [1]Dem Anmelder muß die Möglichkeit gegeben werden, die Ansprüche, die Beschreibung und die Zeichnungen im Verfahren vor dem Bestimmungsamt innerhalb der vorgeschriebenen Frist zu ändern. [2]Kein Bestimmungsamt darf ohne Zustimmung des Anmelders ein Patent erteilen oder die Erteilung eines Patents ablehnen, bevor diese Frist abgelaufen ist.

(2) Die Änderungen dürfen nicht über den Offenbarungsgehalt der internationalen Anmeldung im Anmeldezeitpunkt hinausgehen, sofern es das nationale Recht des Bestimmungsstaats nicht zuläßt, daß sie darüber hinausgehen.

(3) Soweit der Vertrag und die Ausführungsordnung[1)] keine ausdrückliche Regelung treffen, müssen die Änderungen in jeder Hinsicht dem nationalen Recht des Bestimmungsstaats entsprechen.

(4) Verlangt das Bestimmungsamt eine Übersetzung der internationalen Anmeldung, so müssen die Änderungen in der Sprache der Übersetzung eingereicht werden.

Art. 29 Die Wirkungen der internationalen Veröffentlichung.

(1) Die Wirkungen der internationalen Veröffentlichung einer internationalen Anmeldung sind, was den Schutz der Rechte des Anmelders in einem Bestimmungsstaat betrifft, vorbehaltlich der Absätze 2 bis 4 die gleichen, wie sie nach dem nationalen Recht dieses Bestimmungsstaats der gesetzlich vorgeschriebenen inländischen Veröffentlichung einer ungeprüften nationalen Anmeldung zukommen.

(2) Unterscheidet sich die Sprache, in der die internationale Veröffentlichung erfolgt ist, von der Sprache, in welcher nationale Anmeldungen in einem Bestimmungsstaat veröffentlicht werden, so kann das nationale Recht dieses

---

[1)] Nr. **66**.

Staates bestimmen, daß die in Absatz 1 vorgesehene Wirkung erst von dem Zeitpunkt an eintritt, an dem:

i) eine Übersetzung in die letztgenannte Sprache nach den Bestimmungen des nationalen Rechts veröffentlicht worden ist oder

ii) eine Übersetzung in die letztgenannte Sprache der Öffentlichkeit nach den Bestimmungen des nationalen Rechts durch Offenlegung zur Einsichtnahme zugänglich gemacht worden ist oder

iii) eine Übersetzung in die letztgenannte Sprache vom Anmelder einem tatsächlichen oder mutmaßlichen unberechtigten Benutzer der Erfindung, die Gegenstand der internationalen Anmeldung ist, übermittelt worden ist oder

iv) die beiden unter Ziffern i und iii oder die beiden unter Ziffern ii und iii angegebenen Maßnahmen getroffen worden sind.

(3) Das nationale Recht jedes Bestimmungsstaats kann vorschreiben, daß dann, wenn die internationale Veröffentlichung auf Antrag des Anmelders vor dem Ablauf von 18 Monaten seit dem Prioritätsdatum durchgeführt worden ist, die in Absatz 1 genannten Wirkungen erst mit dem Ablauf von 18 Monaten seit dem Prioritätsdatum eintreten.

(4) [1] Im nationalen Recht eines Bestimmungsstaats kann vorgesehen werden, daß die Wirkung nach Absatz 1 erst von dem Zeitpunkt an eintritt, zu dem das nationale Amt oder das für diesen Staat handelnde Amt ein Exemplar der nach Artikel 21 veröffentlichten internationalen Anmeldung erhalten hat. [2] Das genannte Amt veröffentlicht das Empfangsdatum in seinem Blatt so früh wie möglich.

Art. 30 Vertraulicher Charakter einer internationalen Anmeldung.

(1)

a) Außer mit Zustimmung oder auf Antrag des Anmelders dürfen, vorbehaltlich des Buchstaben b, das Internationale Büro und die Internationalen Recherchenbehörden keiner Person oder Behörde Einsicht in eine internationale Anmeldung gewähren, bevor die internationale Veröffentlichung der Anmeldung erfolgt ist.

b) Buchstabe a ist auf Übermittlungen an die zuständige Internationale Recherchenbehörde sowie auf Übermittlungen nach Artikel 13 und nach Artikel 20 nicht anzuwenden.

(2)

a) Kein nationales Amt gewährt Dritten ohne Antrag oder Genehmigung des Anmelders Einsicht in die internationale Anmeldung vor dem frühesten der nachstehend angegebenen Zeitpunkte:

i) dem Zeitpunkt der internationalen Veröffentlichung der internationalen Anmeldung,

ii) dem Zeitpunkt des Eingangs der Übermittlung der internationalen Anmeldung nach Artikel 20,

iii) dem Zeitpunkt des Eingangs eines Exemplars der internationalen Anmeldung nach Artikel 22.

b) Buchstabe a hindert kein nationales Amt, Dritte davon zu unterrichten, daß es bestimmt worden ist, oder diese Tatsache zu veröffentlichen. Diese Mitteilungen und Veröffentlichungen dürfen jedoch nur folgende Angaben enthalten: Nennung des Anmeldeamts, Name des Anmelders, internationales

Anmeldedatum, internationales Aktenzeichen und Bezeichnung der Erfindung.

c) Buchstabe a hindert kein Bestimmungsamt, Gerichtsbehörden Einsicht in die internationale Anmeldung zu gestatten.

(3) Absatz 2 Buchstabe a gilt für jedes Anmeldeamt, sofern es sich nicht um Übermittlungen nach Artikel 12 Absatz 1 handelt.

(4) Im Sinne dieses Artikels umfaßt der Begriff „Einsichtnahme" alle Möglichkeiten für Dritte, Kenntnis zu erlangen, einschließlich persönlicher Mitteilungen und allgemeiner Veröffentlichungen; jedoch darf kein nationales Amt eine internationale Anmeldung oder eine Übersetzung dieser Anmeldung allgemein veröffentlichen, bevor die internationale Veröffentlichung erfolgt ist oder, wenn die internationale Veröffentlichung bei Ablauf von 20 Monaten ab Prioritätsdatum noch nicht stattgefunden hat, vor Ablauf von 20 Monaten nach diesem Prioritätsdatum.

Kapitel II. Die internationale vorläufige Prüfung

Art. 31 Antrag auf internationale vorläufige Prüfung. (1) Auf Antrag des Anmelders erfolgt eine internationale vorläufige Prüfung der Anmeldung nach Maßgabe der folgenden Vorschriften und der Ausführungsordnung[1)].

(2)

a) Jeder Anmelder, der im Sinne der Ausführungsordnung[1)] seinen Sitz oder Wohnsitz in einem Vertragsstaat hat oder Staatsangehöriger eines Vertragsstaats ist, für den Kapitel II verbindlich ist, und dessen internationale Anmeldung bei dem Anmeldeamt dieses Staates oder dem für diesen Staat handelnden Anmeldeamt eingereicht worden ist, kann einen Antrag auf internationale vorläufige Prüfung stellen.

b) Die Versammlung kann durch Beschluß zur Einreichung internationaler Anmeldungen befugten Personen gestatten, einen Antrag auf internationale vorläufige Prüfung zu stellen, auch wenn sie in einem Staat ihren Sitz oder Wohnsitz haben oder Angehörige eines Staates sind, der nicht Mitglied dieses Vertrags ist oder für den Kapitel II nicht verbindlich ist.

(3) [1] Der Antrag auf internationale vorläufige Prüfung ist gesondert von der internationalen Anmeldung zu stellen. [2] Der Antrag hat die vorgeschriebenen Angaben zu enthalten und muß in der vorgeschriebenen Sprache und Form abgefaßt sein.

(4)

a) In dem Antrag sind die Vertragsstaaten anzugeben, in denen der Anmelder die Ergebnisse der internationalen vorläufigen Prüfung verwenden will („ausgewählte Staaten"). Weitere Vertragsstaaten können nachträglich ausgewählt werden. Die Auswahl kann sich nur auf solche Vertragsstaaten beziehen, die nach Artikel 4 bereits Bestimmungsstaaten sind.

b) Die in Absatz 2 Buchstabe a genannten Anmelder können jeden Vertragsstaat, für den Kapitel II verbindlich ist, auswählen. Die in Absatz 2 Buchstabe b genannten Anmelder können nur solche Vertragsstaaten, für die

---

1) Nr. **66**.

Kapitel II verbindlich ist, auswählen, die eine Erklärung abgegeben haben, daß sie bereit sind, von diesen Anmeldern ausgewählt zu werden.

(5) Für den Antrag sind die vorgeschriebenen Gebühren innerhalb der vorgeschriebenen Frist zu zahlen.

(6)

a) Der Antrag ist bei der in Artikel 32 genannten zuständigen mit der internationalen vorläufigen Prüfung beauftragten Behörde einzureichen.

b) Jede nachträgliche Auswahlerklärung ist beim Internationalen Büro einzureichen.

(7) Jedes ausgewählte Amt ist über seine Benennung als ausgewähltes Amt zu benachrichtigen.

Art. 32 Die mit der internationalen vorläufigen Prüfung beauftragte Behörde. (1) Die internationale vorläufige Prüfung wird durch die mit der internationalen vorläufigen Prüfung beauftragte Behörde durchgeführt.

(2) Für die in Artikel 31 Absatz 2 Buchstabe a genannten Anträge bestimmt das Anmeldeamt, für die in Artikel 31 Absatz 2 Buchstabe b genannten Anträge bestimmt die Versammlung die mit der internationalen vorläufigen Prüfung beauftragte Behörde oder beauftragten Behörden, die für die vorläufige Prüfung zuständig sind, in Übereinstimmung mit der anwendbaren Vereinbarung zwischen der interessierten mit der internationalen vorläufigen Prüfung beauftragten Behörde oder den interessierten mit der internationalen vorläufigen Prüfung beauftragten Behörden und dem internationalen Büro.

(3) Artikel 16 Absatz 3 ist sinngemäß auf die mit der internationalen vorläufigen Prüfung beauftragten Behörden anzuwenden.

Art. 33 Die internationale vorläufige Prüfung. (1) Gegenstand der internationalen vorläufigen Prüfung ist die Erstellung eines vorläufigen und nicht bindenden Gutachtens darüber, ob die beanspruchte Erfindung als neu, auf erfinderischer Tätigkeit beruhend (nicht offensichtlich) und gewerblich anwendbar anzusehen ist.

(2) Für die Zwecke der internationalen vorläufigen Prüfung gilt eine beanspruchte Erfindung als neu, wenn sie nicht durch den Stand der Technik, wie er in der Ausführungsordnung[1)] umschrieben ist, vorweggenommen ist.

(3) Für die Zwecke der internationalen vorläufigen Prüfung gilt eine beanspruchte Erfindung als auf einer erfinderischen Tätigkeit beruhend, wenn sie für einen Fachmann nach dem Stand der Technik, wie er in der Ausführungsordnung[1)] umschrieben ist, nicht zu dem vorgeschriebenen maßgeblichen Zeitpunkt als naheliegend anzusehen ist.

(4) [1] Für die Zwecke der internationalen vorläufigen Prüfung gilt eine beanspruchte Erfindung als gewerblich anwendbar, wenn ihr Gegenstand dem Wesen der Erfindung nach auf irgendeinem gewerblichen Gebiet hergestellt oder (im technischen Sinne) benutzt werden kann. [2] Der Ausdruck „gewerbliches Gebiet" ist entsprechend der Pariser Verbandsübereinkunft zum Schutz des gewerblichen Eigentums[2)] im weitesten Sinne zu verstehen.

[1)] Nr. **66**.
[2)] Nr. **60**.

(5) [1]Die zuvor aufgeführten Begriffe haben nur für die internationale vorläufige Prüfung Bedeutung. [2]Jeder Vertragsstaat kann für die Entscheidung über die Patentfähigkeit der beanspruchten Erfindung in diesem Staat zusätzliche oder abweichende Merkmale aufstellen.

(6) [1]Bei der internationalen vorläufigen Prüfung sind alle Unterlagen zu berücksichtigen, die im internationalen Recherchenbericht aufgeführt sind. [2]Es kann auch jede weitere Unterlage in Betracht gezogen werden, die in dem betreffenden Fall als einschlägig anzusehen ist.

Art. 34 Das Verfahren vor der mit der internationalen vorläufigen Prüfung beauftragten Behörde. (1) Das Verfahren vor der mit der internationalen vorläufigen Prüfung beauftragten Behörde regelt sich nach den Bestimmungen dieses Vertrags, der Ausführungsordnung[1)] und nach der Vereinbarung, die das Internationale Büro im Rahmen des Vertrags und der Ausführungsordnung[1)] mit dieser Behörde schließt.

(2)

a) Der Anmelder hat das Recht, mündlich und schriftlich mit der mit der internationalen vorläufigen Prüfung beauftragten Behörde zu verkehren.

b) Der Anmelder hat das Recht, die Ansprüche, die Beschreibung und die Zeichnungen in der vorgeschriebenen Weise und innerhalb der vorgeschriebenen Frist vor der Erstellung des internationalen vorläufigen Prüfungsberichts zu ändern. Die Änderung darf nicht über den Offenbarungsgehalt der internationalen Anmeldung im Anmeldezeitpunkt hinausgehen.

c) Der Anmelder erhält von der mit der internationalen vorläufigen Prüfung beauftragten Behörde wenigstens einen schriftlichen Bescheid, es sei denn, daß nach Ansicht dieser Behörde alle folgenden Voraussetzungen erfüllt sind:

  i) die Erfindung entspricht den in Artikel 33 Absatz 1 genannten Anforderungen,

  ii) die internationale Anmeldung genügt den Erfordernissen dieses Vertrags und der Ausführungsordnung[1)], soweit sie von der genannten Behörde geprüft worden sind,

  iii) es erfolgen keine Bemerkungen nach Artikel 35 Absatz 2 letzter Satz.

d) Der Anmelder kann zu dem schriftlichen Bescheid Stellung nehmen.

(3)

a) Genügt nach der Auffassung der mit der internationalen vorläufigen Prüfung beauftragten Behörde die internationale Anmeldung den in der Ausführungsordnung[1)] festgesetzten Anforderungen an die Einheitlichkeit der Erfindung nicht, so kann diese Behörde den Anmelder auffordern, nach seiner Wahl entweder die Ansprüche einzuschränken, um sie auf diese Weise mit den Anforderungen in Übereinstimmung zu bringen, oder zusätzliche Gebühren zu bezahlen.

b) Das nationale Recht jedes ausgewählten Staates kann bestimmen, daß dann, wenn der Anmelder sich entschließt, die Ansprüche gemäß Buchstabe a einzuschränken, jene Teile der internationalen Anmeldung, für die wegen der Einschränkung eine internationale vorläufige Prüfung nicht durchgeführt wird, hinsichtlich der Rechtswirkungen in diesem Staat als zurückgenom-

[1)] Nr. **66**.

men gelten, falls der Anmelder nicht eine besondere Gebühr an das nationale Amt dieses Staates zahlt.

c) Kommt der Anmelder der in Buchstabe a genannten Aufforderung nicht innerhalb der vorgeschriebenen Frist nach, so erstellt die mit der internationalen vorläufigen Prüfung beauftragte Behörde einen internationalen vorläufigen Prüfungsbericht über jene Teile der internationalen Anmeldung, die sich auf das beziehen, was als Haupterfindung anzusehen ist, und nimmt einen entsprechenden Hinweis in den Bericht auf. Das nationale Recht jedes ausgewählten Staates kann vorsehen, daß dann, wenn sein nationales Amt die Aufforderung der mit der internationalen vorläufigen Prüfung beauftragten Behörde für gerechtfertigt hält, solche Teile der internationalen Anmeldung, die sich nicht auf die Haupterfindung beziehen, hinsichtlich der Rechtswirkungen in diesem Staat als zurückgenommen gelten, falls der Anmelder keine besondere Gebühr an dieses Amt zahlt.

(4)

a) Falls nach Auffassung der mit der internationalen vorläufigen Prüfung beauftragten Behörde
   i) die internationale Anmeldung einen Gegenstand betrifft, in bezug auf den die mit der internationalen vorläufigen Prüfung beauftragte Behörde nach der Ausführungsordnung[1] nicht verpflichtet ist, eine internationale vorläufige Prüfung durchzuführen und im vorliegenden Fall auch nicht durchführen will, oder
   ii) die Beschreibung, die Ansprüche oder die Zeichnungen so unklar sind oder die Ansprüche so unzureichend durch die Beschreibung gestützt sind, daß kein sinnvolles Gutachten über die Neuheit, über das Beruhen auf einer erfinderischen Tätigkeit (Nichtoffensichtlichkeit) oder über die gewerbliche Anwendbarkeit der beanspruchten Erfindung möglich ist,

   so prüft die Behörde nicht, ob die in Artikel 33 Absatz 1 aufgeführten Merkmale vorliegen und weist den Anmelder lediglich auf ihre Auffassung unter Anführung von Gründen hin.

b) Ist einer der in Buchstabe a aufgeführten Umstände nur bei oder im Zusammenhang mit einzelnen Ansprüchen festzustellen, so ist dieser Absatz nur auf die in Betracht kommenden Ansprüche anzuwenden.

Art. 35 Der internationale vorläufige Prüfungsbericht. (1) Der internationale vorläufige Prüfungsbericht wird innerhalb der vorgeschriebenen Frist und in der vorgeschriebenen Form erstellt.

(2) [1]Der internationale vorläufige Prüfungsbericht darf keine Feststellungen über die Frage enthalten, ob die beanspruchte Erfindung nach irgendeinem nationalen Recht patentfähig oder nicht patentfähig ist oder zu sein scheint. [2]Er bringt lediglich, vorbehaltlich des Absatzes 3, in bezug auf jeden Anspruch zum Ausdruck, ob dieser Anspruch die Merkmale der Neuheit, des Beruhens auf einer erfinderischen Tätigkeit (Nichtoffensichtlichkeit) und der gewerblichen Anwendbarkeit zu erfüllen scheint, wie sie für die Zwecke der internationalen vorläufigen Prüfung in Artikel 33 Absätze 1 bis 4 festgelegt sind. [3]Diese Feststellung wird durch die Anführung der Unterlagen, auf welche sich die Beurteilung stützt, sowie durch Erklärungen ergänzt, die nach den Umständen

[1] Nr. **66**.

erforderlich sind. [4] Die Feststellung ist ferner durch andere in der Ausführungsordnung[1)] vorgesehene Bemerkungen zu ergänzen.

(3)

a) Lassen sich zur Zeit der Erstellung des internationalen vorläufigen Prüfungsberichts nach Auffassung der mit der internationalen vorläufigen Prüfung beauftragten Behörde irgendwelche der unter Artikel 34 Absatz 4 Buchstabe a aufgeführten Umstände feststellen, so wird auf diese Auffassung in dem Bericht unter Angabe von Gründen hingewiesen. Der Bericht enthält in diesem Falle keine Feststellungen der in Absatz 2 angeführten Art.

b) Läßt sich ein in Artikel 34 Absatz 4 Buchstabe b aufgeführter Umstand feststellen, so wird in dem internationalen vorläufigen Prüfungsbericht im Hinblick auf die in Betracht kommenden Ansprüche der in Buchstabe a vorgesehene Hinweis aufgenommen, während im Hinblick auf die anderen Ansprüche eine Feststellung nach Absatz 2 getroffen wird.

Art. 36 Die Übermittlung, Übersetzung und Übersendung des internationalen vorläufigen Prüfungsberichts. (1) Der internationale vorläufige Prüfungsbericht wird mit den vorgeschriebenen Anlagen dem Anmelder und dem Internationalen Büro übermittelt.

(2)

a) Der internationale vorläufige Prüfungsbericht und seine Anlagen werden in die vorgeschriebenen Sprachen übersetzt.

b) Jede Übersetzung des Berichts selbst erfolgt durch das Internationale Büro oder unter seiner Verantwortung, während eine Übersetzung der Anlagen durch den Anmelder vorzunehmen ist.

(3)

a) Der internationale vorläufige Prüfungsbericht wird mit seiner Übersetzung (wie vorgeschrieben) und seinen Anlagen (in der Ursprungssprache) durch das Internationale Büro jedem ausgewählten Amt übersandt.

b) Die vorgeschriebene Übersetzung der Anlagen wird innerhalb der vorgeschriebenen Frist vom Anmelder den ausgewählten Ämtern übermittelt.

(4) Auf Vervielfältigungen der im internationalen vorläufigen Prüfungsbericht genannten Unterlagen, die nicht bereits im internationalen Recherchenbericht genannt sind, findet Artikel 20 Absatz 3 entsprechende Anwendung.

Art. 37 Zurücknahme eines Antrags auf internationale vorläufige Prüfung oder einer Auswahlerklärung. (1) Der Anmelder kann die Benennung einzelner oder aller Staaten als ausgewählte Staaten zurücknehmen.

(2) Wird die Benennung aller ausgewählten Staaten zurückgenommen, so gilt der Antrag auf vorläufige Prüfung als zurückgenommen.

(3)

a) Die Zurücknahmeerklärung ist an das Internationale Büro zu richten.

[1)] Nr. **66**.

b) Das Internationale Büro unterrichtet jedes betroffene ausgewählte Amt und die mit der internationalen vorläufigen Prüfung beauftragte Behörde von der Zurücknahme.

(4)

a) Vorbehaltlich des Buchstaben b gilt die Zurücknahme eines Antrags auf vorläufige Prüfung oder der Benennung eines Vertragsstaats als ausgewählter Staat, falls das nationale Recht dieses Staates nichts anderes bestimmt, mit Wirkung für diesen Staat als Zurücknahme der internationalen Anmeldung.

b) Erfolgt die Zurücknahme des Antrags auf vorläufige Prüfung oder die Zurücknahme der Benennung eines Staates als ausgewählter Staat vor Ablauf der jeweils anwendbaren Frist nach Artikel 22, so ist sie nicht als Zurücknahme der internationalen Anmeldung anzusehen; jedoch kann das Recht jedes Vertragsstaats vorsehen, daß diese Vergünstigung nur dann gilt, wenn sein nationales Amt innerhalb der vorgenannten Frist eine Ausfertigung der internationalen Anmeldung mit einer Übersetzung (wie vorgeschrieben) erhalten hat und die nationalen Gebühren gezahlt worden sind.

Art. 38 Vertraulicher Charakter der internationalen vorläufigen Prüfung. (1) Weder das Internationale Büro noch die mit der internationalen vorläufigen Prüfung beauftragte Behörde dürfen außer auf Antrag des Anmelders oder mit seiner Einwilligung Personen oder Behörden zu irgendeiner Zeit Einsicht im Sinne und unter dem Vorbehalt des Artikels 30 Absatz 4 in die Akten der vorläufigen internationalen Prüfung gewähren; das gilt nicht für die ausgewählten Ämter, sobald der vorläufige internationale Prüfungsbericht erstellt worden ist.

(2) Vorbehaltlich des Absatzes 1, des Artikels 36 Absätze 1 und 3 und des Artikels 37 Absatz 3 Buchstabe b dürfen weder das Internationale Büro noch die mit der internationalen vorläufigen Prüfung beauftragte Behörde ohne Antrag oder Einwilligung des Anmelders Auskünfte darüber erteilen, ob ein vorläufiger internationaler Prüfungsbericht erstellt oder nicht erstellt und ob ein Antrag auf internationale vorläufige Prüfung oder die Benennung eines Staates als ausgewählter Staat zurückgenommen oder nicht zurückgenommen ist.

Art. 39 Übermittlung eines Exemplars und einer Übersetzung der Anmeldung sowie Gebührenzahlung an das ausgewählte Amt.

(1)

a) Ist ein Vertragsstaat vor dem Ablauf des 19. Monats seit dem Prioritätsdatum ausgewählt worden, so ist Artikel 22 auf einen solchen Staat nicht anzuwenden, und der Anmelder hat jedem ausgewählten Amt vor dem Ablauf von 30 Monaten seit dem Prioritätsdatum ein Exemplar der internationalen Anmeldung (sofern diese nicht bereits nach Artikel 20 übermittelt worden ist) und eine Übersetzung hiervon (wie vorgeschrieben) zuzuleiten und die nationale Gebühr (falls sie erhoben wird) zu bezahlen.

b) Das nationale Recht kann für die Vornahme der unter Buchstabe a genannten Handlungen Fristen setzen, die später als die in jenem Absatz bestimmten Fristen ablaufen.

(2) Die in Artikel 11 Absatz 3 genannte Wirkung endet in dem ausgewählten Staat mit den gleichen Folgen wie die Rücknahme einer nationalen Anmel-

dung in diesem Staat, falls der Anmelder die in Absatz 1 Buchstabe a vorgesehenen Handlungen nicht innerhalb der gemäß Absatz 1 Buchstaben a oder b maßgeblichen Frist vornimmt.

(3) Jedes ausgewählte Amt kann die in Artikel 11 Absatz 3 genannte Wirkung auch für den Fall aufrechterhalten, daß der Anmelder die Erfordernisse des Absatzes 1 Buchstaben a oder b nicht erfüllt.

Art. 40 Aussetzung der nationalen Prüfung und des sonstigen Verfahrens. (1) Ist ein Vertragsstaat vor dem Ablauf des 19. Monats seit dem Prioritätsdatum als ausgewählter Staat benannt worden, so ist Artikel 23 auf einen solchen Staat nicht anwendbar; das nationale Amt dieses Staates oder das für diesen Staat handelnde Amt darf die internationale Anmeldung vorbehaltlich des Absatzes 2 nicht vor dem Ablauf der nach Artikel 39 maßgeblichen Frist prüfen oder bearbeiten.

(2) Unbeschadet des Absatzes 1 kann auf ausdrücklichen Antrag des Anmelders jedes ausgewählte Amt die Prüfung und Bearbeitung der internationalen Anmeldung jederzeit aufnehmen.

Art. 41 Änderung der Ansprüche, der Beschreibung und der Zeichnungen vor dem ausgewählten Amt. (1) [1] Dem Anmelder muß die Möglichkeit gegeben werden, die Ansprüche, die Beschreibung und die Zeichnungen im Verfahren vor jedem ausgewählten Amt innerhalb der vorgeschriebenen Frist zu ändern. [2] Kein ausgewähltes Amt darf vor Ablauf dieser Frist außer mit ausdrücklicher Zustimmung des Anmelders ein Patent erteilen oder die Erteilung eines Patents ablehnen.

(2) Die Änderungen dürfen nicht über den Offenbarungsgehalt der internationalen Anmeldung im Anmeldezeitpunkt hinausgehen, sofern das nationale Recht des ausgewählten Staates nicht zuläßt, daß sie über den genannten Offenbarungsgehalt hinausgehen.

(3) Soweit in diesem Vertrag und der Ausführungsordnung[1)] keine ausdrückliche Bestimmung getroffen ist, müssen die Änderungen dem nationalen Recht des ausgewählten Staates entsprechen.

(4) Verlangt der ausgewählte Staat eine Übersetzung der internationalen Anmeldung, so müssen die Änderungen in der Sprache der Übersetzung eingereicht werden.

Art. 42 Ergebnisse nationaler Prüfungen durch ausgewählte Ämter. Ein ausgewähltes Amt, das den vorläufigen internationalen Prüfungsbericht erhält, kann nicht verlangen, daß der Anmelder Kopien oder Auskünfte über den Inhalt von Unterlagen zur Verfügung stellt, die sich auf die Prüfung der gleichen internationalen Anmeldung durch ein anderes ausgewähltes Amt beziehen.

Kapitel III. Gemeinsame Bestimmungen

Art. 43 Nachsuchen um bestimmte Schutzrechte. [1] Wird ein Staat bestimmt oder ausgewählt, dessen Recht die Erteilung von Erfinderscheinen, Gebrauchszertifikaten, Gebrauchsmustern, Zusatzpatenten, Zusatzzertifikaten,

---

1) Nr. **66**.

Zusatzerfinderscheinen oder Zusatzgebrauchszertifikaten vorsieht, so kann der Anmelder, wie in der Ausführungsordnung[1] vorgesehen, angeben, daß mit seiner internationalen Anmeldung in diesem Staat an Stelle der Erteilung eines Patents die Erteilung eines Erfinderscheins, eines Gebrauchszertifikats oder eines Gebrauchsmusters beantragt wird oder daß die Anmeldung auf die Erteilung eines Zusatzpatents, Zusatzzertifikats, Zusatzerfinderscheins oder Zusatzgebrauchszertifikats gerichtet ist; die Wirkung richtet sich nach der Wahl des Anmelders. [2] Für die Zwecke dieses Artikels und jede dazugehörige Regel ist Artikel 2 Ziffer ii nicht anzuwenden.

Art. 44 Nachsuchen um zwei Schutzrechtsarten. [1] Wird ein Staat bestimmt oder ausgewählt, nach dessen Recht neben einem Antrag auf Erteilung eines Patents oder eines der sonstigen in Artikel 43 genannten Schutzrechte zusätzlich die Erteilung eines anderen Schutzrechts der genannten Art beantragt werden kann, so kann der Anmelder die beiden Schutzrechte, um die er nachsucht, gemäß der Ausführungsordnung[1] angeben; die Wirkung richtet sich nach den Angaben des Anmelders. [2] Für die Zwecke dieses Artikels ist Artikel 2 Ziffer ii nicht anzuwenden.

Art. 45 Regionale Patentverträge. (1) In einem Vertrag, in dem die Erteilung regionaler Patente vorgesehen ist („regionaler Patentvertrag") und nach dem alle gemäß Artikel 9 zur Einreichung internationaler Patentanmeldungen befugten Personen das Recht haben, die Erteilung eines solchen regionalen Patents zu beantragen, kann bestimmt werden, daß internationale Anmeldungen, durch die ein Mitgliedstaat sowohl des regionalen Patentvertrags als auch dieses Vertrags als Bestimmungsstaat oder ausgewählter Staat benannt wird, als Anmeldungen für die Erteilung regionaler Patente eingereicht werden können.

(2) In dem nationalen Recht des genannten Bestimmungsstaats oder ausgewählten Staates kann vorgesehen werden, daß jede Bestimmung oder Auswahl eines solchen Staates in der internationalen Anmeldung als Hinweis auf den Wunsch anzusehen ist, ein regionales Patent nach dem regionalen Patentvertrag zu erhalten.

Art. 46 Unrichtige Übersetzung einer internationalen Anmeldung.

Geht als Folge einer unrichtigen Übersetzung einer internationalen Anmeldung der Umfang eines auf die Anmeldung erteilten Patents über den Umfang der internationalen Anmeldung in der Ursprungssprache hinaus, so können die zuständigen Behörden des betreffenden Vertragsstaats den Umfang des Patents mit rückwirkender Kraft entsprechend einschränken und es insoweit für nichtig erklären, wie sein Umfang den Umfang der internationalen Anmeldung in der Ursprungssprache übersteigt.

Art. 47 Fristen. (1) Die Einzelheiten für die Berechnung der in diesem Vertrag festgesetzten Fristen ergeben sich aus der Ausführungsordnung[1].

(2)

a) Alle in den Kapiteln I und II dieses Vertrags festgesetzten Fristen können unabhängig von einer Revision nach Artikel 60 durch einen Beschluß der Vertragsstaaten geändert werden.

---

[1] Nr. **66**.

b) Der Beschluß wird in der Versammlung oder im schriftlichen Verfahren gefaßt und bedarf der Einstimmigkeit.

c) Die Einzelheiten dieses Verfahrens ergeben sich aus der Ausführungsordnung[1].

Art. 48 Fristenüberschreitungen in einzelnen Fällen. (1) Wird eine in diesem Vertrag oder der Ausführungsordnung[1] festgesetzte Frist infolge einer Unterbrechung des Postdiensts oder infolge eines unvermeidbaren Verlusts oder einer Verzögerung bei der Postzustellung überschritten, so soll diese Frist in den in der Ausführungsordnung[1] vorgesehenen Fällen als gewahrt gelten, sofern die dort vorgeschriebenen Nachweise erbracht und die dort erwähnten sonstigen Voraussetzungen erfüllt sind.

(2)

a) Jeder Vertragsstaat sieht, soweit er betroffen ist, eine Fristüberschreitung als entschuldigt an, wenn Gründe vorliegen, die nach seinem nationalen Recht zugelassen sind.

b) Jeder Vertragsstaat kann, soweit er betroffen ist, eine Fristüberschreitung auch aus anderen Gründen als den in Buchstabe a genannten als entschuldigt ansehen.

Art. 49 Das Recht zum Auftreten vor den internationalen Behörden. Rechtsanwälte, Patentanwälte oder andere Personen, welche befugt sind, vor dem nationalen Amt aufzutreten, bei dem die internationale Anmeldung eingereicht worden ist, haben auch das Recht, vor dem Internationalen Büro, der zuständigen internationalen Recherchenbehörde und der zuständigen mit der internationalen vorläufigen Prüfung beauftragten Behörde in bezug auf diese Anmeldung aufzutreten.

Kapitel IV. Technische Dienste

Art. 50 Patentinformationsdienste. (1) Das Internationale Büro kann Dienste einrichten, durch die technische und andere geeignete Informationen, die ihm auf der Grundlage veröffentlichter Unterlagen, insbesondere von Patenten und veröffentlichten Patentanmeldungen zugänglich sind, zur Verfügung gestellt werden (in diesem Artikel als „Informationsdiente" bezeichnet.

(2) Das Internationale Büro stellt diese Informatonsdienste entweder unmittelbar oder durch eine oder mehrere Internationale Recherchenbehörden oder durch besondere nationale oder internationale Einrichtungen, mit denen es eine Vereinbarung treffen kann, zur Verfügung.

(3) Die Informationsdienste werden in einer Weise betrieben, daß sie es besonders den Vertragsstaaten, die Entwicklungsländer sind, ermöglichen, technische Kenntnisse und technologisches Wissen unter Einschluß von allgemein zugänglichem know-how zu erlangen.

(4) [1]Die Informationsdienste stehen den Regierungen der Vertragsstaaten sowie Personen zur Verfügung die die Staatsangehörigkeit von Vertragsstaaten besitzen oder in einem Vertragsstaat ihren Sitz oder Wohnsitz haben. [2]Die

---

[1] Nr. **66**.

Versammlung kann beschließen, daß diese Dienste auch anderen zur Verfügung gestellt werden.

(5)

a) Jede Dienstleistung an Regierungen der Vertragsstaaten wird gegen Erstattung der Selbstkosten erbracht; handelt es sich um die Regierung eines Vertragsstaats, der ein Entwicklungsland ist, so wird die Dienstleistung unter Selbstkostenpreis erbracht, wenn der Unterschiedsbetrag aus Gewinnen gedeckt werden kann, die aus Dienstleistungen an Empfänger, die nicht Regierungen der Vertragsstaaten sind, erzielt werden, oder wenn zur Deckung Mittel der in Artikel 51 Absatz 4 genannten Art zur Verfügung stehen.

b) Als Selbstkosten im Sinne des Buchstaben a sind Beträge zu verstehen, die über das hinausgehen, was ein nationales Amt oder eine Internationale Recherchebehörde auf jeden Fall normalerweise für die Erfüllung seiner Aufgaben aufwenden muß.

(6) Die Einzelheiten der Anwendung dieses Artikels werden durch Beschlüsse der Versammlung oder – im Rahmen der von der Versammlung gezogenen Grenzen – durch Beschlüsse von Arbeitsgruppen geregelt, die die Versammlung zu diesem Zweck einsetzen kann.

(7) Die Versammlung empfiehlt, wenn sie dies für erforderlich erachtet, zusätzliche Finanzierungsmaßnahmen in Ergänzung zu den in Absatz 5 vorgesehenen Finanzierungsmöglichkeiten.

Art. 51 Technische Hilfe. (1) Die Versammlung bildet einen Ausschuß für technische Hilfe (in diesem Artikel als „der Ausschuß" bezeichnet).

(2)

a) Die Mitglieder des Ausschusses sind aus dem Kreis der Vertragsstaaten auszuwählen; eine angemessene Vertretung der Entwicklungsländer ist sicherzustellen.

b) Der Generaldirektor lädt auf eigene Initiative oder auf Antrag des Ausschusses zur Teilnahme an den Arbeiten des Ausschusses Vertreter zwischenstaatlicher Organisationen ein, die sich mit technischer Hilfe für Entwicklungsländer befassen.

(3)

a) Der Ausschuß hat die Aufgabe, die technische Hilfe für die Entwicklungsländer unter den Vertragsstaaten bei der Entwicklung ihrer Patentsysteme auf nationaler oder regionaler Ebene in die Wege zu leiten und zu überwachen.

b) Die technische Hilfe umfaßt unter anderem die Ausbildung von Fachleuten, die Entsendung von Sachverständigen und die Lieferung von Lehr- und Arbeitsmitteln.

(4) Im Hinblick auf die Finanzierung der Vorhaben, die sich aus diesem Artikel ergeben, wird sich das Internationale Büro bemühen, einerseits mit internationalen Finanzierungsorganisationen und zwischenstaatlichen Organisationen, insbesondere den Vereinten Nationen, ihren Unterorganen und Sonderorganisationen, soweit sie mit technischer Hilfe befaßt sind, und andererseits mit den Regierungen der Empfängerstaaten der technischen Hilfe Vereinbarungen abzuschließen.

(5) Die Einzelheiten der Anwendung dieses Artikels werden durch Beschlüsse der Versammlung oder – im Rahmen der von der Versammlung gezogenen Grenzen – durch Beschlüsse von Arbeitsgruppen geregelt, die die Versammlung zu diesem Zweck einsetzen kann.

Art. 52 Beziehungen zu anderen Vertragsbestimmungen. [1]Diese Kapitel läßt die in anderen Kapiteln dieses Vertrags enthaltenen finanziellen Bestimmungen unberührt. [2]Diese Bestimmungen sind auf das vorstehende Kapitel und seine Durchführung nicht anwendbar.

Kapitel V. Verwaltungsbestimmungen

Art. 53 Die Versammlung. (1)

a) Die Versammlung setzt sich vorbehaltlich des Artikels 57 Absatz 8 aus den Vertragsstaaten zusammen.

b) Die Regierung jedes Vetragsstaats wird durch einen Delegierten vertreten, der von Stellvertretern, Beratern und Sachverständigen unterstützt werden kann.

(2)

a) Die Versammlung

i) behandelt alle Fragen betreffend die Erhaltung und die Entwicklung des Verbands sowie die Anwendung dieses Vertrags;

ii) erfüllt die Aufgaben, die ihr durch andere Bestimmungen dieses Vertrags zugewiesen sind;

iii) erteilt dem Internationalen Büro Weisungen für die Vorbereitung von Revisionskonferenzen;

iv) prüft und billigt die Berichte und die Tätigkeit des Generaldirektors betreffend den Verband und erteilt ihm alle zweckdienlichen Weisungen in Fragen, die in die Zuständigkeit des Verbands fallen;

v) prüft und billigt die Berichte und die Tätigkeiten des nach Absatz 9 eingesetzten Exekutivausschusses und erteilt dem Ausschuß Weisungen;

vi) legt das Programm fest, beschließt den Dreijahres-Haushaltsplan des Verbands und billigt seine Rechnungsabschlüsse;

vii) beschließt die Finanzvorschriften des Verbands;

viii) bildet die Ausschüsse und Arbeitsgruppen, die sie zur Verwirklichung der Ziele des Verbands für zweckdienlich hält;

ix) bestimmt, welche Staaten, die nicht Vertragsstaaten sind, und, vorbehaltlich des Absatzes 8, welche zwischenstaatlichen und internationalen nichtstaatlichen Organisationen als Beobachter zugelassen werden;

x) nimmt jede geeignete Handlung vor, die der Förderung der Ziele des Verbands dient, und nimmt alle anderen Aufgaben wahr, die im Rahmen dieses Vertrags zweckdienlich sind.

b) Über Fragen, die auch für andere von der Organisation verwaltete Verbände von Interesse sind, entscheidet die Versammlung nach Anhörung des Koordinierungsausschusses der Organisation.

(3) Ein Delegierter kann nur einen Staat vertreten und nur im Namen eines Staates stimmen.

(4) Jeder Vertragsstaat verfügt über eine Stimme.

(5)

a) Die Hälfte der Vertragsstaaten bildet das Quorum (die für die Beschlußfähigkeit erforderliche Mindestzahl).

b) Kommt das Quorum nicht zustande, so kann die Versammlung Beschlüsse fassen, die jedoch – abgesehen von Beschlüssen, die das eigene Verfahren betreffen – nur wirksam werden, wenn das Quorum und die erforderliche Mehrheit im schriftlichen Verfahren, wie es in der Ausführungsordnung[1] vorgesehen ist, herbeigeführt wird.

(6)

a) Vorbehaltlich Artikel 47 Absatz 2 Buchstabe b, Artikel 58 Absatz 2 Buchstaben b, Artikel 58 Absatz 3 und Artikel 61 Absatz 2 Buchstaben b faßt die Versammlung ihre Beschlüsse mit einer Mehrheit von zwei Dritteln der abgegebenen Stimmen.

b) Stimmenthaltung gilt nicht als Stimmabgabe.

(7) Für Sachgebiete, die ausschließlich für die nach Kapitel II verpflichteten Staaten von Interesse sind, gilt jede Bezugnahme auf Vertragsstaaten in den Absätzen 4, 5 und 6 lediglich als Bezugnahme auf nach Kapitel II verpflichtete Staaten.

(8) Jede zwischenstaatliche Organisation, die als Internationale Recherchenbehörde oder als mit der internationalen vorläufigen Prüfung beauftragte Behörde anerkannt ist, wird als Beobachter zur Versammlung zugelassen.

(9) [1] Übersteigt die Zahl der Vertragsstaaten vierzig, so bildet die Versammlung einen Exekutivausschuß. [2] Jede Bezugnahme in diesem Vertrag und der Ausführungsordnung[1] auf den Exekutivausschuß ist als Bezugnahme auf den Exekutivausschuß nach seiner Bildung zu verstehen.

(10) Bis zur Bildung des Exekutivausschusses stellt die Versammlung im Rahmen des Programms und des Dreijahres-Haushaltsplans die vom Generaldirektor vorbereiteten Jahresprogramme und Jahreshaushaltspläne auf.

(11)

a) Die Versammlung tritt nach Einberufung durch den Generaldirektor alle zwei Jahre zu einer ordentlichen Tagung zusammen, und zwar, abgesehen von außergewöhnlichen Fällen, zu derselben Zeit und an demselben Ort wie die Generalversammlung der Organisation.

b) Die Versammlung tritt nach Einberufung durch den Generaldirektor zu einer außerordentlichen Tagung zusammen, wenn der Exekutivausschuß (nach seiner Bildung) oder ein Viertel der Vertragsstaaten es verlangt.

(12) Die Versammlung gibt sich eine Geschäftsordnung.

Art. 54 Der Exekutivausschuß. (1) Der Exekutivausschuß unterliegt nach seiner Bildung durch die Versammlung den nachfolgenden Bestimmungen.

(2)

a) Vorbehaltlich des Artikels 57 Absatz 8 setzt sich der Exekutivausschuß aus den von der Versammlung aus dem Kreis ihrer Mitgliedstaaten gewählten Staaten zusammen.

---

[1] Nr. **66**.

b) Die Regierung jedes Mitgliedstaats des Exekutivausschusses wird durch einen Delegierten vertreten, der von Stellvertretern, Beratern und Sachverständigen unterstützt werden.

(3) [1] Die Zahl der Mitgliedstaaten des Exekutivausschusses entspricht einem Viertel der Zahl der Mitgliedstaaten der Versammlung. [2] Bei der Berechnung der zu vergebenden Sitze wird der nach Teilung durch vier verbleibende Rest nicht berücksichtigt.

(4) Bei der Wahl der Mitglieder des Exekutivausschusses trägt die Versammlung einer angemessenen geographischen Verteilung Rechnung.

(5)

a) Die Mitglieder des Exekutivausschusses üben ihr Amt vom Schluß der Tagung der Versammlung, in deren Verlauf sie gewählt worden sind, bis zum Ende der darauffolgenden ordentlichen Tagung der Versammlung aus.

b) Höchstens zwei Drittel der Mitglieder des Exekutivausschusses können wiedergewählt werden.

c) Die Versammlung regelt die Einzelheiten der Wahl und der etwaigen Wiederwahl der Mitglieder des Exekutivausschusses.

(6)

a) Der Exekutivausschuß

i) bereitet den Entwurf der Tagesordnung der Versammlung vor;

ii) unterbreitet der Versammlung Vorschläge zu den vom Generaldirektor vorbereiteten Entwürfen des Programms und des Zweijahres-Haushaltsplans des Verbands;

iii) *(aufgehoben)*

iv) unterbreitet der Versammlung mit entsprechenden Bemerkungen die periodischen Berichte des Generaldirektors und die jährlichen Berichte der Rechnungsprüfung;

v) trifft alle zweckdienlichen Maßnahmen zur Durchführung des Programms des Verbands durch den Generaldirektor in Übereinstimmung mit den Beschlüssen der Versammlung und unter Berücksichtigung der zwischen zwei ordentlichen Tagungen der Versammlung eintretenden Umstände;

vi) nimmt alle anderen Aufgaben wahr, die ihm im Rahmen dieses Vertrags übertragen werden.

b) Über Fragen, die auch für andere von der Organisation verwalteten Verbände von Interesse sind, entscheidet der Exekutivausschuß nach Anhörung des Koordinierungsausschusses der Organisation.

(7)

a) Der Exekutivausschuß tritt nach Einberufung durch den Generaldirektor jedes Jahr einmal zu einer ordentlichen Tagung zusammen, und zwar möglichst zu derselben Zeit und an demselben Ort wie der Koordinierungsauschuss der Organisation.

b) Der Exekutivausschuß tritt nach Einberufung durch den Generaldirektor zu einer außerordentlichen Tagung zusammen, entweder auf Initiative des Generaldirektors oder wenn der Vorsitzende oder ein Viertel der Mitglieder des Exekutivausschusses es verlangt.

(8)

a) Jeder Mitgliedstaat des Exekutivausschusses verfügt über eine Stimme.

b) Die Hälfte der Mitglieder des Exekutivausschusses bildet das Quorum.

c) Die Beschlüsse werden mit einfacher Mehrheit der abgegebenen Stimmen gefaßt.

d) Stimmenthaltung gilt nicht als Stimmabgabe.

e) Ein Delegierter kann nur einen Staat vertreten und nur in dessen Namen abstimmen.

(9) Die Vertragsstaaten, die nicht Mitglied des Exekutivausschusses sind, sowie zwischenstaatliche Organisationen, die als Internationale Recherchenbehörden und als mit der internationalen vorläufigen Prüfung beauftragte Behörden eingesetzt sind, werden zu den Sitzungen des Exekutivausschusses als Beobachter zugelassen.

(10) Der Exekutivausschuß gibt sich eine Geschäftsordnung.

Art. 55 Das Internationale Büro. (1) Die Verwaltungsaufgaben des Verbands werden vom Internationalen Büro wahrgenommen.

(2) Das Internationale Büro besorgt das Sekretariat der verschiedenen Organe des Verbands.

(3) Der Generaldirektor ist der höchste Beamte des Verbands und vertritt den Verband.

(4) Das Internationale Büro gibt ein Blatt sowie die anderen Veröffentlichungen heraus, die in der Ausführungsordnung[1] vorgesehen sind oder von der Versammlung angeordnet werden.

(5) Die Ausführungsordnung[1] bestimmt, welche Leistungen die nationalen Ämter erbringen, um das Internationale Büro, die Internationalen Recherchenbehörden und die mit der internationalen vorläufigen Prüfung beauftragten Behörden bei der Erfüllung ihrer Aufgaben nach diesem Vertrag zu unterstützen.

(6) [1]Der Generaldirektor und die von ihm bestimmten Mitglieder des Personals nehmen ohne Stimmrecht an allen Sitzungen der Versammlung sowie aller Ausschüsse und Arbeitsgruppen teil, die nach diesem Vertrag und der Ausführungsordnung[1] gebildet werden. [2]Der Generaldirektor oder ein von ihm bestimmtes Mitglied des Personals ist von Amts wegen Sekretär dieser Organe.

(7)

a) Das Internationale Büro bereitet in Übereinstimmung mit den Anweisungen der Versammlung und in Zusammenarbeit mit dem Exekutivausschuß die Revisionskonferenzen vor.

b) Das Internationale Büro kann bei der Vorbereitung der Revisionskonferenzen zwischenstaatliche sowie internationale nichtstaatliche Organisationen konsultieren.

c) Der Generaldirektor und die von ihm bestimmten Personen nehmen ohne Stimmrecht an den Beratungen der Revisionskonferenzen teil.

---

[1] Nr. **66**.

(8) Das Internationale Büro nimmt alle anderen Aufgaben wahr, die ihm übertragen werden.

Art. 56 Der Ausschuß für technische Zusammenarbeit. (1) Die Versammlung bildet einen Ausschuß für technische Zusammenarbeit (in diesem Artikel als „Ausschuß" bezeichnet).

(2)

a) Die Versammlung bestimmt die Zusammensetzung des Ausschusses und ernennt seine Mitglieder; hierbei ist einer angemessenen Vertretung der Entwicklungsländer Rechnung zu tragen.

b) Die Internationalen Recherchenbehörden und die mit der internationalen vorläufigen Prüfung beauftragten Behörden sind von Amts wegen Mitglieder des Ausschusses. Ist eine solche Behörde das nationale Amt eines Vertragsstaats, so darf dieser Staat in dem Ausschuß nicht zusätzlich vertreten sein.

c) Sofern die Zahl der Vertragsstaaten dies gestattet, soll die Gesamtzahl der Ausschußmitglieder mehr als doppelt so groß sein wie die Zahl der Mitglieder von Amts wegen.

d) Der Generaldirektor lädt auf eigene Initiative oder auf Antrag des Ausschusses Vertreter von interessierten Organisationen ein, an den Erörterungen, die sie interessieren, teilzunehmen.

(3) Der Ausschuß hat die Aufgabe, durch Rat und Empfehlungen dazu beizutragen,

i) daß die in diesem Vertrag vorgesehenen Dienste ständig verbessert werden,

ii) daß bei Vorhandensein mehrerer Internationaler Recherchenbehörden und mehrerer mit der internationalen vorläufigen Prüfung beauftragten Behörden der höchstmögliche Grad an Einheitlichkeit im Prüfstoff und in den Arbeitsmethoden und ein einheitlich hoher Stand der Berichte gewährleistet werden und

iii) – auf Initiative der Versammlung oder des Exikutivausschusses – daß die technischen Probleme gelöst werden, die sich in besonderem Maße bei der Einsetzung einer einzigen Internationalen Recherchenbehörde stellen.

(4) Jeder Vertragsstaat und jede interessierte internationale Organisation kann sich schriftlich an den Ausschuß mit Fragen wenden, die in den Zuständigkeitsbereich des Ausschusses fallen.

(5) Der Ausschuß kann seinen Rat und seine Empfehlungen an den Generaldirektor oder durch diesen an die Versammlung, den Exekutivausschuß, alle oder einzelne Internationale Recherchenbehörden oder mit der internationalen vorläufigen Prüfung beauftragten Behörden und an alle oder einzelne Anmeldeämter richten.

(6)

a) Der Generaldirektor übermittelt dem Exekutivausschuß in allen Fällen den Wortlaut aller Ratschläge oder Empfehlungen des Ausschusses. Er kann hierzu Stellung nehmen.

b) Der Exekutivausschuß kann sich zu dem Rat, der Empfehlung oder zu jeder anderen Maßnahme des Ausschusses äußern und kann den Ausschuß bitten, in dessen Aufgabenbereich fallende Fragen zu prüfen und über sie zu berichten. Der Exekutivausschuß kann der Versammlung den Rat, die Empfehlung und den Bericht des Ausschusses mit sachdienlichen Bemerkungen übermitteln.

(7) Bis zur Bildung des Exekutivausschusses gelten die in Absatz 6 enthaltenen Bezugnahmen auf den Exekutivausschuß als Bezugnahme auf die Versammlung.

(8) Die Einzelheiten des Verfahrens des Ausschusses werden durch Beschlüsse der Versammlung bestimmt.

Art. 57 Finanzen. (1)

a) Der Verband hat einen Haushaltsplan.

b) Der Haushaltsplan des Verbands umfaßt die eigenen Einnahmen und Ausgaben des Verbands und dessen beitrag zum Haushaltsplan der gemeinsamen Ausgaben der Verbände, die von der Organisation verwaltet werden.

c) Als gemeinsame Ausgaben der Verbände gelten die Ausgaben, die nicht ausschließlich dem Verband, sondern auch einem oder mehreren anderen von der Organisation verwalteten verbänden zuzurechnen sind. Der Anteil des Verbands an diesen gemeinsamen Ausgaben entspricht dem Interesse, das der Verband an ihnen hat.

(2) Der Haushaltsplan des Verbands wird unter Berücksichtigung der Notwendigkeit seiner Abstimmung mit den Haushaltsplänen der anderen von der Organisation verwalteten Verbände aufgestellt.

(3) Vorbehaltlich des Absatzes 5 umfaßt der Haushaltsplan des Verbands folgende Einnahmen:

i) Gebühren und Beiträge für Dienstleistungen des Internationalen Büros im Rahmen des Verbands;

ii) Verkaufserlöse und andere Einkünfte aus Veröffentlichungen des Internationalen Büros, die den Verband betreffen;

iii) Schenkungen, Vermächtnisse und Zuwendungen;

iv) Mieten, Zinsen und andere verschiedene Einkünfte.

(4) Die Höhe der Gebühren und Beträge für Diestleistungen des Internationalen Büros und die Preise für seine Veröffentlichungen werden so festgesetzt, daß die unter normalen Umständen ausreichen, um alle Ausgaben des Internationalen Büros im Zusammenhang mit der Verwaltung des Vertrags zu decken.

(5)

a) Schließt ein Rechnungsjahr mit einem Defizit ab, so haben die Mitgliedstaaten, vorbehaltlich der Buchstaben b und c, Zuschüsse zur Deckung dieses Defizits zu leisten.

b) Die Höhe dieser Zuschüsse jedes Vertragsstaats wird von der Versammlung unter gebührender Berücksichtigung der Anzahl der internationalen Anmeldungen, die in dem betreffenden Jahr in jedem dieser Staaten eingerichtet werden, festgesetzt.

c) Falls andere Möglichkeiten bestehen, ein Defizit oder einen Teil desselben vorläufig abzudecken, so kann die Versammlung beschließen, das Defizit vorläufig vorzutragen und die Vertragsstaaten nicht aufzufordern, Zuschüsse zu leisten.

d) Falls die finanzielle Lage des Verbands es gestattet, kann die Versammlung beschließen, daß nach Buchstabe a geleistete Zuschüsse den Vertragsstaaten, die sie geleistet haben, zurückgezahlt werden.

e) Ein Vertragsstaat, welcher innerhalb von zwei jahren nach dem Fälligkeitsdatum, das durch die Versammlung festgelegt wurde, keine Zahlungen nach Buchstabe b vorgenommen hat, kann sein Stimmrecht in irgendeinem Organ des Verbands nicht ausüben. Jedoch kann jedes Organ des Verband einen solchen Staat die Ausübung des Stimmrechts in diesem Organ weiterhin gestatten, falls und solange es überzeugt ist, daß der Zahlunsverzug auf unvermeidbare außergewöhnliche Umstände zurückzuführen ist.

(6) Wird der Haushaltsplan nicht vor Beginn eines neuen Rechnungsjahrs beschlossen, so wird der Haushaltsplan des Vorjahrs nach Maßgabe der Finanzvorschriften übernommen.

(7)

a) Der Verband hat einen Betriebsmittelfonds, der durch eine einmalige Zahlung jedes Vertragsstaats gebildet wird. Reicht der Fonds nicht mehr aus, so trifft die Versammlung Vorkehrungen, ihn zu erhöhen. Nicht mehr benötigte Teile des Fonds werden zurückerstattet.

b) Die Höhe der erstmaligen Zahlung jedes Vertragsstaats zu diesem Fonds oder seinen Anteil an dessen Erhöhung wird von der Versammlung unter Zugrundelegung ähnlicher Gesichtspunkte wie die in Absatz 5 Buchstabe b genannten bestimmt.

c) Die Zahlugsbedingungen werden von der Versammlung auf Vorschlag des Generaldirektors und nach Anhörung des Koordinierungsausschusses der Organisation festgesetzt.

d) Rückerstattungen haben proportional im Verhältnis zu den Beträgen zu stehen, die durch jeden Vertragsstaat eingezahlt worden sind, wobei der Zahlungszeitpunkt zu berücksichtigen ist.

(8)

a) In dem Abkommen über den Sitz, das mit dem Staat geschlossen wird, in dessen Hoheitsgebiet die Organisation ihren Sitz hat, ist vorzusehen, daß dieser Staat Vorschüsse gewährt, wenn der Betriebsmittelfonds nicht ausreicht. Die Höhe dieser Vorschüsse und die Bedingungen, unter denen sie gewährt werden, sind in jedem Fall Gegenstand besonderer Vereinbarungen zwischen diesem Staat und der Organisation. Solange dieser Staat verpflichtet ist, Vorschüsse zu gewähren, hat er von Amts wegen einen Sitz in der Versammlung und im Exekutivausschuß.

b) Der in Buchstabe a bezeichnete Staat und die Organisation sind berechtigt, die Verpflichtung zur Gewährung von Vorschüssen durch schriftliche Notifikationen zu kündigen. Die Kündigung wird drei Jahre nach Ablauf des Jahres wirksam, in dem sie notifiziert worden ist.

(9) [1] Die Rechnungsprüfung wird nach Maßgabe der Finanzvorschriften von einem oder mehreren Vertragsstaaten oder von außenstehenden Rechnungsprüfern vorgenommen. [2] Diese werden mit ihrer Zustimmung von der Versammlung bestimmt.

Art. 58 Die Ausführungsordnung. (1) Die diesem Vertrag beigefügte Ausführungsordnung[1)] enthält Regeln über:

i) Fragen, hinsichtlich derer der Vertrag ausdrücklich auf die Ausführungsordnung[1)] verweist oder ausdrücklich vorsieht, daß sie vorgeschrieben sind oder vorgeschrieben werden,
ii) verwaltungstechnische Erfordernisse, Angelegenheiten oder Verfahren,
iii) Einzelregelungen, die für die Durchführung des Vertrags zweckmäßig sind.

(2)

a) Die Versammlung kann die Ausführungsordnung[1)] ändern.
b) Vorbehaltlich des Absatzes 3 erfordern Änderungen eine Mehrheit von drei Vierteln der abgegebenen Stimmen.

(3)

a) Die Ausführungsordnung[1)] bestimmt Regeln,
   i) die nur durch einstimmigen Beschluß geändert werden können oder
   ii) die nur geändert werden können, wenn kein Vertragsstaat dagegen stimmt, dessen nationales Amt als Internationale Recherchenbehörde oder als mit der internationalen vorläufigen Prüfung beauftragte Behörde tätig ist, und – falls die Aufgaben einer solchen Behörde durch eine zwischenstaatliche Organisation wahrgenommen werden – wenn der dieser Organisation angehörende Vertragsstaat, der zu diesem Zweck von den anderen Mitgliedsstaaten in dem zuständigen Organ der Organisation ermächtigt worden ist, nicht dagegen stimmt.
b) Der künftige Ausschluß einer solchen Regel von dem betreffenden Erfordernis bedarf der Einhaltung der hierfür in Buchstabe a Ziffer i oder Buchstabe a Ziffer ii jeweils vorgesehenen Bedingungen.
c) Die künftige Unterwerfung einer Regel unter das eine oder andere in Buchstabe a genannte Erfordernis bedarf einstimmiger Zustimmung.

(4) Die Ausführungsordnung[1)] sieht den Erlaß von Verwaltungsvorschriften durch den Generaldirektor unter Aufsicht der Versammlung vor.

(5) Im Falle mangelnder Übereinstimmung zwischen den Bestimmungen des Vertrags und den Bestimmungen der Ausführungsordnung[1)] haben die Bestimmungen des Vertrags den Vorrang.

Kapitel VI. Streitigkeiten

Art. 59 Beilegung von Streitigkeiten. [1] Vorbehaltlich des Artikels 64 Absatz 5 kann jede Streitigkeit zwischen zwei oder mehreren Vertragsstaaten über die Auslegung oder die Anwendung des Vertrags oder der Ausführungsordnung[1)], die nicht auf dem Verhandlungsweg beigelegt wird, von jedem beteiligten Staat durch eine Klage, die gemäß dem Statut des Internationalen Gerichtshofs zu erheben ist, vor den Internationalen Gerichtshof gebracht werden, sofern die beteiligten Staaten nicht eine andere Regelung vereinbaren. [2] Der Vertragsstaat, der die Streitigkeit vor den Internationalen Gerichtshof bringt, hat dies dem Internationalen Büro mitzuteilen; dieses setzt die anderen Vertragsstaaten davon in Kenntnis.

[1)] Nr. **66**.

Kapitel VII. Revision und Änderungen

Art. 60 Revision des Vertrags. (1) Dieser Vertrag kann von Zeit zu Zeit von einer besonderen Konferenz der Vertragsstatten Revisionen unterzogen werden.

(2) Die Einberufung einer Revisionskonferenz wird von der Versammlung beschlossen.

(3) jede zwischenstaatliche Organisation, die als Internationale Recherchenbehörde oder als mit der internationalen vorläufigen Prüfung beauftragte Behörde bestimmt worden ist, wird als Beobachter zu jeder Revisionskonferenz zugelassen.

(4) Artikel 53 Absätze 5, 9 und 11, Artikel 54, Artikel 55 Absätze 4 bis 8, Artikel 56 und Artikel 57 können entweder durch die Revisionskonferenz oder nach Artikel 61 geändert werden.

Art. 61 Änderung einzelner Bestimmungen des Vertrags. (1)

a) Vorschläge für die Änderung der Artikel 53 Absätze 5, 9 und 11, Artikel 54, Artikel 55 Absätze 4 bis 8, Artikel 56 und Artikel 57 können von jedem Mitgliedsstaat der Versammlung, vom Exekutivausschuß oder vom Generaldirektor unterbreitet werden.
b) Diese Vorschläge werden vom Generaldirektor mindestens sechs Monate, bevor sie in der Versammlung beraten werden, den Vertragsstaaten mitgeteilt.

(2)

a) Änderungen der in Absatz 1 genannten Artikel werden durch die Versammlung beschlossen.
b) Der Beschluß erfordert drei Viertel der abgegebenen Stimmen.

(3)

a) Jede Änderung der in Absatz 1 genannten Artikel tritt einen Monat nach dem Zeitpunkt in Kraft, zu dem die schriftliche Notifikation der verfassungsmäßig zustande gekommenen Annahme des Änderungsvorschlags von drei Vierteln der Mitgliedstaaten der Versammlung im Zeitpunkt der Beschlußfassung beim Generaldirektor eingegangen sind.
b) Jede auf diese Weise angenommene Änderung bindet alle Staaten, die im Zeitpunkt des Inkrafttretens der Änderung der Mitglieder der Versammlung sind; jedoch bindet eine Änderung, die die finanziellen Verpflichtungen der Mitgliedstaaten erweitert, nur an die Staaten, die die Annahme dieser Änderung notifiziert haben.
c) Jede in Übereinstimmung mit Buchstabe a angenommene Änderung bindet alle Staaten, die nach dem Zeitpunkt, in dem die Änderung in Übereinstimmung mit Buchstabe a in Kraft getreten ist, Mitglieder der Versammlung werden.

Kapitel VIII. Schlußbestimmungen

Art. 62 Möglichkeiten, Vertragspartei zu werden. (1) Jeder Mitgliedstaat der Pariser Verbandsübereinkunft zum Schutz des gewerblichen Eigentums[1] kann Vertragspartei dieses Vertrags werden durch

i) Unterzeichnung und nachfolgende Hinterlegung der Ratifikationsurkunde oder

ii) Hinterlegung einer Beitrittsurkunde.

(2) Die Ratifikations- oder Beitrittsurkunden werden beim Generaldirektor hinterlegt.

(3) Artikel 24 der Stockholmer Fassung der Pariser Verbandsübereinkunft zum Schutz des gewerblichen Eigentums[1] ist auf diesen Vertrag anzuwenden.

(4) Absatz 3 darf nicht dahin verstanden werden, daß er die Anerkennung oder stillschweigende Hinnahme der tatsächlichen Lage eines Gebiets, auf das dieser Vertrag durch einen Vertragsstaat auf Grund des genannten Absatzes anwendbar gemacht wird, durch einen anderen Vertragsstaat in sich schließt.

Art. 63 Inkrafttreten des Vertrags[2]. (1)

a) Vorbehaltlich des Absatzes 3 tritt dieser Vertrag drei Monate nach dem Zeitpunkt in Kraft, zu dem acht Staaten ihre Ratifikations- oder Beitrittsurkunden hinterlegt haben, sofern wenigstens vier dieser Staaten gesondert eine der nachfolgenden Bedingungen erfüllen:
   i) die Zahl der in diesem Staat eingereichten Anmeldungen hat nach den jüngsten vom Internationalen Büro veröffentlichten Jahresstatistiken 40 000 überschritten;
   ii) die Staatsangehörigen dieses Staates oder die Person mit Sitz oder Wohnsitz in diesem Staat haben nach den jüngsten vom Internationalen Büro veröffentlichten Jahresstatistiken mindestens 1 000 Anmeldungen in einem einzigen ausländischen Staat eingereicht;
   iii) das nationale Amt des Staates hat nach den jüngsten vom Internationalen Büro veröffentlichten Jahresstatistiken mindesten 10 000 Anmeldungen von Staatsangehörigen ausländischer Staaten oder Personen mit Sitz oder Wohnsitz in diesen Staaten erhalten.

b) Für die Anwendung dieses Absatzes umfaßt der Begriff „Anmeldungen" nicht Gebrauchsmusteranmeldungen.

(2) Vorbehaltlich des Absatzes 3 tritt der Vertrag für jeden Staat, der nicht bei Inkrafttreten des Vertrags nach Absatz 1 Mitglied wird, drei Monate nach Hinterlegung seiner Ratifikations- oder Beitrittsurkunde in Kraft.

(3) [1] Kapitel II und die sich darauf beziehenden Bestimmungen der diesem Ertrag beigefügten Ausführungsordnung werden erst mit dem Tage anwendbar, zu dem drei Staaten, die jeder für sich wenigstens eine der in Absatz 1 genannten Bedingungen erfüllen, Mitglieder des Vertrags werden, ohne nach Artikel 64

---

[1] Nr. **60**.

[2] Der Vertrag ist für die Bundesrepublik Deutschland mit Ausnahme des Kapitels II gem. Bek. v 19.12.1977 (BGBl. II 1978 S. 11) am **24.1.1978** in Kraft getreten.
Kapitel II ist nach Art. 63 Abs. 1 Buchst. a und Abs. 3 seit 29. März 1978 gemäß Bek. vom 16. März 1978 (BGBl. II S. 485) anwendbar. Siehe dazu die PCT-Ausführungsordnung (Nr. **66**).

Absatz 1 erklärt zu haben, daß Kapitel II für sie nicht verbindlich sein soll. [2]Dieser Zeitpunkt darf jedoch nicht früher liegen als der Zeitpunkt des ersten Inkrafttretens des Vertrags nach Absatz 1.

Art. 64 Vorbehalte. (1)

a) Jeder Staat kann erklären, daß Kapitel II für ihn nicht verbindlich sein soll.
b) Staaten, die eine Erklärung nach Buchstabe a abgeben, werden durch die Bestimmungen des genannten Kapitels und durch die entsprechenden Bestimmungen der Ausführungsordnung nicht gebunden.

(2)

a) Jeder Staat, der keine Erklärung nach Absatz 1 Buchstabe a abgegeben hat, kann erklären,
   i) daß die Bestimmungen des Artikels 39 Absatz 1 hinsichtlich der Zuteilung eines Exemplars der internationalen Anmeldung und einer Übersetzung hiervon (wie vorgeschrieben) für ihn nicht verbindlich sind,
   ii) daß die in Artikel 40 vorgesehene Verpflichtung zur Aussetzung des nationalen Verfahrens einer Veröffentlichung der internationalen Anmeldung oder einer Übersetzung hiervon durch sein nationales Amt oder durch Vermittlung dieses Amtes nicht entgegensteht, wodurch das Amt aber nicht von den in Artikeln 30 und 38 vorgesehenen Verpflichtungen freigestellt wird.
b) Staaten, die eine solche Erklärung abgegeben haben, sind entsprechend gebunden.

(3)

a) Jeder Staat kann erklären, daß, soweit er betroffen ist, eine internationale Veröffentlichung einer internationalen Anmeldung nicht erforderlich ist.
b) Enthält die internationale Anmeldung beim Ablauf von 18 Monaten seit dem Prioritätsdatum nur Bestimmungen solcher Staaten, die Erklärungen nach Buchstabe a abgegeben haben, so unterbleibt die Veröffentlichung der Anmeldung nach Artikel 21 Absatz 2.
c) Im Fall des Buchstaben b wird die internationale Anmeldung gleichwohl vom Internationalen Büro veröffentlicht:
   i) auf Antrag des Anmelders gemäß den Bestimmungen der Ausführungsordnung,
   ii) wenn eine nationale Anmeldung oder ein Patent, die auf der internationalen Anmeldung beruhen, durch das nationale Amt eines Bestimmungsstaats, der eine Erklärung nach Buchstabe a abgegeben hat, oder auf Veranlassung eines solchen Amtes veröffentlicht wird, unverzüglich nach einer derartigen Veröffentlichung, jedoch nicht vor dem Ablauf von 18 Monaten seit dem Prioritätsdatum.

(4)

a) Jeder Staat, dessen nationales Recht Patenten zu einem früheren Zeitpunkt als dem Zeitpunkt ihrer Veröffentlichung Bedeutung für den Stand der Technik beimißt, jedoch für Zwecke der Bestimmung des Standes der Technik das Prioritätsdatum nach der Pariser Verbandsübereinkunft zum

Schutz des gewerblichen Eigentums[1] nicht dem tatsächlichen Anmeldedatum in diesem Staat gleichstellt, kann erklären, daß die Einreichung einer internationalen Anmeldung außerhalb dieses Staates, in der der Staat als Bestimmungsstaat benannt wird, für Zwecke der Bestimmung des Standes der Technik nicht einer tasächlichen Anmeldung in diesem Staat gleichgestellt wird.

b) Jeder Staat, der eine Erklärung nach Buchstabe a abgibt, wird insoweit nicht durch Artikel 11 Absatz 3 gebunden.

c) Jeder Staat, der eine Erklärung nach Buchstabe a abgibt, hat gleichzeitig schriftlich mitzuteilen, von welchem Zeitpunkt an und unter welchen Bedingungen internationale Anmeldungen, in denen dieser Staat als Bestimmungsstaat genannt ist, in diesem Staat als zum Stand der Technik gehörend gelten. Diese Erklärung kann jederzeit durch Notifikation an den Generaldirektor geändert werden.

(5) [1] Jeder Staat kann erklären, daß er sich durch Artikel 59 nicht als gebunden betrachtet. [2] Auf Streitigkeiten zwischen einem Vertragsstaat, der eine solche Erklärung abgegeben hat, und jedem anderen Vertragsstaat ist Artikel 59 anzuwenden.

(6)

a) Jede Erklärung nach diesem Artikel muß schriftlich abgegeben werden. Sie kann zum Zeitpunkt der Unterzeichnung des Vertrags oder der Hinterlegung der Ratifikations- und Beitrittsurkunde oder außer in dem in Absatz 5 bezeichneten Fall zu einem späteren Zeitpunkt durch Notifikation an den Generaldirektor abgegeben werden. Im Fall einer solchen Notifikation wird die Erklärung sechs Monate nach dem Tag wirksam, an dem der Generaldirektor die Notifikation erhalten hat, und hat für internationale Anmeldungen, die vor dem Ablauf dieser Sechs-Monats-Frist eingereicht worden sind, keine Wirkung.

b) Jede Erklärung nach diesem Artikel kann jederzeit durch Notifikation an den Generaldirektor zurückgenommen werden. Diese Rücknahme wird drei Monate nach dem Tag wirksam, an dem der Generaldirektor die Notifikation erhalten hat, und hat im Fall einer Rücknahme einer gemäß Absatz 3 abgegebenen Erklärung für internationale Anmeldungen, die vor dem Ablauf dieser Drei-Monats-Frist eingereicht worden sind, keine Wirkung.

(7) Andere Vorbehalte zu diesem Vertrag als die in den Absätzen 1 bis 5 genannten Vorbehalte sind nicht zulässig.

Art. 65 Schrittweise Anwendung. (1) [1] Wird in der Vereinbarung mit einer Internationalen Recherchenbehörde oder einer mit der internationalen vorläufigen Prüfung beauftragten Behörde vorübergehend vorgesehen, daß die Zahl oder Art der internationalen Anmeldungen, die diese Behörde zu bearbeiten übernimmt, beschränkt wird, so beschließt die Versammlung die notwendigen Maßnahmen für die schrittweise Anwendung des Vertrags und der Ausführungsordnung[2] in bezug auf bestimmte Gruppen von internationalen Anmeldungen. [2] Diese Bestimmung ist auch auf Anträge auf eine Recherche internationaler Art nach Artikel 15 Absatz 5 anzuwenden.

---

[1] Nr. **60**.
[2] Nr. **66**.

(2) [1]Die Versammlung setzt die Zeitpunkte fest, von denen an vorbehaltlich des Absatzes 1 internationale Anmeldungen eingereicht und Anträge auf eine internationale vorläufige Prüfung gestellt werden können. [2]Diese Zeitpunkte dürfen nicht später liegen als – je nach lage des Falls „ entweder sechs Monate nach Inkrafttreten dieses Vertrags gemäß Artikel 63 Absatz 1 oder sechs Monate, nachdem Kapitel II gemäß Artikel 63 Absatz 3 verbindlich geworden ist.

Art. 66 Kündigung. (1) Jeder Mitgliedstaat kann diesen Vertrag durch eine an den Generaldirektor gerichtete Notifikation kündigen.

(2) [1]Die Kündigung wird sechs Monate nach dem Zeitpunkt wirksam, zu dem die Notifikation beim Generaldirektor eingegangen ist. [2]Sie läßt die Wirkungen der internationalen Anmeldung in dem kündigenden Staat unberührt, falls die internationale Anmeldung vor dem Ablauf der erwähnten Sechs-Monats-Frist eingereicht und, wenn der kündigende Staat ausgewählt worden ist, die Auswahlerklärung vor dem Ablauf dieser Frist abgegeben worden ist.

Art. 67 Unterzeichnung und Sprachen. (1)

a) Dieser Vertrag wird in einer Urschrift in englischer und französischer Sprache unterzeichnet, wobei jeder Wortlaut gleichermaßen verbindlich ist.

b) Amtliche Texte werden vom Generaldirektor nach Beratung mit den beteiligten Regierungen in deutscher, japanischer, portugiesischer, russischer und spanischer Sprache sowie in anderen Sprachen hergestellt, die die Versammlung bestimmen kann.

(2) Dieser Vertrag liegt bis zum 31. Dezember 1970 in Washington zur Unterzeichnung auf.

Art. 68 Hinterlegung. (1) Die Urschrift dieses Vertrags wird, nachdem sie nicht mehr zur Unterzeichnung aufliegt, beim Generaldirektor hinterlegt.

(2) Der Generaldirektor übermittelt je zwei von ihm beglaubigte Abschriften dieses Vertrags und der diesem Vertrag beigefügten Ausführungsordnung den Regierungen aller Mitgliedstaaten der Pariser Verbandsübereinkunft zum Schutz des gewerblichen Eigentums[1] und der Regierung jedes anderen Staates, die es verlangt.

(3) Der Generaldirektor läßt diesen Vertrag beim Sekretariat der Vereinten Nationen registrieren.

(4) Der Generaldirektor übermittelt zwei von ihm beglaubigte Ausfertigungen jeder Änderung dieses Vertrags oder der Ausführungsordnung an die Regierung aller Vertragsstaaten und, auf Antrag, an die Regierungen jedes anderen Staates.

Art. 69 Notifikationen. Der Generaldirektor notifiziert den Regierungen alle Mitgliedstaaten der Pariser Verbandsübereinkunft zum Schutz des gewerblichen Eigentums[1]:

i) die Unterzeichnung nach Artikel 62,

ii) die Hinterlegung von Ratifikations- oder Beitrittsurkunden nach Artikel 62,

---

[1] Nr. **60**.

iii) denTtag des Inkrafttretens des Vertrags und den Tag, von dem in Kapitel II nach Artikel 63 Absatz 3 anwendbar wird,
iv) Erklärungen nach Artikel 64 Absätze 1 bis 5,
v) Zurücknahmen von Erklärungen nach Artikel 64 Absatz 6 Buchstabe b,
vi) Kündigungen die nach Artikel 66 zugehen, und
vii) Erklärungen nach Artikel 31 Absatz 4.

66. Ausführungsordnung zum Vertrag über die internationale Zusammenarbeit auf dem Gebiet des Patentwesens

Vom 29. Juni 1992[1)]

(BGBl. II S. 627)

zuletzt geänd. durch ÄndVertr. v. 2.10.2018 (BGBl. 2019 II S. 1062, 1063)

Nichtamtliche Inhaltsübersicht

[1)] Neubekanntmachung der Ausführungsordnung v. 19.6.1970 (BGBl. II 1976 S. 721) in der seit 1.7.1992 geltenden Fassung.

Teil C. Regeln zu Kapitel II des Vertrags

Teil A. Einleitende Regeln

Regel 1. Abkürzungen

1.1. Bedeutung der Abkürzungen

a) In dieser Ausführungsordnung wird die Bezeichnung „Vertrag“ für den Vertrag über die internationale Zusammenarbeit auf dem Gebiet des Patentwesens verwendet.

b) In dieser Ausführungsordnung verweisen die Bezeichnungen „Kapitel" und „Artikel" auf die jeweils angegebenen Kapitel und Artikel des Vertrags.

Regel 2. Auslegung bestimmter Bezeichnungen

2.1. „Anmelder"

Die Bezeichnung „Anmelder" ist so auszulegen, daß sie auch einen Anwalt oder anderen Vertreter des Anmelders umfaßt, sofern sich das Gegenteil nicht eindeutig aus der Fassung oder der Art der Bestimmung oder aus dem Zusammenhang ergibt, in dem diese Bezeichnung verwendet wird, wie beispielsweise in den Fällen, in denen sich die Bestimmung auf den Sitz, den Wohnsitz oder die Staatsangehörigkeit des Anmelders bezieht.

2.2. „Anwalt"

Die Bezeichnung „Anwalt" ist so auszulegen, daß sie einen nach Regel 90.1 bestellten Anwalt umfaßt, sofern sich das Gegenteil nicht eindeutig aus der Fassung oder der Art der Bestimmung oder aus dem Zusammenhang ergibt, in dem die Bezeichnung verwendet wird.

2.2^{bis}. „Gemeinsamer Vertreter"

Die Bezeichnung „gemeinsamer Vertreter" ist so auszulegen, daß sie einen Anmelder umfaßt, der nach Regel 90.2 als gemeinsamer Vertreter bestellt ist oder gilt.

2.3. „Unterschrift"

Die Bezeichnung „Unterschrift" ist dahin zu verstehen, daß sie, falls das nationale Recht, das vom Anmeldeamt oder von der zuständigen Internationalen Recherchenbehörde oder von der mit der internationalen vorläufigen Prüfung beauftragten Behörde angewendet wird, die Verwendung eines Siegels an Stelle einer Unterschrift vorschreibt, für die Zwecke dieses Amtes oder dieser Behörde Siegel bedeutet.

2.4. „Prioritätsfrist"

a) [1] Die Bezeichnung „Prioritätsfrist" in Bezug auf einen Prioritätsanspruch ist so auszulegen, dass sie den Zeitraum von 12 Monaten ab Anmeldedatum der früheren Anmeldung, deren Priorität beansprucht wird, umfasst. [2] Der Tag der Einreichung der früheren Anmeldung ist nicht in diesen Zeitraum einzuschließen.

b) Regel 80.5 ist auf die Prioritätsfrist entsprechend anzuwenden.

Teil B. Regeln zu Kapitel I des Vertrags

Regel 3. Der Antrag (Form)

3.1. Form des Antrags

Der Antrag ist auf einem gedruckten Formblatt zu stellen oder als Computerausdruck einzureichen.

3.2. Ausgabe von Formblättern

Vorgedruckte Formblätter werden den Anmeldern vom Anmeldeamt oder, auf Wunsch des Anmeldeamts, vom Internationalen Büro gebührenfrei zur Verfügung gestellt.

3.3. Kontrolliste

a) Der Antrag hat eine Liste zu enthalten, die angibt:

i) die Gesamtblattzahl der internationalen Anmeldung und die Blattzahl jedes Bestandteils der internationalen Anmeldung: Antrag, Beschreibung (die Blattzahl eines Sequenzprotokollteils der Beschreibung ist gesondert anzugeben), Ansprüche, Zeichnungen, Zusammenfassung;

ii) gegebenenfalls, dass der internationalen Anmeldung im Anmeldezeitpunkt eine Vollmacht (d.h. ein Schriftstück, in dem ein Anwalt oder ein gemeinsamer Vertreter ernannt wird), eine Kopie einer allgemeinen Vollmacht, ein Prioritätsbeleg, ein Sequenzprotokoll in elektronischer Form, ein Schriftstück über die Gebührenzahlung oder etwaige andere Unterlagen (die in der Kontrolliste im einzelnen aufzuführen sind) beigefügt sind;

iii) die Nummer der Abbildung der Zeichnungen, die nach Vorschlag des Anmelders mit der Zusammenfassung bei ihrer Veröffentlichung abgedruckt werden soll; in Ausnahmefällen kann der Anmelder mehr als eine Abbildung vorschlagen.

b) Die Liste wird vom Anmelder erstellt; unterläßt er dies, macht das Anmeldeamt die notwendigen Angaben; jedoch ist die in Absatz a Ziffer iii genannte Nummer vom Anmeldeamt nicht anzugeben.

3.4. Gestaltung des Antrags im einzelnen

Die Gestaltung des vorgedruckten Antragsformulars und eines als Computerausdruck eingereichten Antrags wird vorbehaltlich Regel 3.3 durch die Verwaltungsrichtlinien vorgeschrieben.

Regel 4. Der Antrag (Inhalt)

4.1. Vorgeschriebener und wahlweiser Inhalt; Unterschrift

a) Der Antrag hat zu enthalten:

i) ein Antragsersuchen,

ii) die Bezeichnung der Erfindung,

iii) Angaben über den Anmelder und gegebenenfalls den Anwalt,

iv) Angaben über den Erfinder, wenn das nationale Recht wenigstens eines Bestimmungsstaats die Erfindernennung zum Anmeldezeitpunkt verlangt.

b) Der Antrag hat gegebenenfalls zu enthalten:

i) einen Prioritätsanspruch oder

ii) Angaben zu einer früheren Recherche gemäß Regeln 4.12 Ziffer i und 12bis.1 Absätze b und d,

iii) eine Bezugnahme auf die Hauptanmeldung oder das Hauptpatent,

iv) die Angabe der vom Anmelder gewählten zuständigen Internationalen Recherchenbehörde.

c) Der Antrag kann enthalten:

i) Angaben über den Erfinder, wenn das nationale Recht keines Bestimmungsstaats die Erfindernennung im Anmeldezeitpunkt verlangt,

ii) einen Antrag an das Anmeldeamt auf Übermittlung des Prioritätsbelegs an das Internationale Büro, wenn die Anmeldung, deren Priorität beansprucht wird, bei dem nationalen Amt oder der zwischenstaatlichen Behörde eingereicht worden war, das oder die das Anmeldeamt ist,

iii) Erklärungen gemäß Regel 4.17,

iv) eine Erklärung gemäß Regel 4.18,

v) einen Antrag auf Wiederherstellung des Prioritätsrechts,
vi) eine Erklärung gemäß Regel 4.12 Ziffer ii.

d) Der Antrag muß unterzeichnet sein.

4.2. Antragsersuchen

Das Antragsersuchen soll sinngemäß folgendes zum Ausdruck bringen und ist vorzugsweise wie folgt zu fassen: „Der Unterzeichnete beantragt, daß die vorliegende internationale Anmeldung nach dem Vertrag über die internationale Zusammenarbeit auf dem Gebiet des Patentwesens behandelt wird.“

4.3. Bezeichnung der Erfindung

Die Bezeichnung der Erfindung ist kurz (vorzugsweise zwei bis sieben Wörter, wenn in englischer Sprache abgefaßt oder in die englische Sprache übersetzt) und genau zu fassen.

4.4. Namen und Anschriften

a) Bei natürlichen Personen sind der Familienname und der Vorname oder die Vornamen anzugeben; der Familienname ist vor dem oder den Vornamen anzugeben.

b) Bei juristischen Personen ist die volle amtliche Bezeichnung anzugeben.

c) [1] Anschriften sind in der Weise anzugeben, daß sie die üblichen Anforderungen für eine schnelle Postzustellung an die angegebene Anschrift erfüllen, und müssen in jedem Fall alle maßgeblichen Verwaltungseinheiten, gegebenenfalls einschließlich der Hausnummer, enthalten. [2] Schreibt das nationale Recht des Bestimmungsstaats die Angabe der Hausnummer nicht vor, so hat die Nichtangabe der Nummer in diesem Staat keine Folgen. [3] Um eine schnelle Kommunikation mit dem Anmelder zu ermöglichen, wird empfohlen, eine Fernschreibanschrift, die Telefon- und Telefaxnummern oder entsprechende Angaben zu ähnlichen Einrichtungen zur Nachrichtenübermittlung des Anmelders oder gegebenenfalls des Anwalts oder gemeinsamen Vertreters anzugeben.

d) Für jeden Anmelder, Erfinder oder Anwalt darf nur eine Anschrift angegeben werden; ist jedoch zur Vertretung des Anmelders oder, bei mehreren Anmeldern, aller Anmelder kein Anwalt bestellt worden, so kann der Anmelder oder, bei mehreren Anmeldern, der gemeinsame Vertreter zusätzlich zu den im Antrag angegebenen Anschriften eine Zustellanschrift angeben.

4.5. Anmelder

a) Der Antrag hat zu enthalten:
i) Namen,
ii) Anschrift und
iii) Staatsangehörigkeit sowie Sitz oder Wohnsitz des Anmelders oder, bei mehreren Anmeldern, jedes Anmelders.

b) Die Staatsangehörigkeit des Anmelders ist durch Angabe des Namens des Staates, dem der Anmelder angehört, anzugeben.

c) Der Sitz oder Wohnsitz des Anmelders ist durch Angabe des Staates, in dem der Anmelder seinen Sitz oder Wohnsitz hat, anzugeben.

d) [1] Im Antrag können für verschiedene Bestimmungsstaaten verschiedene Anmelder angegeben werden. [2] In diesem Fall sind der oder die Anmelder für jeden Bestimmungsstaat oder jede Gruppe von Bestimmungsstaaten anzugeben.

4.6. Erfinder

a) Findet Regel 4.1 Absatz a Ziffer iv oder Absatz c Ziffer i Anwendung, so sind im Antrag Name und Anschrift des Erfinders oder, bei mehreren Erfindern, der Erfinder anzugeben.

b) Ist der Anmelder zugleich der Erfinder, so hat der Antrag an Stelle der Angabe nach Absatz a eine entsprechende Erklärung zu enthalten.

c) [1] Der Antrag kann verschiedene Personen für verschiedene Bestimmungsstaaten als Erfinder nennen, wenn in dieser Hinsicht die Voraussetzungen des nationalen Rechts der Bestimmungsstaaten nicht übereinstimmen. [2] In diesem Fall hat der Antrag eine besondere Erklärung für jeden Bestimmungsstaat oder jede Staatengruppe zu enthalten, in denen eine bestimmte Person oder die gleiche Person als Erfinder angesehen wird oder in denen bestimmte Personen oder die gleichen Personen als Erfinder angesehen werden.

4.7. Anwalt

Sind Anwälte bestellt, so sind diese im Antrag durch Angabe ihres Namens und ihrer Anschrift zu bezeichnen.

4.8. Gemeinsamer Vertreter

Ist ein gemeinsamer Vertreter benannt worden, so ist dies im Antrag anzugeben.

4.9. Bestimmung von Staaten; Schutzrechtsarten; nationale und regionale Patente

a) Die Einreichung eines Antrags umfasst:

i) die Bestimmung aller Vertragsstaaten, für die der Vertrag am internationalen Anmeldedatum verbindlich ist;

ii) eine Angabe, dass mit der internationalen Anmeldung für jeden Bestimmungsstaat, auf den Artikel 43 oder 44 Anwendung findet, jede Art von Schutzrecht beantragt wird, die durch Bestimmung des betreffenden Staats zugänglich ist;

iii) eine Angabe, dass mit der internationalen Anmeldung für jeden Bestimmungsstaat, auf den Artikel 45 Absatz 1 Anwendung findet, ein regionales Patent und, sofern nicht Artikel 45 Absatz 2 Anwendung findet, ein nationales Patent beantragt wird.

b) [1] Wenn das nationale Recht eines Vertragsstaats am 5. Oktober 2005 vorsieht, dass die Einreichung einer internationalen Anmeldung, die diesen Staat bestimmt und die Priorität einer in diesem Staat wirksamen früheren nationalen Anmeldung in Anspruch nimmt, dazu führt, dass die Wirkung der früheren nationalen Anmeldung mit denselben Folgen endet wie die Zurücknahme der früheren nationalen Anmeldung, kann jeder Antrag, in dem die Priorität einer früheren in diesem Staat eingereichten nationalen Anmeldung in Anspruch genommen wird, unbeschadet des Absatzes a Ziffer i eine Angabe enthalten, wonach die Bestimmung dieses Staats nicht vorgenommen wird, sofern das Bestimmungsamt das Internationale Büro bis zum 5. Januar 2006 davon unterrichtet, dass dieser Absatz auf Bestimmungen des betreffenden Staats Anwendung findet und die Benachrichtigung am internationalen Anmeldedatum noch in Kraft ist. [2] Diese Mitteilung wird vom Internationalen Büro unverzüglich im Blatt veröffentlicht.

c) *(gestrichen)*

4.10. Prioritätsanspruch

a) [1]Jede Erklärung nach Artikel 8 Absatz 1 („Prioritätsanspruch") kann die Priorität einer oder mehrerer früherer Anmeldungen beanspruchen, die in einem oder für ein Verbandsland der Pariser Verbandsübereinkunft zum Schutz des gewerblichen Eigentums oder in einem oder für ein Mitglied der Welthandelsorganisation, das nicht Verbandsland dieser Übereinkunft ist, eingereicht wurden. [2]Jeder Prioritätsanspruch muss im Antrag abgegeben werden; er besteht aus einer Erklärung des Inhalts, dass die Priorität einer früheren Anmeldung in Anspruch genommen wird, und muss enthalten:

i) das Datum, an dem die frühere Anmeldung eingereicht worden ist;

ii) das Aktenzeichen der früheren Anmeldung;

iii) wenn die frühere Anmeldung eine nationale Anmeldung ist, das Verbandsland der Pariser Verbandsübereinkunft zum Schutz des gewerblichen Eigentums, in dem sie eingereicht worden ist;

iv) wenn die frühere Anmeldung eine regionale Anmeldung ist, die Behörde, die nach dem jeweiligen regionalen Patentvertrag mit der Erteilung regionaler Patente beauftragt ist;

v) wenn die frühere Anmeldung eine internationale Anmeldung ist, das Anmeldeamt, bei dem sie eingereicht worden ist.

b) Zusätzlich zu den nach Absatz a Ziffer iv oder v erforderlichen Angaben

i) können im Prioritätsanspruch ein oder mehrere Verbandsländer der Pariser Verbandsübereinkunft zum Schutz des gewerblichen Eigentums angegeben werden, für die die frühere Anmeldung eingereicht worden ist, wenn diese eine regionale oder internationale Anmeldung ist;

ii) ist im Prioritätsanspruch mindestens ein Verbandsland anzugeben, für das die frühere Anmeldung eingereicht worden ist, wenn die frühere Anmeldung eine regionale Anmeldung ist und die Mitgliedsstaaten des regionalen Patentvertrags nicht alle auch Verbandsländer der Pariser Verbandsübereinkunft zum Schutz des gewerblichen Eigentums sind.

c) Artikel 2 Ziffer vi ist auf die Absätze a und b nicht anzuwenden.

d) *(gestrichen)*

4.11. Bezugnahme auf eine Fortsetzung oder Teilfortsetzung oder Hauptanmeldung oder Hauptpatent

a) Wenn

i) der Anmelder beabsichtigt, gemäß Regel 49bis.1 Absatz a oder b den Wunsch zu äußern, dass die internationale Anmeldung in einem Bestimmungsstaat als Anmeldung für ein Zusatzpatent oder -zertifikat, einen Zusatzerfinderschein oder ein Zusatzgebrauchszertifikat behandelt wird, oder

ii) der Anmelder beabsichtigt, gemäß Regel 49bis.1 Absatz d den Wunsch zu äußern, dass die internationale Anmeldung in einem Bestimmungsstaat als eine Fortsetzung oder Teilfortsetzung einer früheren Anmeldung behandelt wird,

so hat der Antrag eine entsprechende Angabe zu enthalten und die einschlägige Hauptanmeldung, das einschlägige Hauptpatent oder ein anderes Hauptschutzrecht anzugeben.

b) Die Aufnahme einer Angabe in den Antrag gemäß Absatz a hat keine Auswirkung auf die Durchführung der Regel 4.9.

4.12. Berücksichtigung der Ergebnisse einer früheren Recherche

Wenn der Anmelder wünscht, dass die Internationale Recherchenbehörde bei der Durchführung der internationalen Recherche die Ergebnisse einer früheren internationalen Recherche, einer früheren Recherche internationaler Art oder einer früheren nationalen Recherche berücksichtigt, die von derselben oder einer anderen Internationalen Recherchenbehörde oder von einem nationalen Amt durchgeführt wurde („frühere Recherche"),

i) so hat der Antrag eine entsprechende Angabe zu enthalten und die betreffende Behörde oder das betreffende Amt und die Anmeldung, hinsichtlich der die frühere Recherche durchgeführt worden ist, zu bezeichnen;

ii) so kann der Antrag gegebenenfalls eine Erklärung enthalten, dass die internationale Anmeldung die gleiche oder im Wesentlichen gleiche ist wie die Anmeldung, hinsichtlich der die frühere Recherche durchgeführt wurde, oder dass die internationale Anmeldung die gleiche oder im Wesentlichen gleiche wie diese frühere Anmeldung ist, außer dass sie in einer anderen Sprache eingereicht worden ist.

4.13, 4.14. *(gestrichen)*

4.14bis. Wahl der Internationalen Recherchenbehörde

Sind zwei oder mehr Internationale Recherchenbehörden für die Recherche zur internationalen Anmeldung zuständig, so hat der Anmelder die von ihm gewählte Internationale Recherchenbehörde im Antrag anzugeben.

4.15. Unterschrift

Der Antrag ist vom Anmelder oder bei mehreren Anmeldern von allen Anmeldern zu unterzeichnen.

4.16. Transkription oder Übersetzung bestimmter Wörter

a) [1] Werden Namen oder Anschriften in anderen Buchstaben als denen des lateinischen Alphabets geschrieben, so sind sie auch in Buchstaben des lateinischen Alphabets anzugeben, und zwar als bloße Transkription oder durch Übersetzung in die englische Sprache. [2] Der Anmelder hat zu bestimmen, welche Wörter lediglich transkribiert und welche Wörter übersetzt werden.

b) Der Name eines Landes, der in anderen Buchstaben als denen des lateinischen Alphabets angegeben ist, ist auch in englischer Sprache anzugeben.

4.17. Weitere Angaben

a) Der Antrag darf keine weiteren als die in den Regeln 4.1 bis 4.16 aufgeführten Angaben enthalten; die Verwaltungsrichtlinien können die Aufnahme weiterer dort aufgeführter Angaben im Antrag gestatten, jedoch nicht zwingend vorschreiben.

b) Enthält der Antrag andere als die in Regeln 4.1 bis 4.16 aufgeführten oder gemäß Buchstabe a nach den Verwaltungsrichtlinien zulässigen Angaben, so hat das Anmeldeamt von Amts wegen die zusätzlichen Angaben zu streichen.

4.18. Erklärung über die Einbeziehung durch Verweis

[1] Beansprucht die internationale Anmeldung zu dem Zeitpunkt, an dem ein oder mehrere in Artikel 11 Absatz 1 Ziffer iii genannte Bestandteile erstmals beim Anmeldeamt eingegangen sind, die Priorität einer früheren Anmeldung, so kann der Antrag eine Erklärung des Inhalts enthalten, dass, wenn ein in Artikel 11 Absatz 1 Ziffer iii Buchstabe d oder e genannter Bestandteil der

internationalen Anmeldung oder ein Teil der Beschreibung, der Ansprüche, oder der Zeichnungen, auf den in Regel 20.5 Absatz a Bezug genommen wird, nicht in sonstiger Weise in der internationalen Anmeldung, aber vollständig in der früheren Anmeldung enthalten ist, dieser Bestandteil oder Teil, vorbehaltlich einer Bestätigung gemäß Regel 20.6, durch Verweis in die internationale Anmeldung, für die Zwecke der Regel 20.6, einbezogen ist. [2]Eine solche Erklärung kann, falls sie zu diesem Zeitpunkt nicht im Antrag enthalten war, dem Antrag hinzugefügt werden, wenn und nur wenn sie in sonstiger Weise in der internationalen Anmeldung enthalten war oder zusammen mit der internationalen Anmeldung zu diesem Zeitpunkt eingereicht wurde.

4.19. Weitere Angaben

a) Der Antrag darf keine weiteren als die in den Regeln 4.1 bis 4.18 aufgeführten Angaben enthalten; die Verwaltungsvorschriften können die Aufnahme weiterer dort aufgeführter Angaben im Antrag gestatten, jedoch nicht zwingend vorschreiben.

b) Enthält der Antrag andere als die in den Regeln 4.1 bis 4.18 aufgeführten oder gemäß Absatz a nach den Verwaltungsvorschriften zulässige Angaben, so streicht das Anmeldeamt von Amts wegen diese zusätzlichen Angaben.

Regel 5. Die Beschreibung

5.1. Art der Beschreibung

a) In der Beschreibung ist zunächst die im Antrag angegebene Bezeichnung der Erfindung zu nennen; ferner

i) ist das technische Gebiet, auf das sich die Erfindung bezieht, anzugeben;

ii) ist der zugrundeliegende Stand der Technik anzugeben, soweit er nach der Kenntnis des Anmelders für das Verständnis der Erfindung, für die Recherche und die Prüfung als nützlich angesehen werden kann; vorzugsweise sind auch Fundstellen anzugeben, aus denen sich dieser Stand der Technik ergibt;

iii) ist die Erfindung, wie sie in den Ansprüchen gekennzeichnet ist, so darzustellen, daß danach die technische Aufgabe (auch wenn nicht ausdrücklich als solche genannt) und deren Lösung verstanden werden können; außerdem sind gegebenenfalls die vorteilhaften Wirkungen der Erfindung unter Bezugnahme auf den zugrundeliegenden Stand der Technik anzugeben;

iv) sind die Abbildungen der Zeichnungen, falls solche vorhanden sind, kurz zu beschreiben;

v) ist wenigstens der nach Ansicht des Anmelders beste Weg zur Ausführung der beanspruchten Erfindung anzugeben; dies soll, wo es angebracht ist, durch Beispiele und gegebenenfalls unter Bezugnahme auf Zeichnungen geschehen; fordert das nationale Recht eines Bestimmungsstaats nicht die Beschreibung des besten Weges, sondern läßt es die Beschreibung irgendeines Weges zur Ausführung (gleichgültig, ob er als der beste angesehen wird) genügen, so hat die Nichtangabe des besten Weges zur Ausführung in diesem Staat keine Folgen;

vi) ist im einzelnen anzugeben, falls dies nicht nach der Beschreibung oder der Natur der Erfindung offensichtlich ist, in welcher Weise der Gegenstand der Erfindung gewerblich verwertet, hergestellt oder verwendet werden kann oder, wenn er nur verwendet werden kann, auf welche Weise er verwendet werden kann; der Begriff „gewerblich" ist im weitesten Sinne wie in der

Pariser Verbandsübereinkunft zum Schutz des gewerblichen Eigentums zu verstehen.

b) Die im Absatz a festgelegte Form und Reihenfolge sind einzuhalten, außer wenn wegen der Art der Erfindung eine abweichende Form oder Reihenfolge zu einem besseren Verständnis oder zu einer knapperen Darstellung führen würde.

c) Vorbehaltlich des Absatzes b soll möglichst jedem der in Absatz a genannten Teile eine geeignete Überschrift vorangestellt werden, wie sie in den Verwaltungsrichtlinien vorgeschlagen wird.

5.2. Offenbarung von Nucleotid- und/oder Aminosäuresequenzen

a) Offenbart die internationale Anmeldung eine oder mehrere Nucleotid- und/oder Aminosäurensequenzen, so muß die Beschreibung ein Sequenzprotokoll enthalten, das dem in den Verwaltungsvorschriften vorgeschriebenen Standard entspricht und diesem Standard entsprechend als gesonderter Teil der Beschreibung abgefaßt ist.

b) Enthält der Sequenzprotokollteil der Beschreibung freien Text im Sinne des in den Verwaltungsvorschriften vorgeschriebenen Standards, so muß dieser freie Text auch im Hauptteil der Beschreibung in deren Sprache erscheinen.

Regel 6. Die Ansprüche

6.1. Zahl und Numerierung der Ansprüche

a) Die Anzahl der Ansprüche hat sich bei Berücksichtigung der Art der beanspruchten Erfindung in vertretbaren Grenzen zu halten.

b) Mehrere Ansprüche sind fortlaufend mit arabischen Zahlen zu numerieren.

c) Die Art und Weise der Numerierung im Falle der Änderung von Ansprüchen wird durch die Verwaltungsrichtlinien geregelt.

6.2. Bezugnahme auf andere Teile der Anmeldung

a) [1] Ansprüche dürfen sich, wenn dies nicht unbedingt erforderlich ist, im Hinblick auf die technischen Merkmale der Erfindung nicht auf Bezugnahmen auf die Beschreibung oder die Zeichnungen stützen. [2] Sie dürfen sich insbesondere nicht auf Hinweise stützen, wie: „wie beschrieben in Teil ... der Beschreibung" oder „wie in Abbildung ... der Zeichnung dargestellt".

b) [1] Sind der Internationalen Anmeldung Zeichnungen beigefügt, so sind die in den Ansprüchen genannten technischen Merkmale vorzugsweise mit Bezugszeichen zu versehen, die auf diese Merkmale hinweisen. [2] Die Bezugszeichen sind vorzugsweise in Klammern zu setzen. [3] Ermöglichen die Bezugszeichen kein schnelleres Verständnis des Anspruchs, so sollen sie nicht aufgenommen werden. [4] Bezugszeichen können durch ein Bestimmungsamt für die Zwecke der Veröffentlichung durch dieses Amt entfernt werden.

6.3. Formulierung der Ansprüche

a) Der Gegenstand des Schutzbegehrens ist durch Angabe der technischen Merkmale der Erfindung festzulegen.

b) Wo es zweckdienlich ist, haben die Ansprüche zu enthalten:

i) die Angabe der technischen Merkmale, die für die Festlegung des beanspruchten Gegenstands der Erfindung notwendig sind, jedoch – in Verbindung miteinander – zum Stand der Technik gehören,

ii) einen kennzeichnenden Teil – eingeleitet durch die Worte „dadurch gekennzeichnet“, „gekennzeichnet durch“, „wobei die Verbesserung darin besteht“ oder durch eine andere Formulierung mit der gleichen Bedeutung –, der in gedrängter Form die technischen Merkmale bezeichnet, für die in Verbindung mit den unter Ziffer i angegebenen Merkmalen Schutz begehrt wird.

c) Fordert das nationale Recht des Bestimmungsstaats die in Absatz b vorgeschriebene Art der Formulierung der Ansprüche nicht, so hat der Nichtgebrauch dieser Formulierung in diesem Staat keine Folgen, sofern die Art der Formulierung der Ansprüche dem nationalen Recht dieses Staates genügt.

6.4. Abhängige Ansprüche

a) [1] Jeder Anspruch, der alle Merkmale eines oder mehrerer anderer Ansprüche enthält (Anspruch in abhängiger Form, nachfolgend bezeichnet als „abhängiger Anspruch“), hat vorzugsweise am Anfang eine Bezugnahme auf den oder die anderen Ansprüche zu enthalten und nachfolgend die zusätzlich beanspruchten Merkmale anzugeben. [2] Jeder abhängige Anspruch, der auf mehr als einen anderen Anspruch verweist („mehrfach abhängiger Anspruch“), darf nur in Form einer Alternative auf andere Ansprüche verweisen. [3] Mehrfach abhängige Ansprüche dürfen nicht als Grundlage für andere mehrfach abhängige Ansprüche dienen. [4] Gestattet es das nationale Recht des als Internationale Recherchenbehörde tätigen nationalen Amtes nicht, daß mehrfach abhängige Ansprüche anders als in den beiden vorstehenden Sätzen bestimmt abgefaßt werden, so kann in den internationalen Recherchenbericht ein Hinweis nach Artikel 17 Absatz 2 Buchstabe b aufgenommen werden, wenn Ansprüche diesen Bestimmungen nicht entsprechen. [5] Der Umstand, daß die Ansprüche nicht entsprechend diesen Bestimmungen abgefaßt sind, hat in einem Bestimmungsstaat keine Folgen, wenn die Ansprüche entsprechend dem nationalen Recht dieses Staates abgefaßt sind.

b) Jeder abhängige Anspruch ist dahin zu verstehen, daß er alle Beschränkungen des Anspruchs enthält, auf den er sich bezieht, oder im Falle mehrfacher Abhängigkeit alle Beschränkungen des Anspruchs, mit dem er im Einzelfall in Verbindung gebracht wird.

c) Alle abhängigen Ansprüche, die sich auf einen oder mehrere vorangehende Ansprüche rückbeziehen, sind soweit möglich und auf die zweckmäßigste Weise zu gruppieren.

6.5. Gebrauchsmuster

Jeder Bestimmungsstaat, in dem auf der Grundlage einer internationalen Anmeldung um die Erteilung eines Gebrauchsmusters nachgesucht wird, kann hinsichtlich der in den Regeln 6.1 bis 6.4 geregelten Fragen an Stelle dieser Regeln sein nationales Gebrauchsmusterrecht anwenden, sobald mit der Bearbeitung der internationalen Anmeldung in diesem Staat begonnen worden ist, unter der Voraussetzung, daß dem Anmelder eine Frist von mindestens zwei Monaten nach Ablauf der nach Artikel 22 maßgeblichen Frist gewährt wird, damit er seine Anmeldung den genannten Bestimmungen des nationalen Rechts anpassen kann.

Regel 7. Die Zeichnungen

7.1. Flußdiagramme und Diagramme

Flußdiagramme und Diagramme gelten als Zeichnungen.

7.2. Frist

Die in Artikel 7 Absatz 2 Ziffer ii genannte Frist muß unter Berücksichtigung der Umstände des Falles angemessen sein und darf in keinem Falle kürzer bemessen werden als zwei Monate seit dem Zeitpunkt, in dem die Nachreichung von Zeichnungen oder von zusätzlichen Zeichnungen nach der genannten Vorschrift schriftlich verlangt worden ist.

Regel 8. Die Zusammenfassung

8.1. Inhalt und Form der Zusammenfassung

a) Die Zusammenfassung hat zu bestehen:

i) aus einer Kurzfassung der in der Beschreibung, den Ansprüchen und Zeichnungen enthaltenen Offenbarung; die Kurzfassung soll das technische Gebiet der Erfindung angeben und so gefaßt sein, daß sie ein klares Verständnis des technischen Problems, des entscheidenden Punktes der Lösung durch die Erfindung und der hauptsächlichen Verwendungsmöglichkeiten ermöglicht;

ii) gegebenenfalls aus der chemischen Formel, die unter allen in der internationalen Anmeldung enthaltenen Formeln die Erfindung am besten kennzeichnet.

b) Die Zusammenfassung hat so kurz zu sein, wie es die Offenbarung erlaubt (vorzugsweise 50 bis 150 Wörter, wenn in englischer Sprache abgefaßt oder in die englische Sprache übersetzt).

c) Die Zusammenfassung darf keine Behauptungen über angebliche Vorzüge oder den Wert der beanspruchten Erfindung oder über deren theoretische Anwendungsmöglichkeiten enthalten.

d) Jedem in der Zusammenfassung erwähnten und in einer der Anmeldung beigefügten Zeichnung veranschaulichten technischen Merkmal hat in Klammern ein Bezugszeichen zu folgen.

8.2. Abbildung

a) [1] Macht der Anmelder die in Regel 3.3 Absatz a Ziffer iii erwähnte Angabe nicht oder kommt die Internationale Recherchenbehörde zu dem Ergebnis, daß eine oder mehrere andere Abbildungen als die vom Anmelder vorgeschlagene von allen Abbildungen aller Zeichnungen die Erfindung besser kennzeichnen, so soll sie vorbehaltlich Absatz b die Abbildung oder Abbildungen angeben, die vom Internationalen Büro zusammen mit der Zusammenfassung veröffentlicht werden sollen. [2] In diesem Fall wird die Zusammenfassung mit der oder den von der Internationalen Recherchenbehörde angegebenen Abbildungen veröffentlicht. [3] Andernfalls wird die Zusammenfassung vorbehaltlich Absatz b mit der oder den vom Anmelder vorgeschlagenen Abbildungen veröffentlicht.

b) [1] Kommt die Internationale Recherchenbehörde zu dem Ergebnis, daß keine Abbildung der Zeichnungen für das Verständnis der Zusammenfassung nützlich ist, so teilt sie dies dem internationalen Büro mit. [2] In diesem Fall wird die Zusammenfassung vom internationalen Büro ohne eine Abbildung der Zeichnungen veröffentlicht, auch wenn der Anmelder einen Vorschlag nach Regel 3.3 Absatz a Ziffer iii gemacht hat.

8.3. Richtlinien für die Abfassung

Die Zusammenfassung ist so zu formulieren, daß sie auf dem jeweiligen Fachgebiet als brauchbare Handhabe zur Nachsuche dienen kann, insbesondere dem Wissenschaftler, dem Ingenieur oder dem Rechercheur dabei hilft, sich eine Meinung darüber zu bilden, ob es notwendig ist, die internationale Anmeldung selbst einzusehen.

Regel 9. Nicht zu verwendende Ausdrücke usw.

9.1. Begriffsbestimmung

Die internationale Anmeldung darf nicht enthalten:

i) Ausdrücke oder Zeichnungen, die gegen die guten Sitten verstoßen;

ii) Ausdrücke oder Zeichnungen, die gegen die öffentliche Ordnung verstoßen;

iii) herabsetzende Äußerungen über Erzeugnisse oder Verfahren Dritter oder den Wert oder die Gültigkeit von Anmeldungen oder Patenten Dritter (bloße Vergleiche mit dem Stand der Technik gelten als solche nicht als herabsetzend);

iv) jede den Umständen nach offensichtlich belanglose oder unnötige Äußerung oder sonstige Angabe.

9.2. Festellung der Zuwiderhandlung

Das Anmeldeamt, die Internationale Recherchenbehörde, die für die ergänzende Recherche bestimmte Behörde und das Internationale Büro können eine Zuwiderhandlung gegen Regel 9.1 feststellen und können dem Anmelder vorschlagen, seine internationale Anmeldung freiwillig entsprechend zu ändern; in diesem Fall werden, sofern zutreffend, das Anmeldeamt, die zuständige Internationale Recherchenbehörde, die zuständige für die ergänzende Recherche bestimmte Behörde und das Internationale Büro von dem Vorschlag unterrichtet.

9.3. Bezugnahme auf Artikel 21 Absatz 6

Der Ausdruck „herabsetzende Äußerungen" in Artikel 21 Absatz 6 hat die in Regel 9.1 Ziffer iii festgelegte Bedeutung.

Regel 10. Terminologie und Zeichen

10.1. Terminologie und Zeichen

a) Gewichts- und Maßeinheiten sind nach dem metrischen System anzugeben oder jedenfalls auch in diesem System, falls den Angaben ein anderes System zugrunde liegt.

b) Temperaturen sind in Grad Celsius oder, falls den Angaben ein anderes System zugrunde liegt, auch in Grad Celsius anzugeben.

c) *(gestrichen)*

d) Für Angaben über Wärme, Energie, Licht, Schall und Magnetismus sowie für mathematische Formeln und elektrische Einheiten sind die in der internationalen Praxis anerkannten Regeln zu beachten; für chemische Formeln sind die allgemein üblichen Symbole, Atomgewichte und Molekularformeln zu verwenden.

e) Allgemein sind nur solche technischen Bezeichnungen, Zeichen und Symbole zu verwenden, wie sie allgemein auf dem Fachgebiet anerkannt sind.

f) Der Beginn von Dezimalstellen ist, wenn die internationale Anmeldung oder ihre Übersetzung in chinesischer, englischer oder japanischer Sprache abgefaßt ist, durch einen Punkt und, wenn die internationale Anmeldung oder ihre Übersetzung in einer anderen Sprache abgefaßt ist, durch ein Komma zu kennzeichnen.

10.2. Einheitlichkeit

Terminologie und Zeichen sind in der gesamten internationalen Anmeldung einheitlich zu verwenden.

Regel 11. Bestimmungen über die äußere Form der internationalen Anmeldung

11.1. Anzahl von Exemplaren

a) Vorbehaltlich des Absatzes b sind die internationale Anmeldung und jede der in der Liste (Regel 3.3 Absatz a Ziffer ii) genannten Unterlagen in einem Exemplar einzureichen.

b) [1] Jedes Anmeldeamt kann verlangen, daß die internationale Anmeldung und jede der in der Kontrolliste (Regel 3.3 Absatz a Ziffer ii) genannten Unterlagen mit Ausnahme der Gebührenquittung und des Schecks für die Gebührenzahlung in zwei oder drei Exemplaren eingereicht wird. [2] In diesem Fall ist das Anmeldeamt für die Feststellung der Übereinstimmung des zweiten und dritten Exemplars mit dem Aktenexemplar verantwortlich.

11.2. Vervielfältigungsfähigkeit

a) Alle Teile der internationalen Anmeldung (d.h. der Antrag, die Beschreibung, die Ansprüche, die Zeichnungen und die Zusammenfassung) sind in einer Form einzureichen, die eine unmittelbare Vervielfältigung durch Fotografie, elektrostatisches Verfahren, Foto-Offsetdruck und Mikroverfilmung in einer unbeschränkten Anzahl von Exemplaren gestattet.

b) Die Blätter müssen glatt, knitterfrei und ungefaltet sein.

c) Die Blätter sein einseitig zu beschriften.

d) Vorbehaltlich der Regel 11.10 Absatz d und der Regel 11.13 Absatz j ist jedes Blatt im Hochformat zu verwenden (d.h. die kurzen Seiten oben und unten).

11.3. Zu verwendendes Material

Alle Bestandteile der internationalen Anmeldung sind auf biegsamem, festem, weißem, glattem, mattem und widerstandsfähigem Papier einzureichen.

11.4. Einzelne Blätter

a) Jeder Teil der internationalen Anmeldung (Antrag, Beschreibung, Ansprüche, Zeichnungen, Zusammenfassung) hat auf einem neuen Blatt zu beginnen.

b) Alle Blätter der internationalen Anmeldung haben so miteinander verbunden zu sein, daß sie beim Einsehen leicht gewendet werden können und leicht zu entfernen und wieder einzuordnen sind, wenn sie zu Zwecken der Vervielfältigung entnommen werden sollen.

11.5. Blattformat

[1] Als Blattgröße ist das Format A4 (29,7 cm mal 21 cm) zu verwenden. [2] Jedoch können die Anmeldeämter internationale Anmeldungen auf Blättern von anderem Format zulassen, vorausgesetzt, daß das Aktenexemplar, wie es dem Internationalen Büro übermittelt wird, und, falls es die zuständige Internationale Recherchenbehörde so wünscht, auch das Recherchenexemplar das Format A4 aufweisen.

11.6. Ränder

a) Als Mindestränder sind auf den Blättern der Beschreibung, der Ansprüche und der Zusammenfassung folgende Abstände einzuhalten:
– Oben: 2 cm
– Links: 2,5 cm
– Rechts: 2 cm
– Unten: 2 cm

b) Die empfohlenen Höchstmaße für die Ränder nach Absatz a sind folgende Abstände:
– Oben: 4 cm
– Links: 4 cm
– Rechts: 3 cm
– Unten: 3 cm

c) [1] Auf Blättern, die Zeichnungen enthalten, darf die benutzte Fläche 26,2 × 17 cm nicht überschreiten. [2] Die benutzbare oder benutzte Fläche der Blätter darf nicht umrandet sein. [3] Als Mindestränder sind folgende Abstände einzuhalten:
– Oben: 2,5 cm
– Links: 2,5 cm
– Rechts: 1,5 cm
– Unten: 1 cm

d) Die in den Absätzen a bis c genannten Ränder beziehen sich auf Blätter von A4-Format, so daß, selbst wenn das Anmeldeamt andere Formate zuläßt, auch dem das A4-Format aufweisenden Aktenexemplar und, falls gefordert, dem das A4-Format aufweisenden Recherchenexemplar noch die vorgeschriebenen Ränder verbleiben müssen.

e) Vorbehaltlich Absatz f und Regel 11.8 Absatz b müssen die Ränder der internationalen Anmeldung bei ihrer Einreichung vollständig frei sein.

f) [1] Der Oberrand darf in der linken Ecke die Angabe des Aktenzeichens des Anmelders enthalten, sofern es nicht mehr als 1,5 cm vom oberen Blattrand entfernt eingetragen ist. [2] Die für das Aktenzeichen des Anmelders verwendete Anzahl von Zeichen darf die in den Verwaltungsrichtlinien festgelegte Höchstzahl nicht überschreiten.

11.7. Numerierung der Blätter

a) Alle Blätter der internationalen Anmeldung sind fortlaufend nach arabischen Zahlen zu numerieren.

b) Die Blattzahlen sind oben oder unten, in der Mitte, aber nicht innerhalb des Randes der Blätter anzubringen.

11.8. Numerierung von Zeilen

a) Es wird dringend empfohlen, jede fünfte Zeile auf jedem Blatt der Beschreibung und auf jedem Blatt der Patentansprüche zu numerieren.

b) Die Zahlen sind in der rechten Hälfte des linken Randes anzubringen.

11.9. Schreibweise von Texten

a) Der Antrag, die Beschreibung, die Ansprüche und die Zusammenfassung müssen mit Maschine geschrieben oder gedruckt sein.

b) Nur graphische Symbole und Schriftzeichen, chemische oder mathematische Formeln und besondere Zeichen der chinesischen oder japanischen Sprache können, falls notwendig, handgeschrieben oder gezeichnet sein.

c) Der Zeilenabstand hat $1^1/_2$ zeilig zu sein.

d) Alle Texte müssen in Buchstaben, deren Großbuchstaben eine Mindestgröße von 2,8 mm Höhe aufweisen, und mit dunkler unauslöschlicher Farbe entsprechend Regel 11.2 geschrieben sein, mit der Maßgabe, dass alle Textbestandteile im Antrag in Buchstaben, deren Großbuchstaben eine Mindestgröße von 2,1 mm Höhe aufweisen, geschrieben sein dürfen.

e) Die Absätze c und d sind, soweit sie den Zeilenabstand und die Größe der Buchstaben betreffen, auf Texte in chinesischer oder japanischer Sprache nicht anzuwenden.

11.10. Zeichnungen, Formeln und Tabellen innerhalb des Textes

a) Der Antrag, die Beschreibung, die Ansprüche und die Zusammenfassung dürfen keine Zeichnungen enthalten.

b) Die Beschreibung, die Ansprüche und die Zusammenfassung können chemische oder mathematische Formeln enthalten.

c) Die Beschreibung und die Zusammenfassung können Tabellen enthalten; ein Anspruch darf Tabellen nur enthalten, wenn der Gegenstand des Anspruchs die Verwendung von Tabellen wünschenswert erscheinen läßt.

d) Tabellen sowie chemische oder mathematische Formeln können im Querformat wiedergegeben werden, wenn sie im Hochformat nicht befriedigend dargestellt werden können; Blätter, auf denen Tabellen oder chemische oder mathematische Formeln im Querformat wiedergegeben werden, sind so anzuordnen, daß der Kopf der Tabellen oder Formeln auf der linken Seite des Blattes erscheint.

11.11. Erläuterungen in Zeichnungen

a) Erläuterungen dürfen in die Zeichnungen nicht aufgenommen werden; ausgenommen sind kurze unentbehrliche Angaben – z.B. „Wasser", „Dampf", „offen", „geschlossen", „Schnitt nach A-B" – sowie in elektrischen Schaltplänen und Blockschaltbildern oder Flußdiagrammen kurze Stichworte, die für das Verständnis unentbehrlich sind.

b) Verwendete Erläuterungen sind so anzubringen, daß sie, wenn sie übersetzt werden, ohne die Linien der Zeichnungen zu beeinflussen, überklebt werden können.

11.12. Änderungen und ähnliches

[1]Jedes Blatt muß weitgehend frei von Radierstellen und frei von Änderungen, Überschreibungen und Zwischenbeschriftungen sein. [2]Von diesem Erfordernis kann abgesehen werden, wenn der verbindliche Text dadurch nicht in Frage gestellt wird und die Voraussetzungen für eine gute Vervielfältigung nicht gefährdet sind.

11.13. Besondere Bestimmungen für Zeichnungen

a) Zeichnungen sind in widerstandsfähigen schwarzen, ausreichend festen und dunklen, in sich gleichmäßig starken und klaren Linien oder Strichen ohne Farben auszuführen.

b) Querschnitte sind durch Schraffierungen kenntlich zu machen, die die Erkennbarkeit der Bezugszeichen und Führungslinien nicht beeinträchtigen dürfen.

c) Der Maßstab der Zeichnungen und die Klarheit der zeichnerischen Ausführung müssen gewährleisten, daß eine fotografische Wiedergabe auch bei Verkleinerungen auf ⅔ alle Einzelheiten noch ohne Schwierigkeiten erkennen läßt.

d) Wenn in Ausnahmefällen der Maßstab in einer Zeichnung angegeben wird, so ist er zeichnerisch darzustellen.

e) [1] Alle Zahlen, Buchstaben und Bezugslinien, welche in der Zeichnung vorhanden sind, müssen einfach und eindeutig sein. [2] Klammern, Kreise oder Anführungszeichen dürfen bei Zahlen und Buchstaben nicht verwendet werden.

f) Alle Linien in den Zeichnungen sollen im allgemeinen mit Zeichengeräten gezogen werden.

g) Jeder Teil der Abbildung hat im richtigen Verhältnis zu jedem anderen Teil der Abbildung zu stehen, sofern nicht die Verwendung eines anderen Verhältnisses für die Übersichtlichkeit der Abbildung unerläßlich ist.

h) [1] Die Größe der Ziffern und Buchstaben darf 3,2 mm nicht unterschreiten. [2] Für die Beschriftung der Zeichnungen ist lateinische Schrift zu verwenden und, wo üblich, die griechische Schrift.

i) [1] Ein Zeichnungsblatt kann mehrere Abbildungen enthalten. [2] Bilden Abbildungen auf zwei oder mehr Blättern eine einzige vollständige Abbildung, so sind die Abbildungen auf den mehreren Blättern so anzubringen, daß die vollständige Abbildung zusammengesetzt werden kann, ohne daß ein Teil einer Abbildung auf den einzelnen Blättern verdeckt wird.

j) [1] Die einzelnen Abbildungen sind auf einem Blatt oder mehreren Blättern ohne Platzverschwendung vorzugsweise im Hochformat und eindeutig voneinander getrennt anzuordnen. [2] Sind die Abbildungen nicht im Hochformat dargestellt, so sind sie im Querformat mit dem Kopf der Abbildungen auf der linken Seite des Blattes anzuordnen.

k) Die einzelnen Abbildungen sind durch arabische Zahlen fortlaufend und unabhängig von den Zeichnungsblättern zu numerieren.

l) Nicht in der Beschreibung genannte Bezugszeichen dürfen in den Zeichnungen nicht erscheinen und umgekehrt.

m) Gleiche mit Bezugszeichen gekennzeichnete Teile müssen in der gesamten internationalen Anmeldung die gleichen Zeichen erhalten.

n) Enthalten die Zeichnungen eine große Zahl von Bezugszeichen, so wird dringend empfohlen, ein gesondertes Blatt mit einer Zusammenstellung aller Bezugszeichen und der durch sie gekennzeichneten Teile beizufügen.

11.14. Nachgereichte Unterlagen

Die Regeln 10 und 11.1 bis 11.13 sind auch auf alle zur internationalen Anmeldung nachgereichten Unterlagen – z.B. Ersatzblätter, geänderte Ansprüche, Übersetzungen – anzuwenden.

Regel 12. Sprache der internationalen Anmeldung und Übersetzungen für die Zwecke der internationalen Recherche und der internationalen Veröffentlichung

12.1. Für die Einreichung internationaler Anmeldungen zugelassene Sprachen

a) Eine internationale Anmeldung kann in jeder Sprache eingereicht werden, die das Anmeldeamt für diesen Zweck zuläßt.

b) Jedes Anmeldeamt muß für die Zwecke der Einreichung internationaler Anmeldungen mindestens eine Sprache zulassen, die sowohl

i) von der Internationalen Recherchenbehörde, die für die internationale Recherche der bei diesem Anmeldeamt eingereichten internationalen Anmeldungen zuständig ist, oder gegebenenfalls von mindestens einer solchen Internationalen Recherchenbehörde, zugelassen ist als auch

ii) eine Veröffentlichungssprache ist.

iii) *(gestrichen)*

c) Unbeschadet des Absatzes a muss der Antrag in einer vom Anmeldeamt für die Zwecke dieses Absatzes zugelassenen Veröffentlichungssprache eingereicht werden.

d) Unbeschadet des Absatzes a müssen alle im Sequenzprotokollteil der Beschreibung enthaltenen Textbestandteile nach Regel 5.2 Absatz a entsprechend dem in den Verwaltungsvorschriften vorgeschriebenen Standard abgefaßt sein.

12.1^bis^. Sprache der nach Regel 20.3, 20.5 oder 20.6 eingereichten Bestandteile und Teile

Ein vom Anmelder gemäß Regel 20.3 Absatz b oder 20.6 Absatz a eingereichter in Artikel 11 Absatz 1 Ziffer iii Buchstabe d oder e genannter Bestandteil und ein vom Anmelder gemäß Regel 20.5 Absatz b oder 20.6 Absatz a eingereichter Teil der Beschreibung, der Ansprüche oder der Zeichnungen ist in der Sprache, in der die internationale Anmeldung eingereicht worden ist, oder, wenn eine Übersetzung der Anmeldung nach Regel 12.3 Absatz a oder 12.4 Absatz a erforderlich ist, sowohl in der Sprache, in der die Anmeldung eingereicht worden ist, als auch in der Sprache der Übersetzung abzufassen.

12.1^ter^. Sprache der nach Regel 13bis.4 eingereichten Angaben

Jede nach Regel 13bis.4 eingereichte Angabe bezüglich hinterlegten biologischen Materials ist in der Sprache abzufassen, in der die internationale Anmeldung eingereicht worden ist, mit der Maßgabe, dass eine solche Angabe sowohl in der Sprache der Anmeldung als auch in der Sprache der Übersetzung einzureichen ist, wenn nach Regel 12.3 Absatz a oder 12.4 Absatz a eine Übersetzung der internationalen Anmeldung erforderlich ist.

12.2. Sprache von Änderungen in der internationalen Anmeldung

a) Jede Änderung in der internationalen Anmeldung ist vorbehaltlich der Regeln 46.3 und 55.3 in der Sprache abzufassen, in der die Anmeldung eingereicht worden ist.

b) Jede nach Regel 91.1 vorgenommene Berichtigung eines offensichtlichen Fehlers in der internationalen Anmeldung ist in der Sprache abzufassen, in der die Anmeldung eingereicht worden ist, vorausgesetzt, dass

i) Berichtigungen nach Regel 91.1 Absatz b Ziffern ii und iii sowohl in der Sprache der Anmeldung als auch in der Sprache der Übersetzung einzureichen sind, wenn nach Regel 12.3 Absatz a, 12.4 Absatz a oder 55.2 Absatz a eine Übersetzung der internationalen Anmeldung erforderlich ist;

ii) Berichtigungen nach Regel 91.1 Absatz b Ziffer i nur in der Sprache der Übersetzung eingereicht zu werden brauchen, wenn nach Regel 26.3^ter Absatz c eine Übersetzung des Antrags erforderlich ist.

c) [1] Jede nach Regel 26 vorgenommene Berichtigung von Mängeln in der internationalen Anmeldung ist in der Sprache abzufassen, in der die internationale Anmeldung eingereicht worden ist. [2] Jede nach Regel 26 vorgenommene Berichtigung von Mängeln in einer nach Regel 12.3 oder 12.4 eingereichten Übersetzung der internationalen Anmeldung, jede nach Regel 55.2 Absatz c vorgenommene Berichtigung von Mängeln in einer nach Regel 55.2 Absatz a eingereichten Übersetzung oder jede Berichtigung von Mängeln in der nach Regel 26.3^ter Absatz c übermittelten Übersetzung des Antrags ist in der Sprache der Übersetzung abzufassen.

12.3. Übersetzung für die Zwecke der internationalen Recherche

a) Wenn die Sprache, in der die internationale Anmeldung eingereicht worden ist, von der Internationalen Recherchenbehörde, die die internationale Recherche durchführen soll, nicht zugelassen ist, muß der Anmelder innerhalb eines Monats nach Eingang der internationalen Anmeldung beim Anmeldeamt bei diesem Amt eine Übersetzung der internationalen Anmeldung in einer Sprache einreichen, die sowohl

i) eine von dieser Behörde zugelassene Sprache als auch

ii) eine Veröffentlichungssprache und

iii) eine vom Anmeldeamt nach Regel 12.1 Absatz a zugelassene Sprache ist, es sei denn, die internationale Anmeldung wurde in einer Veröffentlichungssprache eingereicht.

b) Absatz a ist weder auf den Antrag noch auf den Sequenzprotokollteil der Beschreibung anzuwenden.

c) Hat der Anmelder bis zu dem Zeitpunkt, zu dem ihm das Anmeldeamt die Mitteilung nach Regel 20.2 Absatz c zusendet, die nach Absatz a erforderliche Übersetzung nicht noch eingereicht, so fordert ihn das Anmeldeamt, vorzugsweise zusammen mit dieser Mitteilung, auf,

i) die erforderliche Übersetzung innerhalb der Frist nach Absatz a einzureichen;

ii) falls die erforderliche Übersetzung nicht innerhalb der Frist nach Absatz a eingereicht worden ist, diese einzureichen und gegebenenfalls die Gebühr für verspätete Einreichung nach Absatz e zu entrichten, und zwar innerhalb eines Monats nach dem Datum der Aufforderung oder innerhalb von zwei Monaten nach Eingang der internationalen Anmeldung beim Anmeldeamt, je nachdem, welche Frist später abläuft.

d) [1] Hat das Anmeldeamt dem Anmelder eine Aufforderung nach Absatz c zugesandt und hat der Anmelder innerhalb der nach Absatz c Ziffer ii maßgeblichen Frist die erforderliche Übersetzung nicht eingereicht und die gegebenenfalls zu zahlende Gebühr für die verspätete Einreichung nicht entrichtet, so gilt die internationale Anmeldung als zurückgenommen und wird vom Anmeldeamt für zurückgenommen erklärt. [2] Alle Übersetzungen und Zahlungen, die beim Anmeldeamt vor dem Zeitpunkt, zu dem dieses Amt die Erklärung nach Satz 1 abgibt, und vor Ablauf von 15 Monaten nach dem Prioritätsdatum eingehen, gelten als vor Ablauf dieser Frist eingegangen.

e) Das Anmeldeamt kann die Einreichung einer Übersetzung nach Ablauf der Frist nach Absatz a davon abhängig machen, dass ihm zu seinen Gunsten eine Gebühr für verspätete Einreichung in Höhe von 25% der unter Nummer 1 des Gebührenverzeichnisses genannten internationalen Anmeldegebühr gezahlt wird, wobei die Gebühr für das 31. und jedes weitere Blatt der internationalen Anmeldung unberücksichtigt bleibt.

12.4. Übersetzung für die Zwecke der internationalen Veröffentlichung

a) Wenn die Sprache, in der die internationale Anmeldung eingereicht worden ist, keine Veröffentlichungssprache ist und die Einreichung einer Übersetzung nach Regel 12.3 Absatz a nicht erforderlich ist, muss der Anmelder eine Übersetzung der internationalen Anmeldung in eine vom Anmeldeamt für die Zwecke dieses Absatzes zugelassene Veröffentlichungssprache innerhalb von vierzehn Monaten nach dem Prioritätsdatum beim Anmeldeamt einreichen.

b) Absatz a ist weder auf den Antrag noch auf den Sequenzprotokollteil der Beschreibung anzuwenden.

c) [1] Hat der Anmelder die in Absatz a genannte Übersetzung nicht innerhalb der in diesem Absatz genannten Frist eingereicht, fordert ihn das Anmeldeamt auf, die erforderliche Übersetzung innerhalb von sechzehn Monaten nach dem Prioritätsdatum einzureichen und gegebenenfalls die Gebühr für verspätete Einreichung nach Absatz e zu entrichten. [2] Geht die Übersetzung beim Anmeldeamt ein, bevor dieses Amt die Aufforderung nach dem vorangehenden Satz abgesandt hat, gilt sie als vor Ablauf der Frist nach Absatz a eingegangen.

d) [1] Hat der Anmelder die erforderliche Übersetzung nicht innerhalb der Frist nach Absatz c eingereicht und die gegebenenfalls zu zahlende Gebühr für verspätete Einreichung nicht entrichtet, gilt die internationale Anmeldung als zurückgenommen und wird vom Anmeldeamt für zurückgenommen erklärt. [2] Gehen die Übersetzung und die Zahlung beim Anmeldeamt vor dem Zeitpunkt ein, zu dem dieses Amt die Erklärung nach dem vorangehenden Satz abgibt und vor Ablauf von siebzehn Monaten ab dem Prioritätsdatum, gelten sie als vor Ablauf dieser Frist eingegangen.

e) Das Anmeldeamt kann die Einreichung einer Übersetzung nach Ablauf der Frist nach Absatz a davon abhängig machen, dass ihm zu seinen Gunsten eine Gebühr für verspätete Einreichung in Höhe von 25% der unter Nummer 1 des Gebührenverzeichnisses genannten internationalen Anmeldegebühr gezahlt wird, wobei die Gebühr für das 31. und jedes weitere Blatt der internationalen Anmeldung unberücksichtigt bleibt.

Regel 12bis. Einreichung von zu einer früheren Recherche gehörenden Unterlagen durch den Anmelder

12bis.1. Einreichung von zu einer früheren Recherche gehörenden Unterlagen durch den Anmelder bei einem Antrag nach Regel 4.12

a) Hat der Anmelder gemäß Regel 4.12 beantragt, dass die Internationale Recherchenbehörde die Ergebnisse einer früheren Recherche, die von derselben oder einer anderen Internationalen Recherchenbehörde oder von einem nationalen Amt durchgeführt worden ist, berücksichtigt, so muss der Anmelder vorbehaltlich der Absätze b bis d beim Anmeldeamt zusammen mit der internationalen Anmeldung eine Kopie der Ergebnisse der früheren Recherche einreichen in der Form, in der sie von der betreffenden Behörde oder dem betreffenden Amt abgefasst worden sind (zum Beispiel in Form eines Recherchenberichts, einer Auflistung der zum Stand der Technik gehörenden Unterlagen oder eines Prüfungsberichts).

b) [1] Wenn die frühere Recherche von demselben Amt durchgeführt wurde wie demjenigen, das als Anmeldeamt handelt, kann der Anmelder, anstatt die in Absatz a genannte Kopie einzureichen, beantragen, dass das Anmeldeamt sie erstellt und an die Internationale Recherchenbehörde übermittelt. [2] Ein solcher Antrag muss im Antrag gestellt werden und kann vom Anmeldeamt davon abhängig gemacht werden, dass ihm zu seinen Gunsten eine Gebühr entrichtet wird.

c) Wenn die frühere Recherche von derselben Internationalen Recherchenbehörde oder demselben Amt durchgeführt wurde, die oder das als Internationale Recherchenbehörde handelt, so ist es nicht erforderlich, die in Absatz a genannte Kopie nach dem genannten Absatz einzureichen.

d) Wenn dem Anmeldeamt oder der Internationalen Recherchenbehörde eine in Absatz a genannte Kopie in einer für sie akzeptablen Form und Weise zugänglich ist, zum Beispiel über eine digitale Bibliothek, und der Anmelder im Antrag darauf hinweist, so ist die Einreichung einer Kopie nach dem genannten Absatz nicht erforderlich.

12bis.2. Aufforderung durch die Internationale Recherchenbehörde zur Einreichung von zu einer früheren Recherche gehörenden Unterlagen bei einem Antrag nach Regel 4.12

a) Die Internationale Recherchenbehörde kann vorbehaltlich der Absätze b und c den Anmelder auffordern, bei ihr innerhalb einer den Umständen nach angemessenen Frist Folgendes einzureichen:

i) eine Kopie der einschlägigen früheren Anmeldung,

ii) wenn die frühere Anmeldung in einer Sprache abgefasst ist, die nicht von der Internationalen Recherchenbehörde zugelassen ist, eine Übersetzung der früheren Anmeldung in eine von dieser Behörde zugelassene Sprache,

iii) wenn die Ergebnisse der früheren Recherche in einer Sprache abgefasst sind, die nicht von der Internationalen Recherchenbehörde zugelassen ist, eine Übersetzung dieser Ergebnisse in eine von dieser Behörde zugelassene Sprache,

iv) eine Kopie jeder beliebigen in den Ergebnissen der früheren Recherche aufgeführten Unterlage.

b) Wenn die frühere Recherche von derselben Internationalen Recherchenbehörde oder von demselben Amt, die oder das als Internationale Recherchenbehörde handelt, durchgeführt wurde oder wenn der Internationalen Recherchenbehörde eine in Absatz a genannte Kopie oder Übersetzung in einer für sie akzeptablen Form und Weise zugänglich ist, zum Beispiel über eine digitale Bibliothek oder in Form eines Prioritätsbelegs, so ist es nicht erforderlich, die in Absatz a genannte Kopie oder Übersetzung nach dem genannten Absatz einzureichen.

c) Wenn der Antrag eine Erklärung gemäß Regel 4.12 Ziffer ii enthält mit der Maßgabe, dass die internationale Anmeldung die gleiche oder im Wesentlichen gleiche ist wie die Anmeldung, hinsichtlich der die frühere Recherche durchgeführt wurde, oder dass die internationale Anmeldung die gleiche oder im Wesentlichen gleiche ist wie diese frühere Anmeldung, außer dass sie in einer anderen Sprache eingereicht worden ist, so ist es nicht erforderlich, die in Absatz a Ziffern i und ii genannte Kopie oder Übersetzung nach dem genannten Absatz einzureichen.

Regel 13. Einheitlichkeit der Erfindung

13.1. Erfordernis

Die internationale Anmeldung darf sich nur auf eine Erfindung oder eine Gruppe von Erfindungen beziehen, die so zusammenhängen, daß sie eine einzige allgemeine erfinderische Idee verwirklichen („Erfordernis der Einheitlichkeit der Erfindung").

13.2. Fälle, in denen das Erfordernis der Einheitlichkeit der Erfindung als erfüllt gilt

[1] Wird in einer internationalen Anmeldung eine Gruppe von Erfindungen beansprucht, so ist das Erfordernis der Einheitlichkeit der Erfindung nach Regel 13.1 nur erfüllt, wenn zwischen diesen Erfindungen ein technischer Zusammenhang besteht, der in einem oder mehreren gleichen oder entsprechenden besonderen technischen Merkmalen zum Ausdruck kommt. [2] Unter dem Begriff „besondere technische Merkmale" sind diejenigen technischen Merkmale zu verstehen, die einen Beitrag jeder beanspruchten Erfindung als Ganzes zum Stand der Technik bestimmen.

13.3. Feststellung der Einheitlichkeit der Erfindung unabhängig von der Fassung der Ansprüche

Die Feststellung, ob die Erfindungen einer Gruppe untereinander in der Weise verbunden sind, daß sie eine einzige allgemeine erfinderische Idee verwirklichen, hat ohne Rücksicht darauf zu erfolgen, ob die Erfindungen in gesonderten Patentansprüchen oder als Alternativen innerhalb eines einzigen Patentanspruchs beansprucht werden.

13.4. Abhängige Ansprüche

Vorbehaltlich der Regel 13.1 ist es zulässig, in einer internationalen Anmeldung eine angemessene Zahl abhängiger Ansprüche, mit denen bestimmte Ausführungsformen der in einem unabhängigen Anspruch geltend gemachten Erfindung beansprucht werden, aufzunehmen, auch dann, wenn die Merkmale des abhängigen Anspruchs für sich genommen als unabhängige Erfindung angesehen werden könnten.

13.5. Gebrauchsmuster

Jeder Bestimmungsstaat, in dem auf der Grundlage einer internationalen Anmeldung um die Erteilung eines Gebrauchsmusters nachgesucht wird, kann hinsichtlich der in den Regeln 13.1 bis 13.4 geregelten Gegenstände an Stelle dieser Regeln sein nationales Gebrauchsmusterrecht anwenden, sobald mit der Bearbeitung der internationalen Anmeldung in diesem Staat begonnen worden ist; dem Anmelder ist jedoch auf jeden Fall eine Frist von zwei Monaten nach Ablauf der nach Artikel 22 maßgeblichen Frist zu gewähren, damit er seine Anmeldung den Bestimmungen des genannten nationalen Rechts anpassen kann.

Regel 13bis. Erfindungen, die sich auf biologisches Material beziehen

13bis.1. Begriffsbestimmung

Im Sinne dieser Regel bedeutet „Bezugnahme auf hinterlegtes biologisches Material" die in einer internationalen Anmeldung gemachten Angaben in bezug auf die Hinterlegung biologischen Materials bei einer Hinterlegungsstelle oder in bezug auf so hinterlegtes biologisches Material.

13bis.2. Bezugnahme (Allgemeines)

Jede Bezugnahme auf hinterlegtes biologisches Material hat nach dieser Regel zu erfolgen und gilt in diesem Fall als mit den Erfordernissen des nationalen Rechts eines jeden Bestimmungsstaats in Einklang stehend.

13bis.3. Bezugnahmen: Inhalt; Fehlen einer Bezugnahme oder Angabe

a) Eine Bezugnahme auf hinterlegtes biologisches Material hat zu enthalten:

i) den Namen und die Anschrift der Hinterlegungsstelle, bei der die Hinterlegung vorgenommen wurde;

ii) das Datum der Hinterlegung des biologischen Materials bei dieser Stelle;

iii) die Eingangsnummer, welche diese Stelle der Hinterlegung zugeteilt hat, sowie

iv) jede weitere Angabe, deren Erfordernis dem Internationalen Büro gemäß Regel 13bis.7 Absatz a Ziffer i mitgeteilt worden ist, sofern das Erfordernis dieser Angabe mindestens zwei Monate vor Einreichung der internationalen Anmeldung gemäß Regel 13bis.7 Absatz c im Blatt veröffentlicht worden ist.

b) Das Fehlen einer Bezugnahme auf hinterlegtes biologisches Material oder das Fehlen einer Angabe nach Absatz a in einer Bezugnahme auf hinterlegtes biologisches Material hat in einem Bestimmungsstaat, dessen nationales Recht diese Bezugnahme oder Angabe in einer nationalen Anmeldung nicht vorschreibt, keine Folgen.

13bis.4. Bezugnahmen: Frist zur Einreichung von Angaben

a) Vorbehaltlich der Absätze b und c wird jede der in Regel 13bis.3 Absatz a genannten Angaben, die in einer Bezugnahme auf hinterlegtes biologisches Material in der eingereichten internationalen Anmeldung nicht enthalten ist, jedoch beim Internationalen Büro

i) innerhalb von 16 Monaten nach dem Prioritätsdatum eingereicht wird, von jedem Bestimmungsamt als rechtzeitig eingereicht angesehen;

ii) nach Ablauf von 16 Monaten nach dem Prioritätsdatum eingereicht wird, von jedem Bestimmungsamt als am letzten Tag dieser Frist eingereicht angesehen, wenn sie beim Internationalen Büro vor Abschluß der technischen Vorbereitungen für die internationale Veröffentlichung eingeht.

b) Ein Bestimmungsamt kann, wenn das für dieses Amt geltende nationale Recht dies für nationale Anmeldungen vorschreibt, verlangen, daß jede der in Regel 13bis.3 Absatz a genannten Angaben früher als 16 Monate nach dem Prioritätsdatum eingereicht wird, sofern das Internationale Büro nach Regel 13bis.7 Absatz a Ziffer ii über dieses Erfordernis unterrichtet worden ist und dieses nach Regel 13bis.7 Absatz c mindestens zwei Monate vor Einreichung der internationalen Anmeldung im Blatt veröffentlicht hat.

c) Beantragt der Anmelder die vorzeitige Veröffentlichung nach Artikel 21 Absatz 2 Buchstabe b, so kann jedes Bestimmungsamt jede Angabe, die nicht vor Abschluß der technischen Vorbereitungen für die internationale Veröffentlichung eingereicht worden ist, als nicht rechtzeitig eingereicht ansehen.

d) Das Internationale Büro unterrichtet den Anmelder von dem Datum, an dem eine nach Absatz a eingereichte Angabe bei ihm eingegangen ist, und

i) veröffentlicht zusammen mit der internationalen Anmeldung die nach Absatz a eingereichte Angabe und die Angabe des Eingangsdatums, wenn die Angabe vor Abschluss der technischen Vorbereitungen für die internationale Veröffentlichung bei ihm eingegangen ist;

ii) teilt dieses Datum und die in der Angabe enthaltenen maßgeblichen Daten den Bestimmungsämtern mit, wenn die Angabe nach Abschluß der technischen Vorbereitungen für die internationale Veröffentlichung bei ihm eingegangen ist.

13bis.5

Bezugnahmen und Angaben für die Zwecke eines oder mehrerer Bestimmungsstaaten; verschiedene Hinterlegungen für verschiedene Bestimmungsstaaten; bei anderen als den mitgeteilten Hinterlegungsstellen vorgenommene Hinterlegungen

a) Eine Bezugnahme auf hinterlegtes biologisches Material gilt als für alle Bestimmungsstaaten erfolgt, wenn sie nicht ausdrücklich nur für die Zwecke bestimmter Bestimmungsdaten vorgenommen wird; das gleiche gilt für die in der Bezugnahme enthaltenen Angaben.

b) Für verschiedene Bestimmungsstaaten können Bezugnahmen auf verschiedene Hinterlegungen des biologischen Materials erfolgen.

c) Jedes Bestimmungsamt kann eine Hinterlegung unberücksichtigt lassen, die bei einer anderen als einer von ihm nach Regel 13bis.7 Absatz b mitgeteilten Hinterlegungsstelle vorgenommen worden ist.

13bis.6. Abgabe von Proben

a) *(gestrichen)*

[1] Proben hinterlegten biologischen Materials, auf das in einer internationalen Anmeldung Bezug genommen wird, dürfen nach den Artikeln 23 und 40 nur mit Einwilligung des Anmelders vor dem Ablauf der maßgeblichen Fristen, nach denen das nationale Verfahren nach den genannten Artikeln aufgenommen werden darf, abgegeben werden. [2] Nimmt jedoch der Anmelder die in Artikel 22 oder 39 genannten Handlungen nach der internationalen Veröffentlichung, aber vor Ablauf der genannten Fristen vor, so können Proben des hinterlegten biologischen Materials abgegeben werden, sobald die genannten

Handlungen vorgenommen worden sind. [3]Unbeschadet der vorhergehenden Bestimmung können Proben des hinterlegten biologischen Materials nach dem für jedes Bestimmungsamt geltenden nationalen Recht abgegeben werden, sobald die internationale Veröffentlichung nach diesem Recht die Wirkungen der gesetzlich vorgeschriebenen nationalen Veröffentlichung einer ungeprüften nationalen Anmeldung erlangt hat.

13bis.7. Nationale Erfordernisse: Mitteilung und Veröffentlichung

a) Jedes nationale Amt kann dem Internationalen Büro jedes Erfordernis des nationalen Rechts mitteilen, aufgrund dessen

i) eine Bezugnahme auf hinterlegtes biologisches Material in einer nationalen Anmeldung außer den in Regel 13bis.3 Absatz a Ziffer i, ii und iii genannten Angaben zusätzlich die in der Mitteilung genannten Angaben zu enthalten hat;

ii) eine nationale Anmeldung im Anmeldezeitpunkt eine oder mehrere der in Regel 13bis.3 Absatz a genannten Angaben zu enthalten hat oder daß diese Angabe(n) zu einem in der Mitteilung angegebenen früheren Zeitpunkt als dem Ablauf von 16 Monaten nach dem Prioritätsdatum einzureichen sind.

b) Jedes nationale Amt teilt dem Internationalen Büro die Hinterlegungsstellen mit, bei denen das nationale Recht Hinterlegungen von biologischem Material für die Zwecke von Patentverfahren vor diesem Amt gestattet, oder teilt ihm gegebenenfalls mit, daß das nationale Recht solche Hinterlegungen nicht vorschreibt oder gestattet.

c) Das Internationale Büro veröffentlicht die ihm gemäß Absatz a mitgeteilten Erfordernisse und die ihm gemäß Absatz b mitgeteilten Angaben unverzüglich im Blatt.

Regel 13ter. Protokoll der Nucleotid- und/oder Aminosäure-sequenzen

13ter.1. Verfahren vor der Internationalen Recherchenbehörde

a) Offenbart die internationale Anmeldung eine oder mehrere Nucleotid- und/oder Aminosäuresequenzen, so kann die Internationale Recherchenbehörde den Anmelder auffordern, für die Zwecke der internationalen Recherche ein Sequenzprotokoll in elektronischer Form bei ihr einzureichen, das dem in den Verwaltungsvorschriften vorgeschriebenen Standard entspricht, es sei denn, ein solches Protokoll in elektronischer Form ist ihr bereits in einer für sie akzeptablen Form und Weise zugänglich, und gegebenenfalls innerhalb einer in der Aufforderung festgesetzten Frist die in Absatz c genannte Gebühr für verspätete Einreichung zu entrichten.

b) Wird zumindest ein Teil der internationalen Anmeldung auf Papier eingereicht und stellt die Internationale Recherchenbehörde fest, dass die Beschreibung nicht der Regel 5.2 Absatz a entspricht, so kann sie den Anmelder auffordern, für die Zwecke der internationalen Recherche ein Sequenzprotokoll auf Papier einzureichen, das dem in den Verwaltungsvorschriften vorgeschriebenen Standard entspricht, es sei denn, ein solches Protokoll auf Papier ist ihr bereits in einer für sie akzeptablen Form und Weise zugänglich, unabhängig davon, ob nach Absatz a zur Einreichung eines Sequenzprotokolls in elektronischer Form aufgefordert worden ist, und gegebenenfalls innerhalb einer in der Aufforderung festgesetzten Frist die in Absatz c genannte Gebühr für verspätete Einreichung zu entrichten.

c) Die Internationale Recherchenbehörde kann die Einreichung eines Sequenzprotokolls aufgrund einer Aufforderung nach Absatz a oder b davon abhängig machen, dass zu ihren Gunsten eine Gebühr für verspätete Einreichung an sie entrichtet wird, deren Betrag von der Internationalen Recherchenbehörde festgesetzt wird, der aber 25% der unter Nummer 1 des Gebührenverzeichnisses genannten internationalen Anmeldegebühr nicht überschreiten darf, wobei die Gebühr für das 31. und jedes weitere Blatt der internationalen Anmeldung unberücksichtigt bleibt, mit der Maßgabe, dass die Gebühr für verspätete Einreichung entweder nach Absatz a oder b, nicht aber nach beiden Absätzen verlangt werden kann.

d) Hat der Anmelder innerhalb der in der Aufforderung nach Absatz a oder b festgesetzten Frist das erforderliche Sequenzprotokoll nicht eingereicht und die gegebenenfalls zu entrichtende Gebühr für verspätete Einreichung nicht entrichtet, so ist die Internationale Recherchenbehörde nur insoweit verpflichtet, eine Recherche zu der internationalen Anmeldung durchzuführen, als eine sinnvolle Recherche auch ohne das Sequenzprotokoll möglich ist.

e) Ein Sequenzprotokoll, das im Anmeldezeitpunkt in der internationalen Anmeldung nicht enthalten ist, ist nicht Bestandteil der internationalen Anmeldung, unabhängig davon, ob es auf eine Aufforderung nach Absatz a oder b oder aus anderem Grund eingereicht worden ist; jedoch wird dem Anmelder durch diesen Absatz nicht die Möglichkeit genommen, die Beschreibung in Bezug auf ein Sequenzprotokoll gemäß Artikel 34 Absatz 2 Buchstabe b zu ändern.

f) [1] Stellt die Internationale Recherchenbehörde fest, dass die Beschreibung nicht der Regel 5.2 Absatz b entspricht, so fordert sie den Anmelder auf, die erforderliche Berichtigung einzureichen. [2] Regel 26.4 ist auf jede vom Anmelder unterbreitete Berichtigung entsprechend anzuwenden. [3] Die Internationale Recherchenbehörde übermittelt die Berichtigung dem Anmeldeamt und dem Internationalen Büro.

13ter.2. Verfahren vor der mit der internationalen vorläufigen Prüfung beauftragten Behörde

Regel 13ter.1 Verfahren ist auf das Verfahren vor der mit der internationalen vorläufigen Prüfung beauftragten Behörde entsprechend anzuwenden.

13ter.3. Sequenzprotokoll für das Bestimmungsamt

Kein Bestimmungsamt darf vom Anmelder die Einreichung eines anderen Sequenzprotokolls verlangen als eines Sequenzprotokolls, welches dem in den Verwaltungsvorschriften vorgeschriebenen Standard entspricht.

Regel 14. Die Übermittlungsgebühr

14.1. Übermittlungsgebühr

a) Das Anmeldeamt kann verlangen, daß der Anmelder ihm eine diesem Amt verbleibende Gebühr für die Entgegennahme der internationalen Anmeldung, die Übermittlung von Exemplaren der Anmeldung an das Internationale Büro und an die zuständige Internationale Recherchenbehörde und für die Durchführung aller weiteren Aufgaben, die das Anmeldeamt im Zusammenhang mit der internationalen Anmeldung durchzuführen hat, entrichtet (Übermittlungsgebühr).

b) Wird eine Übermittlungsgebühr erhoben, wird deren Höhe vom Anmeldeamt festgesetzt.

c) [1]Die Übermittlungsgebühr ist innerhalb eines Monats nach Eingang der internationalen Anmeldung zu entrichten. [2]Zu zahlen ist der zum Zeitpunkt des Eingangs geltende Betrag.

Regel 15. Die internationale Anmeldegebühr

15.1. Die internationale Anmeldegebühr

Für jede internationale Anmeldung ist eine vom Anmeldeamt zugunsten des Internationalen Büros erhobene Gebühr („internationale Gebühr") zu zahlen.

15.2. Betrag

a) Die Höhe der internationalen Anmeldegebühr ergibt sich aus dem Gebührenverzeichnis.

b) Die internationale Anmeldegebühr ist in der Währung oder einer der Währungen zu entrichten, die das Anmeldeamt vorschreibt („vorgeschriebene Währung").

c) Ist die vorgeschriebene Währung der Schweizer Franken, so überweist das Anmeldeamt die Anmeldegebühr unverzüglich in Schweizer Franken an das Internationale Büro.

d) Ist die vorgeschriebene Währung nicht der Schweizer Franken, sondern eine andere Währung,

i) die frei in Schweizer Franken umwechselbar ist, so setzt der Generaldirektor für jedes Anmeldeamt, das eine solche Währung für die Zahlung der Anmeldegebühr vorschreibt, gemäß den Weisungen der Versammlung einen Gegenwert dieser Gebühr in der vorgeschriebenen Währung fest, und das Anmeldeamt überweist den Betrag in dieser Währung unverzüglich an das Internationale Büro;

ii) die nicht frei in Schweizer Franken umwechselbar ist, so ist das Anmeldeamt für das Umwechseln der internationalen Anmeldegebühr von der vorgeschriebenen Währung in Schweizer Franken verantwortlich und überweist den im Gebührenverzeichnis angegebenen Betrag dieser Gebühr in Schweizer Franken unverzüglich an das Internationale Büro. Wenn das Anmeldeamt es wünscht, kann es stattdessen die internationale Anmeldegebühr auch von der vorgeschriebenen Währung in Euro oder US-Dollar umwechseln und den vom Generaldirektor nach Ziffer i gemäß den Weisungen der Versammlung festgesetzten Gegenwert dieser Gebühr in Euro oder US-Dollar unverzüglich an das Internationale Büro überweisen.

15.3. Zahlungsfrist; zu zahlender Betrag

[1]Die internationale Anmeldegebühr ist innerhalb eines Monats nach Eingang der internationalen Anmeldung an das Anmeldeamt zu entrichten. [2]Zu zahlen ist der zum Zeitpunkt des Eingangs geltende Betrag.

15.4. Rückerstattung

Das Anmeldeamt erstattet dem Anmelder die internationale Gebühr zurück,

i) wenn die Feststellung nach Artikel 11 Absatz 1 negativ ist;

ii) wenn die internationale Anmeldung vor Übermittlung des Aktenexemplars an das Internationale Büro zurückgenommen wird oder als zurückgenommen gilt oder

iii) wenn die internationale Anmeldung aufgrund von Vorschriften über die nationale Sicherheit nicht als solche behandelt wird.

Regel 16. Die Recherchengebühr

16.1. Befugnis zur Erhebung einer Gebühr

a) Jede Internationale Recherchenbehörde kann verlangen, daß der Anmelder zugunsten der Behörde eine Gebühr für die Durchführung der internationalen Recherche und aller anderen den internationalen Recherchenbehörden durch den Vertrag und diese Ausführungsordnung übertragenen Aufgaben entrichtet („Recherchengebühr").

b) Die Recherchengebühr wird vom Anmeldeamt erhoben. Die genannte Gebühr ist in der von diesem Amt vorgeschriebenen Währung („vorgeschriebene Währung") zu zahlen.

c) Ist die vorgeschriebene Währung die Währung, in der die Internationale Recherchenbehörde die genannte Gebühr festgelegt hat („festgelegte Währung"), so überweist das Anmeldeamt die genannte Gebühr in dieser Währung unverzüglich an diese Behörde.

d) Ist die vorgeschriebene Währung nicht die festgelegte Währung, sondern eine andere Währung,

i) die frei in die festgelegte Währung umwechselbar ist, so setzt der Generaldirektor für jedes Anmeldeamt, das eine solche Währung für die Zahlung der Recherchengebühr vorschreibt, gemäß den Weisungen der Versammlung einen Gegenwert dieser Gebühr in der vorgeschriebenen Währung fest, und das Anmeldeamt überweist den Betrag in dieser Währung unverzüglich an die Internationale Recherchenbehörde;

ii) die nicht frei in die festgelegte Währung umwechselbar ist, so ist das Anmeldeamt für das Umwechseln der Recherchengebühr von der vorgeschriebenen Währung in die festgelegte Währung verantwortlich und überweist den von der Internationalen Recherchenbehörde festgesetzten Betrag dieser Gebühr in der festgelegten Währung unverzüglich an die Internationale Recherchenbehörde.

e) Ist der bei der Internationalen Recherchenbehörde nach Absatz d Ziffer i in der vorgeschriebenen Währung tatsächlich eingegangene, zur Zahlung der Recherchengebühr in einer anderen vorgeschriebenen Währung als der festgelegten Währung bestimmte Betrag nach Umwechseln in die festgelegte Währung durch die Internationale Recherchenbehörde geringer als der von ihr festgelegte Betrag, so zahlt das Internationale Büro die Differenz an die Internationale Recherchenbehörde; ist der tatsächlich eingegangene Betrag höher, so verbleibt die Differenz dem Internationalen Büro.

f) Auf die Frist für die Zahlung der Recherchengebühr und den zu zahlenden Betrag sind die Bestimmungen der Regel 15.3 über die internationale Anmeldegebühr entsprechend anzuwenden.

16.2. Rückerstattung

Das Anmeldeamt erstattet dem Anmelder die Recherchengebühr zurück,

i) wenn die Feststellung nach Artikel 11 Absatz 1 negativ ist,

ii) wenn die internationale Anmeldung vor Übermittlung des Recherchenexemplars an die Internationale Recherchenbehörde zurückgenommen wird oder als zurückgenommen gilt oder

iii) wenn die internationale Anmeldung aufgrund von Vorschriften über die nationale Sicherheit nicht als solche behandelt wird.

16.3. Teilweise Rückerstattung

Wenn die Internationale Recherchenbehörde bei Durchführung der internationalen Recherche die Ergebnisse einer früheren Recherche gemäß Regel 41.1 berücksichtigt, so hat diese Behörde die im Zusammenhang mit der internationalen Anmeldung entrichtete Recherchengebühr in dem Umfang und nach den Bedingungen, die in der Vereinbarung nach Artikel 16 Absatz 3 Buchstabe b festgesetzt sind, zu erstatten.

Regel 16bis. Verlängerung von Fristen für die Zahlung von Gebühren

16bis.1. Aufforderung durch das Anmeldeamt

a) Stellt das Anmeldeamt im Zeitpunkt der Fälligkeit nach den Regeln 14.1 Absatz c, 15.3 und 16.1 Absatz f fest, dass keine Gebühren entrichtet worden sind oder dass der gezahlte Betrag zur Deckung der Übermittlungsgebühr, der internationalen Anmeldegebühr und der Recherchengebühr nicht ausreicht, so fordert es den Anmelder vorbehaltlich des Absatzes d auf, innerhalb einer Frist von einem Monat nach dem Datum der Aufforderung den zur Deckung dieser Gebühren erforderlichen Betrag und gegebenenfalls die Gebühr für verspätete Zahlung nach Regel 16bis.2 zu entrichten.

b) *(gestrichen)*

c) Hat das Anmeldeamt dem Anmelder eine Aufforderung nach Absatz a übermittelt und hat der Anmelder innerhalb der in dem entsprechenden Absatz festgesetzten Frist den fälligen Betrag, gegebenenfalls einschließlich der Gebühr für verspätete Zahlung nach Regel 16bis.2 nicht in voller Höhe entrichtet, so verfährt es, vorbehaltlich des Absatzes e wie folgt:

i) es gibt die entsprechende Erklärung nach Artikel 14 Absatz 3 ab und

ii) verfährt nach Regel 29.

d) Jede Zahlung, die beim Anmeldeamt eingeht, bevor dieses Amt die Aufforderung nach Absatz a absendet, gilt als vor Ablauf der Frist nach Regel 14.1 Absatz c, 15.3 beziehungsweise 16.1 Absatz f eingegangen.

e) Jede Zahlung, die beim Anmeldeamt eingeht, bevor dieses Amt die entsprechende Erklärung nach Artikel 14 Absatz 3 abgibt, gilt als vor Ablauf der Frist nach Absatz a eingegangen.

16bis.2. Gebühr für verspätete Zahlung

a) [1] Das Anmeldeamt kann die Zahlung von Gebühren aufgrund einer Aufforderung nach Regel 16bis.1 Absatz a davon abhängig machen, dass ihm zu seinen Gunsten eine Gebühr für verspätete Zahlung entrichtet wird. [2] Die Höhe dieser Gebühr

i) beträgt 50% der in der Aufforderung angegebenen nicht entrichteten Gebühren oder

ii) entspricht der Übermittlungsgebühr, wenn der nach Ziffer i errechnete Betrag niedriger als die Übermittlungsgebühr ist.

b) [1] Die Gebühr für verspätete Zahlung darf jedoch nicht höher sein als 50% der unter Nummer 1 des Gebührenverzeichnisses genannten internationalen Anmeldegebühr, wobei die Gebühr für das 31. [2] und jedes weitere Blatt der internationalen Anmeldung unberücksichtigt bleibt.

Regel 17. Der Prioritätsbeleg

17.1. Verpflichtung zur Einreichung einer Abschrift der früheren nationalen oder internationalen Anmeldung

a) Wird für die internationale Anmeldung nach Artikel 8 die Priorität einer früheren nationalen oder internationalen Anmeldung beansprucht, so hat der Anmelder, vorbehaltlich des Absatzes b und b-bis, spätestens 16 Monate nach dem Prioritätsdatum eine vom Hinterlegungsamt beglaubigte Abschrift dieser früheren Anmeldung („Prioritätsbeleg") beim Internationalen Büro oder beim Anmeldeamt einzureichen, sofern dieser Prioritätsbeleg nicht schon zusammen mit der internationalen Anmeldung, in der die Priorität beansprucht wird, beim Anmeldeamt eingereicht worden ist; eine Abschrift der früheren Anmeldung, die beim Internationalen Büro nach Ablauf dieser Frist eingeht, gilt jedoch als am letzten Tag dieser Frist beim Büro eingegangen, wenn sie dort vor dem Datum der internationalen Veröffentlichung der internationalen Anmeldung eingeht.

b) [1] Wird der Prioritätsbeleg vom Anmeldeamt ausgestellt, so kann der Anmelder, statt den Prioritätsbeleg einzureichen, beim Anmeldeamt beantragen, daß dieses den Prioritätsbeleg erstellt und an das Internationale Büro übermittelt. [2] Dieser Antrag ist nicht später als 16 Monate nach dem Prioritätsdatum zu stellen und kann vom Anmeldeamt von der Zahlung einer Gebühr abhängig gemacht werden.

b-bis) Wird der Prioritätsbeleg dem Internationalen Büro in Übereinstimmung mit den Verwaltungsvorschriften vor dem Datum der internationalen Veröffentlichung der internationalen Anmeldung in einer digitalen Bibliothek zugänglich gemacht, so kann der Anmelder, statt den Prioritätsbeleg einzureichen, vor dem Datum der internationalen Veröffentlichung beim Internationalen Büro beantragen, dass es den Prioritätsbeleg aus der digitalen Bibliothek abruft.

c) Werden die Erfordernisse keines der drei vorstehenden Absätze erfüllt, so kann jedes Bestimmungsamt vorbehaltlich des Absatzes d den Prioritätsanspruch unberücksichtigt lassen mit der Maßgabe, dass kein Bestimmungsamt den Prioritätsanspruch unberücksichtigt lassen darf, ohne dem Anmelder zuvor Gelegenheit zu geben, den Prioritätsbeleg innerhalb einer den Umständen angemessenen Frist einzureichen.

d) Kein Bestimmungsamt darf den Prioritätsanspruch nach Absatz c unberücksichtigt lassen, wenn die in Absatz a genannte frühere Anmeldung bei ihm in seiner Eigenschaft als nationales Amt eingereicht wurde oder wenn ihm der Prioritätsbeleg in Übereinstimmung mit den Verwaltungsvorschriften in einer digitalen Bibliothek zur Verfügung steht.

17.2. Bereitstellung von Kopien

a) [1] Hat der Anmelder die Bestimmungen der Regel 17.1 Absatz a, b oder b-bis erfüllt, so leitet das Internationale Büro auf besondere Anforderung eines Bestimmungsamts unverzüglich, jedoch nicht vor der internationalen Veröffentlichung der internationalen Anmeldung, diesem Amt eine Abschrift des Prioritätsbelegs zu. [2] Keines dieser Ämter darf den Anmelder selbst auffordern, eine Abschrift einzureichen. [3] Vom Anmelder kann die Vorlage einer Übersetzung beim Bestimmungsamt nicht vor Ablauf der nach Artikel 22 maßgeblichen Frist verlangt werden. [4] Stellt der Anmelder vor der internationalen Veröffentlichung der internationalen Anmeldung einen ausdrücklichen Antrag nach Artikel 23 Absatz 2 an das Bestimmungsamt, so leitet das Internationale Büro, auf besondere Anforderung des Bestimmungsamts, diesem Amt unverzüglich nach Eingang des Prioritätsbelegs eine Kopie davon zu.

b) Das Internationale Büro darf Kopien des Prioritätsbelegs nicht vor der internationalen Veröffentlichung der internationalen Anmeldung der Öffentlichkeit zugänglich machen.

c) Ist die internationale Anmeldung nach Artikel 21 veröffentlicht worden, so übermittelt das Internationale Büro auf Antrag und gegen Kostenerstattung jedermann eine Kopie des Prioritätsbelegs, sofern nicht vor der Veröffentlichung

i) die internationale Anmeldung zurückgenommen wurde,

ii) der entsprechende Prioritätsanspruch zurückgenommen wurde oder nach Regel 26bis.2 Absatz b als nicht erhoben galt.

iii) *(gestrichen)*

d) *(gestrichen)*

Regel 18. Der Anmelder

18.1. Sitz, Wohnsitz und Staatsangehörigkeit

a) Vorbehaltlich der Absätze b und c unterliegt die Frage, ob ein Anmelder seinen Sitz oder Wohnsitz in dem Vertragsstaat hat, in dem er seinen Sitz oder Wohnsitz zu haben behauptet, oder Angehöriger des Vertragsstaats ist, dessen Staatsangehöriger er zu sein behauptet, dem nationalen Recht dieses Staates und wird durch das Anmeldeamt entschieden.

b) In jedem Fall

i) gilt der Besitz einer tatsächlichen und nicht nur zum Schein bestehenden gewerblichen oder Handelsniederlassung in einem Vertragsstaat als Sitz oder Wohnsitz in diesem Staat und

ii) gilt eine juristische Person, die nach dem Recht eines Vertragsstaats begründet worden ist, als dessen Staatsangehörige.

c) [1] Wird die internationale Anmeldung beim Internationalen Büro als Anmeldeamt eingereicht, so ersucht dieses in den in den Verwaltungsrichtlinien genannten Fällen das nationale Amt des betreffenden Vertragsstaats oder das für diesen Staat handelnde Amt, die Frage nach Absatz a zu entscheiden. [2] Das Internationale Büro unterrichtet den Anmelder hiervon. [3] Der Anmelder kann eine Stellungnahme direkt beim nationalen Amt einreichen. [4] Das nationale Amt entscheidet diese Frage unverzüglich.

18.2. *(gestrichen)*

18.3. Zwei oder mehr Anmelder

Bei zwei oder mehr Anmeldern ist die Berechtigung zur Einreichung einer internationalen Anmeldung gegeben, wenn wenigstens einer von ihnen zur Einreichung einer internationalen Anmeldung nach Artikel 9 berechtigt ist.

18.4. Informationen über nationale Erfordernisse in bezug auf Anmelder

a) und b) *(gestrichen)*

c) Das Internationale Büro veröffentlicht von Zeit zu Zeit Informationen über die verschiedenen nationalen Bestimmungen in bezug auf die Berechtigung zur Einreichung einer nationalen Anmeldung (Erfinder, Rechtsnachfolger des Erfinders, Inhaber der Erfindung oder dergleichen) und verbindet diese Information mit dem Hinweis, daß die Wirkung einer internationalen Anmeldung in einem Bestimmungsstaat davon abhängen kann, daß die in der internationalen Anmeldung für diesen Staat als Anmeldung genannte Person nach dem nationalen Recht dieses Staates zur Einreichung einer nationalen Anmeldung berechtigt ist.

Regel 19. Zuständigkeit des Anmeldeamts

19.1. Zuständiges Anmeldeamt

a) Vorbehaltlich Absatz b ist die internationale Anmeldung nach der Wahl des Anmelders einzureichen:

i) beim nationalen Amt des Vertragsstaats, in dem er seinen Sitz oder Wohnsitz hat, oder dem für diesen Staat handelnden Amt,

ii) beim nationalen Amt des Vertragsstaats, dessen Staatsangehöriger er ist, oder dem für diesen Staat handelnden Amt oder

iii) unabhängig von dem Vertragsstaat, in dem der Anmelder seinen Sitz oder Wohnsitz hat oder dessen Staatsangehöriger er ist, beim Internationalen Büro.

b) [1] Ein Vertragsstaat kann mit einem anderen Vertragsstaat oder einer zwischenstaatlichen Organisation übereinkommen, daß das nationale Amt des letzteren Staates oder die zwischenstaatliche Organisation als Anmeldeamt für Anmelder, die ihren Sitz oder Wohnsitz in dem ersteren Staat haben oder dessen Staatsangehörigkeit besitzen, ganz oder teilweise an die Stelle des nationalen Amtes des ersteren Staates tritt. [2] Unbeschadet eines solchen Übereinkommens gilt das nationale Amt des ersteren Staates als zuständiges Anmeldeamt für die Zwecke des Artikel 15 Absatz 5.

c) [1] In Verbindung mit einem Beschluß gemäß Artikel 9 Absatz 2 benennt die Versammlung das nationale Amt oder die zwischenstaatliche Organisation, welches oder welche für die Staatsangehörigen von Staaten, die die Versammlung bestimmt, oder für die Personen mit Sitz oder Wohnsitz in solchen Staaten als Anmeldeamt tätig wird. [2] Die Benennung setzt die vorherige Zustimmung des betreffenden nationalen Amtes oder der betreffenden zwischenstaatlichen Organisation voraus.

19.2. Zwei oder mehr Anmelder

Bei zwei oder mehr Anmeldern

i) gelten die Erfordernisse der Regel 19.1 als erfüllt, wenn das nationale Amt, bei dem die internationale Anmeldung eingereicht wird, das nationale Amt eines Vertragsstaats ist oder für einen Vertragsstaat handelt und wenigstens einer der Anmelder seinen Sitz oder Wohnsitz in diesem Staat hat oder dessen Staatsangehöriger ist;

ii) kann die internationale Anmeldung beim Internationalen Büro nach Regel 19.1 Absatz a Ziffer iii eingereicht werden, wenn wenigstens einer der Anmelder seinen Sitz oder Wohnsitz in einem Vertragsstaat hat oder dessen Staatsangehöriger ist.

19.3. Veröffentlichung der Übertragung von Aufgaben des Anmeldeamts

a) Jedes Übereinkommen gemäß Regel 19.1 Absatz b ist dem Internationalen Büro unverzüglich durch den Vertragsstaat mitzuteilen, der die Aufgaben des Anmeldeamts dem nationalen Amt eines anderen Vertragsstaats oder dem für diesen Staat handelnden Amt oder einer zwischenstaatlichen Organisation überträgt.

b) Das Internationale Büro veröffentlicht die Mitteilung unverzüglich nach Eingang im Blatt.

19.4. Übermittlung an das Internationale Büro als Anmeldeamt

a) Wird eine internationale Anmeldung bei einem nationalen Amt eingereicht, das nach diesem Vertrag Anmeldeamt ist, aber

i) ist dieses nationale Amt nach Regel 19.1 oder 19.2 für die Entgegennahme dieser internationalen Anmeldung nicht zuständig oder

ii) ist diese internationale Anmeldung nicht in einer nach Regel 12.1 Absatz a von diesem nationalen Amt zugelassene Sprache, jedoch in einer nach dieser Regel vom Internationalen Büro als Anmeldeamt zugelassenen Sprache abgefaßt oder

iii) kommen dieses nationale Amt und das Internationale Büro aus einem anderen Grund als den in Ziffer i oder ii genannten Gründen und mit Einwilligung des Anmelders überein, das Verfahren nach dieser Regel anzuwenden,

so gilt diese internationale Anmeldung, vorbehaltlich des Absatzes b, als von diesem Amt für das Internationale Büro als Anmeldeamt nach Regel 19.1 Absatz a Ziffer iii entgegengenommen.

b) [1] Wird eine internationale Anmeldung nach Absatz a von einem nationalen Amt für das Internationale Büro als Anmeldeamt nach Regel 19.1 Absatz a Ziffer iii entgegengenommen, so übermittelt das nationale Amt die Anmeldung unverzüglich dem Internationalen Büro, sofern dem nicht Vorschriften über die nationale Sicherheit entgegenstehen. [2] Das nationale Amt kann die Übermittlung von der Zahlung einer ihm verbleibenden Gebühr in Höhe der von ihm nach Regel 14 erhobenen Übermittlungsgebühr abhängig machen. [3] Die so übermittelte internationale Anmeldung gilt als am Tag ihrer Entgegennahme durch das nationale Amt beim Internationalen Büro als Anmeldeamt nach Regel 19.1 Absatz a Ziffer iii eingegangen.

c) Ist die internationale Anmeldung dem Internationalen Büro nach Absatz b übermittelt worden, so gilt als Datum des Eingangs der internationalen Anmeldung für die Zwecke der Regeln 14.1 Absatz c, 15.3 und 16.1 Absatz f das Datum, an dem die internationale Anmeldung tatsächlich beim Internationalen Büro eingegangen ist. Absatz b letzter Satz ist auf diesen Absatz nicht anzuwenden.

Regel 20. Internationales Anmeldedatum

20.1. Feststellung nach Artikel 11 Absatz 1

a) Unmittelbar nach Eingang der Unterlagen, die eine internationale Anmeldung darstellen sollen, stellt das Anmeldeamt fest, ob die Unterlagen die Erfordernisse des Artikels 11 Absatz 1 erfüllen.

b) Für die Zwecke des Artikels 11 Absatz 1 Ziffer iii Buchstabe c genügt es, den Namen des Anmelders so anzugeben, dass die Identität des Anmelders festgestellt werden kann, auch dann, wenn der Name falsch geschrieben, die Angabe der Vornamen nicht vollständig oder die Bezeichnung juristischer Personen abgekürzt oder unvollständig ist.

c) Für die Zwecke des Artikels 11 Absatz 1 Ziffer ii genügt es, dass der Teil, der dem Anschein nach als Beschreibung angesehen werden kann (mit Ausnahme eines Sequenzprotokollteils der Beschreibung), und der Teil, der dem Anschein nach als Anspruch oder als Ansprüche angesehen werden kann, in einer vom Anmeldeamt nach Regel 12.1 Absatz a zugelassenen Sprache sind.

d) [1] Ist Absatz c am 1. Oktober 1997 nicht mit dem vom Anmeldeamt anzuwendenden nationalen Recht vereinbar, so gilt er für das Anmeldeamt nicht, solange diese Unvereinbarkeit besteht, sofern dieses Amt das Internationale Büro bis zum 31. Dezember 1997 davon unterrichtet. [2] Diese Mitteilung wird vom Internationalen Büro unverzüglich im Blatt veröffentlicht.

20.2. Positive Feststellung nach Artikel 11 Absatz 1

a) Stellt das Anmeldeamt zum Zeitpunkt des Eingangs der Unterlagen, die eine internationale Anmeldung darstellen sollen, fest, dass die Erfordernisse des Artikels 11 Absatz 1 erfüllt waren, so erkennt es als internationales Anmeldedatum das Datum des Eingangs der internationalen Anmeldung zu.

b) [1] Das Anmeldeamt stempelt den Antrag der internationalen Anmeldung, der es ein internationales Anmeldedatum zuerkannt hat, nach Maßgabe der Verwaltungsvorschriften. [2] Das Exemplar mit dem auf diese Weise gestempelten Antrag ist das Aktenexemplar der internationalen Anmeldung.

c) [1] Das Anmeldeamt teilt dem Anmelder unverzüglich das internationale Aktenzeichen und das internationale Anmeldedatum mit. [2] Gleichzeitig übermittelt es dem Internationalen Büro eine Kopie der Mitteilung an den Anmelder, sofern es dem Internationalen Büro das Aktenexemplar nicht bereits nach Regel 22.1 Absatz a übermittelt hat oder gleichzeitig übermittelt.

20.3. Mängel nach Artikel 11 Absatz 1

a) [1] Stellt das Anmeldeamt während der Prüfung, ob die Unterlagen, die eine internationale Anmeldung darstellen sollen, die Erfordernisse des Artikels 11 Absatz 1 erfüllen, fest, dass die Erfordernisse des Artikels 11 Absatz 1 nicht oder dem Anschein nach nicht erfüllt sind, so fordert es den Anmelder unverzüglich auf, nach Wahl des Anmelders,

i) die nach Artikel 11 Absatz 2 erforderliche Richtigstellung nachzureichen oder,

ii) wenn die betreffenden Erfordernisse sich auf einen in Artikel 11 Absatz 1 Ziffer iii Buchstabe d oder e genannten Bestandteil beziehen, nach Regel 20.6 Absatz a zu bestätigen, dass der Bestandteil durch Verweis nach Regel 4.18 einbezogen ist,

und gegebenenfalls innerhalb der nach Regel 20.7 anwendbaren Frist Stellung zu nehmen. [2] Läuft diese Frist nach Ablauf von 12 Monaten seit dem Anmeldedatum einer Anmeldung ab, deren Priorität beansprucht wird, so macht das Anmeldeamt den Anmelder auf diesen Umstand aufmerksam.

b) Wenn, sei es nach Aufforderung nach Absatz a oder auf sonstige Weise,

i) der Anmelder die erforderliche Richtigstellung nach Artikel 11 Absatz 2 nach dem Eingangsdatum der vorgeblichen internationalen Anmeldung, aber an einem späteren Datum, das innerhalb der nach Regel 20.7 anwendbaren Frist liegt, beim Anmeldeamt einreicht, erkennt das Anmeldeamt das spätere Datum als internationales Anmeldedatum zu und verfährt nach Regel 20.2 Absätze b und c,

ii) ein in Artikel 11 Absatz 1 Ziffer iii Buchstabe d oder e genannter Bestandteil nach Regel 20.6 Absatz b als in der internationalen Anmeldung enthalten gilt an dem Datum, an dem ein oder mehrere in Artikel 11 Absatz 1 Ziffer iii genannte Bestandteile erstmals beim Anmeldeamt eingegangen sind, so erkennt das Anmeldeamt das Datum, an dem alle Erfordernisse nach Artikel 11 Absatz 1 erfüllt sind, als internationales Anmeldedatum zu und verfährt nach Regel 20.2 Absätze b und c.

c) Stellt das Anmeldeamt später fest oder bemerkt es aufgrund der Antwort des Anmelders, dass es diesem irrtümlich eine Aufforderung nach Absatz a hat zukommen lassen, weil die Erfordernisse des Artikels 11 Absatz 1 beim Eingang der Schriftstücke erfüllt waren, so verfährt es nach Regel 20.2.

20.4. Negative Feststellung nach Artikel 11 Absatz 1

Erhält das Anmeldeamt innerhalb der nach Regel 20.7 anwendbaren Frist keine Richtigstellung oder keine Bestätigung nach Regel 20.3 Absatz a oder erfüllt die Anmeldung, auch wenn eine Richtigstellung oder Bestätigung eingegangen ist, die Erfordernisse des Artikels 11 Absatz 1 nicht, so hat das Anmeldeamt

i) den Anmelder unverzüglich davon in Kenntnis zu setzen, dass die Anmeldung keine internationale Anmeldung ist und als solche nicht behandelt wird, und hat die Gründe hierfür anzugeben,

ii) das Internationale Büro davon in Kenntnis zu setzen, dass das auf den Schriftstücken der Anmeldung angebrachte Aktenzeichen nicht als internationales Aktenzeichen verwendet wird,

iii) die Unterlagen der vorgeblichen internationalen Anmeldung und die dazugehörige Korrespondenz gemäß Regel 93.1 aufzubewahren und

iv) eine Kopie der genannten Schriftstücke dem Internationalen Büro zu übermitteln, wenn dieses bei der Bearbeitung eines Antrags des Anmelders gemäß Artikel 25 Absatz 1 eine solche Abschrift benötigt und sie anfordert.

20.5. Fehlende Teile

a) [1] Stellt das Anmeldeamt während der Prüfung, ob die Unterlagen, die eine internationale Anmeldung darstellen sollen, die Erfordernisse des Artikels 11 Absatz 1 erfüllen, fest, dass ein Teil der Beschreibung, der Ansprüche oder der Zeichnungen fehlt oder dem Anschein nach fehlt, einschließlich des Falles, dass alle Zeichnungen fehlen oder dem Anschein nach fehlen, aber nicht einschließlich des Falles, dass ein ganzer in Artikel 11 Absatz 1 Ziffer iii Buchstabe d oder e genannter Bestandteil fehlt oder dem Anschein nach fehlt, so fordert es den Anmelder unverzüglich auf, nach Wahl des Anmelders

i) die vorgebliche internationale Anmeldung durch Einreichung des fehlenden Teils zu vervollständigen oder

ii) nach Regel 20.6 Absatz a zu bestätigen, dass dieser Teil durch Verweis nach Regel 4.18 einbezogen wurde, und gegebenenfalls innerhalb der nach Regel 20.7 anwendbaren Frist Stellung zu nehmen. [2] Läuft diese Frist nach Ablauf von 12 Monaten seit dem Anmeldedatum einer Anmeldung ab, deren Priorität beansprucht wird, so macht das Anmeldeamt den Anmelder auf diesen Umstand aufmerksam.

b) Reicht der Anmelder, sei es nach Aufforderung nach Absatz a oder auf sonstige Weise, an oder vor dem Datum, an dem alle Erfordernisse des Artikels 11 Absatz 1 erfüllt sind, aber innerhalb der nach Regel 20.7 anwendbaren Frist, einen in Absatz a genannten fehlenden Teil beim Anmeldeamt ein, um die internationale Anmeldung zu vervollständigen, so wird dieser Teil in die Anmeldung aufgenommen, und das Anmeldeamt erkennt das Datum, an dem alle Erfordernisse des Artikels 11 Absatz 1 erfüllt sind, als internationales Anmeldedatum zu und verfährt nach Regel 20.2 Absätze b und c.

c) Reicht der Anmelder, sei es nach Aufforderung nach Absatz a oder auf sonstige Weise, nach dem Datum, an dem alle Erfordernisse des Artikels 11 Absatz 1 erfüllt waren, aber innerhalb der nach Regel 20.7 anwendbaren Frist, einen in Absatz a genannten fehlenden Teil beim Anmeldeamt ein, um die internationale Anmeldung zu vervollständigen, so wird dieser Teil in die Anmeldung aufgenommen, und das Anmeldeamt berichtigt das internationale Anmeldedatum zu dem Datum, an dem dieser Teil beim Anmeldeamt eingegangen ist, benachrichtigt den Anmelder davon und verfährt nach Maßgabe der Verwaltungsvorschriften.

d) Gilt, sei es nach einer Aufforderung nach Absatz a oder auf sonstige Weise, ein in Absatz a genannter Teil nach Regel 20.6 Absatz b als in der vorgeblichen Anmeldung an dem Datum, an dem ein oder mehrere in Artikel 11 Absatz 1 Ziffer iii genannte Bestandteile erstmals beim Anmeldeamt eingegangen sind, enthalten, so erkennt das Anmeldeamt das Datum, an dem alle Erfordernisse des Artikels 11 Absatz 1 erfüllt sind, als internationales Anmeldedatum zu und verfährt nach Regel 20.2 Absätze b und c.

e) Wurde das internationale Anmeldedatum nach Absatz c berichtigt, so kann der Anmelder in einer an das Anmeldeamt gerichteten Mitteilung innerhalb eines Monats seit der Benachrichtigung nach Absatz c beantragen, dass der betreffende fehlende Teil nicht berücksichtigt wird; in diesem Fall gilt der fehlende Teil als nicht eingereicht und die Berichtigung des internationalen Anmeldedatums nach Absatz c als nicht erfolgt, und das Anmeldeamt verfährt nach Maßgabe der Verwaltungsvorschriften.

20.6. Bestätigung der Einbeziehung von Bestandteilen und Teilen durch Verweis

a) Der Anmelder kann beim Anmeldeamt innerhalb der nach Regel 20.7 anwendbaren Frist eine schriftliche Mitteilung einreichen, mit der er bestätigt, dass ein Bestandteil oder Teil durch Verweis nach Regel 4.18 in die internationale Anmeldung einbezogen ist; beizufügen sind:

i) ein Blatt oder Blätter, die den gesamten Bestandteil, so wie er in der früheren Anmeldung enthalten ist, oder den betreffenden Teil darstellen;

ii) sofern der Anmelder die Erfordernisse der Regel 17.1 Absatz a, b oder $b\text{-}^{bis}$ hinsichtlich des Prioritätsbelegs noch nicht erfüllt hat, eine Kopie der früheren Anmeldung in der ursprünglich eingereichten Fassung;

iii) sofern die frühere Anmeldung nicht in der Sprache abgefasst ist, in der die internationale Anmeldung eingereicht worden ist, eine Übersetzung der früheren Anmeldung in diese Sprache oder, sofern eine Übersetzung der internationalen Anmeldung nach Regel 12.3 Absatz a oder 12.4 Absatz a erforderlich ist, eine Übersetzung der früheren Anmeldung sowohl in die Sprache, in der die internationale Anmeldung eingereicht worden ist als auch in die Sprache der Übersetzung und

iv) im Fall eines Teils der Beschreibung, der Ansprüche oder der Zeichnungen eine Angabe darüber, wo dieser Teil in der früheren Anmeldung und gegebenenfalls in einer unter Ziffer iii genannten Übersetzung enthalten ist.

b) Stellt das Anmeldeamt fest, dass die Erfordernisse der Regel 4.18 und des Absatzes a erfüllt sind und dass der in Absatz a genannte Bestandteil oder Teil vollständig in der betreffenden früheren Anmeldung enthalten ist, so gilt dieser Bestandteil oder Teil als in der vorgeblichen internationalen Anmeldung zu dem Zeitpunkt enthalten, zu dem ein oder mehrere in Artikel 11 Absatz 1 Ziffer iii genannte Bestandteile erstmals beim Anmeldeamt eingegangen sind.

c) Stellt das Anmeldeamt fest, dass ein Erfordernis nach Regel 4.18 oder Absatz a nicht erfüllt ist oder dass ein in Absatz a genannter Bestandteil oder Teil nicht vollständig in der betreffenden früheren Anmeldung enthalten ist, so verfährt es gemäß Regel 20.3 Absatz b Ziffer i, 20.5 Absatz b bzw. 20.5 Absatz c.

20.7. Frist

a) Die in den Regeln 20.3 Absätze a und b, 20.4, 20.5 Absätze a, b und c und 20.6 Absatz a vorgeschriebene Frist beträgt,

i) wenn eine Aufforderung nach Regel 20.3 Absatz a bzw. 20.5 Absatz a an den Anmelder gesandt wurde, zwei Monate seit dem Datum der Aufforderung,

ii) sofern keine solche Aufforderung an den Anmelder gesandt wurde, zwei Monate seit dem Datum, an dem ein oder mehrere in Artikel 11 Absatz 1 Ziffer iii genannte Bestandteile erstmals beim Anmeldeamt eingegangen sind.

b) Geht weder eine Richtigstellung nach Artikel 11 Absatz 2 noch eine Mitteilung nach Regel 20.6 Absatz a über die Bestätigung der Einbeziehung durch Verweis eines in Artikel 11 Absatz 1 Ziffer iii Buchstabe d oder e genannten Bestandteils vor Ablauf der nach Absatz a anwendbaren Frist beim Anmeldeamt ein, so gilt eine solche Richtigstellung oder Mitteilung, die nach Ablauf dieser Frist bei diesem Amt eingeht, aber bevor dieses dem Anmelder eine Benachrichtigung nach Regel 20.4 Ziffer i gesandt hat, als innerhalb dieser Frist eingegangen.

20.8. Unvereinbarkeit mit nationalem Recht

a) [1] Ist eine der Regeln 20.3 Absätze a Ziffer ii und b Ziffer ii, 20.5 Absätze a Ziffer ii und d und 20.6 am 5. Oktober 2005 nicht mit dem vom Anmeldeamt anzuwendenden nationalen Recht vereinbar, so gelten die betreffenden Regeln für eine bei diesem Anmeldeamt eingereichte internationale Anmeldung nicht, solange die Unvereinbarkeit besteht, sofern dieses Amt das Internationale Büro bis zum 5. April 2006 davon unterrichtet. [2] Diese Mitteilung wird vom Internationalen Büro unverzüglich im Blatt veröffentlicht.

a^{bis}) [1] Kann ein fehlender Bestandteil oder Teil wegen der Durchführung des Absatzes a dieser Regel nicht durch Verweis nach den Regeln 4.18 und 20.6 in die internationale Anmeldung einbezogen werden, so verfährt das Anmeldeamt entsprechend der Regel 20.3 Absatz b Ziffer i, 20.5 Absatz b bzw. 20.5 Absatz c. [2]Verfährt das Anmeldeamt nach Regel 20.5 Absatz c, so kann der Anmelder nach Regel 20.5 Absatz e verfahren.

b) [1]Ist eine der Regeln 20.3 Absätze a Ziffer ii und b Ziffer ii, 20.5 Absätze a Ziffer ii und d und 20.6 am 5. Oktober 2005 nicht mit dem vom Bestimmungsamt anzuwendenden nationalen Recht vereinbar, so gelten die betreffenden Regeln für dieses Bestimmungsamt hinsichtlich einer internationalen Anmeldung, für die die in Artikel 22 genannten Handlungen bei diesem Bestimmungsamt vorgenommen wurden, nicht, solange die Unvereinbarkeit besteht, sofern dieses Amt das Internationale Büro bis zum 5. April 2006 davon unterrichtet. [2]Diese Mitteilung wird vom Internationalen Büro unverzüglich im Blatt veröffentlicht.

c) Gilt ein Bestandteil oder Teil kraft einer Feststellung des Anmeldeamts nach Regel 20.6 Absatz b als durch Verweis in die internationale Anmeldung einbezogen, findet jedoch die Einbeziehung durch Verweis auf diese internationale Anmeldung für die Zwecke des Verfahrens vor einem Bestimmungsamt wegen der Durchführung des Absatzes b dieser Regel keine Anwendung, so kann das Bestimmungsamt die Anmeldung so behandeln, als ob das internationale Anmeldedatum nach Regel 20.3 Absatz b Ziffer i oder 20.5 Absatz b zuerkannt bzw. nach Regel 20.5 Absatz c berichtigt worden wäre, mit der Maßgabe, dass Regel 82ter.1 Absätze c und d entsprechend Anwendung finden.

Regel 21. Herstellung von Exemplaren

21.1. Aufgabe des Anmeldeamts

a) Ist die internationale Anmeldung in einem Exemplar einzureichen, so ist das Anmeldeamt für die Herstellung des Anmeldeamtsexemplars und des Recherchenexemplars nach Artikel 12 Absatz 1 verantwortlich.

b) Ist die internationale Anmeldung in zwei Exemplaren einzureichen, so ist das Anmeldeamt für die Herstellung des Anmeldeamtsexemplars verantwortlich.

c) Ist die internationale Anmeldung in geringerer Stückzahl eingereicht worden als nach der Regel 11.1 Absatz b vorgeschrieben, so ist das Anmeldeamt für die sofortige Herstellung der erforderlichen Anzahl von Exemplaren verantwortlich und hat das Recht, für diese Aufgabe eine Gebühr festzusetzen und dieses vom Anmelder zu erheben.

21.2. Beglaubigte Kopie für den Anmelder

Auf Antrag des Anmelders stellt das Anmeldeamt diesem gegen Zahlung einer Gebühr beglaubigte Kopien der internationalen Anmeldung wie ursprünglich eingereicht sowie der an ihr vorgenommenen Änderungen zur Verfügung.

Regel 22. Übermittlung des Aktenexemplars und der Übersetzung

22.1. Verfahren

a) [1]Ist die Feststellung nach Artikel 11 Absatz 1 positiv und stehen Vorschriften über die nationale Sicherheit der Behandlung der Anmeldung als internationaler Anmeldung nicht entgegen, so übersendet das Anmeldeamt das Aktenexemplar an das Internationale Büro. [2]Die Übersendung wird unverzüglich nach dem Eingang der internationalen Anmeldung oder, falls eine Überprüfung zum Schutz der nationalen Sicherheit erforderlich ist, sobald diese Prüfung erfolgreich abgeschlossen worden ist, vorgenommen. [3]In jedem Fall sendet das Anmeldeamt das Aktenexemplar so rechtzeitig ab, daß es beim Internationalen Büro mit dem Ablauf des 13. Monats seit dem Prioritätsdatum eingeht. [4] Wird durch die Post übermittelt, so darf das Anmeldeamt das Aktenexemplar nicht später als fünf Tage vor dem Ablauf des 13. Monats ab Prioritätsdatum absenden.

b) Hat das Internationale Büro eine Kopie der Mitteilung nach Regel 20.2 Absatz c erhalten und ist es bei Ablauf des dreizehnten Monats nach dem Prioritätsdatum nicht im Besitz des Aktenexemplars, so fordert es das Anmeldeamt auf, ihm das Aktenexemplar unverzüglich zu übermitteln.

c) Hat das Internationale Büro eine Kopie der Mitteilung nach Regel 20.2 Absatz c erhalten und ist es bei Ablauf des vierzehnten Monats nach dem Prioritätsdatum nicht im Besitz des Aktenexemplars, so teilt es dies dem Anmelder und dem Anmeldeamt mit.

d) Nach Ablauf des vierzehnten Monats nach dem Prioritätsdatum kann der Anmelder vom Anmeldeamt verlangen, daß dieses eine Kopie seiner internationalen Anmeldung als mit der eingereichten internationalen Anmeldung übereinstimmend beglaubigt, und diese beglaubigte Kopie an das Internationale Büro übersenden.

e) Die Beglaubigung nach Absatz d ist kostenlos und kann nur aus einem der folgenden Gründe abgelehnt werden:

i) die Kopie, deren Beglaubigung vom Anmeldeamt verlangt wird, stimmt nicht mit der eingereichten internationalen Anmeldung überein;

ii) die Vorschriften über die nationale Sicherheit stehen der Behandlung der Anmeldung als internationaler Anmeldung entgegen;

iii) das Anmeldeamt hat das Aktenexemplar bereits an das Internationale Büro übersandt und dieses hat ihm den Eingang bestätigt.

f) Sofern oder solange das Aktenexemplar nicht bei dem Internationalen Büro eingegangen ist, gilt die nach Absatz e beglaubigte und beim Internationalen Büro eingegangene Kopie als Aktenexemplar.

g) [1] Hat der Anmelder bis zum Ablauf der Frist nach Artikel 22 die in diesem Artikel genannten Handlungen vorgenommen, ohne daß das Bestimmungsamt vom Internationalen Büro über den Eingang des Aktenexemplars unterrichtet worden ist, so teilt das Bestimmungsamt dies dem Internationalen Büro mit. [2] Ist das Internationale Büro nicht im Besitz des Aktenexemplars, so teilt es dies dem Anmelder und dem Anmeldeamt unverzüglich mit, sofern dies nicht bereits nach Absatz c geschehen ist.

h) Ist die Internationale Anmeldung in der Sprache einer nach Regel 12.3 oder 12.4 eingereichten Übersetzung zu veröffentlichen, so übermittelt das Anmeldeamt diese Übersetzung dem Internationalen Büro zusammen mit dem Aktenexemplar nach Absatz a oder, wenn das Anmeldeamt das Aktenexemplar dem Internationalen Büro nach diesem Absatz bereits übermittelt hat, unverzüglich nach Eingang der Übersetzung.

22.2. *(gestrichen)*

22.3. Frist gemäß Artikel 12 Absatz 3

Die in Artikel 12 Absatz 3 genannte Frist beträgt drei Monate ab dem Datum der Mitteilung, die das Internationale Büro gemäß Regel 22.1 Absatz c oder g an den Anmelder übersandt hat.

Regel 23. Übermittlung des Recherchenexemplars, der Übersetzung und des Sequenzprotokolls

23.1. Verfahren

a) [1] Ist eine Übersetzung der internationalen Anmeldung nach Regel 12.3 Absatz a nicht erforderlich, so übermittelt das Anmeldeamt der Internationalen Recherchenbehörde das Recherchenexemplar spätestens am gleichen Tag, an dem es das Aktenexemplar dem Internationalen Büro übermittelt, es sei denn, daß die Recherchengebühr nicht entrichtet worden ist. [2] In letzterem Fall ist das Recherchenexemplar unverzüglich nach Entrichtung der Recherchengebühr zu übermitteln.

b) [1] Ist eine Übersetzung der internationalen Anmeldung nach Regel 12.3 eingereicht worden, so übermittelt das Anmeldeamt der Internationalen Recherchenbehörde eine Kopie dieser Übersetzung und des Antrags, die zusammen als Recherchenexemplar im Sinne des Artikels 12 Absatz 1 gelten, es sei denn, daß die Recherchengebühr nicht entrichtet worden ist. [2] In letzterem Fall ist eine Kopie der Übersetzung und des Antrags unverzüglich nach Entrichtung der Recherchengebühr zu übermitteln.

c) Ein für die Zwecke der Regel 13ter eingereichtes Sequenzprotokoll in elektronischer Form, das beim Anmeldeamt anstatt bei der Internationalen Recherchenbehörde eingereicht worden ist, wird unverzüglich von diesem Amt an die Recherchenbehörde weitergeleitet.

Regel 23bis. Übermittlung von zu einer früheren Recherche oder Klassifikation gehörenden Unterlagen

23bis.1. Übermittlung von zu einer früheren Recherche gehörenden Unterlagen bei einem Antrag nach Regel 4.12

a) Das Anmeldeamt übermittelt der Internationalen Recherchenbehörde, zusammen mit dem Recherchenexemplar, jegliche in Regel 12bis.1 Absatz a genannte Kopie, die zu einer früheren Recherche gehört, hinsichtlich der der Anmelder einen Antrag nach Regel 4.12 gestellt hat, sofern eine solche Kopie

i) vom Anmelder zusammen mit der internationalen Anmeldung beim Anmeldeamt eingereicht wurde,
ii) auf Antrag des Anmelders vom Anmeldeamt erstellt und an diese Behörde übermittelt werden soll oder
iii) dem Anmeldeamt in einer für es akzeptablen Form und Weise nach Regel 12bis.1 Absatz d zugänglich ist, zum Beispiel über eine digitale Bibliothek.

b) Ist diese nicht in der Kopie der Ergebnisse der früheren Recherche nach Regel 12bis.1 Absatz a enthalten, so übermittelt das Anmeldeamt der Internationalen Recherchenbehörde, zusammen mit dem Recherchenexemplar, auch eine Kopie der Ergebnisse jeglicher von diesem Amt durchgeführten früheren Klassifikation, sofern diese bereits verfügbar sind.

23bis.2. Übermittlung von zu einer früheren Recherche gehörenden Unterlagen für die Zwecke der Regel 41.2

a) [1] Für die Zwecke der Regel 41.2 übermittelt das Anmeldeamt der Internationalen Recherchenbehörde, wenn die internationale Anmeldung die Priorität einer oder mehrerer früherer Anmeldungen beansprucht, die bei demselben Amt eingereicht wurden wie demjenigen, das als Anmeldeamt handelt, und dieses Amt eine frühere Recherche im Zusammenhang mit einer solchen früheren Anmeldung durchgeführt hat oder eine solche frühere Anmeldung klassifiziert hat, vorbehaltlich des gemäß Artikel 30 Absatz 3 anwendbaren Artikels 30 Absatz 2 Buchstabe a und der Absätze b, d und e, zusammen mit dem Recherchenexemplar eine Kopie der Ergebnisse einer solchen früheren Recherche in jeglicher Form, in der sie dem Amt zugänglich sind (zum Beispiel in Form eines Recherchenberichts, einer Auflistung der zum Stand der Technik gehörenden Unterlagen oder eines Prüfungsberichts), sowie eine Kopie der Ergebnisse einer solchen von dem Amt durchgeführten früheren Klassifikation, sofern diese bereits verfügbar sind. [2] Das Anmeldeamt kann der Internationalen Recherchenbehörde, vorbehaltlich des gemäß Artikel 30 Absatz 3 anwendbaren Artikels 30 Absatz 2 Buchstabe a, auch alle weiteren zu einer solchen früheren Recherche gehörenden Unterlagen übermitteln, die sie für die Durchführung der internationalen Recherche als für diese Behörde zweckmäßig erachtet.

b) [1] Ungeachtet des Absatzes a kann ein Anmeldeamt das Internationale Büro bis zum 14. April 2016 davon in Kenntnis setzen, dass es auf einen zusammen mit der internationalen Anmeldung eingereichten Antrag des Anmelders hin die Entscheidung trifft, der Internationalen Recherchenbehörde die Ergebnisse einer früheren Recherche nicht zu übermitteln. [2] Das Internationale Büro veröffentlicht jede Mitteilung gemäß dieser Bestimmung im Blatt.

c) Nach Wahl des Anmeldeamts findet Absatz a entsprechend Anwendung, wenn die internationale Anmeldung die Priorität einer oder mehrerer früherer Anmeldungen beansprucht, die bei einem anderen Amt als demjenigen, das als Anmeldeamt handelt, eingereicht wurden, und dieses Amt eine frühere Recherche im Zusammenhang mit einer solchen früheren Anmeldung durchgeführt hat oder eine solche frühere Anmeldung klassifiziert hat und die Ergebnisse einer solchen früheren Recherche oder Klassifikation dem Anmeldeamt in einer für es akzeptablen Form und Weise zugänglich sind, zum Beispiel über eine digitale Bibliothek.

d) Die Absätze a und c finden keine Anwendung, wenn die frühere Recherche von derselben Internationalen Recherchenbehörde oder von demselben Amt, die oder das als Internationale Recherchenbehörde handelt, durchgeführt wurde oder wenn das Anmeldeamt Kenntnis davon hat, dass eine Kopie der Ergebnisse der früheren Recherche oder Klassifikation der Internationalen Recherchenbehörde in einer für sie akzeptablen Form und Weise zugänglich ist, zum Beispiel über eine digitale Bibliothek.

e) [1] In dem Maße, wie am 14. Oktober 2015 die Übermittlung der in Absatz a genannten Kopien oder die Übermittlung dieser Kopien in einer speziellen Form, wie beispielsweise der in Absatz a genannten, ohne die Zustimmung des Anmelders nicht mit dem vom Anmeldeamt anzuwendenden nationalen Recht vereinbar ist, so findet jener Absatz keine Anwendung auf die Übermittlung dieser Kopien oder auf die Übermittlung dieser Kopien in der betreffenden speziellen Form im Zusammenhang mit allen internationalen Anmeldungen, die bei diesem Anmeldeamt eingereicht werden, solange diese Übermittlung ohne die Zustimmung des Anmelders weiterhin nicht mit diesem Recht vereinbar ist, sofern dieses Amt das Internationale Büro bis zum 14. April 2016 davon unterrichtet. [2] Diese Mitteilung wird vom Internationalen Büro unverzüglich im Blatt veröffentlicht.

Regel 24. Eingang des Aktenexemplars beim Internationalen Büro

24.1. *(gestrichen)*

24.2. Mitteilung über den Eingang des Aktenexemplars

a) [1] Das Internationale Büro teilt

i) dem Anmelder,

ii) dem Anmeldeamt und

iii) der Internationalen Recherchenbehörde (es sei denn, sie hat dem Internationalen Büro mitgeteilt, daß sie nicht benachrichtigt werden will)

unverzüglich den Eingang des Aktenexemplars und das Datum des Eingangs mit. [2] In der Mitteilung wird die internationale Anmeldung mit ihrem Aktenzeichen, dem internationalen Anmeldedatum und dem Namen des Anmelders gekennzeichnet; außerdem ist das Anmeldedatum einer früheren Anmeldung anzugeben, deren Priorität in Anspruch genommen wird. [3] In der Mitteilung an den Anmelder sind ferner die Bestimmungsämter anzugeben sowie, im Falle eines Bestimmungsamts, das für die Erteilung regionaler Patente zuständig ist, die Vertragsstaaten, die für ein regionales Patent bestimmt worden sind.

b) *(gestrichen)*

c) Geht das Aktenexemplar nach Ablauf der Frist nach Regel 22.3 ein, so teilt das Internationale Büro dies dem Anmelder, dem Anmeldeamt und der Internationalen Recherchenbehörde unverzüglich mit.

Regel 25. Eingang des Recherchenexemplars bei der Internationalen Recherchenbehörde

25.1. Benachrichtigung über den Eingang des Recherchenexemplars

Die Internationale Recherchenbehörde benachrichtigt unverzüglich das Internationale Büro, den Anmelder und – falls die Internationale Recherchenbehörde nicht mit dem Anmeldeamt identisch ist – das Anmeldeamt über den Eingang des Recherchenexemplars und das Datum des Eingangs.

Regel 26. Prüfung und Berichtigung bestimmter Bestandteile der internationalen Anmeldung vor dem Anmeldeamt

26.1. Aufforderung zur Mängelbeseitigung nach Artikel 14 Absatz 1 Buchstabe b

[1] Das Anmeldeamt erlässt die Aufforderung zur Mängelbeseitigung nach Artikel 14 Absatz 1 Buchstabe b so bald wie möglich, vorzugsweise innerhalb eines Monats seit dem Eingang der internationalen Anmeldung. [2] In der Aufforderung fordert das Anmeldeamt den Anmelder auf, die erforderliche Berichtigung einzureichen und gibt dem Anmelder die Möglichkeit, innerhalb der Frist nach Regel 26.2 Stellung zu nehmen.

26.2. Frist für die Mängelbeseitigung

[1] Die in Regel 26.1 genannte Frist beträgt zwei Monate seit dem Datum der Aufforderung zur Mängelbeseitigung. [2] Sie kann vom Anmeldeamt jederzeit verlängert werden, solange keine Entscheidung getroffen worden ist.

26.2^{bis}. Prüfung der Erfordernisse nach Artikel 14 Absatz 1 Buchstabe a Ziffern i und ii

a) Für die Zwecke des Artikels 14 Absatz 1 Buchstabe a Ziffer i reicht es bei mehreren Anmeldern aus, wenn einer von ihnen den Antrag unterzeichnet.

b) Für die Zwecke des Artikels 14 Absatz 1 Buchstabe a Ziffe ii reicht es bei mehreren Anmeldern aus, wenn die nach Regel 4.5 Absatz a Ziffern ii und iii verlangten Angaben für einen von ihnen gemacht werden, der nach Regel 19.1 berechtigt ist, die internationale Anmeldung beim Anmeldeamt einzureichen.

26.3. Prüfung der Formerfordernisse nach Artikel 14 Absatz 1 Buchstabe a Ziffer v

a) Wird die internationale Anmeldung in einer Veröffentlichungssprache eingereicht, so prüft das Anmeldeamt

i) die internationale Anmeldung nur insoweit auf die Erfüllung der in Regel 11 genannten Formerfordernisse, als dies für eine im wesentlichen einheitliche internationale Veröffentlichung erforderlich ist;

ii) jede nach Regel 12.3 eingereichte Übersetzung insoweit auf die Erfüllung der in Regel 11 genannten Formerfordernisse, als dies für eine zufriedenstellende Vervielfältigung erforderlich ist.

b) Wird die internationale Anmeldung in einer Sprache eingereicht, die keine Veröffentlichungssprache ist, so prüft das Anmeldeamt

i) die internationale Anmeldung nur insoweit auf die Erfüllung der in Regel 11 genannten Formerfordernisse, als dies für eine zufriedenstellende Vervielfältigung erforderlich ist;

ii) jede nach Regel 12.3 oder 12.4 eingereichte Übersetzung und die Zeichnungen insoweit auf die Erfüllung der in Regel 11 genannten Formerfordernisse, als dies für eine im Wesentlichen einheitliche internationale Veröffentlichung erforderlich ist.

26.3^bis^. Aufforderung nach Artikel 14 Absatz 1 Buchstabe b zur Beseitigung von Mängeln nach Regel 11

Das Anmeldeamt braucht die Aufforderung nach Artikel 14 Absatz 1 Buchstabe b zur Beseitigung von Mängeln nach Regel 11 nicht zu erlassen, wenn die in dieser Regel genannten Formerfordernisse in dem nach Regel 26.3 erforderlichen Umfang erfüllt sind.

26.3^ter^. Aufforderung zur Mängelbeseitigung nach Artikel 3 Absatz 4 Ziffer i

a) Werden die Zusammenfassung oder Textbestandteile der Zeichnungen in einer anderen Sprache eingereicht als die Beschreibung und die Ansprüche, so fordert das Anmeldeamt den Anmelder auf, eine Übersetzung der Zusammenfassung oder der Textbestandteile der Zeichnungen in der Sprache einzureichen, in der die internationale Anmeldung zu veröffentlichen ist, es sei denn,

i) es ist eine Übersetzung der internationalen Anmeldung nach Regel 12.3 Absatz a erforderlich oder

ii) die Zusammenfassung oder die Textbestandteile der Zeichnungen sind in der Sprache, in der die internationale Anmeldung zu veröffentlichen ist.

Die Regeln 26.1, 26.2, 26.3, 26.3^bis^, 26.5 und 29.1 sind entsprechend anzuwenden.

b) [1] Ist Absatz a am 1. Oktober 1997 nicht mit dem vom Anmeldeamt anzuwendenden nationalen Recht vereinbar, so gilt er für das Anmeldeamt nicht, solange diese Unvereinbarkeit besteht, sofern dieses Amt das Internationale Büro bis zum 31. Dezember 1997 davon unterrichtet. [2]Diese Mitteilung wird vom Internationalen Büro unverzüglich im Blatt veröffentlicht.

c) [1]Entspricht der Antrag nicht Regel 12.1 Absatz c, so fordert das Anmeldeamt den Anmelder auf, entsprechend dieser Regel eine Übersetzung einzureichen. [2]Die Regeln 3, 26.1, 26.2, 26.5 und 29.1 sind entsprechend anzuwenden.

d) [1]Ist Absatz c am 1. Oktober 1997 nicht mit dem vom Anmeldeamt anzuwendenden nationalen Recht vereinbar, so gilt er für das Anmeldeamt nicht, solange diese Unvereinbarkeit besteht, sofern dieses Amt das Internationale Büro bis zum 31. Dezember 1997 davon unterrichtet. [2]Diese Mitteilung wird vom Internationalen Büro unverzüglich im Blatt veröffentlicht.

26.4. Verfahren

Eine dem Anmeldeamt unterbreitete Berichtigung des Antrags kann in einem an das Amt gerichteten Schreiben niedergelegt werden, wenn sie so beschaffen ist, dass sie von dem Schreiben in den Antrag übertragen werden kann, ohne die Übersichtlichkeit oder Vervielfältigungsfähigkeit des Blattes zu beeinträchtigen, auf das die Berichtigung zu übertragen ist; andernfalls, und im Falle einer Berichtigung eines anderen Bestandteils der internationalen Anmeldung als des Antrags, hat der Anmelder ein Ersatzblatt einzureichen, das die Berichtigung enthält, und das Begleitschreiben hat auf die Unterschiede zwischen dem auszutauschenden Blatt und dem Ersatzblatt hinzuweisen.

26.5. Entscheidung des Anmeldeamts

Das Anmeldeamt entscheidet, ob die Berichtigung innerhalb der nach Regel 26.2 anwendbaren Frist unterbreitet worden ist und, wenn dies der Fall ist, ob die so berichtigte internationale Anmeldung als zurückgenommen gilt oder nicht; jedoch gilt eine internationale Anmeldung nicht wegen Nichterfüllung der in Regel 11 genannten Formerfordernisse als zurückgenommen, wenn sie diese Erfordernisse so weit erfüllt, als dies für eine im Wesentlichen einheitliche internationale Veröffentlichung erforderlich ist.

26.6. *(gestrichen)*

Regel 26bis. Berichtigung oder Hinzufügung eines Prioritätsanspruchs

26bis.1. Berichtigung oder Hinzufügung eines Prioritätsanspruchs

a) [1]Der Anmelder kann einen Prioritätsanspruch berichtigen oder dem Antrag einen Prioritätsanspruch hinzufügen, indem er innerhalb von 16 Monaten nach dem Prioritätsdatum oder, wenn sich durch die Berichtigung oder Hinzufügung das Prioritätsdatum ändert, innerhalb von 16 Monaten nach dem geänderten Prioritätsdatum, je nachdem, welche 16-Monats-Frist zuerst abläuft, beim Anmeldeamt oder beim Internationalen Büro eine entsprechende Mitteilung einreicht mit der Maßgabe, dass eine solche Mitteilung bis zum Ablauf von vier Monaten nach dem internationalen Anmeldedatum eingereicht werden kann. [2]Die Berichtigung eines Prioritätsanspruchs kann die Hinzufügung von jeglichen in Regel 4.10 genannten Angaben einschließen.

b) Eine Mitteilung nach Absatz a, die beim Anmeldeamt oder beim Internationalen Büro eingeht, nachdem der Anmelder einen Antrag auf vorzeitige Veröffentlichung nach Artikel 21 Absatz 2 Buchstabe b gestellt hat, gilt als nicht eingereicht, es sei denn, dieser Antrag wird vor Abschluß der technischen Vorbereitungen für die internationale Veröffentlichung zurückgenommen.

c) Ändert sich durch die Berichtigung oder Hinzufügung eines Prioritätsanspruchs das Prioritätsdatum, so wird jede Frist, die nach dem früher geltenden Prioritätsdatum berechnet worden und nicht bereits abgelaufen ist, nach dem so geänderten Prioritätsdatum berechnet.

26bis.2. Mängel in Prioritätsansprüchen

a) [1] Stellt das Anmeldeamt oder, wenn das Anmeldeamt dies unterlassen hat, das Internationale Büro hinsichtlich eines Prioritätsanspruchs fest,

i) dass die internationale Anmeldung ein internationales Anmeldedatum hat, das nach dem Datum, an dem die Prioritätsfrist abgelaufen ist, liegt und kein Antrag auf Wiederherstellung des Prioritätsrechts nach Regel 26bis.3 eingereicht wurde,

ii) dass der Prioritätsanspruch den Erfordernissen der Regel 4.10 nicht entspricht oder

iii) dass eine Angabe in dem Prioritätsanspruch nicht mit der entsprechenden Angabe im Prioritätsbeleg übereinstimmt,

so fordert das Anmeldeamt bzw. das Internationale Büro den Anmelder zur Berichtigung des Prioritätsanspruchs auf. [2] In dem unter Ziffer i genannten Fall, sofern das internationale Anmeldedatum innerhalb von zwei Monaten seit dem Datum, an dem die Prioritätsfrist abläuft, liegt, unterrichtet das Anmeldeamt bzw. das Internationale Büro den Anmelder auch über die Möglichkeit, einen Antrag auf Wiederherstellung des Prioritätsrechts nach Regel 26bis.3 zu stellen, es sei denn, das Anmeldeamt hat dem Internationalen Büro nach Regel 26bis.3 Absatz j mitgeteilt, dass die Regel 26bis.3 Absätze a bis i mit dem für dieses Amt anzuwendenden nationalen Recht unvereinbar ist.

b) [1] Reicht der Anmelder nicht vor Ablauf der Frist nach Regel 26bis.1 Absatz a eine Mitteilung zur Berichtigung des Prioritätsanspruchs ein, so gilt dieser Prioritätsanspruch vorbehaltlich des Absatzes c für das Verfahren nach dem Vertrag als nicht erhoben („gilt als nichtig"), und das Anmeldeamt bzw. das Internationale Büro gibt eine diesbezügliche Erklärung ab und unterrichtet den Anmelder entsprechend. [2] Eine Mitteilung über die Berichtigung des Prioritätsanspruchs, die vor Abgabe einer solchen Erklärung durch das Anmeldeamt bzw. das Internationale Büro und nicht später als einen Monat nach Ablauf der Frist eingeht, gilt als vor Ablauf der Frist eingegangen.

c) Ein Prioritätsanspruch darf jedoch nicht als nichtig gelten, nur weil

i) die Angabe des in Regel 4.10 Absatz a Ziffer ii genannten Aktenzeichens der früheren Anmeldung fehlt,

ii) eine Angabe im Prioritätsanspruch unvereinbar mit der entsprechenden Angabe im Prioritätsbeleg ist oder

iii) die internationale Anmeldung ein internationales Anmeldedatum hat, das nach dem Datum, an dem die Prioritätsfrist abgelaufen ist, liegt, vorausgesetzt, das internationale Anmeldedatum liegt innerhalb einer Frist von 2 Monaten seit diesem Datum.

d) [1] Hat das Anmeldeamt oder das Internationale Büro eine Erklärung nach Absatz b abgegeben oder gilt der Prioritätsanspruch nicht als nichtig, nur weil Absatz c Anwendung findet, so veröffentlicht das Internationale Büro, zusammen mit der internationalen Anmeldung, die Angaben betreffend den Prioritätsanspruch nach Maßgabe der Verwaltungsvorschriften sowie vom Anmelder eingereichte Angaben betreffend diesen Prioritätsanspruch, die vor Abschluss der technischen Vorbereitungen für die internationale Veröffentlichung beim Internationalen Büro eingegangen sind. [2] Solche Angaben werden in die Übermittlung nach Artikel 20 aufgenommen, sofern die internationale Anmeldung aufgrund des Artikels 64 Absatz 3 nicht veröffentlicht wird.

e) Wünscht der Anmelder, einen Prioritätsanspruch zu berichtigen oder hinzuzufügen, ist jedoch die Frist nach Regel 26bis.1 abgelaufen, so kann der Anmelder vor Ablauf von 30 Monaten seit dem Prioritätsdatum gegen Zahlung einer besonderen Gebühr, deren Höhe in den Verwaltungsvorschriften festgelegt wird, beim Internationalen Büro die Veröffentlichung der diesbezüglichen Angaben beantragen; das Internationale Büro wird diese Angaben unverzüglich veröffentlichen.

26bis.3. Wiederherstellung des Prioritätsrechts durch das Anmeldeamt

a) [1] Hat die internationale Anmeldung ein internationales Anmeldedatum, das nach dem Datum, an dem die Prioritätsfrist abgelaufen ist, aber innerhalb einer Frist von zwei Monaten seit diesem Datum liegt, so stellt das Anmeldeamt, auf Antrag des Anmelders und vorbehaltlich der Absätze b bis g dieser Regel, das Prioritätsrecht wieder her, sofern das Amt feststellt, dass ein von diesem Amt angewendetes Kriterium („Wiederherstellungskriterium“) erfüllt ist, nämlich, dass das Versäumnis, die internationale Anmeldung innerhalb der Prioritätsfrist einzureichen,

i) trotz Beachtung der nach den gegebenen Umständen gebotenen Sorgfalt erfolgt ist oder

ii) unbeabsichtigt war.

[2] Jedes Anmeldeamt hat mindestens eines dieser Kriterien anzuwenden und kann beide anwenden.

b) Ein Antrag nach Absatz a muss

i) innerhalb der nach Absatz e anwendbaren Frist beim Anmeldeamt eingereicht werden,

ii) die Gründe für das Versäumnis, die internationale Anmeldung innerhalb der Prioritätsfrist einzureichen, darlegen und

iii) vorzugsweise eine Erklärung oder andere in Absatz f genannte Nachweise enthalten.

c) [1] Ist ein Prioritätsanspruch hinsichtlich der früheren Anmeldung nicht in der internationalen Anmeldung enthalten, so hat der Anmelder innerhalb der nach Absatz e anwendbaren Frist eine Mitteilung nach Regel 26bis.1 Absatz a über die Hinzufügung des Prioritätsanspruchs einzureichen.

d) [1] Das Anmeldeamt kann die Einreichung eines Antrags nach Absatz a davon abhängig machen, dass ihm zu seinen Gunsten eine Gebühr für den Antrag auf Wiederherstellung entrichtet wird. [2] Diese Gebühr ist innerhalb der nach Absatz e anwendbaren Frist zu entrichten. [3] Die Höhe der gegebenenfalls erhobenen Gebühr wird vom Anmeldeamt festgesetzt. [4] Das Anmeldeamt kann die Frist für die Entrichtung dieser Gebühr auf bis zu zwei Monate nach Ablauf der gemäß Absatz e anwendbaren Frist verlängern.

e) Die in den Absätzen b Ziffer i, c und d genannte Frist beträgt zwei Monate seit dem Datum, an dem die Prioritätsfrist abgelaufen ist, mit der Maßgabe, dass in den Fällen, in denen der Anmelder einen Antrag auf frühzeitige Veröffentlichung nach Artikel 21 Absatz 2 Buchstabe b gestellt hat,

Anträge nach Absatz a, in Absatz c genannte Mitteilungen oder in Absatz d genannte Gebühren, die nach Abschluss der technischen Vorbereitungen für die internationale Veröffentlichung eingereicht bzw. entrichtet werden, als nicht rechtzeitig eingereicht oder entrichtet gelten.

f) Das Anmeldeamt kann verlangen, dass eine Erklärung oder andere Nachweise zum Beleg der nach Absatz b Ziffer ii genannten Gründe innerhalb einer den Umständen nach angemessenen Frist bei ihm eingereicht werden.

g) [1] Das Anmeldeamt darf einen Antrag nach Absatz a nicht vollständig oder teilweise ablehnen, ohne dem Anmelder die Gelegenheit gegeben zu haben, innerhalb einer den Umständen nach angemessenen Frist zu der beabsichtigten Ablehnung Stellung zu nehmen. [2] Die Mitteilung über die beabsichtigte Ablehnung durch das Anmeldeamt kann an den Anmelder zusammen mit einer Aufforderung zur Einreichung einer Erklärung oder anderer Nachweise nach Absatz f gesandt werden.

h) Das Anmeldeamt wird unverzüglich

i) das Internationale Büro vom Eingang eines Antrags nach Absatz a in Kenntnis setzen,

ii) über den Antrag entscheiden,

iii) den Anmelder und das Internationale Büro von seiner Entscheidung und dem Wiederherstellungskriterium, das der Entscheidung zugrunde lag, in Kenntnis setzen,

iv) vorbehaltlich des Absatzes h^{bis} alle vom Anmelder im Zusammenhang mit dem Antrag nach Absatz a (einschließlich einer Kopie des Antrags, jeglicher in Absatz b Ziffer ii genannter Gründe und jeglicher in Absatz f genannten Erklärung oder anderer Nachweise) erhaltenen Unterlagen an das Internationale Büro übermitteln.

h^{bis}) [1] Auf begründeten Antrag des Anmelders oder aufgrund eigener Entscheidung wird das Anmeldeamt Unterlagen oder Teile derselben, die im Zusammenhang mit dem Antrag nach Absatz a eingegangen sind, nicht übermitteln, wenn es feststellt, dass

i) diese Unterlage oder Teile derselben nicht offensichtlich dem Zweck dienen, die Öffentlichkeit über die internationale Anmeldung zu unterrichten,

ii) die Veröffentlichung oder öffentliche Einsicht in diese Unterlage oder Teile derselben eindeutig persönliche oder wirtschaftliche Interessen einer Person beeinträchtigen würde und

iii) kein vorherrschendes öffentliches Interesse an der Einsicht in diese Unterlage oder Teile derselben besteht.

[2] Entscheidet sich das Anmeldeamt gegen die Übermittlung von Unterlagen oder Teilen derselben an das Internationale Büro, so teilt es dies dem Internationalen Büro mit.

i) [1] Jedes Anmeldeamt unterrichtet das Internationale Büro darüber, welches der Wiederherstellungskriterien es anwendet, sowie über etwaige spätere diesbezügliche Änderungen. [2] Diese Mitteilung wird vom Internationalen Büro unverzüglich im Blatt veröffentlicht.

j) [1] Sind die Absätze a bis i am 5. Oktober 2005 nicht mit dem vom Anmeldeamt anzuwendenden nationalen Recht vereinbar, so gelten diese Absätze für dieses Amt nicht, solange diese Unvereinbarkeit besteht, sofern dieses Amt das

Internationale Büro bis zum 5. April 2006 davon unterrichtet. [2]Diese Mitteilung wird vom Internationalen Büro unverzüglich im Blatt veröffentlicht.

Regel 27. Unterlassene Gebührenzahlung

27.1. Gebühren

a) Die in Artikel 14 Absatz 3 Buchstabe a genannten „nach Artikel 3 Absatz 4 Ziffer iv vorgeschriebenen Gebühren" sind: die Übermittlungsgebühr (Regel 14), die Grundgebühr als Teil der internationalen Gebühr (Regel 15.1 Ziffer i), die Recherchengebühr (Regel 16) und gegebenenfalls die Gebühr für verspätete Zahlung (Regel 16bis.2).

b) Die in Artikel 14 Absatz 3 Buchstaben a und b genannte „nach Artikel 4 Absatz 2 vorgeschriebene Gebühr" ist die Bestimmungsgebühr als Teil der internationalen Gebühr (Regel 15.1 Ziffer ii) und gegebenenfalls die Gebühr für verspätete Zahlung (Regel 16bis.2).

Regel 28. Mängel, die durch das Internationale Büro festgestellt werden

28.1. Mitteilung über bestimmte Mängel

a) Weist die internationale Anmeldung nach Ansicht des Internationalen Büros einen der in Artikel 14 Absatz 1 Buchstabe a Ziffer i, ii oder v genannten Mängel auf, so macht es das Anmeldeamt darauf aufmerksam.

b) Das Anmeldeamt verfährt, außer wenn es mit der Auffassung nicht übereinstimmt, nach Artikel 14 Absatz 1 Buchstabe b und Regel 26.

Regel 29. Internationale Anmeldungen, die als zurückgenommen gelten

29.1. Feststellung durch das Anmeldeamt

Erklärt das Anmeldeamt, dass die internationale Anmeldung nach Artikel 14 Absatz 1 Buchstabe b und Regel 26.5 (Nichtbeseitigung bestimmter Mängel), nach Artikel 14 Absatz 3 Buchstabe a (Nichtzahlung der nach Regel 27.1 Absatz a vorgeschriebenen Gebühren), nach Artikel 14 Absatz 4 (nachträgliche Feststellung der Nichterfüllung der Erfordernisse nach Artikel 11 Absatz 1 Ziffern i bis iii), nach Regel 12.3 Absatz d oder 12.4 Absatz d (Nichteinreichung der erforderlichen Übersetzung oder gegebenenfalls Nichtzahlung einer Gebühr für verspätete Einreichung) oder nach Regel 92.4 Absatz g Ziffer i (Nichteinreichung des Originals eines Schriftstücks) als zurückgenommen gilt,

i) so übersendet das Anmeldeamt das Aktenexemplar (soweit dies nicht bereits geschehen ist) sowie jede vom Anmelder vorgeschlagene Berichtigung an das Internationale Büro;

ii) so unterrichtet das Anmeldeamt den Anmelder und das Internationale Büro unverzüglich von dieser Erklärung; dieses wiederum benachrichtigt jedes bereits von seiner Bestimmung unterrichtete Bestimmungsamt;

iii) so unterläßt das Anmeldeamt entweder die Übermittlung des Recherchenexemplars gemäß Regel 23 oder, wenn es dieses bereits übersandt hat, unterrichtet die Internationale Recherchenbehörde über die Erklärung;

iv) so ist das Internationale Büro nicht verpflichtet, den Anmelder von dem Empfang des Aktenexemplars zu benachrichtigen;

v) so findet keine internationale Veröffentlichung der internationalen Anmeldung statt, wenn die vom Anmeldeamt übermittelte Mitteilung einer solchen Erklärung vor Abschluss der technischen Vorbereitungen beim Internationalen Büro eingeht.

29.2. *(gestrichen)*

29.3. Hinweis des Anmeldeamtes auf bestimmte Tatsachen

Ist das Internationale Büro oder die Internationale Recherchenbehörde der Ansicht, daß das Anmeldeamt eine Feststellung nach Artikel 14 Absatz 4 treffen sollte, so macht das Büro oder die Behörde das Anmeldeamt auf die einschlägigen Tatsachen aufmerksam.

29.4. Mitteilung der Absicht, eine Erklärung nach Artikel 14 Absatz 4 abzugeben

a) Bevor das Anmeldeamt eine Erklärung nach Artikel 14 Absatz 4 abgibt, teilt es dem Anmelder seine Absicht, eine solche Erklärung abzugeben, und die Gründe dafür mit. Der Anmelder kann, wenn er die vorläufige Feststellung des Anmeldeamtes für unrichtig hält, innerhalb von zwei Monaten nach dem Datum der Mitteilung Gegenvorstellungen erheben.

b) Beabsichtigt das Anmeldeamt, nach Artikel 14 Absatz 4 eine Erklärung in Bezug auf einen in Artikel 11 Absatz 1 Ziffer iii Absatz d oder e erwähnten Bestandteil abzugeben, so hat es in der in Absatz a dieser Regel erwähnten Mitteilung den Anmelder aufzufordern, gemäß Regel 20.6 Absatz a zu bestätigen, dass der Bestandteil durch Verweis nach Regel 4.18 einbezogen ist. Für die Zwecke der Regel 20.7 Absatz a Ziffer i gilt die nach diesem Absatz an den Anmelder gerichtete Aufforderung als Aufforderung nach Regel 20.3 Absatz a Ziffer ii.

c) Absatz b ist nicht anzuwenden, wenn das Anmeldeamt das Internationale Büro nach Regel 20.8 Absatz a von der Unvereinbarkeit der Regeln 20.3 Absätze a Ziffer ii und b Ziffer ii und 20.6 mit dem von diesem Amt anzuwendenden nationalen Recht unterrichtet hat.

Regel 30. Frist gemäß Artikel 14 Absatz 4

30.1. Frist

Die in Artikel 14 Absatz 4 genannte Frist beträgt vier Monate seit dem internationalen Anmeldedatum.

Regel 31. Nach Artikel 13 erforderliche Exemplare

31.1. Anforderung der Exemplare

a) [1] Jede Anforderung nach Artikel 13 Absatz 1 kann sich auf alle oder einzelne internationale Anmeldungen oder bestimmte Arten hiervon beziehen, in denen das anfordernde nationale Amt als Bestimmungsamt benannt ist. [2] Anforderungen hinsichtlich aller oder bestimmter Arten von internationalen Anmeldungen müssen jährlich durch eine Note, die bis zum 30. November des vorausgehenden Jahres an das Internationale Büro zu richten ist, erneuert werden.

b) Für Anträge nach Artikel 13 Absatz 2 Buchstabe b ist eine Gebühr zu entrichten, die die Kosten der Herstellung und der Versendung des Exemplars deckt.

31.2. Herstellung der Exemplare

Die Herstellung der nach Artikel 13 erforderlichen Exemplare ist Aufgabe des Internationalen Büros.

Regel 32. Erstreckung der Wirkungen der internationalen Anmeldung auf bestimmte Nachfolgestaaten

32.1. Erstreckung der internationalen Anmeldung auf den Nachfolgestaat

a) Die Wirkungen einer internationalen Anmeldung, deren internationales Anmeldedatum in den in Absatz b genannten Zeitraum fällt, werden auf einen Staat („den Nachfolgestaat") erstreckt, dessen Gebiet vor seiner Unabhängigkeit Teil des Gebiets eines in der internationalen Anmeldung bestimmten Vertragsstaats war, der nicht mehr fortbesteht („der Vorgängerstaat"), vorausgesetzt, dass der Nachfolgestaat Mitgliedstaat geworden ist durch Hinterlegung einer Fortsetzungserklärung beim Generaldirektor des Inhalts, dass der Vertrag vom Nachfolgestaat angewandt wird.

b) [1] Der in Absatz a genannte Zeitraum beginnt mit dem auf den letzten Tag des Bestehens des Vorgängerstaats folgenden Tag und endet zwei Monate nach dem Tag, an dem die in Absatz a genannte Erklärung den Regierungen der Mitgliedstaaten der Pariser Verbandsübereinkunft zum Schutz des gewerblichen Eigentums vom Generaldirektor notifiziert worden ist. [2] Liegt jedoch das Datum der Unabhängigkeit des Nachfolgestaates vor dem auf den letzten Tag des Bestehens des Vorgängerstaates folgenden Tag, so kann der Nachfolgestaat erklären, daß dieser Zeitraum mit dem Datum seiner Unabhängigkeit beginnt; diese Erklärung ist zusammen mit der Erklärung nach Absatz a abzugeben und hat das Datum der Unabhängigkeit anzugeben.

c) Angaben über eine internationale Anmeldung, deren Anmeldedatum in den nach Absatz b maßgeblichen Zeitraum fällt und deren Wirkung auf den Nachfolgestaat erstreckt wird, veröffentlicht das Internationale Büro im Blatt.

d) *(gestrichen)*

32.2. Wirkungen der Erstreckung auf den Nachfolgestaat

a) Werden die Wirkungen der internationalen Anmeldung gemäß Regel 32.1 auf den Nachfolgestaat erstreckt,

i) so gilt der Nachfolgestaat als in der internationalen Anmeldung bestimmt, und

ii) so verlängert sich die nach Artikel 22 oder 39 Absatz 1 für diesen Staat maßgebliche Frist bis zum Ablauf von mindestens sechs Monaten ab dem Tag der Veröffentlichung der Angaben gemäß Regel 32.1 Absatz c.

b) [1] Der Nachfolgestaat kann eine Frist vorsehen, die später als die Frist nach Absatz a Ziffer ii abläuft. [2] Das Internationale Büro veröffentlicht Angaben über diese Fristen im Blatt.

Regel 32bis. *(gestrichen)*

Regel 33. Einschlägiger Stand der Technik für die internationale Recherche

33.1. Einschlägiger Stand der Technik für die internationale Recherche

a) [1] Für die Zwecke des Artikels 15 Absatz 2 ist unter dem einschlägigen Stand der Technik alles zu verstehen, was der Öffentlichkeit irgendwo in der

Welt mittels schriftlicher Offenbarung (unter Einschluß von Zeichnungen und anderen Darstellungen) zugänglich gemacht worden ist und was für die Feststellung bedeutsam ist, ob die beanspruchte Erfindung neu oder nicht neu ist und ob sie auf einer erfinderischen Leistung beruht oder nicht (d.h. ob sie offensichtlich ist oder nicht), vorausgesetzt, daß der Zeitpunkt, zu dem es der Öffentlichkeit zugänglich gemacht wurde, vor dem internationalen Anmeldedatum liegt.

b) Verweist eine schriftliche Offenbarung auf eine mündliche Offenbarung, Benutzung, Ausstellung oder andere Maßnahmen, durch die der Inhalt der schriftlichen Offenbarung der Öffentlichkeit vor dem internationalen Anmeldedatum zugänglich gemacht worden ist, so werden im internationalen Recherchenbericht diese Tatsache und der Zeitpunkt der Zugänglichkeit gesondert erwähnt, sofern die schriftliche Offenbarung der Öffentlichkeit erst an oder nach dem internationalen Anmeldedatum zugänglich war.

c) Veröffentlichte Anmeldungen oder Patente, deren Veröffentlichungsdatum mit dem internationalen Anmeldedatum der recherchierten internationalen Anmeldung zusammenfällt oder später liegt, deren Anmeldedatum oder gegebenenfalls beanspruchtes Prioritätsdatum aber früher liegt und die nach Artikel 15 Absatz 2 zum einschlägigen Stand der Technik gehören würden, wären sie vor dem internationalen Anmeldedatum veröffentlicht worden, werden im internationalen Recherchenbericht besonders erwähnt.

33.2. Bei der internationalen Recherche zu berücksichtigende Sachgebiete

a) Die internationale Recherche bezieht alle technischen Sachgebiete ein und wird auf der Basis des gesamten Prüfstoffs durchgeführt, der die Erfindung betreffendes Material enthalten könnte.

b) Folglich sind nicht nur technische Gebiete in die Recherche einzubeziehen, in welche die Erfindung eingruppiert werden kann, sondern auch gleichartige technische Gebiete ohne Rücksicht auf die Klassifikation.

c) Die Frage, welche technischen Gebiete im Einzelfall als gleichartig anzusehen sind, wird unter dem Gesichtspunkt beurteilt, was als die notwendige wesentliche Funktion oder Verwendung der Erfindung erscheint, und nicht nur im Hinblick auf die Einzelfunktionen, die in der internationalen Anmeldung ausdrücklich aufgeführt sind.

d) Die internationale Recherche hat alle Gegenstände einzuschließen, welche allgemein als äquivalent zum Gegenstand der beanspruchten Erfindung für alle oder bestimmte ihrer Merkmale angesehen werden, selbst wenn die in der internationalen Anmeldung beschriebene Erfindung in ihren Einzelheiten unterschiedlich ist.

33.3. Ausrichtung der internationalen Recherche

a) Die internationale Recherche wird auf der Grundlage der Ansprüche unter angemessener Berücksichtigung der Beschreibung und der Zeichnung (soweit vorhanden) durchgeführt und berücksichtigt besonders die erfinderische Idee, auf die die Ansprüche gerichtet sind.

b) Soweit es möglich und sinnvoll ist, hat die internationale Recherche den gesamten Gegenstand zu erfassen, auf den die Ansprüche gerichtet sind, oder auf den sie, wie vernünftigerweise erwartet werden kann, nach einer Anspruchsänderung gerichtet werden könnten.

Regel 34. Mindestprüfstoff

34.1. Begriffsbestimmung

a) Die Begriffsbestimmungen in den Artikeln 2 Ziffern i und ii sind auf diese Regel nicht anzuwenden.

b) Der in Artikel 15 Absatz 4 erwähnte Prüfstoff („Mindestprüfstoff") setzt sich zusammen aus:

i) den in Absatz c näher bezeichneten „nationalen Patentschriften",

ii) den veröffentlichten internationalen (PCT) Anmeldungen, den veröffentlichten regionalen Patent- und Erfinderscheinanmeldungen und den veröffentlichten regionalen Patenten und Erfinderscheinen,

iii) anderen, nicht zur Patentliteratur gehörenden Veröffentlichungen, auf die die Recherchenbehörden sich einigen und die in einer Aufstellung vom Internationalen Büro bekanntgegeben werden, sobald sie erstmalig festgelegt sind und so oft sie geändert werden.

c) Vorbehaltlich der Absätze d und e sind als „nationale Patentschriften" anzusehen:

i) die im Jahre oder nach dem Jahre 1920 vom früheren Reichspatentamt Deutschlands, von Frankreich, von Japan, von der Schweiz (nur in deutscher und französischer Sprache), von der ehemaligen Sowjetunion, vom Vereinigten Königreich und von den Vereinigten Staaten von Amerika erteilten Patente,

ii) die von der Bundesrepublik Deutschland, von der Republik Korea, von der Russischen Föderation und von der Volksrepublik China erteilten Patente,

iii) die im Jahre oder nach dem Jahre 1920 in den in Ziffern i und ii genannten Ländern veröffentlichten Patentanmeldungen,

iv) die von der ehemaligen Sowjetunion erteilten Erfinderscheine,

v) die von Frankreich erteilten Gebrauchszertifikate und veröffentlichten Anmeldungen für solche Zertifikate,

vi) die von anderen Ländern nach 1920 erteilten Patente und dort veröffentlichten Patentanmeldungen in deutscher, englischer, französischer und spanischer Sprache, für die keine Priorität in Anspruch genommen wird, vorausgesetzt, daß das nationale Amt des interessierten Staates diese Unterlagen aussondert und jeder Internationalen Recherchenbehörde zur Verfügung stellt.

d) [1] Wird eine Anmeldung einmal oder mehrfach neu veröffentlicht (zum Beispiel eine Offenlegungschrift als Auslegeschrift), so ist keine Internationale Recherchenbehörde verpflichtet, alle Fassungen in ihren Prüfstoff aufzunehmen; folglich braucht jede Recherchenbehörde nur eine dieser Fassungen aufzubewahren. [2] Außerdem ist in den Fällen, in denen eine Anmeldung in Form eines Patents oder eines Gebrauchszertifikats (Frankreich) erteilt und herausgegeben wird, keine Internationale Recherchenbehörde verpflichtet, sowohl die Anmeldung als auch das Patent oder das Gebrauchszertifikat (Frankreich) in seinen Prüfstoff aufzunehmen; jede Behörde braucht nur entweder die Anmeldung oder das Patent oder das Gebrauchszertifikat (Frankreich) aufzubewahren.

e) [1] Ist Chinesisch, Japanisch, Koreanisch, Russisch oder Spanisch keine Amtssprache einer Internationalen Recherchenbehörde, so braucht die Behörde Patentschriften Japans, der Republik Korea, der Russischen Föderation, der ehemaligen Sowjetunion und der Volksrepublik China sowie Patentschriften in spanischer Sprache, für die Zusammenfassungen in englischer Sprache nicht allgemein verfügbar sind, nicht in ihren Prüfstoff aufzunehmen. [2] Werden englische Zusammenfassungen nach dem Zeitpunkt des Inkrafttretens dieser Ausführungsordnung allgemein verfügbar, so sind die Patentschriften, auf die sich diese Zusammenfassungen beziehen, spätestens sechs Monate, nachdem die Zusammenfassungen allgemein verfügbar geworden sind, in den Prüfstoff einzubeziehen. [3] Werden Zusammenfassungen in englischer Sprache auf Gebieten, auf denen früher englische Zusammenfassungen allgemein verfügbar waren, nicht mehr erstellt, so hat die Versammlung zweckdienliche Maßnahmen zu ergreifen, um für die unverzügliche Wiederherstellung der Zusammenfassungsdienste zu sorgen.

f) Für die Zwecke dieser Regel gelten Anmeldungen, die lediglich zur öffentlichen Einsichtnahme ausgelegt worden sind, nicht als veröffentlichte Anmeldungen.

Regel 35. Zuständige Internationale Recherchenbehörde

35.1. Zuständigkeit nur einer Internationalen Recherchenbehörde

Jedes Anmeldeamt teilt dem Internationalen Büro in Übereinstimmung mit der anwendbaren, in Artikel 16 Absatz 3 Buchstabe b erwähnten Vereinbarung mit, welche Internationale Recherchenbehörde für die Durchführung von Recherchen für die bei ihm eingereichten internationalen Anmeldungen zuständig ist; das Internationale Büro veröffentlicht diese Mitteilung unverzüglich.

35.2. Zuständigkeit mehrerer Internationaler Recherchenbehörden

a) jedes Anmeldeamt kann in Übereinstimmung mit der anwendbaren, in Artikel 16 Absatz 3 Buchstabe b erwähnten Vereinbarung mehrere internationale Recherchenbehörden bestimmen:

i) durch eine Erklärung, daß jede Internationale Recherchenbehörde für jede bei ihm eingereichte internationale Anmeldung zuständig ist und die Wahl dem Anmelder überlassen bleibt, oder

ii) durch eine Erklärung, daß eine oder mehrere Internationale Recherchenbehörden für bestimmte Arten und eine oder mehrere andere Internationale Recherchenbehörden für andere Arten von bei ihm eingereichten internationalen Anmeldungen zuständig sind, vorausgesetzt, daß für die Arten von Anmeldungen, für welche mehrere Internationale Recherchenbehörden als zuständig erklärt werden, die Wahl dem Anmelder überlassen bleibt.

b) jedes Anmeldeamt, das von der Möglichkeit nach Absatz a Gebrauch macht, teilt dies unverzüglich dem Internationalen Büro mit, und das Internationale Büro veröffentlicht diese Mitteilung unverzüglich

35.3. Zuständigkeit, wenn das Internationale Büro nach Regel 19.1 Absatz a Ziffer iii Anmeldeamt ist

a) Wird die internationale Anmeldung bein Internationalen Büro als Anmeldeamt nach Regel 19.1 Absatz a Ziffer iii eingereicht, so ist für die Recherche zu dieser Anmeldung diejenige Internationale Recherchenbehörde zuständig, die zuständig gewesen wäre, wenn die Anmeldung bei einem nach Regel 19.1 Absatz a Ziffer i oder ii, b oder c oder nach Regel 19.2 Ziffer i zuständigen Anmeldeamt eingereicht worden wäre.

b) Sind zwei oder mehr Internationale Recherchenbehörden nach Absatz a zuständig, so bleibt die Wahl dem Anmelder überlassen.

c) Die Regeln 35.1 und 35.2 gelten nicht für das Internationale Büro als Anmeldeamt nach Regel 19.1 Absatz a Ziffer iii.

Regel 36. Mindestanforderungen an die internationale Recherchenbehörde

36.1. Aufzählung der Mindestanforderungen

Die Mindestanforderungen nach Artikel 16 Absatz 3 Buchstabe c sind folgende:

i) das nationale Amt oder die zwischenstaatliche Organisation muß wenigstens 100 hauptamtliche Beschäftigte mit ausreichender technischer Qualifikation zur Durchführung von Recherchen haben;

ii) das Amt oder die Organisation muß mindestens den in Regel 34 erwähnten Mindestprüfstoff auf Papier, in Mikroform oder auf elektronischen Speichermedien in einer für Recherchenzwecke geordneten Form besitzen oder Zugang dazu haben;

iii) das Amt oder die Organisation muss über einen Stab von Mitarbeitern verfügen, der Recherchen auf den erforderlichen technischen Gebieten durchführen kann und ausreichende Sprachkenntnisse besitzt, um wenigstens die Sprachen zu verstehen, in denen der Mindestprüfstoff nach Regel 34 abgefasst oder in die er übersetzt ist;

iv) das Amt oder die Organisation muss über ein Qualitätsmanagementsystem mit internen Revisionsvorkehrungen entsprechend den gemeinsamen Regeln für die Durchführung von internationalen Recherchen verfügen;

v) das Amt oder die Organisation muss als mit der internationalen vorläufigen Prüfung beauftragte Behörde eingesetzt sein.

Regel 37. Fehlende oder mangelhafte Bezeichnung

37.1. Fehlen der Bezeichnung

Enthält die internationale Anmeldung keine Bezeichnung und hat das Anmeldeamt die Internationale Recherchenbehörde davon in Kenntnis gesetzt, daß es den Anmelder aufgefordert hat, den Mangel zu beseitigen, so setzt die Internationale Recherchenbehörde die internationale Recherche fort, bis sie gegebenenfalls davon benachrichtigt wird, daß die Anmeldung als zurückgenommen gilt.

37.2. Erstellung der Bezeichnung

[1] Enthält die internationale Anmeldung keine Bezeichnung und hat das Anmeldeamt die Internationale Recherchenbehörde nicht davon unterrichtet, daß der Anmelder zur Vorlage einer Bezeichnung aufgefordert worden ist, oder ist die Internationale Recherchenbehörde der Auffassung, daß die Bezeichnung gegen Regel 4.3 verstößt, so erstellt sie selbst eine Bezeichnung. [2] Diese Bezeichnung wird in der Sprache, in der die internationale Anmeldung veröffentlicht wird, oder, wenn eine Übersetzung in einer anderen Sprache nach Regel 23.1 Absatz b übermittelt worden ist und die Internationale Recherchenbehörde dies wünscht, in der Sprache der Übersetzung erstellt.

Regel 38. Fehlende oder mangelhafte Zusammenfassung

38.1. Fehlende Zusammenfassung

Enthält die internationale Anmeldung keine Zusammenfassung und hat das Anmeldeamt die Internationale Recherchenbehörde davon in Kenntnis gesetzt, daß es den Anmelder aufgefordert hat, den Mangel zu beseitigen, so setzt die internationale Recherchenbehörde die internationale Recherche fort, bis sie gegebenenfalls davon benachrichtigt wird, daß die Anmeldung als zurückgenommen gilt.

38.2. Erstellung der Zusammenfassung

[1] Enthält die internationale Anmeldung keine Zusammenfassung und hat das Anmeldeamt die Internationale Recherchenbehörde nicht davon unterrichtet, dass der Anmelder zur Vorlage einer Zusammenfassung aufgefordert worden ist, oder ist die Internationale Recherchenbehörde der Auffassung, dass die Zusammenfassung gegen Regel 8 verstößt, so erstellt sie selbst eine Zusammenfassung. [2] Diese Zusammenfassung wird in der Sprache, in der die internationale Anmeldung veröffentlicht wird, oder, wenn eine Übersetzung in einer anderen Sprache nach Regel 23.1 Absatz b übermittelt worden ist und die Internationale Recherchenbehörde dies wünscht, in der Sprache der Übersetzung erstellt.

38.3. Änderung der Zusammenfassung

[1] Der Anmelder kann bis zum Ablauf eines Monats nach dem Datum der Absendung des internationalen Recherchenberichts bei der Internationalen Recherchenbehörde

i) Änderungsvorschläge zur Zusammenfassung einreichen oder,

ii) wenn die Zusammenfassung von dieser Behörde erstellt wurde, Änderungsvorschläge oder eine Stellungnahme zu dieser Zusammenfassung einreichen, oder sowohl Änderungsvorschläge als auch eine Stellungnahme

und die Behörde entscheidet, ob sie die Zusammenfassung entsprechend ändert. [2] Ändert die Behörde die Zusammenfassung, so teilt sie dem Internationalen Büro diese Änderung mit.

Regel 39. Anmeldungsgegenstand nach Artikel 17 Absatz 2 Buchstabe a Ziffer i

39.1. Begriffsbestimmung

Die Internationale Recherchenbehörde ist nicht verpflichtet, eine internationale Recherche für eine internationale Anmeldung durchzuführen, wenn und soweit der Anmeldungsgegenstand folgende Gebiete betrifft:

i) wissenschaftliche und mathematische Theorien,

ii) Pflanzensorten oder Tierarten sowie im wesentlichen biologische Verfahren zur Züchtung von Pflanzen und Tieren mit Ausnahme mikrobiologischer Verfahren und der mit Hilfe dieser Verfahren gewonnenen Erzeugnisse,

iii) Pläne, Regeln und Verfahren für eine geschäftliche Tätigkeit, für rein gedankliche Tätigkeiten oder für Spiele,

iv) Verfahren zur chirurgischen oder therapeutischen Behandlung des menschlichen oder tierischen Körpers sowie Diagnostizierverfahren,

v) bloße Wiedergabe von Informationen,

vi) Programme von Datenverarbeitungsanlagen insoweit, als die Internationale Recherchenbehörde nicht dafür ausgerüstet ist, für solche Programme eine Recherche über den Stand der Technik durchzuführen.

Regel 40. Mangelnde Einheitlichkeit der Erfindung (Internationale Recherche)

40.1. Aufforderung zur Zahlung zusätzlicher Gebühren; Frist

In der Aufforderung, gemäß Artikel 17 Absatz 3 Buchstabe a zusätzliche Gebühren zu entrichten

i) sind die Gründe für die Auffassung anzugeben, dass die internationale Anmeldung dem Erfordernis der Einheitlichkeit der Erfindung nicht genügt,

ii) ist der Anmelder aufzufordern, die zusätzlichen Gebühren innerhalb eines Monats nach dem Datum der Aufforderung zu entrichten, und ist der Betrag der zu entrichtenden Gebühren zu nennen, und

iii) ist der Anmelder aufzufordern, gegebenenfalls die Widerspruchsgebühr nach Regel 40.2 Absatz e innerhalb eines Monats nach dem Datum der Aufforderung zu entrichten, und der zu entrichtende Betrag zu nennen.

40.2. Zusätzliche Gebühren

a) Die Höhe der zusätzlichen Recherchengebühr nach Artikel 17 Absatz 3 Buchstabe a wird durch die zuständige Internationale Recherchenbehörde festgesetzt.

b) Die zusätzlichen Recherchengebühren nach Artikel 17 Absatz 3 Buchstabe a sind unmittelbar an die Internationale Recherchenbehörde zu entrichten.

c) [1] Der Anmelder kann die zusätzlichen Gebühren unter Widerspruch zahlen, das heißt, unter Beifügung einer Begründung des Inhalts, dass die internationale Anmeldung das Erfordernis der Einheitlichkeit der Erfindung erfülle oder dass der Betrag der geforderten zusätzlichen Gebühren überhöht sei. [2] Der Widerspruch wird von einem im Rahmen der Internationalen Recherchenbehörde gebildeten Überprüfungsgremium geprüft; kommt das Überprüfungsgremium zu dem Ergebnis, dass der Widerspruch begründet ist, so ordnet es die vollständige oder teilweise Rückzahlung der zusätzlichen Gebühren an den Anmelder an. [3] Auf Antrag des Anmelders wird der Wortlaut des Widerspruchs und der Entscheidung hierüber den Bestimmungsämtern zusammen mit dem internationalen Recherchenbericht mitgeteilt. [4] Gleichzeitig mit der Übermittlung der Übersetzung der internationalen Anmeldung gemäß Artikel 22 hat der Anmelder eine Übersetzung des Wortlauts des Widerspruchs und der Entscheidung hierüber einzureichen.

d) Die Person, die die Entscheidung, die Gegenstand des Widerspruchs ist, getroffen hat, darf dem Überprüfungsgremium nach Absatz c angehören, aber das Überprüfungsgremium darf nicht nur aus dieser Person bestehen.

e) [1] Die Internationale Recherchenbehörde kann die Prüfung eines Widerspruchs nach Absatz c davon abhängig machen, dass zu ihren Gunsten eine Widerspruchsgebühr an sie entrichtet wird. [2] Hat der Anmelder eine gegebenenfalls zu entrichtende Widerspruchsgebühr nicht innerhalb der Frist nach Regel 40.1 Ziffer iii entrichtet, so gilt der Widerspruch als nicht erhoben und die Internationale Recherchenbehörde erlärt ihn als nicht erhoben. [3]Die Widerspruchsgebühr ist an den Anmelder zurückzuzahlen, wenn das in Absatz c genannte Überprüfungsgremium den Widerspruch für in vollem Umfang begründet befindet.

40.3. *(gestrichen)*

Regel 41. Berücksichtigung der Ergebnisse einer früheren Recherche und Klassifikation

41.1. Berücksichtigung der Ergebnisse einer früheren Recherche bei einem Antrag nach Regel 4.12

Hat der Anmelder gemäß Regel 4.12 beantragt, dass die Internationale Recherchenbehörde die Ergebnisse einer früheren Recherche berücksichtigt, und sind die Voraussetzungen der Regel 12bis.1 erfüllt, und

i) wurde die frühere Recherche von derselben Internationalen Recherchenbehörde durchgeführt oder von demselben Amt, das als Internationale Recherchenbehörde handelt, so hat die Internationale Recherchenbehörde, soweit dies möglich ist, diese Ergebnisse bei Durchführung der internationalen Recherche zu berücksichtigen;

ii) wurde die frühere Recherche von einer anderen Internationalen Recherchenbehörde durchgeführt oder von einem anderen Amt als jenem, das als Internationale Recherchenbehörde handelt, so kann die Internationale Recherchenbehörde diese Ergebnisse bei Durchführung der internationalen Recherche berücksichtigen.

41.2. Berücksichtigung der Ergebnisse einer früheren Recherche und Klassifikation in anderen Fällen

a) Beansprucht die internationale Anmeldung die Priorität einer oder mehrerer früherer Anmeldungen, hinsichtlich derer eine frühere Recherche von derselben Internationalen Recherchenbehörde oder von demselben Amt, die oder das als Internationale Recherchenbehörde handelt, durchgeführt wurde, so hat die Internationale Recherchenbehörde, soweit dies möglich ist, die Ergebnisse dieser früheren Recherche bei Durchführung der internationalen Recherche zu berücksichtigen.

b) Hat das Anmeldeamt der Internationalen Recherchenbehörde eine Kopie der Ergebnisse einer früheren Recherche oder einer früheren Klassifikation nach Regel 23bis.2 Absatz a oder c übermittelt oder ist der Internationalen Recherchenbehörde eine solche Kopie in einer für sie akzeptablen Form und Weise zugänglich, zum Beispiel über eine digitale Bibliothek, so kann die Internationale Recherchenbehörde diese Ergebnisse bei Durchführung der internationalen Recherche berücksichtigen.

Regel 42. Frist für die internationale Recherche

42.1. Frist für die internationale Recherche

Die Frist für die Erstellung des internationalen Recherchenberichts oder für die in Artikel 17 Absatz 2 Buchstabe a genannte Erklärung beträgt drei Monate seit dem Eingang des Recherchenexemplars bei der Internationalen Recherchenbehörde oder neun Monate seit dem Prioritätsdatum, je nachdem welche Frist später abläuft.

Regel 43. Der internationale Recherchenbericht

43.1. Angaben

Im internationalen Recherchenbericht ist die Internationale Recherchenbehörde, die den Bericht erstellt hat, mit ihrer amtlichen Bezeichnung anzugeben; die internationale Anmeldung ist durch Angabe des internationalen Aktenzeichens, den Namen des Anmelders und das internationale Anmeldedatum zu kennzeichnen.

43.2. Daten

[1] Der internationale Recherchenbericht muß datiert werden und angeben, wann die internationale Recherche tatsächlich abgeschlossen worden ist. [2] Außerdem ist das Anmeldedatum einer früheren Anmeldung, deren Priorität in Anspruch genommen wird, oder, wenn die Priorität mehrerer früherer Anmeldungen in Anspruch genommen wird, das Anmeldedatum der frühesten anzugeben.

43.3. Klassifikation

a) Der internationale Recherchenbericht muß die Klassifikation des Gegenstandes zumindest nach der Internationalen Patentklassifikation enthalten.

b) Diese Klassifikation ist durch die Internationale Recherchenbehörde vorzunehmen.

43.4. Sprache

Der internationale Recherchenbericht und Erklärungen nach Artikel 17 Absatz 2 Buchstabe a werden in der Sprache, in der die zugehörige internationale Anmeldung veröffentlicht wird, erstellt, vorausgesetzt, dass:

i) wenn eine Übersetzung der internationalen Anmeldung in eine andere Sprache nach Regel 23.1 Absatz b übermittelt worden ist und die Internationale Recherchenbehörde dies wünscht, der internationale Recherchenbericht und Erklärungen nach Artikel 17 Absatz 2 Buchstabe a in der Sprache der Übersetzung erstellt werden können;

ii) wenn die internationale Anmeldung in der Sprache einer nach Regel 12.4 eingereichten Übersetzung veröffentlicht werden soll, die von der Internationalen Recherchenbehörde nicht zugelassen ist, und die Behörde dies wünscht, der internationale Recherchenbericht und Erklärungen nach Artikel 17 Absatz 2 Buchstabe a in einer Sprache, die sowohl von dieser Behörde zugelassen ist als auch eine Veröffentlichungssprache nach Regel 48.3 Absatz a ist, erstellt werden können.

43.5. Angabe der Unterlagen

a) Im internationalen Recherchenbericht sind alle Unterlagen anzugeben, die als wesentlich angesehen werden.

b) Die Art und Weise der Kennzeichnung der Unterlagen wird in den Verwaltungsrichtlinien geregelt.

c) Unterlagen von besonderer Bedeutung sind hervorzuheben.

d) Unterlagen, die sich nicht auf alle Ansprüche beziehen, sind im Zusammenhang mit dem Anspruch oder den Ansprüchen, auf die sie sich beziehen, anzugeben.

e) [1] Sind nur bestimmte Abschnitte der angegebenen Unterlage einschlägig oder besonders einschlägig, so werden sie näher, z.B. durch Angabe der Seite, der Spalte oder der Zeilen gekennzeichnet. [2]Wenn eine Unterlage insgesamt einschlägig ist, aber einige Abschnitte davon besonders, so sind diese, soweit möglich, zu kennzeichnen.

43.6. Recherchierte Sachgebiete

a) [1]Im internationalen Recherchenbericht ist die Klassifikationsbezeichnung der in die internationale Recherche einbezogenen Sachgebiete aufzuführen. [2]Falls eine solche Angabe nicht auf der Internationalen Patentklassifikation beruht, gibt die Internationale Recherchenbehörde die benutzte Klassifikation an.

b) [1]Hat sich die internationale Recherche auf Patente, Erfinderscheine, Gebrauchszertifikate, Gebrauchsmuster, Zusatzpatente oder -zertifikate, Zusatzerfinderscheine, Zusatzgebrauchszertifikate oder veröffentlichte Anmeldungen einer dieser Schutzrechtsarten aus anderen Staaten, aus anderen Zeiträumen oder in anderen Sprachen erstreckt, als sie in dem Mindestprüfstoff nach Regel 34 aufgeführt sind, so werden im internationalen Recherchenbericht, falls durchführbar, die Art der Unterlagen, die Staaten, die Zeiträume und die Sprachen, auf die sich der Recherchenbericht erstreckt, angegeben. [2]Auf diesen Absatz ist Artikel 2 Ziffer ii nicht anzuwenden.

c) Ist die internationale Recherche auf eine elektronische Datenbank gestützt oder ausgedehnt worden, so können im internationalen Recherchenbericht der Name der Datenbank und, soweit dies möglich ist und für andere nützlich erscheint, die verwendeten Suchbegriffe angegeben werden.

43.6bis. Berücksichtigung von Berichtigungen offensichtlicher Fehler

a) Zum Zwecke der internationalen Recherche muss die Internationale Recherchenbehörde die Berichtigung eines offensichtlichen Fehlers, der nach Regel 91.1 zugestimmt wurde, vorbehaltlich des Absatzes b berücksichtigen, und der internationale Recherchenbericht muss eine diesbezügliche Angabe enthalten.

b) [1]Die Internationale Recherchenbehörde muss die Berichtigung eines offensichtlichen Fehlers für die Zwecke der internationalen Recherche nicht berücksichtigen, sofern sie der Berichtigung zugestimmt hat bzw. diese ihr mitgeteilt wurde, nachdem sie mit der Erstellung des internationalen Recherchenberichts begonnen hat. [2]In diesem Fall hat der Bericht, wenn möglich, eine entsprechende Angabe zu enthalten, andernfalls unterrichtet die Internationale Recherchenbehörde das Internationale Büro entsprechend und das Internationale Büro verfährt nach Maßgabe der Verwaltungsvorschriften.

43.7. Bemerkungen zur Einheitlichkeit der Erfindung

[1]Hat der Anmelder zusätzliche Gebühren für die internationale Recherche gezahlt, so wird dies im internationalen Recherchenbericht angegeben. [2]Ist die internationale Recherche ausschließlich für die Hauptertindung oder nicht für alle Erfindungen (Artikel 17 Absatz 3 Buchstabe a) durchgeführt worden, so gibt der internationale Recherchenbericht ferner an, für welche Teile der internationalen Anmeldung die internationale Recherche durchgeführt worden ist und für welche nicht.

43.8. Zuständiger Bediensteter

Im internationalen Recherchenbericht ist der Name des für den Bericht verantwortlichen Bediensteten der Internationalen Recherchenbehörde anzugeben.

43.9. Zusätzliche Angaben

[1] Der internationale Recherchenbericht darf keine anderen Angaben enthalten als die in den Regeln 33.1 Absätze b und c, 43.1 bis 43.3, 43.5 bis 43.8 und 44.2 genannten Angaben und den Hinweis nach Artikel 17 Absatz 2 Buchstabe b, es sei denn, die Verwaltungsvorschriften gestatten die Aufnahme bestimmter zusätzlicher Angaben in den internationalen Recherchenbericht. [2] Meinungsäußerungen, Begründungen, Argumente oder Erläuterungen dürfen weder im internationalen Recherchenbericht enthalten sein noch durch die Verwaltungsvorschriften zugelassen werden.

43.10. Form

Die Formerfordernisse für den internationalen Recherchenbericht werden durch die Verwaltungsrichtlinien festgelegt.

Regel 43bis. Schriftlicher Bescheid der Internationalen Recherchenbehörde

43bis.1. Schriftlicher Bescheid

a) Vorbehaltlich der Regel 69.1 Absatz b-bis erstellt die Internationale Recherchenbehörde gleichzeitig mit der Erstellung des internationalen Recherchenberichts oder der Erklärung nach Artikel 17 Absatz 2 Buchstabe a einen schriftlichen Bescheid darüber,

i) ob die beanspruchte Erfindung als neu, auf erfinderischer Tätigkeit beruhend (nicht offensichtlich) und gewerblich anwendbar anzusehen ist;

ii) ob die internationale Anmeldung die Erfordernisse des Vertrags und dieser Ausführungsordnung erfüllt, soweit die Internationale Recherchenbehörde dies geprüft hat.

Der schriftliche Bescheid enthält ferner die übrigen in dieser Ausführungsordnung vorgesehenen Bemerkungen.

b) Für die Zwecke der Erstellung des schriftlichen Bescheids finden die Artikel 33 Absätze 2 bis 6 und 35 Absätze 2 und 3 sowie die Regeln 43.4, 43.6bis, 64, 65, 66.1 Absatz e, 66.7, 67, 70.2 Absätze b und d, 70.3, 70.4 Ziffer ii, 70.5 Absatz a, 70.6 bis 70.10, 70.12, 70.14 und 70.15 Absatz a entsprechend Anwendung.

c) Der schriftliche Bescheid enthält eine Mitteilung an den Anmelder, wonach im Falle der Beantragung einer internationalen vorläufigen Prüfung der schriftliche Bescheid gemäß Regel 66.1bis Absatz a, aber vorbehaltlich der Regel 66.1bis Absatz b als schriftlicher Bescheid der mit der internationalen vorläufigen Prüfung beauftragten Behörde für die Zwecke der Regel 66.2 Absatz a anzusehen ist, und der Anmelder in diesem Fall aufgefordert wird, bei dieser Behörde vor Ablauf der Frist nach Regel 54bis.1 Absatz a eine schriftliche Stellungnahme und, wo dies angebracht ist, Änderungen einzureichen.

Regel 44. Übermittlung des internationalen Recherchenberichts, des schriftlichen Bescheids und so weiter

44.1. Kopien des Berichts oder der Erklärung und des schriftlichen Bescheids

Die Internationale Recherchenbehörde übermittelt am gleichen Tage je eine Kopie des internationalen Recherchenberichts oder der Erklärung nach Artikel 17 Absatz 2 Buchstabe a und eine Kopie dem Internationalen Büro und dem Anmelder.

44.2. Bezeichnung oder Zusammenfassung

Der internationale Recherchenbericht stellt entweder fest, daß die Internationale Recherchenbehörde die Bezeichnung und die Zusammenfassung, wie vom Anmelder eingereicht, für zutreffend hält, oder gibt den Wortlaut der Bezeichnung und der Zusammenfassung an, wie er durch die Internationale Recherchenbehörde nach den Regeln 37 und 38 erstellt worden ist.

b), c) *(gestrichen)*

44.3. Kopien angegebener Unterlagen

a) Der Antrag nach Artikel 20 Absatz 3 kann jederzeit innerhalb von sieben Jahren vom internationalen Anmeldedatum der internationalen Anmeldung, auf die sich der internationale Recherchenbericht bezieht, an gestellt werden.

b) [1] Die Internationale Recherchenbehörde kann verlangen, daß der Antragsteller (Anmelder oder Bestimmungsamt) die Kosten der Herstellung und Versendung der Kopien erstattet. [2] Die Höhe der Herstellungskosten der Kopien wird in den in Artikel 16 Absatz 3 Buchstabe b genannten Vereinbarungen zwischen den Internationalen Recherchenbehörden und dem Internationalen Büro festgesetzt.

c) *(gestrichen)*

d) Die Internationale Recherchenbehörde kann den Verpflichtungen nach den Absätzen a und b durch eine andere ihr verantwortliche Stelle nachkommen.

Regel 44bis. Internationaler vorläufiger Bericht der Internationalen Recherchenbehörde über die Patentierbarkeit

44bis.1. Erstellung des Berichts; Übermittlung an den Anmelder

a) [1] Sofern ein internationaler vorläufiger Prüfungsbericht nicht erstellt worden ist oder nicht erstellt werden soll, erstellt das Internationale Büro für die Internationale Recherchenbehörde einen Bericht über die in Regel 43bis.1 Absatz a genannten Fragen (in dieser Regel als „Bericht" bezeichnet). [2] Der Bericht hat denselben Inhalt wie der nach Regel 43bis.1 erstellte schriftliche Bescheid.

b) Der Bericht trägt den Titel „internationaler vorläufiger Bericht zur Patentfähigkeit (Kapitel I des Vertrags über die internationale Zusammenarbeit auf dem Gebiet des Patentwesens)" und enthält einen Hinweis darauf, dass er nach Maßgabe dieser Regel vom Internationalen Büro für die Internationale Recherchenbehörde erstellt wurde.

c) Das internationale Büro übermittelt dem Anmelder unverzüglich eine Abschrift des gemäß Absatz a erstellten Berichts.

44bis.2. Übermittlung an die Bestimmungsämter

a) Ist ein Bericht nach Regel 44bis.1 erstellt worden, so übermittelt ihn das Internationale Büro gemäß Regel 93bis.1 jedem Bestimmungsamt, jedoch nicht vor Ablauf von 30 Monaten ab dem Prioritätsdatum.

b) Stellt der Anmelder bei einem Bestimmungsamt einen ausdrücklichen Antrag nach Artikel 23 Absatz 2, so übermittelt das Internationale Büro diesem Amt auf dessen Antrag oder auf Antrag des Anmelders unverzüglich eine Kopie des nach Regel 43bis.1 von der Internationalen Recherchenbehörde erstellten schriftlichen Bescheids.

44bis.3. Übersetzung für die Bestimmungsämter

a) [1]Jeder Bestimmungsstaat kann, wenn ein Bericht nach Regel 44bis.1 nicht in der oder einer der Amtssprachen seines nationalen Amts erstellt worden ist, eine Übersetzung des Berichts in die englische Sprache verlangen. [2]Jedes Verlangen dieser Art ist dem Internationalen Büro mitzuteilen, das die Mitteilung unverzüglich im Blatt veröffentlicht.

b) Wird eine Übersetzung nach Absatz a verlangt, so ist sie vom Internationalen Büro oder unter dessen Verantwortung anzufertigen.

c) Das Internationale Büro übermittelt jedem interessierten Bestimmungsamt und dem Anmelder eine Kopie der Übersetzung zum gleichen Zeitpunkt, zu dem es dem Amt den Bericht übermittelt.

d) [1]In dem in Regel 44bis.2 Absatz b genannten Fall ist der nach Regel 43bis.1 erstellte schriftliche Bescheid auf Antrag des betreffenden Bestimmungsamts vom Internationalen Büro oder unter dessen Verantwortung in die englische Sprache zu übersetzen. [2]Das Internationale Büro übermittelt innerhalb von zwei Monaten nach dem Eingangsdatum des Übersetzungsantrags dem betreffenden Bestimmungsamt eine Kopie der Übersetzung; gleichzeitig übermittelt es dem Anmelder eine Kopie.

44bis.4. Stellungnahme zu der Übersetzung

Der Anmelder kann schriftlich zur Richtigkeit der in Regel 44bis.3 Absatz b oder d genannten Übersetzung Stellung nehmen; er hat eine Abschrift dieser Stellungnahme jedem interessierten Bestimmungsamt und dem Internationalen Büro zu übermitteln.

Regel 44ter. *(gestrichen)*

Regel 45. Übersetzung des internationalen Recherchenberichts

45.1. Sprachen

Internationale Recherchenberichte und Erklärungen nach Artikel 17 Absatz 2 Buchstabe a sind, wenn sie nicht in englischer Sprache abgefaßt sind, in die englische Sprache zu übersetzen.

Regel 45bis. Ergänzende internationale Recherchen

45bis.1. Antrag auf eine ergänzende Recherche

a) [1]Der Anmelder kann jederzeit vor Ablauf von 22 Monaten nach dem Prioritätsdatum beantragen, dass zu der internationalen Anmeldung eine ergänzende internationale Recherche durch eine nach Regel 45bis.9 hierfür zuständige Internationale Recherchenbehörde durchgeführt wird. [2]Solche Anträge können in Bezug auf mehr als eine solche Behörde gestellt werden.

b) Ein Antrag nach Absatz a („Antrag auf eine ergänzende Recherche") ist beim Internationalen Büro einzureichen und hat zu enthalten:

i) den Namen und die Anschrift des Anmelders und gegebenenfalls des Anwalts, die Bezeichnung der Erfindung, das internationale Anmeldedatum und das internationale Aktenzeichen,

ii) die Internationale Recherchenbehörde, die ersucht wird, die ergänzende internationale Recherche durchzuführen („für die ergänzende Recherche bestimmte Behörde"), und,

iii) wenn die internationale Anmeldung in einer Sprache eingereicht wurde, die von dieser Behörde nicht zugelassen ist, die Angabe, ob eine beim Anmeldeamt nach Regel 12.3 oder 12.4 eingereichte Übersetzung die Grundlage für die ergänzende internationale Recherche bilden soll.

c) Dem Antrag auf eine ergänzende Recherche ist gegebenenfalls Folgendes beizufügen:

i) wenn weder die Sprache, in der die internationale Anmeldung eingereicht wurde, noch die Sprache, in der gegebenenfalls eine Übersetzung nach Regel 12.3 oder 12.4 eingereicht wurde, von der für die ergänzende Recherche bestimmten Behörde zugelassen ist, eine Übersetzung der internationalen Anmeldung in einer Sprache, die von dieser Behörde zugelassen ist;

ii) vorzugsweise eine Kopie eines Sequenzprotokolls in elektronischer Form, das dem in den Verwaltungsvorschriften vorgeschriebenen Standard entspricht, sofern dies von der für die ergänzende Recherche bestimmten Behörde verlangt wird.

d) Ist die Internationale Recherchenbehörde zu der Auffassung gelangt, dass die internationale Anmeldung das Erfordernis der Einheitlichkeit der Erfindung nicht erfüllt, so kann der Antrag auf eine ergänzende Recherche eine Angabe des Wunsches des Anmelders enthalten, die ergänzende internationale Recherche auf eine der Erfindungen zu beschränken, die von der Internationalen Recherchenbehörde festgestellt wurden und bei denen es sich nicht um die Haupterfindung nach Artikel 17 Absatz 3 Buchstabe a handelt.

e) Der Antrag auf eine ergänzende Recherche gilt als nicht gestellt und wird vom Internationalen Büro als nicht gestellt erklärt, wenn

i) er nach Ablauf der Frist nach Absatz a eingeht oder

ii) die für die ergänzende Recherche bestimmte Behörde in der anwendbaren Vereinbarung nach Artikel 16 Absatz 3 Buchstabe b ihre Bereitschaft, derartige Recherchen durchzuführen, nicht erklärt hat oder nach Regel 45bis.9 Absatz b hierfür nicht zuständig ist.

45bis.2. Bearbeitungsgebühr für die ergänzende Recherche

a) Für den Antrag auf eine ergänzende Recherche ist eine Gebühr zugunsten des Internationalen Büros („Bearbeitungsgebühr für die ergänzende Recherche") zu zahlen, die sich aus dem Gebührenverzeichnis ergibt.

b) Die Bearbeitungsgebühr für die ergänzende Recherche ist in der Währung zu zahlen, in der die Gebühr im Gebührenverzeichnis angegeben ist, oder in einer anderen vom Internationalen Büro vorgeschriebenen Währung. Der Betrag in einer solchen Währung stellt den vom Internationalen Büro festgesetzten Gegenwert des im Gebührenverzeichnis angegebenen Betrags in runden Zahlen dar und wird im Blatt veröffentlicht.

c) Die Bearbeitungsgebühr für die ergänzende Recherche ist innerhalb eines Monats nach Eingang des Antrags auf eine ergänzende Recherche an das Internationale Büro zu zahlen. Zu zahlen ist der zum Zeitpunkt der Zahlung geltende Betrag.

d) Das Internationale Büro erstattet dem Anmelder die Bearbeitungsgebühr für die ergänzende Recherche zurück, wenn die internationale Anmeldung vor Übermittlung der in Regel 45bis.4 Absatz e Ziffern i bis iv genannten Unterlagen an die für die ergänzende Recherche bestimmte Behörde zurückgenommen wird oder als zurückgenommen gilt, oder wenn der Antrag auf eine ergänzende Recherche vor dieser Übermittlung zurückgenommen wird oder nach Regel 45bis.1 Absatz e als nicht gestellt gilt.

45bis.3. Gebühr für die ergänzende Recherche

a) Jede Internationale Recherchenbehörde, die ergänzende internationale Recherchen durchführt, kann verlangen, dass der Anmelder zugunsten der Behörde eine Gebühr („Gebühr für die ergänzende Recherche") für die Durchführung dieser Recherche entrichtet.

b) Die Gebühr für die ergänzende Recherche wird vom Internationalen Büro erhoben. Regel 16.1 Absätze b bis e ist entsprechend anzuwenden.

c) Auf die Frist für die Zahlung der Gebühr für die ergänzende Recherche und den zu zahlenden Betrag ist Regel 45bis.2 Absatz c entsprechend anzuwenden.

d) Das Internationale Büro erstattet dem Anmelder die Gebühr für die ergänzende Recherche zurück, wenn die internationale Anmeldung vor Übermittlung der in Regel 45bis.4 Absatz e Ziffern i bis iv genannten Unterlagen an die für die ergänzende Recherche bestimmte Behörde zurückgenommen wird oder als zurückgenommen gilt oder wenn der Antrag auf eine ergänzende Recherche vor dieser Übermittlung zurückgenommen wird oder nach Regel 45bis.1 Absatz e oder 45bis.4 Absatz d als nicht gestellt gilt.

e) Die für die ergänzende Recherche bestimmte Behörde erstattet die Gebühr für die ergänzende Recherche in dem Umfang und nach den Bedingungen, die in der anwendbaren Vereinbarung nach Artikel 16 Absatz 3 Buchstabe b festgesetzt sind, zurück, wenn der Antrag auf eine ergänzende Recherche nach Regel 45bis.5 Absatz g als nicht gestellt gilt, bevor diese Behörde die ergänzende internationale Recherche nach Regel 45bis.5 Absatz a begonnen hat. 45bis.4 Prüfung des Antrags auf eine ergänzende Recherche; Mängelbeseitigung; verspätete Entrichtung der Gebühren; Übermittlung an die für die ergänzende Recherche bestimmte Behörde

45bis.4. Prüfung des Antrags auf eine ergänzende Recherche; Mängelbeseitigung; verspätete Entrichtung der Gebühren; Übermittlung an die für die ergänzende Recherche bestimmte Behörde

a) Das Internationale Büro prüft unverzüglich nach Eingang eines Antrags auf eine ergänzende Recherche, ob dieser die Erfordernisse der Regel 45bis.1 Absätze b und c Ziffer i erfüllt, und fordert den Anmelder auf, etwaige Mängel innerhalb einer Frist von einem Monat nach dem Datum der Aufforderung zu beseitigen.

b) Stellt das Internationale Büro im Zeitpunkt der Fälligkeit nach den Regeln 45bis.2 Absatz c und 45bis.3 Absatz c fest, dass die Bearbeitungsgebühr für die ergänzende Recherche und die Gebühr für die ergänzende Recherche nicht in voller Höhe entrichtet worden sind, so fordert es den Anmelder auf, ihm innerhalb einer Frist von einem Monat nach dem Datum der Aufforderung den zur Deckung dieser Gebühren erforderlichen Betrag und die Gebühr für verspätete Zahlung nach Absatz c zu entrichten.

c) Die Zahlung von Gebühren aufgrund einer Aufforderung nach Absatz b ist davon abhängig, dass dem Internationalen Büro zu seinen Gunsten eine Gebühr für verspätete Zahlung in Höhe von 50 % der Bearbeitungsgebühr für die ergänzende Recherche entrichtet wird.

d) Reicht der Anmelder die erforderliche Mängelbeseitigung nicht vor Ablauf der nach Absatz a maßgeblichen Frist ein oder entrichtet er nicht vor Ablauf der nach Absatz b maßgeblichen Frist die fälligen Gebühren in voller Höhe, einschließlich der Gebühr für verspätete Zahlung, so gilt der Antrag auf eine ergänzende Recherche als nicht gestellt; das Internationale Büro gibt eine diesbezügliche Erklärung ab und unterrichtet den Anmelder entsprechend.

e) Wird festgestellt, dass die Erfordernisse der Regeln 45bis.1 Absatz b und Absatz c Ziffer i, 45bis.2 Absatz c und 45bis.3 Absatz c erfüllt sind, so übermittelt das Internationale Büro unverzüglich, jedoch nicht vor Eingang des internationalen Recherchenberichts bei ihm oder vor Ablauf von 17 Monaten nach dem Prioritätsdatum, je nachdem, was zuerst eintritt, der für die ergänzende Recherche bestimmten Behörde eine Kopie folgender Unterlagen:

i) des Antrags auf eine ergänzende Recherche,

ii) der internationalen Anmeldung,

iii) gegebenenfalls eines nach Regel 45bis.1 Absatz c Ziffer ii eingereichten Sequenzprotokolls und

iv) gegebenenfalls einer nach Regel 12.3, 12.4 oder 45bis.1 Absatz c Ziffer i eingereichten Übersetzung, die als Grundlage für die ergänzende internationale Recherche verwendet werden soll,

sowie gleichzeitig oder unverzüglich nach deren späterem Eingang beim Internationalen Büro

v) des internationalen Recherchenberichts und des nach Regel 43bis.1 erstellten schriftlichen Bescheids,

vi) gegebenenfalls einer Aufforderung der Internationalen Recherchenbehörde zur Entrichtung der in Artikel 17 Absatz 3 Buchstabe a genannten zusätzlichen Gebühren und

vii) gegebenenfalls eines Widerspruchs des Anmelders nach Regel 40.2 Absatz c und der Entscheidung des im Rahmen der Internationalen Recherchenbehörde gebildeten Überprüfungsgremiums hierüber.

f) Auf Antrag der für die ergänzende Recherche bestimmten Behörde ist der in Absatz e Ziffer v genannte schriftliche Bescheid vom Internationalen Büro oder unter dessen Verantwortung in die englische Sprache zu übersetzen, wenn er nicht in englischer Sprache oder in einer von dieser Behörde zugelassenen Sprache abgefasst ist. Das Internationale Büro übermittelt dieser Behörde innerhalb von zwei Monaten nach dem Eingangsdatum des Übersetzungsantrags eine Kopie der Übersetzung; gleichzeitig übermittelt es dem Anmelder eine Kopie.

45bis.5. Beginn, Grundlage und Umfang der ergänzenden internationalen Recherche

a) Die für die ergänzende Recherche bestimmte Behörde beginnt mit der ergänzenden internationalen Recherche unverzüglich nach Eingang der in Regel 45bis.4 Absatz e Ziffern i bis iv genannten Unterlagen, wobei die Behörde den Beginn der Recherche nach ihrer Wahl aufschieben kann, bis sie auch die in Regel 45bis.4 Absatz e Ziffer v genannten Unterlagen erhalten hat oder bis zum Ablauf von 22 Monaten nach dem Prioritätsdatum, je nachdem, was zuerst eintritt.

b) Die ergänzende internationale Recherche wird auf der Grundlage der eingereichten internationalen Anmeldung oder einer in Regel 45bis.1 Absatz b Ziffer iii oder 45bis.1 Absatz c Ziffer i genannten Übersetzung unter gebührender Berücksichtigung des internationalen Recherchenberichts und des nach Regel 43bis.1 erstellten schriftlichen Bescheids durchgeführt, sofern diese der für die ergänzende Recherche bestimmten Behörde vor Beginn der Recherche vorliegen. Enthält der Antrag auf eine ergänzende Recherche eine Angabe nach Regel 45bis.1 Absatz d, so kann die ergänzende internationale Recherche auf die nach Regel 45bis.1 Absatz d vom Anmelder angegebene Erfindung und diejenigen Teile der internationalen Anmeldung, die sich auf diese Erfindung beziehen, beschränkt werden.

c) Für die ergänzende internationale Recherche sind Artikel 17 Absatz 2 und die Regeln 13ter.1, 33 und 39 entsprechend anzuwenden.

d) Liegt der für die ergänzende Recherche bestimmten Behörde der internationale Recherchenbericht vor Beginn der Recherche nach Absatz a vor, so kann die Behörde Ansprüche, die nicht Gegenstand der internationalen Recherche waren, von der ergänzenden Recherche ausschließen.

e) Hat die Internationale Recherchenbehörde die in Artikel 17 Absatz 2 Buchstabe a genannte Erklärung abgegeben und liegt diese Erklärung der für die ergänzende Recherche bestimmten Behörde vor Beginn der Recherche nach Absatz a vor, so kann die Behörde beschließen, keinen ergänzenden internationalen Recherchenbericht zu erstellen; in diesem Fall gibt sie eine diesbezügliche Erklärung ab und unterrichtet unverzüglich den Anmelder und das Internationale Büro entsprechend.

f) Die ergänzende internationale Recherche umfasst mindestens die zu diesem Zweck in der anwendbaren Vereinbarung nach Artikel 16 Absatz 3 Buchstabe b angegebenen Unterlagen.

g) Stellt die für die ergänzende Recherche bestimmte Behörde fest, dass die Durchführung der Recherche durch eine in Regel 45bis.9 Absatz a genannte Beschränkung oder Bedingung, bei der es sich nicht um eine gemäß Regel 45bis.5 Absatz c geltende Beschränkung nach Artikel 17 Absatz 2 handelt, vollständig ausgeschlossen ist, so gilt der Antrag auf eine ergänzende Recherche als nicht gestellt; die Behörde gibt eine diesbezügliche Erklärung ab und unterrichtet unverzüglich den Anmelder und das Internationale Büro entsprechend.

h) Die für die ergänzende Recherche bestimmte Behörde kann entsprechend einer in Regel 45bis.9 Absatz a genannten Beschränkung oder Bedingung beschließen, die Recherche auf bestimmte Ansprüche zu beschränken; in diesem Fall ist im ergänzenden internationalen Recherchenbericht hierauf hinzuweisen.

45bis.6. Einheitlichkeit der Erfindung

a) Stellt die für die ergänzende Recherche bestimmte Behörde fest, dass die internationale Anmeldung das Erfordernis der Einheitlichkeit der Erfindung nicht erfüllt,

i) so erstellt sie den ergänzenden internationalen Recherchenbericht über diejenigen Teile der internationalen Anmeldung, die sich auf die in den Ansprüchen zuerst genannte Erfindung („Haupterfindung“) beziehen,

ii) so benachrichtigt sie den Anmelder von ihrer Auffassung, dass die internationale Anmeldung das Erfordernis der Einheitlichkeit der Erfindung nicht erfüllt, und gibt die Gründe für diese Auffassung an und

iii) so unterrichtet sie den Anmelder über die Möglichkeit, innerhalb der in Absatz c genannten Frist eine Überprüfung der Auffassung zu beantragen.

b) Bei der Prüfung, ob die internationale Anmeldung das Erfordernis der Einheitlichkeit der Erfindung erfüllt, berücksichtigt die Behörde alle vor Beginn der ergänzenden internationalen Recherche bei ihr nach Regel 45bis.4 Absatz e Ziffern vi und vii eingegangenen Unterlagen gebührend.

c) Der Anmelder kann innerhalb eines Monats seit der Benachrichtigung nach Absatz a Ziffer ii bei der Behörde beantragen, dass sie die in Absatz a genannte Auffassung überprüft. Für den Antrag auf Überprüfung kann die Behörde eine Überprüfungsgebühr zu ihren Gunsten erheben, deren Höhe sie festsetzt.

d) Beantragt der Anmelder innerhalb der Frist nach Absatz c eine Überprüfung der Auffassung durch die Behörde und entrichtet er die gegebenenfalls erforderliche Überprüfungsgebühr, so wird die Auffassung von der Behörde überprüft. Die Überprüfung ist nicht nur von der Person durchzuführen, die die Entscheidung getroffen hat, die Gegenstand der Überprüfung ist. Stellt die Behörde fest, dass

i) die Auffassung in vollem Umfang begründet war, so benachrichtigt sie den Anmelder entsprechend;

ii) die Auffassung teilweise unbegründet war, und ist sie jedoch noch immer der Ansicht, dass die internationale Anmeldung das Erfordernis der Einheitlichkeit der Erfindung nicht erfüllt, so benachrichtigt sie den Anmelder entsprechend und verfährt gegebenenfalls nach Absatz a Ziffer i;

iii) die Auffassung in vollem Umfang unbegründet war, so benachrichtigt sie den Anmelder entsprechend, erstellt den ergänzenden internationalen Recherchenbericht über alle Teile der internationalen Anmeldung und erstattet dem Anmelder die Überprüfungsgebühr zurück.

e) Auf Antrag des Anmelders wird der Wortlaut des Antrags auf Überprüfung und der diesbezüglichen Entscheidung den Bestimmungsämtern zusammen mit dem ergänzenden internationalen Recherchenbericht übermittelt. Der Anmelder muss etwaige Übersetzungen des Berichts zusammen mit der Übersetzung der internationalen Anmeldung nach Artikel 22 einreichen.

f) Die Absätze a bis e sind entsprechend anzuwenden, wenn die für die ergänzende Recherche bestimmte Behörde entscheidet, die ergänzende internationale Recherche nach Regel 45bis.5 Absatz b Satz 2 oder Regel 45bis.5 Absatz h zu beschränken, mit der Maßgabe, dass jede Bezugnahme in den Absätzen a bis e auf die „internationale Anmeldung“ als Bezugnahme auf diejenigen Teile der internationalen Anmeldung zu verstehen ist, die sich auf die vom Anmelder nach Regel 45bis.1 Absatz d angegebene Erfindung beziehungsweise auf die Ansprüche und die Teile der internationalen Anmeldung beziehen, für welche die Behörde eine ergänzende internationale Recherche durchführen wird.

45bis.7. Ergänzender internationaler Recherchenbericht

a) Die für die ergänzende Recherche bestimmte Behörde erstellt innerhalb von 28 Monaten nach dem Prioritätsdatum den ergänzenden internationalen Recherchenbericht oder gibt die Erklärung nach Artikel 17 Absatz 2 Buchstabe a, der aufgrund Regel 45bis.5 Absatz c anzuwenden ist, darüber ab, dass kein ergänzender internationaler Recherchenbericht erstellt wird.

b) Jeder ergänzende internationale Recherchenbericht, jede abgegebene Erklärung nach Artikel 17 Absatz 2 Buchstabe a, der aufgrund Regel 45bis.5 Absatz c anzuwenden ist, sowie jede abgegebene Erklärung nach Regel 45bis.5 Absatz e sind in einer Veröffentlichungssprache abzufassen.

c) Für die Erstellung des ergänzenden internationalen Recherchenberichts sind vorbehaltlich der Absätze d und e die Regeln 43.1, 43.2, 43.5, 43.6, 43.6bis, 43.8 und 43.10 entsprechend anzuwenden. Regel 43.9 ist entsprechend anzuwenden, mit der Ausnahme, dass die darin enthaltenen Bezugnahmen auf die Regeln 43.3, 43.7 und 44.2 als nicht vorhanden gelten. Artikel 20 Absatz 3 und Regel 44.3 sind entsprechend anzuwenden.

d) Der ergänzende internationale Recherchenbericht muss keine Angabe der im internationalen Recherchenbericht angegebenen Unterlagen enthalten, es sei denn, eine Unterlage muss in Verbindung mit anderen Unterlagen angegeben werden, die im internationalen Recherchenbericht nicht angegeben waren.

e) Der ergänzende internationale Recherchenbericht kann Erläuterungen enthalten

i) zu den Angaben der als wesentlich angesehenen Unterlagen;

ii) zum Umfang der ergänzenden internationalen Recherche.

45bis.8. Übermittlung und Wirkung des ergänzenden internationalen Recherchenberichts

a) Die für die ergänzende Recherche bestimmte Behörde übermittelt am gleichen Tag je eine Kopie des ergänzenden internationalen Recherchenberichts oder der Erklärung darüber, dass kein ergänzender internationaler Recherchenbericht erstellt wird, dem Internationalen Büro und dem Anmelder.

b) Vorbehaltlich des Absatzes c gelten Artikel 20 Absatz 1 und die Regeln 45.1, 47.1 Absatz d und 70.7 Absatz a so, als ob der ergänzende internationale Recherchenbericht Teil des internationalen Recherchenberichts wäre.

c) Ein ergänzender internationaler Recherchenbericht muss von der mit der internationalen vorläufigen Prüfung beauftragten Behörde bei der Erstellung eines schriftlichen Bescheids oder des internationalen vorläufigen Prüfungsberichts nicht berücksichtigt werden, wenn er bei dieser Behörde eingeht, nachdem sie mit der Erstellung des Bescheids oder des Berichts begonnen hat.

45bis.9. Für die Durchführung einer ergänzenden internationalen Recherche zuständige Internationale Recherchenbehörden

a) Eine Internationale Recherchenbehörde ist für die Durchführung ergänzender internationaler Recherchen zuständig, wenn ihre diesbezügliche Bereitschaft in der anwendbaren Vereinbarung nach Artikel 16 Absatz 3 Buchstabe b festgelegt ist, und zwar nach Maßgabe der in dieser Vereinbarung gegebenenfalls festgelegten Beschränkungen und Bedingungen.

b) Die Internationale Recherchenbehörde, die für eine internationale Anmeldung die internationale Recherche nach Artikel 16 Absatz 1 durchführt, ist nicht zuständig für die Durchführung einer ergänzenden internationalen Recherche für dieselbe Anmeldung.

c) Die in Absatz a genannten Beschränkungen können beispielsweise Beschränkungen bezüglich des Anmeldungsgegenstands beinhalten, für den ergänzende internationale Recherchen durchgeführt werden, bei denen es sich nicht um die gemäß Regel 45bis.5 Absatz c geltenden Beschränkungen nach Artikel 17 Absatz 2 handelt, sowie Beschränkungen der Gesamtzahl der ergänzenden internationalen Recherchen, die in einem gegebenen Zeitraum durchgeführt werden, oder Beschränkungen der ergänzenden internationalen Recherchen auf eine bestimmte Anzahl von Ansprüchen.

Regel 46. Änderung von Ansprüchen vor dem Internationalen Büro

46.1. Frist

Die Frist nach Artikel 19 beträgt zwei Monate seit der Übermittlung des internationalen Recherchenberichts durch die Internationale Recherchenbehörde an das Internationale Büro und an den Anmelder oder sechzehn Monate seit dem Prioritätsdatum, je nachdem welche Frist später abläuft; eine nach Artikel 19 vorgenommene Änderung, die dem Internationalen Büro nach Ablauf der maßgebenden Frist zugeht, gilt jedoch als am letzten Tag dieser Frist beim Internationalen Büro eingegangen, wenn sie dem Internationalen Büro vor Abschluß der technischen Vorbereitungen für die internationale Veröffentlichung zugeht.

46.2. Wo sind die Änderungen einzureichen?

Änderungen nach Artikel 19 sind unmittelbar beim Internationalen Büro einzureichen.

46.3. Sprache der Änderungen

Ist die internationale Anmeldung in einer anderen Sprache eingereicht worden als in der Sprache, in der sie veröffentlicht wird, so ist jede gemäß Artikel 19 vorgenommene Änderung in der Sprache der Veröffentlichung einzureichen.

46.4. Erklärung

a) [1] Die in Artikel 19 Absatz 1 genannte Erklärung ist in der Sprache abzufassen, in der die internationale Anmeldung veröffentlicht wird, und darf, falls in englischer Sprache abgefaßt oder in die englische Sprache übersetzt, nicht mehr als 500 Wörter enthalten. [2] Die Erklärung ist in der Überschrift als solche zu kennzeichnen, vorzugsweise mit den Worten „Erklärung nach Artikel 19 Absatz 1“ oder einer entsprechenden Angabe in der Sprache der Erklärung.

b) [1]Die Erklärung darf keine herabsetzende Äußerung über den internationalen Recherchenbericht oder über die Bedeutung von in dem Bericht angeführten Veröffentlichungen enthalten. [2]Sie darf auf im internationalen Recherchenbericht angeführte Veröffentlichungen, die sich auf einen bestimmten Anspruch beziehen, nur in Zusammenhang mit einer Änderung dieses Anspruchs Bezug nehmen.

46.5. Form der Änderungen

a) Nimmt der Anmelder Änderungen nach Artikel 19 vor, so muss er ein Ersatzblatt oder Ersatzblätter mit einem vollständigen Satz von Ansprüchen einreichen, die alle ursprünglich eingereichten Ansprüche ersetzen.

b) Dem Ersatzblatt oder den Ersatzblättern ist ein Begleitschreiben beizufügen, das

i) angibt, welche Ansprüche aufgrund der Änderungen von den ursprünglich eingereichten Ansprüchen abweichen, und auf die Unterschiede zwischen den ursprünglich eingereichten und den geänderten Ansprüchen hinweist;

ii) angibt, welche ursprünglich eingereichten Ansprüche aufgrund der Änderungen gestrichen werden;

iii) die Grundlage für die Änderungen in der ursprünglich eingereichten Anmeldung angibt.

Regel 47. Übermittlung an die Bestimmungsämter

47.1. Verfahren

a) Die Übermittlung nach Artikel 20 wird vom Internationalen Büro gemäß Regel 93bis.1 an jedes Bestimmungsamt durchgeführt, vorbehaltlich der Regel 47.4 jedoch nicht vor der internationalen Veröffentlichung der internationalen Anmeldung.

a^{bis}) Das Internationale Büro unterrichtet jedes Bestimmungsamt gemäß Regel 93bis.1 unter Angabe des Eingangsdatums vom Eingang des Aktenexemplars und der Prioritätsbelege.

b) Das Internationale Büro teilt den Bestimmungsämtern unverzüglich alle Änderungen mit, die bei ihm innerhalb der Frist nach Regel 46.1 eingegangen sind und in der Übermittlung nach Artikel 20 nicht enthalten waren, und unterrichtet den Anmelder hiervon.

c) Das Internationale Büro lässt dem Anmelder unverzüglich nach Ablauf von 28 Monaten nach dem Prioritätsdatum eine Mitteilung zugehen, aus der hervorgeht,

i) welche Bestimmungsämter verlangt haben, dass die in Artikel 20 vorgesehene Übermittlung gemäß Regel 93bis.1 durchgeführt wird, und zu welchem Zeitpunkt die Übermittlung an diese Ämter erfolgt ist;

ii) welche Bestimmungsämter nicht verlangt haben, dass die in Artikel 20 vorgesehene Übermittlung gemäß Regel 93bis.1 durchgeführt wird.

c^{bis}) Die Mitteilung nach Absatz c ist von den Bestimmungsämtern,

i) sofern es sich um ein Bestimmungsamt gemäß Absatz c Ziffer i handelt, als Nachweis dafür zu betrachten, dass die Übermittlung nach Artikel 20 zu dem in der Mitteilung angegebenen Zeitpunkt erfolgt ist,

ii) sofern es sich um ein Bestimmungsamt gemäß Absatz c Ziffer ii handelt, als Nachweis dafür zu betrachten, dass der Vertragsstaat, für den das Amt als Bestimmungsamt handelt, nicht verlangt, dass der Anmelder nach Artikel 22 ein Exemplar der internationalen Anmeldung übermittelt.

d) Jedes Bestimmungsamt erhält auf Anforderung die internationalen Recherchenberichte und die in Artikel 17 Absatz 2 Buchstabe a genannten Erklärungen zusätzlich auch in der Übersetzung nach Regel 45.1.

e) Hat ein Bestimmungsamt vor Ablauf von 28 Monaten nach dem Prioritätsdatum nicht verlangt, dass das Internationale Büro die in Artikel 20 vorgesehene Übermittlung gemäß Regel 93bis.1 durchführt, so wird davon ausgegangen, dass der Vertragsstaat, für den das Amt als Bestimmungsamt handelt, dem Internationalen Büro gemäß Regel 49.1 Absatz a^{-bis} mitgeteilt hat, dass er nicht verlangt, dass der Anmelder nach Artikel 22 ein Exemplar der internationalen Anmeldung übermittelt.

47.2. Kopien

[1] Die für die Übermittlung notwendigen Kopien werden vom Internationalen Büro hergestellt. [2] Nähere Einzelheiten im Zusammenhang mit den für die Übermittlung notwendigen Kopien können in den Verwaltungsvorschriften geregelt werden.

47.3. Sprachen

a) Die nach Artikel 20 übermittelte internationale Anmeldung muß in der Sprache abgefaßt sein, in der sie veröffentlicht wird.

b) Wird die internationale Anmeldung in einer anderen Sprache veröffentlicht als derjenigen, in der sie eingereicht wurde, so übermittelt das Internationale Büro jedem Bestimmungsamt auf dessen Antrag eine Kopie dieser Anmeldung in der Sprache, in der sie eingereicht wurde.

47.4. Ausdrücklicher Antrag nach Artikel 23 Absatz 2

Stellt der Anmelder vor der Übermittlung nach Artikel 20 einen ausdrücklichen Antrag nach Artikel 23 Absatz 2 bei einem Bestimmungsamt, so nimmt das Internationale Büro auf Antrag des Anmelders oder des Bestimmungsamts die Übermittlung an dieses Amt unverzüglich vor.

Regel 48. Internationale Veröffentlichung

48.1. Form und Art und Weise

Die Form und die Art und Weise der Veröffentlichung internationaler Anmeldungen werden in den Verwaltungsvorschriften festgelegt.

48.2. Inhalt

a) Die Veröffentlichung der internationalen Anmeldung enthält:

i) eine normierte Titelseite,

ii) die Beschreibung,

iii) die Ansprüche,

iv) die Zeichnungen falls vorhanden,

v) vorbehaltlich des Absatzes g den internationalen Recherchenbericht oder die Erklärung nach Artikel 17 Absatz 2 Buchstabe a,

vi) jede Erklärung nach Artikel 19 Absatz 1, sofern das Internationale Büro nicht zu dem Ergebnis gelangt, dass die Erklärung die Erfordernisse der Regel 46.4 nicht erfüllt,

vii) jeden Antrag auf Berichtigung eines offensichtlichen Fehlers, jede Begründung und jede Stellungnahme nach Regel 91.3 Absatz d, sofern der Antrag auf Veröffentlichung nach Regel 91.3 Absatz d beim Internationalen Büro vor Abschluss der technischen Vorbereitungen für die internationale Veröffentlichung eingegangen ist,

viii) die Angaben über hinterlegtes biologisches Material, die nicht nach Regel 13bis zusammen mit der Beschreibung eingereicht worden sind, sowie die Angabe des Datums, an dem diese Angaben beim Internationalen Büro eingegangen sind,

ix) jede Angabe betreffend einen Prioritätsanspruch nach Regel 26bis.2 Absatz d,

x) jede Erklärung nach Regel 4.17 und jede Berichtigung einer solchen Erklärung nach Regel 26ter.1, welche vor Ablauf der Frist nach Regel 26ter.1 beim Internationalen Büro eingegangen ist,

xi) jede Angabe betreffend einen Antrag nach Regel 26bis.3 auf Wiederherstellung des Prioritätsrechts und die Entscheidung des Anmeldeamts darüber, einschließlich Angaben zum Wiederherstellungskriterium, das der Entscheidung zugrunde lag.

b) Die Titelseite enthält vorbehaltlich des Absatzes c:

i) dem Antragsblatt entnommene und alle anderen in den Verwaltungsvorschriften vorgeschriebenen Angaben,

ii) eine oder mehrere Abbildungen, wenn die internationale Anmeldung Zeichnungen enthält, es sei denn, Regel 8.2 Absatz b findet Anwendung,

iii) die Zusammenfassung; ist die Zusammenfassung in Englisch und in einer anderen Sprache abgefasst, so erscheint die englische Fassung an erster Stelle,

iv) gegebenenfalls eine Angabe, dass der Antrag eine Erklärung nach Regel 4.17 enthält, die vor Ablauf der Frist nach Regel 26ter.1 beim Internationalen Büro eingegangen ist,

v) wenn das internationale Anmeldedatum vom Anmeldeamt nach Regel 20.3 Absatz b Ziffer ii oder 20.5 Absatz d aufgrund einer Einbeziehung durch Verweis eines Bestandteils oder Teils nach den Regeln 4.18 und 20.6 zuerkannt wurde, eine entsprechende Angabe, zusammen mit einer Angabe, ob der Anmelder sich für die Zwecke der Regel 20.6 Absatz a Ziffer ii auf die Erfüllung der Erfordernisse der Regel 17.1 Absatz a, b oder $b\text{-}^{bis}$ hinsichtlich des Prioritätsbelegs oder auf eine gesondert eingereichte Kopie der betreffenden früheren Anmeldung gestützt hat,

vi) gegebenenfalls eine Angabe, dass die veröffentlichte internationale Anmeldung Angaben nach Regel 26bis.2 Absatz d enthält,

vii) gegebenenfalls eine Angabe, dass die veröffentlichte internationale Anmeldung Angaben betreffend einen Antrag nach Regel 26bis.3 auf Wiederherstellung des Prioritätsrechts und die Entscheidung des Anmeldeamts darüber enthält.

c) Ist eine Erklärung nach Artikel 17 Absatz 2 Buchstabe a abgegeben worden, so ist auf der Titelseite deutlich darauf hinzuweisen, und diese braucht weder Zeichnungen noch eine Zusammenfassung zu enthalten.

d) [1] Die Abbildung oder Abbildungen, die in Absatz b Ziffer ii erwähnt sind, sind gemäß Regel 8.2 auszuwählen. [2] Ihre Wiedergabe auf der Titelseite kann in verkleinerter Form erfolgen.

e) [1] Ist auf der Titelseite für die Gesamtheit der in Absatz b Ziffer iii erwähnten Zusammenfassung nicht ausreichend Raum vorhanden, so ist die Zusammenfassung auf der Rückseite der Titelseite wiederzugeben. [2] Dies gilt auch für die Übersetzung der Zusammenfassung, wenn die Veröffentlichung der Übersetzung nach Regel 48.3 Absatz c erforderlich ist.

f) [1] Sind die Ansprüche nach Artikel 19 geändert worden, muss die Veröffentlichung der internationalen Anmeldung den vollen Wortlaut sowohl der ursprünglich eingereichten als auch der geänderten Ansprüche wiedergeben. [2] Ebenso ist eine Erklärung nach Artikel 19 Absatz 1 zu veröffentlichen, sofern das Internationale Büro nicht zu dem Ergebnis kommt, dass die Erklärung die Bestimmungen der Regel 46.4 nicht erfüllt. [3] Das Datum des Eingangs der geänderten Ansprüche beim Internationalen Büro wird angegeben.

g) Liegt bei Abschluss der technischen Vorbereitungen für die internationale Veröffentlichung der internationale Recherchenbericht noch nicht vor, so enthält die Titelseite einen Hinweis darauf, dass dieser Bericht noch nicht vorlag und dass der internationale Recherchenbericht (sobald er vorliegt) mit einer geänderten Titelseite gesondert veröffentlicht wird.

h) [1] Ist bei Abschluss der technischen Vorbereitungen für die internationale Veröffentlichung die Frist zur Änderung der Ansprüche gemäß Artikel 19 noch nicht abgelaufen, so wird auf der Titelseite auf diese Tatsache hingewiesen und angegeben, dass im Fall einer Änderung der Ansprüche nach Artikel 19 unverzüglich nach Eingang dieser Änderungen beim Internationalen Büro innerhalb der Frist nach Regel 46.1 der volle Wortlaut der geänderten Ansprüche zusammen mit einer geänderten Titelseite veröffentlicht wird. [2] Eine gegebenenfalls nach Artikel 19 Absatz 1 abgegebene Erklärung ist ebenfalls zu veröffentlichen, sofern das Internationale Büro nicht zu dem Ergebnis kommt, dass die Erklärung den Vorschriften der Regel 46.4 nicht entspricht.

i) Ist die Zustimmung des Anmeldeamts, der Internationalen Recherchenbehörde oder des Internationalen Büros zur Berichtigung eines offensichtlichen Fehlers in der internationalen Anmeldung nach Regel 91.1 beim Internationalen Büro nach Abschluss der technischen Vorbereitungen für die internationale Veröffentlichung eingegangen oder wurde gegebenenfalls die Zustimmung vom Internationalen Büro nach Abschluss der technischen Vorbereitungen für die internationale Veröffentlichung erteilt, so wird eine Erklärung hinsichtlich aller Berichtigungen zusammen mit den die Berichtigungen enthaltenden Blättern bzw. den Ersatzblättern und dem nach Regel 91.2 eingereichten Schreiben veröffentlicht, und die Titelseite wird neu veröffentlicht.

j) Ist zum Zeitpunkt des Abschlusses der technischen Vorbereitungen für die internationale Veröffentlichung ein Antrag nach Regel 26bis.3 auf Wiederherstellung des Prioritätsrechts anhängig, so muss die veröffentlichte internationale Anmeldung anstatt der Entscheidung des Anmeldeamts über den Antrag eine Angabe des Inhalts enthalten, dass diese Entscheidung nicht verfügbar war und dass sie, sobald sie verfügbar ist, gesondert veröffentlicht wird.

k) Ist ein Antrag auf Veröffentlichung nach Regel 91.3 Absatz d beim Internationalen Büro nach Abschluss der technischen Vorbereitungen für die internationale Veröffentlichung eingegangen, so wird der Berichtigungsantrag und jede in dieser Regel genannte Begründung oder Stellungnahme unverzüglich nach Erhalt eines solchen Veröffentlichungsantrags veröffentlicht und die Titelseite wird neu veröffentlicht.

l) [1] Das Internationale Büro schließt auf begründeten Antrag des Anmelders, sofern der Antrag vor Abschluss der technischen Vorbereitungen für die internationale Veröffentlichung beim Internationalen Büro eingeht, Angaben von der Veröffentlichung aus, wenn es feststellt, dass

i) diese Angaben nicht offensichtlich dem Zweck dienen, die Öffentlichkeit über die internationale Anmeldung zu unterrichten,
ii) die Veröffentlichung dieser Angaben eindeutig persönliche oder wirtschaftliche Interessen einer Person beeinträchtigen würde und
iii) kein vorherrschendes öffentliches Interesse an der Einsicht in diese Angaben besteht.

[2] Regel 26.4 findet entsprechend Anwendung auf die Art und Weise, in der der Anmelder die Angaben darzulegen hat, die Gegenstand eines Antrags nach diesem Absatz sind.

m) Stellt das Anmeldeamt, die Internationale Recherchenbehörde, die für die ergänzende Recherche bestimmte Behörde oder das Internationale Büro fest, dass Angaben den in Absatz l angegebenen Kriterien entsprechen, so kann dieses Amt, diese Behörde oder dieses Büro dem Anmelder vorschlagen, den Ausschluss von der internationalen Veröffentlichung nach Absatz l zu beantragen.

n) Hat das Internationale Büro Angaben von der internationalen Veröffentlichung gemäß Absatz l ausgeschlossen und sind diese Angaben auch in der Akte der internationalen Anmeldung enthalten, die sich beim Anmeldeamt, der Internationalen Recherchenbehörde, der für die ergänzende Recherche bestimmten Behörde oder der mit der internationalen vorläufigen Prüfung beauftragten Behörde befindet, so teilt das Internationale Büro dies diesem Amt und dieser Behörde unverzüglich mit.

48.3. Veröffentlichungssprachen

a) Ist die internationale Anmeldung in arabischer, chinesischer, deutscher, englischer, französischer, japanischer, koreanischer, portugiesischer, russischer oder spanischer Sprache („Veröffentlichungssprachen") eingereicht worden, so wird sie in der Sprache veröffentlicht, in der sie eingereicht wurde.

b) Ist die internationale Anmeldung nicht in einer Veröffentlichungssprache eingereicht und ist nach Regel 12.3 oder 12.4 eine Übersetzung in einer Veröffentlichungssprache vorgelegt worden, so wird die Anmeldung in der Sprache dieser Übersetzung veröffentlicht.

c) [1] Wird die internationale Anmeldung in einer anderen als der englischen Sprache veröffentlicht, so werden der internationale Recherchenbericht, soweit er gemäß Regel 48.2 Absatz a Ziffer v veröffentlicht wird, oder die Erklärung nach Artikel 17 Absatz 2 Buchstabe a, die Bezeichnung der Erfindung, die Zusammenfassung und jeder Text zu der oder den Zeichnungen, die mit der Zusammenfassung veröffentlicht werden, sowohl in dieser als auch in englischer Sprache veröffentlicht. [2] Die Übersetzungen werden, sofern sie nicht vom

Anmelder nach Regel 12.3 eingereicht wurden, unter der Verantwortung des Internationalen Büros angefertigt.

48.4. Vorzeitige Veröffentlichung auf Antrag des Anmelders

a) Beantragt der Anmelder die Veröffentlichung nach Artikel 21 Absatz 2 Buchstabe b und Artikel 64 Absatz 3 Buchstabe c Ziffer i und stehen der internationale Recherchenbericht oder die Erklärung nach Artikel 17 Absatz 2 Buchstabe a noch nicht für die Veröffentlichung zusammen mit der internationalen Anmeldung zur Verfügung, so erhebt das Internationale Büro eine besondere Veröffentlichungsgebühr, deren Höhe durch die Verwaltungsrichtlinien festgelegt wird.

b) Die Veröffentlichung nach Artikel 21 Absatz 2 Buchstabe b und Artikel 64 Absatz 3 Buchstabe c Ziffer i wird vom Internationalen Büro unverzüglich durchgeführt, sobald der Anmelder sie beantragt hat und, falls eine Gebühr nach Absatz a gezahlt werden muß, sobald er diese Gebühr gezahlt hat.

48.5. Unterrichtung über die nationale Veröffentlichung

Richtet sich die Veröffentlichung der internationalen Anmeldung durch das Internationale Büro nach Artikel 64 Absatz 3 Buchstabe c Ziffer ii, so hat das betreffende nationale Amt das Internationale Büro unverzüglich nach Vornahme der in jener Vorschrift genannten nationalen Veröffentlichung über die Tatsache der Veröffentlichung zu unterrichten.

48.6. Veröffentlichung bestimmter Tatsachen

a) Erreicht eine Mitteilung nach Regel 29.1 Ziffer ii das Internationale Büro so spät, dass die internationale Veröffentlichung der internationalen Anmeldung nicht mehr verhindert werden kann, so veröffentlicht das Internationale Büro im Blatt unverzüglich einen Hinweis, der den wesentlichen Inhalt der Mitteilung wiedergibt.

b) *(gestrichen)*

c) Wird nach Abschluß der technischen Vorbereitungen für die internationale Veröffentlichung die internationale Anmeldung, die Bestimmung eines Bestimmungsstaates oder der Prioritätsanspruch nach Regel 90bis zurückgenommen, so wird dies im Blatt veröffentlicht.

Regel 49. Übermittlung eines Exemplars und einer Übersetzung der Anmeldung sowie Gebührenzahlung nach Artikel 22

49.1. Mitteilung

a) Jeder Vertragsstaat, der die Vorlage einer Übersetzung oder die Zahlung einer nationalen Gebühr oder beides nach Artikel 22 verlangt, unterrichtet das Internationale Büro über

i) die Sprachen, aus denen, und die Sprache, in die eine Übersetzung verlangt wird,

ii) die Höhe der nationalen Gebühr.

a^{bis}) Jeder Vertragsstaat, der vom Anmelder die Übermittlung eines Exemplares der internationalen Anmeldung nach Artikel 22 nicht verlangt, auch wenn das Internationale Büro bis zum Ablauf der gemäß Artikel 22 maßgebenden Frist ein Exemplar der internationalen Anmeldung nicht nach Regel 47 übermittelt hat, teilt dies dem Internationalen Büro mit.

a^{ter}) Jeder Vertragsstaat, der als Bestimmungsstaat die in Artikel 11 Absatz 3 vorgesehene Wirkung gemäß Artikel 24 Absatz 2 aufrechterhält, auch wenn der Anmelder bei Ablauf der nach Artikel 22 maßgebenden Frist ein Exemplar der internationalen Anmeldung nicht übermittelt hat, teilt dies dem Internationalen Büro mit.

b) Das Internationale Büro veröffentlicht jede ihm nach Absatz a, a^{bis} oder a^{ter} zugegangene Mitteilung unverzüglich im Blatt.

c) [1] Ändern sich die Anforderungen nach Absatz a später, so teilt der Vertragsstaat diese Änderungen dem Internationalen Büro mit, das die Mitteilung unverzüglich im Blatt veröffentlicht. [2] Hat die Änderung zum Inhalt, daß eine Übersetzung in eine vor der Änderung nicht geforderte Sprache erforderlich wird, so wird die Änderung nur für solche internationale Anmeldungen wirksam, die später als zwei Monate nach der Veröffentlichung der Mitteilung im Blatt eingereicht worden sind. [3] Für die übrigen Fälle bestimmt der Vertragsstaat den Zeitpunkt, in dem die Änderung wirksam wird.

49.2. Sprachen

[1] Die Sprache, in die eine Übersetzung verlangt werden kann, muß eine Amtssprache des Bestimmungsamts sein. [2] Ämter mit mehreren Amtssprachen können keine Übersetzung verlangen, wenn die internationale Anmeldung in einer dieser Amtssprachen verfaßt ist. [3] Ist einem Amt mit mehreren Amtssprachen eine Übersetzung zu übermitteln, so kann der Anmelder eine dieser Sprachen auswählen. [4] Unbeschadet der Bestimmungen dieses Absatzes kann, wenn mehrere Amtssprachen bestehen, aber das nationale Recht eine dieser Sprachen für Ausländer vorschreibt, eine Übersetzung in diese Sprache verlangt werden.

49.3. Erklärungen nach Artikel 19; Angaben nach Regel 13bis.4

Im Sinne von Artikel 22 und dieser Regel gelten jede Erklärung nach Artikel 19 Absatz 1 und jede Angabe nach Regel 13bis.4, vorbehaltlich Regel 49.5 Absatz c und h, als Teil der internationalen Anmeldung.

49.4. Verwendung eines nationalen Formblatts

Vom Anmelder kann nicht verlangt werden, für die Vornahme der in Artikel 22 vorgesehenen Handlungen ein nationales Formblatt zu verwenden.

49.5. Inhalt und äußere Form der Übersetzung

a) [1] Für die Zwecke des Artikels 22 hat die Übersetzung der internationalen Anmeldung die Beschreibung (vorbehaltlich des Absatzes a-^{bis}), die Patentansprüche, gegebenenfalls Textbestandteile der Zeichnungen und die Zusammenfassung zu umfassen. [2] Auf Verlangen des Bestimmungsamts muss die Übersetzung vorbehaltlich der Absätze b, c-^{bis} und e ferner

i) den Antrag,

ii) falls die Ansprüche nach Artikel 19 geändert worden sind, die Ansprüche in der ursprünglich eingereichten und der geänderten Fassung (die geänderten Ansprüche sind in Form einer Übersetzung des vollständigen, nach Regel 46.5 Absatz a eingereichten Satzes von Ansprüchen einzureichen, die alle ursprünglich eingereichten Ansprüche ersetzen) und

iii) als Anlage eine Kopie der Zeichnungen enthalten.

a^{bis}) Kein Bestimmungsamt darf vom Anmelder die Einreichung einer Übersetzung von im Sequenzprotokollteil der Beschreibung enthaltenen Textbestandteile verlangen, wenn dieser Sequenzprotokollteil der Regel 12.1 Absatz d und die Beschreibung der Regel 5.2 Absatz b entspricht.

b) [1]Jedes Bestimmungsamt, das eine Übersetzung des Antrags verlangt, stellt den Anmeldern kostenlos Exemplare des Antragsformblatts in der Sprache der Übersetzung zur Verfügung. [2]Form und Inhalt des Antragsformblatts in der Sprache der Übersetzung dürfen sich von denen des Antrags nach den Regeln 3 und 4 nicht unterscheiden; so darf das Antragsformblatt in der Sprache der Übersetzung insbesondere keine Angaben verlangen, die nicht im Antrag in der eingereichten Fassung enthalten sind. [3]Die Verwendung des Antragsformblatts in der Sprache der Übersetzung ist fakultativ.

c) Hat der Anmelder keine Übersetzung der Erklärung nach Artikel 19 Absatz 1 eingereicht, so kann das Bestimmungsamt die Erklärung außer Betracht lassen.

c^{bis}) [1]Reicht der Anmelder bei einem Bestimmungsamt, das nach Absatz a Ziffer ii eine Übersetzung der Ansprüche sowohl in der ursprünglich eingereichten als auch in der geänderten Fassung verlangt, nur eine dieser Übersetzungen ein, so kann das Bestimmungsamt Ansprüche, für die keine Übersetzung vorliegt, unberücksichtigt lassen oder den Anmelder auffordern, die fehlende Übersetzung innerhalb einer in der Aufforderung festgesetzten, den Umständen nach angemessenen Frist einzureichen. [2]Fordert das Bestimmungsamt den Anmelder zur Einreichung der fehlenden Übersetzung auf und wird diese nicht innerhalb der in der Aufforderung festgesetzten Frist eingereicht, so kann das Bestimmungsamt Ansprüche, für die keine Übersetzung vorliegt, unberücksichtigt lassen oder die internationale Anmeldung als zurückgenommen betrachten.

d) Enthält eine Zeichnung Textbestandteile, so ist die Übersetzung dieses Textes entweder in Form einer Kopie der Originalzeichnung, in der die Übersetzung über den Originaltext geklebt ist, oder in Form einer neu ausgeführten Zeichnung einzureichen.

e) Verlangt ein Bestimmungsamt gemäß Absatz a die Übermittlung einer Kopie der Zeichnungen und hat der Anmelder diese Kopie nicht innerhalb der nach Artikel 22 maßgebenden Frist eingereicht, so fordert es den Anmelder auf, diese Kopie innerhalb einer in der Aufforderung festgesetzten, den Umständen nach angemessenen Frist einzureichen.

f) Eine Übersetzung des Ausdrucks „Fig." in andere Sprachen ist nicht erforderlich.

g) Entspricht eine nach Absatz d oder e eingereichte Kopie der Zeichnungen oder neu ausgeführte Zeichnung nicht den Formvorschriften nach Regel 11, so kann das Bestimmungsamt den Anmelder auffordern, den Mangel innerhalb einer in der Aufforderung festgesetzten, den Umständen nach angemessenen Frist zu beheben.

h) Hat der Anmelder keine Übersetzung der Zusammenfassung oder einer Angabe nach Regel 13bis.4 eingereicht, und hält das Bestimmungsamt diese Übersetzung für erforderlich, so fordert es den Anmelder auf, diese innerhalb einer in der Aufforderung festgesetzten, den Umständen nach angemessenen Frist einzureichen.

i) Das Internationale Büro veröffentlicht im Blatt Auskünfte über die Anforderungen und die Praxis der Bestimmungsämter nach Absatz a Satz 2.

j) Kein Bestimmungsamt darf verlangen, daß die Übersetzung der internationalen Anmeldung anderen als den für die internationale Anmeldung in der ursprünglich eingereichten Fassung geltenden Formerfordernissen entspricht.

k) Hat die Internationale Recherchenbehörde nach Regel 37.2 eine Bezeichnung festgesetzt, so hat die Übersetzung die von der Behörde festgesetzte Bezeichnung zu enthalten.

l) [1] Ist Absatz c^{bis} oder Absatz k am 12. Juli 1991 nicht mit dem vom Bestimmungsamt anzuwendenden nationalen Recht vereinbar, so gilt der betreffende Absatz für das Bestimmungsamt nicht, solange diese Unvereinbarkeit besteht, sofern dieses Amt das Internationale Büro bis zum 31. Dezember 1991 davon unterrichtet. [2] Diese Mitteilung wird vom Internationalen Büro unverzüglich im Blatt veröffentlicht.

49.6. Wiedereinsetzung nach Versäumung der Vornahme der Handlungen nach Artikel 22

a) Endet die Wirkung einer internationalen Anmeldung nach Artikel 11 Absatz 3, weil der Anmelder es versäumt hat, die in Artikel 22 genannten Handlungen innerhalb der anwendbaren Frist vorzunehmen, setzt das Bestimmungsamt den Anmelder auf seinen Antrag und vorbehaltlich der Absätze b bis e in seine Rechte in Bezug auf diese internationale Anmeldung wieder ein, wenn es feststellt, das die Fristversäumung unbeabsichtigt war, oder nach Wahl des Bestimmungsamtes, dass die Fristversäumung trotz Beachtung der nach den gegebenen Umständen gebotenen Sorgfalt geschehen ist.

b) Innerhalb der zuerst endenden der nachfolgend genannten Fristen ist der Antrag nach Absatz a beim Bestimmungsamt zu stellen und sind die in Artikel 22 genannten Handlungen vorzunehmen:

i) zwei Monate nach dem Zeitpunkt, zu dem der Grund für die Versäumung der nach Artikel 22 anwendbaren Frist weggefallen ist, oder

ii) zwölf Monate nach dem Zeitpunkt des Ablaufs der nach Artikel 22 anwendbaren Frist,

jedoch mit der Maßgabe, dass der Anmelder den Antrag bis zu einem späteren Zeitpunkt stellen kann, soweit dies nach dem vom Bestimmungsamt anzuwendenden nationalen Recht zugelassen ist.

c) Der Antrag nach Absatz a muss die Gründe für die Versäumung der der nach Artikel 22 anwendbaren Frist darlegen.

d) Das von dem Bestimmungsamt anzuwendende nationale Recht kann verlangen,

i) dass für den Antrag nach Absatz a eine Gebühr entrichtet wird;

ii) dass eine Erklärung oder andere Nachweise zum Beleg der in Absatz c genannten Gründe eingereicht werden.

e) Das Bestimmungsamt darf einen Antrag nach Absatz a nicht ablehnen, ohne dem Anmelder die Gelegenheit gegeben zu haben, innerhalb einer nach den Umständen angemessenen Frist zu der beabsichtigten Ablehnung Stellung zu nehmen.

f)[1)] [1] Sind die Absätze a bis e am 1. Oktober 2002 nicht mit dem vom Bestimmungsamt anzuwendenden nationalen Recht vereinbar, so gelten diese

---

[1)] **Amtl. Anm.:** Deutschland hat die Erklärung abgegeben.

Absätze für dieses Bestimmungsamt nicht, solange diese Unvereinbarkeit besteht, sofern dieses Amt das Internationale Büro bis zum 1. Januar 2003 davon unterrichtet. [2]Die Mitteilung wird vom Internationalen Büro unverzüglich im Blatt veröffentlicht.

Regel 49bis. Angaben zum Schutzbegehren für die Zwecke des nationalen Verfahrens

49bis.1. Wahl bestimmter Schutzrechtsarten

a) Wünscht der Anmelder, dass die internationale Anmeldung in einem Bestimmungsstaat, auf den Artikel 43 anzuwenden ist, nicht als Antrag auf Erteilung eines Patents, sondern als Antrag auf Erteilung einer anderen in diesem Artikel genannten Schutzrechtsart behandelt wird, so hat er dies, wenn er die in Artikel 22 genannten Handlungen vornimmt, dem Bestimmungsamt anzugeben.

b) Wünscht der Anmelder, dass die internationale Anmeldung in einem Bestimmungsstaat, auf den Artikel 44 anzuwenden ist, als Antrag auf Erteilung mehrerer in Artikel 43 genannter Schutzrechtsarten behandelt wird, so hat er dies, wenn er die in Artikel 22 genannten Handlungen vornimmt, dem Bestimmungsamt anzugeben, gegebenenfalls mit der Angabe, um welche Schutzrechtsart in erster Linie und um welche Schutzrechtsart hilfsweise nachgesucht wird.

c) Wünscht der Anmelder in den in den Absätzen a und b genannten Fällen, dass die internationale Anmeldung in einem Bestimmungsstaat als Anmeldung für ein Zusatzpatent, ein Zusatzzertifikat, einen Zusatzerfinderschein oder ein Zusatzgebrauchszertifikat behandelt wird, so hat er, wenn er die in Artikel 22 genannten Handlungen vornimmt, die einschlägige Hauptanmeldung, das einschlägige Hauptpatent oder ein anderes Hauptschutzrecht anzugeben.

d) Wünscht der Anmelder, dass die internationale Anmeldung in einem Bestimmungsstaat als eine Fortsetzung oder Teilfortsetzung einer früheren Anmeldung behandelt wird, so hat er dies, wenn er die in Artikel 22 genannten Handlungen vornimmt, dem Bestimmungsamt mitzuteilen und die einschlägige Hauptanmeldung anzugeben.

e) Macht der Anmelder, wenn er die in Artikel 22 genannten Handlungen vornimmt, keine ausdrückliche Angabe nach Absatz a, entspricht jedoch die in Artikel 22 genannte und vom Anmelder gezahlte nationale Gebühr der nationalen Gebühr für eine bestimmte Schutzrechtsart, so gilt die Zahlung dieser Gebühr als Angabe des Wunsches des Anmelders, dass die internationale Anmeldung als Anmeldung für die betreffende Schutzrechtsart behandelt werden soll, und das Bestimmungsamt unterrichtet den Anmelder entsprechend.

49bis.2. Zeitpunkt der Übermittlung von Angaben

a) Bevor der Anmelder die in Artikel 22 genannten Handlungen vornimmt, darf kein Bestimmungsamt von ihm die Übermittlung von Angaben gemäß Regel 49bis.1 oder gegebenenfalls von Angaben darüber verlangen, ob der Anmelder um die Erteilung eines nationalen oder regionalen Patents nachsucht.

b) Der Anmelder kann, soweit dies nach dem für das betreffende Bestimmungsamt geltenden nationalen Recht zugelassen ist, solche Angaben zu einem späteren Zeitpunkt machen oder gegebenenfalls zu einem späteren Zeitpunkt von einer Schutzrechtsart zu einer anderen wechseln.

Regel 49ter. Wirkung der Wiederherstellung des Prioritätsrechts durch das Anmeldeamt; Wiederherstellung des Prioritätsrechts durch das Bestimmungsamt

49ter.1. Wirkung der Wiederherstellung des Prioritätsrechts durch das Anmeldeamt

a) Hat das Anmeldeamt ein Prioritätsrecht nach Regel 26bis.3 wiederhergestellt aufgrund seiner Feststellung, dass das Versäumnis, die internationale Anmeldung innerhalb der Prioritätsfrist einzureichen, trotz Beachtung der nach den gegebenen Umständen gebotenen Sorgfalt erfolgt ist, so hat diese Wiederherstellung vorbehaltlich des Absatzes c Wirkung in jedem Bestimmungsstaat.

b) Hat das Anmeldeamt ein Prioritätsrecht nach Regel 26bis.3 wiederhergestellt aufgrund seiner Feststellung, dass das Versäumnis, die internationale Anmeldung innerhalb der Prioritätsfrist einzureichen, unbeabsichtigt erfolgt ist, so hat diese Wiederherstellung vorbehaltlich des Absatzes c Wirkung in jedem Bestimmungsstaat, dessen anzuwendendes nationales Recht eine Wiederherstellung des Prioritätsrechts nach diesem Kriterium oder nach einem aus der Sicht des Anmelders günstigeren Kriterium vorsieht.

c) Eine Entscheidung des Anmeldeamts über die Wiederherstellung eines Prioritätsrechts nach Regel 26bis.3 hat keine Wirkung in einem Bestimmungsstaat, wenn das Bestimmungsamt, ein Gericht oder ein anderes zuständiges Organ dieses Bestimmungsstaats oder ein anderes für diesen Bestimmungsstaat handelndes Organ feststellt, dass ein Erfordernis nach Regel 26bis.3 Absatz a, b Ziffer i oder c nicht erfüllt war, wobei die im beim Anmeldeamt nach Regel 26bis.3 Absatz a eingereichten Antrag angegebenen Gründe und jede Erklärung oder andere Nachweise, die beim Anmeldeamt nach Regel 26bis.3 Absatz b Ziffer iii eingereicht worden sind, zu berücksichtigen sind.

d) Ein Bestimmungsamt darf die Entscheidung des Anmeldeamts nur überprüfen, wenn es berechtigte Zweifel daran hat, dass ein in Absatz c genanntes Erfordernis erfüllt war; in diesem Fall unterrichtet das Bestimmungsamt den Anmelder dementsprechend unter Angabe der Gründe für die Zweifel und gibt dem Anmelder die Gelegenheit, innerhalb einer angemessenen Frist Stellung zu nehmen.

e) Kein Bestimmungsstaat ist an eine Entscheidung des Anmeldeamts, einen Antrag nach Regel 26bis.3 auf Wiederherstellung des Prioritätsrechts abzulehnen, gebunden.

f) Hat das Anmeldeamt einen Antrag auf Wiederherstellung des Prioritätsrechts abgelehnt, so kann jedes Bestimmungsamt diesen Antrag als einen Antrag auf Wiederherstellung ansehen, der bei diesem Bestimmungsamt nach Regel 49ter.2 Absatz a innerhalb der in dieser Regel genannten Frist eingereicht worden ist.

g) [1] Sind die Absätze a bis d am 5. Oktober 2005 nicht mit dem vom Bestimmungsamt anzuwendenden nationalen Recht vereinbar, so gelten diese Absätze für dieses Amt nicht, solange diese Unvereinbarkeit besteht, sofern dieses Amt das Internationale Büro bis zum 5. April 2006 davon unterrichtet. [2] Diese Mitteilung wird vom Internationalen Büro unverzüglich im Blatt veröffentlicht.

49ter.2. Wiederherstellung des Prioritätsrechts durch das Bestimmungsamt

a) [1]Beansprucht die internationale Anmeldung die Priorität einer früheren Anmeldung und liegt das internationale Anmeldedatum nach dem Datum, an dem die Prioritätsfrist abgelaufen ist, aber innerhalb einer Frist von zwei Monaten seit diesem Datum, so stellt das Bestimmungsamt auf Antrag des Anmelders nach Absatz b das Prioritätsrecht wieder her, sofern das Amt feststellt, dass ein von ihm angewendetes Kriterium („Wiederherstellungskriterium") erfüllt ist, nämlich, dass das Versäumnis, die internationale Anmeldung innerhalb der Prioritätsfrist einzureichen,

i) trotz Beachtung der nach den gegebenen Umständen gebotenen Sorgfalt erfolgt ist oder

ii) unbeabsichtigt war.

[2]Jedes Bestimmungsamt hat mindestens eines dieser Kriterien anzuwenden und kann beide anwenden.

b) Ein Antrag nach Absatz a muss:

i) innerhalb einer Frist von einem Monat ab der nach Artikel 22 anwendbaren Frist beim Bestimmungsamt eingereicht werden oder, sofern der Anmelder einen ausdrücklichen Antrag nach Artikel 23 Absatz 2 an das Bestimmungsamt stellt, innerhalb einer Frist von einem Monat ab dem Datum des Eingangs des betreffenden Antrags bei dem Bestimmungsamt,

ii) die Gründe für das Versäumnis, die internationale Anmeldung innerhalb der Prioritätsfrist einzureichen, darlegen und vorzugsweise eine Erklärung oder andere Nachweise nach Absatz c enthalten,

iii) gegebenenfalls zusammen mit der nach Absatz d erforderlichen Gebühr für den Antrag auf Wiederherstellung eingereicht werden.

c) Das Bestimmungsamt kann verlangen, dass eine Erklärung oder andere Nachweise zum Beleg der in Absatz b Ziffer ii genannten Erklärung über die Gründe innerhalb einer den Umständen nach angemessenen Frist eingereicht werden.

d) Das Bestimmungsamt kann die Antragstellung nach Absatz a davon abhängig machen, dass ihm zu seinen Gunsten eine Gebühr für den Antrag auf Wiederherstellung entrichtet wird.

e) [1]Das Bestimmungsamt darf den Antrag nach Absatz a nicht vollständig oder teilweise ablehnen, ohne dem Anmelder die Gelegenheit zu geben, zu der beabsichtigten Ablehnung innerhalb einer den Umständen nach angemessenen Frist Stellung zu nehmen. [2]Das Bestimmungsamt kann eine solche Mitteilung über die beabsichtigte Ablehnung dem Anmelder zusammen mit einer Aufforderung zur Einreichung einer Erklärung oder anderer Nachweise nach Absatz c übersenden.

f) Sieht das vom Bestimmungsamt anzuwendende nationale Recht in Bezug auf die Wiederherstellung des Prioritätsrechts Erfordernisse vor, die aus der Sicht des Anmelders günstiger sind als die in den Absätzen a und b genannten Erfordernisse, so kann das Bestimmungsamt bei der Feststellung des Prioritätsrechts anstatt der in diesen Absätzen genannten Erfordernisse diejenige des nationalen Rechts anwenden.

g) [1] Jedes Bestimmungsamt unterrichtet das Internationale Büro über die von ihm angewandten Wiederherstellungskriterien und gegebenenfalls über das von ihm nach Absatz f anzuwendende nationale Recht sowie über jede diesbezügliche nachträgliche Änderung. [2] Diese Mitteilung wird vom Internationalen Büro unverzüglich im Blatt veröffentlicht.

h) [1] Sind die Absätze a bis g am 5. Oktober 2005 nicht mit dem vom Bestimmungsamt anzuwendenden nationalen Recht vereinbar, so gelten diese Absätze für dieses Amt nicht, solange sie nicht mit diesem Recht vereinbar sind, sofern dieses Amt das Internationale Büro bis zum 5. April 2006 davon unterrichtet. [2] Diese Mitteilung wird vom Internationalen Büro unverzüglich im Blatt veröffentlicht.

Regel 50. Befugnis nach Artikel 22 Absatz 3

50.1. Ausübung der Befugnis

a) Jeder Vertragsstaat, der eine Frist bestimmt, die später als die in Artikel 22 Absatz 1 oder 2 festgesetzte Frist abläuft, teilt dem Internationalen Büro diese Frist mit.

b) Das Internationale Büro veröffentlicht jede ihm nach Absatz a zugegangene Mitteilung unverzüglich im Blatt.

c) Mitteilungen, die eine Verkürzung der vorher festgesetzten Frist betreffen, werden für internationale Anmeldungen wirksam, die nach dem Ablauf einer Frist von drei Monaten eingereicht werden; die Frist von drei Monaten beginnt mit dem Zeitpunkt der Bekanntmachung der Mitteilung durch das Internationale Büro.

d) Mitteilungen, die eine Verlängerung der vorher festgesetzten Frist betreffen, werden mit der Bekanntmachung durch das Internationale Büro im Blatt für die internationalen Anmeldungen wirksam, die zu diesem Zeitpunkt anhängig sind oder nach dem Zeitpunkt einer solchen Bekanntmachung eingereicht werden; setzt der Vertragsstaat, der die Mitteilung abgibt, einen späteren Zeitpunkt fest, so ist dieser Zeitpunkt maßgebend.

Regel 51. Nachprüfung durch die Bestimmungsämter

51.1. Frist zur Stellung des Antrags auf Übersendung von Kopien

Die Frist nach Artikel 25 Absatz 1 Buchstabe c beträgt zwei Monate und beginnt mit dem Zeitpunkt der Mitteilung an den Anmelder nach Regel 20.4 Ziffer i, 24.2 Absatz c oder 29.1 Ziffer ii.

51.2. Kopie der Mitteilung

Beantragt der Anmelder, der eine negative Feststellung nach Artikel 11 Absatz 1 erhalten hat, beim Internationalen Büro nach Artikel 25 Absatz 1 Kopien aus den Akten der vorgeblichen internationalen Anmeldung einem der Ämter zuzuschicken, die er versucht hat, als Bestimmungsämter zu benennen, so hat er mit dem Antrag eine Kopie der Nachricht nach Regel 20.4 Ziffer i zu übersenden.

51.3. Frist zur Zahlung der nationalen Gebühr und zur Vorlegung einer Übersetzung

Die Frist nach Artikel 25 Absatz 2 Buchstabe a läuft zum gleichen Zeitpunkt wie die in Regel 51.1 vorgeschriebene Frist ab.

Regel 51bis. Nach Artikel 27 zulässige nationale Erfordernisse

51bis.1. Zulässige nationale Erfordernisse

a) Vorbehaltlich der Regel 51bis.2 kann das für das Bestimmungsamt geltende nationale Recht gemäß Artikel 27 vom Anmelder verlangen, insbesondere Folgendes zu übermitteln:

i) Unterlagen über die Identität des Erfinders,

ii) Unterlagen über die Übertragung oder Abtretung des Rechts auf die Anmeldung,

iii) Unterlagen, die eine eidesstattliche Versicherung oder eine Erklärung des Erfinders enthalten, daß er der Erfinder ist,

iv) wenn die internationale Anmeldung einen Staat bestimmt, dessen nationales Recht am 9. Oktober 2012 die Übermittlung einer eidlichen Versicherung der Erfindereigenschaft oder einer Erfindererklärung verlangt, Unterlagen, die eine eidliche Versicherung der Erfindereigenschaft oder eine Erfindererklärung enthalten;

v) Nachweise über unschädliche Offenbarungen oder Ausnahmen von der Neuheitsschädlichkeit, wie zum Beispiel Offenbarungen, die auf einen Mißbrauch zurückgehen, Offenbarungen auf bestimmten Ausstellungen oder Offenbarungen durch den Anmelder, die während eines bestimmten Zeitraums erfolgt sind;

vi) die Bestätigung der internationalen Anmeldung durch die Unterschrift eines für den Bestimmungsstaat angegebenen Anmelders, der den Antrag nicht unterzeichnet hat;

vii) fehlende, nach Regel 4.5 Absatz a Ziffern ii und iii erforderliche Angaben in Bezug auf einen Anmelder für den Bestimmungsstaat.

b) Das für das Bestimmungsamt geltende nationale Recht kann gemäß Artikel 27 Absatz 7 vorschreiben, daß

i) der Anmelder durch einen zur Vertretung vor diesem Amt befugten Anwalt vertreten ist oder für den Empfang von Mitteilungen eine Anschrift in dem Bestimmungsstaat angibt;

ii) der Anwalt, der den Anmelder gegebenenfalls vertritt, vom Anmelder ordnungsgemäß bestellt ist.

c) Das für das Bestimmungsamt geltende nationale Recht kann gemäß Artikel 27 Absatz 1 verlangen, daß die internationale Anmeldung, ihre Übersetzung oder damit zusammenhängende Unterlagen in mehreren Exemplaren eingereicht werden.

d) Das für das Bestimmungsamt geltende nationale Recht kann gemäß Artikel 27 Absatz 2 Ziffer ii verlangen, daß der Anmelder oder der Übersetzer der internationalen Anmeldung in einer Erklärung bestätigt, daß die vom Anmelder nach Artikel 22 eingereichte Übersetzung der internationalen Anmeldung nach seinem besten Wissen vollständig und richtig ist.

e) Das von dem Bestimmungsamt anzuwendende nationale Recht kann gemäß Artikel 27 vom Anmelder verlangen, dass eine Übersetzung des Prioritätsbelegs eingereicht wird; eine solche Übersetzung darf jedoch nur verlangt werden,

i) wenn die Gültigkeit des Prioritätsanspruchs für die Feststellung der Patentfähigkeit der Erfindung erheblich ist oder,

ii) wenn das internationale Anmeldedatum vom Anmeldeamt nach Regel 20.3 Absatz b Ziffer ii oder 20.5 Absatz d aufgrund einer Einbeziehung eines Bestandteils oder Teils durch Verweis nach den Regeln 4.18 und 20.6 zuerkannt wurde, für die Zwecke der Feststellung nach Regel 82ter.1 Absatz b, ob dieser Bestandteil oder Teil vollständig in dem betreffenden Prioritätsbeleg enthalten ist; in diesem Fall kann das vom Bestimmungsamt anzuwendende nationale Recht vom Anmelder auch verlangen, dass dieser, im Fall eines Teils der Beschreibung, der Ansprüche oder der Zeichnungen, angibt, wo dieser Teil in der Übersetzung des Prioritätsbelegs enthalten ist.

f) *(gestrichen)*

51bis.2. Umstände, unter denen Unterlagen oder Nachweise nicht verlangt werden dürfen

Das Bestimmungsamt darf, sofern es nicht berechtigte Zweifel an der Richtigkeit der betreffenden Angaben oder der betreffenden Erklärung hat,

i) Unterlagen oder Nachweise hinsichtlich der Identität des Erfinders (Regel 51bis.1 Absatz a Ziffer i) (mit Ausnahme von Unterlagen, die eine eidliche Versicherung der Erfindereigenschaft oder eine Erfindererklärung enthalten (Regel 51bis.1 Absatz a Ziffer iv)) nicht verlangen, wenn Angaben über den Erfinder nach Regel 4.6 im Antrag enthalten sind oder eine Erklärung bezüglich der Identität des Erfinders nach Regel 4.17 Ziffer i im Antrag enthalten ist oder unmittelbar beim Bestimmungsamt eingereicht wird;

ii) [1)]Unterlagen oder Nachweise hinsichtlich der Berechtigung des Anmelders, zum Zeitpunkt des internationalen Anmeldedatums ein Patent zu beantragen und zu erhalten (Regel 51bis.1 Absatz a Ziffer ii), nicht verlangen, wenn eine entsprechende Erklärung nach Regel 4.17 Ziffer ii im Antrag enthalten ist oder unmittelbar beim Bestimmungsamt eingereicht wird;

iii) Unterlagen oder Nachweise hinsichtlich der Berechtigung des Anmelders, zum Zeitpunkt des internationalen Anmeldedatums die Priorität einer früheren Anmeldung zu beanspruchen (Regel 51bis.1 Absatz a Ziffer iii), nicht verlangen, wenn eine entsprechende Erklärung nach Regel 4.17 Ziffer iii im Antrag enthalten ist oder unmittelbar beim Bestimmungsamt eingereicht wird;

iv) Unterlagen oder Nachweise, die eine eidliche Versicherung der Erfindereigenschaft oder eine Erfindererklärung (Regel 51bis.1 Absatz a Ziffer iv) enthalten, nicht verlangen, wenn nach Regel 4.17 Ziffer iv eine Erfindererklärung im Antrag enthalten ist oder unmittelbar beim Bestimmungsamt eingereicht wird.

Regel 52. Änderung der Ansprüche, der Beschreibung und der Zeichnungen vor den Bestimmungsämtern

52.1. Frist

a) [1]In einem Bestimmungsstaat, in dem die Bearbeitung oder die Prüfung ohne besonderen Antrag beginnt, kann der Anmelder das Recht aus Artikel 28 innerhalb eines Monats, nachdem die Erfordernisse nach Artikel 22 erfüllt sind, ausüben; ist die Übermittlung nach Regel 47.1 bei Ablauf der nach Artikel 22

[1)] **Amtl. Anm.:** Anm. d. Übers.: Ziffer ii ist in den Originaltexten unverändert geblieben; die deutsche Übersetzung der Regel 51bis.2 musste jedoch aufgrund der Ergänzung der Ziffer iv gänzlich neu formuliert werden, einschließlich der Ziffer ii.

anwendbaren Frist noch nicht erfolgt, so darf er das Recht nicht später als vier Monate nach Ablauf der Frist ausüben. [2]In jedem Fall kann der Anmelder das Recht zu einem anderen Zeitpunkt ausüben, wenn das nationale Recht des Staates dies zuläßt.

b) In einem Bestimmungsstaat, in dem die Prüfung nach dem nationalen Recht nur auf besonderen Antrag beginnt, kann das in Artikel 28 vorgesehene Recht innerhalb der gleichen Frist oder zu dem gleichen Zeitpunkt ausgeübt werden, die oder den das nationale Recht für die Einreichung von Änderungen im Fall einer auf besonderen Antrag durchgeführten Prüfung einer nationalen Anmeldung vorschreibt, vorausgesetzt, daß diese Frist nicht vor Ablauf der nach Absatz a maßgeblichen Frist abläuft oder der Zeitpunkt nicht vor dem Ablauf dieser Frist liegt.

Teil C. Regeln zu Kapitel II des Vertrags

Regel 53. Der Antrag

53.1. Formblatt

a) [1]Der Antrag ist auf einem gedruckten Formblatt zu stellen oder als Computerausdruck einzureichen. [2]Die Gestaltung des vorgedruckten Formblatts und eines als Computerausdruck eingereichten Antrags wird durch die Verwaltungsrichtlinien vorgeschrieben.

b) Vorgedruckte Antragsformblätter werden vom Anmeldeamt oder von der mit der internationalen vorläufigen Prüfung beauftragten Behörde kostenlos zur Verfügung gestellt.

c) *(gestrichen)*

53.2. Inhalt

a) Der Antrag muß enthalten:

i) ein Gesuch,
ii) Angaben über den Anmelder und gegebenenfalls den Anwalt,
iii) Angaben betreffend die internationale Anmeldung, auf die er sich bezieht,
iv) gegebenenfalls eine Erklärung betreffend Änderungen.

b) Der Antrag muß unterzeichnet sein.

53.3. Gesuch

Das Gesuch soll sinngemäß folgendes zum Ausdruck bringen und ist vorzugsweise wie folgt zu fassen: „Antrag nach Artikel 31 des Vertrags über die internationale Zusammenarbeit auf dem Gebiet des Patentwesens[1)]: Der Unterzeichnete beantragt, daß für die unten näher bezeichnete internationale Anmeldung die internationale vorläufige Prüfung nach dem Vertrag über die internationale Zusammenarbeit auf dem Gebiet des Patentwesens durchgeführt wird."

53.4. Anmelder

Für die Angaben über den Anmelder sind die Regeln 4.4 und 4.16 anzuwenden; Regel 4.5 ist entsprechend anzuwenden.

[1)] Nr. **65**.

53.5. Anwalt oder gemeinsamer Vertreter

[1] Ist ein Anwalt oder gemeinsamer Vertreter bestellt, so ist dies im Antrag anzugeben. [2] Die Regeln 4.4 und 4.16 sind anzuwenden; Regel 4.7 ist entsprechend anzuwenden.

53.6. Kennzeichnung der internationalen Anmeldung

Die internationale Anmeldung soll durch den Namen und die Anschrift des Anmelders, die Bezeichnung der Erfindung, das internationale Anmeldedatum (falls dem Anmelder bekannt) und das internationale Aktenzeichen oder, sofern dieses dem Anmelder nicht bekannt ist, den Namen des Anmeldeamts, bei dem die internationale Anmeldung eingereicht worden ist, gekennzeichnet werden.

53.7. Benennung von Staaten als ausgewählte Staaten

Mit der Einreichung eines Antrags werden alle Vertragsstaaten, die bestimmt sind und für die Kapitel II des Vertrags verbindlich ist, als ausgewählte Staaten benannt.

53.8. Unterschrift

Der Antrag ist vom Anmelder oder bei mehreren Anmeldern von allen antragstellenden Anmeldern zu unterzeichnen.

53.9. Erklärung betreffend Änderungen

a) Sind Änderungen nach Artikel 19 vorgenommen worden, so hat der Anmelder in der Erklärung betreffend Änderungen anzugeben, ob diese Änderungen für die Zwecke der internationalen vorläufigen Prüfung

i) berücksichtigt werden sollen, in diesem Fall ist eine Kopie der Änderungen und des nach Regel 46.5 Absatz b erforderlichen Begleitschreibens vorzugsweise zusammen mit dem Antrag einzureichen, oder

ii) aufgrund einer Änderung nach Artikel 34 als überholt gelten sollen.

b) Sind keine Änderungen nach Artikel 19 vorgenommen worden und ist die Frist für die Einreichung derartiger Änderungen noch nicht abgelaufen, so kann der Anmelder in der Erklärung angeben, daß der Beginn der internationalen vorläufigen Prüfung nach Regel 69.1 Absatz d aufgeschoben werden soll, falls die mit der internationalen vorläufigen Prüfung beauftragte Behörde die internationale vorläufige Prüfung nach Regel 69.1 Absatz b gleichzeitig mit der internationalen Recherche zu beginnen wünscht.

c) Werden Änderungen nach Artikel 34 zusammen mit dem Antrag eingereicht, so ist dies in der Erklärung anzugeben.

Regel 54. Der antragsberechtigte Anmelder

54.1. Sitz, Wohnsitz und Staatsangehörigkeit

a) Vorbehaltlich Absatz b bestimmen sich für die Anwendung von Artikel 31 Absatz 2 Sitz, Wohnsitz oder Staatsangehörigkeit des Anmelders nach Regel 18.1 Absätze a und b.

b) [1] In den in den Verwaltungsrichtlinien genannten Fällen ersucht die mit der internationalen vorläufigen Prüfung beauftragte Behörde das Anmeldeamt oder, wenn die internationale Anmeldung beim Internationalen Büro als Anmeldeamt eingereicht worden ist, das nationale Amt des betreffenden Vertragsstaats oder das für diesen Staat handelnde Amt, darüber zu entscheiden, oder der Anmelder seinen Sitz oder Wohnsitz in dem Vertragsstaat hat, in dem er einen Sitz oder Wohnsitz zu haben behauptet, oder Angehöriger des Vertragsstaats ist, dessen Staatsangehöriger er zu sein behauptet. [2] Die mit der internationalen vorläufigen Prüfung beauftragte Behörde unterrichtet den Anmelder hiervon. [3] Der Anmelder kann eine Stellungnahme direkt bei dem betreffenden Amt einreichen. [4] Das betreffende Amt entscheidet diese Frage unverzüglich.

54.2. Berechtigung zur Antragstellung

Die Berechtigung zur Stellung eines Antrags nach Artikel 31 Absatz 2 ist gegeben, wenn der antragstellende Anmelder oder, bei zwei oder mehr Anmeldern, wenigstens einer von ihnen, seinen Sitz oder Wohnsitz in einem Vertragsstaat hat, für den Kapitel II des Vertrags verbindlich ist, oder Staatsangehöriger eines solchen Staats ist und die internationale Anmeldung bei einem Anmeldeamt eines Vertragsstaats, für den Kapitel II verbindlich ist, oder einem für einen solchen Staat handelnden Anmeldeamt eingereicht worden ist.

i) und ii) *(gestrichen)*

54.3. Beim Internationalen Büro als Anmeldeamt eingereichte internationale Anmeldungen

Wird die internationale Anmeldung beim Internationalen Büro als Anmeldeamt nach Regel 19.1 Absatz a Ziffer iii eingereicht, so gilt für die Anwendung von Artikel 31 Absatz 2 Buchstabe a, als handele das Internationale Büro für den Vertragsstaat, in dem der Anmelder seinen Sitz oder Wohnsitz hat oder dessen Staatsangehöriger er ist.

54.4. Zur Antragstellung nicht berechtigter Anmelder

Ist der Anmelder nicht berechtigt, einen Antrag zu stellen, oder ist bei zwei oder mehr Anmeldern keiner von ihnen berechtigt, einen Antrag nach Regel 54.2 zu stellen, so gilt der Antrag als nicht gestellt.

b) *(gestrichen)*

Regel 54bis. Frist für die Antragstellung

54bis.1. Frist für die Antragstellung

a) Ein Antrag kann jederzeit vor Ablauf derjenigen der folgenden Fristen gestellt werden, die später abläuft:

i) drei Monate ab dem Tag, an dem der internationale Recherchenbericht oder die Erklärung nach Artikel 17 Absatz 2 Buchstabe a und der schriftliche Bescheid nach Regel 43bis.1 dem Anmelder übermittelt werden, oder

ii) 22 Monate ab dem Prioritätsdatum.

b) Ein Antrag, der nach Ablauf der nach Absatz a maßgebenden Frist gestellt wird, gilt als nicht gestellt und wird von der mit der internationalen vorläufigen Prüfung beauftragten Behörde für nicht gestellt erklärt.

Regel 55. Sprachen (internationale vorläufige Prüfung)

55.1. Sprache des Antrags

[1] Der Antrag ist in der Sprache der internationalen Anmeldung oder, wenn diese in einer anderen Sprache eingereicht worden ist als der, in der sie veröffentlicht wird, in der Sprache der Veröffentlichung zu stellen. [2] Ist jedoch eine Übersetzung der internationalen Anmeldung nach Regel 55.2 erforderlich, so ist der Antrag in der Sprache der Übersetzung zu stellen.

55.2. Übersetzung der internationalen Anmeldung

a) Ist weder die Sprache, in der die internationale Anmeldung eingereicht worden ist, noch die Sprache, in der die internationale Anmeldung veröffentlicht wird, von der mit der internationalen vorläufigen Prüfung beauftragten Behörde, die die internationale vorläufige Prüfung durchführen soll, zugelassen, so hat der Anmelder, vorbehaltlich des Absatzes b, zusammen mit dem Antrag eine Übersetzung der internationalen Anmeldung in einer Sprache einzureichen, die sowohl

i) von dieser Behörde zugelassen ist als auch

ii) eine Veröffentlichungssprache ist.

a.[bis]) Eine Übersetzung der internationalen Anmeldung in eine in Absatz a genannte Sprache muss jeden vom Anmelder nach Regel 20.3 Absatz b oder 20.6 Absatz a eingereichten in Artikel 11 Absatz 1 Ziffer iii Buchstabe d oder e genannten Bestandteil und jeden nach Regel 20.5 Absatz b oder 20.6 Absatz a vom Anmelder eingereichten Teil der Beschreibung, der Ansprüche oder der Zeichnungen enthalten, der als in der internationalen Anmeldung nach Regel 20.6 Absatz b enthalten gilt.

a.[ter]) Die mit der internationalen vorläufigen Prüfung beauftragte Behörde prüft eine nach Absatz a eingereichte Übersetzung insoweit auf die Erfüllung der in Regel 11 genannten Formerfordernisse, als dies für die internationale vorläufige Prüfung erforderlich ist.

b) [1] Ist der Internationalen Recherchenbehörde eine Übersetzung der internationalen Anmeldung einer in Absatz a genannten Sprache nach Regel 23.1 Absatz b übermittelt worden und ist die mit der internationalen vorläufigen Prüfung beauftragte Behörde Teil desselben nationalen Amts oder derselben zwischenstaatlichen Organisation wie die Internationale Recherchenbehörde, so muß der Anmelder keine Übersetzung nach Absatz a einreichen. [2] In diesem Fall wird die internationale vorläufige Prüfung auf der Grundlage der nach Regel 23.1 Absatz b übermittelten Übersetzung durchgeführt, es sei denn, der Anmelder reicht eine Übersetzung nach Absatz a ein.

c) [1] Ist ein in Absätzen a, a-[bis] und a-[ter] genanntes Erfordernis nicht erfüllt und Absatz b nicht anwendbar, so fordert die mit der internationalen vorläufigen Prüfung beauftragte Behörde den Anmelder auf, die erforderliche Übersetzung bzw. die erforderliche Berichtigung innerhalb einer den Umständen nach angemessenen Frist einzureichen. [2] Diese Frist darf nicht kürzer sein als ein Monat seit dem Datum der Aufforderung. [3] Sie kann von der mit der internationalen vorläufigen Prüfung beauftragten Behörde jederzeit verlängert werden, solange noch keine Entscheidung getroffen worden ist.

d) [1] Kommt der Anmelder der Aufforderung innerhalb der Frist nach Absatz c nach, so gilt das Erfordernis als erfüllt. [2] Andernfalls gilt der Antrag als nicht gestellt und wird von der mit der internationalen vorläufigen Prüfung beauftragten Behörde für nicht gestellt erklärt.

e) *(gestrichen)*

55.3. Sprache sowie Übersetzung von Änderungen und Schreiben

a) Ist die internationale Anmeldung in einer anderen Sprache als der Veröffentlichungssprache eingereicht worden, so sind vorbehaltlich des Absatzes b Änderungen nach Artikel 34 sowie Begleitschreiben nach Regel 66.8 Absatz a,

Regel 66.8 Absatz b und der gemäß Regel 66.8 Absatz c geltenden Regel 46.5 Absatz b in der Veröffentlichungssprache einzureichen.

b) [1] Ist eine Übersetzung der internationalen Anmeldung nach Regel 55.2 erforderlich, so sind

i) Änderungen und Begleitschreiben nach Absatz a sowie

ii) Änderungen nach Artikel 19, die nach Regel 66.1 Absatz c oder d berücksichtigt werden sollen, und Begleitschreiben nach Regel 46.5 Absatz b

in der Sprache dieser Übersetzung abzufassen. [2] Wurden oder werden diese Änderungen oder Begleitschreiben in einer anderen Sprache eingereicht, so ist auch eine Übersetzung einzureichen.

c) [1] Wird eine Änderung oder ein Begleitschreiben nicht in der in Absatz a oder b vorgeschriebenen Sprache eingereicht, so fordert die mit der internationalen vorläufigen Prüfung beauftragte Behörde den Anmelder auf, die Änderung bzw. das Begleitschreiben innerhalb einer den Umständen nach angemessenen Frist in der erforderlichen Sprache einzureichen. [2] Diese Frist darf nicht kürzer sein als ein Monat seit dem Datum der Aufforderung. [3] Sie kann von der mit der internationalen vorläufigen Prüfung beauftragten Behörde jederzeit verlängert werden, solange noch keine Entscheidung getroffen worden ist.

d) [1] Kommt der Anmelder der Aufforderung zur Einreichung einer Änderung in der erforderlichen Sprache nicht innerhalb der Frist nach Absatz c nach, so wird die Änderung für die Zwecke der internationalen vorläufigen Prüfung nicht berücksichtigt. [2] Kommt der Anmelder der Aufforderung zur Einreichung eines in Absatz a genannten Begleitschreibens in der erforderlichen Sprache nicht innerhalb der Frist nach Absatz c nach, so braucht die betreffende Änderung für die Zwecke der internationalen vorläufigen Prüfung nicht berücksichtigt zu werden.

Regel 56. *(gestrichen)*

Regel 57. Bearbeitungsgebühr

57.1. Gebührenpflicht

a) Für jeden Antrag auf internationale vorläufige Prüfung ist eine Gebühr zugunsten des Internationalen Büros („Bearbeitungsgebühr") zu zahlen, die von der mit der internationalen vorläufigen Prüfung beauftragten Behörde, bei welcher der Antrag eingereicht wird, einzuziehen ist.

b) *(gestrichen)*

57.2. Betrag

a) Die Höhe der Bearbeitungsgebühr ergibt sich aus dem Gebührenverzeichnis.

b) Die Bearbeitungsgebühr ist in der oder einer der von der mit der internationalen vorläufigen Prüfung beauftragten Behörde vorgeschriebenen Währung (en) („vorgeschriebene Währung") zu zahlen.

c) Ist die vorgeschriebene Währung der Schweizer Franken, so überweist die Behörde die Bearbeitungsgebühr unverzüglich in Schweizer Franken an das Internationale Büro.

d) Ist die vorgeschriebene Währung nicht der Schweizer Franken, sondern eine andere Währung,

i) die frei in Schweizer Franken umwechselbar ist, so setzt der Generaldirektor für jede Behörde, die für die Zahlung der Bearbeitungsgebühr eine solche Währung vorschreibt, gemäß den Weisungen der Versammlung einen Gegenwert dieser Gebühr in der vorgeschriebenen Währung fest, und die Behörde überweist den Betrag in dieser Währung unverzüglich an das Internationale Büro;

ii) die nicht frei in Schweizer Franken umwechselbar ist, so ist die Behörde für das Umwechseln der Bearbeitungsgebühr von der vorgeschriebenen Währung in Schweizer Franken verantwortlich und überweist den im Gebührenverzeichnis angegebenen Betrag dieser Gebühr in Schweizer Franken unverzüglich an das Internationale Büro. Wenn die Behörde es wünscht, kann sie stattdessen die Bearbeitungsgebühr auch von der vorgeschriebenen Währung in Euro oder US-Dollar umwechseln und den vom Generaldirektor nach Ziffer i gemäß den Weisungen der Versammlung festgesetzten Gegenwert dieser Gebühr in Euro oder US-Dollar unverzüglich an das Internationale Büro überweisen.

e) [1] Ändert sich der Wechselkurs zwischen der Schweizer Währung und einer der vorgeschriebenen Währungen gegenüber dem zuletzt zugrundegelegten Wechselkurs, so setzt der Generaldirektor den neuen Betrag in der vorgeschriebenen Währung gemäß den Weisungen der Versammlung fest. [2] Der neu festgesetzte Betrag wird zwei Monate nach seiner Veröffentlichung im Blatt anwendbar mit der Maßgabe, daß die beteiligte mit der internationalen vorläufigen Prüfung beauftragte Behörde und der Generaldirektor sich auf einen Zeitpunkt innerhalb dieser Zweimonatsfrist einigen können, von dem an dieser Betrag für diese Behörde anwendbar wird.

57.3. Zahlungsfrist; zu zahlender Betrag

a) Vorbehaltlich der Absätze b und c ist die Bearbeitungsgebühr innerhalb eines Monats nach Antragstellung oder innerhalb von 22 Monaten nach dem Prioritätsdatum zu entrichten, je nachdem, welche Frist später abläuft.

b) Ist der Antrag der mit der internationalen vorläufigen Prüfung beauftragten Behörde nach Regel 59.3 übermittelt worden, so ist die Bearbeitungsgebühr vorbehaltlich des Absatzes c innerhalb eines Monats nach dessen Eingang bei dieser Behörde oder innerhalb von 22 Monaten nach dem Prioritätsdatum zu entrichten, je nachdem, welche Frist später abläuft.

c) Wünscht die mit der internationalen vorläufigen Prüfung beauftragte Behörde nach Maßgabe der Regel 69.1 Absatz b die internationale vorläufige Prüfung gleichzeitig mit der internationalen Recherche zu beginnen, so fordert sie den Anmelder auf, die Bearbeitungsgebühr innerhalb eines Monats nach dem Datum der Aufforderung zu entrichten.

d) Als Bearbeitungsgebühr ist der zum Zeitpunkt der Zahlung geltende Betrag zu zahlen.

57.4. Rückerstattung

Die mit der internationalen vorläufigen Prüfung beauftragte Behörde erstattet dem Anmelder die Bearbeitungsgebühr zurück, wenn der Antrag

i) vor seiner Weiterleitung durch diese Behörde an das Internationale Büro zurückgenommen wird oder

ii) nach Regel 54.4 oder 54.1^{bis} Absatz b als nicht gestellt gilt.

Regel 58. Gebühr für die vorläufige Prüfung

58.1. Befugnis zur Erhebung einer Gebühr

a) Jede mit der internationalen vorläufigen Prüfung beauftragte Behörde kann verlangen, daß der Anmelder zu ihren Gunsten eine Gebühr für die Durchführung der internationalen vorläufigen Prüfung und für die Durchführung aller anderen Aufgaben entrichtet, die den mit der internationalen vorläufigen Prüfung beauftragten Behörden durch den Vertrag und diese Ausführungsordnung übertragen sind („Gebühr für die vorläufige Prüfung").

b) [1] Der Betrag der Gebühr für die vorläufige Prüfung wird, sofern eine solche Gebühr erhoben wird, von der mit der internationalen vorläufigen Prüfung beauftragten Behörde festgesetzt. [2] Auf die Frist für die Zahlung der Gebühr für die vorläufige Prüfung und den zu zahlenden Betrag sind die Bestimmungen der Regel 57.3 über die Bearbeitungsgebühr anzuwenden.

c) [1] Die Gebühr für die vorläufige Prüfung ist unmittelbar an die mit der internationalen vorläufigen Prüfung beauftragte Behörde zu entrichten. [2] Ist diese Behörde ein nationales Amt, so ist die Gebühr in der von dem Amt vorgeschriebenen Währung zu zahlen; ist die Behörde eine zwischenstaatliche Organisation, so ist sie in der Währung des Sitzstaats zu zahlen oder in einer anderen Währung, die in die Währung des Sitzstaats frei umwechselbar ist.

58.2. *(gestrichen)*

58.3. Rückerstattung

Die mit der internationalen vorläufigen Prüfung beauftragten Behörden unterrichten das Internationale Büro gegebenenfalls von dem Umfang und den Bedingungen, zu denen sie einen als Gebühr für die internationale vorläufige Prüfung entrichteten Betrag zurückerstatten, wenn der Antrag als nicht gestellt gilt, und das Internationale Büro veröffentlicht diese Angaben unverzüglich.

Regel 58bis. Verlängerung der Fristen für die Zahlung von Gebühren

58bis.1. Aufforderung durch die mit der internationalen vorläufigen Prüfung beauftragte Behörde

a) Stellt die mit der internationalen vorläufigen Prüfung beauftragte Behörde fest,

i) dass der gezahlte Betrag zur Deckung der Bearbeitungsgebühr und der Gebühr für die vorläufige Prüfung nicht ausreicht oder

ii) dass zum Zeitpunkt der Fälligkeit nach den Regeln 57.3 und 58.1 Absatz b keine Gebühren entrichtet worden sind,

so fordert sie den Anmelder auf, innerhalb einer Frist von einem Monat nach dem Datum der Aufforderung den zur Deckung dieser Gebühren erforderlichen Betrag und gegebenenfalls die Gebühr für verspätete Zahlung nach Regel 58bis.2 zu entrichten.

b) Hat die mit der internationalen vorläufigen Prüfung beauftragte Behörde dem Anmelder eine Aufforderung nach Absatz a übermittelt und hat der Anmelder den fälligen Betrag, gegebenenfalls einschließlich der Gebühr für verspätete Zahlung nach Regel 58bis.2, innerhalb der in Absatz a genannten Frist nicht in voller Höhe entrichtet, so gilt der Antrag, vorbehaltlich des Absatzes c, als nicht gestellt und wird von der mit der internationalen vorläufigen Prüfung beauftragten Behörde für nicht gestellt erklärt

c) Jede Zahlung, die bei der mit der internationalen vorläufigen Prüfung beauftragten Behörde eingeht, bevor diese Behörde die Aufforderung nach Absatz a absendet, gilt als vor Ablauf der Frist nach Regel 57.3 bzw. 58.1 Absatz b eingegangen.

d) Jede Zahlung, die bei der mit der internationalen vorläufigen Prüfung beauftragten Behörde eingeht, bevor diese Behörde nach Absatz b verfährt, gilt als vor Ablauf der Frist nach Absatz a eingegangen.

58bis.2. Gebühr für verspätete Zahlung

a) [1] Die mit der internationalen vorläufigen Prüfung beauftragte Behörde kann die Zahlung von Gebühren aufgrund einer Aufforderung nach Regel 58bis.1 Absatz a davon abhängig machen, daß an sie, zu ihren Gunsten, eine Gebühr für verspätete Zahlung gezahlt wird. [2] Die Höhe dieser Gebühr

i) beträgt 50% des in der Aufforderung angegebenen Betrags der nicht entrichteten Gebühren oder

ii) entspricht der Bearbeitungsgebühr, wenn der nach Ziffer i errechnete Betrag niedriger ist als die Bearbeitungsgebühr.

b) Die Gebühr für verspäte Zahlung darf jedoch nicht höher sein als das Doppelte der Bearbeitungsgebühr.

Regel 59. Zuständige mit der internationalen vorläufigen Prüfung beauftragte Behörde

59.1. Anträge nach Artikel 31 Absatz 2 Buchstabe a

a) [1] Für Anträge nach Artikel 31 Absatz 2 Buchstabe a teilt jedes Anmeldeamt eines Vertragsstaats, für den Kapitel II verbindlich ist, oder jedes für diesen Staat handelnde Anmeldeamt in Übereinstimmung mit der anwendbaren Vereinbarung nach Artikel 32 Absätze 2 und 3 dem Internationalen Büro mit, welche mit der internationalen vorläufigen Prüfung beauftragte Behörde oder Behörden für die internationale vorläufige Prüfung der bei ihm eingereichten internationalen Anmeldungen zuständig sind. [2] Das Internationale Büro veröffentlicht diese Mitteilung unverzüglich. [3] Sind mehrere mit der internationalen vorläufigen Prüfung beauftragte Behörden zuständig, so ist Regel 35.2 entsprechend anzuwenden.

b) [1] Ist die internationale Anmeldung beim Internationalen Büro als Anmeldeamt nach Regel 19.1 Absatz a Ziffer iii eingereicht worden, so ist Regel 35.3 Absätze a und b entsprechend anzuwenden. [2] Absatz a gilt nicht für das Internationale Büro als Anmeldeamt nach Regel 19.1 Absatz a Ziffer iii.

59.2. Anträge nach Artikel 31 Absatz 2 Buchstabe b

Bestimmt die Versammlung für internationale Anmeldungen, die bei einem nationalen Amt, das gleichzeitig eine mit der internationalen vorläufigen Prüfung beauftragte Behörde ist, eingereicht worden sind, die für Anträge nach Artikel 31 Absatz 2 Buchstabe b zuständige mit der internationalen vorläufigen Prüfung beauftragte Behörde, so hat sie diesem Amt den Vorzug zu geben; ist das nationale Amt nicht eine mit der internationalen vorläufigen Prüfung beauftragten Behörde, so hat sie der mit der internationalen vorläufigen Prüfung beauftragten Behörde den Vorzug zu geben, die dieses Amt empfiehlt.

59.3. Übermittlung des Antrags an die zuständige mit der internationalen vorläufigen Prüfung beauftragte Behörde

a) Wird der Antrag bei einem Anmeldeamt, einer Internationalen Recherchenbehörde oder einer mit der internationalen vorläufigen Prüfung beauftragten Behörde gestellt, die für die internationale vorläufige Prüfung der internationalen Anmeldung nicht zuständig ist, so vermerkt dieses Amt oder diese Behörde das Eingangsdatum auf dem Antrag und leitet diesen unverzüglich an das Internationale Büro weiter, sofern es bzw. sie nicht beschließt, nach Absatz f zu verfahren.

b) Wird der Antrag beim Internationalen Büro gestellt, so vermerkt dieses das Eingangsdatum auf dem Antrag.

c) Wird der Antrag nach Absatz a an das Internationale Büro weitergeleitet oder nach Absatz b bei ihm gestellt, so nimmt das Internationale Büro unverzüglich folgende Handlungen vor:

i) ist nur eine einzige mit der internationalen vorläufigen Prüfung beauftragte Behörde zuständig, so leitet es den Antrag an diese Behörde weiter und unterrichtet den Anmelder entsprechend; oder

ii) sind zwei oder mehr mit der internationalen vorläufigen Prüfung beauftragte Behörden zuständig, so fordert es den Anmelder auf, innerhalb der Frist nach Regel 54bis.1 Absatz a oder innerhalb von 15 Tagen nach dem Datum der Aufforderung, je nachdem, welche Frist später abläuft, die zuständige mit der internationalen vorläufigen Prüfung beauftragte Behörde anzugeben, an die der Antrag weitergeleitet werden soll.

d) [1] Wird die nach Absatz c Ziffer ii geforderte Angabe gemacht, so leitet das Internationale Büro den Antrag unverzüglich an die vom Anmelder angegebene mit der internationalen vorläufigen Prüfung beauftragte Behörde weiter. [2] Andernfalls gilt der Antrag als nicht gestellt und wird vom Internationalen Büro für nicht gestellt erklärt.

e) Wird der Antrag nach Absatz c an eine zuständige mit der internationalen vorläufigen Prüfung beauftragte Behörde weitergeleitet, so gilt er als an dem Datum, das nach Absatz a bzw. Absatz b darauf vermerkt ist, für diese Behörde entgegengenommen und nach seiner Weiterleitung als an diesem Datum bei der Behörde eingegangen.

f) Beschließt ein Amt oder eine Behörde, bei dem oder bei der der Antrag nach Absatz a gestellt worden ist, den Antrag unmittelbar an die zuständige mit der internationalen vorläufigen Prüfung beauftragte Behörde weiterzuleiten, so sind die Absätze c bis e entsprechend anzuwenden.

Regel 60. Bestimmte Mängel des Antrags

60.1. Mängel des Antrags

a) [1] Entspricht der Antrag nicht den Regeln 53.1, 53.2 Absatz a Ziffern i bis iii, 53.2 Absatz b, 53.3 bis 53.8 und 55.1, so fordert die mit der internationalen vorläufigen Prüfung beauftragte Behörde vorbehaltlich der Absätze a-bis und a-ter den Anmelder auf, diese Mängel innerhalb einer den Umständen nach angemessenen Frist zu beheben. [2] Diese Frist darf nicht früher als einen Monat nach dem Zeitpunkt der Aufforderung ablaufen. [3] Sie kann von der mit der internationalen vorläufigen Prüfung beauftragten Behörde jederzeit verlängert werden, solange noch keine Entscheidung getroffen worden ist.

a-bis) Für die Zwecke der Regel 53.4 reicht es bei zwei oder mehr Anmeldern aus, wenn die in Regel 4.5 Absatz a Ziffern ii und iii genannten Angaben für einen von ihnen gemacht werden, der nach Regel 54.2 zur Antragstellung berechtigt ist.

a-ter) Für die Zwecke der Regel 53.8 reicht es bei zwei oder mehr Anmeldern aus, wenn einer von ihnen den Antrag unterzeichnet.

b) Kommt der Anmelder der Aufforderung innerhalb der Frist nach Absatz a nach, so gilt der Antrag als zum Zeitpunkt seiner tatsächlichen Einreichung eingegangen, sofern der Antrag in der eingereichten Fassung die internationale Anmeldung hinreichend kennzeichnet; andernfalls gilt der Antrag als zu dem Zeitpunkt eingegangen, zu dem die mit der internationalen vorläufigen Prüfung beauftragte Behörde die Berichtigung erhalten hat.

c) Kommt der Anmelder der Aufforderung nicht innerhalb der Frist nach Absatz a nach, so gilt der Antrag als nicht gestellt und wird von der mit der internationalen vorläufigen Prüfung beauftragten Behörde für nicht gestellt erklärt.

d) *(gestrichen)*

e) Wird der Mangel durch das Internationale Büro festgestellt, so unterrichtet es die mit der internationalen vorläufigen Prüfung beauftragte Behörde, die sodann nach den Absätzen a bis c verfährt.

f) Enthält der Antrag keine Erklärung betreffend Änderungen, so verfährt die mit der internationalen vorläufigen Prüfung beauftragte Behörde nach den Regeln 66.1 und 69.1 Absatz a oder b.

g) Enthält die Erklärung betreffend Änderungen einen Hinweis, daß zusammen mit dem Antrag Änderungen nach Artikel 34 eingereicht werden (Regel 53.9 Absatz c), werden diese jedoch nicht eingereicht, so fordert die mit der internationalen vorläufigen Prüfung beauftragte Behörde den Anmelder auf, die Änderungen innerhalb einer in der Aufforderung festgesetzten Frist einzureichen, und verfährt nach Regel 69.1 Absatz e.

60.2. *(gestrichen)*

Regel 61. Mitteilung über den Antrag und die Auswahlerklärung

61.1. Mitteilungen an das Internationale Büro und den Anmelder

a) [1] Die mit der internationalen vorläufigen Prüfung beauftragte Behörde vermerkt auf dem Antrag das Eingangsdatum oder gegebenenfalls den in Regel 60.1 Absatz b genannten Zeitpunkt. [2] Die mit der internationalen vorläufigen Prüfung beauftragte Behörde sendet dem Internationalen Büro unverzüglich entweder den Antrag zu und behält eine Kopie für ihre Akten oder sie sendet dem Internationalen Büro eine Kopie zu und behält den Antrag in ihren Akten.

b) [1] Die mit der internationalen vorläufigen Prüfung beauftragte Behörde teilt dem Anmelder unverzüglich das Eingangsdatum des Antrags mit. [2] Gilt der Antrag nach Regel 54.4, 55.2 Absatz d, 58bis.1 Absatz b oder 60.1 Absatz c als nicht gestellt, so teilt die mit der internationalen vorläufigen Prüfung beauftragte Behörde dies dem Anmelder und dem Internationalen Büro mit.

c) *(gestrichen)*

61.2. Mitteilung an die ausgewählten Ämter

a) Die in Artikel 31 Absatz 7 vorgesehene Mitteilung wird durch das Internationale Büro vorgenommen.

b) In der Mitteilung werden das Aktenzeichen und das Anmeldedatum der internationalen Anmeldung, der Name des Anmelders, das Anmeldedatum der Anmeldung, deren Priorität beansprucht wird (wenn eine Priorität beansprucht wird), und das Eingangsdatum des Antrags bei der mit der internationalen vorläufigen Prüfung beauftragten Behörde angegeben.

c) [1] Die Mitteilung an das ausgewählte Amt erfolgt zusammen mit der in Artikel 20 vorgeschriebenen Übermittlung. [2] Auswahlerklärungen, die nach dieser Übermittlung erfolgen, werden dem ausgewählten Amt unverzüglich mitgeteilt.

d) Stellt der Anmelder vor der internationalen Veröffentlichung der internationalen Anmeldung einen ausdrücklichen Antrag nach Artikel 40 Absatz 2 bei einem ausgewählten Amt, so nimmt das Internationale Büro auf Antrag des Anmelders oder des ausgewählten Amts die in Artikel 20 vorgesehene Übermittlung an dieses Amt unverzüglich vor.

61.3. Unterrichtung des Anmelders

Das Internationale Büro unterrichtet den Anmelder schriftlich davon, daß es die Mitteilung nach Regel 61.2 vorgenommen und welche ausgewählten Ämter es nach Artikel 31 Absatz 7 benachrichtigt hat.

61.4. Veröffentlichung im Blatt

Das internationale Büro veröffentlicht entsprechend den Verwaltungsvorschriften unverzüglich nach der Antragstellung, jedoch nicht vor der internationalen Veröffentlichung der internationalen Anmeldung, Angaben über den Antrag und die ausgewählten Staaten im Blatt.

Regel 62. Kopie des schriftlichen Bescheids der Internationalen Recherchenbehörde und der Änderungen nach Artikel 19 für die mit der internationalen vorläufigen Prüfung beauftragte Behörde

62.1. Kopie des schriftlichen Bescheids der Internationalen Recherchenbehörde und der vor Antragstellung eingereichten Änderungen

Nachdem das Internationale Büro von der mit der internationalen vorläufigen Prüfung beauftragten Behörde einen Antrag oder eine Kopie davon erhalten hat, leitet es an diese Behörde unverzüglich Folgendes weiter:

i) eine Kopie des schriftlichen Bescheids nach Regel 43bis.1, sofern nicht das nationale Amt oder die zwischenstaatliche Organisation, das bzw. die als Internationale Recherchenbehörde tätig war, auch als mit der internationalen vorläufigen Prüfung beauftragte Behörde handelt;

ii) eine Kopie der Änderungen nach Artikel 19, jeder in diesem Artikel genannten Erklärung und des nach Regel 46.5 Absatz b erforderlichen Begleitschreibens, sofern die Behörde nicht mitgeteilt hat, dass sie bereits eine Kopie erhalten hat.

62.2. Nach Antragstellung eingereichte Änderungen

[1] Ist zum Zeitpunkt der Einreichung von Änderungen nach Artikel 19 bereits ein Antrag gestellt worden, so soll der Anmelder gleichzeitig mit der Einreichung von Änderungen beim Internationalen Büro möglichst auch eine Kopie der Änderungen, jeder Erklärung nach Artikel 19 und des nach Regel 46.5 Absatz b erforderlichen Begleitschreibens bei der mit der internationalen vorläufigen Prüfung beauftragten Behörde einreichen. [2] Das Internationale Büro leitet in jedem Fall unverzüglich eine Kopie der Änderungen, der Erklärung und des Begleitschreibens an diese Behörde weiter.

Regel 62bis. Übersetzung des schriftlichen Bescheids der Internationalen Recherchenbehörde für die mit der internationalen vorläufigen Prüfung beauftragten Behörde

62bis.1. Übersetzung und Stellungnahme

a) Auf Antrag der mit der internationalen vorläufigen Prüfung beauftragten Behörde ist der nach Regel 43bis.1 erstellte schriftliche Bescheid vom Internationalen Büro oder unter dessen Verantwortung in die englische Sprache zu übersetzen, wenn er nicht in englischer Sprache oder in einer von dieser Behörde zugelassenen Sprache abgefasst ist.

b) Das internationale Büro übermittelt der mit der internationalen vorläufigen Prüfung beauftragten Behörde innerhalb von zwei Monaten nach dem Eingangsdatum des Übersetzungsantrags eine Kopie der Übersetzung; gleichzeitig übermittelt es dem Anmelder eine Kopie.

c) Der Anmelder kann schriftlich zur Richtigkeit der Übersetzung Stellung nehmen und hat eine Abschrift dieser Stellungnahme der mit der internationalen vorläufigen Prüfung beauftragten Behörde und dem Internationalen Büro zu übermitteln.

Regel 63. Mindestanforderungen für die mit der internationalen vorläufigen Prüfung beauftragten Behörden

63.1. Aufzählung der Mindestanforderungen

Die Mindestanforderungen nach Artikel 32 Absatz 3 sind folgende:

i) das nationale Amt oder die zwischenstaatliche Organisation müssen mindestens 100 hauptamtliche Beschäftigte mit ausreichender technischer Qualifikation zur Durchführung der Prüfungen haben;

ii) das Amt oder die Organisation müssen mindestens den in Regel 34 erwähnten Mindestprüfstoff in einer für Prüfzwecke geordneten Form besitzen;

iii) das Amt oder die Organisation muss über einen Stab von Mitarbeitern verfügen, der Prüfungen auf den erforderlichen technischen Gebieten durchführen kann und ausreichende Sprachkenntnisse besitzt, um wenigstens die Sprachen zu verstehen, in denen der Mindestprüfstoff nach Regel 34 abgefasst oder in die er übersetzt ist.

iv) das Amt oder die Organisation muss über ein Qualitätsmanagementsystem mit internen Revisionsvorkehrungen entsprechend den gemeinsamen Regeln für die Durchführung der internationalen vorläufigen Prüfung verfügen;

v) das Amt oder die Organisation muss als Internationale Recherchenbehörde eingesetzt sein.

Regel 64. Stand der Technik für die internationale vorläufige Prüfung

64.1. Stand der Technik

a) Für die Anwendung des Artikels 33 Absätze 2 und 3 wird alles, was der Öffentlichkeit irgendwo in der Welt durch schriftliche Offenbarung (unter Einschluß von Zeichnungen und anderen Darstellungen) vor dem maßgeblichen Zeitpunkt zugänglich war, zum Stand der Technik gerechnet.

b) Für die Anwendung des Absatzes a ist maßgeblicher Zeitpunkt:

i) vorbehaltlich der Ziffern ii und iii das internationale Anmeldedatum der vorläufig zu prüfenden internationalen Anmeldung;

ii) wenn die vorläufig zu prüfende internationale Anmeldung die Priorität einer früheren Anmeldung beansprucht und ein internationales Anmeldedatum hat, das innerhalb der Prioritätsfrist liegt, das Anmeldedatum der früheren Anmeldung, es sei denn, die mit der internationalen vorläufigen Prüfung beauftragte Behörde ist der Auffassung, dass der Prioritätsanspruch nicht gültig ist;

iii) wenn die vorläufig zu prüfende internationale Anmeldung die Priorität einer früheren Anmeldung beansprucht und ein internationales Anmeldedatum hat, das nach dem Datum, an dem die Prioritätsfrist abgelaufen ist, aber innerhalb eines Zeitraums von zwei Monaten seit diesem Datum liegt, das Anmeldedatum dieser früheren Anmeldung, es sei denn, die mit der internationalen vorläufigen Prüfung beauftragte Behörde ist der Auffassung, dass der Prioritätsanspruch aus anderen Gründen als der Tatsache, dass die internationale Anmeldung ein internationales Anmeldedatum hat, das nach dem Datum, an dem die Prioritätsfrist abgelaufen ist, nicht gültig ist.

64.2. Nicht-schriftliche Offenbarungen

[1] Sind der Öffentlichkeit vor dem nach Regel 64.1 Absatz b maßgeblichen Zeitpunkt Kenntnisse durch mündliche Offenbarung, Benutzung, Ausstellung oder auf andere nicht-schriftliche Weise zugänglich gemacht worden („nicht-schriftliche Offenbarung") und ist das Datum einer solchen Offenbarung in einer schriftlichen Offenbarung enthalten, die der Öffentlichkeit zu diesem oder einem späteren Zeitpunkt zugänglich gemacht worden ist, so wird die nicht-schriftliche Offenbarung nicht zum Stand der Technik nach Artikel 33 Absätze 2 und 3 gerechnet. [2] Im internationalen vorläufigen Prüfungsbericht wird jedoch auf solche nicht-schriftlichen Offenbarungen nach Regel 70.9 hingewiesen.

64.3. Bestimmte veröffentlichte Unterlagen

[1] Anmeldungen oder Patente, die nach Artikel 33 Absätze 2 und 3 zum Stand der Technik zu rechnen wären, hätte ihre Veröffentlichung vor dem in Regel 64.1 genannten Zeitpunkt stattgefunden, die aber erst zu dem in Regel 64.1 genannten maßgeblichen oder zu einem späteren Zeitpunkt veröffentlicht, jedoch vor dem maßgeblichen Zeitpunkt eingereicht worden sind oder die Priorität einer vor diesem Zeitpunkt eingereichten früheren Anmeldung beanspruchen, gelten nicht als Stand der Technik nach Artikel 33 Absätze 2 und 3. [2] Im internationalen vorläufigen Prüfungsbericht wird jedoch auf solche Anmeldungen oder Patente nach Regel 70.10 hingewiesen.

Regel 65. Erfinderische Tätigkeit oder Nichtoffensichtlichkeit

65.1. Bewertung des Standes der Technik

[1] Für Artikel 33 Absatz 3 wird in der internationalen vorläufigen Prüfung das Verhältnis eines bestimmten Anspruchs zum Stand der Technik in seiner Gesamtheit in Betracht gezogen. [2] Dabei wird nicht nur das Verhältnis des Anspruchs nur zu den einzelnen Unterlagen oder Teilen derselben berücksichtigt, sondern auch das Verhältnis zu Kombinationen von solchen Unterlagen oder Teilen derselben, wenn solche Kombinationen für einen Fachmann offensichtlich sind.

65.2. Maßgeblicher Zeitpunkt

Für die Anwendung von Artikel 33 Absatz 3 ist maßgeblicher Zeitpunkt für die Beurteilung des Beruhens auf erfinderischer Tätigkeit (der Nichtoffensichtlichkeit) der in Regel 64.1 vorgeschriebene Zeitpunkt.

Regel 66. Verfahren vor der mit der internationalen vorläufigen Prüfung beauftragten Behörde

66.1. Grundlagen der internationalen vorläufigen Prüfung

a) Vorbehaltlich Absätze b bis d wird der internationalen vorläufigen Prüfung die internationale Anmeldung in der ursprünglich eingereichten Fassung zugrunde gelegt.

b) Der Anmelder kann bei Antragstellung oder, vorbehaltlich Regel 66.4^bis^, bis zur Erstellung des internationalen vorläufigen Prüfungsberichts Änderungen nach Artikel 34 einreichen.

c) Vor der Antragstellung vorgenommene Änderungen nach Artikel 19 sind bei der internationalen vorläufigen Prüfung zu berücksichtigen, sofern sie nicht durch eine Änderung nach Artikel 34 überholt sind oder als überholt gelten.

d) Nach der Antragstellung vorgenommene Änderungen nach Artikel 19 und bei der mit der internationalen vorläufigen Prüfung beauftragten Behörde eingereichte Änderungen nach Artikel 34 sind, vorbehaltlich Regel 66.4^bis^, bei der internationalen vorläufigen Prüfung zu berücksichtigen.

d-^bis^) Eine Berichtigung eines offensichtlichen Fehlers, der nach Regel 91.1 zugestimmt wurde, ist vorbehaltlich der Regel 66.4^bis^ von der mit der internationalen vorläufigen Prüfung beauftragten Behörde bei der internationalen vorläufigen Prüfung zu berücksichtigen.

e) Auf Ansprüche, die sich auf Erfindungen beziehen, für die kein internationaler Recherchenbericht erstellt worden ist, muß sich die internationale vorläufige Prüfung nicht erstrecken.

66.1^bis^. Schriftlicher Bescheid der Internationalen Recherchenbehörde

a) Vorbehaltlich des Absatzes b gilt der nach Regel 43bis.1 von der Internationalen Recherchenbehörde erstellte schriftliche Bescheid für die Zwecke der Regel 66.2 Absatz a als schriftlicher Bescheid der mit der internationalen vorläufigen Prüfung beauftragten Behörde.

b) [1] Eine mit der internationalen vorläufigen Prüfung beauftragte Behörde kann dem Internationalen Büro mitteilen, dass Absatz a im Verfahren vor ihr nicht für schriftliche Bescheide gilt, die nach Regel 43bis.1 von einer oder mehreren in der Mitteilung angeführten Internationalen Recherchenbehörden erstellt worden sind, vorausgesetzt, dass eine solche Mitteilung nicht auf Fälle angewandt wird, in denen das nationale Amt oder die zwischenstaatliche

Organisation, das beziehungsweise die als Internationale Recherchenbehörde tätig war, auch als mit der internationalen vorläufigen Prüfung beauftragte Behörde handelt. [2]Das Internationale Büro veröffentlicht derartige Mitteilungen unverzüglich im Blatt.

c) Gilt der nach Regel 43bis.1 von der Internationalen Recherchenbehörde erstellte schriftliche Bescheid aufgrund einer Mitteilung nach Absatz b für die Zwecke der Regel 66.2 Absatz a nicht als schriftlicher Bescheid, der mit der internationalen vorläufigen Prüfung beauftragten Behörde, so teilt die mit der internationalen vorläufigen Prüfung beauftragte Behörde dies dem Anmelder schriftlicht mit.

d) Ein nach Regel 43bis.1 von der Internationalen Recherchenbehörde erstellter schriftlicher Bescheid, der aufgrund einer Mitteilung nach Absatz b für die Zwecke der Regel 66.2 Absatz a nicht als schriftlicher Bescheid der mit der internationalen vorläufigen Prüfung beauftragten Behörde gilt, wird von der mit der internationalen vorläufigen Prüfung beauftragten Behörde im Verfahren nach Regel 66.2 Absatz a dennoch berücksichtigt.

Regel 66.1^{ter}. Zusätzliche Recherche

[1]Die mit der internationalen vorläufigen Prüfung beauftragte Behörde führt eine Recherche („zusätzliche Recherche") durch, um Unterlagen im Sinne der Regel 64 zu ermitteln, die nach dem Datum, an dem der internationale Recherchenbericht erstellt wurde, veröffentlicht oder der genannten Behörde zum Zwecke der Recherche zugänglich gemacht worden sind, es sei denn, sie ist der Auffassung, dass eine solche Recherche nicht zweckmäßig ist. [2]Stellt die Behörde fest, dass einer der in Artikel 34 Absatz 3 oder 4 oder Regel 66.1 Buchstabe e genannten Fälle vorliegt, umfasst die zusätzliche Recherche nur die Teile der internationalen Anmeldung, die Gegenstand einer internationalen vorläufigen Prüfung sind.

66.2. Schriftlicher Bescheid der mit der internationalen vorläufigen Prüfung beauftragten Behörde

a) [1]Wenn die mit der internationalen vorläufigen Prüfung beauftragte Behörde

i) der Auffassung ist, daß einer der in Artikel 34 Absatz 4 genannten Fälle vorliegt,

ii) der Auffassung ist, daß der internationale vorläufige Prüfungsbericht zu einem Anspruch negativ ausfallen würde, weil die darin beanspruchte Erfindung nicht neu, nicht auf erfinderischer Tätigkeit zu beruhen (nahezuliegen) oder nicht gewerblich anwendbar zu sein scheint,

iii) feststellt, daß die internationale Anmeldung nach Form oder Inhalt im Sinne des Vertrags oder der Ausführungsordnung mangelhaft ist,

iv) der Auffassung ist, daß eine Änderung über den Offenbarungsgehalt der internationalen Anmeldung in der ursprünglich eingereichten Fassung hinausgeht,

v) dem internationalen vorläufigen Prüfungsbericht Bemerkungen zur Klarheit der Ansprüche, Beschreibung oder Zeichnungen oder zu der Frage, ob die Ansprüche in vollem Umfang durch die Beschreibung gestützt werden, hinzuzufügen wünscht,

vi) der Auffassung ist, daß sich ein Anspruch auf eine Erfindung bezieht, für die kein internationaler Recherchenbericht erstellt worden ist, und beschlossen hat, keine internationale vorläufige Prüfung für diesen Anspruch durchzuführen, oder

vii) der Auffassung ist, daß kein Protokoll einer Nucleotid- und/oder Aminosäuresequenz in einer Form vorliegt, die eine sinnvolle internationale vorläufige Prüfung ermöglicht,

so teilt die Behörde dies dem Anmelder schriftlich mit. [2]Gestattet es das nationale Recht des als mit der internationalen vorläufigen Prüfung beauftragten Behörde handelnden nationalen Amts nicht, daß mehrfach abhängige Ansprüche anders als nach Regel 6.4 Buchstabe a Satz 2 und 3 abgefaßt werden, so kann die Behörde Artikel 34 Absatz 4 Buchstabe b anwenden, wenn die Ansprüche nicht so abgefaßt sind. [3]In diesem Fall teilt sie dies dem Anmelder schriftlich mit.

b) Die Auffassung der mit der internationalen vorläufigen Prüfung beauftragten Behörde ist in dem Bescheid eingehend zu begründen.

c) In dem Bescheid ist der Anmelder aufzufordern, eine schriftliche Stellungnahme und, wo dies angebracht ist, Änderungen einzureichen.

d) [1]In dem Bescheid ist eine für die Stellungnahme den Umständen nach angemessene Frist zu setzen, die normalerweise zwei Monate ab dem Datum der Mitteilung beträgt. [2]Sie darf nicht kürzer sein als ein Monat und beträgt wenigstens zwei Monate, wenn der internationale Recherchenbericht gleichzeitig mit der Mitteilung zugesandt wird. [3]Sie darf vorbehaltlich des Absatzes e nicht länger sein als drei Monate.

e) Die Frist für eine Stellungnahme zu der Mitteilung kann verlängert werden, wenn der Anmelder dies vor Ablauf der Frist beantragt.

66.3. Förmliche Stellungnahme gegenüber der mit der internationalen vorläufigen Prüfung beauftragten Behörde

a) Der Anmelder kann auf die Aufforderung der mit der internationalen vorläufigen Prüfung beauftragten Behörde nach Regel 66.2 Absatz c mit Änderungen oder - falls er mit der Auffassung der Behörde nicht übereinstimmt - mit Gegenvorstellungen antworten oder beides tun.

b) Jede Antwort ist unmittelbar an die mit der internationalen vorläufigen Prüfung beauftragte Behörde zu richten.

66.4. Zusätzliche Möglichkeiten zur Einreichung von Änderungen oder Gegenvorstellungen

a) Die mit der internationalen vorläufigen Prüfung beauftragte Behörde kann nach ihrem Ermessen einen oder mehrere zusätzliche schriftliche Bescheide abgeben; hierauf sind die Regeln 66.2 und 66.3 anzuwenden.

b) Auf Antrag des Anmelders kann die mit der internationalen vorläufigen Prüfung beauftragte Behörde ihm eine oder mehrere zusätzliche Möglichkeiten zur Änderung oder Gegenvorstellung einräumen.

66.4^bis^. Berücksichtigung von Änderungen, Gegenvorstellungen und Berichtigungen offensichtlicher Fehler

Die mit der internationalen vorläufigen Prüfung beauftragte Behörde muss Änderungen, Gegenvorstellungen oder Berichtigungen offensichtlicher Fehler in einem schriftlichen Bescheid oder im internationalen vorläufigen Prüfungsbericht nicht berücksichtigen, wenn diese zu einem Zeitpunkt eingehen, sie diesen zu einem Zeitpunkt zustimmt bzw. sie ihr zu einem Zeitpunkt mitgeteilt werden, zu dem die Behörde bereits mit der Erstellung des Bescheids oder Berichts begonnen hat.

66.5. Änderungen

Jede Abänderung der Ansprüche, der Beschreibung oder der Zeichnungen einschließlich einer Streichung von Ansprüchen, von Teilen der Beschreibung oder von einzelnen Zeichnungen, mit Ausnahme der Berichtigung eines offensichtlichen Fehlers, gilt als Änderung.

66.6. Formlose Erörterung mit dem Anmelder

[1] Die mit der internationalen vorläufigen Prüfung beauftragte Behörde kann jederzeit formlos telefonisch, schriftlich oder in einer Anhörung mit dem Anmelder in Verbindung treten. [2] Die Behörde hat nach eigenem Ermessen zu entscheiden, ob sie mehr als eine Anhörung gewähren soll, falls dies vom Anmelder beantragt wird, oder ob sie auf formlose schriftliche Mitteilungen des Anmelders antworten will.

66.7. Kopie und Übersetzung der früheren Anmeldung, deren Priorität beansprucht wird

a) [1] Benötigt die mit der internationalen vorläufigen Prüfung beauftragte Behörde eine Kopie der früheren Anmeldung, deren Priorität für die internationale Anmeldung beansprucht wird, so übermittelt ihr das Internationale Büro auf Aufforderung unverzüglich eine solche Kopie. [2] Wird diese Kopie der mit der internationalen vorläufigen Prüfung beauftragten Behörde nicht übermittelt, weil der Anmelder die Vorschriften der Regel 17.1 nicht erfüllt hat, und ist diese frühere Anmeldung nicht bei dieser Behörde in ihrer Eigenschaft als nationales Amt eingereicht worden oder steht der Prioritätsbeleg dieser Behörde nicht wie in den Verwaltungsvorschriften vorgesehen in einer digitalen Bibliothek zur Verfügung so kann der internationale vorläufige Prüfungsbericht erstellt werden, als wäre keine Priorität beansprucht worden.

b) [1] Ist die Anmeldung, deren Priorität in der internationalen Anmeldung beansprucht wird, in einer anderen Sprache als der Sprache oder einer der Sprachen der mit der internationalen vorläufigen Prüfung beauftragten Behörde abgefaßt, so kann diese den Anmelder auffordern, innerhalb von zwei Monaten nach dem Datum der Aufforderung eine Übersetzung in diese oder eine dieser Sprachen einzureichen. [2] Wird die Übersetzung nicht fristgerecht eingereicht, so kann der internationale vorläufige Prüfungsbericht erstellt werden, als wäre keine Priorität beansprucht worden.

66.8. Form der Änderungen

a) [1] Vorbehaltlich des Absatzes b hat der Anmelder bei Änderungen der Beschreibung oder der Zeichnungen für jedes Blatt der internationalen Anmeldung, das aufgrund einer Änderung von einem früher eingereichten Blatt abweicht, ein Ersatzblatt einzureichen. [2] Dem Ersatzblatt oder den Ersatzblättern ist ein Begleitschreiben beizufügen, das auf die Unterschiede zwischen den ausgetauschten Blättern und den Ersatzblättern hinzuweisen und die Grundlage für die Änderung in der ursprünglich eingereichten Anmeldung anzugeben hat und möglichst auch die Gründe für die Änderung erläutern sollte.

b) [1] Besteht die Änderung in der Streichung von Abschnitten oder in geringfügigen Änderungen oder Hinzufügungen, so kann als Ersatzblatt nach Absatz a eine Kopie des betreffenden Blatts der internationalen Anmeldung verwendet werden, auf der die Änderungen oder Hinzufügungen eingetragen sind, sofern dies die Klarheit und unmittelbare Reproduzierbarkeit dieses Blatts nicht beeinträchtigt. [2] Führt die Änderung zum Fortfall eines ganzen Blatts, so ist dies in einem Schreiben mitzuteilen, in welchem möglichst auch die Gründe für die Änderung erläutert werden sollten.

c) [1] Werden die Ansprüche geändert, so ist Regel 46.5 entsprechend anzuwenden. [2] Der Satz von Ansprüchen, welcher nach der gemäß diesem Absatz anwendbaren Regel 46.5 eingereicht wurde, ersetzt alle ursprünglich eingereichten oder früher nach Artikel 19 oder 34 geänderten Ansprüche.

66.9. *(gestrichen)*

Regel 67. Anmeldungsgegenstand nach Artikel 34 Absatz 4 Buchstabe a Ziffer i

67.1. Begriffsbestimmung

Die mit der internationalen vorläufigen Prüfung beauftragte Behörde ist nicht verpflichtet, eine internationale vorläufige Prüfung einer internationalen Anmeldung durchzuführen, wenn und soweit der Anmeldungsgegenstand folgende Gebiete betrifft:

i) wissenschaftliche und mathematische Theorien,

ii) Pflanzensorten oder Tierarten sowie im wesentlichen biologische Verfahren zur Züchtung von Pflanzen und Tieren mit Ausnahme mikrobiologischer Verfahren und der mit Hilfe dieser Verfahren gewonnenen Erzeugnisse,

iii) Pläne, Regeln und Verfahren für eine geschäftliche Tätigkeit für rein gedankliche Tätigkeiten oder für Spiele,

iv) Verfahren zur chirurgischen oder therapeutischen Behandlung des menschlichen oder tierischen Körpers sowie Diagnostizierverfahren,

v) bloße Wiedergabe von Informationen,

vi) Programme von Datenverarbeitungsanlagen insoweit, als die mit der internationalen vorläufigen Prüfung beauftragte Behörde nicht dafür ausgerüstet ist, für solche Programme eine internationale vorläufige Prüfung durchzuführen.

Regel 68. Mangelnde Einheitlichkeit der Erfindung (internationale vorläufige Prüfung)

68.1. Keine Aufforderung zur Einschränkung oder Zahlung

Stellt die mit der internationalen vorläufigen Prüfung beauftragte Behörde fest, daß das Erfordernis der Einheitlichkeit der Erfindung nicht erfüllt ist, und beschließt sie, den Anmelder nicht zur Einschränkung der Ansprüche oder zur Zahlung zusätzlicher Gebühren aufzufordern, so fährt sie mit der internationalen vorläufigen Prüfung – vorbehaltlich Artikel 34 Absatz 4 Buchstabe b und Regel 66.1 Absatz e – für die gesamte internationale Anmeldung fort, weist jedoch in allen schriftlichen Bescheiden und im internationalen vorläufigen Prüfungsbericht darauf hin, daß nach ihrer Auffassung das Erfordernis der Einheitlichkeit der Erfindung nicht erfüllt ist, und gibt die Gründe hierfür an.

68.2. Aufforderung zur Einschränkung oder Zahlung

Stellt die mit der internationalen vorläufigen Prüfung beauftragte Behörde fest, daß das Erfordernis der Einheitlichkeit der Erfindung nicht erfüllt ist, und entschließt sie sich, den Anmelder nach seiner Wahl entweder zur Einschränkung der Ansprüche oder zur Zahlung zusätzlicher Gebühren aufzufordern, so hat sie in der Aufforderung

i) mindestens eine Möglichkeit zur Einschränkung anzugeben, die nach Auffassung der mit der internationalen vorläufigen Prüfung beauftragten Behörde diesem Erfordernis entspricht,

ii) die Gründe anzugeben, aus denen nach ihrer Auffassung die internationale Anmeldung dem Erfordernis der Einheitlichkeit der Erfindung nicht genügt,

iii) den Anmelder aufzufordern, der Aufforderung innerhalb eines Monats nach dem Datum der Aufforderung nachzukommen,

iv) den Betrag der erforderlichen zusätzlichen Gebühren zu nennen, die zu entrichten sind, wenn der Anmelder diese Möglichkeit wählt, und

v) den Anmelder aufzufordern, gegebenenfalls die Widerspruchsgebühr nach Regel 68.3 Absatz e innerhalb eines Monats nach dem Datum der Aufforderung zu entrichten, und den Betrag der zu entrichtenden Gebühr zu nennen.

68.3. Zusätzliche Gebühren

a) Die Höhe der zusätzlichen Gebühren für die internationale vorläufige Prüfung nach Artikel 34 Absatz 3 Buchstabe a wird durch die zuständige mit der internationalen vorläufigen Prüfung beauftragte Behörde festgesetzt.

b) Die zusätzlichen Gebühren, die nach Artikel 34 Absatz 3 Buchstabe a für die internationale vorläufige Prüfung zu entrichten sind, sind unmittelbar an die mit der internationalen vorläufigen Prüfung beauftragte Behörde zu zahlen.

c) [1] Der Anmelder kann die zusätzlichen Gebühren unter Widerspruch zahlen, das heißt, unter Beifügung einer Begründung des Inhalts, dass die internationale Anmeldung das Erfordernis der Einheitlichkeit der Erfindung erfülle oder dass der Betrag der geforderten zusätzlichen Gebühren überhöht sei. [2] Der Widerspruch wird von einem im Rahmen der mit der internationalen vorläufigen Prüfung beauftragten Behörde gebildeten Überprüfungsgremium geprüft; kommt das Überprüfungsgremium zu dem Ergebnis, dass der Widerspruch begründet ist, so ordnet es die vollständige oder teilweise Rückzahlung der zusätzlichen Gebühren an den Anmelder an. [3] Auf Antrag des Anmelders wird der Wortlaut des Widerspruchs und der Entscheidung hierüber den ausgewählten Ämtern als Anhang zum internationalen vorläufigen Prüfungsbericht mitgeteilt.

d) Die Person, die die Entscheidung, die Gegenstand des Widerspruchs ist, getroffen hat, darf dem Überprüfungsgremium nach Absatz c angehören, aber das Überprüfungsgremium darf nicht nur aus dieser Person bestehen.

e) [1] Die mit der internationalen vorläufigen Prüfung beauftragte Behörde kann die Prüfung eines Widerspruchs nach Absatz c davon abhängig machen, dass zu ihren Gunsten eine Widerspruchsgebühr an sie entrichtet wird. [2] Hat der Anmelder eine gegebenenfalls zu entrichtende Widerspruchsgebühr nicht innerhalb der Frist nach Regel 68.2 Ziffer v entrichtet, so gilt der Widerspruch als nicht erhoben und die mit der internationalen vorläufigen Prüfung beauftragte Behörde erklärt ihn als nicht erhoben. [3] Die Widerspruchsgebühr ist an den Anmelder zurückzuzahlen, wenn das in Absatz c genannte Überprüfungsgremium den Widerspruch für in vollem Umfang begründet befindet.

68.4. Verfahren im Fall der nicht ausreichenden Einschränkung der Ansprüche

Schränkt der Anmelder die Ansprüche ein, ohne in ausreichendem Maße dem Erfordernis der Einheitlichkeit der Erfindung zu entsprechen, so verfährt die mit der internationalen vorläufigen Prüfung beauftragte Behörde nach Artikel 34 Absatz 3 Buchstabe c.

68.5. Haupterfindung

Bestehen Zweifel darüber, welche Erfindung die Haupterfindung im Sinne des Artikels 34 Absatz 3 Buchstabe c ist, so ist die in den Ansprüchen zuerst genannte Erfindung als Haupterfindung anzusehen.

Regel 69. Beginn der internationalen vorläufigen Prüfung und Prüfungsfrist

69.1. Beginn der internationalen vorläufigen Prüfung

a) Vorbehaltlich der Absätze b bis e beginnt die mit der internationalen vorläufigen Prüfung beauftragte Behörde mit der internationalen vorläufigen Prüfung, wenn alles im Folgenden Genannte in ihrem Besitz ist:

i) der Antrag,

ii) der (vollständige) fällige Betrag für die Bearbeitungsgebühr und die Gebühr für die vorläufige Prüfung, gegebenenfalls einschließlich der Gebühr für verspätete Zahlung nach Regel 58bis.2, und

iii) entweder der internationale Recherchenbericht oder die Erklärung der Internationalen Recherchenbehörde nach Artikel 17 Absatz 2 Buchstabe a, dass kein internationaler Recherchenbericht erstellt wird, und der schriftliche Bescheid nach Regel 43bis.1,

es sei denn, der Anmelder beantragt ausdrücklich, den Beginn der internationalen vorläufigen Prüfung bis zum Ablauf der nach Regel 54bis.1 Absatz a maßgeblichen Frist aufzuschieben.

b) Wird das nationale Amt oder die zwischenstaatliche Organisation, das beziehungsweise die als Internationale Recherchenbehörde handelt, auch als mit der internationalen vorläufigen Prüfung beauftragte Behörde tätig, so kann die internationale vorläufige Prüfung, falls das nationale Amt oder die zwischenstaatliche Organisation dies wünscht, vorbehaltlich der Absätze d und e gleichzeitig mit der internationalen Recherche beginnen.

b-^{bis}) Falls das nationale Amt oder die zwischenstaatliche Organisation, das beziehungsweise die sowohl als Internationale Recherchenbehörde als auch als mit der internationalen vorläufigen Prüfung beauftragte Behörde tätig wird, nach Absatz b die internationale vorläufige Prüfung gleichzeitig mit der internationalen Recherche zu beginnen wünscht und alle Voraussetzungen des Artikels 34 Absatz 2 Buchstabe c Ziffern i bis iii als erfüllt ansieht, braucht das nationale Amt oder die zwischenstaatliche Organisation in ihrer Eigenschaft als Internationale Recherchenbehörde einen schriftlichen Bescheid nach Regel 43bis.1 nicht zu erstellen.

c) Enthält die Erklärung betreffend Änderungen eine Angabe, daß Änderungen nach Artikel 19 zu berücksichtigen sind (Regel 53.9 Absatz a Ziffer i), so beginnt die mit der internationalen vorläufigen Prüfung beauftragte Behörde mit der internationalen vorläufigen Prüfung erst, wenn sie eine Kopie der betreffenden Änderungen erhalten hat.

d) Enthält die Erklärung betreffend Änderungen eine Angabe, dass der Beginn der internationalen vorläufigen Prüfung aufgeschoben werden soll (Regel 53.9 Absatz b), so beginnt die mit der internationalen vorläufigen Prüfung beauftragte Behörde mit der internationalen vorläufigen Prüfung erst, wenn das erste der im Folgenden genannten Ereignisse eintritt:

i) Sie hat eine Kopie nach Artikel 19 vorgenommener Änderungen erhalten;

ii) sie hat eine Erklärung des Anmelders erhalten, dass er keine Änderungen nach Artikel 19 vornehmen möchte; oder

iii) der Ablauf der maßgeblichen Frist nach Regel 46.1.

e) Enthält die Erklärung betreffend Änderungen eine Angabe, daß zusammen mit dem Antrag Änderungen nach Artikel 34 eingereicht werden (Regel 53.9 Absatz c), werden diese jedoch nicht eingereicht, so beginnt die mit der internationalen vorläufigen Prüfung beauftragte Behörde mit der internationalen vorläufigen Prüfung erst nach Eingang dieser Änderungen oder nach Ablauf der in der Aufforderung nach Regel 60.1 Absatz g festgesetzten Frist, je nachdem, was zuerst eintritt.

69.2. Frist für die internationale vorläufige Prüfung

Die Frist für die Erstellung des internationalen vorläufigen Prüfungsberichts ist diejenige, der im Folgenden genannten Fristen, die zuerst abläuft:

i) 28 Monate seit dem Prioritätsdatum oder

ii) sechs Monate ab dem in Regel 69.1 vorgesehenen Zeitpunkt für den Beginn der internationalen vorläufigen Prüfung oder

iii) sechs Monate ab dem Datum des Eingangs der nach Regel 55.2 eingereichten Übersetzung bei der mit der internationalen vorläufigen Prüfung beauftragten Behörde.

Regel 70. Der internationale vorläufige Bericht zur Patentfähigkeit seitens der mit der internationalen vorläufigen Prüfung beauftragten Behörde (Internationaler vorläufiger Prüfungsbericht)

70.1. Begriffsbestimmung

Im Sinne dieser Regel bedeutet „Bericht“ den internationalen vorläufigen Prüfungsbericht.

70.2. Grundlage für den Bericht

a) Sind die Ansprüche geändert worden, so wird der Bericht auf der Grundlage der geänderten Ansprüche erstellt.

b) Ist der Bericht gemäß Regel 66.7 Absatz a oder b erstellt worden, als wäre keine Priorität beansprucht worden, so wird hierauf im Bericht hingewiesen.

c) [1] Ist die mit der internationalen vorläufigen Prüfung beauftragte Behörde der Auffassung, daß eine Änderung über den Offenbarungsgehalt der internationalen Anmeldung, wie sie eingereicht worden ist, hinausgeht, so wird der Bericht ohne Berücksichtigung der Änderung erstellt und hierauf im Bericht hingewiesen. [2] Die Behörde gibt außerdem die Gründe an, aus denen nach ihrer Auffassung die Änderung über den Offenbarungsgehalt hinausgeht.

c_bis) Sind die Ansprüche, die Beschreibung oder die Zeichnungen geändert worden und war dem Ersatzblatt oder den Ersatzblättern kein Begleitschreiben beigefügt, in dem die Grundlage für die Änderung in der ursprünglich eingereichten Anmeldung nach der gemäß Regel 66.8 Absatz c geltenden Regel 46.5 Absatz b Ziffer iii bzw. nach Regel 66.8 Absatz a angegeben war, so kann der Bericht so erstellt werden, als sei die Änderung nicht vorgenommen worden; in diesem Fall ist hierauf in dem Bericht hinzuweisen.

d) Beziehen sich Ansprüche auf Erfindungen, für die kein internationaler Recherchenbericht erstellt und daher auch keine internationale vorläufige Prüfung durchgeführt worden ist, so wird im internationalen vorläufigen Prüfungsbericht hierauf hingewiesen.

e) [1] Wird die Berichtigung eines offensichtlichen Fehlers nach Regel 66.1 berücksichtigt, so wird dies im Bericht angegeben. [2] Wird die Berichtigung eines offensichtlichen Fehlers nach Regel 66.4^{bis} nicht berücksichtigt, so wird dies, wenn möglich, im Bericht angegeben; andernfalls hat die mit der internationalen vorläufigen Prüfung beauftragte Behörde das Internationale Büro davon zu unterrichten, und das Internationale Büro verfährt nach Maßgabe der Verwaltungsvorschriften.

f) In dem Bericht ist entweder das Datum anzugeben, an dem eine zusätzliche Recherche nach Regel 66.1^{ter} durchgeführt worden ist, oder stattdessen festzustellen, dass keine zusätzliche Recherche durchgeführt worden ist.

70.3. Angaben

In dem Bericht ist die mit der internationalen vorläufigen Prüfung beauftragte Behörde, die den Bericht erstellt hat, mit ihrer amtlichen Bezeichnung anzugeben; die internationale Anmeldung ist durch Angabe des internationalen Aktenzeichens, des Namens des Anmelders und des internationalen Anmeldedatums zu kennzeichnen.

70.4. Daten

In dem Bericht werden angegeben:

i) das Datum der Einreichung des Antrags und

ii) das Datum des Berichts; dieses Datum ist das Datum, an welchem der Bericht fertiggestellt worden ist.

70.5. Klassifikation

a) In dem Bericht ist die nach Regel 43.3 angegebene Klassifikation zu wiederholen, falls die mit der internationalen vorläufigen Prüfung beauftragte Behörde mit der Klassifikation einverstanden ist.

b) Andernfalls gibt die mit der internationalen vorläufigen Prüfung beauftragte Behörde im Bericht die Klassifikation an, die von ihr als richtig angesehen wird, wobei sie zumindest die Internationale Patentklassifikation zugrunde legt.

70.6. Feststellung nach Artikel 35 Absatz 2

a) Die Feststellung nach Artikel 35 Absatz 2 besteht aus den Wörtern „JA" oder „NEIN" oder den entsprechenden Wörtern in der im Bericht verwendeten Sprache oder aus geeigneten, in den Verwaltungsrichtlinien vorgesehenen Symbolen und soll gegebenenfalls die Angaben, Erklärungen und Bemerkungen nach Artikel 35 Absatz 2 letzter Satz enthalten.

b) [1] Ist eines der drei Merkmale nach Artikel 35 Absatz 2 (nämlich Neuheit, erfinderische Tätigkeit [Nichtoffensichtlichkeit], gewerbliche Anwendbarkeit) nicht in ausreichendem Maße gegeben, so ist die Feststellung negativ. [2] Wird in einem solchen Fall einem der Merkmale, für sich allein genommen, genügt, so sollen in dem Bericht das Merkmal oder die Merkmale angegeben werden, denen genügt wird.

70.7. Angabe der Unterlagen nach Artikel 35 Absatz 2

a) [1] In dem Bericht sind die Unterlagen anzugeben, die als wesentliche Grundlage für die Feststellungen nach Artikel 35 Absatz 2 angesehen werden, unabhängig davon, ob sie im internationalen Recherchenbericht aufgeführt waren oder nicht. [2] Im internationalen Recherchenbericht aufgeführte Unterlagen brauchen nur dann im Prüfungsbericht angegeben zu werden, wenn die mit der internationalen vorläufigen Prüfung beauftragte Behörde sie als wesentlich ansieht.

b) Regel 43.5 Absätze b und e findet auch auf den Bericht Anwendung.

70.8. Erläuterung nach Artikel 35 Absatz 2

[1] Die Verwaltungsrichtlinien werden Leitsätze darüber enthalten, in welchen Fällen die nach Artikel 35 Absatz 2 vorgesehenen Erläuterungen abgegeben oder nicht abgegeben werden und wie sie zu fassen sind. [2] Diese Leitsätze werden sich auf die nachfolgenden Grundsätze stützen:

i) eine Erläuterung wird abgegeben, wenn die Feststellung im Hinblick auf irgendeinen Anspruch negativ ist;

ii) eine Erläuterung wird abgegeben, wenn die Feststellung positiv ist, sofern der Grund für die Angabe der Unterlagen nicht ohne weiteres durch eine Einsichtnahme in die angegebenen Unterlagen zu erkennen ist;

iii) im allgemeinen wird eine Erläuterung dann abgegeben, wenn der im letzten Satz der Regel 70.6 Absatz b vorgesehene Fall gegeben ist.

70.9. Nicht-schriftliche Offenbarungen

Nicht-schriftliche Offenbarungen, die im Bericht aufgrund der Regel 64.2 erwähnt sind, werden durch Angabe ihrer Art, durch Angabe des Datums, an welchem die schriftliche Offenbarung, die sich auf die nicht-schriftliche Offenbarung bezieht, der Öffentlichkeit zugänglich gemacht wurde und des Datums, an welchem die nichtschriftliche Offenbarung der Öffentlichkeit bekannt wurde, gekennzeichnet.

70.10. Bestimmte veröffentlichte Unterlagen

[1] Veröffentlichte Anmeldungen oder Patente, auf die sich der Bericht gemäß Regel 64.3 bezieht, sind solche unter Angabe ihres Veröffentlichungsdatums und ihres Anmeldedatums oder ihres etwa beanspruchten Prioritätsdatums zu erwähnen. [2] Der Bericht kann in bezug auf jedes in den genannten Unterlagen beanspruchte Prioritätsdatum angeben, daß nach Meinung der mit der internationalen vorläufigen Prüfung beauftragten Behörde das Prioritätsdatum nicht zu Recht beansprucht worden ist.

70.11. Hinweis auf Änderungen

[1] Sind vor der mit der internationalen vorläufigen Prüfung beauftragten Behörde Änderungen vorgenommen worden, so wird hierauf im Bericht hingewiesen. [2] Führt die Änderung zum Fortfall eines ganzen Blattes, so wird auch dies im Bericht angegeben.

70.12. Erwähnung bestimmter Mängel und anderer Sachverhalte

Ist die mit der internationalen vorläufigen Prüfung beauftragte Behörde der Auffassung, daß bei Erstellung des Berichts

i) die internationale Anmeldung Mängel der in Regel 66.2 Absatz a Ziffer iii genannten Art aufweist, so wird im Bericht auf diese Auffassung und die Begründung hierfür hingewiesen;

ii) die internationale Anmeldung zu den in Regel 66.2 Absatz a Ziffer v genannten Bemerkungen Anlaß gibt, kann sie im Bericht auch auf diese Auffassung hinweisen und hat in diesem Fall ihre Auffassung zu begründen;

iii) einer der in Artikel 34 Absatz 4 genannten Fälle vorliegt, so weist sie im Bericht unter Angabe der Gründe darauf hin;

iv) kein Protokoll einer Nucleotid- und/oder Aminosäuresequenz in einer Form vorliegt, die eine sinnvolle internationale vorläufige Prüfung ermöglicht, so weist sie im Bericht darauf hin.

70.13. Bemerkungen in bezug auf die Einheitlichkeit der Erfindung

[1] Hat der Anmelder zusätzliche Gebühren für die internationale vorläufige Prüfung bezahlt oder ist die internationale Anmeldung oder die internationale vorläufige Prüfung nach Artikel 34 Absatz 3 eingeschränkt worden, so gibt der Bericht dies an. [2] Ist die internationale vorläufige Prüfung nur für eingeschränkte Ansprüche (Artikel 34 Absatz 3 Buchstabe a) oder nur für die Haupterfindung (Artikel 34 Absatz 3 Buchstabe c) durchgeführt worden, so gibt der Bericht ferner an, welche Teile der internationalen Anmeldung geprüft worden sind und welche nicht. [3] Der Bericht enthält die Angaben nach Regel 68.1, wenn die mit der internationalen vorläufigen Prüfung beauftragte Behörde beschlossen hat, den Anmelder nicht zur Einschränkung der Ansprüche oder zur Zahlung zusätzlicher Gebühren aufzufordern.

70.14. Zuständiger Bediensteter

Im Bericht ist der Name des für den Bericht verantwortlichen Bediensteten der mit der internationalen vorläufigen Prüfung beauftragten Behörde anzugeben.

70.15. Form; Titel

a) Die Formerfordernisse für den Bericht werden durch die Verwaltungsvorschriften geregelt.

b) Der Bericht trägt den Titel „internationaler vorläufiger Bericht zur Patentfähigkeit (Kapitel II des Vertrags über die internationale Zusammenarbeit auf dem Gebiet des Patentwesens)" und enthält eine Angabe, dass es sich um den internationalen vorläufigen Prüfungsbericht der mit der internationalen vorläufigen Prüfung beauftragten Behörde handelt.

70.16. Anlagen zum Bericht

a) Die folgenden Ersatzblätter und Schreiben sind dem Bericht als Anlage beizufügen:

i) jedes Ersatzblatt nach Regel 66.8 mit Änderungen nach Artikel 34 und jedes Begleitschreiben nach Regel 66.8 Absatz a, Regel 66.8 Absatz b und der gemäß Regel 66.8 Absatz c geltenden Regel 46.5 Absatz b,

ii) jedes Ersatzblatt nach Regel 46.5 mit Änderungen nach Artikel 19 und jedes Begleitschreiben nach Regel 46.5 sowie

iii) jedes Ersatzblatt nach der gemäß Regel 91.2 geltenden Regel 26.4 mit der Berichtigung eines offensichtlichen Fehlers, der diese Behörde nach Regel 91.1 Absatz b Ziffer iii zugestimmt hat, und jedes Schreiben nach der gemäß Regel 91.2 geltenden Regel 26.4,

sofern die betreffenden Ersatzblätter nicht durch später eingereichte Ersatzblätter oder durch Änderungen, die zum Fortfall eines ganzen Blattes nach Regel 66.8 Absatz b führen, überholt sind oder als überholt gelten, und,

iv) wenn der Bericht eine Angabe nach Regel 70.2 Absatz e enthält, jedes Blatt oder Schreiben, das sich auf die Berichtigung eines offensichtlichen Fehlers bezieht, die nach Regel 66.4^{bis} nicht berücksichtigt wird.

b) [1] Ungeachtet des Absatzes a sind dem Bericht die in Absatz a genannten überholten oder als überholt geltenden Ersatzblätter und die in Absatz a genannten Schreiben, die sich auf ein solches überholtes oder als überholt geltendes Ersatzblatt beziehen, ebenfalls als Anlage beizufügen, wenn

i) die mit der internationalen vorläufigen Prüfung beauftragte Behörde der Auffassung ist, dass die betreffende spätere Änderung über den Offenbarungsgehalt der internationalen Anmeldung, wie sie eingereicht worden ist, hinausgeht, und der Bericht eine Angabe gemäß Regel 70.2 Absatz c enthält;

ii) der betreffenden späteren Änderung kein Begleitschreiben beigefügt war, in dem die Grundlage für die Änderung in der ursprünglich eingereichten Anmeldung angegeben war, und der Bericht so erstellt wird, als sei die Änderung nicht vorgenommen worden, und er eine Angabe nach Regel 70.2 Absatz c-^{bis} enthält.

[2] In einem solchen Fall ist das überholte oder als überholt geltende Ersatzblatt wie in den Verwaltungsvorschriften angegeben zu kennzeichnen.

70.17. Sprache des Berichts und der Anlagen

Der Bericht und alle Anlagen werden in der Sprache, in der die betreffende internationale Anmeldung veröffentlicht ist, oder, wenn die internationale vorläufige Prüfung nach Regel 55.2 auf der Grundlage einer Übersetzung der internationalen Anmeldung durchgeführt wird, in der Sprache der Übersetzung abgefaßt.

Regel 71. Übersendung des internationalen vorläufigen Prüfungsberichts

71.1. Empfänger

Je eine Ausfertigung des internationalen vorläufigen Prüfungsberichts und seiner etwa vorhandenen Anlagen übersendet die mit der internationalen vorläufigen Prüfung beauftragte Behörde am gleichen Tag dem Internationalen Büro und dem Anmelder.

71.2. Kopien angegebener Unterlagen

a) Der Antrag nach Artikel 36 Absatz 4 kann jederzeit innerhalb von sieben Jahren, gerechnet vom internationalen Anmeldedatum der internationalen Anmeldung, auf die sich der Bericht bezieht, gestellt werden.

b) [1] Die mit der internationalen vorläufigen Prüfung beauftragte Behörde kann verlangen, daß der Antragsteller (Anmelder oder ausgewähltes Amt) die Kosten der Herstellung und Versendung der Kopien erstattet. [2] Die Höhe der

Herstellungskosten wird in den in Artikel 32 Absatz 2 genannten Vereinbarungen zwischen den mit der internationalen vorläufigen Prüfung beauftragten Behörden und dem Internationalen Büro festgesetzt.

c) *(gestrichen)*

d) Die mit der internationalen vorläufigen Prüfung beauftragte Behörde kann den Verpflichtungen nach den Absätzen a und b durch eine andere ihr verantwortliche Stelle nachkommen.

Regel 72. Übersetzung des internationalen vorläufigen Prüfungsberichts und des schriftlichen Bescheids der Internationalen Recherchenbehörde

72.1. Sprachen

a) Jeder ausgewählte Staat kann verlangen, daß der internationale vorläufige Prüfungsbericht in die englische Sprache übersetzt wird, wenn dieser nicht in der oder einer der Amtsprachen seines nationalen Amtes erstellt ist.

b) Jedes Erfordernis dieser Art ist dem Internationalen Büro mitzuteilen, das die Mitteilung unverzüglich im Blatt veröffentlicht.

72.2. Kopie der Übersetzung für den Anmelder

Das Internationale Büro übermittelt dem Anmelder eine Kopie der in Regel 72.1 Absatz a genannten Übersetzung des internationalen vorläufigen Prüfungsberichts zum gleichen Zeitpunkt, in dem es diese Übersetzung den interessierten ausgewählten Ämtern übermittelt.

72.2^{bis}. Übersetzung des nach Regel 43bis.1 erstellten schriftlichen Bescheids der Internationalen Recherchenbehörde

[1] In dem in Regel. 73.2 Absatz b Ziffer ii genannten Fall ist der nach Regel 43bis.1 von der Internationalen Recherchenbehörde erstellte schriftliche Bescheid auf Antrag des betreffenden ausgewählten Amts vom Internationalen Büro oder unter dessen Verantwortung in die englische Sprache zu übersetzen. [2] Das Internationale Büro übermittelt innerhalb von zwei Monaten nach Eingang des Übersetzungsantrags dem betreffenden ausgewählten Amt eine Kopie der Übersetzung; gleichzeitig übermittelt es dem Anmelder eine Kopie.

72.3. Stellungnahme zu der Übersetzung

Der Anmelder kann schriftlich zur Richtigkeit der Übersetzung des internationalen vorläufigen Prüfungsberichts oder des nach Regel 43bis.1 von der Internationalen Recherchenbehörde erstellten schriftlichen Bescheids Stellung nehmen; er hat eine Abschrift dieser Stellungnahme jedem interessierten ausgewählten Amt sowie dem Internationalen Büro zu übermitteln.

Regel 73. Übersendung des internationalen vorläufigen Prüfungsberichts oder des schriftlichen Bescheids der Internationalen Recherchenbehörde

73.1. Herstellung der Kopien

Das Internationale Büro stellt die Kopien der nach Artikel 36 Absatz 3 Buchstabe a zu übermittelnden Unterlagen her.

73.2. Übersendung an die ausgewählten Ämter

a) Das Internationale Büro nimmt gemäß Regel 93bis.1 die in Artikel 36 Absatz 3 Buchstabe a vorgesehene Übersendung an jedes ausgewählte Amt vor, jedoch nicht vor Ablauf von 30 Monaten ab dem Prioritätsdatum.

b) Stellt der Anmelder nach Artikel 40 Absatz 2 einen ausdrücklichen Antrag bei einem ausgewählten Amt, so wird das Internationale Büro auf Antrag dieses Amts oder des Anmelders

i) unverzüglich die in Artikel 36 Absatz 2 Buchstabe a vorgesehene Übersendung an dieses Amt vornehmen, wenn dem Internationalen Büro der internationale vorläufige Prüfungsbericht nach Regel 71.1 bereits übersandt wurde,

ii) diesem Amt unverzüglich eine Kopie des nach Regel 43bis.1 von der Internationalen Recherchenbehörde erstellten schriftlichen Bescheids übersenden, wenn dem Internationalen Büro der internationale vorläufige Prüfungsbericht nach Regel 71.1 noch nicht übersandt wurde.

c) Hat der Anmelder den Antrag oder eine oder alle Auswahlerklärungen zurückgenommen, so wird, wenn das Internationale Büro den internationalen vorläufigen Prüfungsbericht erhalten hat, die in Absatz a vorgesehene Übersendung an das ausgewählte Amt beziehungsweise die ausgewählten Ämter, die von der Zurücknahme betroffen sind, dennoch vorgenommen.

Regel 74. Übersetzung der Anlagen des internationalen vorläufigen Prüfungsberichts und ihre Übermittlung

74.1. Inhalt der Übersetzung und Frist für ihre Übermittlung

a) [1] Verlangt das ausgewählte Amt nach Artikel 39 Absatz 1 die Übermittlung einer Übersetzung der internationalen Anmeldung, so hat der Anmelder innerhalb der nach Artikel 39 Absatz 1 maßgebenden Frist diesem Amt eine Übersetzung der in Regel 70.16 genannten, dem internationalen vorläufigen Prüfungsbericht als Anlage beigefügten Ersatzblätter zuzuleiten, es sei denn, diese Blätter sind in der Sprache der erforderlichen Übersetzung der internationalen Anmeldung abgefaßt. [2] Dieselbe Frist ist maßgebend, wenn eine Übersetzung der internationalen Anmeldung beim ausgewählten Amt aufgrund einer Erklärung nach Artikel 64 Absatz 2 Buchstabe a Ziffer i innerhalb der nach Artikel 22 maßgebenden Frist einzureichen ist.

b) Verlangt das ausgewählte Amt keine Übersetzung der internationalen Anmeldung nach Artikel 39 Absatz 1, so kann es verlangen, daß der Anmelder, wenn die in Regel 70.16 genannten, dem internationalen vorläufigen Prüfungsbericht als Anlage beigefügten Ersatzblätter nicht in der Sprache der Veröffentlichung der internationalen Anmeldung abgefaßt sind, eine Übersetzung in dieser Sprache innerhalb der nach Artikel 39 Absatz 1 maßgebenden Frist einreicht.

Regel 75. *(gestrichen)*

Regel 76. Übersetzung des Prioritätsbelegs; Anwendung bestimmter Regeln auf Verfahren vor den ausgewählten Ämtern

76.1–76.3. *(gestrichen)*

76.4. Frist für die Übersetzung des Prioritätsbelegs

Der Anmelder ist nicht verpflichtet, einem ausgewählten Amt vor Ablauf der nach Artikel 39 anwendbaren Frist eine Übersetzung des Prioritätsbelegs zu übermitteln.

76.5. Anwendung bestimmter Regeln auf das Verfahren vor den ausgewählten Ämtern

Die Regeln 13ter.3, 20.8 Absatz c, 22.1 Absatz g, 47.1, 49, 49bis, 49ter und 51bis finden mit der Maßgabe Anwendung, dass

i) jede Bezugnahme in diesen Regeln auf das Bestimmungsamt oder den Bestimmungsstaat als Bezugnahme auf das ausgewählte Amt oder den ausgewählten Staat zu verstehen ist;

ii) jede Bezugnahme auf Artikel 22, Artikel 23 Absatz 2 oder Artikel 24 Absatz 2 in diesen Regeln als Bezugnahme auf Artikel 39 Absatz 1, Artikel 40 Absatz 2 oder Artikel 39 Absatz 3 zu verstehen ist;

iii) in Regel 49.1 Absatz c die Worte „internationale Anmeldungen" durch das Wort „Anträge" ersetzt werden;

iv) bei Vorliegen des internationalen vorläufigen Prüfungsberichts eine Übersetzung einer Änderung nach Artikel 19 für die Zwecke des Artikels 39 Absatz 1 nur dann erforderlich ist, wenn diese Änderung dem Bericht als Anlage beigefügt ist;

v) die Bezugnahme in Regel 47.1 Absatz a auf Regel 47.4 als Bezugnahme auf Regel 61.2 Absatz d zu verstehen ist.

76.6. *(gestrichen)*

Regel 77. Befugnis nach Artikel 39 Absatz 1 Buchstabe b

77.1. Ausübung der Befugnis

a) Jeder Vertragsstaat, der eine Frist festsetzt, die später als die Frist nach Artikel 39 Absatz 1 Buchstabe a abläuft, hat das Internationale Büro hiervon zu unterrichten.

b) Das Internationale Büro veröffentlicht jede ihm nach Absatz a zugegangene Mitteilung unverzüglich im Blatt.

c) Mitteilungen über die Verkürzung einer früher festgesetzten Frist werden für Anträge wirksam, die später als drei Monate nach der Bekanntmachung der Mitteilung durch das Internationale Büro eingereicht werden.

d) Mitteilungen über die Verlängerung einer früher festgesetzten Frist werden mit der Bekanntmachung durch das Internationale Büro im Blatt für Anträge wirksam, die zu diesem Zeitpunkt anhängig oder nach dieser Bekanntmachung eingereicht werden; setzt der Vertragsstaat, der die Mitteilung vornimmt, einen späteren Zeitpunkt fest, so ist dieser Zeitpunkt maßgeblich.

Regel 78. Änderung der Ansprüche, Beschreibung und der Zeichnungen vor den ausgewählten Ämtern

78.1. Frist

a) [1]Der Anmelder kann das Recht nach Artikel 41 zur Änderung der Ansprüche der Beschreibung und der Zeichnungen vor dem betreffenden ausgewählten Amt innerhalb eines Monats nach Erfüllung der Erfordernisse des Artikels 39 Absatz 1 Buchstabe a ausüben; ist der internationale vorläufige Prüfungsbericht bei Ablauf der nach Artikel 39 maßgeblichen Frist noch nicht nach Artikel 36 Absatz 1 übermittelt worden, so muß er dieses Recht innerhalb von vier Monaten nach Ablauf dieser Frist ausüben. [2]In jedem Fall kann der Anmelder dieses Recht zu einem späteren Zeitpunkt ausüben, wenn das nationale Recht dieses Staates dies gestattet.

b) Das nationale Recht eines ausgewählten Staates, das die Prüfung von Patentanmeldungen von einem besonderen Antrag abhängig macht, kann bestimmen, dass für die Frist oder den Zeitpunkt für die Ausübung des Rechts nach Artikel 41 das Gleiche gilt wie nach dem nationalen Recht für die Einreichung von Änderungen bei einer auf besonderen Antrag aufgenommenen Prüfung einer nationalen Anmeldung; diese Frist läuft jedoch nicht vor der nach Absatz a maßgeblichen Frist ab, und dieser Zeitpunkt darf nicht vor deren Ablauf liegen.

78.2. *(gestrichen)*

78.3. Gebrauchsmuster

[1]Die Regeln 6.5 und 13.5 sind vor den ausgewählten Ämtern entsprechend anzuwenden. [2]Wird die Auswahlerklärung vor Ablauf von 19 Monaten nach dem Prioritätsdatum abgegeben, so wird die Bezugnahme auf die nach Artikel 22 anwendbare Frist durch eine Bezugnahme auf die Frist nach Artikel 39 ersetzt.

Teil D. Regeln zu Kapitel III des Vertrags

Regel 79. Zeitrechnung

79.1. Angabe von Daten

Anmelder, nationale Ämter, Anmeldeämter, Internationale Recherchenbehörden oder mit der internationalen vorläufigen Prüfung beauftragte Behörden und das Internationale Büro haben im Zusammenhang mit diesem Vertrag und der Ausführungsordnung jedes Datum nach christlicher Zeitrechnung und nach dem Gregorianischen Kalender oder, falls sie eine andere Zeitrechnung und einen anderen Kalender verwenden, zusätzlich jedes Datum nach der genannten Zeitrechnung und nach dem genannten Kalender anzugeben.

Regel 80. Berechnung der Fristen

80.1. In Jahren bestimmte Fristen

Ist als Frist ein Jahr oder eine Anzahl von Jahren bestimmt, so wird bei der Berechnung der Frist mit dem Tag begonnen, der dem Tag folgt, in den das maßgebliche Ereignis fällt; die Frist endet in dem maßgeblichen folgenden Jahr in dem Monat und an dem Tag, die durch ihre Benennung oder Zahl dem Monat und Tag entsprechen, in den das maßgebliche Ereignis fällt; fehlt in dem betreffenden Monat der für den Ablauf der Frist maßgebliche Tag, so endet die Frist mit dem Ablauf des letzten Tages dieses Monats.

80.2. In Monaten bestimmte Fristen

Ist als Frist ein Monat oder eine Anzahl von Monaten bestimmt, so wird bei der Berechnung der Frist mit dem Tag begonnen, der dem Tag folgt, in den das maßgebliche Ereignis fällt; die Frist endet in dem maßgeblichen folgenden Monat an dem Tag, der durch seine Zahl dem Tag entspricht, in den das maßgebliche Ereignis fällt; fehlt in dem betreffenden Monat, der für den Ablauf der Frist maßgebliche Tag, so endet die Frist mit dem Ablauf des letzten Tages dieses Monats.

80.3. In Tagen bestimmte Fristen

Ist als Frist eine Anzahl von Tagen bestimmt, wird bei der Berechnung der Frist mit dem Tag begonnen, der dem Tag folgt, in den das maßgebliche Ereignis fällt; die Frist endet am letzten Tag der in Betracht kommenden Anzahl von Tagen.

80.4. Örtliche Daten

a) Das Datum, das als das Anfangsdatum für die Berechnung einer Frist in Betracht kommt, ist das Datum, welches zur Zeit des Eintritts des maßgeblichen Ereignisses an diesem Ort galt.

b) Das Datum, an dem eine Frist abläuft, ist das Datum, das an dem Ort gilt, an dem das angeforderte Schriftstück eingereicht oder die verlangte Gebühr eingezahlt werden muß.

80.5. Ablauf an einem anderen Tag als einem Werktag oder an einem offiziellen Feiertag

Endet eine Frist, innerhalb welcher bei einem nationalen Amt oder einer zwischenstaatlichen Organisation ein Schriftstück eingehen oder eine Gebühr eingezahlt werden muß, an einem Tag,

i) an dem dieses Amt oder diese Organisation für den Publikumsverkehr geschlossen ist,

ii) an dem gewöhnliche Postsendungen am Ort des Sitzes dieses Amtes oder dieser Organisation nicht zugestellt werden,

iii) der an mindestens einem Sitzort dieses Amtes oder dieser Organisation ein offizieller Feiertag ist, wenn dieses Amt oder diese Organisation an mehreren Orten einen Sitz hat, und das von diesem Amt oder dieser Organisation anwendbare nationale Recht in Bezug auf nationale Anmeldungen vorsieht, dass die Frist in einem solchen Fall an einem folgenden Tag endet, oder

iv) der in einem Teil eines Vertragsstaats ein offizieller Feiertag ist, wenn dieses Amt die mit der Erteilung von Patenten beauftragte Regierungsbehörde eines Vertragsstaats ist, und das von diesem Amt anwendbare nationale Recht in Bezug auf nationale Anmeldungen vorsieht, dass die Frist in einem solchen Fall an einem folgenden Tag endet,

so läuft die Frist an dem nächstfolgenden Tag ab, an welchem keiner der vier genannten Umstände mehr besteht.

80.6. Datum von Schriftstücken

a) [1] Beginnt eine Frist am Tag des Datums eines Schriftstücks oder eines Schreibens eines nationalen Amtes oder einer zwischenstaatlichen Organisation und kann ein Beteiligter nachweisen, daß dieses Schriftstück oder das Schreiben an einem späteren Tag als deren Datum abgesandt worden ist, so ist das Datum der tatsächlichen Absendung für die Berechnung der Frist als maßgebend anzusehen. [2] Weist der Anmelder dem nationalen Amt oder der zwischenstaatlichen Organisation nach, daß das Schriftstück oder das Schreiben später als 7 Tage nach dem Tag zugegangen ist, dessen Datum es trägt, so verlängert sich ungeachtet des Absendedatums die Frist, die durch das Datum des Schriftstücks oder des Schreibens in Lauf gesetzt wird, um die diese 7 Tage überschreitende Anzahl von Tagen.

b) *(gestrichen)*

80.7. Ende eines Werktags

a) Eine an einem bestimmten Tag ablaufende Frist endet zu dem Zeitpunkt, zu dem das nationale Amt oder die zwischenstaatliche Organisation, bei welchen das Schriftstück eingereicht oder die Gebühr eingezahlt werden muß, für den Publikumsverkehr geschlossen wird.

b) Jedes Amt und jede Organisation kann von den Bestimmungen des Absatzes a abweichen, sofern die Frist nicht später als zu Mitternacht des betreffenden Tages endet.

c) *(gestrichen)*

Regel 81. Änderung von im Vertrag festgesetzten Fristen

81.1. Änderungsvorschlag

a) Jeder Vertragsstaat oder der Generaldirektor können Änderungen nach Artikel 47 Absatz 2 vorschlagen.

b) Die Änderungsvorschläge eines Vertragsstaats werden an den Generaldirektor gerichtet.

81.2. Entscheidung der Versammlung

a) Ist der Versammlung ein Vorschlag vorgelegt worden, so teilt der Generaldirektor den Wortlaut allen Vertragsstaaten mindestens zwei Monate vor der Sitzung der Versammlung mit, in deren Tagesordnung der Vorschlag aufgenommen worden ist.

b) Während der Behandlung des Vorschlags in der Versammlung kann dieser geändert oder können Folgeänderungen vorgeschlagen werden.

c) Der Vorschlag gilt als angenommen, falls keiner der Vertragsstaaten, die bei der Abstimmung vertreten sind, gegen diesen Vorschlag stimmt.

81.3. Schriftliche Abstimmung

a) Wird der Weg der schriftlichen Abstimmung gewählt, so wird der Vorschlag in einer schriftlichen Mitteilung des Generaldirektors den Vertragsstaaten mit der Aufforderung vorgelegt, ihre Stimme schriftlich abzugeben.

b) [1] Mit der Aufforderung wird eine Frist festgesetzt, innerhalb welcher eine Antwort mit der schriftlichen Stimmabgabe beim Internationalen Büro eingehen muß. [2] Diese Frist darf nicht weniger als drei Monate, gerechnet vom Datum der Aufforderung an, betragen.

c) [1] Antworten müssen positiv oder negativ sein. [2] Änderungsvorschläge oder bloße Feststellungen gelten nicht als Stimmabgabe.

d) Der Vorschlag gilt als angenommen, wenn keiner der Vertragsstaaten die Änderung ablehnt und wenn wenigstens die Hälfte der Vertragsstaaten ihre Zustimmung, ihr mangelndes Interesse oder ihre Stimmenthaltung erklärt haben.

Regel 82. Störungen im Postdienst

82.1. Verzögerung oder Verlust bei der Postzustellung

a) [1] Jeder Beteiligte kann den Beweis anbieten, daß er ein Schriftstück oder ein Schreiben fünf Tage vor Ablauf der Frist bei der Post aufgegeben hat. [2] Dieser Beweis kann nur angeboten werden, wenn die Beförderung durch Luftpost erfolgte, wobei Fälle ausgenommen sind, in denen die normale Post in der Regel innerhalb von zwei Tagen Beförderungszeit am Bestimmungsort eintrifft oder kein Luftpostdienst besteht. [3] In jedem Fall kann der Beweis nur angeboten werden, wenn die Aufgabe zur Post eingeschrieben erfolgte.

b) Ist die Aufgabe eines Schriftstücks oder Schreibens bei der Post nach Absatz a dem nationalen Amt oder der zwischenstaatlichen Organisation, an das oder die die Sendung gerichtet ist, hinreichend nachgewiesen worden, so ist die Verzögerung der Zustellung als entschuldigt anzusehen; ist das Schriftstück oder Schreiben auf dem Postweg verlorengegangen, so ist dessen Ersatz durch ein neues Exemplar zu gestatten, wenn der Beteiligte dem Amt oder der Organisation hinreichend nachweist, daß das als Ersatz vorgelegte Schriftstück oder Schreiben mit dem verlorengegangenen Schriftstück oder Schreiben übereinstimmt.

c) In den in Absatz b vorgesehenen Fällen hat der Nachweis, daß die Aufgabe zur Post innerhalb der vorgeschriebenen Frist erfolgt war und, im Falle des Verlusts des Schriftstücks oder Schreibens, die Vorlage des Ersatzschriftstücks oder Ersatzschreibens sowie der Nachweis seiner Übereinstimmung mit dem verlorenen Schriftstück oder Schreiben innerhalb eines Monats nach dem Zeitpunkt zu erfolgen, an dem der Beteiligte die Verzögerung oder den Verlust festgestellt hat – oder bei Anwendung gehöriger Sorgfalt festgestellt hätte –, und in keinem Fall später als sechs Monate nach Ablauf der jeweils geltenden Frist.

d) [1] Wird ein Schriftstück oder Schreiben durch einen anderen Übermittlungsdienst als die Post befördert, so sind die Absätze a bis c entsprechend anzuwenden, wenn das nationale Amt oder die zwischenstaatliche Organisation dem Internationalen Büro mitgeteilt hat, daß es so verfahren wird. [2] Der letzte Satz von Absatz a ist jedoch nicht anzuwenden, und Beweis kann nur angeboten werden, wenn der Übermittlungsdienst die Einzelheiten der Beförderung bei der Aufgabe aufgezeichnet hat. [3] In der Mitteilung kann angegeben werden, daß dies nur für die Beförderung durch bestimmte Übermittlungsdienste oder Dienste gilt, die näher bezeichnete Anforderungen erfüllen. [4] Das Internationale Büro veröffentlicht diese Angaben im Blatt.

e) Ein nationales Amt oder eine zwischenstaatliche Organisation kann auch dann nach Absatz d verfahren, wenn

i) der benutzte Übermittlungsdienst nicht in der Mitteilung nach Absatz d angegeben ist oder nicht die darin genannten Anforderungen erfüllt, oder

ii) das Amt oder die Organisation dem Internationalen Büro keine Mitteilung nach Absatz d übermittelt hat.

82.2. *(aufgehoben)*

Regel 82bis. Vom Bestimmungsstaat oder ausgewählten Staat zu entschuldigende Fristüberschreitungen

82bis.1. Bedeutung von „Frist" in Artikel 48 Absatz 2

Die Bezugnahme auf eine „Frist" in Artikel 48 Absatz 2 ist insbesondere zu verstehen als Bezugnahme auf

i) eine im Vertrag oder in dieser Ausführungsordnung vorgeschriebene Frist;

ii) eine vom Anmeldeamt, von der Internationalen Recherchenbehörde, von der mit der internationalen vorläufigen Prüfung beauftragten Behörde oder vom Internationalen Büro festgesetzte Frist oder eine aufgrund des nationalen Rechtes für das Anmeldeamt geltende Frist;

iii) eine Frist für eine vom Anmelder vor dem Bestimmungsamt oder ausgewählten Amt vorzunehmende Handlung, die dieses Amt festgesetzt oder nach dem für es geltenden nationalen Recht anzuwenden hat.

82bis.2. Wiedereinsetzung in den vorigen Stand und andere Vorschriften, auf die Artikel 48 Absatz 2 anzuwenden ist

Bei den Vorschriften des in Artikel 48 Absatz 2 genannten nationalen Rechts, die es dem Bestimmungsstaat oder ausgewählten Staat gestatten, Fristüberschreitungen zu entschuldigen, handelt es sich um Vorschriften, die die Wiedereinsetzung in den vorigen Stand oder die Weiterbehandlung trotz Fristversäumung vorsehen, sowie um alle anderen Vorschriften, die eine Fristverlängerung vorsehen oder die Entschuldigung von Fristüberschreitungen gestatten.

82ter.1. Fehler hinsichtlich des internationalen Anmeldedatums oder des Prioritätsanspruchs

Weist der Anmelder einem Bestimmungsamt oder ausgewählten Amt hinreichend nach, daß das internationale Anmeldedatum aufgrund eines Fehlers des Anmeldeamts unrichtig ist und daß der Prioritätsanspruch vom Anmeldeamt oder dem Internationalen Büro fälschlicherweise als nicht erhoben angesehen wurde, und würde dieser Fehler, wäre er vom Bestimmungsamt oder ausgewählten Amt selbst gemacht worden, von diesem Amt aufgrund des nationalen Rechts oder der nationalen Praxis berichtigt, so hat dieses Amt den Fehler zu berichtigen und die internationale Anmeldung so zu behandeln, als wäre dieser das berichtigte internationale Anmeldedatum zuerkannt worden oder als wäre der Prioritätsanspruch nicht als nicht erhoben angesehen worden.

Regel 82ter. Berichtigung von Fehlern des Anmeldeamts oder des Internationalen Büros

82ter.1. Fehler hinsichtlich des internationalen Anmeldedatums oder des Prioritätsanspruchs

a) Weist der Anmelder einem Bestimmungsamt oder ausgewählten Amt hinreichend nach, dass das internationale Anmeldedatum aufgrund eines Fehlers des Anmeldeamts unrichtig ist oder dass der Prioritätsanspruch vom Anmeldeamt oder vom Internationalen Büro fälschlicherweise als nichtig angesehen wurde, und würde dieser Fehler, wäre er vom Bestimmungsamt oder ausgewählten Amt selbst gemacht worden, von diesem Amt aufgrund des nationalen Rechts oder der nationalen Praxis berichtigt, so hat dieses Amt den Fehler zu berichtigen und die internationale Anmeldung so zu behandeln, als wäre dieser das berichtigte internationale Anmeldedatum zuerkannt worden oder als wäre der Prioritätsanspruch nicht als nichtig angesehen worden.

b) Wurde das internationale Anmeldedatum vom Anmeldeamt nach den Regeln 20.3 Absatz b Ziffer ii oder 20.5 Absatz d aufgrund der Einbeziehung eines Bestandteils oder Teils durch Verweis nach den Regeln 4.18 und 20.6 zuerkannt, stellt jedoch das Bestimmungsamt oder das ausgewählte Amt fest, dass

i) der Anmelder die Erfordernisse der Regel 17.1 Absatz a, b oder b-^{bis} hinsichtlich des Prioritätsbelegs nicht erfüllt hat,

ii) ein Erfordernis nach Regel 4.18, 20.6 Absatz a Ziffer i oder 51bis.1 Absatz e Ziffer ii nicht erfüllt ist oder

iii) der Bestandteil oder Teil nicht vollständig im betreffenden Prioritätsbeleg enthalten ist,

so kann das Bestimmungsamt oder das ausgewählte Amt vorbehaltlich des Absatzes c die internationale Anmeldung so behandeln, als ob das internationale Anmeldedatum nach Regel 20.3 Absatz b Ziffer i oder 20.5 Absatz b zuerkannt bzw. nach Regel 20.5 Absatz c berichtigt worden wäre, mit der Maßgabe, dass Regel 17.1 Absatz c entsprechend Anwendung findet.

c) Das Bestimmungsamt oder das ausgewählte Amt darf die internationale Anmeldung nach Absatz b nicht so behandeln, als ob das internationale Anmeldedatum nach Regel 20.3 Absatz b Ziffer i oder 20.5 Absatz b zuerkannt bzw. nach Regel 20.5 Absatz c berichtigt worden wäre, ohne dem Anmelder innerhalb einer den Umständen nach angemessenen Frist die Gelegenheit zu geben, zu der beabsichtigten Behandlung Stellung zu nehmen oder einen Antrag nach Absatz d zu stellen.

d) Hat das Bestimmungsamt oder das ausgewählte Amt dem Anmelder nach Absatz c mitgeteilt, dass es beabsichtigt, die internationale Anmeldung so zu behandeln, als ob das internationale Anmeldedatum nach Regel 20.5 Absatz c berichtigt worden wäre, so kann der Anmelder in einer bei diesem Amt innerhalb der in Absatz c genannten Frist eingereichten Mitteilung beantragen, dass der betreffende fehlende Teil für das nationale Verfahren vor diesem Amt nicht berücksichtigt wird; in diesem Fall gilt dieser Teil als nicht eingereicht, und das Amt wird die internationale Anmeldung nicht so behandeln, als ob das internationale Anmeldedatum berichtigt worden wäre.

Regel 82^{quater}. Entschuldigung von Fristüberschreitungen

82^{quater}.1. Entschuldigung von Fristüberschreitungen

a) Jeder Beteiligte kann den Beweis anbieten, dass die Überschreitung einer in der Ausführungsordnung festgesetzten Frist zur Vornahme einer Handlung vor dem Anmeldeamt, der Internationalen Recherchenbehörde, der für die ergänzende Recherche bestimmten Behörde, der mit der internationalen vorläufigen Prüfung beauftragten Behörde oder dem Internationalen Büro auf einen Krieg, eine Revolution, eine Störung der öffentlichen Ordnung, einen Streik, eine Naturkatastrophe, eine allgemeine Nichtverfügbarkeit elektronischer Kommunikationsdienste oder eine ähnliche Ursache an seinem Sitz oder Wohnsitz, am Ort seiner Geschäftstätigkeit oder an seinem gewöhnlichen Aufenthaltsort zurückzuführen ist und dass die maßgebliche Handlung so bald wie zumutbar vorgenommen wurde.

b) [1] Dieser Nachweis ist spätestens sechs Monate nach Ablauf der jeweils geltenden Frist an das Amt, die Behörde bzw. das Internationale Büro zu richten. [2] Sind solche Umstände dem Empfänger hinreichend nachgewiesen worden, so wird die Fristüberschreitung entschuldigt.

c) Die Entschuldigung der Fristüberschreitung muss von einem Bestimmungsamt oder ausgewählten Amt nicht berücksichtigt werden, wenn der Anmelder die in Artikel 22 bzw. Artikel 39 genannten Handlungen zu dem Zeitpunkt, zu dem die Entscheidung, die Fristüberschreitung zu entschuldigen, getroffen wird, bereits vor diesem Amt vorgenommen hat.

Regel 83. Das Recht zum Auftreten vor internationalen Behörden

83.1. Nachweis des Rechts

Das Internationale Büro, die zuständige Internationale Recherchenbehörde und die zuständige mit der internationalen vorläufigen Prüfung beauftragte Behörde können den Nachweis des Rechts zum Auftreten nach Artikel 49 verlangen.

83.1^{bis}. Das Internationale Büro als Anmeldeamt

a) Eine Person, die zum Auftreten vor dem nationalen Amt eines Vertragsstaats oder dem für diesen Staat handelnden Amt befugt ist, in dem der Anmelder oder, bei zwei oder mehr Anmeldern, einer der Anmelder seinen Sitz oder Wohnsitz hat oder dessen Staatsangehöriger ist, ist auch befugt, in Bezug auf die internationale Anmeldung vor dem Internationalen Büro als Anmeldeamt nach Regel 19.1 Absatz a Ziffer iii aufzutreten.

b) Eine Person, die befugt ist, in Bezug auf eine internationale Anmeldung vor dem Internationalen Büro als Anmeldeamt aufzutreten, ist insoweit auch befugt, vor dem Internationalen Büro in jeder anderen Eigenschaft sowie vor der zuständigen Internationalen Recherchenbehörde und mit der internationalen vorläufigen Prüfung beauftragten Behörde aufzutreten.

83.2. Mitteilung

a) Das nationale Amt oder die zwischenstaatliche Organisation, vor denen die betreffende Person ein Recht zum Auftreten zu haben behauptet, haben auf Antrag das Internationale Büro, die zuständige Internationale Recherchenbehörde oder die zuständige mit der internationalen vorläufigen Prüfung beauftragte Behörde darüber zu unterrichten, ob diese Person das Recht zum Auftreten besitzt.

b) Eine derartige Mitteilung ist für das Internationale Büro, die Internationale Recherchenbehörde oder die mit der internationalen vorläufigen Prüfung beauftragte Behörde bindend.

Teil E. Regeln zu Kapitel V des Vertrags

Regel 84. Kosten der Delegationen

84.1. Kostentragung durch Regierungen

Die Kosten einer Delegation, die an der Sitzung eines durch diesen Vertrag oder in dessen Anwendung gebildeten Organs teilnimmt, werden von der Regierung getragen, die die Delegation ernannt hat.

Regel 85. Fehlen des Quorums in der Versammlung

85.1. Schriftliche Abstimmung

[1] In dem in Artikel 53 Absatz 5 Buchstabe b vorgesehenen Fall übermittelt das Internationale Büro die Beschlüsse der Versammlung (sofern sie nicht das Verfahren der Versammlung selbst betreffen) den Vertragsstaaten, die nicht vertreten waren, und fordert diese auf, ihre Stimme innerhalb einer Frist von drei Monaten, vom Datum der Mitteilung an gerechnet, schriftlich abzugeben oder Stimmenthaltung mitzuteilen. [2] Erreicht bei Ablauf dieser Frist die Anzahl von Vertragsstaaten, die auf diese Weise ihre Stimme abgegeben oder Stimmenthaltung mitgeteilt haben, die Anzahl von Vertragsstaaten, die zur Erreichung des Quorums während der Sitzung selbst fehlten, so werden die Beschlüsse wirksam, vorausgesetzt, daß zur gleichen Zeit die erforderliche Mehrheit erreicht bleibt.

Regel 86. Blatt

86.1. Inhalt

Das in Artikel 55 Absatz 4 erwähnte Blatt enthält:

i) für jede veröffentlichte internationale Anmeldung die der Titelseite der Veröffentlichung der internationalen Anmeldung entnommenen und durch die Verwaltungsvorschriften festgesetzten Angaben, die auf dieser Titelseite wiedergegebene Zeichnung (falls vorhanden) und die Zusammenfassung,

ii) die Liste aller Gebühren, die an die Anmeldeämter, das Internationale Büro, die Internationale Recherchenbehörde und die mit der internationalen vorläufigen Prüfung beauftragte Behörde gezahlt werden müssen,

iii) Hinweise, deren Veröffentlichung nach dem Vertrag oder nach dieser Ausführungsordnung vorgeschrieben ist,

iv) Angaben betreffend Ereignisse bei den Bestimmungsämtern und ausgewählten Ämtern, von denen das Internationale Büro gemäß Regel 95.1 im Zusammenhang mit veröffentlichten internationalen Anmeldungen in Kenntnis gesetzt wurde;

v) jede andere zweckdienliche Mitteilung, welche durch die Verwaltungsrichtlinien vorgeschrieben ist, falls solche Mitteilungen nach dem Vertrag oder dieser Ausführungsordnung nicht zulässig sind.

b) Die in Absatz a genannten Angaben werden in zwei Formen zugänglich gemacht:

i) als Blatt in Papierform, welches die in den Verwaltungsvorschriften festgelegten, der Titelseite der nach Regel 48 veröffentlichten Schrift entnommenen Angaben („bibliographische Daten") und die in Absatz a Ziffern ii bis v genannten Angaben enthält;

ii) als Blatt in elektronischer Form, welches die bibliographischen Daten, gegebenenfalls die auf der Titelseite wiedergegebene Zeichnung und die Zusammenfassung enthält.

86.2. Sprachen; Form und Art und Weise der Veröffentlichung; Zeitvorgaben

a) [1] Das Blatt wird gleichzeitig in Englisch und Französisch veröffentlicht. [2] Das Internationale Büro stellt die Übersetzung in die englische und die französische Sprache sicher.

b) Die Versammlung kann eine Ausgabe des Blattes in anderen als in den nach Absatz a erwähnten Sprachen anordnen.

c) Die Form und die Art und Weise der Veröffentlichung des Blattes werden in den Verwaltungsvorschriften geregelt.

d) Das Internationale Büro stellt sicher, dass die Angaben nach Regel 86.1 Ziffer i für jede veröffentlichte internationale Anmeldung am Tag der Veröffentlichung der internationalen Anmeldung oder baldmöglichst danach im Blatt veröffentlicht werden.

86.3. Erscheinungsfolge

Die Erscheinungsfolge des Blattes wird vom Generaldirektor festgelegt.

86.4. Verkauf

Der Abonnementpreis und andere Verkaufspreise des Blattes werden vom Generaldirektor festgesetzt.

86.5. Titel

Der Titel des Blattes wird vom Generaldirektor festgelegt.

86.6. Weitere Einzelheiten

Weitere das Blatt betreffende Einzelheiten können in den Verwaltungsrichtlinien vorgeschrieben werden.

Regel 87. Übermittlung von Veröffentlichungen

87.1. Übermittlung von Veröffentlichungen auf Antrag

[1]Das Internationale Büro übermittelt den Internationalen Recherchenbehörden, den mit der internationalen vorläufigen Prüfung beauftragte Behörden und den nationalen Ämtern auf Antrag der betreffenden Behörde oder des betreffenden Amtes kostenlos jede veröffentlichte internationale Anmeldung, das Blatt und jede andere Veröffentlichung von allgemeinem Interesse, die das Internationale Büro im Zusammenhang mit dem Vertrag oder dieser Ausführungsordnung veröffentlicht hat. [2]Weitere Einzelheiten hinsichtlich der Form und der Art und Weise der Übermittlung von Veröffentlichungen werden in den Verwaltungsvorschriften geregelt.

Regel 88. Änderung der Ausführungsordnung

88.1. Erfordernis der Einstimmigkeit

Eine Änderung der folgenden Bestimmungen dieser Ausführungsordnung setzt voraus, daß kein Staat, der in der Versammlung Stimmrecht hat, gegen die vorgeschlagene Änderung stimmt:

i) Regel 14.1 (Übermittlungsgebühr),
ii) *(gestrichen)*
iii) Regel 22.3 (Frist gemäß Artikel 12 Absatz 3),
iv) Regel 33 (einschlägiger Stand der Technik für die internationale Recherche),
v) Regel 64 (Stand der Technik für die internationale vorläufige Prüfung),
vi) Regel 81 (Änderung von im Vertrag festgesetzten Fristen),
vii) dieser Absatz (d.h. Regel 88.1).

88.2. *(gestrichen)*

88.3. Erfordernis, daß bestimmte Staaten nicht widersprechen

Eine Änderung der folgenden Bestimmungen dieser Ausführungsordnung setzt voraus, daß keiner der in Artikel 58 Absatz 3 Buchstabe a Ziffer ii genannten Staaten, die in der Versammlung Stimmrecht haben, gegen die vorgeschlagene Änderung stimmt:

i) Regel 34 (Mindestprüfstoff),

ii) Regel 39 (Anmeldungsgegenstand nach Artikel 17 Absatz 2 Buchstabe a Ziffer i),

iii) Regel 67 (Anmeldungsgegenstand nach Artikel 34 Absatz 4 Buchstabe a Ziffer i),

iv) dieser Absatz (d.h. Regel 88.3).

88.4. Verfahren

Jeder Vorschlag zur Änderung einer der in Regel 88.1 oder 88.3 genannten Bestimmungen, über den die Versammlung entscheiden soll, ist allen Vertragsstaaten mindestens zwei Monate vor Beginn der Tagung der Versammlung mitzuteilen, auf der über den Vorschlag entschieden werden soll.

Regel 89. Verwaltungsrichtlinien

89.1. Umfang

a) Die Verwaltungsrichtlinien enthalten Bestimmungen,

i) die Angelegenheiten betreffen, hinsichtlich derer diese Ausführungsordnung ausdrücklich auf diese Richtlinien Bezug nimmt,

ii) die Einzelheiten für die Anwendung dieser Ausführungsordnung betreffen.

b) Die Verwaltungsrichtlinien dürfen nicht zu den Bestimmungen des Vertrags, dieser Ausführungsordnung oder irgendeiner Vereinbarung, die zwischen dem Internationalen Büro und einer Internationalen Recherchenbehörde oder einer mit der internationalen vorläufigen Prüfung beauftragten Behörde geschlossen worden ist, im Widerspruch stehen.

89.2. Entstehung

a) Die Verwaltungsrichtlinien sind vom Generaldirektor nach Anhörung der Anmeldeämter, der Internationalen Recherchenbehörden und der mit der internationalen vorläufigen Prüfung beauftragten Behörden auszuarbeiten und zu erlassen.

b) Sie können durch den Generaldirektor nach Anhörung der Ämter oder Behörden, die ein unmittelbares Interesse an der vorgesehenen Änderung haben, geändert werden.

c) Die Versammlung kann den Generaldirektor auffordern, die Verwaltungsrichtlinien zu ändern; der Generaldirektor muß der Aufforderung Folge leisten.

89.3. Erlaß und Inkrafttreten

a) Die Verwaltungsrichtlinien und ihre Änderungen werden im Blatt bekanntgemacht.

b) [1] In jeder Bekanntmachung wird der Zeitpunkt angegeben, an dem die bekanntgemachten Vorschriften in Kraft treten. [2] Die Zeitpunkte können für verschiedene Vorschriften unterschiedlich sein, jedoch kann keine Vorschrift vor ihrer Bekanntmachung im Blatt in Kraft treten.

Regel 89bis. Einreichung, Bearbeitung und Übermittlung internationaler Anmeldungen und anderer Schriftstücke in elektronischer Form oder mit elektronischen Mitteln

89bis.1. Internationale Anmeldungen

a) Internationale Anmeldungen können vorbehaltlich der Absätze b bis e in elektronischer Form oder mit elektronischen Mitteln gemäß den Verwaltungsvorschriften eingereicht und bearbeitet werden mit der Maßgabe, daß jedes Anmeldeamt die Einreichung internationaler Anmeldungen auf Papier gestatten muß.

b) Diese Ausführungsordnung ist auf internationale Anmeldungen, die in elektronischer Form oder mit elektronischen Mitteln eingereicht werden, vorbehaltlich besonderer Bestimmungen in den Verwaltungsvorschriften, entsprechend anzuwenden.

c) In den Verwaltungsvorschriften werden die Vorschriften und Erfordernisse für die Einreichung und Bearbeitung internationaler Anmeldungen festgelegt, die ganz oder teilweise in elektronischer Form oder mit elektronischen Mitteln eingereicht werden, einschließlich, aber nicht begrenzt auf Vorschriften und Erfordernisse betreffend die Empfangsbescheinigung, die Verfahren für die Zuerkennung eines internationalen Anmeldedatums, die Formerfordernisse und die Folgen in Fall einer Nichterfüllung dieser Erfordernisse, die Unterzeichnung von Schriftstücken, die Mittel zur Bescheinigung der Echtheit von Schriftstücken und der Identität von Beteiligten im Schriftverkehr mit den Ämtern und Behörden, und die Durchführung des Artikels 12 im Zusammenhang mit dem Anmeldeamts-, dem Akten- und dem Recherchenexemplar; sie können ferner unterschiedliche Vorschriften und Erfordernisse für in unterschiedlichen Sprachen eingereichte internationale Anmeldungen enthalten.

d) [1] Kein nationales Amt und keine zwischenstaatliche Organisation ist verpflichtet, in elektronischer Form oder mit elektronischen Mitteln eingereichte internationale Anmeldungen entgegenzunehmen und zu bearbeiten, es sei denn, dieses Amt oder diese Organisation hat dem Internationalen Büro mitgeteilt, daß es bzw. sie hierzu unter Beachtung der diesbezüglichen Verwaltungsvorschriften bereit ist. [2] Das Internationale Büro veröffentlich diese Mitteilung im Blatt.

e) Kein Anmeldeamt, das dem Internationalen Büro eine Mitteilung nach Absatz d zugeleitet hat, darf die Bearbeitung einer in elektronischer Form oder mit elektronischen Mitteln eingereichten internationalen Anmeldung, die den diesbezüglichen Erfordernissen der Verwaltungsvorschriften entspricht, ablehnen.

89bis.2. Andere Schriftstücke

Regel 89bis.1 ist auf andere im Zusammenhang mit internationalen Anmeldungen stehende Unterlagen und Schriftstücke entsprechend anzuwenden.

89bis.3. Übermittlung zwischen Ämtern

Die im Vertrag, in dieser Ausführungsordnung oder in den Verwaltungsvorschriften vorgeschriebene Übermittlung, Zustellung oder Übersendung („Übermittlung") von internationalen Anmeldungen, Mitteilungen, Schriftstücken, Schreiben oder anderen Unterlagen von einem nationalen Amt oder einer zwischenstaatlichen Organisation an ein anderes nationales Amt oder eine andere zwischenstaatliche Organisation kann in elektronischer Form oder mit elektronischen Mitteln erfolgen, wenn Absender und Empfänger dies miteinander vereinbart haben.

Regel 89ter. Kopien in elektronischer Form von auf Papier eingereichten Schriftstücken

89ter.1. Kopien in elektronischer Form von auf Papier eingereichten Schriftstücken

Jedes nationale Amt oder jede zwischenstaatliche Organisation kann vorsehen, daß der Anmelder, der eine internationale Anmeldung oder ein dazugehöriges Schriftstück auf Papier eingereicht hat, eine Kopie davon in elektronischer Form nach Maßgabe der Verwaltungsvorschriften einreichen kann.

Teil F. Regeln zu mehreren Kapiteln des Vertrags

Regel 90. Anwälte und gemeinsame Vertreter

90.1. Bestellung als Anwalt

a) Eine Person, die befugt ist, vor dem nationalen Amt, bei dem die internationale Anmeldung eingereicht wird, oder, wenn die internationale Anmeldung beim Internationalen Büro eingereicht wird, in Bezug auf die internationale Anmeldung vor dem Internationalen Büro als Anmeldeamt aufzutreten, kann vom Anmelder als Anwalt zu seiner Vertretung vor dem Anmeldeamt, dem Internationalen Büro, der Internationalen Recherchenbehörde, einer für die ergänzende Recherche bestimmten Behörde und der mit der internationalen vorläufigen Prüfung beauftragten Behörde bestellt werden.

b) Eine Person, die befugt ist, vor dem nationalen Amt oder der zwischenstaatlichen Organisation aufzutreten, die als Internationale Recherchenbehörde handelt, kann vom Anmelder als Anwalt zu seiner Vertretung speziell vor dieser Behörde bestellt werden.

b-bis) Eine Person, die befugt ist, vor dem nationalen Amt oder der zwischenstaatlichen Organisation aufzutreten, die als für die ergänzende Recherche bestimmte Behörde handelt, kann vom Anmelder als Anwalt zu seiner Vertretung speziell vor dieser Behörde bestellt werden.

c) Eine Person, die befugt ist, vor dem nationalen Amt oder der zwischenstaatlichen Organisation aufzutreten, die als mit der internationalen vorläufigen Prüfung beauftragte Behörde handelt, kann vom Anmelder als Anwalt zu seiner Vertretung speziell vor dieser Behörde bestellt werden.

d) Ein nach Absatz a bestellter Anwalt kann, sofern in dem Schriftstück, in dem er bestellt wird, nichts anderes angegeben ist, einen oder mehrere Unteranwälte bestellen zur Vertretung des Anmelders:

i) vor dem Anmeldeamt, dem Internationalen Büro, der Internationalen Recherchenbehörde, einer für die ergänzende Recherche bestimmten Behörde und der mit der internationalen vorläufigen Prüfung beauftragten Behörde, sofern die als Unteranwälte bestellten Personen befugt sind, vor dem nationalen Amt, bei dem die internationale Anmeldung eingereicht worden ist, oder in Bezug auf die internationale Anmeldung vor dem Internationalen Büro als Anmeldeamt aufzutreten;

ii) speziell vor der Internationalen Recherchenbehörde, einer für die ergänzende Recherche bestimmten Behörde oder der mit der internationalen vorläufigen Prüfung beauftragten Behörde, sofern die als Unteranwälte bestellten Personen befugt sind, vor dem nationalen Amt oder der zwischenstaatlichen Organisation aufzutreten, die als Internationale Recherchenbehörde, als für die ergänzende Recherche bestimmte Behörde oder als mit der internationalen vorläufigen Prüfung beauftragte Behörde handelt.

90.2. Gemeinsamer Vertreter

a) Haben zwei oder mehr Anmelder keinen Anwalt zur gemeinsamen Vertretung nach Regel 90.1 Absatz a („gemeinsamer Anwalt") bestellt, so kann einer der nach Artikel 9 zur Einreichung einer internationalen Anmeldung berechtigten Anmelder, für den alle nach Regel 4.5 Absatz a verlangten Angaben gemacht worden sind, von den übrigen Anmeldern als ihr gemeinsamer Vertreter bestellt werden.

b) Haben zwei oder mehr Anmelder keinen gemeinsamen Anwalt nach Regel 90.1 Absatz a oder keinen gemeinsamen Vertreter nach Absatz a bestellt, so gilt der im Antrag zuerst genannte Anmelder, der nach Regel 19.1 zur Einreichung einer internationalen Anmeldung beim Anmeldeamt berechtigt ist und für den alle nach Regel 4.5 Absatz a verlangten Angaben gemacht worden sind, als gemeinsamer Vertreter aller Anmelder.

90.3. Wirkungen von Handlungen, die durch Anwälte und gemeinsame Vertreter oder diesen gegenüber vorgenommen werden

a) Eine von einem Anwalt oder ihm gegenüber vorgenommene Handlung hat die gleiche Wirkung wie eine von dem oder den Anmeldern oder ihm/ihnen gegenüber vorgenommene Handlung.

b) Vertreten zwei oder mehr Anwälte den- oder dieselben Anmelder, so hat eine von einem dieser Anwälte oder ihm gegenüber vorgenommene Handlung die gleiche Wirkung wie eine von diesem oder diesen Anmeldern oder ihm/ihnen gegenüber vorgenommene Handlung.

c) Vorbehaltlich Regel 90bis.5 Satz 2 hat eine von einem gemeinsamen Vertreter oder dessen Anwalt oder ihm gegenüber vorgenommene Handlung die gleiche Wirkung wie eine von allen Anmeldern oder ihnen gegenüber vorgenommene Handlung.

90.4. Bestellung eines Anwalts oder gemeinsamen Vertreters

a) [1] Ein Anwalt ist vom Anmelder durch Unterzeichnung des Antrags, des Antrags auf internationale vorläufige Prüfung oder einer gesonderten Vollmacht zu bestellen. [2] Die Bestellung eines gemeinsamen Anwalts oder gemeinsamen Vertreters erfolgt bei zwei oder mehr Anmeldern durch jeden Anmelder und zwar wahlweise durch Unterzeichnung des Antrags, des Antrags auf internationale vorläufige Prüfung oder einer gesonderten Vollmacht.

b) Vorbehaltlich der Regel 90.5 ist eine gesonderte Vollmacht entweder beim Anmeldeamt oder beim Internationalen Büro einzureichen; wird jedoch mit der Vollmacht ein Anwalt nach Regel 90.1 Absatz b, b-^{bis}, c oder d Ziffer ii bestellt, so ist sie bei der Internationalen Recherchenbehörde, der für die ergänzende Recherche bestimmten Behörde oder der mit der internationalen vorläufigen Prüfung beauftragten Behörde einzureichen.

c) Ist die gesonderte Vollmacht nicht unterzeichnet, fehlt sie oder entspricht die Angabe des Namens oder der Anschrift des Vertreters nicht der Regel 4.4, so gilt die Vollmacht bis zur Behebung dieses Mangels als nicht erteilt.

d) Vorbehaltlich des Absatzes e kann jedes Anmeldeamt, jede Internationale Recherchenbehörde, jede für ergänzende Recherchen zuständige Behörde, jede mit der internationalen vorläufigen Prüfung beauftragte Behörde und das Internationale Büro auf das Erfordernis nach Absatz b verzichten, wonach bei ihm beziehungsweise bei ihr eine gesonderte Vollmacht einzureichen ist; in diesem Fall ist Absatz c nicht anzuwenden.

e) Reicht der Anwalt oder der gemeinsame Vertreter eine Zurücknahmeerklärung gemäß den Regeln 90bis.1 bis 90bis.4 ein, so wird nicht gemäß Absatz d auf das Erfordernis nach Absatz b verzichtet, wonach eine gesonderte Vollmacht einzureichen ist.

90.5. Allgemeine Vollmacht

a) [1] In bezug auf eine bestimmte internationale Anmeldung kann ein Anwalt dadurch bestellt werden, daß im Antrag, im Antrag auf internationale vorläufige Prüfung oder in einer gesonderten Mitteilung auf eine bereits vorhandene gesonderte Vollmacht, in der dieser Anwalt zur Vertretung des Anmelders für alle internationalen Anmeldungen dieses Anmelders bestellt worden ist (d.h. [2] eine „allgemeine Vollmacht"), Bezug genommen wird, sofern

i) die allgemeine Vollmacht nach Absatz b hinterlegt worden ist und

ii) eine Abschrift davon dem Antrag, dem Antrag auf internationale vorläufige Prüfung oder der gesonderten Mitteilung beigefügt ist. Diese Abschrift muß nicht unterzeichnet sein.

b) Die allgemeine Vollmacht ist beim Anmeldeamt zu hinterlegen; wird jedoch mit der Vollmacht ein Anwalt nach Regel 90.1 Absatz b, b-^{bis}, c oder d Ziffer ii bestellt, so ist sie bei der Internationalen Recherchenbehörde, der für die ergänzende Recherche bestimmten Behörde oder der mit der internationalen vorläufigen Prüfung beauftragten Behörde zu hinterlegen.

c) Jedes Anmeldeamt, jede Internationale Recherchenbehörde, jede für ergänzende Recherchen zuständige Behörde und jede mit der internationalen vorläufigen Prüfung beauftragte Behörde kann auf das Erfordernis nach Absatz a Ziffer ii verzichten, wonach eine Abschrift der allgemeinen Vollmacht dem Antrag, dem Antrag auf internationale vorläufige Prüfung oder der gesonderten Mitteilung beigefügt sein muss.

d) Reicht der Anwalt beim Anmeldeamt, bei der für die ergänzende Recherche bestimmten Behörde, der mit der internationalen vorläufigen Prüfung beauftragten Behörde oder beim Internationalen Büro eine Zurücknahmeerklärung nach Regel 90bis.1 bis 90bis.4 ein, so ist diesem Amt, dieser Behörde oder diesem Büro ungeachtet des Absatzes c eine Abschrift der allgemeinen Vollmacht vorzulegen.

90.6. Widerruf und Verzicht

a) [1] Die Bestellung eines Anwalts oder gemeinsamen Vertreters kann von den Personen, die die Bestellung vorgenommen haben, oder von ihren Rechtsnachfolgern widerrufen werden; in diesem Fall gilt die Bestellung eines Unteranwalts nach Regel 90.1 Absatz d ebenfalls als widerrufen. [2] Die Bestellung eines Unteranwalts nach Regel 90.1 Absatz d kann auch vom Anmelder widerrufen werden.

b) Die Bestellung eines Anwalts nach Regel 90.1 Absatz a hat, sofern nichts anderes angegeben ist, die Wirkung eines Widerrufs der nach dieser Regel vorgenommenen früheren Bestellung eines Anwalts.

c) Die Bestellung eines gemeinsamen Vertreters hat, sofern nichts anderes angegeben ist, die Wirkung eines Widerrufs der früheren Bestellung eines gemeinsamen Vertreters.

d) Ein Anwalt oder gemeinsamer Vertreter kann durch eine von ihm unterzeichnete Mitteilung auf seine Bestellung verzichten.

e) Regel 90.4 Absätze b und c gilt entsprechend für ein Schriftstück, das einen Widerruf oder einen Verzicht nach dieser Regel enthält.

Regel 90bis. Zurücknahmen

90bis.1. Zurücknahme der internationalen Anmeldung

a) Der Anmelder kann die internationale Anmeldung vor Ablauf von 30 Monaten seit dem Prioritätsdatum jederzeit zurücknehmen.

b) Die Zurücknahme wird mit Eingang einer wahlweise an das Internationale Büro, das Anmeldeamt oder, wenn Artikel 39 Absatz 1 anwendbar ist, die mit der internationalen vorläufigen Prüfung beauftragte Behörde gerichteten Erklärung des Anmelders wirksam.

c) Die internationale Veröffentlichung der internationalen Anmeldung unterbleibt, wenn die vom Anmelder übersandte oder durch das Anmeldeamt oder die mit der internationalen vorläufigen Prüfung beauftragte Behörde übermittelte Zurücknahmeerklärung beim Internationalen Büro vor Abschluß der technischen Vorbereitungen für die internationale Veröffentlichung eingeht.

90bis.2. Zurücknahme von Bestimmungen

a) [1] Der Anmelder kann die Bestimmung eines Bestimmungsstaats vor Ablauf von 30 Monaten seit dem Prioritätsdatum jederzeit zurücknehmen. [2] Die Zurücknahme der Bestimmung eines ausgewählten Staats bewirkt die Zurücknahme der entsprechenden Auswahlerklärung nach Regel 90bis.4.

b) Ist ein Staat zur Erlangung sowohl eines nationalen als auch eines regionalen Patents bestimmt worden, so gilt die Zurücknahme der Bestimmung dieses Staates nur als Zurücknahme der Bestimmung für ein nationales Patent, sofern nichts anderes angegeben ist.

c) Die Zurücknahme der Bestimmungen aller Bestimmungsstaaten gilt als Zurücknahme der internationalen Anmeldung nach Regel 90bis.1.

d) Die Zurücknahme wird mit Eingang einer wahlweise an das Internationale Büro, das Anmeldeamt oder, wenn Artikel 39 Absatz 1 anwendbar ist, an die mit der internationalen vorläufigen Prüfung beauftragte Behörde gerichteten Erklärung des Anmelders wirksam.

e) Die internationale Veröffentlichung der Bestimmung unterbleibt, wenn die vom Anmelder übersandte oder durch das Anmeldeamt oder die mit der internationalen vorläufigen Prüfung beauftragte Behörde übermittelte Zurücknahmeerklärung beim Internationalen Büro vor Abschluß der technischen Vorbereitungen für die internationale Veröffentlichung eingeht.

90bis.3. Zurücknahme von Prioritätsansprüchen

a) Der Anmelder kann eine nach Artikel 8 Absatz 1 in der internationalen Anmeldung in Anspruch genommene Priorität vor Ablauf von 30 Monaten seit dem Prioritätsdatum jederzeit zurücknehmen.

b) Enthält die internationale Anmeldung mehr als einen Prioritätsanspruch, so kann der Anmelder das in Absatz a vorgesehene Recht für einen, mehrere oder für alle Prioritätsansprüche ausüben.

c) Die Zurücknahme wird mit Eingang einer wahlweise an das Internationale Büro, das Anmeldeamt oder, wenn Artikel 39 Absatz 1 anwendbar ist, an die mit der internationalen vorläufigen Prüfung beauftragte Behörde gerichteten Erklärung des Anmelders wirksam.

d) Führt die Zurücknahme eines Prioritätsanspruchs zu einer Änderung des Prioritätsdatums, so wird eine aufgrund des ursprünglichen Prioritätsdatums berechnete und noch nicht abgelaufene Frist vorbehaltlich Absatz e nach dem geänderten Prioritätsdatum berechnet.

e) Im Falle der Frist nach Artikel 21 Absatz 2 Buchstabe a kann das Internationale Büro die internationale Veröffentlichung dennoch auf der Grundlage der nach dem ursprünglichen Prioritätsdatum berechneten Frist vornehmen, wenn die vom Anmelder übersandte oder durch das Anmeldeamt oder die mit der internationalen vorläufigen Prüfung beauftragte Behörde übermittelte Zurücknahmeerklärung beim Internationalen Büro nach Abschluß der technischen Vorbereitungen für die internationale Veröffentlichung eingeht.

90bis.3bis. Zurücknahme des Antrags auf eine ergänzende Recherche

a) Der Anmelder kann den Antrag auf eine ergänzende Recherche vor dem Datum der nach Regel 45bis.8 Absatz a erfolgenden Übermittlung des ergänzenden internationalen Recherchenberichts oder der Erklärung, dass kein solcher Bericht erstellt wird, an den Anmelder und an das Internationale Büro jederzeit zurücknehmen.

b) [1] Die Zurücknahme wird nach Eingang einer wahlweise an die für die ergänzende Recherche bestimmte Behörde oder an das Internationale Büro gerichteten Erklärung des Anmelders innerhalb der in Absatz a genannten Frist wirksam. [2] Wenn die Erklärung nicht rechtzeitig bei der für die ergänzende Recherche bestimmten Behörde eingeht, um die in Absatz a genannte Übermittlung des Berichts oder der Erklärung zu verhindern, findet die Übermittlung dieses Berichts oder dieser Erklärung nach Artikel 20 Absatz 1, der nach Regel 45bis.8 Absatz b anzuwenden ist, dennoch statt.

90bis.4. Zurücknahme des Antrags oder von Auswahlerklärungen

a) Der Anmelder kann den Antrag auf internationale vorläufige Prüfung, eine oder alle Auswahlerklärungen vor Ablauf von 30 Monaten seit dem Prioritätsdatum jederzeit zurücknehmen.

b) Die Zurücknahme wird mit Eingang der vom Anmelder an das Internationale Büro gerichteten Erklärung wirksam.

c) [1] Reicht der Anmelder die Zurücknahmeerklärung bei der mit der internationalen vorläufigen Prüfung beauftragten Behörde ein, so vermerkt diese das Eingangsdatum auf der Erklärung und leitet sie unverzüglich an das Internationale Büro weiter. [2] Die Erklärung gilt an dem so vermerkten Eingangsdatum beim Internationalen Büro als eingereicht.

90bis.5. Unterschrift

[1] Eine Zurücknahmeerklärung nach den Regeln 90bis.1 bis 90bis.4 ist vom Anmelder oder bei zwei oder mehr Anmeldern von ihnen allen zu unterzeichnen. [2] Ein Anmelder, der als gemeinsamer Vertreter nach Regel 90.2 Absatz b

gilt, ist nicht berechtigt, eine solche Erklärung für die anderen Anmelder zu unterzeichnen.

90bis.6. Wirkung der Zurücknahme

a) Die nach Regel 90bis erfolgte Zurücknahme der internationalen Anmeldung, einer Bestimmung, eines Prioritätsanspruchs, des Antrags oder einer Auswahlerklärung hat keine Wirkung für ein Bestimmungsamt oder ausgewähltes Amt, in dem die Bearbeitung oder Prüfung der internationalen Anmeldung nach Artikel 23 Absatz 2 oder Artikel 40 Absatz 2 bereits begonnen hat.

b) Wird die internationale Anmeldung nach Regel 90bis.1 zurückgenommen, so wird die internationale Bearbeitung der internationalen Anmeldung eingestellt.

b-^bis^) Wird ein Antrag auf eine ergänzende Recherche nach Regel 90bis.3bis zurückgenommen, so wird die ergänzende internationale Recherche von der betreffenden Behörde eingestellt.

c) Werden der Antrag auf internationale vorläufige Prüfung oder alle Auswahlerklärungen nach Regel 90bis.4 zurückgenommen, so wird die Bearbeitung der internationalen Anmeldung durch die mit der internationalen vorläufigen Prüfung beauftragte Behörde eingestellt.

90bis.7. Regelung nach Artikel 37 Absatz 4 Buchstabe b

a) Ein Vertragsstaat, dessen nationales Recht die in Artikel 37 Absatz 4 Buchstabe b, 2. Halbsatz, umschriebene Regelung enthält, unterrichtet das Internationale Büro schriftlich hiervon.

b) Die Mitteilung nach Absatz a wird vom Internationalen Büro unverzüglich im Blatt veröffentlicht und ist für internationale Anmeldungen wirksam, die später als einen Monat nach dem Datum dieser Veröffentlichung eingereicht werden.

Regel 91. Berichtigung offensichtlicher Fehler in der internationalen Anmeldung und in anderen Schriftstücken

91.1. Berichtigung offensichtlicher Fehler

a) Auf Antrag des Anmelders kann ein in der internationalen Anmeldung oder in einem anderen vom Anmelder eingereichten Schriftstück enthaltener offensichtlicher Fehler nach dieser Regel berichtigt werden.

b) Die Berichtigung eines Fehlers bedarf der Zustimmung der „zuständigen Behörde“, nämlich

i) im Falle eines Fehlers im Antragsformblatt der internationalen Anmeldung oder in einer Berichtigung desselben – des Anmeldeamts;

ii) im Falle eines Fehlers in der Beschreibung, den Ansprüchen oder den Zeichnungen oder in einer Berichtigung derselben, sofern die mit der internationalen vorläufigen Prüfung beauftragte Behörde nicht nach Ziffer iii zuständig ist – der Internationalen Recherchenbehörde;

iii) im Falle eines Fehlers in der Beschreibung, den Ansprüchen oder den Zeichnungen oder in einer Berichtigung derselben oder in einer Änderung nach Artikel 19 oder 34, wenn ein Antrag auf internationale vorläufige Prüfung gestellt und nicht zurückgenommen wurde und das Datum, an dem die internationale vorläufige Prüfung nach Regel 69.1 beginnen muss, abgelaufen ist – der mit der internationalen vorläufigen Prüfung beauftragten Behörde;

iv) im Falle eines Fehlers in einem Schriftstück, das nicht unter den Ziffern i bis iii genannt ist und beim Anmeldeamt, bei der Internationalen Recherchenbehörde, bei der mit der internationalen vorläufigen Prüfung beauftragten Behörde oder beim Internationalen Büro eingereicht wurde, unter Ausschluss eines Fehlers in der Zusammenfassung oder in einer Änderung nach Artikel 19 – dieses Amtes, der Behörde bzw. des Büros.

c) Die zuständige Behörde stimmt der Berichtigung eines Fehlers nach dieser Regel nur dann zu, wenn es für die zuständige Behörde offensichtlich ist, dass am nach Absatz f anwendbaren Datum etwas anderes beabsichtigt war als das, was im betreffenden Schriftstück enthalten ist, und dass nichts anderes beabsichtigt sein konnte als das, was als Berichtigung vorgeschlagen wird.

d) Im Falle eines Fehlers in der Beschreibung, den Ansprüchen oder den Zeichnungen oder in einer Berichtigung oder Änderung derselben berücksichtigt die zuständige Behörde für die Zwecke des Absatzes c nur den Inhalt der Beschreibung, der Ansprüche und der Zeichnungen und gegebenenfalls die betreffende Berichtigung oder Änderung.

e) Im Falle eines Fehlers im Antragsformblatt der internationalen Anmeldung oder in einer Berichtigung desselben oder in einem in Absatz b Ziffer iv genannten Schriftstück berücksichtigt die zuständige Behörde für die Zwecke des Absatzes c nur den Inhalt der internationalen Anmeldung selbst sowie gegebenenfalls den Inhalt der betreffenden Berichtigung oder des in Absatz b Ziffer iv genannten Schriftstücks, zusammen mit jedem anderen mit dem Antrag, der Berichtigung bzw. dem Schriftstück eingereichten Schriftstück, jedem Prioritätsbeleg betreffend die internationale Anmeldung, der der Behörde nach Maßgabe der Verwaltungsvorschriften zur Verfügung steht, und jedem anderen Schriftstück, das sich am nach Absatz f anwendbaren Datum in der Akte der internationalen Anmeldung der Behörde befindet.

f) Das für die Zwecke der Absätze c und e anwendbare Datum ist

i) im Falle eines Fehlers in einem Teil der internationalen Anmeldung in der ursprünglich eingereichten Fassung – das internationale Anmeldedatum;

ii) im Falle eines Fehlers in einem anderen Schriftstück als in der internationalen Anmeldung in der ursprünglich eingereichten Fassung, einschließlich eines Fehlers in einer Berichtigung oder Änderung der internationalen Anmeldung – das Datum, an dem dieses Schriftstück eingereicht worden ist.

g) Ein Fehler ist nach dieser Regel nicht berichtigungsfähig, wenn

i) der Fehler darin besteht, dass ein oder mehrere ganze in Artikel 3 Absatz 2 genannte Bestandteile oder eine oder mehrere Blätter der internationalen Anmeldung fehlen,

ii) sich der Fehler in der Zusammenfassung befindet,

iii) sich der Fehler in einer Änderung nach Artikel 19 befindet, es sei denn, die mit der internationalen vorläufigen Prüfung beauftragte Behörde ist die für die Zustimmung zur Berichtigung eines solchen Fehlers nach Absatz b Ziffer iii zuständige Behörde, oder

iv) sich der Fehler in einem Prioritätsanspruch oder in einer Mitteilung über die Berichtigung oder Hinzufügung eines Prioritätsanspruchs nach Regel

26bis.1 Absatz a befindet und die Berichtigung des Fehlers zu einer Änderung des Prioritätsdatums führen würde,

mit der Maßgabe, dass dieser Absatz keinen Einfluss auf die Geltung der Regeln 20.4, 20.5, 26bis und 38.3 hat.

h) Findet das Anmeldeamt, die Internationale Recherchenbehörde, die mit der internationalen vorläufigen Prüfung beauftragte Behörde oder das Internationale Büro in der internationalen Anmeldung oder in einem anderen Schriftstück einen dem Anschein nach berichtigungsfähigen offensichtlichen Fehler, so kann dieses Amt, diese Behörde bzw. das Internationale Büro den Anmelder auffordern, einen Antrag auf Berichtigung nach dieser Regel zu stellen.

91.2. Anträge auf Berichtigung

[1] Ein Antrag auf Berichtigung nach Regel 91.1 muss bei der zuständigen Behörde innerhalb einer Frist von 26 Monaten seit dem Prioritätsdatum gestellt werden. [2] Der Antrag muss den zu berichtigenden Fehler und die vorgeschlagene Berichtigung im Einzelnen darlegen und kann auf Wunsch des Anmelders eine kurze Erläuterung enthalten. [3] Die Regel 26.4 findet auf die Art und Weise, wie die vorgeschlagene Berichtigung anzugeben ist, entsprechend Anwendung.

91.3. Zustimmung und Wirkung von Berichtigungen

a) [1] Die zuständige Behörde entscheidet unverzüglich darüber, ob sie einer Berichtigung nach Regel 91.1 zustimmt oder die Zustimmung verweigert, und unterrichtet den Anmelder und das Internationale Büro unverzüglich über die Zustimmung oder die Verweigerung der Zustimmung und, im Fall einer Verweigerung, über die Gründe. [2] Das Internationale Büro verfährt nach Maßgabe der Verwaltungsvorschriften und unterrichtet, soweit erforderlich, das Anmeldeamt, die Internationale Recherchenbehörde, die mit der internationalen vorläufigen Prüfung beauftragte Behörde, die Bestimmungsämter und die ausgewählten Ämter über die Zustimmung oder die Verweigerung der Zustimmung.

b) Im Falle der Zustimmung zur Berichtigung eines offensichtlichen Fehlers nach Regel 91.1 wird das betreffende Schriftstück nach Maßgabe der Verwaltungsvorschriften berichtigt.

c) Wurde der Berichtigung eines offensichtlichen Fehlers zugestimmt, so wird diese wirksam:

i) im Falle eines Fehlers in der internationalen Anmeldung in der ursprünglichen Fassung, ab dem internationalen Anmeldedatum;

ii) im Falle eines Fehlers in einem anderen Schriftstück als der internationalen Anmeldung in der ursprünglich eingereichten Fassung, einschließlich eines Fehlers in einer Berichtigung oder Änderung der internationalen Anmeldung, ab dem Datum, an dem dieses Schriftstück eingereicht wurde.

d) [1] Verweigert die zuständige Behörde die Zustimmung zur Berichtigung nach Regel 91.1, so veröffentlicht das Internationale Büro auf Antrag des Anmelders, der innerhalb einer Frist von zwei Monaten ab dem Datum der Verweigerung der Zustimmung an das Internationale Büro zu senden ist, und vorbehaltlich der Entrichtung einer besonderen Gebühr, deren Höhe in den Verwaltungsvorschriften festgesetzt wird, den Antrag auf Berichtigung, die Gründe für die Verweigerung durch die Behörde sowie gegebenenfalls jede weitere durch den Anmelder eingereichte kurze Stellungnahme, sofern möglich, zusammen mit der internationalen Anmeldung. [2] Eine Kopie des Antrags, der Begründung und gegebenenfalls der Stellungnahme wird, wenn möglich, in die Übermittlung nach Artikel 20 aufgenommen, sofern die internationale Anmeldung aufgrund des Artikels 64 Absatz 3 nicht veröffentlicht wird.

e) Die Berichtigung eines offensichtlichen Fehlers muss von einem Bestimmungsamt, das mit der Bearbeitung oder Prüfung der internationalen Anmeldung bereits vor dem Datum begonnen hat, an dem dieses Amt nach Regel 91.3 Absatz a durch die zuständige Behörde von der Zustimmung durch die zuständige Behörde zur Berichtigung unterrichtet wurde, nicht berücksichtigt werden.

f) Ein Bestimmungsamt kann eine Berichtigung, der nach Regel 91.1 zugestimmt wurde, nur dann unberücksichtigt lassen, wenn es feststellt, dass es, wäre es die zuständige Behörde gewesen, dieser Berichtigung nach Regel 91.1 nicht zugestimmt hätte, mit der Maßgabe, dass ein Bestimmungsamt eine Berichtigung, der nach Regel 91.1 zugestimmt wurde, nicht unberücksichtigt lassen darf, ohne dem Anmelder vorher innerhalb einer den Umständen nach angemessenen Frist die Gelegenheit zu geben, zu dieser Absicht Stellung zu nehmen.

Regel 92. Schriftverkehr

92.1. Erfordernis von Begleitschreiben und Unterschriften

a) [1] Jedem vom Anmelder im Verlauf des internationalen Verfahrens gemäß dem Vertrag und dieser Ausführungsordnung übermittelten Schriftstück, ausgenommen die internationale Anmeldung selbst, ist, wenn es nicht selbst die Form eines Schreibens hat, ein Begleitschreiben beizufügen, in dem die internationale Anmeldung zu bezeichnen ist, auf die sich das Schriftstück bezieht. [2] Das Begleitschreiben ist vom Anmelder zu unterzeichnen.

b) [1] Sind die Erfordernisse des Absatzes a nicht erfüllt, so wird der Anmelder hiervon unterrichtet und aufgefordert, das Versäumnis innerhalb einer in der Aufforderung festgesetzten Frist nachzuholen. [2] Die festgesetzte Frist hat den Umständen nach angemessen zu sein; auch wenn die festgesetzte Frist später abläuft als die für die Einreichung des Schriftstücks maßgebende Frist (oder diese Frist bereits abgelaufen ist), darf sie jedoch nicht weniger als zehn Tage und nicht mehr als einen Monat seit der Absendung der Aufforderung betragen. [3] Wird das Versäumnis innerhalb der in der Aufforderung festgesetzten Frist nachgeholt, so bleibt das Versäumnis außer Betracht; andernfalls wird der Anmelder davon unterrichtet, daß das Schriftstück unberücksichtigt bleibt.

c) Waren die Erfordernisse des Absatzes a nicht erfüllt, ist das Schriftstück jedoch im internationalen Verfahren berücksichtigt worden, so bleibt die Nichterfüllung außer Betracht.

92.2. Sprachen

a) [1] Vorbehaltlich der Regeln 55.1 und 55.3 sowie des Absatzes b ist ein vom Anmelder bei der Internationalen Recherchenbehörde oder der mit der internationalen vorläufigen Prüfung beauftragten Behörde eingereichtes Schreiben oder Schriftstück in derselben Sprache abzufassen wie die zugehörige internationale Anmeldung. [2] Ist jedoch eine Übersetzung der internationalen Anmeldung nach Regel 23.1 Absatz b übermittelt oder nach Regel 55.2 eingereicht worden, so ist die Sprache der Übersetzung zu verwenden.

b) Jedes Schreiben des Anmelders an die Internationale Recherchenbehörde oder die mit der internationalen vorläufigen Prüfung beauftragte Behörde kann in einer anderen Sprache als der Sprache der internationalen Anmeldung abgefaßt sein, wenn diese Behörde den Gebrauch der anderen Sprache zugelassen hat.

c) *(gestrichen)*

d) Jedes Schreiben des Anmelders an das Internationale Büro wird in englischer oder französischer Sprache oder in einer anderen durch die Verwaltungsvorschriften zugelassenen Veröffentlichungssprache abgefasst.

e) Jedes Schreiben oder jede Mitteilung des Internationalen Büros an den Anmelder oder an ein nationales Amt wird in englischer oder französischer Sprache abgefaßt.

92.3. Postversand durch nationale Ämter oder zwischenstaatliche Organisationen

Ein Schriftstück oder Schreiben, das von einem nationalen Amt oder einer zwischenstaatlichen Organisation abgesandt oder übermittelt wird und ein Ereignis darstellt, das den Lauf einer im Vertrag oder dieser Ausführungsordnung vorgesehenen Frist in Gang setzt, ist als Luftpostsendung aufzugeben; der Versand kann jedoch mit normaler Post erfolgen, wenn solche Sendungen regelmäßig zwei Tage nach der Aufgabe beim Empfänger eingehen oder ein Luftpostdienst nicht zur Verfügung steht.

92.4. Benutzung des Telegrafen, Fernschreibers, Telefaxgeräts usw

a) Unbeschadet der Regeln 11.14 und 92.1 Absatz a und vorbehaltlich des Absatzes h können die Unterlagen der internationalen Anmeldung und alle sie betreffenden späteren Schriftstücke oder Schreiben, soweit möglich, mittels Telegraf, Fernschreiber, Telefax oder ähnlicher Einrichtungen zur Nachrichtenübermittlung, die zur Einreichung eines gedruckten oder geschriebenen Schriftstücks führen, übermittelt werden.

b) Eine Unterschrift auf einem durch Telefax übermittelten Schriftstück wird für die Zwecke des Vertrags und dieser Ausführungsordnung als ordnungsgemäße Unterschrift anerkannt.

c) [1] Hat der Anmelder versucht, ein Schriftstück mit einer der in Absatz a genannten Einrichtungen zu übermitteln und ist das übermittelte Schriftstück ganz oder teilweise unleserlich oder unvollständig eingegangen, so gilt es als nicht eingegangen, soweit es unleserlich ist oder der Übermittlungsversuch fehlgeschlagen ist. [2] Das nationale Amt oder die zwischenstaatliche Organisation unterrichtet den Anmelder unverzüglich hiervon.

d) [1] Ein nationales Amt oder eine zwischenstaatliche Organisation kann verlangen, daß das Original eines mit den in Absatz a genannten Einrichtungen übermittelten Schriftstücks und ein Begleitschreiben mit Angaben über diese frühere Übermittlung innerhalb von 14 Tagen seit dieser Übermittlung eingereicht werden, sofern dieses Erfordernis dem Internationalen Büro mitgeteilt worden ist und dieses Angaben hierüber im Blatt veröffentlicht hat. [2] In der Mitteilung ist anzugeben, ob dieses Erfordernis alle oder nur bestimmte Arten von Schriftstücken betrifft.

e) Versäumt der Anmelder die nach Absatz d erforderliche Einreichung des Originals eines Schriftstücks, so kann das nationale Amt oder die zwischenstaatliche Organisation je nach Art des übermittelten Schriftstücks im Hinblick auf die Regeln 11 und 26.3

i) von der Einhaltung der Vorschrift nach Absatz d absehen oder

ii) den Anmelder auffordern, das Original des übermittelten Schriftstücks innerhalb einer in der Aufforderung gesetzten und den Umständen nach angemessenen Frist einzureichen;

weist jedoch das übermittelte Schriftstück Mängel auf oder ist daraus ersichtlich, daß das Original Mängel aufweist, zu deren Behebung das nationale Amt oder die zwischenstaatliche Organisation den Anmelder auffordern kann, so kann dieses Amt oder diese Organisation dies zusätzlich oder an Stelle des Verfahrens nach Ziffer i oder ii tun.

f) Ist die Einreichung des Originals eines Schriftstücks nach Absatz d nicht erforderlich, hält jedoch das nationale Amt oder die zwischenstaatliche Organisation die Vorlage des Originals des genannten Schriftstücks für notwendig, so kann dieses Amt oder diese Organisation den Anmelder hierzu nach Absatz e Ziffer ii auffordern.

g) Kommt der Anmelder einer Aufforderung nach Absatz e Ziffer ii oder Absatz f nicht nach und handelt es sich bei dem Schriftstück

i) um die internationale Anmeldung, so gilt diese als zurückgenommen und wird vom Anmeldeamt für zurückgenommen erklärt;

ii) um ein zur internationalen Anmeldung nachgereichtes Schriftstück, so gilt das Schriftstück als nicht eingereicht.

h) Ein nationales Amt und eine zwischenstaatliche Organisation ist nicht verpflichtet, ein durch die in Absatz a genannten Einrichtungen übermitteltes Schriftstück entgegenzunehmen, es sei denn, das Amt oder die zwischenstaatliche Organisation hat dem Internationalen Büro mitgeteilt, daß so übermittelte Schriftstücke entgegengenommen werden, und das Internationale Büro Angaben hierüber im Blatt veröffentlicht hat.

Regel 92bis. Eintragung von Änderungen bestimmter Angaben im Antrag oder im Antrag auf internationale vorläufige Prüfung

92bis.1. Eintragung von Änderungen durch das Internationale Büro

a) Auf Antrag des Anmelders oder des Anmeldeamts vermerkt das Internationale Büro Änderungen folgender im Antrag oder im Antrag auf internationale vorläufige Prüfung enthaltener Angaben:

i) Person, Name, Wohnsitz oder Sitz, Staatsangehörigkeit oder Anschrift des Anmelders,

ii) Person, Name oder Anschrift des Anwalts, des gemeinsamen Vertreters oder des Erfinders.

b) Das Internationale Büro trägt die beantragte Änderung nicht ein, wenn ihm der Eintragungsantrag nach Ablauf von 30 Monaten ab dem Prioritätsdatum zugeht.

Regel 93. Aufbewahrung von Vorgängen und Akten

93.1. Das Anmeldeamt

Jedes Anmeldeamt bewahrt die Vorgänge über jede internationale Anmeldung oder vorgebliche internationale Anmeldung, einschließlich des Anmeldeamtsexemplars für eine Zeitdauer von mindestens zehn Jahren nach dem internationalen Anmeldedatum oder nach dem Eingangsdatum, wenn kein internationales Anmeldedatum zuerkannt worden ist, auf.

93.2. Das Internationale Büro

a) Das Internationale Büro bewahrt die Akten über jede internationale Anmeldung, einschließlich des Aktenexemplars, für eine Zeitdauer von mindestens 30 Jahren nach Eingang des Aktenexemplars auf.

b) Die wesentlichen Vorgänge des Internationalen Büros werden für eine unbeschränkte Zeitdauer aufbewahrt.

93.3. Die Internationalen Recherchenbehörden und die mit der internationalen vorläufigen Prüfung beauftragten Behörden

Jede Internationale Recherchenbehörde und jede mit der internationalen vorläufigen Prüfung beauftragte Behörde bewahrt die Akten über jede ihr übermittelte internationale Anmeldung für eine Zeitdauer von mindestens zehn Jahren nach dem internationalen Anmeldedatum auf.

93.4. Vervielfältigungen

Für die Zwecke dieser Regel können Vorgänge, Exemplare und Akten als fotografische, elektronische oder sonstige Vervielfältigungen aufbewahrt werden, vorausgesetzt, daß die Vervielfältigungen so beschaffen sind, daß den Verpflichtungen zur Aufbewahrung von Vorgängen, Exemplaren und Akten nach den Regeln 93.1 bis 93.3 Genüge getan ist.

Regel 93bis. Art der Übermittlung von Unterlagen

93bis.1. Übermittlung auf Antrag; Übermittlung über eine digitale Bibliothek

a) [1] Die im Vertrag, in dieser Ausführungsordnung oder in den Verwaltungsvorschriften vorgeschriebene Übermittlung, Zustellung oder Übersendung („Übermittlung") von internationalen Anmeldungen, Mitteilungen, Schriftstücken, Schreiben oder anderen Unterlagen („Unterlagen") vom Internationalen Büro an ein Bestimmungsamt oder ein ausgewähltes Amt wird nur auf Anforderung des betreffenden Amts und zu dem von ihm genannten Zeitpunkt vorgenommen. [2] Die Anforderung kann sich auf einzeln angegebene Unterlagen oder auf eine angegebene Art beziehungsweise Arten von Unterlagen beziehen.

b) Eine Übermittlung nach Absatz a gilt, wenn das Internationale Büro und das betreffende Bestimmungsamt oder das betreffende ausgewählte Amt dies miteinander vereinbart haben, als zu dem Zeitpunkt erfolgt, zu dem das Internationale Büro dem Amt die Unterlage in elektronischer Form nach Maßgabe der Verwaltungsvorschriften in einer digitalen Bibliothek zur Verfügung stellt, aus der dieses Amt berechtigt ist, die Unterlagen abzurufen.

Regel 94. Akteneinsicht

94.1. Akteneinsicht beim Internationalen Büro

a) Auf Antrag des Anmelders oder einer von ihm bevollmächtigten Person erteilt das Internationale Büro, gegen Erstattung der entstehenden Kosten, Kopien von allen in seiner Akte befindlichen Schriftstücken.

b) [1] Vorbehaltlich des Artikels 38 und der Absätze d bis g erteilt das Internationale Büro nach der internationalen Veröffentlichung der internationalen Anmeldung jedermann auf Antrag Kopien von allen in seiner Akte befindlichen

Schriftstücken. [2]Die Ausstellung von Kopien kann von der Erstattung der entstehenden Kosten abhängig gemacht werden.

c) [1]Auf Antrag eines ausgewählten Amts stellt das Internationale Büro im Namen dieses Amts Kopien des internationalen vorläufigen Prüfungsberichts nach Absatz b zur Verfügung. [2]Das Internationale Büro veröffentlicht die Einzelheiten eines solchen Antrags unverzüglich im Blatt.

d) Das Internationale Büro gewährt keine Einsicht in die in seiner Akte enthaltenen Angaben, die gemäß Regel 48.2 Absatz l von der Veröffentlichung ausgeschlossen wurden, und in die in seiner Akte befindlichen Schriftstücke, die im Zusammenhang mit einem Antrag nach jener Regel stehen.

e) [1]Auf begründeten Antrag des Anmelders gewährt das Internationale Büro keine Einsicht in die in seiner Akte enthaltenen Angaben und in die in seiner Akte befindlichen Schriftstücke, die im Zusammenhang mit einem solchen Antrag stehen, wenn es feststellt, dass

i) diese Angaben nicht offensichtlich dem Zweck dienen, die Öffentlichkeit über die internationale Anmeldung zu unterrichten,
ii) die öffentliche Einsicht in diese Angaben eindeutig persönliche oder wirtschaftliche Interessen einer Person beeinträchtigen würde und
iii) kein vorherrschendes öffentliches Interesse an der Einsicht in diese Angaben besteht.

[2]Regel 26.4 findet entsprechend Anwendung auf die Art und Weise, in der der Anmelder die Angaben darzulegen hat, die Gegenstand eines Antrags nach diesem Absatz sind.

f) Hat das Internationale Büro Angaben von der öffentlichen Einsichtnahme gemäß Absatz d oder e ausgeschlossen und sind diese Angaben auch in der Akte der internationalen Anmeldung enthalten, die sich beim Anmeldeamt, der Internationalen Recherchenbehörde, der für die ergänzende Recherche bestimmten Behörde oder der mit der internationalen vorläufigen Prüfung beauftragten Behörde befindet, so teilt das Internationale Büro dies diesem Amt und dieser Behörde unverzüglich mit.

g) Das Internationale Büro gewährt keine Einsicht in die in seiner Akte befindlichen Schriftstücke, die ausschließlich für den internen Gebrauch innerhalb des Internationalen Büros erstellt wurden.

94.1^{bis}. Akteneinsicht beim Anmeldeamt

a) [1]Auf Antrag des Anmelders oder einer von ihm bevollmächtigten Person kann das Anmeldeamt Einsicht in alle in seiner Akte befindlichen Schriftstücke gewähren. [2]Die Ausstellung von Kopien von Schriftstücken kann von der Erstattung der entstehenden Kosten abhängig gemacht werden.

b) [1]Vorbehaltlich des Absatzes c kann das Anmeldeamt nach der internationalen Veröffentlichung der internationalen Anmeldung jedermann auf Antrag Einsicht in alle in seiner Akte befindlichen Schriftstücke gewähren. [2]Die Ausstellung von Kopien von Schriftstücken kann von der Erstattung der entstehenden Kosten abhängig gemacht werden.

c) Das Anmeldeamt gewährt keine Einsicht nach Absatz b in Angaben, hinsichtlich derer es vom Internationalen Büro davon in Kenntnis gesetzt wurde, dass diese Angaben gemäß Regel 48.2 Absatz l von der Veröffentlichung oder gemäß Regel 94.1 Absatz d oder e von der öffentlichen Einsichtnahme ausgeschlossen wurden.

94.1ter. Akteneinsicht bei der Internationalen Recherchenbehörde

a) [1] Auf Antrag des Anmelders oder einer von ihm bevollmächtigten Person kann die Internationale Recherchenbehörde Einsicht in alle in ihrer Akte befindlichen Schriftstücke gewähren. [2] Die Ausstellung von Kopien von Schriftstücken kann von der Erstattung der entstehenden Kosten abhängig gemacht werden.

b) [1] Vorbehaltlich des Absatzes c kann die Internationale Recherchenbehörde nach der internationalen Veröffentlichung der internationalen Anmeldung jedermann auf Antrag Einsicht in alle in ihrer Akte befindlichen Schriftstücke gewähren. [2] Die Ausstellung von Kopien von Schriftstücken kann von der Erstattung der entstehenden Kosten abhängig gemacht werden.

c) Die Internationale Recherchenbehörde gewährt keine Einsicht nach Absatz b in Angaben, hinsichtlich derer sie vom Internationalen Büro davon in Kenntnis gesetzt wurde, dass diese Angaben gemäß Regel 48.2 Absatz l von der Veröffentlichung oder gemäß Regel 94.1 Absatz d oder e von der öffentlichen Einsichtnahme ausgeschlossen wurden.

d) Die Absätze a bis c finden entsprechend Anwendung auf die für die ergänzende Recherche bestimmte Behörde.

94.2. Akteneinsicht bei der mit der internationalen vorläufigen Prüfung beauftragten Behörde

a) [1] Auf Antrag des Anmelders oder einer von ihm bevollmächtigten Person gewährt die mit der internationalen vorläufigen Prüfung beauftragte Behörde Einsicht in alle in ihrer Akte befindlichen Schriftstücke. [2] Die Ausstellung von Kopien von Schriftstücken kann von der Erstattung der entstehenden Kosten abhängig gemacht werden.

b) [1] Vorbehaltlich des Absatzes c gewährt die mit der internationalen vorläufigen Prüfung beauftragte Behörde nach der Erstellung des internationalen vorläufigen Prüfungsberichts auf Antrag eines ausgewählten Amtes Einsicht in alle in ihrer Akte befindlichen Schriftstücke. [2] Die Ausstellung von Kopien von Schriftstücken kann von der Erstattung der entstehenden Kosten abhängig gemacht werden.

c) Die mit der internationalen vorläufigen Prüfung beauftragte Behörde gewährt keine Einsicht nach Absatz b in Angaben, hinsichtlich derer sie vom Internationalen Büro davon in Kenntnis gesetzt wurde, dass diese Angaben gemäß Regel 48.2 Absatz l von der Veröffentlichung oder gemäß Regel 94.1 Absatz d oder e von der öffentlichen Einsichtnahme ausgeschlossen wurden.

94.2bis. Akteneinsicht beim Bestimmungsamt

[1] Gestattet das vom Bestimmungsamt anzuwendende nationale Recht Dritten Einsicht in die Akte einer nationalen Anmeldung, so kann dieses Amt – jedoch nicht vor dem frühesten der in Artikel 30 Absatz 2 Buchstabe a aufgeführten Daten – in dem nach nationalem Recht für die Einsicht in die Akte einer nationalen Anmeldung vorgesehenen Umfang Einsicht in alle in seiner Akte befindlichen, zu einer internationalen Anmeldung gehörigen Schriftstücke gewähren. [2] Die Ausstellung von Kopien von Schriftstücken kann von der Erstattung der entstehenden Kosten abhängig gemacht werden.

94.3. Akteneinsicht beim ausgewählten Amt

[1] Gestattet das vom ausgewählten Amt anzuwendende nationale Recht Dritten Einsicht in die Akte einer nationalen Anmeldung, so kann dieses Amt – jedoch nicht vor dem frühesten der in Artikel 30 Absatz 2 Buchstabe a aufgeführten Daten – in dem nach dem nationalen Recht für die Einsicht in die Akte einer nationalen Anmeldung vorgesehenen Umfang Einsicht in alle in seiner Akte befindlichen, zu einer internationalen Anmeldung gehörigen Schriftstücke, einschließlich aller Schriftstücke, die sich auf die internationale vorläufige Prüfung beziehen, gewähren. [2] Die Ausstellung von Kopien von Schriftstücken kann von der Erstattung der entstehenden Kosten abhängig gemacht werden.

Regel 95. Angaben und Übersetzungen von Bestimmungsämtern und ausgewählten Ämtern

95.1. Angaben betreffend Ereignisse bei Bestimmungsämtern und ausgewählten Ämtern

Jedes Bestimmungsamt oder ausgewählte Amt setzt das Internationale Büro von den folgenden Angaben betreffend eine internationale Anmeldung innerhalb von zwei Monaten, oder so bald wie zumutbar danach, vom Eintritt eines der folgenden Ereignisse in Kenntnis:

i) auf die Vornahme der in Artikel 22 oder Artikel 39 genannten Handlungen durch den Anmelder hin das Datum der Vornahme dieser Handlungen und das nationale Aktenzeichen, das der internationalen Anmeldung zugeteilt wurde,

ii) wenn das Bestimmungsamt oder das ausgewählte Amt die internationale Anmeldung ausdrücklich aufgrund seines nationalen Rechts oder seiner nationalen Praxis veröffentlicht, die Nummer und das Datum dieser nationalen Veröffentlichung,

iii) wenn ein Patent erteilt wird, das Erteilungsdatum des Patents und, wenn das Bestimmungsamt oder das ausgewählte Amt die internationale Anmeldung ausdrücklich in der Form veröffentlicht, in der sie aufgrund seines nationalen Rechts erteilt wird, die Nummer und das Datum dieser nationalen Veröffentlichung.

95.2. Kopien der Übersetzungen

a) Jedes Bestimmungsamt oder ausgewählte Amt übersendet dem Internationalen Büro auf dessen Antrag eine Kopie der bei ihm vom Anmelder eingereichten Übersetzung der internationalen Anmeldung.

b) Auf Antrag und gegen Kostenerstattung übersendet das Internationale Büro Kopien der nach Absatz a erhaltenen Übersetzungen an jedermann.

Regel 96. Gebührenverzeichnis

96.1. Gebührenverzeichnis im Anhang zur Ausführungsordnung

Die Beträge der in den Regeln 15, 45bis.2 und 57 genannten Gebühren werden in Schweizer Währung angegeben. Sie ergeben sich aus dem Gebührenverzeichnis, das im Anhang zu dieser Ausführungsordnung erscheint und Bestandteil hiervon ist.

Gebührenverzeichnis[1)]

Gebühr		Beträge
1.	Internationale Anmeldegebühr: (Regel 15.2)	1 330 Schweizer Franken zuzüglich 15 Schweizer Franken für das 31. und jedes weitere Blatt der internationalen Anmeldung
2.	Bearbeitungsgebühr für die ergänzende Recherche: (Regel 45bis.2)	200 Schweizer Franken
3.	Bearbeitungsgebühr: (Regel 57.2)	200 Schweizer Franken

Ermäßigungen

4. Die internationale Anmeldegebühr ermäßigt sich um folgenden Betrag, wenn die internationale Anmeldung in einer der in den Verwaltungsvorschriften vorgesehenen Formen eingereicht wird:

a)	in elektronischer Form, wenn der Antrag nicht zeichenkodiert ist:	100 Schweizer Franken
b)	in elektronischer Form, wenn der Antrag zeichenkodiert ist:	200 Schweizer Franken
c)	in elektronischer Form, wenn Antrag, Beschreibung, Ansprüche und Zusammenfassung zeichenkodiert sind:	300 Schweizer Franken

5. Die internationale Anmeldegebühr gemäß Nummer 1 (gegebenenfalls ermäßigt um den in Nummer 4 genannten Betrag), die Bearbeitungsgebühr für die ergänzende Recherche gemäß Nummer 2 und die Bearbeitungsgebühr gemäß Nummer 3 ermäßigen sich um 90 %, wenn die internationale Anmeldung von einem Anmelder eingereicht wird,
   a) der eine natürliche Person ist und der die Staatsangehörigkeit eines und den Wohnsitz innerhalb eines Staates besitzt, der als ein Staat aufgelistet ist, dessen Pro-Kopf-Bruttoinlandsprodukt unter 25 000 US-Dollar liegt (entsprechend den jüngsten von den Vereinten Nationen veröffentlichten Zahlen des Pro-Kopf-Bruttoinlandsprodukts im Zehnjahresdurchschnitt, ausgehend von einem konstanten US-Dollar-Wert auf der Basis des Jahres 2005) und dessen Staatsangehörige sowie Personen mit Wohnsitz in diesem Staat, die natürliche Personen sind, nach den jüngsten vom Internationalen Büro veröffentlichten jährlichen Anmeldezahlen im Fünfjahresdurchschnitt weniger als 10 internationale Anmeldungen pro Jahr (pro Million Einwohner) oder weniger als 50 internationale Anmeldungen pro Jahr (in absoluten Zahlen) eingereicht haben, oder
   b) der, unabhängig davon, ob es sich um eine natürliche Person handelt oder nicht, die Staatsangehörigkeit beziehungsweise -zugehörigkeit eines und den Wohnsitz beziehungsweise Sitz innerhalb eines Staates besitzt, der als

[1)] **Amtl. Anm.:** amtliche Übersetzung gemäß PCT Artikel 67 (1) b einer der Staaten aufgelistet ist, die von den Vereinten Nationen als am wenigsten entwickelte Länder eingestuft werden,

sofern es zum Zeitpunkt der Einreichung der internationalen Anmeldung keine wirtschaftlich Berechtigten der internationalen Anmeldung gibt, die die in Absatz a oder b genannten Kriterien nicht erfüllen würden, und, sofern es mehrere Anmelder gibt, jeder die in Absatz a oder b genannten Kriterien erfüllen muss. Die in den Absätzen a und b[3] genannten Listen von Staaten sind vom Generaldirektor mindestens alle fünf Jahre gemäß den Weisungen der Versammlung auf den neuesten Stand zu bringen. Die in den Absätzen a und b niedergelegten Kriterien sind von der Versammlung mindestens alle fünf Jahre zu überprüfen.

70. Internationales Übereinkommen zum Schutz von Pflanzenzüchtungen

Vom 2. Dezember 1961[1)]
revidiert in Genf am 10. November 1972, am 23. Oktober 1978 und am 19. März 1991(BGBl. 1998 II S. 259)

Kapitel I. Begriffsbestimmungen

Art. 1 Begriffsbestimmungen. Im Sinne dieser Akte sind:

i) dieses Übereinkommen: diese Akte (von 1991) des Internationalen Übereinkommens zum Schutz von Pflanzenzüchtungen;

ii) Akte von 1961/1972: das Internationale Übereinkommen zum Schutz von Pflanzenzüchtungen vom 2. Dezember 1961 in der durch die Zusatzakte vom 10. November 1972 geänderten Fassung;

iii) Akte von 1978: die Akte vom 23. Oktober 1978 des Internationalen Übereinkommens zum Schutz von Pflanzenzüchtungen;

iv) Züchter:
- die Person, die eine Sorte hervorgebracht oder sie entdeckt und entwickelt hat,
- die Person, die der Arbeitgeber oder Auftraggeber der vorgenannten Person ist, falls die Rechtsvorschriften der betreffenden Vertragspartei entsprechendes vorsehen, oder
- der Rechtsnachfolger der erst- oder zweitgenannten Person;

v) Züchterrecht: das in diesem Übereinkommen vorgesehene Recht des Züchters;

vi) Sorte: eine pflanzliche Gesamtheit innerhalb eines einzigen botanischen Taxons der untersten bekannten Rangstufe, die, unabhängig davon, ob sie voll den Voraussetzungen für die Erteilung eines Züchterrechts entspricht,
- durch die sich aus einem bestimmten Genotyp oder einer bestimmten Kombination von Genotypen ergebende Ausprägung der Merkmale definiert werden kann,
- zumindest durch die Ausprägung eines der erwähnten Merkmale von jeder anderen pflanzlichen Gesamtheit unterschieden werden kann und
- in Anbetracht ihrer Eignung, unverändert vermehrt zu werden, als Einheit angesehen werden kann;

vii) Vertragspartei: ein Vertragsstaat dieses Übereinkommens oder eine zwischenstaatliche Organisation, die eine Vertragsorganisation dieses Übereinkommen ist;

viii) Hoheitsgebiet, im Zusammenhang mit einer Vertragspartei: wenn diese ein Staat ist, das Hoheitsgebiet dieses Staates, und wenn diese

---

[1)] Der Fassung von 1991 wurde mit G v. 25.3.1998 (BGBl. II S. 258) zugestimmt. Sie ist für die Bundesrepublik Deutschland am **25.7.1998** in Kraft getreten; siehe hierzu die Bek. v. 24.7.1998 (BGBl. II S. 2493).

eine zwischenstaatliche Organisation ist, das Hoheitsgebiet, in dem der diese zwischenstaatliche Organisation gründende Vertrag Anwendung findet;

ix) Behörde: die in Artikel 30 Absatz 1 Nummer ii erwähnte Behörde;

x) Verband: der durch die Akte von 1961 gegründete und in der Akte von 1972, der Akte von 1978 sowie in diesem Übereinkommen weiter erwähnte Internationale Verband zum Schutz von Pflanzenzüchtungen;

xi) Verbandsmitglied: ein Vertragsstaat der Akte von 1961/1972 oder der Akte von 1978 sowie eine Vertragspartei.

Kapitel II. Allgemeine Verpflichtungen der Vertragsparteien

Art. 2 Grundlegende Verpflichtung der Vertragsparteien. Jede Vertragspartei erteilt und schützt Züchterrechte.

Art. 3 Gattungen und Arten, die geschützt werden müssen. (1) *[Staaten, die bereits Verbandsmitglieder sind]*[1)] Jede Vertragspartei, die durch die Akte von 1961/1972 oder die Akte von 1978 gebunden ist, wendet dieses Übereinkommen

i) von dem Zeitpunkt an, in dem sie durch dieses Übereinkommen gebunden wird, auf alle Pflanzengattungen und -arten, auf die sie zu diesem Zeitpunkt die Akte von 1961/1972 oder die Akte von 1978 anwendet, und

ii) spätestens vom Ende einer Frist von fünf Jahren nach diesem Zeitpunkt an auf alle Pflanzengattungen und -arten

an.

(2) *[Neue Verbandsmitglieder]* Jede Vertragspartei, die nicht durch die Akte von 1961/1972 oder die Akte 1978 gebunden ist, wendet dieses Übereinkommen

i) von dem Zeitpunkt an, in dem sie durch dieses Übereinkommen gebunden wird, auf mindestens 15 Pflanzengattungen oder -arten und

ii) spätestens vom Ende einer Frist von zehn Jahren nach diesem Zeitpunkt an auf alle Pflanzengattungen und -arten

an.

Art. 4 Inländerbehandlung. (1) *[Behandlung]* Die Angehörigen einer Vertragspartei sowie die natürlichen Personen, die ihren Wohnsitz, und die juristischen Personen, die ihren Sitz im Hoheitsgebiet dieser Vertragspartei haben, genießen im Hoheitsgebiet jeder anderen Vertragspartei in bezug auf die Erteilung und den Schutz von Züchterrechten die Behandlung, die nach den Rechtsvorschriften dieser anderen Vertragspartei deren eigene Staatsangehörige gegenwärtig oder künftig genießen, unbeschadet der in diesem Übereinkommen vorgesehenen Rechte, vorausgesetzt, daß die genannten Angehörigen und natürlichen oder juristischen Personen die Bedingungen und Förmlichkeiten erfüllen, die den Angehörigen der genannten anderen Vertragspartei auferlegt sind.

---

1) Kursive Zusätze sind hier und im Folgenden, obwohl in eckigen Klammern erscheinend, Bestandteil des amtlichen Textes.

(2) *[„Angehörige"]* Im Sinne des vorstehenden Absatzes sind Angehörige, wenn die Vertragspartei ein Staat ist, die Angehörigen dieses Staates und, wenn die Vertragspartei eine zwischenstaatliche Organisation ist, die Angehörigen der Mitgliedstaaten dieser Organisation.

Kapitel III. Voraussetzungen für die Erteilung des Züchterrechts

Art. 5 Schutzvoraussetzungen. (1) *[Zu erfüllende Kriterien]* Das Züchterrecht wird erteilt, wenn die Sorte

i) neu,

ii) unterscheidbar,

iii) homogen und

iv) beständig

ist.

(2) *[Andere Voraussetzungen]* Die Erteilung des Züchterrechts darf nicht von weiteren oder anderen als den vorstehenden Voraussetzungen abhängig gemacht werden, vorausgesetzt, daß die Sorte mit einer Sortenbezeichnung nach Artikel 20 gekennzeichnet ist und daß der Züchter die Förmlichkeiten erfüllt, die im Recht der Vertragspartei vorgesehen sind, bei deren Behörde der Antrag auf Erteilung des Züchterrechts eingereicht worden ist, und er die festgesetzten Gebühren bezahlt hat.

Art. 6 Neuheit. (1) *[Kriterien]* Die Sorte wird als neu angesehen, wenn am Tag der Einreichung des Antrags auf Erteilung eines Züchterrechts Vermehrungsmaterial oder Erntegut der Sorte

i) im Hoheitsgebiet der Vertragspartei, in der der Antrag eingereicht worden ist, nicht früher als ein Jahr und

ii) im Hoheitsgebiet einer anderen Vertragspartei als der, in der der Antrag eingereicht worden ist, nicht früher als vier Jahre oder im Fall von Bäumen und Reben nicht früher als sechs Jahre

durch den Züchter oder mit seiner Zustimmung zum Zwecke der Auswertung der Sorte verkauft oder auf andere Weise an andere abgegeben wurde.

(2) *[Vor kurzem gezüchtete Sorten]* Wendet eine Vertragspartei dieses Übereinkommen auf eine Pflanzengattung oder -art an, auf die sie dieses Übereinkommen oder eine frühere Akte nicht bereits angewendet hat, so kann sie vorsehen, daß eine Sorte, die im Zeitpunkt dieser Ausdehnung der Schutzmöglichkeit vorhanden ist, aber erst kurz zuvor gezüchtet worden ist, die in Absatz 1 bestimmte Voraussetzung der Neuheit erfüllt, auch wenn der in dem genannten Absatz erwähnte Verkauf oder die dort erwähnte Abgabe vor den dort bestimmten Fristen stattgefunden hat.

(3) *[„Hoheitsgebiet" in bestimmten Fällen]* Zum Zwecke des Absatzes 1 können alle Vertragsparteien, die Mitgliedstaaten derselben zwischenstaatlichen Organisation sind, gemeinsam vorgehen, um Handlungen in Hoheitsgebieten der Mitgliedstaaten dieser Organisation mit Handlungen in ihrem jeweiligen eigenen Hoheitsgebiet gleichzustellen, sofern dies die Vorschriften dieser Organisation erfordern; gegebenenfalls haben sie dies dem Generalsekretär zu notifizieren.

Art. 7 Unterscheidbarkeit. [1]Die Sorte wird als unterscheidbar angesehen, wenn sie sich von jeder anderen Sorte deutlich unterscheiden läßt, deren Vorhandensein am Tag der Einreichung des Antrags allgemein bekannt ist. [2]Insbesondere gilt die Einreichung eines Antrags auf Erteilung eines Züchterrechts für eine andere Sorte oder auf Eintragung einer anderen Sorte in ein amtliches Sortenregister in irgendeinem Land als Tatbestand, der diese andere Sorte allgemein bekannt macht, sofern dieser Antrag zur Erteilung des Züchterrechts oder zur Eintragung dieser anderen Sorte in das amtliche Sortenregister führt.

Art. 8 Homogenität. Die Sorte wird als homogen angesehen, wenn sie hinreichend einheitlich in ihren maßgebenden Merkmalen ist, abgesehen von Abweichungen, die auf Grund der Besonderheiten ihrer Vermehrung zu erwarten sind.

Art. 9 Beständigkeit. Die Sorte wird als beständig angesehen, wenn ihre maßgebenden Merkmale nach aufeinanderfolgenden Vermehrungen oder, im Falle eines besonderen Vermehrungszyklus, am Ende eines jeden Zyklus unverändert bleiben.

Kapitel IV. Antrag auf Erteilung des Züchterrechts

Art. 10 Einreichung von Anträgen. (1) *[Ort des ersten Antrags]* Der Züchter kann die Vertragspartei wählen, bei deren Behörde er den ersten Antrag auf Erteilung eines Züchterrechts einreichen will.

(2) *[Zeitpunkt der weiteren Anträge]* Der Züchter kann die Erteilung eines Züchterrechts bei den Behörden anderer Vertragsparteien beantragen, ohne abzuwarten, bis ihm die Behörde der Vertragspartei, bei der er den ersten Antrag eingereicht hat, ein Züchterrecht erteilt hat.

(3) *[Unabhängigkeit des Schutzes]* Keine Vertragspartei darf auf Grund der Tatsache, daß in einem anderen Staat oder bei einer anderen zwischenstaatlichen Organisation für dieselbe Sorte kein Schutz beantragt worden ist, oder daß ein solcher Schutz verweigert worden oder abgelaufen ist, die Erteilung eines Züchterrechts verweigern oder die Schutzdauer einschränken.

Art. 11 Priorität. (1) [1]*[Das Recht; seine Dauer]* Hat der Züchter für eine Sorte einen Antrag auf Schutz in einer Vertragspartei ordnungsgemäß eingereicht („erster Antrag"), so genießt er für die Einreichung eines Antrags auf Erteilung eines Züchterrechts für dieselbe Sorte bei der Behörde einer anderen Vertragspartei („weiterer Antrag") während einer Frist von zwölf Monaten ein Prioritätsrecht. [2]Diese Frist beginnt am Tage nach der Einreichung des ersten Antrags.

(2) [1]*[Beanspruchung des Rechtes]* Um in den Genuß des Prioritätsrechts zu kommen, muß der Züchter in dem weiteren Antrag die Priorität des ersten Antrags beanspruchen. [2]Die Behörde, bei der der Züchter den weiteren Antrag eingereicht hat, kann ihn auffordern, binnen einer Frist, die nicht kürzer sein darf als drei Monate vom Zeitpunkt der Einreichung des weiteren Antrags an, die Abschriften der Unterlagen, aus denen der erste Antrag besteht, sowie Muster oder sonstige Beweise vorzulegen, daß dieselbe Sorte Gegenstand beider Anträge ist; die Abschriften müssen von der Behörde beglaubigt sein, bei der dieser Antrag eingereicht worden ist.

(3) *[Dokumente und Material]* Dem Züchter steht eine Frist von zwei Jahren nach Ablauf der Prioritätsfrist oder, wenn der erste Antrag zurückgewiesen oder zurückgenommen worden ist, eine angemessene Frist vom Zeitpunkt der Zurückweisung oder Zurücknahme an, zur Verfügung, um der Behörde der Vertragspartei, bei der er den weiteren Antrag eingereicht hat, jede nach den Vorschriften dieser Vertragspartei für die Prüfung nach Artikel 12 erforderliche Auskunft und Unterlage sowie das erforderliche Material vorzulegen.

(4) [1] *[Innerhalb der Prioritätsfrist eintretende Ereignisse]* Die Ereignisse, die innerhalb der Frist des Absatzes 1 eingetreten sind, wie etwa die Einreichung eines anderen Antrags, die Veröffentlichung der Sorte oder ihre Benutzung, sind keine Gründe für die Zurückweisung des weiteren Antrags. [2] Diese Ereignisse können kein Recht zugunsten Dritter begründen.

Art. 12 Prüfung des Antrags. [1] Die Entscheidung, ein Züchterrecht zu erteilen, bedarf einer Prüfung auf das Vorliegen der Voraussetzungen nach den Artikeln 5 bis 9. [2] Bei der Prüfung kann die Behörde die Sorte anbauen oder die sonstigen erforderlichen Untersuchungen anstellen, den Anbau oder die Untersuchungen durchführen lassen oder Ergebnisse bereits durchgeführter Anbauprüfungen oder sonstiger Untersuchungen berücksichtigen. [3] Für die Prüfung kann die Behörde von dem Züchter alle erforderlichen Auskünfte und Unterlagen sowie das erforderliche Material verlangen.

Art. 13 Vorläufiger Schutz. [1] Jede Vertragspartei trifft Maßnahmen zur Wahrung der Interessen des Züchters in der Zeit von der Einreichung des Antrags auf Erteilung eines Züchterrechts oder von dessen Veröffentlichung an bis zur Erteilung des Züchterrechts. [2] Diese Maßnahmen müssen zumindest die Wirkung haben, daß der Inhaber eines Züchterrechts Anspruch auf eine angemessene Vergütung gegen jeden hat, der in der genannten Zeit eine Handlung vorgenommen hat, für die nach der Erteilung des Züchterrechts die Zustimmung des Züchters nach Artikel 14 erforderlich ist. [3] Eine Vertragspartei kann vorsehen, daß diese Maßnahmen nur in bezug auf solche Personen wirksam sind, denen der Züchter die Hinterlegung des Antrags mitgeteilt hat.

Kapitel V. Die Rechte des Züchters

Art. 14 Inhalt des Züchterrechts. (1) *[Handlungen in bezug auf Vermehrungsmaterial]*

a) Vorbehaltlich der Artikel 15 und 16 bedürfen folgende Handlungen in bezug auf Vermehrungsmaterial der geschützten Sorte der Zustimmung des Züchters:
   i) die Erzeugung oder Vermehrung,
   ii) die Aufbereitung für Vermehrungszwecke,
   iii) das Feilhalten,
   iv) der Verkauf oder ein sonstiger Vertrieb,
   v) die Ausfuhr,
   vi) die Einfuhr,
   vii) die Aufbewahrung zu einem der unter den Nummern i bis vi erwähnten Zwecke.

b) Der Züchter kann seine Zustimmung von Bedingungen und Einschränkungen abhängig machen.

(2) *[Handlungen in bezug auf Erntegut]* Vorbehaltlich der Artikel 15 und 16 bedürfen die in Absatz 1 Buchstabe a unter den Nummern i bis vii erwähnten Handlungen in bezug auf Erntegut, einschließlich ganzer Pflanzen und Pflanzenteile, das durch ungenehmigte Benutzung von Vermehrungsmaterial der geschützten Sorte erzeugt wurde, der Zustimmung des Züchters, es sei denn, daß der Züchter angemessene Gelegenheit hatte, sein Recht mit Bezug auf das genannte Vermehrungsmaterial auszuüben.

(3) *[Handlungen in bezug auf bestimmte Erzeugnisse]* Jede Vertragspartei kann vorsehen, daß vorbehaltlich der Artikel 15 und 16 die in Absatz 1 Buchstabe a unter den Nummern i bis vii erwähnten Handlungen in bezug auf Erzeugnisse, die durch ungenehmigte Benutzung von Erntegut, das unter die Bestimmungen des Absatzes 2 fällt, unmittelbar aus jenem Erntegut hergestellt wurden, der Zustimmung des Züchters bedürfen, es sei denn, daß der Züchter angemessene Gelegenheit hatte, sein Recht mit Bezug auf das genannte Erntegut auszuüben.

(4) *[Mögliche zusätzliche Handlungen]* Jede Vertragspartei kann vorsehen, daß vorbehaltlich der Artikel 15 und 16 auch andere als die in Absatz 1 Buchstabe a unter den Nummern i bis vii erwähnten Handlungen der Zustimmung des Züchters bedürfen.

(5) *[Abgeleitete und bestimmte andere Sorten]*

a) Die Absätze 1 bis 4 sind auch anzuwenden auf
   i) Sorten, die im wesentlichen von der geschützten Sorte abgeleitet sind, sofern die geschützte Sorte selbst keine im wesentlichen abgeleitete Sorte ist,
   ii) Sorten, die sich nicht nach Artikel 7 von der geschützten Sorte deutlich unterscheiden lassen, und
   iii) Sorten, deren Erzeugung die fortlaufende Verwendung der geschützten Sorte erfordert.

b) Im Sinne des Buchstabens a Nummer i wird eine Sorte als im wesentlichen von einer anderen Sorte („Ursprungssorte") abgeleitet angesehen, wenn sie
   i) vorwiegend von der Ursprungssorte oder von einer Sorte, die selbst vorwiegend von der Ursprungssorte abgeleitet ist, unter Beibehaltung der Ausprägung der wesentlichen Merkmale, die sich aus dem Genotyp oder der Kombination von Genotypen der Ursprungssorte ergeben, abgeleitet ist,
   ii) sich von der Ursprungssorte deutlich unterscheidet und,
   iii) abgesehen von den sich aus der Ableitung ergebenden Unterschieden, in der Ausprägung der wesentlichen Merkmale, die sich aus dem Genotyp oder der Kombination von Genotypen der Ursprungssorte ergeben, der Ursprungssorte entspricht.

c) Im wesentlichen abgeleitete Sorten können beispielsweise durch die Auslese einer natürlichen oder künstlichen Mutante oder eines somaklonalen Abweichers, die Auslese eines Abweichers in einem Pflanzenbestand der Ursprungssorte, die Rückkreuzung oder die gentechnische Transformation gewonnen werden.

Art. 15 Ausnahmen vom Züchterrecht. (1) *[Verbindliche Ausnahmen]* Das Züchterrecht erstreckt sich nicht auf

i) Handlungen im privaten Bereich zu nichtgewerblichen Zwecken,
ii) Handlungen zu Versuchszwecken und
iii) Handlungen zum Zweck der Schaffung neuer Sorten sowie in Artikel 14 Absätze 1 bis 4 erwähnte Handlungen mit diesen Sorten, es sei denn, daß Artikel 14 Absatz 5 Anwendung findet.

(2) *[Freigestellte Ausnahme]* Abweichend von Artikel 14 kann jede Vertragspartei in angemessenem Rahmen und unter Wahrung der berechtigten Interessen des Züchters das Züchterrecht in bezug auf jede Sorte einschränken, um es den Landwirten zu gestatten, Erntegut, das sie aus dem Anbau einer geschützten Sorte oder einer in Artikel 14 Absatz 5 Buchstabe a Nummer i oder ii erwähnten Sorte im eigenen Betrieb gewonnen haben, im eigenen Betrieb zum Zwecke der Vermehrung zu verwenden.

Art. 16 Erschöpfung des Züchterrechts. (1) *[Erschöpfung des Rechtes]* Das Züchterrecht erstreckt sich nicht auf Handlungen hinsichtlich des Materials der geschützten Sorte oder einer in Artikel 14 Absatz 5 erwähnten Sorte, das im Hoheitsgebiet der betreffenden Vertragspartei vom Züchter oder mit seiner Zustimmung verkauft oder sonstwie vertrieben worden ist, oder hinsichtlich des von jenem abgeleiteten Materials, es sei denn, daß diese Handlungen

i) eine erneute Vermehrung der betreffenden Sorte beinhalten oder
ii) eine Ausfuhr von Material der Sorte, das die Vermehrung der Sorte ermöglicht, in ein Land einschließen, das die Sorten der Pflanzengattung oder -art, zu der die Sorte gehört, nicht schützt, es sei denn, daß das ausgeführte Material zum Endverbrauch bestimmt ist.

(2) *[Bedeutung von „Material"]* Im Sinne des Absatzes 1 ist Material in bezug auf eine Sorte

i) jede Form von Vermehrungsmaterial,
ii) Erntegut, einschließlich ganzer Pflanzen und Pflanzenteile, und
iii) jedes unmittelbar vom Erntegut hergestellte Erzeugnis.

(3) *[„Hoheitsgebiet" in bestimmten Fällen]* Zum Zwecke des Absatzes 1 können alle Vertragsparteien, die Mitgliedstaaten derselben zwischenstaatlichen Organisation sind, gemeinsam vorgehen, um Handlungen in Hoheitsgebieten der Mitgliedstaaten dieser Organisation mit Handlungen in ihrem jeweiligen eigenen Hoheitsgebiet gleichzustellen, sofern dies die Vorschriften dieser Organisation erfordern; gegebenenfalls haben sie dies dem Generalsekretär zu notifizieren.

Art. 17 Beschränkungen in der Ausübung des Züchterrechts. (1) *[Öffentliches Interesse]* Eine Vertragspartei darf die freie Ausübung eines Züchterrechts nur aus Gründen des öffentlichen Interesses beschränken, es sei denn, daß dieses Übereinkommen ausdrücklich etwas anderes vorsieht.

(2) *[Angemessene Vergütung]* Hat diese Beschränkung zur Folge, daß einem Dritten erlaubt wird, eine Handlung vorzunehmen, die der Zustimmung des Züchters bedarf, so hat die betreffende Vertragspartei alle Maßnahmen zu treffen, die erforderlich sind, daß der Züchter eine angemessene Vergütung erhält.

Art. 18 Maßnahmen zur Regelung des Handels. [1] Das Züchterrecht ist unabhängig von den Maßnahmen, die eine Vertragspartei zur Regelung der Erzeugung, der Überwachung und des Vertriebs von Material von Sorten in ihrem Hoheitsgebiet sowie der Einfuhr oder Ausfuhr solchen Materials trifft. [2] Derartige Maßnahmen dürfen jedoch die Anwendung dieses Übereinkommens nicht beeinträchtigen.

Art. 19 Dauer des Züchterrechts. (1) *[Schutzdauer]* Das Züchterrecht wird für eine bestimmte Zeit erteilt.

(2) [1] *[Mindestdauer]* Diese Zeit darf nicht kürzer sein als 20 Jahre vom Tag der Erteilung des Züchterrechts an. [2] Für Bäume und Rebe darf diese Zeit nicht kürzer sein als 25 Jahre von diesem Zeitpunkt an.

Kapitel VI. Sortenbezeichnung

Art. 20 Sortenbezeichnung. (1) *[Bezeichnung der Sorten; Benutzung der Sortenbezeichnung]*

a) Die Sorte ist mit einer Sortenbezeichnung als Gattungsbezeichnung zu kennzeichnen.

b) Jede Vertragspartei stellt sicher, daß, vorbehaltlich des Absatzes 4, keine Rechte an der als Sortenbezeichnung eingetragenen Bezeichnung den freien Gebrauch der Sortenbezeichnung in Verbindung mit der Sorte einschränken, auch nicht nach Beendigung des Züchterrechts.

(2) [1] *[Eigenschaften der Bezeichnung]* Die Sortenbezeichnung muß die Identifizierung der Sorte ermöglichen. [2] Sie darf nicht ausschließlich aus Zahlen bestehen, außer soweit dies eine feststehende Praxis für die Bezeichnung von Sorten ist. [3] Sie darf nicht geeignet sein, hinsichtlich der Merkmale, des Wertes oder der Identität der Sorte oder der Identität des Züchters irrezuführen oder Verwechslungen hervorzurufen. [4] Sie muß sich insbesondere von jeder Sortenbezeichnung unterscheiden, die im Hoheitsgebiet einer Vertragspartei eine bereits vorhandene Sorte derselben Pflanzenart oder einer verwandten Art kennzeichnet.

(3) [1] *[Eintragung der Bezeichnung]* Die Sortenbezeichnung wird der Behörde vom Züchter vorgeschlagen. [2] Stellt sich heraus, daß diese Bezeichnung den Erfordernissen des Absatzes 2 nicht entspricht, so verweigert die Behörde die Eintragung und verlangt von dem Züchter, daß er innerhalb einer bestimmten Frist eine andere Sortenbezeichnung vorschlägt. [3] Im Zeitpunkt der Erteilung des Züchterrechts wird die Sortenbezeichnung eingetragen.

(4) [1] *[Ältere Rechte Dritter]* Ältere Rechte Dritter bleiben unberührt. [2] Wird die Benutzung der Sortenbezeichnung einer Person, die nach Absatz 7 zu ihrer Benutzung verpflichtet ist, auf Grund eines älteren Rechtes untersagt, so verlangt die Behörde, daß der Züchter eine andere Sortenbezeichnung vorschlägt.

(5) [1] *[Einheitlichkeit der Bezeichnung in allen Vertragsparteien]* Anträge für eine Sorte dürfen in allen Vertragsparteien nur unter derselben Sortenbezeichnung eingereicht werden. [2] Die Behörde der jeweiligen Vertragspartei trägt die so vorgeschlagene Sortenbezeichnung ein, sofern sie nicht feststellt, daß diese Sortenbezeichnung im Hoheitsgebiet der betreffenden Vertragspartei ungeeignet ist. [3] In diesem Fall verlangt sie, daß der Züchter eine andere Sortenbezeichnung vorschlägt.

(6) [1] *[Gegenseitige Information der Behörden der Vertragsparteien]* Die Behörde einer Vertragspartei stellt sicher, daß die Behörden der anderen Vertragsparteien über Angelegenheiten, die Sortenbezeichnungen betreffen, insbesondere über den Vorschlag, die Eintragung und die Streichung von Sortenbezeichnungen, unterrichtet werden. [2] Jede Behörde kann der Behörde, die eine Sortenbezeichnung mitgeteilt hat, Bemerkungen zu der Eintragung dieser Sortenbezeichnung zugehen lassen.

(7) *[Pflicht zur Benutzung der Bezeichnung]* Wer im Hoheitsgebiet einer Vertragspartei Vermehrungsmaterial einer in diesem Hoheitsgebiet geschützten Sorte feilhält oder gewerbsmäßig vertreibt, ist verpflichtet, die Sortenbezeichnung auch nach Beendigung des Züchterrechts an dieser Sorte zu benutzen, sofern nicht gemäß Absatz 4 ältere Rechte dieser Benutzung entgegenstehen.

(8) [1] *[Den Bezeichnungen hinzugefügte Angaben]* Beim Feilhalten oder beim gewerbsmäßigen Vertrieb der Sorte darf eine Fabrik- oder Handelsmarke, eine Handelsbezeichnung oder eine andere, ähnliche Angabe der eingetragenen Sortenbezeichnung hinzugefügt werden. [2] Auch wenn eine solche Angabe hinzugefügt wird, muß die Sortenbezeichnung leicht erkennbar sein.

Kapitel VII. Nichtigkeit und Aufhebung des Züchterrechts

Art. 21 Nichtigkeit des Züchterrechts. (1) *[Nichtigkeitsgründe]* Jede Vertragspartei erklärt ein von ihr erteiltes Züchterrecht für nichtig, wenn festgestellt wird,

i) daß die in Artikel 6 oder 7 festgelegten Voraussetzungen bei der Erteilung des Züchterrechts nicht erfüllt waren,

ii) daß, falls der Erteilung des Züchterrechts im wesentlichen die vom Züchter gegebenen Auskünfte und eingereichten Unterlagen zugrunde gelegt wurden, die in Artikel 8 oder 9 festgelegten Voraussetzungen bei der Erteilung des Züchterrechts nicht erfüllt waren oder

iii) daß das Züchterrecht einer nichtberechtigten Person erteilt worden ist, es sei denn, daß es der berechtigten Person übertragen wird.

(2) *[Ausschluß anderer Gründe]* Aus anderen als den in Absatz 1 aufgeführten Gründen darf das Züchterrecht nicht für nichtig erklärt werden.

Art. 22 Aufhebung des Züchterrechts. (1) *[Aufhebungsgründe]*

a) Jede Vertragspartei kann ein von ihr erteiltes Züchterrecht aufheben, wenn festgestellt wird, daß die in Artikel 8 oder 9 festgelegten Voraussetzungen nicht mehr erfüllt sind.

b) Jede Vertragspartei kann außerdem ein von ihr erteiltes Züchterrecht aufheben, wenn innerhalb einer bestimmten Frist und nach Mahnung

   i) der Züchter der Behörde die Auskünfte nicht erteilt oder die Unterlagen oder das Material nicht vorlegt, die zur Überwachung der Erhaltung der Sorte für notwendig gehalten werden,

   ii) der Züchter die Gebühren nicht entrichtet hat, die gegebenenfalls für die Aufrechterhaltung seines Rechtes zu zahlen sind, oder

   iii) der Züchter, falls die Sortenbezeichnung nach Erteilung des Züchterrechts gestrichen wird, keine andere geeignete Bezeichnung vorschlägt.

(2) *[Ausschluß anderer Gründe]* Aus anderen als den in Absatz 1 aufgeführten Gründen darf das Züchterrecht nicht aufgehoben werden.

Kapitel VIII. Der Verband

Art. 23 Mitglieder. Die Vertragsparteien sind Mitglieder des Verbandes.

Art. 24 Rechtsstellung und Sitz. (1) *[Rechtspersönlichkeit]* Der Verband hat Rechtspersönlichkeit.

(2) *[Geschäftsfähigkeit]* Der Verband genießt im Hoheitsgebiet jeder Vertragspartei gemäß den in diesem Hoheitsgebiet geltenden Gesetzen die zur Erreichung seines Zweckes und zur Wahrnehmung seiner Aufgaben erforderliche Rechts- und Geschäftsfähigkeit.

(3) *[Sitz]* Der Sitz des Verbandes und seiner ständigen Organe ist in Genf.

(4) *[Sitzabkommen]* Der Verband hat mit der Schweizerischen Eidgenossenschaft ein Abkommen über den Sitz.

Art. 25 Organe. Die ständigen Organe des Verbandes sind der Rat und das Verbandsbüro.

Art. 26 Der Rat. (1) [1] *[Zusammensetzung]* Der Rat besteht aus den Vertretern der Verbandsmitglieder. [2] Jedes Verbandsmitglied ernennt einen Vertreter für den Rat und einen Stellvertreter. [3] Den Vertretern oder Stellvertretern können Mitarbeiter oder Berater zur Seite stehen.

(2) [1] *[Vorstand]* Der Rat wählt aus seiner Mitte einen Präsidenten und einen Ersten Vizepräsidenten. [2] Er kann weitere Vizepräsidenten wählen. [3] Der Erste Vizepräsident vertritt den Präsidenten bei Verhinderungen. [4] Die Amtszeit des Präsidenten beträgt drei Jahre.

(3) [1] *[Tagungen]* Der Rat tritt auf Einberufung durch seinen Präsidenten zusammen. [2] Er hält einmal jährlich eine ordentliche Tagung ab. [3] Außerdem kann der Präsident von sich aus den Rat einberufen; er hat ihn binnen drei Monaten einzuberufen, wenn mindestens ein Drittel der Verbandsmitglieder dies beantragt.

(4) [1] *[Beobachter]* Staaten, die nicht Verbandsmitglieder sind, können als Beobachter zu den Sitzungen des Rates eingeladen werden. [2] Zu diesen Sitzungen können auch andere Beobachter sowie Sachverständige eingeladen werden.

(5) *[Aufgaben]* Der Rat hat folgende Aufgaben:

i) Er prüft Maßnahmen, die geeignet sind, den Bestand des Verbandes sicherzustellen und seine Entwicklung zu fördern.

ii) Er legt seine Geschäftsordnung fest.

iii) Er ernennt den Generalsekretär und, falls er es für erforderlich hält, einen Stellvertretenden Generalsekretär und setzt deren Einstellungsbedingungen fest.

iv) Es prüft den jährlichen Bericht über die Tätigkeit des Verbandes und stellt das Programm für dessen künftige Arbeit auf.

v) Er erteilt dem Generalsekretär alle erforderlichen Richtlinien für die Durchführung der Aufgaben des Verbandes.

vi) Er legt die Verwaltungs- und Finanzordnung des Verbandes fest.

vii) Er prüft und genehmigt den Haushaltsplan des Verbandes und setzt den Beitrag jedes Verbandsmitglieds fest.

viii) Er prüft und genehmigt die von dem Generalsekretär vorgelegten Abrechnungen.

ix) Er bestimmt den Zeitpunkt und den Ort der in Artikel 38 vorgesehenen Konferenzen und trifft die zu ihrer Vorbereitung erforderlichen Maßnahmen.

x) Allgemein faßt er alle Beschlüsse für ein erfolgreiches Wirken des Verbandes.

(6) *[Abstimmungen]*

a) Jedes Verbandsmitglied, das ein Staat ist, hat im Rat eine Stimme.

b) Jedes Verbandsmitglied, das eine zwischenstaatliche Organisation ist, kann in Angelegenheiten, für die es zuständig ist, die Stimmrechte seiner Mitgliedstaaten, die Verbandsmitglieder sind, ausüben. Eine solche zwischenstaatliche Organisation kann die Stimmrechte ihrer Mitgliedstaaten nicht ausüben, wenn ihre Mitgliedstaaten ihr jeweiliges Stimmrecht selbst ausüben, und umgekehrt.

(7) [1] *[Mehrheiten]* Ein Beschluß des Rates bedarf der einfachen Mehrheit der abgegebenen Stimmen; jedoch bedarf ein Beschluß des Rates nach Absatz 5 Nummer ii, vi oder vii, Artikel 28 Absatz 3, Artikel 29 Absatz 5 Buchstabe b oder Artikel 38 Absatz 1 einer Dreiviertelmehrheit der abgegebenen Stimmen. [2] Enthaltungen gelten nicht als Stimmabgabe.

Art. 27 Das Verbandsbüro. (1) [1] *[Aufgaben und Leitung des Verbandsbüros]* Das Verbandsbüro erledigt alle Aufgaben, die ihm der Rat zuweist. [2] Es wird vom Generalsekretär geleitet.

(2) [1] *[Aufgaben des Generalsekretärs]* Der Generalsekretär ist dem Rat verantwortlich; er sorgt für die Ausführung der Beschlüsse des Rates. [2] Er legt dem Rat den Haushaltsplan zur Genehmigung vor und sorgt für dessen Ausführung. [3] Er legt dem Rat Rechenschaft über seine Geschäftsführung ab und unterbreitet ihm Berichte über die Tätigkeit und die Finanzlage des Verbandes.

(3) *[Personal]* Vorbehaltlich des Artikels 26 Absatz 5 Nummer iii werden die Bedingungen für die Einstellung und Beschäftigung des für die ordnungsgemäße Erfüllung der Aufgaben des Verbandsbüros erforderlichen Personals in der Verwaltungs- und Finanzordnung festgelegt.

Art. 28 Sprachen. (1) *[Sprachen des Büros]* Das Verbandsbüro bedient sich bei der Erfüllung seiner Aufgaben der deutschen, der englischen, der französischen und der spanischen Sprache.

(2) *[Sprachen in bestimmten Sitzungen]* Die Sitzungen des Rates und die Revisionskonferenzen werden in diesen vier Sprachen abgehalten.

(3) *[Weitere Sprachen]* Der Rat kann die Benutzung weiterer Sprachen beschließen.

Art. 29 Finanzen. (1) *[Einnahmen]* Die Ausgaben des Verbandes werden gedeckt aus

i) den Jahresbeiträgen der Verbandsstaaten,

ii) der Vergütung für Dienstleistungen,

iii) sonstigen Einnahmen.

(2) *[Beiträge: Einheiten]*

a) Der Anteil jedes Verbandsstaats am Gesamtbetrag der Jahresbeiträge richtet sich nach dem Gesamtbetrag der Ausgaben, die durch Beiträge der Verbandsstaaten zu decken sind, und nach der für diesen Verbandsstaat nach Absatz 3 maßgebenden Zahl von Beitragseinheiten. Dieser Anteil wird nach Absatz 4 berechnet.

b) Die Zahl der Beitragseinheiten wird in ganzen Zahlen oder Bruchteilen hiervon ausgedrückt; dabei darf ein Bruchteil nicht kleiner als ein Fünftel sein.

(3) *[Beiträge: Anteil jedes Verbandsmitglieds]*

a) Für jedes Verbandsmitglied, das zum Zeitpunkt, zu dem es durch dieses Übereinkommen gebunden wird, eine Vertragspartei der Akte von 1961/1972 oder der Akte von 1978 ist, ist die maßgebende Zahl der Beitragseinheiten gleich der für dieses Verbandsmitglied unmittelbar vor diesem Zeitpunkt maßgebenden Zahl der Einheiten.

b) Jeder andere Verbandsstaat gibt bei seinem Beitritt zum Verband in einer an den Generalsekretär gerichteten Erklärung die für ihn maßgebende Zahl von Beitragseinheiten an.

c) Jeder Verbandsstaat kann jederzeit in einer an den Generalsekretär gerichteten Erklärung eine andere als die nach Buchstabe a oder b maßgebende Zahl von Beitragseinheiten angeben. Wird eine solche Erklärung während der ersten sechs Monate eines Kalenderjahrs abgegeben, so wird sie zum Beginn des folgenden Kalenderjahrs wirksam; andernfalls wird sie zum Beginn des zweiten auf ihre Abgabe folgenden Kalenderjahrs wirksam.

(4) *[Beiträge: Berechnung der Anteile]*

a) Für jede Haushaltsperiode wird der Betrag, der einer Beitragseinheit entspricht, dadurch ermittelt, daß der Gesamtbetrag der Ausgaben, die in dieser Periode aus Beiträgen der Verbandsstaaten zu decken sind, durch die Gesamtzahl der von diesen Verbandsstaaten aufzubringenden Einheiten geteilt wird.

b) Der Betrag des Beitrags jedes Verbandsstaats ergibt sich aus dem mit der für diesen Verbandsstaat maßgebenden Zahl der Beitragseinheiten vervielfachten Betrag einer Beitragseinheit.

(5) *[Rückständige Beiträge]*

a) Ein Verbandsstaat, der mit der Zahlung seiner Beiträge im Rückstand ist, kann, vorbehaltlich des Buchstabens b, sein Stimmrecht im Rat nicht ausüben, wenn der rückständige Betrag den für das vorhergehende volle Jahr geschuldeten Betrag erreicht oder übersteigt. Die Aussetzung des Stimmrechts entbindet diesen Verbandsstaat nicht von den sich aus diesem Übereinkommen ergebenden Pflichten und führt nicht zum Verlust der anderen sich aus diesem Übereinkommen ergebenden Rechte.

b) Der Rat kann einem solchen Verbandsstaat jedoch gestatten, sein Stimmrecht weiter auszuüben, wenn und solange der Rat überzeugt ist, daß der Zahlungsrückstand eine Folge außergewöhnlicher und unabwendbarer Umstände ist.

(6) [1] *[Rechnungsprüfung]* Die Rechnungsprüfung des Verbandes wird nach Maßgabe der Verwaltungs- und Finanzordnung von einem Verbandsstaat durchgeführt. [2] Dieser Verbandsstaat wird mit seiner Zustimmung vom Rat bestimmt.

(7) [1] *[Beiträge zwischenstaatlicher Organisationen]* Ein Verbandsmitglied, das eine zwischenstaatliche Organisation ist, ist nicht zur Zahlung von Beiträgen verpflichtet. [2] Ist es dennoch bereit, Beiträge zu zahlen, so gelten die Absätze 1 bis 4 entsprechend.

Kapitel IX. Anwendung des Übereinkommens; andere Abmachungen

Art. 30 Anwendung des Übereinkommens. (1) *[Anwendungsmaßnahmen]* Jede Vertragspartei trifft alle für die Anwendung dieses Übereinkommens notwendigen Maßnahmen, insbesondere

i) sieht sie geeignete Rechtsmittel vor, die eine wirksame Wahrung der Züchterrechte ermöglichen,

ii) unterhält sie eine Behörde für die Erteilung von Züchterrechten oder beauftragt die bereits von einer anderen Vertragspartei unterhaltene Behörde mit der genannten Aufgabe und

iii) stellt sie sicher, daß die Öffentlichkeit durch die periodische Veröffentlichung von Mitteilungen über
 – die Anträge auf und Erteilung von Züchterrechten sowie
 – die vorgeschlagenen und genehmigten Sortenbezeichnungen unterrichtet wird.

(2) *[Vereinbarkeit der Rechtsvorschriften]* Es wird vorausgesetzt, daß jeder Staat und jede zwischenstaatliche Organisation bei Hinterlegung seiner oder ihrer Ratifikations-, Annahme-, Genehmigungs- oder Beitrittsurkunde entsprechend seinen oder ihren Rechtsvorschriften in der Lage ist, diesem Übereinkommen Wirkung zu verleihen.

Art. 31 Beziehungen zwischen den Vertragsparteien und den durch eine frühere Akte gebundenen Staaten. (1) *[Beziehungen zwischen den durch dieses Übereinkommen gebundenen Staaten]* Zwischen den Verbandsstaaten, die sowohl durch dieses Übereinkommen als auch durch eine frühere Akte des Übereinkommens gebunden sind, ist ausschließlich dieses Übereinkommen anwendbar.

(2) [1] *[Möglichkeit von Beziehungen mit den durch dieses Übereinkommen nicht gebundenen Staaten]* Jeder Verbandsstaat, der nicht durch dieses Übereinkommen gebunden ist, kann durch eine an den Generalsekretär gerichtete Notifikation erklären, daß er die letzte Akte dieses Übereinkommens, durch die er gebunden ist, in seinen Beziehungen zu jedem nur durch dieses Übereinkommen gebundenen Verbandsmitglied anwenden wird. [2] Während eines Zeitabschnitts, der einen Monat nach dem Tag einer solchen Notifikation beginnt und mit dem Zeitpunkt endet, zu dem der Verbandsstaat, der die Erklärung abgegeben hat, durch dieses Übereinkommen gebunden wird, wendet dieses Verbandsmitglied die letzte Akte an, durch die es gebunden ist, in seinen Beziehungen zu jedem Verbandsmitglied, das nur durch dieses Übereinkommen gebunden ist, wäh-

rend dieses Verbandsmitglied dieses Übereinkommen in seinen Beziehungen zu jenem anwendet.

Art. 32 Besondere Abmachungen. Die Verbandsmitglieder behalten sich das Recht vor, untereinander zum Schutz von Sorten besondere Abmachungen zu treffen, soweit diese Abmachungen diesem Übereinkommen nicht zuwiderlaufen.

Kapitel X. Schlußbestimmungen

Art. 33 Unterzeichnung. [1] Dieses Übereinkommen wird für jeden Staat, der zum Zeitpunkt seiner Annahme ein Verbandsmitglied ist, zur Unterzeichnung aufgelegt. [2] Es liegt bis zum 31. März 1992 zur Unterzeichnung auf.

Art. 34 Ratifikation, Annahme oder Genehmigung; Beitritt. (1) *[Staaten und bestimmte zwischenstaatliche Organisationen]*

a) Jeder Staat kann nach diesem Artikel eine Vertragspartei dieses Übereinkommens werden.

b) Jede zwischenstaatliche Organisation kann nach diesem Artikel eine Vertragspartei dieses Übereinkommens werden, sofern sie

  i) für die in diesem Übereinkommen geregelten Angelegenheiten zuständig ist,

  ii) über ihr eigenes, für alle ihre Mitgliedstaaten verbindliches Recht über die Erteilung und den Schutz von Züchterrechten verfügt und

  iii) gemäß ihrem internen Verfahren ordnungsgemäß befugt worden ist, diesem Übereinkommen beizutreten.

(2) [1] *[Einwilligungsurkunde]* Jeder Staat, der dieses Übereinkommen unterzeichnet hat, wird Vertragspartei dieses Übereinkommens durch die Hinterlegung einer Urkunde über die Ratifikation, Annahme oder Genehmigung dieses Übereinkommens. [2] Jeder Staat, der dieses Übereinkommen nicht unterzeichnet hat, sowie jede zwischenstaatliche Organisation werden Vertragspartei dieses Übereinkommens durch die Hinterlegung einer Urkunde über den Beitritt zu diesem Übereinkommen. [3] Die Ratifikations-, Annahme-, Genehmigungs- und Beitrittsurkunden werden beim Generalsekretär hinterlegt.

(3) [1] *[Stellungnahme des Rates]* Jeder Staat, der dem Verband nicht angehört, sowie jede zwischenstaatliche Organisation ersuchen vor Hinterlegung ihrer Beitrittsurkunde den Rat um Stellungnahme, ob ihre Rechtsvorschriften mit diesem Übereinkommen vereinbar sind. [2] Ist der Beschluß über die Stellungnahme positiv, so kann die Beitrittsurkunde hinterlegt werden.

Art. 35 Vorbehalte. (1) *[Grundsatz]* Vorbehaltlich des Absatzes 2 sind Vorbehalte zu diesem Übereinkommen nicht zulässig.

(2) *[Möglichkeit einer Ausnahme]*

a) Abweichend von Artikel 3 Absatz 1 kann jeder Staat, der zum Zeitpunkt, in dem er Vertragspartei dieses Übereinkommens wird, Vertragspartei der Akte von 1978 ist und in bezug auf vegetativ vermehrte Sorten Schutz unter der Form eines gewerblichen Schutzrechts vorsieht, das einem Züchterrecht nicht entspricht, diese Schutzform weiterhin vorsehen, ohne dieses Übereinkommen auf die genannten Sorten anzuwenden.

b) Jeder Staat, der von dieser Möglichkeit Gebrauch macht, notifiziert dies dem Generalsekretär zu dem Zeitpunkt, in dem er seine Ratifikations-, Annahme-, Genehmigungs- oder Beitrittsurkunde zu diesem Übereinkommen hinterlegt. Dieser Staat kann jederzeit die genannte Notifikation zurücknehmen.

Art. 36 Mitteilungen über die Gesetzgebung und die schutzfähigen Gattungen und Arten; zu veröffentlichende Informationen. (1) *[Erstmalige Notifikation]* Jeder Staat und jede zwischenstaatliche Organisation notifizieren bei der Hinterlegung ihrer Ratifikations-, Annahme-, Genehmigungs- oder Beitrittsurkunde zu diesem Übereinkommen dem Generalsekretär

i) ihre Rechtsvorschriften über das Züchterrecht und

ii) die Liste der Pflanzengattungen und -arten, auf die sie dieses Übereinkommen zum Zeitpunkt anwenden werden, zu dem sie durch dieses Übereinkommen gebunden werden.

(2) *[Notifikation der Änderungen]* Jede Vertragspartei notifiziert unverzüglich dem Generalsekretär

i) jede Änderung ihrer Rechtsvorschriften über das Züchterrecht und

ii) jede Ausdehnung der Anwendung dieses Übereinkommens auf weitere Pflanzengattungen und -arten.

(3) *[Veröffentlichung von Informationen]* Der Generalsekretär veröffentlicht auf der Grundlage der Notifikationen seitens der Vertragsparteien Informationen über

i) die Rechtsvorschriften über das Züchterrecht und jede Änderung dieser Rechtsvorschriften sowie

ii) die in Absatz 1 Nummer ii erwähnte Liste der Pflanzengattungen und -arten und jede in Absatz 2 Nummer ii erwähnte Ausdehnung.

Art. 37 Inkrafttreten; Unmöglichkeit, einer früheren Akte beizutreten. (1) *[Erstmaliges Inkrafttreten]* Dieses Übereinkommen tritt einen Monat nach dem Zeitpunkt in Kraft, in dem fünf Staaten ihre Ratifikations-, Annahme-, Genehmigungs- oder Beitrittsurkunde hinterlegt haben, wobei mindestens drei der genannten Urkunden von Vertragsstaaten der Akte von 1961/1972 oder der Akte von 1978 hinterlegt sein müssen.

(2) *[Weiteres Inkrafttreten]* Jeder Staat, auf den Absatz 1 nicht zutrifft, oder jede zwischenstaatliche Organisation werden durch dieses Übereinkommen einen Monat nach dem Zeitpunkt gebunden, in dem sie ihre Ratifikations-, Annahme-, Genehmigungs- oder Beitrittsurkunde hinterlegt haben.

(3) *[Unmöglichkeit, der Akte von 1978 beizutreten]* Nach dem Inkrafttreten dieses Übereinkommens nach Absatz 1 kann keine Urkunde über den Beitritt zur Akte von 1978 hinterlegt werden; jedoch kann jeder Staat, der gemäß der feststehenden Praxis der Vollversammlung der Vereinten Nationen ein Entwicklungsland ist, eine solche Urkunde bis zum 31. Dezember 1995 hinterlegen, und jeder andere Staat kann eine solche Urkunde bis zum 31. Dezember 1993 hinterlegen, auch wenn dieses Übereinkommen zu einem früheren Zeitpunkt in Kraft getreten ist.

Art. 38 Revision des Übereinkommens. (1) [1] *[Konferenz]* Dieses Übereinkommen kann von einer Konferenz der Verbandsmitglieder revidiert werden. [2] Die Einberufung einer solchen Konferenz wird vom Rat beschlossen.

(2) [1] *[Quorum und Mehrheit]* Die Konferenz ist nur dann beschlußfähig, wenn mindestens die Hälfte der Verbandsstaaten auf ihr vertreten ist. [2] Eine revidierte Fassung des Übereinkommens bedarf zu ihrer Annahme der Dreiviertelmehrheit der anwesenden und abstimmenden Verbandsstaaten.

Art. 39 Kündigung. (1) [1] *[Notifikationen]* Jede Vertragspartei kann dieses Übereinkommen durch eine an den Generalsekretär gerichtete Notifikation kündigen. [2] Der Generalsekretär notifiziert unverzüglich allen Vertragsparteien den Eingang dieser Notifikation.

(2) *[Frühere Akten]* Die Notifikation der Kündigung dieses Übereinkommens gilt auch als Notifikation der Kündigung der früheren Akte, durch die die Vertragspartei, die dieses Übereinkommen kündigt, etwa gebunden ist.

(3) *[Datum des Wirksamwerdens]* Die Kündigung wird zum Ende des Kalenderjahrs wirksam, das auf das Jahr folgt, in dem die Notifikation beim Generalsekretär eingegangen ist.

(4) *[Wohlerworbene Rechte]* Die Kündigung läßt Rechte unberührt, die auf Grund dieses Übereinkommens oder einer früheren Akte an einer Sorte vor dem Tag des Wirksamwerdens der Kündigung erworben worden sind.

Art. 40 Aufrechterhaltung wohlerworbener Rechte. Dieses Übereinkommen schränkt keine Züchterrechte ein, die auf Grund des Rechtes der Vertragsparteien oder einer früheren Akte oder infolge anderer Übereinkünfte zwischen Verbandsmitgliedern als dieses Übereinkommen erworben worden sind.

Art. 41 Urschrift und amtliche Wortlaute des Übereinkommens.

(1) [1] *[Urschrift]* Dieses Übereinkommen wird in einer Urschrift in deutscher, englischer und französischer Sprache unterzeichnet; bei Unstimmigkeiten zwischen den verschiedenen Wortlauten ist der französische Wortlaut maßgebend. [2] Die Urschrift wird beim Generalsekretär hinterlegt.

(2) *[Amtliche Wortlaute]* Der Generalsekretär stellt nach Konsultierung der Regierungen der beteiligten Staaten und der beteiligten zwischenstaatlichen Organisationen amtliche Wortlaute in arabischer, italienischer, japanischer, niederländischer und spanischer Sprache sowie in denjenigen anderen Sprachen her, die der Rat gegebenenfalls bezeichnet.

Art. 42 Verwahreraufgaben. (1) *[Übermittlung von Abschriften]* Der Generalsekretär übermittelt den Staaten und den zwischenstaatlichen Organisationen, die auf der Diplomatischen Konferenz, die dieses Übereinkommen angenommen hat, vertreten waren, sowie jedem anderen Staat und jeder anderen zwischenstaatlichen Organisation auf deren Ersuchen beglaubigte Abschriften dieses Übereinkommens.

(2) *[Registrierung]* Der Generalsekretär läßt dieses Übereinkommen beim Sekretariat der Vereinten Nationen registrieren.

76. Genfer Fassung des Haager Abkommens über die internationale Eintragung von Designs[1)]

Vom 6. November 1925[2)]
revidiert in London am 2. Juni 1934 und im Haag am 28. November 1960 (BGBl. II 1962 S. 774), in Genf am 2. Juli 1999
(BGBl. II 2009 S. 837)

Inhaltsverzeichnis

[1)] Amtliche deutsche Übersetzung der Genfer Fassung idF der Bek. v. 11.1.2016 (BGBl. II S. 59); Inkrafttreten für die Bundesrepublik Deutschland gem. Bek. v. 1.3.2010 (BGBl. II S. 190) am 13.2.2010.

[2)] Das Abkommen wurde für die Bundesrepublik Deutschland ratifiziert durch G v. 29.7.2009 (BGBl. II S. 837).

Einleitende Bestimmungen

Art. 1 Kurzbezeichnungen. Im Sinne dieser Fassung bedeutet

i) „Haager Abkommen" das Haager Abkommen über die internationale Hinterlegung gewerblicher Muster und Modelle, das künftig den Titel „Haager Abkommen über die internationale Eintragung von Designs" trägt;

ii) „diese Fassung" das Haager Abkommen in der vorliegenden Fassung;

iii) „Ausführungsordnung" die Ausführungsordnung zu dieser Fassung;

iv) „vorgeschrieben" und „Vorschriften" in der Ausführungsordnung vorgeschrieben beziehungsweise Vorschriften der Ausführungsordnung;

v) „Pariser Verbandsübereinkunft" die am 20. März 1883 in Paris unterzeichnete Pariser Verbandsübereinkunft zum Schutz des gewerblichen Eigentums in ihrer revidierten und geänderten Fassung;

vi) „internationale Eintragung" die nach dieser Fassung vorgenommene internationale Eintragung eines Designs;

vii) „internationale Anmeldung" eine Anmeldung zur internationalen Eintragung;

viii) „internationales Register" die beim Internationalen Büro geführte amtliche Sammlung von Daten über internationale Eintragungen, welche aufgrund dieser Fassung oder der Ausführungsordnung eingetragen werden müssen oder dürfen, ungeachtet des Mediums, in dem die Daten gespeichert sind;

ix) „Person" eine natürliche oder juristische Person;

x) „Anmelder" die Person, auf deren Namen eine internationale Anmeldung eingereicht wird;

xi) „Inhaber" die Person, auf deren Namen eine internationale Eintragung im internationalen Register eingetragen ist;

xii) „zwischenstaatliche Organisation" eine zwischenstaatliche Organisation, welche die Voraussetzungen des Artikels 27 Absatz 1 Ziffer ii dafür erfüllt, Vertragspartei dieser Fassung zu werden;

xiii) „Vertragspartei" jeden Staat oder jede zwischenstaatliche Organisation, der oder die Vertragspartei dieser Fassung ist;

xiv) „Vertragspartei des Anmelders" die Vertragspartei oder eine der Vertragsparteien, von der oder denen der Anmelder seine Berechtigung zur Einreichung einer internationalen Anmeldung herleitet, da er in Bezug auf diese Vertragspartei mindestens eine der in Artikel 3 aufgeführten Voraussetzungen erfüllt; kann der Anmelder seine Berechtigung zur Einreichung einer internationalen Anmeldung nach Artikel 3 von mehr als einer Vertragspartei herleiten, so bedeutet „Vertragspartei des Anmelders" diejenige dieser Vertragsparteien, die als solche in der internationalen Anmeldung angegeben ist;

xv) „Gebiet einer Vertragspartei" das Hoheitsgebiet eines Staates, sofern die Vertragspartei ein Staat ist, oder das Gebiet, in dem der Gründungsvertrag einer zwischenstaatlichen Organisation gilt, sofern die Vertragspartei eine zwischenstaatliche Organisation ist;

xvi) „Amt" die von einer Vertragspartei mit der Schutzerteilung für Designs im Gebiet dieser Vertragspartei beauftragte Stelle;

xvii) „prüfendes Amt" ein Amt, das von Amts wegen bei ihm eingereichte Anträge auf Schutz von Designs zumindest darauf prüft, ob die Designs die Voraussetzung der Neuheit erfüllen;

xviii) „Benennung" einen Antrag, dass eine internationale Eintragung bei einer Vertragspartei Wirksamkeit erlangt; „Benennung" bedeutet auch die Eintragung dieses Antrags im internationalen Register;

xix) „benannte Vertragspartei" und „benanntes Amt" die Vertragspartei beziehungsweise das Amt der Vertragspartei, für die oder das die Benennung gilt;

xx) „Fassung von 1934" die am 2. Juni 1934 in London unterzeichnete Fassung des Haager Abkommens;

xxi) „Fassung von 1960" die am 28. November 1960 in Den Haag unterzeichnete Fassung des Haager Abkommens;

xxii) „Zusatzvereinbarung von 1961" die am 18. November 1961 in Monaco unterzeichnete Zusatzvereinbarung zur Fassung von 1934;

xxiii) „Ergänzungsvereinbarung von 1967" die am 14. Juli 1967 in Stockholm unterzeichnete Ergänzungsvereinbarung zum Haager Abkommen in der geänderten Fassung;

xxiv) „Verband" den durch das Haager Abkommen vom 6. November 1925 errichteten und durch die Fassungen von 1934 und 1960, die Zusatzvereinbarung von 1961, die Ergänzungsvereinbarung von 1967 und diese Fassung aufrechterhaltenen Haager Verband;

xxv) „Versammlung" die in Artikel 21 Absatz 1 Buchstabe a genannte Versammlung oder jedes Gremium, das an die Stelle dieser Versammlung tritt;

xxvi) „Organisation" die Weltorganisation für geistiges Eigentum;

xxvii) „Generaldirektor" den Generaldirektor der Organisation;

xxviii) „Internationales Büro" das Internationale Büro der Organisation;

xxix) „Ratifikationsurkunde" zugleich die Annahme- oder Genehmigungsurkunde.

Art. 2 Gewährung eines sonstigen Schutzes aufgrund des Rechts der Vertragsparteien und bestimmter internationaler Verträge. (1) [Recht der Vertragsparteien und bestimmte internationale Verträge] Diese Fassung berührt nicht die etwaige Gewährung eines weitergehenden Schutzes nach dem Recht einer Vertragspartei, den Schutz, der den Werken der Kunst und den Werken der angewandten Kunst durch internationale Verträge und sonstige internationale Übereinkünfte über das Urheberrecht gewährt wird, und den Schutz, der Designs nach dem Übereinkommen über handelsbezogene Aspekte der Rechte des geistigen Eigentums gewährt wird, das dem Übereinkommen zur Errichtung der Welthandelsorganisation beigefügt ist.

(2) [Verpflichtung zur Einhaltung der Pariser Verbandsübereinkunft] Jede Vertragspartei hält die Bestimmungen der Pariser Verbandsübereinkunft betreffend gewerbliche Muster und Modelle ein.

Kapitel I. Internationale Anmeldung und internationale Eintragung

Art. 3 Berechtigung zur Einreichung einer internationalen Anmeldung. Jeder Angehörige eines Staates, der Vertragspartei ist, oder eines Mitgliedstaats einer zwischenstaatlichen Organisation, die Vertragspartei ist, oder jede Person, die einen Wohnsitz, einen gewöhnlichen Aufenthalt oder eine tatsächliche und nicht nur zum Schein bestehende gewerbliche oder Handelsniederlassung im Gebiet einer Vertragspartei hat, ist berechtigt, eine internationale Anmeldung einzureichen.

Art. 4 Verfahren zur Einreichung der internationalen Anmeldung.

(1) [Direkte oder indirekte Einreichung]

a) Die internationale Anmeldung kann nach Wahl des Anmelders entweder direkt beim Internationalen Büro oder über das Amt der Vertragspartei des Anmelders eingereicht werden.

b) Ungeachtet des Buchstabens a kann jede Vertragspartei dem Generaldirektor in einer Erklärung mitteilen, dass internationale Anmeldungen nicht über ihr Amt eingereicht werden können.

(2) [Weiterleitungsgebühr im Fall indirekter Einreichung] Das Amt jeder Vertragspartei kann verlangen, dass der Anmelder ihm eine Weiterleitungsgebühr für jede über es eingereichte internationale Anmeldung entrichtet; diese Gebühr verbleibt dem betreffenden Amt.

Art. 5 Inhalt der internationalen Anmeldung. (1) [Zwingender Inhalt der internationalen Anmeldung] Die internationale Anmeldung muss in der vorgeschriebenen Sprache oder in einer der vorgeschriebenen Sprachen abgefasst sein; die Anmeldung muss Folgendes enthalten oder ihr ist Folgendes beizufügen:

i) ein Antrag auf internationale Eintragung nach dieser Fassung;

ii) die vorgeschriebenen Angaben zum Anmelder;

iii) die vorgeschriebene Anzahl von in der vorgeschriebenen Weise dargestellten Exemplaren einer oder, nach Wahl des Anmelders, mehrerer verschiedener Wiedergaben des Designs, das Gegenstand der internationalen Anmeldung ist; handelt es sich jedoch um ein zweidimensionales Design und wird ein Antrag auf Aufschiebung der Veröffentlichung nach Absatz 5 gestellt, so kann die internationale Anmeldung entweder Wiedergaben enthalten oder es kann ihr die vorgeschriebene Anzahl von Musterabschnitten beigefügt werden;

iv) eine den Vorschriften entsprechende Angabe des Erzeugnisses oder der Erzeugnisse, die das Design darstellen oder in Verbindung mit denen das Design verwendet werden soll;

v) eine Angabe der benannten Vertragsparteien;

vi) die vorgeschriebenen Gebühren;

vii) alle sonstigen vorgeschriebenen Angaben.

(2) [Zusätzlicher zwingender Inhalt der internationalen Anmeldung]

a) Jede Vertragspartei, deren Amt ein prüfendes Amt ist und nach deren Recht zu dem Zeitpunkt, zu dem sie Vertragspartei dieser Fassung wird, ein Antrag auf Schutzerteilung für ein Design einen der unter Buchstabe b aufgeführten Bestandteile enthalten muss, damit diesem Antrag nach diesem Recht ein

Anmeldetag zuerkannt wird, kann dem Generaldirektor diese Bestandteile in einer Erklärung mitteilen.

b) Folgende Bestandteile können nach Buchstabe a mitgeteilt werden:
   i) Angaben zur Identität des Schöpfers des Designs, das Gegenstand der Anmeldung ist;
   ii) eine kurze Beschreibung der Wiedergabe oder der charakteristischen Merkmale des Designs, das Gegenstand der Anmeldung ist;
   iii) ein Anspruch.

c) Enthält die internationale Anmeldung die Benennung einer Vertragspartei, die eine Mitteilung nach Buchstabe a vorgenommen hat, so muss sie außerdem in der vorgeschriebenen Weise jeden Bestandteil enthalten, der Gegenstand der Mitteilung war.

(3) [Sonstiger möglicher Inhalt der internationalen Anmeldung] Die internationale Anmeldung kann alle sonstigen Bestandteile enthalten oder es können ihr alle sonstigen Bestandteile beigefügt werden, die in der Ausführungsordnung aufgeführt sind.

(4) [Mehrere Designs in einer internationalen Anmeldung] Vorbehaltlich etwaiger vorgeschriebener Bedingungen kann eine internationale Anmeldung mehrere Designs enthalten.

(5) [Antrag auf Aufschiebung der Veröffentlichung] Die internationale Anmeldung kann einen Antrag auf Aufschiebung der Veröffentlichung enthalten.

Art. 6 Priorität. (1) [Inanspruchnahme von Prioritäten]

a) Die internationale Anmeldung kann eine Erklärung nach Artikel 4 der Pariser Verbandsübereinkunft[1] enthalten, mit der die Priorität einer oder mehrerer früherer Anmeldungen in Anspruch genommen wird, die in einem oder für ein Land, das Vertragspartei jener Übereinkunft ist, oder in einem oder für ein Mitglied der Welthandelsorganisation eingereicht worden sind.

b) Die Ausführungsordnung kann vorsehen, dass die unter Buchstabe a genannte Erklärung nach Einreichung der internationalen Anmeldung abgegeben werden kann. Ist dies der Fall, so wird in der Ausführungsordnung der Zeitpunkt vorgeschrieben, zu dem die Erklärung spätestens abgegeben werden kann.

(2) [Internationale Anmeldung als Basis für die Inanspruchnahme einer Priorität] Der internationalen Anmeldung kommt ab ihrem Anmeldetag die Bedeutung einer vorschriftsmäßigen Hinterlegung nach Artikel 4 der Pariser Verbandsübereinkunft[1] zu, wobei das spätere Schicksal der Anmeldung ohne Bedeutung ist.

Art. 7 Benennungsgebühren. (1) [Vorgeschriebene Benennungsgebühr] Vorbehaltlich des Absatzes 2 schließen die vorgeschriebenen Gebühren eine Benennungsgebühr für jede benannte Vertragspartei ein.

(2) [1] [Individuelle Benennungsgebühr] Jede Vertragspartei, deren Amt ein prüfendes Amt ist, und jede Vertragspartei, die eine zwischenstaatliche Organisation ist, kann dem Generaldirektor in einer Erklärung mitteilen, dass bei jeder internationalen Anmeldung, in der sie benannt wird, und bei der Erneuerung jeder internationalen Eintragung, die sich aus einer solchen internationalen Anmeldung ergibt, anstelle der in Absatz 1 genannten vorgeschriebenen Benennungsgebühr

---

[1] Nr. **60**.

eine individuelle Benennungsgebühr zu entrichten ist; der Betrag dieser Gebühr wird in der Erklärung angegeben und kann in weiteren Erklärungen geändert werden. [2]Er kann von der betreffenden Vertragspartei für den ersten Schutzzeitraum und für jeden Erneuerungszeitraum oder für die von ihr zugelassene maximale Schutzdauer festgelegt werden. [3]Dieser Betrag darf jedoch nicht höher sein als der Gegenwert des Betrags, den das Amt der betreffenden Vertragspartei bei der Schutzerteilung für einen entsprechend langen Zeitraum und dieselbe Anzahl von Designs vom Anmelder zu erhalten berechtigt wäre, wobei letzterer Betrag um die Einsparungen verringert wird, die sich aus dem internationalen Verfahren ergeben.

(3) [Überweisung der Benennungsgebühren] Die in den Absätzen 1 und 2 genannten Benennungsgebühren werden vom Internationalen Büro an die Vertragsparteien überwiesen, für die sie entrichtet wurden.

Art. 8 Mängelbeseitigung. (1) [Prüfung der internationalen Anmeldung] Stellt das Internationale Büro fest, dass die internationale Anmeldung am Tag ihres Eingangs beim Internationalen Büro die Erfordernisse dieser Fassung und der Ausführungsordnung nicht erfüllt, so fordert es den Anmelder auf, die erforderlichen Mängelbeseitigungen innerhalb der vorgeschriebenen Frist vorzunehmen.

(2) [Nicht beseitigte Mängel]

a) Kommt der Anmelder der Aufforderung nicht innerhalb der vorgeschriebenen Frist nach, so gilt die internationale Anmeldung vorbehaltlich des Buchstabens b als zurückgenommen.

b) Kommt der Anmelder im Fall eines Mangels in Bezug auf Artikel 5 Absatz 2 oder in Bezug auf ein besonderes Erfordernis, das dem Generaldirektor von einer Vertragspartei in Übereinstimmung mit der Ausführungsordnung mitgeteilt wurde, der Aufforderung nicht innerhalb der vorgeschriebenen Frist nach, so gilt die internationale Anmeldung als ohne die Benennung der betreffenden Vertragspartei eingereicht.

Art. 9 Anmeldetag der internationalen Anmeldung. (1) [Direkt eingereichte internationale Anmeldung] Wird die internationale Anmeldung direkt beim Internationalen Büro eingereicht, so ist der Anmeldetag vorbehaltlich des Absatzes 3 das Datum, an dem die internationale Anmeldung beim Internationalen Büro eingeht.

(2) [Indirekt eingereichte internationale Anmeldung] Wird die internationale Anmeldung über das Amt der Vertragspartei des Anmelders eingereicht, so wird der Anmeldetag wie vorgeschrieben bestimmt.

(3) [Internationale Anmeldung mit bestimmten Mängeln] Enthält die internationale Anmeldung am Tag ihres Eingangs beim Internationalen Büro einen Mangel, der nach den Vorschriften zu einer Verschiebung des Anmeldetags der internationalen Anmeldung führt, so ist der Anmeldetag das Datum, an dem die entsprechende Mängelbeseitigung beim Internationalen Büro eingeht.

Art. 10[1] **Internationale Eintragung, Datum der internationalen Eintragung, Veröffentlichung und vertrauliche Kopien der internationalen Eintragung.** (1) [Internationale Eintragung] [1]Das Internationale Büro trägt jedes Design, das Gegenstand einer internationalen Anmeldung ist, unmittelbar nach Eingang der internationalen Anmeldung beim Internationalen Büro oder, falls Mängelbeseitigungen nach Artikel 8 angefordert werden, unmittelbar nach Eingang der erforderlichen Mängelbeseitigungen ein. [2]Die Eintragung erfolgt auch bei einer Aufschiebung der Veröffentlichung nach Artikel 11.

(2) [Datum der internationalen Eintragung]

a) Vorbehaltlich des Buchstabens b ist das Datum der internationalen Eintragung der Anmeldetag der internationalen Anmeldung.

b) Enthält die internationale Anmeldung am Tag ihres Eingangs beim Internationalen Büro einen Mangel in Bezug auf Artikel 5 Absatz 2, so ist das Datum der internationalen Eintragung entweder das Datum, an dem die entsprechende Mängelbeseitigung beim Internationalen Büro eingeht, oder der Anmeldetag der internationalen Anmeldung, je nachdem, welches das spätere Datum ist.

(3) [Veröffentlichung]

a) Die internationale Eintragung wird vom Internationalen Büro veröffentlicht. Diese Veröffentlichung gilt in allen Vertragsparteien als ausreichende Bekanntgabe; vom Inhaber wird keine sonstige Bekanntgabe verlangt.

b) Das Internationale Büro übermittelt ein Exemplar der Veröffentlichung der internationalen Eintragung an jedes benannte Amt.

(4) [Vertrauliche Behandlung vor der Veröffentlichung] Vorbehaltlich des Absatzes 5 und des Artikels 11 Absatz 4 Buchstabe b behandelt das Internationale Büro jede internationale Anmeldung und jede internationale Eintragung bis zur Veröffentlichung vertraulich.

(5) [Vertrauliche Kopien]

a) Das Internationale Büro übermittelt unmittelbar nach Vornahme der Eintragung eine Kopie der internationalen Eintragung zusammen mit allen einschlägigen Erklärungen, Unterlagen oder Musterabschnitten, die der internationalen Anmeldung beigefügt sind, an jedes Amt, das in der internationalen Anmeldung benannt worden ist und das dem Internationalen Büro mitgeteilt hat, dass es eine solche Kopie zu erhalten wünscht.

b) [1]Bis zur Veröffentlichung der internationalen Eintragung durch das Internationale Büro behandelt das Amt jede internationale Eintragung, von der ihm das Internationale Büro eine Kopie übermittelt hat, vertraulich; es darf diese Kopie nur zum Zweck der Prüfung der internationalen Eintragung und zur Prüfung von Anträgen auf Schutz von Designs verwenden, die in der oder für die Vertragspartei, für die das Amt zuständig ist, eingereicht worden sind. [2]Insbesondere darf es den Inhalt einer solchen internationalen Eintragung keiner Person außerhalb des Amtes mit Ausnahme des Inhabers der internationalen Eintragung offenbaren, es sei denn für die Zwecke eines Verwaltungs- oder

---

[1] **Amtl. Anm.:** Bei der Annahme dieses Artikels ging die Diplomatische Konferenz davon aus, dass dieser Artikel dem Anmelder, dem Inhaber oder einer mit der Einwilligung des Anmelders oder des Inhabers handelnden Person nicht den Zugang zur internationalen Anmeldung oder zur internationalen Eintragung verwehrt.

Gerichtsverfahrens in Bezug auf eine Streitigkeit über die Berechtigung zur Einreichung der internationalen Anmeldung, auf der die internationale Eintragung beruht. [3]Im Fall eines solchen Verwaltungs- oder Gerichtsverfahrens darf der Inhalt der internationalen Eintragung den beteiligten Verfahrensparteien nur vertraulich offenbart werden und diese sind zur Wahrung der Vertraulichkeit des Offenbarten zu verpflichten.

Art. 11 Aufschiebung der Veröffentlichung. (1) [Gesetzliche Bestimmungen von Vertragsparteien über die Aufschiebung der Veröffentlichung]

a) Sieht das Recht einer Vertragspartei die Aufschiebung der Veröffentlichung eines Designs um einen kürzeren als den vorgeschriebenen Zeitraum vor, so teilt die Vertragspartei dem Generaldirektor den zulässigen Zeitraum in einer Erklärung mit.

b) Sieht das Recht einer Vertragspartei keine Aufschiebung der Veröffentlichung eines Designs vor, so teilt die Vertragspartei dem Generaldirektor diese Tatsache in einer Erklärung mit.

(2) [Aufschiebung der Veröffentlichung] Enthält die internationale Anmeldung einen Antrag auf Aufschiebung der Veröffentlichung, so erfolgt die Veröffentlichung,

i) wenn keine der in der internationalen Anmeldung benannten Vertragsparteien eine Erklärung nach Absatz 1 abgegeben hat, bei Ablauf des vorgeschriebenen Zeitraums,

ii) wenn eine der in der internationalen Anmeldung benannten Vertragsparteien eine Erklärung nach Absatz 1 Buchstabe a abgegeben hat, bei Ablauf des in dieser Erklärung mitgeteilten Zeitraums oder, wenn mehrere benannte Vertragsparteien solche Erklärungen abgegeben haben, bei Ablauf des kürzesten in den Erklärungen mitgeteilten Zeitraums.

(3) [Behandlung von Anträgen auf Aufschiebung, bei denen eine Aufschiebung nach dem anzuwendenden Recht nicht möglich ist] Ist die Aufschiebung der Veröffentlichung beantragt worden und hat eine der in der internationalen Anmeldung benannten Vertragsparteien eine Erklärung nach Absatz 1 Buchstabe b abgegeben, der zufolge eine Aufschiebung der Veröffentlichung nach ihrem Recht nicht möglich ist,

i) so teilt das Internationale Büro vorbehaltlich der Ziffer ii dem Anmelder dies mit; nimmt der Anmelder die Benennung dieser Vertragspartei nicht innerhalb der vorgeschriebenen Frist gegenüber dem Internationalen Büro schriftlich zurück, so lässt das Internationale Büro den Antrag auf Aufschiebung der Veröffentlichung außer Acht;

ii) so lässt das Internationale Büro die Benennung dieser Vertragspartei außer Acht und teilt dem Anmelder dies mit, wenn die internationale Anmeldung keine Wiedergaben des Designs enthielt, sondern ihr stattdessen Musterabschnitte beigefügt waren.

(4) [Antrag auf vorzeitige Veröffentlichung oder auf besondere Einsichtnahme in die internationale Eintragung]

a) Der Inhaber kann innerhalb des nach Absatz 2 geltenden Aufschiebungszeitraums die Veröffentlichung eines, mehrerer oder aller Designs, die Gegenstand der internationalen Eintragung sind, beantragen, wobei der Aufschiebungszeitraum in Bezug auf das oder die betreffenden Designs als am Tag des Eingangs dieses Antrags beim Internationalen Büro abgelaufen betrachtet wird.

b) Der Inhaber kann innerhalb des nach Absatz 2 geltenden Aufschiebungszeitraums auch beantragen, dass das Internationale Büro einem vom Inhaber angegebenen Dritten einen Auszug aus einem, mehreren oder allen Designs, die Gegenstand der internationalen Eintragung sind, zur Verfügung stellt oder einem solchen Dritten Einsichtnahme in ein, mehrere oder alle Designs, die Gegenstand der internationalen Eintragung sind, gestattet.

(5) [Verzicht und Beschränkung]

a) Verzichtet der Inhaber innerhalb des nach Absatz 2 geltenden Aufschiebungszeitraums auf die internationale Eintragung in Bezug auf alle benannten Vertragsparteien, so erfolgt keine Veröffentlichung des oder der Designs, die Gegenstand der internationalen Eintragung sind.

b) Beschränkt der Inhaber innerhalb des nach Absatz 2 geltenden Aufschiebungszeitraums die internationale Eintragung in Bezug auf alle benannten Vertragsparteien auf ein oder mehrere Designs, die Gegenstand der internationalen Eintragung sind, so erfolgt keine Veröffentlichung des oder der anderen Designs, die Gegenstand der internationalen Eintragung sind.

(6) [Veröffentlichung und Vorlage von Wiedergaben]

a) [1] Bei Ablauf des nach diesem Artikel geltenden Aufschiebungszeitraums wird die internationale Eintragung vorbehaltlich der Zahlung der vorgeschriebenen Gebühren vom Internationalen Büro veröffentlicht. [2] Werden die Gebühren nicht wie vorgeschrieben entrichtet, so wird die internationale Eintragung gelöscht und keine Veröffentlichung vorgenommen.

b) Waren der internationalen Anmeldung nach Artikel 5 Absatz 1 Ziffer iii eine oder mehrere Musterabschnitte beigefügt, so muss der Inhaber dem Internationalen Büro innerhalb der vorgeschriebenen Frist die vorgeschriebene Anzahl von Exemplaren einer Wiedergabe jedes Designs vorlegen, das Gegenstand dieser Anmeldung ist. Soweit der Inhaber dies versäumt, wird die internationale Eintragung gelöscht und keine Veröffentlichung vorgenommen.

Art. 12 Schutzverweigerung. (1) [Recht auf Schutzverweigerung] Sind die Voraussetzungen für die Schutzerteilung nach dem Recht einer benannten Vertragspartei für ein, mehrere oder alle Designs, die Gegenstand einer internationalen Eintragung sind, nicht erfüllt, so kann das Amt der benannten Vertragspartei die Wirkungen der internationalen Eintragung für das Gebiet dieser Vertragspartei teilweise oder ganz verweigern; jedoch darf ein Amt die Wirkungen der internationalen Eintragung nicht mit der Begründung ganz oder teilweise verweigern, dass die internationale Anmeldung nach dem Recht der betreffenden Vertragspartei die formellen oder inhaltlichen Erfordernisse, die in dieser Fassung oder der Ausführungsordnung vorgesehen sind, oder zusätzliche oder abweichende Erfordernisse nicht erfüllt.

(2) [Mitteilung über die Schutzverweigerung]

a) Die Verweigerung der Wirkungen einer internationalen Eintragung wird dem Internationalen Büro innerhalb der vorgeschriebenen Frist in einer Mitteilung über die Schutzverweigerung vom Amt mitgeteilt.

b) In jeder Mitteilung über die Schutzverweigerung sind alle Gründe für die Schutzverweigerung anzuführen.

(3) [Weiterleitung der Mitteilung über die Schutzverweigerung; Rechtsbehelfe]

a) Das Internationale Büro leitet unverzüglich eine Kopie der Mitteilung über die Schutzverweigerung an den Inhaber weiter.

b) [1] Der Inhaber verfügt über die gleichen Rechtsbehelfe, wie sie ihm offenstünden, wenn das Design, das Gegenstand der internationalen Eintragung ist, Gegenstand eines Antrags auf Schutzerteilung nach dem auf das Amt anzuwendenden Recht wäre, das die Schutzverweigerung mitgeteilt hat. [2] Diese Rechtsbehelfe umfassen mindestens die Möglichkeit der Nachprüfung oder Überprüfung der Schutzverweigerung oder die Beschwerde gegen die Schutzverweigerung.

(4)[1)] [Rücknahme der Schutzverweigerung] Jede Schutzverweigerung kann jederzeit von dem Amt, das sie mitgeteilt hat, ganz oder teilweise zurückgenommen werden.

Art. 13 Besondere Erfordernisse hinsichtlich der Einheitlichkeit des Designs. (1) [Mitteilung über besondere Erfordernisse] [1] Wenn das Recht einer Vertragspartei zu dem Zeitpunkt, zu dem sie Vertragspartei dieser Fassung wird, verlangt, dass Designs, die Gegenstand derselben Anmeldung sind, einem Erfordernis einheitlicher Gestaltung, einheitlicher Herstellung oder einheitlicher Nutzung genügen oder zu demselben Set oder derselben Zusammenstellung von Gegenständen gehören oder dass nur ein einziges gesondertes und klar zu unterscheidendes Design in ein und derselben Anmeldung beansprucht werden kann, so kann die Vertragspartei dem Generaldirektor dies in einer Erklärung mitteilen. [2] Eine solche Erklärung berührt jedoch nicht das Recht des Anmelders, in Übereinstimmung mit Artikel 5 Absatz 4 mehrere Designs in eine internationale Anmeldung aufzunehmen, selbst wenn die Vertragspartei, welche die Erklärung abgegeben hat, in der Anmeldung benannt wird.

(2) [Wirkung der Erklärung] Eine solche Erklärung berechtigt das Amt der Vertragspartei, die sie abgegeben hat, die Wirkungen der internationalen Eintragung nach Artikel 12 Absatz 1 zu verweigern, bis das von dieser Vertragspartei mitgeteilte Erfordernis erfüllt ist.

(3) [Bei Teilung der Eintragung zahlbare zusätzliche Gebühren] Wird eine internationale Eintragung auf eine Mitteilung über die Schutzverweigerung nach Absatz 2 hin bei dem betreffenden Amt geteilt, um ein in der Mitteilung angegebenes Schutzhindernis zu beseitigen, so ist dieses Amt berechtigt, eine Gebühr für jede zusätzliche internationale Anmeldung zu erheben, die zur Vermeidung dieses Schutzhindernisses notwendig gewesen wäre.

---

1) **Amtl. Anm.:** Bei der Annahme der Artikel 12 Absatz 4 und 14 Absatz 2 Buchstabe b sowie der Regel 18 Absatz 4 ging die Diplomatische Konferenz davon aus, dass die Rücknahme einer Schutzverweigerung durch ein Amt, das eine Mitteilung über die Schutzverweigerung übermittelt hat, in Form einer Erklärung des Inhalts erfolgen könne, dass das betreffende Amt beschlossen hat, die Wirkungen der internationalen Eintragung für alle oder einen Teil der Designs zu akzeptieren, auf die sich die Mitteilung über die Schutzverweigerung bezog. Es wurde ferner davon ausgegangen, dass ein Amt innerhalb der für die Übermittlung einer Mitteilung über eine Schutzverweigerung eingeräumten Frist, eine Erklärung des Inhalts, dass es beschlossen hat, die Wirkungen der internationalen Eintragung zu akzeptieren, auch dann übermitteln könne, wenn es eine solche Mitteilung über eine Schutzverweigerung nicht übermittelt hat.

Art. 14 Wirkungen der internationalen Eintragung. (1) [Wirkung wie bei einer Anmeldung nach dem anzuwendenden Recht] Vom Datum der internationalen Eintragung an hat die internationale Eintragung in jeder benannten Vertragspartei mindestens dieselbe Wirkung wie ein nach dem Recht dieser Vertragspartei ordnungsgemäß eingereichter Antrag auf Schutzerteilung für das Design.

(2) [Wirkung wie bei Schutzerteilung nach dem anzuwendenden Recht]

a) In jeder benannten Vertragspartei, deren Amt nicht nach Artikel 12 eine Schutzverweigerung mitgeteilt hat, hat die internationale Eintragung spätestens mit Ablauf der für die Mitteilung einer Schutzverweigerung eingeräumten Frist oder, falls eine Vertragspartei eine entsprechende Erklärung nach der Ausführungsordnung abgegeben hat, spätestens von dem in der Erklärung angegebenen Zeitpunkt an dieselbe Wirkung wie ein nach dem Recht dieser Vertragspartei für das Design erteilter Schutz.

b)[1] Hat das Amt einer benannten Vertragspartei eine Schutzverweigerung mitgeteilt und diese später ganz oder teilweise zurückgenommen, so hat die internationale Eintragung, soweit die Schutzverweigerung zurückgenommen wurde, spätestens vom Tag der Rücknahme der Schutzverweigerung an dieselbe Wirkung in der betreffenden Vertragspartei wie ein nach dem Recht dieser Vertragspartei erteilter Schutz.

c) Die der internationalen Eintragung nach diesem Absatz verliehene Wirkung gilt für die Designs, die Gegenstand dieser Eintragung sind, wie sie das Internationale Büro vom benannten Amt erhalten hat oder wie sie gegebenenfalls im Verfahren vor diesem Amt geändert wurden.

(3) [Erklärung über die Wirkung der Benennung der Vertragspartei des Anmelders]

a) Hat die Vertragspartei des Anmelders ein prüfendes Amt, so kann sie dem Generaldirektor in einer Erklärung mitteilen, dass die Benennung dieser Vertragspartei in einer internationalen Eintragung keine Wirkung hat.

b) Wird eine Vertragspartei, welche die unter Buchstabe a genannte Erklärung abgegeben hat, in einer internationalen Anmeldung sowohl als Vertragspartei des Anmelders als auch als benannte Vertragspartei angegeben, so lässt das Internationale Büro die Benennung dieser Vertragspartei außer Acht.

Art. 15 Ungültigerklärung. (1) [Möglichkeit der Verteidigung] Die zuständigen Behörden einer benannten Vertragspartei dürfen die Wirkungen der internationalen Eintragung im Gebiet der betreffenden Vertragspartei nicht ganz oder teilweise für ungültig erklären, ohne dem Inhaber rechtzeitig Gelegenheit gegeben zu haben, seine Rechte geltend zu machen.

(2) [Mitteilung über die Ungültigerklärung] Das Amt der Vertragspartei, in deren Gebiet die Wirkungen der internationalen Eintragung für ungültig erklärt worden sind, teilt dem Internationalen Büro die Ungültigerklärung mit, falls es davon Kenntnis erlangt hat.

Art. 16 Eintragung von Änderungen und sonstige Eintragungen in Bezug auf internationale Eintragungen. (1) [Eintragung von Änderungen und

[1] **Amtl. Anm.:** Siehe Fußnote zu Artikel 12 Absatz 4.

sonstige Eintragungen] Das Internationale Büro trägt in der vorgeschriebenen Weise Folgendes im internationalen Register ein:

i) jeden Wechsel des Inhabers der internationalen Eintragung in Bezug auf eine, mehrere oder alle benannten Vertragsparteien und in Bezug auf ein, mehrere oder alle Designs, die Gegenstand der internationalen Eintragung sind, sofern der neue Eigentümer nach Artikel 3 berechtigt ist, eine internationale Anmeldung einzureichen;

ii) jede Änderung des Namens oder der Anschrift des Inhabers;

iii) die Bestellung eines Vertreters des Anmelders oder Inhabers und jede sonstige wichtige Tatsache bezüglich dieses Vertreters;

iv) jeden Verzicht auf die internationale Eintragung durch den Inhaber in Bezug auf eine, mehrere oder alle benannten Vertragsparteien;

v) jede vom Inhaber in Bezug auf eine, mehrere oder alle benannten Vertragsparteien vorgenommene Einschränkung der internationalen Eintragung auf ein oder mehrere Designs, die Gegenstand der internationalen Eintragung sind;

vi) jede Ungültigerklärung der Wirkungen einer internationalen Eintragung im Gebiet einer benannten Vertragspartei durch die zuständigen Behörden dieser Vertragspartei in Bezug auf ein, mehrere oder alle Designs, die Gegenstand der internationalen Eintragung sind;

vii) jede sonstige, in der Ausführungsordnung bezeichnete wichtige Tatsache bezüglich der Rechte an einem, mehreren oder allen Designs, die Gegenstand der internationalen Eintragung sind.

(2) [Wirkung der Eintragung im internationalen Register] Jede in Absatz 1 Ziffern i, ii, iv, v, vi und vii genannte Eintragung hat dieselbe Wirkung wie eine Eintragung im Register des Amtes jeder der betroffenen Vertragsparteien; eine Vertragspartei kann jedoch dem Generaldirektor in einer Erklärung mitteilen, dass eine in Absatz 1 Ziffer i genannte Eintragung diese Wirkung in dieser Vertragspartei erst dann entfaltet, wenn das Amt der betreffenden Vertragspartei die in dieser Erklärung bezeichneten Erklärungen oder Unterlagen erhalten hat.

(3) [Gebühren] Für jede nach Absatz 1 vorgenommene Eintragung können Gebühren erhoben werden.

(4) [1] [Veröffentlichung] Das Internationale Büro veröffentlicht einen Hinweis auf jede nach Absatz 1 vorgenommene Eintragung. [2] Es übermittelt dem Amt jeder der betroffenen Vertragsparteien eine Kopie der Veröffentlichung des Hinweises.

Art. 17 Erster Zeitraum und Erneuerung der internationalen Eintragung sowie Schutzdauer. (1) [Erster Zeitraum der internationalen Eintragung] Die internationale Eintragung wird zunächst für einen Zeitraum von 5 Jahren, gerechnet ab dem Datum der internationalen Eintragung, vorgenommen.

(2) [Erneuerung der internationalen Eintragung] Die internationale Eintragung kann nach dem vorgeschriebenen Verfahren und vorbehaltlich der Zahlung der vorgeschriebenen Gebühren für weitere Zeiträume von 5 Jahren erneuert werden.

(3) [Schutzdauer in den benannten Vertragsparteien]

a) Vorausgesetzt, dass die internationale Eintragung erneuert wird, und vorbehaltlich des Buchstabens b beträgt die Schutzdauer in jeder der benannten Vertragsparteien 15 Jahre, gerechnet ab dem Datum der internationalen Eintragung.
b) Ist nach dem Recht einer benannten Vertragspartei für ein Design, für das nach diesem Recht Schutz erteilt worden ist, eine Schutzdauer von mehr als 15 Jahren vorgesehen, so ist die Schutzdauer ebenso lang wie die nach dem Recht der Vertragspartei vorgesehene, vorausgesetzt, dass die internationale Eintragung erneuert wird.
c) Jede Vertragspartei teilt dem Generaldirektor in einer Erklärung die in ihrem Recht vorgesehene maximale Schutzdauer mit.

(4) [Möglichkeit der eingeschränkten Erneuerung] Die Erneuerung der internationalen Eintragung kann für eine, mehrere oder alle benannten Vertragsparteien und für ein, mehrere oder alle Designs, die Gegenstand der internationalen Eintragung sind, vorgenommen werden.

(5) [1] [Eintragung und Veröffentlichung der Erneuerung] Das Internationale Büro trägt die Erneuerungen im internationalen Register ein und veröffentlicht einen entsprechenden Hinweis. [2] Das Internationale Büro übermittelt eine Kopie der Veröffentlichung des Hinweises an das Amt jeder der betroffenen Vertragsparteien.

Art. 18 Informationen über veröffentlichte internationale Eintragungen. (1) [Zugang zu Informationen] Das Internationale Büro stellt jeder Person auf Antrag und gegen Zahlung der vorgeschriebenen Gebühr zu jeder veröffentlichten internationalen Eintragung Auszüge aus dem internationalen Register oder Informationen über den Inhalt des internationalen Registers zur Verfügung.

(2) [Befreiung von der Legalisation] Die vom Internationalen Büro zur Verfügung gestellten Auszüge aus dem internationalen Register sind in jeder Vertragspartei vom Erfordernis der Legalisation befreit.

Kapitel II. Verwaltungsbestimmungen

Art. 19 Gemeinsames Amt mehrerer Staaten. (1) [Notifikation des gemeinsamen Amts] Haben mehrere Staaten, die beabsichtigen, Vertragspartei dieser Fassung zu werden, ihr innerstaatliches Designrecht vereinheitlicht oder kommen mehrere Vertragsstaaten dieser Fassung überein, ihr innerstaatliches Designrecht zu vereinheitlichen, so können sie dem Generaldirektor notifizieren,
i) dass ein gemeinsames Amt an die Stelle ihrer jeweiligen nationalen Ämter tritt und
ii) dass die Gesamtheit ihrer Hoheitsgebiete, auf die das vereinheitlichte Recht Anwendung findet, für die Anwendung der Artikel 1, 3 bis 18 und 31 als eine Vertragspartei anzusehen ist.

(2) [Zeitpunkt der Notifikation] Die in Absatz 1 genannte Notifikation erfolgt
i) bei Staaten, die beabsichtigen, Vertragspartei dieser Fassung zu werden, zum Zeitpunkt der Hinterlegung der in Artikel 27 Absatz 2 genannten Urkunden;
ii) bei Vertragsstaaten dieser Fassung jederzeit nach der Vereinheitlichung ihres innerstaatlichen Rechts.

(3) [Tag des Wirksamwerdens der Notifikation] Die in den Absätzen 1 und 2 genannte Notifikation wird wirksam

i) bei Staaten, die beabsichtigen, Vertragspartei dieser Fassung zu werden, zu dem Zeitpunkt, von dem an sie durch diese Fassung gebunden sind;

ii) bei Vertragsstaaten dieser Fassung drei Monate nach dem Tag, an dem der Generaldirektor die anderen Vertragsparteien von der Notifikation benachrichtigt hat, oder zu jedem späteren, in der Notifikation angegebenen Zeitpunkt.

Art. 20 Mitgliedschaft im Haager Verband. Die Vertragsparteien sind Mitglieder desselben Verbands wie die Vertragsstaaten der Fassung von 1934 oder der Fassung von 1960.

Art. 21 Versammlung. (1) [Zusammensetzung]

a) Die Vertragsparteien sind Mitglieder derselben Versammlung wie die Staaten, die durch Artikel 2 der Ergänzungsvereinbarung[1] von 1967 gebunden sind.

b) Jedes Mitglied der Versammlung wird in der Versammlung durch einen Delegierten vertreten, der von Stellvertretern, Beratern und Sachverständigen unterstützt werden kann, wobei jeder Delegierte nur eine Vertragspartei vertreten kann.

c) Mitglieder des Verbands, die nicht Mitglied der Versammlung sind, werden zu den Sitzungen der Versammlung als Beobachter zugelassen.

(2) [Aufgaben]

a) Die Versammlung

i) behandelt alle Fragen betreffend die Erhaltung und die Entwicklung des Verbands sowie die Anwendung dieser Fassung;

ii) übt die Rechte aus und nimmt die Aufgaben wahr, die ihr nach dieser Fassung oder nach der Ergänzungsvereinbarung von 1967 eigens verliehen beziehungsweise zugewiesen werden;

iii) erteilt dem Generaldirektor Weisungen für die Vorbereitung der Revisionskonferenzen und beschließt die Einberufung jeder dieser Konferenzen;

iv) ändert die Ausführungsordnung;

v) prüft und billigt die Berichte und die Tätigkeit des Generaldirektors betreffend den Verband und erteilt ihm alle zweckdienlichen Weisungen in Fragen, die in die Zuständigkeit des Verbandes fallen;

vi) legt das Programm fest, beschließt den Zweijahres-Haushaltsplan des Verbands und billigt seine Rechnungsabschlüsse;

vii) beschließt die Finanzvorschriften des Verbandes;

viii) bildet die Ausschüsse und Arbeitsgruppen, die sie zur Verwirklichung der Ziele des Verbandes für zweckdienlich hält;

ix) bestimmt vorbehaltlich des Absatzes 1 Buchstabe c, welche Staaten, zwischenstaatlichen Organisationen und nichtstaatlichen Organisationen zu ihren Sitzungen als Beobachter zugelassen werden;

x) nimmt jede andere Handlung vor, die zur Erreichung der Ziele des Verbands geeignet ist, und nimmt alle anderen Aufgaben wahr, die sich aus dieser Fassung ergeben.

---

[1] Nr. 78.

b) Über Fragen, die auch für andere von der Organisation verwaltete Verbände von Interesse sind, entscheidet die Versammlung nach Anhörung des Koordinierungsausschusses der Organisation.

(3) [Beschlussfähigkeit]

a) Die Versammlung ist in einer bestimmten Angelegenheit beschlussfähig, wenn die Hälfte ihrer Mitglieder, die Staaten sind und in dieser Angelegenheit das Stimmrecht haben, vertreten ist.

b) [1] Ungeachtet des Buchstabens a kann die Versammlung in einer bestimmten Angelegenheit Beschlüsse fassen, wenn während einer Tagung die Anzahl der Mitglieder der Versammlung, die Staaten sind, in dieser Angelegenheit das Stimmrecht haben und vertreten sind, zwar weniger als die Hälfte, aber mindestens ein Drittel der Mitglieder der Versammlung beträgt, die Staaten sind und in dieser Angelegenheit das Stimmrecht haben; jedoch werden diese Beschlüsse mit Ausnahme der Beschlüsse über das Verfahren der Versammlung nur dann wirksam, wenn die folgenden Bedingungen erfüllt sind: Das Internationale Büro teilt den Mitgliedern der Versammlung, die Staaten sind, das Stimmrecht in der genannten Angelegenheit haben und nicht vertreten waren, diese Beschlüsse mit und fordert sie auf, innerhalb einer Frist von drei Monaten vom Zeitpunkt der Benachrichtigung an ihre Stimme oder Stimmenthaltung schriftlich bekannt zu geben. [2] Entspricht nach Ablauf der Frist die Anzahl der Mitglieder, die auf diese Weise ihre Stimme oder Stimmenthaltung bekannt gegeben haben, mindestens der Anzahl der Mitglieder, die für die Beschlussfähigkeit während der Tagung gefehlt hatten, so werden die Beschlüsse wirksam, sofern gleichzeitig die erforderliche Mehrheit noch vorhanden ist.

(4) [Beschlussfassung in der Versammlung]

a) Die Versammlung ist bestrebt, ihre Beschlüsse durch Konsens zu fassen.

b) Gelingt es nicht, über einen Beschluss einen Konsens herbeizuführen, so wird der Beschluss über die anstehende Frage zur Abstimmung gestellt. In einem solchen Fall

   i) verfügt jede Vertragspartei, die ein Staat ist, über eine Stimme und stimmt nur in ihrem eigenen Namen ab;

   ii) kann eine Vertragspartei, die eine zwischenstaatliche Organisation ist, anstelle ihrer Mitgliedstaaten abstimmen, wobei die Anzahl ihrer Stimmen der Anzahl ihrer Mitgliedstaaten entspricht, die Vertragsparteien dieser Fassung sind; eine zwischenstaatliche Organisation nimmt an der Abstimmung nicht teil, wenn einer ihrer Mitgliedstaaten sein Stimmrecht ausübt, und umgekehrt.

c) In Angelegenheiten, die nur Staaten betreffen, die durch Artikel 2 der Ergänzungsvereinbarung von 1967 gebunden sind, haben Vertragsparteien, die nicht durch den genannten Artikel gebunden sind, kein Stimmrecht, während in Angelegenheiten, die nur die Vertragsparteien betreffen, nur die letzteren das Stimmrecht haben.

(5) [Mehrheiten]

a) Vorbehaltlich der Artikel 24 Absatz 2 und 26 Absatz 2 fasst die Versammlung ihre Beschlüsse mit einer Mehrheit von zwei Dritteln der abgegebenen Stimmen.

b) Stimmenthaltung gilt nicht als Stimmabgabe.

(6) [Tagungen]

a) Die Versammlung tritt nach Einberufung durch den Generaldirektor alle zwei Jahre einmal zu einer ordentlichen Tagung zusammen, und zwar, abgesehen von außergewöhnlichen Fällen, zu derselben Zeit und an demselben Ort wie die Generalversammlung der Organisation.

b) Die Versammlung tritt auf Verlangen eines Viertels ihrer Mitglieder oder auf Initiative des Generaldirektors nach Einberufung durch den Generaldirektor zu einer außerordentlichen Tagung zusammen.

c) Die Tagesordnung jeder Tagung wird vom Generaldirektor aufgestellt.

(7) [Geschäftsordnung] Die Versammlung gibt sich eine Geschäftsordnung.

Art. 22 Internationales Büro. (1) [Verwaltungsaufgaben]

a) Die internationale Eintragung und die damit zusammenhängenden Aufgaben sowie die anderen Verwaltungsaufgaben des Verbands werden vom Internationalen Büro wahrgenommen.

b) Das Internationale Büro bereitet insbesondere die Sitzungen der Versammlung sowie der etwa von ihr gebildeten Sachverständigenausschüsse und Arbeitsgruppen vor und besorgt das Sekretariat dieser Organe.

(2) [Generaldirektor] Der Generaldirektor ist der höchste Beamte des Verbands und vertritt den Verband.

(3) [Sitzungen, die nicht im Rahmen von Tagungen der Versammlung stattfinden] Alle von der Versammlung gebildeten Ausschüsse oder Arbeitsgruppen sowie alle anderen Sitzungen, bei denen Angelegenheiten behandelt werden, die den Verband betreffen, werden vom Generaldirektor einberufen.

(4) [Rolle des Internationalen Büros in der Versammlung und bei sonstigen Sitzungen]

a) Der Generaldirektor und die von ihm bestimmten Personen nehmen ohne Stimmrecht an allen Sitzungen der Versammlung und der von ihr gebildeten Ausschüsse und Arbeitsgruppen sowie an allen sonstigen vom Generaldirektor unter der Schirmherrschaft des Verbands einberufenen Sitzungen teil.

b) Der Generaldirektor oder ein von ihm bestimmtes Mitglied des Personals ist von Amts wegen Sekretär der Versammlung sowie der Ausschüsse, der Arbeitsgruppen und der unter Buchstabe a genannten sonstigen Sitzungen.

(5) [Konferenzen]

a) Das Internationale Büro bereitet nach den Weisungen der Versammlung die Revisionskonferenzen vor.

b) Das Internationale Büro kann bei der Vorbereitung dieser Konferenzen zwischenstaatliche sowie internationale und nationale nichtstaatliche Organisationen konsultieren.

c) Der Generaldirektor und die von ihm bestimmten Personen nehmen ohne Stimmrecht an den Beratungen der Revisionskonferenzen teil.

(6) [Andere Aufgaben] Das Internationale Büro nimmt alle anderen Aufgaben wahr, die ihm im Zusammenhang mit dieser Fassung übertragen werden.

Art. 23 Finanzen. (1) [Haushalt]

a) Der Verband hat einen Haushaltsplan.

b) Der Haushaltsplan des Verbands umfasst die eigenen Einnahmen und Ausgaben des Verbands und dessen Beitrag zum Haushaltsplan der gemeinsamen Ausgaben der von der Organisation verwalteten Verbände.

c) [1] Als gemeinsame Ausgaben der Verbände gelten die Ausgaben, die nicht ausschließlich dem Verband, sondern auch einem oder mehreren anderen von der Organisation verwalteten Verbänden zuzurechnen sind. [2] Der Anteil des Verbands an diesen gemeinsamen Ausgaben entspricht dem Interesse, das der Verband an ihnen hat.

(2) [Abstimmung mit den Haushaltsplänen anderer Verbände] Der Haushaltsplan des Verbands wird unter Berücksichtigung der Notwendigkeit seiner Abstimmung mit den Haushaltsplänen der anderen von der Organisation verwalteten Verbände aufgestellt.

(3) [Einnahmen im Haushaltsplan] Der Haushaltsplan des Verbands umfasst folgende Einnahmen:

i) Gebühren für internationale Eintragungen;
ii) Beträge, die für andere Dienstleistungen des Internationalen Büros im Rahmen des Verbands zu entrichten sind;
iii) Verkaufserlöse und andere Einkünfte aus Veröffentlichungen des Internationalen Büros, die den Verband betreffen;
iv) Schenkungen, Vermächtnisse und Zuwendungen;
v) Mieten, Zinsen und andere verschiedene Einkünfte.

(4) [Festsetzung der Gebühren und Beträge; Höhe des Haushalts]

a) [1] Die Höhe der in Absatz 3 Ziffer i genannten Gebühren wird von der Versammlung auf Vorschlag des Generaldirektors festgesetzt. [2] Die in Absatz 3 Ziffer ii genannten Beträge werden vom Generaldirektor festgesetzt und gelten bis zur Genehmigung durch die Versammlung auf ihrer nächsten Tagung vorläufig.

b) Die Höhe der in Absatz 3 Ziffer i genannten Gebühren wird in der Weise festgesetzt, dass die Einnahmen des Verbands aus den Gebühren und den anderen Einkünften mindestens zur Deckung aller Ausgaben des Internationalen Büros für den Verband ausreichen.

c) Wird der Haushaltsplan nicht vor Beginn eines neuen Rechnungsjahres beschlossen, so wird der Haushaltsplan des Vorjahres nach Maßgabe der Finanzvorschriften übernommen.

(5) [1] [Betriebsmittelfonds] Der Verband hat einen Betriebsmittelfonds, der durch die Einnahmenüberschüsse und, wenn diese Einnahmenüberschüsse nicht genügen, durch eine einmalige Zahlung jedes Verbandsmitglieds gebildet wird. [2] Reicht der Fonds nicht mehr aus, so beschließt die Versammlung seine Erhöhung. [3] In welchem Verhältnis und unter welchen Bedingungen die Zahlung zu leisten ist, wird von der Versammlung auf Vorschlag des Generaldirektors festgelegt.

(6) [Vorschüsse des Gastgeberstaats]

a) [1] Das Abkommen über den Sitz, das mit dem Staat geschlossen wird, in dessen Hoheitsgebiet die Organisation ihren Sitz hat, sieht vor, dass dieser Staat Vorschüsse gewährt, wenn der Betriebsmittelfonds nicht ausreicht. [2] Die Höhe dieser Vorschüsse und die Bedingungen, unter denen sie gewährt werden, sind in jedem Fall Gegenstand besonderer Vereinbarungen zwischen diesem Staat und der Organisation.

b) [1] Der unter Buchstabe a bezeichnete Staat und die Organisation sind berechtigt, die Verpflichtung zur Gewährung von Vorschüssen durch schriftliche Notifikation zu kündigen. [2] Die Kündigung wird drei Jahre nach Ablauf des Jahres wirksam, in dem sie notifiziert worden ist.

(7) [Rechnungsprüfung] Die Rechnungsprüfung wird nach Maßgabe der Finanzvorschriften von einem oder mehreren Mitgliedstaaten des Verbands oder von außenstehenden Rechnungsprüfern vorgenommen, die mit ihrer Zustimmung von der Versammlung bestimmt werden.

Art. 24 Ausführungsordnung. (1) [1] [Gegenstand] Die Ausführungsordnung regelt die Einzelheiten der Ausführung dieser Fassung. [2] Sie enthält insbesondere Bestimmungen über

i) Angelegenheiten, zu denen in dieser Fassung ausdrücklich vorgesehen ist, dass sie Gegenstand von Vorschriften sind;
ii) Einzelheiten, welche diese Fassung ergänzen sollen oder für die Ausführung dieser Fassung zweckdienlich sind;
iii) verwaltungstechnische Erfordernisse, Angelegenheiten oder Verfahren.

(2) [Änderungen einzelner Bestimmungen der Ausführungsordnung]

a) Die Ausführungsordnung kann vorschreiben, dass einzelne Bestimmungen der Ausführungsordnung nur einstimmig oder nur mit einer Mehrheit von vier Fünfteln geändert werden können.
b) Für den künftigen Wegfall des Erfordernisses der Einstimmigkeit oder einer Mehrheit von vier Fünfteln für die Änderung einer Bestimmung der Ausführungsordnung ist Einstimmigkeit erforderlich.
c) Für die künftige Geltung eines Erfordernisses der Einstimmigkeit oder einer Mehrheit von vier Fünfteln für die Änderung einer Bestimmung der Ausführungsordnung ist eine Mehrheit von vier Fünfteln erforderlich.

(3) [Kollision zwischen dieser Fassung und der Ausführungsordnung] Im Fall einer Kollision zwischen den Bestimmungen dieser Fassung und den Bestimmungen der Ausführungsordnung haben erstere Vorrang.

Kapitel III. Revision und Änderung

Art. 25 Revision dieser Fassung. (1) [Revisionskonferenzen] Diese Fassung kann von einer Konferenz der Vertragsparteien revidiert werden.

(2) [Revision oder Änderung bestimmter Artikel] Die Artikel 21, 22, 23 und 26 können entweder von einer Revisionskonferenz oder nach Artikel 26 von der Versammlung geändert werden.

Art. 26 Änderung bestimmter Artikel durch die Versammlung.

(1) [Änderungsvorschläge]

a) Vorschläge zur Änderung der Artikel 21, 22 und 23 sowie dieses Artikels durch die Versammlung können von jeder Vertragspartei oder vom Generaldirektor vorgelegt werden.
b) Diese Vorschläge werden vom Generaldirektor mindestens sechs Monate, bevor sie in der Versammlung beraten werden, den Vertragsparteien mitgeteilt.

(2) [Mehrheiten] Änderungen der in Absatz 1 genannten Artikel werden mit einer Mehrheit von drei Vierteln beschlossen, ausgenommen Änderungen des Artikels 21 oder dieses Absatzes, die einer Mehrheit von vier Fünfteln bedürfen.

(3) [Inkrafttreten]

a) Jede Änderung der in Absatz 1 genannten Artikel tritt einen Monat nach dem Zeitpunkt in Kraft, zu dem die schriftlichen Notifikationen der verfassungsmäßig zustande gekommenen Annahme der Änderung von drei Vierteln der Vertragsparteien, die im Zeitpunkt der Beschlussfassung über die Änderung Mitglieder der Versammlung waren und das Recht zur Abstimmung über die Änderung hatten, beim Generaldirektor eingegangen sind, es sei denn, es findet Buchstabe b Anwendung.

b) Eine Änderung des Artikels 21 Absatz 3 oder 4 oder dieses Buchstabens tritt nicht in Kraft, wenn dem Generaldirektor innerhalb von sechs Monaten nach der Beschlussfassung der Versammlung über die betreffende Änderung von einer Vertragspartei notifiziert wird, dass sie diese Änderung nicht annimmt.

c) Jede Änderung, die nach diesem Absatz in Kraft tritt, bindet alle Staaten und zwischenstaatlichen Organisationen, die zum Zeitpunkt des Inkrafttretens der Änderung Vertragsparteien sind oder später Vertragspartei werden.

Kapitel IV. Schlussbestimmungen

Art. 27 Möglichkeit, Vertragspartei dieser Fassung zu werden. (1) [Voraussetzungen] Vorbehaltlich der Absätze 2 und 3 und des Artikels 28 können diese Fassung unterzeichnen und Vertragspartei dieser Fassung werden:

i) jeder Mitgliedstaat der Organisation;

ii) jede zwischenstaatliche Organisation, die ein Amt unterhält, bei dem Schutz von Designs mit Wirkung in dem Gebiet, in dem der Gründungsvertrag der zwischenstaatlichen Organisation gilt, erlangt werden kann, sofern mindestens ein Mitgliedstaat der zwischenstaatlichen Organisation Mitglied der Organisation ist und dieses Amt nicht Gegenstand einer Notifikation nach Artikel 19 ist.

(2) [Ratifikation oder Beitritt] In Absatz 1 genannte Staaten oder zwischenstaatliche Organisationen können

i) eine Ratifikationsurkunde hinterlegen, wenn sie diese Fassung unterzeichnet haben, oder

ii) eine Beitrittsurkunde hinterlegen, wenn sie diese Fassung nicht unterzeichnet haben.

(3) [Tag des Wirksamwerdens der Hinterlegung]

a) Vorbehaltlich der Buchstaben b bis d ist der Tag des Wirksamwerdens der Hinterlegung der Ratifikations- oder Beitrittsurkunde der Tag, an dem diese Urkunde hinterlegt wird.

b) Der Tag des Wirksamwerdens der Hinterlegung der Ratifikations- oder Beitrittsurkunde eines Staates, für den der Schutz von Designs nur über das von einer zwischenstaatlichen Organisation, der dieser Staat als Mitglied angehört, unterhaltene Amt erlangt werden kann, ist der Tag, an dem die Urkunde dieser zwischenstaatlichen Organisation hinterlegt wird, falls dieser Zeitpunkt nach dem Zeitpunkt der Hinterlegung der Urkunde des genannten Staates liegt.

c) Der Tag des Wirksamwerdens der Hinterlegung einer Ratifikations- oder Beitrittsurkunde, die eine Notifikation nach Artikel 19 enthält oder der eine Notifikation nach Artikel 19 beigefügt ist, ist der Tag, an dem die letzte der Urkunden der Mitgliedstaaten der Gruppe von Staaten, welche diese Notifikation vorgenommen haben, hinterlegt wird.

d) [1]Jede Ratifikations- oder Beitrittsurkunde eines Staates kann eine Erklärung enthalten oder jeder dieser Urkunden kann eine Erklärung beigefügt werden, der zufolge die Urkunde erst dann als hinterlegt angesehen werden darf, wenn die Urkunde eines anderen Staates oder einer zwischenstaatlichen Organisation, die Urkunden zweier anderer Staaten oder die Urkunden eines anderen Staates und einer zwischenstaatlichen Organisation, die namentlich genannt sind und die Voraussetzungen dafür erfüllen, Vertragspartei dieser Fassung zu werden, ebenfalls hinterlegt sind. [2]Die Urkunde, die eine solche Erklärung enthält oder der eine derartige Erklärung beigefügt ist, gilt als an dem Tag hinterlegt, an dem die in der Erklärung genannte Bedingung erfüllt ist. [3]Enthält eine in der Erklärung bezeichnete Urkunde jedoch selbst eine Erklärung dieser Art oder ist dieser Urkunde selbst eine Erklärung dieser Art beigefügt, so gilt diese Urkunde als an dem Tag hinterlegt, an dem die in der letzteren Erklärung genannte Bedingung erfüllt ist.

e) [1]Jede nach Buchstabe d abgegebene Erklärung kann jederzeit ganz oder teilweise zurückgenommen werden. [2]Die Rücknahme wird an dem Tag wirksam, an dem die Notifikation der Rücknahme beim Generaldirektor eingeht.

Art. 28 Tag des Wirksamwerdens der Ratifikation und des Beitritts.

(1) [Zu berücksichtigende Urkunden] Für die Zwecke dieses Artikels werden nur Ratifikations- oder Beitrittsurkunden berücksichtigt, die von den in Artikel 27 Absatz 1 bezeichneten Staaten oder zwischenstaatlichen Organisationen hinterlegt worden sind und die einen Tag des Wirksamwerdens nach Artikel 27 Absatz 3 haben.

(2) [Inkrafttreten dieser Fassung] Diese Fassung tritt drei Monate nach Hinterlegung der Ratifikations- oder Beitrittsurkunden von sechs Staaten in Kraft, sofern nach den jüngsten vom Internationalen Büro aufgestellten Jahresstatistiken wenigstens drei dieser Staaten eine der folgenden Bedingungen erfüllen:

i) Es sind mindestens 3000 Anträge auf Schutz von Designs in dem oder für den betreffenden Staat eingereicht worden.

ii) Es sind mindestens 1000 Anträge auf Schutz von Designs in dem oder für den betreffenden Staat von Personen eingereicht worden, die in einem anderen Staat ansässig sind.

(3) [Inkrafttreten der Ratifikation und des Beitritts]

a) Alle Staaten oder zwischenstaatlichen Organisationen, die ihre Ratifikations- oder Beitrittsurkunde drei Monate vor dem Tag des Inkrafttretens dieser Fassung oder früher hinterlegt haben, sind vom Tag des Inkrafttretens dieser Fassung an durch diese Fassung gebunden.

b) Alle anderen Staaten oder zwischenstaatlichen Organisationen sind durch diese Fassung gebunden, sobald drei Monate nach dem Tag vergangen sind, an dem sie ihre Ratifikations- oder Beitrittsurkunden hinterlegt haben, oder zu einem späteren in diesen Urkunden angegebenen Zeitpunkt.

Art. 29 Verbot von Vorbehalten. Vorbehalte zu dieser Fassung sind nicht zulässig.

Art. 30[1)] Erklärungen der Vertragsparteien. (1) [Zeitpunkt für die Abgabe von Erklärungen] Eine Erklärung nach Artikel 4 Absatz 1 Buchstabe b, Artikel 5 Absatz 2 Buchstabe a, Artikel 7 Absatz 2, Artikel 11 Absatz 1, Artikel 13 Absatz 1, Artikel 14 Absatz 3, Artikel 16 Absatz 2, Artikel 17 Absatz 3 Buchstabe c kann abgegeben werden

i) zum Zeitpunkt der Hinterlegung einer in Artikel 27 Absatz 2 genannten Urkunde; in diesem Fall wird die Erklärung an dem Tag wirksam, von dem an der Staat oder die zwischenstaatliche Organisation, der oder die sie abgegeben hat, durch diese Fassung gebunden ist; oder

ii) nach der Hinterlegung einer in Artikel 27 Absatz 2 genannten Urkunde; in diesem Fall wird die Erklärung drei Monate nach dem Tag ihres Eingangs beim Generaldirektor oder zu einem späteren, in ihr angegebenen Zeitpunkt wirksam, findet jedoch nur auf internationale Eintragungen Anwendung, deren Datum mit dem Tag des Wirksamwerdens der Erklärung zusammenfällt oder danach liegt.

(2) [Erklärungen von Staaten mit einem gemeinsamen Amt] Ungeachtet des Absatzes 1 wird eine in Absatz 1 genannte Erklärung, die von einem Staat abgegeben wurde, der zusammen mit einem oder mehreren anderen Staaten dem Generaldirektor nach Artikel 19 Absatz 1 notifiziert hat, dass ein gemeinsames Amt an die Stelle ihrer nationalen Ämter tritt, nur dann wirksam, wenn jener andere Staat oder jene anderen Staaten eine entsprechende Erklärung abgeben.

(3) [1] [Rücknahme von Erklärungen] Eine in Absatz 1 genannte Erklärung kann jederzeit durch eine an den Generaldirektor gerichtete Notifikation zurückgenommen werden. [2] Diese Rücknahme wird drei Monate nach dem Tag, an dem der Generaldirektor die Notifikation erhält, oder zu einem späteren, in der Notifikation angegebenen Zeitpunkt wirksam. [3] Im Fall einer Erklärung nach Artikel 7 Absatz 2 bleiben internationale Anmeldungen, die vor dem Wirksamwerden dieser Rücknahme eingereicht wurden, von der Rücknahme unberührt.

Art. 31 Anwendbarkeit der Fassungen von 1934 und 1960. (1) [1] [Beziehungen zwischen Staaten, die Vertragspartei sowohl dieser Fassung als auch der Fassung von 1934 oder 1960 sind] Staaten, die Vertragspartei sowohl dieser Fassung als auch der Fassung von 1934 oder der Fassung von 1960 sind, sind in ihren gegenseitigen Beziehungen allein durch diese Fassung gebunden. [2] Diese Staaten wenden jedoch in ihren gegenseitigen Beziehungen die Fassung von 1934 beziehungsweise von 1960 auf solche Designs an, die beim Internationalen Büro vor dem Zeitpunkt hinterlegt worden sind, von dem an sie in ihren gegenseitigen Beziehungen durch diese Fassung gebunden sind.

[1)] Die Bundesrepublik Deutschland hat bei Hinterlegung der Ratifikationsurkunde unter Bezugnahme auf Artikel 30 Absatz 1 der Genfer Akte folgende Erklärungen abgegeben:

„1. Die Bundesrepublik Deutschland teilt nach Artikel 7 Absatz 1 in Verbindung mit Regel 12 Absatz 1 Buchstabe c Ziffer i der Gemeinsamen Ausführungsordnung mit, dass sie zur Erhebung einer Standardbenennungsgebühr nach der Stufe 2 berechtigt ist.

2. Die Bundesrepublik Deutschland teilt nach Artikel 17 Absatz 3 Buchstabe c mit, dass die im deutschen Recht vorgesehene maximale Schutzdauer 25 Jahre beträgt."

Die Erklärung zu 1. erstreckt sich auf alle Fassungen des Haager Abkommens, in deren Anwendung internationale Hinterlegungen möglich sind.

(2) [Beziehungen zwischen Staaten, die Vertragspartei sowohl dieser Fassung als auch der Fassung von 1934 oder 1960 sind, und Staaten, die Vertragspartei der Fassung von 1934 oder 1960, nicht aber dieser Fassung sind]

a) Jeder Staat, der Vertragspartei sowohl dieser Fassung als auch der Fassung von 1934 ist, wendet in seinen Beziehungen zu Staaten, die Vertragspartei der Fassung von 1934, nicht aber der Fassung von 1960 oder dieser Fassung sind, weiterhin die Fassung von 1934 an.

b) Jeder Staat, der Vertragspartei sowohl dieser Fassung als auch der Fassung von 1960 ist, wendet in seinen Beziehungen zu Staaten, die Vertragspartei der Fassung von 1960, nicht aber dieser Fassung sind, weiterhin die Fassung von 1960 an.

Art. 32 Kündigung dieser Fassung. (1) [Notifikation] Jede Vertragspartei kann diese Fassung durch eine an den Generaldirektor gerichtete Notifikation kündigen.

(2) [1] [Zeitpunkt des Wirksamwerdens] Die Kündigung wird ein Jahr nach dem Tag, an dem die Notifikation beim Generaldirektor eingegangen ist, oder zu einem späteren, in der Notifikation angegebenen Zeitpunkt wirksam. [2] Sie berührt nicht die Anwendung dieser Fassung auf die im Zeitpunkt des Wirksamwerdens der Kündigung anhängigen internationalen Anmeldungen oder in Kraft befindlichen internationalen Eintragungen in Bezug auf die kündigende Vertragspartei.

Art. 33 Sprachen dieser Fassung, Unterzeichnung. (1) [Urschriften; amtliche Texte]

a) Diese Fassung wird in einer Urschrift in arabischer, chinesischer, englischer, französischer, russischer und spanischer Sprache unterzeichnet, wobei jeder Wortlaut gleichermaßen verbindlich ist.

b) Amtliche Texte werden vom Generaldirektor nach Konsultierung der betroffenen Regierungen in anderen Sprachen hergestellt, welche die Versammlung bestimmen kann.

(2) [Unterzeichnungsfrist] Diese Fassung liegt nach ihrer Annahme ein Jahr lang am Sitz der Organisation zur Unterzeichnung auf.

Art. 34 Verwahrer. Der Generaldirektor ist Verwahrer dieser Fassung.

77. Gemeinsame Ausführungsordnung zu den Fassungen des Haager Abkommens von 1999 und 1960[1]

(in der ab 1. Januar 2015 geltenden Fassung)[2]

(BGBl. II 2016 S. 71)

(Übersetzung)

Inhaltsverzeichnis

---

[1] Amtliche deutsche Übersetzung der Gemeinsamen Ausführungsordnung idF der Bek. v. 11.1. 2016 (BGBl. II S. 71).

[2] Neubekanntmachung der Ausführungsordnung von 1987 (BGBl. II S. 546) in der ab 1.1.2015 geltenden Fassung der Bek. v. 11.1.2016 (BGBl. II S. 71).

[3] **Amtl. Anm.:** Anm. zur deutschen Übersetzung: In den Übersetzungen dieser Ausführungsordnung bis einschließlich 2009 wurde der Begriff „industrial design/dessin ou modèle industriel" mit „gewerbliches Muster oder Modell" wiedergegeben. In Übereinstimmung mit der seit dem 1. Januar 2014 in der Bundesrepublik Deutschland geltenden Rechtsterminologie wird in der vorliegenden Übersetzung für den Begriff „industrial design/dessin ou modèle industriel" im Deutschen „Design" verwendet.

[4] **Amtl. Anm.:** Anm. zur deutschen Übersetzung: In der Übersetzung der Fassung von 1960 wurde „office/administration" mit „Behörde" wiedergegeben. Das Wort „Amt" in dieser Ausführungsordnung verweist daher auf das Wort „Behörde", soweit die Fassung von 1960 betroffen ist.

[5] **Amtl. Anm.:** Anm. zur deutschen Übersetzung: In der Übersetzung der Fassung von 1960 wurde „designated/désigné" mit „bezeichnet" wiedergegeben. Die Wörter „Benennung" und „benannt" in dieser Ausführungsordnung verweisen daher auf das Wort „bezeichnet", soweit die Fassung von 1960 betroffen ist.

Kapitel 1. Allgemeine Bestimmungen

Regel 1. Begriffsbestimmungen

(1) [Kurzbezeichnungen] Im Sinne dieser Ausführungsordnung bedeutet

i) „Fassung von 1999[1]" die am 2. Juli 1999 in Genf unterzeichnete Fassung des Haager Abkommens;

ii) „Fassung von 1960" die am 28. November 1960 in Den Haag unterzeichnete Fassung des Haager Abkommens;

iii) ein Ausdruck, der in dieser Ausführungsordnung verwendet wird und Gegenstand einer Begriffsbestimmung in Artikel 1 der Fassung von 1999 ist, dasselbe wie in jener Fassung;

iv) „Verwaltungsvorschriften" die in Regel 34 genannten Verwaltungsvorschriften;

v) „Nachricht" eine internationale Anmeldung oder einen Antrag, eine Erklärung, eine Aufforderung, eine Mitteilung beziehungsweise Notifikation oder eine Information, der beziehungsweise die sich auf eine internationale Anmeldung oder eine internationale Eintragung bezieht oder einer solchen beigefügt ist und in einer nach dieser Ausführungsordnung oder den Verwaltungsvorschriften zulässigen Weise an das Amt einer Vertragspartei, das Internationale Büro, den Anmelder oder den Inhaber gesendet wird;

vi) „amtliches Formblatt" ein vom Internationalen Büro erstelltes Formblatt oder eine vom Internationalen Büro auf der Website der Organisation zur Verfügung gestellte elektronische Schnittstelle oder jedes Formblatt oder jede elektronische Schnittstelle gleichen Inhalts und Formats;

vii) „Internationale Klassifikation" die durch das Abkommen von Locarno zur Errichtung einer Internationalen Klassifikation für gewerbliche Muster und Modelle geschaffene Klassifikation;

---

[1] Nr. **76**.

viii) „vorgeschriebene Gebühr" die im Gebührenverzeichnis festgesetzte geltende Gebühr;

ix) „Bulletin"[1] das regelmäßig erscheinende Bulletin, in dem das Internationale Büro die Veröffentlichungen nach der Fassung von 1999, 1960 oder nach dieser Ausführungsordnung vornimmt, unabhängig von dem benutzten Medium;

x) „nach der Fassung von 1999 benannte Vertragspartei" eine benannte Vertragspartei, in Bezug auf die die Fassung von 1999 Anwendung findet, und zwar entweder, weil dies die einzige gemeinsame Fassung ist, durch die diese benannte Vertragspartei und die Vertragspartei des Anmelders gebunden sind, oder aufgrund des Artikels 31 Absatz 1 Satz 1 der Fassung von 1999;

xi) „nach der Fassung von 1960 benannte Vertragspartei" eine benannte Vertragspartei, in Bezug auf die die Fassung von 1960 Anwendung findet, und zwar entweder, weil dies die einzige gemeinsame Fassung ist, durch die diese benannte Vertragspartei und der Ursprungsstaat nach Artikel 2 der Fassung von 1960 gebunden sind, oder aufgrund des Artikels 31 Absatz 1 Satz 2 der Fassung von 1999;

xii) „internationale Anmeldung, für die ausschließlich die Fassung von 1999 maßgebend ist," eine internationale Anmeldung, bei der alle benannten Vertragsparteien nach der Fassung von 1999 benannte Vertragsparteien sind;

xiii) „internationale Anmeldung, für die ausschließlich die Fassung von 1960 maßgebend ist," eine internationale Anmeldung, bei der alle benannten Vertragsparteien nach der Fassung von 1960 benannte Vertragsparteien sind;

xiv) „internationale Anmeldung, für die sowohl die Fassung von 1999 als auch die Fassung von 1960 maßgebend ist," eine internationale Anmeldung, bei der
- mindestens eine Vertragspartei nach der Fassung von 1999 und
- mindestens eine Vertragspartei nach der Fassung von 1960

benannt worden ist.

(2) [Entsprechung einiger in den Fassungen von 1999 und 1960 verwendeter Ausdrücke] Im Sinne dieser Ausführungsordnung

i) gilt eine Bezugnahme auf „internationale Anmeldung" oder „internationale Eintragung" gegebenenfalls zugleich als Bezugnahme auf „internationale Hinterlegung" nach der Fassung von 1960;

ii) gilt eine Bezugnahme auf „Anmelder" oder auf „Inhaber" gegebenenfalls zugleich als Bezugnahme auf „Hinterleger" beziehungsweise „Inhaber" nach der Fassung von 1960;[2]

---

[1] **Amtl. Anm.:** Anm. zur deutschen Übersetzung: In der Übersetzung der Fassung von 1960 wurde „bulletin" mit „Mitteilungsblatt" wiedergegeben. Das Wort „Bulletin" in dieser Ausführungsordnung verweist daher auf das Wort „Mitteilungsblatt", soweit die Fassung von 1960 betroffen ist.

[2] **Amtl. Anm.:** [Übersetzung der Fußnote im französischen Wortlaut:] Diese Bestimmung ist dadurch begründet, dass im englischen Wortlaut die für die betreffenden Begriffe verwendete Terminologie zwischen der Fassung von 1999 und der Fassung von 1960 unterschiedlich ist („applicant" und „holder" einerseits und „depositor" und „owner" andererseits).

iii) gilt eine Bezugnahme auf „Vertragspartei" gegebenenfalls zugleich als Bezugnahme auf einen Vertragsstaat der Fassung von 1960;

iv) gilt eine Bezugnahme auf „Vertragspartei, deren Amt ein prüfendes Amt ist," gegebenenfalls zugleich als Bezugnahme auf „Staat mit Neuheitsprüfung" im Sinne der Begriffsbestimmung in Artikel 2 der Fassung von 1960;

v) gilt eine Bezugnahme auf „individuelle Benennungsgebühr" gegebenenfalls zugleich als Bezugnahme auf die in Artikel 15 Absatz 1 Ziffer 2 Buchstabe b der Fassung von 1960 genannte Gebühr.

Regel 2. Nachrichten an das Internationale Büro

An das Internationale Büro gerichtete Nachrichten sind in der in den Verwaltungsvorschriften angegebenen Weise zu übermitteln.

Regel 3. Vertretung vor dem Internationalen Büro

(1) [Vertreter; Anzahl der Vertreter]

a) Der Anmelder oder der Inhaber kann sich durch einen Vertreter vor dem Internationalen Büro vertreten lassen.

b) Für eine bestimmte internationale Anmeldung oder eine bestimmte internationale Eintragung kann nur ein Vertreter bestellt werden. Werden in der Bestellung mehrere Vertreter angegeben, so gilt nur der zuerst genannte Vertreter als Vertreter und wird als solcher eingetragen.

c) Ist eine Sozietät oder Kanzlei von Rechtsanwälten, Patentanwälten oder Markenanwälten als Vertreterin beim Internationalen Büro angegeben worden, so gilt diese als ein einziger Vertreter.

(2) [Bestellung des Vertreters]

a) Die Bestellung eines Vertreters kann in der internationalen Anmeldung erfolgen, sofern die Anmeldung vom Anmelder unterzeichnet ist.

b) Die Bestellung eines Vertreters kann auch in einer gesonderten Nachricht erfolgen, die sich auf eine oder mehrere bestimmte internationale Anmeldungen oder internationale Eintragungen desselben Anmelders oder Inhabers beziehen kann. Diese Nachricht ist vom Anmelder oder Inhaber zu unterzeichnen.

c) Ist nach Auffassung des Internationalen Büros die Bestellung eines Vertreters nicht vorschriftsmäßig, so teilt es dies dem Anmelder oder Inhaber und dem vermeintlichen Vertreter mit.

(3) [Eintragung der Bestellung eines Vertreters und Mitteilung darüber; Tag des Wirksamwerdens der Bestellung]

a) Stellt das Internationale Büro fest, dass die Bestellung eines Vertreters den geltenden Erfordernissen entspricht, so trägt es die Tatsache, dass der Anmelder oder Inhaber einen Vertreter hat, sowie den Namen und die Anschrift des Vertreters im internationalen Register ein. In diesem Fall ist der Tag des Wirksamwerdens der Bestellung das Datum, an dem das Internationale Büro die internationale Anmeldung oder die gesonderte Nachricht, in welcher der Vertreter bestellt worden ist, erhalten hat.

b) Das Internationale Büro teilt sowohl dem Anmelder oder Inhaber als auch dem Vertreter die Eintragung nach Buchstabe a mit.

(4) [Wirkung der Bestellung eines Vertreters]

a) Sofern diese Ausführungsordnung nicht ausdrücklich etwas anderes vorsieht, ersetzt die Unterschrift eines nach Absatz 3 Buchstabe a eingetragenen Vertreters die Unterschrift des Anmelders oder Inhabers.

b) Sofern in dieser Ausführungsordnung nicht ausdrücklich eine Nachricht sowohl an den Anmelder oder Inhaber als auch an den Vertreter verlangt wird, richtet das Internationale Büro alle Nachrichten, die in Ermangelung eines Vertreters an den Anmelder oder Inhaber gesandt werden müssten, an den nach Absatz 3 Buchstabe a eingetragenen Vertreter; jede auf diese Weise an den genannten Vertreter gerichtete Nachricht hat dieselbe Wirkung wie eine an den Anmelder oder Inhaber gerichtete Nachricht.

c) Jede von dem nach Absatz 3 Buchstabe a eingetragenen Vertreter an das Internationale Büro gerichtete Nachricht hat dieselbe Wirkung wie eine vom Anmelder oder Inhaber an dieses Büro gerichtete Nachricht.

(5) [Löschung der Eintragung; Tag des Wirksamwerdens der Löschung]

a) Jede Eintragung nach Absatz 3 Buchstabe a wird gelöscht, wenn die Löschung in einer vom Anmelder, Inhaber oder Vertreter unterzeichneten Nachricht beantragt wird. Die Eintragung wird vom Internationalen Büro von Amts wegen gelöscht, wenn ein neuer Vertreter bestellt wird oder wenn ein Inhaberwechsel eingetragen und vom neuen Inhaber der internationalen Eintragung kein Vertreter bestellt worden ist.

b) Die Löschung ist ab dem Tag des Eingangs der entsprechenden Nachricht beim Internationalen Büro wirksam.

c) Das Internationale Büro teilt dem Vertreter, dessen Eintragung gelöscht wurde, und dem Anmelder oder Inhaber die Löschung und den Tag des Wirksamwerdens der Löschung mit.

Regel 4. Berechnung der Fristen

(1) [Nach Jahren bemessene Fristen] Jede nach Jahren bemessene Frist endet im maßgeblichen folgenden Jahr in dem Monat, der dieselbe Bezeichnung, und an dem Tag, der dieselbe Zahl trägt wie der Monat und der Tag des Ereignisses, mit dem die Frist zu laufen begann; hat sich das Ereignis jedoch am 29. Februar zugetragen und endet der Monat Februar des maßgeblichen folgenden Jahres am 28., so endet die Frist am 28. Februar.

(2) [Nach Monaten bemessene Fristen] Jede nach Monaten bemessene Frist endet im maßgeblichen folgenden Monat an dem Tag, der dieselbe Zahl trägt wie der Tag des Ereignisses, mit dem die Frist zu laufen begann; hat der maßgebliche folgende Monat jedoch keinen Tag mit der entsprechenden Zahl, so endet die Frist am letzten Tag des betreffenden Monats.

(3) [In Tagen bemessene Fristen] Jede in Tagen bemessene Frist beginnt an dem auf den Eintritt des betreffenden Ereignisses folgenden Tag zu laufen und endet entsprechend.

(4) [Ablauf an einem Tag, an dem das Internationale Büro oder ein Amt für die Öffentlichkeit nicht geöffnet hat] Endet eine Frist an einem Tag, an dem das Internationale Büro oder das betreffende Amt für die Öffentlichkeit nicht geöffnet hat, so endet die Frist ungeachtet der Absätze 1 bis 3 am ersten darauf folgenden Tag, an dem das Internationale Büro oder das betreffende Amt für die Öffentlichkeit geöffnet hat.

Regel 5. Störungen im Post- und Zustelldienst

(1) [Durch einen Postdienst übersandte Nachrichten] Versäumt ein Beteiligter,[1] die Frist für eine Nachricht, die an das Internationale Büro gerichtet ist und durch einen Postdienst versandt wird, einzuhalten, so wird dies entschuldigt, wenn der Beteiligte dem Internationalen Büro überzeugend nachweist,

i) dass die Nachricht mindestens fünf Tage vor Ablauf der Frist aufgegeben wurde oder, sofern der Postdienst an einem der letzten zehn Tage vor Ablauf der Frist infolge eines Krieges, einer Revolution, einer Störung der öffentlichen Ordnung, eines Streiks, einer Naturkatastrophe oder ähnlicher Ursachen unterbrochen war, dass die Nachricht nicht später als fünf Tage nach Wiederaufnahme des Postdienstes aufgegeben wurde,

ii) dass die Nachricht mit Einschreiben aufgegeben wurde oder die Einzelheiten der Versendung zum Zeitpunkt der Aufgabe vom Postdienst eingetragen worden sind und

iii) in Fällen, in denen Sendungen nicht bei jeder Versandart üblicherweise innerhalb von zwei Tagen nach Aufgabe beim Internationalen Büro eingehen, dass die Nachricht in einer Versandart, mit der sie üblicherweise innerhalb von zwei Tagen nach Aufgabe beim Internationalen Büro eingeht, oder mit Luftpost befördert wurde.

(2) [Durch einen Zustelldienst übersandte Nachrichten] Versäumt ein Beteiligter,[1] die Frist für eine Nachricht, die an das Internationale Büro gerichtet ist und durch einen Zustelldienst übersandt wird, einzuhalten, so wird dies entschuldigt, wenn der Beteiligte dem Internationalen Büro überzeugend nachweist,

i) dass die Nachricht mindestens fünf Tage vor Ablauf der Frist abgesandt wurde oder, sofern der Zustelldienst an einem der letzten zehn Tage vor Ablauf der Frist infolge eines Krieges, einer Revolution, einer Störung der öffentlichen Ordnung, einer Naturkatastrophe oder ähnlicher Ursachen unterbrochen war, dass die Nachricht nicht später als fünf Tage nach Wiederaufnahme des Zustelldienstes abgesandt wurde und

ii) dass die Einzelheiten der Versendung zum Zeitpunkt der Absendung vom Zustelldienst eingetragen worden sind.

(3) [Einschränkung der Entschuldigung] Ein Fristversäumnis wird aufgrund dieser Regel nur entschuldigt, wenn der in Absatz 1 oder 2 bezeichnete Nachweis und die Nachricht oder eine Abschrift davon spätestens sechs Monate nach Ablauf der Frist beim Internationalen Büro eingehen.

Regel 6. Sprachen

(1) [Internationale Anmeldung] Die internationale Anmeldung ist in Englisch, Französisch oder Spanisch abzufassen.

(2) [Eintragung und Veröffentlichung] [1]Die Eintragung im internationalen Register und die Veröffentlichung der internationalen Eintragung im Bulletin sowie die Eintragung und Bulletin-Veröffentlichung aller aufgrund dieser Ausführungsordnung sowohl einzutragenden als auch zu veröffentlichenden Angaben zu dieser internationalen Eintragung sind in Englisch, Französisch und Spanisch abzufassen. [2]In der internationalen Eintragung und in ihrer Veröffent-

---

[1] Zeichensetzung amtlich.

lichung ist die Sprache anzugeben, in der die internationale Anmeldung beim Internationalen Büro eingegangen ist.

(3) [Nachrichten] Nachrichten bezüglich einer internationalen Anmeldung oder einer internationalen Eintragung sind wie folgt abzufassen:

i) in Englisch, Französisch oder Spanisch, wenn die Nachricht vom Anmelder oder Inhaber oder von einem Amt an das Internationale Büro gerichtet ist;
ii) in der Sprache der internationalen Anmeldung, wenn die Nachricht vom Internationalen Büro an ein Amt gerichtet ist, es sei denn, dieses Amt hat dem Internationalen Büro mitgeteilt, dass alle derartigen Nachrichten in Englisch, in Französisch oder in Spanisch abzufassen sind;
iii) in der Sprache der internationalen Anmeldung, wenn die Nachricht vom Internationalen Büro an den Anmelder oder Inhaber gerichtet ist, es sei denn, dieser Anmelder oder Inhaber hat angegeben, dass alle derartigen Nachrichten in Englisch, in Französisch oder in Spanisch abzufassen sind.

(4) [Übersetzung] [1]Die für die Eintragungen und Veröffentlichungen nach Absatz 2 erforderlichen Übersetzungen werden vom Internationalen Büro gefertigt. [2]Der Anmelder kann der internationalen Anmeldung einen Übersetzungsvorschlag für jeden in der internationalen Anmeldung enthaltenen Text beifügen. [3]Wird der Übersetzungsvorschlag vom Internationalen Büro nicht für richtig befunden, so wird er vom Internationalen Büro berichtigt, nachdem es den Anmelder aufgefordert hat, innerhalb eines Monats nach der Aufforderung zu den vorgeschlagenen Berichtigungen Stellung zu nehmen.

Kapitel 2. Internationale Anmeldungen und internationale Eintragungen

Regel 7. Erfordernisse bezüglich der internationalen Anmeldung

(1) [Formblatt und Unterschrift] [1]Die internationale Anmeldung ist auf dem amtlichen Formblatt einzureichen. [2]Die internationale Anmeldung ist vom Anmelder zu unterschreiben.

(2) [Gebühren] Die für die internationale Anmeldung geltenden vorgeschriebenen Gebühren sind nach den Regeln 27 und 28 zu entrichten.

(3) [Zwingender Inhalt der internationalen Anmeldung] Die internationale Anmeldung muss Folgendes enthalten oder angeben:

i) den nach den Verwaltungsvorschriften angegebenen Namen des Anmelders;
ii) die nach den Verwaltungsvorschriften angegebene Anschrift des Anmelders;
iii) die Vertragspartei oder -parteien, in Bezug auf die der Anmelder die Voraussetzungen dafür erfüllt, Inhaber einer internationalen Eintragung zu sein;
iv) das Erzeugnis oder die Erzeugnisse, die das Design darstellen oder in Verbindung mit denen das Design verwendet werden soll; hierbei ist anzugeben, ob das Erzeugnis oder die Erzeugnisse das Design darstellen oder ob es sich um Erzeugnisse handelt, in Verbindung mit denen das Design verwendet werden soll; zur Bezeichnung des Erzeugnisses oder der Erzeugnisse sind vorzugsweise die Begriffe der Warenliste der Internationalen Klassifikation zu verwenden;

v) die zu der internationalen Anmeldung gehörende Anzahl der Designs, die nicht mehr als 100 betragen darf, und die Anzahl der Wiedergaben der Designs oder der Musterabschnitte, die der internationalen Anmeldung nach Regel 9 oder 10 beigefügt sind;

vi) die benannten Vertragsparteien;

vii) den Betrag der entrichteten Gebühren und die Zahlungsweise oder den Auftrag zur Abbuchung des erforderlichen Gebührenbetrags von einem beim Internationalen Büro eröffneten Konto sowie die Bezeichnung des Einzahlers oder des Auftraggebers.

(4) [Zusätzlicher zwingender Inhalt einer internationalen Anmeldung]

a) In Bezug auf die nach der Fassung von 1999[1] in einer internationalen Anmeldung benannten Vertragsparteien muss diese Anmeldung zusätzlich zu den in Absatz 3 Ziffer iii genannten Angaben die Vertragspartei des Anmelders angeben.

b) Hat eine nach der Fassung von 1999 benannte Vertragspartei dem Generaldirektor nach Artikel 5 Absatz 2 Buchstabe a der Fassung von 1999 mitgeteilt, dass nach ihrem Recht einer oder mehrere der in Artikel 5 Absatz 2 Buchstabe b der Fassung von 1999 genannten Bestandteile erforderlich sind, so muss die internationale Anmeldung diesen Bestandteil oder diese Bestandteile in der in Regel 11 vorgeschriebenen Weise enthalten.

c) Findet Regel 8 Anwendung, so muss die internationale Anmeldung gegebenenfalls die Angaben nach Absatz 2 oder 3 jener Regel enthalten; es sind alle einschlägigen Erklärungen, Schriftstücke, eidlichen Versicherungen oder Bestätigungen beizufügen, die in jener Regel genannt sind.

(5) [Fakultativer Inhalt einer internationalen Anmeldung]

a) Ein in Artikel 5 Absatz 2 Buchstabe b Ziffer i oder ii der Fassung von 1999 oder in Artikel 8 Absatz 4 Buchstabe a der Fassung von 1960 genannter Bestandteil kann nach Wahl des Anmelders in die internationale Anmeldung aufgenommen werden, auch wenn dieser Bestandteil nicht aufgrund einer Mitteilung nach Artikel 5 Absatz 2 Buchstabe a der Fassung von 1999 oder aufgrund eines Erfordernisses nach Artikel 8 Absatz 4 Buchstabe a der Fassung von 1960 erforderlich ist.

b) Hat der Anmelder einen Vertreter bestellt, so muss die internationale Anmeldung den Namen und die Anschrift des Vertreters enthalten, angegeben nach den Verwaltungsvorschriften.

c) Wünscht der Anmelder, sich aufgrund des Artikels 4 der Pariser Verbandsübereinkunft[2] die Priorität einer früheren Hinterlegung zunutze zu machen, so muss die internationale Anmeldung eine Erklärung enthalten, in der die Priorität dieser früheren Hinterlegung in Anspruch genommen wird, zusammen mit der Angabe des Namens des Amtes, bei dem diese Hinterlegung erfolgte, des Datums und, soweit verfügbar, der Nummer dieser Hinterlegung sowie, wenn sich die Inanspruchnahme der Priorität nicht auf alle in der internationalen Anmeldung enthaltenen Designs bezieht, der Designs, auf die sich die Inanspruchnahme der Priorität bezieht oder nicht bezieht.

---

[1] Nr. **76**.
[2] Nr. **60**.

d) Wünscht der Anmelder, Artikel 11 der Pariser Verbandsübereinkunft in Anspruch zu nehmen, so muss die internationale Anmeldung eine Erklärung enthalten, der zufolge das Erzeugnis oder die Erzeugnisse, die das Design darstellen oder in denen das Design enthalten ist, bei einer amtlichen oder amtlich anerkannten internationalen Ausstellung zur Schau gestellt worden sind; zugleich sind der Ort und der Tag der erstmaligen Zurschaustellung des Erzeugnisses oder der Erzeugnisse anzugeben und, sofern es sich nicht um alle in der internationalen Anmeldung enthaltenen Designs handelt, diejenigen Designs, auf die sich die Erklärung bezieht oder nicht bezieht.

e) Wünscht der Anmelder eine Aufschiebung der Veröffentlichung des Designs, so muss die internationale Anmeldung einen Antrag auf Aufschiebung der Veröffentlichung enthalten.

f) Die internationale Anmeldung kann auch Erklärungen, Unterlagen oder andere einschlägige Angaben enthalten, die gegebenenfalls in den Verwaltungsvorschriften bezeichnet sind.

g) Der internationalen Anmeldung kann eine Erklärung beigefügt sein, in der Informationen genannt werden, die nach Kenntnis des Anmelders für die Schutzfähigkeit des betreffenden Designs von wesentlicher Bedeutung sind.

(6) [Keine zusätzlichen Angaben] [1]Enthält die internationale Anmeldung andere als die nach der Fassung von 1999 oder 1960, nach dieser Ausführungsordnung oder nach den Verwaltungsvorschriften erforderlichen oder zulässigen Angaben, so werden diese vom Internationalen Büro von Amts wegen gestrichen. [2]Sind der internationalen Anmeldung andere als die erforderlichen oder zulässigen Unterlagen beigefügt, so kann das Internationale Büro diese Unterlagen beseitigen.

(7) [Zugehörigkeit aller Erzeugnisse zu derselben Klasse] Alle Erzeugnisse, welche die Designs darstellen, auf die sich die internationale Anmeldung bezieht, oder in Verbindung mit denen die Designs verwendet werden sollen, müssen derselben Klasse der Internationalen Klassifikation angehören.

Regel 8. Besondere Erfordernisse bezüglich des Anmelders und des Schöpfers

(1) [Mitteilung über besondere Erfordernisse bezüglich des Anmelders und des Schöpfers]

a) i) Sieht das Recht einer durch die Fassung von 1999[1)] gebundenen Vertragspartei vor, dass ein Antrag auf Schutz eines Designs im Namen des Schöpfers des Designs einzureichen ist, so kann diese Vertragspartei dem Generaldirektor dies in einer Erklärung mitteilen.

ii) Sieht das Recht einer durch die Fassung von 1999 gebundenen Vertragspartei vor, dass eine eidliche Versicherung oder eine Bestätigung des Schöpfers vorzulegen ist, so kann diese Vertragspartei dem Generaldirektor dies in einer Erklärung mitteilen.

b) In der Erklärung nach Buchstabe a Ziffer i werden die Form und der zwingende Inhalt von Erklärungen oder Unterlagen angegeben, die für die Zwecke des Absatzes 2 erforderlich sind. In der Erklärung nach Buchstabe a Ziffer ii werden die Form und der zwingende Inhalt der erforderlichen eidlichen Versicherung oder der erforderlichen Bestätigung angegeben.

[1)] Nr. **76**.

(2) [Identität des Schöpfers und Übertragung der internationalen Anmeldung] Enthält eine internationale Anmeldung die Benennung einer Vertragspartei, welche die Erklärung nach Absatz 1 Buchstabe a Ziffer i abgegeben hat,

i) so muss sie auch Angaben zur Identität des Schöpfers des Designs sowie eine Erklärung enthalten, die den nach Absatz 1 Buchstabe b angegebenen Erfordernissen entspricht und besagt, dass Letzterer der Schöpfer des Designs zu sein glaubt; die so als Schöpfer identifizierte Person gilt für die Zwecke der Benennung dieser Vertragspartei als Anmelder, unabhängig davon, wer nach Regel 7 Absatz 3 Ziffer i als Anmelder genannt ist;

ii) und ist die als Schöpfer identifizierte Person nicht die nach Regel 7 Absatz 3 Ziffer i als Anmelder genannte Person, so ist der internationalen Anmeldung eine Erklärung oder eine Unterlage beizufügen, die den nach Absatz 1 Buchstabe b angegebenen Erfordernissen entspricht und besagt, dass die internationale Anmeldung von der als Schöpfer identifizierten Person auf die als Anmelder genannte Person übertragen worden ist. Letztere Person wird als Inhaber der internationalen Eintragung registriert.

(3) [Identität des Schöpfers und eidliche Versicherung oder Bestätigung des Schöpfers] Enthält eine internationale Anmeldung die Benennung einer Vertragspartei, welche die Erklärung nach Absatz 1 Buchstabe a Ziffer ii abgegeben hat, so muss sie auch Angaben zur Identität des Schöpfers des Designs enthalten.

Regel 9. Wiedergaben des Designs

(1) [Form und Anzahl der Wiedergaben des Designs]

a) Wiedergaben des Designs sind nach Wahl des Anmelders in Form von Fotografien oder anderen grafischen Darstellungen des Designs selbst oder des Erzeugnisses oder der Erzeugnisse einzureichen, die es darstellen. Ein und dasselbe Erzeugnis kann aus unterschiedlichen Blickwinkeln gezeigt werden; für Ansichten aus unterschiedlichen Blickwinkeln sind verschiedene Fotografien oder sonstige grafische Darstellungen zu verwenden.

b) Alle Wiedergaben sind in der in den Verwaltungsvorschriften angegebenen Stückzahl einzureichen.

(2) [Erfordernisse bezüglich der Wiedergaben]

a) Die Qualität der Wiedergaben muss so gut sein, dass alle Einzelheiten des Designs klar erkennbar sind und eine Veröffentlichung möglich ist.

b) Auf Teile, die in einer Wiedergabe erscheinen, für die jedoch kein Schutz beantragt wird, kann auf die in den Verwaltungsvorschriften angegebene Weise hingewiesen werden.

(3) [Erforderliche Ansichten]

a) Vorbehaltlich des Buchstabens b teilt jede durch die Fassung von 1999[1)] gebundene Vertragspartei, die genau bestimmte Ansichten des Erzeugnisses oder der Erzeugnisse verlangt, die das Design darstellen oder in Zusammenhang mit denen das Design verwendet werden soll, dem Generaldirektor dies in einer Erklärung mit und gibt dabei an, welche Ansichten unter welchen Umständen erforderlich sind.

[1)] Nr. **76**.

b) Von einem zweidimensionalen Design oder Erzeugnis darf eine Vertragspartei nicht mehr als eine Ansicht verlangen, von einem dreidimensionalen Erzeugnis nicht mehr als sechs Ansichten.

(4) [Schutzverweigerung aus Gründen in Bezug auf die Wiedergaben des Designs] [1]Eine Vertragspartei darf die Wirkungen der internationalen Eintragung nicht mit der Begründung verweigern, dass nach ihrem Recht Erfordernisse bezüglich der Form der Wiedergaben des Designs, die über die von dieser Vertragspartei nach Absatz 3 Buchstabe a mitgeteilten Erfordernisse hinausgehen oder von diesen abweichen, nicht erfüllt sind. [2]Jedoch kann eine Vertragspartei die Wirkungen der internationalen Eintragung mit der Begründung verweigern, dass die in der internationalen Eintragung enthaltenen Wiedergaben zur vollständigen Offenbarung des Designs nicht ausreichen.

Regel 10. Musterabschnitte bei Antrag auf Aufschiebung der Veröffentlichung

(1) [Anzahl der Musterabschnitte] Enthält eine internationale Anmeldung, für die ausschließlich die Fassung von 1999[1)] maßgebend ist, einen Antrag auf Aufschiebung der Veröffentlichung hinsichtlich eines (zweidimensionalen) Designs und sind ihr anstelle der Wiedergaben nach Regel 9 Musterabschnitte beigefügt, so ist der internationalen Anmeldung die folgende Anzahl von Musterabschnitten beizufügen:

i) ein Musterabschnitt für das Internationale Büro und

ii) ein Musterabschnitt für jedes benannte Amt, das dem Internationalen Büro nach Artikel 10 Absatz 5 der Fassung von 1999 mitgeteilt hat, dass es Kopien von internationalen Eintragungen zu erhalten wünscht.

(2) [Musterabschnitte] [1]Alle Musterabschnitte müssen in einem einzigen Paket enthalten sein. [2]Sie können gefaltet werden. [3]Die Höchstmaße und das Höchstgewicht des Pakets werden in den Verwaltungsvorschriften angegeben.

Regel 11. Identität des Schöpfers; Beschreibung; Anspruch

(1) [Identität des Schöpfers] Enthält die internationale Anmeldung Angaben bezüglich der Identität des Schöpfers des Designs, so sind sein Name und seine Anschrift nach den Verwaltungsvorschriften anzugeben.

(2) [Beschreibung] [1]Enthält die internationale Anmeldung eine Beschreibung, so muss sich diese auf diejenigen Merkmale beziehen, die in den Wiedergaben des Designs erscheinen, nicht jedoch auf technische Funktionsmerkmale des Designs oder seine mögliche Nutzung. [2]Umfasst die Beschreibung mehr als 100 Wörter, so ist eine zusätzliche, im Gebührenverzeichnis festgesetzte Gebühr zu entrichten.

(3) [Anspruch] [1]In einer Erklärung nach Artikel 5 Absatz 2 Buchstabe a der Fassung von 1999[1)], der zufolge nach dem Recht einer Vertragspartei ein Anspruch erforderlich ist, damit einem Antrag auf Schutzerteilung für ein Design nach diesem Recht ein Anmeldetag zuerkannt wird, ist der genaue Wortlaut des erforderlichen Anspruchs anzugeben. [2]Enthält die internationale Anmeldung einen Anspruch, so muss er den gleichen Wortlaut wie in der Erklärung haben.

[1)] Nr. **76**.

Regel 12. Gebühren für die internationale Anmeldung

(1) [Vorgeschriebene Gebühren]

a) Für die internationale Anmeldung sind folgende Gebühren zu entrichten:

i) eine Grundgebühr;

ii) eine Standard-Benennungsgebühr für jede benannte Vertragspartei, die keine Erklärung nach Artikel 7 Absatz 2 der Fassung von 1999[1] oder nach Regel 36 Absatz 1 abgegeben hat; die Stufe dieser Gebühr hängt von einer Erklärung nach Buchstabe c ab;

iii) eine individuelle Benennungsgebühr für jede benannte Vertragspartei, die eine Erklärung nach Artikel 7 Absatz 2 der Fassung von 1999 oder nach Regel 36 Absatz 1 abgegeben hat;

iv) eine Veröffentlichungsgebühr.

b) Es gibt folgende Stufen der Standard-Benennungsgebühr nach Buchstabe a Ziffer ii:

i) für Vertragsparteien, deren Amt keine materiellrechtliche Prüfung durchführt: .... Stufe eins;

ii) für Vertragsparteien, deren Amt eine materiellrechtliche Prüfung, nicht aber eine Neuheitsprüfung durchführt: ... Stufe zwei;

iii) für Vertragsparteien, deren Amt eine materiellrechtliche Prüfung, einschließlich einer Neuheitsprüfung, durchführt, unabhängig davon, ob die Prüfung von Amts wegen oder auf den Einspruch Dritter hin erfolgt: .... Stufe drei.

c) i) Eine Vertragspartei, die aufgrund ihrer Rechtsvorschriften zur Anwendung der Stufe zwei oder drei nach Buchstabe b berechtigt ist, kann dies dem Generaldirektor in einer Erklärung mitteilen. Eine Vertragspartei kann in ihrer Erklärung auch angeben, dass sie sich für die Anwendung der Stufe zwei entscheidet, auch wenn sie aufgrund ihrer Rechtsvorschriften zur Anwendung der Stufe drei berechtigt ist.

ii) Eine Erklärung nach Ziffer i wird drei Monate nach Eingang beim Generaldirektor oder zu einem in der Erklärung genannten späteren Zeitpunkt wirksam. Sie kann auch jederzeit durch eine Notifikation an den Generaldirektor zurückgenommen werden; in diesem Fall wird die Rücknahme einen Monat nach Eingang beim Generaldirektor oder zu einem in der Notifikation genannten späteren Zeitpunkt wirksam. Wurde eine Erklärung nicht abgegeben oder wurde die Erklärung zurückgenommen, so gilt Stufe eins als die auf die Standard-Benennungsgebühr für die betreffende Vertragspartei anwendbare Stufe.

(2) [Fälligkeit der Gebühren] Die in Absatz 1 genannten Gebühren sind vorbehaltlich des Absatzes 3 zum Zeitpunkt der Einreichung der internationalen Anmeldung zu entrichten; enthält die internationale Anmeldung jedoch einen Antrag auf Aufschiebung der Veröffentlichung, so kann die Veröffentlichungsgebühr nach Regel 16 Absatz 3 Buchstabe a zu einem späteren Zeitpunkt entrichtet werden.

(3) [In zwei Teilbeträgen zahlbare individuelle Benennungsgebühr]

---

[1] Nr. **76**.

a) In einer Erklärung nach Artikel 7 Absatz 2 der Fassung von 1999 oder nach Regel 36 Absatz 1 kann auch festgelegt werden, dass die individuelle Benennungsgebühr, die für die betreffende Vertragspartei zu entrichten ist, aus zwei Teilbeträgen besteht, wobei der erste Teilbetrag zum Zeitpunkt der Einreichung der internationalen Anmeldung zu entrichten ist und der zweite Teilbetrag zu einem späteren Zeitpunkt, der sich nach dem Recht der betreffenden Vertragspartei bestimmt.

b) Findet Buchstabe a Anwendung, so wird der erste Teilbetrag der individuellen Benennungsgebühr als individuelle Benennungsgebühr im Sinne des Absatzes 1 Ziffer iii betrachtet.

c) Der zweite Teilbetrag der individuellen Benennungsgebühr kann nach Wahl des Inhabers entweder unmittelbar an das betreffende Amt oder über das Internationale Büro entrichtet werden. Wird er unmittelbar an das betreffende Amt entrichtet, so teilt das Amt dies dem Internationalen Büro mit und das Internationale Büro trägt diese Mitteilung im internationalen Register ein. Erfolgt die Zahlung über das Internationale Büro, so trägt das Internationale Büro die Zahlung im internationalen Register ein und teilt dies dem betreffenden Amt mit.

d) Wird der zweite Teilbetrag der individuellen Benennungsgebühr nicht innerhalb der geltenden Frist entrichtet, so teilt das betreffende Amt dies dem Internationalen Büro mit und fordert das Internationale Büro auf, die internationale Eintragung im internationalen Register für die betreffende Vertragspartei zu löschen. Das Internationale Büro handelt entsprechend und teilt dies dem Inhaber mit.

Regel 13. Einreichung der internationalen Anmeldung über ein Amt

(1) [1] [Tag des Eingangs beim Amt und Weiterleitung an das Internationale Büro] Wird eine internationale Anmeldung, für die ausschließlich die Fassung von 1999[1)] maßgebend ist, über das Amt der Vertragspartei des Anmelders eingereicht, so teilt dieses Amt dem Anmelder das Datum mit, an dem die Anmeldung bei ihm eingegangen ist. [2] Bei der Weiterleitung der internationalen Anmeldung an das Internationale Büro teilt das Amt dem Internationalen Büro mit, an welchem Tag die Anmeldung bei ihm eingegangen ist. [3] Das Amt teilt dem Anmelder mit, dass es die internationale Anmeldung an das Internationale Büro weitergeleitet hat.

(2) [Weiterleitungsgebühr] Erhebt ein Amt eine Weiterleitungsgebühr nach Artikel 4 Absatz 2 der Fassung von 1999, so teilt es dem Internationalen Büro den Betrag dieser Gebühr, der die Verwaltungskosten für die Entgegennahme und Weiterleitung der internationalen Anmeldung nicht überschreiten sollte, sowie ihr Fälligkeitsdatum mit.

(3) [Anmeldetag der internationalen Anmeldung bei indirekter Einreichung] Vorbehaltlich der Regel 14 Absatz 2 ist der Anmeldetag einer internationalen Anmeldung, die über ein Amt eingereicht wird,

i) falls für sie ausschließlich die Fassung von 1999 maßgebend ist, der Tag, an dem sie bei diesem Amt eingegangen ist, vorausgesetzt, dass sie innerhalb eines Monats, von diesem Tag an gerechnet, beim Internationalen Büro eingeht;

---

1) Nr. **76**.

ii) in allen anderen Fällen der Tag, an dem sie beim Internationalen Büro eingeht.

(4) [Anmeldetag, wenn die Vertragspartei des Anmelders eine Sicherheitsüberprüfung verlangt] Ungeachtet des Absatzes 3 kann eine Vertragspartei, deren Recht zu dem Zeitpunkt, zu dem sie Vertragspartei der Fassung von 1999 wird, eine Sicherheitsüberprüfung verlangt, dem Generaldirektor in einer Erklärung mitteilen, dass die in Absatz 3 genannte Frist von einem Monat durch eine Frist von sechs Monaten zu ersetzen ist.

Regel 14. Prüfung durch das Internationale Büro

(1) [Frist für die Beseitigung von Mängeln] Stellt das Internationale Büro fest, dass die internationale Anmeldung zum Zeitpunkt ihres Eingangs beim Internationalen Büro die geltenden Erfordernisse nicht erfüllt, so fordert es den Anmelder auf, die erforderlichen Mängelbeseitigungen innerhalb von drei Monaten nach der Aufforderung durch das Internationale Büro vorzunehmen.

(2) [Mängel, die zu einer Verschiebung des Anmeldetags der internationalen Anmeldung führen] [1]Weist die internationale Anmeldung zum Zeitpunkt ihres Eingangs beim Internationalen Büro einen Mangel auf, der nach den Vorschriften zu einer Verschiebung des Anmeldetags der internationalen Anmeldung führt, so ist der Anmeldetag der Tag, an dem die entsprechende Mängelbeseitigung beim Internationalen Büro eingeht. [2]Die folgenden Mängel führen nach den Vorschriften zu einer Verschiebung des Anmeldetags der internationalen Anmeldung:

a) die internationale Anmeldung ist nicht in einer der vorgeschriebenen Sprachen abgefasst;
b) in der internationalen Anmeldung fehlt einer der folgenden Bestandteile:
   i) die ausdrückliche Angabe oder ein Hinweis, der erkennen lässt, dass eine internationale Eintragung nach der Fassung von 1999[1)] oder der Fassung von 1960 beantragt wird;
   ii) Angaben, welche die Feststellung der Identität des Anmelders erlauben;
   iii) ausreichende Angaben, die erlauben, den Anmelder oder gegebenenfalls seinen Vertreter zu erreichen;
   iv) eine Wiedergabe des Designs oder nach Artikel 5 Absatz 1 Ziffer iii der Fassung von 1999 ein Musterabschnitt jedes Designs, das Gegenstand der internationalen Anmeldung ist;
   v) die Benennung mindestens einer Vertragspartei.

(3) [Als zurückgenommen geltende internationale Anmeldung; Gebührenerstattung] Wird ein Mangel mit Ausnahme der in Artikel 8 Absatz 2 Buchstabe b der Fassung von 1999 genannten Mängel nicht innerhalb der in Absatz 1 genannten Frist beseitigt, so gilt die internationale Anmeldung als zurückgenommen und das Internationale Büro erstattet die für diese Anmeldung entrichteten Gebühren nach Abzug eines Betrags in Höhe der Grundgebühr.

Regel 15. Eintragung des Designs im internationalen Register

(1) [Eintragung des Designs im internationalen Register] Stellt das Internationale Büro fest, dass die internationale Anmeldung den geltenden Erforder-

---

[1)] Nr. **76**.

nissen entspricht, so trägt es das Design im internationalen Register ein und übersendet dem Inhaber eine Bescheinigung.

(2) [Inhalt der Eintragung] Die internationale Eintragung enthält

i) alle Angaben der internationalen Anmeldung mit Ausnahme der Inanspruchnahme einer Priorität nach Regel 7 Absatz 5 Buchstabe c, wenn die frühere Hinterlegung mehr als sechs Monate vor dem Anmeldetag der internationalen Anmeldung erfolgte;
ii) die Wiedergaben des Designs;
iii) das Datum der internationalen Eintragung;
iv) die Nummer der internationalen Eintragung;
v) die maßgebliche Klasse der Internationalen Klassifikation, entsprechend der Festlegung durch das Internationale Büro.

Regel 16. Aufschiebung der Veröffentlichung

(1) [Maximaler Aufschiebungszeitraum]

a) Der vorgeschriebene Zeitraum für die Aufschiebung der Veröffentlichung einer internationalen Anmeldung, für die ausschließlich die Fassung von 1999[1)] maßgebend ist, beträgt 30 Monate ab dem Anmeldetag oder, wenn eine Priorität in Anspruch genommen wird, 30 Monate ab dem Prioritätsdatum der betreffenden Anmeldung.
b) Der Zeitraum für die Aufschiebung der Veröffentlichung einer internationalen Anmeldung, für die ausschließlich die Fassung von 1960 oder sowohl die Fassung von 1999 als auch die Fassung von 1960 maßgebend ist, beträgt maximal 12 Monate ab dem Anmeldetag oder, wenn eine Priorität in Anspruch genommen wird, ab dem Prioritätsdatum der betreffenden Anmeldung.

(2) [Frist für die Rücknahme einer Benennung, wenn die Aufschiebung nach dem anzuwendenden Recht nicht möglich ist] Die Frist nach Artikel 11 Absatz 3 Ziffer i der Fassung von 1999, innerhalb deren der Anmelder die Benennung einer Vertragspartei zurücknehmen kann, deren Recht eine Aufschiebung der Veröffentlichung nicht zulässt, beträgt einen Monat ab dem Datum der vom Internationalen Büro übersandten Mitteilung.

(3) [Frist für die Entrichtung der Veröffentlichungsgebühr]

a) Die Entrichtung der Veröffentlichungsgebühr nach Regel 12 Absatz 1 Buchstabe a Ziffer iv muss spätestens drei Wochen vor Ablauf des Aufschiebungszeitraums nach Artikel 11 Absatz 2 der Fassung von 1999 oder Artikel 6 Absatz 4 Buchstabe a der Fassung von 1960 oder spätestens drei Wochen, bevor der Aufschiebungszeitraum nach Artikel 11 Absatz 4 Buchstabe a der Fassung von 1999 oder Artikel 6 Absatz 4 Buchstabe b der Fassung von 1960 als abgelaufen betrachtet wird, erfolgen.
b) Drei Monate vor Ablauf des Aufschiebungszeitraums nach Buchstabe a erinnert das Internationale Büro den Inhaber der internationalen Eintragung gegebenenfalls durch eine offiziöse Mitteilung an das Datum, bis zu dem die unter Buchstabe a genannte Veröffentlichungsgebühr zu entrichten ist.

(4) [Frist für die Einreichung und Eintragung von Wiedergaben]

---

1) Nr. **76**.

a) Sofern nach Regel 10 Musterabschnitte anstelle von Wiedergaben eingereicht worden sind, muss die Einreichung dieser Wiedergaben spätestens drei Monate vor Ablauf der Frist für die Entrichtung der Veröffentlichungsgebühr nach Absatz 3 Buchstabe a erfolgen.

b) Das Internationale Büro trägt die nach Buchstabe a eingereichten Wiedergaben im internationalen Register ein, sofern die Erfordernisse nach Regel 9 Absätze 1 und 2 erfüllt werden.

(5) [Nicht erfüllte Erfordernisse] Werden die Erfordernisse der Absätze 3 und 4 nicht erfüllt, so wird die internationale Eintragung gelöscht und nicht veröffentlicht.

Regel 17. Veröffentlichung der internationalen Eintragung

(1) [Zeitpunkt der Veröffentlichung] Die Veröffentlichung der internationalen Eintragung erfolgt

i) auf Wunsch des Anmelders unmittelbar nach der Eintragung,

ii) sofern eine Aufschiebung der Veröffentlichung beantragt und der Antrag nicht außer Acht gelassen worden ist, unmittelbar nach dem Datum, an dem der Aufschiebungszeitraum abgelaufen ist oder als abgelaufen betrachtet wird,

iii) anderenfalls sechs Monate nach dem Datum der internationalen Eintragung oder so bald wie möglich danach.

(2) [Inhalt der Veröffentlichung] Die Veröffentlichung der internationalen Eintragung im Bulletin enthält

i) die im internationalen Register eingetragenen Angaben;

ii) die Wiedergabe(n) des Designs;

iii) bei Aufschiebung der Veröffentlichung die Angabe des Datums, an dem der Aufschiebungszeitraum abgelaufen ist oder als abgelaufen betrachtet wird.

Kapitel 3. Schutzverweigerungen und Ungültigerklärungen

Regel 18. Mitteilung über die Schutzverweigerung

(1) [Frist für die Mitteilung der Schutzverweigerung]

a) Die Frist für die Mitteilung der Verweigerung der Wirkungen einer internationalen Eintragung nach Artikel 12 Absatz 2 der Fassung von 1999[1] oder Artikel 8 Absatz 1 der Fassung von 1960 beträgt sechs Monate ab Veröffentlichung der internationalen Eintragung nach Regel 26 Absatz 3.

b) Ungeachtet des Buchstabens a kann jede Vertragspartei, deren Amt ein prüfendes Amt ist oder deren Recht einen Widerspruch gegen die Schutzerteilung zulässt, dem Generaldirektor in einer Erklärung mitteilen, dass bei Benennung nach der Fassung von 1999 anstelle der unter Buchstabe a genannten Frist von sechs Monaten eine Frist von 12 Monaten gilt.

c) In der Erklärung nach Buchstabe b kann auch angegeben werden, dass die in Artikel 14 Absatz 2 Buchstabe a der Fassung von 1999 genannte Wirkung der internationalen Eintragung spätestens wie folgt eintritt:

---

[1] Nr. **76**.

i) zu einem in der Erklärung angegebenen Zeitpunkt, der bis zu sechs Monate nach dem in jenem Artikel genannten Zeitpunkt liegen kann, oder

ii) zu dem Zeitpunkt, zu dem der Schutz nach dem Recht der Vertragspartei erteilt wird, wenn die Übermittlung einer Entscheidung bezüglich der Schutzerteilung versehentlich nicht innerhalb der nach Buchstabe a oder b geltenden Frist erfolgt ist; in diesem Fall teilt das Amt der betreffenden Vertragspartei dies dem Internationalen Büro mit und bemüht sich, die Entscheidung dem Inhaber der betreffenden internationalen Eintragung umgehend zu übermitteln.

(2) [Mitteilung über die Schutzverweigerung]

a) Die Mitteilung über eine Schutzverweigerung bezieht sich auf eine einzige internationale Eintragung; sie ist von dem mitteilenden Amt zu datieren und zu unterzeichnen.

b) Die Mitteilung muss Folgendes enthalten oder angeben:

i) das mitteilende Amt,

ii) die Nummer der internationalen Eintragung,

iii) alle Gründe, auf die sich die Schutzverweigerung stützt, mit einem Hinweis auf die wesentlichen einschlägigen Gesetzesbestimmungen,

iv) falls sich die Gründe, auf die sich die Schutzverweigerung stützt, auf die Ähnlichkeit mit einem Design beziehen, das Gegenstand einer früheren nationalen, regionalen oder internationalen Anmeldung oder Eintragung gewesen ist, den Anmeldetag und die Anmeldenummer, gegebenenfalls das Prioritätsdatum, das Datum und die Nummer der Eintragung (wenn verfügbar), eine Kopie einer Wiedergabe des früheren Designs (wenn diese Wiedergabe öffentlich zugänglich ist) und den Namen und die Anschrift des Eigentümers des genannten Designs in der in den Verwaltungsvorschriften vorgesehenen Weise,

v) falls sich die Schutzverweigerung nicht auf alle Designs bezieht, die Gegenstand der internationalen Eintragung sind, diejenigen, auf die sie sich bezieht oder nicht bezieht,

vi) ob die Schutzverweigerung Gegenstand einer Überprüfung oder Beschwerde sein kann und, wenn dies der Fall ist, die unter den Umständen angemessene Frist zur Einreichung des Antrags auf Überprüfung der Schutzverweigerung oder der Beschwerde gegen die Schutzverweigerung sowie die für den Antrag auf Überprüfung oder die Beschwerde zuständige Behörde, gegebenenfalls mit dem Hinweis, dass der Antrag auf Überprüfung oder die Beschwerde über einen Vertreter einzureichen ist, der seine Anschrift im Gebiet der Vertragspartei hat, deren Amt die Schutzverweigerung ausgesprochen hat, und

vii) das Datum, an dem die Schutzverweigerung ausgesprochen wurde.

(3) [Mitteilung über die Teilung der internationalen Eintragung] Wird eine internationale Eintragung auf eine Mitteilung über die Schutzverweigerung nach Artikel 13 Absatz 2 der Fassung von 1999 hin bei dem Amt einer benannten Vertragspartei geteilt, um ein in der Mitteilung angegebenes Schutzhindernis zu beseitigen, so macht dieses Amt dem Internationalen Büro die in den Verwaltungsvorschriften festgelegten Angaben über die Teilung.

(4) [Mitteilung über die Rücknahme der Schutzverweigerung]

a) Die Mitteilung über eine Rücknahme der Schutzverweigerung bezieht sich auf eine einzige internationale Eintragung; sie ist von dem mitteilenden Amt zu datieren und zu unterzeichnen.

b) Die Mitteilung muss Folgendes enthalten oder angeben:

i) das mitteilende Amt,

ii) die Nummer der internationalen Eintragung,

iii) falls sich die Rücknahme nicht auf alle Designs bezieht, für die die Schutzverweigerung galt, diejenigen, auf die sie sich bezieht oder nicht bezieht,

iv) das Datum, an dem die Wirkung der internationalen Eintragung wie bei einer Schutzerteilung nach dem anzuwendenden Recht eintrat, und

v) das Datum der Rücknahme der Schutzverweigerung.

c) Wurde die internationale Eintragung in einem Verfahren vor dem Amt geändert, so muss die Mitteilung auch alle Änderungen enthalten oder angeben.

(5) [Eintragung] Das Internationale Büro trägt die nach Absatz 1 Buchstabe c Ziffer ii, Absatz 2 oder Absatz 4 bei ihm eingegangenen Mitteilungen im internationalen Register ein, im Fall einer Mitteilung über die Schutzverweigerung unter Angabe des Datums, an dem sie dem Internationalen Büro übersandt wurde.

(6) [Übermittlung von Kopien von Mitteilungen] Das Internationale Büro übermittelt dem Inhaber eine Kopie der Mitteilungen, die bei ihm nach Absatz 1 Buchstabe c Ziffer ii, Absatz 2 oder Absatz 4 eingegangen sind.

Regel 18bis. Erklärung über die Schutzerteilung

(1) [Erklärung über die Schutzerteilung, wenn keine Mitteilung über die Schutzverweigerung übermittelt wurde]

a) Ein Amt, das keine Mitteilung über die Schutzverweigerung übermittelt hat, kann innerhalb der nach Regel 18 Absatz 1 Buchstabe a oder b geltenden Frist dem Internationalen Büro eine Erklärung übersenden, dass für die Designs oder für einige der Designs, die in der betreffenden Vertragspartei Gegenstand der internationalen Eintragung sind, Schutz erteilt wird, mit der Maßgabe, dass es, sofern Regel 12 Absatz 3 Anwendung findet, vor der Schutzerteilung der Zahlung des zweiten Teilbetrags der individuellen Benennungsgebühr bedarf.

b) Die Erklärung muss Folgendes angeben:

i) das erklärende Amt,

ii) die Nummer der internationalen Eintragung,

iii) falls sich die Erklärung nicht auf alle Designs bezieht, die Gegenstand der internationalen Eintragung sind, diejenigen, auf die sie sich bezieht,

iv) das Datum, an dem die Wirkung der internationalen Eintragung wie bei einer Schutzerteilung nach dem anzuwendenden Recht eintrat oder eintritt, und

v) das Datum der Erklärung.

c) Wurde die internationale Eintragung in einem Verfahren vor dem Amt geändert, so muss die Erklärung auch alle Änderungen enthalten oder angeben.

d) Ungeachtet des Buchstabens a muss das betreffende Amt dem Internationalen Büro die unter Buchstabe a genannte Erklärung übersenden, sofern Regel 18 Absatz 1 Buchstabe c Ziffer i beziehungsweise Regel 18 Absatz 1 Buchstabe c Ziffer ii Anwendung findet oder sofern für die Designs nach Änderungen in einem Verfahren vor dem Amt Schutz erteilt wird.

e) Die unter Buchstabe a genannte geltende Frist ist die nach Regel 18 Absatz 1 Buchstabe c Ziffer i beziehungsweise Regel 18 Absatz 1 Buchstabe c Ziffer ii eingeräumte Frist für den Eintritt der Wirkung wie bei einer Schutzerteilung nach dem anzuwendenden Recht bei Benennung einer Vertragspartei, die eine Erklärung aufgrund einer der vorgenannten Regeln abgegeben hat.

(2) [Erklärung über die Schutzerteilung nach einer Schutzverweigerung]

a) Ein Amt, das eine Mitteilung über die Schutzverweigerung übermittelt hat und das beschlossen hat, diese Schutzverweigerung teilweise oder ganz zurückzunehmen, kann anstelle einer Mitteilung über die Rücknahme der Schutzverweigerung nach Regel 18 Absatz 4 Buchstabe a dem Internationalen Büro eine Erklärung übersenden, dass für die Designs oder für einige der Designs, die in der betreffenden Vertragspartei Gegenstand der internationalen Eintragung sind, Schutz erteilt wird, mit der Maßgabe, dass es, sofern Regel 12 Absatz 3 Anwendung findet, vor der Schutzerteilung der Zahlung des zweiten Teilbetrags der individuellen Benennungsgebühr bedarf.

b) Die Erklärung muss Folgendes angeben:
   i) das erklärende Amt,
   ii) die Nummer der internationalen Eintragung,
   iii) falls sich die Erklärung nicht auf alle Designs bezieht, die Gegenstand der internationalen Eintragung sind, diejenigen, auf die sie sich bezieht oder nicht bezieht,
   iv) das Datum, an dem die Wirkung der internationalen Eintragung wie bei einer Schutzerteilung nach dem anzuwendenden Recht eintrat, und
   v) das Datum der Erklärung.

c) Wurde die internationale Eintragung in einem Verfahren vor dem Amt geändert, so muss die Erklärung auch alle Änderungen enthalten oder angeben.

(3) [Eintragung, Information des Inhabers und Übermittlung von Kopien] Das Internationale Büro trägt jede Erklärung, die es nach dieser Regel erhalten hat, im internationalen Register ein, informiert den Inhaber darüber und übermittelt, sofern die Erklärung in Form eines eigenen Schriftstücks übermittelt wurde oder wiedergegeben werden kann, dem Inhaber eine Kopie des Schriftstücks.

Regel 19. Nicht vorschriftsmäßige Schutzverweigerungen

(1) [Mitteilung, die nicht als solche betrachtet wird]

a) Eine Mitteilung über die Schutzverweigerung wird vom Internationalen Büro nicht als solche betrachtet und nicht im internationalen Register eingetragen,
   i) wenn sie die Nummer der betreffenden internationalen Eintragung nicht angibt, es sei denn, andere in der Mitteilung enthaltene Angaben erlauben die Identifizierung der Eintragung,

ii) wenn sie keine Gründe für die Schutzverweigerung nennt oder

iii) wenn sie dem Internationalen Büro nach Ablauf der nach Regel 18 Absatz 1 geltenden Frist zugesandt wird.

b) Findet Buchstabe a Anwendung, so übermittelt das Internationale Büro, sofern es die betreffende internationale Eintragung identifizieren kann, dem Inhaber eine Kopie der Mitteilung, informiert gleichzeitig den Inhaber und das mitteilende Amt davon, dass die Mitteilung über die Schutzverweigerung vom Internationalen Büro nicht als solche betrachtet wird und nicht im internationalen Register eingetragen worden ist, und gibt die Gründe hierfür an.

(2) [Nicht vorschriftsmäßige Mitteilung] [1]Falls die Mitteilung über die Schutzverweigerung

i) nicht im Namen des Amtes unterschrieben ist, das die Nachricht von der Schutzverweigerung übermittelt hat, oder nicht den nach Regel 2 aufgestellten Erfordernissen entspricht,

ii) gegebenenfalls nicht den Erfordernissen der Regel 18 Absatz 2 Buchstabe b Ziffer iv entspricht,

iii) gegebenenfalls nicht angibt, welche Behörde für einen Antrag auf Überprüfung oder eine Beschwerde zuständig ist und welches die unter den Umständen angemessene Frist zur Einreichung eines solchen Antrags oder einer solchen Beschwerde ist (Regel 18 Absatz 2 Buchstabe b Ziffer vi),

iv) nicht das Datum angibt, an dem die Schutzverweigerung ausgesprochen wurde (Regel 18 Absatz 2 Buchstabe b Ziffer vii),

so trägt das Internationale Büro dennoch die Schutzverweigerung im internationalen Register ein und übermittelt dem Inhaber eine Kopie der Mitteilung. [2]Auf Verlangen des Inhabers fordert das Internationale Büro das Amt, welches die Nachricht von der Schutzverweigerung übermittelt hat, auf, seine Mitteilung unverzüglich zu berichtigen.

Regel 20. Ungültigerklärung in benannten Vertragsparteien

(1) [Inhalt der Mitteilung über die Ungültigerklärung] [1]Werden die Wirkungen einer internationalen Eintragung in einer benannten Vertragspartei für ungültig erklärt und kann die Ungültigerklärung nicht mehr Gegenstand einer Überprüfung oder einer Beschwerde sein, so teilt das Amt der Vertragspartei, deren zuständige Behörde die Ungültigerklärung ausgesprochen hat, wenn es von der Ungültigerklärung Kenntnis hat, dies dem Internationalen Büro mit. [2]Die Mitteilung muss Folgendes angeben:

i) die Behörde, welche die Ungültigerklärung ausgesprochen hat,

ii) die Tatsache, dass gegen die Ungültigerklärung kein Rechtsbehelf mehr eingelegt werden kann,

iii) die Nummer der internationalen Eintragung,

iv) falls die Ungültigerklärung sich nicht auf alle Designs bezieht, die Gegenstand der internationalen Eintragung sind, diejenigen, auf die sie sich bezieht oder nicht bezieht,

v) den Tag, an dem die Ungültigerklärung ausgesprochen wurde, und den Tag des Wirksamwerdens der Erklärung.

(2) [Eintragung der Ungültigerklärung] Das Internationale Büro trägt die Ungültigerklärung zusammen mit den in der Mitteilung über die Ungültigerklärung enthaltenen Angaben im internationalen Register ein.

Kapitel 4. Änderungen und Berichtigungen

Regel 21. Eintragung einer Änderung

(1) [Einreichung des Antrags]

a) Ein Antrag auf Eintragung ist beim Internationalen Büro auf dem entsprechenden amtlichen Formblatt einzureichen, wenn sich der Antrag auf Folgendes bezieht:
   i) einen Wechsel des Inhabers der internationalen Eintragung in Bezug auf alle oder einige Designs, die Gegenstand der internationalen Eintragung sind;
   ii) eine Änderung des Namens oder der Anschrift des Inhabers;
   iii) einen Verzicht auf die internationale Eintragung in Bezug auf eine, mehrere oder alle benannten Vertragsparteien;
   iv) eine Einschränkung auf ein oder mehrere Designs, die Gegenstand der internationalen Eintragung sind, in Bezug auf eine, mehrere oder alle benannten Vertragsparteien.

b) Der Antrag ist vom Inhaber einzureichen und zu unterzeichnen; ein Antrag auf Eintragung eines Inhaberwechsels kann jedoch auch vom neuen Eigentümer eingereicht werden, sofern er
   i) vom Inhaber unterzeichnet ist oder
   ii) vom neuen Eigentümer unterzeichnet ist und eine Bestätigung der zuständigen Behörde der Vertragspartei des Inhabers beigefügt ist, der zufolge der neue Eigentümer der Rechtsnachfolger des Inhabers zu sein scheint.

(2) [Inhalt des Antrags] Der Antrag auf Eintragung einer Änderung muss neben der beantragten Änderung Folgendes enthalten oder angeben:

i) die Nummer der betreffenden internationalen Eintragung,
ii) den Namen des Inhabers, es sei denn, die Änderung bezieht sich auf den Namen oder die Anschrift des Vertreters,
iii) im Fall eines Wechsels des Inhabers der internationalen Eintragung den Namen und die Anschrift des neuen Eigentümers der internationalen Eintragung, angegeben nach den Verwaltungsvorschriften,
iv) im Fall eines Wechsels des Inhabers der internationalen Eintragung die Vertragspartei oder die Vertragsparteien, in Bezug auf die der neue Eigentümer die Voraussetzungen dafür erfüllt, Inhaber einer internationalen Eintragung zu sein,
v) im Fall eines Wechsels des Inhabers der internationalen Eintragung, die sich nicht auf alle Designs und alle Vertragsparteien bezieht, die Nummern der Designs und die benannten Vertragsparteien, auf die sich der Wechsel des Inhabers der internationalen Eintragung bezieht, und
vi) den Betrag der entrichteten Gebühren und die Zahlungsweise oder den Auftrag zur Abbuchung des erforderlichen Gebührenbetrags von einem beim Internationalen Büro eröffneten Konto sowie die Bezeichnung des Einzahlers oder des Auftraggebers.

(3) [Nicht zulässiger Antrag] Ein Wechsel des Inhabers einer internationalen Eintragung darf für eine benannte Vertragspartei nicht eingetragen werden, wenn diese Vertragspartei nicht durch eine Fassung gebunden ist, durch die eine nach Absatz 2 Ziffer iv angegebene Vertragspartei gebunden ist.

(4) [Nicht vorschriftsmäßiger Antrag] Erfüllt der Antrag nicht die geltenden Erfordernisse, so teilt das Internationale Büro dies dem Inhaber und, wenn der Antrag von einer Person eingereicht wurde, die angibt, der neue Eigentümer zu sein, dieser Person mit.

(5) [Frist für die Beseitigung des Mangels] [1]Der Mangel kann innerhalb von drei Monaten nach dem Tag beseitigt werden, an dem das Internationale Büro den Mangel mitgeteilt hat. [2]Wird der Mangel nicht innerhalb dieser drei Monate beseitigt, so gilt der Antrag als zurückgenommen; das Internationale Büro teilt dies gleichzeitig dem Inhaber und, falls der Antrag von einer Person eingereicht wurde, die angibt, der neue Eigentümer zu sein, dieser Person mit und erstattet die entrichteten Gebühren nach Abzug eines Betrags in Höhe der Hälfte der entsprechenden Gebühren.

(6) [Eintragung und Mitteilung einer Änderung]

a) Ist der Antrag vorschriftsgemäß, so trägt das Internationale Büro die Änderung umgehend im internationalen Register ein und informiert den Inhaber. Im Fall der Eintragung eines Inhaberwechsels informiert das Internationale Büro sowohl den neuen als auch den früheren Inhaber.

b) Die Änderung wird mit dem Datum eingetragen, an dem der die geltenden Erfordernisse erfüllende Antrag beim Internationalen Büro eingeht. Ist in dem Antrag jedoch angegeben, dass die Änderung nach einer weiteren Änderung oder nach einer Erneuerung der internationalen Eintragung eingetragen werden soll, so handelt das Internationale Büro entsprechend.

(7) [Eintragung eines teilweisen Inhaberwechsels] [1]Eine Abtretung oder sonstige Übertragung der internationalen Eintragung in Bezug auf nur einige der Designs oder nur einige der benannten Vertragsparteien wird im internationalen Register unter der Nummer der internationalen Eintragung eingetragen, die teilweise abgetreten oder auf andere Weise übertragen worden ist; jeder abgetretene oder auf andere Weise übertragene Teil wird unter der Nummer der genannten internationalen Eintragung gelöscht und als eigenständige internationale Eintragung eingetragen. [2]Die eigenständige internationale Eintragung erhält die Nummer der teilweise abgetretenen oder auf andere Weise übertragenen internationalen Eintragung, erweitert um einen Großbuchstaben.

(8) [Eintragung der Zusammenführung internationaler Eintragungen] [1]Wird eine Person infolge eines teilweisen Inhaberwechsels Inhaber mehrerer internationaler Eintragungen, so werden diese Eintragungen auf Antrag der genannten Person zusammengeführt und die Absätze 1 bis 6 finden sinngemäß Anwendung. [2]Die aus einer Zusammenführung hervorgegangene internationale Eintragung trägt die Nummer der teilweise abgetretenen oder auf andere Weise übertragenen internationalen Eintragung, gegebenenfalls erweitert um einen Großbuchstaben.

Regel 21bis. Erklärung, dass ein Inhaberwechsel keine Wirkung hat

(1) [Die Erklärung und ihre Wirkungen] [1]Das Amt einer benannten Vertragspartei kann erklären, dass ein im internationalen Register eingetragener

Inhaberwechsel in der genannten Vertragspartei keine Wirkung hat. [2]Diese Erklärung hat zur Folge, dass die betreffende internationale Eintragung für die genannte Vertragspartei weiterhin auf den Namen des Rechtsvorgängers lautet.

(2) [Inhalt der Erklärung] Die Erklärung nach Absatz 1 muss Folgendes angeben:

a) die Gründe, aus denen der Inhaberwechsel keine Wirkung hat,

b) die wesentlichen einschlägigen Gesetzesbestimmungen,

c) falls sich die Erklärung nicht auf alle Designs bezieht, die Gegenstand des Inhaberwechsels sind, diejenigen, auf die sie sich bezieht, und

d) ob diese Erklärung Gegenstand einer Überprüfung oder Beschwerde sein kann und, wenn dies der Fall ist, die unter den Umständen angemessene Frist zur Einreichung des Antrags auf Überprüfung der Erklärung oder der Beschwerde gegen die Erklärung sowie die für den Antrag auf Überprüfung oder die Beschwerde zuständige Behörde, gegebenenfalls mit dem Hinweis, dass der Antrag auf Überprüfung oder die Beschwerde über einen Vertreter einzureichen ist, der seine Anschrift im Gebiet der Vertragspartei hat, deren Amt die Erklärung ausgesprochen hat.

(3) [Frist für die Übersendung der Erklärung] Die Erklärung nach Absatz 1 ist dem Internationalen Büro innerhalb von sechs Monaten nach der Veröffentlichung des genannten Inhaberwechsels oder innerhalb der nach Artikel 12 Absatz 2 der Fassung von 1999[1)] oder Artikel 8 Absatz 1 der Fassung von 1960 geltenden Frist der Schutzverweigerung zu übersenden, je nachdem, welche Frist später abläuft.

(4) [Eintragung und Mitteilung der Erklärung; entsprechende Änderung des internationalen Registers] [1]Das Internationale Büro trägt jede nach Absatz 3 abgegebene Erklärung in das internationale Register ein und ändert das internationale Register, so dass der Teil der internationalen Eintragung, der Gegenstand dieser Erklärung war, als eigenständige internationale Eintragung auf den Namen des früheren Inhabers (Rechtsvorgänger) eingetragen wird. [2]Das Internationale Büro teilt dies dem früheren Inhaber (Rechtsvorgänger) und dem neuen Inhaber (Rechtsnachfolger) mit.

(5) [Rücknahme der Erklärung] [1]Eine Erklärung nach Absatz 3 kann ganz oder teilweise zurückgenommen werden. [2]Die Rücknahme der Erklärung wird dem Internationalen Büro mitgeteilt, das sie im internationalen Register einträgt. [3]Das Internationale Büro ändert das internationale Register entsprechend und teilt dies dem früheren Inhaber (Rechtsvorgänger) und dem neuen Inhaber (Rechtsnachfolger) mit.

Regel 22. Berichtigungen im internationalen Register

(1) [Berichtigung] Ist das Internationale Büro, das von Amts wegen oder auf Antrag des Inhabers tätig wird, der Auffassung, dass in Bezug auf eine internationale Eintragung ein Fehler im internationalen Register vorliegt, so ändert es das Register und informiert den Inhaber entsprechend.

(2) [Verweigerung der Wirkungen der Berichtigung] [1]Das Amt jeder benannten Vertragspartei hat das Recht, in einer an das Internationale Büro gerichteten Mitteilung zu erklären, dass es die Anerkennung der Wirkungen

---

[1)] Nr. **76**.

der Berichtigung verweigert. [2]Die Regeln 18 bis 19 finden sinngemäß Anwendung.

Kapitel 5. Erneuerungen

Regel 23. Offiziöser Hinweis auf den Schutzablauf

[1] Sechs Monate vor Ablauf des jeweiligen Zeitraums von fünf Jahren sendet das Internationale Büro dem Inhaber und gegebenenfalls dem Vertreter einen Hinweis auf den Tag des Ablaufs der internationalen Eintragung. [2] Die Tatsache, dass dieser Hinweis nicht eingegangen ist, stellt keine Entschuldigung für die Nichteinhaltung einer Frist nach Regel 24 dar.

Regel 24. Einzelheiten betreffend die Erneuerung

(1) [Gebühren]

a) Die internationale Eintragung wird gegen Entrichtung folgender Gebühren erneuert:

i) einer Grundgebühr;

ii) einer Standard-Benennungsgebühr für jede nach der Fassung von 1999[1)] benannte Vertragspartei, die keine Erklärung nach Artikel 7 Absatz 2 der Fassung von 1999 abgegeben hat und für welche die internationale Eintragung erneuert werden soll, sowie für jede nach der Fassung von 1960 benannte Vertragspartei, für welche die internationale Eintragung erneuert werden soll;

iii) einer individuellen Benennungsgebühr für jede nach der Fassung von 1999 benannte Vertragspartei, die eine Erklärung nach Artikel 7 Absatz 2 der Fassung von 1999 abgegeben hat und für welche die internationale Eintragung erneuert werden soll.

b) Der Betrag der unter Buchstabe a Ziffern i und ii bezeichneten Gebühren ergibt sich aus dem Gebührenverzeichnis.

c) Die Zahlung der unter Buchstabe a bezeichneten Gebühren muss spätestens an dem Tag erfolgen, an dem die Erneuerung der internationalen Eintragung vorzunehmen ist. Sie kann jedoch noch innerhalb von sechs Monaten nach diesem Tag erfolgen, sofern gleichzeitig die im Gebührenverzeichnis angegebene Zuschlagsgebühr entrichtet wird.

d) Geht eine Zahlung zum Zweck der Erneuerung beim Internationalen Büro mehr als drei Monate vor dem Tag ein, an dem die Erneuerung der internationalen Eintragung vorzunehmen ist, so gilt sie als drei Monate vor diesem Tag eingegangen.

(2) [Weitere Einzelheiten]

a) Möchte der Inhaber die internationale Eintragung

i) in Bezug auf eine benannte Vertragspartei oder

ii) in Bezug auf ein Design, das Gegenstand der internationalen Eintragung ist,

nicht erneuern, so ist bei der Zahlung der erforderlichen Gebühren eine Erklärung abzugeben, in der die Vertragspartei oder die Nummern der

---

[1)] Nr. **76**.

Designs angegeben werden, für welche die internationale Eintragung nicht erneuert werden soll.

b) Möchte der Inhaber die internationale Eintragung für eine benannte Vertragspartei ungeachtet der Tatsache erneuern, dass die maximale Schutzdauer für Designs in dieser Vertragspartei abgelaufen ist, so ist bei der Zahlung der erforderlichen Gebühren einschließlich der Standard-Benennungsgebühr beziehungsweise der individuellen Benennungsgebühr für diese Vertragspartei eine Erklärung abzugeben, die besagt, dass die Erneuerung der internationalen Eintragung für diese Vertragspartei im internationalen Register einzutragen ist.

c) Möchte der Inhaber die internationale Eintragung für eine benannte Vertragspartei ungeachtet der Tatsache erneuern, dass für diese Vertragspartei im internationalen Register eine Schutzverweigerung in Bezug auf alle betreffenden Designs eingetragen ist, so ist bei der Zahlung der erforderlichen Gebühren einschließlich der Standard-Benennungsgebühr beziehungsweise der individuellen Benennungsgebühr für diese Vertragspartei eine Erklärung abzugeben, die besagt, dass die Erneuerung der internationalen Eintragung für diese Vertragspartei im internationalen Register einzutragen ist.

d) Die internationale Eintragung kann nicht in Bezug auf eine benannte Vertragspartei erneuert werden, für die eine Ungültigerklärung nach Regel 20 in Bezug auf alle Designs oder ein Verzicht nach Regel 21 eingetragen worden ist. Die internationale Eintragung kann in Bezug auf eine benannte Vertragspartei nicht für die Designs erneuert werden, für die eine Ungültigerklärung in dieser Vertragspartei nach Regel 20 oder eine Einschränkung nach Regel 21 eingetragen worden ist.

(3) [Nicht ausreichende Gebührenzahlung]

a) Liegt der eingegangene Gebührenbetrag unter dem für die Erneuerung erforderlichen Betrag, so teilt das Internationale Büro dies umgehend dem Inhaber und gleichzeitig dem etwaigen Vertreter mit. In der Mitteilung wird der Fehlbetrag angegeben.

b) Liegt der eingegangene Gebührenbetrag bei Ablauf der in Absatz 1 Buchstabe c genannten Frist von sechs Monaten unter dem zur Erneuerung erforderlichen Betrag, so trägt das Internationale Büro die Erneuerung nicht ein, erstattet den eingegangenen Betrag zurück und teilt dies dem Inhaber und dem etwaigen Vertreter mit.

Regel 25. Eintragung der Erneuerung; Bescheinigung

(1) [Eintragung und Tag des Wirksamwerdens der Erneuerung] Die Erneuerung wird im internationalen Register mit dem Datum eingetragen, an dem sie vorzunehmen ist, und zwar auch dann, wenn die für die Erneuerung erforderlichen Gebühren innerhalb der in Regel 24 Absatz 1 Buchstabe c genannten Nachfrist entrichtet worden sind.

(2) [Bescheinigung] Das Internationale Büro übersendet dem Inhaber eine Erneuerungsbescheinigung.

Kapitel 6. Veröffentlichung

Regel 26. Veröffentlichung

(1) [Informationen über internationale Eintragungen] Das Internationale Büro veröffentlicht im Bulletin die maßgeblichen Daten über

i) internationale Eintragungen nach Regel 17;
ii) Schutzverweigerungen mit einem Hinweis, ob die Möglichkeit einer Überprüfung oder Beschwerde besteht, aber ohne Angabe der Gründe für die Schutzverweigerung, sowie andere nach den Regeln 18 Absatz 5 und 18bis Absatz 3 eingetragene Nachrichten;
iii) nach Regel 20 Absatz 2 eingetragene Ungültigerklärungen;
iv) nach Regel 21 eingetragene Inhaberwechsel und Zusammenführungen, Änderungen des Namens oder der Anschrift des Inhabers, Verzichtserklärungen und Einschränkungen;
v) nach Regel 22 vorgenommene Berichtigungen;
vi) nach Regel 25 Absatz 1 eingetragene Erneuerungen;
vii) nicht erneuerte internationale Eintragungen;
viii) nach Regel 12 Absatz 3 Buchstabe d eingetragene Löschungen;
ix) nach Regel 21bis eingetragene Erklärungen, dass ein Inhaberwechsel keine Wirkung hat, und Rücknahmen solcher Erklärungen.

(2) [Informationen über Erklärungen; weitere Informationen] Das Internationale Büro veröffentlicht auf der Website der Organisation alle nach der Fassung von 1999[1], der Fassung von 1960 oder dieser Ausführungsordnung von einer Vertragspartei abgegebenen Erklärungen sowie eine Aufstellung der Tage, an denen das Internationale Büro im laufenden und im folgenden Kalenderjahr für die Öffentlichkeit nicht geöffnet hat.

(3) [Art der Veröffentlichung des Bulletins] [1]Das Bulletin wird auf der Website der Organisation veröffentlicht. [2]Die Veröffentlichung jeder Ausgabe des Bulletins gilt als Ersatz für die Übersendung des Bulletins nach Artikel 10 Absatz 3 Buchstabe b und Artikel 16 Absatz 4 der Fassung von 1999 und Artikel 6 Absatz 3 Buchstabe b der Fassung von 1960, und im Sinne des Artikels 8 Absatz 2 der Fassung von 1960 gilt das Datum der Veröffentlichung jeder Ausgabe des Bulletins auf der Website der Organisation als der Zeitpunkt, an dem jedes betreffende Amt das Bulletin erhalten hat.

Kapitel 7. Gebühren

Regel 27. Gebührenbeträge und Zahlung der Gebühren

(1) [Gebührenbeträge] Die Beträge der nach den Fassungen von 1999[1] und 1960 sowie nach dieser Ausführungsordnung zu entrichtenden Gebühren mit Ausnahme der individuellen Benennungsgebühr nach Regel 12 Absatz 1 Buchstabe a Ziffer iii ergeben sich aus dem Gebührenverzeichnis, das im Anhang dieser Ausführungsordnung erscheint und Bestandteil derselben ist.

(2) [Zahlung]

---

[1] Nr. **76**.

a) Vorbehaltlich des Buchstabens b und der Regel 12 Absatz 3 Buchstabe c sind die Gebühren unmittelbar an das Internationale Büro zu entrichten.

b) Wird die internationale Anmeldung über das Amt der Vertragspartei des Anmelders eingereicht, so können die im Zusammenhang mit dieser Anmeldung zu entrichtenden Gebühren über dieses Amt gezahlt werden, wenn es die Einziehung und die Weiterleitung dieser Gebühren übernimmt und der Anmelder oder Inhaber dies wünscht. Ämter, welche die Einziehung und die Weiterleitung dieser Gebühren übernehmen, teilen dies dem Generaldirektor mit.

(3) [Zahlungsweise] Die Gebühren sind nach Maßgabe der Verwaltungsvorschriften an das Internationale Büro zu entrichten.

(4) [Angaben bei der Zahlung] Bei jeder Gebührenzahlung an das Internationale Büro ist Folgendes anzugeben:

i) vor der internationalen Eintragung der Name des Anmelders, das betreffende Design und der Zweck der Zahlung;

ii) nach der internationalen Eintragung der Name des Inhabers, die Nummer der betreffenden internationalen Eintragung und der Zweck der Zahlung.

(5) [Tag der Zahlung]

a) Vorbehaltlich der Regel 24 Absatz 1 Buchstabe d und des Buchstabens b des vorliegenden Absatzes gilt jede Gebühr als an dem Tag an das Internationale Büro gezahlt, an dem der erforderliche Betrag beim Internationalen Büro eingeht.

b) Ist der erforderliche Betrag auf einem beim Internationalen Büro bestehenden Konto verfügbar und hat dieses Büro vom Kontoinhaber den Auftrag zur Abbuchung des Betrags von diesem Konto erhalten, so gilt die Gebühr als an dem Tag an das Internationale Büro gezahlt, an dem eine internationale Anmeldung, ein Antrag auf Eintragung einer Änderung oder ein Auftrag zur Erneuerung einer internationalen Eintragung beim Internationalen Büro eingeht.

(6) [Änderung des Gebührenbetrags]

a) Wird eine internationale Anmeldung über das Amt der Vertragspartei des Anmelders eingereicht und ändert sich der für die Einreichung der internationalen Anmeldung zu entrichtende Gebührenbetrag in dem Zeitraum zwischen dem Tag, an dem die internationale Anmeldung bei diesem Amt eingeht, und dem Tag, an dem die internationale Anmeldung beim Internationalen Büro eingeht, so findet die an dem zuerst genannten Tag gültige Gebühr Anwendung.

b) Ändert sich der für die Erneuerung einer internationalen Eintragung zu entrichtende Gebührenbetrag in dem Zeitraum zwischen dem Tag der Zahlung und dem Tag, an dem die Erneuerung vorzunehmen ist, so findet die Gebühr Anwendung, die am Tag der Zahlung oder an dem Tag gültig war, der nach Regel 24 Absatz 1 Buchstabe d als Tag der Zahlung gilt. Erfolgt die Zahlung nach dem Tag, an dem die Erneuerung vorzunehmen ist, so findet die an diesem Tag gültige Gebühr Anwendung.

c) Ändert sich der Betrag anderer als der unter den Buchstaben a und b genannten Gebühren, so findet der am Tag des Eingangs der Gebühr beim Internationalen Büro gültige Betrag Anwendung.

Regel 28. Währung, in der die Zahlungen zu entrichten sind

(1) [Verpflichtung zur Zahlung in Schweizer Währung] Alle Zahlungen an das Internationale Büro aufgrund dieser Ausführungsordnung sind in Schweizer Währung zu leisten, unabhängig davon, ob im Fall der Gebührenzahlung über ein Amt die Gebühren von dem betreffenden Amt in einer anderen Währung eingezogen worden sind.

(2) [Festsetzung des Betrags der individuellen Benennungsgebühren in Schweizer Währung]

a) Erklärt eine Vertragspartei nach Artikel 7 Absatz 2 der Fassung von 1999[1] oder Regel 36 Absatz 1, dass sie eine individuelle Benennungsgebühr zu erhalten wünscht, so gibt sie dem Internationalen Büro den Gebührenbetrag in der von ihrem Amt verwendeten Währung an.

b) Wird die Gebühr in der unter Buchstabe a genannten Erklärung nicht in Schweizer Währung angegeben, so setzt der Generaldirektor nach Konsultierung des Amtes der betreffenden Vertragspartei den Gebührenbetrag in Schweizer Währung auf der Grundlage des amtlichen Wechselkurses der Vereinten Nationen fest.

c) Liegt der amtliche Wechselkurs der Vereinten Nationen zwischen der Schweizer Währung und der Währung, in der eine Vertragspartei den Betrag einer individuellen Benennungsgebühr angegeben hat, länger als drei Monate in Folge mindestens 5 % über oder unter dem letzten Wechselkurs, der bei der Festsetzung des Gebührenbetrags in Schweizer Währung zugrunde gelegt wurde, so kann das Amt dieser Vertragspartei den Generaldirektor ersuchen, auf der Grundlage des am Vortag des Ersuchens geltenden amtlichen Wechselkurses der Vereinten Nationen einen neuen Betrag dieser Gebühr in Schweizer Währung festzusetzen. Der Generaldirektor handelt entsprechend. Der neue Betrag gilt von einem vom Generaldirektor festgelegten Datum an, das zwischen einem und zwei Monaten nach dem Tag der Veröffentlichung dieses Betrags auf der Website der Organisation liegen muss.

d) Liegt der amtliche Wechselkurs der Vereinten Nationen zwischen der Schweizer Währung und der Währung, in der eine Vertragspartei den Betrag einer individuellen Benennungsgebühr angegeben hat, länger als drei Monate in Folge mindestens 10 % unter dem letzten Wechselkurs, der bei der Festsetzung des Gebührenbetrags in Schweizer Währung zugrunde gelegt wurde, so setzt der Generaldirektor auf der Grundlage des aktuellen amtlichen Wechselkurses der Vereinten Nationen einen neuen Betrag der Gebühr in Schweizer Währung fest. Der neue Betrag gilt von einem vom Generaldirektor festgelegten Datum an, das zwischen einem und zwei Monaten nach dem Tag der Veröffentlichung dieses Betrags auf der Website der Organisation liegen muss.

Regel 29. Gutschrift von Gebühren auf den Konten der betreffenden Vertragsparteien

Jede in Bezug auf eine Vertragspartei an das Internationale Büro entrichtete Standard-Benennungsgebühr oder individuelle Benennungsgebühr wird dem Konto dieser Vertragspartei beim Internationalen Büro im Laufe des Monats gutgeschrieben, der auf den Monat folgt, in dem die Registrierung der interna-

[1] Nr. **76**.

tionalen Eintragung oder die Erneuerung vorgenommen wurde, für die diese Gebühr entrichtet wurde; im Fall des zweiten Teilbetrags der individuellen Benennungsgebühr erfolgt die Gutschrift unmittelbar nach Eingang beim Internationalen Büro.

Kapitel 8. [Aufgehoben]

Regel 30, 31. [Aufgehoben]

Kapitel 9. Verschiedenes

Regel 32. Auszüge, Kopien und Auskünfte zu veröffentlichten internationalen Eintragungen

(1) [Bedingungen] Gegen Zahlung einer Gebühr, deren Betrag im Gebührenverzeichnis festgesetzt ist, kann jedermann vom Internationalen Büro zu internationalen Eintragungen Folgendes erhalten:

i) Auszüge aus dem internationalen Register;
ii) beglaubigte Kopien von Eintragungen, die im internationalen Register vorgenommen wurden, oder von Stücken der Akte zu der internationalen Eintragung;
iii) unbeglaubigte Kopien von Eintragungen, die im internationalen Register vorgenommen wurden, oder von Stücken der Akte zu der internationalen Eintragung;
iv) schriftliche Auskünfte über den Inhalt des internationalen Registers oder der Akte zu der internationalen Eintragung;
v) eine Fotografie eines Musterabschnitts.

(2) [Befreiung vom Erfordernis der Beurkundung, der Legalisation oder sonstiger Beglaubigungen] [1]Trägt ein in Absatz 1 Ziffern i und ii genanntes Schriftstück das Siegel des Internationalen Büros und die Unterschrift des Generaldirektors oder einer in seinem Namen handelnden Person, so kann eine Behörde einer Vertragspartei keine Beurkundung, Legalisation oder sonstige Beglaubigung dieses Schriftstücks, dieses Siegels oder dieser Unterschrift durch eine andere Person oder Behörde verlangen. [2]Dieser Absatz findet auf die in Regel 15 Absatz 1 genannte Bescheinigung über die internationale Eintragung sinngemäß Anwendung.

Regel 33. Änderung bestimmter Regeln

(1) [Erfordernis der Einstimmigkeit] Die Änderung der folgenden Bestimmungen dieser Ausführungsordnung setzt Einstimmigkeit der durch die Fassung von 1999[1)] gebundenen Vertragsparteien voraus:

i) Regel 13 Absatz 4;
ii) Regel 18 Absatz 1.

(2) [Erfordernis einer Mehrheit von vier Fünfteln] Die Änderung der folgenden Bestimmungen dieser Ausführungsordnung und des Absatzes 3 der vorliegenden Regel setzt eine Mehrheit von vier Fünfteln der durch die Fassung von 1999 gebundenen Vertragsparteien voraus:

i) Regel 7 Absatz 7;

[1)] Nr. **76**.

ii) Regel 9 Absatz 3 Buchstabe b;
iii) Regel 16 Absatz 1 Buchstabe a;
iv) Regel 17 Absatz 1 Ziffer iii.

(3) [Verfahren] Jeder Vorschlag zur Änderung einer der in Absatz 1 oder 2 genannten Bestimmungen ist allen Vertragsparteien mindestens zwei Monate vor Beginn der Tagung der Versammlung zu übersenden, auf der über den Vorschlag entschieden werden soll.

Regel 34. Verwaltungsvorschriften

(1) [Erlass von Verwaltungsvorschriften; in den Verwaltungsvorschriften geregelte Angelegenheiten]

a) Der Generaldirektor erlässt Verwaltungsvorschriften. Der Generaldirektor kann sie ändern. Der Generaldirektor konsultiert die Ämter der Vertragsparteien bezüglich der vorgeschlagenen Verwaltungsvorschriften oder ihrer vorgeschlagenen Änderungen.

b) Die Verwaltungsvorschriften regeln Angelegenheiten, hinsichtlich derer diese Ausführungsordnung ausdrücklich auf jene Vorschriften verweist, sowie Einzelheiten der Anwendung dieser Ausführungsordnung.

(2) [Kontrolle durch die Versammlung] Die Versammlung kann den Generaldirektor auffordern, Bestimmungen der Verwaltungsvorschriften zu ändern; der Generaldirektor handelt entsprechend.

(3) [Veröffentlichung und Inkrafttreten]

a) Die Verwaltungsvorschriften sowie alle Änderungen jener Vorschriften werden auf der Website der Organisation veröffentlicht.

b) Bei jeder Veröffentlichung wird der Zeitpunkt angegeben, an dem die veröffentlichten Bestimmungen in Kraft treten. Der Zeitpunkt muss nicht für alle Bestimmungen derselbe sein, jedoch kann keine Bestimmung vor ihrer Veröffentlichung auf der Website der Organisation in Kraft treten.

(4) [Kollision mit der Fassung von 1999[1)], der Fassung von 1960 oder dieser Ausführungsordnung] Im Fall einer Kollision zwischen einer Bestimmung der Verwaltungsvorschriften einerseits und einer Bestimmung der Fassung von 1999, der Fassung von 1960 oder dieser Ausführungsordnung andererseits hat letztere Vorrang.

Regel 35. Erklärungen der Vertragsparteien der Fassung von 1999

(1) [Abgabe und Wirksamwerden von Erklärungen] Artikel 30 Absätze 1 und 2 der Fassung von 1999[1)] findet sinngemäß auf die Abgabe von Erklärungen nach Regel 8 Absatz 1, Regel 9 Absatz 3 Buchstabe a, Regel 13 Absatz 4 oder Regel 18 Absatz 1 Buchstabe b und ihr Wirksamwerden Anwendung.

(2) [Rücknahme von Erklärungen] [1]Eine Erklärung nach Absatz 1 kann jederzeit durch Notifikation an den Generaldirektor zurückgenommen werden. [2]Die Rücknahme wird am Tag des Eingangs dieser Notifikation beim Generaldirektor oder zu einem späteren, in der Notifikation angegebenen Datum wirksam. [3]Im Fall einer Erklärung nach Regel 18 Absatz 1 Buchstabe b

---

[1)] Nr. **76**.

hat die Rücknahme keine Auswirkung auf internationale Eintragungen, deren Datum vor dem Wirksamwerden der Rücknahme liegt.

Regel 36. Erklärungen der Vertragsparteien der Fassung von 1960

(1) [Individuelle Benennungsgebühr] [1]Für die Zwecke des Artikels 15 Absatz 1 Ziffer 2 Buchstabe b der Fassung von 1960 kann jede Vertragspartei der Fassung von 1960, deren Amt ein prüfendes Amt ist, dem Generaldirektor in einer Erklärung mitteilen, dass bei jeder internationalen Anmeldung, in der sie nach der Fassung von 1960 benannt wird, anstelle der in Regel 12 Absatz 1 Buchstabe a Ziffer ii genannten Standard-Benennungsgebühr eine individuelle Benennungsgebühr zu entrichten ist; der Betrag dieser Gebühr wird in der Erklärung angegeben und kann in weiteren Erklärungen geändert werden. [2]Dieser Betrag darf nicht höher sein als der Gegenwert des Betrags, den das Amt der betreffenden Vertragspartei bei der Schutzerteilung für einen entsprechend langen Zeitraum und dieselbe Anzahl von Designs vom Anmelder zu erhalten berechtigt wäre, wobei letzterer Betrag um die Einsparungen verringert wird, die sich aus dem internationalen Verfahren ergeben.

(2) [Maximale Schutzdauer] Jede Vertragspartei der Fassung von 1960 teilt dem Generaldirektor in einer Erklärung die in ihrem Recht vorgesehene maximale Schutzdauer mit.

(3) [Zeitpunkt, zu dem die Erklärungen abgegeben werden können] Eine Erklärung nach den Absätzen 1 und 2 kann abgegeben werden

i) zum Zeitpunkt der Hinterlegung einer in Artikel 26 Absatz 2 der Fassung von 1960 genannten Urkunde; in diesem Fall wird die Erklärung an dem Tag wirksam, von dem an der Staat, der sie abgegeben hat, durch die vorliegende Fassung gebunden ist; oder

ii) nach der Hinterlegung einer in Artikel 26 Absatz 2 der Fassung von 1960 genannten Urkunde; in diesem Fall wird die Erklärung einen Monat nach dem Tag ihres Eingangs beim Generaldirektor oder zu einem späteren, in ihr angegebenen Zeitpunkt wirksam, findet jedoch nur auf internationale Eintragungen Anwendung, deren Datum mit dem Tag des Wirksamwerdens der Erklärung zusammenfällt oder danach liegt.

Regel 37. Übergangsbestimmungen

(1) [Übergangsbestimmung zur Fassung von 1934]

a) Im Sinne dieser Bestimmung

i) bedeutet „Fassung von 1934" die am 2. Juni 1934 in London unterzeichnete Fassung des Haager Abkommens;

ii) bedeutet „nach der Fassung von 1934 benannte Vertragspartei" eine als solche in das internationale Register eingetragene Vertragspartei;

iii) gilt eine Bezugnahme auf „internationale Anmeldung" oder „internationale Eintragung" gegebenenfalls zugleich als Bezugnahme auf „internationale Hinterlegung" nach der Fassung von 1934.

b) Die Gemeinsame Ausführungsordnung zu den Fassungen des Haager Abkommens von 1999, 1960 und 1934 in der vor dem 1. Januar 2010 geltenden Fassung gilt weiterhin für eine internationale Anmeldung, die vor diesem Tag eingereicht wurde und an diesem Tag noch anhängig ist, sowie in Bezug auf eine Vertragspartei, die nach der Fassung von 1934 in einer internationalen Eintragung benannt wurde, die sich aus einer vor diesem Tag eingereichten internationalen Anmeldung ergibt.

(2) [Übergangsbestimmung zu den Sprachen] Regel 6 in der vor dem 1. April 2010 geltenden Fassung gilt weiterhin für eine vor diesem Tag eingereichte internationale Anmeldung und die sich aus ihr ergebende internationale Eintragung.

Gebührenverzeichnis
(in der ab 1. Januar 2015 geltenden Fassung)

I. Internationale Anmeldungen

	Schweizer Franken
1. Grundgebühr[1]	
1.1 Für ein Design	397
1.2 Für jedes weitere Design, das in derselben internationalen Anmeldung enthalten ist	19
2. Veröffentlichungsgebühr[1]	
2.1 Für jede zu veröffentlichende Wiedergabe	17
2.2 Für jede Seite ab der zweiten Seite, auf der sich eine oder mehrere Wiedergaben befinden (bei Einreichung der Wiedergaben in Papierform)	150
3. Zusatzgebühr für das 101. und jedes weitere Wort, wenn die Beschreibung mehr als 100 Wörter umfasst[1]	2
4. Standard-Benennungsgebühr[2]	
4.1 Wenn Stufe eins Anwendung findet:	
4.1.1 Für ein Design	42
4.1.2 Für jedes weitere Design, das in derselben internationalen Anmeldung enthalten ist	2
4.2 Wenn Stufe zwei Anwendung findet:	

[1] **Amtl. Anm.:** Bei internationalen Anmeldungen, die von Anmeldern eingereicht werden, deren Berechtigung ausschließlich auf einer Verbindung zu einem der am wenigsten entwickelten Länder nach der von den Vereinten Nationen aufgestellten Liste oder zu einer zwischenstaatlichen Organisation, deren Mitgliedstaaten mehrheitlich am wenigsten entwickelte Länder sind, beruht, ermäßigen sich die für das Internationale Büro bestimmten Gebühren auf 10 % der vorgeschriebenen Beträge (gerundet auf die nächste ganze Zahl). Die Ermäßigung findet auch Anwendung auf eine internationale Anmeldung, die von einem Anmelder eingereicht wird, dessen Berechtigung nicht ausschließlich auf einer Verbindung zu einer solchen zwischenstaatlichen Organisation beruht, vorausgesetzt, dass jede sonstige Berechtigung des Anmelders auf einer Verbindung zu einer Vertragspartei beruht, die eines der am wenigsten entwickelten Länder ist oder die, wenn sie nicht eines der am wenigsten entwickelten Länder ist, ein Mitgliedstaat dieser zwischenstaatlichen Organisation ist, und für die internationale Anmeldung ausschließlich die Fassung von 1999 maßgebend ist. Handelt es sich um mehrere Anmelder, so muss jeder diese Kriterien erfüllen.
Findet eine solche Gebührenermäßigung Anwendung, so beträgt die Grundgebühr 40 Schweizer Franken (für ein Design) und 2 Schweizer Franken (für jedes weitere Design, das in derselben internationalen Anmeldung enthalten ist), die Veröffentlichungsgebühr 2 Schweizer Franken für jede Wiedergabe und 15 Schweizer Franken für jede Seite ab der zweiten Seite, auf der sich eine oder mehrere Wiedergaben befinden, und die Zusatzgebühr 1 Schweizer Franken für jede Gruppe von 5 weiteren Wörtern, wenn die Beschreibung mehr als 100 Wörter umfasst.

[2] **Amtl. Anm.:** Bei internationalen Anmeldungen, die von Anmeldern eingereicht werden, deren Berechtigung ausschließlich auf einer Verbindung zu einem der am wenigsten entwickelten Länder nach der von den Vereinten Nationen aufgestellten Liste oder zu einer zwischenstaatlichen Organisation, deren Mitgliedstaaten mehrheitlich am wenigsten entwickelte Länder sind, beruht, ermäßigen sich die Standardgebühren auf 10 % der vorgeschriebenen Beträge (gerundet auf die nächste ganze Zahl). Die Ermäßigung findet auch Anwendung auf eine internationale Anmeldung, die von einem Anmelder eingereicht wird, dessen Berechtigung nicht ausschließlich auf einer Verbindung zu einer solchen zwischenstaatlichen Organisation beruht, vorausgesetzt, dass jede sonstige Berechtigung des Anmelders auf einer Verbindung zu einer Vertragspartei beruht, die eines der am wenigsten entwickelten Länder ist oder die, wenn sie nicht eines der am wenigsten entwickelten Länder ist, ein Mitgliedstaat dieser zwischenstaatlichen Organisation ist, und für die internationale Anmeldung ausschließlich die Fassung von 1999 maßgebend ist. Handelt es sich um mehrere Anmelder, so muss jeder diese Kriterien erfüllen.
Findet eine solche Ermäßigung Anwendung, so beträgt die Standard-Benennungsgebühr 4 Schweizer Franken (für ein Design) und 1 Schweizer Franken (für jedes weitere Design, das in derselben internationalen Anmeldung enthalten ist) bei Stufe eins, 6 Schweizer Franken (für ein Design) und 2 Schweizer Franken (für jedes weitere Design, das in derselben internationalen Anmeldung enthalten ist) bei Stufe zwei und 9 Schweizer Franken (für ein Design) und 5 Schweizer Franken (für jedes weitere Design, das in derselben internationalen Anmeldung enthalten ist) bei Stufe drei.

		Schweizer Franken
4.2.1	Für ein Design	60
4.2.2	Für jedes weitere Design, das in derselben internationalen Anmeldung enthalten ist	20
4.3	Wenn Stufe drei Anwendung findet:	
4.3.1	Für ein Design	90
4.3.2	Für jedes weitere Design, das in derselben internationalen Anmeldung enthalten ist	50
5.	Individuelle Benennungsgebühr (der Betrag der individuellen Benennungsgebühr wird von jeder betreffenden Vertragspartei festgesetzt)[1]	

II. [Aufgehoben]

6. [Aufgehoben]

III. Erneuerung einer internationalen Eintragung, die sich aus einer internationalen Anmeldung ergibt, für die ausschließlich oder teilweise die Fassung von 1960 oder die Fassung von 1999 maßgebend ist

		Schweizer Franken
7.	Grundgebühr	
7.1	Für ein Design	200
7.2	Für jedes weitere Design, das in derselben internationalen Eintragung enthalten ist	17
8.	Standard-Benennungsgebühr	
8.1	Für ein Design	21
8.2	Für jedes weitere Design, das in derselben internationalen Eintragung enthalten ist	1
9.	Individuelle Benennungsgebühr (der Betrag der individuellen Benennungsgebühr wird von jeder betreffenden Vertragspartei festgesetzt)	
10.	Zuschlagsgebühr (Nachfrist)	[2]

IV. [Aufgehoben]

11. [Aufgehoben]
12. [Aufgehoben]

V. Verschiedene Eintragungen

		Schweizer Franken
13.	Inhaberwechsel	144

---

[1] **Amtl. Anm.:** [Anmerkung der WIPO]: Von der Versammlung des Haager Verbands beschlossene Empfehlung:
„Vertragsparteien, die eine Erklärung nach Artikel 7 Absatz 2 der Fassung von 1999 oder nach Regel 36 Absatz 1 der Gemeinsamen Ausführungsordnung abgeben oder abgegeben haben, sind aufgefordert, in dieser Erklärung oder einer neuen Erklärung darauf hinzuweisen, dass sich bei internationalen Anmeldungen, die von Anmeldern eingereicht werden, deren Berechtigung ausschließlich auf einer Verbindung zu einem der am wenigsten entwickelten Länder nach der von den Vereinten Nationen aufgestellten Liste oder zu einer zwischenstaatlichen Organisation, deren Mitgliedstaaten mehrheitlich am wenigsten entwickelte Länder sind, beruht, die für ihre Benennung zu zahlende individuelle Benennungsgebühr auf 10 % des normalerweise eingezogenen Betrags ermäßigt (gegebenenfalls gerundet auf die nächste ganze Zahl). Des Weiteren sind diese Vertragsparteien aufgefordert, darauf hinzuweisen, dass die Ermäßigung auch Anwendung findet auf eine internationale Anmeldung, die von einem Anmelder eingereicht wird, dessen Berechtigung nicht ausschließlich auf einer Verbindung zu einer solchen zwischenstaatlichen Organisation beruht, vorausgesetzt, dass jede sonstige Berechtigung des Anmelders auf einer Verbindung zu einer Vertragspartei beruht, die eines der am wenigsten entwickelten Länder ist oder die, wenn sie nicht eines der am wenigsten entwickelten Länder ist, ein Mitgliedstaat dieser zwischenstaatlichen Organisation ist, und für die Anmeldung ausschließlich die Fassung von 1999 maßgebend ist."

[2] **Amtl. Anm.:** 50 % der Grundgebühr für die Verlängerung

		Schweizer Franken
14.	Änderung des Namens und/oder der Anschrift des Inhabers	
14.1	Für eine internationale Eintragung	144
14.2	Für jede weitere internationale Eintragung desselben Inhabers, die in demselben Antrag enthalten ist	72
15.	Verzicht	144
16.	Einschränkung	144

VI. Informationen über veröffentlichte internationale Eintragungen

		Schweizer Franken
17.	Lieferung eines Auszugs aus dem internationalen Register zu einer veröffentlichten internationalen Eintragung	144
18.	Lieferung unbeglaubigter Kopien des internationalen Registers oder von Stücken der Akte zu einer veröffentlichten internationalen Eintragung	
18.1	Für die ersten fünf Seiten	26
18.2	Für die sechste und jede weitere Seite, wenn die Kopien gleichzeitig angefordert werden und sich auf dieselbe internationale Eintragung beziehen	2
19.	Lieferung beglaubigter Kopien des internationalen Registers oder von Stücken der Akte zu einer veröffentlichten internationalen Eintragung	
19.1	Für die ersten fünf Seiten	46
19.2	Für die sechste und jede weitere Seite, wenn die Kopien gleichzeitig angefordert werden und sich auf dieselbe internationale Eintragung beziehen	2
20.	Lieferung einer Fotografie eines Musterabschnitts	57
21.	Lieferung einer schriftlichen Auskunft über den Inhalt des internationalen Registers oder der Akte zu einer veröffentlichten internationalen Eintragung	
21.1	Zu einer internationalen Eintragung	82
21.2	Zu jeder weiteren internationalen Eintragung desselben Inhabers, wenn jeweils dieselbe Auskunft gleichzeitig angefordert wird	10
22.	Recherche im Verzeichnis der Inhaber internationaler Eintragungen	
22.1	Pro Namensrecherche nach einer bestimmten natürlichen oder juristischen Person	82
22.2	Für die zweite und jede weitere festgestellte internationale Eintragung	10
23.	Zuschlagsgebühr für die Fax-Übermittlung von Auszügen, Kopien, Auskünften oder Rechercheberichten (pro Seite)	4

VII. Vom Internationalen Büro erbrachte Dienstleistungen

24. Das Internationale Büro ist befugt, für nicht in diesem Gebührenverzeichnis erfasste Dienstleistungen eine Gebühr einzuziehen, deren Betrag es selbst festsetzt.

78. Stockholmer Ergänzungsvereinbarung vom 14. Juli 1967 zum Haager Abkommen über die internationale Hinterlegung gewerblicher Muster und Modelle

Vom 6. November 1925
revidiert in London am 2. Juni 1934 und im Haag am 25. November 1960 und ergänzt durch die Zusatzvereinbarung von Monaco vom 18. November 1961
(BGBl. II 1970 S. 448)

geänd. durch Nr. 5 der Bekanntmachung von Änderungen völkerrechtlicher Übereinkünfte auf dem Gebiet des geistigen Eigentums v. 20.8.1984 (BGBl. II S. 799)

Art. 1 Begriffsbestimmungen.
Im Sinn dieser Ergänzungsvereinbarung bedeutet:
„Fassung von 1934" die am 2. Juni 1934 in London unterzeichnete Fassung des Haager Abkommens über die internationale Hinterlegung gewerblicher Muster und Modelle;
„Fassung von 1960" die am 28. November 1960 im Haag unterzeichnete Fassung des Haager Abkommens über die internationale Hinterlegung gewerblicher Muster und Modelle;
„Zusatzvereinbarung von 1961" die am 18. November 1961 in Monaco unterzeichnete Zusatzvereinbarung zu der Fassung von 1934;
„Organisation" die Weltorganisation für geistiges Eigentum;
„Internationales Büro" das Internationale Büro für geistiges Eigentum;
„Generaldirektor" der Generaldirektor der Organisation;
„Besonderer Verband" der durch das Haager Abkommen vom 6. November 1925 über die internationale Hinterlegung gewerblicher Muster und Modelle errichtete und durch die Fassungen von 1934 und 1960 sowie durch die Zusatzvereinbarung von 1961 und diese Ergänzungsvereinbarung aufrechterhaltene Haager Verband.

Art. 2 Versammlung. (1)

a) Der besondere Verband hat eine Versammlung, die sich aus den Ländern zusammensetzt, die diese Ergänzungsvereinbarung ratifiziert haben oder ihr beigetreten sind.
b) Die Regierung jedes Landes wird durch einen Delegierten vertreten, der von Stellvertretern, Beratern und Sachverständigen unterstützt werden kann.
c) Die Kosten jeder Delegation werden von der Regierung getragen, die sie entsandt hat.

(2)

a) Die Versammlung
   i) behandelt alle Fragen betreffend die Erhaltung und die Entwicklung des besonderen Verbandes sowie die Anwendung seines Abkommens;
   ii) erteilt dem Internationalen Büro Weisungen für die Vorbereitung der Revisionskonferenzen unter gebührender Berücksichtigung der Stellungnahmen der Länder des besonderen Verbandes, die diese Ergänzungsvereinbarung weder ratifiziert haben noch ihr beigetreten sind;

iii) ändert die Ausführungsordnung[1] und setzt die Höhe der Gebühren für die internationale Hinterlegung gewerblicher Muster und Modelle fest;

iv) prüft und billigt die Berichte und die Tätigkeit des Generaldirektors betreffend den besonderen Verband und erteilt ihm alle zweckdienlichen Weisungen in Fragen, die in die Zuständigkeit des besonderen Verbandes fallen;

v) legt das Programm fest, beschließt den Zweijahres-Haushaltsplan des besonderen Verbandes und billigt seine Rechnungsabschlüsse;

vi) beschließt die Finanzvorschriften des besonderen Verbandes;

vii) bildet die Sachverständigenausschüsse und Arbeitsgruppen, die sie zur Verwirklichung der Ziele des besonderen Verbandes für zweckdienlich hält;

viii) bestimmt, welche Nichtmitgliedländer des besonderen Verbandes, welche zwischenstaatlichen und welche internationalen nichtstaatlichen Organisationen zu ihren Sitzungen als Beobachter zugelassen werden;

ix) beschließt Änderungen der Artikel 2 bis 5;

x) nimmt jede andere Handlung vor, die zur Erreichung der Ziele des besonderen Verbandes geeignet ist;

xi) nimmt alle anderen Aufgaben wahr, die sich aus dieser Ergänzungsvereinbarung ergeben.

b) Über Fragen, die auch für andere von der Organisation verwaltete Verbände von Interesse sind, entscheidet die Versammlung nach Anhörung des Koordinierungsausschusses der Organisation.

(3)

a) Jedes Mitgliedland der Versammlung verfügt über eine Stimme.

b) Die Hälfte der Mitgliedländer der Versammlung bildet das Quorum (die für die Beschlußfähigkeit erforderliche Mindestzahl).

c) Ungeachtet des Buchstaben b kann die Versammlung Beschlüsse fassen, wenn während einer Tagung die Zahl der vertretenen Länder zwar weniger als die Hälfte, aber mindestens ein Drittel der Mitgliedländer der Versammlung beträgt; jedoch werden diese Beschlüsse mit Ausnahme der Beschlüsse über das Verfahren der Versammlung nur dann wirksam, wenn die folgenden Bedingungen erfüllt sind: Das Internationale Büro teilt diese Beschlüsse den Mitgliedländern der Versammlung mit, die nicht vertreten waren, und lädt sie ein, innerhalb einer Frist von drei Monaten vom Zeitpunkt der Mitteilung an schriftlich ihre Stimme oder Stimmenthaltung bekanntzugeben. Entspricht nach Ablauf der Frist die Zahl der Länder, die auf diese Weise ihre Stimme oder Stimmenthaltung bekanntgegeben haben, mindestens der Zahl der Länder, die für die Erreichung des Quorums während der Tagung gefehlt hatte, so werden die Beschlüsse wirksam, sofern gleichzeitig die erforderliche Mehrheit noch vorhanden ist.

d) Vorbehaltlich des Artikels 5 Absatz 2 faßt die Versammlung ihre Beschlüsse mit einer Mehrheit von zwei Dritteln der abgegebenen Stimmen.

e) Stimmenthaltung gilt nicht als Stimmabgabe.

f) Ein Delegierter kann nur ein Land vertreten und nur in dessen Namen abstimmen.

---

[1] Nr. 77.

g) Die Länder des besonderen Verbandes, die nicht Mitglied der Versammlung sind, werden zu den Sitzungen der Versammlung als Beobachter zugelassen.

(4)

a) Die Versammlung tritt nach Einberufung durch den Generaldirektor alle zwei Jahre einmal zu einer ordentlichen Tagung zusammen, und zwar, abgesehen von außergewöhnlichen Fällen, zu derselben Zeit und an demselben Ort wie die Generalversammlung der Organisation.

b) Die Versammlung tritt nach Einberufung durch den Generaldirektor zu einer außerordentlichen Tagung zusammen, wenn ein Viertel der Mitgliedländer der Versammlung es verlangt.

c) Die Tagesordnung jeder Tagung wird vom Generaldirektor vorbereitet.

(5) Die Versammlung gibt sich eine Geschäftsordnung.

Art. 3 Internationales Büro. (1)

a) Die Aufgaben hinsichtlich der internationalen Hinterlegung gewerblicher Muster und Modelle sowie die anderen Verwaltungsaufgaben des besonderen Verbandes werden vom Internationalen Büro wahrgenommen.

b) Das Internationale Büro bereitet insbesondere die Sitzungen der Versammlung sowie der etwa von ihr gebildeten Sachverständigenausschüsse und Arbeitsgruppen vor und besorgt das Sekretariat dieser Organe.

c) Der Generaldirektor ist der höchste Beamte des besonderen Verbandes und vertritt diesen Verband.

(2) [1] Der Generaldirektor und die von ihm bestimmten Mitglieder des Personals nehmen ohne Stimmrecht an allen Sitzungen der Versammlung und aller etwa von ihr gebildeten Sachverständigenausschüsse oder Arbeitsgruppen teil. [2] Der Generaldirektor oder ein von ihm bestimmtes Mitglied des Personals ist von Amts wegen Sekretär dieser Organe.

(3)

a) Das Internationale Büro bereitet nach den Weisungen der Versammlung die Konferenzen zur Revision der Bestimmungen des Abkommens vor.

b) Das Internationale Büro kann bei der Vorbereitung von Revisionskonferenzen zwischenstaatliche sowie internationale nichtstaatliche Organisationen konsultieren.

c) Der Generaldirektor und die von ihm bestimmten Personen nehmen ohne Stimmrecht an den Beratungen dieser Konferenzen teil.

(4) Das Internationale Büro nimmt alle anderen Aufgaben wahr, die ihm übertragen werden.

Art. 4 Finanzen. (1)

a) Der besondere Verband hat einen Haushaltsplan.

b) Der Haushaltsplan des besonderen Verbandes umfaßt die eigenen Einnahmen und Ausgaben des besonderen Verbandes, dessen Beitrag zum Haushaltsplan der gemeinsamen Ausgaben der Verbände sowie gegebenenfalls den dem Haushaltsplan der Konferenz der Organisation zur Verfügung gestellten Betrag.

c) Als gemeinsame Ausgaben der Verbände gelten die Ausgaben, die nicht ausschließlich dem besonderen Verband, sondern auch einem oder mehreren anderen von der Organisation verwalteten Verbänden zuzurechnen sind. Der Anteil des besonderen Verbandes an diesen gemeinsamen Ausgaben entspricht dem Interesse, das der besondere Verband an ihnen hat.

(2) Der Haushaltsplan des besonderen Verbandes wird unter Berücksichtigung der Notwendigkeit seiner Abstimmung mit den Haushaltsplänen der anderen von der Organisation verwalteten Verbände aufgestellt.

(3) Der Haushaltsplan des besonderen Verbandes umfaßt folgende Einnahmen:

i) Gebühren für die internationale Hinterlegung sowie Gebühren und Beträge für andere Dienstleistungen des Internationalen Büros im Rahmen des besonderen Verbandes;

ii) Verkaufserlöse und andere Einkünfte aus Veröffentlichungen des Internationalen Büros, die den besonderen Verband betreffen;

iii) Schenkungen, Vermächtnisse und Zuwendungen;

iv) Mieten, Zinsen und andere verschiedene Einkünfte.

(4)

a) Die Höhe der in Absatz 3 Ziffer i genannten Gebühren wird von der Versammlung auf Vorschlag des Generaldirektors festgesetzt.

b) Diese Höhe wird in der Weise festgesetzt, daß die Einnahmen des besonderen Verbandes aus den Gebühren und den anderen Einkünften mindestens zur Deckung der Ausgaben des Internationalen Büros für den besonderen Verband ausreichen.

c) Wird der Haushaltsplan nicht vor Beginn eines neuen Rechnungsjahres beschlossen, so wird der Haushaltsplan des Vorjahres nach Maßgabe der Finanzvorschriften übernommen.

(5) Vorbehaltlich des Absatzes 4 Buchstabe a wird die Höhe der Gebühren und Beträge für andere Dienstleistungen des Internationalen Büros im Rahmen des besonderen Verbandes vom Generaldirektor festgesetzt, der der Versammlung darüber berichtet.

(6)

a) Der besondere Verband hat einen Betriebsmittelfonds, der durch die Einnahmenüberschüsse und, wenn diese Einnahmenüberschüsse nicht genügen, durch eine einmalige Zahlung jedes Landes des besonderen Verbandes gebildet wird. Reicht der Fonds nicht mehr aus, so beschließt die Versammlung seine Erhöhung.

b) Die Höhe der erstmaligen Zahlung jedes Landes zu diesem Fonds oder sein Anteil an dessen Erhöhung ist proportional zu dem Beitrag, den dieses Land als Mitglied der Pariser Verbandsübereinkunft zum Schutz des gewerblichen Eigentums[1)] zum Haushaltsplan dieses Verbandes für das Jahr leistet, in dem der Fonds gebildet oder die Erhöhung beschlossen wird.

c) Dieses Verhältnis und die Zahlungsbedingungen werden von der Versammlung auf Vorschlag des Generaldirektors und nach Äußerung des Koordinierungsausschusses der Organisation festgesetzt.

[1)] Nr. **60**.

(7)

a) Das Abkommen über den Sitz, das mit dem Land geschlossen wird, in dessen Hoheitsgebiet die Organisation ihren Sitz hat, sieht vor, daß dieses Land Vorschüsse gewährt, wenn der Betriebsmittelfonds nicht ausreicht. Die Höhe dieser Vorschüsse und die Bedingungen, unter denen sie gewährt werden, sind in jedem Fall Gegenstand besonderer Vereinbarungen zwischen diesem Land und der Organisation.

b) Das unter Buchstabe a bezeichnete Land und die Organisation sind berechtigt, die Verpflichtung zur Gewährung von Vorschüssen durch schriftliche Notifikation zu kündigen. Die Kündigung wird drei Jahre nach Ablauf des Jahres wirksam, in dem sie notifiziert worden ist.

(8) Die Rechnungsprüfung wird nach Maßgabe der Finanzvorschriften von einem oder mehreren Ländern des besonderen Verbandes oder von außenstehenden Rechnungsprüfern vorgenommen, die mit ihrer Zustimmung von der Versammlung bestimmt werden.

Art. 5 Änderungen der Artikel 2 bis 5. (1) [1] Vorschläge zur Änderung dieser Ergänzungsvereinbarung können von jedem Mitgliedland der Versammlung oder vom Generaldirektor vorgelegt werden. [2] Diese Vorschläge werden vom Generaldirektor mindestens sechs Monate, bevor sie in der Versammlung beraten werden, den Mitgliedländern der Versammlung mitgeteilt.

(2) [1] Jede Änderung gemäß Absatz 1 wird von der Versammlung beschlossen. [2] Der Beschluß erfordert drei Viertel der abgegebenen Stimmen; jede Änderung des Artikels 2 und dieses Absatzes erfordert jedoch vier Fünftel der abgegebenen Stimmen.

(3) [1] Jede Änderung gemäß Absatz 1 tritt einen Monat nach dem Zeitpunkt in Kraft, zu dem die schriftlichen Notifikationen der verfassungsmäßig zustandegekommenen Annahme des Änderungsvorschlags von drei Vierteln der Länder, die im Zeitpunkt der Beschlußfassung über die Änderung Mitglied der Versammlung waren, beim Generaldirektor eingegangen sind. [2] Jede auf diese Weise angenommene Änderung bindet alle Länder, die im Zeitpunkt des Inkrafttretens der Änderung Mitglied der Versammlung sind oder später Mitglied werden.

Art. 6 Änderungen der Fassung von 1934 und der Zusatzvereinbarung von 1961. *(hier nicht wiedergegeben)*

Art. 7 Änderungen der Fassung von 1960. *(hier nicht wiedergegeben)*

Art. 8 Ratifikation dieser Ergänzungsvereinbarung; Beitritt zu dieser Vereinbarung. (1)

a) Die Länder, die vor dem 13. Januar 1968 die Fassung von 1934 oder die Fassung von 1960 ratifiziert haben, sowie die Länder, die mindestens einer dieser Fassungen beigetreten sind, können diese Ergänzungsvereinbarung unterzeichnen und ratifizieren oder ihr beitreten.

b) Die Ratifikation dieser Ergänzungsvereinbarung oder der Beitritt zu dieser Vereinbarung durch ein Land, das durch die Fassung von 1934 gebunden ist, ohne auch durch die Zusatzvereinbarung von 1961 gebunden zu sein, bewirkt automatisch die Ratifikation der Zusatzvereinbarung von 1961 oder den Beitritt zu dieser Zusatzvereinbarung.

(2) Die Ratifikations- und Beitrittsurkunden werden beim Generaldirektor hinterlegt.

Art. 9 Inkrafttreten dieser Ergänzungsvereinbarung. (1) Für die ersten fünf Länder, die ihre Ratifikations- oder Beitrittsurkunden hinterlegt haben, tritt diese Ergänzungsvereinbarung drei Monate nach Hinterlegung der fünften Ratifikations- oder Beitrittsurkunde in Kraft.

(2) [1] Für jedes andere Land tritt diese Ergänzungsvereinbarung drei Monate nach dem Zeitpunkt der Notifizierung seiner Ratifikation oder seines Beitritts durch den Generaldirektor in Kraft, sofern in der Ratifikations- oder Beitrittsurkunde nicht ein späterer Zeitpunkt angegeben ist. [2] In diesem Fall tritt diese Vereinbarung für dieses Land zu dem angegebenen Zeitpunkt in Kraft.

Art. 10 Automatische Annahme einzelner Bestimmungen durch bestimmte Länder. (1) Vorbehaltlich des Artikels 8 und des folgenden Absatzes ist jedes Land, das die Fassung von 1934 weder ratifiziert hat noch ihr beigetreten ist, durch die Zusatzvereinbarung von 1961 und durch die Artikel 1 bis 6 dieser Ergänzungsvereinbarung von dem Zeitpunkt an gebunden, zu dem sein Beitritt zu der Fassung von 1934 wirksam wird; ist jedoch zu diesem Zeitpunkt diese Ergänzungsvereinbarung noch nicht gemäß Artikel 9 Absatz 1 in Kraft getreten, so ist dieses Land durch die genannten Artikel dieser Ergänzungsvereinbarung erst vom Inkrafttreten dieser Vereinbarung gemäß Artikel 9 Absatz 1 an gebunden.

(2) Vorbehaltlich des Artikels 8 und des vorhergehenden Absatzes ist jedes Land, das die Fassung von 1960 weder ratifiziert hat noch ihr beigetreten ist, durch die Artikel 1 bis 7 dieser Ergänzungsvereinbarung von dem Zeitpunkt an gebunden, zu dem seine Ratifikation der Fassung von 1960 oder sein Beitritt zu ihr wirksam wird; ist jedoch zu diesem Zeitpunkt diese Ergänzungsvereinbarung noch nicht gemäß Artikel 9 Absatz 1 in Kraft getreten, so ist dieses Land durch die genannten Artikel dieser Ergänzungsvereinbarung erst vom Inkrafttreten dieser Vereinbarung gemäß Artikel 9 Absatz 1 an gebunden.

Art. 11 Unterzeichnung usw. dieser Ergänzungsvereinbarung.

(1)

a) Diese Ergänzungsvereinbarung wird in einer Urschrift in französischer Sprache unterzeichnet und bei der schwedischen Regierung hinterlegt.
b) Amtliche Texte werden vom Generaldirektor nach Konsultierung der beteiligten Regierungen in anderen Sprachen hergestellt, die die Versammlung bestimmen kann.

(2) Diese Ergänzungsvereinbarung liegt bis zum 13. Januar 1968 in Stockholm zur Unterzeichnung auf.

(3) Der Generaldirektor übermittelt zwei von der schwedischen Regierung beglaubigte Abschriften des unterzeichneten Textes dieser Ergänzungsvereinbarung den Regierungen aller Länder des besonderen Verbandes und der Regierung jedes anderen Landes, die es verlangt.

(4) Der Generaldirektor läßt diese Ergänzungsvereinbarung beim Sekretariat der Vereinten Nationen registrieren.

(5) Der Generaldirektor notifiziert den Regierungen aller Länder des besonderen Verbandes die Unterzeichnungen, die Hinterlegungen von Ratifikations-

oder Beitrittsurkunden, das Inkrafttreten und alle anderen erforderlichen Mitteilungen.

Art. 12 Übergangsbestimmung. *[1]* Bis zur Amtsübernahme durch den ersten Generaldirektor gelten Bezugnahmen in dieser Ergänzungsvereinbarung auf das Internationale Büro der Organisation oder den Generaldirektor als Bezugnahmen auf das Büro des durch die Pariser Verbandsübereinkunft zum Schutz des gewerblichen Eigentums[1] errichteten Verbandes oder seinen Direktor.

[2] ZU URKUND DESSEN haben die hierzu gehörig bevollmächtigten Unterzeichneten diese Ergänzungsvereinbarung unterschrieben.

[3] GESCHEHEN zu Stockholm am 14. Juli 1967.

---

[1] Nr. **60**.

Stichwortverzeichnis

Stand: Mai 2020

Die fetten Ziffern bezeichnen die Nummern der Texte in dieser Ausgabe, die mageren Ziffern verweisen auf Paragraphen und Artikel

Buchführung, Rechnungswesen, Controlling

Schultz
Basiswissen Rechnungswesen
Buchführung, Bilanzierung, Kostenrechnung, Controlling.
Wirtschaftsberater TOPTITEL
8. Aufl. 2017. 320 S.
€ 13,90. dtv 50957
Auch als **ebook** erhältlich.

Dieser Überblick über das gesamte betriebliche Rechnungswesen zeigt mit Beispielen und Übersichten die Verzahnung von Buchführung, Bilanzierung, Kostenrechnung und Controlling.

Scheffler
Lexikon der Rechnungslegung
Buchführung, Finanzierung, Jahres- und Konzernabschluss nach HGB und IFRS.
Wirtschaftsberater
4. Aufl. 2015. 590 S.
€ 19,90. dtv 50948
Auch als **ebook** erhältlich.

Ratgeber für alle Fragen zur Darstellung und Beurteilung der Vermögens-, Finanz- und Ertragslage von Unternehmen und Konzernen.

Jossé
Basiswissen Kostenrechnung
Kostenarten, Kostenstellen, Kostenträger, Kostenmanagement.
Wirtschaftsberater
7. Aufl. 2018. 243 S.
€ 13,90. dtv 50958
Auch als **ebook** erhältlich.

Buchhaltung, Rechnungswesen, Controlling. Die bewährten Systeme der Kostenrechnung.

Herrling/Mathes
Der Buchführungsratgeber
Grundlagen und Beispiele.
Wirtschaftsberater
7. Aufl. 2016. 382 S.
€ 17,90. dtv 50953
Auch als **ebook** erhältlich.

Dieser Band vermittelt die Grundlagen in anschaulicher Form, anhand konkreter Beispiele werden auch komplexe Buchungen verständlich erklärt.

Scheffler
Bilanzen richtig lesen
Rechnungslegung nach HGB und IAS/IFRS.
Wirtschaftsberater
10. Aufl. 2016. 303 S.
€ 14,90. dtv 50954
Auch als **ebook** erhältlich.

Management und Marketing

Grafberger/Hörner
Texten für das Internet
Kunden erfolgreich gewinnen mit Website und Suchmaschinen.
Wirtschaftsberater
2. Aufl. 2013. 230 S. € 16,90. dtv 50934
Auch als **ebook** erhältlich.

Becker
Das Marketingkonzept
Zielstrebig zum Markterfolg!
Wirtschaftsberater
4. Aufl. 2010. 252 S. € 9,90. dtv 50806

Röthlingshöfer
Werbung mit kleinem Budget
Der Ratgeber für Existenzgründer und Unternehmen.
Wirtschaftsberater
3. Aufl. 2014. 283 S. € 14,90. dtv 50940

Klein
Kulturmarketing
Das Marketingkonzept für Kulturbetriebe.
Wirtschaftsberater
3. Aufl. 2011. 543 S. € 19,90. dtv 50848
Auch als **ebook** erhältlich.

Bruhn
Kundenorientierung
Bausteine für ein exzellentes Customer Relationship Management (CRM).
Wirtschaftsberater TOPTITEL
5. Aufl. 2016. 394 S.
€ 14,90. dtv 50950
Auch als **ebook** erhältlich.
Dieses Buch stellt in systematischer und kompakter Form die Zusammenhänge und die Elemente der Kundenorientierung dar.

Bruhn
Servicequalität
Konzepte und Instrumente für die perfekte Dienstleistung.
Wirtschaftsberater
1. Aufl. 2013. 326 S.
€ 16,90. dtv 50932
Auch als **ebook** erhältlich.

Kastin
Marktforschung mit einfachen Mitteln
Daten und Informationen beschaffen, auswerten und interpretieren.
Wirtschaftsberater
3. Aufl. 2008. 437 S.
€ 19,90. dtv 5846